Das duale Krankenversicherungssystem in Deutschland nach dem GKV-WSG

Florian Michael Pfister

Das duale Krankenversicherungssystem in Deutschland nach dem GKV-WSG

Gesundheitsökonomische Analyse der Allokation unter besonderer Berücksichtigung von Gerechtigkeit und Nachhaltigkeit

PETER LANG
Frankfurt am Main · Berlin · Bern · Bruxelles · New York · Oxford · Wien

Bibliografische Information der Deutschen Nationalbibliothek
Die Deutsche Nationalbibliothek verzeichnet diese Publikation in der Deutschen Nationalbibliografie; detaillierte bibliografische Daten sind im Internet über http://dnb.d-nb.de abrufbar.

Zugl.: München, Univ. der Bundeswehr, Diss., 2010

Umschlaggestaltung:
Olaf Glöckler, Atelier Platen, Friedberg

Gedruckt auf alterungsbeständigem,
säurefreiem Papier.

D 706
ISBN 978-3-631-61184-5

www.peterlang.de

Geleitwort

Herr Dr. Florian Pfister hat mit seiner Dissertation eine positive und normative Analyse des dualen Krankenversicherungssystems in Deutschland vollzogen. Aufbauend auf einer Ist-Analyse von Gemeinsamkeiten und Unterschieden zwischen GKV und PKV vor und nach dem GKV-WSG beeindruckt der Autor mit einer umfassenden Bewertung des dualen Systems in den Dimensionen Allokationseffizienz, Gerechtigkeit und Nachhaltigkeit.

Die positive Analyse basiert auf einem Raster idealtypischer Merkmale der beiden Versicherungstypen, mithilfe dessen eine Konvergenz von GKV und PKV seit 1992 herausgearbeitet wird. Dieser Trend beschleunigt sich mit dem GKV-WSG. Ein Resultat der historischen Analyse ist das fehlende schlüssige Gesamtkonzept eines deutschen Krankenversicherungssystems. Änderungen im Verhältnis der beiden Typen waren primär fiskalischen Überlegungen geschuldet.

Folgerichtig untersucht der Autor das duale System auf Effizienzmängel und Ungerechtigkeiten, die beide in eine geringe Nachhaltigkeit münden. Dabei werden stets das duale System als Ganzes und zugleich die einzelnen Versicherungstypen für sich betrachtet. Raster der normativen Untersuchung ist die Aufteilung des Gesundheitsmarktes in drei Teilmärkte: Finanzierungs-, Vertrags- und Leistungsmarkt. Die verwendete mikroökonomische Methodik basiert im Wesentlichen auf der Identifikation von Marktfehlern in allen drei Märkten bezogen auf einen funktionsfähigen Markt. Leitbild ist der neoklassische vollkommene Wettbewerb, der um die dynamische Perspektive ergänzt wird. Der Charme der dabei implizit verwendeten Marktprozesstheorie ist die Betonung der individuellen Freiheit und spontaner Ordnungen, die auch ohne ordnungspolitisches Vokabular planwirtschaftlichen Ansätzen entgegen stehen.

Der Autor arbeitet, gerade in der Gesamtheit überzeugend, heraus, dass Marktfehler und Ungerechtigkeiten eine grundlegende Reform des Krankenversicherungssystems erfordern. Die Dissertation mündet in einem auf Basis der Erkenntnisse gewonnenen Reformmodell einer einheitlichen bedarfsgerechten Gesundheitsversorgung als Fundament eines Dreischichtenmodells. Die heute kennzeichnende Säulenform zweier vertikal nebeneinander Vollversicherungen wird als obsolet klassifiziert. Bei der Ausgestaltung des Reformmodells werden auch juristische und europäische Aspekte mit einbezogen. Last not least wird der Vorschlag politökonomisch auf Realisierbarkeit überprüft und ein umsetzbarer mehrstufiger Reformansatz vorgestellt.

Eine holistische Behandlung des dualen Krankenversicherungssystems ist eine besondere Herausforderung, die Dr. Pfister gekonnt angenommen hat. Besonders hervorzuheben ist die wissenschaftlich fundierte, durch zahlreiche Quellen belegte, strukturierte Argumentation. Die positive und die normative Herangehensweise werden vorbildlich kombiniert, ohne vermischt zu werden.

Es bleibt mir der Wunsch, dass die Arbeit vielseitig Beachtung findet und die in Deutschland oft verkürzte, ideologische Debatte die hier aufgezeigte Ausgewogenheit und Vielschichtigkeit der Argumente aufnimmt. Das deutsche Krankenversicherungssystem benötigt dringend mehr Wettbewerb bei höherer Gerechtigkeit, um die unausweichlichen Herausforderungen der Demographie und des medizinisch-technischen Fortschritts erfolgreich bewältigen zu können. Der erarbeitete, in sich konsistente, alle Teilmärkte adressierende Reformvorschlag verdient es, eine Art Kompass der öffentlichen und politischen Diskussion zu werden!

Die Promotion entstand in weiten Teilen parallel zur Tätigkeit von Florian Pfister als wissenschaftlicher Mitarbeiter an meinem privaten Institut für Gesundheitsökonomik in München, womit die Leistung umso höher einzustufen ist.

München, im Herbst 2010 Univ.-Prof. Dr. Günter Neubauer

Geleitwort

Real existierende institutionelle Arrangements folgen selten bis nie rationalen Politikentwürfen. Sie sind verwoben mit der Entwicklungsgeschichte der jeweiligen Länder und deren inneren und äußeren politischen, kulturellen und institutionellen Entwicklungen. Die Reformen im Bildungssystem, die Diskussion um eine Länder-Neugliederung in der Bundesrepublik Deutschland und die mühsam gefundenen Anpassungsprozesse innerhalb der europäischen Union zeugen von diesem politischen Faktum.

So ist auch das weltweit einmalige Nebeneinander von gesetzlichen und privaten Versicherungsunternehmen in Deutschland nur historisch und eben nicht funktional zu erklären. Dieses Nebeneinander basiert auf einer nun schon mehrere hundert Jahre langen Ausdifferenzierung des Versicherungsschutzes für immer breitere Bevölkerungskreise, die sich beginnend mit den Zünften- und Gesellenvereinen des ausgehenden Mittelalters, über berufsständische und genossenschaftliche Selbsthilfe, über streng organisierte und gesetzlich normierte Zuständigkeitsregeln (bis 1993) bis hin zu den Wettbewerbsmärkten heutiger Prägung, nachzeichnen lässt. Die Grenzziehung zwischen GKV und PKV durch eine Versicherungspflichtgrenze, die sich am Lohneinkommen der unselbstständig Beschäftigten orientiert, ist ein Relikt ohne jede funktionale Begründung und ein objektives Problem jeder Reform.

Wie immer, wenn Gründungsidee, Trägerschaft, politische Überzeugungen, Gemeinwohlorientierung und unternehmerische Interessen aufeinander treffen, dominieren diese Interessen den politischen Diskurs, und die kriteriengestützte Analyse von Ergebnissen und Prozessen der spezifischen Organisationstypen und deren jeweilige Leistungsfähigkeit geraten ins Hintertreffen.

Es ist deshalb überaus verdienstvoll, dass Dr. Florian Pfister die Analyse entlang definierter und nachvollziehbarer Kriterien entwickelt und seine Argumentation auch sehr differenziert, im jeweiligen Kontext der gewählten Kriterien, gut und analytisch begründet. So steht die Allokationseffizienz in ihrer statischen und ihrer dynamischen Ausprägung als Nachhaltigkeit, die damit verbundenen distributiven Fragen und die Gerechtigkeit im Mittelpunkt seiner Analyse.

Zwischen der Feststellung und Beschreibung von Mängeln in der Zielerreichung real existierender Systeme bis zur Akzeptanz von Überwindungsstrategien und politisch reformerischen Einschnitten, ist ein weiter Weg. Trotzdem wird die Diskussion enorm versachlicht, wenn sich die Instrumente eines Reformprozesses bezüglich ihrer Effekte, ihrer Wirkungen und systembedingten Nebenwirkungen in einem Diskussionsprozess unterscheiden und letztlich politisch normativ bewerten lassen. Die Wissenschaft bietet dabei die Expertise der Analyse anhand geeigneter Kriterien. Es bleibt dem politischen Prozess überantwortet, normative gesellschaftliche Entscheidungen zu treffen.

Dass Politik dabei oft, und oft schneller als manchem wissenschaftlichen Betrachter lieb ist, in eine „Pfadabhängigkeit“ ihrer Reformschritte zurückfällt, ist der Komplexität dieser Veränderungsprozesse in der realen Welt geschuldet. Es gibt keine gesellschaftlichen institutionellen Arrangements, die sich am Reißbrett entwickeln lassen und oft zeigt sich, dass theoretisch überzeugende Modelle nach Implementierung in die reale Welt ähnliche Mängel aufweisen, wie die überwundenen und abgelösten Strukturen selbst. Deshalb ist Vorsicht geboten und deshalb liegt die Verantwortung für den einen oder anderen Weg bei der Politik selbst. Sie hat dafür jeweils Mehrheiten zu organisieren und sich zu verantworten.

Die vorliegende Arbeit ermöglicht, auch wegen der ungeheuren Materialfülle, eine differenzierte Bewertung alternativer ordnungspolitischer Modelle. Sie zu nutzen ist ein Akt politischer Klugheit und Souveränität.

Das Ergebnis der Arbeit, nämlich die schrittweise Überwindung dieser Dualität mit all ihren Problemen, fügt sich ein in die Analysen des Sachverständigenrats für die konjunkturelle Entwicklung in Deutschland, der Position vieler wissenschaftlicher Gremien und vieler politischer Debattenbeiträge. Es ist ja interessant, dass die als politische Alternativen angebotenen Konzepte der Bürgerversicherung und des Prämienmodells, beide implizit wie selbstverständlich, von einem einheitlichen Versicherungsmarkt ausgehen, der überall in Europa längst realisiert ist. Die konkrete Form der vorzugswürdigen Alternative mag differieren, die Analyse selbst wird mit dieser Publikation um vieles rationaler und transparenter und bereichert die Debatte der Zukunft enorm.

Hamburg Herbst 2010

Prof. Dr. h.c. Herbert Rebscher
Vorsitzender des Vorstandes der DAK und
Professor für Gesundheitsökonomie an der Universität Bayreuth

Vorwort

Meine Dissertation wurde im Juni 2010 von der Fakultät für Wirtschafts- und Organisationswissenschaften der Universität der Bundeswehr München angenommen. Dem ging nach einer sehr langen Suchphase eines einer Promotion würdigen Themas eine circa einjährige Bearbeitungszeit voraus. Neben der steten Gliederungsüberarbeitung und gewichtigen Literatursammlung schrieb ich in drei hochintensiven Monaten die Arbeit nieder. Von Vorteil der komprimierten Bearbeitung war für mich die Absenz von sonst eng aufeinanderfolgenden Großreformen des Gesundheitssystems seit dem GKV-WSG aus den Jahren 2006/2007.

Das weltweit einmalige duale Krankenversicherungssystem Deutschlands hat mich als fachübergreifendes, multifacettiertes Thema schon lange fasziniert. Das zentrale Problem der Ökonomik ist die Überwindung von Knappheit. Dies kann angesichts knapper Ressourcen nie vollständig gelingen. Daher wird eine möglichst effiziente Mittelverwendung angestrebt (Ökonomisches Prinzip). Die Allokationseffizienz des dualen Systems steht somit im Mittelpunkt der Analyse. Neben der statischen Effizienz ist die dynamische Effizienz als Nachhaltigkeit Gegenstand der Untersuchung. Untrennbar mit Fragen der Allokation ist die Distribution verbunden. Der konsequente dritte Schwerpunkt dieser Arbeit betrifft die Gerechtigkeit im dualen Krankenversicherungssystem.

Die Entwicklung eines gerechten, dynamisch effizienten Reformmodells, als ein auf der positiven und normativ basierenden Bestandsaufnahme gewonnenes Best-Of von GKV und PKV, geben der Gesundheitspolitik einen Handlungsrahmen in Form eines politisch machbaren mehrstufigen Umsetzungsprozesses vor und empfehlen sich für eine zügige Lektüre der Arbeit. Bereits in meiner Diplomarbeit habe ich das duale Krankenversicherungssystem mit politökonomischen Methoden bearbeitet. Ich bin überzeugt, dass das Wissen um für die weite Mehrheit der Bürger sinnvolle Verbesserungen vorhanden ist, aber die politische Kraft zum Handeln fehlt. Gerade das deutsche Krankenversicherungssystem erfordert eine zügige Reform, soll auch in Zukunft eine sehr gute Gesundheitsversorgung der Bevölkerung gesichert sein.

Die Fertigstellung der Arbeit in der kurzen Zeit wäre ohne die Unterstützung vieler Personen nicht möglich gewesen. Inhaltlich ist zuvorderst meinem Doktorvater Herrn Professor Günter Neubauer zu danken, der gleichzeitig mein Arbeitgeber war. Seine fordernde kritische Art, für mich die beste Methode der Förderung, half mir sehr, die Struktur der Dissertation festzuzurren. Dabei beließ er es aber nicht. Trotz meiner beiden Themenwechsel und der für ihn damit verbundenen Mehrarbeit motivierte er mich auch beim dritten Anlauf, was sich in jederzeitiger Ansprechbarkeit äußerte. Als absoluter Kenner der ersten Stunde deutscher Gesundheitsökonomik war jedes Gespräch mit ihm ein Gewinn. Universitär gilt mein besonderer Dank dem Zweitgutachter Herrn Professor Thomas Hartung für die prompte Übernahme des Zweitgutachtens. Daneben ein Herzliches Dankeschön an die Herren Professoren Jürgen Hansohm (Vorsitzender des Promotionsverfahrens), Andreas Brieden und Herbert Rebscher als Prüfer im Kolloquium. Nicht vergessen werden soll hier Frau Andrea Hoffmann als gute Seele im

Dekanat WOW, die Bibliotheksteams der Universität der Bundeswehr München, allen voran Frau Elke Schorsch, und der Otto-Friedrich-Universität Bamberg sowie der Stadtbibliothek München am Gasteig. Ich kann mit Fug und Recht behaupten, Stammgast der Bibliotheken und Hauptnutzer der Fernleihe gewesen zu sein. Der Universität der Bundeswehr danke ich schließlich für die finanzielle Unterstützung bei der Veröffentlichung.

Die zur Theorie komplementär notwendige Praxiserfahrung am Institut für Gesundheitsökonomik von Professor Neubauer, die mit der Erstellung der Arbeit zeitlich weitestgehend zusammenfiel, erlaubte mir neben dem Praxistest der wissenschaftlichen Erkenntnisse die Bekanntschaft mit Experten des Krankenversicherungssystems. Um die Balance der Arbeit zu wahren, habe ich mich für die GKV an Herrn Wolfgang Nopper gewandt, der Teile der Arbeit aufmerksam durchgelesen hat und auftretende Fragen bereitwillig diskutierte. Vonseiten der PKV hat mich Herr Dr. Frank Schulze Ehring mit Literatur und der Beantwortung von konkreten Problemstellungen unterstützt. Wichtige Detailprobleme durfte ich mit Herrn Professor Ulrich Meyer diskutieren. Martin Baier, ein guter Freund, hat mir ebenfalls mit seinem scharfen, ökonomischen Blick zur Seite gestanden. Von meinen Kollegen am Institut für Gesundheitsökonomik, insb. Herr Dr. Andreas Beivers, habe ich schließlich wertvolle administrative Hilfe und Tipps erhalten. Ihnen allen auch ein Herzliches Dankeschön.

Größte Dankbarkeit gebührt meiner Mutter Elfriede Pfister. Sie hat die Arbeit mehrfach korrekturgelesen und zusammen mit meinem Vater Johann Pfister mir stets den Rücken freigehalten. Letztlich würde ohne die familiäre Unterstützung über viele Jahre hinweg die Doktorarbeit nicht diese Qualität aufweisen. Euch beiden ist meine Arbeit daher gewidmet.

Bischberg, Juni 2010 Florian Pfister

In der Arbeit wird durchgehend die männliche Form verwendet, wenn beide Geschlechter gemeint sind.

Eingearbeitet wurden, wenn nicht anders angegeben, Entwicklungen bis Ende Mai 2010.

Euro-Beträge beziehen sich, solange nicht näher definiert, auf ein Jahr.

INHALTSÜBERSICHT

Inhaltsverzeichnis

Abbildungsverzeichnis

Tabellenverzeichnis

Anhangsverzeichnis

Abkürzungsverzeichnis

AABG	Arzneimittelausgaben-Begrenzungsgesetz
ABAG	Arzneimittelbudget-Ablösungsgesetz
Abb.	Abbildung
Abs.	Absatz / Absätze
ADHS	Aufmerksamkeitsdefizit-Hyperaktivitätsstörung
AG	Aktiengesellschaft
AKV	Allgemeine Krankenversicherung
ALG	Arbeitslosengeld
ALV	Arbeitslosenversicherung
AMG	Arzneimittelgesetz
AMR	Arzneimittelrichtlinie
AOK	Allgemeine Ortskrankenkasse
AVWG	Arzneimittelversorgungs-Wirtschaftlichkeitsgesetz
Az.	Aktenzeichen
BA	Bundesagentur für Arbeit
BaFin	Bundesanstalt für Finanzdienstleistungsaufsicht
BÄK	Bundesärztekammer
BAV	Bundesamt für das Versicherungswesen
BBG	Beitragsbemessungsgrenze
BDA	Bundesvereinigung der Deutschen Arbeitgeberverbände
BEMA	Bewertungsmaßstab zahnärztliche Leistungen
BFW	Basisfallwert
BGBl	Bundesgesetzblatt
BGH	Bundesgerichtshof
BHÄV	Bayerischer Hausärzteverband
BIP	Bruttoinlandsprodukt
BKartA	Bundeskartellamt
BKK	Betriebskrankenkasse
BKK-BV	BKK-Bundesverband
BLÄK	Bayerische Landesärztekammer
BMAS	Bundesministerium für Arbeit und Soziales
BMF	Bundesfinanzministerium
BMG	Bundesministerium für Gesundheit
BMI	Body Mass Index
BMWi	Bundesministerium für Wirtschaft und Technologie
BPflV	Bundespflegesatzverordnung
bqs	Bundesgeschäftsstelle Qualitätssicherung
BSG	Bundessozialgericht
bspw.	beispielsweise
BSSichG	Beitragssatzsicherungsgesetzes
BT	Basistarif - Bundestag
BVA	Bundesversicherungsamt

BVerfG	Bundesverfassungsgericht
BW	Baden-Württemberg
BY	Bayern
bzgl.	bezüglich
bzw.	beziehungsweise
c. p.	ceteris paribus
ca.	ca.
CMI	Case-Mix-Index
CT	Computertomographie
d. h.	das heißt
DAK	Deutsche Angestellten-Krankenkasse
DAV	Deutscher Apothekerverband
DCE	Discrete Choice Experiment
DGB	Deutscher Gewerkschaftsbund
DKG	Deutsche Krankenhausgesellschaft
DM	Deutsche Mark
DMP	Disease Management Programm
e. V.	eingetragener Verein
EBM	Einheitlicher Bewertungsmaßstab
EDV	Elektronische Datenverarbeitung
eG	eingetragene Genossenschaft
et al.	et alii - u. a.
etc.	et cetera
EU	Europäische Union
EuGH	Europäischer Gerichtshof
evtl.	eventuell
F+E	Forschung und Entwicklung
Fn.	Fußnote(n)
G-BA	Gemeinsamer Bundesausschuss
GbR	Gesellschaft des bürgerlichen Rechts
GenDG	Gendiagnostikgesetz
GG	Grundgesetz
ggf.	gegebenenfalls
GKV	gesetzliche Krankenversicherung
GKV-OrgWG	Gesetz zur Weiterentwicklung der Organisationsstrukturen in der gesetzlichen Krankenversicherung
GKV-SolG	Gesetz zur Stärkung der Solidarität in der gesetzlichen Krankenversicherung
GKV-SV	GKV-Spitzenverband

GKV-WSG	Gesetz zur Stärkung des Wettbewerbs in der gesetzlichen Krankenversicherung
GMG	Gesetz zur Modernisierung der gesetzlichen Krankenversicherung
GOÄ	Gebührenordnung für Ärzte
GOZ	Gebührenordnung für Zahnärzte
GRG	Gesundheitsreformgesetz
GRG2000	GKV-Reformgesetz 2000
GRV	Gesetzliche Rentenversicherung
GSG	Gesundheitsstrukturgesetz
GSK	Gesundheitssparkonto
GWB	Gesetz gegen Wettbewerbsbeschränkungen
HCC	Hierarchical Condition Categories
HGB	Handelsgesetzbuch
HMO	Health Maintenance Organization
Hrsg.	Herausgeber
HTA	Health Technology Assessment
i. d. R.	in der Regel
i. e. S.	im engeren Sinn
i. H. v.	in Höhe von
i. V. m.	in Verbindung mit.
i. w. S.	im weiteren Sinn
IfG	Institut für Gesundheitsökonomik
IgV	Integrierte Versorgung
IKK	Innungskrankenkasse
InBA	Institut des Bewertungsauschusses
InEK	Institut für das Entgeltsystem im Krankenhaus
insb.	insbesondere
IQWiG	Institut für Qualität und Wirtschaftlichkeit im Gesundheitswesen
IT	Informationstechnik
KalV	Kalkulationsverordnung
KBV	Kassenärztliche Bundesvereinigung
KdöR	Körperschaft des öffentlichen Rechts
KHEntgG	Krankenhausentgeltgesetz
KHNG	Krankenhausneuordnungsgesetz
KHRG	Krankenhausfinanzierungsreformgesetz
KNB	Kosten-Nutzen-Bewertung
KV	Kassenärztliche Vereinigung
KVB	Kassenärztliche Vereinigung Bayerns
KVdR	Krankenversicherung der Rentner
KVEG	Kostendämpfungs-Ergänzungsgesetz
KVKG	Krankenversicherungs-Kostendämpfungsgesetz

KZV	Kassenzahnärztliche Vereinigung
lit.	litera – Buchstabe
m. a. W.	mit anderen Worten
MB	Musterbedingungen
MDK	Medizinischer Dienst der Krankenversicherung
Mio.	Million(en)
MPH	Methylphenidat
Mrd.	Milliarde(n)
M-RSA	Morbiditätsorientierter Risikostrukturausgleich
MRT	Magnetresonanztomographie - Kernspintomographie
MTF	medizinisch-technischer Fortschritt
MVP	Mecklenburg-Vorpommern
MVZ	Medizinisches Versorgungszentrum
NHS	National Health Service
NICE	National Institute for Health and Clinical Excellence
NOG	GKV-Neuordnungsgesetz
Nr.	Nummer
NRW	Nordrhein-Westfalen
o. J.	ohne Jahr
o. V.	ohne Verfasser
OECD	Organization for Economic Co-Operation and Development
OTC	over-the-counter
PKV	private Krankenversicherung
PKV-Verband	Verband Privater Krankenversicherungsunternehmen Deutschlands
PPO	Preferred-Provider Organization
PV	Pflegeversicherung
PVS	Verband Privatärztlicher Verrechnungsstellen
QALY	Qualitätsadjustiertes Lebensjahr
RBG	Rehabilitationsbehandlungsgruppe
Rn.	Randnummer
Rs.	Rechtssache
RSAV	Risikostruktur-Ausgleichsverordnung
RVO	Reichsversicherungsordnung
Rz.	Randzeichen
S.	Seite(n) - Satz / Sätze
SGB	Sozialgesetzbuch

sog.	so genannt(e/er/es)
ST	Standardtarif
StBA	Statistisches Bundesamt
SVR	Sachverständigenrat zur Begutachtung der gesamtwirtschaftlichen Entwicklung
SVRBEiG	Sachverständigenrat zur Begutachtung der Entwicklung im Gesundheitswesen
SVRKAiG	Sachverständigenrat für die Konzertierte Aktion im Gesundheitswesen
Tab.	Tabelle(n)
TK	Techniker Krankenkasse
u. a.	und andere(n/r/s)
ÜbSchV	Überschussverordnung
UN	United Nations
UPD	Unabhängige Patientenberatung Deutschland
usw.	und so weiter
UWG	Gesetz gegen den unlauteren Wettbewerb
v. a.	v. a.
VAG	Versicherungsaufsichtsgesetz
VÄndG	Vertragsarztrechtsänderungsgesetzes
vdek	Verband der Ersatzkassen
VEpE	verfügbares Einkommen pro Einwohner
vgl.	vergleiche
VPG	Versicherungspflichtgrenze
VPI	Verbraucherpreisindex
VVAG	Versicherungsverein auf Gegenseitigkeit
VVG	Versicherungsvertragsgesetz
WHO	World Health Organization
WIP	Wissenschaftliche Institut der PKV
z. B.	zum Beispiel
ZI	Zentralinstitut für die kassenärztliche Versorgung in der Bundesrepublik Deutschland
Ziff.	Ziffer

1 Einführung

1.1 Einzigartigkeit des deutschen Krankenversicherungssystems

Das *deutsche Krankenversicherungssystem* ist in seiner spezifischen parallelen Ausprägung von gesetzlicher Krankenversicherung (GKV) und privater Krankenversicherung (PKV) *weltweit einmalig*. Die Bezeichnung duales Krankenversicherungssystem beinhaltet die *substitutive Koexistenz von Vollversicherung* sowohl in der GKV als auch in der PKV.[1] Weiter gibt es *komplementäre* Zusatzversicherungen durch die PKV.

Zwar existieren in vielen Ländern private Krankenversicherungen und gesetzliche respektive staatliche Versicherungen nebeneinander, jedoch sind diese bis auf in Deutschland, den USA und Chile ausschließlich komplementär zueinander, was als horizontal im Sinne einer fehlenden Schnittmenge in den Leistungen verstanden werden kann. *Komplementär* bedeutet im Gegensatz zu substitutiv, dass sich die Bürger neben der gesetzlichen Versicherung *privat zusatzversichern* können. Unter *parallel* wird schließlich die *Doppelung* gesetzlichen Krankenversicherungsschutzes durch eine private Krankenversicherung verstanden.[2] Die Terminologie ist gerade international nicht eindeutig.[3] Substitutiv und parallel kann auch als vertikal bezeichnet werden.

Die USA differiert von Deutschland in der stärkeren Gewichtung der privaten Krankenversicherung gegenüber staatlicher Absicherung und der ausgeprägten Angebotssteuerung privater Krankenversicherungen. Chile gewährt, anders als Deutschland, ein

---

1 Der Begriff dual stammt laut dem großen Fremdwörterbuch aus dem Lateinischen dualis „zwei enthaltend" zu duo „zwei", das Substantiv Dualität „Zweiheit" beschreibt eine wechselseitige Zuordnung zweier Begriffe, vgl. Dudenredaktion (2003), S. 72.

2 Vgl. für einen aktuellen Überblick Greß; Leiber; et al. (2009), S. 369-370. Holland hatte bis Ende 2005 ebenfalls ein substitutives Krankenversicherungssystem, seit dem Jahr 2006 sind alle Krankenkassen in privater Rechtsform. Nach Münch gab es in Frankreich bis 1984 eine substitutive Krankenversicherung, vgl. Münch (2003), S. 72-73.

3 Im Englischen unterscheidet Greß analog zum hier beschriebenen deutschen Duktus „private health insurance serves three distinct functions. The first is as an alternative to social health insurance arrangements ... choose between joining private health insurance and remaining in social health insurance ... second function is to supplement basic health insurance ... third function is to provide what can be termed complementary or double-coverage...purchase additional private insurance even while ... in existing public schemes" drei Funktionen privater Krankenversicherung, Greß (2007), S. 30. Mossialos und Thomson verwenden verglichen mit Greß statt alternative den Begriff substitute sowie statt supplementary den Terminus complementary, vgl. Mossialos und Thomson (2004), S. 15-16. Colombo und Tapay verwenden für parallel den Terminus duplicate, bei Ergänzung der staatlichen Versicherung den Begriff complementary und bei Ersetzung wie in Deutschland das Wort supplementary, vgl. Colombo und Tapay (2004), S. 273-274.

grundsätzliches Wahlrecht aller Bürger zwischen privatem und gesetzlichem Schutz.[4] Unterscheidet man weiter, bspw. nach dem zentralen regulierenden Element *Finanzierungsverfahren*, so wird die Alleinstellung des deutschen Krankenversicherungssystems noch deutlicher.[5] Nur in Deutschland gab und gibt es zwei unterschiedliche Finanzierungsverfahren nach Versicherungstyp. Während die PKV das Kapitaldeckungsverfahren anwendet, herrscht in der GKV das Umlageverfahren vor.

1.2 Stand der Diskussion und Problemstellung

Mit den Schlagworten GKV und PKV wurden in den letzten 10 Jahren alleine in Deutschland über hundert wirtschaftswissenschaftliche Dissertationen veröffentlicht.[6] Das Gros der Veröffentlichungen thematisiert die GKV, viele Publikationen gehen auf die PKV ein, beide zusammen werden schon wesentlich seltener behandelt. Oft wird in letzteren Beiträgen die PKV als Addendum in ihrem Bezug zur GKV behandelt und nimmt dementsprechend wenig Platz ein. Implikationen der Dualität des deutschen Krankenversicherungssystems wurden als Doktorarbeit in der letzten Dekade gesondert in den beiden Dissertationen von *Klingenberger* und von *Münch* behandelt.[7] Beide Arbeiten sind auf die Schnittstelle Versicherungspflichtgrenze (VPG), auch bezeichnet als Friedensgrenze oder Exit-Option, und die damit zusammenhängenden Wechselanreize ausgerichtet. *Klingenberger* betrachtet primär grundlegende Wirkungen der Dualität auf Allokation und Distribution, wohingegen *Münch* auf die Wechselmöglichkeit an sich eingeht. Erwähnenswert in diesem Zusammenhang ist noch die erweiterte Diplomarbeit von *Böhnke*, die sich dem Thema der Quersubventionierung, einem wichtigen Teilaspekt des dualen Krankenversicherungssystems, widmet.[8]

Einen kompletten Überblick des Forschungsstands im Bereich der Gesundheitsökonomik mochte man vielleicht noch vor 20 Jahren gewinnen können, heute ist dies al-

---

4 Das System von Chile wird ausführlich beschrieben von Holst, der eine faktische Möglichkeit der Wahl nur bei weniger als der Hälfte der Chilenen sieht, vgl. Holst (2001), S. 89.

5 Ausführlich zur spezifischen Ausprägung des deutschen dualen Krankenversicherungssystems und der nationalen Besonderheiten von GKV und PKV siehe Abschnitt 4.1.

6 Einen vollständigen Überblick über in Deutschland erschienene Hochschulschriften, die neben Promotionen Habilitationen umfassen, ermöglicht die Deutsche Nationalbibliothek. Dort kann man bspw. via einer Schlagwortsuche gezielt nach Hochschulschriften mit gesundheitsökonomischen Inhalten suchen, für die erweiterte Suchmaske vgl. Nationalbibliothek (2010).

7 Vgl. Klingenberger (2001); Münch (2003). Der Fokus wird bei erstem z. B. deutlich in Klingenberger (2001), S. 4,227-228.

8 Vgl. Böhnke (2004). Das Thema duales Krankenversicherungssystem war Ende der 1960er Jahre virulenter, vgl. für frühe Bearbeitungen der Koexistenz zwischen PKV und GKV die Dissertationen von Dücker und Lüke, vgl. Dücker (1968); Lüke (1970). Eine auf die Nachfrage nach Krankenversicherung von Personen mit Wahlrecht zwischen GKV und PKV fokussierte Dissertation ist neuer Rohweder (1996).

lein für den Bereich Krankenversicherung als wesentlicher Teilbereich der Gesundheitsökonomik nahezu unmöglich. Im Rahmen von Reformvorschlägen speziell fürs deutsche Gesundheitswesen, insb. die Finanzierungsseite angehend, wurden diverse Gutachten, Monographien, Sammelwerke und Zeitschriftenartikel veröffentlicht, die Auswirkungen auf die Dualität des Krankenversicherungssystems enthalten. In dem im Jahr 2006 erschienen Sammelwerk *Modelle einer integrierten Krankenversicherung* sowie in der Monographie *Bürgerprivatversicherung* aus dem Jahr 2008 finden sich, exemplarisch für zwei neuere Abhandlungen, das Gesamtsystem betreffende Vorschläge zur Optimierung des Systems.[9]

Neben Ökonomen treiben maßgeblich Juristen den Wissensfortschritt an. Dies ist leicht zu erklären, da das Gesundheitswesen vielfältig reguliert wird und Änderungen oft Rechtspositionen angehen. Bei alledem gewinnt trotz nationaler Souveränität im Gesundheitswesen die europäische Dimension für Juristen[10] aber auch Ökonomen an Wichtigkeit.

Der Verband der Privaten Krankenversicherung e. V. gründete im Jahr 2005 eigens das Wissenschaftliche Institut der PKV (WIP), welches in den „Mittelpunkt der Forschungstätigkeit … Finanzierungsfragen im Gesundheitswesen sowie die Analyse von Leistungsmärkten“ stellt. Weiter heißt es, dass „von besonderem Interesse … Schnittstelle zwischen gesetzlicher und privater Krankenversicherung“ ist.[11] Dem unbenommen weisen die großen Wirtschaftsforschungsinsitute gesundheitsökonomische Schwerpunkte neben vielen kleineren wissenschaftlichen Einrichtungen auf, die sich aufs Gesundheitswesen spezialisieren.

Die Doppelung der Krankenvollversicherung ist seit der Diskussion „Bürgerversicherung versus“ Gesundheitsprämie im Vorfeld der Bundestagswahl vom Jahr 2005 ein „Dauerbrenner“ in der Öffentlichkeit.[12] Der sog. Systemwettbewerb zwischen PKV und GKV ist spätestens mit der Ankündigung der Erhebung von Zusatzbeiträgen einhergehend mit Pressemeldungen über stark steigende Prämien vieler PKV-

---

9 Vgl. Albrecht et al. (2006); Eekhoff et al. (2008). Albrecht et al. enthält neben den ökonomischen Bestandteilen mit dem Beitrag von Bieback auch eine juristische Einschätzung der vorgestellten Modelle, vgl. Bieback (2005a).

10 Vgl. Abschnitt 7.2.2 für die europäische Dimension.

11 WIP (2010).

12 Da die Begrifflichkeiten hier oft für große Verwirrung sorgen, soll an dieser Stelle betont werden, dass sich die Gesundheitsprämie auf alle Bürger bezieht und vice versa eine Bürgerversicherung durchaus als Pauschale ausgestaltet werden kann, siehe auch den Vorschlag einer Bürgerpauschale seitens des Sachverständigenrates zur Begutachtung der gesamtwirtschaftlichen Entwicklung (SVR), vgl. SVR (2004), Ziffn. 510-534. Der zentrale Gegensatz beider Konzepte besteht in der Finanzierungsart: einerseits eine Pauschale und andererseits einkommensabhängige Beiträge.

Unternehmen Anfang 2010 so aktuell wie lange nicht mehr.[13] Das mit Verzögerung veröffentlichte Gutachten von *IGES* und *Rürup* zu Wettbewerb und Nachhaltigkeit der PKV heizt die Diskussion um Sinn oder Unsinn des deutschen dualen Krankenversicherungssystems weiter an.[14]

Im am 26.10.2009 unterzeichneten Koalitionsvertrag bekennt sich die schwarz-gelbe Koalition explizit zum dualen Krankenversicherungssystem derzeitiger Ausprägung: „Neben der gesetzlichen Krankenversicherung sind für uns die privaten Krankenversicherungen als Voll- und Zusatzversicherung ein konstitutives Element in einem freiheitlichen Gesundheitswesen."[15] Weiter heißt es im nächsten Halbsatz konkreter „wir werden bei den Wahltarifen der gesetzlichen Krankenversicherung die Abgrenzung zwischen diesen beiden Versicherungssäulen klarer ausgestalten", womit eine Festigung des dualen Systems nach den Konvergenzbestrebungen der letzten Regierungskoalition die Dualität stärkt.[16]

Außerdem wird die Beziehung zwischen GKV und PKV durch diverse andere im Koalitionsvertrag verankerte Vorhaben beeinflusst, allen voran die avisierte Umstellung der Finanzierung des Arbeitnehmeranteils in der GKV via einkommensunabhängige kassenindividuelle Pauschalprämien. Aber auch die Ankündigung ausgabenseitiger Reformpakete wie die explizit für die 17. Legislaturperiode angekündigte Überarbeitung der Gebührenordnung für Ärzte (GOÄ) und der Gebührenordnung für Zahnärzte (GOZ) stehen im Vertrag.[17]

Mit dem Ergebnis der Bundestagswahl im Herbst 2009 dürfte sich an der grundsätzlichen substitutiven Struktur zweier Vollversicherungen nichts ändern. Die am 24.02.2010 eingesetzte Regierungskommission zur nachhaltigen und sozial ausgewogenen Finanzierung des Gesundheitswesens hat den Auftrag, die im Koalitionsvertrag

---

13 Vgl. für die erstmalige öffentliche Ankündigung der Beitragserhöhung von fünf Krankenkassen am 25.01.2010 den Artikel Thelen (2010b), S. 21. Stand 09.02.2010 haben 11 von 169 Krankenkassen einen Zusatzbeitrag beim Bundesversicherungsamt beantragt, vgl. Bundesregierung (2010). Für die Prämienerhöhungen in der PKV vgl. exemplarisch Kowalski (2010), S. 130-132.

14 Die noch vom ehemaligen Wirtschaftsminister Glos in Auftrag gegebene Studie ist Wochen nach Veröffentlichung abrufbar gemacht worden, vgl. für das Gutachten Rürup et al. (2010). In der Presse wurde von einem Wegschließen gesprochen, vgl. z. B. Ärzte Zeitung (2010b). Gegen eine Verzögerung oder gar einem Zurückhalten spricht der Verweis der Bundesregierung auf eine zeitnahe Freigabe, vgl. Schuetze-Brief (2010).

15 Koalitionsvertrag (2009), S. 86.

16 Koalitionsvertrag (2009), S. 86. Dieser Paradigmenwechsel wird in einer weiteren Passage deutlich: „ein Wechsel in die private Krankenversicherung wird zukünftig wieder nach einmaligem Überschreiten der Jahresarbeitsentgeltgrenze möglich sein", Koalitionsvertrag (2009), S. 86. Die alte Regierung bestehend aus CDU, CSU und SPD verabschiedete im GKV-WSG „PKV schwächenden Elemente" wie den Basistarif.

17 Für weitere Reformen siehe detailliert Abschnitt 8.2 der Dissertation und das gesamte Kapitel 9 des Koalitionsvertrages, vgl. Koalitionsvertrag (2009), S. 84-93.

getroffenen Festlegungen umzusetzen und damit gerade nicht grundlegend die ökonomische und gesellschaftliche Sinnhaftigkeit des dualen Krankenversicherungssystems zu untersuchen.[18] Auch die angesprochene *IGES / Rürup*-Studie mit Wettbewerb und Nachhaltigkeit der PKV als Kern fokussiert nur auf einen Teilaspekt des dualen Krankenversicherungssystems.

Dies soll aber nicht heißen, dass breitere wissenschaftliche Untersuchungen des dualen Krankenversicherungssystems nicht in früheren Gutachten, sowohl im Vorfeld der Bundestagswahl 2005 als auch als Ideengeber für die Große Koalition aus CDU, CSU und SPD, verfasst wurden.[19] Gerade die Bürgerversicherungsmodelle bringen als integriertes System eine Abschaffung der Dualität mit sich. Indessen ist ein integriertes System nicht synonym mit einer Abschaffung der PKV, möglich ist z. B. ebenso eine Umstellung der GKV auf PKV-Prinzipien wie mehr Äquivalenz oder Kapitaldeckung.[20]

1.3 Zielsetzung und Gang der Untersuchung

Im Gegensatz zu verwandten wissenschaftlichen Arbeiten, gesundheitsökonomischer Forschung und der aktuellen politischen Diskussion werden in der vorliegenden Dissertation durch die besondere Berücksichtigung der Dualität tiefere Erkenntnisse über Vor- und Nachteile des deutschen Systems gesucht. Dabei geht es um die ergebnisoffene, das Gesamtsystem optimierende gesundheitsökonomische Analyse, die eine genaue Betrachtung der Versicherungstypen einschließt.

In den letzten zehn Jahren kam es im Verhältnis von GKV und PKV, ja im gesamten dualen System, mit den beiden großen Gesundheitsreformen *Gesetz zur Modernisierung der gesetzlichen Krankenversicherung* (GMG) und besonders dem *Gesetz zur*

---

18 Der Begriff Regierungskommission trifft die Zusammensetzung der Kommission gut, da ihr neben acht Bundesministern keine weiteren Mitglieder angehören. Zu speziellen Themen werden Wissenschaftler je nach Thema eingeladen, die Regierungsfraktionen des Bundestages entsenden Gesundheitsexperten und die Bundesländer werden nur indirekt eingebunden und gehört, vgl. BMG (2010e); Bundesregierung (2010). Dies ist ein Bruch mit der vorangegangenen Regierungskommission in der 15. Legislaturperiode. In der Rürup-Kommission waren Wissenschaftler in der Mehrheit, vgl. Wikipedia (2010i). Dementgegen war die „Gegenkommission" von CDU/CSU, die Herzog-Kommission, wiederum politisch besetzt, vgl. Wikipedia (2010f).

19 Für eine umfassende theoretische Betrachtung der verschiedenen Finanzierungsmodelle vgl. bspw. Grabka (2004); Penske (2006); Pfaff, A. B. et al. (2006). Grabka und Pfaff et al. führen außerdem empirische Berechnungen zu den Auswirkungen der Reformansätze durch.

20 Die Rechtsform spielt bei der Integration eine wichtige Rolle. Man kann sich durchaus eine GKV in privater Rechtsform vorstellen, der umgekehrte Fall einer PKV als Körperschaft des öffentlichen Rechts ist hingegen undenkbar. Ausführlicher zu den juristischen Aspekten siehe Abschnitt 7.2 dieser Arbeit.

Stärkung des Wettbewerbs in der gesetzlichen Krankenversicherung (GKV-WSG) zu gewichtigen Änderungen, so dass alleine deshalb eine Untersuchung der Dualität gewinnbringend ist.

Der gewählte Untertitel der vorgelegten Arbeit ist Ergebnis eines langen Reflexionsprozesses über die Vorteilhaftigkeit der Begriffe *Allokation* versus Wettbewerb, und Distribution und Solidarität versus Gerechtigkeit. Allokation wurde schließlich gewählt, weil Wettbewerb ein Instrument zu einer effizienten Allokation und Distribution der Mittel darstellt und nicht ein Ziel an sich. Die Ergebnisse des Wettbewerbs werden beschrieben, erklärt und letztlich zu optimieren versucht. Beim Begriffspaar Allokation und Distribution wiederum ist der umfassendere Begriff die Allokation, die bei Leistungsgerechtigkeit die Distribution oder Verteilung der produzierten Güter gemäß der Zahlungsfähigkeit einschließt. Leistungsgerechtigkeit ist augenscheinlich nur eine mögliche *Gerechtigkeitsdimension.* Solidarität ist ebenfalls ein umfassender Begriff, jedoch liegen der Bewertung von Solidarität Gerechtigkeitsvorstellung auf einer tieferen Ebene zugrunde.[21]

Referenzrahmen der Arbeit ist das *deutsche duale Krankenversicherungssystem nach dem GKV-WSG.* Dies schließt jedoch gerade nicht eine genaue Analyse der GKV und PKV für sich aus. Ein Beispiel für die Notwendigkeit der Detailbetrachtung ist der Vertragsmarkt zwischen Versicherung und Leistungserbringer, auf dem die GKV durch direktes Verhandeln mit den Anbietern von Gesundheitsleistungen letztlich das Ausgabenwachstum dämpft. Die deutsche PKV hat hier kaum Möglichkeiten, so dass die nur durch die Einzelanalyse der Versicherungstypen zu verstehende Asymmetrie zu größeren Ausgabensteigerungen in der PKV als bei einer Situation mit ebenso nicht vorhandenem Vertragsmarkt in der GKV führt.

Nur die detaillierte Untersuchung beider Versicherungstypen auf der Finanzierungs- und Leistungsseite erlaubt letztlich die Identifikation vorteilhafter Elemente eines optimalen Krankenversicherungssystems, sei es in Form von größerer Effizienz, Gerechtigkeit oder Nachhaltigkeit. Da auch Vollversicherungen nicht alle Risiken abdecken und durch Zusatzversicherungen ergänzt werden können, werden letztere soweit relevant in die Untersuchung eingeschlossen.

Die Überlegenheit einer Vollversicherung in einem Teilgebiet führt zur Inferioriät der anderen. Hat man Vorteile oder auch Nachteile beider Versicherungstypen identifiziert, so muss man diese gegeneinander abwägen. Durch die holistische Perspektive kommen als zusätzliche Bewertungsmöglichkeiten Vorteile sowie Nachteile allein aufgrund der Dualität des Systems hinzu. Gerade letztere Dimension geht in Partialanalysen i. d. R. verloren. Die Arbeit ist somit auch eine Synthese verschiedener Partialanalysen. Formal-theoretische Modelle und eigene empirische Untersuchungen sind

21 Eine Analyse der wechselseitigen Beziehung zwischen Solidarität und Gerechtigkeit erfolgt bei Friederich. Friederich entscheidet sich in ihrer Arbeit für den Untersuchungsbegriff Solidarität, dennoch ist in Abbildung 23 Gerechtigkeit als Zusammenfassung ihrer Überlegungen als Umfassenderes dargestellt, vgl. Friederich (2005), S. 154.

dagegen keine Schwerpunkte. Mittel der Wahl sind *logisch-analytische Schlussfolgerungen* bei den *gegebenen institutionellen* und *rechtlichen Rahmenbedingungen*. In der Arbeit werden also folgende Ziele verfolgt:

- Darstellung und Untersuchung des dualen Krankenversicherungssystems
- heute, das heißt Stand nach dem GKV-WSG,
- mit gesundheitsökonomischen Methoden
- bei Fokus auf Allokationseffizienz unter
- besonderer Berücksichtigung von Gerechtigkeit und Nachhaltigkeit sowie
- darauf basierend die Entwicklung eines Reformmodells und
- politökonomische Analyse der Umsetzung.

Daraus leitet sich der Aufbau der Arbeit ab. Das *Kapitel 2* dient der begrifflichen und theoretischen Fundierung der Arbeit. In Kapitel 2 wird die gesundheitsökonomische Vorgehensweise eingeführt. Basis sind die mikroökonomische Verhaltenstheorie, die Wettbewerbstheorie und die Theorie des Marktversagens.[22] Als Raster dient die Aufspaltung des Marktes für Gesundheitsleistungen in den Finanzierungmarkt, den Vertragsmarkt und den Leistungsmarkt. Zunächst werden ökonomische Grundkonzepte eingeführt, bevor der gesundheitsökonomische Analyserahmen der Arbeit vorgestellt wird. Darauf folgt die Identifizierung von Marktunvollkommenheiten in Märkten für Gesundheitsleistungen.

In *Kapitel 3* geht es um die inhaltliche Bestimmung der Termini Gerechtigkeit und Nachhaltigkeit als gedanklicher Grundstock für Kapitel 6. Gerechtigkeit ist ein von Polysemantik geprägter, vielschichtiger Begriff. Die zentralen Begriffspaare Leistungs- und Bedarfsgerechtigkeit sowie vertikale und horizontale Gerechtigkeit werden eingeführt und in einen konstitutionenökonomischen Rahmen mit ersten Überlegungen zu einem Leistungskatalog gebettet. Letzteres Paar kann intergenerativ und regional untersucht werden. Der zweite Teil des Kapitels beschäftigt sich mit dem Begriff der Nachhaltigkeit im Kontext von Krankenversicherungen. Es werden die zentralen Bestimmungsgrößen der „Wachstumsschere" zwischen Einnahmen und Ausgaben erläutert, insb. die demographische Entwicklung und der medizinisch-technische Fortschritt (MTF), bevor die Scherenproblematik als solche hinterfragt wird. Im Abschnitt 3.2.4.2 wird schließlich auf die Bestimmungsgrößen der Einnahmenseite der GKV zur Fundierung der späteren Analyse, insb. von Abschnitt 6.2, genauer eingegangen.

22 Marktversagen ist zu unterscheiden von Marktfehlern. Marktfehler gehen Marktversagen notwendigerweise voraus, müssen jedoch nicht hinreichend zu Marktversagen führen. In der Arbeit werden die Begriffe Marktfehler und Marktunvollkommenheit(en) synonym verwendet, wobei Marktunvollkommenheiten der weitaus gebräuchlichere Begriff ist, dennoch Marktfehler im gleichen Zusammenhang verwendet wird, vgl. Beutel (2006), S. 366-367.

Kapitel 4 beschreibt nach einer Gegenüberstellung idealtypischer Elemente der Versicherungstypen zunächst die historischen Entwicklungslinien des dualen Systems bis zum GKV-WSG. Der Schwerpunkt der Untersuchung liegt auf den Folgen des GKV-WSG für die Koexistenz von GKV und PKV. Es geht hier nicht allein um eine wie schon häufig erfolgte separate Darstellung der Neuerungen für die GKV und die PKV, sondern immer auch um die wechselseitigen Wirkungen des GKV-WSG auf das Verhältnis zwischen GKV und PKV. Das Kapitel endet mit einer Zusammenfassung der Beziehung zwischen GKV und PKV nach dem GKV-WSG und beurteilt diese in einer Gegenüberstellung anhand der idealtypischen Merkmale der Versicherungstypen in Deutschland.

In *Kapitel 5* wird das in Kapitel 2 vorgestellte Instrumentarium mit Fokus auf allokative Effekte auf das duale Krankenversicherungssystem angewendet. Für die Allokationseffizienz entscheidend sind Art und Ausmaß des Wettbewerbs sowie Verhaltensanreize auf Versicherer, Versicherte und Leistungserbringer. Die Marktunvollkommenheiten des dualen Systems in Gänze sowie der Subsysteme werden detailliert Teilmarkt für Teilmarkt untersucht, bevor in einem Fazit die Allokation im dualen System insgesamt bewertet wird. Der Systemwettbewerb wird anhand der Entscheidungssituation eines potenziellen Neukunden der PKV dargestellt. Marktunvollkommenheiten beruhen maßgeblich auf der Intensität des Wettbewerbs sowie Moral Hazard und Angebotsinduktion, die wiederum Folgen idealtypischer Elemente sind. Mit der normativen Analyse geht die Beschreibung der Versicherungstypen einher.

Überlegungen zu Implikationen des deutschen Krankenversicherungssystems auf Gerechtigkeit und Nachhaltigkeit sind Inhalt von *Kapitel 6*. Analog zu Kapitel 4 wird im ersten Teil die Finanzierungs- und die Leistungsseite daraufhin untersucht, inwiefern es im dualen System zu Ungerechtigkeiten kommt. Im Fokus steht der Versicherte respektive der Patient. Der zweite Teil von Kapitel 6 ist mit Nachhaltigkeit überschrieben und ergänzt die statische Analyse der Allokation in Kapitel 5. Stichworte in diesem Zusammenhang sind Zweiklassenmedizin, die Debatte „Kapitaldeckungsverfahren versus Umlageverfahren“ und Generationengerechtigkeit. Wie in Kapitel 5 wird normativ und positiv untersucht.

Für den eiligen Leser wird v. a. das *Kapitel 7* empfohlen. Im letzten Inhaltsteil werden die Erkenntnisse der Kapitel 5 und 6 im Rahmen der nationalen und europäischen Rechtsprechung in normative Vorschläge zur Optimierung des deutschen Krankenversicherungssystems gegossen. Kapitel 7 ist bewusst nicht mit *dual* überschrieben, da eine Auflösung des dualen Systems zweier Vollversicherungen durch die Integration beider Versicherungstypen eine wichtige Reformoption darstellen kann. Das auf Basis der Best-Of Elemente der Versicherungstypen entwickelte Reformmodell wird schließlich politökonomisch bewertet und auf Umsetzbarkeit untersucht.

Die Arbeit schließt mit einer *Zusammenfassung* der wesentlichen Erkenntnisse und einer *Einordnung der Reformvorhaben* der *konservativ-liberalen Regierungskoalition* für die 17. Legislaturperiode in Bezug auf das deutsche Krankenversicherungssystem.

2 Der gesundheitsökonomische Analyserahmen

2.1 Methodik der gesundheitsökonomischen Analyse

Die Gesundheitsökonomik ist eine Bindestrich-Ökonomik. Demzufolge werden ökonomische Fragestellungen, Menschenbilder oder Methoden auf die Analyse der Gesundheitsversorgung bezogen. Daher ist es sinnvoll, zunächst die ökonomische Sichtweise zu erläutern, um vom Allgemeinen schließlich zum Speziellen überzugehen. Eine allgemein gültige Definition von Gesundheitsökonomik liegt nicht vor, *Schulenburg* und *Greiner* beschreiben sie als ein Konglomerat ökonomischer Methoden, die aufs Gesundheitswesen angewendet werden: „Gesundheitsökonomik ist die umfassende ökonomische Analyse der Interdependenzen und Verhaltensweisen sowie der Produktionsbedingungen im Gesundheitswesen. Die Gesundheitsökonomik hilft bei der Lösung der generelle [!] Allokationsfrage, welche Möglichkeiten die Gesellschaft dem Gesundheitswesen geben kann, um die Versorgung der Kranken vorzunehmen."[23] Weiter betrachten sie Gesundheitsökonomik als mikroökonomische Subdisziplin, die angereichert wird mit Elementen der Informationsökonomik, Politischer Ökonomie, Ordnungstheorie und -politik.[24] Die einzelnen Herangehensweisen überschneiden sich inhaltlich, Unterscheidungskriterium sind die jeweils typischen Perspektiven.

Anders als z. B. die Bindestrich-Ökonomiken Automobilwirtschaft, Politische Ökonomik oder Ökonomik des Rechts ist die wirtschaftliche Lehre der Gesundheit in mehrfacher Hinsicht schwer zu fassen. Erstens handelt es sich bei dem Gut Gesundheit um ein ethisches Gut, bei dem viele Menschen wirtschaftliche Überlegungen nicht akzeptieren. Zweitens fragen die Menschen Gesundheit nicht direkt nach, sondern indirekt über Gesundheitsleistungen. Drittens ist der Begriff der Gesundheit schwer zu fassen, da Gesundheit eine starke subjektive Komponente beinhaltet. Die Angst vieler vor einer eindimensionalen Ökonomisierung der Gesundheit ist nachvollziehbar. Dennoch ist die Anwendung der ökonomischen Theorie auf den Gesundheitsbereich wichtig und über die Jahre fruchtbar gewesen. Nicht zuletzt wegen seiner gesundheitsökonomischen Publikationen gewann *Arrow* den Nobelpreis.[25] Da das duale Krankenversicherungssystem gesundheitsökonomisch betrachtet werden soll, werden in der Folge

---

23 Schulenburg und Greiner (2000), S. 33.

24 Vgl. Schulenburg und Greiner (2000), S. 17-30.

25 Seinen bahnbrechenden Aufsatz „Uncertainty and the Welfare Economics of Medical Care" veröffentlichte er bereits im Jahr 1963, vgl. Arrow (1963). Ohne Anspruch auf Vollzähligkeit seien aus dem angelsächsischen Sprachraum die berühmten Gesundheitsökonomen Robert Evans, Viktor Fuchs, Michael Grossmann und Tony Culyer genannt. Das Geburtsjahr der deutschen Gesundheitsökonomik wird mit 1978 bestimmt. Zu den Pionieren in Deutschland gehören u. a. Gérard Gäfgen, Philipp Herder-Dorneich und Theo Thiemeyer sowie der Doktorvater des Autoren, Günter Neubauer. Für die Entwicklung der Gesundheitsökonomik als Fachdisziplin vgl. Schulenburg und Greiner (2000), S. 15-18.

Grundkonzepte der Ökonomik eingeführt, die für die Methodik in der Arbeit bedeutsam sind.

2.1.1 Ökonomischer Ansatz[26]

Im Kern jeder ökonomischen Analyse geht es um den optimalen Einsatz von *Ressourcen* zur Überwindung von *Knappheit*.[27] Ressourcen sind alle Bestände an Produktionsfaktoren, die als Inputs bei der Produktion von *Gütern* eingesetzt werden können. Güter wiederum sind alle materiellen und immateriellen Dinge wie Dienstleistungen, die *Bedürfnisse* der Menschen befriedigen können. Bedürfnisse sind dabei Ausdruck eines generellen Mangelempfindens, der Begriff des *Bedarfs* beschreibt die konkreten Bedürfnisse nach bestimmten Gütern. Kann der Bedarf durch eine entsprechende Kaufkraft befriedigt werden, so spricht man von *Nachfrage*.

Ressourcen sind begrenzt, selbst im Paradies, Nirwana oder Schlaraffenland können nicht alle Bedürfnisse der Menschen befriedigt werden, da sich bspw. die menschliche Aufmerksamkeit nur begrenzt auf andere Personen richten kann. Knappheit ist realiter ein ubiquitäres allgegenwärtiges Phänomen, dem der ökonomische Begriff freier Güter nicht entgegensteht. *Freie Güter* sind gekennzeichnet durch Nichtrivalität im Konsum bei gleichzeitiger Nichtausschließbarkeit. Musterbeispiele sind die Luft zum Atmen oder Sand in der Wüste. Da freie Güter bezogen auf einen bestimmten Ort und eine bestimmte Zeit in ausreichendem Maße zur Verfügung stehen, haben sie keinen Preis als Knappheitsindikator. Alleine die Relativierung zu einer bestimmten Zeit und Lokalität verdeutlichen die Omnipräsenz knapper Güter. Das Musterbeispiel Luft zum Atmen ist in der heutigen Zeit bei genauerem Hinsehen ungeeignet. Knappheit kann nur überwunden werden, wenn man den Begriff relativ versteht. Eine absolute Überwindung aller Bedürfnisse zu jeder Zeit allerorts ist nicht möglich. So verstanden ist die

---

26 Der ökonomische Ansatz ist elementares Grundwissen jedes wirtschaftswissenschaftlichen Studiums. Der Autor ist mit den Werken von Heertje und Wenzel und Schumann et al. sowie später Neubauer groß geworden, vgl. Heertje und Wenzel (1997); Neubauer, G. (2004b); Schumann et al. (1999).

27 Im wohl bekanntesten Lehrbuch der Ökonomik „Economics" von Samuelson und Nordhaus wird der Kern der Volkswirtschaftslehre so beschrieben: „Volkswirtschaftslehre ist die Wissenschaft vom Einsatz knapper Ressourcen durch die Gesellschaft zur Produktion wertvoller Wirtschaftsgüter und von der Verteilung dieser Güter unter ihren Mitgliedern", Samuelson und Nordhaus (1998), S. 28. Während im Englischen „Economics" allein für Volkswirtschaftslehre gebraucht wird, unterscheidet man im Deutschen die Wirtschaftswissenschaft in Volkswirtschaftslehre und Betriebswirtschaftlehre. Die Volkswirtschaftslehre untersucht die für die Arbeit grundlegenden wirtschaftlichen Zusammenhänge in einer Gesellschaft, sowohl in Bezug auf einzelne wirtschaftende Einheiten (ein Haushalt = Mikroökonomie) als auch gesamtwirtschaftlich (Haushalte im Aggregat = Makroökonomie). Die Betriebswirtschaftslehre befasst sich mit den wirtschaftlichen Zusammenhängen einzelner Unternehmen und liefert Erkenntnisse für betriebliche Strukturen und Prozesse, vgl. bspw. Gabler-Verlag (2010j); Wikipedia (2010k).

Aufgabe der Ökonomie die beste Reduzierung von Knappheit. Dabei ist Richtschnur das *ökonomische Prinzip*, formuliert als maximaler Output bei gegebenem Input (Maximalprinzip) oder auch formuliert als Minimalprinzip bei gegebenem Output minimalen Input zu benötigen.

2.1.1.1 Vollkommener Markt

In einer von Knappheit gekennzeichneten Welt müssen die Menschen wirtschaften. Dabei geht es um drei basale Kernfragen: [28]

- Was wird in welcher Menge produziert?
- Wie wird produziert?
- Wie werden die produzierten Mittel aufgeteilt?

Die ersten beiden Fragen betreffen die *Allokation* von Gütern. Die Allokation ist dann optimal, wenn das ökonomische Prinzip erfüllt wird, was synonym mit dem Begriff *Effizienz* beschrieben wird. Effizienz wird unterschieden in *Kosteneffizienz*, *technische Effizienz*[29] und *Allokationseffizienz*.[30] Technische Effizienz bedeutet, dass jeder in eine Produktionsfunktion eingehenden Kombination von Ressourcen der maximal herstellbare Ertrag zugeordnet wird. Bei gegebener Produktionstechnik kann von keinem Gut mehr hergestellt werden, ohne nicht gleichzeitig die Produktion eines anderen Gutes einzuschränken. Kosteneffizienz liegt vor, wenn man ein gegebenes Produkt mit minimalem Faktoreinsatz produziert. Damit ist bei technischer Effizienz automatisch Kosteneffizienz gegeben. Um auch die erste Frage beantworten zu können, benötigt man Allokationseffizienz, bei der die richtigen Güter in der richtigen Menge produziert werden.

Ein häufig verwendeter Begriff in diesem Zusammenhang ist *Pareto-Optimalität*. Pareto-Optimalität ist immer dann gegeben, wenn man niemanden besser stellen kann, ohne mindestens einen anderen schlechter zu stellen. Dementsprechend sind alle drei Effizienzbegriffe Voraussetzung von Pareto-Optimalität. Der Begriff ist ein Grundpfeiler der *Wohlfahrtsökonomik*, die gleichzeitig die optimale Allokation und bestmögliche *Distribution* untersucht, um eine bestmögliche Versorgung oder synonym Wohlfahrt der Menschen zu erreichen. Bei der dritten Frage geht es nun um die Distribution der produzierten Güter. Während die ersten beiden Fragen eindeutig hergeleitet werden können, kann hingegen die Frage nach der optimalen Verteilung des Produktionsergebnisses je nach Gerechtigkeitsvorstellungen anders beantwortet werden. Die Distribution lässt sich von der Allokation trennen. Wenn bereits vor dem Beginn der

---

28 Vgl. Heertje und Wenzel (1997), S. 9.

29 Auch Produktionseffizienz genannt.

30 Auch Tauscheffizienz genannt.

Marktaktivitäten eine effiziente, unverzerrende Umverteilung vorgenommen wird, kann jedes beliebige Marktgleichgewicht erreicht werden.[31]

Dies ist auch ein Grund dafür, wieso der *Erste Hauptsatz der Wohlfahrtsökonomik*, demnach immer dann eine pareto-optimale Allokation gegeben ist, wenn ein vollkommener Markt vorliegt, um den *Zweiten Hauptsatz der Wohlfahrtsökonomik* ergänzt wurde: Geeignete Kompensationen sind die notwendige Voraussetzung dafür, dass möglichst viele Gesellschaftsmitglieder an einer pareto-optimalen Allokation über den Marktmechanismus partizipieren.[32]

Der Zweite Hauptsatz besagt, dass bei Wahrung der Erstausstattung via Umverteilung pareto-optimale Marktgleichgewichte folgen. In der neuen ökonomischen Terminologie wurde synonym der Begriff der *property rights* als Handlungsrechte von Personen geprägt.[33] Welches Pareto-Optimum das Beste ist, versucht man mit dem Konzept sozialer Wohlfahrtsfunktionen zu bestimmen.[34] Zusätzlich zu einem simultanen Tausch-Produktions-Optimum und der sich daraus ergebenden Kontraktkurve, welche in eine Nutzenmöglichkeiten-Kurve bestehend aus Kombinationen der Nutzen der Individuen in den optimalen Zuständen mündet, muss die soziale Wohlfahrt maximiert sein. Ist eine eindeutige Lösung möglich, so ergibt das sog. *Optimum Optimorum* eine optimale Erstausstattung und damit eine eindeutige Handlungsanleitung für Umverteilung.[35]

Der Terminus *Markt* bezeichnet das funktionelle Zusammentreffen von Angebot und Nachfrage. Der Koordinationsmechanismus ist das *Preissystem*. Dieses gibt an, auf

---

31 Unverzerrende Umverteilung geschieht in der ökonomischen Theorie durch Pauschalen, sog. lump sum Transfers. Für die mathematisch-formale Herleitung siehe Arrow und Debreu (1954).

32 Viele Ökonomen beschränken sich auf die Allokation, da die Distribution und Teile der sozialen Wohlfahrtstheorie wie gesellschaftliche Wohlfahrtsfunktionen Werturteile enthalten. Zwischen Schmoller und Weber kam es Anfang des 20. Jahrhunderts darüber zum Werturteilsstreit, vgl. bspw. Engelkamp und Sell (2003), S. 330-332.

33 Property rights werden auch als Verfügungsrechte bezeichnet und differenzieren den Eigentumsbegriff. Die Theorie der Verfügungsrechte unterscheidet folgende Verfügungsrechte: usus: das Recht eine Sache zu benutzen; usus fructus: das Recht an den Erträgen; abusus: das Recht, die Sache in Form und Aussehen zu verändern; ius abutendi: das Recht, die Sache zu veräußern. Für einen Überblick vgl. Gabler-Verlag (2010i). Pionierarbeiten zu den property rights sind Coase, R. (1960); Demsetz (1967).

34 Eine gute Zusammenfassung mit verschiedenen Typen von Wohlfahrtsfunktionen gibt Gabler-Verlag (2010c). Für eine Lehrbucheinführung siehe Schumann et al. (1999), S. 252-254,266-268. Die Menge aller Pareto-Optima wird als Kontraktkurve oder Wohlstandsgrenze bezeichnet.

35 Prominentester Kritiker der Wohlfahrtsökonomik ist in seiner Dissertation Arrow, dem Condorcet zeitlich noch voraus war, siehe für die nach den beiden benannten Abstimmungsparadoxa Arrow (1951); Condorcet (1785). Bisher ist es noch nicht gelungen, ein Optimum Optimorum theoretisch eindeutig zu bestimmen. Die Wohlfahrtsökonomik ist also im Versuch gescheitert, eine eindeutige Antwort auf Verteilungsfragen zu geben.

welche Menge des einen Gutes man verzichten muss, um eine Einheit des nachgefragten Gutes zu erhalten. Marktwirtschaften sind dadurch gekennzeichnet, dass die Güterverteilung ausschließlich nach der Kaufkraft der Konsumenten erfolgt.[36] Kommt es zu einer Deckung von Angebot und Nachfrage, so findet ein freiwilliger *Tausch* statt. Jeder bestimmt für sich frei, was er produziert und was er konsumiert.[37] Getauscht werden kann nur *Eigentum*, was neben Freiheit im Sinne von *Vertragsfreiheit* wesentliches Merkmal eines Marktes ist. Die Anbieter und Nachfrager stehen in Konkurrenz oder *Wettbewerb* zueinander.[38] Unter Wettbewerb ist allgemein das Streben von zwei oder mehr Personen nach einem Ziel zu verstehen, bei dem nur einer das Ziel voll erreicht. Auf diese Weise kommt es in einem vollkommenen Markt, der gekennzeichnet ist durch[39]

- ein Polypol (viele Anbieter, viele Nachfrager),
- vollkommene Markttransparenz,
- homogene Güter (persönlich, sachlich, räumlich und zeitlich homogene Präferenzen),[40]
- vollkommene Input- und Gütermobilität,
- keine Transaktionskosten (Kosten durch die Benutzung des Marktes),
- eine unendlich hohe Reaktionsgeschwindigkeit auf dem Markt und
- einen offenen Marktzugang,

36 Als Gegenpol verteilt der Staat in Zentralverwaltungswirtschaften den volkswirtschaftlichen Output an die Bevölkerung. Während der Preis als Knappheitsindikator in freien Märkten Angebot und Nachfrage fungiert, muss der Staat in einer reinen Planwirtschaft unzählige Zuteilungsentscheidungen treffen. Da dies unmöglich ist, existierte nie eine reine Planwirtschaft.

37 Siehe für fundierte Auseinandersetzungen mit dem Wechselverhältnis zwischen Freiheit, Markt und Wettbewerb Hayek (1960); Sen (1993).

38 Der Urvater der modernen Ökonomik, Adam Smith, systematisierte als erster den Wettbewerb als Grundpfeiler des Wirtschaftens in seinem ökonomischen Hauptwerk „Wealth of Nations", vgl. Smith (1976/1776). Als Moralphilosophieprofessor schrieb er vorher das Buch „A Theory of Moral Sentiments", was zusammengenommen die Verschränkung zwischen Ethik und Ökonomie in der Person des wohl bekanntesten Ökonomen und eben auch Ethiker Adam Smith verkörpert.

39 Es gibt viele Darstellungen der Bedingungen eines vollkommenen Marktes, der auch oft als vollkommene Konkurrenz bezeichnet wird. Hier wird sich an die erste Bezeichnung gehalten, da vollkommene Konkurrenz auch für Polypol verwendet wird. Es wird auf Neubauer rekurriert, vgl. Neubauer, G. (2004b), S. 42-43. Eine frühere stringente Beschreibung des vollkommenen Wettbewerbes findet sich bei Knight, der ausgehend von vollkommener Information vier Bedingungen vollkommenen Wettbewerbes festlegt, vgl. Knight (1921), S. 76-79. Knight schrieb auch: „The critical reader of general economic literature must be struck by the absence of any attempt accurately to define that competition", Knight (1997), S. 49.

40 Streng genommen handelt es sich bei heterogenen Gütern nicht um den gleichen Markt. Beeinträchtigungen der anderen Voraussetzungen sind daher als Marktunvollkommenheiten zu sehen, heterogene Güter nicht. Ein Gleichgewichtspreis bei heterogenen Gütern ist ein Zeichen für Ineffizienz.

zu einer *Markträumung*, bei der jeder Nachfrager mit einer Kaufkraft oberhalb des Gleichgewichtspreises die von ihm nachgefragte Menge des Gutes erhält. Hinzu kommt noch die Annahme rational agierender Akteure, d. h. Individuen maximieren ihren Nutzen und Unternehmen ihre Gewinne.

2.1.1.2 Kritik am vollkommenen Markt

Markt und *Wettbewerb* sind *nicht synonym*.[41] Der Markt ist eine Institution respektive ein Ort, auf dem es bspw. über Wettbewerb zu einem Austausch von Angebot und Nachfrage kommt, die sog. Markträumungsfunktion des Wettbewerbs.[42] Die Marktteilnehmer stehen in Wettbewerb um knappe Güter zueinander, die Nachfrager untereinander durch die Kaufkraft und die Anbieter um die günstigste Produktionsweise. Letzteres beschreibt die Entdeckungs- oder Fortschrittsfunktion, was wiederum eine der Wettbewerbsfunktionen ist.[43] Die neoklassische Wettbewerbstheorie ist eine Gleichgewichtstheorie, da bei vollkommenem Wettbewerb paradoxerweise kein Preiswettbewerb mehr möglich ist.[44] Jede Abweichung vom Gleichgewichtspreis führt zu Verlusten der Anbieter: Ist der Preis zu hoch, verkaufen sich die Produkte nicht, ist er zu niedrig, machen die Hersteller Verluste. In dieser Welt liegt statische Effizienz vor. Fortschritt respektive Innovationen sind damit ausgeschlossen.[45]

Aus der Kritik des statischen Wettbewerbskonzeptes entstand Mitte des 20. Jahrhunderts die Wettbewerbstheorie als Teilgebiet der Mikroökonomik.[46] Ziel der Wettbe-

---

41 Die Konzepte Markt und Wettbewerb werden tiefer als in den genannten Lehrbüchern dargestellt von Greß, vgl. Greß (2002), S. 44-98. Als weitere wichtige Quelle dient das Lehrbuch von Fritsch et al., vgl. Fritsch et al. (1999), S. 5-90. Einen terminologischen Schwerpunkt auf die beiden Begriffe setzt auch Wüstrich in seiner gesundheitsökonomischen Dissertation, vgl. Wüstrich (1994). Konzise beschreibt Friederich den Wettbewerbsbegriff, vgl. Friederich (2005), S. 178-192. Bereichernd sind auch die relevanten Passagen bei Warns, vgl. Warns (2009), S. 33-49.

42 Nach Weber sind die beiden konstituierenden Merkmale des Marktes Wettbewerb und Tausch, vgl. Weber, M. (1921/1988), S. 382.

43 Hayek unterscheidet in Entdeckungsfunktion und Disziplinierungsfunktion wie hier verstanden als Markträumungsfunktion, vgl. Hayek (1968). Weitere Wettbewerbsfunktionen nach der Innovationsverbreitungsfunktion und der Markträumungsfunktion sind gemäß Grossekettler die Renditenormalisierungsfunktion und die Übermachterosionsfunktion, vgl. Grossekettler (1987), S. 183-188. Letztere wiederum bezeichnet Eucken als Entmachtungsfunktion, vgl. grundlegend Eucken (1941/1947). Auf den Punkt bringt es Böhm: „das genialste Entmachtungsinstrument der Geschichte“, Böhm (1961), S. 22.

44 Für eine technische Herleitung des allgemeinen Gleichgewichts siehe grundlegend Arrow und Debreu (1954).

45 Eine genaue Abgrenzung erfolgt in Abschnitt 3.2.3.1.

46 Wichtige Pioniere sind für die in den 20er und 30er Jahren des 20. Jahrhunderts entwickelte Theorie des monopolistischen Wettbewerbs Chamberlin, Robinson und Sraffa. Kern der Er-

werbspolitik war es, Anzahl und Ausmaß der Marktunvollkommenheiten zu minimieren und so einen *funktionsfähigen Wettbewerb* (*workable competition*) zu ermöglichen.[47] Mit der sog. *Gegengiftthese*, auch bekannt als *Theorie des Zweitbesten*, können nach *Clark* auf einem Markt vorhandene Unvollkommenheiten durch das Vorliegen anderer Unvollkommenheiten geheilt werden.[48] Hauptproblem der Theorie des Zweitbesten ist die Unterscheidung zwischen wünschenswerten und unerwünschten Marktunvollkommenheiten.

Eine andere Antwort auf die neoklassischen Schwächen ist die *Marktprozesstheorie*, die in den Mittelpunkt die ungleiche Verteilung von Wissen in der Gesellschaft stellt. Im Unterschied zur Theorie des Zweitbesten sind nicht statische Ziele wie Allokationseffizienz vorgegeben, sondern allein die sinnvolle Nutzung von Information. Produzenten wie auch Konsumenten haben unterschiedliche Informationsstände, was besonders in Versicherungsmärkten und damit für die gesundheitsökonomische Analyse bedeutsam ist. Der Charme der Theorie liegt nicht zuletzt in der Befriedigung unbekannter Bedürfnisse sowie der Betonung der individuellen Freiheit. Weiter begründet die Marktprozesstheorie die fundamentalste Kritik gegenüber planwirtschaftlichen Regimes.[49]

Beiden Weiterentwicklungen der neoklassischen Theorie liegt das *Primat des Marktes* zugrunde, das grundsätzlich von der Überlegenheit des Marktes ausgeht. Selbst wenn es zu Marktfehlern kommt, ist ein Eingreifen des Staates genau zu überlegen.[50]

Monopolistische Pioniergewinne aufgrund einer temporären Vorzugsstellung sollen weder in der Theorie des Zweitbesten noch in der Marktprozesstheorie also nicht immer und nicht sofort wieder abgebaut werden, da dadurch der Wettbewerb verstärkt und Platz für *Innovationen* geschaffen wird. Die *dynamische Perspektive* wurde prominent von Schumpeter in seiner Theorie der wirtschaftlichen Entwicklung formuliert und pointiert bezeichnet als kreative oder schöpferische Zerstörung.[51] Erst durch Inno-

---

weiterung war die Abkehr vom Polypol und die Betrachtung des Nichtpreiswettbewerbs, vgl. Chamberlin (1975); Robinson (1975); Sraffa (1968); Stackelberg (1934). Hinzu kommt der Strang des funktionsfähigen Wettbewerbs, eingeführt in den 1940er Jahren von Clark, vgl. für den bestimmenden Aufsatz Clark (1940), S. 241-256.

47 Den deutschen Begriff des funktionsfähigen Wettbewerbs und die Einführung desselbigen in die deutschsprachigen Regionen vollzog Kantzenbach (1967).

48 „Wenn es für den vollkommenen Wettbewerb fünf...Bedingungen gibt, und ... die erste fehlt ... ist es a priori durchaus möglich, dass ... ein wirklich zufriedenstellendes Resultat ... davon abhängen [kann, dass] bei den anderen ... ein gewisses Maß an Unvollkommenheit erreicht wird“, vgl. Clark (1975).

49 Prominentester Vertreter der Marktprozesstheorie ist Hayek, vgl. grundlegend Hayek (1976).

50 Die Bedeutung des funktionsfähigen Wettbewerbs für die Marktwirtschaft formuliert Röpke eindringlich: „Der freie und echte Wettbewerb ist der Marktwirtschaft so wesentlich, daß wir sie eine Wettbewerbswirtschaft nennen können“, Röpke (1965), S. 31.

51 Vgl. Schumpeter, J. (1912). Der geflügelte Begriff der schöpferischen Zerstörung wird expressis verbis später von ihm eingeführt: „This process of Creative Destruction is the essential fact

vationen kommt es zu Wirtschaftswachstum und damit einer Erhöhung des Wohlstands respektive der Wohlfahrt in der Gesellschaft. Ist eine Volkswirtschaft nicht innovationsfähig, stagniert sie. Man spricht in diesem Zusammenhang auch von dynamischer Effizienz, durch die letztendlich das relative gesamtwirtschaftliche Optimum in immer wieder neue Optima überführt wird. Je geringer die Kosten des Übergangs in einen besseren Zustand sind, umso höher ist die dynamische Effizienz.[52]

Menschen kaufen Güter nur, wenn sie diese wollen.[53] Dies ist in einem vollkommenen Markt gegeben, dessen Marktteilnehmer das *Menschenbild* eines *homo oeconomicus* zugrunde liegt. Dieser Menschentyp ist gekennzeichnet dadurch, dass er

- eigeninteressiert und
- rational handelt,
- seinen eigenen Nutzen maximiert,
- auf Restriktionen reagiert,
- feststehende Präferenzen hat und
- über (vollständige) Information verfügt.[54]

Hauptmerkmal des homo oeconomicus ist seine Fähigkeit zu uneingeschränktem rationalen Verhalten.[55] Zusammen mit dem Erklärungsansatz des *methodologischen Individualismus* steht das Individuum im Mittelpunkt der Analyse von sozialen Aus-

---

about capitalism", Schumpeter, J. A. (1942), S. 83. In seinem Werk „Competition as a dynamic process" integriert Clark die Schumpeter'sche Theorie der kreativen Zerstörung, vgl. Clark (1961).

52 Vgl. wiederum Schumpeter, J. A. (1942).

53 Dies schließt jedoch nicht aus, dass Bedürfnisse zeitlich vorgelagert „erzeugt" werden. Die planmäßige Marktausweitung ist Inhalt des Marketings, vgl. Nieschlag et al. (1991), S. 9-11. Marketing gehört nicht zur Volkswirtschaftslehre, sondern ist eine Teildisziplin der Betriebswirtschaftslehre, vgl. daher auch Wöhe (1996), S. 599-600.

54 Nach Franz (2004), S. 4.

55 Es ist nicht sinnvoll, bei unvollkommener Information gleich die Annahme der Rationalität wirtschaftlichen Verhaltens aufzugeben. Aus diesen Überlegungen entstand die v.a. von Simon entwickelte Theorie begrenzter Rationalität. Bezogen auf informationsökonomische Probleme bedeutet dies, dass Simon im Unterschied zu anderen Theorien rationalen Verhaltens auch Einschränkungen der Rationalität durch die begrenzte Informationsaufnahme und –verarbeitungskapazität des Individuums berücksichtigt. Der Akteur handelt von seiner Absicht her rational. Handlungsmaxime ist damit die Erreichung eines zufrieden stellenden Anspruchsniveaus, vgl. Simon, H. A. (1972). Nach Popper handelt das Individuum aufgrund der „Situation des Handelnden", psychologische Verhaltensgesetze als Kennzeichen reduktionistischer Ansätze spielen keine Rolle, Popper (1973), S. 199. Die Situation enthält „alle relevanten Ziele und alles zur Verfügung relevante Wissen", Popper (1997), S. 352.

tauschbeziehungen, spezieller ökonomischer Wahlhandlungen.[56] Die soziale Dimension ist hierbei nur ein begriffliches Konstrukt. Der Einzelne handelt als Eigeninteresse-Maximierer und wählt bei mehreren Entscheidungsmöglichkeiten die Option mit den niedrigsten Opportunitätskosten, d. h. den Kosten aus dem entgangenen Nutzen aus anderen Möglichkeiten.[57]

Die ökonomischen Grundkonzepte und insb. das Primat des Marktes bilden das Referenzmodell für alle Bindestrichökonomien. Marktfehler müssen zwingend nachgewiesen werden, bevor man an staatliche Eingriffe wie Regulierung oder gar direkte Steuerung denkt. Dies gilt auch für die Gesundheitsökonomik. Der marktliche Referenzrahmen erlaubt die Untersuchung der Marktfähigkeit von Gesundheitsgütern und lässt Aussagen über die Allokation respektive effiziente Herstellung und Verteilung der Güter zu.

Die *Versicherungsökonomik* als Bindestrich-Ökonomik spielt für eine Arbeit, die Krankenversicherungssysteme untersucht, eine besondere Rolle.[58] Individuen sind i. d. R. risikoscheu oder synonym risikoavers: Sie ziehen Sicherheit Unsicherheit vor.[59] Der Wunsch nach Sicherheit führte zur Gründung von Versicherungen, die auf *Versicherungsmärkten* angeboten werden und die durch die gemeinsame Tragung von Risiken eines Kollektivs durch das Gesetz der großen Zahl das Gesamtrisiko gegenüber der Summe der voneinander unabhängigen Einzelrisiken verringern können.[60] Das Risiko schwankender Ergebnisse verringert sich mit steigender Kollektivgröße. Der risikomindernde Effekt einer gemeinsamen Tragung von Risiken in einem Kollektiv wird als Risikoausgleich im Kollektiv bezeichnet. Ein großes Kollektiv kann die Versicherungsleistung somit günstiger erbringen als ein kleineres.[61] Neben den Funk-

56 Im Gegensatz geht der methodologische Kollektivismus oder Holismus von sozialen Interaktionen aus, die mehr sind als die einzelnen individuellen Handlungen, vgl. Brodbeck (1968), S. 283. Ausführlicher findet sich die Unterscheidung in Ruckdäschel (2000), S. 38-43.

57 Eigeninteresse ist verwandt mit Egoismus und hat häufig eine negative Konnotation. Jedoch schließt Eigeninteresse auch Altruismus mit ein, da das Wohl anderer oft auch dem eigenen Wohle zuträglich ist. Der Altruismus ist eine Art Spielart des Egoismus. Becker formuliert dies so: „altruistic behavior can be selected as a consequence of individual rationality", Becker, G. S. (1976), S. 818.

58 Die Ökonomik von Versicherungen wird hier nur gestreift, da sie einmal Lehrbuchwissen ist und ferner im Laufe der Arbeit immer wieder auftaucht. Es geht an dieser Stelle um die ökonomischen Grundkonzepte, für eine vertiefte Beschäftigung eignen sich insb. die beiden Standardwerke Schulenburg (2005); Zweifel und Eisen (2003). Für eine betriebswirtschaftliche Behandlung des Themas siehe Farny (2006).

59 Eine frühe analytische Begründung findet sich in Friedman und Savage (1948), S. 279.

60 Bei Risiko oder englisch risk sind die Eintrittswahrscheinlichkeiten der möglichen Ereignisse bekannt, wogegen diese bei Ungewissheit oder englisch uncertainty unbekannt sind. Geprägt wurde diese Abgrenzung von Knight, vgl. Knight (1921), S. 233.

61 Farny fasst dies zusammen mit: „Versicherung ist die Deckung eines im einzelnen ungewissen, insgesamt geschätzten Mittelbedarfs auf der Grundlage des Risikoausgleichs im Kollektiv und

tionen der effizienten Risikoallokation und Sicherung des Vermögens werden in risikoäquivalenten Versicherungen wie der PKV die Funktion der Kapitalakkumulation und die Kontrolle des Eingehens von Risiken erfüllt. Sozialversicherungen wie die GKV hingegen fungieren zusätzlich als Ausgleich der Einkommen über den Lebenszyklus und können den Staat finanziell entlasten, wie bspw. durch die Verhinderung wie Trittbrettfahren durch die Inanspruchnahme von Sozialhilfe. Durch Versicherungen werden Projekte oft erst unternommen, die sonst an Risikoaversion gescheitert wären.[62]

Von den *Voraussetzungen* eines *vollkommenen Marktes* sind i. d. R. *mehrere nicht erfüllt* und / oder ist kaum eine Voraussetzung vollständig gegeben. Es wurde aber auch festgestellt, dass die Erfüllung aller Voraussetzungen dynamisch ineffizient ist: Ein Polypol ist nicht immer optimal, Markttransparenz kann Fortschritt erschweren, Produktdifferenzierungen helfen der Heterogenität der Bedürfnisse gerecht zu werden. Interessant für die Beurteilung eines optimalen Allokationsarrangements ist, inwieweit die Existenz der Institution Markt mit dem Koordinationsmechanismus Wettbewerb volkswirtschaftlich teurer kommt als z. B. das Gegenmodell der Zentralverwaltungswirtschaft.[63] Diese Fragestellung ist Kern der *Transaktionskostenökonomik*.[64] Transaktionskosten i. e. S. sind Kosten des Vertragsabschlusses die anhand der Phasen Anbahnung, Vereinbarung, Kontrolle und Anpassung unterteilt werden können.[65] Die Transaktionskostentheorie hat direkten Bezug zu den *bestreitbaren Märkten*. Transaktionskosten können auch *sunk costs* sein und erschweren als solche den Marktzugang.

---

in der Zeit“, Farny (2006), S. 8. Mehrere Definitionen führt Schulenburg auf, vgl. Schulenburg (2005), S. 32-33.

62 Für die Versicherungsfunktionen vgl. grundlegend Sinn (1988). Kürzere Beschreibungen finden sich in Warns Abschnitt 3.2.1 und Schulenburg Kapitel 5 sowie Zweifel und Eisen, vgl. Schulenburg (2005); Warns (2009); Zweifel und Eisen (2003), S. 16-20.

63 In Abschnitt 5.4 werden die Transaktionskosten der Versicherungstypen GKV und PKV als Koordinationsmechanismen verglichen.

64 Der erste, der Transaktionskosten in den Mittelpunkt rückte, war Coase: „The main reason, why it is profitable to establish a firm would seem to be that there is a cost of using the price mechanism“, Coase, R. H. (1937), S. 390. Firmen entstehen nach Coase, weil dort geringere Transaktionskosten vorliegen als im Markt. Der wirkmächtigste Ausbau der Theorie erfolgte von Williamson, Williamson (1985). Eingängig ist die Zusammenfassung von Williamson in Schumann et al. (1999), S. 473-490. Einen guten Überblick mit weiterführender Literatur und Abgrenzung zu benachbarten Theorien gibt die Dissertation von Demmler, Demmler (1992), S. 32-40. Die Transaktionskostentheorie steht im Zentrum der Neuen Institutionellen Ökonomik, die die Annahme einer Welt ohne Transaktionskosten aufgibt und vom vollkommenen Markt divergierende institutionelle Gegebenheiten nicht als historisch bedingte Irrationalitäten deutet, sondern durch das Vorliegen von Transaktionskosten zu erklären versucht, vgl. Gabler-Verlag (2010f).

65 Vgl. Picot (1982), S. 270.

Verwandt mit der Transaktionskostentheorie ist die *Agency-Theorie*, die aufgrund der hohen Relevanz in der Gesundheitsökonomik im Folgeabschnitt behandelt wird.[66]

Von den in *Abschnitt 2.1* genannten ökonomischen Forschungsansätzen wurden bisher die Politische Ökonomie und die Ordnungspolitik sowie –theorie nicht beleuchtet. Gerade diese Stränge sind im hochregulierten, von Interessengruppen und Verbänden durchsetzten Gesundheitswesen wichtig. *Politökonomische* Ansätze beruhen auf der mikroökonomischen Theorie, da bspw. Politiker ihre Wiederwahlchance oder die Anzahl der Wählerstimmen maximieren möchten. Für die Arbeit auch relevant ist als Teildisziplin der Politischen Ökonomie die *Konstitutionenökonomik*. Im Unterschied zu der primär an der Prognose von Politikerverhalten innerhalb eines gegebenen Regelsystems interessierten weiteren Politischen Ökonomie ist die Konstitutionenökonomik an den Änderungsmöglichkeiten der Regeln interessiert. Konstitutionelle Fragen sind für die Gerechtigkeitsüberlegungen in der Arbeit elementar und werden im Abschnitt 3.2 behandelt, politökonomische Überlegungen inklusive konstitutionenökonomischen Überlegungen sind bei der Beurteilung der Umsetzungschancen von Reformvorschlägen wichtig und werden in Abschnitt 7.4 angewandt.

Analog verhält es sich mit *ordnungstheoretischen* und *-politischen* Fragestellungen bzgl. der Wirtschaftsordnung: Der Wettbewerb als Allokationsmechanismus und damit die mikroökonomische Theorie liegt Marktwirtschaften zugrunde. Der Gegenpol der Zentralverwaltungswirtschaft ist zwar gerade nicht durch Wettbewerb gekennzeichnet, ist aber dennoch über die Theorien des Marktversagens berücksichtigt. Die im Gesundheitsbereich verbreitete verbandliche Steuerung wird als Mesoebene und Mischform der Gegenpole Markt und Staat in der weiteren Analyse implizit berücksichtigt. Die Effizienz der verschiedenen Steuerungsebenen, die in den beiden Krankenversicherungssystemen unterschiedlich ausgeprägt sind, erfordert eine Betrachtung der Transaktionskosten. Eine Art ordnungspolitische Sicht des dualen Systems wird als Anlehnung an Euckens regulierende und konstituierende Prinzipien im Kapitel 4 eingenommen, sonst folgt die Analysemethode eher einer Hayek'schen spontanen Ordnung, ohne explizit ordnungspolitische Untersuchungsmethoden und Termini zu verwenden.[67] Freiheit und Wettbewerb sind zwar auch bei Eucken basal, jedoch betont Hayek stärker die Eigenverantwortung und den Prozess des Wirtschaftens.

---

66 Eine kompakte Übersicht der mit unvollkommener Information verbundenen Agency-Probleme findet sich in Gabler-Verlag (2010b); (2010d). Die Agency-Theorie spaltet sich demzufolge in einen positiven Zweig (positive Agency-Theorie) und in die theoretische Prinzipal-Agenten-Theorie auf. In der Arbeit sind beide Aspekte relevant, weshalb in Folge allgemein von der Agency-Theorie gesprochen wird. Ein Vergleich von Transaktionskostentheorie und Agency-Theorie erfolgt in Schumann et al. (1999), S. 489-490.

67 Siehe für Analysen des Gesundheitswesens aus ordnungspolitischer Warte Neubauer, G. und Knappe (2008); Oberender und Fleischmann (2002); Warns (2009), S. 33-80. Eine Gegenüberstellung von Eucken und Hayek erfolgt in Ruckdäschel (2000), S. 78-103. Kompakte Informationen zum Begriff Ordnungspolitik finden sich unter Gabler-Verlag (2010j).

2.1.2 Gesundheitsökonomischer Ansatz[68]

Für viele ist die ökonomische Betrachtung von Gesundheit Anathema. Topoi wie „Gesundheit ist das höchste Gut“ oder „Gesundheit ist unbezahlbar“ gibt es zur Genüge.[69] Sicher ist ohne Gesundheit alles nichts.[70] Dennoch wird jedem sofort einleuchten, dass es auch andere existenzielle Güter gibt, auf die ebenso nicht verzichtet werden kann. Man denke nur an triviale Dinge wie saubere Luft zum Atmen oder Essen und Trinken. Es stellt sich also grundsätzlich wie bei jedem anderen Gut die Frage, wie man gegebene Mittel auf *Gesundheit u. a. Güter* aufteilt. De facto werden in hoch entwickelten Ländern oft nicht einmal 10 % des Bruttoinlandprodukts (BIP) für Gesundheit aufgewendet.

Sicher ist aus Sicht eines konkreten Individuums Gesundheit lebenswichtig. Auch gibt es viele Menschen, die bewusst gesundheitsschädigende Nebenwirkungen beim Konsum anderer Güter wie bspw. Tabak oder Alkohol in Kauf nehmen. Auf einer aggregierten Makroebene müssen politische Entscheidungen getroffen werden derart, wie viele finanzielle Mittel in die Sicherheit von nuklearen Einrichtungen fließen, wie dicht das Netz an Feuerleitstellen sein soll oder wie viele Rettungshubschrauber für eine definierte Fläche zur Verfügung gestellt werden sollen. Je nach Gewichtung ist statistisch mit mehr oder weniger Toten zu rechnen. In der Folge werden Begrifflichkeiten geklärt, die eine präzisere Auseinandersetzung mit gesundheitsökonomischen Fragestellungen erlauben.[71] Die Maximierung der Gesundheit ist erstrebenswert, konkurriert aber mit individuellen Präferenzen für andere Güter. Eigenverantwortliche Menschen im Sinne des homo oeconomicus sollten selbst darüber entscheiden, wie viel ihnen Gesundheit wert ist.

---

68 Ähnlich wie zur allgemeinen ökonomischen Theorie gibt es auch in der Gesundheitsökonomik etablierte Lehrbücher. Neben Einführungswerken für Fachfremde wie Mediziner gibt es für Ökonomen ausgelegte Bücher. Weit verbreitet ist das Lehrbuch von Breyer et. al, als eine Alternative sei weiter auf Schulenburg und Greiner hingewiesen, vgl. Breyer et al. (2005); Schulenburg und Greiner (2000). Im englischsprachigen Raum waren dem Autor in seiner gesundheitsökonomischen Ausbildung wertvoll Folland et al. (2007); Palmer und Ho (2008); Phelps (2003). Für eine tiefe Beschäftigung mit gesundheitsökonomischen Fragestellungen siehe das in 2 Bänden erschienene „Handbook of Health Economics“, vgl. Culyer, Anthony J. und Newhouse (2000). Erwähnenswert ist auch das frühe Lehrbuch Herder-Dorneich (1980).

69 Diese Aussagen werden regelmäßig in Form von Umfragen und Grußbotschaften bestätigt, vgl. Oberender und Hebborn (1994), S. 21. Eine aktuellere Umfrage ist R+V (2009).

70 Rawls bezeichnet Gesundheit als primary good, vgl. Rawls (1993). Nach Kersting sind existenznotwendige Güter transzendental oder konditional, die „nicht alles sind, alles aber ohne sie nichts ist“, Kersting (1999). Sen wiederum verwendet das Begriffspaar capabilities und functionings, wobei Gesundheit ein functioning ist, vgl. Sen (1992). Eine (leichter zu lesende) dies beschreibende deutsche Passage ist Sen (2005), S. 148-149.

71 Ausführlicher über „Für und Wider“ der Alleinstellung von Gesundheit siehe bspw. Oberender und Fleischmann (2002), S. 91-97.

2.1.2.1 Gesundheitsökonomische Begriffsbestimmung

Was ist mit Gesundheit nun eigentlich gemeint? Zwischen Wohlfühlen, schmerzfrei sein und lebensbedrohlich verletzt gibt es Abstufungen. Und selbst letzteres ist nicht absolut zu sehen, da bei mehreren lebensbedrohlich verletzten Menschen bei begrenzten Mitteln derjenige gerettet wird, der am ehesten eine Überlebenschance hat, jünger ist etc. *Gesundheit* ist nach der Definition der World Health Organization (WHO) „a state of complete physical, mental and social well-being and not merely the absence of disease or infirmity".[72] Gesundheit umfasst demnach also nicht nur physisches Wohlbefinden, sondern auch die psychische und soziale Dimension. Diese Definition ist umfassend und damit für wissenschaftliche Analysen nahezu unbrauchbar. Der Konflikt einer Priorität von Gesundheit über alle anderen Güter wurde bereits beschrieben. Ferner ist die WHO-Definition nicht operationalisierbar, da ein vollkommener Zustand des Wohlbefindens nicht greifbar ist, geschweige denn erreicht werden dürfte.[73] Auch die Definition über das Gegenteil von Gesundheit, *Krankheit*, ist schwierig. Krankheit ist ein von der Norm abweichender, nachteiliger Zustand.[74] Da die Norm nicht klar bestimmt werden kann, ist auch Krankheit abschließend undefinierbar. Eine engere Definition beschränkt Krankheit auf eine behandlungsbedürftige Abweichung von der Norm, was ökonomisch operationalisierbar im Sinne der Arbeit ist.[75] Der Wert der für die Wiederherstellung der Gesundheit nötigen Therapie kann nämlich an den Kosten für die Behandlung gemessen werden.[76]

So verstanden fragen die Kranken nicht Gesundheit nach, sondern Leistungen zur Wiederherstellung ihrer Gesundheit. Die Nachfrage nach Gesundheit ist damit eine *abgeleitete Nachfrage*.[77] In der Arbeit wird der Oberbegriff *Gesundheitsleistungen* für

---

72 Vgl. die Verfassung der WHO, WHO (2010), S. 2. Verabschiedet wurde die Verfassung der WHO im Jahr 1946. Die ärztliche Sicht mit Bezug auf die WHO-Definition beschreibt Hoppe, Präsident der Bundesärztekammer, vgl. Hoppe (2007), S. 171-174.

73 Die Kritik an der Definition der WHO wurde mannigfaltig geäußert, siehe grundlegend Callahan (1990). Er schlägt vor, die Definition wie folgt abzuändern: „state of physical well-being. That state need not to be complete, but it must at least adequate", Callahan (1973), S. 87. Positiv an der Definition der WHO ist die umfassende Betrachtung, bei der die Ursache von Krankheit nicht nur auf physische Ursachen zurückzuführen ist, vgl. Siegrist und Möller-Leimkühler (2003), S. 128.

74 Krankheit wird medizinisch analog definiert als eine Abweichung von einem physiologischen Gleichgewicht, die auf definierte Ursachen zurückgeführt werden kann, vgl. Siegrist et al. (2003), S. 3.

75 Der Normzustand ist u. a. alters-, geschlechts- und kulturabhängig, vgl. Schramm, A. (1996), S. 19.

76 Für eine detaillierte Behandlung der im Absatz angesprochenen Themen vgl. Sowada (2000), S. 5-8.

77 Vgl. Evans (1984), S. 5. Gesundheit als abgeleitete Nachfrage modellieren Breyer et al. (2005), S. 163-169.

sächliche Gesundheitsgüter und Gesundheitsdienstleistungen gebraucht. Beispiele für Gesundheitsgüter sind Hilfsmittel und Medikamente, Gesundheitsdienstleistungen umfassen die ärztliche Behandlung in der Praxis und im Krankenhaus. Gesundheitsleistungen sind also heterogen und nur begrenzt substituierbar, wie stationäre und ambulante Leistungen, die zunehmend ineinander übergehen.[78]

Mit den beiden Begriffen Gesundheit und Gesundheitsleistungen lässt sich die Bindestrich-Ökonomik besser fassen. *Gesundheitsökonomik* beinhaltet die Ökonomik der Gesundheit wie auch die Ökonomik des *Gesundheitswesens.*[79] Erstere versucht v. a., Gesundheit im Vergleich zu anderen Gütern zu bewerten und ist damit normativ. Normativ deshalb, weil ein „Sollen" und kein „Sein" im Vordergrund steht. Positive Ansätze versuchen ein „Sein", d. h. beobachtbares Verhalten, zu erklären. Analog kann man auch die *Ökonomik des Gesundheitswesens,* die der gesundheitsökonomischen Analyse der Untersuchung zugrunde liegt, unterteilen in einen positiven Ansatz, der die Menge und Qualität von Gesundheitsleistungen im Gesundheitswesen zu erklären versucht, wie sie heute bei gegebenem institutionellen Rahmen vorliegen. Daneben richtet sich der normative Zweig auf die Optimierung des Gesundheitswesens. Eine positive Betrachtung ist immer auch eine Beschreibung. Die normative Analyse geht dagegen von einem „Soll" an Gesundheitsleistungen aus und versucht Anreize zu entwickeln, mit denen man vom „Sein" zum „Soll" gelangen kann.[80]

Anreize sind ein Kernbereich der mikroökonomischen Theorie, womit die Gesundheitsökonomik in beiden Teilaspekten wiederum der Mikroökonomie subsumiert werden kann. Der Angriffspunkt von Anreizen sind i. d. R. Individuen, die sich rational verhalten.

Die beiden Ökonomiken sind eng miteinander verbunden. *Gesundheitsleistungen*, die *im Gesundheitswesen erbracht* werden, helfen Gesundheit wiederherzustellen oder zu stabilisieren. Zweifellos sind für die Produktion von Gesundheit auch viele andere Faktoren wie eine gesunde Ernährung, Hygiene oder das Bildungssystem als systembedingte Variable wichtig.[81] I. d. R. wird aber ein Mehr an Gesundheitsleistungen eine

---

78 Ausführlich beschäftigt sich Lindl in seiner Dissertation mit Gesundheitsdienstleistungen mit Augenmerk auf den internationalen Austausch. Für eine detaillierte Begriffsbestimmung vgl. Lindl (2005), S. 65-71. Siehe auch Sowada (2000), S. 19. Lesenswert ist auch die Dissertation von Schallermair, der sich mit sozialen Dienstleistungen beschäftigt, vgl. Schallermair (1999), S. 7-30.

79 Im Englischen wird unterschieden zwischen economics of health und economics of health care.

80 Eine ausführliche Darstellung der normativen Methode im Gesundheitswesen mit wohlfahrtsökonomischen Fokus findet sich bei Hurley (2000).

81 Einflussgrößen gesundheitlicher Outcomes stellt der Sachverständigenrat für die Konzertierte Aktion im Gesundheitswesen (SVRKAiG) zusammen, der zwischen individuellen und systembedingten Determinanten unterscheidet. Gesundheitsleistungen sind Teil der medizinischen Infrastruktur, die neben transsektoralen Komponenten das System darstellt. Individuell sind prädisponierende Faktoren wie Alter, Geschlecht, Krankheitsgeschichte und die Gene zu nen-

höhere Gesundheit bedeuten. Umgekehrt wird die Nachfrage nach Gesundheit umso größer sein, je kränker eine Person ist.[82]

Für die Untersuchung ist der *Zusammenhang aus Einkommen und Morbidität* bedeutsam, weil in der *PKV* die wesentlichen Personengruppen *höhere Einkommen als* in der *GKV* erzielen. Die höheren Einkommen Privatversicherter sind für Angestellte und Arbeiter mit Wahlrecht wegen der Überschreitung der VPG evident, treffen aber auch beim Vergleich von Beamten und Selbstständigen zu (Abbildung 1). In der PKV sind *gesündere Personen* versichert, was die These der Einkommensabhängigkeit von Gesundheit bestätigt.[83,84]

---

nen, die wiederum durch den sozialen Status und Lebensstil ergänzt werden, vgl. Anhang 1. Bei Männern wird der Anteil der Gesundheitsleistungen an der Gesundheit auf 10 % – 30 %, bei Frauen auf 20 % – 40 % geschätzt, vgl. SVRKAiG (2002a), Ziff. 95.

82 Der Absatz ist im Wesentlichen eine Zusammenfassung von Breyer et al. (2005), S. 11-17. Eine gesundheitssoziologische Betrachtung führt als weitere wichtige Faktoren der Produktion von Gesundheit soziale Selektion, ungleiche Inanspruchnahme medizinischer Versorgung, genetische Ausstattung und körperlichen und geistigen Dysstress (negativer Stress) auf, vgl. Jungbauer-Gans (2006), S. 93-98. Ein Forschungsprogramm zur näheren Bestimmung des Einflusses von sozio-ökonomischen Faktoren, Genen und Gesundheitsleistungen wird vorgeschlagen in Fuchs (2004).

83 Eine Untersuchung von Leinert ergab, dass in der GKV Anfang 2006 33 % der Versicherten Chroniker waren gegenüber 23 % der PKV-Versicherten. In die gleiche Richtung geht der Vergleich von Arztbesuchen: PKV-Versicherte gingen 3,2-mal in den vorangehenden 12 Monaten zum Arzt, GKV-Versicherte 4,4-mal, vgl. Leinert (2006b), S. 71-73. Vgl. für die Bestätigung der höheren Morbidität bei GKV-Versicherten auch Züngen, M et al. (2005). Subjektiv schätzten sich anteilig doppelt so viele GKV-Versicherte krank ein als PKV-Versicherte, vgl. Mielck und Kriwy (2006), S. 284. Dort weiter: Dies betrifft ausschließlich privat versicherte Männer. Da Frauen nicht tangiert sind, scheint der Gesundheitszustand nicht auf einem besonderen gesundheitsfördernden Einfluss zu beruhen (Kausationshypothese), sondern auf Risikoselektion der PKV zusammen mit höherem Einkommen, wiederum korreliert mit Bildung (Selektionshypothese), vgl. Mielck und Kriwy (2006), S. 287.

84 Evidenz für einen direkten Zusammenhang zwischen Einkommen und Morbidität führt Holze an, vgl. Holze (2009), S. 98-99. Siehe auch Sachverständigenrat zur Begutachtung der Entwicklung im Gesundheitswesen (SVRBEiG), vgl. SVRBEiG (2005), Ziff. 121. Im Rahmen der Gerechtigkeitsbewertung der GRV haben Lauterbach et. al den Zusammenhang zwischen Einkommen und Lebenserwartung untersucht. Die Lebenserwartung kann als Proxy für die Morbidität gelten. Demnach habe Männer mit einem monatlichen Bruttoeinkommen unter 1.500 Euro eine Lebenserwartung von 71,1 Jahre, während bei einem Verdienst von mehr als 4.500 Euro 80 Jahre erwartet werden können, vgl. Lauterbach et al. (2006), S. 7. Somit erhalten gesetzlich Krankenversicherte mit hohem Einkommen einen Teil ihres überdurchschnittlichen Solidarbeitrags durch die längere Lebensdauer zurück.

Abbildung 1: Durchschnittliche Einkommen in Euro je Beitragszahler (2003)

Personengruppe	GKV-Mitglieder	heute PKV-Versicherte	Alle Bürger
Insgesamt	22.658	37.098	24.618
darunter: Angestellte/Arbeiter	28.476	55.037	29.837
darunter: Beamte	35.399	36.146	36,104
darunter: GRV-Rentner	15.847	23.192	16.041
darunter: Pensionäre	20.824	26.916	24.907
darunter: Selbständige	33.422	40.879	37.428

Quelle: Leinert (2006c), S. 10. Die Zahlen basieren auf SOEP-Daten. Kinder sind in den Spalten jeweils nicht enthalten.

Bei Anwendung der ökonomischen Effizienzbedingungen sind im Gesundheitswesen oder, die ökonomische Dimension hervorhebend, auf dem *Gesundheitsmarkt* als *Betrachtungsgegenstand* der *Gesundheitsökonomie* Gesundheitsleistungen die relevanten Güter. Diese werden auf dem Gesundheitsmarkt angeboten und nachgefragt. *Kosteneffizienz* entspricht dabei der *kostenminimalen Herstellung einer bestimmten Gesundheitsleistung*. *Produktionseffizienz* ist dann die *kosteneffiziente Herstellung von Gesundheitsleistungen*, so dass durch Reallokation von Produktionsfaktoren keine „Einheit" einer Gesundheitsleistung zusätzlich hergestellt werden kann, ohne dass die Menge der anderen Gesundheitsleistungen sinkt. *Allokationseffizienz* liegt dann vor, und damit sektorale Gesamteffizienz, wenn die *richtigen Gesundheitsleistungen* in der *richtigen Menge produziert* werden. *Stimmt* darüber hinaus das *Verhältnis* zwischen *Ausgaben für Gesundheit* u. a. *Güter*, liegt *volkswirtschaftliche Allokationseffizienz* vor.[85]

Die *Problematik* im Gesundheitsmarkt ist die *Bestimmung der Nachfrage* als Ausdruck der Präferenzen der Patienten respektive Versicherten. Wie festgestellt ist die Nachfrage nach Gesundheitsleistungen eine abgeleitete Nachfrage nach Gesundheit, welche nicht perfekt miteinander korrelieren. Gesundheitsleistungen sind ferner Güter, bei denen das Marktergebnis aus Gerechtigkeitsvorstellungen stark korrigiert wird. Hinzu kommen besondere Eigenschaften von Gesundheitsleistungen wie eingeschränkte Konsumentensouveränität.[86]

Unstrittiger ist die Anwendung des Kriteriums der *Produktionseffizienz* im Gesundheitswesen. Eine Erhöhung der Effizienz ist die Reformstrategie par excellence, da mit gegebenen Ressourcen mehr Gesundheitsleistungen produziert werden können (Minimalprinzip), kein Patient respektive Versicherter schlechter gestellt wird und Interes-

85 Alternative Definitionen für das Begriffsfeld Effizienz im Gesundheitswesen finden sich in Engelke (2009), S. 84-87.

86 Für Ausführungen zur Gerechtigkeit siehe Abschnitt 3.2, Näheres zu den besonderen Eigenschaften von Gesundheitsleistungen findet sich im Abschnitt 2.2.

sengruppen so nur schwer opponieren können.[87] Häufig genannter Begriff in dem Zusammenhang ist *Rationalisierung*.

Verknüpft mit der Gerechtigkeitsdimension ist noch die Unterscheidung von *Effektivität* und *Effizienz* in der gesundheitsökonomischen Analyse relevant. Gesundheitsleistungen sind grundsätzlich in Deutschland niemandem zu verweigern. Jeder GKV-Versicherte hat also Anspruch auf eine bedarfsgerechte Behandlung im Rahmen des Leistungskatalogs. Wenn das Verhältnis aus Nutzen und Kosten einer Behandlung kleiner ist als bei einer alternativen Therapie, ist erstere Behandlung ineffizient. Der Patient erhält aber dennoch die ineffiziente Therapie, wenn diese einen höheren Nutzen hat: Effektivität dominiert bei bedarfsgerechten Gesundheitsleistungen Effizienz.[88,89]

Oft synonym gebraucht wird *Public Health*[90] und Gesundheitsökonomie, was falsch ist. Public Health beschäftigt sich mit den geistigen, körperlichen, psychischen und sozialen Bedingungen von Gesundheit und Krankheit einer Gesellschaft und hat damit keinen primären ökonomischen Fokus. Eine Definition lautet: „[Public Health ist die] Wissenschaft und Praxis der Krankheitsverhütung, Lebensverlängerung und Gesundheitsförderung durch organisierte, gemeindebezogene Maßnahmen; ein interdisziplinäres Gebiet, das sich mit Gesundheit und ihren Determinanten befasst."[91] Die Gesundheitsökonomie dient dabei als eine unter vielen Hilfsdisziplinen.

2.1.2.2 Teilmärkte im Gesundheitswesen

Realiter ist die abgeleitete Nachfrage nach Gesundheit noch komplexer. Menschen sind in *modernen Gesellschaften krankenversichert*. Zudem wird die Nachfrage konkret vom Arzt bestimmt. Die Zahlung von den Versichertenbeiträgen fällt zeitlich von

---

87 Selbst wenn alle Patienten respektive Versicherten besser gestellt werden, muss dies nicht eine Verbesserung für jeden Anbieter bedeuten. Als Beispiel dient ein neues Medikament, das ein anderes obsolet werden lässt. Pharmaunternehmen mit nun nicht mehr nachgefragten Medikamenten verlieren.

88 „Zuerst erfolgt die Prüfung der Effektivität und dann die der Effizienz", SVRKAiG (2002b), Ziff. 26.

89 Im Englischen unterscheidet man zwischen efficiency, efficacy und effectiveness. Die Begriffe werden nicht immer stringent eindeutig gebraucht. Efficiency entspricht dem deutschen effizient und ist z. B. im Pharmabereich für Wirksamkeit in klinischen Studien gebräuchlich, was eigentlich mit Effektivität verknüpft wird. Efficacy hingegen ist Wirksamkeit im Versorgungskontext und im Fokus der Versorgungsforschung. Ökonomisch beschreibt effectiveness Effektivität und efficiency entspricht effizient. Siehe für eine Synopse verschiedener Definitionen Pfaff, M. (2006), S. 87-90.

90 Auf Deutsch auch Gesundheitswissenschaften.

91 Haisch et al. (1999), S. 317. Siehe für die Breite der abgedeckten Themen das verbreitete Lehrbuch Schwartz (2003). Eine kompakte Beschreibung und Begriffseingrenzung erfolgt in Rosenbrock und Kümpers (2006).

der Leistungsinanspruchnahme auseinander. Bei Kostenerstattung (PKV) zahlt man die Rechnung, bekommt dann das Geld von der Krankenversicherung erstattet. Beim Sachleistungsprinzip (Normalfall in der deutschen GKV) rechnet der Leistungserbringer direkt mit der gesetzlichen Krankenkasse ab.

Auf dem Gesundheitsmarkt als funktionelles Zusammentreffen von Angebot und Nachfrage stehen sich also nicht einfach Anbieter und Nachfrager von Gesundheitsleistungen direkt gegenüber,[92] sondern es gibt drei Paarbeziehungen:

1. *Versicherte* und *Krankenversicherungen* (Finanzierungsmarkt).

2. *Patienten* und *Leistungserbringer* (Leistungsmarkt).

3. *Krankenversicherungen* und *Leistungserbringer* (Vertragsmarkt).[93]

Dabei sind immer Erstgenannte Nachfrager und Zweitgenannte Anbieter. Die Versicherten fragen von den Krankenversicherungen das Produkt „Versicherung gegen finanzielle Folgen von Krankheit" nach. Die Leistungserbringer erbringen Gesundheitsleistungen am Patienten. Schließlich fragen die gesetzlichen Krankenkassen Versorgungspakete bei den Leistungserbringern nach.

Für den Finanzierungsmarkt wird auch der Begriff Versicherungsmarkt, für den Leistungsmarkt wird Behandlungsmarkt und für den Vertragsmarkt auch Leistungsmarkt(!)[94] gebraucht.[95] Leistungserbringer sind Vertragsärzte und -zahnärzte, Psychotherapeuten, Krankenhäuser, Apotheken, Erbringer von Heil- und Hilfsmittelleistungen, Hersteller von Arzneimitteln, Hebammen, Rettungsdienste und Krankentransportunternehmen sowie Personen, Einrichtungen und Unternehmen, die Leistungen

---

92 Dies unterscheidet auch die GKV von der GRV oder der ALV. Während die beiden anderen Sozialversicherungen großenteils Geldzahlungen leisten, geht es bei Krankenversicherungsschutz immer um Finanzierungsseite und Leistungsseite. Dementsprechend sind Lösungen, z. B. für die Rentenversicherung, nicht direkt oder gar nicht auf die Krankenversicherung übertragbar.

93 Schon früh hat Herder-Dorneich die Komplexität des Gesundheitssystems mithilfe der Systemtheorie strukturiert. Die drei Teilmärkte waren bereits Säule seiner Analyse in Herder-Dorneich (1980). Aktualisiert, aber im Wesentlichen gleich, siehe auch Herder-Dorneich (1994), S. 852-893.

94 So Cassel et al. (2008), S. 37.

95 Farny definiert Versicherungsmärkte als „Gesamtheit der Beziehungen zwischen Anbietern und Nachfragern, die das Wirtschaftsgut Versicherung zum Gegenstand haben; die Beziehungen müssen sich dabei aufgrund freier Disposition der Beteiligten ergeben", Farny (1961), S. 15. Der Krankenversicherungsmarkt hat dementsprechend das Gut Krankenversicherung zum Gegenstand. Freie Disposition ist aber nur bei Versicherungsfreiheit gegeben.

häuslicher Krankenpflege, häuslicher Pflegehilfe, häuslicher Pflege oder Haushaltshilfe erbringen.[96]

Im Finanzierungsmarkt werden die *Mittel* zur Finanzierung (daher die Bezeichnung) von den Versicherten in Form von Prämien oder Beiträgen *aufgebracht*, was man auch als *äußere Finanzierung* bezeichnen kann. Die Krankenversicherungen *verwenden* in einem zweiten Schritt die *Mittel* zur Bezahlung der Leistungserbringer, was auch *innere Finanzierung* genannt wird.[97] Mit dem Gesundheitsfonds ist zwischen Mittelaufbringung und Mittelverwendung noch die *Mittelzuweisung* relevant, die die im Fonds eingesammelten Gelder gemäß dem Morbiditätsorientierten Risikostrukturausgleich (M-RSA) den Einzelkassen zuweist. Die drei Teilmärkte sind in der Abbildung 2 dargestellt.

Abbildung 2: Teilmärkte des Gesundheitsmarkts am Beispiel der GKV

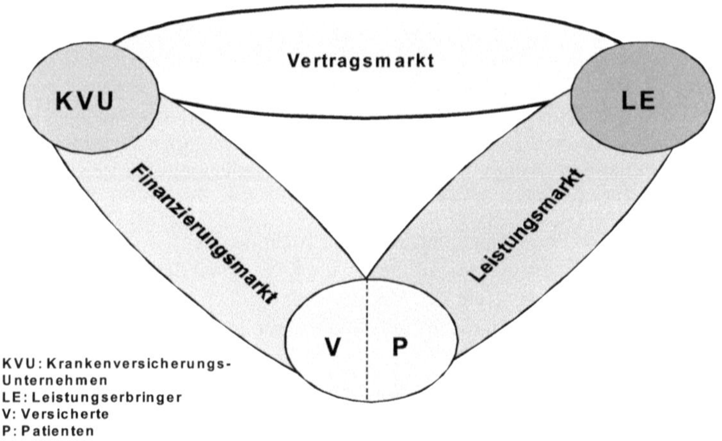

Quelle: Eigene Darstellung angelehnt an Neubauer, G. (2000); (2003b), S. 98.

Die Versicherten und die Krankenversicherungen bilden den *Finanzierungsmarkt*. Aufgrund der gezahlten Kassenbeiträge bzw. Versicherungsprämien erhalten die Versicherten Anspruch auf eine Behandlung durch die Leistungserbringer im Krankheitsfall. Patienten und Leistungserbringer bilden zusammen den *Leistungsmarkt*, den man in stationäre Versorgung, ambulant-ärztliche Versorgung, Arzneimittelversorgung und sonstige Leistungen unterteilen kann. Die Ausgestaltung des Leistungsmarktes obliegt

---

96 Die Beziehungen der Leistungserbringer zu den Krankenkassen sind aufgelistet unter §§ 69-140e SGBV.

97 In der Betriebswirtschaftslehre bezeichnet äußere Finanzierung den Zufluss von Mitteln über Eigenfinanzierung mittels Einlagen oder Beteiligungen sowie Fremdfinanzierung über Kredite, wohingegen die Innenfinanzierung nicht über den Kapitalmarkt erfolgt, sondern durch Zahlungsmittelüberschuss aus dem Geschäftsbetrieb, vgl. ausführlich Wöhe (1996), S. 809-882.

maßgeblich Verhandlungen zwischen Krankenversicherungen und Leistungserbringern auf dem *Vertragsmarkt*. Die Verhandlungen können zwischen Verbänden geführt werden, was man als kollektive Vertragsverhandlungen bezeichnet.[98] Alternativ und mit wachsender Bedeutung sind individuelle Verhandlungen zwischen einzelnen Kassen und Leistungserbringern, die bei Vertragsschluss in selektive Verträge münden. Gegenstand der Verhandlungen sind Preise, Mengen und Qualität.

Bei der *deutschen PKV entfallen* weitestgehend Verhandlungen mit den Leistungserbringern auf dem *Vertragsmarkt*. Die PKV hat heute bis auf Mitwirkungsmöglichkeiten im wenig verbreiteten Standard- und Basistarif, in den Budgetverhandlungen im stationären Bereich und ersten Ansätzen im Pharmabereich kaum Einflussmöglichkeiten auf die Leistungserbringer.[99]

Die Untergliederung in *drei Teilmärkte* ist nicht so zu verstehen, dass die Märkte nichts miteinander zu tun hätten. Im Gegenteil bestehen vielfältige *interdependente Beziehungen*. Im Vorgriff auf die spätere Analyse hat der Versichertenstatus privat oder gesetzlich im ambulant-ärztlichen Sektor Auswirkungen auf das Verhalten der Leistungserbringer. Noch klarer wird die Interdependenz der Märkte über die weitgehende Identität der Einnahmen der Krankenkassen aus Versichertenbeiträgen mit den Ausgaben der Kassen für die Leistungserbringer. Kostendämpfungsmaßnahmen in der GKV haben so unmittelbare Folgen für Versicherte, Krankenkassen und Leistungserbringer.[100]

Neben Gesundheitswesen und Gesundheitsmarkt ist auch der Begriff *Gesundheitssystem* gebräuchlich. „Gesundheitssysteme umfassen die Gesamtheit der Institutionen und Personen, deren Aufgabe es ist, Ziele der Medizin wie die Vermeidung, Heilung und Linderung von Krankheiten zu verfolgen", so *Schulenburg und Greiner*.[101,102] Teilsys-

98 Verhandeln die Verbände der Krankenkassen mit den Kassenärztlichen Vereinigungen, dann spricht man von Gemeinsamer Selbstverwaltung i. e. S. Häufig steht Gemeinsame Selbstverwaltung als Gegensatz zu einem staatlichen Gesundheitssystem mit Staatsverwaltung. Die GKV organisiert gemeinsam mit den Vertrags(zahn)ärzten und Plankrankenhäusern die medizinische Versorgung der gesetzlich Versicherten. Gremien dieser Gemeinsamen Selbstverwaltung sind v. a. der Gemeinsame Bundesausschuss und die Bewertungsausschüsse, Zulassungsausschüsse, Schiedsämter und Prüfungsausschüsse im Rahmen der Wirtschaftlichkeitsprüfung, so die Definition des Gemeinsamen Bundesausschusses, vgl. G-BA (2010a). Siehe ausführlicher zu Definitionen und zur Entstehung des Begriffs mit weiteren Konnotationen Abschnitt 4.3.2.1.2.

99 Eigeneinrichtungen wie die Sana Kliniken ermöglichen natürlich direkten Einfluss. Siehe ausführlich zum Vertragsmarkt der PKV Abschnitt 5.2.1. Wegen des kaum ausgebildeten Vertragsmarkts wird die PKV oft als Payor im Gegensatz zur GKV als Player bezeichnet.

100 Die Verbundenheit der Märkte wird graphisch deutlich bei Nothnagel, der die Transformationskurve in Anlehnung an Neubauer (2004), S. 20 auf den Gesundheitsmarkt überträgt, vgl. Nothnagel (2005), S. 55-56.

101 Schulenburg und Greiner (2000), S. 175. Ähnlich auch Hajen et al. (2010), S. 242. Im Lehrbuch von Breyer et al. wird i. d. R. der Begriff Gesundheitswesen gebraucht, darauf jedoch ei-

tem des Gesundheitssystems ist die *Gesundheitssicherung* mit der Bereitstellung der Leistungen und des Zugangs zum Produktionssektor, in Deutschland eben das duale Krankenversicherungssystem. GKV und PKV sind wiederum Subsysteme der Gesundheitssicherung.[103]

Damit sind die begrifflichen und methodischen Grundlagen zur Beurteilung des dualen Krankenversicherungssystems aus rein ökonomischer Perspektive vollständig beschrieben: Vom dualen System wird via positiver Analyse eine Bestandsaufnahme vorgenommen. Dem schließt sich eine im Kern normative, positiv fundierte Analyse an, mit der im bestehenden System existierende Marktunvollkommenheiten identifiziert werden. *Benchmark* ist dabei der neoklassische *vollkommene Markt* bei *vollkommener Konkurrenz*, auf dem durch Tausch und Wettbewerb rationaler nach Eigennutz strebender Akteure gegebene Ressourcen effizient alloziert werden. Die Untergliederung des Gesundheitsmarktes in drei Teilmärkte erlaubt eine systematische, strukturierte Analyse, die explizit fast allen Kapiteln zugrunde liegt. Eine prinzipiell positive ökonomische Analyse wird im Kapitel Gerechtigkeit und Nachhaltigkeit durchgeführt. Die Optimierung des Krankenversicherungssystems in Kapitel 7 ist wiederum normativ.

Bevor mit der gesundheitsökonomischen Analyse konkret angewandt auf das duale Krankenversicherungssystem in seiner Gesamtheit eingegangen wird, werden zunächst noch die für das Gesundheitswesen besonders wichtigen Abweichungen von den Prämissen eines perfekten Marktes bei vollkommenem Wettbewerb identifiziert.[104] So lässt sich die konkrete Analyse besser strukturieren, da man konziser Marktfehler benennen kann und damit die Folgekapitel kompakter werden.[105] Ähnlich verhält es sich

---

ne Systemanalyse angewandt, vgl. Breyer et al. (2005). Hierzu ähnlich Klever-Deichert et al. (2009), S. 75-77.

102 In dieser Arbeit wird der Begriff des Gesundheitswesens synonym mit dem Begriff Gesundheitssystem verwendet und umfasst alle Personen, Organisationen, Einrichtungen, Regelungen und Prozesse, deren Aufgabe die Förderung und Erhaltung der Gesundheit sowie die Vorbeugung und Behandlung von Krankheiten und Verletzungen ist. Die Begriffe sind nicht standardisiert. Der immer häufiger kursierende Begriff Gesundheitswirtschaft umfasst das Gesundheitswesen i. e. S., vgl. für die Breite des Begriffs den Exkurs nach Abschnitt 7.4.2. Im Gesundheitswesen geht es um die Wiederherstellung von Gesundheit, wogegen in der Gesundheitswirtschaft die Gesundheitswirtschaft unter dem Gesichtspunkt der Wertschöpfung in erster Linie als Wirtschaftssektor mit Arbeitsplätzen betrachtet wird, vgl. Neubauer, G. und Pfister (2007b), S. 10-11.

103 Vgl. Gäfgen (1990), S. 15.

104 Häufig werden wegen des Lehrbuchcharakters in gesundheitsökonomischen Dissertationen die Besonderheiten von Gesundheitsleistungen weggelassen, genauso oft werden sie jedoch inkludiert. Für die erstere Position siehe z. B. Greß (2002), S. 73, Fn. 33. Neben der durch Inkludierung für diese Arbeit konziseren Darstellung der Analysekapitel ergeben sich bei aller Standardtheorie zum besonderen Stellenwert der Gesundheitsleistungen gerade in den letzten Jahren spannende Nuancen in der Diskussion.

105 Der ökonomisch versierte Leser kann direkt in die Folgekapitel springen.

mit der angesprochenen, aber bisher ausgesparten Distribution, die in einer Positionsbestimmung der Gerechtigkeit als Begründung für Marktkorrekturen in Abschnitt 3.1 fundiert wird. Mit der klassischen Musgrave'schen Dreiteilung der Finanzwissenschaft verstanden als Lehre von den Staatseingriffen in Allokation, Distribution und Stabilität korrespondierend schließen die Vorarbeiten mit Begriffsbestimmungen und Analyse von Bestimmungsfaktoren zur Nachhaltigkeit in Abschnitt 3.2.[106]

2.2 Marktunvollkommenheiten und Gesundheitsleistungen[107]

Der vollkommene Markt führt zur optimalen Allokation von Ressourcen und Gütern. Alle Prämissen sind im Normalfall gleichzeitig jedoch nicht erfüllt. Der Eingriff des Staates kann bei unerwünschten Auswirkungen des Wettbewerbs die gesamtgesellschaftliche Wohlfahrt erhöhen, ja sogar die Märkte erst wieder in Gang bringen. Erwünschte Abweichungen vom vollkommenen Markt, wie die Ermöglichung von Gewinnen als Innovationsanreiz, sollten jedoch nicht bekämpft werden.

In diesem Abschnitt geht es demnach um die durch die Eigenschaften von Gesundheitsleistungen sich ergebenden unerwünschten Auswirkungen eines ungezügelten Wettbewerbs, die möglicherweise im Sinne der Theorie des Zweitbesten durch staatliche respektive regulierende Eingriffe begrenzt werden können.

Um keine für das Gesundheitswesen relevanten Marktfehler zu übersehen, werden die wesentlichen Verletzungen der beschriebenen Voraussetzungen eines vollkommenen Marktes untersucht. Die Struktur ergibt sich aus der inhaltlichen Nähe der Markunvollkommenheiten zueinander. Externe Effekte sind häufig anzutreffende Marktfehler und schließen öffentliche Güter mit ein. Optionsgüter und natürliche Monopole gehören zusammen. Gleichermaßen sind Vertrauensgüter und meritorische Güter begründet in Informationsdefiziten. Schon die punktuelle Verbindung mit dem Gesundheitswesen macht deutlich, dass Gesundheitsleistungen wegen ihrer großen Heterogenität einer differenzierten Analyse bedürfen.

106 Die Musgrave'sche Dreiteilung der Staatsaufgaben wird erstmals formuliert in Musgrave (1939). Der Begriff Allokation bezieht sich bei Musgrave folglich nicht auf marktfähige oder private Güter, sondern auf öffentliche Güter.

107 Die Theorie des Marktversagens ist u. a. Kernbestandteil der Wirtschaftspolitik, Finanzwissenschaft und der Informationsökonomik mit der Sparte Versicherungsökonomik. Der Autor bezieht sich bei den folgenden Ausführungen auf folgende, didaktisch gut aufbereite Werke, vgl. Blankart (2008); Breyer und Kolmar (2001); Fritsch et al. (1999); Schulenburg (2005); Schumann et al. (1999); Zweifel und Eisen (2003). Eine geraffte Übersicht von Marktversagen im Gesundheitswesen findet sich bei Breyer et al. (2005), S. 173-186.

2.2.1 Externe Effekte und Öffentliche Güter

Externe Effekte oder synonym Externalitäten treten immer dann auf, wenn in die Nutzenfunktion eines Marktteilnehmers A neben eigenen Aktionsparametern weitere Variable eingehen, die zumindest teilweise von anderen kontrolliert werden.[108,109] Entscheidend ist, dass diese Interdependenz nicht im Markt kompensiert wird. Ein positiver externer Effekt liegt also vor, wenn *A* durch die Handlungen anderer einen höheren Nutzen hat als allein durch die eigenen Handlungen. Umgekehrt liegen bei einer Nutzenverringerung negative externe Effekte vor. Marktinterventionen zur Steigerung der Effizienz sind dann nötig, wenn es sich um technologische externe Effekte handelt, die direkt in die Produktions- und Nutzenfunktionen der Unternehmen und Haushalte eingehen. Im Gesundheitswesen spricht man in diesem Zusammenhang auch von physischen externen Effekten, da der Konsum von Gesundheitsleistungen durch eine Person A direkt die Gesundheit von Person B erhöht oder verschlechtert.[110] Um effiziente Ressourcenallokation und Produktionsmengen zu erreichen, muss von außen in den Markt eingegriffen werden, um die technologischen Externalitäten zu internalisieren. Anders ist dies aus rein ökonomischen Überlegungen bei pekuniären und psychologischen externen Effekten, die verteilungspolitische Maßnahmen des Staates rechtfertigen können.[111]

Bei gegebenen positiven externen Effekten wird i. d. R. zu wenig eines Gutes hergestellt, wohingegen bei negativen externen Effekten zu viel produziert wird. Dies liegt am *Auseinanderfallen* von *sozialen* und *privaten Kosten* respektive *Nutzen*. Die Höhe der Differenz zwischen sozialen und privaten Kosten bzw. Nutzen gibt das Ausmaß des externen Effekts an. Bei positiven externen Effekten ist der private Nutzen, z. B. durch Verkauf eines Gutes, niedriger als der soziale Nutzen, es wird zu wenig vom Nutzenstifter produziert. Die marktkonforme Heilung der Verzerrungen durch externe Effekte geschieht über die Internalisierung.[112] Internalisierung bedeutet dabei, dass

---

108 Die Beschreibung externer Effekte und Internalisierungsmöglichkeiten bezieht sich v. a. auf Fritsch et al. (1999), S. 92-153.

109 In diesem Zusammenhang spricht man oft von einer „Rationalitätenfalle“. Individuelle und kollektive Rationalität fallen auseinander, oder wie Herder-Dorneich formuliert: „dass das Individuum zwischen zwei einander entgegenlaufender Rationalitäten gefangen ist“, Herder-Dorneich (1994), S. 655.

110 Vgl. Culyer, A. J. (1971), S. 220.

111 Externe Effekte kann man unterteilen in technologische, psychologische und pekuniäre externe Effekte. Nach Schumann et al. ist die Bezeichnung pekuniärer externer Effekt irreführend, da der Markt nicht beeinträchtigt wird, vgl. Schumann et al. (1999), S. 493. Psychologische externe Effekte sind i. d. R. positiv und meinen Altruismus: Das Wohlergehen eines Mitmenschen erhöht den eigenen Nutzen.

112 Nach dem Coase-Theorem kann sich durch Internalisierung das Allokationsoptimum ganz unabhängig von den property rights ergeben, vgl. Coase, R. (1960). Eine Übersicht diverser

dem verursachenden Wirtschaftsakteur ein (ökonomischer) Anreiz gegeben wird, die sozialen Zusatzeffekte in sein Entscheidungskalkül mit einzubeziehen, womit die entsprechenden Wohlfahrtsverluste vermieden werden sollen. Problematischer sind ex post Ausgleichszahlungen, die oftmals ungenau und strittig sind.

Am oft gebrauchten gesundheitsökonomischen Musterbeispiel der *Impfungen* wird die Bedeutung externer Effekte deutlich. Impfungen führen zu einer Immunität des Nutzenstifters und damit Geimpften. Gleichzeitig kann dieser einen anderen nicht durch die Krankheit, gegen die er sich impfte und damit immunisierte, anstecken. Würde sich der Geimpfte anders entschließen, würde ggf. der sich aktuell nicht impfen Lassende aus persönlichem Nutzenkalkül impfen lassen. Je höher die Durchimpfungsrate der Bevölkerung ist, umso unwahrscheinlicher ist die Ansteckung mit einer übertragbaren Krankheit. Man sieht, dass die Existenz externer Effekte eine gesamtgesellschaftliche optimale Allokation des Gutes Impfung verzerrt. Es liegt zwar Marktversagen vor, jedoch ist ein Staatseingriff erst dann zu rechtfertigen, wenn eine Internalisierung durch den Markt nicht gelingt. Impfungen könnte man verpflichtend machen oder auch die die Krankheit verbreitende Individuen haften lassen.[113]

Das Impfbeispiel dient auch der Verdeutlichung der Problematik nicht ausschließbarer Güter.[114] Güter kann man nach den beiden *Dimensionen Rivalität* und *Ausschließbarkeit* im Konsum unterteilen.[115] Unproblematisch für die Funktionsfähigkeit der wettbewerblichen Allokation in einem Markt sind private Güter, bei denen Rivalität vorliegt und simultan Ausschließbarkeit, da nur einer das Produkt konsumieren kann. Im Gesundheitswesen sind Medikamente und ärztliche Behandlungen Beispiele für private Güter. Kann man niemanden ausschließen, so treten gewöhnlich externe Effekte auf. Insofern sind die durch die Absenz von Rivalität gekennzeichneten *öffentlichen Güter* und *Mautgüter* nicht marktfähig, da kein Wettbewerb als conditio sine qua non einer effizienten Allokation existiert.[116] Impfungen sind bei Annahme ausreichenden Impfstoffs Beispiele für Nichtausschließbarkeit, ebenso die Seuchenbekämpfung oder der Umweltschutz.[117]

Die Kombination aus Nicht-Ausschließbarkeit und Rivalität kennzeichnet *Allmendegüter*, auch bezeichnet als unreine öffentliche Güter. Bei Allmendegütern liegen exter-

---

Internalisierungsoptionen bei technischen externen Effekten findet sich in Fritsch et al. (1999), S. 149.

113 Vgl. Oberender und Zerth (2006), S. 265.

114 Dieser Absatz bezieht sich hauptsächlich auf Blankart (2008), S. 52-60.

115 Einen Überblick mit Beispielen außerhalb des Gesundheitswesens gibt Blankart (2008), S. 60.

116 Für öffentliche Güter wird in manchen Schriften kollektive Güter verwendet, so bspw. bei Herder-Dorneich (1994), S. 26.

117 Für die Schweinegrippe ist anscheinend zu viel Impfstoff bestellt worden. Wie sich herausstellte, reicht eine Impfung statt zwei, so dass viele Millionen Dosen unnötig vom Staat bestellt wurden. Die Fehlbestellung aus diesem Grunde ist jedoch kein Staatsversagen, da medizinisch neue Erkenntnisse nicht einkalkuliert werden konnten.

ne Effekte im Konsum des Gutes insofern vor, dass begrenzte Ressourcen keinen Preis haben und daher zu viel von dem Gut konsumiert wird. Da das Gut endlich ist, führt der Überkonsum des Gutes Einzelner zu einer Einschränkung des Konsums Anderer. Tatsächlich können häufig durch die geeignete Zuteilung von Verfügungsrechten Allmendegüter in private Güter überführt werden, was eine gängige Internalisierungsstrategie darstellt.[118]

Im Kontext von Gesundheitsleistungen wird oft auf die Trittbrettfahrerproblematik bei Nichtversicherten eingegangen. Diese verzichten auf den Abschluss einer Krankenversicherung, weil sie im Falle einer (ernsthaften) Krankheit unentgeltlich behandelt werden. Notfallbehandlung ist in modernen Gesellschaften gewöhnlich ein von Nicht-Ausschließbarkeit gekennzeichnetes öffentliches oder bei Überschreitung der Kapazität ein Allmendegut. Um dieses Verhalten zu vermeiden, ist in vielen Ländern Krankenversicherung verpflichtend.[119] Dies bedeutet jedoch nicht Pflicht zu einer staatlichen Krankenversicherung.

2.2.2 Optionsgüter und Unteilbarkeiten

Optionsgüter sind durch zwei Merkmale gekennzeichnet.[120] Erstens ist der Zeitpunkt des Bedarfs nicht vorhersehbar. Zweitens ist die Befriedigung eines eingetretenen Bedarfs von höchster Dringlichkeit. Speis und Trank sind zwar wie Gesundheit existenziell, können jedoch wegen der kontinuierlichen Entstehung des Bedarfes geplant werden. Dies trifft bei medizinischen Notfällen nicht zu. Hängt das Leben an einem seidenen Faden, muss der Patient schnellstmöglich behandelt werden, sonst können irreparable Schäden der Gesundheit die Folge sein oder gar der Tod eintreten. Eine rechtzeitige Behandlung im Notfall bei komplizierten Therapien erfordert die Vorhaltung von Behandlungsmöglichkeiten wie Operationssäle, Rettungshubschrauber oder Notarztwagen.[121] Innerhalb der gegebenen Kapazität befriedigt das Optionsgut die Nachfrage

118 Die Problematik der Allmende ist virulent in der Umweltökonomie. Ausführlich wird dies behandelt in Blankart (2008), S. 491-520.

119 Notorisches Beispiel einer fehlenden Krankenversicherungspflicht sind die USA, in denen jedoch mit der jüngst verabschiedeten Gesundheitsreform die heute ca. 50 Mio. Bürger dauerhaft ohne Krankenversicherungsschutz zum Großteil versichert werden. Siehe für weitere Details Abschnitt 5.1.2.2.1.

120 Vgl. bspw. Breyer et al. (2005), S. 178-179. Die Vorstellung eines Optionsgutes mit einem Optionsnutzen stammt von Weisbrod, der als Beispiel einen Naturpark anführte. Auch wenn einer kein Freund von Naturparks ist, so zieht er dennoch Nutzen aus dem Vorhandensein durch die Erweiterung der Konsumoptionen, vgl. Weisbrod (1964), S. 471-477.

121 Aus diesem Grund wird bei der Berechnung des Bettenbedarfes die gängige Hill-Burton-Formel nicht mit einer Bettenauslastung von 100 % zur Bestimmung der Bettenzahl angesetzt. In der deutschen Krankenhausplanung wird als Richtwert 85 % eingesetzt, vgl. Hajen et al. (2010), S. 206.

mehrerer Individuen und ist damit gekennzeichnet durch Nichtrivalität und prinzipielle Nichtausschließbarkeit. Ausschluss ist zwar möglich, damit läge ein Mautgut vor, dies ist jedoch ineffizient, da der Vorgang des Ausschlusses Ressourcen verbraucht und die Ausgeschlossenen Nutzeneinbußen erleiden. Es liegt also unterhalb der Kapazitätsgrenze ein öffentliches Gut vor. Ab Überschreitung der Kapazität liegt ein privates Gut vor.

Die Überlegungen führen *mitnichten* zu einer *staatlichen Bereitstellung* von Kapazitäten wie Krankenhausbetten in öffentlichen Krankenhäusern. In der deutschen Krankenhauslandschaft gibt es zunehmend Krankenhäuser in privater Trägerschaft. Der Vorwurf, diese siedelten sich ausschließlich in urbanen, lukrativen Regionen an, trifft nicht zu. Selbst wenn die privaten Träger solch ökonomische Kalküle anstellten, kann man, wie auch bereits seit längerer Zeit Praxis, Sicherstellungszuschläge auf die Vergütung gewähren. Ähnlich ist es bei der Ansiedlung von Ärzten in strukturschwachen Regionen.[122]

Zunehmende Skalenerträge sind eine Teilmenge von sinkenden Durchschnittskosten, die selbst eine Teilmenge subadditiver Kostenfunktionen sind.[123] Alle drei Termini *beschreiben Unteilbarkeiten* in der Produktion. Kann die Nachfrage eines Gutes nur von einem einzigen Anbieter bedient werden, spricht man von einem natürlichen Monopol.[124] Im letzteren Fall ist offenbar kein vollkommener Markt mangels Konkurrenz gegeben. Ein Monopol oder auch eine weniger starke Abweichung vom Polypol führt zu einer zu geringen und teuren Bereitstellung von Gütern. Es ist also statische Ineffizienz gegeben. Dynamisch können wie bereits geschrieben im Hinblick auf Innovationen auch positive Effekte einer Abweichung vom Polypol auftreten. Im Falle des Monopols ist dies jedoch unwahrscheinlich, da ein Monopolist keine Konkurrenz fürchten muss. Bei der Bewertung der ökonomischen Wirkungen eines Monopols muss man zusätzlich die Bestreitbarkeit der Märkte betrachten.[125] Ein Monopolist kann nur dann hohe Preise setzen, wenn er nicht Gefahr läuft, Markteintritte potenzieller Anbieter zu provozieren. Märkte sind dann bestreitbar, wenn sie nicht mit irreversiblen Investitionen verbunden sind. In diesem Falle sind die Aufwendungen nämlich versunkene Kosten, sog. *sunk costs*. Je höher diese sind, umso unwahrscheinlicher ist das Eintreten potenzieller Konkurrenten, da bei Gefahr des Scheiterns der Konkurrenz zum etablier-

122 Ausführlich wird die Art der Vorhaltung von Optionsgütern von Zerth in seiner Dissertation behandelt, vgl. Zerth (2005), S. 56ff.

123 Strukturiert wird das Thema Unteilbarkeiten behandelt bei Fritsch et al. (1999), S. 178-214.

124 Natürliche Monopole findet man bei leitungsbezogenen Diensten wie Stromnetze oder früher Telefonnetze. Früher deshalb, da heute durch die Mobiltelefonie Telefonleitungen nicht mehr nötig sind. Daran wird deutlich, dass die technologische Entwicklung die noch vorhandenen natürlichen Monopole nach und nach überholt. Telefonie ist auch in anderer Hinsicht ein gutes Beispiel. Man kann die Serviceleistungen von der Netzleistung trennen, ähnlich wie man bei der Bahn Schiene von Verkehr trennen kann.

125 Im Englischen spricht man von contestability bzw. contestable markets, vgl. Fritsch et al. (1999), S. 201.

ten Monopolisten unwiederholbare Verluste entstanden sind. Der Monopolist hat neben materiellen Ressourcen auch Know-how angesammelt, das ein weiteres Hindernis für Markteintritte darstellt. Ruinöse Konkurrenz wäre die Folge.[126]

Im Gesundheitswesen sind Unteilbarkeiten durch das Fehlen von Netzen kein Thema.[127] *Thielbeer* kommt für die PKV zum Ergebnis: „ist nicht davon auszugehen, daß in der PKV dauerhaft sinkende Grenz- und Durchschnittskosten vorherrschen … Ein Marktversagen aufgrund ruinöser Konkurrenz oder eines natürlichen Monopols liegt nicht vor.“[128] Ähnlich argumentiert *Jankowski*, der für Versicherungsunternehmen steigende Informationskosten verortet.[129]

2.2.3 Unvollkommene Information, Vertrauensgüter und Meritorik

Kennzeichnen eines vollkommenen Marktes bei vollkommener Konkurrenz ist Markttransparenz auf beiden Marktseiten zu jeder Zeit. In diesem Fall können von den Krankenversicherern risikoäquivalente Prämien berechnet werden, die gesunden Menschen eine bezahlbare Prämie ermöglichen. Gleichzeitig achtet der zu Versichernde auf seinen Gesundheitszustand und fragt im Krankheitsfall auch nur die Leistungen nach, die nötig sind, es besteht kein moralisches Risiko.[130] Tatsächlich ist vollkommene Transparenz oder ähnlich wirkend Informationssymmetrie bei gleichverteiltem geringerem Kenntnisstand nicht der Regelfall.[131] Bei Krankenversicherungen treten Probleme der Adversen Selektion, des Rosinenpickens, des moralischen Risikos und eines race to the bottom auf.[132] Hinzu treten Einschätzungsprobleme des Versicherten aufgrund mangelnder Expertise in Gesundheitsdingen, beschrieben als mangelnde Konsumentensouveränität, sowie die Problematik verzerrter Präferenzen auf. Eine sys-

126 Eine Zusammenfassung in einer 2x2 Matrix findet sich bei Fritsch et al. (1999), S. 210.

127 Kruse gibt eine Fülle an Beispielen für Subadditivitäten, die allesamt durch Netze oder Leitungen gekennzeichnet sind, vgl. Kruse, J. (1985), S. 66.

128 Thielbeer (1999), S. 138.

129 Vgl. Jankowski (2006), S. 66.

130 Der Begriff impliziert ein Werturteil, ist jedoch ökonomisch gesehen aus Sicht des Versicherten rational. Zum Begriff allgemein mit weiterführender Literatur siehe Toepffer (1997), S. 48-49.

131 In einer von Arbeitsteilung und Spezialsierung gekennzeichneten Welt ist völlige Informationssymmetrie nicht möglich und würde die Menschen auch überfordern, vgl. für eine etwas andere Sicht der Problematik unvollkommener Information Demsetz (1969).

132 Eine umfassende, technisch anspruchsvolle Behandlung von externen Effekten in Versicherungsmärkten, zu denen auch Informationsasymmetrien zählen, findet sich in der Dissertation von Strassl. Die eigentliche Analyse erfolgt unabhängig von Krankenversicherungen allgemein, im letzten Kapitel geht er jedoch auf diese explizit ein, vgl. Strassl (1988), S. 264-293.

tematische Untersuchung ökonomischer Wirkungen und daraus abgeleitete Optimierungsoptionen erfolgt in der Agency-Theorie.[133]

Mit Hilfe der *Agency-Theorie* werden Interaktionen zwischen Wirtschaftssubjekten bei Vorliegen von Interessenkonflikten und Informationsasymmetrien untersucht. Der schlechter informierte Akteur ist der Prinzipal und der besser informierte Vertreter der Agent. Prinzipal-Agenten-Beziehungen bestehen auf Gesundheitsmärkten mehrfach und *illustrieren die vielschichtigen Informationsunvollkommenheiten eindrücklich.*[134] Patienten sind gegenüber Ärzten Prinzipale. Bei der Inanspruchnahme von Gesundheitsleistungen handeln Patienten gegenüber den Leistungserbringern als Agenten ihrer Krankenversicherung. Bei direkten Vertragsbeziehungen sind Krankenkassen die Prinzipale der Leistungserbringer. Bei Versorgungsverträgen sind Krankenversicherer Agenten ihrer Versicherten. Umgekehrt ist wiederum der Versicherte Agent bei Abschluss einer Versicherung. Je nach Inhalt der Interaktion können die Akteure also sogar die Rollen tauschen. Für die Untersuchung sind die sich aus den Informationsunvollkommenheiten ergebenden Ineffizienzen bedeutsam.

Adverse Selektion[135] ist gegeben, wenn der Versicherte besser informiert ist als der Versicherer.[136] Der Versicherungswillige weiß über seine Morbidität oder zumindest seine Risikofreude besser Bescheid als die Versicherung.[137] Das ist der Versicherung bekannt, die bei Nichtunterscheidbarkeit der Versicherungswilligen eine Prämie verlangt, die für die guten Risiken zu teuer und für die schlechten Risiken zu gering ist.[138] Konsequent versichern sich die guten Risiken nicht mehr oder nicht vollständig, was bei risikoaversen Individuen zu Nutzeneinbußen führt. Da der übrige Versicherungspool durchschnittlich höhere Risiken aufweist, wird der Versicherer die am Durch-

---

133 Auch als Vertretungstheorie bezeichnet.

134 Vgl. Cassel (2003), S. 9-12.

135 Moral Hazard und Adverse Selektion bei Krankenversicherungen werden ausführlich behandelt in Cutler und Zeckhauser (2000).

136 Die Pionierarbeit am Beispiel von Gebrauchtwagen zur Adversen Selektion ist von Akerlof, vgl. Akerlof (1970). Für die wohl bekannteste Übertragung der Adversen Selektion auf Krankenversicherungen siehe Rothschild und Stiglitz (1976). Zusammengefasst ist dies in Breyer et al. (2005), S. 205-217. Formal tief geht Strassl auf die Problematik ein, vgl. Strassl (1988).

137 Morbidität bezeichnet die Erkrankungsrate, vgl. Deschka (2007). Diese wird bezogen auf eine bestimmte Bevölkerungsgruppe. Sie wird bestimmt durch die Prävalenz (Rate der bereits erkrankten Personen) und die Inzidenz (Rate der Neuerkrankungen). Ob eine konkrete Person krank wird, ist somit als Wahrscheinlichkeit angegeben.

138 Mit schlechtem Risiko bezeichnet man allgemein einen Versicherten, dessen Barwert der Erwartungsschäden den Barwert der zu erwartenden Risikoprämie übersteigt, vgl. Ruckdäschel (2000), S. 169. In der GKV, die nicht auf risikoäquivalenten Prämien beruht, sondern auf einkommensabhängigen Beiträgen, ist ein Risiko dann schlecht, wenn die Ausgaben des Versicherten größer sind, als die Zuweisungen aus dem Gesundheitsfonds via dem M-RSA.

schnitt ausgerichtete Prämie erhöhen, die jetzt guten Risiken versichern sich nicht mehr usw. Schließlich bricht der Krankenversicherungsmarkt zusammen.[139]

Im Unterschied zur Adversen Selektion hat beim *Rosinenpicken* der Versicherer einen Informationsvorsprung.[140] Es kommt zu einer gezielten Auswahl guter Risiken. Schlechte Risiken werden bei Durchschnittsprämien abgelehnt oder nach Möglichkeit abgewiesen. Diese Situation war ein Grund zur Einführung eines Risikostrukturausgleichs in der GKV. In der PKV gibt es kein Rosinenpicken, da risikoäquivalente Prämien berechnet werden.

Moralisches Risiko oder *Moral Hazard* beschreibt einen nach Vertragsabschluss eintretenden Opportunismus zwischen Versicherungsnehmer und Versicherer.[141] Da dem Versicherten im Falle einer Versicherung ohne Selbstbeteiligung Grenzkosten von Null entstehen, konsumiert er im Falle des ex post Moral Hazard zu viele Gesundheitsleistungen, wohingegen beim ex ante Moral Hazard der Versicherte weniger sorgsam mit seiner Gesundheit umgeht als bei Sanktionsmöglichkeiten durch den Versicherer. Kern des moralischen Risikos ist die mangelnde Beobachtbarkeit des Verhaltens durch die Versicherung. Dabei ist immer zu bedenken, dass Gesundheit ein hohes Gut ist und Menschen Krankheit vermeiden wollen.[142]

Spiegelbildlich zum Informationsvorsprung auf Versicherten-Seite ist ein *race to the bottom* oder in deutscher Bedeutung eine negative Qualitätskonkurrenz.[143] Nach Ver-

---

139 Durch die Risikoprüfung bei Vertragsschluss wird die Informationsasymmetrie verringert. Jankowski geht sogar davon aus, dass die moderne Datenverarbeitung und die in den Versicherungen gesammelte Erfahrung die Asymmetrie umkehren könnte, vgl. Jankowski (2006), S. 71. Siehe auch Cutler und Zeckhauser (2000), S. 626.

140 Im Englischen Cream-Skimming. Für eine Zusammenstellung verschiedener Strategien des Rosinenpickens siehe Ven und Vliet (1992), S. 28-31. Grundlegend zur Risikoselektion siehe von den gleichen Autoren Ven und Vliet (2000).

141 Einen Überblick aus volks- und betriebswirtschaftlicher Sicht von Moral Hazard gewähren Helten und Hartung, die zwischen internem und externem sowie mengen-, Preis- und risikoerhöhendem Moral Hazard unterscheiden. Die Kategorien werden in der Gesundheitsökonomik selten gebraucht, anzutreffen sind die dort ebenfalls vorgestellten ex ante und ex post Varianten, vgl. Helten und Hartung (2001), S. 61-62. Auch wenn die anderen Typen nicht angesprochen werden, unterliegen sie Entscheidungen von Akteuren im Krankenversicherungssystem. Leistungserbringer differenzieren z. B. ihre Behandlung nach Versichertenstatus, was externes moralisches Risiko ist. Im Rahmen der Dissertation sollte nur das Bewusstsein für die Vielgestaltigkeit von Moral Hazard geweckt werden. Gesundheitsökonomisch wurde die Problematik von Pauly eingeführt, vgl. Pauly (1968). Vielfältige Aspekte des moralischen Risikos untersucht auch Strassl, der sogar Adverse Selektion und Moral Hazard simultan behandelt, vgl. Strassl (1988). Der Begriff entstand ursprünglich im Zusammenhang mit Brandversicherungen. Bei Versicherung hat der Hausbesitzer geringere Anreize einen Brand zu verhindern.

142 Man denke dagegen an eine Lebensversicherung, wo der Begünstigte beim Tod des Versicherten vielleicht nachhilft oder auch an eine Sachversicherung, wo der Schaden bewusst herbeigeführt wird, um eine Geldleistung zu erlangen.

143 Vgl. Ruckdäschel (2000), S. 72.

tragsschluss ist der Versicherer versucht, die Qualität seiner Leistungen zu mindern. Solange dies nicht bemerkt wird, bleiben die Versicherten bei ihrem Versicherer, der wiederum durch an seine Kunden weitergegebene Kostenersparnisse Wettbewerbsvorteile erzielt. Die Konkurrenzunternehmen sind nun ihrerseits gezwungen, ihre Qualität zu mindern, eine Abwärtsspirale der Qualität ergibt sich. Gibt der Versicherer die Ersparnisse nicht weiter, werden ihn die Versicherten bei Bekanntwerden der Qualitätseinschränkungen verlassen, womit die Länge der Zeit der Informationsasymmetrie die Dauer des race to the bottom bestimmt. Die negative Qualitätskonkurrenz dürfte sich realiter in Grenzen halten, da *Reputation* bei komplexen Gütern wie Gesundheitsleistungen als Surrogat für das eigene beschränkte Wissen eines Versicherten eine große Rolle spielt. Die Marktunvollkommenheit versucht man ferner mit Qualitätsstandards, Zertifizierungen oder Aufklärung der Versicherten zu heilen.

Eng mit den bisher identifizierten Informationsmängeln verbunden ist die geringe *Konsumentensouveränität* bei Gesundheitsleistungen. Wir haben festgestellt, dass nicht alle Gesundheitsleistungen öffentliche Güter sind. Gleichermaßen ist der Abschluss einer Krankenversicherung nach reiflicher Überlegung unter Zuhilfenahme von Rankings oder Erfahrungen Bekannter einem verantwortungsvollen Menschen zuzutrauen. Eine völlig andere Situation entsteht bei Notfalleinlieferung in ein Krankenhaus, wo der Betroffene häufig nicht bei Bewusstsein ist. Im Gesundheitswesen gilt die Annahme eines nutzenmaximierenden, rationale Entscheidungen treffenden homo oeconomicus also nur bedingt. Einzuwenden ist, dass oft Verwandte oder Bekannte in Notfällen mit Rat und Tat zur Seite stehen, die normalerweise mit dem Patienten kongruente Ziele haben sowie dass Ärzte gemäß dem hippokratischen Eid zum besten Interesse der Patienten handeln.

Gesundheitsleistungen sind oft Dienstleistungen, die durch den Zusammenfall von Produktion und Konsum gekennzeichnet sind.[144] Der Konsument ist darüber hinaus oft Co-Produzent. Eine Konsequenz aus der Simultanität ist die vorher nicht einsehbare Qualität des Ergebnisses. Ein Vergleich mit anderen ist schwierig, gerade da bei komplexeren Gesundheitsleistungen wie Operationen anders als bei einem Friseurbesuch die interpersonellen Unterschiede eine bedeutendere Rolle spielen.[145] Auch gehen die meisten Menschen nicht regelmäßig zum Arzt. Eine große Zahl medizinischer Güter sind *Vertrauensgüter*, die den höchsten Grad an Unsicherheit aufweisen und deren

---

144 Dieses Zusammenfallen von Produktion und Konsumtion ist auch als Uno-actu-Prinzip bekannt, vgl. Neubauer, G. (2004b), S. 8. Herder-Dorneich schreibt dazu: „Dieses Prinzip charakterisiert die Dienstleistung in ihrem „harten Kern“ [Hervorhebung im Original]. Aus ihm leiten sich entscheidende Probleme der Gesundheitsökonomik als Dienstleistungsökonomik ab“, Herder-Dorneich (1994), S. 638.

145 „Je nachdem wie eine Diagnose von einem Arzt vorgetragen wird, führt sie bei einem Patienten, der sich davon beeindrucken läßt, zur Gesundung, bei einem anderen, der in anderer Weise davon beeindruckt wird, bewirkt sie eine iatrogene Krankheit“, Herder-Dorneich (1994), S. 636.

Qualität sogar nach der Behandlung schwer einzuschätzen ist.[146] Dem gegenüber kann man bei Suchgütern schon vor dem Kauf die Qualität feststellen (beim Suchen nach Angeboten) und die Qualität von Erfahrungsgütern nach dem Kauf (durch die eigene Erfahrung).[147] Hilfsmittel und gut untersuchte Medikamente können für Suchgüter angeführt werden, Gesundheitsleistungen, die oft in Anspruch genommen werden sind tendenziell Erfahrungsgüter.

Zentrales Problemfeld asymmetrischer Information ist die *Angebotsinduktion medizinischer Leistungen* aufgrund des Wissens- und Informationsvorsprung des Arztes bei gleichzeitiger Vollkaskomentalität der Patienten.[148] Angebotsinduktion beruht auf einem den medizinischen Bedarf überschreitenden Angebot (ambulant-) ärztlicher Leistungen. Die Gefahr ist gegeben, wenn ein Arzt durch die Ausweitung seines Angebots, was bei beschriebener geringer Nachfrageelastizität gleich der Marktmenge ist, sein Zieleinkommen erhöht, z. B. durch die Auslastung von Kapazitäten bei gleichzeitiger Honorierung der Mehrarbeit. Kritisch ist anzufügen, dass die Ausweitung medizinischer Leistungen auch andere Gründe haben kann. In der Literatur genannt werden sich ändernde Patientenpräferenzen, geringere Kosten der Inanspruchnahme ärztlicher Leistungen oder die umgekehrte Kausalität der ärztlichen Niederlassung in Gebieten mit hoher Nachfrage.[149]

Analog zur Rentenversicherung wird auch im Gesundheitswesen von einer Minderschätzung in der Zukunft liegender Bedürfnisse ausgegangen.[150] Gesundheitsleistungen werden daher auch als Zukunftsgüter bezeichnet. Versuchungsgüter, wie Alkohol oder Tabakkonsum, sind Anzeichen für gestörte Präferenzen der Individuen.[151] Für diese beiden Fälle wurde der Begriff *meritorische Güter* geprägt.[152] Die Schwierigkeit mit meritorischen Gütern ist, dass das Individuum bei dieser Vorstellung seine tatsächlichen eigenen Präferenzen schlechter einschätzen kann als z. B. der Staat.

---

146 Siehe hierzu schon Arrow (1963).

147 Zur Unterscheidung zwischen Such-, Erfahrungs- und Vertrauensgütern siehe grundlegend Nelson (1970). Ähnlich auch Darbi und Karni (1973).

148 Das Kapitel 8 des Lehrbuchs von Breyer et al. behandelt kompakt die Problematik, siehe Breyer et al. (2005), S. 331-350. Wasem geht von einer Parallelität der Interessen von Patient und Arzt aus, eine möglichst hohe Behandlungsqualität zu erreichen, wogegen der Arzt zusätzlich möglichst hohe Preise erzielen will, vgl. Wasem (2000), S. 476.

149 Als Conclusio stellen Breyer et al. für Deutschland einen Zusammenhang zwischen Arztdichte und ambulant-ärztlichen Leistungen fest, wobei offen bleibt, ob die Nachfrage oder das Angebot Hauptursache ist, Breyer et al. (2005), S. 349. Eingeführt wurde der Begriff in Evans (1974). Ein breiter Überblick mit Fokus auf die USA findet sich in Mcguire, T. (2000). Für die Existenz einer angebotsinduzierten Nachfrage argumentieren Hajen et al. (2010), S. 66-67.

150 Das Argument geht zurück auf Böhm-Bawerk (1921/1961), S. 226.

151 Siehe für die Ökonomie des Alkohols und des Rauchens Chaloupka und Warner (2000); Cook und Moore (2000).

152 Schöpfer des Begriffs war Musgrave, vgl. Musgrave (1957); Musgrave et al. (1994), S. 67-90.

Dem ist zu entgegnen, dass die meisten Gelegenheitstrinker oder Raucher sich über die Gefahren im Klaren sind und einfach den Genuss höher schätzen als die Gefahr gesundheitlicher Schäden. Die *Gratwanderung* zwischen *fehlgeleitetem Paternalismus* und *sinnvollem Selbstschutz* ist unsicher. Es kommt also auf den Einzelfall an. Grundsätzlich hat Freiheit Vorrang, der Staat sollte in erster Linie nur über Gefahren aufklären, so dass die Individuen beim Vorliegen gestörter Präferenzen diese nach eigenem Gutdünken korrigieren können.

2.3 Fazit: Notwendigkeit einer differenzierten Betrachtung von Marktunvollkommenheiten

Die Verknüpfung von möglichen Marktfehlern und Gesundheitsleistungen hätte man noch ausweiten können. Ziel war es jedoch, die für das Gesundheitswesen zentralen Problemfelder zu identifizieren und Begriffe zu klären. Manche Marktfehler wie Unteilbarkeiten werden für die weitere Analyse keine große Bedeutung erlangen. Feststellen lässt sich schon nach dieser punktuellen Verknüpfung, dass Gesundheitsleistungen im Hinblick auf die Marktfähigkeit heterogen einzustufen sind.[153] Risikoselektion als Musterbeispiel bei dem Gut Krankenversicherung ist bei der PKV ganz anders einzuschätzen als bei der GKV. Ferner sind bei Marktversagen gemäß dem Primat des Marktes Marktlösungen auch im Gesundheitswesen möglich. Korrespondierend lassen sich selbst bei Mangel an Marktlösungen direkte staatliche Eingriffe nur dann rechtfertigen, wenn sie auch tatsächlich einen Marktfehler korrigieren können, ohne dadurch woanders Marktfehler durch genau diesen Heilversuch zu erzeugen.

---

153 Insofern ist die Aussage zu pauschal: „you can think of health as a durable good, much like an automobile, a home, or a child's education", Phelps (2003), S. 11. Auch die gegenteilige Ansicht ist in ihrer Aggregation abzulehnen: „Health itself is not tradeable", McGuire, A. et al. (1992), S. 32.

3 Gerechtigkeit und Nachhaltigkeit: Eine Positionsbestimmung

3.1 Gerechtigkeit als Begründung für Marktkorrekturen[154]

Nach dem *Ersten Hauptsatz der Wohlfahrtsökonomik* ist immer dann eine pareto-optimale Allokation gegeben, wenn keine Marktfehler vorhanden sind, d. h. bei vollkommener Konkurrenz auf vollkommenen Märkten. Der *Zweiten Hauptsatz der Wohlfahrtsökonomik* geht bereits über eine rein-ökonomische Betrachtungsweise hinaus.[155] Geeignete Kompensationen sind die notwendige Voraussetzung dafür, dass möglichst viele Gesellschaftsmitglieder an einer pareto-optimalen Allokation über den Marktmechanismus partizipieren. Ausgehend von Erstausstattungen der Marktakteure ergibt sich damit automatisch eine effiziente Distribution der produzierten Güter. Dieser Automatismus wird in allen Ländern dieser Welt unabhängig vom Kulturkreis korrigiert. „Möglichst viele Gesellschaftsmitglieder" beinhaltet ein Werturteil, dem eine Vorstellung einer konkreten Verteilungspolitik bei gesellschaftlichen Präferenzen für Umverteilung zugrunde liegt.[156]

In Deutschlands sozialer Marktwirtschaft wird fast jeder dritte Euro umverteilt.[157,158] Die Primärverteilung des Marktes wird erheblich korrigiert und in eine Sekundärver-

---

154 Ausführlich aus einer wirtschaftsethischen Perspektive behandelt Hohmeier in seiner Dissertation die Korrektur der Primärverteilung durch den Markt unter Gerechtigkeitsaspekten, vgl. Hohmeier (2000).

155 Da in fast allen Gesellschaften Umverteilung einen bedeutenden Anteil vom BIP ausmacht, beschäftigen sich auch Ökonomen mit Sozialpolitik. Für spannende Lehrbücher mit einer Fülle institutioneller Informationen zum deutschen Sozialstaat, vgl. Lampert und Althammer (2004); Ribhegge (2004). Der Begriff Sozialökonomie ist nicht synonym, jedoch auch nicht weit verbreitet. Es gibt sogar eine ökonomische Theorie der Sozialpolitik. Lebensrisiken werden bspw. von Berthold in die beiden Güter „Sicherheit" und „Gerechtigkeit" eingeteilt. Gegenüber ist das Gut „leistungsfähige Volkswirtschaft" gestellt. Sollten beide distributiven Güter nicht in ausreichender Menge hergestellt werden, kann der Staat dies korrigieren, vgl. Berthold (1991). Die Antwort nach dem optimalen Verhältnis der Umverteilung bleibt auch hier offen.

156 Wie hoch die Umverteilung ist, hängt von einer Vielzahl von Faktoren ab. Pfister nennt positive psychologische Externalitäten wie Altruismus, Pfadabhängigkeiten entstanden aus der historischen Entwicklung, politökonomischen Erklärungen wie das institutionelle Gefüge in einem Land bis hin zur Geographie und Moralvorstellungen in einer Gesellschaft, vgl. Pfister (2004b). Ähnlich breit ist auch Alesina et al. (2001). Einen gesundheitsökonomischen Überblick verschiedener Gerechtigkeitsverständnisse am Beispiel der Gerechtigkeitstheorien von Konfuzius, Nozick und Rawls gibt Schreyögg (2004).

157 Die Sozialleistungsquote als Indikator für den Anteil der Umverteilung in Deutschland beträgt im Jahr 2007 ca. 30 %, vgl. StBA (2009d), S. 201. Warns nennt zwei Gründe für den starken Wohlfahrtsstaat in Deutschland. Ca. 60 % der Wahlberechtigten sind beim Staat angestellt

teilung im Wesentlichen durch Steuern aber auch via Sozialversicherungen wie die gesetzliche Krankenversicherung überführt.[159] Die Arbeitslosenversicherung (ALV) und insb. die Gesetzlichen Rentenversicherung (GRV) beinhalten zwar eine Umverteilungskomponente, man denke nur an den staatlichen Zuschuss zur GRV i. H. v. 68 Mrd. Euro im Jahr 2007. Der weit überwiegende Teil der insgesamt 175 Mrd. Euro in der GRV besteht aus dem via Äquivalenzprinzip erhobenen Beiträgen, die zu proportional hohen Renten führen.[160]

Sobald man durch Umverteilung von der Primärverteilung abweicht, ergibt sich der sog. *equality-efficiency trade-off.*[161] Da Umverteilung zunächst einmal Abzüge vom Primäreinkommen mit sich bringt, sind die Arbeitsanreize geringer. Natürlich inkludieren die Menschen zu einem gewissen Grad die aus der Umverteilung an sie zurückfließenden Gelder. Bei vielen Menschen ist die Bilanz jedoch negativ. Hinzu kommt, dass der Abzug vom Lohn oder Gehalt transparent erfolgt, wohingegen Umverteilung und die Bereitstellung öffentlicher Güter oft intransparent ist und nicht klar einem einzelnen zugeordnet werden kann.[162] Umverteilung wird dennoch akzeptiert, da die Menschen in Solidarität füreinander eintreten und einen Gerechtigkeitssinn besitzen.

Der Begriff Gerechtigkeit hat mehrere Dimensionen und wird von allen Menschen und in allen Wissenschaften positiv besetzt.[163] Die Gerechtigkeit wurde seit der Antike als

---

oder erhalten Transferzahlungen. Weiter hat Deutschland im 20. Jahrhundert zwei Weltkriege verloren und zwei Währungsreformen erlebt, vgl. Warns (2009), S. 69. Die Ereignisse liegen schon mindestens 60 Jahre zurück, haben aber bei der Entwicklung des Wohlfahrtsstaates eine große Rolle gespielt. Einmal eingeführte Leistungen sind auch schwer zurückzunehmen. Auch ist Risikoaversion differenziert zu betrachten, wie die beiden Aktien-Haussen, Ende des letzten Jahrtausends und vor dem Crash 2008, Zeugnis legen.

158 Der Begriff soziale Gerechtigkeit wird von Hayek im Kontext von Wirtschaftssystemen als „Unsinn“ bezeichnet, Hayek (1981), S. 112. Die soziale Marktwirtschaft ist weiter Hayek ein Kategorienfehler, da sich die Distribution im Markt im freien Spiel der Kräfte spontan ergibt. Von einer ungerechten Zuteilung kann nicht gesprochen werden, vgl. Hayek (2002), S. 160.

159 Vgl. Neubauer, G. (2004b), S. 37.

160 Vgl. StBA (2009d), S. 210. Analog wird ALG1 als Prozentsatz vom letzten soziaversicherungspflichtigen Gehalt bezahlt.

161 Der trade-off wurde geprägt von Okun. Zentrale Botschaft war: „the market needs a place, and the market needs to be kept in its place“, Okun (1975), S. 119.

162 Für die Bundeswehr werden jährlich ca. 30 Mrd. Euro aus Steuern finanziert, vgl. BMF (2007), S. 45. Wie ein einzelner Bürger den Mehrwert der Bundeswehr auf sich runter brechen soll, ist schwer vorstellbar.

163 Neben der Philosophie mit den Bereichen Ethik und Moral sowie der politischen Philosophie ist Gerechtigkeit von besonderer Bedeutung u. a. in der Ökonomik, der Rechtsprechung, der Politik, der Soziologie und der Theologie. Keine Dimension von Gerechtigkeit ist Altruismus als psychische positive Externalität. Gerechtigkeit kann hingegen unabhängig von interpersonellen Nutzeninterdependenzen definiert werden, vgl. Wagstaff und Doorslaer (2000), S. 1807.

eine der Kardinaltugenden bezeichnet.[164] Der Kanon der Kardinaltugenden veränderte sich, die Gerechtigkeit war aber immer Bestandteil desselbigen. Daran sieht man den hohen Stellenwert, der der Gerechtigkeit beigemessen wird. Neben einer moralischen Norm ist Gerechtigkeit gleichzeitig ein erstrebenswertes gesellschaftliches Ziel.[165] Was nun Gerechtigkeit genau ist, ist schon schwieriger zu bestimmen. Die Vielschichtigkeit des Begriffs legt es nahe, Einzelaspekte der Gerechtigkeit nacheinander zu untersuchen. Mit dem begrifflichen Rüstzeug lässt sich dann in Abschnitt 6.1 die Gerechtigkeit des dualen Krankenversicherungssystems systematisch beurteilen. Da oftmals der Begriff der Solidarität in Analysen der GKV verwendet wird, wird dieser von Gerechtigkeit abgegrenzt und gleichzeitig eine Motivation für die Wahl des Untertitels Gerechtigkeit gegeben.

3.1.1 Gerechtigkeitsdimensionen

Eine der ersten Unterteilungen der Gerechtigkeit erfolgte durch *Aristoteles*.[166] In seinem ethischen Hauptwerk *Nikomachische Ethik* im fünften Buch unterscheidet er zwischen der *austeilenden Gerechtigkeit* und der *ausgleichenden Gerechtigkeit*.[167] *Thomas von Aquin* hat die von Aristoteles wohl mitgedachte *gesetzliche Gerechtigkeit* hinzugefügt, die heute mit Gesetzestreue oder formaler/formeller Gerechtigkeit bezeichnet wird.[168] Unter austeilender Gerechtigkeit wird oft Verteilungsgerechtigkeit verstanden, welche sich aber eher auf das Begriffspaar horizontale versus vertikale Gerechtigkeit bezieht. Die ausgleichende Gerechtigkeit hingegen bezieht sich auf die Tauschgerechtigkeit unabhängig von verteilungspolitischen Überlegungen. Damit war schon damals der für die Wirtschaftstheorie wichtige Gegensatz von Effizienz und Gleichheit formuliert. Die formale Gerechtigkeit ist für einen funktionsfähigen Markt wichtig, da Geschäftspartner auf Verträge und Eigentumsrechte vertrauen können

---

164 Der Begriff stammt vom Lateinischen cardinalis „im Angelpunkt stehend, wichtig" ab, vgl. Dudenredaktion (2003), S. 702. Nach Platon, dessen Einteilung heute noch gültig ist, gehören noch Weisheit, Klugheit und Mäßigung zu den vier Kardinaltugenden.

165 Vgl. Petersen (1993), S. 69. Für die gesundheitsökonomische Perspektive siehe Wille, E. (1997), S. 46.

166 Vgl. Aristoteles (o. J.), S. 96-99.

167 Austeilende Gerechtigkeit wird auch als iustitia distributiva, ausgleichende Gerechtigkeit als iustitia commutativa bezeichnet, gesetzliche Gerechtigkeit als iustitia legalis. Aristoteles benutzt für ausgleichende Gerechtigkeit den Begriff arithmetische und für austeilende Gerechtigkeit geometrische oder proportionale Gerechtigkeit. Gerade im Begriff Proportionalität findet sich die Maxime, Gleiches gleich und Ungleiches ungleich zu behandeln.

168 Gesetzestreue heißt nicht, dass die Gesetze selbst gerecht sind, nota bene auch den Unterschied zwischen legal und legitim. Ersteres bedeutet gesetzestreu, Letzteres ist ein Handeln, das mit dem Gerechtigkeitsempfinden übereinstimmt. Legale und legitime Handlungen sind in einem als gerecht empfundenen Rechtssystem identisch.

müssen. Ansonsten läge Anarchie als gesetzesloser Zustand vor.[169] Wie bereits ebenso festgestellt, erfordert Wettbewerb die Möglichkeit zum Tausch. Ein Tausch findet immer dann statt, wenn die Tauschpartner den Tausch als gerecht betrachten. Ausgleichende und gesetzliche Gerechtigkeit sind in einer freien Marktwirtschaft nicht nur im Duo notwendig, beides sind elementare Elemente für funktionierende Märkte. Dagegen ist Verteilungsgerechtigkeit keine notwendige Voraussetzung.

Für die gesundheitsökonomische Analyse werden die Gerechtigkeitsdimensionen noch einmal anders definiert, da mit der Neudefinition insb. Aussagen über die Gerechtigkeit im dualen System klarer getroffen werden können. *Formale Gerechtigkeit* bezeichnet neben gesetzlicher Gerechtigkeit auch einen Gegensatz zu *materialer Gerechtigkeit*. Dieses Begriffspaar wird häufig in der Wirtschaftspolitik gebraucht. Formale Gerechtigkeit bedeutet hier Gleichheit des staatsbürgerlichen Status wie das Recht auf Bildung. Materiale Gerechtigkeit kann nochmal in *ursachenorientiert* und *ergebnisorientiert* unterschieden werden. Ursachenorientierte Gerechtigkeit oder auch *Partizipationsgerechtigkeit* liegt bei *Chancengerechtigkeit, gleichbedeutend Chancengleichheit*, und *Prozesschancengerechtigkeit* vor.[170] Ökonomisch gesprochen ist Chancengleichheit synonym einer von der Gesellschaft gewünschten, fairen Erstausstattung. Ergebnisorientiertheit wird *Bedarfs-* oder *Leistungsgerechtigkeit* gebraucht. [171] Leistungsgerechtigkeit ist weiterhin synonym mit ausgleichender Gerechtigkeit.

Chancengleichheit wird also durch die Korrektur der Erstausstattung erreicht. In obigem Beispiel hat zwar jeder das Recht auf Bildung, jedoch ist damit noch nicht gesagt, ob Kinder aus weniger wohlhabenden Familien tatsächlich gleiche Bildungschancen haben. Gerade in Deutschland wurde in den Pisa-Studien festgestellt, dass der Besuch einer höheren Schule, wie ein Gymnasium, sehr ungleich über die Bevölkerung verteilt ist und mit dem Einkommen der Eltern korreliert. Rein ökonomisch und im Hinblick auf die demographische Entwicklung und Globalisierung kann die Förderung des Humankapitals auch ökonomisch gut begründet werden.[172]

Prozesschancengerechtigkeit ist für die dauerhafte Partizipationsgerechtigkeit nötig. Bei gleicher Erstausstattung sollen die Teilnahmemöglichkeiten im Zeitablauf gewahrt werden. Haben ein Mann und eine Frau das gleiche Vermögen, d. h. die gleiche Erstausstattung, und sind beide in der GKV versichert, so ist trotz gleichen Leistungskatalogs allein wegen unterschiedlicher biologischer Voraussetzungen von Unterschieden bei gleicher Behandlung auszugehen. Daher muss nicht nur die Erstausstattung fair

---

169 Siehe schon bei Hume, der die Unverletzlichkeit des Privateigentums, die Vertragsfreiheit und die Einhaltung von Verträgen als laws of nature bezeichnet, vgl. Hume (1739/1740/1978).

170 Vgl. Ott (2007), S. 568-570.

171 Vgl. Giersch (1961), S. 76.

172 Vgl. Giersch (1961), S. 61. Das Argument findet sich auch bei Penske und die dort angegebene Literatur, vgl. Penske (2006), S. 57.

sein, sondern auch die Chancen im Zeitablauf. Dieses Beispiel soll für die Prozesschancengerechtigkeit im Rahmen dieser Arbeit genügen.[173]

3.1.1.1 Bedarfsgerechtigkeit versus Leistungsgerechtigkeit

Leistungsgerechtigkeit als Antipode von Bedarfsgerechtigkeit ist Teil der Verteilungsgerechtigkeit und *synonym* mit dem *Äquivalenzprinzip*. In der vorangegangen Unterscheidung war diese Trennung und Hierarchie weniger klar. Bei gleicher Leistung ist der gleiche Lohn zu bezahlen. Ungleiche Leistung bedeutet damit aber auch, dass ungleiche Entlohnung zu erfolgen hat, da sonst die Äquivalenz von Leistung und Gegenleistung außer Balance ist. Für gewöhnlich zählt bei der Entlohnung alleine das Ergebnis als Surrogat der Leistung, die aufgewendete Mühe wird nicht honoriert. Im Markt dient der Preis als Ergebnisbewertung.

Leistungsgerechtigkeit entspricht dem ursprünglichen Begriffspaar von Allokation und Distribution. Eine Korrektur der Distribution ist dabei nicht vorgesehen. Nach *Sowada* wird Leistungsgerechtigkeit unterteilt in absolute und relative oder subjektive Leistungsgerechtigkeit.[174] Absolut heißt, dass das Marktergebnis so akzeptiert wird wie es ist. Relative Leistungsgerechtigkeit bedeutet Chancengleichheit. Der Einzelne kann bei Ergreifen der ihm angebotenen Chancen für den Markt mehr produzieren und damit mehr konsumieren. Eine darüber hinausgehende Umverteilung findet nicht statt.[175] Die Leistungsfähigkeit ist wiederum mit Gesundheit positiv korreliert, was gemäß der Chancengleichheit die Forderung nach einem einheitlichen Gesundheitszustand impliziert. Dieser Zusammenhang ist aufgrund der von Individuum zu Individuum unterschiedlichen Wirkung von Gesundheitsleistungen jedoch nicht zu verwirklichen. Ziel kann es daher nur sein, Zugangsgleichheit bzgl. eines definierten Grundleistungskatalogs zu ermöglichen.

Bei *Bedarfsgerechtigkeit* hingegen zählt alleine der Bedarf. Nach *Hohmeier* werden drei Ausprägungen von Bedarfsgerechtigkeit unterschieden.[176] Absolute Bedarfsgerechtigkeit impliziert die Zuteilung von Gütern nach Bedürfnissen. In einer durch Knappheit geprägten Welt übersteigen die Bedürfnisse die Güter, abgesehen von der Messbarkeit von Bedürfnissen ist absolute Bedarfsgerechtigkeit nicht sinnvoll. Zweitens wird jedem das Gleiche zugeteilt. Jedem ein gleiches Einkommen oder Güterbündel zukommen zu lassen, ist jedoch nicht effizient, da individuelle Präferenzen vorlie-

---

173 Für eine vielfacettierte Befassung mit der Thematik Geschlecht und Gesundheit siehe das Sammelwerk Hurrelmann und Kolip (2002). „Fair" heißt nicht gleichmachen sondern ein angemessenes Verhältnis.

174 Vgl. Sowada (2000), S. 40-43.

175 Zur Bedeutung der relativen Chancengleichheit bemerkt Maynard: „Wo die Chancengleichheit nicht sichergestellt werden kann, gerät der moralische Wert des Erfolges ins Wanken", Maynard (1988), S. 213.

176 Vgl. Hohmeier (2000), S. 30-32.

gen. *Hohmeier* argumentiert daher drittens für ein sozio-kulturelles Existenzminimum verbunden mit einem Mindestleistungskatalog.[177]

Ein begriffliches Dreigestirn bilden *Bedarfsgerechtigkeit*, *gleiche Zugangschancen* zu Gesundheitsleistungen und *gleiche Gesundheit.*[178] Gleiche Zugangschancen bedeuten bei gleichem Bedarf nicht notwendigerweise gleichen Zugang oder Bedarfsgerechtigkeit, da z. B. bei besserer Bildung der Zugang früher gesucht wird oder der Heilungsnutzen durch bessere Co-Produktion (Compliance) oder Fitness des Patienten aus gleichem ärztlichen Input mehr Gesundheit ermöglicht.[179] Ob jemand seinen Zugang nutzt, hängt letztlich auch von Präferenzen ab. Dass Zugangsgleichheit oder Bedarfsgerechtigkeit nicht synonym mit gleicher Gesundheit aller ist, ist trivial.[180] Simultan alle drei Ziele zu verfolgen kann daher nur als Leitbild dienen.

Nun stellt sich die Frage, worauf *Priorität* gelegt werden sollte. Gleiche Gesundheit in der Definition der WHO ist ein hehres Ziel, jedoch wegen großer individueller Unterschiede im „Gesundheitsgewinn" aus Gesundheitsleistungen schwer zu operationalisieren und auch nicht mit dem Leitbild des homo oeconomicus überein zu bringen.[181] Selbst wenn man formale Rechte auf gleiche Gesundheit einräumte, scheiterte die materiale Umsetzung. *Gleiche Zugangschancen* zu Gesundheitsleistungen hingegen kann man *formal leicht bewerkstelligen*. Als immer auch Umverteilung enthaltender Pfeiler der gesellschaftlichen Chancengerechtigkeit sollten sie *angestrebt* werden. *Bedarfsgerechtigkeit* sollte in Form eines *Mindestleistungskatalogs* staatlich garantiert werden, der den Bedarf von unkonkreten, intersubjektiv differierenden Bedürfnissen trennt. Wer eine über das Mindestniveau hinaus gehende Versorgung haben möchte, muss eben dafür zahlen.

---

177 Eine ausführliche Ableitung des sozio-kulturellen Existenzminimums anhand des Grundgesetzes und darauf basierender Rechtsprechung erfolgt in Hohmeier (2000), S. 136-159.

178 Über die Begriffe besteht große Uneinigkeit, für eine (nicht leicht zu lesende) Klärung der Begriffe vgl. Wagstaff und Doorslaer (2000), S. 1806-1819. Kompakt zusammengefasst wird die Thematik in Lauterbach und Lüngen (2008), S. 160-168. Eine technische Behandlung der Maßstäbe einer bedarfsorientierten Zuteilung von Gesundheitsleistungen erfolgt in Gäfgen (1989), S. 24-30,43-44.

179 Soziale Ungleichheit und Unterschiede in der Morbidität sind eng miteinander verknüpft, vgl. Siegrist und Möller-Leimkühler (2003), S. 127-128. Auch die Richtung des Zusammenhangs ist wichtig. Ein höheres Einkommen z. B. ist durch, wenn auch in entwickelten Ländern weniger relevant, bessere Gesundheit mit bedingt. Der Zusammenhang ist multikausal und soll nicht Thema dieser Arbeit sein. Dem interessierten Leser seien Public Health Lehrbücher oder spezifisch auf dieses Thema abzielende Literatur empfohlen wie z. B. Schwartz (2003); Siegrist und Marmot (2008). Lesenswert ist die Dissertation von Holze, vgl. Holze (2009). Für eine ökonomische Betrachtung unterschiedlicher Nutzungsintensität von Gesundheitsleistungen und Gesundheitszustände korreliert auf das Einkommen siehe Wagstaff und Doorslaer (2000), S. 1834-1857.

180 Vgl. hierzu Abschnitt 2.1.2.1.

181 Dafür müssten die Präferenzen gleichverteilt sein, was bei einer Betrachtung der Präferenzen von Rauchern zu Nichtraucher oder Trinkern zu Nichttrinkern abstrus ist.

3.1.1.2 Horizontale und vertikale Gerechtigkeit

Bisher ging es um die Behandlung von Krankheit auf dem Leistungsmarkt. Gesundheitsleistungen kosten jedoch Geld. Gerechtigkeit muss also auch für den *Finanzierungsmarkt* diskutiert werden.[182] Bei der Frage der gerechten Finanzierung ist das Begriffspaar *horizontale* versus *vertikale Gerechtigkeit* geeigneter. Eine bedarfsgerechte Finanzierung über alle Versicherten entspricht einer dem Behandlungsanspruch der Versicherten ausreichenden Finanzierung. Der Umfang des Behandlungsanspruchs sei durch die gesellschaftlichen Präferenzen unter Achtung des Grundgesetzes exogen gegeben. Bedarfsgerechtigkeit folgt aus der Bestimmung der Höhe des gesetzlichen Leistungskatalogs, welcher gerecht finanziert werden soll.

Der Begriff der *Leistungsgerechtigkeit* hingegen harmoniert mit dem Begriffspaar horizontale und vertikale Gerechtigkeit. Leistungsgerechtigkeit müsste im Finanzierungsmarkt präziser *eigentlich Leistungsfähigkeitsgerechtigkeit* heißen, da es zu einer *Bedeutungsumkehr* kommt: „Wer mehr zahlt, soll mehr bekommen" für den Leistungsmarkt heißt im Finanzierungsmarkt nun *„wer mehr hat, soll mehr zahlen*". In der weiteren Analyse sprechen wir zur besseren Unterscheidung im *Finanzierungsmarkt* von *vertikaler und horizontaler Gerechtigkeit* bezogen auf die Leistungsfähigkeit gegenüber dem *Begriffspaar Bedarfs- und Leistungsgerechtigkeit im Leistungsmarkt.*

Bei gegebenem Finanzierungsbedarf stellt sich die Frage, wer von den Versicherten wie viel zur Finanzierung beiträgt. Allgemeine Zustimmung unabhängig von Gesundheitsfragen wird der Norm gegeben, dass der Stärkere den Schwächeren unterstützt. Gerecht im Finanzierungsmarkt bedeutet, dass finanziell potentere Versicherte mehr zahlen als weniger Wohlhabende und weicht vom Verständnis im Leistungsmarkt damit ab. Dabei dürfen weitere Umverteilungssysteme nicht vergessen werden, in denen i. d. R. von Wohlhabenderen absolut und relativ mehr abgeschöpft wird. Reichere Personen zahlen bspw. über ihre Steuern Kapital- und Bauinvestitionen von Krankenhäusern mit.

Vertikale Gerechtigkeit liegt in Anlehnung an die Steuertheorie vor, wenn reichere mehr zahlen als weniger wohlhabende Personen. Wie bei Steuern kann man unterscheiden in progressiv, linear und regressiv. Im Vorgriff auf die spätere Analyse möge das Beispiel der GKV zur Illustration dienen. Die GKV ist bis zur Beitragsbemessungsgrenze (BBG) linear ausgestaltet, dann wird die Finanzierung regressiv. Absolut steigt der Beitrag mit dem Einkommen an, bis er ab der BBG nicht mehr ansteigt.

Die Beurteilung der *horizontalen Gerechtigkeit* innerhalb und zwischen den Krankenversicherungssystemen bezieht sich auf Haushalte gleicher Leistungsfähigkeit. Häufig angeführtes Beispiel ist der in der GKV unterschiedlich hohe Versichertenbeitrag für Einverdiener-Haushalte und Zweiverdiener-Haushalte. Verdient ein Alleinverdiener

182 Im Abschnitt 6.1 wird Gerechtigkeit aus Perspektive des Versicherten betrachtet. Der Vertragsmarkt basiert auf der Kategorie funktionsfähiger Wettbewerb und wird folglich in Abschnitt 5.2 unter Allokation untersucht.

das Doppelte der BBG, zahlt er im Jahr 2010 296,25 Euro im Monat, etwaige Mitversicherte sind beitragsfrei. Verdienen nun beide jeweils die BBG, so müssen sie zweimal die Summe, also 592,50 Euro, zahlen.[183] Dies ist offensichtlich ungerecht und verletzt die horizontale Gerechtigkeit.

3.1.1.3 Intergenerative Gerechtigkeit und regionale Gerechtigkeit

Zwei wichtige Begriffe seien noch eingeführt. *Intergenerative Gerechtigkeit* ist wörtlich gegeben, wenn zwischen den Generationen Gerechtigkeit herrscht.[184] Eine Möglichkeit, dies zu operationalisieren, ist die intergenerative Äquivalenz von zusätzlichen Gesundheitsausgaben mit zusätzlichen Nutzenmöglichkeiten über den Lebenszyklus.[185] Intergenerative Gerechtigkeit ist damit eine Teilmenge von Leistungsgerechtigkeit. Das Konzept ist für die GKV nur schwer zu fassen, da Änderungen im Leistungskatalog aufgrund von MTF oder politischer Entscheidungen einzelnen Alterskohorten mühsam zuzuordnen sind.[186] In der PKV ist zwar auch MTF gegeben, wird jedoch entsprechend der Restlebenserwartung des Versicherten diesem finanziell im obigen Sinne fair zugeordnet.[187] Auch sind anders als in der GKV Einkommensänderungen im Lebenszyklus zur Beurteilung intergenerativer Gerechtigkeit nicht zu berücksichtigen. Die Analyse wird zudem einfacher, da die Kinderzahl nicht relevant für die PKV-interne Umverteilung ist.

Regionale Gerechtigkeit ist keine eigene Gerechtigkeitsdimension, sondern wendet die vorgestellten Prinzipien auf interpersonelle Vergleiche unter Berücksichtigung der regionalen Dimension an. Fragestellungen der regionalen Gerechtigkeit betreffen Transfers zwischen den Bundesländern aber auch Versorgungsunterschiede zwischen Stadt und Land. Hauptstreitpunkt über die Jahre war der Risikostrukturausgleich und

---

183 Die BBG im Jahr 2010 beträgt 3.750 Euro im Monat. Bei Abstrahierung von Zusatzbeiträgen oder Prämienausschüttungen ergeben sich bei dem für den Arbeitnehmer maßgeblichen Beitragssatz von 7,9 % obige Summen.

184 Man kann auch die unterschiedliche Behandlung Jüngere versus Ältere mit dem Begriff intergenerative Gerechtigkeit in Verbindung bringen. Dies betrifft z B. Fragen der Altersrationierung. In der Untersuchung wird dieser Aspekt nicht explizit behandelt. Streng genommen handelt es sich ferner nicht um eine intergenerative Betrachtung, da die Vergleichsgruppen Generationen sind.

185 Pimpertz (2001), S. 160-161.

186 In der Soziologie sind Kohorten Jahrgänge oder Gruppen von Jahrgängen, die der Abgrenzung von Bevölkerungsgruppen dienen. Sie sind durch ein zeitlich gemeinsames, längerfristig prägendes Startereignis definiert, vgl. Wikipedia (2010g). In der Folge wird der Begriff kontextabhängig in beiden Bedeutungen verwendet.

187 In der Sprache von Warns heißt das: „beim Instrument der Kapitaldeckung der Schwerpunkt auf eine durch Eigeninteresse betriebenen individuelle Vorsorge liegt … eher im Einklang mit den auf Freiheit und Eigenverantwortung basierenden marktwirtschaftlichen Prinzipien“, Warns (2009), S. 76.

dabei der Finanzkraftausgleich. Der Begriff war bei der Diskussion um die Konvergenzklausel im Rahmen der Gesundheitsreform wichtig und wird in den Abschnitten 6.1.1.4 und 6.1.2.4 im Hinblick auf das duale System vertieft.[188]

3.1.2 Konstitutionenökonomik und Mindestleistungskatalog

Nach der abstrakten Definition der Gerechtigkeitsdimensionen sollen nun konsensfähige Prinzipien identifiziert werden, die das Verhältnis zwischen Leistungsgerechtigkeit und Bedarfsgerechtigkeit näher bestimmen.[189] Als Vehikel dienen allen vorneweg die Menschenrechte, die weltweit kulturübergreifend gelten und von fast jedem Menschen anerkannt werden.[190] Die Menschenrechte eignen sich daher als normativer Orientierungspunkt bei der Ausgestaltung von Sozialsystemen als Grenze des reinen Marktes und für die Begründung von Bedarfsgerechtigkeit. [191] In der Deklaration der Menschenrechte heißt es sehr konkret: „Everyone has a right to a standard of living adequate for the health and well-being of himself and his family, including food, clothing, housing, *medical care* and necessary family services and the right to security in the event of unemployment, *sickness*, disability, widowhood, old age or other lack of livelihood in circumstances beyond his control [Hervorhebung durch den Autor].“[192]

3.1.2.1 Konstitutionenökonomik

Im *Grundgesetz* steht in Artikel 1 Absatz 1: „Die Würde des Menschen ist unantastbar. Sie zu wahren und zu schützen ist Verpflichtung aller staatlichen Gewalt.“ Artikel 1 Absatz 2 fährt fort: „Das Deutsche Volk bekennt sich darum zu unverletzlichen und unveräußerlichen Menschenrechten als Grundlage jeder menschlichen Gemeinschaft, des Friedens und der Gerechtigkeit in der Welt.“[193] Man beachte, dass Menschenrechte als Grundlage der Gerechtigkeit explizit bezeichnet werden. In Artikel 2 heißt es weiter: „Jeder hat das Recht auf Leben und körperliche Unversehrtheit.“[194] Daraus lässt sich direkt der Anspruch auf Behandlung bei Lebensgefahr, aber auch bei Krankheit ableiten. Relevant für die Fragestellung ist auch Artikel 3: „Der Staat fördert die tat-

188 Kritisch zur Konvergenzklausel siehe Neubauer, G.; Pfister; et al. (2009), S. 36-38.

189 Rawls benennt diesen Grundkonsens als „overlapping consensus“. Overlapping bedeutet dabei unabhängig von Kultur, Werten und Normen, siehe Rawls (1993), S. 133.

190 Vgl. Knoepffler (2004), S. 7-8.

191 Ausführliches über die grundgesetzliche Bindung der Gerechtigkeit in Deutschland findet sich in Hohmeier (2000), S. 107-160. Einen lesenswerten Überblick gibt Warns (2009), S. 54-56.

192 Art. 25 I UN.

193 Art. 1 Abs. 1 und 2 GG.

194 Art. 2 Abs. 2 S. 1 GG.

sächliche Durchsetzung der Gleichberechtigung von Frauen und Männern und wirkt auf die Beseitigung bestehender Nachteile hin."[195] Dort ist auch die Partizipationsgerechtigkeit über den Passus „wirkt auf die Beseitigung bestehender Nachteile hin" verankert. Dies impliziert jedoch nicht grenzenlose Umverteilung, denn es heißt auch in Artikel 14: „ Das Eigentum und das Erbrecht werden gewährleistet."[196] Das Konstitutionsprinzip der Bundesrepublik Deutschland, verankert in Artikel 20 mit „die Bundesrepublik Deutschland ist ein demokratischer und sozialer Bundesstaat" verpflichtet den Staat zwar zu einem sozialen Ausgleich, wie dieser konkret ausgestaltet ist, obliegt im Ermessen des Gesetzgebers.[197]

Unwidersprochenes Menschenrecht in modernen Gesellschaften ist die Unversehrtheit von Leib und Leben. Das Grundgesetz begründet eine jedermann zugängliche, staatlich garantierte Mindestversorgung mit Gesundheitsleistungen. Sollte sich als Beispiel ein Mensch aufgrund der Primärverteilung allein keine lebensrettende Operation leisten können, müsste er dennoch behandelt werden. Im Kontext Krankenversicherung hat bei Fehlen derselben der Staat die Behandlung zu übernehmen. Das geschieht konkret in Form der Überweisung eines festen Betrags der Arbeitsagentur oder Kommune an die GKV im Fall von Arbeitslosengeld 2 (ALG2). Bei Sozialhilfeempfängern tragen die Kommunen die Auslagen für die Krankenversicherung der Bedürftigen unmittelbar. Während bei lebensbedrohlichen Krankheiten keine Diskussionen aufkommen, geht es bei der Festlegung eines Mindestleistungskatalogs um die Ausgestaltung der austeilenden Gerechtigkeit. Behandlung und Finanzierung sind also auch hier zu trennen. Der Mindestleistungskatalog an Gesundheitsleistungen sollte jedem zur Verfügung stehen, unabhängig von wirtschaftlichen Verhältnissen. Das heißt aber auch, dass Leistungen außerhalb des Katalogs der Eigenverantwortung überlassen werden.

Es bleibt die Frage nach dem *optimalen Verhältnis* zwischen *Leistungsgerechtigkeit und Bedarfsgerechtigkeit* respektive dem optimalen Grad an Umverteilung. Bezogen auf die Gesundheit weiß niemand, ob er, wann er oder wie krank er wird. Diese Unsicherheit führt wie gezeigt bei Risikoaversion zu Krankenversicherungen. Sicher gibt es Menschen, die eine höhere Morbidität aufweisen, wie z. B. chronisch Kranke, wodurch der Bedarf und die Nachfrage nach Gesundheitsleistungen von Person zu Person abweichen. Weiter sind die Präferenzen für alternative Güter und auch die Risikoaversion unterschiedlich.

Die Idee ist es, nicht nach der Gerechtigkeit von Regeln zu fragen, sondern ob bei der Erfüllung gegebener Regeln Gerechtigkeit vorliegt.[198] Wie kommt man nun wiederum

---

195 Art. 3 Abs. 2 und 3 S. 2 GG.

196 Art. 14 Abs. 1 S. 1 GG.

197 Art. 20 Abs. 1 GG. Jenkis spricht von der „ordnungspolitischen Neutralität des Grundgesetzes", Jenkis (2006), S. 87-90.

198 Gerechtigkeit wird hier interpretiert als gesetzliche oder formale Gerechtigkeit, aus deren Erfüllung sich automatisch das von der Gesellschaft gewünschte Verhältnis zwischen Leistungs- und Bedarfsgerechtigkeit ergibt.

zu den Regeln? Hierzu hat die *Konstitutionenökonomik* den *Schleier der Ungewissheit* entwickelt.[199,200] Die Anwendung auf das Gesundheitswesen[201] ist wie folgt: In einem vorkonstitutionellen Zustand kenne niemand sein Krankheitsrisiko und seine Vermögensposition. Da man in dieser Lotterie nicht weiß, wo man letztlich steht und ob man sich Gesundheit leisten kann, werden in einer Abstimmung Regeln festgelegt, in deren Rahmen dann der Gesetzgeber agiert. Der Mindestleistungskatalog wird aus Eigeninteresse einstimmig bestimmt, da niemand im vorkonstitutionellen Zustand im Bedarfsfall darauf verzichten möchte.[202] Wüssten die Individuen vorher schon, wie sie in der

---

199 Das Konzept des Schleiers der Ungewissheit (veil of uncertainty) wird im Lehrbuch von Blankart erklärt, vgl. Blankart (2008), S. 38-43. Die klassische ökonomische Literatur hierzu ist „The calculus of consent", Buchanan und Tullock (1962). Die Entscheidung über eine Verfassung erfolgt dort durch Einstimmigkeit. Grundlegend ist auch Brennan und Buchanan (1985). Von Buchanan gibt es einen Überblicksartikel, vgl. Buchanan (1987). Eine aktuellere Übersicht gewährt Voigt (1997). Eine formale Übertragung der Theorie auf soziale Sicherungssysteme erfolgt in Homann und Pies (1996), S. 225-235. Dort findet sich auch die Begründung von Umverteilung als Duldungsprämie, vgl. Homann und Pies (1996), S. 211-216. Das originäre und wohl prominenteste Beispiel stammt von Hobbes, der zur Überwindung eines anarchischen Naturzustands einen staatlichen Leviathan einführt, vgl. Hobbes (1668).

200 Ähnlich bekannt wie der Schleier der Ungewissheit ist der Schleier des Nichtwissens von Rawls. Im gesundheitsökonomischen Beispiel haben wir den Rawls'schen Schleier des Nichtwissens (veil of ignorance) angenommen, der einen höheren Grad der Unwissenheit aufweist. Je größer die Unwissenheit, desto einfacher ist es, Einstimmigkeit zu erreichen, vgl. Rawls (1971/1979). Zur Abgrenzung siehe auch Watrin (1996), S. 260. Eine Übertragung des Rawls'schen Schleiers auf das Gesundheitswesen erfolgt in Daniels (1985). Wie Rawls betont auch Daniels, dass die Entscheidung über ein Gut immer simultan mit Entscheidungen über andere Güter zu treffen ist: „Deciding which needs are to be met and what resources are to be devoted to doing so requires careful moral judgement", Daniels (1985).

201 Ein nichttechnischer Artikel einer frühen Anwendung der Konstitutionenökonomik aufs Gesundheitswesen erfolgt bei Pauly, der neben einer Mindestsicherung auch Argumente für eine staatliche Krankenversicherung mit der Möglichkeit privater Zusatzversicherung unterstützt, vgl. Pauly (1994). Für einen neueren Literaturüberblick mit einem detaillierten konstitutionenökonomischen Modellvergleich im Bereich Gesundheitsleistungen siehe die Diplomarbeit von Pfister, vgl. Pfister (2004a). Ausführlich in seiner Dissertation entwickelt Arnold formal die theoretischen Grundlagen von Umverteilung mit einem konstitutionenökonomischer Ansatz, vgl. Arnold, R. (2006), S. 9-114. Die Anwendung der politischen Ökonomie auch in Form des Schleiers des Nichtwissens auf die Wahl eines Krankenversicherungssystems wird in Abschnitt 7.4 durchgeführt.

202 Dies setzt eine hohe Risikoaversion voraus. Rawls geht von der Maximin-Regel aus, nach der diejenige Entscheidungsregel konsentiert wird, in der das am schlechtesten gestellte Individuum den höchsten Nutzen hat, vgl. Rawls (1971/1979). Die Annahme ist stark und hat viel Kritik verursacht. In diesem Zusammenhang ist eine zweite in der Rawls'schen Theorie der Gerechtigkeit eingeführte Regel wichtig, das Differenzenprinzip. Im Unterschied zur Pareto-Verbesserung ist eine Verteilung nur dann besser, wenn der schlechtest Gestellte einen Vorteil erlangt. Das Konzept ist enger als das Pareto-Prinzip, in anderen Fällen aber weiter, da besser Gestellte bei Gewinn des schlechtest Gestellten auch verlieren dürfen. Eine ausführliche Kritik

Lotterie abschneiden, wäre Einstimmigkeit kaum zu erzielen. Postkonstitutionell wird dann das genaue Verhältnis zwischen Leistungsgerechtigkeit und Bedarfsgerechtigkeit festgelegt.

Der *Mindestleistungskatalog* respektive Leistungsanspruch ist in *Grenzen des Grundgesetzes* von den Parteien *verhandelbar* und wird nach Wahlen auch verändert, was sogar bei Gesundheitsreformen gleicher Parteien geschah. Die Höhe von Zuzahlungen, auch innerhalb des Mindestleistungskatalogs, obliegt dem Spiel der Parteien, solange eine menschenwürdige Versorgung in allen Fällen gewährleistet ist. Für die zweite Stufe der Gesetzgebung in der nachkonstitutionellen Phase können durchaus unterschiedliche Abstimmungsregelungen festgelegt wird. In Deutschland sind Menschenrechte unverletzlich und somit unveränderbar, sonstige Verfassungsänderungen bedürfen einer Zweidrittelmehrheit, andere Gesetzesänderungen i. d. R. einer Mehrheit im Bundestag, letzteres wiederum qualifiziert durch die Einwirkungsmöglichkeiten des Bundesrates.

3.1.2.2 Mindestleistungskatalog

Welche Gesundheitszustände können als nicht akzeptabel hinter einem *Schleier des Nichtwissens* im Konsens identifiziert werden und helfen bei der Konkretisierung eines Mindestleistungskatalogs?[203] Der Abschnitt dient als Anwendungsbeispiel der Konstitutionenökonomik im Gesundheitswesen.[204] Folgende beiden Krankheitszustände dürften unumstritten sein:

1. Fall: Lebensbedrohliche Gesundheitszustände.

2. Fall: Angeborene Krankheiten und Krankheitsdispositionen.[205]

Im ersten Fall ist unabhängig von der Verantwortung gemäß dem Grundgesetz und v. a. der Menschenrechte der lebensbedrohliche Zustand zu heilen. Dies gilt ohne Ausnahme, während das Recht auf körperliche Unversehrtheit nicht absolut betrachtet werden kann und wird. Im zweiten Fall ist das Individuum nicht Verursacher, die Krankheitsumstände liegen nicht in seiner Verantwortung. Zu tragen kommt explizit

---

an der Rawls'schen erfolgt in Kersting (2000), S. 95-163. Für einen konzisen Überblick verschiedener Entscheidungsregeln bei Unsicherheit siehe Wikipedia (2010d).

203 Es wird der Schleier des Nichtwissens verwendet, um die größere Unwissenheit versus den Schleier der Ungewissheit zu betonen.

204 Überlegungen zur näheren Bestimmung des Leistungskatalogs im Rahmen des Referenzmodells einheitliche bedarfsgerechte Grundversorgung werden in Abschnitt 7.3.2.2 untersucht.

205 Dworkin spezifiziert die Rawls'schen primary goods und die functionings von Sen durch die Unterscheidung zwischen verschuldeten und unverschuldeten Lebensumständen, was hier Fall 2 ist. Einher mit Krankheitsvermeidung geht die Betonung der Leistungsbereitschaft bezogen auf die Nutzung erhaltener Ressourcen, siehe für die Inputseite Dworkin (1981b). Für die Outputseite respektive Konsumseite siehe Dworkin (1981a).

Artikel 3: „Niemand darf wegen seiner Behinderung benachteiligt werden.“[206] Die Frage der Eigenverantwortung ist für unverschuldete Verschlechterungen der Gesundheit wichtig. Wenn jemand nichts dafür kann, so sollte er ein Recht auf Behandlung haben, die Finanzierungsfrage ist zunächst zweitrangig.[207] Ob freilich die Solidargemeinschaft der Versicherten dafür aufkommen muss, ist strittig.

Analog zu den beiden Gesundheitszuständen, die bei jedem Menschen therapiert werden sollten, kann man das Ausschlussverfahren anwenden. Gesundheitszustände, deren Behandlung vorkonstitutionell hinter dem Schleier des Nichtwissens eher als nicht durch die Versichertengemeinschaft bezahlt werden dürften sind:[208]

3. Fall: Verschönerungen (Schönheitsoperationen).
4. Fall: Wohlfühlbehandlungen (Wellness, Viagra).
5. Fall: Bagatellerkrankungen.

Diese fünf Beispiele schränken den Entscheidungsraum zur Bestimmung eines Leistungskatalogs ein und dürften hinter dem Schleier des Nichtwissens konsentiert sein.

Problematisch ist die Beziehung zwischen Gesundheitsleistungen und der Verbesserung des Gesundheitszustands. So weisen Gesundheitsleistungen neben einer interpersonellen eine *temporäre Komponente* auf. Ökonomisches Indiz den Menschen wichtiger medizinischer Behandlungen ist eine *geringe Preiselastizität.* Im *Kontext* von Leben oder Tod ist die Preiselastizität null, der um sein Leben Kämpfende wird jeden Betrag zahlen, um am Leben zu bleiben. Das Problem ist, dass Elastizitäten schwer zu messen sind und die persönliche Wertschätzung von Gesundheit Einzelner nicht berücksichtigen. Auch sind Gesundheitsleistungen kontextabhängig. Der Mindestleistungskatalog sollte also dem Kontext Rechnung tragen z. B. durch die direkte Definition von Gesundheitszuständen. Dadurch wird auch die ärztliche Therapiefreiheit nicht eingeschränkt.[209]

Eine interessante Erweiterung der Diskussion um den Mindestleistungskatalog ist die Konditionierung der Leistungen auf Gruppen von Menschen. In diesem Zusammenhang wird häufig das *Alter* oder *starkes Übergewicht* als Ausschlusskriterium diskutiert.[210,211] Die Rationalisierungsdebatte ist emotional aufgeladen und schwierig. Beide

---

206 Art. 3 Abs. 3 S. 2 GG.

207 Im Falle von privaten Unfällen bei möglicher Zuordnung eines Verursachers trägt i. d. R. die private Haftpflichtversicherung die Kosten der Behandlung.

208 Die Fälle decken sich zum Teil mit auf Negativlisten und damit nicht durch die GKV erstattungsfähigen Arzneimitteln, vgl. Abschnitt 5.2.2.1.2.

209 Jankowski diskutiert die Frage ob Leistungen oder Diagnosen rationiert respektive in einen Mindestleistungskatalog eingeschlossen werden sollen, vgl. Jankowski (2006), S. 32-35.

210 Übergewicht ist definiert anhand des Body Mass Index (BMI). Man nimmt in den Zähler das Körpergewicht in kg und teilt dieses durch die Körpergröße in m^2. Ab 25 bis 30 spricht man

genannten Kriterien unterscheiden sich dadurch, dass das Alter ein biologisches Faktum ist, wohingegen Übergewicht durch die Lebensführung in Teilen beeinflusst werden kann.[212,213] Alter als Rationierungskriterium dürfte daher hinter dem Schleier des Nichtwissens nicht akzeptiert werden, alleine deshalb weil jeder potenziell alt wird.

Die *Konstitutionenökonomik* ist dem ergebnisorientieren Teil der *Wohlfahrtsökonomik* bei der Konkretisierung des optimalen *Verteilungsgrades*, und damit des Verhältnisses zwischen Leistungsgerechtigkeit und Bedarfsgerechtigkeit, *überlegen.*[214] Die hier bevorzugte Rawls'sche Theorie der Gerechtigkeit ist durch die ergebnisoffene Prozessorientierung zur Bestimmung von Regeln einerseits dem hier zugrunde gelegten Menschenbild konform, andererseits ausreichend operationalisierbar zur Bestimmung von Mindestkorrekturen eines freien Marktes.

3.1.3 Gerechtigkeit versus Solidarität

Der Wunsch risikoaverser Menschen führt zur Gründung von Versicherungen. Beide Versicherungstypen, die GKV als Sozialversicherung und die PKV als Individualversicherung, erfüllen dieses Bedürfnis. Die Solidargemeinschaft GKV geht jedoch weiter durch einkommensabhängige Beiträge. Häufig findet man in der Literatur die folgenden Ausgleichsebenen für die GKV vor:[215]

(1) Gesunde und Kranke (Krankheitslastenausgleich).

(2) Gutverdiener und Schlechtverdiener (Einkommensausgleich).

(3) Alleinstehende und -verdiener mit Mitversicherten (Familienlastenausgleich).

(4) Erwerbstätige und Rentner (Generationenausgleich).

(5) Männer und Frauen (Geschlechterausgleich).

---

von Übergewicht. 30 und mehr wird in verschiedenen Abstufungen als Fettleibigkeit oder Adipositas bezeichnet. In Großbritannien wird bei fehlenden Komorbiditäten wie Diabetes 2 z. B. eine chirurgische Magenverkleinerung nur bei Menschen mit einem BMI über 40 vom National Health Service (NHS) übernommen, vgl. Telegraph (2010).

211 Für die Frage der Altersrationierung ethische betrachtet siehe bspw. Brillinger und Meier (2009), S. 111-115.

212 Die Lager sind gespalten zwischen denen, die Übergewicht primär lebensstilbedingt sehen, und denen die genetische Dispositionen betonen. Auch das Kriterium Alter ist umstritten.

213 Siehe zur Frage des Selbstverschuldens im Kontext von Eigenverantwortung Abschnitt 7.3.2.3.2.

214 Kritische Vergleiche mit anderen Gerechtigkeitstheorien finden sich in Olsen (1997); Pereira (1993).

215 Eine Gegenüberstellung der Elemente des Solidarausgleichs in der GKV mit Alternativen für jede Dimension findet sich bei Henke et al. (2004), S. 16.

Realiter liegen nur die zwei beschriebenen Ausgleiche vor: Einmal werden (1) Morbiditätsrisiken ausgeglichen, indem jeder Versicherte unabhängig von seinem Beitrag und seiner Morbidität die gleiche medizinische Behandlung im Bedarfsfall erhält. Die zweite konstitutionelle Umverteilung besteht in einer Einkommensumverteilung (2), da bis zur BBG die Krankenkassenbeiträge als Prozentsatz der beitragspflichtigen Einkommen linear ansteigen, die Leistungen sind wiederum für alle gleich.[216] (3) kann unter (2) subsumiert werden, (4) unter (1) und (2), und (5) unter (1) und (2).[217]

Die einzelnen *Krankenkassen* sind damit als Körperschaften des öffentlichen Rechts *institutionalisierte Gerechtigkeit* derart, dass die Finanzierung an der Leistungsfähigkeit ausgerichtet ist.[218] Im Zusammenhang mit Sozialversicherungen fallen Begriffe wie Solidarität und Subsidiarität, obwohl sie gar nicht im Begriff Sozialversicherung auftauchen. In Folge werden diese Begriffe geklärt, nicht zuletzt da sie integraler Bestandteil der öffentlichen Diskussion des dualen Krankenversicherungssystems sind.

Der Begriff *Solidarität* weist viele Facetten auf.[219] Erstmalig trat der Begriff im Römischen Recht auf und beschrieb eine Form der Haftung: Mehrere schulden eine Leistung so, dass jeder von ihnen die ganze Leistung erbringen muss, der Gläubiger sie aber insgesamt nur einmal fordern darf. Diese Bedeutung findet sich im deutschen Rechtsbegriff der Gesamtschuld wieder. Nach *Friederich* erfolgt die Bedeutungserweiterung auf den heute mit Solidarität verbundenen „Einer für Alle, Alle für Einen“ Gedanken erst im 18. Jahrhundert.[220] Damit einher wird der Begriff ethisch-politisch aufgeladen. Die Ähnlichkeit zum Versicherungsgedanken ist evident. In der ursprünglichen römischen Bedeutung konnte Existenzsicherung ein Nebenprodukt geschäftli-

---

216 Oft werden Grundlohnsumme und beitragspflichtige Einnahmen synonym verwendet. Die Lohnsumme enthält die ausgezahlten Bruttolöhne. Lohnersatzleistungen und Rentenzahlungen sind nicht enthalten, es gibt daher einen Unterschied zwischen Löhnen und Renten, die beide in die beitragspflichtigen Einnahmen einfließen. Im Terminus Grundlohnsumme sind oft alle beitragspflichtigen Einnahmen enthalten. Für die Untersuchung werden die Begriffe Grundlohnsumme und beitragspflichtige Einnahmen synonym verwendet, auch wenn der erste Begriff zunehmend weniger gebraucht wird.

217 Für die gleiche Einteilung vgl. Kopetsch (2001), S. 146-147. Genauer auf den Familienlastenausgleich geht ein Breyer (1997). Der SVRKAiG interpretiert den Beitrag für Mitversicherte auch als familienpolitische Fremdleistung, SVRKAiG (2003), Ziff. 120.

218 Zumindest tendenziell, wie das Beispiel zur horizontalen Gerechtigkeit zeigt.

219 Für eine etymologische Beschreibung siehe Ecker (2000), S. 56. Eine ausführliche Begriffsklärung erfolgt in Rauscher (1988).

220 Vgl. Friederich (2005), S. 114. Friederich hat für ihre Dissertation den Titel Solidarität und Wettbewerb gewählt. Dementsprechend ausführlich hat sie sich mit dem Begriff Solidarität beschäftigt. Für grundlegenden Wissensbedarf mit kommentierter weiterführender Literatur sei die Lektüre empfohlen. Warns hingegen verortet die Bedeutungserweiterung später auf die Wende des 19. Jahrhunderts, vgl. Warns (2009), S. 70. Als Beleg führt er Taparelli an, der soziale Gerechtigkeit das erste Mal verwendet hätte, vgl. auch Anzenbacher (1998), S. 228.

cher Verhandlungen sein, die Einführung der GKV in Deutschland war hingegen geprägt vom Gedanken der Existenzsicherung.[221]

Solidarität kann *freiwillig* erfolgen oder *erzwungen* sein.[222] Je größer und heterogener die Solidargemeinschaft ist, umso wichtiger wird Zwang. Zu Bekannten, Verwandten oder Freunden ist man hingegen solidarisch.[223] Aber auch wenn sich ein Individuum Vorteile aus der Solidargemeinschaft verspricht, ist kein Zwang nötig, wie es bei geschäftlichen Zusammenschlüssen der Fall ist. Erzwungene Solidarität ist in einer freiheitlichen Gesellschaft erst dann erforderlich, wenn freiwillige Zusammenschlüsse zur Ermöglichung eines von der Gesellschaft gewünschten Ziels nicht ausreichen. Moderne Großgesellschaften mit Individualisierungstendenzen weisen oft nicht mehr die nötige interpersonelle Bindung auf, so dass Zwangssolidarität nötig wird. Auch können auf diese Weise Trittbrettfahrer sozialer Sicherungssysteme verhindert werden.[224]

Neben der Unterscheidung in freiwillig und unfreiwillig ist die Differenzierung in Zusammenschlüsse von Personen in *vergleichbaren Lebenslagen* und Personen in *unterschiedlichen Lebenslagen* relevant, da Gerechtigkeitsüberlegungen damit zusammenhängen.[225] In einer Solidargemeinschaft mit gleichen Leistungen für alle, wie in der GKV, ist bei der Finanzierung vertikale und horizontale Gerechtigkeit zu betrachten. Zuletzt sei noch auf die Unterscheidung *starke* versus *schwache* Solidarität hingewiesen.[226] In einer freiwilligen Solidargemeinschaft mit Mitgliedern vergleichbarer Lebenslagen ist von einer starken Solidarität auszugehen, vice versa von einer schwachen Solidarität.[227]

---

221 Bismarck hatte bekanntlich mit Gründung der GKV im Jahr 1883 zwei Ziele. Einmal wollte er die politisch aufgeladene Lage bedingt durch große soziale Spannungen entschärfen zur Sicherung des sozialen Friedens. Weiter wollte er die Arbeitsleistung im Volke fördern und sichern, vgl. Arnold, M. (1993), S. 26.

222 Ausführlich zum Unterschied zwischen erzwungener und freiwilliger Solidarität siehe Hayek (1960).

223 Nach dem Skeptiker Hume gibt es keine „passion in human minds, as the love of mankind", vgl. Hume (1739/1740/1978).

224 Vgl. Schulin (1994), S. 232.

225 Ecker meint, dass bei freiwilligen Zusammenschlüssen der Grad der Homogenität der Lebensumstände irrelevant ist, da das Bestehen des Zusammenschlusses automatisch ein hohes Maß an Vergleichbarkeit anzeigt, Ecker (2000), S. 61, Fn. 166. Diese Ansicht teilt der Autor nicht, man denke an Zweckbündnisse.

226 Ullrich unterscheidet sog. Solidaritätstypen in permissiver, restriktiver, restaurativer und resignativer Solidarität und ordnet die Typen auf die beiden Ausgleichsdimensionen in der GKV zu, vgl. Ullrich, C. G. (2000), S. 273-279. Permissiv bezieht sich auf beide Dimensionen, restriktiv rückt den Risikoausgleich in den Vordergrund, restaurativ ist pro Selbstbeteiligung respektive Eigenverantwortung und resignativ akzeptiert die GKV wie sie ist.

227 Vertiefend zu der Unterscheidung siehe Lindenberg (1988). Einer Gesellschaft mit starker Solidarität sind Werte gemein. Je größer die Gesellschaft ist, umso heterogener sind die Werte

Die *heutige GKV* ist als Zwangsversicherung mit Mitgliedern unterschiedlicher Lebenslagen eine von schwacher Solidarität gekennzeichnete Institution.[228] Dagegen ist die Solidarität in der PKV als freiwillige Solidargemeinschaft höher einzustufen. Verfolgt man den Verlauf der öffentlichen Diskussion um die GKV, so geht es fast ausschließlich nur um die Umverteilungskomponente Einkommen.[229] Das Solidaritätsprinzip steht daher für all das, was die PKV von der GKV unterscheidet. Die Gefahr besteht darin, dass jede Einführung monetärer Steuerungselemente wie Selbstbehalte als Angriff auf die Solidarität der GKV gewertet wird. Die in Abschnitt 1.2 geschilderte Diskussion um die Einführung einer Kopfpauschale ist dafür ein Paradebeispiel.

Diese Entwicklung ist in einer freiheitlichen Gesellschaft bedenklich und kann leicht zur Überforderung der Gemeinschaft führen. Denn es heißt auch, dass ein jeder zunächst sich selbst der Nächste ist. Nur wenn die eigenen Mittel nicht ausreichen, hilft die Solidargemeinschaft aus. Selbsthilfe oder *Subsidiarität* ist kein Gegensatz zu Solidarität.[230] Die Beziehung ist vielmehr zu beschreiben als Zuordnungsprinzip neben dem Zuständigkeitsprinzip.[231] Der Einzelne ist Teil einer Gemeinschaft (Zuordnung), in der er die Pflicht aber auch das Recht hat, diejenigen Aufgaben zu übernehmen, die er eigenverantwortlich lösen kann (Zuständigkeit).

Bei *mehreren Millionen erwachsenen* Mitgliedern, die *keine Gegenleistung in Form* von *Beiträgen* erbringen, ist für etliche Personen ein *Verstoß gegen das Subsidiaritätsprinzip* zu vermuten. Leistung ohne Gegenleistung sollte nicht Bestandteil einer Solidargemeinschaft sein. Die Sozialversicherung wird in diesem Sinne immer mehr ihrem Namen gerecht, von einer Solidarversicherung begrenzter Solidargemeinschaften kann

---

und damit erodiert die starke Solidarität zu einer schwachen. Siehe für Gesellschaften, die auf Basis gemeinsamer Werte basieren, auch eindrücklich Priddat (1993).

228 Vgl. kritisch zur Solidarität in größeren Gruppen auch Arnold, M. (2007), S. 2-3.

229 Vgl. Friederich (2005), S. 148-151. Ausführlich mit der Akzeptanz des Solidarprinzips in der GKV beschäftigt sich Ullrich. In einer umfangreichen Versichertenbefragung ergab sich als zentrales Ergebnis eine insgesamt große Solidaritätsbereitschaft. Begründet wird dies primär durch ein hohes Sicherheitsbedürfnis der Versicherten i. V. m. Reziprozitätsvorstellungen, im Alter oder bei Krankheit unabhängig vom Einkommen abgesichert zu sein, vgl. Ullrich, C. G. (2000), S. 35. Die Solidaritätsbereitschaft wird gefährdet durch die Exit-Option zur PKV und Höchstbeiträge in der GKV via BBG, die stärkere Ausdifferenzierung der Lebenslagen, eine empfundene steigende Zahl von Leistungsmissbräuchen und die durch den medizinisch-technischen Fortschritt bedingte größere Umverteilung von Gesund zu Krank, vgl. Ullrich, C. G. (2000), S. 67-68.

230 Siehe für einen Vergleich zwischen Solidarität, Subsidiarität und Eigenverantwortung Lampert und Althammer (2004), S. 450-452. Ribhegge nimmt eine Begriffsabgrenzung der drei Termini und des Terminus Versicherung vor. Er unterscheidet Solidarität von Versicherung dadurch, dass für Versicherungen Gegenleistungen konstitutiv sind, während Solidarität auch Leistung und Gegenleistung verknüpft, die Umverteilungskomponente aber immer hinzukommt, vgl. Ribhegge (2004), S. 42-47. Auch Ruckdäschel macht die Unterscheidung, siehe Ruckdäschel (2000), S. 128-131.

231 Vgl. Ott (2007), S. 564-566.

man immer weniger sprechen. Um eine ausgabenorientierte Einnahmenpolitik durch Überdehnung der Solidarität zu verhindern, bedarf es einer strikten Anwendung des Subsidiaritätsprinzips.[232]

Die GKV ist *institutionalisierte Gerechtigkeit*. Genauer muss man nach der bisherigen Analyse sagen Bedarfsgerechtigkeit, da jeder Versicherte nach Bedarf behandelt wird ohne Berücksichtigung von Beitragsäquivalenz. Die PKV hingegen ist gerecht im Sinne von Prämienäquivalenz auf Basis von Risikoäquivalenz. Leistung und Gegenleistung sind in der GKV aufgrund der beiden Umverteilungsdimensionen nur schwer messbar. Um hier gegenzusteuern und Transparenz zu schaffen, sollte man ideologiefrei eine Pauschalenlösung in Erwägung ziehen. Je klarer Umverteilung insgesamt, d. h. im Steuersystem, in den Sozialversicherungen, bei ALG2 und Sozialhilfe, für den einzelnen beziffert werden kann, um so präziser und damit gerechter kann die Gesellschaft eine bewusste Entscheidung über die Umverteilungskomponente als Ausdruck sozietaler Gerechtigkeitsvorstellungen fällen.

Generell kann man sich drei Beziehungen zwischen Solidarität und Gerechtigkeit im Kontext der Beurteilung des dualen Systems vorstellen.[233] Die Gerechtigkeit ist der Solidarität *untergeordnet, nebengeordnet* oder *übergeordnet*. Der Fall der Nebenordnung ist hier relevant, führt aber aufgrund der Überschneidungen beider Begriffe im Gegensatz zu einer Hierarchie zu Redundanzen in der Analyse. Bei Unterordnung der Gerechtigkeit würde man bei Betrachtung der Verteilungswirkungen des dualen Systems, und darum geht es in der Aufgabenstellung, primär anhand der Solidarität in Begriffsnot geraten und doch wieder auf Werturteile und damit Gerechtigkeitsüberlegungen rekurrieren. Was soll bspw. die Feststellung, dass die GKV solidarischer sei als die PKV im Hinblick auf einer Optimierung des Gesamtsystems Krankenversicherung nützen? Wie soll man intergenerative Gerechtigkeit zwischen heute Versicherten und noch auf die Welt kommenden mit dem Begriff Solidarität gedanklich fassen?

Gegenteilig erlaubt die Analyse im Kontext von *Gerechtigkeit* eine *begrifflich direktere, klarere und zielorientiertere Bewertung* der Umverteilungswirkungen und daraus abgeleiteten Verbesserungsvorschlägen. Auch wurde ausgeführt, dass in einem gesellschaftlichen Urzustand hinter einem Schleier des Nichtwissens gemäß der Natur des Menschen aus einer Mischung von Eigeninteresse und Gemeinschaftsgefühl Spielregeln entstehen, die gerecht in dem Sinne sind, dass sie durch Konsens entstanden sind.[234] Gerechtigkeit ist gegenüber der Solidarität damit tiefer liegend oder im Raster bleibend *übergeordnet*.

---

232 Vgl. Klingenberger (2001), S. 89.

233 Eine ausführlicher Vergleich der Begriffe Solidarität und Gerechtigkeit erfolgt in der Dissertation von Zürcher, vgl. Zürcher (1998).

234 In den Worten Rawls ist „Gerechtigkeit die erste Tugend sozialer Institutionen, so wie die Wahrheit bei Gedankensystemen", Rawls (1971/1979), S. 19.

3.2 Nachhaltigkeit: Das gesundheitsökonomische Fundamentalproblem[235]

Intergenerative Gerechtigkeit und *Nachhaltigkeit* gehören zusammen.[236] Dies wird an der von der *Brundtland-Kommission* geprägten Definition deutlich, demnach eine nachhaltige Entwicklung immer dann vorliegt, wenn die Bedürfnisse der Gegenwart befriedigt werden können, ohne künftigen Generationen die Befriedigung ihrer Bedürfnisse unmöglich zu machen.[237] Allgemeiner formuliert bedeutet Nachhaltigkeit die Nutzung eines regenerierbaren Systems in einer Weise, dass dieses System in seinen wesentlichen Eigenschaften erhalten bleibt und sein Bestand auf natürliche Weise nachwachsen kann.[238] Der Terminus wurde in der breiten Öffentlichkeit spätestens seit der Klimakonferenz in Rio de Janeiro 1992 bekannt, in der der ökologische Ursprung des Begriffs im Mittelpunkt stand. Inzwischen kam es zu einer Bedeutungserweiterung auf die ökonomische Sphäre, insb. in der Verbindung fiskalische Nachhaltigkeit.[239]

Ist das System vom Menschen geschaffen, wie bspw. die Sozialversicherungen, so ist Nachhaltigkeit gegeben, wenn das System langfristig von der Gesellschaft akzeptiert wird. Übertragen auf die *Krankenversicherung* bedeutet Nachhaltigkeit die *Sicherstellung der langfristigen Finanzierbarkeit*, so dass spätere Generationen einen ähnlichen Schutz vor Krankheit zu bezahlbaren Prämien erhalten können.[240] Nur dann ist auch eine gesellschaftliche Akzeptanz gegeben. Gerade bei generationenübergreifenden Institutionen wie der Rentenversicherung aber auch der Krankenversicherung, ist das Vertrauen, selbst oder jemandes Nachkommen einmal adäquate Leistungen zu erhalten, conditio sine qua non. Die PKV ist insofern nachhaltiger, da die Prämien dem Mitglied persönlich zugeordnet sind. Der sog. *Generationenvertrag* gründet auf einem intergenerativen Reziprozitätsgedanken. Ohne der weiteren Analyse vorzugreifen, ist

---

235 Früh formuliert hat den Begriff Neubauer, G. (2004a). Für das gesundheitsökonomische Fundamentalproblem siehe auch Pfister (2009a).

236 Friederich bezeichnet den Begriff der Nachhaltigkeit wie Gerechtigkeit und Solidarität als normatives Ideal, vgl. Friederich (2005), S. 144. Siehe auch ausführlicher Suchanek (2003). Im Englischen gebraucht man den Terminus sustainable development.

237 Vgl. Hauff (1987).

238 Der Begriff stammt aus der Forstwirtschaft. Er wird auf eine Publikation von Carlowitz aus dem Jahr 1713 zurückgeführt, in der er von der „nachhaltenden Nutzung" der Wälder schrieb, ohne aber weiter auszuführen, wie sie zu erreichen sei, vgl. Carlowitz (1732). Erstmals ausformuliert was Nachhaltigkeit bedeutet hat Georg Ludwig Hartig in Hartig (1795). Nachhaltigkeit bezeichnet dort die Bewirtschaftungsweise eines Waldes, bei welcher immer nur so viel Holz entnommen wird, wie nachwachsen kann.

239 Lesenswert ist das Werk „Über die Grundsätze der politischen Ökonomie und der Besteuerung" von Ricardo, der bereits 1821 die fiskalische Nachhaltigkeit thematisierte, vgl. Ricardo (1817/1988).

240 Im „Ursprungsbild des Waldes" entsprechen nachwachsenden Bäumen nachwachsende Beitragszahler.

ein auf einem Umlageverfahren basierter Generationenvertrag auf demographische Stabilität angewiesen. Bei in der Zukunft bedeutend kleineren Kohorten, die einmal Zahler werden, ist die Aufkündigung des Generationenvertrags eine vorstellbare Option. Der pessimistische Ausblick wird auch unter dem Begriff des gesundheitsökonomischen Fundamentalproblems diskutiert.

Inhalt des *Abschnitts* ist die *theoretische Darstellung* der *zentralen Einnahmen- und Ausgabenfaktoren* im Gesundheitswesen. Am Beispiel der *GKV* wird für die Vergangenheit die *empirische Entwicklung* der *Einnahmenseite* angeschlossen. Die Erkenntnisse des Abschnitts dienen der Analyse der Nachhaltigkeit des dualen Systems in Abschnitt 6.2 als Grundlage.

3.2.1 Bestimmung des gesundheitsökonomischen Fundamentalproblems

Alle Gesundheitssysteme entwickelter Industriestaaten sehen sich dem *gesundheitsökonomischen Fundamentalproblem* gegenüber: Die Gesundheitsausgaben wachsen über die letzten Jahrzehnte in vielen Ländern schneller als die Wirtschaftsleistung der Volkswirtschaft. Der Anteil der Ausgaben für Gesundheit am BIP, die sog. *Gesundheitsquote*, nimmt zu.[241,242] *Reinhard* errechnete auf Basis von OECD-Daten eine Pro-Kopf BIP-Elastizität von 1,4.[243] Ob Bismarck-Systeme primär über Beiträge, Steuerfinanzierung à la Beveridge oder ein hoher Anteil privater Krankenversicherung, die Situation ist ubiquitär, wie man an Abbildung 3 erkennen kann.[244]

---

241 Vgl. Adam (2007a), S. 566-568.

242 Der stärkste Anstieg der Gesundheitsquote mit 2,5 Prozentpunkten erfolgte in den 1970er Jahren, in den 1980er Jahren ging die Quote mit 0,1 Prozentpunkten leicht zurück, um in den 1990er Jahren wieder mit 1,9 Prozentpunkten anzusteigen, vgl. Docteur und Oxley (2004), S. 44.

243 Zitiert nach Schulenburg, vgl. Schulenburg (2006), S. 191.

244 Siehe OECD (2009). Es gibt Beveridge-Länder mit Gesundheitsausgaben kleiner und größer 10 % des BIP, was ebenso für Länder mit Bismarck'scher Prägung zutrifft. Am höchsten ist die Gesundheitsquote im primär marktwirtschaftlichen System der USA mit derzeit 16 %. In der Grafik bildet das Vereinigte Königreich wie auch Kanada ein steuerfinanziertes Beveridge-System ab. Tendenziell ist die Gesundheitsquote in Bismarck-Systemen höher als bei einem steuerbasierten nationalen Gesundheitsdienst, vgl. Neubauer, G. (2003c), S. 81. Neubauer bietet zwei Erklärungen an. Einerseits kann der Staat schlichtweg diskretionär weniger Ressourcen zuordnen. Andererseits kann sich ein nationaler Gesundheitsdienst als Monopolist stärker gegenüber den Leistungserbringern durchsetzen.

Abbildung 3: Gesundheitsquote ausgewählter OECD-Länder von 1970 bis 2007 in %

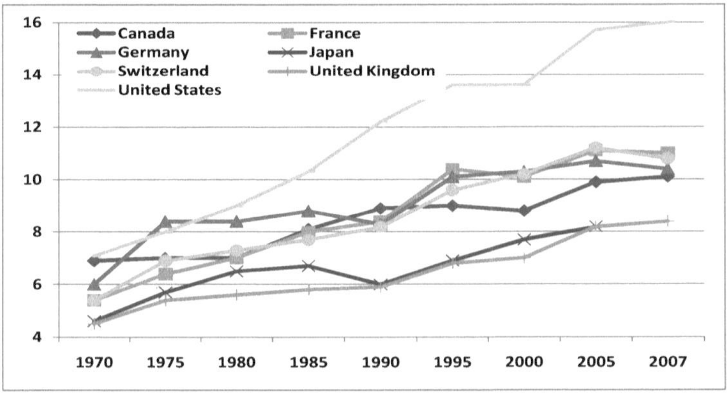

Quelle: OECD (2009).

Anschaulich kann man sich die Entwicklung der Gesundheitsquote als eine sich im Zeitablauf öffnende Schere zwischen Ausgabenwachstum und Einnahmenwachstum vorstellen (Abbildung 4). Tatsächlich öffnet sich die Schere nicht, da für das duale Krankenversicherungssystem in Deutschland Beitragssätze steigen und Prämien angepasst werden.

Abbildung 4: Das gesundheitsökonomische Fundamentalproblem

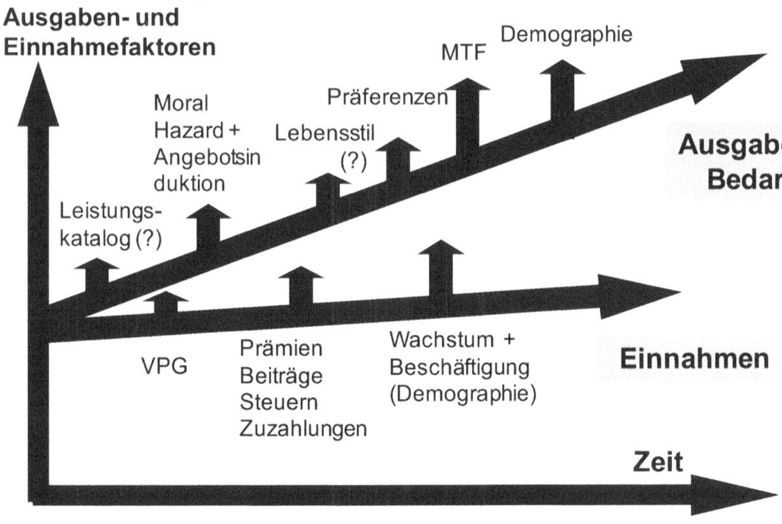

Quelle: Eigene Darstellung angelehnt an Neubauer, G. (2004a), S. 3.

Die aufgehende Schere dient als eine Art gedankliche Formel, mit der sich die Dynamik bildlich beschreiben lässt. In der Abbildung 4 sind v. a. für die GKV wichtige einnahmen- und ausgabenseitige respektive bedarfsseitige Determinanten dargestellt. Einnahmenseite und Ausgabenseite wechselwirken, analytisch kann man diese jedoch getrennt betrachten. Ein *Ausgabenwachstum* bildet letztlich einen *gestiegenen Bedarf* ab, der im Kontext Krankenversicherung *ausgabenwirksam* wird.[245] Als die beiden zentralen Faktoren auf der *Ausgabenseite* gelten die Demographie und der mit dieser interagierende MTF. Hinzu kommen z. B. veränderte Präferenzen der Bevölkerung, die sich wiederum im Lebensstil und damit der Morbidität niederschlagen.[246] Verbunden mit dem Lebensstil ist Moral Hazard, ähnlich wirkend wie Angebotsinduktion. Nicht vergessen werden darf der Leistungskatalog, der i. d. R. wegen des MTF ausgeweitet wird und der bedeutsame Preisstruktureffekt bei Gesundheitsleistungen.[247]

Für die *Einnahmenseite* ist in der GKV die Demographie besonders relevant, da sie direkten Einfluss auf die beitragspflichtigen Einkommen hat. Gleichermaßen geht das Wirtschaftswachstum und spezieller die Beschäftigungslage direkt in die Finanzsituation der GKV ein. Hierzu zählen z. B. auch die Verlängerung der Lebensarbeitszeit durch die Rente mit 67, eine höhere Erwerbsquote von Frauen und die Gestaltung der Bemessungsgrundlage. In der PKV ist die Einkommens- und Beschäftigungslage für die Prämienentwicklung nicht direkt relevant, indirekt über Wirkungen auf Preise, die Finanzsituation der GKV, die Finanzierbarkeit der Prämien etc. aber doch. Beide Versicherungstypen sind schließlich unmittelbar von Veränderungen der VPG betroffen. In der GKV lässt sich ebenso diskretionär die Einnahmenbasis stärken wie durch Budgetierung die Ausgaben dämpfen.

245 Insofern eine bedarfsgerechte Gesundheitsversorgung der Versicherten gewährleistet ist, entwickeln sich Ausgaben und Bedarf parallel, vgl. für eine Einschätzung der Bedarfsgerechtigkeit ausführlich Abschnitt 6.1.1.3.

246 Lebensstil beschreibt z. B. die Ernährungsgewohnheiten, die empfindlich zur Entstehung chronischer Krankheiten beitragen. Achten die Menschen auf ihre Gesundheit ist hingegen auch eine Ausgabensenkung realistisch. Präferenzen können z. B. aufgrund besserer Information über Behandlungsmöglichkeiten ausgabensteigernd wirken. Auch ist mit steigendem Einkommen eine höhere Nachfrage nach Gesundheitsleistungen verbunden, vgl. Abschnitt 3.2.4.1 und Abschnitt 6.2.1.

247 In einem arbeitsintensiven Sektor steigt die Produktivität langsamer als in kapitalintensiven Branchen. Werden nun die Löhne der allgemeinen Lohnentwicklung angepasst, dann führt dies zu überproportionalen Steigerungen der Preise für Gesundheitsleistungen gegenüber anderen Gütern, da bei relativ unelastischem Angebot die steigenden Preise die konstante Menge kompensieren müssen, vgl. Hof (2001), S. 30-31. Theorie und Empirie findet sich auch in Kühn (2001), S. 16-17. Ausführlich mit dem Preisstruktureffekt beschäftigt sich Ulrich in seiner Dissertation, vgl. Ulrich (1988). Für eine detaillierte Abhandlung über Preisindizes deutscher Gesundheitsleistungen siehe Hummel (1999). Wie bei einfachen Deflatoren wie dem BIP wird die Qualitätsverbesserung auch im Gesundheitswesen oft nicht berücksichtigt, man denke nur an die Fortschritte in der bildgebenden Diagnostik. Vgl. auch Niehaus (2006), S. 22-27.

Newhouse hat für den überproportionalen Ausgabenanstieg sechs mögliche Gründe genannt, die alle in der Schere abgebildet sind:[248]

(1) Demographische Alterung,

(2) Einkommenswachstum,

(3) Ausweitung von Krankenversicherungsleistungen (Leistungskatalog),

(4) Angebotsinduktion,

(5) Preisstruktureffekte,

(6) MTF.

Ergänzt werden muss (7) Moral Hazard. In der Literatur werden (1) und (6) einhellig als Haupttreiber gesehen, weswegen sie in der Untersuchung ausführlich betrachtet werden. (3) wird dabei in (2) und (6) eingeflochten, da die Existenz von Krankenversicherung die Nachfrage nach Gesundheitsleistungen und MTF wesentlich mitbestimmt. Die Relevanz von (2) als Ausgabendeterminante wird anschließend einnahmenseitig i. V. m. der Beitrags- respektive Prämienrelevanz der Einkommensentwicklung untersucht. Die Frage „Luxusgut ja oder nein" ist hierbei von Bedeutung und drückt die Präferenzen der Versicherten bzw. Patienten aus. (4) und (7) sind Teil von (3) und damit auch von (6). Angebotsinduktion ist isoliert im Abschnitt 5.3.2 behandelt. Analog wird Moral Hazard en detail in Abschnitt 5.3.3 betrachtet. (5) ist in Form des negativen Preisstruktureffekts an mehreren Stellen der Arbeit angesprochen.

Die ausgabensteigernden Determinanten führen als nachfrageerhöhende Variable tendenziell zu Preissteigerungen. Durch die vielen Regulierungen kann dieser Mechanismus jedoch nicht wie in einem vollkommenen Markt wirken. Auch sind die im *Abschnitt 2.2* genannten Besonderheiten von Gesundheitsleistungen zu beachten.

3.2.2 Demographie zwischen Morbiditätsexpansion und -kompression[249]

Demographisch ist der Weg vorgezeichnet, die Gesellschaft altert.[250] In diesem Zusammenhang wird oft der Begriff der *doppelten Alterung* genannt, da im Zeitverlauf

---

248 Siehe Newhouse (1992).

249 Unterschieden werden kann ein reiner demographischer Effekt respektive reine Alterung i. w. S., d. h. bei Fixierung des Leistungskatalogs, konstanten Preisen, kein medizinisch-technischer Fortschritt. I. e. S. beschreibt reine Alterung den Kalendereffekt der Ausgaben im höheren Lebensalter im Gegensatz zu Sterbekosten. In diesem Abschnitt wird noch nicht zwischen MTF und reiner Alterung i. w. S. getrennt.

bei höherer durchschnittlicher Lebenserwartung die Geburtenrate sinkt.[251] Dies führt zu immer mehr Alten, die immer länger leben. Altern ist i. d. R. mit im Lebenslauf wachsender Morbidität verbunden, die oftmals gleichzusetzen ist mit höheren Ausgaben, was man als *ökonomische Morbidität* bezeichnen kann. Wie stark die Ausgaben wegen der Demographie jedoch steigen werden, hängt von den Annahmen bzgl. der Morbiditätsentwicklung ab.[252] In diesem Abschnitt werden die begrifflichen Grundlagen und zentralen Annahmen der Morbiditätsentwicklung vorgestellt, die den Abschätzungen über die zukünftige Entwicklung in GKV und PKV zugrunde liegen.[253]

3.2.2.1 Medizinische Dimension

Morbidität wird hier verstanden als das Risiko der Erkrankung an einer *chronischen Krankheit*, die erst ab Überschreitung der sog. *Symptomschwelle* als solche gewertet wird.[254] Neben der Morbidität ist die *Mortalität*[255] zentral. In vielen entwickelten Ländern kam es in den letzten 150 Jahren zu einer drastischen Ausweitung der Lebenser-

---

250 Siehe für die Fundierung der These unterstützendes umfangreiches Datenmaterial zur 12. Koordinierten Bevölkerungsvorausschätzung, vgl. StBA (2009a). Siehe dabei insb. Schaubild 3. Eine noch auf der 10. Koordinierten Vorausberechnung kompakte Schilderung der Alterung der Gesellschaft findet sich bei Walzik (2006), S. 243-250.

251 Auch bezeichnet als double aging. Das „aging on the top" und das „aging on the bottom" wird beschrieben in SVRKAiG (1996), Ziff. 74. Siehe für die doppelte Alterung auch Gasche (2007), S. 5.

252 Fuchs weist bereits 1984 auf die Versimplifizierung der Betrachtung der reinen Altersabhängigkeit mit den Worten hin: „Health care spending among the elderly is not so much a function of time since birth as it is a function of time to death. The principal reason why expenditures rise with age in cross-section (among persons aged 65 and over) is that the proportion of persons near death increases with age. Expenditures are particularly large in the last year of life, and, to a lesser extent, in the next-to-last-year life", Fuchs (1984), S. 151-152.

253 Vgl. Abschnitt 6.2.4.

254 Vgl. Fries (1983), S. 408. Die Schwelle bezeichnet einen Abweichungswert von einem Regelzustand, der eine medizinische Behandlung nötig macht. Tendenziell verursachen ältere Menschen pro Kopf bedeutend höhere Kosten als jüngere Personen ausgenommen Neugeborene. Grundsätzlich ist jeder Mensch mehr oder weniger chronisch erkrankt, nur die Ausprägungen der Krankheiten unterscheiden sich. Akute Erkrankungen, zu denen man infektiöse und parasitäre Erkrankungen zählen, treten dagegen abrupt auf. Chronische Krankheiten werden zunehmend schlimmer, bis sie bei Überschreiten der Symptomschwelle in diesem Kontext als morbiditätserhöhend gelten. Chronische Krankheiten betreffen nicht nur alte Menschen, in den USA wird so für 2020 bereits die Hälfte der Bevölkerung eine chronische Krankheit prognostiziert, vgl. Green und Wu (2000). Im Unterschied zu Erbkrankheiten kann chronische Krankheiten jeder bekommen, vgl. Fries (1983), S. 407-408. Mehrere chronische Krankheiten oberhalb der Symptomschwelle werden mit dem Begriff Multimorbidität beschrieben. Siehe für die Ausgaben nach Lebensalter für GKV und PKV Abschnitt 6.2.4.2.

255 Statistischer Begriff, der die Anzahl der Verstorbenen einer bestimmten Gruppe zur Gesamtbesetzung der Gruppe misst, vgl. Deschka (2007).

wartung.[256] Man spricht von einer *Rektangularisierung der Überlebenskurve*, da die maximale Lebensspanne in der Bevölkerung sich kaum verändert hat, wohingegen die Mortalität in jungen und mittleren Jahren stark gesunken ist. In den letzten Jahren ist in diesen Lebensabschnitten aufgrund der davor beträchtlichen Reduktion der Mortalität kaum noch ein Rückgang zu verzeichnen gewesen, am meisten Zuwachspotenzial vermutet man bei männlichen Älteren.[257] Aus Sicht der Versicherten ist noch die Dimension *Lebensqualität* zu betrachten, die trotz höherer Morbidität ansteigt. Viele Menschen verbringen immer mehr Jahre in relativer Gesundheit.[258]

Man unterscheidet bzgl. der Morbidität vier Effekte:[259]

- Die mit dem Lebensalter ansteigende Morbidität wird auch als *Kalendereffekt*[260] bezeichnet.

- Der *Restlebenszeiteffekt (Sterbekosten)* hat die Nähe zum Tod als Morbiditätsindikator, man betrachtet dabei Jüngere und Ältere zu einem bestimmten Zeitpunkt (Querschnittsanalyse).

- Der *Periodeneffekt* bezieht sich auf ein festes Bezugsjahr. Größere Ereignisse wie umfassende Reformen dürften sich auf die Morbidität auswirken.

- Schließlich beschreibt der *Kohorteneffekt* die Unterschiede der Morbidität anhand der durchschnittlichen Morbidität eines Jahrgangs.

---

256 Für die Ausführungen zur Rektangulisierung auf Basis von Daten des Max-Planck-Instituts für demographische Entwicklung siehe Felder (2006), S. 50-54. Die Lebenserwartung der Bevölkerung hat sich seit Anfang des 20. Jahrhunderts fast verdoppelt, eindrückliches Beispiel ist die Vervielfachung der Neugeborenen, die ein hohes Alter erreichen werden. Im Jahr 1900 betrug die Lebenserwartung eines Mädchens 44 Jahre und eines Jungen 40 Jahre, heute werden beide Gruppen Neugeborener im Schnitt mehr als Doppelt so alt, vgl. für die aktuellen Zahlen auf Basis der Periodensterbetafel 2006/2008, vgl. Beske (2010), S. 32. Jungen werden 77,2 Jahre und Mädchen 82,4 Jahre alt. Dabei wird die durchschnittliche Lebenserwartung verwendet. Nach Generationensterbetafeln werden Jungen je nach Trendvariante 81,7 bis 84,9 und Mädchen 87,8 bis 90,4 Jahre alt. Generationensterbetafeln beziehen sich auf Kohorten. Für die Konzepte vgl. Demopaedia (2010). Gründe waren gerade am Anfang des 20. Jahrhunderts bessere Hygiene, ausreichende Ernährung und die Bekämpfung von Seuchenkrankheiten. Kritisch zur Rektangularisierung und der damit festen maximalen Lebenserwartung ist Cischinsky, der auf die beständig beobachtbare hinausgeschobene Lebensspanne hinweist. Siehe für die wissenschaftliche Diskussion biologischer maximaler Lebensspannen Cischinsky, H. (2007), S. 143-146. In Deutschland u. a. Industriestaaten wird bereits jedes zweite neugeborene Mädchen 100 Jahre alt, vgl. Christensen et al. (2009).

257 Ältere Menschen werden weiter unterteilt in Alte (65-75-Jährige), sehr Alte (76-85) und Hochbetagte (85+). Die Abgrenzung ist nicht einheitlich, so verwendet Schallermair die Intervalle 65-80 Jahre (junge Alte) und Hochbetagte (85+), vgl. Schallermair (1999), S. 159.

258 Vgl. Niehaus (2006), S. 19-20.

259 Vgl. Hof (2001), S. 45-51. Siehe ausführlicher Ulrich (2000).

260 Oder auch lapidar als Alterseffekt bezeichnet.

Diese vier Effekte müssen bei Aussagen über die Entwicklung der Morbidität immer berücksichtigt werden, da der Begriff der *Morbiditätsänderung strenggenommen* allein die *Kohortenperspektive* einnimmt. Unterschieden wird zwischen Morbiditätskompression und Morbiditätsexpansion.[261] Man unterteilt beide Begriffe nochmals in absolut und relativ. Von *absoluter Kompression* spricht man, wenn die jüngere Kohorte weniger Krankheitsjahre aufweist als die ältere Kohorte. Ist die Beziehung umgekehrt, also sind die Jüngeren absolut länger krank, so liegt *absolute Expansion* vor. *Relative Kompression* ist gegeben, wenn der Anteil der in Krankheit verbrachten Jahre der jüngeren Kohorte an den gesamten Lebensjahren geringer ist als bei den älteren Menschen, vice versa liegt *relative Expansion* vor.[262,263]

Morbiditätsexpansion unterliegt bei *Gruenberg* der Grundidee, dass der MTF zwar die Mortalität senkt, jedoch dadurch zu chronischen Krankheiten bei den Überlebenden führt bzw. diese erst aufgrund des höheren Alters auftreten lässt.[264] *Manton* hingegen verortet die Ursache der Expansion in der Verlangsamung des Krankheitsverlaufs chronischer Krankheiten.[265] MTF ist hinreichend aber nicht allein dafür verantwortlich. Möglich sind auch gesündere Lebensweisen. Im Unterschied zu diesen beiden Thesen führen bei *Verbrugge* die Mechanismen nicht zur Lebensverlängerung.[266] Lebensverlängerung ist bei ihm die Ursache für nicht-tödliche Krankheiten, die nur in hohem Alter auftreten. Gemein ist den ersten drei Theorien eine Erhöhung der Lebenserwartung.[267]

---

261 Morbiditätsexpansion wird auch bezeichnet mit Medikalisierung. Detailliert behandelt Cischinsky diese Thematik in seiner Dissertation. Im Unterschied zu neueren ökonomischen Untersuchungen isoliert er den durch medizinisch-technischen bedingten Fortschritt nicht. Er unterscheidet klar zwischen rein medizinischen Effekten, führt dann aber auf die ausgabenrelevanten Effekte über, für die Terminologie bezogen auf die reine Morbidität vgl. Cischinsky, H. (2007), S. 13-48. Eine kompakte graphische Darstellung findet sich bei Cassel und Postler (2007), S. 590-595. Einen guten aktuelleren Überblick gewähren auch die Dissertationen Fetzer (2006); Lewis (2009); Penske (2006).

262 Die Kompressionsthese geht auf den Arzt Fries zurück, vgl. Fries (1980). Die Expansionsthese geht in chronologischer Reihenfolge zurück auf Gruenberg, Manton und Verbrugge, vgl. Gruenberg (1977); Manton (1982); Verbrugge (1984). Verbrugge selbst spricht nicht von Morbiditätsexpansion, sein Ansatz wird erst später so bezeichnet, vgl. Olshansky et al. (1991). Vgl. auch SVRBEiG (2006), Ziffn. 155-159.

263 Ein Beispiel möge die Begriffe verdeutlichen. Die ältere Kohorte lebe im Mittel 80 Jahre und möge davon 15 Jahre in Krankheit verbringen. Die jüngere Kohorte lebe 10 Jahre länger, ist aber 11 Jahre krank. Es liegt absolute Morbiditätsexpansion vor (10 Jahre versus 11 Jahre Krankheit) bei relativer Kompression (15/80 des Lebens krank versus 11/90).

264 Vgl. Gruenberg (1977).

265 Vgl. Manton (1982).

266 Vgl. Verbrugge (1984).

267 Oft wird auf die Theorie heterogener Populationen zurückgegriffen. Gemäß der Evolutionslehre überleben die am besten angepassten und damit gesündesten Individuen. Dadurch erhöht

Bei *Morbiditätskompression* führt ein verbesserter Gesundheitszustand zu einer höheren Lebenserwartung.[268] Morbidität und Mortalität nehmen ab. Über die Lebensdauer bleiben die Ausgaben konstant. Dem liegen nach *Fries* zwei Annahmen zugrunde.[269] Erstens kann und wird durch Prävention Multimorbidität und Chronifizierung von Krankheiten verhindert. Zweitens hat Prävention einen größeren absoluten bzw. relativen Einfluss auf das durchschnittliche Ersterkrankungsalter gegenüber der Lebenserwartung der jeweiligen Kohorte. Eine mögliche Konsequenz ist, dass die *Sterbekosten* gegenüber dem *Kalendereffekt* großes Gewicht haben.[270] Mit der Nähe zum Tod steigende Ausgaben sind also ein Indiz für Kompression. Der Effekt aus Kalendereffekt und Restlebenszeit ist insgesamt laut Kompressionsthese ausgabensenkend.

Bei reiner Betrachtung der medizinischen Morbidität lässt sich *zunächst überwiegende empirische Evidenz* für eine *Morbiditätskompression* finden. Basierend auf den breit durchgeführten Bevölkerungsstichproben wie dem Mikrozensus wurde vielfach eine Verbesserung der Lebensqualität respektive des Gesundheitszustandes der Bevölkerung in Todesnähe festgestellt.[271] Jedoch gibt es in *jüngster Vergangenheit vermehrt Hinweise* darauf, dass sich der *Gesundheitszustand* der Bevölkerung *verschlechtert.* Besonders bei Kindern steigt der Anteil von Fettleibigkeit stetig an.[272] Eine häufige Folge ist Diabetes mellitus Typ 2, der als sog. Altersdiabetes immer früher im Leben auftritt.

---

sich die Lebenserwartung, vgl. Vaupel et al. (1979). Die Theorie bezieht sich ursprünglich nur auf die Mortalität.

268 Für die folgende Argumentation siehe auch die Zusammenfassung der beschriebenen grundlegenden vier Papiere durch Cischinsky, vgl. Cischinsky, H. (2007), S. 20-35.

269 Vgl. Fries (1980).

270 Dabei ist entscheidend, wie groß die Zeitspanne zum Tod für die Einordnung als entweder Sterbekosten oder normale Alterskosten gilt. Eine Dichotomie zwischen den beiden Kostenarten ist nicht korrekt, da die Übergänge fließend sind. Ein früher Beitrag zur Bedeutung der Sterbekosten ist Lubitz und Prihoda (1984). Die Verstorbenen verursachten Ausgaben von 28 % der Population bei einem Anteil von 5,9 %. Sterbekosten bezogen sich auf bis 2 Jahre vor dem Tod. Die Verteilung der Ausgaben ist innerhalb der letzten Lebensphase zudem stark wachsend mit Todesnähe, im letzten Monat fallen alleine 40 % der Ausgaben des letzten Lebensjahres an. Es gibt auch den Fall, dass jemand plötzlich verstirbt, in der Schweiz wurde ein Wert größer 10 % ermittelt, vgl. Beck und Käser-Meier (2003), S. 25.

271 Vgl. Niehaus (2006), S. 18. So schlussfolgert Dinkel: "Man kann zumindest für die jüngere Vergangenheit in der Bundesrepublik die weit verbreitete pessimistische These nicht länger aufrechterhalten, wir würden zwar immer älter, aber auch gleichzeitig immer kränker", Dinkel (1999). Siehe gleichlautend auch Lauterbach und Stock: „Neueren Studien aus den USA zufolge verbessert sich der mittlere Gesundheitszustand älterer Menschen deutlich. So ist der heute 65-jährige durchschnittlich wesentlich gesünder als noch vor 10 Jahren“, Lauterbach und Stock (2001), S. 7.

272 Vgl. Regenauer (2008). Fettleibigkeit ist definiert für Personen, die einen BMI über 30 haben. Siehe zu weiteren Einstufungen und Berechnung des BMI Wikipedia (2010b).

Nach *Cischinsky* ist keine natürliche Lebensalter-Obergrenze absehbar.[273] Rein medizinisch spricht für eine Kompression ein hohes Präventionspotenzial.[274] Für eine Expansion sprechen die einer Heilung nicht zugänglichen an Verbreitung zunehmenden Volkskrankheiten wie Arteriosklerose, Diabetes oder COPD, die oft nur einer Exakzerbation verhindernden medizinischen Therapie zugänglich sind. In seinem Fazit dürfte zukünftig die *absolute Morbiditätsexpansion überwiegen*, wobei die stärkere Variante der relativen Morbiditätsexpansion aus *Cischinskys* Warte nicht abzusehen ist. Im Mittel dürften also mehr gesunde Lebensjahre zusammen mit mehr Lebensjahren in Krankheit die Folge sein, was in der Literatur der *bi-modalen* These entspricht und m. a. W. einen von Kohorte zu Kohorte verbesserten Gesundheitszustand bedeutet, der mit einem höheren Bevölkerungsanteil Kranker einhergeht.[275]

3.2.2.2 Ökonomische Dimension

Die *ökonomische Morbidität* verläuft nicht zwingend analog zur medizinischen Morbidität.[276] Bspw. beruht die Abflachung und schließlich Absenkung der Ausgaben in der GKV in hohem Alter wahrscheinlich auf gesellschaftlichen Entscheidungen und nicht auf einen Rückgang der Morbidität.[277] Es gilt als sicher, dass die Gesundheitsausgaben stark durch die Restlebenserwartung (Sterbekosten) bestimmt werden.[278] Bei Schätzungen der ökonomischen Morbidität müssen beide Effekte berücksichtigt werden, ansonsten werden Fehler gemacht.[279]

---

273 Vgl. Cischinsky, H. (2007), S. 145-146.

274 Für die Entwicklung der medizinischen Morbidität siehe Cischinsky, H. (2007), S. 197-199.

275 Vgl. bspw. Schramm, A. (1996), S. 24. Zurück geht die These auf Kane et al., vgl. Kane et al. (1990).

276 Eine aktuelle Zusammenfassung des Diskussionsstandes zur ökonomischen Morbiditätsentwicklung findet sich in Cischinsky, H. (2007), S. 230-233. Kritisch geht er auf den Begriff des reinen Alterseffekts ein, vgl. Cischinsky, H. (2007), S. 222-230.

277 Vgl. Felder (2006), S. 65. Reiners führt vier Gründe auf: Hochbetagte haben kostenträchtige Eingriffe hinter sich, ihr hohes Alter ist Indiz guter Fitness, überstehen keine schwierige Behandlung mehr und benötigen weniger Diagnose, vgl. Reiners (2009b), S. 62. Hinzu kommt, dass manche keine Operation mehr wollen respektive eine schmerzfreie palliative Behandlung, die günstiger ist, bevorzugen. Das medizinische Wissen fokussiert darüber hinaus auf Erwachsene im mittleren Alter, so dass Wirkungen von Medikamenten oder ärztlichen Eingriffen bei Älteren mit Unsicherheit verbunden sind und Mediziner aus Angst vor Regressen rationieren. Vgl. für altersbasierte Rationierung im Krankenhaus auch Busse et al. (2002).

278 Dieser Effekt wird oftmals gleichgesetzt mit ökonomischer Kompression und ist in der absoluten Formulierung, d. h. kein Kalendereffekt, auch bekannt als red herring Hypothese.

279 Vgl. Cassel und Postler (2007), S. 596-598. Siehe auch Cassel und Postler (2007); Werblow et al. (2007).

Die Bestimmung des reinen Alterseffekts enthält implizit immer auch eine Bestimmung der Sterbekosten, da mit dem Sterben verbundene Kosten in den Ausgabeprofilen enthalten sind. Wählt man ein *Studiendesign ohne Sterbekosten*, liegt dem die *Annahme im Alter streng monoton steigender Gesundheitsausgaben* zugrunde, es kommt zu *ökonomischer Morbiditätsexpansion* und Überschätzung des demographischen Einflusses.[280] Betrachtet man *alleine die Sterbekosten*, so geht man von *konstanten Gesundheitsausgaben* bei *längerer Lebensspanne* aus, es kommt zu *relativer ökonomischer Morbiditätskompression.*

Für die Bevölkerungsstruktur und -prognose Deutschlands mit Schweizer Ausgabenprofilen für Überlebende und Verstorbene untersuchten *Breyer und Felder* die Entwicklung der Pro-Kopf Ausgaben mit Modellierung der Sterbekosten der letzten vier Lebensjahre.[281] Ein 60-Jähriger hätte, bei Annahme hoher Sterbekosten, Gesundheitsausgaben im Jahr 2050 wie ein heute 56-Jähriger. Bezogen auf das Jahr 2002 mit Ausgaben von 2.596 Euro wachsen die Ausgaben ohne MTF auf 2.959 Euro. Für eine Schätzung ohne Sterbekosten ergeben sich 3.217 Euro. Mit MTF, modelliert als Zeittrend i. H. v. jährlich 1 %, ergeben sich 5.232 Euro versus 5.688 Euro. Die Überschätzung der Ausgabenentwicklung um 41,6 % ohne MTF ist beträchtlich, mit MTF jedoch nur noch 14,7 %. Die Studie von *Steinmann et al.* berücksichtigt Sterbekosten anhand von Daten und Population aus der Schweiz und findet einen Einfluss des Alters auf das Wachstum der Pro-Kopf Gesundheitsausgaben insgesamt i. H. v. 0,5 % pro Jahr gegenüber einer Schätzung ohne Berücksichtigung der Sterbekosten mit einem Alterseffekt von 0,7 % pro Jahr.[282] Dies entspricht den deutschen Werten.

Problematisch daran ist bei allen Studien zur Bestimmung der ökonomischen Morbidität, dass die Preise für Gesundheitsleistungen schwanken, Leistungskataloge verändert werden oder pekuniär nicht erfasste Gesundheitsausgaben unberücksichtigt bleiben. M. a. W. können *Periodeneffekte* und *Kohorteneffekte* kaum bestimmt werden.[283] Tref-

280 Rodrig und Wiesemann haben durch die Aufteilung der Population in Überlebende und Verstorbene versucht, den reinen Kalendereffekt zu bestimmen, vgl. Rodrig und Wiesemann (2004). Problematisch ist dabei, dass in der Gruppe der Überlebenden Sterbekosten mit berücksichtigt werden müssen. Vgl. auch ähnlich Yanga et al. (2003). Um den Alterseffekt i. e. S. zu bestimmen, müsste man die Sterbekosten heraus rechnen, für einen Vorschlag siehe Cischinsky, H. (2007), S. 213-214.

281 Vgl. Breyer und Felder (2006), S. 184.

282 Eine Berücksichtigung der Babyboomer führt zu 0,55 %. Stärker ins Gewicht fällt die Besetzung der Altersklassen, die Versteilerung der Ausgabenprofile v. a. durch den MTF und die Pflege, vgl. Steinmann et al. (2007), S. 20-21.

283 Man müsste für eine wissenschaftlich saubere Schlussfolgerung der Beziehung zwischen medizinischer und ökonomischer Morbidität weit mehr Variable kontrollieren als dies heute in den Studien getan wird, vgl. Cischinsky, H. (2007), S. 201-206. Für die Rehabilitation gilt wahrscheinlich die Expansionsthese, da Sterbekosten im Unterschied zu akut-stationärem Aufenthalt für die Reha keine Rolle spielen. Vgl. Lewis (2009), S. 313;324-325. Nicht vergessen darf man die Pflegeversicherung (PV), die unabhängig von der Morbiditätsentwicklung als Teil der Gesundheitsausgaben wegen der Unterkunft-Komponente den Anstieg der Gesund-

fend formuliert dies *Glaeske*: „Es ist ... nicht erklärlich, daß sich die Leistungsausgaben ... 80jährigen schon aus dem Grund erhöhen, weil es nun relativ oder absolut mehr seiner Altersgenossen gibt."[284] Für Reformen wichtig ist noch die *sektorabhängige Morbiditätsentwicklung*. Im ambulanten Bereich wird verschiedentlich eine Kompression festgestellt, während im stationären Bereich Expansion beobachtet wurde.[285]

Relevant in der Diskussion um den Stellenwert der Demographie als Ausgabentreiber ist die Unterscheidung zwischen *Pro-Kopf Ausgaben und Ausgaben der Population.* Die ökonomische Morbidität kann mit dem Alter sinken, die Gesamtausgaben durch eine höhere Besetzung der Altersklasse jedoch steigen. Der Morbiditätseffekt nimmt mit dem Alter ab, der Mortalitätseffekt nimmt im Alter zu. Bis in höchste Altersstufen dominiert der Kalendereffekt, da die Überlebenden über alle Altersstufen in der überwiegenden Mehrheit sind. Steigt die Lebenserwartung weiter an, so verschiebt sich die Relation weiter zugunsten des Kalendereffekts.[286]

Zusammenfassend lässt sich *keine klare Entwicklung* der *ökonomischen Morbidität* nach heutigem Wissensstand *vorhersagen. Alterskrankheiten* und *Krankheiten im Alter* führen beide zu höherer Multimorbidität, sind jedoch durch den Lebensstil, MTF etc. beeinflussbar.[287] Wenn die Krankheiten alleine oder in Kombination letal sind, ist eher Kompression zu erwarten. Im anderen Fall sind die einzelnen Menschen länger krank bei hohem Behandlungsbedarf, die Folge ist Expansion. Bislang wurde Evidenz für die drei Expansionsthesen und die Kompressionsthese gefunden. Zur Bestimmung der *ökonomischen Morbidität* kann man z. B. RSA-Daten untersuchen, die ab dem Einfüh-

heitsquote tendenziell verschärfen dürfte. Vgl. Felder (2006), S. 66. Siehe auch Niehaus (2006), S. 145. Dabei bereitet die organisatorische Trennung in Krankenversicherung und PV einer gemeinsamen Analyse der Effekte auf die Morbidität Schwierigkeiten. Nach Kruse et al. „[sind] Pflegekosten ... Gesundheitskosten", vgl. Kruse, A. et al. (2003), S. 107.

284 Glaeske (1997), S. 504.

285 Vgl. Nocera (1996). Für die Bestätigung durch deutsche PKV-Daten, siehe Hof (2001), S. 91-92. Für den stationären Sektor stellt Niehaus Kompression fest, was er auf die Einführung der DRG's zurückführt, vgl. Niehaus (2006), S. 25.

286 Dies kann auch die Verringerung der Relation Sterbekosten zu Ausgaben der Überlebenden in Zweifel et al. erklären, vgl. Zweifel et al. (1996). Wenn man die Sterbekosten korrekt einberechnen möchte, müsste man für alle Untersuchungsjahre Ausgabenprofile mit Sterbekosten und Kalendereffekt berechnen, vgl. Miller, T. (2001). Breyer hat zur Bestimmung des Effektes einer Lebensverlängerung die Änderung der Altersprofile beim Anstieg um ein Lebensjahr untersucht, vgl. Breyer (1999). Kritisch dazu Cischinsky, H. (2007), S. 230. Nach Cischinsky dürften die Ausgaben im letzten Lebensjahr für eine Person mit durchschnittlicher Lebenserwartung bei unter 50 % liegen, vgl. Cischinsky, H. (2007), S. 207.

287 Für eine differenzierte Einteilung siehe Walter, U. et al. (1997). Die Entwicklung altersbedingter Krankheiten bis 2050 behandelt Beske et al. (2007), S. 51-66. Berücksichtigt sind Herz-Kreis-Lauferkrankungen, Diabetes Typ 2, Demenz, Krebs und ambulant erworbene Pneumonie.

rungsjahr 1995 eine Morbiditätsexpansion[288] zeigen. Das Problem ist, dass der RSA erst 1994 in Kraft trat und ab 1995 Daten vorliegen.[289] Jüngere statistische Untersuchungen unterstützen eher die Kompressionsthese[290], die wiederum durch jüngste Erhebungen zu Übergewicht u. ä. kritisch zu sehen sind.

Bei der Rektangularisierung der Lebenserwartung ist eine medizinische Morbiditätsexpansion *nicht zwingend* mit einer steigenden *ökonomischen Morbiditätsexpansion* verbunden. *Entscheidend* werden zwei Dinge sein. Wie verhält sich der mit der steigenden durchschnittlichen Lebenserwartung verbundene *relative Rückgang der Sterbekosten* zu den, durch die im Alter häufiger auftretende Multimorbidität bedingten, mutmaßlich *wachsenden reinen Altersausgaben*, bezogen auf ein Individuum und v. a. auf die wachsende Anzahl Älterer. Verschiedene *Variable*, allen voran der MTF, *determinieren die Höhe des Ausgabenwachstums* und können *gesteuert* werden, insofern ist die Fortschreibung der Status quo Ausgabenentwicklung nach unten korrigierbar, wobei nach Meinung des Autors eine ökonomische Morbiditätsexpansion überwiegen wird.

---

288 Penske stellt dies v. a. für Personen ab dem 65. Lebensjahr mit RSA-Daten fest, vgl. Penske (2006), S. 98. Weitere Evidenz für die Expansionsthese findet sich in Enquête-Kommission (1998), S. 230 und folgende. Im dazugehörigen Schlussbericht wird Expansion bei unteren sozialen Schichten festgestellt, bei höheren Schichten Kompression, vgl. Enquête-Kommission (2002), S. 184-185. Weiter hängt die Morbiditätsentwicklung von dem Auftreten verschiedener Krankheitsbilder im hohen Alter ab, vgl. Enquête-Kommission (2002), S. 233-234. Mit Daten der PKV und der GKV stellt Niehaus für beide Vollversicherungstypen eine Expansion fest, vgl. Niehaus (2006), S. 144. Für die PKV kommen Buchner und Wasem zu einer Versteilung und damit Medikalisierung, vgl. Buchner und Wasem (2006). Preiseffekte sind berücksichtigt, wobei die allgemeine Inflation genommen wurde und nicht die spezifische, höhere von Gesundheitsleistungen.

289 Vgl. Buchner und Wasem (2006), S. 583.

290 Fürs Ausland vgl. z. B. Felder et al. (2000); Seshamani und Gray (2004); Zweifel et al. (1999); Zweifel et al. (1996). Die drei älteren Studien stellen weiter fest, dass ab dem 65. Lebensjahr die Gesundheitsausgaben mit zunehmendem Alter sinken. Für Gründe vgl. Fußnote 277. Letztere finden für das Beobachtungsjahr 1992 eine Relation von 5,1 der Ausgaben letztes Lebensjahr zu den Ausgaben der Überlebenden, 1983 war die Relation noch 10,6. Eine Kritik an den Studien ist, dass nur Sterbekosten in Abhängigkeit vom Alter berücksichtigt wurden, und nicht die Ausgaben der Überlebenden nach Lebensalter (Kalendereffekt). Da die Sterbenden im letzten Lebensjahr nur 12 % der Gesamtausgaben ausmachten, werden 88 % der Ausgaben nicht berücksichtigt, vgl. Breyer (1996). Weiter ist auch die Bestimmung der Zeitspanne der zum Sterben gehörenden Ausgaben strittig. Eine neuere Untersuchung geht von einem Schwergewicht des Kalendereffekts aus bei Relevanz der Sterbekosten, vgl. Felder (2006), S. 68. Ähnlich auch die zitierten Studien Breyer und Felder (2006); Steinmann et al. (2007). Für Deutschland ist im Schlussbericht der Enquête-Kommission differenzierte Evidenz für Kompression und Medikalisierung wie beschrieben ausgewiesen. Daneben gibt es mittlerweile viele weitere Studien, die die Kompressionsthese tendenziell unterstützen, siehe z. B. die angegebene Literatur in Penske (2006), S. 98-105.

Ziel der Bestimmung der ökonomischen Morbiditätsentwicklung sind aus *Krankenversicherungssicht* die Implikationen für die *Berechnung des jetzigen und zukünftigen Finanzierungsbedarfs* und damit die *Bestimmung von Prämien bei der PKV und Beitragssätzen bei der GKV*. Für die beiden Versicherungstypen ergeben sich aufgrund des unterschiedlichen Finanzierungsverfahrens differierende Fragestellungen bei der Haushaltsplanung im Hinblick auf die Morbiditätsverteilung und –entwicklung ihrer Versicherten.

Aus Sicht der *GKV* ist es wichtig, die Todesnähe ihres Versichertenstammes zu schätzen, da diese wesentlich den aktuellen Beitragsbedarf bestimmt. Die Morbiditätsverteilung dominiert die Morbiditätsentwicklung, da im *Umlageverfahren* heutige Ausgaben gedeckt werden müssen. Die Diskussion um die Morbiditätsentwicklung ist für die GKV insofern wichtig, weil damit die Fortschreibung der Ausgaben für eine konkrete Krankenkasse in der Vergangenheit fürs aktuelle Budgetjahr leichter fällt. Da die jährlichen Änderungen die dem Umlageverfahren inhärente Kurzfristbetrachtung durch langjährige demographische Effekte kaum berühren, ist die Analyse der Morbiditätsentwicklung allein für die Nachhaltigkeit der Finanzierung der GKV wichtig.

Die deutsche *PKV* basiert auf dem *Kapitaldeckungsverfahren*. In der *PKV* ist daher die gegenwarts-zentrierte Sicht zur Bestimmung der Prämien nachrangig. Die Beitragskalkulation beruht auf einer Kohortensichtweise bei konstantem Leistungskatalog und gleichbleibender Lebenserwartung. Die einzelne private Krankenversicherung ist in ihrer Prämiengestaltung nicht frei, sondern an für die PKV insgesamt geltende Kalkulationsregeln gebunden. Je nachdem von welcher ökonomischen Morbiditätsthese man ausgeht, werden die privaten Krankenkassen die Prämien für Neukunden so bestimmen, dass lebenslang bei Vernachlässigung von zunehmender Lebenserwartung, Inflation und MTF die Prämie konstant ist. Dabei sind Standards formuliert wie eine generell gültige, in regelmäßigen Abständen aktualisierte Sterbetafel, Rechnungszinsen usw.[291] Geht die PKV von einer ökonomischen Morbiditätsexpansion aus, müssen die Prämien höher gesetzt werden, als bei einer Kompression.

3.2.3 Medizinisch-technischer Fortschritt als Ausgabentreiber

3.2.3.1 Begriffsbestimmung

Neben der demographischen Entwicklung wird der MTF gemeinhin als der zentrale Grund für zunehmende Gesundheitsausgaben gesehen.[292] In der Literatur herrscht weitestgehend Einigkeit darüber, dass der MTF zu höheren Kosten führt. Beide Effekte zusammen dürften zu einer *Versteilerung der Ausgabenprofile* im Zeitablauf und da-

291 Vgl. zur Zusammensetzung der Prämie und den gesetzlichen Grundlagen Abschnitt 6.2.2.2.

292 Ausführlich beschäftigt sich Reimers in seiner Dissertation mit dem MTF mit Fokus auf Medizinprodukte, vgl. Reimers (2009).

mit einer ökonomischen Morbiditätsexpansion geführt haben.[293] Dieser Begriff beschreibt von Kohorte zu Kohorte ansteigenden Alters-Ausgaben-Profile. Die Altersausgabenprofile „versteilern“ sich, wie man an Abbildung 5 erkennen kann.

Abbildung 5: Versteilerung der Ausgabenprofile (1979 bis 1996)

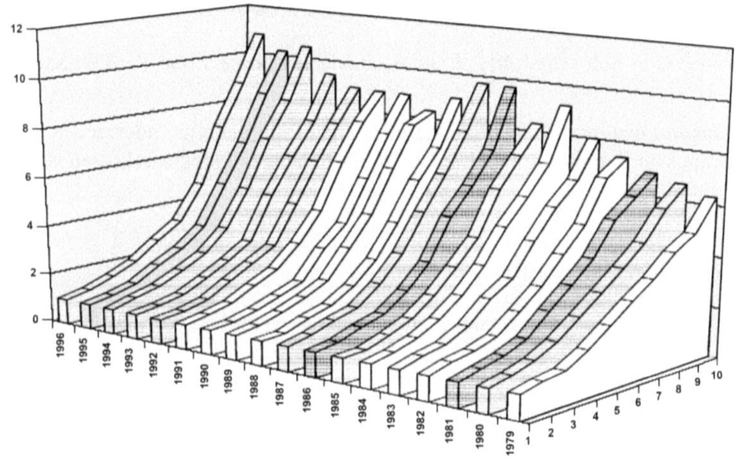

Quelle: Buchner (2002), S. 168.

MTF ist nicht nur auf technische Fortschritte bezogen, sondern umfasst neben Medizinprodukten und Arzneimitteln auch Behandlungsmethoden, medizinische Einrichtungen, Vergütungsmethoden, Versorgungsmodelle etc.[294] Im Gesundheitswesen ist technischer Fortschritt weniger leicht zu identifizieren, da der *Output Gesundheit*

---

293 Siehe für eine ausführlich Beschreibung des Terminus Buchner (2002), S. 38-39. Geprägt wurde der Begriff von Getzen (1992); Wasem (1995). Für den anglophilen Leser siehe die neuere Abhandlung von Buchner und Wasem (2006). In Rürup et al. findet sich eine Zusammenstellung von Studien zum Versteilerungseffekt, vgl. Rürup, Bert et al. (2010), S. 27-28. Eine neuere Untersuchung von Felder und Werblow findet weder aggregiert noch in einzelnen Sektoren Evidenz für eine Versteilerung, vgl. Felder und Werblow (2008). Häussler und Albrecht wenden ein, dass eine Versteilerung nicht für alle Zukunft anzunehmen ist. Der Grenznutzen nimmt in der Spitzenmedizin wie in anderen Hochtechnologiebranchen ab, vgl. Häussler und Albrecht (2007).

294 In Anlehnung an Office (1980). Einen Überblick über die Teilbereiche nach dieser Definition gibt Reimers (2009), S. 29. Auf S. 31 findet sich nähere Unterscheidungen in Tabelle 3. Er bezeichnet Kombinationen aus Produkt- und Prozessinnovation als Systeminnovationen. Eine Bedeutungsverengung auf technische Anwendungen findet sich bei Bantle (1996), S. 51-59. Einen Überblick über die Teilbereiche gibt Reimers (2009), S. 29. Weiter gefasst ist der Begriff einer Habilitation angemessen, so erfolgt bei Meyer, D. (1993).

schwer zu messen ist. Weiter ist die Kausalität zwischen medizinischer Intervention und Verbesserung des Gesundheitszustands nicht eindeutig.[295]

Der Begriff *Innovation* hat keine feste Bedeutung. In der Folge soll das Schumpeter'sche Verständnis übernommen werden, nachdem aus einer *Invention* durch die Vermarktung eine *Innovation* wird.[296] Dem schließt sich die Diffusion als Verbreiterung der Innovation an.

Innovationen lassen sich grundsätzlich unterscheiden in Prozess und Produktinnovationen:[297]

- *Produktinnovationen* sind Produkte mit neuen Eigenschaften oder neuen Kombination von Eigenschaften, die i. d. R. mit höheren Produktionskosten verbunden sind.
- *Prozessinnovationen* erlauben es, ein gleichartiges Produkt mit geringerem Aufwand herzustellen (Minimalprinzip).

Prozessinnovationen sind unter Kostengesichtspunkten wünschenswert, was aber nicht bedeutet, dass Produktinnovationen keinen Nutzen aufweisen. Allgemeiner lässt sich *technischer Fortschritt* als eine Verbesserung des Verhältnisses von Output zu Input verstehen.[298]

Die Abgrenzung ist nicht immer leicht, da Neuerungen für manche Patienten eine Behandlung erst möglich machen, wohingegen andere mit der Innovation besser behandelt werden können.[299] Eine Verbindung der Input-Output-Betrachtung ist folgende Matrix (Abbildung 6).[300]

295 Vgl. Abschnitt 2.1.2.1.

296 Siehe Schumpeter, J. (1912), S. 158ff.

297 Vgl. Breyer et al. (2005), S. 509-510. Diese Einteilung ist nicht standardisiert, für eine andere Unterteilung in Produktinnovationen, Prozessinnovationen, Vertriebsinnovationen und wissenschaftlich-technische Innovationen siehe Homann und Blome-Drees (1992), S. 56. Neubauer bezeichnet Prozessinnovationen auch als technisch-organisatorischen Fortschritt, Neubauer, G. (2004b), S. 16. In der Lehrbuchdarstellung von Breyer et al. gibt es noch die Kategorie Organisatorische Innovation. Dies umfasst neuartige Kombinationen umfassenderer Produktionsprozesse oder Organisationsformen wie die Einführung von Gruppenpraxen oder Managed Care, vgl. Breyer et al. (2005), S. 509-510.

298 Dies entspricht der Definition des SVRKAiG, vgl. SVRKAiG (1998), Ziff. 57. In einem früheren Gutachten unterscheidet der SVRKAiG zwischen technischem und medizinischem Fortschritt, wobei der technische Fortschritt eine Teilmenge des medizinischen Fortschritts ist, vgl. SVRKAiG (1989), Ziff. 118.

299 Vgl. SVRKAiG (1989), Ziffn. 108-110.

300 Siehe für eine frühe Darstellung Gäfgen (1984), S. 155.

Abbildung 6: Kombinationen von Ressourceneinsatz und Ergebniserreichung

Ressourcen-einsatz / Ergebnis-erreichung	verringerter	nicht veränderter	erhöhter
verbesserte	1	2	3 nicht eindeutig
nicht veränderte	4	5 Vermehrung der Verfahren	6
verschlechterte	7 nicht eindeutig	8	9

Quelle: SVRKAiG (1998), Abb. 14.

Medizinischer Fortschritt respektive Effektivität ist bei verbesserter Ergebniserreichung gegeben (Felder 1-3). Ökonomischer Fortschritt bzw. Effizienz liegt immer dann vor, wenn das Verhältnis aus Nutzen zu Kosten durch die Innovation größer ist als vor der Neuerung. Innovationen des Typs 1, 2 und 4 sind uneingeschränkt positiv zu bewerten, während bei Typ 3 und 7 das Kosten-Nutzen-Verhältnis zur Effizienzbestimmung in Betracht gezogen werden muss. Typ 5 erhöht neutral die Behandlungsmöglichkeiten. Die Felder 6, 8 und 9 enthalten keinen Fortschritt. Typ 3 ist im Gesundheitswesen am häufigsten anzutreffen, was im nächsten Abschnitt begründet wird.[301]

3.2.3.2 Besonderheiten des Fortschritts im Gesundheitswesen

Versicherte fragen überwiegend neue und teure Produktinnovationen nach. Man hat als Versicherter schließlich Beiträge bezahlt und bekommt alles erstattet.[302] Da die Unternehmen überlegen, wo sich Investitionen in Forschung am meisten rentieren, sind Bereiche mit unelastischer Preisnachfrage wie das Gesundheitswesen interessant. In der GKV verstärkt das Sachleistungsprinzip diese Denkweise. Der sog. Nachfragesog-Hypothese[303] steht die Technologieanstoß-Hypothese[304] gegenüber.[305] Hier entste-

301 Beispiele für Innovationen anhand des Rasters werden ausführlich dargestellt in SVRKAiG (1998), Ziffn. 217-277.

302 Eine technische Herleitung der Nachfrage nach Produkt- und Prozessinnovationen erfolgt bei Breyer et al. (2005), S. 509-517. Während bei Absenz von Krankenversicherungsschutz beide Innovationstypen gleichermaßen nachgefragt werden, führt die Versicherung wegen Moral Hazard und medizinischen Imperativen zu der Bevorzugung von Produktinnovationen.

303 Auch bezeichnet als demand-pull.

304 Auch bezeichnet als technology-push.

hen stochastisch Innovationen. Analog zu den Langen Wellen hat das Gesundheitswesen eine ideenreiche Phase hinter sich.[306]

In summa applizieren Leistungserbringer aus ökonomischem und haftungsrechtlichem Eigeninteresse die bestmögliche und damit oft teuerste Alternative, was eine Variante der Defensivmedizin ist.[307] Ökonomisch entspricht dies der Angebotsinduktion. Hinzu kommt der in der ärztlichen, hochschulklinischen Ausbildung hohe Stellenwert kapitalintensiver Therapien.[308] Zusammen mit der Null-Kosten-Mentalität der Versicherten spielen Sicherheits- und Innovationsüberlegungen eine Rolle, welche die Verbreitung riskanter Innovationen bremsen.

Als Folge wirkt das Gesundheitswesen als eine Art Gegenpol zur Unterhaltungselektronik, bei der Prozess- und gar Produktinnovationen kostensenkend wirken. Kostentreibend wirken insb. Produktinnovationen für bisher nicht behandelbare Krankheiten oder Arzneimittel mit Alleinstellung. Diese Innovationen bilden das Gros der Innovationen im Gesundheitswesen und werden auch *Add-On Technologien* genannt.[309] Aber auch die Verbreitung sog. *Halbtechnologien*[310], die Krankheiten nicht kurieren, sondern eine Exakzerbation verhindern, führen zu Kostensteigerungen.[311] Weiter werden bestehende Verfahren im Zeitverlauf häufiger angewendet, so dass auch der deflationäre Aspekt von Innovationen im Gesundheitswesen relevant ist.[312]

---

305 Vgl. Bantle (1996), S. 127-129.

306 Siehe auch die Adaption von Kondratieffs Werk aufs Gesundheitswesen in Nefiodow (2001).

307 Experimentelle Methoden sind dagegen zu risikobehaftet und werden von Ärzten ohne Wunsch des Patienten nicht appliziert, was eine andere Variante von Defensivmedizin ist.

308 Schmeinck (2006), S. 227-228.

309 Siehe für eine ausführliche Diskussion des Add-on technischen Fortschritts Enquête-Kommission (2002), S. 196. Demgegenüber stehen Ersatztechnologien (substitute technologies).

310 Auch genannt half-way technologies im Unterschied zu Hochtechnologien (high oder definitive technologies). Einen illustrativen Eindruck in die Dynamik des MTF am Beispiel von Hochtechnologien gewährt insb. Abb. 1 in Henke (2006), S. 212. Weisbrod führt noch nontechnologies an, die Behandlungsmethoden haben nur palliativen und pflegerischen Nutzen, vgl. Weisbrod (1991), S. 533. Über die Zeit kommt es zu einem umgedrehten U, anfangs sterben die Leute bei Krankheit schnell, dann wird viel gegen eine Exakzerbation unternommen und schließlich kann man die Krankheit heilen. Teuer ist der Mittelteil der Therapie ohne Heilung. Ein Musterbeispiel ist dabei die Dialyse, bei der man heute nur therapiert ohne Kuration, was sehr teuer ist.

311 Gegenbeispiel hierzu sind kostengünstigere Behandlungsalternativen bei Patienten, die auf die Kuration wegen ihres Gesundheitszustands verzichten und stattdessen nur den Gesundheitszustand wahren wollen. Bspw. wird die sehr teure Nierentransplantation verweigert und für den Rest des Lebens eine Dialyse angewandt.

312 Siehe Lauterbach und Stock, die die Zwangsläufigkeit von Innovationen gleich höhere Kosten als Dogma bezeichnen, vgl. Lauterbach und Stock (2001), S. 3-6. Siehe auch Münnich (1984), S. 27. Als Beispiel dient die extrakorporale Stoßwellenlithotripsie, die Nierensteine schonen-

Häussler und Albrecht betonen die Heterogenität von Innovationen in ihrer Kostenwirkung.[313] Im Jahr 2006 gab es bedeutend mehr Innovationen bei Krebserkrankungen als für das Herz-Kreislauf-System. Die Produktivität der Neuheiten differiert ebenso. Während bspw. bei Herz-Kreislauf-Krankheiten durch Innovationen Ausgaben im Gesundheitswesen gesenkt werden können, führen neue Krebsmedikamente zu stark zunehmenden Gesamtausgaben. Die finanziellen Auswirkungen von Innovationen müssen daher nach Indikation differenziert werden.

Ein weiterer sektorspezifischer Faktor des MTF ist der stark *regulierte Leistungskatalog* in der *GKV*. Nur dort enthaltene Leistungen können erstattet werden. Im *ambulanten Bereich* gilt ein Verbot mit Erlaubnisvorbehalt, demgemäß neue Produkte oder Prozesse erst dann angewendet werden dürfen, wenn der Gemeinsame Bundesausschuss (G-BA) die Innovation gutgeheißen hat.[314] Im *stationären Sektor* gilt umgekehrt das Prinzip der Erlaubnis mit Verbotsvorbehalt.[315,316] *Ambulante Behandlungen* am Krankenhaus zählen wiederum als ambulant, so dass der Erlaubnisvorbehalt gilt.[317] *Arzneimittel* gehören im Krankhaus zur stationären Behandlung dazu und sind über die DRG's eingepreist. Im ambulanten Sektor werden sie verordnet und falls erstattungsfähig bis auf Zuzahlungen übernommen. Erstattungsfähig sind grundsätzlich bis vor dem GKV-WSG alle zugelassenen und vom Arzt verordneten Arzneimittel, wofür alleine der Nutzen bislang entscheidend ist.[318]

Im Rahmen *integrierter Versorgungverträge* oder *Modellvorhaben* sind die Verhandlungspartner frei,[319] ob nach den Regeln der ambulanten oder der stationären Versorgung erstattet wird. Neben den bei Behandlung eingesetzten medizinischen Ressourcen gibt es *Hilfsmittel*, die sektorunabhängig dann erstattet werden, wenn sie im sog. Hilfsmittelverzeichnis des GKV-Spitzenverbands (GKV-SV) aufgenommen sind, mo-

---

der entfernen lässt bei geringeren Kosten. Es werden nun aber teilweise Nierensteine zertrümmert, die man früher gar nicht behandelte, vgl. Bruckenberger (1990).

313 Vgl. Häussler und Albrecht (2007). Weiter lassen sich keine Entwicklungsrichtungen des MTF konstatieren, sondern entlang der medizinischen Bereiche Innovationszyklen getrennt vom Behandlungsbedarf.

314 § 135 Abs. 1 SGBV. Medizinische Versorgungszentren (MVZ's) zählen zur ambulanten Versorgung.

315 § 137c SGBV.

316 Die Trennung anhand der Sektoren ambulant und stationär ist durch MVZ's etc. unscharf. Größere MVZ's können mutmaßlich moderne Behandlungsmethoden ebenso qualifiziert anzuwenden wie Krankenhäuser.

317 § 116b SGBV.

318 Die durch das GKV-WSG eingeführte Kosten-Nutzen-Bewertung wird im Abschnitt 4.3.2.2.2 behandelt.

319 Für IV siehe § 140c SGBV. Für Modellvorhaben siehe § 63 Abs. 1 SGBV.

difiziert im GKV-WSG. Erstattungsfähig sind diese und Arzneimittel bei Festbeträgen bis in Höhe derselben.[320]

Die Bestimmung erstattungsfähiger Leistungen durch den *G-BA beeinflusst indirekt* das *Leistungsspektrum in der PKV*. Eine Erstattung in der GKV hat als eine Art Mindestleistungskatalog eine Erstattung in der PKV zur Folge. Oft geht das Leistungsspektrum in der PKV über den gesetzlichen Leistungskatalog hinaus, da die PKV-Unternehmen den Leistungsumfang als Wettbewerbsparameter einsetzen.[321]

3.2.3.3 Medizinisch-technischer Fortschritt und Gesundheitsausgaben

Wie lässt sich nun der Einfluss des MTF auf die Entwicklung der Gesundheitsausgaben aus dem *Gesamteffekt aus demographischen Änderungen und MTF isolieren*?[322] Wir abstrahieren dabei von Preisstruktureffekten und gesetzgeberischen Einflüssen. M. a. W. gehen wir davon aus, dass Ausgabensteigerungen allein aus der Kohortenperspektive Unterschiede in der Morbidität und im Leistungskatalog widerspiegeln.

Ein Beispiel für die *Interaktion* der beiden Faktoren ist das „*Sisyphus-Syndrom*".[323] Demnach führt die MTF-bedingte demographische Alterung zu einem stärkeren politischen Gewicht derselben, was sich in einer Umlenkung zunehmend größerer BIP-Anteile in den Gesundheitssektor niederschlägt, was wiederum den MTF anheizt, ein sich selbst perpetuierender Vorgang.[324] Eine *empirische Überprüfung* dieses Phänomens anhand von OECD-Daten kommt zum Schluss, dass heute (noch) nicht die Wirksamkeit des politökonomischen Effekts zu beobachten ist.[325] Angesichts des mittelfristig ansteigenden politischen Gewichts der Älteren dürfte eine Bestätigung des Sisyphus-Syndroms wahrscheinlicher werden.[326] Ein weiterer Interaktionskanal ist die Erhöhung der *Multimorbidität*, da der MTF das Leben verlängert und sich so mehrere

320 § 139 i. V. m. § 36 SGBV.

321 Eine detailliertere Beschreibung von Erstattungen in beiden Versicherungssystemen findet sich bei Reimers (2009), S. 117-123.

322 Einen Überblick den MTF zu isolierender Schätzungen findet sich in Reimers (2009), S. 150-152. Der MTF ist in der Mehrheit der Studien der dominante Ausgabentreiber.

323 Vgl. Zweifel (1990). Ein früher Beitrag hierzu ist auch Zweifel und Ferrari (1992). Für ein Beispiel zirkulärer gegenseitiger Verstärkung ohne politökonomischen Kanal, vgl. Henke (1993).

324 Einen kompakten Überblick findet man bei Henke und Reimers (2007).

325 Siehe Breyer et al. (2005), S. 527-530.

326 In einem aktuelleren Beitrag kommt Zweifel zum Schluss, dass das Sisyphus-Syndrom zwischen 1970 und 2000 auftrat, jedoch genauso gut durch Lebensstiländerungen erklärt werden kann, vgl. Zweifel (2007).

chronische Krankheiten nebeneinander erst bilden können.[327] Schließlich ist *ökonomische Morbidität ungleich medizinischer Morbidität.* Durch den MTF werden gleiche *Krankheiten vielfältiger therapierbar.* Bei gleicher medizinischer Morbidität führen Innovationen zu einer Heterogenität der Behandlungsmethoden und damit verbundenen oftmals höheren Ausgaben.

Da der MTF elementarer Bestandteil bei der Entwicklung des Beitragssatzes ist, war in älteren Beitragssatzschätzungen implizit immer ein „Anteil MTF" enthalten. In einigen Studien konnte man durch Beobachtung von Änderungen des Verhältnisses Alt-Jung bzw. Rentner-Nichtrentner die demographische Komponente und damit den MTF-relevanten Rest bestimmen. Der Gesamteffekt wird nun ähnlich der statistischen Residuums-Analyse explizit zur Identifizierung des MTF aufgeteilt in einen demographischen Effekt und einen Rest. Dieser Rest enthält u. a. den MTF.[328]

In der Wachstumstheorie ist der technische Fortschritt im Solow'schen Wachstumsmodell als *Residuum* eingeführt.[329] Eine bekannte Anwendung des Ansatzes ist eine Studie von *Breyer und Ulrich.*[330] Die Regressionsanalyse basierte auf einer Zeitreihenanalyse und ist damit eine Längsschnittanalyse, in denen die exogenen Variable reale beitragspflichtige Einkommen und das Verhältnis der unter zu den über 65-Jährigen als Beschreibung der Altersstruktur regressiert wurden. Die Gesundheitsausgaben sind in der Beobachtungsperiode von 1970 bis 1995 im Mittel jährlich um 1 Prozentpunkt stärker gestiegen als die realen Pro-Kopf Einkommen (jährliche Produktivitätssteigerung) bei gegebener Altersstruktur, wobei der Trend als Residuum den Einfluss des MTF ausdrückt.[331] In einem zweiten Schritt haben sie die Zeitreihe extrapoliert bis aufs Jahr 2040, einmal mit dem Zeittrend und damit dem MTF, einmal ohne MTF. Die Beiträge steigen mit MTF von im Jahr 2000 13,1 % auf 23,1 % im Jahr 2040, ohne

---

327 Den Begriff prägte Krämer, vgl. Krämer (1997), S. 11. Siehe auch Erbsland und Wille (1995), S. 678.

328 Vgl. bspw. Hof (2001); Knappe (1995); Oberdieck (1998); PROGNOS (1998).

329 Das sog. Solow-Residuum, vgl. Solow (1957). Eine Kritik des Residuum-Ansatzes besteht darin, dass alles andere genau gemessen werden muss. Je mehr Faktoren nicht berücksichtigt werden, umso ungenauer beschreibt das Residuum den MTF, vgl. Okunade (2004). Erstmals auf das Ausgabenwachstum im Gesundheitswesen angewendet wurde dies in Newhouse (1992). Dort formuliert er auch die Newhouse-Conjecture, dass der MTF für den größten Teil der Ausgabenanstiege verantwortlich sei.

330 Vgl. Breyer und Ulrich (2000). Die erklärenden Variablen waren im Grundmodell alle signifikant auf dem 1 %-Niveau. Die Modellvarianten logarithmisierter Trend, GRG-Dummy, Preisstruktureffekt und Berücksichtigung der Sterberate änderten nichts an der Größenordnung des MTF.

331 In einer neueren Studie unter Berücksichtigung von Sterbekosten für Deutschland wird davon ausgegangen, dass die Medizintechnik in Zukunft die Gesundheitsausgaben antreibt, vgl. Breyer und Felder (2006).

Berücksichtigung des MTF nur auf 15,3 %. In summa ist der MTF für 77 % des Beitragsanstiegs verantwortlich.[332]

Eine andere Möglichkeit ist die Bestimmung des MTF über einen *Proxy*. *Okunade und Murthy* bspw. verwenden als Proxy die gesamten privaten und staatlichen Forschungs- und Entwicklungsausgaben (F+E) sowie die gesundheitsspezifischen F+E Ausgaben. Ökonometrische Methode ist eine Kointegrationsanalyse. Im Ergebnis wird die Bedeutung des MTF am Wachstum der Gesundheitsausgaben unterstrichen.[333] Die Frage, ob höhere Ausgaben durch eine größere Morbidität älterer Menschen hervorgerufen werden oder ob die Menschen nicht kränker werden, aber durch den MTF über immer kostspieligere Gesundheitsleistungen die Ausgaben im Gesundheitswesen ansteigen, dürfte daher mit letzterem beantwortet werden.

Als *Zusammenfassung* der Literaturauswertung ist das *überproportionale Wachstum* der Gesundheitsausgaben, die aufgehende Schere, in *weiten Teilen durch den MTF* bedingt. MTF ist grundsätzlich erwünscht, führt aber zum „Paradox des medizinischen-technischen Fortschritts“: Der Patient wird geheilt, aber die Menge aller Patienten nimmt nicht ab.“[334] *Inwieweit* der *MTF* auch *zukünftig ausgabensteigernd* wirkt, ist *schwieriger* zu bestimmen. Einerseits ist gemäß dem Ertragsgesetz MTF zunehmend aufwändiger und teurer.[335] In manchen Bereichen werden Fortschritte unwahrscheinlicher, bezogen auf die Rektangulisierung der Überlebenskurve ist bspw. die Säuglingssterblichkeit kaum noch zu verringern. Andererseits ist es denkbar, dass Fortschritte im gesamten medikamentösen-ärztlichen Nexus teure ärztliche Behandlungen, z. B. im Krankenhaus, ersetzen. *Kostensenkend* wirken auch Fortschritte in der *Kuration heute noch chronischer Krankheiten*. Ähnlich könnten Innovationen im Bereich der Diagnostik helfen, Krankheiten in einem frühen Stadium zu erkennen, wodurch Behandlungsbedarf verhindert werden könnte.

Im Unterschied zur Demographie lässt sich der *MTF steuern*, Stichworte hierzu sind Kosten-Nutzen-Bewertung (KNB) und Health Technology Assessment (HTA).[336] De-

332 Der Unterschied von 2,3 Prozentpunkten gegenüber 10 Prozentpunkten beziffert umgekehrt den rein demographischen Effekt auf 23 %.

333 Siehe Okunade und Murthy (2002). Eine gute Zusammenfassung gibt Reimers (2009), S. 145-148. Er nennt noch einen dritten Ansatz, der ausgewählte medizinisch-technische Verfahren in Ausgaben und Nutzen gegenüberstellt. Wegen der Auswahl konkreter Technologien wird der Ansatz Konkretisierungsansatz genannt. Ein neuerer, rein theoretischer Beitrag, der den Einfluss der MTF auf die Gesundheitsausgaben untersucht, ist Ried (2007).

334 Krämer (1987), S. 325,330. Eine ansteigende Gesundheitsquote ist kein Zeichen schlechter Medizin, sondern durch die Dominanz von halfway-technologies bestimmt. Ähnlich auch Knappe: „Solange der Alterungsprozeß nicht grundsätzlich aufgehoben werden kann, entsteht durch jede neue Heilungsmöglichkeit einer lebensbedrohenden Krankheit die Notwendigkeit der Behandlung weiterer altersbedingter Erkrankungen“, Knappe (1988), S. 42.

335 Vgl. Leu (1988), S. 26.

336 HTA ist die Bewertung aller zu einem gegebenen Zeitpunkt vorliegenden KNBen zu einer Innovation in strukturierter und standardisierter Form, vgl. für eine breitere Definition und die

mentgegen steht die Entwicklung in der Vergangenheit, die Nachfrage-Sog-geleitet eine *Fortsetzung der Fortschrittsdynamik* plausibel erscheinen lässt. Stichworte sind hier die (heute noch) Versprechungen der individualisierten Medizin, die basierend auf Gentherapie eine Fülle an Produktinnovationen avisiert.

Prognosen sind immer mit Unsicherheit belastet, was im Gesundheitswesen durch die Vielzahl miteinander interagierender Bestimmungsgrößen im Besonderen gilt.[337] Fortschritt und Innovation sind in ihrem Wesen definiert durch das Streben nach Neuem und Unerwartetem. Selbst die stabilere Variable Demographie ist interdependent und nicht exogen (Stichwort Sisyphus-Syndrom).

3.2.4 Einkommensentwicklung und wachsende Gesundheitsquote

Im Hinblick auf die Nachhaltigkeit kommt der Einkommensentwicklung besondere Bedeutung zu. Wachsen die Einnahmen schneller als die Ausgaben, so ist im Bild der Schere diese geschlossen. In Wirklichkeit steigen die Gesundheitsausgaben in allen Ländern. Insb. äußert sich dies in der GKV, da Beitragssatzsteigerungen in der Öffentlichkeit breit diskutiert werden und die gesamte Mitgliederklientel betreffen. Prämiensteigerungen in der PKV sind weniger virulent, da die PKV-Versicherten v. a. in Abhängigkeit vom Alter unterschiedlich stark durch Erhöhungen betroffen sind und auch die Prämiensteigerungen im Vergleich zum Haushaltseinkommen weniger stark ins Gewicht fallen als in der GKV. Andererseits können aber einzelne Versicherten-Gruppen der PKV sehr wohl massive Steigerungen ihrer Gesundheitsausgaben erleben.[338]

Hier geht es nach Betrachtung der beiden Ausgabendeterminanten Demographie und MTF um den Zwitter Einkommen. *Zwitter* deshalb, weil *steigende Einkommen* neben einer *größeren Finanzierungsbasis* auch eine *höhere Nachfrage nach Gesundheitsleistungen* implizieren. Würde man alle anderen Determinanten konstant halten und einen freien Markt für Gesundheitsleistungen voraussetzen, so bedeutete eine steigende Gesundheitsquote eine überproportionale Nachfrage nach Gesundheit. Realiter werden die Ausgaben jedoch von vielen Faktoren beeinflusst. Zur Bestimmung der Einkommensrelevanz der Nachfrage stehen zwei Ansätze zur Auswahl. Erstens kann man die *Einkommenselastizität direkt* messen. Zweitens kann man indirekt die Einkommenselastizität über die Messung der *Preiselastizität* einschätzen. Nach Überprüfung der Luxusgut-These wird das Einkommen in der GKV einnahmenseitig untersucht.

Situation in Deutschland Ujlaky (2005), S. 137-144. Ausführlicher zur KNB siehe Abschnitt 4.3.2.2.2.

337 Für tiefere Gedanken zum Wesen und der Unbestimmtheit des technischen Fortschritts im Allgemeinen und des MTF siehe Arnold, R. (2007).

338 Mehr dazu in Abschnitt 6.2.4.2.

3.2.4.1 Gesundheitsleistungen als Luxusgüter?

In der mikroökonomischen Haushaltstheorie bezeichnet man Güter, deren Nachfrage mit dem Einkommen steigt, als normale Güter.[339] Das Gegenteil hierzu sind absolut inferiore Güter. *Normale* Güter lassen sich unterteilen in *relativ inferiore* Güter und *superiore* Güter. Relativ inferior bedeutet eine unterproportionale Zunahme der Nachfrage, während superior eine überproportionale Nachfrage bezeichnet. Superiore Güter werden auch *Luxusgüter* genannt. Im Gesundheitswesen werden Gesundheitsleistungen häufig als Luxusgüter gesehen. Nach der gegebenen ökonomischen Definition stimmt dies in der wissenschaftlichen Literatur überwiegend nicht. Die Vorstellung war anfänglich unter Gesundheitsökonomen unwidersprochen. Die von *Newhouse* ermittelten Einkommenselastizitäten zwischen 1,15 und 1,31 bestimmten längere Zeit die wissenschaftliche Diskussion.[340] Neuere Untersuchungen, die für mehrere Variable kontrollieren, ergeben dagegen i. d. R. Einkommenselastizitäten unter 1,0.

In der vorgestellten Studie von *Breyer und Ulrich* anhand von Ist-Daten geht das Pro-Kopf Einkommen als exogene Variable ein.[341] Steigt das Pro-Kopf Einkommen um 1 % an, dann ändern sich die Ausgaben für Gesundheit um 0,4 %. Die Einkommenselastizität, die für die Ausgestaltung von Selbstbeteiligung bedeutsam ist, beträgt damit 0,4.[342] Ähnliche Ergebnisse fand *Sauerland,* der für die gesamten Gesundheitsausgaben in zwei Zeitreihen (1970-97 und 1960-97) bei Verwendung von OECD-Daten eine Spanne zwischen 0,28 und 0,86, bei Daten des Statistischen Bundesamts (StBA) zwischen 0,27 und 1,03 schätzte.[343] Weiter hat er Elastizitäten für die GKV-Ausgaben gemessen, bei StBA-Daten ergaben sich Werte zwischen 0,35 bis 0,58, analog OECD-Daten mit 0,55 bis 0,58.[344]

Das wohl bekannteste *Experiment* der empirischen gesundheitsökonomischen Forschung ist das *RAND Health Insurance Experiment, in dem Preiselastizitäten* i. d. R.

339 Vgl. Schumann et al. (1999), S. 58-59. Die Bezeichnungen der Gütertypen sind nicht immer einheitlich, manchmal wird z. B. nur zwischen inferior und superior unterschieden, vgl. Heertje und Wenzel (1997), S. 106. Problematisch ist die Trennung von Präferenzenverschiebungen, veränderter Altersstruktur und verändertem Güterangebot, was die Isolierung eines Einkommenseffekts erschwert, vgl. Schwarze (2001), S. 90-91.

340 Newhouse (1977), S. 117. Eine weitere frühe Studie mit ähnlichem Ergebnis ist Kleiman (1974). Die Beständigkeit der Luxus-Gut Annahme erwog Culyer zur Einordnung als eine der „monokausalen Mythen" in der Gesundheitsökonomik, vgl. Culyer, Anthony J. (1988), S. 82.

341 Vgl. Breyer und Ulrich (2000).

342 Die Spanne der einzelnen Schätzmodelle beträgt zwischen 0,21 und 0,61, vgl. Breyer und Ulrich (2000), S. 10.

343 Sauerland (2003), S. 175.

344 Vgl. Sauerland (2003), S. 200.

zwischen -0,2 und -0,1 ermittelt wurden.[345] Das Besondere an der Studie war die zufällige Einteilung der mehr als 5.000 Studienteilnehmer in einen von 16 Krankenversicherungsverträgen. Damit konnte man einen Selektionseffekt ausschließen, durch den sich z. B. Personen mit geringen Gesundheitsausgaben in Verträgen mit hohen Selbstbeteiligungen überproportional vertreten finden. Selbstbeteiligungen gab es in Form von prozentualen Zuzahlungen und festen Selbstbehalten.

Im Unterschied zu größeren Aggregaten werden einzelne Haushalte betrachtet, die künstlich via *Selbstbeteiligungen*, bspw. Zuzahlungen pro Behandlung, weniger Einkommen haben, sobald sie Gesundheitsleistungen in Anspruch nehmen. Die Proxy-Funktion ergibt sich aus der Wirkung der Preiserhöhung als Einkommensminderung. Daher sind die Elastizitäten auch negativ. C. p. gilt, dass je niedriger die Selbstbeteiligung ist, umso geringer auch die Preiselastizität ausfällt. Wichtig für die Frage der Selbstbeteiligung in der GKV ist auch das Ergebnis, dass die Preiselastizität umso höher ist, je niedriger das Einkommen ist.[346,347] *Sauerland* hat ebenfalls Wirkungen von Selbstbeteiligung untersucht und kommt für die gesamten Gesundheitsausgaben wie für die GKV zu Nachfrageelastizitäten zwischen -0,83 und -0,32.[348]

Zusammenfassend ist das *Einkommen* auf Basis der dargestellten Studien aufgrund der relativen Inferiorität zwar ein Grund für höhere *Gesundheitsausgaben*, jedoch *nicht dominant*. Dabei ist immer zu bedenken, dass in Deutschland wie auch sonst auf der Welt der Markt für Gesundheitsleistungen stark reguliert ist.[349] Es gibt eine Reihe von Hinweisen, demnach Gesundheitsleistungen Luxusgüter sind, was im Verlauf der Arbeit adressiert wird.[350] International erklären sich 95 % der differierenden Gesundheitsausgaben durchs Einkommen.[351] Die institutionelle Finanzierungsstruktur wie PKV versus GKV, beides wiederum beeinflusst von Art und Umfang der Selbstbeteiligung, versus out-of-pocket hat bspw. erhebliche Auswirkungen auf die Nachfrage und damit die Ausgabenentwicklung.

3.2.4.2 Die Entwicklung der Einnahmenbasis in der GKV

Grund der Konzentration auf die Einnahmenbasis der GKV ist, dass die Einnahmenseite der PKV das gesamte Einkommen der Versicherten ist. Dagegen sind beitragspflichtige Einnahmen für die *GKV komplexer* zusammengesetzt. Die historische Ent-

---

345 Vgl. Manning et al. (1987). Eine Art Zusammenfassung in Form einer Monographie ist Newhouse (1996a).

346 Vgl. auch Reichelt (1994), S. 148.

347 Siehe Abschnitt 5.3.3.1 und Abschnitt 5.3.3.2.

348 Vgl. Sauerland (2003), S. 177.

349 Für Methoden und Schätzung der unregulierten Nachfrage siehe Abschnitt 6.2.1.

350 Vgl. v. a. Abschnitt 6.2.1.

351 Breyer und Ulrich zitiert nach Schulenburg (2006), S. 191.

wicklung der Arbeitseinkommen, als pars pro toto für die Entwicklung der Einkommensseite, soll ebenso für die *Bedeutung diskretionärer politischer Eingriffe* auf die *Nachhaltigkeit sensibilisieren.* Außerdem hat die Entwicklung der Einnahmenbasis der GKV direkte Auswirkungen auf die *Generationengerechtigkeit*, während in der PKV jeder für sich selbst vorsorgt. So lässt sich durch Abschnitt 3.2 ein Gesamteindruck der für das duale System bedeutsamen Größen auf der Einnahmen- und Ausgabenseite gewinnen.[352]

Kurz nach dem zweiten Weltkrieg in Zeiten des *Wirtschaftswunders* lautete das Credo „Ausbau der sozialen Sicherungssysteme". Das *Umlageverfahren* wurde in die GRV eingeführt, die Krankenversicherung war in den Boomjahren geprägt von einer ständigen Ausweitung der Leistungen. Diese Lage wurde Ende der 1960er Jahre durch die erste *Nachkriegsrezession* und die *beiden Ölkrisen in der 1970er* Dekade getrübt. Demographie und damit steigende Kosten für die Behandlung älterer Menschen waren kein Grund für den Druck auf die Krankenversicherung in den 1970er Jahren und spielten folglich beim Krankenversicherungs-Kostendämpfungsgesetz (KVKG) im Jahr 1977 und in den Folgejahren auch keine Rolle. Das zentrale Problem waren damals die finanziellen Kosten der stetigen sozialpolitischen Expansion, die im Zuge des wirtschaftlichen Einbruchs nicht mehr finanzierbar waren.

Ein merklicher Einschnitt war die *Wiedervereinigung*, die sich auf das nunmehr gesamtdeutsche Wirtschaftswachstum negativ auswirkte.[353] Die Menschen in den neuen Ländern hatten Anspruch auf die gleiche medizinische Behandlung wie in den alten Ländern. Da die Einkommen wesentlich niedriger als in den alten Bundesländern waren, führte die Wiedervereinigung zu einer Erhöhung der Gesundheitsquote und insb. der Quote der GKV-Ausgaben zum BIP. Die beiden Gesundheitssysteme wurden sukzessive ineinander übergeführt, ein abrupter Anstieg der Beitragssätze in den alten Ländern gab es daher nicht. Nach einer Berechnung von *Drabinski und Beske* wäre der Beitragssatz ohne Wiedervereinigung im Jahr 2003 statt bei 14,4 % bei 12,4 % gewesen, was dem Niveau von 1991 i. H. v. 12,2 % entspricht.[354]

Ein mäßiges Wirtschaftswachstum kombiniert mit einer ab Mitte der 1990er Jahre deutlich *abnehmenden Lohnquote*, „bereinigt" um die BBG und die Einkommen der Privatversicherten, führte zu Wachstumsraten der beitragspflichtigen Einnahmen von ca. 2 % und konnte daher um ca. 3 % per annum wachsende Ausgaben nicht beitrags-

---

352 Mit der geschichtlichen Analyse der Einnahmenseite der GKV lässt sich schließlich die Ausgabenentwicklung plus die Beitragssatz- und Prämienprognose als Verbindung von Einnahmen- und Ausgabenseite nach Versicherungstyp konziser in den Abschnitten 6.2.3 und 6.2.4 darstellen.

353 Vgl. Drabinski und Beske (2003). Dort wird auch gezeigt, dass die Wiedervereinigung Beschäftigungszahl, Löhne und Renten in den alten Bundesländern negativ beeinflusste. Dies war ein wesentlicher Faktor für die Einnahmenschwäche ab Mitte der 1990er Jahre und damit auch für den Beitragssatzanstieg.

354 Vgl. Drabinski und Beske (2003), S. 9.

satzneutral ausgleichen.[355] Betrachtet man die Entwicklung der unbereinigten Lohnquote seit Anfang der 1950er Jahre mit damals 58,2 %, ergibt sich ein differenzierteres Bild.[356] Mit 76,9 % erreicht die Lohnquote 1982 ihr Maximum und ist seitdem wieder gefallen.[357] Im Jahr 2008 hat man sich dem Minimum mit 65,2 % angenähert.[358]

Die Lohnquote ist nur ein ungenauer Proxy für die *Finanzierungsbasis*, da anders als die in der Lohnquote eingerechneten gesamten Arbeitseinkommen letztere die Lohneinkommen oberhalb der Beitragsbemessungsgrenze abgeschnitten hat und damit die tatsächliche Einnahmensituation widerspiegelt. Auch ist die Lohnquote kein eindeutiger Indikator eines sinkenden Bestands an Arbeitseinkommen. Bei überproportionaler Steigerung der Gewinne ist es sogar möglich, dass die Arbeitseinkommen wachsen.[359]

Weiter enthält der Zähler der Lohnquote keine *Renten* und keine Arbeitseinkommen von Beamten und Soldaten. Die Besetzung der Altersklassen ist bis heute einnahmenseitig kein virulentes Problem. Ausgabenseitig jedoch führen stärker steigende Ausgaben für Rentner als für Erwerbstätige zu Druck auf die Beitragssätze. Letztmalig 1961 betrugen die Gesamtausgaben für Rentner weniger als für Erwerbstätige.[360] Von 1970 bis 1998 sind die Pro-Kopf Ausgaben für Rentner um fast das doppelte gegenüber den Pro-Kopf Ausgaben der Erwerbstätigen gestiegen,[361] während die GKV-Ausgaben je Erwerbstätigen im gleichen Zeitraum annähernd konstant blieben. [362] So betrachtet existierte schon damals ein demographisches Problem.

Verwandt mit der Lohnquote in der Wirkung auf die Finanzierungsbasis ist die Betrachtung von sog. *Norm-Arbeitsverhältnissen*.[363] Norm-Arbeitsverhältnisse sind durch

---

355 Die Zahlen gelten seit den 1970er Jahren, vgl. Ulrich und Schneider (2007), S. 782. Vgl. auch Schäfer, C. (2008).

356 Die Lohnquote ist der Anteil des Bruttoeinkommens aus unselbstständiger Arbeit zum Volkseinkommen, vgl. Neubauer, G. (2004b), S. 235-236. Offiziell ist die bereinigte Lohnquote die um den Wandel der Beschäftigungsstruktur korrigierte Lohnquote. Sie ergibt sich durch Multiplikation der Arbeitseinkommensquote mit der Arbeitnehmerquote im Basisjahr, für Deutschland 1991. Aufgrund des in allen Jahren – gegenüber dem Jahr 1991 –geringeren relativen Gewichtes der Arbeitnehmer an allen Erwerbstätigen lag die bereinigte Lohnquote durchweg über der unbereinigten Lohnquote, vgl. Schwarz (2008), S. 199-200. Eine weitere Unterscheidung wird zwischen Lohnquote I (Definition wie eben) und Lohnquote II getroffen. Die Lohnquote II bezieht sich aufs BIP, vgl. en detail Igel (2008), S. 43-46.

357 Vgl. Fink (2006), S. 171-173. Siehe auch Kühn (2001), S. 7-9.

358 Vgl. StBA (2009d), S. 646. Die Finanzkrise wie andere Börsencrashs hebt die Lohnquote tendenziell an, was aber keine Entlastung der GKV bedeutet, da sich an der Summe der beitragspflichtigen Einnahmen nichts ändert.

359 Vgl. Krämer (1999), S. 689.

360 Vgl. Schmähl (1986), S. 214.

361 Vgl. Kopetsch (2001), S. 37.

362 Vgl. Kopetsch (2001), S. 46-47.

363 Für eine tiefere Betrachtung siehe Penske (2006), S. 58-62.

sozialversicherungspflichtige Vollzeitbeschäftigung gekennzeichnet. Zwischen 1970 und 1995 ist der Anteil an allen Arbeitsverhältnissen von über 83 % auf unter 68 % gesunken.[364] Dieser Rückgang hat zu einer kleineren Finanzierungsbasis der GKV geführt.

Steigende *Sozialversicherungsbeiträge* führen zu einer Erhöhung der Lohnquote, die nicht automatisch eine Änderung der Einnahmenbasis nach sich zieht. *Verschiebebahnhöfe* in den staatlichen Haushalten wirken sich bspw. in der Lohnquote nicht aus, da sich die Bruttoeinkommen nicht ändern.[365]

Relevant für die Entwicklung der Einnahmenbasis ist die Dynamik der *Versicherungspflichtgrenze (VPG)* und der *BBG*, beides wichtig für den Systemvergleich. Nach *Igel* stieg die BBG, die bis zum Jahr 2003 identisch mit der VPG war, zwischen 1975 bis 2001 um 67 % stärker als die Bemessungsgrundlage, d. h. im Wesentlichen die Arbeitseinkommen aus abhängiger Tätigkeit.[366] Dieser Effekt hat die Einnahmenbasis gestärkt, insb. die Erhöhung der BBG und VPG am 01.01.2003, die für alle ab 31.12.2002 Neuversicherten gültig ist.[367]

Abbildung 7 fasst die Entwicklung der Finanzierungsbasis am Aggregat selbst zusammen. Die Einnahmenschwäche anhand der geringen Wachstumsraten der beitragspflichtigen Einnahmen ist evident. Bei Pro-Kopf Betrachtungen des Wachstums der beitragspflichtigen Einnahmen je Mitglied im Vergleich zum Wirtschaftswachstum je Erwerbstätigen muss auf die Anpassung der Erwerbstätigenstatistik hingewiesen werden. *Minijobber* zählen seit dem 01.01.2006 als Erwerbstätige, wodurch die Zahl der Erwerbstätigen steigt ohne dass die Mitgliederzahl der GKV sich ändert. Folglich sinkt das BIP je Erwerbstätigen. Minijobber sind i. d. R. mitversichert. Ein Vergleich ohne Berücksichtigung der Zunahme der Minijobber führt zu einer Unterschätzung der Wachstumsdifferenz der Pro-Kopf Werte.[368]

---

364 Kommission für Zukunftsfragen der Freistaaten Bayern und Sachsen (1996), S. 64.

365 Die Verschiebebahnhöfe erreichen nach Beske und Baumgärtner im Jahr 2008 bei umfassender Betrachtung 48 Mrd. Euro, nach Abzug des Bundeszuschusses im gleichen Jahr in Summe 45,5 Mrd. Euro. Die versicherungsfremden Leistungen betragen allein 15 Mrd. Euro. Hätte man keine versicherungsfremden Leistungen in der GKV, könnte der Beitragssatz um fast 1,5 Prozentpunkte niedriger sein. Vgl. Beske und Baumgärtner (2008), S. 17.

366 Vgl. Igel (2008), S. 47.

367 Siehe ausführlicher für die Erhöhung von VPG und BBG mit Berücksichtigung der zeitlichen Trennlinie Igel (2008), S. 50.

368 Vgl. Igel (2008), S. 52.

Abbildung 7: Entwicklung der beitragspflichtigen Einnahmen in der GKV

Jahr	Grundlohn nach RSA [1)]	
	GKV insgesamt	Veränderung
	in Mio EURO	in Prozent
Deutschland		
1996	889.070,12	1,4
1997	895.432,26	0,7
1998	904.786,34	1,0
1999	923.439,94	2,1
2000	942.954,53	2,1
2001	956.151,35	1,4
2002	960.391,45	0,4
2003	954.660,58	-0,6
2004	964.611,60	1,0
2005	969.354,81	0,5
2006	976.035,15	0,7
2007	988.819,20	1,3
2008	1.018.657,32	3,0

Quelle: BMG (2009a), Tab. 9.12.

Die Einnahmenschwäche ist auch heute relevant, bezieht sich jedoch immer auch auf ein Ausgabenwachstum. Ob nun von einem Einnahmen- oder Ausgabenproblem zu sprechen ist, ist umstritten. Umfassend hat die Fragestellung *Penske* analysiert, der seit 1974 die Wachstumsschwäche der beitragspflichtigen Einnahmen verantwortlich für den Beitragssatzanstieg sieht.[369] Nach *Ansicht des Autors* liegt *zukünftig primär* ein *Ausgabenproblem* vor, weil das Wachstum der Ausgaben im Gesundheitswesen merklich über dem Wachstum des BIP, des Volkseinkommens und der beitragspflichtigen Einkommen liegen dürfte. Ausgabenproblem heißt bei der GKV, dass der Beitragssatz

369 Die Herleitung erfolgt in Penske (2006), S. 72-81. Der SVRKAiG weist analog eine Wachstumsschwäche der Finanzierungsbasis von 1980 bis 2000 nach, in der die beitragspflichtigen Einnahmen 31 % hinter dem BIP je Erwerbstätigen zurückblieben, vgl. SVRKAiG (2003), Ziff. 169. Für die Position Einnahmeschwäche mit Literatur siehe neuer auch Simon, M. (2010), S. 161-162. Für den Zeitraum von 1991 bis 2006 lag der Anstieg der beitragspflichtigen Einkommen je GKV-Versicherten und je Mitglied, die beide stärker als das Volkseinkommen gestiegen sind, stets unter dem Ausgabenwachstum, vgl. Pimpertz (2007), S. 6-13. Dies spricht wiederum eher für ein dominantes Ausgabenproblem. Wichtig für die Frage der Einnahmenschwäche ist die Wahl des Basisjahrs, auf 1995 bezogen sind die beitragspflichtigen Einnahmen hinter dem Volkseinkommen geblieben, vgl. Schulze Ehring (2004); Schulze Ehring und Niehaus (2008), S. 41. Die Frage Einnahmenproblem oder Ausgabenproblem wird diskursanalytisch untersucht für die 14. und 15. Legislaturperiode in Bechmann (2007), S. 129-132.

wegen Ausgabensteigerungen zunehmen wird, begründet v. a. in der Demographie in Kombination mit dem MTF.[370]

Als Teil der Finanzierungsbasis dürfen die Zuzahlungen der Versicherten nicht vergessen werden, die stark von politischen Eingriffen abhängen. Von im Jahr 2005 5,4 Mrd. Euro sind die Zuzahlungen auf 4,8 Mrd. Euro im Jahr 2009 gesunken und machen ca. 3 % bezogen auf die Leistungsausgaben exklusive Zuzahlungen aus.[371] Ohne Zuzahlungen wäre der Beitragssatz ca. 0,5 Prozentpunkte höher.

Igel führt als weitere Gründe des Drucks auf die beitragspflichtigen Einnahmen, insb. im unteren Bereich, die *Globalisierung* und die *Osterweiterung der EU* als eine Art Lohnsteigerungsdeckel, die *Entgeltumwandlung* und damit Senkung der sozialversicherungspflichtigen Einkommen sowie eine verstärkte Flucht in *Haushaltsproduktion* und *Schattenwirtschaft* an.[372]

Die gesetzliche Ausgabendämpfung ermöglichte dennoch, dass der BIP-Anteil der gesetzlichen Krankenversicherung für das Jahr 2009 gerade noch unter 7 % gehalten werden konnte.[373] Wichtige Kostendämpfungsgesetze waren:

- das KVKG vom 27.06.1977,
- das Kostendämpfungs-Ergänzungsgesetz (KVEG) vom 22.12.1981,
- das Gesundheitsreformgesetz (GRG) vom 20.12.1988,
- das Gesundheitsstrukturgesetz (GSG) vom 21.12.1992,
- das Beitragsentlastungsgesetz vom 01.01.1997,
- das 1. und 2. GKV-Neuordnungsgesetz (NOG) vom 23.06.1997,
- das Gesetz zur Reform der GKV (GRG2000) vom 17.12.1999,
- das GMG vom 14.11.2003.[374]

---

370 Siehe für die Beitragssatzprognosen Abschnitt 6.2.4.1.

371 Vgl. BMG (2010d), S. 7. Im Jahr 2007 betrug die Praxisgebühr 1,5 Mrd. Euro, vgl. Beske und Golbach (2009).

372 Diese Gründe für eine Schwächung der Finanzierungsbasis werden nicht belegt, vgl. Igel (2008), S. 55-56.

373 Penske weist den BIP-Anteil der GKV von 1970 bis 2004 aus. Von 1970 3,73 % hat sich der Anteil auf 5,94 % im Jahr 1975 in kurzer Zeit stark erhöht, vgl. Penske (2006), S. 264. Aus dieser Zeit stammt auch der Begriff der Kostenexplosion. Im Jahr 1975 betrug der Anteil 5,7 %, im Jahr 1990 5,5 %, im Jahr 2000 6,3 % und im Jahr 2005 6 %, vgl. Hoppe (2008). Von einer Kostenexplosion kann seit 1975 in der GKV nicht mehr gesprochen werden, was an den im Fließtext genannten Reformen liegt. Generell sollte der Begriff Ausgabenexplosion gewählt werden, weil i. d. R. auf Ausgaben als relevante Kosten für die Krankenversicherungen abgestellt wird.

Trägt man die Einnahmen- und Ausgabenänderungen parallel ab, so wird die kostendämpfende Wirkung deutlich, die stets nach kurzer Zeit nachlässt, vgl. für die Entwicklung der Jahre 1987 bis 2008 Abbildung 8.[375] Die Beitragssätze wachsen nahezu durchgehend stetig, die Einnahmenbasis ebenso, während die Gesamtausgaben stark schwanken. Nicht alle Sektoren sind gleichermaßen von Reformen betroffen. Insb. der auch dargestellte Arzneimittelbereich unterliegt großen Dämpfungsbemühungen und hoher Volatilität, da bspw. die Hersteller Ausweichstrategien entwickelten.

Abbildung 8: Wirkungen der GKV-Reformen seit 1989 auf Beitragssatz, Einnahmen- und Ausgabenwachstum

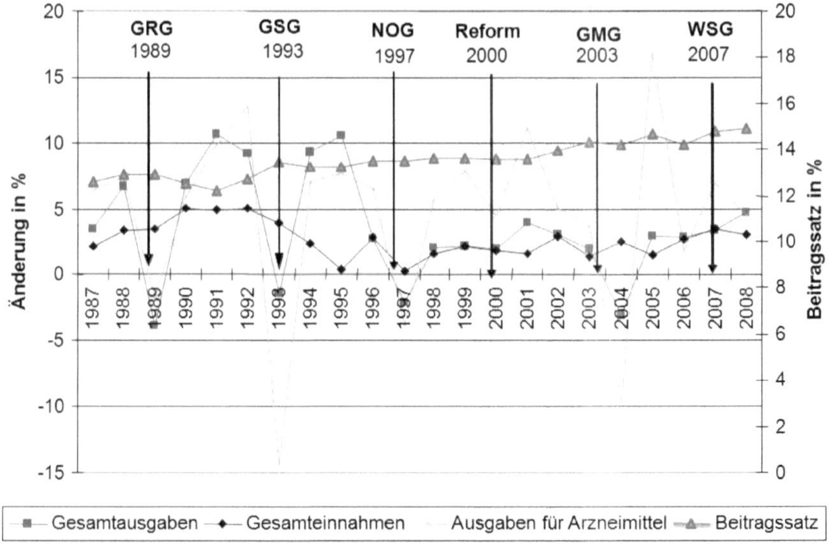

Quelle: Neubauer, G. und Pfister (2009b), S. 41.

Seit 1970 ist der Beitragssatz der GKV von 8,2 % auf aktuell 14,9 % gestiegen.[376] Den Steuerzuschuss im Jahr 2010 i. H. v. 15,8 Mrd. hinzugerechnet kommt man, nach der aktuellen Faustformel 10,5 Mrd. Euro entsprechen 1 Beitragssatzpunkt, auf einen Bei-

374 Einen kompakten Überblick der gesundheitspolitischen Gesetzgebung vom KVKG bis zum GRG 2000 mit Fokus auf Kostendämpfung gibt Kopetsch, vgl. Kopetsch (2001), S. 23-28.

375 Häufig werden Reformen im Gesundheitsbereich kurz nach Wahlen verabschiedet. Ein Grund hierfür ist, dass Beschränkungen von Leistungen auf Grund von Ausgabendämpfungen bis zur nächsten Wahl dem Wähler nicht mehr so präsent sind, und demzufolge bei größerer Distanz zu Wahlen von den Parteien als weniger „erfolgsschädigend" eingeschätzt werden.

376 Stand Mai 2010.

tragssatz von ca. 16,4 %.[377] Natürlich ist ein solche Gegenüberstellung stark simplifizierend, da im Laufe der Jahre neue Gruppen von Versicherten inkludiert wurden, der Leistungskatalog sich änderte, die BBG angehoben wurde oder die Wiedervereinigung integriert werden musste. Dennoch wird deutlich, dass das Ziel der *Beitragssatzstabilität*, seit 1989 gesetzlich verankert, bei weitem nicht erreicht wurde.[378] Für die Nachhaltigkeit der GKV ist zwar die Vergangenheit wichtig, doch gibt es mit der sich langsam einsetzenden Alterung der Bevölkerung einen neuen Faktor, der die zukünftigen Einnahmen massiv beeinflussen wird.

Erfreulich an der demographischen Entwicklung ist, dass Menschen immer länger gesund bleiben und damit während dieser Zeit durch produktive Arbeit die Einnahmenbasis stärken. Angesichts der Alterung der Bevölkerung i. V. m. einem auf Arbeitseinkommen bezogenen Umlageverfahren droht durch einen zunehmend größeren Rentenzugang der Babyboomer der Geburtsjahrgänge 1960-1964 ab Mitte der 2010er Jahre ein sukzessives Wegbrechen der Einnahmenbasis der GKV, dass die produktiven Jahre in Gesundheit bei gegebener Erwerbsquote und Renteneintrittsalter stark überwiegt.[379] Die Dynamik der Entwicklung macht Abbildung 9 deutlich:

Abbildung 9: Jugend-, Alten- und Gesamtquotient mit den Altersgrenzen 20 und 65 Jahren

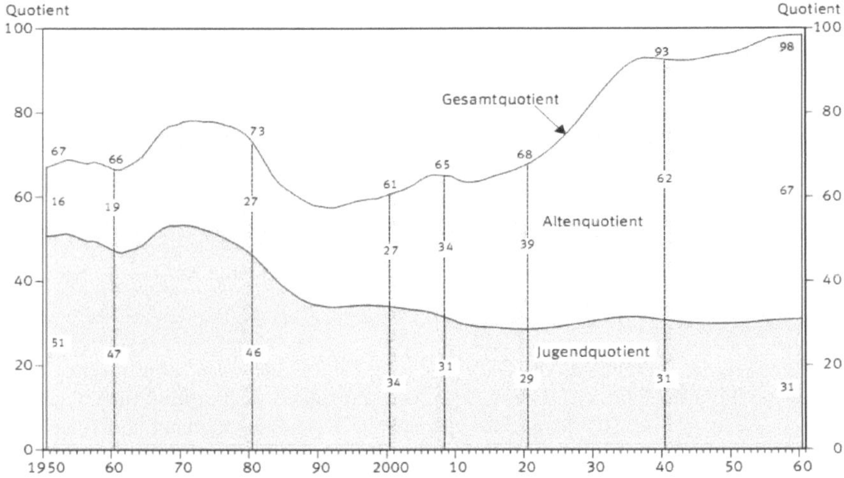

Quelle: StBA (2009a), Schaubild 6.

377 BMG (2009a), Tab. 9.15.

378 § 71 Abs. 1 SGBV.

379 Kritisch zur Treffsicherheit von Bevölkerungsvorausberechnungen äußert sich Walzik, die auf die diversen Revidierungen der offiziellen Prognosen hinweist, vgl. Walzik (2006), S. 251-252.

Die abnehmende Geburtenzahl und das Altern der Babyboomer lässt aus dem bekannten Tannenbaum eine „zerzauste Wettertanne“ werden.[380,381] Relevant für Einnahmen- und Ausgabenseite der GKV ist die Entwicklung der sog. *Belastungsquotienten*. Wird der Bevölkerung im erwerbsfähigen Alter[382] (20-64 Jahre) die jüngere Bevölkerung gegenübergestellt (jünger als 20 Jahre), so ergibt sich der *Jugendquotient*. Wird die Zahl der Personen im Rentenalter (65 Jahre und älter) auf die Zahl der Personen im Erwerbsalter bezogen, ergibt sich der *Altenquotient*. Beide Quotienten zusammen addieren sich zum *Gesamtquotienten*, der die Belastung der Bevölkerung im erwerbsfähigen Alter aufzeigt.

In weiten Teilen der bundesrepublikanischen *Vergangenheit* wirkte sich die *Demographie für die Einnahmenseite* eher *entlastend* aus. Seit Mitte der 1970er Jahre bis heute ist der Jugendquotient gefallen bei einem bis Mitte der 1990 Jahre relativ konstantem Altenquotienten. Der Beginn des Anstiegs des Altenquotienten fällt also in die jüngere Vergangenheit. *Spürbare Veränderungen* stehen Deutschland bereits bis Ende der 2010er Jahre bevor. Die Zahl der Menschen im erwerbsfähigen Alter wird *nach 2020 deutlich zurückgehen*. Bei einer Zuwanderung von 100.000 Menschen jährlich, was in den letzten Jahren nicht erreicht wurde, wird sich das Erwerbspersonenpotenzial in 2060 gegenüber 2008 um ein Drittel verringern.[383] Insb. die Verrentung der Babyboomer ab Mitte der 2020er Jahre bis Mitte der 2030er Jahre führt zu einem starken Anstieg des Altenquotienten. Schließlich wird sich die *Zahl der Rentner ab 2040 pro Erwerbsfähigen gegenüber heute von 1:3 auf 2:3* erhöht haben.[384] Die Rente mit 67 ent-

---

380 StBA (2009a), S. 14. Die hier genannten Zahlen beruhen alle auf der 12. Koordinierten Bevölkerungsvorausberechnung in der Variante Untergrenze der mittleren Bevölkerung, vorgestellt am 18.11.2009, vgl. StBA (2009a), S. 11-22. D. h. 1,4 Kinder pro Frau, Wanderungssaldo 100.000 und Anstieg der Lebenserwartung bis 2060 bei Männern um 8 Jahre und bei Frauen um 7 Jahre. In Anhang 2 sind die Bevölkerungsbäume der Jahre 1910, 1950, 2008 und 2060 dargestellt.

381 Besonders für die PV wird die Demographie höhere Ausgaben bedeuten, da die Pflegewahrscheinlichkeit im Alter stark ansteigt. Im Jahr 2005 waren 2,13 Mio. Menschen pflegebedürftig, davon wurden 677.000 stationär versorgt. Im Jahr 2030 werden im Normalszenario 3,36 Mio. Pflegebedürftige vorhergesagt, vgl. StBA (2008a). Neuere Schätzungen gehen bis zum Jahr 2050 von über 4 Mio. Pflegebedürftigen aus. Dabei ist noch nicht einmal der erweiterte Pflegebedürftigkeitsbegriff eingeführt mit der Pflegereform am 01.07.2008, der auch Demenzerkrankungen einschließt, berücksichtigt. Der Anteil Dementer wird sich von heute 1,1 Mio. bis zum Jahr 2030 verdoppeln, vgl. ZEIT (2008).

382 Als Erwerbsalter wird die Spanne von 20 bis 65 Jahren betrachtet, die Anzahl der Menschen in dieser Altersgruppe als Erwerbspersonenpotenzial. Für weiterführende Literatur zur Entwicklung des Erwerbspersonenpotenzial siehe die Zusammenstellung unter Econbiz (2009).

383 Seit dem Jahr 2004 wurde keine Nettozuwanderung von 100.000 Personen mehr erreicht, vgl. StBA (2009d), S. 64.

384 Beträgt der jährliche Zuzugsüberschuss 200.000 Personen (Obergrenze der Variante mittlere Bevölkerung), fällt der Altenquotient mit 63 Personen im Alter von 65 Jahren und mehr je 100 Personen im Erwerbsalter nur etwas niedriger aus.

schärft die Situation, der Altenquotient beträgt dann im Jahr 2060 statt 67 % nur 59 %. Die Erhöhung des Renteneintrittsalters führt zu einem Bevölkerungsanstieg im Erwerbsalter um 1 bis 2 Mio. versus Rente mit 65.

Die Entwicklung des Altenquotienten ist nicht aufzuhalten. Selbst wenn die Deutschen heute wesentlich mehr *Kinder* bekämen, würde sich der Altenquotient dadurch erst in 20 Jahren merklich ändern, da die Neugeborenen erst dann zum Erwerbspersonenpotenzial zählen. Angesichts der schwach besetzen Jahrgänge sind zudem die Frauen nicht geboren worden, die Kinder gebären könnten.[385] *Zuwanderung* ist eine Option, jedoch müsste die Zahl der Immigranten wesentlich höher als heute sein.[386] Entscheidend ist auch nicht allein die Quantität der Zuwanderung, sondern auch die Qualität, d. h. bspw. das Bildungsniveau oder der Gesundheitszustand.

Tatsächlich ist die Relation zwischen arbeitender Bevölkerung und zu unterstützenden Personen noch ungünstiger als dies der Versorgungsquotient suggeriert, da das Erwerbspersonenpotenzial alle Personen zwischen 20 und 64 Jahren inkludiert, unabhängig davon ob sie arbeiten oder nicht.[387] Dies ist einerseits schlecht, da auf diese Weise die GKV relevanten beitragspflichtigen Einnahmen geringer sind als wenn alle arbeiten würden. Andererseits besteht hier ein Reservepotenzial an Arbeitskraft. Entscheidend für die Einnahmen der GKV wird die Entwicklung des Altenquotienten oder spezifischer des *Rentnerquotienten* sein. Letzterer beschreibt den Anteil der Rentner gegenüber den Nichtrentnern bei den beitragspflichtigen Mitgliedern. Der Effekt ist eindeutig *einnahmensenkend*, da die durchschnittlichen Beiträge der Rentner mit im Jahr 2008 2.071 Euro wesentlich geringer als die der anderen Mitglieder sind (3.460 Euro).[388,389]

Seit 1991 wächst die Zahl der Rentner stärker als der Mitglieder insgesamt, was sich auf Basis der Entwicklung des Altenquotienten beschleunigen dürfte. Schon innerhalb

385 Hier ließe sich einiges tun, vgl. Walzik (2006), S. 253-254. Man denke nur an das französische Steuersystem mit einem Familiensplitting. Einen europäischen Vergleich verschiedener Strategien zur Nachwuchssteuerung findet man in Kröhnert und Klingholz (2005).

386 Ausführlicher zur Zuwanderung als ungeeignetes Instrument zur Stärkung der Einnahmenbasis siehe Penske (2006), S. 152-156. Eine ältere, aus dem Jahr 1999 stammende Untersuchung beziffert die jährliche erforderliche Nettozuwanderung bei konstanten Ausgabenprofilen zur Stabilisierung des Beitragssatzes bis 2015 und ab 2040 auf 1,5 Mio. jährlich, dazwischen sind sogar bis zu 3,5 Mio. Immigranten nötig, vgl. Felderer (1994).

387 Siehe zur mangelnden Aussagekraft des Altenquotienten auch Walzik (2006), S. 254-256.

388 Eigene Berechnungen auf Basis von BMG (2009c); (2009f).

389 Interessant ist der Sprung der gesetzlich pflichtversicherten Rentner um ca. 3 Prozentpunkte an allen Mitgliedern der GKV nach dem Jahr 2002. Der Grund war ein Verstoß gegen die horizontale Gerechtigkeit der GKV, da vor 2002 freiwillig versicherte Rentner wie andere freiwillig Versicherte mit ihrer gesamten Leistungsfähigkeit bis zur BBG zur Beitragszahlung herangezogen worden sind. Ab Mitte 2002 konnten sie den Pflichtversichertenstatus für sich wählen, so dass sie keine Beiträge mehr auf Mieten und Nebeneinkünfte zahlen mussten, siehe auch Igel (2008), S. 32-35.

der Phase eines langsam zunehmenden Altenquotienten nahm von 1991 bis 2003 der Rentneranteil an allen Mitgliedern von 27.97 auf 33,33 % zu.[390] Hinzu kommt die Absenkung des Rentenniveaus in den alten Bundesländern von im Januar 2009 50,2 % (Bruttoniveau, daraus werden SV-Beiträge gezahlt)[391] auf 37 % in den Jahren 2060 und folgende.[392] Das gesetzlich festgeschriebene Mindestsicherungsniveau für das Rentenniveau netto vor Steuern liegt bis zum Jahr 2020 bei 46 % und bis zum Jahr 2030 bei 43 %. Damit wird der Unterschied zwischen den durchschnittlichen Beiträgen eines Rentners gegenüber einem Mitglied der Allgemeinen Krankenversicherung (AKV)[393] noch größer.

Für Empfänger von *Arbeitslosengeld 1* (ALG1) zahlt die Bundesagentur für Arbeit (BA) nach § 232a Sozialgesetzbuch V (SGB V) einen auf 80 % des letzten Brutto-Jahresgehalts gerechneten Beitrag.[394] Für *ALG2*-Empfänger[395] wird im Jahr 2010 ein Betrag von 126,05 Euro monatlich überwiesen, was bei durchschnittlichen Ausgaben der GKV von ca. 3.000 Euro je Mitglied im Jahr ca. die Hälfte der Überweisung ausmacht.[396] Die Einnahmenlücke verstärkt die Tatsache, dass ALG2 Empfänger im Durchschnitt höhere Ausgaben verursachen als sonstige Versicherte.[397] Beides schwächt die Einnahmenbasis der GKV. *Sozialhilfeempfänger* nach SGB XII sind per Definition nicht erwerbsfähig und bilden als relativ konstantes Aggregat eine im Zeitverlauf nicht relevante und nicht zu beeinflussende Größe.[398]

---

390 Vgl. Penske (2006), S. 56.

391 DRV Bund (2009b).

392 Vgl. SVR (2007), Kasten 10.

393 AKV-Mitglieder sind GKV-Mitglieder ohne Rentner. Rentner sind Mitglieder der Krankenversicherung der Rentner (KVdR) unter bestimmten Voraussetzungen. Siehe für einen Überblick DRV Bund (2010). AKV- und KVdR-Mitglieder zusammen bilden alle GKV-Mitglieder. Siehe zur Entwicklung und den finanziellen Folgen der KVdR auf die GKV auch Beske und Thiede (1998).

394 § 232a Abs. 1 Nr. 1 SGBV.

395 Siehe für ALG2- und Sozialhilfeempfänger auch Zimmermann, A. (2007), S. 33-34. Siehe ausführlicher für die Stellung von ALG2- Empfängern im Kontext Krankenversicherung Greß et al. (2005), S. 32-38.

396 Berechnet nach § 232 Abs. 1 Nr. 2 SGBV. Dabei werden 34,5 % der monatlichen Bezugsgröße (30.660 Euro im Jahr 2010) mit dem ermäßigten Beitragssatz multipliziert, vgl. für die Bezugsgröße § 18 SGBIV. Für 2010 ergeben sich 14,3 % x 30.660 Euro / 12 x 34,5% = 126,05 Euro. Die durchschnittlichen Ausgaben werden in Zusammenhang mit ALG1-Empfängern differenzierter in Abschnitt 6.1.2.1.1 betrachtet.

397 Siehe für Einnahmen und Ausgaben bei ALG2- und Sozialhilfeempfängern Abschnitt 6.1.2.2.1.

398 Die Beiträge von Sozialhilfeempfängern werden durch den Staat übernommen, vgl. § 264 SGBV i. V. m. §§ 47-52 SGBXII.

Für eine *dynamische Betrachtung* der „Scherenöffnung“ ist die Veränderung der Zahl der Erwerbstätigen relevant. Die absolute Zahl an sich ist nur fürs heutige Niveau von Bedeutung. Die beitragspflichtigen Einnahmen sind direkt mit der Entwicklung des Arbeitsmarktes verbunden. 100.000 zusätzliche Beschäftigte führen zu einem Einnahmenanstieg von 320 Mio. Euro.[399] Für den Arbeitsmarkt ist die Angebots- und Nachfrageseite wichtig.[400] Das *Arbeitsangebot* geht auf Basis der Bevölkerungsvorausberechnung ab dem Jahr 2020 merklich zurück, was ein Grund des kommenden Fachkräftemangels ist.[401] Im Jahr 2060 schrumpft der Pool potenzieller Arbeitskräfte um ein Drittel gegenüber 2008.

Die *Arbeitsmarktnachfrage* hängt *direkt* vom *Wirtschaftswachstum* ab. Demographische Alterung führt zu einem Bevölkerungsrückgang bei gegebenem Kapitalstock. Als Folge steigt die Arbeitsproduktivität an und Pro-Kopf Wachstum erfolgt. Soweit die neoklassische Theorie, jedoch müssen auch in diesem Modell für gesamtwirtschaftliches Wachstum die Arbeitsproduktivität und damit nach dem Ertragsgesetz die Reallöhne auch tatsächlich in ausreichendem Maß zunehmen.[402] Nach gängiger Meinung hängt die *Produktivität* mit dem *Lebensalter* zusammen, was wegen der Alterung der Bevölkerung einer Annahme steigender Arbeitsproduktivität entgegensteht. Gerade die jungen, frisch ausgebildeten, risikofreudigen und mutmaßlich innovativen Berufstätigen zwischen 20 und 35 Jahren werden immer weniger.[403] Selbst bei konstanter Erwerbspersonenzahl kommt es wegen weniger jungen Menschen zu einem geringeren technischen Fortschritt. Unterm Strich dürfte zwar das Pro-Kopf Einkommen weiter zunehmen, das Wirtschaftswachstum aber demographiebedingt sinken. Sinkendes Wachstum führt zu einer insgesamt geringeren Arbeitsnachfrage, was wiederum einer schwächeren Binnennachfrage bei kleinerer Bevölkerung entspricht.[404]

Bei der zukünftigen Einnahmenbasis ist neben der Lohnquote und des Rentnerquotienten auch die *Mitgliederquote* zu prüfen, die das Verhältnis zwischen Beitragszahlern inklusive Rentenempfängern (Nenner) und allen Versicherten (Zähler) angibt. Je höher

---

399 Vgl. BMG (2009a), Tab. 9.15.

400 Die zukünftige Entwicklung von Arbeitsangebot und Arbeitsnachfrage mit weiterführender Literatur findet sich bspw. in Enquête-Kommission (2002), S. 67-78. Für die weiteren bewusst kursorischen Aussagen zur Arbeitsnachfrage in diesem Absatz dienen als Grundlage im Wesentlichen die Ausführungen von Penske, der angesichts der komplexen Interdependenzen eine konzentrierte demographische Analyse durchführt, vgl. Penske (2006), S. 113-118.

401 Bis zum Jahr 2030 entstehe nach PROGNOS in Deutschland eine Arbeitskräftelücke von 5,5 Mio. Personen, die v. a. hochqualifizierte Personen betrifft, vgl. PROGNOS (2010), S. 7,55-61.

402 Es spricht einiges für sinkendes Lohnwachstum, vgl. Knappe und Optendrenk (1999), S. 168.

403 Dem widerspricht z.B. aktuell Börsch-Supan, demzufolge es keine Evidenz gibt, dass Ältere weniger produktiv als Jüngere sind, vgl. Börsch-Supan (2009), S. 27-29.

404 Weniger Menschen in Deutschland bedeuten auch weniger Nachfrage. Ausgleichend wirkt die Zahl der Haushalte. In Summe dürfte die Binnennachfrage zurückgehen, was das Binnen- und damit Gesamtwachstum zusätzlich verlangsamen dürfte.

die Quote ist, umso mehr mitversicherte Personen kommen auf ein Mitglied. Solange ein Ehegatte oder eingetragener Lebenspartner weniger als 365 Euro verdient, ist er frei beim beitragszahlenden Mitglied mitversichert.[405] Kinder und Jugendliche sind je nach Ausbildungsweg ebenfalls frei. *Igel* stellt fest, dass sich die Mitgliederquote kürzlich eher vergünstigt hat, der Quotient geht von im Jahr 1990 auf 1,41 auf 1,39 im Jahr 2006 leicht zurück.[406] Damit scheiden die beitragsfrei Mitversicherten heute und im Rahmen der 12. Koordinierten Bevölkerungsvorausberechnung als Grund für die relativ schwache Einnahmenbasis aus.[407]

Relevant für die Entwicklung der Einnahmenbasis ist auch die *Versicherungspflichtgrenze* (VPG). Je höher diese ist, umso mehr Gutverdiener werden in der GKV versicherungspflichtig. Ohne der späteren Analyse vorwegzugreifen, stärken c. p. die durch die Senkung der VPG neuen Mitglieder mit einem Arbeitseinkommen an der BBG die Finanzierungsbasis der GKV. Da die freiwillig Versicherten oftmals wegen eines großen Anteils Mitversicherter wechseln, ist die Nettobilanz dennoch nicht eindeutig. Hier ist der Gesetzgeber handlungsfähig. Ähnlich verhält es sich mit einem Abbau der *Verschiebebahnhöfe*, was alleine politischen Willen erfordert.

Zusammenfassend sind für die Finanzierungsbasis die Erwerbstätigen in der GKV entscheidend. Nach Penske sinkt im Jahr 2003 die Zahl von 30,3 Mio. bis zum Jahr 2050 in der Status quo Variante auf 19,3 Mio. ab.[408] Die Reallöhne dürften sich durch die Verknappung des Produktionsfaktors Arbeit erhöhen. Der *Gesamteffekt* ist *unbestimmt, aller Wahrscheinlichkeit nach*, spätestens mit zunehmendem Eintritt der Babyboomer ins Rentenleben, *negativ. Penske wie Postler* kommen bei ausschließlicher Betrachtung der Demographie anfangs zu einem leichten Anwachsen der beitragspflichtigen Einnahmen bis ab spätestens Mitte 2015 die Finanzierungsbasis Jahr für Jahr abnimmt.[409] Demgegenüber steht ein stark wachsender Bedarf, die Folge sind prognostizierte Beitragssätze von 25 % und mehr im Jahr 2050, was für die Nachhaltigkeit der GKV und damit des dualen Systems insgesamt kritisch ist.[410]

---

405 Gemäß § 10 Abs. 1 SGBV errechnet sich der Betrag als Siebtel der monatlichen Bezugsgröße nach § 18 SGBIV (2.555 Euro).

406 Im Jahr 2008 beträgt der Wert 1,37, errechnet aus BMG (2009a), Tab. 8.14.

407 Vgl. Igel (2008), S. 32.

408 Vgl. Penske (2006), S. 117-118. Status quo heißt, dass die Frauenerwerbstätigkeitsquote wie heute bei ca. 2/3 ist.

409 Siehe Postler (2003). Vgl. weiter Penske (2006), S. 119-121.

410 Siehe ausführlich Abschnitt 6.2.4.3.

3.3 Allokation, Gerechtigkeit und Nachhaltigkeit im Zusammenspiel

Der Untertitel der Dissertation wurde bewusst gewählt. *Allokativ effiziente* Teilsysteme der Volkswirtschaft benötigen die *Unterstützung der öffentlichen Meinung*, um *dauerhaft Bestand* zu haben. Eine ökonomistische Gestaltung eines Krankenversicherungssystems läuft Gefahr, gegen die Menschenwürde zu verstoßen. *Gesundheitsleistungen* sind zwar *größtenteils private Güter*. Dennoch wird in keinem Land der Welt Bedürftigen Hilfe verwehrt. Der Mensch ist ein *homo oeconomicus*, als homo sociologicus aber auch ein *homo ethicus*.[411] Wird ein Gesellschaftszustand oder –system wie das Gesundheitswesen als ungerecht empfunden, reagieren die Entscheidungsträger aus politökonomischen Überlegungen heraus wegen der hohen Bedeutung von Gesundheit je nach Couleur früher oder später auf eine Unterschreitung eines durch die Gesellschaft definierten Mindestniveaus.

Rein ökonomisch ist ein *Mindestleistungskatalog von Gesundheitsleistungen* vernünftig, weil *kranke Menschen weniger produktiv* sind und bei Notfallbehandlung teurere Behandlungen nötig werden als bei einer frühzeitigeren Therapie. Der *Zweite Hauptsatz der Wohlfahrtsökonomik,* der besagt, dass geeignete Kompensationen notwendige Voraussetzungen dafür sind, möglichst viele Gesellschaftsmitglieder an einer optimalen Allokation über den Markt partizipieren zu lassen, hat *im Gesundheitsmarkt besondere Bedeutung*. Eine hohe Erstausstattung mit Gesundheit lässt *Individuen erst zu produktiven Teilnehmern* der Gesellschaft werden. Mit dem *Schleier des Nichtwissens* kann *konstitutionenökonomisch* ein als gerecht empfundener *Mindestleistungskatalog fundiert* werden.

Gerechtigkeit und Nachhaltigkeit sind im Begriff Generationengerechtigkeit vereint. Ohne diese kündigen Benachteiligte den Generationenvertrag auf. Der Mindestleistungskatalog darf daher nicht zu groß sein, die Finanzierung nicht zu weit vom Äquivalenzprinzip entfernt. *Gerechtigkeit und Effizienz* müssen in *einem angemessen Verhältnis* zueinander stehen, will man ein zukunftsfähiges Gesundheitssystem erhalten. Es gilt daher, ein *effizientes Krankenversicherungssystem* zu konstruieren, das die *Nebenbedingung Gerechtigkeit und Nachhaltigkeit* berücksichtigt. *Erst* eine *synoptischer Betrachtung* von *Allokation, Gerechtigkeit* und *Nachhaltigkeit* ergibt einen Kompass für eine holistische zukunftssichere *Neujustierung* des *dualen Systems* oder eben dessen *Abschaffung*.

---

411 Nida-Rümelin versteht unter einem homo oeconomicus einen homo ethicus, dem es gelingt, kohärente Präferenzen zu haben, Nida-Rümelin (2009), S. 64. Ein bekanntes Beispiel für die Komplexität des Menschen ist das Ultimatum-Spiel, nach dem ein Spieler einen Betrag X erhält, von dem er einem anderen Y etwas geben kann. Behalten darf X seinen Anteil nur, wenn Y mit der Teilung einverstanden ist. Obwohl beide gewinnen, sobald der andere einen Euro hat, wird oft nur bei einer einigermaßen ausgeglichenen Verteilung von Y zugestimmt. Für die Theorie kooperativen Verhaltens siehe grundlegend Axelrod (1988). Lesenswert und kompakt ist der Aufsatz Kondo (1990).

4 Das duale Krankenversicherungssystem: Geschichte und Auswirkungen des GKV-WSG

Das deutsche Gesundheitssystem ist mit zwei Vollversicherungstypen komplex. Bei Existenz von Krankenversicherungen müssen immer mindestens zwei Teilmärkte betrachtet werden: der Finanzierungsmarkt und der Leistungsmarkt. Bei der GKV ist ferner der Vertragsmarkt ein wichtiges Element bei der Analyse des Gesamtsystems. In diesem Kapitel wird zuerst ein Raster idealtypischer Merkmale von GKV und PKV vorgestellt und anschließend die Entstehungsgeschichte des dualen Systems mit Verbindungen zum Raster dargelegt. Schließlich wird als Hauptteil des Abschnitts das GKV-WSG im Hinblick auf Konvergenz und Divergenz der beiden Versicherungstypen untersucht.

4.1 Idealtypische Abgrenzung zwischen GKV und PKV in Deutschland

Auf die Volkswirtschaft bezogen entspricht die idealtypische Ausprägung einer realen Wirtschaftsordnung dem Wirtschaftssystem.[412] Nach Eucken steht der freien Verkehrswirtschaft (Marktwirtschaft) die Zentralverwaltungswirtschaft archetypisch gegenüber.[413] Der Marktwirtschaft liegt das Menschenbild eines homo oeconomicus zugrunde, der eigenverantwortlich in Freiheit handelt. In der Zentralverwaltungswirtschaft lenkt ein allwissender, wohlmeinender Diktator die Wirtschaft bis hinunter in den Bereich der Einzelentscheidungen. Eckpfeiler oder, wie Eucken es nennt, *konstituierende Prinzipien* sind in der Marktwirtschaft *Privateigentum*, *Wettbewerbsregeln* und *Vertragsfreiheit*. Dem steht in der Planwirtschaft *Kollektiveigentum*, *zentrale Planung* und *Liefer- und Abnahmepflichten* gegenüber. Die konstituierenden Prinzipien in ihrer Gesamtheit bilden die Wirtschaftsverfassung. Ferner wird unterschieden in regulierende Prinzipien, die auf Basis der konstituierenden Prinzipien die Wirtschaft steuern. Die Wirtschaftsordnung ist schließlich die reale Ausprägung. In Deutschland ist diese als eine Mischung der Archetypen die Soziale Marktwirtschaft.

Man kann nun in Analogie zu den Wirtschaftssystemen eine idealtypische PKV und GKV bestimmen. Die *PKV* als Individualversicherung ist gekennzeichnet durch ein marktwirtschaftliches Menschenbild mit eigenverantwortlichen homines oeconomi-

---

412 Vgl. Neubauer, G. (2004b), S. 24-33. Eine populäre Typologie bei Wohlfahrtsstaaten findet sich bei Esping-Andersen (1990). Er unterscheidet zwischen liberal, konservativ und sozialdemokratisch. Deutschland ist dort dem konservativem Typ zugeordnet.

413 Für das ordnungspolitische System Euckens siehe im Original Eucken (1952). Eine ordnungspolitische Anwendung auf die Soziale Marktwirtschaft als Mischform fürs Gesundheitswesen erfolgt in Neubauer, G. und Knappe (2008).

ci.[414] Alle drei konstituierenden Merkmale einer Marktwirtschaft sind gegeben. Die ordnungspolitische Grundentscheidung zwischen Individual- versus Sozialversicherung beeinflusst alle folgenden Elemente und ist für die Frage der Europatauglichkeit der Versicherungstypen entscheidend.[415,416] Leitprinzip bei der *PKV* ist daher das *Individualprinzip*, das auf *Versichertenseite* weltweit konstitutiv Vertragsfreiheit, Eigentum und Leistungsgerechtigkeit (Äquivalenzprinzip) in den Mittelpunkt stellt. Die PKV-Versicherten sind gemäß der Berücksichtigung individueller Präferenzen in ihrer Leistungserbringer-Wahl freier und können grundsätzlich alle Ärzte und Krankenhäuser wählen. Vertragsfreiheit setzt eigenverantwortliche Handlungsfähigkeit auch im Gesundheitswesen voraus. Auf *Seiten der Versicherung* bedeutet Vertragsfreiheit das Fehlen eines Kontrahierungszwangs[417], eine risikoäquivalente Prämienkalkulation und eine privatrechtliche Rechtsform mit Möglichkeit zur Gewinnerzielung und Geltung des Privat- und Wettbewerbsrechts[418] (Aktiengesellschaft (AG) und Versicherungsverein auf Gegenseitigkeit (VVaG)).[419] *Risikoäquivalente Prämien* sind *konstitutiv*, da sonst Risikoselektion einen privaten Krankenversicherungsmarkt zusammenbrechen

---

414 Die USA wird als Paradebeispiel eines marktwirtschaftlichen Gesundheitssystems vorgestellt, vgl. Schulenburg und Greiner (2000), S. 208-225. Das gilt jedoch bei weitem nicht fürs gesamte Gesundheitssystem. Man denke an die staatlichen Programme Medicaid und Medicare. Eine grundlegende Darstellung des US-Systems erfolgt im Lehrbuch Rosen und Gayer (2010). Ausführlich beschäftigt sich Toepffer in seiner Dissertation damit, vgl. Toepffer (1997), S. 90-329. Aktuelle Beispiele für Gesundheitssysteme finden sich in Gerber et al. (2009), S. 212-213.

415 Die Konsequenzen für die anderen Merkmale beschreibt auch Wasem (1994). Eine systematische Ableitung der Wesensunterschiede findet sich bei Klingenberger (2001), S. 75-99. Ausführlich mit den beiden Prinzipien im Rahmen einer ordnungspolitischen und –theoretischen Untersuchung bezogen auf die GKV hat sich Volk in ihrer Dissertation beschäftigt, vgl. Volk (1989).

416 Die Frage der Europatauglichkeit wird in Abschnitt 7.2.2 behandelt.

417 Für Beamte, die fast 50 % der Versicherten ausmachen, gilt für das Versicherungsunternehmen Kontrahierungszwang.

418 Das Kartellrecht ist ein Teil des Wettbewerbsrechts, dieses wiederum Teil des Wirtschaftsrechts, was zum Privatrecht gehört.

419 Ein vergleichender Rechtsformüberblick zwischen AG, VVaG, KdöR und eingetragener Genossenschaft (eG) ist zu finden in Henke (2007), S. 520-525. AG's schütten ihre Gewinne an Aktionäre aus, während VVaG's die Gewinne zur Prämiensenkung verwenden oder die Gewinne verbleiben im Unternehmen. Die Versicherungsnehmer sind Mitglieder bzw. Träger des Vereins. Es ist seit geraumer Zeit Demutualisierung zu beobachten, die einen Übergang der VVaG auf eine AG beschreibt. Kennzeichen dafür sind die Möglichkeit der Gewinnbeteiligung der Personen, die den Gründungsstock zur Verfügung stellen, was der Idee einer Dividende ähnelt. Analog führt die immer häufigere Anwendung von Aktienrecht statt Genossenschaftsrecht zu einer Demutualisierung und damit Divergenz der PKV weg von der GKV. Zur Demutualisierung siehe Klingenberger und die dort angegebene Literatur, Klingenberger (2001), S. 129. Siehe auch für die Demutualisierung und den VVaG Farny (2006), S. 195-217,831-832.

ließe.[420] Bei der Festlegung der Prämien gibt es Spielräume, die Finanzautonomie implizieren. Grundsätzlich weist die idealtypische PKV mehr Freiheitsgrade in der unternehmerischen Selbstbestimmung auf, wohingegen der Einfluss zentraler Planungsinstanzen wie dem Staat in der GKV größer ist.

Die GKV als *Sozialversicherung* hingegen ist von der Zentralverwaltungswirtschaft weiter entfernt als die PKV von der Marktwirtschaft und dient dem öffentlichen Interesse.[421] *Leitprinzip* ist das *Solidarprinzip*. Entstehungsgrund und konstitutives Abgrenzungsmerkmal der GKV ist die Schutzbedürftigkeit der *Versicherten*, die eigenverantwortlich nicht das Krankheitsrisiko tragen können und deshalb *versicherungspflichtig* sind.[422] Die Leistungserbringerauswahl ist eingeschränkt. Der Arbeitgeber beteiligt sich an den Beiträgen und ist Teil der Selbstverwaltung.[423] In der *GKV* steht das *Solidarprinzip* bei definiertem Leistungskatalog und einheitlichem Tarif im Zentrum, das auf Bedarfsgerechtigkeit beruht, die wiederum für alle Versicherten über einkommensabhängige Beiträge[424] ermöglicht wird. Dabei gilt als Bemessungsgrundlage das Arbeitseinkommen bis zur Höhe der BBG. Eine Risikoentmischung wird durch einen Risikostrukturausgleich (RSA) verhindert. Die *Versicherungen* sind Körperschaften des Öffentlichen Rechts (KdöR's) mit sozialpolitischer Zielsetzung und Selbstverwaltung, die kontrahieren müssen und dem Sozialrecht, im Wesentlichen dem SGB V, unterliegen.[425,426] Die Finanzautonomie einer gesetzlichen Krankenversicherung ergibt sich aus der Festsetzung des Beitragssatzes durch die Selbstverwaltung.

Diese zentralen Unterschiede werden ergänzt mit regulierenden *Grundprinzipien* wie abweichende *Finanzierungsverfahren* und *Abrechnungsverfahren*, die wiederum Fol-

---

420 Die konstitutive und existenzielle Bedeutung formuliert Dücker so: „unabdingbare Voraussetzung für die Funktionsfähigkeit der Versicherungswirtschaft", Dücker (1968), S. 16. Nach Klingenberger ist dies ein „fundamentaler Unterschied hinsichtlich der Beitragskalkulation", Klingenberger (2001), S. 91.

421 Näher an der Zentralwirtschaft ist ein staatliches Gesundheitswesen, auch genannt nationaler Gesundheitsdienst. Die Finanzierung erfolgt durch Steuern, die Leistungserstellung ist überwiegend staatlich, in allen Sektoren wird der Bedarf geplant und es gibt nur einen Gesundheitsdienst. Das bekannteste Beispiel ist der National Health Service in England. Siehe für einen Überblick Schulenburg und Greiner (2000), S. 195-207. Eine frühe deutschsprachige eingehende Untersuchung erfolgt in der Dissertation von Neubauer, vgl. Neubauer, G. (1970).

422 Klingenberger bemerkt dazu: „die Einschränkung der formalen Freiheit ... geeignet sein kann, die Distribution der materialen Freiheit gleichmäßiger zu gestalten [Hervorhebung im Original]", Klingenberger (2001), S. 81.

423 Nach Kirchhof entstammt der Arbeitgeberanteil aus der „Verantwortung Dritter für die gesetzliche Krankenversicherung anderer", Kirchhof (1994), S. 1326.

424 § 3 S. 2 und 3 SGBV.

425 Zwangsversicherungen können durchaus privatrechtlich organisiert sein, wie dies in Holland seit 2006 der Fall ist. Konstitutiv verstanden als notwendig für den Versicherungstyp ist daher das Sozialprinzip und die Versicherungspflicht.

426 Für eine detaillierte Unterscheidung der Rechtsnatur siehe Mühlenbruch (2005), S. 44-50.

gen auf die *Kontrolle der Leistungserbringer* und *Patientensteuerung* haben sowie *nationale Besonderheiten* aufweisen. Einzig die deutsche PKV wendet das *Kapitaldeckungsverfahren* an[427], das einer intertemporalen Risikovorsorge in Eigenverantwortung entspricht.[428] Die höhere Freiheit, die auch aus finanzieller Eigenständigkeit stammt, fördert das Kostenerstattungsprinzip im Rahmen eines direkten Vertragsverhältnisses zwischen Versicherten und Leistungserbringern. Zu den Leistungserbringern gibt es keine vertraglichen Beziehungen.[429] Die Distanz zwischen Leistungserbringer und Versicherung führt daher zur direkten Steuerung der Ausgaben der Versicherten, z. B. mittels einer Selbstbeteiligung der Patienten.

Demgegenüber ist die GKV im Umlageverfahren organisiert, das das Solidarprinzip erfordert. Abrechnungsverfahren ist das Sachleistungsprinzip.[430,431] Durch die direkte Abrechnung der Leistungserbringer mit der Versicherung kann die Versicherung das Leistungsgeschehen besser kontrollieren und steuern. Die Steuerung des Leistungsgeschehens als Angebotssteuerung ermöglicht prinzipiell eine effektivere Kostensteuerung als die Patientensteuerung, da im Gesundheitswesen die Leistungserbringer, maßgeblich der Vertragsarzt, die Nachfrage determinieren. Kollektivverträge herrschen vor, selektives Kontrahieren ist jedoch nicht wesensfremd. Im Gegenteil sind individuelle Verträge einer Steuerung der Leistungserbringer dienlich, kommen aber i. d. R. nur mit Zustimmung der Leistungserbringer zustande. Daher ist die Gemein-

---

427 Genau genommen basiert die PKV auf einem Anwartschaftsdeckungsverfahren. Die zukünftigen Leistungen werden durch angesammeltes Kapital plus eigene Beiträge finanziert. Im Unterschied hierzu liegt in der Rentenversicherung ein reines Kapitaldeckungsverfahren vor (vom Bundeszuschuss abgesehen, der aus Steuern gespeist wird, die wiederum teilweise vom Rentner erbracht werden). In der Untersuchung wird der Terminus Kapitaldeckungsverfahren verwendet. Zur wissenschaftlichen Diskussion, oder besser „Nichtdiskussion", mit Literatur in den USA zu Alterungsrückstellungen in der Krankenversicherung siehe Fußnote 2128.

428 Vgl. für die deutsche Besonderheit mit Literatur Bürger (2005), S. 61. Siehe ausführlich zur Prämienberechnung mit einem Anteil für Kapiteldeckung Abschnitt 6.2.2.2.

429 Ganz im Gegensatz zu den USA, wo gerade die privaten Krankenversicherungen Managed Care als ausgeprägte Tätigkeit auf dem Vertragsmarkt bis hin zur vertikalen Integration von Versicherung und Leistungserbringer quasi erfunden haben, vgl. zu Managed Care mit Literatur Fußnote 1120. Das mag daran liegen, dass die PKV in Deutschland der GKV nachfolgte und durch die en gros finanziell gut gesicherte Klientel, die zudem gesund ist, bisher auch ohne ausgeprägte Angebotssteuerung zurecht kam, ja sogar mit dem Kostenerstattungsprinzip und der reinen Payor-Funktion warb.

430 § 2 Abs. 2 S. 1 SGBV. Auch hier gilt, dass das Sachleistungsprinzip nicht zwingend respektive konstitutiv ist. Bspw. in Frankreich herrscht im ambulanten Bereich Kostenerstattung vor, vgl. KBV (2006a), S. 2.

431 Die Bedeutung des Prinzips für Schutzbedürftige findet sich bereits in Sozialenquête-Kommission (1966), S. 64.

same Selbstverwaltung respektive der Korporatismus zwar in Bereichen der GKV dominantes Steuerungsprinzip zwischen Markt und Staat, jedoch nicht konstitutiv.[432]

In der Tabelle 1 werden idealtypische Elemente der Versicherungstypen deutscher Ausprägung gegenübergestellt. Die beiden Elemente *Organisation der Leistungserstellung* und *Sicherstellung der Leistungserstellung* werden ergänzt. Für die PKV ist charakteristisch, dass eigenständige Leistungserbringer Gesundheitsleistungen anbieten, während der Anteil von Freiberuflern in einem GKV-System geringer sein sollte. Dagegen spricht, dass gerade private Versicherer aufgrund mangelnder Steuerungsmöglichkeit und Marktmacht ein Interesse an Eigeneinrichtungen haben.

Nur in der GKV gibt es explizit einen *Sicherstellungsauftrag* über die vereinbarten bzw. gesetzlich vorgeschriebenen Leistungen. Die GKV überträgt diesen im ambulanten Bereich i. d. R. an die Kassenärztlichen Vereinigungen (KVen) respektive Kassenzahnärztlichen Vereinigungen (KZVen).[433] Im Krankenhaussektor steht für die Versorgung GKV-Versicherter jedes zugelassene Krankenhaus offen. Dazu gehören anerkannte Hochschulkliniken, Häuser die im staatlichen Krankenhausplan gelistet sind oder einen Versorgungvertrag mit den Kassen abgeschlossen haben.[434] Durch den größeren Versichertenanteil der Bevölkerung ist die GKV für die Sicherstellung der Gesundheitsversorgung Deutschlands zentral, was auch der PKV zugutekommt.[435]

432 Neubauer nennt das Sozialversicherungsprinzip und die Versicherungspflicht als konstitutiv für die GKV. Die Selbstverwaltung und die gegliederte Organisationsstruktur sind hingegen regulierende oder steuernde Prinzipien, die wie bei Eucken auf Basis der konstitutiven Prinzipien den Prozess gestalten, vgl. Neubauer, G. (1988c), S. 92-93. Ähnlich auch Cassel (2003), S. 18-19. Zur Gemeinsamen Selbstverwaltung und Organisationsstruktur der GKV siehe Abschnitt 4.3.2.1.2. Zum Solidarischen Wettbewerb, der eine Abkehr vom Steuerungsprinzip Selbstverwaltung bedingt, siehe Abschnitt 4.2.4.

433 § 72 SGBV.

434 § 108 i.V.m § 109 SGBV.

435 Böhnke untersucht den positiven externen Effekt der Sicherstellung der Versorgung durch das GKV-System. Davon profitiert die PKV, die trotz überproportionaler Vergütung der Ärzte nur ca. 20 % der Ärzte anteilig entlohnt. Daher wären Wege- und Transaktionskosten ohne die GKV wesentlich höher, vgl. Böhnke (2004), S. 96-102. Dem ist zu entgegnen, dass ohne ein duales System mutmaßlich weniger Praxen existierten bei einer Vergütung auf GKV-Niveau, vgl. Abschnitt 6.1.2.1. Die Relation der GKV- und PKV-Versicherten ist letztlich politisch gewollt und kann bei engerer Definition von Schutzbedürftigkeit verstanden als versicherungspflichtig in der GKV schnell zu gleichen Vergütungsanteilen von GKV- und PKV führen. Daher wird der Argumentation über Wegekosten nicht gefolgt.

Tabelle 1: Idealtypische Elemente von GKV und PKV in Deutschland

Element	GKV	PKV
Menschenbild	schutzbedürftige Menschen	Eigenverantwortlicher homo oeconomicus
Leitprinzip	Solidarprinzip (Risiko- und Einkommensausgleich)	Individualprinzip (reiner Risikoausgleich)
Versicherte Personen	finanziell schwach	finanzkräftig
Gerechtigkeitsverständnis	Bedarfsgerechtigkeit (Bedarfsprinzip)	Leistungsgerechtigkeit (Äquivalenzprinzip)
Versicherungsumfang	Bedarfsgerecht (eingeschränkte LE-Wahl, Leistungskatalog nicht garantiert)	Präferenzengerecht (freie LE-Wahl, Leistungskatalog garantiert)
Versicherungsnachfrage	Versicherungspflicht	Vertragsfreiheit
Versicherungsangebot	Kontrahierungszwang	Vertragsfreiheit (Kündigungsverbot)
Finanzautonomie	via Beitragssatz	via Prämiensetzung
Beitrags-/ Prämienhöhe	arbeitseinkommens-abhängig (Familienversicherung beitragsfrei)	risikoäquivalente Beiträge (für jeden Versicherten)
Instrument gegen Risikoselektion	Risikostrukturausgleich	Risikoäquivalenz
Beitragstragung	paritätisch Arbeitgeber und -nehmer	Individuum
Ausgabensteuerung	Leistungserbringer-Steuerung	Patientensteuerung
Leistungsmarkt	kollektive und selektive Verträge	keine Beziehung
Kontrolle der LE	ausgeprägt	kaum vorhanden
Abrechnungsverfahren	Sachleistungsprinzip	Kostenerstattung
Finanzierungsverfahren	Umlageverfahren	Kapitaldeckung
Rechtsform der Versicherung	KdöR mit Gemeinwohlorientierung und Selbstverwaltung	AG's oder VVaG's mit Gewinnstreben
Rechtsgrundlagen	Sozialrecht (öffentl.-hoheitl. Recht)	Privatrecht, Wettbewerbsrecht
Organisation der Leistungserstellung	öffentlich und marktwirtschaftlich	tendenziell marktwirtschaftlich
Sicherstellung der Leistungserbringung	hoher Einfluss (Sicherstellungsauftrag)	geringer Einfluss

Quelle: Eigene Darstellung.

Um nun eine Konvergenz oder Divergenz der beiden Versicherungstypen in den Teilmärkten festzustellen, ist es hilfreich, anhand des Rasters der *idealtypischen Elemente* Änderungen im Verhältnis zwischen GKV und PKV zu bewerten.[436] *Konvergenz* liegt dann vor, wenn die PKV Elemente einer Sozialversicherung übernimmt bzw. sich diesen annähert, und / oder die GKV Elemente der PKV inkorporiert. Umgekehrt führt eine Stärkung solidarischer Elemente in der GKV zu einer *Divergenz*, analog führt die Aufwertung von Individualversicherungsmerkmalen in der PKV zu einer Auseinanderentwicklung. Änderungen durch gesetzliche Neuerungen, die das Verhältnis nicht betreffen, werden als *neutral* bezeichnet. Darunter fallen Änderungen der VPG[437] oder der Versichertenkreise als Ausdruck der gesellschaftlichen Definition von Schutzbedürftigkeit.

4.2 Historische Entwicklung des dualen Krankenversicherungssystems[438]

Um das duale Krankenversicherungssystem im Status quo zu verstehen, muss die Geschichte der Krankenversicherung in Deutschland betrachtet werden.[439] Oftmals beruhen aus heutiger Sicht schwer verständliche Regelungen auf Entscheidungen aus der Vergangenheit, die im damaligen Kontext nachvollziehbar waren. In jedem Fall erlaubt die Betrachtung der Vergangenheit, Entwicklungslinien des dualen Krankenversicherungssystems aufzuzeigen. Parallel wird die schrittweise Weiterentwicklung deut-

---

436 Bereits 1950 wurde die Frage der Abgrenzung von Privat- und Sozialversicherung intensiv diskutiert. Möller unterschied alleine 13 Theorien zur Abgrenzung, die aus seiner Sicht als Gemeinsamkeit die Nichtanwendbarkeit hätten, vgl. Möller (1950), S. 74. Diese Auffassung blieb nicht unwidersprochen, vgl. Wannagat (1965), S. 25. Eine neuere eine Abgrenzung bejahende Quelle ist Schulenburg (2005), S. 369-370. Nach Klingenberger ist der ordnungspolitische Streit über „Für und Wider Einordnung“ dahingehend entschieden, dass eine idealtypische Einordnung wie hier durchgeführt, möglich und sinnvoll sei, vgl. Klingenberger (2001), S. 75-76.

437 Die VPG wird auch als Jahresentgeltgrenze bezeichnet.

438 Die historische Betrachtung des Krankenversicherungssystems bis zum Jahr 2000 wird sehr ausführlich in Klingenberger beschrieben, vgl. Klingenberger (2001), S. 17-74. Die Zahlen stammen wenn nicht anders angegeben von dort. Ebenfalls hat er die historische Entwicklung des dualen Systems in einer Grafik zusammengefasst, siehe Anhang 3. Eine zweite detaillierte aktuellere Quelle mit Fokus duales Krankenversicherungssytem ist Münch (2003), S. 13-51. Ältere Quellen zur Entwicklung des dualen Systems sind Dücker (1968); Lüke (1970). Ausführlicher die Entwicklung der PKV beschreibt die Festschrift des PKV-Verbandes, Koch und Uleer (1997).

439 So z. B. auch Tauchnitz, der in der Ausblendung historischer Zusammenhänge im Gesundheitswesen Gründe für Verständnisprobleme in diesem komplexen Bereich sieht, vgl. Tauchnitz (1999), S. 7.

lich. Systembrüche die die idealtypische Grundausrichtung beider Versicherungstypen wesentlich verändert hätten, haben bis in jüngster Zeit nicht stattgefunden.

Persistenz auch unvernünftiger Regelungen lassen sich mit der *Theorie der Pfadabhängigkeit* erklären, die ökonomisch betrachtet Erklärungen für ineffiziente Zustände durch überdauernde politische Entscheidungen als Ziel hat.[440] Ein Pfad ist ein Prozess, dessen zeitlicher Verlauf einem Pfad mit Abzweigungen und Kreuzungen ähnelt. Durch positives Feedback, wie Lerneffekte oder Netzwerkexternalitäten, werden Hindernisse gegen das Verlassen des Pfades errichtet (lock-in).[441] Demnach werden suboptimale Entscheidungen erst dann revidiert, wenn vom vorgegebenen Pfad ausreichend weit abgewichen wurde. Ein Politikwechsel ist so definiert das Verlassen eines Pfades. *Stepanek* interpretiert die Entstehung des dualen Krankenversicherungssystems als Musterbeispiel für die Theorie der Pfadabhängigkeit mit dem Anfangspunkt im späten 18. Jahrhundert, in dem maßgeblich das Anwachsen der Arbeiterklasse zu einer Schwächung traditioneller Familien- und Zunftstrukturen führte.[442]

Ausgelassen hat Stepanek die föderale Struktur der Bundesrepublik, die zu einigen gescheiterten oder verwässerten Reformen führte. Starke Interessengruppen verteidigen ihre Besitzstände und verhindern so selbst von der amtierenden Regierung gewollte Reformen. Entscheidend ist letztlich der Wähler, der als Medianwähler die Politiker unabhängig von der Couleur zu Entscheidungen zwingt. Freilich lassen sich Änderungen mit den Termini der Theorie der Pfadabhängigkeit beschreiben. Nach Ansicht des Autors eignet sich jedoch die *Politische Ökonomie besser* zur Beschreibung von gesellschaftlichen Zusammenhängen, da direkt und damit tiefer auf den politischen Prozess eingegangen wird.[443]

In diesem Abschnitt wird mit dem Wissen um Pfadabhängigkeiten und politische Kalküle die geschichtliche Abfolge von Ereignissen dargestellt. Die vielen gescheiterten Reformen und Kompromisse, sprich der Kontext der Entscheidungen, werden wegen der Begrenztheit der Dissertation ausgeblendet.[444] Gerade weil das deutsche Gesund-

---

440 Ausführlicher siehe David (2001); Pierson (2000). Einen kompakten Überblick bezogen aufs Gesundheitswesen gewährt Stepanek (2008), S. 318-321. Ebenfalls lesenswert ist Schreyögg (2003), S. 143-148. Schreyögg und Farhauer analysieren die Reformfähigkeit der Sozialpolitik insgesamt für Deutschland. Dabei identifizieren sie die Umlagefinanzierung als Pfad, vgl. Schreyögg und Farhauer (2004), S. 249-250.

441 Ein schönes Beispiel ist die wegen der Tastenanordnung so bezeichnete QWERTY-Tastatur, die ergonomisch nicht optimal ist, aber durch eine hohe Verbreitung heute nicht mehr wegzudenken ist, vgl. David (1985), S. 332.

442 Stepanek identifiziert für sein Pfadbeispiel weitere Wendepunkte, beschränkt sich dabei aber auf die GKV, vgl. Stepanek (2008), S. 321-327.

443 Das Beispiel der QWERTY-Tastatur ist unpolitisch und wie andere technische Entwicklungen eher für eine Beschreibung mit der Theorie der Pfadabhängigkeit geeignet.

444 Eine umfassende Quelle der Sozialpolitik für Deutschland vor 1945 und dann die Bundesrepublik sind die beiden Bände von Frerich und Frey, für bis 1945 siehe Frerich und Frey (1996a). Für ab 1945 siehe Frerich und Frey (1996c).

heitswesen stark reguliert ist und starke Institutionen auf der Meso-Ebene zwischen Staat und Markt große Bedeutung erlangten, lohnt ein Blick auf die Historie.

Der historische Abriss beschränkt sich ab dem Jahr 1945 bis zur Wiedervereinigung auf die Entwicklung in Westdeutschland, da kaum Elemente des ostdeutschen Systems für Gesamtdeutschland übernommen wurden.[445] Dabei wird immer der Bogen geschlagen, wie historische Ereignisse auf die PKV und GKV allein und in der Dualität wirkten. Ergaben sich Änderungen in der Beziehung zwischen GKV und PKV, wird dies direkt beim Ereignis festgehalten.

4.2.1 Das duale Krankenversicherungssystem bis 1945

Der Beginn der Krankenversicherung moderner Prägung ist der Zusammenschluss von Personen, die durch das gemeinsame Tragen des Krankheitsrisikos einen individuellen Nutzen ziehen. Armenfürsorge bzw. die Linderung gesundheitlicher Not gab es schon immer, ein vom Staat getragenes Gesundheitswesen entwickelte sich erst Ende des 19. Jahrhunderts.[446] Im *Mittelalter* entstanden so die *Zunft- und Gesellenkassen.*[447] Gegen Beiträge gab es i. d. R. Geldleistungen bei Krankheit.[448] Die Meister zahlten oft einen Teil zu und die Beiträge waren häufig niedriger für die zwangsversicherten Gesellen, so dass drei Wesensmerkmale der GKV, *Arbeitgeberanteil, Einkommensumverteilung* und *Pflichtversicherung*, sehr früh eingeführt wurden.[449] Eine ähnlich lange Ahnenreihe hat die PKV nicht.[450] Bis 1845 bildeten Zunftkassen neben einem regelrechten

445 Eine kompakte Darstellung des DDR-Gesundheitssystems ist Ärzte Zeitung (2009b). Chronologisch und nach Sektoren getrennt ist die Darstellung in Simon, M. (2010), S. 43-53. Ausführlich siehe Frerich und Frey (1996b).

446 Man kann die Wurzeln des deutschen Krankenversicherungssystems wie eines jeden Krankenversicherungssystems auch weiter zurückverfolgen. Hier soll jedoch das mittelalterliche Zunftwesen als Startpunkt dienen, da dort wesentliche Elemente des heutigen Krankenversicherungssystems ihren Ausgang hatten. Für die Antike siehe Herder-Dorneich (1994), S. 33-41. Dort findet sich auch eine ausführliche Problemgeschichte der sozialen Sicherung bis zum GRG im Jahr 1989, Herder-Dorneich (1994), S. 33-159.

447 Vgl. Koch und Uleer (1997), S. 22-23. Daneben sind die in der gleichen Zeit entstandenen Knappschaften im Bergbau zu nennen, vgl. ausführlich hierfür und insgesamt für das Mittelalter Schewe (2000).

448 Damit beruhte die Krankenversicherung anfänglich auf dem Äquivalenzprinzip.

449 Weiter war oft auch die Mitversicherung von Familienangehörigen inbegriffen, zusammenfassend vgl. Simon, M. (2010), S. 20.

450 Vgl. Koch (1971), S. 6. Man kann natürlich auch die ersten Versicherungen als Wiege der PKV betrachten, da ein Schutz gegen das Krankheitsrisiko beiden Vollversicherungen gemein ist, vgl. Kirsten (2005), S. 5-6. Vgl. aber auch Koch, der doch gemeinsame Wurzeln sieht, vgl. Koch (1980), S. 200.

„Kassendschungel“ die Konstante im deutschen Gesundheitswesen.[451] Die Industrialisierung führte zu einer Trennung von persönlicher Freiheit und Eigentum.[452] So wurde das Industrieproletariat geboren und erlang quantitativ, maßgeblich durch die Bauernbefreiung zwischen 1765 und 1850 sowie nachfrageseitig eines hohen Bedarfs der Industrie, große Bedeutung.[453] Breite neue Schichten Hilfebedürftiger und der Niedergang alter Institutionen wie Zünfte und Gilden erforderten neue Absicherungsmöglichkeiten.[454]

Hardenberg führte 1810 in Preußen die *Gewerbefreiheit* ein, die das Zunftwesen schwächte.[455] Die preußische Gewerbeordnung von 1845[456] gemeinsam mit einer Ergänzung 1849 führte schließlich zur Abschaffung der Zunftkassen, die von *Ortszwangskassen* abgelöst wurden. Fabrikarbeitern und Gewerbetreibenden (Selbstständige) konnte ein Versicherungszwang auferlegt werden. Letztere konnten zusätzlich zur anteiligen Übernahme der Gesellenbeiträge verpflichtet werden, wodurch sie dem Anteil entsprechend an der Mitverwaltung der Kasse beteiligt wurden.[457] Im Jahr 1869 wurde schließlich mit der Gewerbeordnung des Norddeutschen Bundes die je nach Satzung optionale Versicherungspflicht für Gewerbetreibende wieder aufgehoben.[458] Im Jahr 1874 waren nur 1 bis 1,5 % der Arbeitnehmer in Zwangskassen versichert. Egal ob Zwangskasse oder freie Kasse, es herrschte das *Umlageverfahren* vor, in dem die vom Risiko unabhängigen Prämien respektive Beiträge eines Jahres die Leistungen des gleichen Jahres deckten.[459,460]

---

451 Klingenberger (2001), S. 18.

452 Vgl. Lampert und Althammer (2004), S. 19,33-34.

453 Vgl. für die Bauernbefreiung Lampert und Althammer (2004), S. 29-31. Die quantitative Entwicklung der Arbeiterschaft ab 1849 ist ableitbar aus Hoffmann (1965), S. 35. Die Spalte Bergbau, Salinen, Industrie und Handwerk stellt v. a. Arbeiterzahlen dar.

454 Vgl. Binder (1999), S. 45.

455 Vgl. Herder-Dorneich (1994), S. 57-58.

456 Nach Klingenberger der Beginn der neuzeitlichen Zwangsversicherung, vgl. Klingenberger (2001), S. 18.

457 Dies war eine Art Protoselbstverwaltung und paritätische Finanzierung, vgl. Dücker (1968), S. 50-51.

458 Die älteste heute noch bestehende Krankenversicherung „Universa“ wurde im Jahr 1843 gegründet und geht zurück auf einen Krankenunterstützungsverein für Tabakfabrikarbeiter, vgl. Koch und Uleer (1997), S. 23.

459 Vgl. Kirsten (2005), S. 7-8.

460 Eine auf versicherungsmathematische Prämienberechnung gegründete Krankenkasse errichtete der Mathematik-Lehrer Karl Friedrich Heym im Jahr 1855. 1902 ging die Kasse in einer anderen auf, die das Prinzip nicht übernahm, vgl. Koch und Uleer (1997), S. 23-24. Siehe auch Koch (1971), S. 33-36.

Parallel konnten Arbeiter ab 1869 in *freie Hilfskassen* optieren, die wiederum ihren Ursprung in Einrichtungen einzig in der Absicherung des Krankheits- und Unfallrisikos hatten, was idealtypisches Merkmal der PKV ist.[461] Diese wurden 1876 mit dem Hilfskassengesetz i. V. m. einem im gleichen Jahr verabschiedeten Änderungsgesetz der Gewerbeordnung kodifiziert. Nur eingeschriebene Hilfskassen ermöglichten die Zwangsversicherung in einer Ortskasse und waren Vorläufer der Ersatzkassen.[462] Die anderen freien Hilfskassen bildeten die Wiege für die private Krankenversicherung.[463] Das *gegliederte Krankenversicherungssystem* nahm seinen Anfang.

Der *Geburtsakt* der modernen *GKV* war das *Gesetz betreffend die Krankenversicherung der Arbeiter* vom 15. Juni 1883.[464] Nach *Alber* war dieses Gesetz ein Schmelztiegel der bestehenden Kassentypen: „Aus der ortsstatutorischen Krankenversicherung wurde der Gedanke der Versicherungspflicht, aus dem Hilfskassenwesen das Prinzip der *Selbstverwaltung* und aus den Fabrikkrankenkassen die Mitwirkung der Arbeitgeber an der Finanzierung und Verwaltung der Pflichtversicherung.“[465] Säule war eine *allgemeine Versicherungspflicht* für alle abhängig Beschäftigten. Es gab eine *Versicherungsberechtigungsgrenze*[466] als Abwandlung zur VPG[467] i. H. v. jährlich 3.000 Reichsmark und *Familienangehörige* konnten über die *Satzung* der jeweiligen Kasse Berechtigung zu unentgeltlichen Leistungen erhalten. Neben einem *Mindestleistungskatalog* wurden *einkommensabhängige Beiträge* erhoben und das ebenfalls etablierte *Sachleistungsprinzip* verankert. Arbeitnehmer trugen 1/3 der Beiträge, Arbeitgeber 2/3. Zusammenfassend waren viele Elemente der idealtypischen GKV bereits im Jahr

---

461 Auch Betriebs- und Fabrikkassen waren schon seit längerem zur Absicherung der Lebensrisiken verbreitet, im Jahr 1876 waren 16 % der Arbeiter durch Betriebskassen versichert, vgl. Herder-Dorneich (1994), S. 60-61.

462 Die Mehrzahl der freien Hilfskassen wollte oder konnte die Anforderungen des Gesetzes nicht erfüllen, vgl. Klingenberger (2001), S. 22.

463 Lüke beschreibt diese Kassen als „Nährboden für die spätere Entwicklung privater Krankenversicherungsunternehmen“, vgl. Lüke (1970), S. 51.

464 Den gesellschaftlichen Hintergrund beschreibt Abelshauser (1996), S. 382-384.

465 Vgl. Alber (1992), S. 39. Herder-Dorneich meint dazu. „Die Größe der Bismarckschen Tat lag also nicht in der Größe der Aktion … die Bedeutung lag in der Reichweite“, Herder-Dorneich (1994), S. 84. Ein Nebeneffekt war, dass die Bevölkerung mit dem Thema Krankenversicherung konfrontiert wurde, was auch der PKV zugutekam, vgl. Koch (1971), S. 42-43. Ein Grund der bis dato mangelnden Nachfrage war auch das geringe Kostenrisiko beim damaligen Stand der Medizin, vgl. Hax (1968), S. 82-83. Noch 1914 waren nur 43.444 Personen privat krankenversichert, vgl. Klingenberger (2001), S. 33.

466 Eine Versicherungsberechtigungsgrenze erlaubt es den berechtigten Personen, bis eben zur Grenze freiwillig der GKV beizutreten. Wiegand bezeichnet dies als „Schutzvorschrift zugunsten der PKV“, Wiegand (1995), S. 96. Dem ist zuzustimmen, da oberhalb der Grenze nur PKV möglich ist.

467 Eine VPG bestand für sog. Betriebsbeamte, die sich bis zu einem Tagesverdienst von 6 2/3 Reichsmark versichern mussten.

1883 gegeben.[468] *Bismarck* hatte zwei Ziele: Erstens die Förderung der *Produktivität der Arbeitskraft* und zweitens die soziale *Befriedung* der durch die Industrialisierung stark angewachsenen *Arbeiterklasse.*[469]

Die *Ersatzkassen* wurden im Krankenversicherungsgesetz geregelt. Sie waren ab 1892 nur dann eine *Alternative* zu den *Ortskassen*, wenn auch sie das Sachleistungsprinzip anwendeten.[470] Mit den freien Hilfskassen gab es kaum Überschneidungen der Versichertenkreise. Dementsprechend unproblematisch war das Verhältnis zueinander.[471] Kassen durften in ihrer *Satzung* festlegen, wie viele *Ärzte* zur Versorgung ihrer Versicherten nötig waren. Mit *einzelnen* Ärzten wurden daraufhin *Dienstverträge* geschlossen.[472] Hinzu kam die Einführung einer VPG i. H. v. 2.000 Reichsmark für begrenzte Personenkreise wie Beschäftigte bei Anwälten, Notaren oder Krankenkassen zum Jahresbeginn mit dem Krankenversicherungsgesetz von 1893. Im Jahr 1885 betrug die Mitgliederzahl der GKV 4,3 Mio. bei ca. 829.000 Mitversicherten, 1895 respektive 8 Mio. und ca. 3 Mio.[473]

Die *Reichsversicherungsordnung* (RVO) von 1911 mit dem parallelen *Gesetz betreffend die Aufhebung des Hilfskassengesetzes* führte zu einer Zusammenlegung vieler

---

468 Das Krankgeld machte zudem mindestens 50 Prozent des Lohns aus, vgl. AOK-Bundesverband (2008).

469 In der Kaiserlichen Botschaft vom 17. November 1871 heißt es hierzu: „Heilungen der sozialen Schäden nicht ausschließlich … Repression" sonder auch „positive Förderung des Wohls des Arbeiters", Hentschel (1983), S. 9., zitiert nach Herder-Dorneich (1994), S. 78. Deutlich wird die befriedende Funktion auch in der Begründung des ersten Unfallversicherungsentwurfes vom Frühjahr 1981: „Daß der Staat sich in höherem Maße als bisher seiner hilfsbedürftigen Mitglieder annehme … Aufgabe staatserhaltender Politik", Reichstagsdrucksache 1882, Nr. 19, S. 31 zitiert nach Brackmann (1965), S. 89.

470 Münch bemerkt zur Alternative: „[Kostenerstattung] hatte erhebliche Vorteile in Bezug auf Sozialprestige: man war Privatpatient und zahlte bar", Münch (2003), S. 31.

471 Vgl. Klingenberger (2001), S. 25.

472 Diejenigen Ärzte, die einen Dienstvertrag hatten, konnten ihre finanzielle Situation verbessern. Da jedoch viele Ärzte ohne Vertrag blieben, kam es im Jahr 1900 zur Gründung des Hartmannbundes (später so benannt nach dem Leipziger Arzt Hartmann). Im Berliner Abkommen von 1913 wurde die alleinige Bedarfsbestimmung der Kassen durch eine von Ärzten und Kassen gemeinsam festgelegte Verhältniszahl von 1 Arzt auf 1.350 Versicherte ersetzt. Häufig wird kolportiert, dass die Krankenkassen gegenüber den Ärzten Marktmacht besaßen. Dazu kritisch Neubauer, der für das Jahr 1905/06 bei 23.000 Kassen und 23.500 Vertragsärzte aus heutiger Sicht eine Machtkonzentration der Kassen verneint. Der Unmut der Ärzte beruhte auf dem generellen schlechten wirtschaftlichen Umfeld und dem „Unbehagen, mit sozialistisch orientierten, gesellschaftlich wenig geschätzten Kassenvorständen Verträge abschließen zu müssen", Neubauer, G. (1988c), S. 100.

473 Nach Klingenberger sind für die etappenweise Ausdehnung der Versicherungspflicht statt einer sofortigen breiten Einführung der Unwille Bismarcks und starke Interessengruppen verantwortlich, vgl. Klingenberger (2001), S. 26-27. Unterstützt wird die These auch von Schlenker (1994), S. 6. Ebenso von Schulin (1990), S. 20.

Ortskassen zu allgemeinen Ortskrankenkassen und strengeren Regeln für die Ersatzkassen.[474] Die *Ersatzkassen* waren *bis 1935* in *privater Rechtsform*, mit sonst allen Verpflichtungen der Ortskassen, und versuchten über Tochterunternehmen die besser verdienenden Angestellten zu gewinnen.[475] Mit der RVO wurde eine VPG für Angestellte i. H. v. 2.500 Mark eingeführt, im Jahr 1925 auf 2.700 Reichsmark erhöht und im Jahr 1927 schließlich lag sie bei 3.600 Reichsmark. Die Versicherungspflicht selbst betraf nun sukzessive bis 1923 Arbeitnehmer. 1927 wurden Arbeitslose eingeschlossen, 1930 die unmittelbaren Familienangehörigen.[476] Maßgeblich für die Zunahme der GKV-Versicherten war die *wirtschaftlich schwierige Nachkriegszeit mit der Hyperinflation* im Jahr 1923.[477] Die Hyperinflation führte zur faktischen Abschaffung der Versicherungsberechtigungs- und –pflichtgrenze. Im Jahr 1924 hatte die GKV 19,1 Mio. Mitglieder und 14,3 Mio. Mitversicherte gegenüber 14 Mio. Versicherten kurz vor dem Weltkrieg insgesamt.[478] Weiter wurden freie Hilfskassen unter 1.000 Versicherte verboten.[479]

1903 wurde der Begriff *private Krankenversicherung* als Gegenstück zur GKV geprägt.[480] Die damaligen Unternehmen deckten fast ausschließlich den Bereich der Krankentagegeldversicherung ab und waren oft Lebensversicherungen angegliedert.[481] Neben vielen kleinen Versicherungsvereinen auf berufsständischer Grundlage gab es 1913 fünf AG‘s und einen VVaG gegenüber 1901 drei AG's und einen VVaG. Ein Unterschied der VVaG‘s versus den AG's war, dass bei der Beitragssatzerhebung soziale Kriterien berücksichtigt wurden. Auch konnten AG's keine Beiträge nachfordern, was zum Konkurs führen konnte.

Das *Jahr 1924* ist das eigentliche *Geburtsjahr der PKV*. Die Zahl der privat Versicherten stieg von 0,5 Mio. im Jahr 1924 auf ca. 3 Mio. im Jahr 1929 bei zahlreichen Neugründungen von Versicherungen.[482] Der *Verband Privater Krankenversicherungsun-*

---

474 Vgl. Klingenberger (2001), S. 30-31.

475 So entstanden die Barmenia als Tochterunternehmen der Barmer Ersatzkasse (heute: BARMER) sowie der Deutsche Ring, vgl. Münch (2003), S. 27.

476 Vgl. Eberle (1997), S. 17.

477 Siehe für die Explosion der VPG aufgrund der Inflation Köhler, H. (1969), S. 153.

478 Die PKV kurz vor dem Weltkrieg hatte ca. 100.000 Versicherte, für die Zahlen vor dem Ersten Weltkrieg siehe Warns (2009), S. 160.

479 Die Zahl sank dadurch auf 67 im Jahr 1914 ausgehend von 1.398 im Jahr 1910, vgl. Lüke (1970), S. 57.

480 Vgl. Koch und Uleer (1997), S. 19.

481 Im Jahr 1901 hatten gerade drei AG's eine Krankenversicherungssparte, vgl. Dücker (1968), S. 71. Bis 1912 gab es keine AG, die nur Krankenversicherungsgeschäft betrieb, vgl. Dücker (1968), S. 74.

482 Koch dazu: „Eine derartige Expansion, wie sie die private Krankenversicherung um diese Zeit erlebte, war in der Entwicklung des Versicherungswesens bisher noch nicht beobachtet wor-

ternehmen Deutschlands (PKV-Verband) wurde von VVaG's und AG's zwei Jahre später gegründet. [483] Anlass war der harte Wettbewerb zwischen den Gesellschaften und eine bessere Interessenvertretung gegenüber den Ärzten.[484] Kurz nach der Boomphase kam es aufgrund unpräziser Prämienkalkulation bei den meisten Versicherungsunternehmen zu Einbrüchen. Die Folge war Spartentrennung und eine stärkere Berücksichtigung versicherungsmathematischer Erkenntnisse.[485] 1936 genehmigte die Reichsaufsicht die versicherungsmathematische Berechnung von Tarifen.[486]

Die Vernichtung vieler Geldvermögen durch die Hyperinflation *war der eigentliche Wegbereiter* der PKV als dritte Option zwischen Eigensicherung und gesetzlicher Versicherung.[487] Dazu trug auch die *Wirtschaftskrise* bei, die für die *GKV massive Beitragsausfälle* und *fast den Ruin* bedeutete. Die Zahl der GKV Versicherten schrumpfte von 44,4 Mio. im Jahr 1929 auf 38,7 Mio. im Jahr 1932 (von 68,9 auf 58,9 % der Gesamtbevölkerung).[488] Da die Ärzteschaft auf die GKV-Versicherten angewiesen war, gab es Zugeständnisse an die Krankenkassen. Während des Nationalsozialismus ab 1933 wurden die kurz vorher im Jahr 1932 gegründeten KVen, als Vertreter der Ärzteschaft gegenüber den Krankenkassen, im Zuge der Gleichschaltung zusammen mit den Kassenverbänden der Reichsverwaltung direkt unterstellt.[489] Wichtig war bis 1945 die institutionelle Trennung zwischen GKV und PKV, da u. a. die *Ersatzkassen* KdöR's

---

den", Koch (1971), S. 54. Die Debeka steigerte ihren Versichertenbestand von 1920 bis 1925 um den Faktor 68, vgl. Dücker (1968), S. 72-73.

483 Daneben gab es den Verband der Krankenkassen für selbstständige Handwerker und Gewerbetreibende als Verband der berufsständischen freien Hilfskassen, der 1934 mit dem PKV-Verband fusioniert wurde. Ziel war es, einheitliche Lösungen zu suchen und das starke Wachstum des Marktes untereinander abzustimmen. Verdienste erwarb sich der Verband auch in der mathematischen Prämienkalkulation im Bereich der eigentlichen Krankenversicherung, der Krankenkostenversicherung. Die Gründung erfolgte im Jahr 1918, ab 1921 firmierte der Verband als Dresdner Verband. Erleichtert wurde die Gründung durch die anfänglich geringe Konkurrenz, vgl. Koch und Uleer (1997), S. 29-32.

484 Wie auch der Dresdner Verband war die Entwicklung versicherungsmathematischer Methoden eine zentrale Aufgabe. Zur Bekämpfung von Wettbewerbsauswüchsen entwickelte man weiter „Normativbedingungen", die als Grundlage der heutigen Musterordnungen gesehen werden können, vgl. Koch und Uleer (1997), S. 34-36.

485 Vgl. Warns (2009), S. 160-161.

486 Vgl. Warns (2009), S. 161.

487 Vgl. Klingenberger (2001), S. 34. Hax bemerkt dazu: „[Die Inflation, der Verfasser] hat nur eine Entwicklung beschleunigt, die auch ohne Inflation eingetreten wäre und die auf einer Intensivierung des Versicherungsbedürfnisses und des laufenden Ansteigens der Krankheitskosten beruhte", Hax (1968), S. 84.

488 Die geringe Versicherungsquote in der Gesamtbevölkerung ließ einen Wettbewerb zwischen den Versicherungszweigen nicht entstehen. Wichtig waren die gescheiterten Reformversuche zur Stärkung der Eigenverantwortung respektive Eingrenzung Ende der 1950er Jahre, vgl. Frerich und Frey (1996c), S. 65-68.

489 Vgl. Eberle (1997), S. 17-18.

wurden. Die Anzahl der Versicherten in der PKV wuchs von 1933 3,3 Mio. auf 8,1 Mio. im Jahr 1938 an.[490] Weiter wurde den Ersatzkassen und damit allen RVO-Kassen das Recht von freiwilligen Mehrleistungen nur noch i. H. v. 5 % des Beitragssatzes erlaubt. Die Beschränkung entspricht dem Idealtypus der GKV und führte zur Divergenz der Systeme. Schließlich wurde 1941 die Krankenversicherung der Rentner *(KVdR)* mit einer Allgemeinen Ortskrankenkasse (AOK) als Träger installiert.

4.2.2 Wirtschaftsboom und Wirtschaftskrisen (1945-1982)

Für das duale Krankenversicherungssystem gab es nach Ende des Zweiten Weltkriegs in Westdeutschland *keine Stunde Null.*[491] Die Selbstverwaltung wurde in der GKV gestärkt mit halbparitätischer Besetzung. Die Mittelaufbringung erfolgte entsprechend eins zu eins.[492] 1955 führte man Landes- und Bundesverbände der GKV ein. 1956 wurden Rentner Vollversicherte in der GKV bei halbparitätischer Beitragserbringung von Rentnern und Rentenversicherungsträger.

Die PKV hat die *Währungsreform* 1948 durch die Abwertung nicht regulierter Schäden und Ausgleichsforderungen an den Staat mit dem Faktor 10:1 gut überstanden.[493] Mit 10 Mio. Versicherten war 1948 bereits der Stand von 1941 wieder erreicht. Wichtig bei der Entwicklung der PKV war die *steuerliche Abzugsfähigkeit von Alterungsrückstellungen* ab 1949.[494] Mit der Rechtssicherheit beim Thema Alterungsrückstellungen konnte man fundierte Rechenregeln zur Ermittlung von risikoäquivalenten, im Alter nicht zu stark steigenden oder gar konstanten Prämien erstellen.[495] Die *Normativbedingungen* aus den 1920er Jahren wurden bis 1951 in *Grundbedingungen* überführt und 1954 vom Bundesamt für das Versicherungswesen (BAV) genehmigt. 1964 wurden diese wiederum im Interesse der besseren Markttransparenz in *brancheneinheitliche Musterbedingungen* überführt und 1972 aufsichtsrechtlich bestätigt.[496]

---

490 Versichert in 790 PKV-Unternehmen, von denen die 46 v. a. im PKV-Verband situierten Gesellschaften 90 % der Versicherten auf sich vereinigten, vgl. Kirsten (2005), S. 8.

491 Klingenberger (2001), S. 42-43.

492 Eine Einheitsversicherung wurde nach Einführung in Berlin ab 1948 sukzessive bis 1957 wieder aufgegeben.

493 Der Faktor basiert auf einem durch die Währungsreform bedingten Verlust von etwa neun Zehntel der Alterungsrückstellungen, vgl. Koch und Uleer (1997), S. 75. Vgl. auch Kirsten (2005), S. 8.

494 Vgl. Koch und Uleer (1997), S. 78.

495 Vgl. Koch und Uleer (1997), S. 79-80. Das Lehrbuch von Bohn, ein Wegbereiter aus dieser Zeit, zur Mathematik der PKV ist auch heute noch oft zitiert, vgl. Bohn (1980).

496 Vgl. Koch und Uleer (1997), S. 81-84.

Die VPG wurde um 25 % auf 4.500 DM per annum erhöht, drei Jahre später im Jahr 1952 auf 6.000 DM, wieder fünf Jahre später auf 7.920 DM. Parallel dazu wurde die Wiedereinführung einer Versicherungsberechtigungsgrenze diskutiert i. H. v. 8.400 DM.[497] Der PKV-Verband plädierte dafür, weil er Personen mit höherem Verdienst komplett gewinnen wollte, und hatte in dem Arbeitsminister *Blank,* Befürworter einer enggefassten GKV, einen Fürsprecher.[498] Interessant ist, dass der Verband eine Aufhebung des versicherungsseitigen Kündigungsrechts und Kontrahierungszwang anbot.[499] Diese sozialen Elemente wurden in den *Schachener Beschlüssen* des Verbandes von 1958 erweitert, wurden jedoch gesetzlich nicht umgesetzt.[500]

Die Erhöhung der VPG am 01.09.1965 auf 10.800 DM ohne Einführung einer Versicherungsberechtigungsgrenze führte zu einer relativen Stagnation der Mitgliederzahl von 6,2 Mio. im Jahr 1950 auf 6,8 Mio. im Jahr 1962, während die GKV im gleichen Zeitraum 7,4 Mio. Mitglieder gewann. Entlastung für die PKV ermöglichte das 1965 parallel eingeführte Befreiungsrecht Angestellter, die durch die Erhöhung der VPG eigentlich versicherungspflichtig wären.[501] Spätestens seit den 1960er Jahren kam es verstärkt zu *Marktüberschneidungen* zwischen GKV und PKV, da kaum noch Menschen ohne Krankenversicherung in Deutschland lebten. Besonders die Gruppe der freiwilligen Mitglieder war heiß umkämpft.

Interessant ist, dass bereits 1964 die *Sozialenquête-Kommission* der konservativliberalen Regierung allgemein *Ungerechtigkeit* und spezieller *Risikoselektion* im *dualen Systems* feststellte und als Lösung ein Einheitssystem ansah.[502] Eine schnelle Abhilfe beider Problematiken sah sie in der *Dynamisierung der VPG.* Mit der Großen Koalition und schließlich ab 1969 mit der sozial-liberalen Koalition kam es zu einer

---

497 Münch nennt im Unterschied zu Klingenberger eine Versicherungsberechtigungsgrenze von 9.000 DM im Jahr 1952, die auch umgesetzt wurde. Die Versicherungsberechtigungsgrenze von 7.920 DM war ab 1957 gleichzeitig die VPG. In der Folge spricht er nur noch von VPG, vgl. Münch (2003), S. 35.

498 Adenauer hat in seiner Regierungserklärung 1957 eine Neuordnung des dualen Systems angekündigt, was der nun amtierende Arbeits- und Sozialminister Blank vor dem Bundestag als engere Kreisziehung der Schutzbedürftigkeit kommunizierte, vgl. Koch und Uleer (1997), S. 76-77. Eine freiheitlich orientierte Reform scheiterte jedoch, vgl. Frerich und Frey (1996c), S. 68-69.

499 Vgl. Klingenberger (2001), S. 44-45.

500 Bezeichnet nach dem Beschlussort Bad Schachen. Dort wurde auch eine klare Trennung zwischen Individualversicherung als Norm und Kollektivversicherung als Ausnahme für Schutzbedürftige gefordert, vgl. Koch und Uleer (1997), S. 76-78. Grund des Scheiterns war eine interfraktionelle Opposition aus Arbeitnehmervertretern von CDU und SPD, vgl. Klingenberger (2001), S. 46-47. Die Abkehr von einer idealtypischen GKV wurde schon früh als ordnungspolitisch problemtisch betrachtet, vgl. Bogs (1973), S. 377.

501 Vgl. Koch und Uleer (1997), S. 93. Nach dem Zahlenbericht der privaten Krankenversicherung 1965/1966, S. 12 betrug die Befreiungsquote 40 %, zitiert in Klingenberger (2001), S. 47.

502 Vgl. Sozialenquête-Kommission (1966), S. 238.

Stärkung der GKV.[503] In zwei Schritten erhöhte die neue Regierung 1969/70 die VPG auf 14.400 DM. Als Folge erlitt die PKV einen Rückgang ihrer Vollversicherten auf 5,3 Mio. bis 1971, während die GKV seit 1962 3,6 Mio. Mitglieder und 2,3 Mio. Mitversicherte gewann (nun 31,5 und 23,4 Mio. = 89,6 % der Bevölkerung). Die *Dynamisierung* wurde schließlich 1971 im *Gesetz zur Weiterentwicklung des Rechts der gesetzlichen Krankenversicherung* eingeführt. Die VPG wurde auf 75 % der BBG in der GRV festgelegt, die wiederum an die Bruttolohnentwicklung unselbstständiger Arbeitnehmer angepasst ist.[504,505] Als eine Art Kompensation für die PKV wurde für Angestellte mit Verdienst oberhalb der VPG der hälftige Arbeitgeberbeitrag installiert, was ein wesensfremdes Merkmal der PKV ist.[506]

In der sozial-liberalen Koalition kam es zu einer *„doppelten Inklusion“*[507] in die GKV durch Zuweisung *weiterer Versichertenkreise und Leistungserweiterungen.* Noch in der Großen Koalition 1967 führte man im Finanzierungsänderungsgesetz eine *Versicherungspflicht für Rentner* ein, nur bis dato privatversicherte Rentner konnten sich befreien lassen. Dem folgten 1972 die *Landwirte,* 1975 *Studenten* (mit Befreiungsmöglichkeit) und *Behinderte,* 1981 *Künstler* und *Publizisten.* Die Aufnahme dieser Personenkreis kann als GKV-konform angesehen werden, wenn man als Maßstab die finanzielle Situation der vorher Versicherten betrachtet. Mit dem bereits im Jahr 1969 verabschiedeten Lohnfortzahlungsgesetz zahlten die Arbeitgeber nun für Arbeiter und Angestellte für die ersten 6 Wochen den Lohn, womit der Anteil des Krankengeldes an den Gesamtausgaben weiter zurück ging.[508] Das Äquivalenzprinzip als wesensfremdes Merkmal der GKV wurde weiter reduziert.

---

503 Vgl. Klingenberger (2001), S. 49-54.

504 Die BBG der Rentenversicherung wird jährlich von der Bundesregierung auf Basis des Verhältnisses des durchschnittlichen Bruttoeinkommens aus unselbstständiger Beschäftigung des jeweils aktuellen Jahres zum Vorjahr angepasst. Die Definition der Bruttogröße und die Berechnungsmethode des Verhältnisses findet sich in § 68 Abs. 2 SGBVI.

505 Der PKV-Verband forderte zwei Drittel statt drei Viertel der BBG der Rentenversicherung, vgl. Klingenberger (2001), S. 50. Entgegengesetzt wurden im Bundesrat 85 % vertreten. Die 75 % wurden begründet durch die mangelnde Beitragsäquivalenz gegenüber der Rentenversicherung und setzten sich durch, vgl. Münch (2003), S. 39-40.

506 Nach Klingenberger im Sinne eines „do ut des“, vgl. Klingenberger (2001), S. 50-51.

507 Klingenberger (2001), S. 51. Alber nennt die parallele Bestands- und Leistungsausweitung einen „doppelten Inklusionsprozess“, Alber (1992), S. 40. Siehe auch für diese Phase Frerich und Frey (1996c), S. 71-72. Zusammen mit der Dynamisierung der VPG lässt sich von einem dreifachen Inklusionsprozess sprechen, wobei die Zuweisung weiterer Versichertenkreise und die Dynamisierung der VPG zu Bestandserweiterung zählt, so dass im Laufe der Untersuchung der Begriff doppelte Inklusion beibehalten wird. Auch ist die Dynamisierung der VPG nicht automatisch eine Erweiterung des Bestands der GKV, weil die Entwicklung des Arbeitnehmereinkommens innerhalb der Gruppe der Arbeitnehmer differenziert verläuft.

508 Die Arbeiter kamen 1969 hinzu, Angestellten wurde im Krankheitsfall bereits 1957 der Lohn 6 Wochen weitergezahlt, vgl. AOK-Bundesverband (2008). Heute beträgt der Anteil des Krankengeldes an den Ausgaben der GKV, und damit der direkten Äquivalenz aus Beitrag und

Quantitativ bedeutsam für die PKV war die grundsätzliche Inklusion der Studenten in die GKV, was die PKV-Branche zu preisgünstigen Studententarifen, eine Art Vorläufer von Standard- und Basistarif, veranlasste.[509] Diese Tarife waren nicht risikoäquivalent kalkuliert und somit der PKV wesensfremd. 1980 hatten schließlich 56,6 Mio. Menschen eine gesetzliche Krankenversicherung, ein Bevölkerungsanteil von 92,1 %. Die PKV verlor von 1971 bis 1973 1,1 Mio. Vollversicherte, konnte aber bis 1980 den Bestand wieder auf 4,8 Mio. erhöhen. Grund dafür war sicher die Kostendämpfung in der GKV, aber auch die mittlerweile vorsichtigere Prämienkalkulation der PKV, die für Konstanz im Prämienaufkommen sorgte.

Als Konsequenz der bedrohlichen Lage drängte die PKV in eine Mitgestalter-Rolle des Krankenversicherungssystems und setzte angesichts einer solidarischen Grundstimmung stärker auf kleine Erfolge wie die steuerliche Gleichstellung von PKV und GKV.[510] Dies gelang durch die Aufnahme in die *Konzertierte Aktion im Gesundheitswesen* und in die für den stationären Akutsektor wichtigen *Landespflegesatzausschüsse*. Parallel dazu wurde vom PKV-Verband der *Vorrang der Subsidiarität* klar *kommuniziert*.[511] Die größere Einbindung der PKV ins Gesamtsystem hat letztlich das gegliederte System aus GKV und PKV gestärkt.

Der Rückgang im Vollversicherungsgeschäft führte dazu, dass 1973 das Beitragsaufkommen aus dem *Zusatzversicherungsgeschäfts* 44% am Gesamtaufkommen erreichte. 1960 stammten im Vergleich 22,1 % des Aufkommens aus Zusatzversicherungen. Bis 1980 ist dieser Anteil jedoch wieder auf unter 33 % gesunken.[512] Neben Zusatzversicherungen waren auch *Kooperationen mit der GKV* im PKV-Verband rege diskutiert. Eine Zusammenarbeit zwischen Ersatzkassen und einzelnen PKV-Unternehmen wurde aber durch ein Urteil des Oberlandesgerichts Düsseldorf im Jahr 1974 aus wettbewerbs- und kartellrechtlichen Gründen untersagt.[513]

Leistung, nur noch ca. 4 %, so dass von einem zweiten Steuersystem nach der Einkommenssteuer gesprochen werden kann, vgl. BMG (2010d), S. 4.

509 Der sog. PKSV-Tarif wurde gut angenommen, die Befreiungsquote lag bei 91,5 %, vgl. Koch und Uleer (1997), S. 95. Kalkül der PKV war auch eine langfristige Bindung der Studenten an die private Krankenversicherung.

510 Vgl. Koch und Uleer (1997), S. 103.

511 Die Kehrtwendung von einer begrenzten Definition der Schutzbedürftigkeit, und damit starken Betonung von Eigenverantwortung und Subsidiarität, wurde im Standort-Papier mit dem Titel „Die PKV – Teil der sozialen Sicherung“ deutlich, vgl. Koch und Uleer (1997), S. 102. Als Opposition zum von sozial-liberaler Seite propagierten klassenlosen Krankenhaus entstand die Sana-Kliniken GmbH im Jahr 1976, vgl. Koch und Uleer (1997), S. 101-102.

512 Die Zahl der Krankenvollversicherungen ist als Vollversicherung, die Leistungen von Zusatzversicherungen enthält, mit der Zahl reiner Zusatzversicherungen verbunden. Alleine ein relativ schwacher Anstieg an Zusatzversicherungen bei gleichzeitiger Zunahme von Vollversicherungen ist kein Beweis für eine mangelnde Attraktivität von Zusatzversicherungen.

513 Vgl. Koch und Uleer (1997), S. 95-96.

Ein Grund des GKV-Wachstums waren *Leistungserweiterungen*. 1973 wurde die zeitliche Begrenzung der Krankenhauspflege, der Anspruch auf Haushaltshilfe und Krankengeld bei Erkrankung des Kindes in den gesetzlichen Leistungskatalog aufgenommen. Die Folge der doppelten Inklusion war ein jährliches Ausgabenwachstum von 17,4 % zwischen 1970 und 1975, das nicht zuletzt durch das *Wirtschaftswunder* bei einigermaßen stabilen Beitragssätzen finanziert werden konnte.

Problematisch wurde die stetige Ausweitung von Leistungen und die Integration finanziell schwächerer Personengruppen durch die *Wirtschaftskrisen*.[514] Der Beitragssatz stieg von 8,2 % im Jahr 1970 auf 11,3 % im Jahr 1976. Die Konsequenz war das erste Gesetz mit klarem Ziel der Ausgabendämpfung: das *KVKG* im Jahr 1977.[515,516] Eine *einnahmenorientierte Ausgabenpolitik*[517] mit Einführung von *Selbstbeteiligung*, *Ausgrenzung von Bagatellarzneimitteln* und B*eschränkung des Pflichtversichertenkreises in der KVdR* war eine Kehrtwendung der amtierenden Regierung.[518] Das *KVEG* von 1981 führte zu weiteren Einschränkungen im Leistungsrecht und zur Ausdehnung von Selbstbeteiligungen, was de facto Leistungskürzungen sind.[519]

Doch auch die *PKV* hatte mit *steigenden Ausgaben* zu kämpfen.[520,521] Im ambulant-ärztlichen Bereich hatten die *Novellierung der GOÄ* im Jahr 1982[522] und im stationären Bereich die *Novellierung der Bundespflegesatzverordnung* (BPflV) im Jahr 1985 *Kostendämpfung* zum *Ziel*. Ähnlich wie der GKV gelang aber auch der PKV keine

---

514 Vgl. Abschnitt 3.2.4.2.

515 Vgl. Klingenberger (2001), S. 54-56.

516 Eine regionale Alternative zur Kostendämpfung stellte der Bayern-Vertrag von 1979 dar. Hauptziel war es, stationäre Leistungen durch kostengünstigere ambulante Versorgung zu substituieren. Als maximale Ausgabensteigerung einigte man sich zwischen KV-Bayern und den Kassen auf 6,6 % pro Mitglied. Nach Herder-Dorneich scheitere der Vertrag durch alleiniges Setzen auf kollektive Anreize, vgl. Herder-Dorneich (1994), S. 423-430.

517 Vgl. Alber (1992), S. 46-47.

518 Erste Versuche zur Steuerung der Leistungserbringer waren Richtlinien für die wirtschaftliche Verordnung von Arzneimitteln.

519 Siehe auch Kopetsch (2001), S. 23.

520 Kirsten argumentiert, dass der Kostenanstieg in der PKV in dieser Phase wegen der individuellen Kapitaldeckung geringer war, bei der Kostensteigerungen nicht einfach wie im Umlageverfahren umgelegt werden können. Die Demographie führte weiter, so Kirsten, zu Nachteilen im Umlageverfahren, vgl. Kirsten (2005), S. 9. Es wurde dargelegt, dass die Pro-Kopf Ausgaben für Rentner stärker wuchsen als für Erwerbstätige, jedoch nicht wegen der Demographie, der Altenquotient sank sogar, sondern wegen der höheren Ausgaben für Ältere.

521 Die Problematik stark steigender Prämien Älterer in der PKV veranlasste bereits 1970 das BAV, die Unternehmen Gegenmaßnahmen zu ergreifen, vgl. Expertenkommission (1996), S. 44. Mittel der Wahl waren Zuführungen aus Rückstellungen.

522 Die Neuregelung folgte 17 Jahre nach der letzten Novellierung 1965. Darin wurde z. B. der Höchstsatz vom 6-fachen aufs 3,5-fache reduziert wurde, vgl. Koch und Uleer (1997), S. 116.

beständige Reduzierung des Ausgabenwachstums. Eine Idee, die Kosten besser zu kontrollieren, war die sog. Krankenhausscheckkarte, die Anfang der 1980er Jahre eingeführt wurde und eine rechtlich verbindliche Kostenübernahme der PKV gegenüber dem Hospital darstellte.[523]

In der *Wissenschaft* wird ein Übermaß an Regulierung als eine Ursache des starken Ausgabenwachstums identifiziert. Mit der *konservativ-liberalen Regierung* im Jahr 1982 war der Boden schließlich für *mehr Marktwirtschaft und Wettbewerb* im Gesundheitswesen bereitet.

4.2.3 Patientensteuerung in der GKV und soziale Elemente in der PKV während der konservativ-liberalen Koalition (1982-98)

Zunächst wurde die GKV mit den beiden Haushaltsbegleitgesetzen von 1983 und 1984 durch *Verschiebebahnhöfe* belastet. Die Rentenversicherungsträger mussten 1,2 Mrd. DM weniger Beiträge als vorher an die GKV abführen und das Krankengeld wurde voll versicherungspflichtig in der ALV und GRV, was alleine 1984 eine Einnahmenkürzung i. H. v. 500 Mio. DM bedeutete.[524] Parallel wurde die *Bemessungsgrundlage* der GKV um Sonderzahlungen wie Weihnachtsgeld *erhöht.*

Ein erster Schritt der ordnungspolitischen Neuausrichtung des Gesundheitswesens war die Einführung prospektiver Pflegesätze im Krankenhausneuordnungsgesetz (*KHNG)* von 1984. Dadurch sollten die Krankenhäuser zu Einsparungen über die Möglichkeit von der Einbehaltung von Überschüssen einerseits und andererseits Belastung bei Verlusten zu wirtschaftlichem Handeln angehalten werden.[525] Auch hat man durch die Neuordnung des Beihilferechts 1985 eine *freiwillige Versicherung der Beamten unattraktiv* gemacht, da der Dienstherr keinen Beitrags-Anteil mehr übernehmen musste.[526] Nebenbedingungen waren ein Kontrahierungszwang und auf 100 % begrenzte Risikozuschläge, was beides der PKV wesensfremd ist.

Die zentralen Gesetze waren das *GRG* von 1988, das *GSG* von 1992 und die beiden *NOG's* von 1996, die man auch als drei Stufen der ordnungspolitischen Neuausrichtung der GKV bezeichnen kann. Generell war das Menschenbild der Regierungskoalition geprägt von *Eigenverantwortung*, was sich im steten Ausbau von Zuzahlungen,

523 Vgl. Neubauer, G. (1997a), S. 109.

524 Zur Politik der Verschiebebahnhöfe siehe Beske und Drabinski (2004b). Die finanzielle Bedeutung der Rentner auf der Ausgabenseite für die GKV in diesem Zeitraum findet sich in Beske und Thiede (1998), S. 53-72.

525 Siehe Neubauer, G. (1984b), S. 86.

526 Die gesetzlich versicherten Beamten konnten innerhalb dreier befristeter Perioden in den Jahren 1987, 1989 und 1990 in die PKV wechseln, vgl. Klingenberger (2001), S. 59.

Leistungseinschränkungen und der Stärkung der *PKV als freiheitliche Alternative* äußerte.[527] Die GKV konvergierte so auf das PKV-System.

Das *GRG* hatte seine Prioritäten auf die Senkung der Ausgaben und institutionalisierte Wirtschaftlichkeitskontrollen gesetzt.[528] *Konzentriert* auf das *Verhältnis GKV zu PKV* war im GRG die Einführung der Versicherungsfreiheit für Arbeiter mit Verdienst oberhalb der VPG sowie die grundsätzliche Zuordnung der Selbstständigen und Beamten zur PKV von Bedeutung.[529] Gleichzeitig wurde das *Rückkehrrecht in die GKV* aus der PKV *eingeschränkt*, womit als Folge der Anteil der Älteren in der PKV zu steigen begann.[530] Versicherte konnten nur noch in die KVdR wechseln, wenn sie mindestens 9/10 der zweiten Hälfte ihrer Erwerbstätigenphase bis zur Stellung des Rentenantrags gesetzlich pflichtversichert waren.[531]

Weiter wurde für Zahnersatz und Kieferorthopädie das *Kostenerstattungsprinzip* in der GKV verankert. Die Einführung von *Festbeträgen* für Arznei-, Heil- und Hilfsmittel, an denen sich auch die PKV orientierte, war auch ein einer Sozialversicherung bisher fremdes Instrument.[532] Schließlich wurde der *Grundsatz der Beitragssatzstabilität*[533]

---

527 Eine die Eigenverantwortung der Versicherten stärkende Ausrichtung der GKV konfligiert mit der Vorstellung der PKV als Hort der Selbstverantwortung. Der Argumentation von Klingenberger dass „Leistungsbegrenzungen und Selbstbeteiligungen ... Lückenschließung durch Zusatzversicherungen der PKV eigentlich entgegenstehen" kann nicht gefolgt werden, da im Gegenteil Leistungsbegrenzungen, was im Kern auch Selbstbeteiligungen sind, Zusatzversicherungen attraktiv werden lassen, Klingenberger (2001), S. 59. In der Folge differenziert er die Aussage.

528 Vgl. Deppe, Hans-Ulrich (2005), S. 18.

529 Siehe fürs GRG auch Frerich und Frey (1996c), S. 289-294.

530 Darin ist nach Terhorst das sog. „Altenproblem" der PKV begründet, vgl. Terhorst (2000), S. 3. Mit dem GSG wurde der Zugang zum Pflichtmitglied-Status in der KVdR weiter verschärft, aber durch das BVerfG wieder rückgängig gemacht, indem die meisten bislang freiwillig versicherten Rentner, die das 9/10-Kriterium erfüllten, automatisch als pflichtversichert eingestuft und verbeitragt wurden. Für alle freiwillig GKV-versicherten Rentner, die gemäß dieser Regelung als pflichtversicherte Rentner eingestuft wurden, galt bis zum 30.9.2002 ein Optionsrecht. Sie konnten wählen, ob sie als freiwillig versicherte oder als pflichtversicherte Rentner geführt werden.

531 § 5 Abs. 1 Nr. 11 SGBV.

532 Es kam aber nicht nur zu Leistungseinschränkungen. So wurde Prävention und Gesundheitsförderung Pflichtleistung in der GKV. Weiter wurden Wirtschaftlichkeitsprüfungen unter Mitwirkung der Krankenkassen ermöglicht und die Arzneimittelhöchstbeiträge zwischen KVen und Krankenkassen durch Richtgrößen abgelöst. Erwähnenswert ist auch die Überführung der RVO ins SGB.

533 § 71 Abs. 1 SGBV.

gesetzlich verankert und kassenindividuelle Erprobungsregelungen[534] in kleinem Umfang eingeführt.

Die Folge des GRG war eine *Ausweitung von Zusatzversicherungen*. Als Ergebnis gewann die PKV 1,4 Mio. Versicherte von 1982 bis 1989 hinzu mit nunmehr 6,4 Mio. Vollversicherten. Die Zusatzversicherungen stiegen auf 4,6 Mio. ausgehend von 4 Mio. an. In der gleichen Zeit verlor die GKV Versicherte i. H. v. 3 % der Gesamtbevölkerung. Einem Gewinn von 1,4 Mio. Mitgliedern stand ein Verlust bei den Mitversicherten i. H. v. fast 3 Mio. gegenüber. Der Anstieg der Versichertenzahl in der PKV ging einher mit einer nach Mitte der 1920er Jahre zweiten Gründungswelle.[535] Ein Grund des Anstiegs ist auch die eingeschränkte Rückwechseloption in die PKV von Älteren, die zu weniger Abgängen aus der PKV führte. Rückwechsler sind i. d. R. schlechte Risiken, die sich die Prämien in der PKV nicht mehr leisten wollen oder können. Allein zwischen 1987 und 1990 wurden zehn AG's gegründet.[536]

Durch die *Wiedervereinigung* und *Ausweichstrategien der Leistungserbringer* war die Ausgabendämpfung des GRG nur kurz wirksam und führte zu *weiteren Beitragssatzsteigerungen*.[537] Ineffiziente Strukturen wurden trotz vieler Vorschläge aus der Wissenschaft nicht reformiert, ein klassisches Beispiel der Pfadtheorie. Deshalb wurde bereits vier Jahre nach dem GRG eine zweite Großreform mit dem *GSG* von 1992 mit den Stimmen von der SPD angegangen, die ohne den starken Druck auf die Beitragssätze wohl nicht zustande gekommen wäre.[538]

Das GSG führte zu einer *strikten grundlohnorientierten sektoralen Budgetierung*, insb. der Arzneimittel, der Krankenhausausgaben und der vertragsärztlichen Versorgung. Interessant am GSG ist die Verabschiedung der Reform mit notwendiger Zustimmung der SPD sowie die Einführung von Kollektivregressen bei Überschreitung von Arzneimittelbudgets parallel zu den bisher erfolglosen Richtgrößen.[539] Auch wurde den Krankenhäusern die Möglichkeit ambulanter Operationen begrenzt erlaubt.

Einschneidende Neuerung war die Einführung des *Kassenwettbewerbs* innerhalb der GKV ab 1996 (ab 1997 für Rentner) i. V. m. einem *RSA* ab 1994. Daneben versuchte man auf *Leistungserbringerseite* über eine stärkere *Pauschalierung* im stationären und ambulanten Sektor sowie einer Bedarfsplanung im ambulanten Bereich zu mehr Wirt-

534 Historisch gesehen war im GRG seit den selektiven Verträgen bis 1931 zum ersten Mal wieder die Möglichkeit von selektiven Verträgen gegeben in Form von Erprobungsregelungen.

535 Vgl. Klingenberger (2001), S. 58.

536 Vgl. Koch und Uleer (1997), S. 137-138.

537 Vgl. Drabinski und Beske (2003); Pfaff, A. B. et al. (1994), S. 96.

538 Im Jahr 1989 und 1990 betrug der Kassenüberschuss 15,9 Mrd. DM. 1991 hatten die Kassen bereits wieder ein Defizit von 5,6 Mrd. DM, 1992 sogar von 9,1 Mrd. DM. Siehe Klingenberger (2001), S. 61.

539 Vgl. Engelke (2009), S. 37.

schaftlichkeit zu gelangen.[540] Für die GKV war das *GSG* eines der einschneidendsten Gesetze. Auf *Systemebene* bewegte sich die *GKV* durch die größere Wahlfreiheit der Versicherten im Finanzierungsmarkt *auf die PKV* zu. Dies ist insofern paradox, da die GKV immer mehr Wettbewerbsmöglichkeiten erlangte, wohingegen die *PKV* als eigentlich privatwirtschaftliches System weitgehend in Wettbewerbslosigkeit verblieb.[541] Der Ausbau selektiver Vertragsmöglichkeiten führte über engere Beziehungen der GKV zu den Leistungserbringern zur Divergenz der Systeme.[542] Die in Folge beschriebenen die PKV betreffenden Änderungen hingegen sind Beispiele für eine Annäherung der PKV an die GKV.

In dieser Zeit erwehrte sich die *PKV* zunehmend des *Vorwurfs unsolidarisch* zu sein, da PKV-Versicherte wegen hoher Prämiensteigerungen im Alter in die GKV wechselten.[543,544] Sozialgesetzlich wurde die PKV mit dem durchs GSG neu eingeführten § 257 Abs. 2a SGB V, der Voraussetzungen für den Arbeitgeberzuschuss regelt, „sozialer“ [545]. Die Gewährung des Zuschusses war an *fünf Voraussetzungen* gebunden: Betrieb nach Art der Lebensversicherung, Überschüsse fließen überwiegend an die Versicherten, Einführung eines brancheneinheitlichen Standardtarifs, Verzicht auf ein ordentliches Kündigungsrecht des Versicherers und Spartentrennung. Ausgabenerhö-

---

540 Für eine kompakte Darstellung der Bedarfsplanung mit den Ausweichstrategien der Ärzte bei Einführung siehe Klose et al. (2007).

541 Terhorst drückt dies so aus: „Durch die Freigabe der Kassenwahl ist im gegliederten System ... fast paradoxe Situation entstanden. Während ... Solidarprinzip und Umlageverfahren basierenden GKV Wettbewerb als prioritäres Steuersystem zu etablieren beginnt ... PKV von Wahlfreiheit und Wettbewerb noch weit entfernt, obwohl sie marktwirtschaftlichen Prinzipen näher stehen sollte“, Terhorst (2000), S. 1.

542 Vgl. Hajen et al. (2010), S. 161. Möglichkeiten zur Einführung von Erprobungsregelungen gab es bereits mit dem GRG, vgl. Dalhoff (2008), S. 102-103,108.

543 Überproportional hohe Tarifsteigerungen im Alter sind v. a. dadurch begründet, dass die zusätzlichen Alterungsrückstellungen nötig für höhere Lebenserwartung, Kostensteigerungen bspw. bedingt durch den MTF oder durch Inflation (Stichwort Preisstruktureffekt, vgl. Fußnote 247) in kürzerer Zeit aufgebaut werden müssen als bei jüngeren, vgl. ausführlicher Abschnitt 6.2.4.2. Dieses Phänomen ist auch unter „Überproportionalitätseffekt“, „mathematischer Effekt“ oder „mathematisches Altenproblem“ bekannt, vgl. Bauermeister (1996), S. 307. Siehe auch Milbrodt (2005a), S. 186. Eine gut nachvollziehbare Herleitung erfolgt bei Terhorst (2000), S. 80-81.In Kombination mit einer Versteilerung der Ausgabenprofile wird dieser Effekt noch verstärkt, vgl. Pokora (1971), S. 115.

544 Bereits im Jahr 1991 wurde von der Versicherungsaufsicht vorgeschrieben, dass die PKV-Unternehmen altersunabhängige Verwaltungskostenzuschläge verwenden. Zuvor wurden die Zuschläge proportional zu den Kopfschäden bestimmt. Als Folge hatten früher ältere Bestandsversicherte einen entsprechend überproportionalen Anteil der Verwaltungskostenumlage zu tragen.

545 § 257 Abs. 2a SGBV. Neben dem Standardtarif wurde mit dem GKV-WSG der Basistarif für den Arbeitgeberzuschuss verpflichtend. Münch bezeichnet dies als Verklammerung der PKV mit dem Sozialgesetzbuch, vgl. Münch (2003), S. 43.

hend und *Solidaritätselemente in die PKV einführend* wirkte neben dem Kündigungsschutz der Versicherten dabei v. a. die Einführung des *Standardtarifs* mit Spitzenausgleich zwischen den Unternehmen im Jahr 1993. Ab dem 01.07.1994 mussten diese Tarife angeboten werden. Der Standardtarif war im Sinne von „Einmal privat versichert, immer privatversichert“[546] mit seiner sozialen Ausrichtung nicht zuletzt als Abwehrargument gegen den Vorwurf der GKV der Risikoselektion eingeführt worden und erlaubte es 65-jährigen und älteren PKV-Versicherten in diesen Tarif zu wechseln.[547,548]

Im Zuge der *Einführung der Dienstleistungsfreiheit in Europa*[549] konnte sich die deutsche PKV gegen die durch den europäischen Binnenmarkt stärker werdende ausländische Konkurrenz gut abschotten.[550] Letzteres gelang nicht zuletzt durch die in Deutschland seit den 1930er Jahren geltende *Spartentrennung*, die auf alle im deutschen Krankenversicherungsmarkt agierenden Vollversicherungen angewandt und durch Änderung des Versicherungsaufsichtsgesetzes (VAG) im Zuge der Binnenmarktvereinheitlichung bestätigt wurde. Im Ergebnis waren ausländische Versicherungsunternehmen in Deutschland auf Zusatzversicherungen beschränkt. Zentral war die *Dritte Schadenrichtlinie.*[551,552] Sie beinhaltete die Vorgabe des Betriebes einer privaten substitutiven Krankenversicherung gemäß den fünf Vorgaben in § 257 SGB V.[553] Zusammen mit vorher erlassenen Änderungen im VAG und Versicherungsver-

---

546 Koch und Uleer (1997), S. 113.

547 Dem ging 1987 ein Vorschlag des PKV-Verbandes zur Einführung eines Basistarifs für einkommensschwächere Personenkreise voraus. Dieser wurde auch realisiert, jedoch wurde dieser erste Basistarif kaum nachgefragt. Zum geschichtlichen Hintergrund des Standardtarifs siehe auch Koch und Uleer (1997), S. 124-125.

548 Ähnlich Kritik bekämpfend kann man auch die öffentlichkeitswirksamen Präventionsprogramme wie in den 80er Jahren die Gründung einer Aidsstiftung oder das Voranpreschen der PKV bei der finanziellen Beteiligung der Impfkosten der Schweinegrippe im Jahr 2009 einordnen, vgl. Koch und Uleer (1997), S. 122-123.

549 Siehe für die europäische Dimension auch Koch und Uleer (1997), S. 133-135.

550 Im Ausland kalkulieren Krankenversicherungen ihre Prämien ohne Alterungsrückstellungen, was zumindest Verwerfungen im deutschen PKV-Markt brächte. Daher müsse es Sicherungen für die deutsche PKV geben, vgl. Uleer (1990), S. 133-134.

551 Zur Vollendung eines einheitlichen europäischen Versicherungsmarktes erging die Dritte Richtlinie Schadenversicherung (Richtlinie 92/49/EWG). Der Artikel 54 der Richtlinie enthielt die Sonderregelungen für das Vollversicherungsgeschäft. Zur Kritik am ursprünglichen Entwurf der Richtlinie, im Wesentlichen bezogen auf das Herkunftslandprinzip siehe Heinze (1996), S. 293. Ausführlich mit der Thematik beschäftigt sich aus juristischer Perspektive Kirsten in seiner Dissertation, vgl. Kirsten (2005), S. 10-18.

552 Deutschland setzte die Richtlinie mit dem Erlass des Dritten Durchführungsgesetzes/EWG um am 21.07.1994 mit dem § 12 VAG.

553 § 257 Abs. 2a SGBV. Man bezeichnet den Paragrafen daher auch als „eine Art Schutzgesetz ... für die deutsche PKV-Branche vor der gefürchteten europäischen Konkurrenz“, Schild

tragsgesetz (VVG) waren die Anforderungen der Dritten Schadenrichtlinie bereits berücksichtigt. Verbunden mit der Schadenrichtlinie wurde auch der Anspruch des Versicherungsnehmers auf *Tarifwechsel innerhalb eines Unternehmens unter Anrechnung von Alterungsrückstellungen* eingeführt.[554]

Die *PKV* formulierte, getroffen von ähnlichen Ausgabensteigerungen wie die GKV, im Jahr 1996 zum ersten Mal die *Subventionierungsthese*. Demnach führe Kostendämpfung in der GKV zu einer höheren Belastung von Privatpatienten.[555] Die *Verteidigungshaltung* ergab sich u. a. aus den starken *Prämiensteigerungen* für *Ältere*, da Kostensteigerungen fehlende Alterungsrückstellungen bedeuten, die mit dem Alter in kürzerer Zeit aufgebaut werden müssen.[556] Der Verband kommunizierte, dass die Steigerungen der Beiträge *nicht* durch *Fehlkalkulationen* begründet sind, sondern durch Kostensteigerungen und die Kalkulationstechnik selbst.

Um hier *Linderung* zu erreichen wurden im § 12a VAG altersunabhängige Kostenzuschläge und Zuführungen aus Mitteln für Beitragsrückerstattung niedergeschrieben, was eine Einschränkung der Vertragsfreiheit ist.[557] Da eine Reduzierung des Beitragsrückerstattungsvolumens auf Kosten der Gesünderen geht, ist dies ein Solidarelement.[558] Bei Einführung des § 12 a VAG anfangs 1992 waren den Versicherten jährlich 1 % der Summe der Alterungsrückstellungen gutzuschreiben. Ab dem Jahr 1996 betrug die Gutschrift 80 % der Überzinsen (Erträge aus der Anlage der Alterungsrückstellungen oberhalb von 3,5 %[559]) mit der Obergrenze von 2,5 % der Summe der positiven Alterungsrückstellungen im Verhältnis 50 % der Summe auf Personen unter 65 Jahre und 50 % für ältere.[560]

(1994), S. 50. Der Arbeitgeberzuschuss war bereits im Rahmen der Dynamisierung der VPG eingeführt worden. Für die entsprechenden Vorgaben im VAG siehe 12 Abs. 1 VAG.

554 Damals § 178f VVG. Im Zuge des GKV-WSG findet sich die Regelung im Wesentlichen unverändert seit dem 01.01.2008 im § 204 VVG.

555 Vgl. Klingenberger (2001), S. 64. Zumindest indirekt formulierte der PKV-Verband eine Subventionierung in einem Standortpapier bereits Ende der 1960er Jahre: „Privatversicherte für die ärztlichen Leistungen im Vergleich zu den Kassenpatienten überproportional hohe Preise … zahlen", so zusammengefasst Koch und Uleer (1997), S. 103.

556 Aus dieser Zeit stammt das Bild des „weinenden Rentners", der einen Großteil seiner Rente für Krankenversicherung ausgibt, vgl. Schramm, P. (2007), S. 191.

557 § 12a VAG. En detail siehe Kirsten (2005), S. 51. Lesenswert zur Diskussionsstimmung ist die Rede des damaligen PKV Verbands-Vorsitzenden Greisler aus dem Jahr 1995, vgl. Greisler (2002), S. 105-108.

558 Auch Wasem bezeichnet dies als solidarisches Element, vgl. Wasem (1995), S. 91.

559 § 4 KalV.

560 Wasem bemerkt dazu, dass je mehr jüngere Versicherte im jeweiligen Tarif sind, umso stärker die Älteren profitieren. Dies ist ein Umlageelement in der PKV, vgl. Wasem (1995), S. 93.

Bedeutsam für das duale Krankenversicherungssystem war ferner die Einführung der *PV* zum 01.01.1995.[561] In der GKV galt das Umlageverfahren in einer eigenen Pflegepflichtversicherung, während die *PKV* ein Kapitaldeckungsverfahren bei den einzelnen Unternehmen mit *Risikoausgleich* und *Wechselmöglichkeit* einführte, was ein weiteres wesensfremdes Merkmal der PKV ist. Ebenso wesensfremd waren z. B. die Beitragsermäßigung für Ehepartner, eine beitragsfreie Versicherung für Kinder und ein einheitlicher Leistungskatalog.[562] Dies wurde von der PKV nicht unbedingt bedauert, da damit eine Abschaffung der PKV langfristig gedacht schwieriger wird.

Angesichts erneuter Defizite in der GKV wurde bereits 1996 eine Gesundheitsreform aufgeteilt in zwei Gesetze, den beiden *NOG's*, verabschiedet.[563] Die sog. *Dritte Stufe der Gesundheitsreform* nach GRG und GSG enthielt, neben den obligatorischen Leistungseinschränkungen und Zuzahlungserhöhungen, die auf freiwillig Versicherte beschränkte, fakultative Einführung der der GKV wesensfremden Kosten- und Beitragsrückerstattung sowie ebenso eine Annäherung an die PKV bewirkende Etablierung variabler Selbstbehalte (für Pflichtversicherte Kostenerstattung nur in der zahnärztlichen Versorgung).[564] Ohne die Stimmen der SPD wurde wieder stärker nachfrageseitig versucht, Einfluss auf die Ausgaben zu nehmen.[565] Der Weg in eine gesetzliche Grundversorgung war vorgezeichnet mit Verlagerung der Ausgaben auf die Kranken und auf die Arbeitnehmer.[566]

Die Zuzahlungen, Leistungseinschränkungen und die als unsolidarisch empfundenen Elemente der NOG's führten zu einem Rückgang der gesetzlich Versicherten von 88,6 % im Jahr 1992 auf 87,1 % im Jahr 1998.[567] Die Mitgliederzahl ging zurück von 50,8 Mio. auf 50,6 Mio., die Mitversicherten von 20,9 Mio. auf 20,8 Mio. Invers dazu stieg die Zahl der PKV-Vollversicherten von 6,7 Mio. auf 7,2 Mio. Einen großen „Versicherten-Sprung“ machten die Krankheitskostenzusatzversicherungen von 5,6 Mio. auf 7,6 Mio., was maßgeblich an der Einführung der Kostenerstattung im zahnärztlichen Bereich bei GKV-Pflichtversicherten lag, aber auch an Krankengeldzusatz-

---

561 Vgl. Koch und Uleer (1997), S. 128-132. Bereits 1985 hatte die PKV PV-Tarife geschaffen. Angesichts der Diskussion um eine gesetzliche PV und mangelnder steuerlicher Förderung war die Nachfrage damals nur gering.

562 Siehe ausführlich § 110 SGBXI.

563 Nicht zuletzt wegen erneuter Belastungen durch Verschiebebahnhöfe, siehe für die Zeit der konservativ-liberalen Koalition en detail Beske et al. (2002).

564 Vgl. Gerlinger (2003), S. 367. Auch wurden Modellvorhaben und Strukturverträge eingeführt, die sich jedoch nicht durchsetzten, vgl. Hartweg (2007), S. 68-69. Siehe für Modellvorhaben und Strukturverträge auch Cassel et al. (2008), S. 70-74. Erwähnenswert ist weiter die Ablösung der Arzneimittelbudgets im Nachgang zum GRG2000 durchs Arzneimittelbudget-Ablösungsgesetz 2001.

565 Vgl. Brandhorst (2003), S. 213.

566 Vgl. Deppe, Hans-Ulrich (2005), S. 19.

567 Vgl. Klingenberger (2001), S. 66-67.

versicherungen wegen der Absenkung der Leistung „Krankengeld“ innerhalb der GKV.[568]

4.2.4 Solidarischer Wettbewerb in der GKV und Konvergenz unter Rot-Grün (1998-2005)

Der Begriff *Solidarischer Wettbewerb* kam Anfang der 1990er Jahre auf und hatte im Kern einen einheitlichen und umfassenden Leistungskatalog, auf Basis dessen die Krankenversicherungen um Versicherte konkurrieren.[569] Solidarischer Wettbewerb schließt selektiven Vertragswettbewerb bei gegebenem Leistungskatalog mit ein. Solidarischer Wettbewerb ist keine Abkehr von idealtypischen Elementen der GKV oder Systemtransformation, sondern geschieht systemimmanent.

Mit Übernahme der Regierungsverantwortung im Jahr 1998 durch Rot-Grün wurden zunächst 1999 Teile der NOG's durch das Vorschaltgesetz *Gesetz zur Stärkung der Solidarität in der gesetzlichen Krankenversicherung* (GKV-SolG) zurückgenommen.[570] Dies geschah auch aus der Überzeugung, dass die Nachfrage nach Gesundheitsleistungen vom Versicherten respektive Patienten hauptsächlich angebotsseitig bestimmt wird.[571] Zu nennen ist die Rücknahme der Möglichkeiten monetärer Wahltarife im Segment der freiwillig Versicherten, die als Bedrohung für die Solidarität der GKV empfunden wurden.[572] Erwähnenswert ist ferner, dass von der neuen Regierung die VPG nicht angegangen wurde, ja vielmehr die GKV durch Verschiebebahnhöfe erheblich belastet wurde.[573]

Die PKV wurde im GKV-SolG verpflichtet, einen 10-prozentigen Aufschlag für *Alterungsrückstellungen* zu erheben. Weiter mussten nun 90 % der Überzinsen ohne Begrenzung in die Alterungsrückstellungen fließen.[574] Dies verteuerte einerseits die Prämien, andererseits konnte die PKV damit wirksam der öffentlichen Angst vor steigen-

568 Die Gewinnung vieler neuer Kunden prozentual gemessen an der Bevölkerung über Zusatzversicherungen diente als „Marktöffnungsfunktion“, Klingenberger (2001), S. 68.

569 Zur Historie und Bedeutungsverschiebung des Begriffs siehe Gerlinger (2009), S. 7-8.

570 Die Phase der rot-grünen Gesundheitspolitik findet sich zusammengefasst z. B. bei Brandhorst (2003); Gerlinger (2003).

571 Die konservativ-liberale Koalition setzte dagegen auf Patientensteuerung mit dem Leitbild Eigenverantwortung, siehe auch Holze (2009), S. 118.

572 Holze bezeichnet dies als „Entschärfung des Privatisierungskurses“, vgl. Holze (2009), S. 124.

573 Siehe erneut Beske et al. (2002).

574 Einen Gesamtüberblick der Regelungen zu den Alterungsrückstellungen seit dem Jahr 1992 gewährt Kirsten (2005), S. 51-55. Siehe für eine Übersicht auch PKV-Verband (2009f), S. 43.

den Beiträgen im Alter begegnen.[575] Die Position der PKV wurde dadurch gestärkt, dass die Kliniken nun den Einzel- und Doppelzimmeraufschlag angemessen gegenüber einem Normalzimmer ausgestalten müssen.[576] Das GKV-SolG hat das duale Krankenversicherungssystem „solidarischer kalibriert“: Divergenz der GKV und Konvergenz der PKV Richtung GKV.

Das GKV-Reformgesetz 2000 (*GRG2000),* ab dem 01.07.2000 in Kraft, adressierte erneut die Problematik der *Rückwechsler* von der PKV in die GKV. Der freiwillige Rückwechsel in die GKV wurde weiter erschwert.[577] Für Personen nach Vollendung des 55. Lebensjahres, die in den letzten fünf Jahren vor Eintritt der Versicherungspflicht nicht gesetzlich versichert waren und z. B. zugleich mindestens die Hälfte dieser Zeit versicherungsfrei waren, wurde eine Rückkehr ausgeschlossen.[578] Komplementär wurde das Eintrittsalter in den Standardtarif auf 55 Jahre gesenkt. Die GOÄ wurde gesetzlich für Standardtarif-Versicherte auf einen Steigerungssatz von 1,7 nach oben gedeckelt, ferner wurde der Beitrag für Ehepaare auf das 1,5-fache des gesetzlichen Höchstbeitrags begrenzt. Alle Regelungen sind eine Abkehr vom Idealtyp der PKV.

Ebenfalls wurde im GRG2000 der *solidarische Wettbewerb im GKV-Vertragsmarkt* gestärkt. Ziel der rot-grünen Regierung war die Etablierung von kassenindividuellen Lösungen via Selektivverträge.[579] In Ergänzung zu Modellvorhaben, die nun ohne Zustimmung der KV geschlossen werden konnten, und Strukturverträgen wurde die *Inte-*

575 Hätte der Gesetzgeber dies nicht rechtlich vorgeschrieben, wäre es angesichts des Wettbewerbs um Neukunden über die Prämie wahrscheinlich nicht zu zusätzlichem Schutz vor im Alter stark steigenden Beiträgen gekommen.

576 Dies wurde von der PKV schon seit längerem moniert. Bereits in den 1980er Jahren erreichte man Senkungen der Aufschläge, ein Durchbruch gelang aber erst mit den NOG's, vgl. Koch und Uleer (1997), S. 119-120. Zum Übermaßverbot siehe auch Abschnitt 5.3.2.2.

577 Ein verpflichtender Rückwechsel, wie z. B. in § 5 Abs. 1 Nr. 11 SGBV dargelegt, zählt nicht dazu. Nach Klingenberger wurden „Schlupflöcher“ gestopft, Klingenberger (2001), S. 70. Ausnahmen bestehen weiterhin wie z. B. der Wechsel eines in der PKV versicherten Ehepartners, der ohne Altersbeschränkung und Vorversicherungszeiten bei Aufgabe seiner Tätigkeit, so dass die Bedingungen in § 10 Abs. 1 Nr. 4 und 5 SGBV erfüllt sind, sich beim GKV-Versicherten Ehepartner mitversichern kann. Für weitere Ausnahmen siehe ausführlicher Albrecht et al. (2007), S. 43-46.

578 § 6 Abs. 3a SGBV. Dort werden weitere Sonderfälle aufgeführt.

579 Dies mag verwundern, da Wettbewerb und eine Ausrichtung auf dezentrale Lösungen eher einer konservativ-liberalen Koalition zugedacht werden. Eine Stärkung der Krankenkassen als Marktteilnehmer ist jedoch ein Angriff auf das bilaterale Monopol zwischen KVen und Kassenverbänden. Kalkül der rot-grünen Koalition war, dass die Kassen sich besser als die Ärzte durchsetzen können, so dass in Summe neben innovativen Versorgungsformen die Versicherten profitieren. Ferner passt die angebotsseitige Vorgehensweise zur Überzeugung von Rot-Grün, dass Patienten ihre Nachfrage nicht selbst bestimmen und kaum einer gerne zum Arzt geht, vgl. ausführlicher für diese Position Reiners (2009b), S. 93-116. Politikwissenschaftlich wird die paradoxe Situation gedeutet in Noweski (2008), S. 168-180.

grierte Versorgung (IgV) [580] eingeführt und die Rolle des Hausarztes als Lotse[581] gestärkt.[582] Durch die erweiterten Möglichkeiten individueller Lösungen gewann die GKV weiter an Verhandlungsmöglichkeiten auf dem Vertragsmarkt, dominant blieben aber kollektivvertragliche Lösungen.[583] Wie das GKV-SolG führte das GRG2000 zu einer Verschiebung des Systems in Richtung Solidarität.

Trotz des GRG2000 sowie der nachfolgenden beiden Kostendämpfungsgesetze *Arzneimittelausgaben-Begrenzungsgesetz (AABG)* von 2002 und *Beitragssatzsicherungsgesetzes (BSSichG)* Anfang 2003 stieg der Beitragssatz der Krankenkassen angesichts einer ungünstigen konjunkturellen Entwicklung. *Rabattverträge* zwischen einzelnen Arzneimittelherstellern und gesetzlichen Krankenversicherungen wurden mit dem BSSichG erstmals ermöglicht. Das mit Stimmen der Union verabschiedete[584] *GMG* 2003 sollte längerfristige Entlastung bringen und atmete den Geist der Agenda 2010 der Reprivatisierung des Krankheitsrisikos.[585]

Ein *genereller Selbstbehalt* i. H. v. 10 % respektive 10 Euro pro stationärem Pflegetag (bis maximal 28 Tage) und v. a. die Praxisgebühr i. H. v. 10 Euro waren die sichtbarsten Kennzeichen des neuen Kurses mit dem GMG.[586,587] *Chroniker* wurden grundsätzlich zuzahlungspflichtig und die *paritätische Beitragserhebung* wurde *aufgegeben*. Aus dem Leistungskatalog wurden Sehhilfen inklusive Brillengläser, Fahrtkosten in der ambulanten Versorgung, das Entbindungs-, Sterbe-, Sterilisationsgeld und nichtverschreibungspflichtige Arzneimittel (OTC-Medikamente) gestrichen.

Die IgV wurde durch den Ausschluss der KVen und einer Anschubfinanzierung gestärkt, die Krankenhäuser für ambulante Versorgung geöffnet, Medizinische Versorgungszentren (MVZ's) eingeführt, Hausarztmodelle gefördert. All dies diente der Op-

---

580 §§ 140 a-h SGBV. Nach Conrad ist IgV „eine enge Zusammenarbeit von Krankenkasse(n) und Leistungsanbietern unterschiedlicher Sektoren im Gesundheitswesen ... [die] vertraglich geregelt ist", Conrad (2001), S. 1. Seit dem GMG reicht auch eine interdisziplinär-fachübergreifende Versorgung, vgl. § 140a Abs. 1 S. 1 SGBV. Siehe auch Güssow und Hildebrandt (2004), S. 4.

581 § 73b SGBV. Der Paragraf wurde insb. durch das GKV-WSG stark geändert. Wer an einem Hausarztprogramm teilnahm, konnte einen Bonus erhalten, siehe § 65a Abs. 2 SGBV.

582 DMP's als übergreifende Behandlungsform wurden im Rahmen des Gesetzes zur Reform des RSA im Jahr 2002 eingeführt.

583 Vgl. Hartweg (2007), S. 69.

584 Für einen kompakten Überblick siehe Orlowski und Wasem (2003).

585 Vgl. Holze (2009), S. 141-149. Ausführlich zum Wechselumfeld der rot-grünen Regierungspolitik siehe Holze (2009), S. 151-157.

586 Die Regelungen für die Zuzahlungen sind in Abschnitt 6.1.2.2.1 genauer dargestellt. Statt der Packungsgröße (für Normgröße N1: 4,00 Euro, N2: 4,50 Euro N3: 5,00 Euro) entscheidet jetzt der Preis über die Höhe der Zuzahlung.

587 Mit dem GMG hat sich detailliert auch der SVR beschäftigt, insb. mit Zuzahlungen, vgl. SVR (2003) Ziff. 295.

timierung des Versorgungsablaufs. Die Institution G-BA als Neuordnung vom Bundesausschuss für Ärzte und Krankenkassen, dem Ausschuss Krankenhaus und dem Koordinierungsausschuss sowie die Gründung des Instituts für Qualität und Wirtschaftlichkeit im Gesundheitswesen (IQWiG) waren Teil des GMG.[588] Beide dienten einer stärkeren Überprüfung medizinischer Innovation auf tatsächliche Nutzenerhöhung.

Ferner wurden *Kostenerstattung*, *Beitragsrückerstattung* und *Selbstbehaltstarife* für die freiwillig Versicherten wieder eingeführt. Die Vielzahl an Leistungskürzungen und Elementen der Privatversicherung wurden noch durch eine gesetzlich verankerte Kooperationsmöglichkeit zwischen GKV und PKV ergänzt. Mit dem § *194 Abs. 1a SGB V* wurde eine Kooperation zwischen GKV und PKV im Bereich von Zusatzversicherungen möglich.[589] Die Wirkungen des GMG auf das duale System sind eine stärkere marktliche Ausrichtung bei Konvergenz der GKV auf die PKV.

Schließlich geschah der Einstieg in die *direkte Steuerfinanzierung* in Form eines Bundeszuschusses, die die bereits bestehende staatliche Unterstützung von ALG2- und Sozialhilfeempfängern ergänzte. Der idealtypische Solidarausgleich innerhalb der Gemeinschaft gesetzlich Versicherter wurde durch den Sozialausgleich der Steuerzahler weiter ausgehöhlt.

Größere ökonomische Bedeutung vor dem GKV-WSG hatte das *Arzneimittelversorgungs-Wirtschaftlichkeitsgesetz* (AVWG), gültig ab 01.05.2006, durch das Arzneimittel mit Preisen von 30 % und mehr unterhalb des Festbetrags seitdem durch Beschluss der Spitzenverbände der Krankenkassen von Zuzahlung befreit werden können.[590] Die Rabattverträge zwischen einzelnen Krankenkassen und Pharmaunternehmen wurden gefördert, was selektive Verträge der GKV vereinfachte. Naturalrabatte wurden hingegen verboten.

Auch wichtig war das *Vertragsarztrechtsänderungsgesetz*[591] (VÄndG), das am 01.01.2007 in Kraft trat.[592] Mit dem VÄndG wurde bspw. bereits drohende Unterversorgung, statt erst faktische Unterversorgung, als handlungsbegründend eingestuft sowie der Grundsatz der persönlichen Leistungserbringung in der vertragsärztlichen Ver-

---

588 Für das Zusammenspiel der Einrichtungen vor Installation des G-BA siehe Niebuhr et al. (2004), S. 16-69.

589 „Die Satzung kann eine Bestimmung enthalten, nach der die Krankenkasse den Abschluss privater Zusatzversicherungsverträge zwischen ihren Versicherten und privaten Krankenversicherungsunternehmen vermitteln kann. Gegenstand dieser Verträge können insb. die Wahlarztbehandlung im Krankenhaus, Ein- und Zweibettzuschlag im Krankenhaus sowie eine Auslandskrankenversicherung sein“, § 194 Abs. 1a SGBV.

590 Einen konzisen Überblick über Motive und Inhalte geben Wiedemann und Willaschek (2006). Ausführlicher zu den verschiedenen Formen von Rabatten in der GKV siehe Abschnitt 5.2.2.1.2.

591 Gesetz vom 22.12.2006, BGBl. I S. 3439.

592 Einen umfassenden Überblick geben Orlowski et al. (2006).

sorgung stark gelockert. Nun können in Gebieten ohne Zulassungsbeschränkungen auch angestellte Ärzte Leistungen erbringen. Neben weiteren Änderungen wurde auch die Anschubfinanzierung für die IgV von Ende 2006 bis zum 31.12.2008 verlängert.

Bereits *nach Verabschiedung des GKV-WSG*[593] wurde das *Krankenhausfinanzierungsreformgesetz*[594] (KHRG) beschlossen, in Kraft getreten am 25.03.2009. Inhalte mit längerfristiger Wirkung sind die Umstellung auf leistungsorientierte Investitionspauschalen ab 2012 und die schrittweise Anpassung der regional unterschiedlichen Preise für Krankenhausleistungen (Landesbasisfallwerte) innerhalb eines bundeseinheitlichen Korridors von 2010 bis 2014.[595] Ferner wird ein Krankenhauskostenindikator vom Statistischen Bundesamt entwickelt, mit dem die Grundlohnorientierung verlassen werden soll, sowie die Konvergenzphase der DRG-Einführung um ein Jahr verlängert bis Ende 2009[596].

Für die Entwicklung des dualen Systems ist die politische Diskussion im Vorfeld des GKV-WSG mit den unglücklich bezeichneten Alternativen solidarische *Gesundheitsprämie respektive Kopfpauschale* und *Bürgerversicherung* ohne Konsequenzen fürs duale Krankenversicherungssystem geblieben.[597] Bei der von der SPD propagierten Bürgerversicherung ging es um eine alle Bürger umfassende Steuerfinanzierung bei *Abschaffung der PKV*, wohingegen das „mehr CDU-, weniger CSU-Modell" der Gesundheitsprämie eine einkommensunabhängige nach Krankenkasse individuelle Versichertenprämie bei Beibehaltung der PKV plus einen externen Sozialausgleich über das Steuer-Transfer-System umfasste.[598] Das Unionsmodell hätte z. B. zu einer Abkehr der GKV vom idealtypischen einkommensabhängigen Beitrag geführt. Bei rot-grüner Regierung wäre das duale System vermutlich abgeschafft worden.

Die Große Koalition führte die alternativen Finanzierungsmodelle im *Gesundheitsfonds* zusammen, bei dem der *Kompromisscharakter* gut zu erkennen ist. Je nach Höhe des von der Bundesregierung festzulegenden einheitlichen Beitragssatzes hat der Fonds den Charakter einer Steuerfinanzierung (hoher Beitragssatz = geringer Zusatzbeitrag) oder einer Pauschale bei geringem Beitragssatz.

---

593 Die Änderungen des GKV-WSG sind kompakt ohne Vollständigkeit dargestellt in Orlowski und Wasem (2007). Für die eher juristische Perspektive siehe Wille, M. und Koch (2007).

594 Gesetz vom 17.03.2009 BGBl. I S. 534.

595 Der Korridor reicht von +2,5 % bis –1,25 % eines zu ermittelnden Bundesbasisfallwerts. Gesetzliche Grundlage ist § 10 Abs. 8 KHEntgG. Die Bestimmung der Landesbasisfallwerte ist im gleichen Paragraphen geregelt.

596 § 5 Abs. 6 KHEntgG. Der ehemals letzte Schritt vorgesehen für 2008 wurde halbiert.

597 Für einen Vergleich der beiden Ansätze mit jeweils Vorstellung von Reformvorschlägen und Bewertung siehe z. B Beske und Drabinski (2004a), S. 34-106.

598 Siehe für die Abgrenzung der Begrifflichkeiten ausführlicher Fußnote 12.

4.3 Auswirkungen des GKV-WSG auf das duale Krankenversicherungssystem

Durch *wesensfremde Elemente in beiden Vollversicherungen*, wie in der PKV der Standardtarif und die Pflegversicherung oder in der GKV monetäre Wahltarife, lässt sich spätestens seit dem GSG 1992 eine *Konvergenz* der beiden Versicherungstypen deutlich erkennen.[599] Ob das GKV-WSG diesem Trend folgt wird nun behandelt.

Rechtsstand der Betrachtung ist, soweit nicht anders angegeben, der 30.07.2009, da hier das SGB V das letzte Mal geändert wurde.[600,601] Durch diese Abgrenzung werden die Neuregelungen des Gesetzes zur Weiterentwicklung der Organisationsstrukturen in der gesetzlichen Krankenversicherung[602] (GKV-OrgWG) und der 15. Novellierung des Arzneimittelgesetzes (15. AMG-Novelle[603]) berücksichtigt. Für die PKV relevant sind das VAG und das VVG, die beide Ende Juli 2009 das letzte Mal geändert wurden, womit die im Zuge des GKV-WSG erfolgte VVG-Reform vom 23. November 2007 berücksichtigt ist.[604] Es gelten in der Untersuchung weiter die bis Ende 2009 verabschiedeten *Musterbedingungen* und brancheneinheitlichen Versicherungsbedingungen für Basistarif, Pflegepflichtversicherung, Standardtarif und private studentische Krankenversicherung.[605]

---

599 Siehe für die Konvergenzthese formuliert um diese Zeit auch Fiedler (1995); Greisler (1995); Wasem (1995). Isensee prägte den Terminus „Sozialversicherung über Privatversicherte" im gleichnamigen Aufsatz, vgl. Isensee (1995). Erster ist ein GKV-Vertreter, Greisler damaliger Vorsitzender des PKV-Verbands.

600 Die Untersuchung beruht auf dem Stand des SGB V zuletzt geändert durch das Gesetz zur Regelung des Assistenzpflegebedarfs im Krankenhaus. Stand Mai 2010 erfolgte zwischenzeitlich eine Änderung am 14.04.2010, die den einmaligen Bundeszuschuss für das Jahr 2010 i. H. v. 3,9 Mrd. Euro festschreibt, vgl. den neuen § 221a SGBV. Ansonsten ist inhaltlich und von den Paragraphen alles gleich geblieben.

601 Zum Vergleich alte und neue Regelungen wird häufiger auf die alte Fassung des Gesetzes Anhand des SGB V mit Rechtsstand 01.01.2006 verwiesen, vgl. SGBV (2006).

602 Gesetz vom 15.12.2008, BGBl. I S. 2426.

603 Gesetz zur Änderung arzneimittelrechtlicher u. a. Vorschriften vom 17.07.2009, BGBl. I S. 1990.

604 Das VAG regelt die Zulassung von Versicherungen, während das VVG die Rechtsbeziehungen zwischen Versichertem und Versicherung regelt. Daneben ist die Kalkulationsverordnung (KalV), zuletzt geändert am 22.10.2009, BGBl. I S. 3670, und die Überschussverordnung (ÜbSchV), zuletzt geändert am 12.10.2005 BGBl. I S. 3016, bedeutsam.

605 Musterbedingungen sind unverbindliche Empfehlungen, z. B. zum Umfang des Versicherungsschutzes sowie den Rechten und Pflichten des Versicherungsnehmers. Für die aktuellen Musterbedingungen und brancheneinheitlichen Versicherungsbedingungen siehe PKV-Verband (2010d).

Das GKV-WSG trat nach langem Ringen im Gesetzgebungsprozess am 01.04.2007 in Kraft.[606,607] Ungewöhnlich viele Mitglieder der Regierungskoalition im Bundestag, konkret 23 Abgeordnete von CDU/CSU und 20 Abgeordnete der SPD-Fraktion[608], stimmten in der dritten Lesung gegen das GKV-WSG mit dem Herzstück Gesundheitsfonds[609]. Die Struktur der gegenüber vor dem GKV-WSG stark verändernden Zahlungsströme wird in der folgenden Abbildung dargestellt. In der Folge wird nur auf Konvergenz und Divergenz der Neuerungen des GKV-WSG geprüft.[610]

Abbildung 10: Die Systematik des Gesundheitsfonds

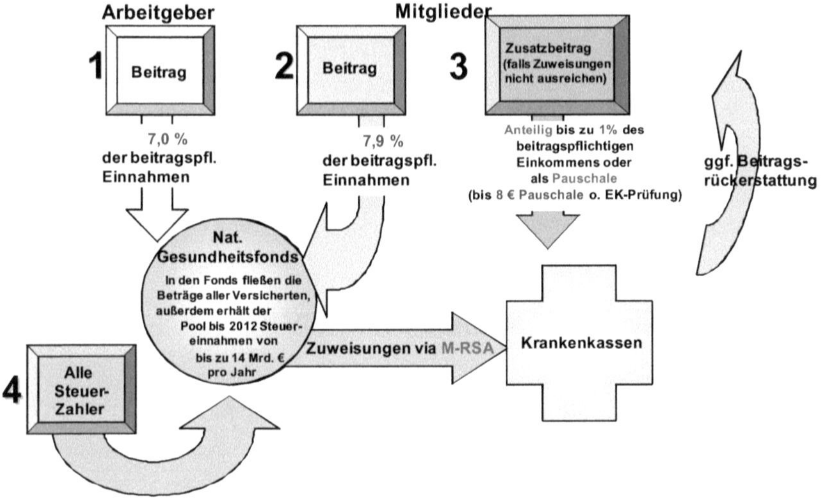

Quelle: Angelehnt an Neubauer, G. und Pfister (2008a), S. 257.[611]

606 Endgültig im Gesetz verankert am 26.03.2007, BGBl. I S. 378.

607 Eine ausführliche politikwissenschaftliche Fallstudie zum GKV-WSG findet sich in Kirch (2008), S. 37-157. Analog auch Paquet und Schroeder (2009). Die gewichtige Rolle des BMG wird dargestellt in Paquet (2009). Die Insider-Sicht durch den Abteilungsleiter Krankenversicherung wird berichtet in Knieps (2007). Kompromisse der Partner SPD und CDU/CSU werden kompakt dargestellt in Pfaff, A. B. und Pfaff (2007), S. 939-947.

608 Auf der Internetseite „abgeordnetenwatch" kann man die Stimmenabgabe bis auf Abgeordnetenebene nachlesen, vgl. Abgeordnetenwatch (2010).

609 Der Wortbestandteil „Fonds" beschreibt einfach nur gebündelte Gelder. Dies können private Sammelstellen sein wie Investmentfonds, aber wie der Finanzmarkt-Stabilisierungsfonds auch staatlich erfolgen.

610 Für eine gesundheitsökonomische Abwägung von „Für und Wider Gesundheitsfonds" siehe z. B. Neubauer, G. und Pfister (2008a); Pfister (2009b).

611 Vgl. zum Bundeszuschuss Abschnitt 4.3.1.1.2. Der Steuerzuschuss änderte sich seit Verabschiedung des GKV-WSG mehrfach in Abweichung zum verabschiedeten Aufwachsen. Un-

Das GKV-WSG hat in erster Linie den Finanzierungsmarkt der GKV neu geordnet (Abbildung 10). Dabei gerät oft in den Hintergrund, dass es auch auf dem Finanzierungsmarkt der PKV zu Änderungen kam. Ebenso gibt es weitreichende Modifikationen auf dem Vertragsmarkt der GKV. Durch die Interdependenz der Märkte ist auch der Leistungsmarkt betroffen. Die *Analyse* erfolgt daher *anhand der drei Teilmärkte*. Es wird jeweils auf Konvergenz und Divergenz im Verhältnis zwischen GKV und PKV, und Neutralität, wie eingangs des Kapitels definiert, geprüft. Die Betrachtung des Vertragsmarkts erfolgt zusammen mit dem Leistungsmarkt, da die Mittelverwendung beide Teilmärkte betrifft. Die Vergütung der Leistungserbringer als Mittelverwendung ermöglicht die Leistungserstellung.

Die *Analyse* beinhaltet die vom Anteil an den Leistungen und an der Finanzierung *wichtigsten Regelungen* sowie für die *idealtypischen Elemente* und damit das Verhältnis GKV-PKV *zentralen Änderungen*. Zeitlich befristete Neuerungen wie z. B. das Addendum zum VÄndG bei Unterversorgung[612], der GKV-Sanierungsbeitrag der Krankenhäuser[613] oder die Umstellung der Finanzierung des Medizinischen Dienstes der Krankenversicherung (MDK) auf eine aufwandsorientierte nutzerorientierte Vergütung werden ausgespart.[614]

4.3.1 Finanzierungsmarkt nach dem GKV-WSG

Neben der Prüfung auf Konvergenz und Divergenz des dualen Systems wird in den drei Teilmärkten auch auf neutrale Änderungen eingegangen. Z. B. berührt im Finan-

---

verändert ist die Endsumme von 14 Mrd. Euro, die bereits 2012 erreicht wird. Im Rahmen des Konjunkturpakets II wurde außer der Reihe am 01.07.2009 vom ersten einheitlichen Beitragssatz i. H. v. 15,5 % wieder zum durchschnittlichen Beitragssatz Ende des Jahres 2008 i. H. v. 14,9 % zurückgekehrt. Dieser Beitragssatz gilt auch im Jahr 2010. Der Anstieg des Beitragssatzes beruht maßgeblich auf den Vergütungszuwächsen im vertragsärztlichen sowie im akutstationären Sektor. Fondsbedingt sind einmal anfallende und laufende administrative Kosten wie die Einrichtung von über 45 Mio. Mitgliedskonten für Zusatzbeiträge oder Prämien. Ähnlich wie der Aufbau der Liquiditätsreserve streckt sich dies über die Zeit, da erst bei Zusatzbeiträgen oder Prämien Konten nötig werden. Die vorgesehene Härtefallprüfung, die bei einem Pauschalbeitrag ab 8 Euro oder einkommensabhängigen Beiträgen erforderlich wird, dürfte die Ausnahme bleiben. Der Fonds an sich wird von wenigen Personen in einem Büro im BVA verwaltet und wurde im Jahr 2009 mit 3 Mio. Euro Verwaltungskosten beziffert, vgl. BMG (2010d), S. 6. Dennoch kann man argumentieren, dass der Beitragssatzanstieg von anfänglich 14,9 % auf 15,5 % durch den Fonds teilweise bedingt wurde, weil bei den im System notwendigen einheitlichen Honoraren mutmaßlich nur durch die merkliche Erhöhung der Ärztevergütung die Zustimmung zur Gesamtreform im Bundesrat von ansonsten „Verliererländern", wie Bayern oder Baden-Württemberg, gesichert werden konnte.

612 § 105 Abs. 43 S. 3 SGBV.

613 § 8 Abs. 9 Krankenhausentgeltgesetz. Interessant ist, dass PKV-Versicherte, Beihilfeberechtigte und Selbstzahler vom Sanierungsbeitrag ausgenommen sind.

614 § 281 Abs. 1a SGBV.

zierungsmarkt eine Erhöhung der VPG keine idealtypischen Elemente, sondern verändert die Relation versicherungspflichtiger Personen in der GKV zu versicherungsfreien Personen in der GKV, was wiederum direkte Auswirkungen auf den Systemwettbewerb zwischen GKV und PKV hat. Eine genauere Betrachtung des Systemwettbewerbs erfolgt in Abschnitt 5.1.1.

4.3.1.1 Konvergenz auf dem Finanzierungsmarkt

4.3.1.1.1 Einheitlicher Beitragssatz und Zusatzbeiträge / Prämien

Mit Einführung des Gesundheitsfonds gilt seit dem 01.01.2009 für alle gesetzlich Versicherten ein *einheitlicher Beitragssatz*. Er wird jeweils bis zum 01. November eines jeden Jahres für das Folgejahr, erstmals geschehen am 01.11.2008, per Rechtsverordnung durch die Bundesregierung festgelegt.[615] Mit dem auf diese Weise staatlich festgelegten Beitragssatz sollen mindestens 95 % der voraussichtlichen Ausgaben der GKV durch die voraussichtlichen Einnahmen gedeckt werden.[616]

Die Summe der Beiträge zusammen mit dem Bundeszuschuss aus Steuermitteln wird gemäß dem M-RSA den Einzelkassen zugeteilt. Reichen die Gelder nicht aus, *muss* eine Kasse *Zusatzbeiträge*[617] erheben oder *kann* bei Überschuss *Beitragsrückzahlungen*[618] in Form von *Prämien* gewähren. Der Zusatzbeitrag darf 1 % des beitragspflichtigen Einkommens nicht übersteigen (Überforderungsklausel). Alternativ kann ein, bis

---

615 § 241 Abs. 2 SGBV.

616 Dies trifft nur bei einer zweijährigen Unterschreitung zu, ein Jahr Unterschreitung verpflichtet nicht zu einer Erhöhung des allgemeinen Beitragssatzes. Vgl. § 220 Abs. 2 S. 1 SGBV. Grundlage des allgemeinen Beitragssatzes ist ein Vorschlag des eingesetzten Schätzerkreises, der sich aus Vertretern des BMG, des BVA und des GKV-SV zusammensetzt bei je einer Stimme. Die der Festsetzung des Beitragssatzes zugrunde legende Einnahmen- und Ausgabenentwicklung wird mehrheitlich 2:1 oder 3:0 bestimmt.

617 § 242 Abs. 1 i. V. m. § 242 Abs. 3 SGBV. Zu zahlen hat den Zusatzbeitrag grundsätzlich derjenige, der die Beiträge zu tragen hat. Das heißt Kinder und mitversicherte Ehepartner, Sozialhilfeempfänger, Empfänger der Grundsicherung und Behinderte nach § 5 Abs. 1 Nr. 7 oder 8 SGBV, deren Einkommen nicht den entsprechenden Mindestbetrag übersteigt, zahlen keine Zusatzbeiträge da auch keine Beiträge. Die Ausnahme hierzu bilden ALG2-Empfänger nach § 252 Abs. 1 S. 2 SGBV, die den Zusatzbeitrag selbst tragen. Siehe zu der Regelung bei ALG2-Empfängern ausführlicher Abschnitt 6.1.2.2.1.

618 § 242 Abs. 2 SGBV. Es wird keine explizite Begrenzung der Höhe sowie der Ausgestaltung der Prämie vorgenommen. Bei der Ausschüttung der Beiträge sind die Kassen frei, sogar ein Split der Beiträge nach Einkommen der Mitglieder ist möglich und eröffnet so Möglichkeiten der Risikoselektion. Die Prämienauszahlungen sind von Auszahlungen aufgrund von Wahltarifen gemäß § 53 SGBV getrennt auszuweisen. Nach § 53 Abs. 8 SGBV dürfen Auszahlungen an Versicherte aufgrund von Wahltarifen maximal 600 Euro bzw. in Kombination mit Auszahlungen gemäß § 242 Abs. 2 SGBV maximal 900,- Euro jährlich betragen, was eine Grenze der Prämien darstellt.

zu einer Höhe von 8 Euro pro Monat ohne Einkommensprüfung, pauschaler Zusatzbeitrag erhoben werden.[619] Wird der Zusatzbeitrag erhöht oder die Prämie verringert, gilt ein sofortiges Sonderkündigungsrecht.[620]

Sowohl im Falle eines Zusatzbeitrages aber auch bei einer Prämie sind allein die beitragspflichtigen Mitglieder betroffen, was die Summe der Änderung verdoppelt.[621] Beläuft sich der Zusatzbeitrag bspw. auf 8 Euro, sind diese vollumfänglich vom Mitglied aufzubringen, vorher wäre paritätisch die Belastung 4 Euro für das Mitglied und 4 Euro für den Arbeitgeber[622]. Die Spürbarkeit wird auch durch die direkte Überweisung vom bzw. aufs Konto größer.

Überwiegt die Ausschüttung von Prämien die Zusatzbeiträge bei für Zusatzversicherungen aufgeschlossenen Menschen, könnte es zu einer Ausweitung von Zusatzversicherungen und damit dem *Marktpotenzial der PKV* kommen. Solange die GKV einen bedarfsgerechten Leistungskatalog[623] aufweist, ist dies aus GKV- und PKV-Sicht als *neutral* einzustufen, da dies dem jeweiligen Idealtypus entspricht. Kommt es jedoch zu einer Einschränkung des bedarfsgerechten Leistungskatalogs, liegt *Konvergenz der GKV auf die PKV* vor, weil die GKV ihrer Schutzpflicht nicht nachkommt.

Der *Zusatzbeitrag* erhoben als Pauschale ist eine *eindeutige Abkehr* vom *idealtypischen* Element der einkommensabhängigen Beitragserhebung. Mitglieder mit geringem Einkommen zahlen bei Pauschalen tendenziell mehr als bei einkommensabhängigem Zusatzbeitrag. Gleichzeitig wird die Parität zwischen Arbeitgeber und Mitglied geschwächt. Bei Prämien nähert sich hingegen die Parität von Arbeitgeber und Mitglied an. Angesichts der im Abschnitt 6.2.4.1 aufgeführten Beitragsprognosen dürfte dies in Zukunft der Ausnahmefall sein, so dass *insgesamt* mit der Kombination aus einheitlichem Beitragssatz und Zusatzbeitrag eine *Konvergenz der GKV gegen die PKV* zu konstatieren ist.

---

619 Erhebt eine Kasse einen 1-prozentigen Zusatzbeitrag, zahlt eine Person mit 500 Euro beitragspflichtigen Einnahmen 5 Euro, wogegen sie bei 8 Euro den vollen Betrag und damit anteilig 1,6 % entrichten muss. Mitglieder mit einem beitragspflichtigen Einkommen oberhalb der BBG zahlen de facto einen Pauschalbeitrag.

620 § 175 Abs. 4 S. 5 SGBV.

621 Insofern kommt es zu einer Abkopplung der Arbeitgeberbeiträge von der Ausgabendynamik, geht man von weiter überproportional steigenden GKV-Ausgaben gegenüber der Entwicklung der Grundlohnsumme aus. Der Arbeitgeberanteil wird jährlich auf einen festen Prozentbetrag eingefroren, steigt der einheitliche Beitragssatz, so steigt der Arbeitgeberanteil auch.

622 Bei den Arbeitgebern sind hier die Rentenversicherungsträger im Falle von Rentnern sowie die Arbeitsagenturen und Kommunen im Falle von Hartz 4 und Sozialhilfe eingeschlossen.

623 Was bedarfsgerecht ist, entscheidet die Gesellschaft. Siehe genauer Abschnitt 3.1.2.

4.3.1.1.2 Ausbau der Steuerfinanzierung

Ende 2003 wurde mit dem GMG erstmalig ein expliziter Bundeszuschuss zur GKV beschlossen, deklariert als aus der simultanen Erhöhung der *Tabaksteuer* stammend.[624] Es wurde konkret von der Regierungskoalition aus Grünen und SPD verabschiedet, dass 2004 1 Mrd. Euro, 2005 2,5 Mrd. Euro und 2006 4,2 Mrd. Euro an Steuermitteln der GKV zugutekommen. Mit der Folgekoalition aus CDU/CSU und SPD wurde die Summe für 2007 auf 2,5 Mrd. Euro gekürzt, um schließlich, verabschiedet im GKV-WSG, *bis 2016* in *jährlichen Schritten von 1,5 Mrd. Euro* die Endsumme von *14 Mrd. Euro* zu erreichen.[625] Anfang 2009 wurde im Rahmen des Konjunkturpaketes II eine Beitragssatzänderung bei gleichzeitiger Aufstockung des Bundeszuschusses verabschiedet. Die Einnahmenausfälle durch Finanz- und, verzögert eingesetzt, Wirtschaftskrise führten zu einem zusätzlichen, einmaligen Bundeszuschuss für das Jahr 2010 i. H. v. 3,9 Mrd. Euro.

Die Deckungslücke der Ausgaben minus der Einnahmen aus Beiträgen und Bundeszuschuss wird bei Einrechnung des einmaligen Bundeszuschusses für 2010 auf ca. 3,1 Mrd. Euro geschätzt.[626,627] Rechnet man die 3,1 Mrd. Euro Defizit aus Fondszuwei-

---

624 Siehe ausführlicher zur Volatilität der Steuerfinanzierung Abschnitt 7.3.2.3.

625 Von dem Stufenplan wurde mit dem Konjunkturpaket II Anfang 2009 abgewichen, in dem bei gleichzeitiger Beitragssatzänderung von 0,6 % Punkten für 3 Halbjahre eine Aufstockung um je ca. 3 Mrd. Euro vorgesehen wurde. Durch die Finanz- und v. a. die damit verbundene Wirtschaftskrise wurde der Steuerzuschuss zur Teilkompensation der Einnahmenausfälle für das Jahr 2010 um 3,9 Mrd. Euro erhöht, verabschiedet vom Bundestag als Sozialversicherungsstabilisierungsgesetz am 05.03.2010. Somit beträgt der Steuerzuschuss für 2010 15,8 Mrd. Euro. Stand Mai 2010 wird der avisierte Zuschuss von 14 Mrd. Euro im Jahr 2012 nach 13,3 Mrd. Euro im Jahr 2011 erreicht.

626 Vgl. BVA (2010a). Damit beläuft sich die Deckungslücke auf ca. 1,8 % der Ausgaben. Eine Erhöhung des einheitlichen Beitragssatzes wäre frühestens 2012 zwingend, falls die Deckungslücke 2011 und 2012 über 5 % betragen würde. Bei der Bestimmung der Deckungslücke muss auch der Aufbau einer Liquiditätsreserve nach § 272 Abs. 2 SGBV, § 220 Abs. 2 S.1 SGBV. Die 100 % Finanzierungs-Garantie für das Startjahr konnte de facto nicht eingehalten werden, wie ein Defizit zeigt, vgl. BMG (2010d). Da nur die voraussichtlichen Einnahmen gedeckt werden mussten, ist dies rechtskonform, vgl. § 272 Abs. 1 S. 2 SGBV. Insb. von Seiten des BMG und des BVA wurde die Finanzierungsgarantie im Jahr 2009 als Schutzschirm gegen die Finanz- und Wirtschaftskrise betrachtet. Jedoch müssen die Kredite aus der Liquiditätsreserve schließlich bedient werden. Auch das Argument „monatliche Zuweisungen des Fonds an die Kassen gleichen unterjährige Einnahmenschwankungen aus“ ist zu relativieren, da bereits vor dem Fonds kassenindividuelle und -übergreifende Rücklagen diese Schwankungen zu glätten ermöglichten. Entscheidendes Gegenargument ist jedoch, dass die frühere Finanzautonomie eine Schließung durch Erhöhung des Beitragssatzes verhindern konnte.

627 Von Dezember 2008 auf Januar 2009 wurden die Einnahmenausfälle durch die Finanzkrise und damit verbundene Wirtschaftskrise einhellig im Schätzerkreis von 440 Mio. Euro auf mehr als 1 Mrd. Euro korrigiert. Allein in den zwei Monaten zwischen der vorletzten (09.12.2009) und drittletzten Schätzung (05./06.10.2009) veränderte sich die Einnahmenprognose um +200 Mio. Euro, vgl. BVA (2010b). Fehler in der Prognose der wirtschaftlichen Entwicklung führen

sungen und Ausgaben gegen, so ergibt sich für jedes Mitglied der ca. 50 Mio. Mitglieder der GKV ein jährlicher Zusatzbeitrag von ca. 6 Euro monatlich.[628] Da viele Kassen keine Rückstellungen haben und die Einkommensstruktur der Kassen differiert, werden bereits im Jahr 2010 viele Kassen ihre Ausgaben nicht decken können.[629] Im Jahr 2011 wird ein Defizit von bis zu 15 Mrd. Euro vorausgesagt, spätestens dann müsste der Großteil der Kassen fusionieren oder geschlossen werden.[630] Hinzu kommt, dass das bereits heute bestehende Darlehen des Bundes getilgt werden muss.[631] Die Gefahr einer Unterdeckung ergäbe sich im Falle einer Einzelkasse durch die 95 %-Finanzierung bezogen auf eine fiktive durchschnittlich finanzstarke Kasse i. V. m. dem für viele Kassen nicht korrespondierenden ausreichenden Finanzierungspotenzial der Zusatzbeiträge.

Die Steuerfinanzierung führt zu einem *Verlust der Finanzautonomie* der GKV.[632] Mit 15,8 Mrd. Euro im Jahr 2010 beträgt der Steueranteil an den Einnahmen der GKV

---

also zu großen Änderungen in der Einnahmensituation der Krankenkassen. Seit Ende 2009 wird von einer schneller als erwarteten wirtschaftlichen Erholung ausgegangen, so dass die 7,9 Mrd. Euro als zu hoch angesehen werden. Das BMG rechnet bis zur nächsten Schätzung mit diesem Wert, vgl. BMG (2010d). Die wirtschaftliche Erholung führt nach Berechnungen des Instituts für Weltwirtschaft Kiel zu einer Verringerung des Defizits im Jahr 2010 um 2,5 Mrd. Euro, vgl. Ärzteblatt (2010b). Der Schätzerkreis geht Ende April 2010 hingegen von 0,9 Mrd. Euro konjunktureller Entlastung seit der letzten Schätzung am 09.12.2009 aus, vgl. BVA (2010a).

628 Vgl. BVA (2010a). Darin ist die Erhöhung des Zwangsrabatts auf Arzneimittel ohne Festbetrag mit 0,5 Mrd. Euro Ausgabensenkung enthalten. Gegenüber der letzten Prognose ist inklusive der 0,5 Mrd. Euro das Ausgabenniveau um 0,96 Mrd. Euro niedriger. Es werden jedoch nicht 172 Mrd. Euro an die Kassen verteilt, sondern nur 170,3 Mrd. Euro, der Rest dient dem Aufbau der Liquiditätsreserve. Sinn der Liquiditätsreserve ist die Pufferfunktion gegen kurzfristige Einnahmeneinbrüche wie in der Finanzierungskrise respektive Wirtschaftskrise erlebt, vgl. Döring et al. (2009), S. 20.

629 Kritisch wird es auch, da nach GKV-OrgWG bereits eine Unterdeckung der Ausgaben um 0,5 Prozent eine Schließung bedeuten kann, was empirisch üblichen monatlichen Schwankungen der Leistungsausgaben entspricht. Die Rückstellungen über alle Kassen belaufen sich Ende 2009 auf ca. 5 Mrd. Euro nach Berechnungen des IGES, zitiert in Ärzteblatt (2009). Gaßner geht Ende 2009 sogar von Reserven i. H. v. 5,7 Mrd. Euro aus, die jedoch mit 3,6 Mrd. Euro zum gesetzlich vorgeschriebenen Aufbau von Rücklagen (25 % einer Monatsausgabe) dienen. Bei einer Deckungslücke von 3,1 Mrd. Euro bleiben 1 Mrd. Euro übrig, die durch Zusatzbeiträge finanziert werden müssten. Vgl. für die Zahlen Gaßner (2010). Dabei ist anzumerken, dass die Rücklagen nicht gleichverteilt auf die Kassen sind.

630 Vgl. den Chef des BVA, Gaßner, interviewt in Walker (2010).

631 Ursprünglich hätten die Krankenkassen bis Ende 2010 die Schuld begleichen müssen. Aufgrund der Krise hat man die Frist bis Ende 2011 verlängert, § 271 Abs. 3 SGBV. Aufgeschoben ist jedoch nicht aufgehoben. Im Jahr 2009 belief sich das Defizit auf 1,4 Mrd. Euro laut den vorläufigen Finanzergebnissen des Jahres 2009 verkündet in einer Pressemitteilung des BMG am 10.03.2010, BMG (2010d).

632 Die Spitzenverbände der Krankenkassen berechneten weiter regelmäßige Kosten bei 45 Mio. Konten von 1,3 Mrd. Euro pro Jahr. Siehe detailliert Spitzenverbände (2006), S. 3-15. Spect-

mehr als 9 %. Dieser beachtliche Prozentsatz wird von der Politik direkt bestimmt. Gemeinsam mit der politischen Festlegung des einheitlichen Beitragssatzes besteht die Gefahr, dass je nach Periode im Wahlzyklus und Kassenlage wahltaktische Erwägungen den Bedarf an Gesundheitsleistungen dominieren.[633] Einheitlicher Beitragssatz, Zusatzbeitrag und Steuerzuschüsse bilden zusammen eine Obergrenze der Einnahmen und für alle Kassen ein *Globalbudget*.

Mit der Steuerfinanzierung, die auch von PKV-Versicherten aufgebracht wird, verliert die GKV ihre Finanzautonomie. Der Zusatzbeitrag kann bei einer Unterfinanzierung des GKV-Systems nur einen Teil der Autonomie wieder herstellen. Neben der Sicherung der Kassenexistenz ist die Bedarfsdeckung gefährdet. Somit ist Steuerfinanzierung als *Konvergenz der GKV gegen die PKV* zu beurteilen. Die PKV wird durch die Steuerfinanzierung indirekt solidarischer, da durch den Steueranteil der PKV-Versicherten ein Solidarbeitrag an die GKV erfolgt, *Konvergenz der PKV auf die GKV* ist festzuhalten.

4.3.1.1.3 Monetäre Wahltarife und Mali bei Selbstverschulden in der GKV

Ausgabensteuerung über den Patienten, wie auch die durch Boni und Prämien eingeschränkte paritätische Finanzierung, ist ein Eckpfeiler der PKV, dagegen der GKV wesensfremd. Bereits mit dem GMG wurde die Möglichkeit zu wahlweisem Selbstbehalt, Beitragsrückerstattung und Kostenerstattung eingeführt. Ebenso hat man Boni für gesundheitsbewusstes Verhalten und die Teilnahme an besonderen Versorgungsformen installiert. Das GKV-WSG hat diese Entwicklung fortgesetzt.

In diesem Abschnitt werden Wahltarife behandelt mit dem *Schwerpunkt* auf *monetäre Wahltarife*, da diese nur indirekt Auswirkungen auf das Leistungsgeschehen haben und somit v. a. im Finanzierungsmarkt Wirkung entfalten. Monetäre Wahltarife sind ferner unabhängig von im Leistungsmarkt getroffenen vertraglichen Vereinbarungen. Bei *leistungsorientierten Wahltarifen* ist hingegen eine vertragliche Beziehung mit Leistungserbringern bzw. Gruppen von Leistungserbringern Voraussetzung, um den Wahltarif anbieten zu können. Hat eine Kasse allerdings Selektivverträge abgeschlos-

---

rumK, eine Dienstleistungsgesellschaft von 130 BKK, ging in ersten Schätzungen bei einem Zusatzbeitrag von bis zu 8 Euro von monatlich 2,50 Euro bis 3,80 Euro Prozesskosten aus. Allein das Anschreiben an die Mitglieder und das Einrichten kostet 1 Euro, vgl. Thelen (2010c). Zahlen Versicherte nicht, wird es noch teurer, so dass erst ab höheren Außenständen ein Inkassoverfahren angestrengt wird. Die Quote der Nichtzahler liegt bei 15-20 %, vgl. o.V. (2010c). Um diese Kosten muss das Brutto-Finanzierungsvolumen via Zusatzbeiträge verringert werden. Die Verwaltungskosten können aber verringert werden, z. B. durch jährliche Abbuchung oder das Einspielen der Erhebung, vgl. Ärzteblatt (2010c). Wasserfuhr, Vorstand der Gemeinsamen Betriebskrankenkasse Köln, der ersten Kasse mit Zusatzbeitrag, geht bei Beseitigung aller Kinderkrankheiten von 4 Euro pro Jahr bei einer Pauschale von 8 Euro aus, vgl. Ärzte Zeitung (2010g).

633 Vor Wahlen werden Steuern bspw. nicht erhöht, nach Wahlen hingegen schon. Der Beitragssatz dürfte sich also weniger am Bedarf als am politischen Kalkül ausrichten.

sen[634], dann muss sie auch Wahltarife für die sog. besonderen Versorgungsformen[635] anbieten.[636]

Das GKV-WSG räumt den gesetzlichen Krankenkassen also die *Möglichkeit* ein, dem Gros ihrer Versicherten *monetäre Wahltarife* anzubieten. Gegenüber dem GMG ist dies nun allen Versicherten, deren Beiträge nicht vollständig von Dritten getragen werden, möglich. Vorher konnten nur freiwillig Versicherte wählen. Hierzu zählen insb. *Selbstbehalttarife*[637], *Beitragsrückerstattungstarife*[638] *und Kostenerstattungstarife*[639].[640] Die Bindungsdauer beträgt für alle Tarife mindestens drei Jahre und soll Selektionseffekte der Versicherten verhindern.[641] Krank gewordene Mitglieder könnten ansonsten sofort den Selbstbehalt- oder Beitragsrückerstattungstarif kündigen. Weiter ist eine Quersubventionierung der Wahltarife aus dem regulären Beitragsaufkommen nicht erlaubt.[642]

Selbstbehalttarife und *Beitragsrückerstattungstarife* geben Mitgliedern die Chance, ihre Beiträge zu senken.[643] Aus Mitgliedersicht ist eine Einsparung dann gegeben, wenn der tatsächliche Selbstbehalt kleiner ist als die vereinbarte Prämie respektive Bonus. Aus Krankenkassensicht ergibt sich ein Vorteil, wenn die Mindereinnahmen durch die Prämienauszahlung (Finanzierungseffekt) kleiner sind, als die durch den Selbstbehalt bedingte geringere Leistungsinanspruchnahme des Versicherten (Steuerungseffekt). Dabei muss man die Selbstselektion der Mitglieder berücksichtigen (Selektionseffekt). Diese Tarife sind nämlich nur für diejenigen Versicherten rational, die

---

634 Im Gesetz ist bisher nur die Verpflichtung zum Abschluss von hausarztzentrierten Verträgen nach § 73b Abs. 4 S. 1 SGBV bis zum 30.06.2009 verankert.

635 Siehe für eine abschließende Auflistung Abschnitt 4.3.2.2.3.

636 § 53 Abs. 3 S. SGBV.

637 § 53 Abs. 1 SGBV. Vorher § 53 SGBV (2006).

638 § 53 Abs. 2 SGBV. Vorher § 54 SGBV (2006).

639 § 53 Abs. 4 SGBV.

640 In ihrer Dissertation gibt Pütz einen ausführlichen Überblick bzgl. Selbstbeteiligungsmodellen, jeweils mit einer Bewertung der Vor- und Nachteile sowie von der Anwendbarkeit in der GKV, vgl. Pütz (2003), S. 66-81. Siehe auch Abschnitt 5.3.3.2.

641 § 53 Abs. 8 S. 1 SGBV.

642 § 53 Abs. 9 S. 1 SGBV. Zur Operationalisierung der Quersubventionierung respektive Wirtschaftlichkeit siehe Daubenbüchel (2007), S. 72-80. Thüsing bemerkt dazu: „Ich kann nicht verpflichtet werden, Zwangsbeiträge zu leisten, um zusätzlichen Versicherungsschutz einiger, die einen besonderen Versicherungsschutz gewählt haben, zu finanzieren. Das heißt, es darf aufgrund des Zwangsversicherungssystems der GKV keine Quersubventionierung geben“, Thüsing (2009), S. 61.

643 Für die allokativen Wirkungen von Selbstbeteiligung in der PKV siehe Abschnitt 5.3.3.2.

keine bzw. wenige Leistungen benötigen.[644] Die Argumentation für Beitragsrückerstattung verläuft analog, die Prämie wird in diesem Tarif bei Schadensfreiheit dem Mitglied gutgeschrieben.

Der Selektionseffekt muss bei der Beurteilung von Selbstbehalten und Beitragsrückerstattung berücksichtigt werden. Überwiegt für ein konkretes Mitglied inklusive Mitversicherter der Steuerungseffekt, gewinnt die „Solidargemeinschaft Krankenkasse" insgesamt. Bisher geht man jedoch davon aus, dass die Bilanz der Einzelperson mit Wahltarif negativ ist, was zu einer Entsolidarisierung in der GKV führt. Gewinnt man allerdings durch die Regelung freiwillig Versicherte[645] (was schon vor dem GKV-WSG möglich war) oder hält man GKV-Versicherte vom Wechsel in die PKV ab,[646] ist der Saldo i. d. R. positiv, da das Neumitglied überdurchschnittlich gut verdient.[647]

Felder und Werblow haben freiwillig Versicherte aus dem Selbstbehaltmodell „TK-Programm 240" im Jahr 2003 untersucht und mit korrespondierender Kontrollgruppe ohne Teilnahme in ihrer Leistungsinanspruchnahme verglichen. Eingeschriebene Versicherte erhalten einen jährlichen Beitragsnachlass von 240 Euro, müssen jedoch maximal einen Selbstbehalt i. H. v. 300 Euro tragen. Der Selbstbehalt richtete sich nach der Anzahl der Arztkonsultationen und betrug 20 Euro pro Konsultation. Prävention, Früherkennung, Krankheitsverhütung oder eine Beratung zur Empfängnisverhütung implizierten keinen Selbstbehalt.

Zentral bei der statistischen Vorgehensweise war die Herausrechnung des Selektionseffekts. Im Ergebnis gingen die Teilnehmer seltener zum Arzt. Jeder eingesparte Arztbesuch bedeutete einen Ausgabenrückgang der Techniker Krankenkasse (TK) von 18,14 Euro. Hochgerechnet auf die 10.155 Mitglieder ergab sich eine Ersparnis von 645.000 Euro, da im Schnitt 3,5 Arztbesuche weniger anfielen. Nimmt man die Gesamtausgaben für stationäre Leistungen und Medikamente hinzu, ergeben sich weitere 1,71 Mio. Euro Ersparnis.[648]

---

644 Nach Einschätzungen des BMG nimmt ca. ein Drittel der Versicherten jährlich Leistungen von maximal 100 Euro in Anspruch, so zitiert in Neubauer, G. und Minartz (2008), S. 31. Chronisch Kranke oder ältere Versicherte, die viele medizinische Leistungen benötigen, würden sich durch die Wahl eines Selbstbehalttarifs generell schlechter stellen, da der Selbstbehalt immer höher als die Beitragsreduktion ist.

645 Dem ist entgegenzusetzen, dass freiwillige Mitglieder mehr mitversicherte Familienangehörige als Pflichtversicherte haben. Siehe auch Abschnitt 5.1.1.3.

646 Pütz bezeichnet dies als Akquisitions- und Haltewirkung, vgl. Pütz (2003), S. 164-166.

647 So auch der SVR in Reaktion auf die Einführung von Wahltarifen durchs GMG: Ziel ist es, „die Abwanderung der guten Risiken unter den freiwillig Versicherten in die Private Krankenversicherung und damit die Risikoentmischung einzudämmen. Solche Tarife tragen somit zur Stabilisierung der Versichertengemeinschaft bei", SVR (2003), Ziff. 301. Für den Deckungsbeitrag von Wechslern siehe detaillierter Abschnitt 6.1.2.1.1 und Abschnitt 6.2.4.3.

648 Vgl. Felder und Werblow (2006), S. 15-19.

Das GKV-WSG schreibt vor, dass sich die freiwilligen Wahltarife insb. Selbstbehalt und Beitragsrückerstattung mittelfristig refinanzieren müssen, um einen Schaden der Solidargemeinschaft zu verhindern.[649] M. a. W. es zieht in die GKV die risikoäquivalente Prämienberechnung ein.[650] De facto bedeutet dies im Falle der beiden beschriebenen Wahltarife, dass die erwarteten Einsparungen (Steuerungseffekt) die erwarteten Mindereinnahmen (Finanzierungseffekt) übertreffen.

Entscheidend für die Beurteilung der Wahltarife ist die Perspektive, die man wählt. Abstrahiert man von Halte- und Akquisitionseffekten, könnte es zu einem Nachteil der Solidargemeinschaft Einzelkasse und gesamte GKV kommen. Auch wenn eine Versicherung Wahltarife ablehnt, muss sie dennoch zur Existenzsicherung gute Risiken attrahierende Wahltarife anbieten. *Negativ* sind monetäre Wahltarife aus *Sicht der GKV-Kassengemeinschaft* dann, wenn der Steuerungseffekt kleiner als der Finanzierungseffekt plus Rent-Seeking zwischen den Kassen ist.[651]

Zusammenfassend setzt die Ausgabensteuerung direkt beim Patienten an und das Solidarprinzip wird, bezogen auf einen festen Versichertenbestand, evtl. verletzt.[652] Die GKV nimmt in Teilen das Menschenbild eines eigenverantwortlichen homo oeconomicus an, der seine Gesundheitsausgaben bewusst beeinflussen kann. Durch die beiden Tarife, aber auch bei allen risikoäquivalent berechneten Tarifen, übernimmt die GKV ein idealtypisches Element der PKV.[653] Selbstbehalt und Beitragsrückerstattung lassen *die GKV gegen die PKV konvergieren.*[654] Da bereits im GMG beide Tarife für freiwil-

649 § 53 Abs. 9 SGBV. Die Kassen müssen mindestens alle drei Jahre der Aufsichtsbehörde Rechenschaft ablegen.

650 Zur versicherungsmathematischen Prämienberechnung in der PKV in Bezug auf Selbstbeteiligung siehe Pütz (2003), S. 106-110.

651 Vgl. Jacobs (2007), S. 333-334. Er beschreibt den Zwang zur Einführung von Wahltarifen als Rationalitätenfalle, die letztlich auf Basis des Kalküls der Einzelkassen der GKV insgesamt Beiträge von guten Risiken und / oder Gutverdienern entzieht.

652 In der Ausgestaltung der Tarife sind die Krankenversicherer frei, solange eine Quersubventionierung verhindert wird. Aktuelle Selbstbehalttarife sind solidarisch unausgewogen insofern, dass das relative Risiko aus maximalem Selbstbehalt zu maximalem Bonus mit dem Einkommen sinkt. Eine AOK bot einen Selbstbehalttarif an, der bei einem Einkommen bis 12.000 Euro 40 Euro Bonus ausschüttet bei maximalem Selbstbehalt von 120 Euro (relatives Risiko 200 %). Für Einkommen oberhalb von 42.000 Euro werden 540 Euro Bonus gezahlt, der maximale Selbstbehalt beträgt 660 Euro (relatives Risiko 22,2 %). Im Falle der AOK Bayern steigt der pauschale Abzug proportional bis zur BBG in sieben Stufen, vgl. AOK-BY (2010).

653 Siehe hierzu auch Neubauer, G. und Minartz (2009), S. 7-8.

654 Rebscher bezeichnet Wahltarife ordnungspolitisch als „ohne jegliche inhaltliche Begründung und mathematische Stringenz“, Rebscher (2005), S. 119. Ähnlich auch „Ordnungspolitisch sind Wahltarife in einem solidarischen Finanzierungsmodell strukturell „fehlsteuernd“ [Hervorhebung im Original“, Rebscher (2008a), S. 346. Paquet kommt zum Schluss, dass Selbstbeteiligung in der GKV zu Intransparenz, ruinösen Wettbewerb, verminderter Solidarität und Haushaltsrisiken führt, vgl. Paquet (2007), S. 6.

lig Versicherte offen standen, ändert sich in der Wettbewerbsposition der GKV gegenüber der PKV grundlegend nichts. Der Selbstbehalt ist mit dem GKV-WSG nicht mehr an Kostenerstattung gebunden, so dass die GKV attraktiver für Personen mit Einkommen oberhalb der VPG wird und gleichzeitig Wechselwillige aus der GKV stärker bindet.

Mit den neuen *Kostenerstattungstarifen* zusätzlich zur grundsätzlichen Möglichkeit der Kostenerstattung, die zudem eng reguliert war, ist die Möglichkeit zur Höherversicherung ausgebaut und flexibilisiert worden.[655] Mitglieder können via Kostenerstattung entweder nur für sich oder auch für Mitversicherte einen ähnlichen Status wie Privatpatienten erlangen, da die höhere Vergütung der Leistungserbringer nach GOÄ – mit Ausgabenrisiko beim Versicherten - eine bevorzugte Behandlung wie kürzere Wartezeiten ermöglicht.[656]

Den Kostenerstattungswahltarifen, die gegen eine Prämienzahlung von prozentualen Kostenanteilen bis zur Komplettübernahme der Mehrkosten erstatten, sind prinzipiell auch die Tarife über *Arzneimittel der besonderen Therapierichtungen*[657] zu subsumieren, die aus dem Leistungskatalog ausgeschlossene Arzneimittel bei Wahl des Tarifs (gegen höhere Versichertenbeiträge) wieder in die Erstattung einschließen.[658]

Im Unterschied zur Ausgabensteuerung erweitert die GKV bei Kostenerstattung ihren Versicherungsumfang und wird für Personen mit Wahlmöglichkeit attraktiver. Im Hinblick auf das Verhältnis PKV zu GKV ist die mit dem GKV-WSG stärkere Abkehr vom Sachleistungsprinzip als *Konvergenz der GKV auf die PKV* zu werten.

Mit den Wahltarifen für die Teilnahme an *besonderen Versorgungsformen* können Krankenkassen für ihre Versicherten finanzielle Anreize setzen, damit diese bevorzugte Leistungserbringer aufsuchen.[659] Auf dem Finanzierungsmarkt gibt der Versicherte freiwillig Wahlmöglichkeiten in Eigenverantwortung auf, was bei gültigem Leistungskatalog die bedarfsgerechte Versorgung nicht einschränkt.[660] Grundsätzlich sind Wahl-

---

655 § 53 Abs. 4 SGBV i. V. m. § 13 Abs. 2 SGBV. Vgl. § 13 Abs. 2 SGBV (2006). So muss nach dem GKV-WSG nicht mehr die Kasse den Versicherten über Kostenerstattung beraten, sondern der Leistungserbringer. Desweiteren kann nun Kostenerstattung außerhalb des ambulanten Bereichs gewählt werden oder für Teile des ambulanten Bereichs.

656 Vgl. für Wartezeiten nach Versicherungstyp Abschnitt 6.1.1.3.1.

657 Dazu gehören die Phytotherapie, die Homöopathie und die anthroposophische Therapierichtung.

658 § 53 Abs. 5 SGBV i. V. m. § 34 Abs. 1 S. 1 SGBV.

659 § 53 Abs. 3 S. 2 SGBV. Vgl. § 65a Abs. 2 SGBV (2006), in dem prinzipiell die Möglichkeit schon gegeben war, jedoch nicht als Prämienleistung, sondern nur als Reduzierung von Zuzahlungen.

660 Ausnahme hierzu sind Rabattverträge und Hilfsmittel. Der Versicherte muss die rabattierten Arzneien seiner Krankenkasse akzeptieren.

tarife für die Teilnahme an besonderen Versorgungsformen daher auf dem Finanzierungsmarkt als tendenziell *konvergent GKV gegen PKV* einzustufen.[661]

Zielrichtung ist in erster Linie nicht Ausgabensteuerung, sondern eine Lenkung der Patienten in spezielle Formen der Leistungserbringung. Die Patientensteuerung durch die Krankenkassen ist dabei Voraussetzung für das Gelingen selektivvertraglicher Arrangements. Die Implikationen auf Vertrags- und Leistungsmarkt der besonderen Versorgungsformen werden in den Abschnitten 5.2.2.2 und 5.3.4 detaillierter behandelt.

Eine *Verschärfung* hat sich bei *selbstverschuldeten gesundheitlichen Schädigungen* ergeben, die mit dem GKV-WSG nun *obligatorisch* zu Leistungsausschluss führen.[662] Leistungsausschluss heißt nicht, dass die Patienten keine Leistung erhalten, sondern *Mali* durch Beteiligung an den Behandlungskosten und / oder Kürzung eines etwaigen Krankengelds. Die Wirkung ist Patientensteuerung über finanzielle Anreizsetzung, daher liegt *Konvergenz der GKV gegen die PKV* vor.

Exkurs: Die Einführung serviceorientierter Wahltarife

In der Versicherungspraxis unterscheidet man zwischen Ergänzungs- und Zusatzversicherungen.[663] Ergänzungsversicherungen dienen der Aufrechterhaltung des bisherigen Versicherungsschutzes bei Leistungseinschränkungen[664], wohingegen Zusatzversicherungen eine Erweiterung darstellen.

Grundsätzlich kann eine Unterteilung nach *serviceorientierten* und *medizinorientierten Wahlleistungen* (wie z. B. der Zugang zu speziellen innovativen Therapien) vorgenommen werden. Erstere werden im Rahmen der PKV auch GKV-Versicherten als Zusatzversicherungen angeboten. Das GMG hat die gesetzlichen Krankenkassen legitimiert, *Zusatzversicherungen*[665] von der PKV *zu vermitteln.*

Die Neuregelung der Wahltarife mit dem GKV-WSG berechtigt nach einer *weiten Auslegung* die GKV zum Angebot von optionalen Zusatzversicherungen, die Leistungen über den GKV-Leistungskatalog hinaus ermöglichen. Begründet wird dies damit,

---

661 Der Anteil der Versicherten mit Kostenerstattung lag im 2. Halbjahr 2008 bei 0,19 % (ca. 132.000 Versicherte), vgl. BT-Drucks.16/12639 (2009), S. 9.

662 § 52 Abs. 2 SGBV. Vgl. § 52 SGBV (2006).

663 Vgl. Klingenberger (2001), S. 111-112.

664 Deutlich beschrieben haben dies Bäcker et al.: „Für die in der GKV Versicherten werden von der PKV Versicherungstarife angeboten, die die Leistungen abdecken, die die GKV nicht mehr oder nicht mehr voll erbringt", Bäcker et al. (1989), S. 69. Siehe auch Bäcker et al. (2008), S. 131.

665 Es handelt sich dabei insb. um serviceorientierte Wahlleistungen wie Ein- und Zweibettzimmer im Krankenhaus, Wahlarztbehandlung im Krankenhaus und Auslandsreisekrankenversicherung, vgl. § 194 Abs. 1a S. 2 SGBV.

dass Kostenerstattungstarife und Tarife für besondere Therapierichtungen eine Höherversicherung implizieren und als solche vom Gesetzgeber gewollt sind. Dem steht die im SGB V explizit formulierte Beschränkung der GKV-Zusatzversicherungen auf den gesetzlichen Leistungskatalog entgegen.[666]

Kostenerstattung ermöglicht im Kern die Behandlung gesetzlich Versicherter wie bei Privatpatienten.[667] Die AOK Rheinland/Hamburg bspw. bietet trotz unsicherer Rechtslage Wahltarife für stationäre Wahlleistungen, Zahnersatz und Auslandsschutz an. Grundlage ist eine Genehmigung durch die Landesaufsicht mit Unterstützung vom Bundesversicherungsamt (BVA), zusätzlich bestätigt vom BMG.[668] Die TK hingegen als ein Beispiel für viele freiwillig Versicherte bietet Wahltarife in Zusammenarbeit mit einem Kooperationspartner an.[669]

Sollte im Beispiel die AOK Rheinland/Hamburg neben der Genehmigung der Tarife durch die Aufsichtsbehörde höherinstanzlich juristisch Erfolg haben, würde eine Produktkooperation, insb. für große Krankenkassen mit der nötigen Manpower und Infrastruktur, uninteressant. Gleichzeitig würde die *GKV auf die PKV konvergieren*, da der bedarfsgerechte Leistungskatalog erweitert wird.

4.3.1.1.4 Basistarif in der PKV

Die Unternehmen der PKV wurden mit Wirkung zum 01.01.2009 verpflichtet, einen brancheneinheitlichen Basistarif einzuführen, in dem auch Alterungsrückstellungen

---

666 194 Abs. 2 SGBV verbietet es gesetzlichen Krankenkassen, Leistungen außerhalb des Leistungskatalogs zu finanzieren. Für diese Position vgl. ausführlich Klaue und Schwintowski (2008), S. 11-22. Für die verfassungs- und europarechtlichen Implikationen siehe Abschnitt 7.2 und Marko (2010), S. 128-129. Die nationale und europäische Gesamtlage zusammengefasst in Thesen ist in Huber (2008), S. 68-69. Aus dem Jahr 2003 stammt eine umfassende verfassungs- und sozialrechtliche Beurteilung von Maydell und Karl, vgl. Maydell und Karl (2003). Siehe auch PKV-Verband (2007). Gemeinschaftsrechtlich liegt ein Verstoß gegen europäisches Wettbewerbsrecht vor, vgl. Krogull (2008), S. 240.

667 Vgl. bspw. Wille, M. und Koch (2007), S. 170-171.

668 Vgl. z. B. BVA (2007). Fokussiert auf Wahlleistungen Krankenhaus ist Isensee. Die Auslegung des BVA wird von ihm explizit verneint, vgl. Isensee (2007), S. 450. Stand Ende März 2010 wurde die AOK Rheinland/Hamburg siebenmal verklagt, vgl. Ärzte Zeitung (2010e).

669 Vgl. TK (2010b). Der TK wurde vom BVA ein Wahltarif abgelehnt, da die Wahl der Kostenerstattung für mehrere Einzelleistungen aus verschiedenen Leistungsbereichen in einem Tarif gebündelt sind ohne Kostenerstattung nach § 13 Abs. 2 SGBV vorzuschreiben, vgl. Klemm (2009), S. 213. Bei Auslandskrankenversicherungen sieht das BVA den Rücktransport nicht als Teil des GKV-Tarifangebots, während die zuständige Landesaufsicht der AOK Rheinland/Hamburg die Leistung erlaubte. Damit soll dargestellt werden, dass unterschiedliche Genehmigungsauffassungen zwischen BVA und Landesaufsichten die Rechtslage erschweren und die genaue Ausgestaltung der Tarife auch bei der gleichen Aufsicht differierende Ergebnisse zeitigen kann.

aufgebaut werden.[670] Bisher im *Standardtarif* Versicherte sowie Altkunden (d. h. Versicherungsverhältnis vor dem 01.01.2009) können weiterhin den Standardtarif wählen.[671] Im Unterschied zum Standardtarif ist der Personenkreis des Basistarifs weiter gefasst und die Obergrenze von 150 % des Höchstbeitrags der GKV für ein im Standardtarif versichertes Paar entfällt.[672] Die Altersgrenze von 55 Jahren bei Altkunden mit den Ausnahmeregelungen entspricht der Grenze im Standardtarif, so dass das GKV-WSG hier keine Änderung brachte. Analog verhält es sich mit dem Leistungskatalog, der bei beiden Tarifen an den GKV-Katalog angelehnt ist.[673]

Risikozuschläge[674] oder Leistungsausschlüsse werden im Basistarif *nicht erhoben*, die Prämie bemisst sich *ausschließlich* nach dem *Alter*.[675] Darüber hinaus können Selbstbehalte in den Stufen 300, 600, 900 und 1.200 Euro gewählt werden. Der Versicherer ist zum *Kontrahieren verpflichtet*.[676] Die Prämienhöhe darf den *Höchstbeitrag der GKV* nicht übersteigen und kann halbiert werden, wenn allein durch die Zahlung ALG2- oder Sozialhilfe-Anspruch entsteht.[677] Um die Belastung des i. d. R. nicht ausgabendeckenden Basistarifs auf eine größere Versichertenzahl zu verteilen, wurde ein PKV-weiter Risikoausgleich eingeführt.[678] Wechseln Altkunden in den Basistarif ihres Versicherers, so dürfen sie ihre Alterungsrückstellungen in Höhe der Leistungen des Basistarifs mitnehmen.[679] Eine Zusatzversicherung ist möglich, die über den Basistarif hinausgehenden Alterungsrückstellungen sind anzurechnen.

---

670 Die Musterbedingungen finden sich unter PKV-Verband (2009b).

671 § 19 Abs. 2 MB/KK (2009). Ausführlicher zur Abgrenzung zwischen Standardtarif, modifizierter Standardtarif und Basistarif sowie generell zu den Neuerungen siehe aus juristischer Sicht Marko (2010), S. 26-40,109-113.

672 § 193 Abs. 5 VVG. Durch die erweiterte Versicherungspflicht sind viele ältere Personen in der PKV versicherungspflichtig geworden. Ohne Basistarif ist die übliche risikoabhängige Prämie sehr hoch. Im Kern wurden alle Personen, die nicht einen anderweitigen vorrangigen Versicherungsschutz haben, versicherungspflichtig, siehe auch Abschnitt 4.3.1.1.5.

673 Der Basistarif hat dadurch in Teilen bessere Leistungen als normale Tarife in der PKV, z. B. ist der Hilfsmittelkatalog nicht geschlossen oder Vorsorgeleistungen sind inkludiert, vgl. MB/BT (2009), S. 26-63.

674 § 203 Abs. 1 S. 2 VVG.

675 § 5 Abs. 2 KalV. Es wurde diskutiert, nach dem Geschlecht zu unterscheiden. Siehe Anhang 4 für einen noch nach Geschlecht untertrennten damals vorläufigen Verlauf der Prämienhöhe im Basistarif nach Alter.

676 § 193 Abs. 5 VVG.

677 § 12 Abs. 1c VAG. Wenn ALG2- oder Sozialhilfeanspruch besteht, zahlt der zuständige Träger den Betrag, der auch für einen Bezieher von ALG2 in der gesetzlichen Krankenversicherung zu tragen ist. Für Beihilfeempfänger reduziert sich die Prämie um den Beihilfesatz.

678 § 12g VAG.

679 Für Altkunden der PKV, die in den Basistarif eines anderen Unternehmens wechseln, ist Portabilität nur während des 1. Halbjahrs 2009 gegeben gewesen. Lange wollte man diese Mög-

Der Basistarif soll PKV-Versicherten einen Versicherungsschutz mit einem dem GKV-Niveau vergleichbaren, d. h. auch nicht länger garantierten Leistungsumfang, zu einem ähnlichen Preis ermöglichen. Dadurch werden quasi alle idealtypischen Elemente einer PKV aufgegeben. Die *PKV wird im Basistarif fast zur GKV*. Da die Tarife nicht kostendeckend sind, werden darüber hinaus die Normalversicherten belastet, womit alle PKV-Versicherten in einen Solidarausgleich einbezogen werden. Entscheidend für die Wirkungen auf die Normalversicherten wird die Anzahl der im Basistarif Versicherten werden. Bis zum 01.07.2009 waren 9.800 Personen im Basistarif versichert, von denen 5.000 aus dem Standardtarif wechselten, 3.050 mit dem GKV-WSG in die PKV mussten und 1.550 aus Normaltarifen stammten.[680] Anfang 2010 ist die Anzahl auf 12.000 gestiegen.[681] Da das Gros der Nichtversicherten und der im modifizierten Standardtarif Versicherten bereits wechselten, ist mit einer starken Zunahme mittelfristig nicht zu rechnen.[682]

4.3.1.1.5 Versicherungspflicht für alle

Zentrales Ziel des GKV-WSG war es, die auf bis zu 400.000[683] geschätzten nichtversicherten Bürger mit einer Krankenversicherung zu versehen.[684] Die Einführung einer allgemeinen Versicherungspflicht wurde verwirklicht. In die GKV müssen generell alle, die keinen anderweitigen Anspruch auf Krankenversicherung besitzen.[685] Die Re-

---

lichkeit dauerhaft gestalten, was sich aber nicht durchsetzen konnte, vgl. BT-Drucks.16/3100, S. 208.

680 PKV-Verband (2009f), S. 23.

681 Rürup et al. geben an, dass das Bundesjustizministerium Jahresanfang 2007 von maximal 300.000 Basistarifversicherten ausging. Ebenso hat der PKV-Verband mit 90.000 Basistarifversicherten kalkuliert und darauf bezogen merkliche Prämienanpassung der Normalversicherten geschätzt, vgl. Rürup et al. (2010), S. 116-117.

682 Dagegen spricht, dass der Höchstbeitrag der GKV langsamer anwachsen dürfte als die Prämiensteigerungen in der PKV, womit die Nachfrage nach dem Basistarif mittelfristig erhöht wird.

683 Vgl. Neubauer, G. (2007c), S. 207. Siehe auch PKV-Verband (2009d), S. 30. Der Bundestag ging bei seinen Gesetzesüberlegungen von 188.000 Personen im Jahr 2003 aus, vgl. BT-Drucks.16/3100, S. 94. Von Juli 2007 bis März 2009 sind von den Nichtversicherten 136.000 in die GKV und 24.000 in die PKV zurückgekehrt, vgl. Simon, M. (2010), S. 127. Eine Zwischenbilanz der GKV-WSG Neuregelung der Versicherungspflicht mit Berücksichtigung von Barrieren zum Zugang und Forderungsausfällen der Krankenversicherung wird gegeben in Greß; Walendzik; et al. (2009). Ausführlicher zur Thematik der Nichtversicherten, allerdings noch vor dem GKV-WSG, ist Greß et al. (2005).

684 Vgl. BT-Drucks.16/3100, S. 94. Nebenziel dabei war es auch zu verhindern, dass sich erst dann jemand versichert, wenn er bereits erkrankt ist.

685 Die genaue Abgrenzung ist komplex. Neueingeführt wurde deshalb der § 5 Abs. 1 Nr. 13 SGBV, der i. V. m. § 5 Abs. 5 SGBV und § 6 Abs. 1 oder 2 SGBV die GKV-Versicherungspflicht bestimmt.

gelung bewirkt, dass Personen mit Wohnsitz in Deutschland der PKV zugeordnet werden, die nicht explizit der GKV, der freien Heilfürsorge, der Beihilfe (im Umfang des Beihilfeanteils) oder anderen Sicherungssystemen zugeordnet sind.[686]

De facto wird zum ersten Mal in Deutschland eine Versicherungspflicht in der PKV eingeführt, was *Konvergenz PKV gegen die GKV* bedeutet. Die Vertragsfreiheit der PKV wird eingeschränkt. Für neu zu Versichernde dürfte der Basistarif eine wichtige Option darstellen, was die konvergente Wirkung der Versicherungspflicht noch verstärkt.

4.3.1.2 Divergenz auf dem Finanzierungsmarkt

4.3.1.2.1 M-RSA

Erhebliche Konsequenzen für die Krankenkassen hat die Einführung des M-RSA.[687] Morbiditätsorientiert deshalb, weil gegenüber dem Vorgänger ein direkter Morbiditätsausgleich erfolgt. Die im Gesundheitsfonds eingegangen Mittel werden auf die gesetzlichen Krankenkassen gemäß der Risikostruktur der Versicherten monatlich zugeteilt. Neben einer Grundpauschale[688] erhält jede Kasse Zu- und Abschläge für bis zu 80 kostenintensive, schwerwiegend-chronische Krankheiten und den weiterhin relevanten indirekten Kriterien Alter, Geschlecht und Erwerbsminderungsrente.[689] Hinzu kommen Zuweisungen für sonstige Ausgaben, wie in Abbildung 11 dargestellt.

---

686 Die Mindestbedingungen an den Versicherungsschutz sind geregelt in § 193 Abs. 3 VVG. Demnach muss mindestens stationäre und ambulante Heilbehandlung abgesichert werden.

687 Die konkrete Gestaltung des M-RSA insb. die Krankheitsauswahl war umstritten. Gegenüber einem indirekten Morbiditätsausgleich, z. B. über Alter und Geschlecht, ist zweifellos die Manipulationsgefahr gestiegen. Im Sinne eines lernenden Systems dürften die Vorteile jedoch die Nachteile überwiegen. Zentral dabei ist die Verbesserung der Kodierqualität der ambulanten Diagnosen.

688 Im Jahr 2009 185,64 Euro.

689 Konzise und übersichtlich ist der Mechanismus des M-RSA beschrieben in BVA (2008).

Abbildung 11: Zuweisungen des M-RSA bei Einführung im Jahr 2009[690]

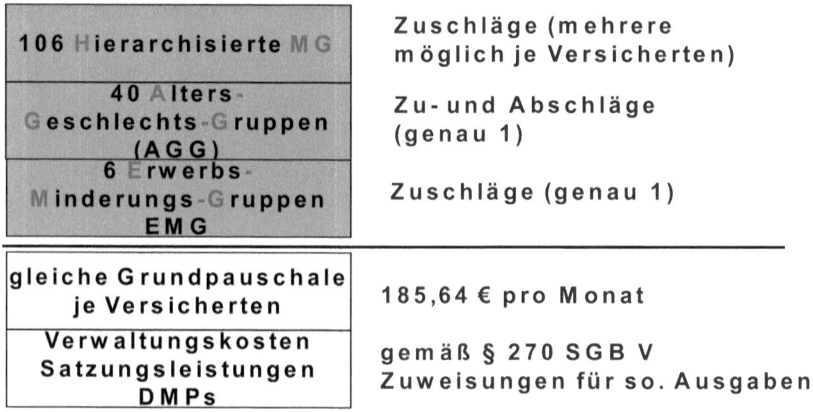

Quelle: Eigene Darstellung.

Der Verwaltungskostenzuschlag setzt sich zusammen im Verhältnis 50:50 Morbidität der Versicherten zur Versichertenzahl.[691] Damit wird berücksichtigt, dass krankheitsanfälligere Personen aufwändiger in der Administration sind. Hinzu kommen noch Zuweisungen aufgrund der Konvergenzklausel nach § 272 SGB V sowie die Weitergabe von Unterdeckungen.[692] Mehr als 93 % der Zuweisungen ergeben sich aus der Versichertenstruktur, mehr als 40 % bezogen auf das gesamte Volumen beruhen auf der Morbidität der Versicherten.[693]

Zusammen mit dem 100-prozentigen Einnahmenausgleich durch den Gesundheitsfonds hat jede Krankenkasse im Idealfall unabhängig von ihrer Risikostruktur die gleichen Ausgaben. Damit ist das *Solidarprinzip auf die gesamte GKV* vollständig übertragen, was eine Stärkung des Prinzips darstellt und *Divergenz* bedeutet. Vorher war der Ausgleich zwischen den Einzelkassen geringer. Dagegen spricht, dass wegen Kostenunterschieden bei den Leistungserbringern wie Mieten oder Löhne sowie differierenden Lebenshaltungskosten übernivelliert wird.[694]

---

690 Stand 30.09.2009 werden für das Jahr 2010 112 hierarchisierte Morbiditätsgruppen unterschieden, vgl. BVA (2009c).

691 § 37 Nr. 2 und 3 RSAV. Die ursprünglich vom BMG vorgeschlagene Schlüsselung 70 % nach Morbidität und 30 % nach Versichertenzahl wurde lange diskutiert.

692 Die Konvergenzklausel ist eigentlich dem Gedanken einer gesamtdeutschen Solidargemeinschaft der Versicherten fremd. Durch einheitliche Vergütungen fehlen den Ländern, die keine Konvergenzgelder erhalten, Mittel zur Finanzierung ihrer Leistungserbringer. Siehe hierzu bspw. auch Wasem et al. (2008), S. 60-61.

693 Siehe Anhang 5 für die detaillierte Aufteilung der Zuweisungen.

694 Vgl. Neubauer, G. und Pfister (2009a), S. 34-38. Siehe ausführlich Abschnitt 6.1.2.3.

Im Rahmen der RSA-Reform wurde die *Mittelzuweisung* für sog. *Disease Management Programme* (DMP's) *neugestaltet.* Vor dem GKV-WSG erzeugten in DMP's eingeschriebene Patienten eine ausgleichsfähige Versichertengruppe. Nun wird eine Pauschale i. H. v. 15 Euro monatlich für jeden eingeschriebenen Patienten aus dem Gesundheitsfonds zugewiesen. Dies stellt eine Erhöhung der Transparenz und eine Vereinfachung dar, hat jedoch keine Relevanz für das duale System. Im Vertrags- und Leistungsmarkt kommt es aber zu einer erheblichen Vereinfachung.[695]

4.3.1.2.2 Portabilität von Alterungsrückstellungen

Im Zuge des GKV-WSG mit Einführung des Basistarifs wurde ein sog. „Übertragungswert" geschaffen, der die bisherige Portabilität von Alterungsrückstellungen innerhalb eines Versicherungsunternehmens auf eine Übertragbarkeit *zwischen* Unternehmen erweitert.[696] Die Höhe des Übertragungswertes entspricht den anteilig kalkulierten Alterungsrückstellungen im Verhältnis Leistungsumfang bisheriger PKV-Tarif zu Leistungsumfang Basistarif.[697]

Die unternehmensübergreifende Portabilität fördert das, dem der PKV zugrunde liegenden Menschenbild innewohnende, idealtypische Merkmal der Eigenverantwortung. Der Versicherte hat damit Vertragsfreiheit nicht nur als Neukunde, sondern auch als Bestandskunde, was *Divergenz der PKV gegen die GKV* impliziert. Sicher ist die Neuregelung nur ein erster Schritt, jedoch kann was im Rahmen des Basistarifs und innerhalb von Versicherungsunternehmen möglich und erlaubt ist, mittelfristig auf weitere Tarife übertragen werden.[698]

4.3.1.3 Neutrale Elemente auf dem Finanzierungsmarkt

4.3.1.3.1 Krankengeldwahltarife in der GKV

Seit 01.01.2009 *müssen* die Krankenkassen darüber hinaus *Krankengeldtarife* für Selbstständige anbieten.[699] Die Prämie des Tarifs ist unabhängig von Alter, Geschlecht

---

695 Siehe zu der allokativ problematischen Verknüpfung zwischen DMP's und RSA Abschnitt 5.2.2.2.3.

696 § 204 Abs. 1 S. 1 Nr. 2 VVG.

697 § 13a KalV i. V. m. § 12 Abs. 4a VAG.

698 Eine breitere Diskussion der Thematik geschieht in Abschnitt 7.3.1.1.

699 § 53 Abs. 6 SGBV i. V. m. § 44 Abs. 2 Nr. 2 und 3 SGBV. Daneben muss für unständig Beschäftigte (weniger als sechs Wochen Anspruch auf Entgeltfortzahlung) und Gruppen der Versicherten nach dem Künstlersozialversicherungsgesetz ein eigener Wahltarif Krankengeld angeboten werden, die analog zu behandeln sind und hier mitgedacht werden. Für die alte Regelung vgl. § 44 SGBV (2006). Die Begründung der Großen Koalition war, dass für Selbstständige nur geringes Interesse an Krankengeldabsicherung bestehe. Wahltarife ermöglichen eine

oder Krankheitsrisiko zu gestalten.[700] Eine dreijährige Bindungsdauer gilt auch hier. Vor dem GKV-WSG konnten Selbstständige wählen, ob sie Krankengeld gar nicht, nach der 3. Woche oder nach der 6. Woche beziehen wollten. Entsprechend galt der erniedrigte, allgemeine oder erhöhte Beitragssatz.[701] Alternativ konnten sie damals bereits eine private Zusatzversicherung für Krankengeld abschließen.

Die Neuregelung führt also zu einer Wahlmöglichkeit, die durch die undifferenzierte Prämienkalkulation für jüngere, gesündere Selbstständige im Vergleich zu privaten risikoäquivalent kalkulierten Krankentagegeldversicherungen uninteressant ist.[702] Das duale System ist dadurch kaum tangiert, da die guten Risiken die Wahlmöglichkeit nicht wahrnehmen und Ältere bei kostendeckender Prämiengestaltung kaum Vorteile durch die neuen Tarife gewinnen. Tendenziell dürften die guten Risiken verstärkt eine private Zusatzversicherung abschließen, soweit sie es nicht vorher schon getan haben. Insgesamt werden Krankengeldwahltarife trotz konvergenter Wirkung durch die Wahlmöglichkeit wegen der wahrscheinlichen geringen Nachfrage als *neutral* eingeordnet. Die Einstufung lässt sich auch durch die besondere Natur des Krankengelds begründen, das eine Geldzahlung ist und mit der Diagnose oder Therapie einer Krankheit als Kern einer Krankenversicherung nichts zu tun hat.[703]

4.3.1.3.2 Chroniker-Regelung

Das GMG regelte die Beschränkung von Zuzahlungen neu. Generell ist die Summe aller Zuzahlungen auf 2 % der jährlichen Bruttoeinnahmen zum Lebensunterhalt be-

---

bessere Berücksichtigung der Präferenzen Selbstständiger, vgl. BT-Drucks.16/3100 (2006), S. 181.

700 § 53 Abs. 6 S. 4 SGBV. Vom 01.01.2009 bis zum 01.08.2009 waren die Kassen frei in der Tarifierung des Krankgeldtarifs. Die Folge war, dass die Tarife altersgestaffelt waren. Ältere mussten höhere Tarife zahlen. Es kam zu einer Risikoselektion, die für Ältere eine Krankengeldabsicherung in der GKV uninteressant machte. In der PKV, wo risikoäquivalent kalkuliert wird, sind die Prämien jedoch auch hoch, vgl. für die Empirie Schürmann et al. (2009), S. 53-63. Die Neuregelung mit einheitlichen Tarifen führte zu einer Stärkung der idealtypischen GKV (wieder Abkehr von Risikoäquivalenz) und es läge Divergenz der Versicherungstypen vor, jedoch wird zwischen GMG und GKV-WSG heutige Regelung unterschieden.

701 §§ 241-243 SGBV (2006). Für die damaligen Beitragssatzspannen siehe Schürmann et al. (2009), S. 50-51.

702 Im Rahmen der 15. AMG-Novelle können Selbstständige durch Wahlerklärung alternativ oder zusätzlich zu einem Wahltarif das bisher übliche Krankengeld erhalten, vgl. BT-Drucks. 16/13428, S. 90. De facto konkurrieren Wahltarife und ermäßigter Beitragssatz (§ 243 Abs. 1 S. 1 SGBV) ohne Krankengeldanspruch mit einem Anspruch und einheitlichem allgemeinen Beitragssatz. Der Risikoausgleich bei Krankengeldanspruch erfolgt über den Gesundheitsfonds.

703 Immer wieder wird die Ausgliederung von Krankengeld aus der GKV gefordert.

grenzt.[704] Für Chroniker in Dauerbehandlung galt grundsätzlich eine Obergrenze von 1 %. Mit dem GKV-WSG wird die Härtefallregelung für Chroniker *verschärft*. Bei Chronikern gilt die 1 %-Regelung nur, wenn sie sich therapiegerecht verhalten.[705] Die Teilnahme an einem DMP führt in jedem Fall zur Anwendung der 1 %-Grenze.[706]

Die Neuregelung bedeutete eine *Entsolidarisierung in der GKV*, sollten die Ausgaben von den Chronikern nicht selbst beeinflussbar sein. Dann wäre eine Abkehr vom idealtypischen Element des Solidarprinzips gegeben. Eine Konvergenz der GKV gegen die PKV ist dennoch nicht zu konstatieren, weil die GKV sich keinem idealtypischen Element der PKV nähert. Geht man davon aus, dass Chroniker durch die Verschärfung Vorsorgen respektive ihr Verhalten ändern, und damit die Ausgaben gesenkt werden, nimmt die *Solidarität* in Form der Stärkung der Subsidiarität in der *GKV zu*, da *Chroniker eigenverantwortlich* ihre Gesundheit verbessern.[707] Letzteres ist ein *Element der PKV*, womit der *Gesamteffekt* als *neutral* beschrieben werden kann.[708]

4.3.1.3.3 Erhöhung der Wechselfrist auf drei Jahre

Seit Februar 2007 wurden die Wechselmöglichkeiten für Arbeitnehmer von der GKV zur PKV erschwert. Arbeitnehmer sind nun erst dann von der Versicherungspflicht in der GKV befreit, wenn ihr regelmäßiges Jahresarbeitsentgelt die VPG nicht mehr nur ein Jahr, sondern drei aufeinanderfolgende Jahre übersteigt.[709] Grund der Neuregelung nach der Gesetzesbegründung war die mangelnde Solidarität zwischen GKV- und PKV-Versicherten verbunden mit der Gefährdung der Erosion der Finanzgrundlage der GKV.[710] Die Begründung des Gesetzgebers ist bemerkenswert, weil damit ein

---

704 Die sog. Belastungsgrenze. Für die Definition der Bruttoeinnahmen siehe § 62 Abs. 2 SGBV.

705 Therapiegerechtes Verhalten muss vom Arzt attestiert werden. Beispiele sind die Teilnahme an Gesundheits- und Früherkennungsuntersuchungen, siehe § 62 Abs. 1 S. 2 und 3 SGBV. Vgl. § 62 Abs. 1 SGBV (2006). Anders als zeitweise geplant, ist eine Teilnahme an Untersuchungen nicht in jedem Fall verpflichtend.

706 § 62 Abs. 1 S. 4 SGBV.

707 Selbst wenn nicht klar ist, wie sich im Einzelfall die Ausgabenentwicklung darstellt, sollte bei aller Bedarfsgerechtigkeit und Solidarität auf eine Aktivierung der Chroniker gesetzt werden. Die Neuregelungen des G-BA, die z. B. ein Krebs-Screening nicht verpflichtend machen, sind zumutbar.

708 Selbstbehalte und Beitragsrückerstattung, die als konvergente Änderungen des GKV-WSG eingestuft wurden, führen zwar auch zu größerer Eigenverantwortung, deuten jedoch auf Entsolidarisierung in der GKV hin.

709 § 6 Abs. 1 Nr. 1 SGBV. Vgl. § 6 Abs. 1 Nr. 1 SGBV (2006).

710 Vgl. BT-Drucks.16/3100 (2006), S. 95. Siehe für den Wortlaut beim BVerfG-Urteil vom 10.06.2009 Abschnitt 7.2.1.1 sowie auch zusammengefasst Abschnitt 6.2.4.3.

Ausdruck der gesellschaftlichen Vorstellung von Solidarität gegeben ist.[711] Die neue Bundesregierung plant, die Regelung rückgängig zu machen, was die Bedeutung der Politik bei im Großen und Ganzen unveränderten gesellschaftlichen Präferenzen für Umverteilung deutlich macht.[712]

Für das Verhältnis GKV zu PKV ändert sich für beide Versicherungstypen bzgl. der idealtypischen Elemente nichts, daher *Neutralität.* Wieweit Solidarität verstanden als Definition des Kreises der Schutzbedürftigen geht, ist letztlich eine politische Entscheidung. Man *könnte argumentieren*, dass der gesetzliche Leistungskatalog zu umfassend sei und *viele Versicherte in der GKV nicht schutzbedürftig* wären. Dies ist jedoch eine rein gesellschaftliche respektive politische Entscheidung.

4.3.2 Vertrags- und Leistungsmarkt nach dem GKV-WSG

Beschriebenen Neuregelungen des GKV-WSG auf dem Finanzierungsmarkt wirken sich auf die Leistungsseite aus. Die auf dem Vertragsmarkt vereinbarten Preise bzw. Vergütungen, Versorgungsmengen und die Leistungsqualität manifestieren sich im Bereich des Leistungsmarkts. Monetäre Wahltarife als PKV-Element in der GKV setzen zur Leistungssteuerung direkt am Patienten an. Eine Förderung von besonderen Versorgungsformen durch Prämien oder Verminderung von Zuzahlungen ist nur dann sinnvoll, wenn auch die mit den Leistungserbringern geschlossenen Verträge zu einer besseren und günstigeren Behandlung im Leistungsmarkt führen.

Der *Leistungsmarkt* ist für die Versicherten und, hier passender, *Patienten* der Markt, in dem *Unterschiede zwischen GKV und PKV wahrnehmbar werden.*[713] Die Qualität der medizinischen Leistungen ist identisch, wie GKV und PKV beide betonen, für die Patienten werden aber differierende Serviceniveaus festgestellt.[714] So können Privatpatienten individuelle terminliche Vereinbarungen treffen oder haben auch ohne Termin eine kürzere Wartezeit.

---

711 Das GKV-WSG war ein sehr umfangreiches Gesetz. Insofern kann man die Zustimmung zu Einzelpunkten nur schwer zuordnen. Ferner wollte die Mehrheit der Bürger mutmaßlich Ende 2005 keine Große Koalition. Inwieweit die gesellschaftliche Vorstellung der Solidarität sich mit der Begründung des Gesetzes deckt, ist fraglich.

712 Dies wurde explizit im Koalitionsvertrag festgehalten, vgl. Koalitionsvertrag (2009), S. 86.

713 Siehe für die Diskussion der Zweiklassenmedizin Abschnitt 6.1.1

714 Am sichtbarsten wird dies in Arztpraxen und Privatstationen der Krankenhäuser, die die Bevorzugung von Privatversicherten beim Service erkennen lässt.

4.3.2.1 Konvergenz auf dem Vertrags- und Leistungsmarkt

4.3.2.1.1 Honorarreform der Vertragsärzte

In den Medien wurden Ende 2008 / Anfang 2009 die erwarteten Auswirkungen der Honorarreform der Vertragsärzte, die ab dem 01.01.2009 in weiten Teilen in Kraft trat, heiß diskutiert.[715,716] Hauptziel der Reform war die veränderte Gebührenordnung, nunmehr der Einheitliche Bewertungsmaßstab (EBM) 2008[717] mit weitgehend bundeseinheitlichen festen Europreisen.[718] Der sog. *bundeseinheitliche Orientierungswert* wird ab 2010 an die Kostenentwicklung u. a. Faktoren zunehmend angepasst.[719]

Um eine unbegründete, medizinisch nicht indizierte Mengenausweitung (angebotsinduzierte Nachfrage) bei festen Punktwerten zu verhindern, werden bei Überschreitung der sog. arztgruppenspezifischen Regelleistungsvolumina die Punktwerte abgestaffelt.[720] Nebenziele waren eine Verlagerung des Morbiditätsrisikos auf die Krankenkassen[721], eine Angleichung der Vergütungsniveaus zwischen Ost und West sowie eine stärkere Pauschalierung im haus- und fachärztlichen Bereich.[722]

---

715 Der Aufschrei war bei den niedergelassenen Ärzten groß. Generell gibt niemand gerne etwas von einem einmal erreichten Niveau ab. Die Vereinheitlichung führte zu Gewinnern und Verlierer. Die Verlierer beschweren sich, die Gewinner schweigen. Hätte der Honorarzuwachs auf 2 Jahre betrachtet keine aktuell prognostizierten bundesweit fast 4 Milliarden Euro betragen, wäre der Unmut noch stärker gewesen, da es ohne die insgesamt zweistellige Zuwachsrate mehr und höhere Verluste gegeben hätte. Aus Kassensicht stellt Repschläger fest, dass noch vor dem Anheben der Honorare von 2007 auf 2009 mit durchschnittlich viermal so hohen Einkommen gegenüber anderen freien Berufen sowie dem siebenfachen aller Arbeitnehmer Ärzte hoch entlohnt sind. Er gibt zu, dass große Unterschiede regional und zwischen Arztgruppen bestehen, weist jedoch auf Insolvenzquoten von Praxen unter 0,1 % hin, vgl. Repschläger (2009), S. 242-244. Vgl. für die Insolvenzgefahr im Zusammenhang mit Mehrumsätzen Abschnitt 6.1.2.1.2.

716 Die Umstellung der fachärztlichen Vergütung ist für den 01.01.2011 avisiert.

717 In der Untersuchung wird der mit der Honorarreform 2009 reformierte EBM als EBM2008 bezeichnet.

718 Für einen strukturierten, ausführlichen Überblick über die Reform der Gebührenordnung siehe Orlowski und Wasem (2007), S. 54-65. Im SGB V ist die neue Gebührenordnung in den §§ 87 – 87c geregelt. Bei den Zahnärzten kam es zu keiner Reform des BEMA, dort ist daher weiterhin § 85 SGBV maßgeblich. Eine umfassende wissenschaftliche Begleitstudie zu den Auswirkungen des EBM2008 auf das Abrechnungsgeschehen im Auftrag des Bewertungsausschusses kann abgerufen werden auf der Homepage des Instituts des Bewertungsausschusses (InBA) unter InBa et al. (2009). Eine systematische Zusammenfassung der ärztlichen Vergütungssystematik ist Neubauer, G.; Minartz; et al. (2009), S. 19-27.

719 § 87 Abs. 2g SGBV.

720 § 87b Abs. 2 S. 3 SGBV. Ausführlich zur Angebotsinduktion siehe Abschnitt 5.3.2.

721 Die von den Krankenkassen für die vertragsärztliche Versorgung zur Verfügung gestellte Gesamtvergütung soll sich künftig nach der gemessenen Morbidität der Versicherten richten. Dies führt zu einer Abkehr von der Grundlohnorientierung, vgl. § 87a Abs. 3 SGBV. Dabei

Morbiditätsorientierte Zuweisungen mittels des M-RSA bedeuten bundeseinheitliche Vergütungen der Krankenkassen. Die Fondsmechanik erforderte eine auf Vereinheitlichung ausgerichtete Vergütung vornehmlich im vor dem GKV-WSG durch hohe Vergütungsunterschiede gekennzeichneten vertragsärztlichen Bereich. Der von der Höhe der Ausgaben her bedeutende Arzneimittelsektor wie auch Heil- und Hilfsmittel weisen einheitliche Preise auf.[723] Die Krankenhäuser werden bereits über relativ eng beieinander liegende Landesbasisfallwerte, und bald einem Bundesbasisfallwertkorridor, homogen vergütet - fehlen nur noch die Zahnärzte.[724] Siehe für den im Absatz beschriebenen Zusammenhang zwischen Einnahmen und Ausgaben Abbildung 12.

Abbildung 12: Fonds- und M-RSA führen zu bundeseinheitlichen Vergütungen

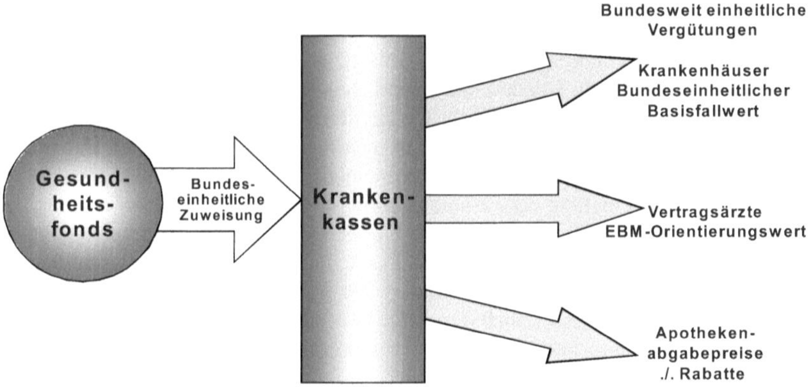

Quelle: Neubauer, G. und Pfister (2009a), S. 28.

---

stehen sich Krankenkassen mit Präferenz für eine großenteils nur am Alter und Geschlecht ausgerichtete Veränderungsbestimmung sowie die KBV mit primär diagnosebezogener Ermittlung gegenüber. Bei indirekter Messung hätte das Plus 0,43 % betragen, direkt dagegen 2,7 %, vgl. Schuetze-Brief (2009a). Als Kompromiss einigte man sich im Erweiterten Bewertungsausschuss auf 1,66 % Steigerung von 2009 auf 2010, vgl. AOK-Bundesverband (2009), S. 9. Eine wichtige Grundlage der Schätzung von Morbiditätsveränderungen im ambulant-ärztlichen Bereich ist der Bericht des InBA, vgl. InBA (2009). Grundlage der Veränderung und ggf. Messung der morbiditätsorientierten Gesamtvergütung soll künftig analog zu den DRG's, und auch zum M-RSA, eine Patientenklassifikation sein. In der Diskussion stehen die beiden Varianten Aufteilungsmodell und Fortschreibungsmodell. Aufteilungsmodell heißt, die Morbidität in den einzelnen KV-Bezirken zu bestimmen und danach die Gesamtvergütungen aufzuteilen. Fortschreibung ist dementsprechend das Aufsetzen auf bisherige Gesamtvergütungen, vgl. Wasem und Walendzik (2009). Vgl. auch Schneider und Wolff (2009).

722 Die Honorarreform im vertragsärztlichen Bereich ähnelt in der Zielsetzung der im KHRG beschlossenen Neuordnung der Krankenhausfinanzierung.

723 Siehe für die Entwicklung der Ausgabenverteilung und die Größen im Jahr 2008 Abschnitt 6.2.3.2.

724 Für die bis zum 06.05.2010 feststehenden Landesbasisfallwerte 2010 siehe Anhang 6.

Regionale Gebührenordnungen mit Zu- und Abschlägen für *Versorgungs- und Kostenstrukturen* sind möglich und werden zwischen den KVen und den Landesverbänden der Krankenkassen und den Ersatzkassenkassen gemeinsam und einheitlich vereinbart.[725] Der Bewertungsausschuss eröffnet die Möglichkeit zur Abweichung vom bundeseinheitlichen Orientierungswert.[726] Da der Fonds grundsätzlich einen bundesweit standardisierten einheitlichen Betrag je Versicherten zuweist, ist eine engere Abstimmung zwischen den einzelnen Bundesländern nötig geworden.

Ferner werden die Orientierungswerte bis zum 31.08.2010 für *Unter- und Überversorgung* korrigiert.[727] Tendenziell dürften regionale Korrekturen über die Bundesländer Korrekturen wegen Unter- und Überversorgung ausgleichen, da Länder mit höheren Einkommen oft dichter besiedelt sind und höhere Lebenshaltungskosten haben.

Die Honorarreform war also konsequent und hat auf das duale System Auswirkungen. Werden *bundeseinheitliche Festpreise* eingeführt, so ist der Festpreis entweder *zu niedrig oder zu hoch.*[728] In Bundesländern und Regionen innerhalb der Bundesländer mit hohen Lebenshaltungskosten und für die Leistungserbringer teuren Kostenstrukturen (Mieten, Löhne) ist die Vergütung relativ niedrig gegenüber Gebieten mit umgekehrten Vorzeichen.[729] Aufgrund der Fondssystematik haben die Krankenkassen keine Mittel, um bei der Vergütung der Leistungserbringer regionale Besonderheiten zu berücksichtigen. Will eine Krankenkasse die Qualität der Leistungserbringer auf dem Niveau vor der Honorarreform sichern, sind *Zusatzbeiträge* vorstellbar. Da in Ländern mit hohen Lebenshaltungskosten und Kosten der Leistungserbringung i. d. R. hohe Gehälter gezahlt werden, ist letztlich durch die *Honorarreform netto* mit *Versichertenzuwächsen* der *PKV* zu rechnen. Die Ärzte selbst werden versuchen, Privatpatienten zu gewinnen.

Eine regionale Disparität medizinischer Leistungen hat es auch vor dem GKV-WSG gegeben. Mit dem GKV-WSG entsteht bei Berücksichtigung regionaler Kostenunterschiede eine Übernivellierung des regionalen Ausgleichs innerhalb der GKV.[730] Ob die bedarfsgerechte Versorgung zunimmt, ist noch unklar. Zusatzbeiträge bedingt

---

725 Vorher verhandelten bspw. die Ersatzkassen alleine mit der entsprechenden KV.

726 Vgl. Wasem und Walendzik (2008), S. 644. Regionale Gebührenordnungen sind im § 87a Abs. 2 SGBV geregelt und konnten am 18.11.2008 erstmalig vereinbart werden, wurden jedoch bisher (Stand 28.04.2010) für kein Bundesland etabliert. Eine Bestimmung regionaler Kostenunterschiede durch das InBA kam zu dem Ergebnis, dass weder Kosten- noch Versorgungsstrukturen zwischen den Bundesländern nennenswert differieren, sondern nur innerhalb der Bundesländer, so zitiert in Wasem und Walendzik (2008), S. 644. Kritisch dazu siehe Neubauer, G. und Pfister (2009a), S. 34-38.

727 § 87 Abs. 2e i. V. m. § 87c SGBV

728 Für die Kritik an Einheitspreisen im Gesundheitswesen siehe Neubauer, G. und Pfister (2007c), S. 628-630.

729 Mit Hinblick auf die Bedarfsgerechtigkeit wird die Thematik in Abschnitt 6.1.2.3 behandelt.

730 Siehe ausführlich zur regionalen Finanzierungsgerechtigkeit Abschnitt 6.1.2.3.

durch Regionaleffekte[731], die alleine vom Mitglied getragen werden, dürften i. V. m. der Honorarreform finanziell Schwächere in summa benachteiligen. Die *Konvergenz* der *GKV auf die PKV* ist durch die höhere Belastung dieses Personenkreises bedingt.

Der EBM war bereits vor dem GKV-WSG stärker pauschaliert als die GOÄ. Mit dem GKV-WSG wird der Unterschied größer.[732,733] Die GOÄ macht eine effektive Mengensteuerung der ärztlichen Leistungen durch die Einzelleistungsabrechnung schwierig. Ähnliches gilt für die Bewertung der Einzelleistungen, bei der die Ärzte einen Spielraum durch Steigerungssätze haben.[734] Die PKV versucht Ausgabensteigerungen daher über Patientensteuerung in den Griff zu bekommen. Die *Auseinanderentwicklung der Vergütungssystematik* durch die Honorarreform kann somit als *divergentes Element* betrachtet werden. Tendenziell wird *in summa Konvergenz GKV auf PKV* festgestellt.

4.3.2.1.2 Organisationsreform und privatrechtliche Elemente in der GKV

Ein wesentlicher Unterschied zwischen GKV und PKV besteht im Vertragsmarkt. Die gesetzlichen Krankenkassen verhandeln entweder selektiv oder kollektiv gemeinsam und einheitlich mit den Leistungserbringern. Bei der PKV existiert der Vertragsmarkt faktisch nicht. In der GKV wurde die Organisation der Selbstverwaltung umgestaltet, was Einfluss auf den Vertragsmarkt und damit auf das Verhältnis von GKV zu PKV hat. Neben der Einrichtung des GKV-SV[735] für alle Krankenkassen wurden die Landesverbände abgewertet und der G-BA neu verfasst.[736] Die gesetzlichen Einzelkassen wurden darüber hinaus ein Stück weit privatisiert.

---

731 Im Finanzierungsmarkt haben Zusatzbeiträge wie festgestellt eine entsolidarisierende Wirkung, die bei pauschaler Beitragserhebung am deutlichsten wird. Im Unterschied dazu besteht hier die Entsolidarisierung in einer Verstärkung der Belastung Schwächerer durch die bundeseinheitliche Vergütung.

732 Für die hausärztliche Versorgung vgl. § 87 Abs. 2b SGBV. Für die vertragsärztliche Versorgung siehe § 87 Abs. 2c SGBV.

733 Einen ausführlichen Überblick der Vergütungssystem in Deutschland erhält man in Neubauer, G.; Minartz; et al. (2009). Siehe dort für die ärztliche Vergütung Kapitel 2.

734 Eine Detailanalyse der Gebührenordnungen erfolgt im Abschnitt 5.3.2.2.

735 Rolle und Aufgaben des GKV-SV beschreibt die Vorsitzende des Vorstands Pfeiffer, vgl. Pfeiffer (2009).

736 Der G-BA hat nun nach § 91 Abs. 2 SGBV 21 Mitglieder, davon 3 unparteiische Mitglieder (darunter der Vorsitzende), 5 Vertreter der Krankenkassen (benannt vom GKV-SV), 5 Vertreter der Leistungserbringer (davon 2 Vertreter der KBV, 1 Vertreter der KZBV und 2 Vertreter der DKG). Hinzu kommen Patientenvertreter ohne Stimmrecht (entsprechend der Zahl der Vertreter der Spitzenverbände der Krankenkassen). Nicht direkt vertreten sind die Apotheken und die Pharmaindustrie.

Der *GKV-SV* hat zum 01.07.2008 die vor dem GKV-WSG acht Bundesverbände der Krankenkassen abgelöst und deren hoheitliche Aufgaben[737] übernommen. Der GKV-SV ist ein Selbstverwaltungsorgan, über das das Bundesministerium für Gesundheit (BMG) die Rechtsaufsicht führt.[738,739] Mitglieder des GKV-SV sind sämtliche Krankenkassen. Die Selbstverwaltung hat einen nach Mitgliederzahl je Kassenart gewichteten Verwaltungsrat bestehend aus Versicherten- und Arbeitgebervertretern[740] sowie einen hauptamtlichen Vorstand.

Die bisherigen als KdöR verfassten Bundesverbände der AOKen, Betriebskrankenkassen (BKKen) und Innungskrankenkassen (IKKen) wurden in Gesellschaften des bürgerlichen Rechts (GbR) umgewandelt. Als Rechtsnachfolger der bisherigen Verbände obliegt es ihnen, die noch offenen vertraglichen Verpflichtungen zu erfüllen. Die Bundesverbände der Ersatzkassen waren dagegen eingetragene Vereine, so dass nur hoheitliche Aufgaben übertragen wurden. Dazu zählen u. a. Honorarverhandlungen mit der Kassenärztlichen Bundesvereinigung (KBV), Vergütungsvereinbarungen mit Krankenhäusern und die Festlegung der Höhe von Festbeträgen für Arzneimittel. Zu diesem Zweck vertritt der GKV-SV die Krankenkassen nun einheitlich im Rahmen der Gemeinsamen Selbstverwaltung mit der KBV und der Deutschen Krankenhausgesellschaft (DKG).[741]

---

737 Siehe § 217 SGBV (2006) für die Aufgaben der Bundesverbände.

738 § 217d SGBV.

739 Im Hinblick auf eine zu starke Einmischung des BMG bei Entscheidungen des G-BA hat das Bundessozialgericht (BSG) klargestellt, dass eine inhaltliche Einflussnahme bei gesetzeskonformen Beschlüssen des G-BA nicht erlaubt ist, vgl. BSG B6 A 1/08 R (2009).

740 Ausnahme sind die Vertreter der Ersatzkassen, bei denen keine Arbeitgebervertreter wie auch in den Einzelkassen vorhanden sind.

741 Der Begriff Gemeinsame Selbstverwaltung wurde geprägt von Neubauer und Rebscher, vgl. Neubauer, G. und Rebscher (1985). Von Gemeinsamer Selbstverwaltung kann nach den Verfassern nur in der vertrags(zahn)ärztlichen Versorgung gesprochen werden, wo auf beiden Seiten Gruppen verhandeln. Die Krankenhäuser verhandeln individuell mit Kassenverbänden, Neubauer nennt dies individual-vertraglich im Gegensatz zu kollektiv-vertraglich, vgl. Neubauer, G. (1988a). Die Krankenhausgesellschaften sind keine KdöR's und haben kein Weisungsrecht. Ähnlich die Apothekerkammern, die als ständische Berufsvertretung keine ausdrückliche ökonomische Funktion wahrnehmen. Apothekerverbände gestalten heute ähnlich wie Krankenhausgesellschaften Rahmenbedingungen mit. Veranschaulicht kann der „Grad" der Gemeinsamen Selbstverwaltung anhand des Mix aus marktlicher, kollektiver und staatlicher Steuerung, vgl. Neubauer, G. (1984a), S. 165. Ausführlich zur Gemeinsamen Selbstverwaltung mit Positionen der Verbandsfunktionäre und wissenschaftlichen Erklärungsansätzen ist das frühe Werk Neubauer, G. und Rebscher (1984). Gerlinger bezeichnet das kollektive Verhandeln im stationären Sektor als „halbierte[r] Korporatismus", da einzelne Krankenhäuser verhandeln, die Sicherstellung über die Bundesländer erfolgt und damit verbunden die Zulassung der Krankenhäuser respektive die Bedarfsplanung bei den Ländern liegt, Gerlinger (2009), S. 20.

Wie vor dem GKV-WSG werden die auf Bundesebene getroffenen Rahmenvereinbarungen von *Landesverbänden* umgesetzt. Die wichtigste Aufgabe der Landesverbände, die nach Kassenarten organisiert sind, ist der Abschluss von Gesamtverträgen und *Kollektivverträgen* mit den für den entsprechenden Bezirk zuständigen *KVen* und *KZVen*.[742] Diese Aufgabe bleibt im zahnärztlichen Bereich unverändert bestehen. Im Zuge der Honorarreform verhandeln die Landesverbände der Krankenkassen und die Ersatzkassen nun gemeinsam und einheitlich, d. h. nicht für sich, mit der jeweiligen KV. *Neu* bzw. erweitert sind z. B. *Aufgaben* im Bereich der betrieblichen Gesundheitsförderung, der Prävention und bei Selbsthilfegruppen[743], und bei der Zulassung und Versorgung von Leistungserbringern von Heil- und Hilfsmitteln und deren Ausschreibung.[744] *Entfallen* bzw. reduziert sind Aufgaben im Bereich der besonderen Versorgungsformen und der Vereinbarung arztgruppenbezogener Regelleistungsvolumina.

Einzelne Krankenkassen[745] als KdöR können nun kassenartenübergreifend fusionieren und insolvent werden, detailliert geregelt im GKV-OrgWG.[746] Die Insolvenzeigenschaft wurde bislang nur bundesunmittelbaren Krankenkassen zugeordnet und ist einer KdöR wesensfremd. Die landesunmittelbaren AOKen, BKKen und IKKen als hoheitlich handelnde Körperschaften schlossen bisher ihre Deckungslücken durch die Beitragszahler.[747] Verstärkt wird der *Privatisierungstrend* durch eine stärkere Ausrichtung des Rechnungswesens am Handelsgesetzbuch (HGB).

Auch ohne die formalen Privatisierungstendenzen im Rechnungswesen ist eine Hinwendung zur privatrechtlichen Sphäre zu beobachten.[748] Mit den erweiterten Selektivverträgen wurde die alleinige Anwendbarkeit des Sozialrechts zugunsten des *Wettbe-*

---

742 §§ 83 und 85 SGBV.

743 §§ 20a, 20b und 20c SGBV.

744 §§ 124 Abs. 5, 125 Abs. 2 und § 127 Abs. 1 SGBV.

745 Die damaligen mit Sonderstatus versehenen See-Krankenkasse und Deutsche Rentenversicherung Knappschaft-Bahn-See wurden im Zuge des GKV-WSG den anderen Krankenkassen gleichgestellt. Einen Sonderstatus besitzen noch manche BKKen und IKKen, die immer noch über eine Öffnung für betriebs- respektive innungsfremde Personen entscheiden können. Einmal geöffnet, kann dann nicht mehr der Status einer geschlossenen Kasse zurückgewonnen werden.

746 § 171a SGBV.

747 Die Zuständigkeit der Aufsicht richtet sich nach der Anzahl der Bundesländer, in denen eine Kasse tätig ist, vgl. ausführlicher Abschnitt 7.2.1.2. Vor dem GKV-WSG waren viele Krankenkassen verschuldet. Die Insolvenzfähigkeit erforderte eine Entschuldung der Krankenkassen. Für den Schuldenabbau war ein Moratorium bis Ende 2007 vorgesehen, was jedoch bis Ende 2008 verlängert wurde. Vor dem GKV-WSG wurde der Betrieb verschuldeter Krankenkassen neben Beitragssatzerhöhungen durch staatliche Gelder ermöglicht. Auch wurden die impliziten Schulden erwachsen aus Pensionsansprüchen bisher nicht berücksichtigt. Damit nicht auf einen Schlag Rückstellungen aufgebaut werden müssen, hat man sich bei Kassen ohne Rückstellungen im GKV-OrgWG auf einen Zeitraum von 40 Jahren verständigt.

748 Siehe ausführlich zur Frage Privatisierung der Krankenkassen Abschnitt 7.2.1.2.

werbsrechts weiter eingeschränkt. Neben den durch den Fondsmechanismus katalysierten Zusammenschlüssen von Krankenkassen, nun auch kassenartenübergreifend, gibt es bereits heute mit den AOKen regionale marktbeherrschende Einheiten. Je größer der selektivvertragliche Bereich wird, umso wichtiger sind faire Wettbewerbsbedingungen. Das GKV-WSG hat mit eng definierten Ausnahmebereichen dem konsequent Rechnung getragen.[749] Die §§ 19-21 Gesetz gegen Wettbewerbsbeschränkungen[750] (GWB) und die §§ 97 bis 115 und 128 GWB sind bei nicht schiedsfähigen Gesundheitsleistungen anzuwenden.[751]

Zusammenfassend ist die *dezentrale Steuerung* als idealtypisches Merkmal durch Zentralisierung der Verbände *geschwächt* worden. Ein gutes Beispiel ist die Euro-Gebührenordnung im Rahmen der Honorarreform, die nicht mehr zwischen KV-Bezirken und Landesverbänden unabhängig regional verhandelte Leistungsbewertungen zulässt, sondern ein gemeinsames und einheitliches Vorgehen aller Kassen(arten)verbände mit der jeweiligen KV vorschreibt, wiederum gesteuert durch den Bewertungsausschuss. Man kann daher eine Abkehr vom idealtypischen Merkmal der dezentralen Steuerung der Leistungserbringung feststellen, was *Konvergenz GKV gegen PKV* bedeutet. Die Privatisierungstendenz, die eine Änderung der Rechtsform auch auf Kassenebene als Endpunkt plausibel erscheinen lässt, verstärkt die Konvergenz.

4.3.2.1.3 Erweiterung der Kostenerstattung in der GKV

Kostenerstattungstarife als monetäre Wahlleistungen bewirken, dass Patienten ein direktes Vertragsverhältnis mit ihrem behandelnden Arzt eingehen.[752] Bei der direkten Abrechnung der erbrachten Leistungen mit dem Patienten findet die GOÄ Anwendung und eröffnet den Leistungserbringern eine erweiterte und meistens lukrativere Möglichkeit, für GKV-Versicherte Leistungen zu erbringen. Für den Patienten ist potenziell vorteilhaft, dass der Arzt alles aus seiner Sicht Sinnvolle zur Heilung bzw. Linderung wegen fehlender Wirtschaftlichkeitsprüfung durchführen kann.

Die Höherversicherung verändert das Verhältnis zwischen Arzt und Patient neben über den GKV-Leistungskatalog hinausgehenden Leistungen durch besseren Service wie

---

749 § 69 Abs. 2 SGBV.

750 Das Gesetz gegen Wettbewerbsbeschränkungen ist die Zentralnorm des deutschen Kartell- und Wettbewerbsrechts, vgl. §§ 19-21 GWB.

751 Der § 69 Abs. 2 SGBV wurde bereits mehrmals seit in Kraft treten des GKV-WSG geändert. Insb. der § 69 Abs. 2 S. 3 war und ist umstritten. Inzwischen ist bei Ausschreibungen von Rabattverträgen nach § 130a Abs.8 SGBV der Rechtsweg über die Vergabekammern mit Letztinstanz des BSG etabliert. Siehe zur Diskussion Wille und Koch sowie die dort angegebene Literatur, vgl. Wille, M. und Koch (2007), S. 235-237. Ausführlicher siehe Abschnitt 7.2.1.2.

752 Siehe ausführlich zu Abrechnungsverfahren Abschnitt 5.3.3.3.

geringere Wartezeiten.[753] Kostenerstattung kann dies verhindern. In jedem Fall führt Kostenerstattung zu einer Schwächung der Solidarität unter den GKV-Versicherten, weil das Prinzip eines für alle geltenden einheitlichen Leistungskatalogs durchbrochen wird. Es entsteht eine Art Zweiklassenmedizin. Kostenerstattungswahltarife führen auch im Leistungsmarkt zur *Konvergenz GKV gegen PKV*. Für *Arzneimitteltarife der besonderen Therapierichtungen* gelten analoge Schlussfolgerungen bzgl. des dualen Systems.

4.3.2.1.4 Basistarif in der PKV

Der Basistarif kann nach Analyse des Finanzierungsmarktes als „GKV in der PKV" bezeichnet werden. Die Basistarif-Versicherten entrichten Beiträge analog zur GKV und erhalten vergleichbare Leistungen. Konvergente Wirkungen sind folglich auch im Vertrags- und Behandlungsmarkt zu erwarten.

Mit dem GKV-WSG müssen Vertragsärzte die medizinische Versorgung der Basistarif-Versicherten sicherstellen.[754] Im Unterschied zur Aufgabenverringerung der KVen und KZVen in der GKV erwachsen den Ärzteverbänden in der PKV dadurch neue Aufgaben. Der PKV-Verband als Vertreter seiner Mitgliedsunternehmen verhandelt mit den Ärzteverbänden *maximale Steigerungssätze* von GOÄ und GOZ.[755] Die Verhandlungen werden also kollektiv geführt.

Anfang 2010 hat man sich als *Obergrenzen* auf für die Abschnitte M und Nr. 437 GOÄ das *0,9-fache*, für die Abschnitte A, E und O GOÄ das *1-fache* und für die übrigen Leistungen das *1,2-fache* im ärztlichen Bereich geeinigt.[756] Der Gesetzgeber hat für den Fall einer Nichteinigung Obergrenzen definiert, die bei Ärzten für die Abschnitte M und Nr. 437 GOÄ 1,16-fache, für die Abschnitte A, E und O GOÄ 1,38-fache und für die übrigen Leistungen der GOÄ das 1,8-fache betragen. Bei Zahnärzten ist der maximale Steigerungssatz auf das 2-fache begrenzt.[757]

---

753 Als Nachteil für Ärzte wird gesehen, dass sie bei insolventen Patienten keine Bezahlung erwarten können, weil das von der Krankenkasse auf dem Konto eingehende Erstattungsgeld weggepfändet wird.

754 § 75 Abs. 3a S. 1 SGBV. Für den Standardtarif gelten ähnliche Regeln, was hier aber nicht näher betrachtet wird.

755 § 75 Abs. 3b S. 1 SGBV.

756 Ärzte Zeitung (2010d). Der niedrige Abschluss aus Sicht der Ärzte ist verständlich, wenn man das Kalkül der PKV, den Basistarif unattraktiv zu machen, berücksichtigt. Wechseln tun nur Personen, die einen finanziellen Vorteil haben. Der PKV gehen dadurch Prämien verloren. Bei niedrigen Steigerungssätzen werden die Leistungserbringer PKV-Versicherte wie GKV-Versicherte behandeln. Auch darf der Druck der öffentlichen Hand nicht unterschätzt werden, die durch relativ niedrige Steigerungssätze die Beihilfezahlungen vermindern konnte.

757 § 75 Abs. 3b S. 2 SGBV.

Basistarifversicherte sind also im Vergleich zu sonstigen PKV-Versicherten für die (Zahn)Ärzte wenig attraktiv. Es ist zu erwarten, dass derart Versicherte wie GKV-Versicherte zumindest mit schlechteren Serviceleistungen rechnen müssen. Im direkten Vergleich mit GKV-Versicherten gibt es Studien, die sogar eine Schlechterstellung der Basistarifversicherten erwarten lassen, da die Basistarifvergütung nach begrenzter GOÄ / GOZ geringer als die EBM- / Bewertungsmaßstab zahnärztliche Leistungen (BEMA)-Vergütung ist. Im ärztlichen Bereich entspricht die 1-fache GOÄ ca. dem EBM für vergleichbare Leistungen, womit hier nicht mit einer Benachteiligung der Basistarifversicherten zu rechnen ist.[758] Bei den Zahnärzten dürften hingegen Basistarifversicherte im Nachteil sein.[759]

Sowohl im Vertragsmarkt als auch im Leistungsmarkt kommt es zu einer *Konvergenz* der *PKV in Richtung GKV*. Der Basistarif ist auch auf diesen beiden Märkten eine Art gesetzliche Versicherung innerhalb der PKV. Es werden alle für diese beiden Märkte relevanten idealtypischen Merkmale der PKV nicht erfüllt bis auf das unangetastete Kostenerstattungsprinzip.

4.3.2.1.5 PKV im Vertrags- und Leistungsmarkt

Das GKV-WSG hat für die PKV Vertragsverhandlungen mit pharmazeutischen Unternehmen ermöglicht.[760] Neben den bisherigen Eigeneinrichtungen, den erwähnten Direktabrechnungsmöglichkeiten im stationären Sektor und Preisverhandlungen mit Privatkliniken ist außerhalb von Basis- und Standardtarif sonst kein Verhandlungsspielraum im Vertragsmarkt gegeben. Insofern ist die Neuregelung ein von der Versichertenzahl her bisher kleiner, aber revolutionärer *Schritt der PKV hin zur GKV*.[761]

---

758 Für den EBM-GOÄ Vergleich siehe den Studienüberblick bei Niehaus (2009b). Ein aktueller Vergleichswert findet sich auch bei Walendzik et al. (2009), S. 65.

759 Zwei ältere Studien vergleichen v. a. den Standardtarif mit dem BEMA. Dieser hatte als gesetzliche Obergrenze den 1,7-fachen Satz bis jüngst mit GKV-WSG auch für den Standardtarif der 2-fache Satz Obergrenze ist, vgl. § 75 Abs. 3a S. 1 SGBV. Neubauer und Minartz kommen zur Relation GKV-Vergütung zu GOZ-Einfachsatz von ca. 2,1, was größer 2 ist und damit für Zahnärzte eine geringere Vergütung für Basistarifversicherte impliziert, vgl. Neubauer, G. und Minartz (2006), S. 106-110. Dem widerspricht eine ältere Studie von Langer et al., die auch bei 1,7-fachen Satz Vorteile für Standardtarifversicherte sehen, vgl. Langer et al. (2002), S. 101-102.

760 § 73 Abs. 3 AMG.

761 Im zeitlichen Umfeld des GKV-WSG wurden mit der VVG-Reform von 23.11.2007 unmittelbar mit der Leistungserbringung in Zusammenhang stehende Dienstleistungen als Bestandteil der Vollversicherung erlaubt, § 192 Abs. 3 VVG. Siehe detaillierter Abschnitt 5.2.1.2.

4.3.2.2 Divergenz auf dem Vertrags- und Leistungsmarkt

4.3.2.2.1 Reform des Gemeinsamen Bundesausschusses

Der G-BA als *oberstes Beschlussgremium* der *Gemeinsamen Selbstverwaltung* besteht aus Unparteiischen, Leistungserbringern (Vertragsärzte, -psychotherapeuten und -zahnärzte sowie Plankrankenhäuser) und Krankenkassen. Patientenvertreter haben ein Mitberatungsrecht. In Form von *Richtlinien* wird der GKV-*Leistungskatalog* beschlossen.[762] Nur Leistungen im Katalog können erstattet werden, der G-BA konkretisiert das Rahmenrecht im SGB V.[763] Mit dem GKV-WSG wurde der G-BA professionalisiert. Damit ist gemeint, dass die drei unparteiischen Vorsitzenden ihr Amt hauptberuflich ausüben. Die Verbände von Kassen und Leistungserbringern entsenden ehrenamtliche Vertreter. Neu ist auch die *sektorübergreifende* Zusammensetzung bei *sämtlichen Beschlüssen.* Hinzugekommen sind Richtlinien über die ambulant spezialisierte Palliativversorgung, Schutzimpfungen und v. a. erweiterte Befugnisse bei der sektorübergreifenden *Qualitätssicherung.*[764] Die Kompetenzen des G-BA sind deutlich erweitert worden.

Die Aufgabenerweiterung des G-BA fördert Angebotssteuerung durch eine sektorübergreifende Versorgung und Qualitätssicherung. Vergleichbares war in der PKV schon vor dem GKV-WSG nicht gegeben. Daher ist die Neuordnung des G-BA als Stärkung des dualen Systems respektive *Divergenz* zu beurteilen.

4.3.2.2.2 Kosten-Nutzen-Bewertung bei Arzneimitteln

Es wurde bereits im Abschnitt 3.2.3.2. der allgemeine Vorgang der Einführung von Innovationen in die GKV beschrieben. Grundsätzlich ist der Stand der Forschung zu berücksichtigen. Bislang wurden alle Innovationen, die einen nachweisbaren Mehrnutzen für den Patienten gestiftet haben, in den GKV-Leistungskatalog aufgenommen. Als Ausgabenfaktor im Gesundheitswesen ist aufgrund des finanziellen Gewichts der Arzneimittelsektor zu betrachten.[765] Verantwortlich für den Ausgabenanstieg sind die innovativen Arzneimittel, deren Preise bei Alleinstellungsstatus (sog. Solisten) in Deutschland von der pharmazeutischen Industrie frei gesetzt werden können.[766]

---

762 Siehe § 91 SGBV für die Zusammensetzung und §§ 92-94 SGBV für die Aufgaben.

763 §§ 20-43a SGBV.

764 § 137 Abs. 2 SGBV. Vgl. § 137 SGBV (2006), der wesentlich kompakter ist als der neue § 137. Neu eingeführt wurde der § 137a SGBV, der ausführliche Anweisungen zur Durchführung und Darstellung der Qualitätssicherung enthält.

765 Für die Ausgabengewichte der Sektoren und Wachstumsraten in GKV und PKV siehe Abschnitt 6.2.3.2.

766 Vgl. für die Preisentwicklung zwischen innovativen und weniger innovativen Medikamenten Abschnitt 6.2.3.2.

Bisher wurden zugelassene Arzneimittel unabhängig von der Höhe des Preises i. d. R. erstattet.[767] Voraussetzung für eine Zulassung ist der Nachweis von Qualität, Unbedenklichkeit und Wirksamkeit. Die Zulassung wird grundsätzlich indikationsbezogen erteilt.[768] Mit dem GKV-WSG wurde die KNB eingeführt, die als vierte Hürde die Kosten-Nutzen Relation aufstellt.[769] Die KNB wird durch das IQWiG im Auftrag des G-BA durchgeführt.[770] Im Prinzip sollen künftig neue Arzneimittel nur in der Höhe erstattet werden, wie der Mehrnutzen des Medikaments die höheren Kosten rechtfertigt.[771,772] Ein Verordnungsausschluss ist möglich. Dabei steht nicht die Bewertung des individuellen Kosten-Nutzen-Verhältnisses eines Patienten im Vordergrund, sondern es wird die Sicht der gesamten GKV eingenommen.[773]

Eine mittelfristige Reduktion des GKV-Leistungskatalogs durch Innovationsfilterung oder geringere Erstattungsfähigkeit ermöglicht der PKV das Angebot privater Zusatzversicherungen. Eine Marktausweitung der PKV ist aber per se keine Änderung im Verhältnis zwischen GKV und PKV. Anders formuliert führt eine Begrenzung des Leistungskatalogs nicht notwendig zu einer Neuordnung des dualen Systems. Solange

767 Das SGB V verzichtet bei Arzneien anders als bei stationärer und ambulanter Behandlung weitgehend auf Regelungen zur Wirksamkeit und Qualität. Die Zulassung erfolgt staatlich und ist geregelt im § 25 AMG. Vgl. auch Abschnitt 5.2.2.1.2.

768 Der Off-Label-Use als Ausnahme in klinischen Studien ist eine Neuerung des GKV-WSG, die wegen der geringen Bedeutung nicht näher betrachtet werden soll, vgl. § 35c SGBV. Umfassend zum Off-Label-Use siehe die Dissertation von Klein, vgl. Klein (2009).

769 § 35b Abs. 1 und 2 SGBV. KNB gilt nicht nur für neue Medikamente, sondern auch für andere von Bedeutung, vgl. § 35b Abs. 1 S. 2 SGBV.

770 Der G-BA hat dem IQWiG die Möglichkeit zur eigenverantwortlichen Auswahl von Projekten im Rahmen eines Generalauftrags übertragen, vgl. G-BA (2004).

771 § 31 Abs. 2a SGBV.

772 Bedeutsam ist der Referenzmaßstab des Mehrnutzens. Betrachtet man die Zahl neuer Arzneistoffe, dann ist gegenüber etablierten Medikamenten nur ein Bruchteil davon pharmakologisch besser als bereits eingeführte Medikamente. Im Jahr 2008 waren 7 von 29 Markteinführungen in Deutschland besser. Für die Zahlen von 1992 bis 2008 vgl. Fricke und Schwabe (2009), S. 46.

773 Das IQWiG verwendet methodisch die sog. Effizienzgrenze, vgl. IQWiG (2009a). Internationaler Standard ist hingegen die Verwendung von Qualitätsadjustierten Lebensjahren (QALY's), was z. B das britische National Institute for Health and Clinical Excellence (NICE) nutzt. Die Kritik verschiedener Personenkreise zur Methodik, in diesem Fall zum letzten Entwurf des Methodenpapiers, findet sich zusammengefasst unter IQWiG (2009b). Beachte insb. die Stellungnahme des Gesundheitsökonomischen Ausschusses des Vereins für Socialpolitik auf den S. 1-5. Als Verbesserungsvorschlag wird vom Ausschuss verwiesen auf den sog. Hannoveraner Konsens, vgl. Schulenburg et al. (2007). Zur Entgegnung auf alle Stellungnahmen siehe IQWiG (2009c). Eine Zusammenstellung der international angewandten KNB-Methoden gewährt der Überblick in Schulenburg und Vauth (2007), S. 791. Siehe kompakt zur KNB Neubauer, A. S. und Neubauer (2008), S. 36-37.

die Filterung bedarfsgerecht erfolgt, überwiegt die *Divergenz GKV weg von der PKV*, da eine Angebotssteuerung zu beobachten ist.[774]

4.3.2.2.3 Ausbau des selektiven Kontrahierens in der GKV

Das GKV-WSG führte zu einer stärkeren Zentralisierung im Bereich kollektiver Vertragsverhandlungen. Das Gegenteil ist der Fall bei Selektivverträgen zwischen einzelnen Krankenkassen und Leistungserbringern. Bereits mit dem GRG wurden Möglichkeiten zu individuellen Verträgen geschaffen.

Über effektive Patientensteuerung im Finanzierungsmarkt können selektive Verträge zur Effizienzsteigerung auf dem Vertragsmarkt und letztlich im Leistungsmarkt beitragen. Die Zusammenhänge und Unterschiede zwischen kollektiv und selektiv sind in der Abbildung 13 dargestellt.

Abbildung 13: Kollektiver und selektiver Vertragsmarkt

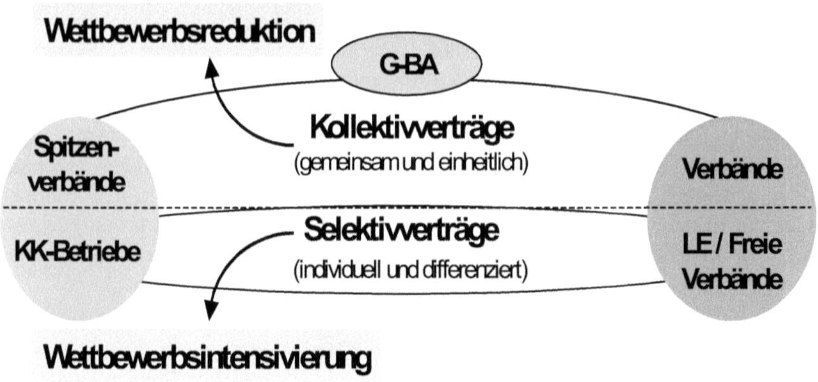

Quelle: Neubauer, G. und Minartz (2008), S. 46.

Einzelne Krankenkassen verhandeln im Rahmen von selektiven Verträgen mit einzelnen Leistungserbringern, Gruppen von Leistungserbringern oder auch Managementgesellschaften. Durch die Zunahme von selektiven Verträgen werden dem Gesundheitssystem aber nicht mehr Mittel zur Verfügung gestellt, sondern dem Kollektivbereich entzogen.

774 Inwieweit Medikamente mit Nutzen für die Patienten ausgefiltert werden, wird sich erst empirisch zeigen lassen. Bisher hat das IQWiG zwei Aufträge vom G-BA zu KNB erhalten. Im ersten Auftrag soll das Kosten-Nutzen-Verhältnis von vier Wirkstoffen zur Behandlung von Patienten mit Depressionen untersucht werden. Der zweite Auftrag bezieht sich auf die Kosten-Nutzen-Relation von Clopidogrel und ASS für zwei Indikationen, vgl. Ärzte Zeitung (2009a).

Selektivverträge umfassen die als Wahltarif anzubietenden besonderen Versorgungsformen:[775]

- Modellvorhaben nach §§ 63-65,
- Hausarztzentrierte Versorgung nach § 73b,
- Besondere ambulante ärztliche Versorgung nach § 73c,
- DMP's nach § 137 f und g sowie
- Verträge zur IgV nach §§ 140a-d.

Hinzu kommen:

- Rabattverträge nach § 130a Abs. 8 und
- Hilfsmittelausschreibungen nach § 127 Abs. 1 und Abs. 1a.

Das GKV-WSG hat bis auf Modellvorhaben alle aufgelisteten selektivvertraglichen Möglichkeiten geändert oder im Falle des § 73c SGB V neu eingeführt.[776] Ausnahme ist die Neufassung des § 116b im vierten Abschnitt des SGB V, der in der alten Fassung selektivvertraglich ausgestaltet war. Im Wesensgehalt unangetastet und für selektive Verträge (noch) nicht geeignet, und damit für das Verhältnis GKV - PKV nicht näher betrachtet, sind die weiteren im vierten Kapitel dritter bis sechster Abschnitt SGB V genannten Beziehungen der Krankenkassen zu Krankenhäusern u. a. Einrichtungen, zu Krankenhäusern und Vertragsärzten, zu Leistungserbringern von Heilmitteln, zu Leistungserbringern von Hilfsmitteln sowie zu Apotheken und Pharmaunternehmen.[777]

Im *ambulant-ärztlichen* Bereich können Ärzte bzw. ihre Verbände und Dienstleistungsgesellschaften[778] grundsätzlich ohne die KVen Verträge mit Krankenkassen schließen. Das GKV-WSG hat selektive Verträge im fachärztlichen Bereich eingeführt

---

775 Beide Auflistungen beziehen sich aufs SGB V.

776 Verträge nach § 73a SGB V sind Strukturverträge mit KVen und haben kollektivvertraglichen Charakter. Außerdem sind sie mit dem GKV-WSG inhaltlich unverändert, vgl. § 73a SGBV mit § 73a SGBV (2006).

777 §§ 115-125 SGBV. Bemerkenswert ist die Einführung von § 115c Abs. 2 SGBV, der die Schnittstelle Arzneimitteltherapie Krankenhaus – vertragsärztlicher Bereich wirtschaftlicher gestaltet.

778 Weitere Aufgaben sind z. B. die Beratung bei Vertragsabschlüssen oder die Übernahme von Verwaltungsaufgaben, vgl. § 77a SGBV. Die Gründung von Dienstleistungsgesellschaften durch KVen zeigt den Umbruch von kollektiven hin zu selektiven Verträgen besonders eindringlich. Die KVen als Kollektivorgan versuchen so, den Umbruch aktiv mitzugestalten und ihre Existenz zu sichern. Die Liberalisierung des Vertragsgeschäftes beendet die vormalige Monopolstellung der KVen.

und die mit dem GMG installierte Hausarztzentrierte Versorgung nach § 73b SGB V modifiziert. Je nach Bereich wird der Sicherstellungsauftrag der KVen eingeschränkt. Die Wirkungen auf das duale System von Hausarztverträgen und Facharztverträgen unterscheiden sich. Während es bei Hausarztverträgen neuer Fassung zu einer neutralen Einschätzung kommt, sind Facharztverträge als divergent im Leistungs- und Behandlungsmarkt einzustufen.[779]

Die Krankenkassen können mit dem GKV-WSG über Verträge zur Hausarztzentrierten Versorgung hinaus selektive Arrangements der Leistungsvergütung und –erbringung mit Ärztegruppen vereinbaren. Die sog. *besondere ambulante ärztliche Versorgung* umfasst entweder die gesamte ärztliche Versorgung oder Teilbereiche.[780] Für einen kleinen Umfang lässt sich bspw. die Versorgung hämophiler Patienten nach §73c SGB V regeln, der Gesetzgeber dachte aber insb. an umfassendere Patientengruppen wie Diabetiker oder Asthmapatienten. Eine Verknüpfung mit DMP's ist sinnvoll, da die §73c-Verträge die Flexibilität bei Leistungsinhalt, Vergütung und Bereinigung erhöhen.[781] Im Unterschied zu Verträgen nach §73b SGB V sind die KVen gleichberechtigte Verhandlungspartner. Der Sicherstellungsauftrag der KV wird ggf. eingeschränkt.[782]

Der Versicherte ist ein Jahr an den Wahltarif gebunden und kann in dieser Zeit nur Haus- und Fachärzte in Anspruch nehmen, mit denen die jeweilige Krankenkasse kontrahiert hat.[783] Dieses Modell ist als Preferred-Provider Organization (PPO) bekannt.[784] Den genauen Ablauf im Leistungsmarkt regelt die Krankenkasse in ihrer Satzung.[785] Im Verhältnis zur PKV bewegt sich die GKV weg, da die Angebotssteuerung zunimmt, d. h. *Divergenz*.

Verstärkt wird die Divergenz wenn KVen mit Kassen oder Verbänden von Kassen innerhalb eines KV-Bezirks *Qualitätsvereinbarungen* schließen.[786] Am Programm teilnehmende Ärzte erhalten einen Bonus, der durch Abzüge bei den nicht am Programm teilnehmenden Vertragsärzten finanziert wird.

---

779 Für die Hausarztzentrierte Versorgung siehe daher Abschnitt 4.3.2.3.1.

780 § 73c Abs. 1 S. 1 und 2 SGBV.

781 § 73c Abs. 4 und 6 SGBV. Siehe ausführlicher Abschnitt 5.2.2.2.1.

782 § 73c Abs. 3 S. 4 SGBV.

783 § 73c Abs. 2 S. 1 und 2 SGBV.

784 Eine detaillierte Beschreibung von PPO's findet sich z. B. in Amelung (2007), S. 70-71.

785 § 73c Abs. 2 S. 3 SGBV.

786 § 136 Abs. 4 SGBV.

DMP's[787] sind im Rahmen des Gesetzes zur Reform des RSA im Jahr 2002 eingeführt worden. Durch indikationsspezifische Anforderungen soll der Behandlungsprozess bei verbreiteten chronischen Erkrankungen optimiert werden.[788] Ebene der Prozesssteuerung ist nicht der Patient[789], sondern die aktuell sechs Krankheiten Diabetes Typ 1, Diabetes Typ 2, Koronare Herzkrankheit, Asthma, COPD und Brustkrebs.[790] Krankenkassen erhalten eine Zulassung von DMP's, wenn die Anforderungen erfüllt sind. Die selektivvertragliche Natur ergibt sich aus dem nötigen Vertragsschluss mit den das DMP durchführenden Leistungserbringern. Die Einwilligung der Leistungserbringer wird bspw. im Rahmen von den neuen § 73c-Verträgen ermöglicht, in der Vergangenheit waren Strukturverträge nach § 73a SGB V ein oft angewendetes Vehikel zur Umsetzung. Mit dem GKV-WSG wurde eine Entbürokratisierung z. B. durch verminderte und ausschließlich elektronische Dokumentationspflichten erreicht, die einer breiten Einführung und höherer Qualität der Programme dienlich ist.[791]

Eine Stärkung der DMP's mittels Entbürokratisierung führt zu einer Erweiterung selektivvertraglicher Möglichkeiten und damit der Angebotssteuerung und -kontrolle, was *Divergenz der GKV weg von der PKV* bedeutet.[792]

Wie der Name schon sagt, wurden *IgV-Verträge* im Hinblick auf eine sektorübergreifende Versorgung mit dem GRG2000 eingeführt.[793] Seit dem GMG wurde der Anwendungsbereich erweitert auf eine interdisziplinär-fachübergreifende Versorgung.[794] Das GKV-WSG erbrachte einige Änderungen. Neu ist der Anspruch einer bevölkerungsbezogenen Flächendeckung[795], dagegen wurde die Anschubfinanzierung aufge-

787 Eine institutionen-ökonomische Analyse des Disease Managements inklusive dem Fallbeispiel Asthma und einer DMP-Betrachtung analysierte Greiner in seiner Habilitation, vgl. Greiner (2005). Lesenswert für den Ursprung von Disease Management ist Stock et al. (2005).

788 Die Auswahl der Krankheiten und Anforderungskriterien sind in § 137f Abs. 1 und 2 SGBV geregelt. Der Zulassungsprozess bei Krankenkassen oder Verbänden derselben ist geregelt in § 137g SGBGV.

789 Wird der Patient mit allen Erkrankungen in den Mittelpunkt einer Analyse gestellt, dann spricht man von Case Management.

790 Vgl. G-BA (2009b). Auf der Internetseite kann der auf Rechtsverordnungen des BMG basierende Gesetzestext und die Beschlüsse des G-BA zum jeweiligen Programm heruntergeladen werden.

791 Kritisch zur Qualität von DMP's siehe Abschnitt 5.2.2.2.3.

792 Die strukturierten Behandlungsprogramme nach § 137 f-g SGB V stellen medizinisch wie ökonomisch eine Variante der integrierten Versorgung nach §§ 140 a-d SGBV dar und könnten zur Vereinfachung in diese integriert werden, vgl. Wille, E. (2009), S. 151-152.

793 Für eine Begriffsbestimmung und ordnungspolitische Einstufung der IgV siehe Neubauer, G. und Knappe (2008), S. 74-84.

794 § 140a Abs. 1 S. 1 SGBV.

795 § 140a Abs. 1 S. 2 SGBV.

hoben.[796] Anstelle der Anschubfinanzierung, die den Krankenkassen zunächst das Einbehalten von Finanzmitteln erlaubte, erfolgt nun eine Bereinigung der kollektiven Vergütung in Höhe der im Rahmen der IgV erbrachten Leistungen. Sollte dies nicht gelingen, ist ein Schiedsverfahren durchzuführen.[797] Die Krankenhäuser wurden im ambulanten Bereich bei der IgV gestärkt.[798] Um die Kooperation zwischen den Versorgungssektoren und zwischen den Gesundheitsberufen zu verbessern, werden die PV und Pflegeeinrichtungen seit dem 01.04.2008 in die integrierte Versorgung eingebunden.[799] Die IgV ist damit sogar SGB V-übergreifend.

Mit dem Wegfall der Anschubfinanzierung Ende 2008 ist die Zahl der IgV-Verträge gesunken, was die Bedeutung der Ausgestaltung von Vergütungsverfahren insb. Bereinigungsverfahren hervorhebt.[800] Für die GKV bedeutet das eine Einschränkung der vertraglichen Spielräume. Individuelle Lösungen mit den Leistungserbringern, die letztlich den Versicherten auf dem Leistungsmarkt zugutekommen, werden schwieriger. Daher ist *einerseits* von *Konvergenz* der GKV gegen die PKV auszugehen. Andererseits werden die vertraglichen Möglichkeiten durch die Einbeziehung von Pflegeeinrichtungen größer, was wiederum Divergenz impliziert. Über Kombinationen mit §§ 73b und 73c SGB V werden die denkbaren selektiven Versorgungsmodelle größer. Und auch der Wegfall der Anschubfinanzierung, die den Krankenkassen keine zusätzlichen Mittel gegenüber der heutigen Regelung erlaubte, wird über Prozessinnovationen in der Budgetbereinigung kompensiert werden. Mittelfristig dürfte die Neugestaltung der IgV *unterm Strich zu Divergenz der GKV auf die PKV* führen.

Mit dem GKV-WSG wurden *Rabattverträge* bei Generika gestärkt.[801,802] Nun sind alle in der Arzneimittelabgabe wesentlichen Akteure zur Steigerung des Anteils rabattierter Medikamente einbezogen. Ärzte, die rabattierte Medikamente verschreiben, unterliegen für diese keinen Wirtschaftlichkeitsprüfungen. Hat der Arzt nicht ausdrücklich *aut-idem*[803] ausgeschlossen, muss der Apotheker dem Patienten ein Arzneimittel abge-

---

796 Die Anschubfinanzierung für die IgV wurde bis Ende Dezember 2008 verlängert, siehe § 140d Abs. 1 S. 1 SGBV. Vgl. § 140d Abs. 1 S. 2 SGBV (2006). Siehe auch Abschnitt 4.2.4.

797 § 140d Abs. 2 S. 2 und 3 SGBV.

798 Neu eingeführt wurde der § 140b Abs. 4 S. 4 SGBV i. V. m. § 116b Abs. 3 SGBV.

799 § 140b Abs. 1 Nr. 5 SGBV.

800 Siehe ausführlicher Abschnitt 5.2.2.2.3.

801 §130a Abs. 8 SGBV.

802 Für verschiedene Aufsätze zu Rabattverträgen aus der Perspektive von Ärzten, Apothekern, Krankenkassen und Generikaherstellern siehe das Sammelwerk Neubauer, G. und Pfister (2009c).

803 Angesichts erneut steigender Ausgaben für Arzneimittel trat am 23.02.2002 das AABG in Kraft. Das Gesetz führte die bereits in vielen europäischen Ländern praktizierte aut-idem Regelung mit Endformulierung nec-aut-idem ein: Der Arzt muss ausdrücklich nec-aut-idem ankreuzen, wenn er Substitution ausschließen möchte. Voraussetzungen für aut-idem sind: glei-

ben, falls die Arznei Teil eines Rabattvertrags zwischen seiner Krankenkasse und dem Hersteller ist. Gibt es kein Rabattarzneimittel, muss er das preisgünstigste gleichwertige Medikament wählen. Den Patienten kann bei Rabattarzneimitteln von ihrer Krankenkasse die Zuzahlung um die Hälfte reduziert oder ganz erlassen werden.

Rabattverträge führen, so die Hoffnung, zu einer verschärften Kostendämpfung in der Arzneimittelversorgung.[804] Die Ausgabensteuerung setzt auf Angebots- und Patientenseite an. Für die Versicherten werden die Wahlmöglichkeiten bedarfsgerecht eingeschränkt, dafür werden die Zuzahlungen als die Solidarität minderndes Element abgebaut.[805] Tatsächlich erfolgt die Lenkung im Vertragsmarkt und die Versicherten können nur bei mehreren rabattierten wirkstoffgleichen Medikamenten wählen, so dass den Präferenzen weniger entsprochen wird. Die GKV unterscheidet sich mit den Rabattverträgen stärker von der PKV, was *Divergenz der GKV weg von der PKV* bedeutet.

Vor dem GKV-WSG durften *Hilfsmittel* von zugelassenen Leistungserbringern abgegeben werden.[806] Die Preise wurden zwischen den Landesverbänden der Krankenkassen und den Verbänden der Leistungserbringer vertraglich vereinbart, solange keine Festbeträge festgelegt waren[807] oder Kassen schrieben Verträge mit einzelnen Leistungserbringern bei Preisobergrenze der Festbeträge aus.[808] Hilfsmittel mit niedrigem Dienstleistungsanteil und / oder standardisierte Hilfsmittel sollen gemäß GKV-WSG prioritär öffentlich ausgeschrieben werden.[809] Neben dem Preis ist auch die Qualität der Hilfsmittel, die Beratung und die wohnortnahe Versorgung der Patienten zu berücksichtigen. So soll ein Preisdumping auf Kosten der Versorgungsqualität verhindert werden. Partner bei Ausschreibungen sind nicht mehr zugelassene Leistungserbringer, sondern alle die eine ausreichende, zweckmäßige und funktionsgerechte Herstellung,

---

che(r) Wirkstoff(e), gleiche Wirkstärke(n), identische Packungsgröße, gleicher Indikationsbereich, gleiche oder austauschbare Darreichungsform.

804 Kritisch dazu siehe Schulte, G. (2009). Alternativ siehe auch Pfister und Neubauer (2009b).

805 Inwieweit die Qualität zwischen Generika und Originalen ident ist, wird in Abschnitt 5.2.2.2.2 näher untersucht. Für den Verstoß der Zuzahlungen gegen das Leistungsfähigkeitsprinzip siehe Abschnitt 6.1.2.2.1, wobei eine Stärkung der Subsidiarität wiederum die Solidarität stärkt.

806 § 126 Abs. 1 S. 1 SGBV (2006). Zugelassen waren alle Leistungserbringer, die eine ausreichende, zweckmäßige, funktionsgerechte und wirtschaftliche Herstellung, Abgabe und Anpassung von Hilfsmitteln gewährleisten konnten.

807 § 127 Abs. 1 SGBV (2006) i. V. m. § 36 SGBV (2006) und § 127 Abs. 2 SGBV (2006).

808 Adressat sind Leistungserbringer oder deren Zusammenschlüsse, während bei den Rabattverträgen die Pharmaunternehmen angesprochen sind. Der Grund hierfür ist, dass bei Medikamenten indirekt der Endpreis von den Herstellern festgelegt wird durch die vorgegebenen Aufschläge auf den Herstellerabgabepreis.

809 Erst das GKV-OrgWG hat die Muss-Bestimmung in eine Kann-Bestimmung umgewandelt.

Abgabe und Anpassung von Hilfsmitteln garantieren.[810] Der Versicherte darf ausschließlich von Vertragspartnern seiner Krankenkasse versorgt werden.[811]

Analog zu Rabattverträgen ist *Divergenz der GKV weg von der PKV* zu konstatieren, eine Wahlmöglichkeit der Patienten existiert de facto nicht. Auch bei Zuzahlungsbereitschaft wird er nicht aus der Produktbindung entlassen.

Als zusätzliche sektorenübergreifende Klammer wurde ein Recht auf *Schnittstellenmanagement* eingeführt.[812] Voraussetzung ist, dass die Versicherten ihre Einwilligung für dieses Versorgungsmanagement geben. Primär sind die Leistungserbringer beauftragt, bei Überweisung eine sachgerechte Anschlussbehandlung sicherzustellen. Mit der IgV und den weiteren sektorenübergreifenden Möglichkeiten im SGB V stehen vertragliche Vehikel zur Verfügung. Da die Krankenkassen bei nichtvorhandenen Voraussetzungen auf Leistungserbringer-Seite diese schaffen sollen, kann das Schnittstellenmanagement als *divergentes Element* in der GKV weg von der PKV gewertet werden.

4.3.2.3 Neutrale Elemente auf dem Vertrags- und Leistungsmarkt

4.3.2.3.1 Stärkung der Hausarztzentrierten Versorgung

Bereits im GRG2000 wurde dem Hausarzt eine Lotsenfunktion zugeordnet, die mit der Verpflichtung der Kassen zum Angebot von Hausarztzentrierter Versorgung im GMG aufgewertet wurde.[813] Der Versicherte verpflichtet sich für *ein Jahr* zur Festlegung auf einen Hausarzt, der grundsätzlich Überweisungen zu Fachärzten veranlasst.[814] Das GKV-WSG führte ein verpflichtendes Angebot einer flächendeckenden[815] Hausarztzentrierten Versorgung als besondere Versorgungsform ein.[816] Dabei muss die Krankenkasse Verträge mit Gemeinschaften von Hausärzten schließen, die mehr als 50 % der an der hausärztlichen Versorgung teilnehmenden Allgemeinärzte des KV-Bezirks

---

810 § 126 Abs. 1 SGBV. Vgl. mit § 126 Abs. 1 SGBV (2006).

811 § 33 Abs. 6 S. 1 und 2 SGBV. Eine Ausnahme besteht nur bei berechtigtem Mehrinteresse, siehe § 33 Abs. 6 S. 3 SGBV. Vgl. generell mit § 33 Abs. 2 SGBV (2006).

812 § 11 Abs. 4 SGBV.

813 Die Bestandteile der Hausärztlichen Regelversorgung sind aufgelistet in § 73 Abs. 1 S. 2 Nr. 1-4 SGBV. In § 73 Abs. 1a Nr. 1-5 SGBV sind die Arztgruppen genannt, die an der hausärztlichen Versorgung teilnehmen. Das Nähere zur GMG-hausarztzentrierten Versorgung ist geregelt in § 73b SGBV (2006).

814 § 73b Abs. 1 SGBV (2006), vgl. § 73 b Abs. 3 S. 2 und S. 3 SGBV.

815 Gemäß § 73b Abs. 2 S. 1 SGBV (2006) gab es schon mit dem GMG einen Sicherstellungsauftrag der hausärztlichen Versorgung, der erweitert wurde mit dem § 73b Abs. 4 SGBV.

816 § 73b Abs. 1 i. V. m. § 53 Abs. 3 S. 1 SGBV.

aufweisen.[817] Die Hausarztzentrierte Versorgung enthält nun zusätzliche obligatorische Bestimmungen im Bereich der Qualitätssicherung, der Behandlung nach evidenzbasierten Leitlinien und der Fortbildung.[818] Der Sicherstellungsauftrag der KV wird durch den Abschluss hausarztzentrierter Verträge eingeschränkt, was für das Verhältnis GKV und PKV nicht bedeutend ist.[819]

Neben der Steuerung der Versicherten über finanzielle Anreize, wie der Erlass der Praxisgebühr, führt die Hausartzentrierte Versorgung gemäß GKV-WSG zu einer stärkeren Reglementierung der Inhalte auf dem Vertrags- und Leistungsmarkt. Es wird eine Art Mindestleistungskatalog hausärztliche Versorgung gefordert und die Vertragsfreiheit der GKV eingeschränkt. Daher bewegt sich entgegen einer Divergenz im Vertragsmarkt bei den anderen besonderen Versorgungsformen die *GKV auf die PKV* zu. *Konvergenz* beruht auf der Einschränkung der idealtypischen Merkmale Vertragsfreiheit mit den Leistungserbringern. *Neutral* ist die *Gesamteinstufung* deshalb, weil ein Abschluss hausarztzentrierter Verträge mit dem GKV-WSG eine ausgebaute Lenkung der Leistungserbringung (*Divergenz*) bedeutet.

Betrachtet man *alle drei Teilmärkte*, können die neuen Hausarztverträge als *neutral* eingestuft werden, da die an sich divergent wirkende Einschränkung der freien Vertragsarztwahl bei Stärkung der Angebotssteuerung eine Schwächung der Vertragsfreiheit mit den Leistungserbringern als konvergentes Element beinhaltet.

4.3.2.3.2 Zweitmeinung bei besonderen Arzneimitteln

Der Vertragsarzt war bisher bei der Verordnung von Medikamenten zulasten der GKV generell frei (Therapiefreiheit). Ärzte, die *Spezialpräparate*[820] *mit hohen Jahres-Therapiekosten oder* mit *erheblichem Risikopotenzial* für deren Verordnung besondere Fachkenntnisse erforderlich sind, verordnen, müssen seit dem GKV-WSG eine sog. Zweitmeinung eines *Arztes für besondere Arzneimitteltherapie* einholen.[821] Bei der Beurteilung müssen die Patientensicherheit und der Therapieerfolg einkalkuliert werden. Der G-BA bestimmt das Nähere zu Wirkstoffen, Anwendungsgebieten, Patien-

---

817 Vgl. für die Zustimmung des Bundesrats im Original BR-Drucks-733/08, S. 2. Der § 73b Abs. 4 SGBV ist seit erstem Inkrafttreten des GKV-WSG geändert worden. Ursprünglich war nur die Verpflichtung zum Abschluss mit einer die Sicherstellung der hausärztlichen Versorgung garantieren könnenden Gemeinschaft Bedingung.

818 § 73b Abs. 2 Nr. 1-4 SGBV.

819 § 73b Abs. 4 S. 5 SGBV.

820 Der Gesetzesgeber hat dabei insb. an Gentechnologiepräparate gedacht, die risikoreich sind und oft ein Vielfaches chemisch hergestellter Arzneimittel kosten, vgl. BT-Drucks.16/4247, S. 37.

821 § 72d Abs. 1 und 2 SGBV. Es geht also ausdrücklich nicht allein um Ausgabensenkung, sondern primär um die qualitative Verbesserung der Arzneimittelversorgung.

tengruppen, qualitätsgesicherter Anwendung und den Anforderungen an die Qualifikation der Ärzte.

Die Regelung ist als *neutral* einzustufen, da keine idealtypischen Elemente der GKV betroffen sind. Tendenziell wird die Bedarfsgerechtigkeit, verstanden als medizinisch indizierte Behandlung schutzbedürftiger Personen, verstärkt, was *Divergenz* bedeutet.

4.3.2.3.3 Ambulante Behandlung im Krankenhaus

Der § *116b SGB V* wurde mit dem GKV-WSG neu gefasst. Die Erbringung *hochspezialisierter Leistungen bei seltenen Erkrankungen und Erkrankungen mit besonderem Verlauf* ist mit dem GKV-WSG nicht mehr per Selektivvertrag zu regeln. Nun ist die Zulassung des jeweiligen Krankenhauses im Rahmen des Krankenhausplanes auf Antrag des Trägers mit Entscheidung beim Bundesland nötig, was de facto eine Rückkehr zu staatlicher Planung ist.[822] Hochspezialisierte Leistungen sind abschließend CT / MRT-gestützte interventionelle schmerztherapeutische Leistungen und die Brachytherapie[823], seltene Erkrankungen und Erkrankungen mit besonderem Krankheitsverlauf sind Tuberkulose, Hämophilie oder Onkologie[824]. Grund der Gesetzesänderung war die problematische Budgetbereinigung. Die Neuregelung erlaubt die direkte Abrechnung mit der Krankenkasse nach dem EBM.[825]

Der neue § 116b SGB V führt zu einer geringeren Steuerungsfähigkeit der GKV auf dem Vertragsmarkt. Jedoch war der *alte* § 116b SGB V *nicht operabel.*[826] Auf dem Leistungsmarkt verbessert sich für Kassenpatienten der direkte Zugang zu Krankenhäusern, was sich als *konvergent* einstufen lässt.[827] *Insgesamt* kann der neue § 116b SGB V als *neutral* beurteilt werden, da mit dem GKV-WSG eine größere Wahlfreiheit einer geringeren Steuerungsfähigkeit gegenüber dem GMG steht.

4.3.2.3.4 Leistungserweiterungen in der GKV[828]

Nicht zum ambulant-ärztlichen und stationären Kernbereich gehörende Leistungen, Leistungen zur Erhaltung der Gesundheit sowie schmerzlindernde und palliative Leis-

---

822 § 116b Abs. 2 S. 1 SGBV, vgl. § 116b Abs. 2 S. 1 SGBV (2006), der Selektivverträge noch beinhaltete.

823 § 116b Abs. 3 S. 1 Nr. 1 SGBV.

824 § 116b Abs. 3 S. 1 Nr. 2 SGBV.

825 § 116b Abs. 5 SGBV.

826 Für eine wettbewerbseinschränkende Bewertung siehe Albrecht und Rürup (2009), S. 70.

827 Für die Wahlfreiheit bei ärztlichen Leistungserbringern siehe ausführlich Abschnitt 5.3.1.1.

828 Für einen ausführlichen Vergleich der Regelungen vor dem GKV-WSG und danach vgl. Wille, M. und Koch (2007), S. 55-64,123-136.

tungen wurden mit dem GKV-WSG gestärkt.[829] Diese Leistungen sind in PKV-Verträgen i. d. R. nicht enthalten, dagegen bereits im § 1 S. 1 SGB V formuliert: „Die Krankenversicherung als Solidargemeinschaft hat die Aufgabe, die Gesundheit der Versicherten zu *erhalten*, wiederherzustellen oder ihren Gesundheitszustand zu bessern [Hervorhebung durch den Autor]." Im VVG liest sich § 1 so: „ Der Versicherer verpflichtet sich mit dem Versicherungsvertrag, ein bestimmtes Risiko des Versicherungsnehmers oder eines Dritten durch eine Leistung abzusichern, die er bei Eintritt des vereinbarten Versicherungsfalles zu erbringen hat."[830]

Mit der Umwandlung von Kann- in Pflichtleistungen bei gleichbleibenden finanziellen Mitteln der GKV kommt es zwangsläufig zu Kürzungen in anderen Bereichen.[831] In der stationären Rehabilitation wurde zusätzlich ein Wahlrecht der Versicherten eingeführt bei Mehrkostenübernahme,[832] was ein konvergentes Element darstellt. Die Neuregelungen im Bereich der Rehabilitation lassen sich als *tendenziell neutral* zusammenfassen. Analog ist die Stärkung der *Häuslichen Krankenpflege* durch Erweiterung des Begriffs „häuslich" auf betreute Wohnformen, Schulen, Kindergärten und Werkstätten für behinderte Menschen zu werten.[833] Ergänzt wird dies durch einen Anspruch auf verrichtungsbezogene krankheitsspezifische Pflegemaßnahmen.[834]

An nicht zur Gesundung dienenden Leistungen wurden die *Primärprävention* inklusive *Schutzimpfungen* und *Gesundheitsförderung*[835], *Eltern-Kuren*[836], die *Palliativversorgung* und *Hospizleistungen*[837] neu eingeführt, gestärkt und / oder nun verpflichtend. Es gilt im Hinblick aufs duale System analog zur Reha und zur häuslichen Krankenpflege *Neutralität.*

829 § 40 Abs. 1 und 2 SGBV.

830 In der Abgrenzung von Klingenberger ist Schadensverhütung ein konstitutives Merkmal der GKV, vgl. Klingenberger (2001), S. 93-95. Dem wird hier nicht gefolgt, da einerseits die Definition von Gesundheitsleistungen auf Gesundung basiert und andererseits implizit Schadensverhütung wie z. B. Prävention in der PKV wegen der mangelnden Übertragbarkeit der Alterungsrückstellungen eine wichtige Rolle spielen kann, siehe Abschnitt 6.2.5.2. Selbstbehalte und Beitragsrückerstattung veranlassen die Menschen schließlich zu eigenverantwortlicher Prävention, vgl. detailliert den Exkurs nach Abschnitt 7.3.2.1.2.

831 Tatsächlich kann durch Rehabilitation mutmaßlich Pflegebedürftigkeit zumindest zunächst vermieden werden und teure medizinische Kernleistungen wie Krankenhausaufenthalte reduziert werden, vgl. Pfister und Neubauer (2009a). Siehe auch den Exkurs nach Abschnitt 7.4.

832 Dies gilt für Einrichtungen ohne Versorgungsvertrag, vgl. § 40 Abs. 2 S. 2 SGBV i. V. m. § 111 SGBV.

833 § 37 SGBV.

834 Mehr Pflichtleistungen bedeuten weniger Wettbewerb, was nicht Thema des Kapitels ist.

835 §§ 20a-d SGBV.

836 §§ 24 und 41 SGBV.

837 §§ 37b und 39a SGBV.

4.3.3 Fazit GKV-WSG: Konvergenz mit divergenten Elementen

Die Betrachtung der folgenreichsten Neuregelungen ergibt ein differenziertes Bild. Einen Überblick geben die beiden folgenden Tabellen.

Tabelle 2: Auswirkungen des GKV-WSG auf die Dualität des deutschen Krankenversicherungssystems im Finanzierungsmarkt

Änderung GKV-WSG	**Folge für die Dualität von GKV und PKV**
Einheitlicher Beitragssatz mit Zusatzbeitrag	• Abkehr vom idealtyp. Element der einkommensabh. Beitragserhebung • Schwächung der Parität zwischen Arbeitgeber und Mitglied ⇨ Konvergenz GKV gegen PKV
Ausbau der Steuerfinanzierung	• Verlust der Finanzautonomie in der GKV • Bedarfsdeckung in Gefahr • PKV wird solidarischer durch Mitfinanzierung der Steuern ⇨ Konvergenz GKV und PKV
Monetäre Wahltarife (Selbstbehalt, Beitragsrückerstattung, Kostenerstattung, Mali)	• Patientensteuerung in der GKV • Eigenverantwortung in der GKV • risikoäquivalente Risikokalkulation in der GKV ⇨ Konvergenz GKV gegen PKV
[Serviceorientierte Wahltarife in der GKV]	• Erweiterung des GKV-Leistungskatalogs ⇨ Konvergenz
Basistarif in der PKV	• Basistarif-Versicherte wie GKV-Versicherte • Quersubventionierung durch Normaltarife ⇨ Konvergenz PKV gegen GKV
Versicherungspflicht für alle	• Vertragsfreiheit der PKV wird eingeschränkt ⇨ Konvergenz PKV gegen GKV
M-RSA	• Solidarität in der gesamten GKV ⇨ Divergenz GKV weg von PKV
Portabilität von Alterungsrückstellungen	• größere Vertragsfreiheit bei Versicherten ⇨ Divergenz PKV weg von GKV
Krankengeld-Wahltarife	• Neuregelung kaum Wirkungen ⇨ neutral
Chroniker-Regelung	• abhängig vom Verhältnis Entsolidarisierung-Solidarisierung ⇨ neutral
Erhöhung der Wechselfrist auf drei Jahre	• keine Änderung idealtypischer Elemente • Gesellschaftliche Präferenzen Schutzbedürftigkeit ⇨ neutral
Gesamtbeurteilung	**Konvergenz der Systeme auf dem Finanzierungsmarkt**

Quelle: Eigene Darstellung.

Auf dem Finanzierungsmarkt ist Konvergenz der Versicherungstypen zu erkennen (Tabelle 2). Es entsteht insb. durch die Stärkung der Kostenerstattung eine Art Zweiklassenmedizin in der GKV. Diese wird komplementär ergänzt durch eine Zweiklassenstruktur mit der Einführung des Basistarifs in die PKV. Auch wenn die „PKV light" und die „Privat-GKV" beide bisher wenig nachgefragt werden, ist eine neue Dualität des deutschen Krankenversicherungssystems denkbar: eine bedarfsgerechte Grundversorgung bei präferenzengerechter Höherversicherung über Zusatzversicherungen.

Tabelle 3: Auswirkungen des GKV-WSG auf die Dualität des deutschen Krankenversicherungssystems im Vertrags- und Leistungsmarkt

Änderung GKV-WSG	Folge für die Dualität von GKV und PKV
Honorarreform Vertragsärzte	• Übernivellierung in der GKV führt zu weiteren Zusatzbeiträgen • Stärkere Pauschalierung der Leistungen ⇨ tendenziell Konvergenz GKV gegen PKV
Organisationsreform der GKV	• Schwächung der Selbstverwaltung durch Zentralisierung • Privatisierung der GKV ⇨ Konvergenz GKV und PKV
Kostenerstattung in der GKV	• Höherversicherung in der GKV ⇨ Konvergenz GKV gegen PKV
Basistarif in der PKV	• PKV-Versicherte wie GKV-Versicherte ⇨ Konvergenz PKV gegen GKV
Verträge mit Pharmaindustrie in PKV	• Vertragsfreiheit der PKV wird leicht gestärkt ⇨ tendenziell Konvergenz PKV gegen GKV
Reform des G-BA	• Förderung der sektorübergreifenden Versorgung ⇨ Divergenz GKV weg von PKV
KNB bei Arzneimitteln in der GKV	• Bedarfsgerechte Filterung führt zu Mindestleistungskatalog • kein garantierter Leistungskatalog in GKV • Potenzial für Zusatzversicherungen in der PKV ⇨ Divergenz GKV weg von PKV
Selektives Kontrahieren in GKV und sektorübergreifende Versorgung (§§ 73c, 127, 130a(8), 137f und g, 140a-d SGB V)	• Erweiterung selektivvertraglicher Möglichkeiten • Stärkung der sektorübergreifenden Versorgung • Einschränkg d. Wahlm. des Vers./Patienten bei RV und Hilfsmitteln • direktere Lenkung der Leistungserbringer ⇨ Divergenz GKV weg von PKV
Hausarztzentrierte Versorgung	• Ersetzung eines Monopols durch ein anderes • Einschränkung der Wahlmöglichkeiten des Versicherten / Patienten • Stärkung des Hausarztes als Lotse der vertragsärztlichen Versorgung ⇨ neutral

Änderung GKV-WSG	Folge für die Dualität von GKV und PKV
Zweitmeinung bei besonderen Arzneimitteln	• keine Änderung idealtypischer Elemente ⇨ neutral
Ambulante Behandlung im Krankenhaus (§ 116b SGB V)	• geringere Anbietersteuerung • direkter Zugang zu Krankenhäusern bei Kassenpatienten ⇨ neutral
Leistungserweiterungen in der GKV (Reha, häusliche Krankenpflege, Vorsorge, Kuren, Palliativversorgung, Hospizleistungen)	• Leistungen keine vertragsärztlichen und stationären Kernleistungen • Erweiterung nur mit Kürzungen in anderen Bereichen möglich • keine Überlappung mit PKV-Leistungen • idealtypische Elemente werden nicht berührt ⇨ neutral
Gesamtbeurteilung	• starke konvergente und divergente Entwicklungen • Divergenz dominiert quantitativ (Zahl betroffene Versicherte/Patienten und damit Leistungserbringer) ⇨ **tendenziell Stärkung der Dualität**

Quelle: Eigene Darstellung.

Im Vertrags- und Leistungsmarkt ist mit dem GKV-WSG die Dualität tendenziell gestärkt worden (Tabelle 3). Dominant ist der Ausbau selektivvertraglicher Regelungen in der GKV, die eine Angebotssteuerung erleichtern und tendenziell gegenüber der kollektiven Lenkung die Dualität stärken. Hier wird man in der PKV nicht ähnlich vorgehen können, sollen zentrale Wesensmerkmale gewahrt werden. Auch die mittelfristig statischere Entwicklung des GKV-Leistungskatalogs trägt zu einer Spaltung bei. Die konvergenten Änderungen der GKV zur PKV sind im Falle der Kostenerstattung i. V. m. einer durch Krankenkassen angebotenen Höherversicherung juristisch in der Schwebe und im Falle der Selbstverwaltungsreform wenig relevant. Die *bestehenden Grenzen* zwischen GKV und PKV werden zwar durch die Regelungen des *GKV-WSG perforiert*, aber aus meiner Sicht nur um in einem *neuen Trenngleichgewicht* zu landen.

Der durch das GKV-WSG begonnene Konvergenzprozess kann dennoch dazu führen, dass die bisherige vertikale Teilung zwischen zwei substitutiven Vollversicherungen langfristig hinfällig wird und sich zu einer horizontalen Teilung zwischen Basisversorgung und freiwilliger Zusatzabsicherung entwickelt. Ein dem folgendes Reformmodell des deutschen Krankenversicherungssystems wird in Abschnitt 7.3 vorgestellt.

4.4 Zusammenfassung: Konvergenz zwischen PKV und GKV

Angesichts eines zunehmenden Wohlstands und der gut ausgebauten Sozialen Sicherung in Deutschland ist es verwunderlich, dass der Anteil der privat Vollversicherten an der Bevölkerung von 13,1 % im Jahr 1951 auf 10,5 % im Jahr 2008 zurückging, bei Schwankungen zwischen 8,5 % und 13,1 %.[838] Im Bereich der Vollversicherung kommt es im Segment der freiwillig Versicherten mit überdurchschnittlichem Einkommen zu intensivem Wettbewerb. Die Zugewinne der PKV sind die Verluste der GKV und vice versa. Zusatzversicherungen waren das alleinige Privileg der PKV. Mittlerweile ist auch die GKV in Bereichen außerhalb des Leistungskatalogs aktiv.

Die *ursprüngliche Sozialversicherung* bei Bismarck war zur Absicherung der *Schutzbedürftigen* gedacht und *enggefasst.* Subsidiarität verstanden als Versicherungsfreiheit war entsprechend weit definiert.[839] Schutzbedürftigkeit als idealtypisches Element der GKV, wie auch bei Einführung zu Bismarcks Zeiten, ist offensichtlich in den Hintergrund geraten, feststellbar v. a. durch die seit 1971 automatische Erhöhung der VPG ohne Bezugnahme zur Schutzbedürftigkeit und die Neudefinition von Versicherungspflicht.[840,841] Die GKV ist vom Versichertenumfang her mittlerweile eine Volksversicherung auf hohem Niveau.[842]

Aus Sicht der PKV ist die Ausweitung der Schutzbedürftigkeit auf ca. 90 % der Bevölkerung eine Fehlentwicklung und Überdehnung.[843] Andere betonen, dass das Krankheitsrisiko durch die zunehmend teuren Behandlungsmöglichkeiten, Auflösung traditioneller Arbeitsformen und der Unbestimmtheit des technischen Fortschritts ein erweitertes Verständnis von *Schutzbedürftigkeit* erfordert.[844,845] Je kleiner man den

---

838 Nichtversicherte machen seit 1961 weniger als 1 % aus, für die alten Zahlen vgl. Münch (2003), S. 45. Für das Jahr 2008 vgl. PKV-Verband (2009f), S. 27.

839 Vgl. Hansen (1996), S. 133.

840 Die Nichtversicherten wurden bis 1981 in weiten Teilen versicherungspflichtig. Ab 1969 stieg die VPG schneller als das durchschnittliche Bruttojahresentgelt aller Versicherten und beschränkte das Marktpotenzial der PKV, vgl. Münch (2003), S. 48.

841 Katz bemerkt dazu aus staatsrechtlicher Sicht: „[Die Gesetzgebung zur Sozialversicherung ist] längst nicht mehr auf die Abwehr ausgesprochener Notlagen und die Vorsorge für die sozial schwächeren Personenkreise beschränkt“, Katz (1996), S. 110.

842 Vgl. Flörke (1998), S. 349.

843 Vgl. PKV-Verband (1997), S. 12.

844 Vgl. exemplarisch Thiemeyer (1987), S. 143.

845 Eine dritte Gruppe will den Begriff der Schutzbedürftigkeit abschaffen, was nach Herder-Dorneich der Leitbildanpassungsthese entspricht gegenüber der Fehlentwicklungsthese (PKV-Position) und der Rechtfertigungsthese durch gesellschaftlichen Wandel. Für die drei Thesen vgl. Herder-Dorneich (1965). Siehe auch ausführlicher Klingenberger (2001), S. 84-85.

Kreis der Schutzbedürftigen zieht, umso größer muss dann jedoch der soziale Ausgleich von außen sein, da ansonsten das System insgesamt nicht leistungsfähig ist.[846] *Juristen* vertreten wegen der Unstimmigkeiten eine *klare Trennung* der Versichertenkreise mit eindeutiger Zuordnung entweder zur PKV oder zur GKV.[847]

Sowohl aus Reihen der PKV als auch der GKV gibt es *Bedenken bis hin zu Ablehnung einer vollständigen Konvergenz*, was die Abschaffung des dualen Systems impliziert.[848] *De facto* ist seit dem GRG, also seit *mehr als 20 Jahren*, *Konvergenz* und *größere Überlappung* des Reservoirs freiwillig *Versicherter* bei *stärkerer marktwirtschaftlicher Ausrichtung* unabhängig von der politischen Couleur der Regierung zu beobachten. Dieser Trend wurde nur kurz unterbrochen durch das GKV-SolG und GRG2000 von Rot-Grün, aber von derselben Koalition mit dem GMG wieder aufgenommen.

Gerade das *GKV-WSG* verstärkte diese Entwicklungsrichtung, besonders klar erkennbar durch die Ausweitung der monetären Wahltarife in der GKV und die Einführung des Basis-Tarifs in die PKV. Dabei wirkt der direkte *Systemwettbewerb* um die freiwillig Versicherten als *Katalysator der Konvergenz*, weil die GKV mit den Wahltarifen der Zielgruppe ähnlich viele Wahlmöglichkeiten wie die PKV bieten möchte. Veränderungen des gesetzlichen Leistungskatalogs allein und der VPG sind hingegen kein Ausdruck von Konvergenz oder Divergenz, da idealtypische Elemente nicht berührt sind. Wie weit Schutzbedürftigkeit reicht und was in einen Mindestleistungskatalog gehört, ist eine Frage des Menschenbilds und der Gerechtigkeitsvorstellungen.

Man kann nach der historischen Analyse konstatieren, dass die *PKV zunehmend reguliert* und die *GKV zunehmend dereguliert* wird. Allein die stärkere wettbewerbliche Ausrichtung der GKV auf dem Versicherungsmarkt bedeutet jedoch nicht automatisch Konvergenz, da jeder Versicherte die gleichen Leistungen gemäß dem solidarischen Wettbewerb erhält.

---

846 Die Bedeutung der ausreichenden Finanzierung der GKV wird auch deutlich in Schulin (1994), S. 191.

847 Grundsätzlich ist die Ausgestaltung des Krankenversicherungssystems von der Verfassung her offen, vgl. schon Lüke (1970), S. 18. Leisner ist aus verfassungsrechtlicher Sicht der Meinung, dass ein komplementäres Zusammenwirken verstanden als Ergänzung der GKV durch die PKV verfassungskonform ist, Leisner (1974), S. 177ff. zitiert nach Klingenberger (2001), S. 103. Siehe auch für die kritische Position Oldiges (1990), S. 354. Ähnlich auch Scholz (1976), S. 514. Die Gegenposition eines „bipolar angelegtes Nebeneinander" oder echter Konkurrenz vertritt z. B. Boetius (1998). Er führt diese Position auf den Seiten 36-39 aus. Im Rahmen der Diskussion Bürgerversicherung versus Kopfpauschale ist die Systemfrage auch juristisch neu aufgerollt worden, vgl. ausführlicher Abschnitt 7.2.1.1.

848 Für die PKV siehe Greisler (1995), S. 846. Für die GKV siehe Fiedler (1995), S. 215.

Zusammenfassend kann von einer *ganzheitlichen Strategie* des *Gesetzgebers* zur Ordnung des dualen Krankenversicherungssystems *nicht ausgegangen* werden.[849] Das duale System wurde bisher nicht in Frage gestellt, es ist im Gegenteil z. B. mit der Verankerung der PKV über die PV oder den Standardtarif de facto bestätigt worden. In der *GKV bestimmte* die Entwicklung der Beitragssätze und damit die *Kassenlage* das „Ob und Wann" einer *Reform.* Die *PKV* unterlag den Auswirkungen der GKV-Reformen mehr oder weniger direkt. *Indirekt* durch Ausweichstrategien der Leistungserbringer wie in der Subventionsthese angedeutet, *direkt* bei Änderungen im Bereich der zugeordneten Personenkreise oder der VPG.

Ein *Wachstum* der *jeweiligen Versichertenzahl sagt* über die *Attraktivität* oder gar Vorteilhaftigkeit der *Teilsysteme* und des *dualen Krankenversicherungssystems wenig aus*, da der gesellschaftliche Strukturwandel und v. a. politische Entscheidungen die Bevölkerungsanteile verändern. Man denke nur an die doppelte Inklusion der sozialliberalen Koalition oder die „quasi-Zuordnung" der Beamten zur PKV.

Ausgehend von einem dualen System ist *Subsidiarität* als Trennungsmaßstab zwischen Eigenverantwortung und Schutzbedürftigkeit *kein operationalisierbares Konzept* zur Bestimmung des *optimalen Verhältnisses* zwischen PKV und GKV.[850] *Ökonomisch* ist das System optimal, wenn Allokationseffizienz vorliegt. Aus Sicht der *Gerechtigkeit* muss ein Mindestleistungskatalog jedem zugänglich sein unabhängig von der Zahlungsfähigkeit. *Nachhaltigkeit* folgt aus der statischen und dynamischen Effizienz unter der Nebenbedingung der intergenerativen Gerechtigkeit. Diese Themen werden in den folgenden beiden Kapiteln behandelt.

---

849 Seine umfassende historische Betrachtung des dualen Systems schließt Klingenberger mit den Worten, dass „der Grenzverlauf zwischen GKV und PKV wohl zu keiner Zeit das Ergebnis einer konsistenten Sozialpolitik [war, der Verfasser], sondern schlichtweg ... Resultat des Ringens gesellschaftlicher Kräfte um Macht und politischen Einfluss", Klingenberger (2001), S. 73. Ähnlich auch der SVRKAiG zur Abgrenzung von GKV und PKV: „fehlt es an klaren ordnungspolitischen Vorstellungen", SVRKAiG (1987), Ziff. 175.

850 Vgl. Gitter und Oberender (1987), S. 38.

5 Allokation im dualen Krankenversicherungssystem

Das duale Krankenversicherungssystem ist historisch gewachsen und nicht vom Reißbrett mit ökonomischem Sachverstand konstruiert worden.[851] Die Frage ist, wie nahe das duale Krankenversicherungssystem einer *optimalen Allokation* kommt. Optimalität ist gegeben, wenn effizient produzierte Gesundheitsleistungen präferenzengerecht von den Patienten in Anspruch genommen werden können.[852]

Gesundheitsleistungen sind zwar grundsätzlich private Güter (Rivalität im Konsum und Ausschließbarkeit), weisen jedoch gerade als Vertrauensgüter einen hohen Grad an Unsicherheit auf. Die *abgeleitete Nachfrage* nach Gesundheit, die *durch* die *Mediziner bestimmt* wird, und die *Existenz von Krankenversicherungen als dritter Partei* lassen ebenso Marktfehler erwarten.

Auf der *Angebotsseite* sind viele Leistungserbringer auch im Gesundheitssystem gewinnorientiert, etliche sind gemeinwohlorientiert. Alle haben das *Ziel eines effizienten Mitteleinsatzes*, was notwendig für eine optimale Allokation ist. Voraussetzung hierfür ist ein funktionsfähiger *Wettbewerb*. Im Wettbewerb um Patienten und Versorgungsverträge mit Krankenversicherungen sind die Leistungserbringer zu Effizienz gezwungen, wollen sie ihre Existenz sichern. Wettbewerb gibt es weiter zwischen Krankenversicherungen um Versicherte sowie zwischen Leistungserbringern um Patienten, jeweils geprägt durch Informationsasymmetrie.

Ineffizienzen bei Gesundheitsleistungen beruhen also *in erster Linie* auf *unvollkommener Information*. Informationsasymmetrien finden sich maßgeblich zwischen Versicherten und Krankenversicherung sowie zwischen Patienten und Leistungserbringer. Daneben sind bei der gesundheitsökonomischen Beurteilung des dualen Systems Transaktionskosten, verstanden als Benutzung des jeweiligen Versicherungstyps, bedeutsam.

In diesem Kapitel wird eine deskriptive und normative Analyse des dualen Systems über alle drei Märkte durchgeführt, die folgendermaßen strukturiert ist. Systemwettbewerb herrscht auf dem Finanzierungsmarkt um Personen, die die Wahl zwischen

---

851 Was eine reine Feststellung ist und für gesellschaftliche Systeme wie Sozialversicherungen den Normalfall darstellt. Selbst wenn man ein komplexes System wie die Gesundheitsversorgung planen möchte, führen Kontextabhängigkeit, die hohe Bedeutung von Wahrscheinlichkeiten gegenüber naturgesetzlicher Bestimmtheit und die Interaktion mit Subsystemen wie dem Rechtssystem zu nahezu unüberwindbaren Hindernissen in der optimalen Ausgestaltung. Die Wirtschaftswissenschaften als Teil der Realwissenschaften untersuchen letztlich menschliche Handlungen, welche als Mischung aus Instinkten, genetischem Erbe und Erfahrungen einfachen Ursache-Wirkung-Zusammenhängen nicht zugänglich sind, Engelkamp und Sell (2003), S. 2-4.

852 Vgl. Abschnitt 2.1.2.1. Das optimale Verhältnis Ausgaben für Gesundheit versus Ausgaben für andere Güter wird hier nicht betrachtet. Für die weitere Analyse ist Kapitel 2 grundlegend.

GKV und PKV haben. Ist die Wahl GKV oder PKV getroffen, stellt sich die Frage nach der Versicherung innerhalb eines Versicherungstyps. Je nach ausgewähltem Versicherungsunternehmen ist ein Leistungsangebot gegeben, das bei den Einzelkassen der GKV durch den Vertragsmarkt differenziert wird. Das Zusammenspiel aus Finanzierungsmarkt und Vertragsmarkt führt wiederum zu Wahlmöglichkeiten des Patienten im Behandlungsmarkt und beeinflusst die Handlungen der Leistungserbringer.

Kern der normativen Beurteilung der Allokation des dualen Krankenversicherungssystems ist auf *allen drei Teilmärkten* die *Intensität* des sich durch die *Wahlmöglichkeiten* eröffnenden *Wettbewerbs* sowie die mit dem dualen System und den Versicherungstypen verbundenen *Transaktionskosten*. Neben der Beschreibung von Marktunvollkommenheiten wird mit dem Benchmark funktionierender Wettbewerb letztlich eine normative Analyse durchgeführt.

5.1 Allokation im Finanzierungsmarkt

Im Finanzierungsmarkt konkurrieren Krankenversicherungen um Versicherte. Die Versicherten möchten einen präferenzengerechten Krankenversicherungsschutz zu geringstmöglichen Beiträgen respektive Prämien. In der Wahl der Versicherung sind viele nicht frei, was eine differenzierte Betrachtung von Versichertensegmenten erfordert. Die Versicherungen wollen unabhängig vom Versicherungstyp ihre Existenz sichern, haben aufgrund ihrer idealtypischen Merkmale jedoch unterschiedliche Wettbewerbsparameter.

5.1.1 Systemwettbewerb im dualen System

5.1.1.1 Definition und Marktabgrenzung

Unter *Systemwettbewerb* versteht man die Konkurrenz zwischen Anbietern, die in *unterschiedliche institutionelle Arrangements* eingebettet sind.[853] Gebräuchlich ist der Begriff bei der Analyse des Wettbewerbs um Humankapital und Direktinvestitionen zwischen Ländern, die institutionell differieren. Häufig werden eine Ebene tiefer Institutionen der Sozialen Sicherung oder das Steuersystem verglichen.

Im Kontext des dualen Systems entsprechen den institutionellen Arrangements die idealtypischen Merkmale von GKV und PKV wie in Tabelle 1 aufgelistet. Das unterschiedliche Menschenbild mit den beiden Leitprinzipien Solidarprinzip und Individualprinzip konkretisiert sich in Elementen wie dem Finanzierungsverfahren oder der Vertragsfreiheit.

853 Für eine ähnliche allgemeine Definition siehe Mussler und Wohlgemuth (1994), S. 1.

Die Unterschiede haben direkte Auswirkungen auf den Wettbewerb. Eine faire Ausgestaltung des Systemwettbewerbs ist Voraussetzung für Effizienz. Die Rürup-Kommission sieht in einem Systemwettbewerb zwischen GKV und PKV die Möglichkeit zu „mehr Kosteneffizienz" und zu „mehr Präferenzengerechtigkeit".[854] Dies impliziert, dass Systemwettbewerb per se nicht wohlfahrtssteigernd ist.[855]

Wettbewerb um Versicherte kann es nur geben, wenn diese auch eine Wahlmöglichkeit zwischen den beiden Systemalternativen haben. In Deutschland sind nahezu 100 % der Bevölkerung entweder in der GKV, PKV oder einem Sonderversorgungssystem[856] krankenversichert.[857]

Von den 70 Mio. gesetzlich Versicherten sind wiederum 7,8 Mio. freiwillig versichert (4,4 Mio. Mitglieder und 3,4 Mio. mitversicherte Familienangehörige).[858] Eine private Krankenvollversicherung hatten Ende des Jahres 2008 8,6 Mio. Personen[859] abgeschlossen. Das sind 11 % aller Personen mit Vollversicherung in GKV und PKV.

Systemwettbewerb gibt es grundsätzlich nur um Personen, die auch eine Wahlmöglichkeit zwischen GKV und PKV besitzen. Dies sind nicht alle Bürger Deutschlands, sondern im Gegenteil eine relativ kleine Gruppe.

---

854 Vgl. den Abschlussbericht der Rürup-Kommission BMGS (2003), S. 170.

855 Gemäß Rürup-Kommission muss die private Krankenversicherung stärker wettbewerblich ausgerichtet werden, um einen „fairen" Systemwettbewerb zu ermöglichen, vgl. BMGS (2003), S. 170.

856 Im Wesentlichen freie Heilfürsorge bei Soldaten und Polizisten sowie Fürsorgeleistungen im Rahmen der Sozialhilfe. Beihilfeberechtigte sind i. d. R. privatversichert, da bei gesetzlicher Versicherung der Beihilfeträger den Arbeitgeberanteil nicht übernimmt. Die Gesamtbevölkerung im Jahr 2008 betrug 82 Mio., vgl. StBA (2009d).

857 Die theoretische Analyse der Vorteilhaftigkeit von Krankenversicherung gegenüber Nichtversicherung plus Absicherung über den Kapitalmarkt ergibt die Superiorität der Versicherung. Die geringe Zahl der Nichtversicherten bei Versicherungsfreiheit vor dem GKV-WSG lässt sich bspw. so erklären, vgl. Rohweder (1996), S. 111-122,273. Ein Grund sind Kreditrestriktionen auf dem Kapitalmarkt, durch die die Gefahr eines hohen Schadens auch bei niedriger Eintrittswahrscheinlichkeit unzureichend abgesichert ist.

858 Die freiwilligen Versicherten haben damit einen Anteil von ca. 11,2 % an allen GKV-Versicherten, vgl. BMG (2009g).

859 Vgl. PKV-Verband (2009f), S. 27.

Grundsätzlich kann man vier Versichertenkreise[860] unterscheiden:

- *Pflichtmitglieder* in der GKV (Pflichtversicherte kraft Gesetz)[861],
- unentgeltlich als *Familienangehörige Mitversicherte*[862],
- Personen *ohne Berechtigung* zur *gesetzlichen* Krankenversicherung[863] und
- Personen, die sich *freiwillig* in der *GKV* versichern können[864].

Im dualen System besteht für versicherungsfreie Personen, die die Gegengruppe zu versicherungspflichtigen Personen bilden,[865] größtenteils die Wahlmöglichkeit des Versicherungstyps. Die zu einer freiwilligen Versicherung berechtigten Personen sind im Wesentlichen Arbeitnehmer und Angestellte mit einem Verdienst oberhalb der VPG.[866] Selbstständige[867] sind nicht versicherungspflichtig, müssen aber bei Wahl der GKV ebenso wie Beamte[868] u. a. beihilfeberechtigte Personen den gesamten Beitrag selber tragen.[869] Folglich herrscht Systemwettbewerb im Kern nur bei gutverdienenden Arbeitnehmer und Angestellten.

---

860 Der allgemeine Begriff zur Beschreibung von Personen mit gemeinsamen Merkmalen ist in der Arbeit Personengruppe. Versichertenkreise wird nur hier verwendet. Zur Unterscheidung zwischen freiwilligen und pflichtversicherten GKV-Versicherten wird auch der Begriff Versichertenart verwendet.

861 § 5 Abs. 1 SGBV.

862 § 10 Abs. 1 SGBV.

863 Die Personen lassen sich unterscheiden in Personenkreise, die generell an die PKV verwiesen sind (§ 5 Abs. 5 i V. m. § 9 Abs. 1 Nr. 1 SGBV) und Personen, die eine Befreiung von der Versicherungspflicht beantragt haben (§ 8 SGBV).

864 § 9 Abs. 1 SGBV. Zur Heterogenität der Gruppe der freiwillig Versicherten siehe Schnee (2009).

865 Im Wesentlichen § 6 Abs.1 und § 7 Abs. 1 S. 1 SGBV.

866 Im Jahr 2010 beträgt die VPG ein Jahresarbeitsentgelt von 49.950 Euro. Die Anpassung der VPG ist geregelt in § 6 Abs. 6 SGBV.

867 Selbstständige sind nach Ansicht des SVRKAiG nicht schutzbedürftig. Diejenigen, die ein geringes Einkommen haben, sollten z. B. über eine Versicherungspflicht für Grundrisiken abgesichert werden, vgl. für die Ansicht des Rates zu schutzbedürftigen Personenkreisen und Krankenversicherung SVRKAiG (1998), Ziffn. 460-462.

868 In der Arbeit werden Beamte bei Privatversicherten immer mitgedacht. Im Jahr 2003 waren 5-6 % der Beamten gesetzlich versichert, 85 % hingegen privat und 10% gar nicht krankenvollversichert, vgl. Dräther (2006), S. 52. In der PKV sind im Jahr 2008 48 % der Versicherten beihilfeberechtigt gewesen, was die Bedeutung der de facto Zuordnung dieses Versichertenkreises zur PKV veranschaulicht, vgl. PKV-Verband (2009f), S. 28.

869 Eine Darstellung der Marktanteile zwischen GKV und PKV für Erwerbstätige, Beamte, Arbeiter und Angestellte sowie Selbstständige und mithelfende Familienangehörige der Jahre 1976 bis 1992 erfolgt in Rohweder (1996), S. 57.

Von den PKV-Vollversicherten haben 4,2 Mio. Versicherte Anspruch auf Beihilfe, während 4,5 Mio. Versicherte großenteils Arbeitnehmer und Angestellte sowie Selbstständige jeweils mit Kindern sind.[870] Davon die Kinder abgezogen ergeben maximal 3,7 Mio. potenziell der GKV zugängliche Mitglieder. Wenn man die 4,4 Mio. freiwilligen Mitgliedern der GKV und die in der PKV versicherten Arbeitnehmer und Angestellten zusammennimmt, dürfte die an einem *Systemwettbewerb teilnehmende Bevölkerung deutlich unter 10 % der Gesamtbevölkerung* liegen.[871]

Tatsächlich wird die umworbene Klientel weiter *vermindert* durch Personen mit *gesundheitlicher Beeinträchtigung*.[872] Neben Leistungsausschlüssen der PKV müssten diese Personen im Vergleich zum GKV-Beitrag oftmals wesentlich höhere Prämien zahlen. Auch *ältere Personen*, die gesund sind, müssten bei Neuversicherung in der PKV prohibitiv hohe Beiträge zahlen. Grund dafür ist, dass Alterungsrückstellungen über kürzere Zeit aufgebaut werden müssten.[873] Last not least entscheiden sich Personen mit Wahlmöglichkeit mit vielen (aktuell oder geplant) mitzuversichernden Familienangehörigen für die GKV, da dort die Mitversicherung beitragsfrei erfolgt. Nach *Jacobs* herrscht *Systemwettbewerb* letztlich *nur für 1 Mio.* Personen, die einen Nutzenzuwachs durch die Wahlmöglichkeit erhalten.[874]

Im *Ergebnis* gibt es einen *Systemwettbewerb* nur bei jungen Personen mit hohem Einkommen[875], keinen oder leichten Vorerkrankungen[876] sowie keinen oder wenig mitzuversichernden Familienangehörigen. Dennoch ist der Wettbewerb beidseitig intensiv geführt, da der angesprochene Personenkreis in einer durch geringe variable Kosten gekennzeichnete Branche das eigene Unternehmen stärkt. Ein Minus an Versicherten

---

870 Vgl. PKV-Verband (2009f), S. 29. Eine exakte tiefere Aufgliederung ist laut Angabe des PKV-Verbandes nicht möglich. Genauere Werte lassen sich übers SOEP gewinnen. Eine Größenordnung wird von Grether genannt: 13% der Vollversicherten sind Angestellte und Arbeiter, 17 % Selbstständige, 7 % Rentner, 10 % Angehörige und 5 % Studenten, vgl. Grether (2009), S. 346. Die Zahlen wurden dem Autor vom PKV-Verband bestätigt. Genett nennt ca. 1 Mio. Arbeitnehmer und Angestellte sowie 1,43 Mio. Selbstständige Ende des Jahres 2005, vgl. Genett (2009), S. 139.

871 Das BMG zitiert nach Klingenberger geht von ca. 13 % der Bevölkerung mit Wahlmöglichkeit aus, vgl. Klingenberger (2001), S. 109. Diese Zahl ist bezogen nicht wie hier auf eine geeignete Bevölkerung, sondern allein auf die berechtigten Personen. Jacobs und Schulze bestätigen die Zahl mit 10,3 Mio. Versicherten, die grundsätzlich eine Wahlmöglichkeit haben, dabei sind Familienangehörige nicht berücksichtigt, vgl. Jacobs und Schulze (2006), S. 15.

872 Kühn bemerkt, dass es in Versicherungsmärkten generell nur Wettbewerb um erwünschte Risiken gibt, vgl. Kühn (1994), S. 17.

873 Siehe Abschnitt 6.2.2.2 für die Prämienberechnung.

874 Vgl. Jacobs (2008), S. 257. Doppelverdiener tendieren eher zur PKV.

875 Die Durchschnittsprämie im Jahr 2005 über eine große Grundgesamtheit betrug für bis zu 30-jährige Personen knapp über 200 Euro ohne Beihilfeempfänger und inklusive Arbeitgeberanteile gegenüber 390 Euro bei 60-jährigen, vgl. Grabka (2006a), S. 655.

876 Siehe für die höhere Morbidität von GKV-Versicherten Abschnitt 2.1.2.1.

bei der PKV bedeutet ein Plus bei der GKV und vice versa. Die GKV ist an der beschriebenen Personengruppe v. a. deshalb interessiert, weil diese Personen den Höchstbeitrag als Produkt aus Beitragssatz und BBG[877] zahlen und damit i. d. R. positive Deckungsbeiträge aus Einnahmen respektive Zuweisungen verglichen mit den Ausgaben generieren, während die PKV einfach Marktanteile zu vergrößern versucht.

5.1.1.2 Unternehmensziele und Wettbewerbsparameter im Systemwettbewerb

Die *privaten Unternehmen* in den Rechtsformen AG oder VVaG sind *gewinnorientiert*, wohingegen gesetzliche Krankenkassen als KdöR's gemeinwohlorientiert sind. Private Unternehmen streben häufig nach Umsatzwachstum, was z. B. bei gegebenen Fixkosten und konstanten variablen Kosten zu Gewinnen führt.[878] Gewinne sind nötig, um die Existenz der Unternehmung zu sichern, ansonsten muss Konkurs angemeldet werden. Eine risikoäquivalente Prämienkalkulation mit Gewinnaufschlag veranlasst private Krankenversicherer, ihren Versichertenbestand zu maximieren.

Gemeinwohlorientiert ist ein unbestimmter Begriff. Der GKV als Sozialversicherung liegen nach SGB I zwei Maximen zugrunde: „Verwirklichung sozialer Gerechtigkeit und sozialer Sicherheit".[879] Soziale Gerechtigkeit kann im Kontext einer Krankenversicherung als gleiche Zugangschancen zu Gesundheitsleistungen interpretiert werden, Soziale Sicherheit als bedarfsgerechte Absicherung des Einzelnen.[880] Beide Kriterien werden von allen gesetzlichen Krankenkassen erfüllt, da Kontrahierungszwang und einkommensabhängige Beiträge sowohl Zugangsgleichheit als auch Bedarfsgerechtigkeit beinhalten. Auch die SGB V-Definition der Gesundheitserhaltung und –herstellung für alle Mitglieder der Solidargemeinschaft gesetzlich Versicherter ist für eine Konkretisierung der Gemeinwohlorientierung im Hinblick auf das Wettbewerbsziel der GKV zu ungenau.[881]

Eine Operationalisierung von Zielen *gesetzlicher Kassen* kann durch Rekursion ausgehend von der *Existenzsicherung* erfolgen. Krankenkassen können nur bei Weiterbestehen ihrem gesetzlichen Auftrag nachkommen. Mit dem GKV-WSG können alle Kas-

---

877 Die BBG beträgt im Jahr 2010 45.000 Euro. Bei einem aktuellen Beitragssatz inklusive Zusatzbeitrag i. H. v. 14,9 Prozent beträgt der Arbeitgeberbeitrag 262,50 Euro und der Arbeitnehmerbeitrag 296,25 Euro, macht insgesamt 558,75 Euro im Monat.

878 Allgemein wird die Produktion solange ausgedehnt, bis die Grenzkosten den Grenzerlösen entsprechen mit Nebenbedingung geringere Steigung der Grenzerlöskurve im Vergleich mit der Grenzkostenkurve. Für eine formal-theoretische Herleitung des optimalen Produktionsplans siehe z. B. Schumann et al. (1999), S. 166-172.

879 § 1 Abs. 1 S. 1 SGBI.

880 Für allgemeinere Definition siehe z. B. Finkenbusch (1995), S. 39.

881 § 1 S. 1 SGBV.

sen insolvent werden.[882] Reichen die Einnahmen aus dem Gesundheitsfonds samt maximaler Generierung von Zusatzbeiträgen nicht aus um die Ausgaben zu decken, wird die Kasse geschlossen oder fusioniert mit einer wirtschaftlich gesünderen.

Systemübergreifend hilft eine effiziente Produktion von Krankenversicherungsschutz bei der Existenzsicherung. *Je mehr Mitglieder* eine Krankenkasse hat, umso *höher* ist i. d. R. die *Entlohnung der Vorstände*, womit Mitgliederwachstum ein Ziel ist. In der PKV ist wie bei anderen privaten Unternehmen auf dem Kapitalmarkt die erwirtschaftete Rendite neben der Größe der Kasse bestimmend.[883]

Wettbewerbsparameter sind klassisch die „4 P“: product, price, place und promotion, die beim Gut Krankenversicherung der Prämie / dem Beitragssatz, dem Leistungsumfang, den Absatzkanälen (place / Distribution) und der Werbung entsprechen.[884]

Auf einem *vollkommenen Markt* mit homogenen Gütern und einem Polypol erfolgt der *Wettbewerb* über den Preis der sich aus Angebot und Nachfrage ergibt. Bei vollkommener Konkurrenz gilt der Gleichgewichtspreis für alle Anbieter und Nachfrager. Setzt ein Unternehmen den Preis zu hoch, dann kann es seine Güter nicht verkaufen. Ist der Preis zu niedrig, können die Produktionskosten nicht gedeckt werden. Auf längere Frist können keine Gewinne erwirtschaftet werden.

Der *Krankenversicherungsmarkt* ist *komplexer*. Die jungen, gesunden Personen mit hohem Einkommen, die de facto eine Wahlmöglichkeit haben, sehen sich einer Vielfalt von Tarifen bei der PKV[885] gegenüber, das Produkt Krankenversicherung ist als Bündel von Einzelleistungen nicht homogen. Auch bei der GKV eröffneten sich insb. durch das GKV-WSG über den gesetzlichen Leistungskatalog hinaus Wahlmöglichkeiten. Es kommt zu einem *simultanen Preis- und Produktwettbewerb bei beiden Krankenversicherungen*. Denkbar ist ein Qualitätswettbewerb, der jedoch eher für den Vertrags- und Leistungsmarkt relevant ist.[886] Die Leistungen einer Krankenversiche-

---

882 Vgl. Abschnitt 4.3.2.1.2.

883 Weitere Zielvariable von gesetzlichen Krankenkassen werden theoretisch abgeleitet und empirisch überprüft in der Dissertation von Haenecke, vgl. Haenecke (2001), S. 166-178. Er identifiziert als die drei zentralen Ziele: Sicherung des Kassenfortbestands (mit Abstand am häufigsten genannt), Erhöhen / Halten der Kassengröße und Senken / Halten des Beitragssatzes. Letzteres hängt direkt mit Versichertenwachstum zusammen. Siehe für die Verknüpfung von Risikoselektion, Beitragssatz und der Wachstumsstrategie Abschnitt 5.1.2.1.2. Mit dem Gesundheitsfonds ist der zentrale Wettbewerbsparameter der Zusatzbeitrag und nicht mehr der Beitragssatz.

884 Vgl. für eine Übersicht und ausführliche Beschreibung der Wettbewerbsparameter Wöhe (1996), S. 634-735. Für die Untersuchung werden place und promotion als Vertriebssteuerung zusammengefasst.

885 Allein 14 Differenzierungsmöglichkeiten listet Terhorst auf in Terhorst (2000), S. 15.

886 Im Abschnitt 2.2.3 wurde auch eine „negative Qualitätskonkurrenz“ aufgeführt. Die Abwärtsspirale aus Qualität, niedrige Beitragssätze, Qualität usw. ist theoretisch vorstellbar, empirisch jedoch in Deutschland noch nicht relevant. Generell ist der Gesundheitsmarkt hoch reguliert.

rung sind als homogen angenommen und können demzufolge von den Versicherten einigermaßen überblickt und damit verglichen werden.[887]

Wettbewerbsparameter bei der *PKV* sind *Prämien* in Kombination mit Selbstbehalten und Beitragsrückerstattung. Potenzielle Neukunden holen sich i. d. R. mehrere individuelle Angebote zu gewünschtem Versicherungsumfang ein und wählen dann das günstigste aus. In der *GKV* ist trotz der obligatorischen und fakultativen Wahltarife und möglichen Produktkooperationen mit der PKV die Kernleistung in den Bereichen ambulante und stationäre Versorgung gleich. Es entscheidet beim überwiegenden Teil der Versicherten der *Beitragssatz*.[888]

5.1.1.3 Entscheidungssituation eines Berufsanfängers

Die meisten PKV-Versicherten der umworbenen Gruppe sind seit Berufseinstieg privat versichert. Der Systemwettbewerb konzentriert sich auf diese Gruppe, da die PKV gegenüber der GKV nur hier konkurrenzfähig ist. Daher wird anhand der *Entscheidungssituation* eines *jungen Menschen* mit Wahlmöglichkeit zwischen GKV und PKV der Systemwettbewerb auf dem Finanzierungsmarkt dargestellt. Die Untersuchung vereinfacht, stellt aber die wesentlichen Kriterien der Entscheidung vor.[889]

Problematisch beim *systemübergreifenden Vergleich* von Angeboten für die umworbene Gruppe sind die in der *PKV im Lebenslauf stärker steigenden Prämien* gegenüber der GKV.[890] In einer Auswertung von Daten des Sozio-oekonomischen Panels (SOEP) kommt *Grabka* zu stärker angestiegenen Beiträgen in der PKV gegenüber der GKV in den Jahren 1985 bis 2005.[891] Der Anstieg des Gesamtbeitrags bei Personen mit Ein-

---

Sollten bei komplexen Produkten wie einer Krankenversicherung Fälle von Minderqualität bekannt werden, würden im Falle der GKV die Versicherten die Kasse verlassen. Bei der PKV ist die Gefahr eines race-to-the-bottom aus Reputationsgründen gering.

887 Regelmäßige Vergleiche finden sich in Magazinen wie Focus, Focus Money oder Stiftung Warentest.

888 Für die zentrale Bedeutung des Beitragssatzes und ab 2009 des Zusatzbeitrags vgl. Abschnitt 5.1.2.1.2.

889 Ausführlich mit der Entscheidungssituation von Personen mit Wahlrecht zwischen GKV und PKV beschäftigt sich Rohweder in seiner Dissertation, vgl. Rohweder (1996). Siehe auch Münch (2003), S. 124-177.

890 Für einen fairen Vergleich müsste man die Barwerte der Zahlungen und der dafür erhaltenen Leistungen im Lebenslauf vergleichen, was nach Wissen des Autors bisher nicht empirisch näher bestimmt wurde. Vgl. für die dabei auftretenden Unsicherheiten ausführlicher Rohweder (1996), S. 179-182.

891 Einzelne Werte der Pro-Kopf Prämie, nicht unterschieden in Beamte und Nichtbeamte, der PKV und des Höchstbeitrags in der GKV zwischen den Jahren 1970 und 1992 stellt Rohweder dar, Rohweder (1996), S. 47,63-64. In diesem Zeitraum sind die PKV-Prämien um 448 % gestiegen, in der GKV um 558 %. Nach seinen Überlegungen ist bei Korrektur um die Beihilfe

kommen oberhalb der BBG, um diese Personen wird geworben, betrug jährlich 6,6 % und stieg von 244 Euro auf 564 Euro[892].[893] Im gleichen Zeitraum sind die Prämien im Durchschnitt bei mehr als 20 Jahre in der PKV ununterbrochen Versicherten ohne Beihilfeanspruch[894] von 131 Euro auf 395 Euro gestiegen oder 10,1 % jährlich.[895] In Kombination mit Selbstbehalten sind die tatsächlichen Ausgaben bei Berücksichtigung von Zuzahlungen in der GKV vermutlich in der PKV mit höheren Zuschlägen zu versehen als bei GKV-Versicherten.

Den GKV-Beitrag darf man zum Vergleichszweck nicht hälftig aufteilen, da privat Versicherte *Angestellte und Arbeiter*, und das ist die Zielgruppe, ebenfalls Anspruch auf einen Arbeitgeberzuschuss haben.[896] Alleinstehende Angestellte und Arbeiter können sich daher bedeutend günstiger privat als in der GKV versichern. Bei gut verdienenden Selbstständigen, die die Prämie in der PKV alleine zahlen müssen, war die PKV bereits im Jahr 1985 so teuer wie die GKV, während diese Gruppe in der PKV im Jahr 2005 gut 100 Euro mehr als in der GKV bezahlen musste. Prozentual ist der Beitrag im Jahr 2005 ca. 40 % höher in der PKV gegenüber der GKV.

Alleinstehende *Berufsanfänger* wählen daher oft die PKV, da gegenüber den für die hier betrachteten PKV-Versicherten die Prämien für Männer bis 30 Jahre mit ca. 150 Euro wesentlich günstiger sind als die Höchstprämie in der GKV i. H. v. 296,25 Euro, bezogen auf den Arbeitnehmeranteil.[897] Neben der verlockend niedrigen Prämie ist auch der Privatversicherten-Status begehrt. Nicht einbezogen ins Kalkül eines jungen, gesunden Menschen wird oft der stärkere Prämienanstieg im Alter.[898]

---

der Beamten und die Haushaltsgröße die GKV über das Leben betrachtet günstiger. Vgl. auch Rürup et al. (2010), S. 49.

892 Der GKV-Beitrag entspricht ungefähr dem heutigen Höchstbeitragssatz von 558,75 Euro, wobei in der Studie sowohl bei GKV als auch bei PKV zur Vergleichbarkeit der Beitrag zur PV einberechnet ist.

893 Siehe für die Auswertung Grabka (2006a). Im Untersuchungsjahr umfasste das SOEP 12.000 Haushalte und mehr als 22.000 Personen. Siehe ausführlicher auch Grabka (2006b).

894 Personen mit Beihilfe wechseln i. d. R. nicht aus der PKV.

895 Dieser Wert ist ein Durchschnitt aus den Daten von Frauen und Männern. Die meisten der umworbenen Versicherten sind Männer, deren Prämien in der PKV aufgrund einer niedrigeren Lebenserwartung und geringerem Krankheitsrisiko um ca. 16 % geringer sind als in der zitierten Studie angegeben, vgl. für die Zahl auch Abschnitt 7.4.1.

896 Vgl. Abschnitt 6.1.2.2.2.

897 Die Einstiegsprämien differieren stark je nach Selbstbehalt und Leistungsumfang. Bei einem Selbstbehalt für ambulante Behandlung i. H. v. 1.200 Euro sind 120,45 Euro insgesamt und 60,22 Euro bei Abzug des Arbeitgeberzuschusses in der DKV mit 30 Lebensjahren aufzubringen ohne Wahlleistungen Krankenhaus, während bei 400 Euro Selbstbehalt 296,42 Euro bzw. 148,21 Euro bei erweiterten Leistungen bezahlt werden müssen, vgl. DKV (2010).

898 Es muss darauf hingewiesen werden, dass mit Einführung des Standardtarifs zum 01.07.1994 und des Basistarifs zum 01.01.2009 eine Art Deckelung der Prämienentwicklung existiert, die die Furcht vor Überforderung im Alter mindert. Darüber hinaus werden die Tarife heute so

Bereits bei einer Familie mit Möglichkeit eines mitzuversichernden Ehepartners und Kind ist rein pekuniär die GKV oftmals interessanter.[899]

Letztlich dürfte die *Entscheidung geprägt* sein von einer Mischung aus *finanzieller Belastung, Familienplanung*[900] und den *Präferenzen* für über den gesetzlichen Leistungskatalog hinausgehende Leistungen[901] samt *Privatversichertenstatus.*[902] Darüber hinaus ist der *Leistungskatalog* in der *PKV garantiert.* Eine Partizipation am *technischen Fortschritt* ist bei Betrachtung der KNB in der GKV unwahrscheinlicher, ein weiterer Pluspunkt der PKV. Die geringen Unterschiede der einzelnen gesetzlichen Krankenkassen dürften in der Entscheidungsphase keine Relevanz haben, v. a. weil Versorgungsfragen für junge, i. d. R. gesunde Menschen kaum Relevanz haben. *Dominant* ist damit i. d. R. der *Preisvergleich.*

In die Überlegung einbezogen werden sollte auch, dass bei einem Wechsel in die PKV eine Rückkehr in die GKV heute nur noch in restriktiven Fällen möglich ist. Das Diktum *„Einmal PKV, immer PKV“*, damals geprägt von der PKV als Erwiderung auf den Vorwurf unsolidarischer Rückwechsel Älterer, gilt seit dem GRG 2000 für Personen über 55 Jahren quasi ausnahmslos.[903] Hinzu kommt, dass die Prämie der PKV den tat-

---

kalkuliert, dass Beitragssatzsteigerungen im Alter weniger stark sind, vgl. zur Prämienkalkulation Abschnitt 6.2.2.2. und zur Frage der Bezahlbarkeit Abschnitt 6.2.4.2.

899 Ein eingängiges Beispiel anhand verschiedener Haushaltsgrößen findet sich in Münch (2003), S. 160. Aufschlussreich ist das Verhältnis von Mitgliedern zu Mitversicherten in der GKV. Bei den Pflichtversicherten kommen auf 100 Mitglieder 51 Mitversicherte, während bei den freiwillig Versicherten auf 100 Mitglieder 76 Mitversicherte kommen, vgl. BMG (2009g). In der PKV kommen bei Versicherten ohne Beihilfe nur 22 Kinder auf 100 Erwachsene (bei denen im Vergleich zur GKV-Betrachtung Rentner berücksichtigt sind), mit Beihilfe (was Pflichtversicherten in der GKV analog zu setzen ist) kommen auf 100 Erwachsene 23 Kinder, vgl. PKV-Verband (2009f), S. 29. In der GKV ist also die Zahl der Mitversicherten pro Versichertem wesentlich höher. Weitere Vergleiche nach GKV und PKV unterschieden finden sich in Dräther (2006), S. 54-61. Vgl. auch Leinert et al. (2005), S. 218. Neuere Zahlen des WIP ergeben eine Annäherung des Anteils der Kinder und Jugendlichen über alle Versicherten unter 18 Jahren, im Jahr 2007 17,5 % in der GKV versus 16,4 % in der PKV, vgl. Niehaus (2009d), S. 6.

900 Kritisch zur Familienplanung sind Rudolph und Schallermair, jedoch nicht aufgrund der Wahlmöglichkeit, sondern des Anreizes eigentlich leistungsfähiger Personen, sich in der GKV zu versichern, vgl. Rudolph und Schallermair (2001), S. 264-265.

901 Erwähnt werden muss, dass auch in der GKV Leistungen gewährt werden, die es in der PKV nicht gibt, vgl. Abschnitt 4.3.2.3.3.

902 Schuldzinski untersucht fünf Fallbeispiele, in denen er um die 30 Jahre alte Versicherte betrachtet, die Wahlfreiheit zwischen den Systemen haben. Bemerkenswert ist der Fall Selbstständiger mit oft unregelmäßigen Einkommen, bei denen der Mindestbeitrag in der GKV zu einem Risiko hoher Belastungen in schlechten Jahren führt, vgl. Schuldzinski (2006), S. 128-129. Im Jahr 2010 wird als Mindesteinkommen für Selbstständige die monatliche Bezugsgröße angenommen (wie bei ALG2-Empfängern nach § 18 SGBIV). Dieser Betrag kann bis auf die Hälfte verringert werden, vgl. § 254 Abs. 4 SGBV.

903 Siehe Abschnitt 4.2.4.

sächlichen Preis der Versicherung nicht transparent widerspiegelt.[904] Für die Versicherten ist die PKV ein Erfahrungsgut, dessen Nutzen sich erst im Zeitablauf in allen Eigenschaften offenbart.[905] Oft vergessen wird auch, dass man bei Unzufriedenheit mit dem Versicherer, anders als in der GKV, gerade in höherem Alter zwischen PKV-Unternehmen nur mit großen Verlusten wechseln kann, womit die Ebene des Systemwettbewerbs jedoch verlassen wird.[906]

5.1.1.4 Systemwettbewerb um Zusatzversicherungen

Zusatzversicherungen in der PKV haben in den vergangenen Jahren einen deutlichen Bestandszuwachs erfahren.[907] Ursächlich dafür sind nach Aussage des PKV-Verbandes zwei Faktoren: Einschnitte in den Leistungskatalog der GKV und die Kooperationen zwischen gesetzlichen Krankenkassen und privaten Krankenversicherungen seit dem GMG.[908,909] Gesetzliche Krankenkassen werben aktiv mit exklusiven Partnern aus der PKV-Branche. Exklusiv heißt, dass eine gesetzliche Kasse genau eine private Partnerversicherung hat.[910] Die GKV erweitert indirekt ihr Portfolio bestehend

---

904 Grund dafür ist die zwischen den Versicherungsunternehmen stark differierende Rückerstattungspraxis. Finsinger und Kraft kommen auf zeitlich stabile Unterschiede von bis zu 17 %, vgl. Finsinger und Kraft (1986). Die Zahlen sind heute mutmaßlich geringer wegen der Neuregelungen. Auch ist die Höhe der Beitragsrückerstattungen an den Bruttobeiträge mit 8,2 % im Jahr 2008 relativ gering, vgl. PKV-Verband (2009f), S. 19.

905 Vgl. Abschnitt 2.2.3.

906 Zum Problem der quasi nicht vorhandenen Portabilität von Alterungsrückstellungen siehe Abschnitt 5.1.2.1.1.

907 Vgl. PKV-Verband (2009f), S. 90-91. Im Jahr 1998 bestanden 14 Mio. Zusatzversicherungsverhältnisse innerhalb der PKV, Ende 2008 belief sich die Zahl auf 21 Mio. Das Gros der Versicherungen wird nach Angaben des PKV-Verbandes von GKV-Vollversicherten abgeschlossen, vgl. PKV-Verband (2009f), S. 34. In absteigender Wichtigkeit sind dies Zahnzusatzversicherungen, ambulante Tarife und Wahltarife Krankenhaus. Krankentagegeldversicherungen und Krankenhaustagegeldversicherungen werden hingegen auch von PKV-Versicherten nachgefragt. Hinzu kommen noch besondere Versicherungsformen, allen voran Auslandsreisekrankenversicherungen, vgl. PKV-Verband (2009f), S. 35.

908 I. d. R. Ein- und Zweibettzimmer im Krankenhaus, Auslandsreisekrankenversicherung und Wahlarztbehandlung im Krankenhaus, vgl. § 194 Abs. 1a S. 2 SGBV.

909 Stand Mitte 2009 würde gerne jeder zweite GKV-Versicherte ohne Zusatzversicherung in den nächsten 12 Monaten eine abschließen. 40 Prozent davon würden gerne bei einer privaten Krankenversicherung eine Zusatzversicherung machen, die mit der eigenen GKV kooperiert, vgl. Grether (2009), S. 348.

910 Prominente Beispiele sind BARMER und HUK Coburg sowie die Deutsche Angestellten-Krankenkasse (DAK) und Hanse-Merkur, vgl. Weber, R. (2009), S. 13. Es gibt sogar private Krankenversicherungen, die ausschließlich ihr Geschäft auf die Partnerschaft mit einer gesetzlichen Krankenkasse ausrichten. Ein prominentes Beispiel ist Envivas, die exklusiv als Tochterunternehmen der Central für Mitglieder der TK Zusatzversicherungen anbietet. Im Jahr

aus dem gesetzlichen Leistungskatalog, der mit dem GKV-WSG durch die Umwandlung von Kann- in Pflichtleistungen einerseits reduziert wurde, andererseits durch Wahltarife erweitert wurde, um die Serviceleistung Vermittlung von Zusatzversicherungen.[911] In diesem Fall wird das Produkt GKV-Versicherung heterogener, ein Systemwettbewerb findet jedoch nicht statt.

Forciert mit den Wahltarifen des GKV-WSG ist es zu einer paradoxen Situation gekommen.[912] Die nun deutlich attraktivere Kostenerstattung führt zu einer Höherversicherung, die einige Krankenkassen mit eigenen Zusatzversicherungen, z. B. Einbettzimmer Krankenhaus oder Chefarztbehandlung, ohne Intermediation durch eine private Krankenversicherung ergänzen.

Entscheidend für die Entwicklung eines Systemwettbewerbs auf dem Zusatzversicherungsmarkt wird sein, ob sich letztlich die *weite Auslegung* vertraglicher Spielräume in der GKV durchsetzt, oder ob die im SGB V explizit formulierte Beschränkung der GKV-Zusatzversicherungen auf den gesetzlichen Leistungskatalog sich durchsetzt.[913]

Sollte es zu Zusatzversicherungen durch die GKV kommen, ergäben sich je nach Ausgestaltung seitens der GKV Wettbewerbsverzerrungen.[914] Die Wahltarife in der PKV werden bei Berücksichtigung von Alterungsrückstellungen versicherungsmathematisch kalkuliert und führen bei Kündigung zum Verlust der Rückstellungen, in der GKV hingegen ist man drei Jahre gebunden und muss eine Quersubventionierung von Wahltarifen im Zusammenspiel mit verbundenen Zusatzversicherungen *plausibel* ausschließen.[915] Dies führt in der GKV bei Höherversicherung zu günstigeren Prämien für jüngere Versicherte, da keine Alterungsrückstellungen aufgebaut werden müssen.

2008 hatten 500.000 TK-Versicherte eine Envivas-Zusatzversicherung abgeschlossen, vgl. Grether (2009), S. 348. Mitte 2009 war dies die einzige sich aufs Kooperationsgeschäft mit einer gesetzlichen Kasse beschränkende private Versicherung. Interessant ist auch der Zusammenschluss von KKH und BKK Allianz, die als KKH Allianz naheliegend mit der Allianz PKV kooperieren.

911 Oft ist bei einer durch eine Krankenkasse vermittelten Zusatzversicherung ein Rabatt auf die Zusatzversicherung inbegriffen, der nur besteht, solange der Versicherte bei der Krankenkasse bleibt.

912 Vgl. für die Folgeabsätze den Exkurs nach Abschnitt 4.3.1.1.3.

913 § 194 Abs. 2 SGBV verbietet es Krankenkassen, Leistungen außerhalb des Leistungskatalogs zu finanzieren.

914 Für eine ökonomische Bewertung mit juristischer Verknüpfung von Wahltarifen mit Fokus auf idealtypische Elemente in GKV und PKV siehe Schulze Ehring und Weber (2007), S. 8-22.

915 Die Aufsichtsbehörde BVA konkretisierte die Vorgaben in § 53 Abs. 9 SGBV in einem Schreiben vom 13.03.2007, demnach der Ausschluss von Quersubventionierungen plausibel dargestellt werden muss, vgl. BVA (2007).

Das Beispiel Zweibettzimmer im Krankenhaus der AOK Rheinland/Hamburg verdeutlicht die Prämienspreizung nach Alter in der GKV.[916] Durch die zeitpunktbezogene Berechnung in der GKV werden für jüngere Versicherte deutlich günstigere Wahltarife angeboten als für ältere. Bei einem 63-Jährigen ist der Tarif 11-mal teurer als für einen 30-Jährigen, was jedoch für den Älteren kein Problem darstellt, da er den Tarif nicht wählen muss und ohne Nachteile kündigen kann.

Da insb. Jüngere umworben sind, hat die *PKV* mit weniger großen Prämienunterschieden durch die glättende Wirkung der gesetzlich vorgegebenen *Alterungsrückstellungen*[917] *systembedingte Nachteile* bei leistungserweiternden Zusatzversicherungen. Hinzu kommt, dass die GKV durch die weitaus größere Anzahl Versicherter ein sog. *Adressmonopol* hat und damit zu potenziellen Zusatzversicherten einen besseren Zugang besitzt. Problematisch daran ist, dass das Adressmonopol qua Versicherungspflicht in der GKV begründet ist und nicht im Wettbewerb zur PKV erarbeitet wurde.

5.1.2 Effizienz innerhalb der Subsysteme GKV und PKV

Ist die Entscheidung über den Versicherungstyp der Personen mit Wahlmöglichkeit gefallen, muss zu einer Beurteilung der Gesamteffizienz des Finanzierungsmarktes im dualen System die Effizienz jeweils für GKV und PKV analysiert werden. Allein ca. 75 % der Bevölkerung kann wegen Versicherungspflicht in der GKV nicht von der Wahlmöglichkeit im dualen System heutiger Prägung profitieren. Umgekehrt rentiert sich für das Gros der PKV-Versicherten ein Wechsel nicht. Die Effizienz innerhalb jeweils von GKV und PKV ist daher für die Gesamteffizienz entscheidend. Wäre bspw. die GKV der PKV eindeutig überlegen, wäre neben der Inferiorität der PKV gleichzeitig ein Systemwettbewerb ineffizient. Nur bei *ähnlich hoher Effizienz* in beiden *Teilsystemen* kann auch ein *Systemwettbewerb* ökonomisch *vorteilhaft* sein.

5.1.2.1 Wettbewerbsintensität

5.1.2.1.1 Geringe Wettbewerbsintensität in der PKV

Ein vollkommener Markt ist gekennzeichnet durch ein Polypol bestehend aus vielen Nachfragern und Anbietern. Zumindest sollte der Markt bestreitbar sein, um funktionieren zu können.[918] Ist diese Voraussetzung gegeben, kann sich bei ausreichender Homogenität des Gutes ein effizienzfördernder Wettbewerb entwickeln. Im Finanzie-

---

916 Für das Beispiel und kritisch zu Zusatzversicherungen durch die GKV siehe Thüsing (2009), S. 62. Weitere Beispiele für Arzneimittel besonderer Therapierichtungen und Einbettzimmer finden sich in Schulze Ehring und Weber (2007), S. 20.

917 §§ 7 und 10 Abs. 1 KalV.

918 Vgl. Abschnitt 2.1.1.2.

rungsmarkt in der GKV ist ein Preiswettbewerb aufgrund der geringen Ausdifferenzierung des Leistungsangebotes zu vermuten, wohingegen in der PKV ein simultaner Preis- und Produktwettbewerb zu erwarten ist. Der Produktwettbewerb ist als einigermaßen transparent einzustufen, da auf Verbandsebene verbindliche Muster- und Versicherungsbedingungen[919] existieren, jedoch Versicherungsunternehmen eine stark differierende Rückerstattungspraxis verfolgen.

Der PKV-Verband hatte am 31. Dezember 2008 46 ordentliche Mitgliedsunternehmen.[920] Von den 46 Unternehmen waren 18 VVaG's und 28 AG's, wobei die Branche untereinander spürbar verflochten ist.[921] Zudem gibt es innerhalb der Branche beträchtliche Größenunterschiede. Im Jahr 2008 wiesen die sechs größten und gleichzeitig beitragsstärksten PKV-Unternehmen mit 15,2 Mrd. Euro etwas über 55 % der Beitragseinnahmen der Branche auf.[922] Berücksichtigt man die Verflechtung innerhalb der Branche ist die Konzentration tatsächlich noch größer.[923] *Thielbeer* erklärt die hochkonzentrierte PKV-Marktstruktur plausibel als Zusammenspiel aus gesetzlich vorgeschriebener Spartentrennung, markttaktischen Überlegungen, strategischen Einfluss auf andere Marktakteure, Umgehung von Gewinnbegrenzungen und Verringerung der Principal-Agenten-Problematik. Effizienzüberlegungen wie die Senkung von Transaktionskosten seien nachrangig.[924] Die Konsequenz ist, dass kein Polypol existiert, sondern ein oligopolistischer Markt vorliegt. Ein Oligopol ist nicht per se einem Polypol

919 Vgl. Abschnitt 4.3. Für den Systemwettbewerb sind insb. die MB/KK relevant (Krankheitskosten- und Krankenhaustagegeldversicherung). Der PKV-Verband will auf diese Weise einen fairen Leistungswettbewerb fördern und v. a. den Versicherten ein Mindestmaß an Qualität garantieren, vgl. PKV-Verband (2010d). Vollständige Transparenz ist nicht gegeben respektive nur bei erheblichen Suchkosten zu erlangen, vgl. Abschnitt 5.1.1.3.

920 Für die Zahlenangaben siehe PKV-Verband (2009f), S. 9-13. Neben den Unternehmen, die dem Verband angehören, gab es im Jahr 2008 noch ca. 30 kleine und kleinste private Krankenversicherungsvereine. Hierbei handelt es sich um unter Bundes- oder Landesaufsicht stehende Unterstützungskassen, die meist nur Zusatzleistungen anbieten. Sie sind häufig berufsständisch orientiert und haben oft nur regionale Bedeutung. Ihr Anteil an den Beitragseinnahmen beträgt unter 0,002 Prozent. Aktuell hat der Verband 20 AG's und 26 AG's, vgl. PKV-Verband (2010g).

921 Zwölf AG's waren alleine Tochtergesellschaften von VVaG's. Vgl. für die Verflechtung der Branche Thielbeer (1999), S. 63-66. Ein Grund der Verflechtung ist das Gebot zur Spartentrennung nach § 8 Abs. 1a VAG. Konzerne ermöglichen eine Umgehung der Spartentrennung.

922 Für die Zahlen siehe BaFin (2009).

923 Die Allianz PKV, bis Ende des Jahres 2003 Vereinte Krankenversicherung AG, kam nach Thielbeer im Jahr 1994 auf 30 % Marktanteil und hat die Spielregeln der Branche maßgeblich bestimmt, vgl. Thielbeer (1999), S. 65. Auch wenn die Zahl älter ist, dürfte sich die Aussage für heute nicht wesentlich verändert haben: die Branche ist hochkonzentriert. Siehe hierzu auch Terhorst (2000), S. 36-39. Etwas neuer ist Sehlen (2002), S. 126.

924 Vgl. Thielbeer (1999), S. 75.

unterlegen.[925] Offenbar ist der PKV-Markt nicht von ruinöser Konkurrenz betroffen, was ein natürliches Monopol ebenfalls ausschließt.[926] Nach *Thielbeer* gibt es keine Skalen- oder Verbundvorteile und damit Unteilbarkeiten. Grund dafür sind ab einer gewissen Größe wieder steigende Betriebs- und Risikokosten.[927] Entscheidend für die Allokationseffizienz ist letztlich die Wettbewerbsintensität.[928]

Wettbewerbsparameter in der PKV sind *Preise* und *Produkte*, die miteinander verbunden sind.[929] Die Prämiengestaltung unterliegt grundsätzlich brancheneinheitlichen Kalkulationsvorschriften. *Differenzierungsmöglichkeiten* ergeben sich einerseits durch variierende Leistungsumfänge. Andererseits werden verschiedene Formen von Selbstbeteiligung angeboten.[930] Selbstbehalttarife sind in der Gestaltung frei. Die Beitragsrückerstattung zerfällt in einen erfolgsabhängigen Teil[931] und einen regulierten erfolgsunabhängigen Teil[932]. Nach *Thielbeer* orientieren sich die potenziellen Versicherten trotz unterschiedlicher Selbstbeteiligungsvarianten ausschließlich am angegebenen Prämienniveau, was durch die darauf konzentrierte Angebotserstellung der Hersteller forciert wird.[933] Im Ergebnis sind die *Preise für die potenziellen Kunden ähnlich*. Analog ist der Wettbewerbsparameter Produkt zu sehen, der wenig genutzt wird, da zum Einen die Musterbedingungen des PKV-Verbands und die Regulierungsdichte eher homogene Angebote[934] fördert sowie zum Anderen v. a. die Versicherer bewusst *über*

925 Polypole sind statisch betrachtet effizient, dynamisch jedoch ineffizient, siehe Abschnitt 2.1.1.1. Eine Analyse beider Marktformen am Beispiel des deutschen Arzneimittelmarktes erfolgt in Schulenburg und Hodek (2008), S. 21-29.

926 Vgl. Abschnitt 2.2.2.

927 Vgl. Thielbeer (1999), S. 138-139. Die Vorteile aus dem Gesetz der großen Zahl sind schnell erreicht, dagegen steigen bspw. die Kosten der internen Koordinierung und des Rückversicherungsschutzes.

928 Vgl. Abschnitt 2.2.3.

929 Für den Konnex von Preis- und Produktpolitik im Erstversicherungsmarkt vgl. Farny (1994), S. 257-260.

930 Einen Überblick der Produktdifferenzierung seit 1998 gibt Rürup et al. (2010), S. 79-80.

931 Die Beitragsrückerstattung erfolgt aus Rückstellungen, Barausschüttungen oder Boni, vgl. Rölcke (1986), S. 439-440. Vgl. auch PKV1x1 (2010).

932 Schadensfreiheit über ein ganzes Jahr bzw. Einreichung keiner Rechnung. Vor den Regelungen zur Alterungsrückstellung im Zuge von GSG und Dritte Schadenrichtlinie waren Ältere benachteiligt, da sie an der Finanzierung der erfolgsunabhängigen Rückerstattung beteiligt waren, durch eine höhere Morbidität jedoch selten in den Genuss der Rückerstattung kamen. Heute wird ein Großteil für die Dämpfung von Prämiensteigerungen Älterer verwendet, vgl. Abschnitt 4.2.4.

933 Vgl. Thielbeer (1999), S. 84.

934 Produktinnovationen sind i. d. R. durch gesetzgeberische Maßnahmen wie Kürzungen im GKV-Leistungskatalog oder Wünschen auf der Nachfrageseite begründet, vgl. Thielbeer (1999), S. 87-89.

den Vertrieb konkurrieren.[935,936] Die bis auf den Vertrieb hohe Transparenz zwischen den oft miteinander verbundenen PKV-Unternehmen zusammen mit de facto niedriger Transparenz bei den Versicherten lässt negative Effekte auf die Allokationseffizienz im oligopolistischen Markt erwarten.

Potenzieller Konkurrenz über den europäischen Binnenmarkt wurde mit der Umsetzung der Dritten Schadenrichtlinie vorgebeugt.[937] Innerdeutsch bieten die aus Kundensicht homogenen Produkte mit vergleichbaren Preisen, die sowohl von der Branche als Ganzes als auch den Einzelunternehmen gewollt sind, potenziellen Neueinsteigern wenig Differenzierungsmöglichkeiten. Ein Vertriebswettbewerb schafft darüber hinaus Beziehungen mit Kunden, die *sunk costs* sind und damit als Wettbewerbshindernisse für Neueinsteiger dienen.[938] Potenzielle Konkurrenz kann die festgestellten negativen Wirkungen des Oligopols nicht verhindern. Zusammenfassend urteilt *Thielbeer*, dass die *oligopolistische Marktstruktur* mit Fokus auf der *Vertriebspolitik monopolistische Marktbereiche* fördert, was zu statischer und dynamischer *Ineffizienz* in Form geringer Innovationsanreize führt.[939]

Die *geringe Wettbewerbsintensität* beruht *maßgeblich* auf der *mangelnden Portabilität der Alterungsrückstellungen*[940], die wiederum ein Grund für die negativen Auswirkungen der oligopolistischen Marktstruktur ist. Private Krankenversicherer konzentrieren ihren Vertrieb auf junge Menschen, da ältere Personen aus den genannten Gründen geringe Anreize zu einem Wechsel haben. Altkunden verlieren ihre Alterungsrückstellungen bei Versichererwechsel.[941] Geht man davon aus, dass ein Versicherungswechsel nach acht Jahren nicht mehr lohnenswert ist,[942] dann sind die meisten Kunden an

---

935 Farny beschreibt dies als „Geleitzugverhalten", womit Neuerungen im Sortiment einer privaten Krankenversicherung von anderen übernommen werden, vgl. Farny (1994), S. 248-250.

936 Ein Grund der Konzentration auf die Vertriebspolitik liegt auch in der Berechnung des für Überschüsse verfügbaren Potenzials. Der Sicherheitszuschlag wird auf die Bruttoprämie inklusive Vertriebskosten aufgerechnet, so dass höhere Vertriebskosten zu einem größeren Spielraum des PKV-Unternehmens für Ausschüttungen etc. führen, vgl. für das Zusammenspiel aus Bruttoprämie und Sicherheitszuschlag § 7 KalV. Zur Ermittlung der Bruttoprämie siehe auch Terhorst (2000), S. 75-78.

937 Vgl. Abschnitt 4.2.3.

938 Vgl. Abschnitt 2.1.1.2.

939 Vgl. Thielbeer (1999), S. 95-96.

940 Alterungsrückstellungen werden auch als Rückkaufwert bezeichnet. Eine Einschränkung der Portabilität des Rückkaufwerts diente anfänglich der Verhinderung des Abgangs guter Risiken, vgl. den historischen Abriss in Terhorst (2000), S. 94-98.

941 Der Basistarif ermöglicht eine Teilübertragung, vgl. Abschnitt 4.3.1.1.4.

942 Vgl. Thielbeer (1999), S. 88.

ihren Versicherer gebunden. Dies zeichnet sich auch anhand der Stornowahrscheinlichkeiten ab, die mit 42 Jahren bereits unter 5 % ist (Abbildung 14).[943]

Abbildung 14: Stornowahrscheinlichkeit Nichtbeihilfeberechtigter im Jahr 2008 (Männer)

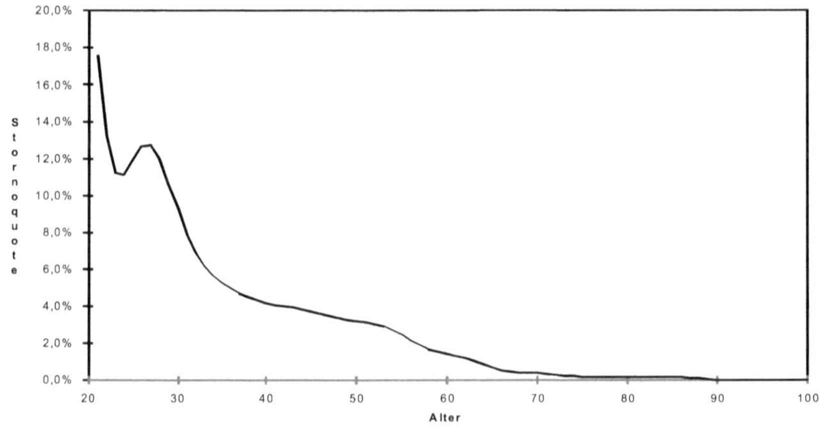

Quelle: BaFin (2010).[944]

Neben dem Verlust der Alterungsrückstellungen werden alle Personen einer *erneuten Risikoprüfung* unterzogen, was den Versicherungswechsel unattraktiver werden lässt.[945] Als drittes Wechselhemmnis ist die *Wartezeitenregelung* zu nennen, demnach ein Neuversicherter drei Monate keine Leistungen in Anspruch nehmen darf, jedoch bereits voll Beiträge zahlt.[946] Grund der Regelung ist, dass bei einem sich abzeichnen-

943 Stornoraten sind kein direkter Indikator für die Vertragsdauer, weil z. B. Mehrfachwechsler verzerrend wirken. Aus Sicht des Versicherers erlauben sog. Stornogewinne, d. h. die dem Unternehmen in voller Höhe verbleibenden Alterungsrückstellungen, Prämien günstiger zu kalkulieren und so Neukunden zu gewinnen, vgl. Bohn (1980), S. 36.

944 Die hohe Stornowahrscheinlichkeit in jungen Jahren beruht auch auf dem sog. Kinderstorno. Durch die Eltern privat versicherte Kinder werden oft bei Berufseinstieg versicherungspflichtig in der GKV.

945 Zur Risikoprüfung siehe Terhorst (2000), S. 82-89.

946 § 197 Abs. 1 VVG. Bei Entbindung, Psychotherapie, Zahnbehandlung, Zahnersatz und Kieferorthopädie beträgt die Wartezeit sogar acht Monate. Nicht zu verwechseln mit Anwartschaften für den späteren Abschluss einer privaten Krankenversicherung. Man unterscheidet zwischen großer und kleiner Anwartschaft, beide ohne Risikoprüfung bei evtl. Eintritt in die PKV. Bei großer Anwartschaft wird ein Kapitelstock aufgebaut, diese ist daher teurer, vgl. PKV-Verband (2009a), S. 40-41.

den Bedarf an Gesundheitsleistungen eine Versicherung abgeschlossen wird und so Informationsasymmetrie durch den Wechselwilligen ausgenutzt werden könnte.[947]

Altkunden können also kaum wechseln, sollten sie mit ihrem Versicherer unzufrieden sein und / oder im Falle eines hohen Alters hohen Prämiensteigerungen durch einen Wechsel entgehen wollen.[948] Erschwerend kommt hinzu, dass *Alttarife vergreisen*.[949] Mit Vergreisung ist eine zunehmende *Verschlechterung der Risikostruktur* der Versicherten *eines Tarifs* gemeint.[950, 951] Ein Grund ist die Bestandsverschlechterung durch unbeeinflusste Wechsel von Kunden. *Versicherer* versuchen darüber hinaus *aktiv*, über frische Tarife Kunden zu attrahieren, die günstiger sein können als Alttarife, was für die Unternehmen einen Wettbewerbsvorteil darstellt. Möglichkeiten zur Vergreisung sind z. B. Gründungen von Tochterunternehmen, spezielle Risikozuschläge im neuen Tarif, abgespeckte Neutarife, die im Bündel für schlechte Risiken teurer sind oder die Mitgabe einer durchschnittlichen Alterungsrückstellung guter Risiken in neue Tarife des Unternehmens.[952] Die Ausweichmöglichkeiten der Altkunden durch Tarifwechsel innerhalb des Unternehmens sind durch die Strategien mehr oder weniger eingeschränkt.[953]

---

947 Meyer bezeichnet dies als Moral-Hazard-Problem, vgl. Meyer, U. (1992), S. 3. Aus seiner Sicht kann man die ungerechtfertigte, den Wettbewerb hemmende „Aufnahmegebühr" durch die Ergänzung der leistungsfreien Zeit durch eine gleich lange beitragsfreie Zeit ersetzen, vgl. Meyer, U. (1992), S. 4.

948 Für die Gründe einer überproportionalen Prämiensteigerung im Alter siehe Abschnitt 6.2.4.2.

949 Eine gewisse Grenze der Vergreisung von Tarifen ist der drohende Verlust von Reputation, vgl. Bürger (2005), S. 18-19. Potenzielle Neukunden könnten bei Bekanntwerden einer Vergreisungspolitik oder gar schlechtem Service des Versicherers keinen Vertragsschluss wagen.

950 Der Begriff Vergreisung findet sich en detail in Bohn (2000), S. 1938.

951 Damit verbunden ist der Mählmann-Effekt. Nach Mählmann, zitiert in Sehlen, sind in der Anfangsphase des Vertrages die Durchschnittskosten von Neukunden niedriger als die Durchschnittskosten aller in dem Tarif Versicherten, jeweils bei gleichem Alter. Grund ist die Risikoprüfung, durch die Neukunden gesünder sind sowie die Abwanderung überdurchschnittlich guter Risiken. Da die PKV den Effekt nicht beitragsmindernd einrechnet, hat sie einen Gewinn, vgl. Sehlen (2002), S. 81-82.

952 Ausführlich zu den Strategien der Vergreisung mit Literatur siehe Sehlen (2002). Neugründungen werden auch beschrieben bei Terhorst (2000), S. 113-114. Nach § 8 Abs. 1 Nr. 4 VAG ist die Gründung von Tochterunternehmen zum Unterlaufen des Tarifwechsels innerhalb einer Versicherung verboten.

953 Mit der Dritten Schadenrichtlinie können auch Ältere unternehmensintern in einen anderen Tarif wechseln, ohne ihre Alterungsrückstellung zu verlieren. Die Rechtslage wird ausführlich dargelegt in Kirsten (2005), S. 64-154. Auch wird von den Versicherungsunternehmen auf die Wechselmöglichkeit nicht immer hingewiesen bis hin zu Weigerungen bei Antrag auf Wechsel von Älteren oder speziellen Zuschlägen für die Umtarifierung, vgl. Krüger (2009). Siehe für den historischen Kontext auch Abschnitt 4.2.3.

Rürup et al. haben die These eines mangelnden Bestandswettbewerbs untersucht.[954] Betrachtet wurden 105 Tarife, die großenteils im vollen Beobachtungszeitraum zwischen 1998 und 2008 auf dem Markt waren. Die neuesten Tarife sind um 3,8 % und alte Tarife um 5,6 % angestiegen (jeweils für Männer).[955] Die These eines mangelnden Bestandswettbewerbs wird demnach „tendenziell" bestätigt.[956] Zweites Untersuchungsziel war, ob eine Vergreisung der Tarife durch Unterkalkulation von Prämien für Neutarife erfolgte. Auch für diese These fanden die Autoren unterstützende Hinweise, weil niedrig kalkulierte Neutarife nach kurzer Zeit hohe Prämiensteigerungen verzeichneten. Eine Unterkalkulation lässt eine solche Entwicklung erwarten, weil das älter und kränker werden Kollektiv schließlich durch die zu niedrigen Einstiegsprämien umso stärker angepasste Prämien zahlen muss. Ebenso sind ältere Tarife durch kräftige Prämiensteigerungen gekennzeichnet, was eine Vergreisung der Tarife nahe legt.[957] Die Verfasser sind in ihren Aussagen jedoch vorsichtig. Schließlich hat der Gesetzgeber verschiedene Maßnahmen zur Eindämmung der überproportionalen Prämiensteigerungen Älterer getroffen, die einer Vergreisung von Tarifen entgegenwirken.[958]

Insgesamt ist die Wettbewerbsintensität auf dem Finanzierungsmarkt im Subsystem PKV *gering*.[959] Dies wird auch daran deutlich, dass die Versicherungsunternehmen abgesehen von Neugründungen etablierter Unternehmen und Fusionen innerhalb der Branche seit Jahren dieselben sind.[960]

---

954 Vgl. Rürup et al. (2010), S. 54-81. Kritisch zur Methodik siehe kompakt PKV-Verband (2010f), S. 5.

955 Die Prämien der günstigsten Tarife, die i. d. R. neueren Datums sind und dementsprechend ein jüngeres Versichertenklientel umfassen, sind um 3,6 % pro Jahr bei Männern und 2,3 % bei Frauen gestiegen. Die teuersten Tarife hingegen sind mit jährlich 6,0 % bei Männern und 4,8 % bei Frauen wesentlich stärker angestiegen.

956 Vgl. Rürup et al. (2010), S. 61. Die Autoren sind jedoch vorsichtig und relativieren ihre Erkenntnisse.

957 Vgl. Rürup et al. (2010), S. 76. Wiederum sind die Verfasser mit der Belastbarkeit ihrer Ergebnisse vorsichtig.

958 Siehe zur Prämienberechnung Abschnitt 6.2.2.2 und zur Problematik überproportionaler Prämiensteigerungen im Alter Abschnitt 6.2.4.2.

959 Nach Ansicht von Thielbeer befindet sich der PKV-Markt in einer Ausreifungs-, wenn nicht Stagnationsphase, vgl. Thielbeer (1999), S. 96.

960 Von 1980 bis 1996 stieg die Zahl der PKV-Unternehmen von 38 auf 52 an, wobei die Zahl seit 1992 knapp über 50 stagniert. Einbezogen sind nur die im PKV-Verband organisierten Versicherungen, die 99 % der Beitragseinnahmen des Versicherungszweigs auf sich vereinen, vgl. Terhorst (2000), S. 29,35. Im Jahr 2008 hatte der PKV-Verband 46 Mitglieder, vgl. PKV-Verband (2009f), S. 10.

5.1.2.1.2 Hohe Wettbewerbsintensität in der GKV

Bereits vor Einführung des Gesundheitsfonds mit M-RSA und einheitlichem Beitragssatz plus Zusatzbeitrag war von einer hohen Wettbewerbsintensität in der GKV auszugehen. Mit Etablierung der Krankenkassenwahl im GSG, erstmals möglich im Jahr 1996, ist die Zahl der gesetzlichen Krankenkassen von 1.152 anfangs 1994 auf 202 am 01.01.2009 zum Start des Gesundheitsfonds und M-RSA gesunken.[961,962]

Durch die Fusionen und vereinzelten Schließungen ergaben sich zwangsläufig Versichertenbewegungen, die mit dem Beitragssatz als Preisparameter der GKV unmittelbar zusammenhängen. V. a. aufgrund des *bisher kaum möglichen Produktwettbewerbs* war der Beitragssatz zentral, bestätigt durch Umfragen, in denen regelmäßig der *Beitragssatz* als *wichtigstes Kriterium* des *Kassenwechsels* genannt ist. Daher versuchten Krankenkassen, einen möglichst niedrigen Beitragssatz zu verlangen.[963]

Durch die erweiterten Wahlmöglichkeiten der Versicherten eingeführt im GMG und v. a. im GKV-WSG könnte der Beitragssatz als zentraler Wettbewerbsparameter an Bedeutung verloren haben.[964] *Andersen und Grabka* bezeichnen dies als Paradigmenwechsel vom *Kassenwechsel* zur *Kundenmobilität*.[965] Neben dem Wechsel der Versicherung ist der Wechsel des Tarifs eine neue Analyseebene. Durch die *Vereinheitlichung* des *Arbeitgeberbeitrags* hat dieser keinen Anreiz mehr zur Beeinflussung der Krankenkassenwahl des Versicherten, was wiederum eine *präferenzengerechte Kassenwahl des Versicherten* erleichtert. Angesichts der Gestaltung des Zusatzbeitrags,

---

961 Vgl. GKV-SV (2010e), S. 19.

962 Die Zahl ist umso bemerkenswerter, da es auch viele Kassenneugründungen im Zeitraum gab. Dies ist ein Zeichen für einen offenen Markt, wobei neue Kassen die Mechanik des RSA ausnutzten, indem gute Risiken attrahiert wurden (Stichwort Internetkassen). Ob sich neue Kassen auch mit dem M-RSA etablieren, bleibt abzuwarten.

963 Nach umfangreicher Analyse der Motive von Krankenkassen kommt Resch in seiner Dissertation zu folgender Kausalkette: Krankenkassen wollen möglichst viele Mitglieder versichern, die am stärksten auf niedrige Beitragssätze reagieren. Um mit niedrigen Beitragssätzen bestehen zu können, müssen die Krankenkassen Risiken selektieren. Vgl. Resch (2004), S. 101,127-128. Die Dominanz des Beitragssatzes als wichtigster Wettbewerbsparameter seit Einführung des Wettbewerbs im Jahr 1996 bis zum Jahr 2004 bestätigen empirisch ausführlich Andersen und Grabka (2006). Dabei können drei Phasen unterschieden werden. Von 1996 bis 1998 waren neben dem Beitragssatz andere Faktoren wie Image der Kasse oder vermutete Leistungsunterschiede vergleichsweise wichtig. Von 1998/1999 bis 2002/2003 ging der Wettbewerb ausschließlich über den Beitragssatz. In der restlichen Zeit der untersuchten Periode gewannen andere Faktoren wieder an Bedeutung. Um die Gewichtung der Motive zu bestimmen, wird zwischen Ausgangs- und Zielkasse unterschieden. Hat die neue Kasse z. B. einen Beitragssatz unterhalb des GKV Durchschnitts, kann auf den Beitragssatz als dominantes Motiv geschlossen werden, vgl. Andersen et al. (2007), S. 434.

964 Für Wahltarife in der GKV im Kontext des GKV-WSG siehe ausführlich Abschnitt 4.3.1.1.3 und Abschnitt 4.3.2.2.3.

965 Vgl. Andersen und Grabka (2007), S. 247-250.

der alleine vom Mitglied zu tragen ist, dürfte der Parameter *Preis* nach Ansicht des Autors wieder *an Bedeutung gewinnen.*

Das *GKV-WSG* hat den *Kassenwettbewerb forciert.* Die Fondsmechanik der Kombination aus einheitlichen Beitragssatz und *Konstruktion des Zusatzbeitrags* hat Wechselanreize verstärkt. Der Anreiz zum Wechseln bei Erhebung von Zusatzbeiträgen wird gegenüber Beitragssatzunterschieden mehr als verdoppelt.[966] Eine Änderung eines Beitragssatzes um Zehntelprozentpunkte, die in der Gehaltsabrechnung eher untergeht, ist ein schwächeres Signal des Preises der Krankenversicherung.[967]

Anfänglich scheute sich jede Krankenkasse vor einem Zusatzbeitrag solange nicht unbedingt nötig.[968] *Ende Januar 2010* sind dann aber *mehrere größere Kassen* mit dem Vorhaben, Zusatzbeiträge zu erheben, an die Öffentlichkeit gegangen.[969] Bei einem maximalen Zusatzbeitrag von 1 % beträgt an der BBG die Belastung 450 Euro jährlich.[970] Setzt man die Prämienzahlungen der bisher wenigen Krankenkassen dagegen, sind für einen Versicherten mit Einkommen an der BBG mehr als 500 Euro Beitragsunterschied per annum feststellbar.

Angesichts einer immer noch hohen Anzahl von Krankenkassen wirkt dies *wettbewerbsintensivierend* und ist damit für eine *effiziente Allokation zu begrüßen.*[971] Ineffi-

---

966 Vgl. auch Abschnitt 4.3.1.1.1. Ausführlicher hierzu siehe Felder (2009), S. 220-225. Kritisch hierzu siehe Andersen et al. (2007), S. 446-448. Grundsätzlich ist ein konkreter Euro-Betrag ein stärkeres Wechselsignal als ein einkommensabhängiger Beitrag, siehe für eine empirische Bestätigung auch Tamm et al. (2007).

967 Der Betrag wird auch bei einkommensabhängiger Erhebung des Zusatzbeitrags in Euro und Cent vom Konto abgezogen.

968 Gründe könnten, alleine oder gemeinsam, gewesen sein die Angst als erster viele Kunden zu verlieren, Unsicherheit in der der Finanzentwicklung des M-RSA und die Angst vor Schnäppchenjägern, vgl. Albrecht und Rürup (2009), S. 79-80.

969 Stand Mitte März 2010 haben 13 Krankenkassen beim BVA Zusatzbeiträge beantragt, 11 davon sind bewilligt. Seit Ankündigung der Zusatzbeiträge haben bisher 200.000 Versicherte ihre Kasse gewechselt, vgl. Ärzteblatt (2010a). Die Bild-Zeitung berichtet Ende März bereits von 485.000 Kassenwechslern, zitiert in krankenkassen direkt (2010b). Nach internen Schätzungen einer großen Ersatzkasse könnten bis Ende des Jahres 2010 alleine die eigene Kasse 400.000 Mitglieder verlassen, vgl. Thelen (2010d).

970 Dies ist etwas weniger als bei der im Jahr 2008 günstigsten geöffneten Krankenkasse im Vergleich mit dem heutigen Beitragssatz, wo 495 Euro Mehrausgaben für den Versicherten entstanden wären. Der Vergleich hinkt insofern, da der M-RSA der günstigsten Kassen den niedrigen Beitrag heute nicht erlaubte. Zweck des Vergleichs ist allein die Veranschaulichung der durch den Zusatzbeitrag merklichen Preissignale, die in ähnlicher Größenordnung wie vor Fondseinführung sind und zudem anders als vorher direkt in Euro vom Konto abgebucht werden. Für die damalige Studie zu den finanziellen Auswirkungen des Fonds vgl. Neubauer, G. und Pfister (2008c).

971 Zum 01.04.2010 gab es 166 Kassen, vgl. GKV-SV (2010a). Weitere Fusionen waren Ende Mai 2010 angekündigt.

ziente Kassen werden eher Zusatzbeiträge erheben müssen. In der Konsequenz werden Krankenkassen fusionieren, um die Durchschnittsausgaben zu senken. Besonders kleine Kassen dürften wegen ungenügender Fixkostendegression,[972] schlechteren Verhandlungspositionen gegenüber Leistungserbringern und geringem Risikoausgleich wegen relativ kleiner Versichertenzahl in finanziellen Stress geraten[973]. Aber auch größere Kassen mit ineffizienten Strukturen werden ausscheiden. Ein ruinöser Wettbewerb kann aus heutiger Sicht nicht diagnostiziert werden.

Die positiven Wirkungen der Neuregelungen sind aber auch *kritisch* zu sehen. Einmal wegen der *hohen Konzentration der Krankenkassen*, durch die regional tatsächlich wesentlich weniger Kassen gewählt werden können und Marktmacht entsteht.[974] Ebenso ist eine nicht 100-prozentige Treffsicherheit des M-RSA[975] i. V. m. den Neuregelungen zu Kassenschließungen und Fusionen mit dem GKV-OrgWG potenziell für das Verschwinden effizienter Krankenkassen mitverantwortlich. Kritisch wird es demnach für eine Kasse nämlich bereits bei einer Unterdeckung der Ausgaben um 0,5 Prozent, was empirisch üblichen monatlichen Schwankungen der Leistungsausgaben entspricht. Insgesamt dürfte der Effekt jedoch effizienzsteigernd sein.

Dynamisch betrachtet ist die Frage nach den *Innovationswirkungen* zu stellen. Die Krankenkassen haben zur Vermeidung von Zusatzbeiträgen eine reine Ausgabensenkungsstrategie gefahren. Dies könnte dazu führen, dass Prävention, medizinische Rehabilitation, ambulante Versorgungskonzepte und IgV attraktiver werden, da ein aus Kassensicht guter Versicherter weniger kostet als die Kasse via M-RSA erhält. Dagegen spricht der stärkere Preiswettbewerb, so dass mindestens bis zur Ankündigung der

---

972 Kritisch hierzu siehe Rürup, der das Gegenteil aus der GKV-Statistik ableitet, vgl. Rürup (2006), S. 4. Siehe auch Unterhuber (2009), S. 9-14. Demnach sind die Verwaltungskosten der BKKen kleiner als bei anderen Kassenarten, Marktmacht kann über Kooperationen erreicht werden.

973 Die GBK hat als erste Krankenkasse rückwirkend zum 01.07.2009 Zusatzbeiträge erhoben. Angeführt wurden als Grund zwei Hämophiliepatienten, die mehrere Mio. Euro teure Medikamente im Jahr benötigten, vgl. o. V. (2009a).

974 Anfangs 2009 waren 90 % der Versicherten bei nur 50 Krankenkassen, 70 % bei den 20 größten. 60 % der Krankenkassen haben weniger als 50.000 Mitglieder, vgl. Neubauer, G. und Minartz (2009), S. 7-8. Durch die Reduzierung der Kassenzahl seither um fast ein Drittel dürfte die Konzentration noch zugenommen haben. Alleine die AOKen und die drei großen Ersatzkassen BARMER, DAK und TK vereinen in einigen Regionen mehr als 50 % der Versicherten.

975 Für eine Abschätzung dieser Gefahr siehe Malin et al. (2009). Für Kassen mit vielen im Sinne des M-RSA gesunden Versicherten aber realiter morbiditäts- und betreuungsbedingten aufwändigen Patienten besteht hierdurch ein großer Nachteil, auch wenn man die Treffsicherheit des M-RSA erhöht.

ersten Zusatzbeiträge Innovationen, die sich nicht sofort amortisieren, unwahrscheinlich waren.[976]

Mit dem Dammbruch der ersten Zusatzbeiträge großer Krankenkassen dürfte sich ein *Preis-Produkt-Wettbewerb* aus Zusatzbeiträgen respektive Prämien und durch das *GKV-WSG* größeren Differenzierungsmöglichkeiten durch Wahltarife in Kombination mit selektivvertraglichen erweiterten Handlungsräumen ergeben. *Zusammenfassend* ist die *Wettbewerbsintensität größer* geworden.

Die Möglichkeiten der Krankenkassen zur *Mitgliederwerbung* sind *eingeschränkt*. Nach *Mühlhausen* dürfen sich Kassen werbend hervorheben, ein allgemeines Werberecht ist jedoch gesetzlich nicht begründet.[977] *Kommerzielle Marketingmethoden* sind auf Basis von *Gewohnheitsrecht erlaubt* und wegen des gewünschten *Kassenwettbewerbs* zur Kommunikation von Preis, Service und Qualität *nötig*.[978] Bei den Ausgaben für allgemeine Werbemaßnahmen dürfen jährlich 38,33 Euro, bei Werbegeschenken pro Versicherten jährlich 51,10 Euro nicht überschritten werden.[979]

5.1.2.2 Risikoselektion

Adverse Selektion ist gegeben, wenn der Versicherte mehr über seinen Gesundheitszustand und seine Krankheitsanfälligkeit weiß, als der Versicherer.[980] In diesem Fall ist der Versicherte der Agent und der Versicherer der Prinzipal.[981] Ohne Reaktion des Versicherers und ohne Regulierung käme es zu einem Marktzusammenbruch oder einem zu geringen Versicherungsschutz. Bei risikoadversen Personen ist eine Mindersicherung mit Nutzeneinbußen verbunden. Für die Beurteilung der Allokationseffizienz ist auf Versicherungsmärkten daher immer auch die Analyse des Ausmaßes Adverser Selektion nötig. Hat der Versicherer hingegen Informationen über den Gesundheitszustand des Versicherten, besteht die Gefahr des Rosinenpickens.

---

976 Zur IgV und der Reduzierung der IgV-Verträge nach Auslaufen der Anschubfinanzierung i. V. m. dem Gesundheitsfonds siehe auch Abschnitt 5.2.2.2.3.

977 Vgl. Mühlhausen (2002), S. 41-54. Konkrete Beispiele der Marketingaktivitäten sowie die Sicht des BVA finden sich in Pabst (2009a).

978 Die positive Korrelation zwischen Kassenwettbewerb und Werbemaßnahmen wird dargestellt in Becker, B. und Uebelmesser (2010).

979 Vgl. o.V. (2006), Rnn. 17-18. Für die Bezugsgröße siehe Abschnitt 6.1.2.1.1.

980 Vgl. Abschnitt 2.2.3.

981 Der umgekehrte Fall geringerer Information des Versicherten über den Versicherer wird seltener betrachtet. Thielbeer diskutiert diesen Fall, stellt jedoch keine Anzeichen für Adverse Selektion fest, vgl. Thielbeer (1999), S. 142-143, 150.

5.1.2.2.1 Risikoäquivalente Prämien in der PKV

Die Risikoprüfung zur Bestimmung der Prämienhöhe basiert auf Angaben des Antragstellers zu seinem Gesundheitszustand, zu Vorerkrankungen, Behinderungen usw. Auf Basis der Daten werden die potenziellen Kunden über unternehmenseigene und externe Heuristiken, Filter etc. in Risikogruppen eingeteilt.[982] Risikoäquivalente Prämien lassen grundsätzlich jedes Risiko attraktiv werden. Realiter gibt es jedoch Vorerkrankungen und Ähnliches, die durch die PKV nicht versichert werden.[983] Entweder werden Gesundheitsleistungen aufgrund dieser Krankheit ausgeschlossen, die private Krankenversicherung kontrahiert nicht oder es werden Risikozuschläge erhoben. Die Höhe der Risikozuschläge schwankt zwischen 20 % und 100%.

Bei Vertragsschluss kommt es nicht zu *Adverser Selektion.* Im *Laufe der Zeit* werden die Personen gute und schlechte Risiken, was sowohl der Versicherungsnehmer als auch die Versicherung feststellt.[984] Die Tarife werden so kalkuliert, dass die Versicherung bei Abstraktion von Gewinnmargen und Kosten mit den Prämien die nötigen Gesundheitsleistungen finanzieren kann. Die PKV hat Anreize, schlechte Risiken loszuwerden und gute Risiken von Konkurrenten zu attrahieren.

Rosinenpicken ist durch das Kündigungsverbot für den Versicherer jedoch begrenzt. Auf Versichertenseite führt die Prämienkombination aus Risikoanteil und Alterungsrückstellung bei schlechten Risiken zu einer wirksamen Eindämmung der Wechselanreize. Selbst wenn Tarife mit vielen schlechten Risiken bewusst unattraktiv von der Versicherung gestaltet werden, können die Benachteiligten innerhalb der Versicherung ohne Verlust der Alterungsrückstellung wechseln. Gute Risiken hingegen haben an einem Wechsel bei reiner Risikobetrachtung grundsätzlich Interesse, da ihre Prämien niedriger im neuen Vertrag wären.[985] Die Alterungsrückstellungen gingen jedoch auch bei ihnen verloren, daher ist nach wenigen Versicherungsjahren ein Wechsel i. d. R. unattraktiv.[986]

Zusammenfassend ist *unvollkommene Information weder* in Form *Adverser Selektion, noch* in Form von *Rosinenpicken* in der PKV ein größeres *Problem.* Schlechte Risiken

982 Vgl. Terhorst (2000), S. 83-87.

983 Siehe für die Kölner Systematik der Krankheiten, die ein Baustein der Risikoeinschätzung ist, Anhang 7.

984 Den Zusammenhang zwischen Informationsverteilung und Vertragslaufzeit beschreibt Wolters in seiner Dissertation. Je länger das Versicherungsverhältnis, um so geringer ist die Informationsasymmetrie bis zur vollkommenen Beseitigung, vgl. Wolters (1995), S. 84-85. Im Krankenversicherungsmarkt dürfte eine vollkommene Beseitigung nicht erfolgen, da die Morbidität sich ständig ändert und der Versicherte seine Gesundheit besser einschätzen kann, auch wenn dies selbst für ihn oft schwierig ist.

985 Vorstellbar ist auch ein Rosinenpicken durch die Beziehung zu den Leistungserbringern. Bei bestehenden Verträgen könnte der Versicherer versuchen, abgespeckte Tarife einzuführen und gute Risiken zu attrahieren, vgl. Sehlen (2002), S. 47-51, 134.

986 Vgl. auch die Stornoquoten nach Alter in Abbildung 14.

sind günstiger präferenzengerecht abgesichert, gute Risiken zahlen für einen wunschgemäßen Versicherungsschutz zu viel. Dies ist jedoch als Wesen von Versicherung in Kauf zu nehmen, die auf einem Ausgleich guter und schlechter Risiken basiert. Das PKV-Modell in Reinform führt zu Ineffizienzen insofern, dass bei Vertragsfreiheit seitens des Versicherers nicht jeder versichert wird. In einer modernen, aufgeklärten Gesellschaft wird der Nichtversicherte dennoch behandelt, was jedoch oftmals sehr teuer ist.[987] Dies abmildernd wirkt die GKV als „Sammelbecken schlechter Risiken".[988]

5.1.2.2.2 M-RSA in der GKV

Während private Krankenversicherungen aufgrund risikoäquivalenter Prämien grundsätzlich jedermann umwerben, gilt dies in der GKV nicht. Der Unterschied besteht darin, dass in der GKV ein Versichertenwachstum nicht per se mit positiven Deckungsbeiträgen einhergeht. Eine Kasse muss alle gesetzlich versicherungspflichtigen und versicherungsberechtigten Personen kontrahieren. *Adverse Selektion* ist damit *ausgeschlossen*. Jeder erhält einen ähnlichen Schutz vor Krankheit.

Für die Krankenkassen kann Kontrahierungspflicht zu Versichertenpopulationen mit differierender Morbidität führen. Sammeln sich die schlechten Risiken in einer Krankenkasse an, dann ist deren Existenz in Gefahr. Mit der Einführung der Kassenwahl im GSG wurde die Existenzgefahr virulent. Gesetzliche Kassen konnten nicht mehr ohne Berücksichtigung des Beitragssatzes anderer Versicherer ihre Unterdeckung via Beitragssatzänderung ausgleichen. Die Versicherten reagieren auf Beitragssatzunterschiede, die bei einem homogenen Produkt und geringen Transaktionskosten des Wechselvorgangs der dominante Wettbewerbsparameter sind.

Dieser Zusammenhang wurde bereits im GSG berücksichtigt, indem ein *RSA* Anfang 1994 vor Freigabe der Kassenwahl eingeführt wurde. Der bis Ende 2008 geltende RSA war ein zwischen den Kassen erfolgender retrospektiver Ausgleich der Unterschiede in

---

987 In den USA mit derzeit noch fast 50 Mio. dauerhaft Nichtversicherten (sowie 20–30 Mio. temporär Nichtversicherten) ist die aufwändige Versorgung durch Notfallbehandlungen wahrscheinlich volkswirtschaftlich teurer als eine Mindestsicherung, vgl. für dahingehende Argumente den Sammelband EBRI (2000). Neuer auch Davis, die 65 bis 130 Mrd. Dollar Einsparung gegenüber 34 bis 69 Mrd. Dollar Versicherungskosten berechnet, vgl. Davis (2007). Könnte man die mutmaßlichen Mehrkosten einigermaßen genau bestimmen, wäre die starke Opposition im Vorfeld der von Obama schließlich Anfang 2010 durchgefochtenen Gesundheitsreform, die ab dem Jahr 2014 bis 2019 ca. 31 Mio. nichtversicherten Erwachsenen einen Krankenversicherungsschutz bringen soll, mutmaßlich geringer gewesen. Die Quote der Versicherten steigt auf mehr als 90 % von aktuell 83 % bei Personen bis 65 Jahre an, für die Versichertenzahlen vgl. Deutsch (2010), S. 4-5.

988 Für die Anzahl der Nichtversicherten in Deutschland siehe Abschnitt 4.3.1.1.5.

der sog. Finanzkraft[989] zu ca. 91,3 % auf der Einnahmenseite sowie auf der Ausgabenseite der indirekt erfassten Morbidität über die Kriterien Alter, Geschlecht und Erwerbsminderungsstatus. Hinzu kamen auf Ausgabenseite im Jahr 2002 die Berücksichtigung von DMP's und, kein RSA mehr, ein Finanzausgleich in Form des Risikopools für Großrisiken.[990] Um Unwirtschaftlichkeiten zu vermeiden, indem tatsächliche Ausgaben ausgeglichen werden, setzte man standardisierte Leistungsausgaben über alle Kassen als Bezugsgröße zur Bestimmung des sog. Beitragsbedarfs an. War die Finanzkraft größer als der Beitragsbedarf, flossen Mittel ab, vice versa zu.

Die Krankenkassen mit hoher Morbidität unter ihren Versicherten beklagten, dass der RSA zu ungenau wäre.[991] Die Indikatoren Alter, Geschlecht und Erwerbsminderungsstatus würden das Risiko nur unzureichend abbilden. Nun kann man die Güte der Indikatoren über das R^2 abbilden, da sich ein auf Zellen basierter RSA in ein Regressionsmodell umformen lässt. Das R^2 gibt beim RSA an, wie viel Prozent der Ausgabenstreuung über die Versicherten durch die drei Variablen erklärt werden. Für diesen relativ einfachen zeitgleichen RSA ergab sich ein R^2 zwischen 6 % und 8 %.[992] Der Zusammenhang ist gering, jedoch enger als ein R^2 von ca. 7 % vermuten lassen. Grund dafür ist, dass viele Ausgaben im Gesundheitswesen stochastisch sind. Der Zusammenhang des RSA war jedoch aus Sicht des Gesetzgebers zu gering, so dass man den M-RSA mit direktem Morbiditätsausgleich[993] einführte.[994]

Der M-RSA erreicht in seiner heutigen Ausprägung des Modells *prospektive HCC* mit bis zu 80 ausgleichsfähigen Krankheiten ein R^2 von ca. 20 %.[995,996] Berechnungen

---

989 Die Finanzkraft beschreibt die Höhe der durchschnittlichen Beiträge je Versicherten. Das Ausgleichsniveau i. H. v. 91,3 % stammte daher, dass für Satzungsleistungen und Verwaltungsleistungen nicht ausgeglichen wurde. Ausführlich zur Unvollständigkeit des Finanzkraftausgleichs siehe Göpffarth (2008), S. 375-376.

990 Eingeführt durch das Gesetz zur Reform des Risikostrukturausgleichs in der GKV vom 10.12.2001. Großrisiken waren Risiken mit Jahresausgaben der Kassen oberhalb von im Jahr 2008 21.352,21 Euro. Bei Überschreitung wurden 60 % dieser Ausgaben gemeinsam von allen Krankenkassen finanziert.

991 Zum Thema RSA, Risikoselektion und Finanzierungssystem siehe auch Abschnitt 7.3.1.1.1.

992 Für die R^2-Werte siehe wenn nicht anders angegeben Reschke et al. (2005), S. 12. Der 8 % Wert stammt von Göpffarth (2007), S. 497. Eine Systematik verschiedener RSA-Ausprägungen findet sich in Reschke et al. (2005), S. 53.

993 Daher der Name.

994 Durch die vorgezogene Bundestagswahl wurde der M-RSA erst Anfang 2009, nicht wie geplant im Jahr 2007, eingeführt. Der Gesetzgeber bestimmte ein Mindest-R^2 von 12 %, vgl. BT-Drucks.16/3100 (2006), S. 204.

995 Für die Funktionsweise und Verknüpfung mit dem Gesundheitsfonds siehe ausführlich Abschnitt 4.3.1.2.1. Gesetzliche Grundlage sind die §§ 267 – 269 SGBV i. V. m. der Risikostruktur-Ausgleichsverordnung (RSAV).

996 HCC steht für Hierarchical Condition Categories. Für die Auswahl des diagnosebasierten, versorgungsneutralen Versichertenklassifikationsmodells, insb. gegenüber der Alternative

ergaben, dass ein perfekter, prospektiver RSA maximal ein R^2 von 25 % bis 30 % erreichen kann.[997] Daran gemessen ermöglichte der Umstieg auf den M-RSA eine wesentlich genauere Abbildung der Morbidität. Die Krankenkassen bekommen aus dem Fonds die Mittel die sie zur Versorgung ihrer Versicherten bei durchschnittlicher Effizienz der Krankenkasse brauchen auf Basis der Morbidität des Vorjahres. Mit der prospektiven Ausgestaltung sollen Krankenkassen Anreize zu einer Verbesserung des Gesundheitszustands ihrer Versicherten erhalten. Vordergründig entfällt zwar die Unterscheidung zwischen Zahler- und Empfängerkassen, tatsächlich ändert sich mit dem M-RSA nichts. Nach wie vor gehen Einnahmen und Zuweisungen auseinander. Neu ist nur, dass vorher Saldi ausgeglichen wurden und nun zweistufig die gesamten Einnahmen an den Fonds gehen und von dort verteilt werden.

Wie ist nun der *M-RSA* im Hinblick auf die *Allokationseffizienz* zu beurteilen?[998] Ziel des M-RSA ist es, einen Wettbewerb der Krankenkassen um gute Risiken zu unterbinden, indem für jeden Versicherten exakt der Betrag zugewiesen wird, den die Kasse zur Ausgabendeckung braucht. Das Kalkül der Krankenkasse ist es weiterhin, *positive Deckungsbeiträge* zu erzielen. Es besteht die Gefahr, dass es zu einem Rosinenpicken der Krankenkassen um Versicherte mit zuschlagsfähigen Krankheiten kommt oder genauer um Personen, denen die zuschlagsfähige Diagnose gestellt wurde.[999,1000] Gesunde Personen sind nach wie vor attraktiv für Krankenkassen, da die Grundpauschale bei Korrektur um Alter und Geschlecht ein Vielfaches der Ausgaben im Sinne des M-RSA Gesunder beträgt. Die Möglichkeiten von Rent-Seeking nehmen zu.

IPHCC+RXGroups vgl. Göpffarth (2009a), S. 110-116. Neben ambulanten und stationären Diagnosen werden zusätzlich Arzneimittel zur Bestimmung der hierarchischen Morbiditätsgruppen verwendet.

997 Vgl. Wasem und Staudt (2008), S. 52. Siehe auch Behrend et al. (2004), S. 24. Ein R^2 von 100 % wäre de facto ein Finanzausgleich und die Abkehr von Effizienz fördernden standardisierten Leistungsausgaben als Basis, vgl. auch Jahn et al. (2009), S. 51.

998 Gegenüber dem RSA gibt es zweifellos einen höheren bürokratischen Aufwand in der Administration und bei der Anpassung des Schätzmodells. Hier wird jedoch der M-RSA als gegeben angenommen und daher alleine betrachtet. Auch erlaubt die moderne EDV, die Bürokratiekosten gering zu halten.

999 Siehe für die Bedeutung der Codierpraxis im Rahmen des M-RSA ausführlich Neubauer, G.; Pfister; et al. (2009). Steuerungsansätze zur Maximierung des Deckungsbeitrags im Rahmen des M-RSA werden beschrieben in Amshof (2009), S. 102-112. Eine Fallunterscheidung zwischen Versorgungssteuerung ohne und mit Veränderung der M-RSA Morbidität wird unternommen in Braun, G. E. et al. (2010), S. 120-124. Können Einsparungen erzielt werden bei gleichen Zuweisungen aus dem Fonds ist die Maßnahme aus Kassensicht in jedem Fall vorteilhaft. Verbessert sich der Gesundheitszustand des Versicherten, ist eine Abwägung zwischen Einsparung aus der effizienteren Versorgung gegenüber Minderzuweisungen aus dem Fonds zu vollziehen.

1000 Zum Rosinenpicken gibt es im Wesentlichen drei Strategien: creaming als Überversorgung guter Risiken, skimping als Unterversorgung schlechter Risiken und dumping zur Vermeidung der Aufnahme schlechter Risiken, vgl. Ellis (1999), S. 538.

Eine unterschiedliche *Codierqualität* kann zu viele oder zu wenige Zuweisungen implizieren.[1001] Das System setzt dann die ökonomisch richtigen Anreize, wenn alle Kassen für ihre Versicherten die korrekte Diagnose haben (Right-Coding).[1002] Die Diagnosequalität ist für einzelne Krankenkassen unterschiedlich wichtig. Eine Kasse mit Gesunden kann keine Krankheiten codieren, wohingegen Kassen mit vielen zuschlagsfähigen Risiken auf eine hohe Codierqualität angewiesen sind.[1003,1004] Ferner führt die Ausgestaltung des *Zusatzbeitrags* trotz eines kompletten Finanzkraftausgleichs zu Rosinenpicken der Krankenkassen. Eine Kasse mit vielen einkommensschwachen Mitgliedern kann bei diesen kaum Zusatzbeiträge abschöpfen, was zu höheren Beiträgen bei den sonstigen Mitgliedern führt, die die Kasse dann verlassen, was noch höhere Zusatzbeiträge erzwingt.[1005] Werden vice versa Prämien ausgeschüttet, so werden ten-

1001 Ein absichtlich falsches Codieren, bezeichnet als Up-Coding, soll hier nicht thematisiert werden, da dies eindeutig illegal ist.

1002 Laut BVA ist dies nicht entscheidend, da keine Kasse einen Vorteil daraus zieht, wenn für alle Krankenkassen gleichmäßig Diagnosen nicht erfasst würden. Da alle gleich falsch codierten, so der scheinbar konsequente Schluss, führte eine Nachcodierung weder zu Vor- noch Nachteilen für einzelne Krankenkassen, vgl. BVA (2009b), S. 2.

1003 Die Codierqualität streut im Bundesgebiet. Die Auswirkungen mögen ein einfaches Beispiel verdeutlichen. Die AOK Bayern schätzt, dass die andren AOKen im Schnitt bei Dialyse häufiger die korrekte und wesentlich besser im M-RSA dotierte HMG 130 Dialysestatus (48.967 Euro / Jahr) gegenüber der HMG 131 Nierenversagen (2.274 Euro / Jahr) erhalten. Pro nicht codiertem Dialysestatus entgehen einer Kasse mehr als 45.000 Euro an berechtigten Zuweisungen aus dem Fonds, vgl. für das Beispiel Neubauer, G.; Pfister; et al. (2009), S. 31-32. In diesem Zusammenhang ist ein Schreiben des Bayerischen Hausärzteverbandes (BHÄV) zu einer bevorzugten Codierung von AOK-Patienten zu verstehen. Nicht zufällig hat die AOK Bayern einen Hausarztvertrag mit dem BHÄV. Rechtsbruch konnte der AOK Bayern nicht nachgewiesen werden, das Vorgehen im Hausarztvertrag war von Kassenseite korrekt, vgl. Hillienhof (2009). Große Kassen haben in dem Kontext Codieren generell einen Vorteil, da sie Fachkräfte zur Überprüfung der Diagnosen abstellen können.

1004 Laut E-Mail Auskunft von Otto (Referent im BVA) ist für das nach Ausgaben gesündeste Quintil der GKV-Versicherten die Relation von Zuweisungen zu Ausgaben das 19-fache, sehr viele verursachen keine Ausgaben. Für die unteren vier Quintile ist immerhin das 1,9-fache an Zuweisungen gegeben.

1005 Für die genaue Ausgestaltung des Zusatzbeitrags siehe Abschnitt 4.3.1.1.1. Eine Kasse mit wenig beitragsfrei mitversicherten Familienangehörigen ist im Vorteil, da der Zusatzbeitrag auf mehr Schultern verteilt würde (vice versa bei Prämienausschüttung). Ebenso haben Kassen mit geringen beitragspflichtigen Einnahmen pro Mitglied Probleme, da wegen der 1 %-Regelung von den relativ gut gestellten Mitgliedern umso mehr verlangt werden muss. In einer Simulation ermittelten Schawo und Schneider bei 10 Euro Zusatzbeitrag für 58 % der AOK-Mitglieder eine Überforderung, bei 20 Euro wären bei 9 AOKen die Mindereinnahmen durch den Zusatzbeitrag durch die 1 %-Regelung größer 30 %, bei einer sogar größer 50 %, vgl. Schawo und Schneider (2006), S. 3. Siehe für weitere Selektionsstrategien auch Rürup und Albrecht (2008), S. 135-136. Ebenso Jacobs (2006), S. 9-12,14-16. Prägnant formuliert der SVR für die negativen Wirkungen des Zusatzbeitrags, der den Gesundheitsfonds als Missgedenziell Ärmere attrahiert, da diese preisreagibler sind. Kassen werden daher hohe Rückzahlungen vermeiden und lieber in „Leistungen für die richtigen Kunden“ investieren.

Trotz M-RSA ist *zusammenfassend* von einem *Rent-Seeking*[1006] in der GKV auszugehen, das auf einem ausgeprägten Rosinenpicken guter M-RSA-Risiken beruht. Angesichts des weitestgehend vorgegebenen Leistungskatalogs und der erst in letzter Zeit installierten selektiven Vertragsmöglichkeiten sind die Kassen versucht, ihre Kreativität auf Risikoselektion zu richten. Die negativen Effekte des Zusatzbeitrags verringern den Effizienzgewinn durch einen genaueren M-RSA oder führen sogar in der Summe zu Effizienzverlusten. Auch ohne die Wirkungen des Zusatzbeitrags erfordert der M-RSA in seiner Umsetzung großen Aufwand und ist anders als der RSA manipulationsanfällig durch die Spielräume der Diagnosestellung. Der intensive Preiswettbewerb um Versicherte führt im Extremfall zum Ausscheiden effizienter Krankenkassen.

5.2 Allokation im Vertragsmarkt

Die Krankenversicherungen versuchen mit den im Finanzierungsmarkt generierten Beiträgen respektive Prämien eine bestmögliche Versorgung ihrer Versicherten zu erreichen. Eine Möglichkeit ist die direkte Steuerung der Leistungserbringer im Vertragsmarkt.[1007] Auf diesem fungieren die Krankenkassen als Nachfrager nach Versorgungsarrangements gegenüber den Leistungserbringern. Krankenkassen deshalb, weil private Versicherungen in Deutschland idealtypisch keine direkten Beziehungen zu den Leistungserbringern besitzen.[1008] Dennoch gibt es geringe Möglichkeiten der PKV, mit Leistungserbringern im Vertragsmarkt Vereinbarungen zu treffen.

Wegen der geringen Aktivität der PKV im Vertragsmarkt kommt es zu *keinem* direkten *Systemwettbewerb*. Die Leistungsanbieter schließen v. a. mit gesetzlichen Krankenkassen Verträge. Indirekt kann der Vertragsmarkt Einfluss auf den Systemwettbewerb im Finanzierungsmarkt haben, da das Produkt Krankenversicherung durch die Ergebnisse der Verhandlungen im Vertragsmarkt mitbestimmt wird. Bei der Entscheidung zwischen den Versicherungstypen dürfte jedoch die Höhe der Prämie gegenüber dem GKV-Beitrag sowie der Privatversicherungsstatus überwiegen.[1009]

---

burt bezeichnet, insb. wegen der Ausgestaltung des Zusatzbeitrags, vgl. SVR (2006), Ziffn. 284-292.

1006 Rent-Seeking ist das Gegenteil von Profit-Seeking oder Gewinnstreben durch eine effiziente Ressourcennutzung. Beim Rent-Seeking versuchen Marktakteure ihren Nutzen ohne produktive Leistung zu erhöhen, vgl. Gabler-Verlag (2010h). Der Begriff geht zurück auf Krueger (1974); Tullock (1967).

1007 Vgl. insb. Abschnitt 4.3.1.1.3.

1008 Vgl. Abschnitt 4.1.

1009 Vgl. Abschnitt 5.1.1.3.

Der Aufbau des Abschnitts unterscheidet sich vom vorherigen wegen der je nach Versicherungstyp stark abweichenden Beziehungen der Versicherungen zu den Leistungserbringern. Oberste Gliederungsebene ist daher der Versicherungstyp. Zunächst wird der Vertragsmarkt der PKV betrachtet, dann kollektive Verträge in der GKV und schließlich selektive Verträge der GKV. Bei der Analyse des GKV-Marktes liegt der Fokus auf die großen Leistungsbereiche Krankenhäuser, Vertragsärzte und Pharmahersteller.[1010] Besonders wichtig sind dabei die Vertragsärzte, die den durch die Krankheit eines Patienten ausgelösten Bedarf nach Medikamenten konkretisieren. Daneben überweist er i. d. R. ins Krankenhaus.[1011]

Ähnlich wie der Wettbewerb im Finanzierungsmarkt im Wesentlichen ein Preiswettbewerb war, herrscht im Vertragsmarkt bei der GKV ein Preiswettbewerb mit Fokus auf Kostenwettbewerb vor.[1012] Der Produktwettbewerb tritt in Form eines *Qualitätswettbewerbs* zutage.[1013] Kommunikations- und Distributionspolitik hingegen sind nachrangig, da die Kassen emotionslos stellvertretend für ihre Versicherten respektive Patienten nachfragen.[1014]

5.2.1 PKV und Vertragsmarkt

In der PKV, die kaum Preissetzungsspielräume hat, liegt bei den wenigen Beziehungen zu den Leistungserbringern i. d. R. ein Qualitätswettbewerb vor. *Direkte Verträge* mit Leistungsanbietern stehen dem *Menschenbild* eines eigenverantwortlich handelnden homo oeconomicus *entgegen.*[1015] Ein solcher Mensch entscheidet frei, welche Leistungen er im Rahmen seines Versicherungsvertrags bei Bedarf in Anspruch nimmt. Die persönliche Arzt-Patientenbeziehung konfligiert mit einer Steuerung oder gar Kontrolle der Leistungserbringung durch die PKV. Daher haben sich bis in jüngster Zeit kaum Vertragsbeziehungen zwischen PKV und Leistungserbringern herausgebildet. Dem ist entgegenzuhalten, dass Verträge zwischen Leistungserbringern und

1010 Für eine Auflistung der Leistungserbringer nach SGBV siehe Abschnitt 2.1.2.2.

1011 In der PKV beträgt der Ausgabenanteil der ambulant-ärztlichen Leistungen im Jahr 2007 21,2 % gegenüber einem GKV-Anteil von 18,1 %. Nimmt man die ambulante Medikation hinzu, ergeben sich für die PKV 31,8 % und für die GKV 35,8 %, vgl. StBA (2009d), S. 256. Damit ist die ambulant-ärztliche Versorgung in beiden Versicherungssystemen ausgabenstärkster Bereich. Siehe für die sektoralen Ausgabenanteile detaillierter Abschnitt 6.2.3.2.

1012 Vgl. Kumpmann (2008), S. 218, 222.

1013 Möglichkeiten zum Qualitätswettbewerb auf Vertrags- und Leistungsmarkt aus ordnungspolitischer Warte anhand der Versicherungstypen behandelt Sauerland (2005).

1014 Ein Vergleich von Preis- und Qualitätswettbewerb erfolgt in Neubauer, G. und Pfister (2007c), S. 632-633.

1015 Ausnahmebereiche mit Vertragsbeziehungen sind der Basistarif und Standardtarif, vgl. Abschnitt 4.3.2.1.4. Angesichts des geringen Versichertenbestands wird die Betrachtung der beiden Sondertarife in Kapitel 5 ausgeklammert.

Versicherungen beidseitiges Einvernehmen voraussetzen und v. a. der Versicherte die Wahl hat, ob er eine vertragliche Vereinbarung auf dem Vertragsmarkt durch seine freiwillige Teilnahme mit Leben füllt.

5.2.1.1 Hindernisse direkter vertraglicher Beziehungen

Ein Hindernis für direkte vertragliche Beziehungen könnte die *geringe Marktmacht* bezogen auf den deutschen Krankenversicherungsmarkt sein.[1016] Verhandelt der gesamte Verband mit einem Marktanteil an allen Versicherten von 11 %, die darüber hinaus als Premiumkunden zählen dürften, ist auch im Vergleich zur GKV zumindest *regional* von einer *kritischen Größe* auszugehen. Die großen PKV-Unternehmen wie Allianz PKV, DKV oder Debeka könnten mutmaßlich alleine attraktive Vereinbarungen für ihre Versicherten treffen. I. d. R. sind selektivvertragliche Beziehungen kein Hindernis in der Leistungserstellung im vertragsärztlichen und stationären Bereich, bei Arzneimitteln gibt es ebenso keine relevante Kapazitätsbegrenzung.[1017]

Die Frage lautet, wieso die PKV als Verband oder auf Versicherungsebene kaum zu allseitigem Vorteil gereichende Verträge geschlossen hat.[1018] Durch die im Bereich der Patientensteuerung erworbene Expertise, die eine Voraussetzung für erfolgreiche Verträge mit Leistungserbringern ist, hätte die PKV sogar einen Vorteil gegenüber der GKV. Hauptgrund ist die bis auf in § 78 Abs. 3 AMG[1019] *nicht vorhandene Rechtsgrundlage.*[1020] Da anders als in den Rabattverträgen der GKV die Ärzte und Apotheker keine bis geringe Anreize zur Abgabe respektive Verschreibung der mit der pharmazeutischen Industrie vereinbarten *Arzneimittel* haben, werden diese Verträge keine große Bedeutung erlangen.

Im *ambulant-ärztlichen und -zahnärztlichen* Bereich sind Preisverhandlungen wegen der Allgemeingültigkeit der beiden Gebührenordnungen GOÄ und GOZ nicht möglich.[1021] Angesichts der im Vergleich zum EBM und zum BEMA hohen Vergütungen

---

1016 Vgl. Abschnitt 5.1.1.1 und Abschnitt 5.1.2.1.1.

1017 Hausarztverträge in der GKV verbieten es Hausärzten nicht, Versicherte ohne entsprechenden Wahltarif anderer oder gar der gleichen Krankenkasse zu behandeln. Für eine abweichende Meinung zum Potenzial selektivvertraglicher Lösungen in der PKV siehe Rürup et al. (2010), S. 100-101.

1018 Für eine Beantwortung der Frage aus Sicht des Managed Care, vgl. Sehlen (2002), S. 126-134.

1019 Vgl. Abschnitt 4.3.2.1.5. Für Privatpatienten verläuft der Prozess der Arzneimittelversorgung ähnlich wie in der GKV. Die Apothekenabgabepreise unterliegen den gleichen Bedingungen wie im vertragsärztlichen Bereich.

1020 Rechtliche Hemmnisse werden z. B. beschrieben in Boetius (1996).

1021 Die beiden Gebührenordnungen werden hoheitlich in Form einer Rechtsverordnung erlassen. Für die 17. Legislaturperiode wurde eine Novellierung der GOÄ angekündigt. Eine Reform der GOZ, die zuletzt 1988 geändert wurde, scheiterte in der 16. Legislaturperiode. Auch diese soll in der Legislatur reformiert werden, vgl. Koalitionsvertrag (2009), S. 88-89. Siehe für eifürchten die Leistungserbringer im ambulanten Bereich eine *Nivellierung durch Novellierung.*[1022] *Krankenhausleistungen* ohne die Serviceleistungen Chefarztbehandlung sowie Ein- und Zweibettzimmer sind ein *Ausnahmebereich* innerhalb der PKV. In den Verhandlungen über das Krankenhausbudget ist der PKV-Verband gemäß seinem Anteil an allen Krankenhaustagen einbezogen und in die Qualitätssicherung eingebunden.[1023] Qualitäts- und Wirtschaftlichkeitsprüfungen gehören auch zur Beteiligung des PKV-Verbandes an der Selbstverwaltung des stationären Sektors.[1024]

5.2.1.2 Bestehende Beziehungen zu den Leistungserbringern

Im Unterschied zur GKV haben Privatversicherte größere Wahlmöglichkeiten der Leistungserbringer. Während gesetzlich Versicherte auf Vertragsärzte und zugelassene Plankrankenhäuser beschränkt sind, können Privatversicherte reine Privatkliniken und Privatärzte in Anspruch nehmen. Im Falle der *Privatkliniken* können Preise frei verhandelt werden, was aus Sicht der PKV, z. B. aufgrund der Deklarierung von Abteilungen normaler Plankrankenhäuser zu Privatstationen, ausgabensteigernd wirkt.[1025] In *Eigeneinrichtungen*[1026] wie den Sana Kliniken ist eine direktere Steuerung als über

nen konzisen Überblick der beiden Gebührenordnungen Neubauer, G.; Minartz; et al. (2009), S. 27-29,31-32.

1022 Dem entspricht das Beschlussprotokoll des 111. Deutschen Ärztetages 2008, in dem bereits eine Öffnungsklausel der GOÄ „strikt abgelehnt" wird, BÄK (2008a), S. 93. Begründet wird dies explizit mit einer Gefahr für die Honorare, aber z. B. auch mit einem Verstoß gegen Europäisches Wettbewerbsrecht. Ähnlich wird von der Bundesärztekammer (BÄK) auch auf den gescheiterten Referentenentwurf zur Novellierung der GOZ reagiert, wobei hier auch die Gefährdung des Arzt-Patienten-Verhältnisses angesprochen wird, vgl. BÄK (2008b), S. 4-5.

1023 Für die Budgetverhandlung siehe Abschnitt 5.2.2.1.2. Für die Qualitätssicherung vgl. § 137 Abs. 1 S. 3 SGBV. Siehe zur Qualitätsmessung im Gesundheitswesen ausführlich Abschnitt 5.3.1.2.

1024 § 113 Abs. 1 S. 1 SGBV.

1025 Vgl. Rürup et al. (2010), S. 86. Siehe auch Patt (2008). Stand Mitte 2009 wird eine Zahl von 90 kritischen Ausgründungsfällen genannt, vgl. Pabst (2009b), S. 19. Stand Ende 2008 sind sieben vom PKV-Verband angestrengte Unterlassungsklagen gerichtlich anhängig, vgl. PKV-Verband (2009d), S. 85.

1026 Gesetzliche Krankenkassen dürfen seit dem 01.01.1989 keine Eigeneinrichtungen mehr gründen. Ausnahme sind Vorsorge- und Rehabilitationseinrichtungen, solange die Kassen sonst ihren Verpflichtungen nicht nachkommen können, vgl. § 140 SGBV. Ebenso können Eigeneinrichtungen zur Sicherstellung der vertragsärztlichen Versorgung gegründet werden, vgl. § 140 Abs. 2 S. i. V. m. § 72a Abs. 1 SGBV. Pro und contra von Eigeneinrichtungen wird diskutiert in Neubauer, G. (1988a).

Selektivverträge möglich.[1027,1028] Eine weitaus lockerere Einbindung erfolgt in DMP's, die für große Privatversicherer interessant sind.[1029]

Eine vertikale Integration mit niedergelassenen Ärzten ist auch nach dem VÄndG nicht möglich. Im ambulant-ärztlichen Bereich lässt sich goMedus aufführen, was ein Tochterunternehmen der DKV ist.[1030] goMedus will ein bundesweites Fachärztenetz für Privatpatienten und Gesundheitszentren in Großstädten aufbauen.[1031] Ähnlich wie in der GKV werden Versicherte mit Vorteilen an die präferierten Leistungsanbieter zu binden versucht. Beispiele sind bei goMedus überdurchschnittliche Qualitätsstandards der Ärzte, zeitnahe Terminvergaben und kurze Wartezeiten. Die Ärzte, deren Vergütung im Unterschied zur GKV nicht von der GOÄ abweichen darf, erhoffen sich einen Zugewinn an Privatpatienten. Ausgabensenkung ist also bei goMedus kein Ziel.

Ein Wesensmerkmal der PKV ist das *Kostenerstattungsprinzip*, was eine größere Distanz zu den Leistungserbringern verglichen mit der GKV bedeutet. Gäbe es keine Vertragsmöglichkeit der GKV, leistete das *Sachleistungsprinzip* dennoch einen Überblick und die Kontrollmöglichkeit der Leistungserbringung. Bereits Anfang der 1980er Jahre wurden Krankenhauskarten eingeführt, die eine direkte Abrechnung der Leistungen mit der privaten Krankenversicherung ermöglichten. Ergänzt wurden die Krankenhauskarten im ambulanten Bereich in den neunziger Jahren.[1032] Mit Neufassung des VVG im Jahr 2007 können im Rahmen einer Vollversicherung zusätzliche Leistungen kontrahiert werden inklusive der direkten Abrechnung des Leistungserbringers mit der Versicherung.[1033] Dies ist nichts anderes als das Sachleistungsprinzip.

1027 Die Sana Kliniken Gruppe gehört zu den Top 7 der privaten Krankenhausbetreiber in Europa und hat 40 Krankenhäuser und 13 Kliniken im Management, vgl. SanaKliniken (2010). Rehabilitationskliniken und Seniorenheime gehören ebenso zur Gruppe, die im Besitz von 33 zum PKV-Verband gehörenden Unternehmen ist.

1028 Anzuführen sind im akut-stationären Bereich ferner die Vereinbarungen über transparente und angemessene Vergütung der Wahlleistung Unterkunft zwischen 1.400 Kliniken und dem PKV-Verband, vgl. PKV-Verband (2010e), S. 35.

1029 Die Dissertation von Schlieker widmet sich ausschließlich DMP's in der PKV. Insb. wird ein DMP zu Diabetes vorgestellt und evaluiert, vgl. Schlieker (2009). Motive der PKV zur Anwendung von DMP's werden allgemeiner beschrieben bei Greiner (2005), S. 220-222.

1030 Siehe konzise Rudloff et al. (2007). Eine frühere, lockerere Kooperation der DKV war Medinet2000, vgl. Boetius (2000). Einen Überblick der Aktivitäten der DKV auf dem Vertragsmarkt gestern, heute und morgen gibt Kottmeier (2009).

1031 Bisher gibt es Zentren in Köln (seit 2003), Düsseldorf (seit 2008) und Berlin (seit 2008). Für das Konzept, die Strategie etc. vgl. goMedus (2010).

1032 Vgl. Wasem (2000), S. 473. Siehe für die Einführung in den 1980er Jahren Abschnitt 4.2.3.

1033 § 192 Abs. 3 S. 3 Nr. 5 VVG.

5.2.2 GKV und Vertragsmarkt

Auf dem Vertragsmarkt der GKV ist seit den beiden NOG's ein Trend zu selektivvertraglichen Lösungen festzustellen.[1034] Der Kassenwettbewerb wurde bewusst durch einen Wettbewerb auf dem Vertragsmarkt ergänzt. Dies ist aus Sicht der idealtypischen Merkmale der GKV nur konsequent, die Ausgabensteuerung direkt an den Leistungserbringern ansetzt. Nach dem Menschenbild der GKV sind die Versicherten nur bedingt rational und benötigen nicht nur vor finanziellen Risiken Schutz, sondern auch vor unvernünftigen Nachfrageentscheidungen. Auf Basis eines einheitlichen Leistungskatalogs treten die Kassen mit den Leistungserbringern in einen Preis- und Qualitätswettbewerb.

In der Analyse werden beide Wettbewerbsparameter untersucht. Marktunvollkommenheiten durch Informationsasymmetrie[1035] und externe Effekte werden vernachlässigt. Marktmacht wird bei der Betrachtung der Selektivverträge hingegen eingeschlossen. Zeitlich vorgelagert und auch anfänglich untersucht sind die Kollektivverträge, die mit Schaffung des bilateralen Verhandlungsmonopols in vertragsärztlichen Bereich im Jahr 1931 zum Wesen der GKV und der Selbstverwaltung gehören.[1036]

5.2.2.1 Kollektivverträge

Der Begriff Kollektivvertrag findet sich im SGB V nicht, kann jedoch als eine verbindliche Vereinbarung zwischen GKV-SV oder Landesverbänden der Kassen auf der einen Seite und der DKG oder ihren Landesgesellschaften sowie der KBV oder den KVen verstanden werden.[1037] Ist für einen *Vertrag auf Nachfrageseite gemeinsames Handeln vorgeschrieben*, wird in der Untersuchung von einem *kollektiven Verhandeln* gesprochen.

Zwischen den einzelnen Leistungsbereichen gibt es im Vertragsmarkt große Unterschiede. Kollektivverträge werden im vertragsärztlichen und akut-stationären Sektor geschlossen, wohingegen zwischen der Pharmaindustrie und den Krankenkassen keine direkten vertraglichen Beziehungen bestehen. Das kollektive Element im Pharmamarkt sind durch die Gemeinsame Selbstverwaltung festgelegte Arzneimittelvereinbarungen und Richtgrößen sowie die Festbeträge für alle erstattungsfähigen Arzneien bis auf

1034 Vgl. Abschnitt 4.2.3.

1035 Die Kassen sind schlechter informiert und daher Prinzipale, die Leistungserbringer sind besser informiert und Agenten. Gegenüber den anderen Teilmärkten ist Informationsasymmetrie nicht virulent, wo Adverse Selektion (Finanzierungsmarkt) oder Moral Hazard (Leistungsmarkt) große Auswirkungen haben. Siehe zu unvollkommener Information insb. der Agency-Theorie auch Abschnitt 2.2.3.

1036 Vgl. Abschnitt 4.2.1.

1037 Einmal taucht der Terminus „Kollektivvertragspartner" im SGB V auf, vgl. § 303f Abs. 2 S. 1 Nr. 1 SGBV.

innovative Präparate, die nicht in eine Festbetragsgruppe fallen. Rahmenvereinbarungen zwischen Apothekerverbänden und Kassenverbänden werden in dem Zusammenhang auch betrachtet.

Kollektiv vereinbarte Preise gelten sowohl im vertragsärztlichen als auch im akutstationären Bereich.[1038,1039] Durch das GKV-WSG sind nun in beiden Bereichen bundeseinheitliche Preise umgesetzt oder zumindest angedacht. Die Tendenz weist auf einen geringeren Einfluss der Gemeinsamen Selbstverwaltung und zunehmende direkt staatliche Steuerung hin.[1040] Wegen der Konvergenz beider Leistungsbereiche erfolgt die Analyse gemeinsam. Auch weil Krankenhäuser von Selektivverträgen ausgenommen sind und die Honorarreform en detail in Abschnitt 4.3.2.1.1 dargestellt wurde, werden hier der stationäre Sektor primär betrachtet und Besonderheiten der vertragsärztlichen Versorgung punktuell eingeflochten.[1041] Die Aussagen über Einheitspreise treffen auf beide Sektoren zu.

5.2.2.1.1 Einheitspreise im ambulanten und stationären Sektor

Alle Plankrankenhäuser haben im gegenwärtigen System ein *Recht* auf einen *Versorgungsvertrag* mit den Krankenkassen, der zugleich das Leistungsprogramm nach Fachrichtung und Bettenzahl vorgibt. Analog haben *alle Vertragsärzte* das Recht, *GKV-Patienten abzurechnen*. Gegenwärtig verhandeln die Krankenkassen u. a. belegende Sozialleistungsträger gemeinsam und einheitlich mit dem jeweiligen Krankenhausträger Budgets.[1042] *Einziger Parameter* ist die *morbiditätsadjustierte Menge*[1043], da der *Preis* als Landesbasisfallwert[1044] *feststeht.*[1045]

1038 Die Rehabilitationskliniken können indessen individuell mit Einzelkassen Preis und Mengen verhandeln. Psychiatrische Einrichtungen basieren noch auf der BPflV und damit dem Selbstkostendeckungsprinzip.

1039 Ausführlich mit dem Thema Preissteuerung in der Krankenhausversorgung beschäftigt sich Unterhuber in seiner Dissertation, die zwar aus dem Jahr 1986 stammt, jedoch Fallpauschalen und generell Vergütungsmodelle minutiös diskutiert, vgl. Unterhuber (1986). Einen Überblick der Geschichte und Einführung der DRG's in Deutschland samt Auswirkungen auf das Gesundheitssystem geben Neubauer, G. und Pfister (2008e).

1040 Vgl. Abschnitt 4.3.2.1.1 für die vertragsärztliche Versorgung und allgemein Abschnitt 4.3.2.1.2.

1041 Die vertragszahnärztliche Versorgung wird in der Dissertation nicht ausführlich betrachtet. Mit einem Ausgabenanteil von 5 % (8,5 Mrd. Euro) für zahnärztliche Behandlung ohne Zahnersatz in der GKV im Jahr 2009 ist der Sektor gegenüber dem stationären (32 %), vertragsärztlichen (17 %) und Arzneimittelbereich (18 %) relativ klein, vgl. BMG (2010d), S. 7. Darüber hinaus gelten viele Aussagen des vertragsärztlichen Bereichs für die Zahnärzte.

1042 Gemeinsam und einheitlich auf Kassenseite wird dagegen im vertragsärztlichen Bereich erst seit dem GKV-WSG verhandelt, vgl. Abschnitt 4.3.2.1.1. Die Bindung an die Entwicklung der Grundlohnsumme ist damit der Landesebene übertragen, vgl. § 10 Abs. 4 KHEntgG i. V. m. § 71 Abs. 2 und 3 S. 1. SGBV. In Zukunft wird die Anbindung an die Grundlohnentwicklung

Die Höhe des Budgets wird von den belegenden Sozialleistungsträgern prospektiv verhandelt, wobei ein Anteil von mindestens 5 % der Berechnungstage zur Teilnahme an den Verhandlungen berechtigt. Grob gesprochen wird die *Fallzahl verhandelt*, da die Patientenklientel über die Zeit relativ stabil ist. Bei Überschreiten der Fallzahl erhält die Klinik einen Mehrerlösausgleich, der die variablen Kosten decken soll, bei Unterschreiten vice versa wird ein Teil der Erlöse ausgeglichen (Mindererlösausgleich). Hinzu kommen Zusatzentgelte, die wie die Fallschwere je DRG ebenfalls bundesweit definiert sind.[1046]

Im *ambulant-ärztlichen* Bereich ist analog der EBM2008 mit nunmehr festen Europreisen bundesweit gültig, ergänzt um eine differenzierte Mengenregulierung. Anders als im stationären Bereich ist somit trotz Betonung der Politik *kein fester Europreis* einer *ärztlichen Leistung* bei Regelleistungen durchweg gegeben, da bei Überschreitung empfindliche Abstaffelungen vorgenommen werden.[1047]

Die auf *DRG's* basierende Vergütungssystematik erlaubt es, die erbrachten *Leistungen* insgesamt aber auch Einzelleistungen transparenter *zu vergleichen*.[1048] Man muss nur das Krankenhausbudget einer Klinik durch die um die Fallschwere korrigierte Fallzahl teilen, um einen krankenhausspezifischen Basisfallwert zu erhalten. Unterscheiden sich nun zwei Häuser im jeweiligen Basisfallwert, dann ist das Haus mit höherem Ba-

---

durch eine Anbindung an einen Krankenhauskostenindex abgelöst. Analog wird die vertragsärztliche Vergütung von der Grundlohnentwicklung abgekoppelt und an die Morbiditätsentwicklung angepasst, siehe für diese und weitere Regelungen eingeführt mit dem KHRG Abschnitt 4.2.4.

1043 Der sog. Case-Mix als Produkt aus durchschnittlicher Fallschwerte (CMI) und Fallzahl. Das Budget ergibt sich durch folgende Formel: Budget = Zahl der Patienten x CMI x BFW. CMI steht für Case-Mix-Index, BFW für Basisfallwert. Der Basisfallwert ist im Jahr 2010 landeseinheitlich.

1044 Die Landesbasisfallwerte werden in einen Bundesbasisfallwertkorridor überführt, vgl. Abschnitt 4.2.4.

1045 Wahlkrankenhausleistungen erlauben größere Preisspielräume, werden hier aber nicht näher betrachtet. Siehe hierfür auch Monopolkommission (2008), S. 312.

1046 Vgl. § 9 KHEntgG. Zusatzentgelte und der Fallpauschalenkatalog werden zwischen dem GKV-SV auf der einen Seite und der DKG sowie dem PKV-Verband auf der anderen Seite vereinbart. Die Fallpauschalen und Zusatzentgelte für das neue Jahr finden sich im Herbst des Vorjahres auf Seiten des Instituts für das Entgeltsystem im Krankenhaus (InEK), für den Fallpauschalenkatalog 2010 mit Zusatzentgelten siehe InEK (2009).

1047 Albrecht bemerkt dazu, dass die Ärzteproteste durch die Kombination aus regionalen Unterschieden in der Mengenregulierung vor Einführung der Honorarreform und festen Preisen mitbegründet waren, vgl. Albrecht (2009), S. 29.

1048 Die DRG's sind ein erster Schritt zu einem freien Krankenhausmarkt. Auf Basis des Leistungsvergleichs können nach und nach Preisniveau, Preisstruktur und als evtl. letzten Schritt auch Abrechnungseinheiten klinikindividuell liberalisiert werden, vgl. für diesen Fahrplan auch Albrecht und Häussler (2009), S. 105-107.

sisfallwert teurer.[1049] Diese Preisunterschiede bei gleichen Leistungen werden jedoch nicht marktwirksam, da durch die Landesbasisfallwerte eine Preisdifferenzierung ausgeschlossen ist. Krankenkassen müssen mit allen Plankrankenhäusern kontrahieren.[1050]

Man könnte die *einheitlichen Preise* als Gleichgewichtspreise mit Mengenanpassung auf einem vollkommenen Markt missverstehen. Da die Preissetzung jedoch nicht aus dem freien Spiel von Angebot und Nachfrage erfolgt, sind die Preise eher *zufällig effizient*. Weder auf der Angebots- noch Nachfrageseite lässt sich eine vollkommene Konkurrenz feststellen. Krankenhäuser unterscheiden sich selbst bei selektiven Verträgen durch die Trägerschaft und agieren unter regional stark differierenden Marktbedingungen, was eine genaue Betrachtung des räumlichen Teilmarktes erfordert. In Großstädten haben die Versicherten oftmals mehrere Krankenhäuser in ihrer Nähe, während auf dem Land de facto ein Krankenhaus Monopolist ist.[1051,1052]

Der Ort der Leistungserbringung ist insofern wichtig, als Gesundheitsleistungen i. d. R. *Loco-Güter*[1053] sind. Akut behandlungsbedürftige Menschenkönnen bspw. nur begrenzt größere Entfernungen überwinden, ohne gesundheitlichen Schaden zu nehmen. Gegen die Festlegung von bundeseinheitlichen Einheitspreisen spricht allgemeiner, dass der Wert einer Leistung von mehreren Faktoren wie der Qualität, dem Ort und der Zeit der Verfügbarkeit, der erbrachten Leistungsmenge sowie den Kosten der Leistungserbringung[1054] abhängig ist.

Die Folge von *Einheitspreisen* sind *Umgehungsbestrebungen* wie Preisnachlässe, Qualitätssenkungen oder implizite Rationierung, die kontrolliert werden müssen.[1055] Der Staat nimmt den Preisen die Funktion, die Knappheit anzuzeigen, und gibt dem sozialpolitischen Ziel einer einheitlichen Versorgung den Vorrang, auch bei (regional) unterschiedlichen Versorgungsbedingungen wie Kosten.

1049 In der medizinischen Rehabilitation sind Rehabilitationsbehandlungsgruppen (RBG's) entwickelt worden, die der DRG-Logik nachempfunden sind. Der Vergütungsvergleich wird anhand der RBG's vorgestellt in Neubauer, G. und Pfister (2008b), S. 41-44. Patientenklassifikationssysteme können und werden neben der Vergütungsbestimmung auch zur internen Steuerung, externem Benchmarking und als Basis für Qualitätssicherung verwendet. Siehe für Anforderungen, Einsatzfelder und die internationale Anwendung Neubauer, G. und Nowy (2000).

1050 Etwaige Streitigkeiten werden in Schiedsverfahren aufgelöst, die sich aber nicht auf Preise erstrecken.

1051 Ausführlich mit der Thematik ländliche Krankenhausversorgung beschäftigt sich Beivers in seiner Dissertation, vgl. Beivers (2010). In Kapitel 2 erfolgt dort eine detaillierte Situationsanalyse der räumlichen Verteilung deutscher Krankenhäuser.

1052 Eine juristische Analyse des Krankenhausmarktes aus sozial- und kartellrechtlicher Sicht erfolgt in Schwintowski (2007), S. 535-542.

1053 Vgl. Neubauer, G. und Pfister (2007c), S. 629.

1054 Vgl. Neubauer, G.; Pfister; et al. (2009), S. 51-57.

1055 Kritisch zum DRG-System wegen seiner Preisfokussierung ist z. B. auch Rebscher (2008b), S. 6. Ausführlicher auch in Rebscher (2009b), S. 331-332.

Im Ergebnis ist festzustellen, dass sich *Einheitspreise* nirgendwo als Gleichgewichtspreise durch Marktkräfte einpendeln, sondern zu einer *Fehlallokation* führen.[1056] Wer ungleiche Leistungen gleich vergütet, produziert Unter-, Über- oder Fehlversorgung. Dennoch könnte ein funktionierender, effizienzfördernder Wettbewerb entstehen, wenn ein Qualitätswettbewerb gegeben wäre.[1057]

Ein reiner Preiswettbewerb ist für Unternehmen die härteste Form der Konkurrenz, gerade wenn die *Qualität nicht beobachtbar* ist. Um nicht alleine über den Preis konkurrieren zu müssen, versuchen Anbieter ihre Produkte von Konkurrenten abzugrenzen. Dies gilt bei identischen Preisen, wie hier der Fall, umso mehr. Im stationären Sektor versuchen insb. Klinikketten, Marken zu etablieren, die für Qualität stehen.[1058] Prominentes Beispiel sind die HELIOS Kliniken, die bewusst die gesetzlichen Anforderungen an Qualitätstransparenz übertreffen.[1059] Ähnlich über die gesetzliche Norm hinausgehend ist auch der Klinik-Führer Rhein-Ruhr, der neben Pflichtinformationen Befragungen der Patienten und Einweiser integriert.[1060] Durch die hohe Krankenhausdichte im Ruhrgebiet haben die Patienten damit neben Wahlmöglichkeiten auch die für eine bewusste, rationale Entscheidung nötigen Informationen.

Die Qualitätsmessung in der stationären Versorgung ist aus vielerlei Gründen schwierig.[1061] Der Gesetzgeber hat zwar die Verpflichtungen zur Qualitätssicherung und v. a. zur Veröffentlichung von Qualitätsberichten mit dem GKV-WSG erweitert, dennoch werden die Informationen insb. aus Patientensicht als nicht adäquat betrachtet.[1062] Der

1056 In Deutschland versucht man im akut-stationären Sektor, dies dadurch zu kompensieren, dass die Festpreise gemäß festgestellter regionaler Kostendifferenzen und Versorgungsunterschiede, nach festen Regeln und erneut mit kollektiver Abstimmung variiert werden können. Eine erste Anpassung über eine regionale Gebührenordnung erfolgte nicht. Siehe Abschnitt 4.3.2.1.1. Analog können für Kliniken in strukturschwachen Regionen Sicherstellungszuschläge gezahlt werden, vgl. § 5 Abs. 2 KHEntgG.

1057 Neben dem bereits genannten Aspekt einer mangelnden Qualitätstransparenz gerade bei Gesundheitsleistungen spricht gegen einen solchen Ansatz auch, dass der Spielraum für Qualitätsverbesserungen durch die einheitlichen Preise stark eingeschränkt wird. Zahlreiche Qualitätsverbesserungen sind nur dann wirtschaftlich durchführbar, wenn für die höhere Qualität ein höherer Preis verlangt werden kann. Nota bene die Analogie zu den Zusatzbeiträgen und ihre Wirkung auf sich erst langsam amortisierende Prozessinnovationen.

1058 Die Mindestqualitätsprüfung ist die Aufnahme in den Landeskrankenhausplan respektive die Zulassung.

1059 Vgl. zur Qualitätsphilosophie der HELIOS Kliniken Helios (2010).

1060 Vgl. Initiativkreis Ruhrgebiet (2010).

1061 Die Qualität der Leistung Krankenhausbehandlung als komplexester medizinischer Therapieform hängt vom Mitwirken der Patienten ab, von der Heterogenität der Individuen oder kann als Ergebnisqualität nicht differenziert genug dargestellt werden. Ähnlich verhält es sich im ambulant-ärztlichen Bereich.

1062 Vgl. §§ 135a – 137b SGBV mit §§ 135a – 137b SGBV (2006) für den akut-stationären und vertragsärztlichen Bereich. Siehe zur Qualität genauer Abschnitt 5.3.1.2.

Patient ist zwar kein direkter Akteur auf dem Vertragsmarkt, kann jedoch durch seine Nachfrageentscheidung im Rahmen seiner Möglichkeiten gute Kliniken auswählen.[1063] Da die Kassen mit allen Plankrankenhäusern wie auch Vertragsärzten kontrahieren müssen, ist selbst bei Nachweis besserer Qualität kein wirtschaftlicher Vorteil der Klinik zu erzielen. Die *Krankenkassen* haben daher *keine Möglichkeit, wirtschaftliche* und / oder *qualitativ bessere Leistungserbringer* zu *bevorzugen.*

Für die *Leistungserbringer* ist also *weder Preis- noch Qualitätswettbewerb* bei DRG's, im ambulanten Bereich durch feste Punktwerte, gegeben. *Vor den DRG's* war jedoch zwischen den Kliniken trotz differierender Vergütungen das Selbstkostendeckungsprinzip *noch ineffizienter.*[1064] Die Kliniken hatten geringere Anreize zur Wirtschaftlichkeit, da die Kosten erstattet wurden. Im *ambulant-ärztlichen Bereich* sind die *Einheitspreise* jedoch ein *Rückschritt*, da regional unterschiedliche Kostenstrukturen nicht berücksichtigt werden. Die Kostenstrukturen, wie Mieten oder Personalkosten, können vom Leistungserbringer nicht beeinflusst werden, so dass durch Gleichmacherei auch effiziente Praxen in Bedrängnis geraten.[1065]

Die DRG's als Fallpauschalen verkürzen lange Krankenhausaufenthalte, wie sich an den seit Jahren sinkenden Verweildauern zeigt. Private Träger sind, da gewinnorientiert, ökonomisch ausgerichtet. Öffentliche und freigemeinnützige Träger versuchen mit den Vergütungen der DRG's zumindest keine dauerhaften Verluste zu machen. Im ambulanten Sektor arbeiten die Ärzte als Freiberufler auf eigene Rechnung und wollen ebenso keine Verluste machen.[1066]

Einheitspreise führen sogar zu einer *konträren Nivellierung*, nämlich einem mangelnden Anreiz, weiterhin effizient zu sein. Ineffiziente Kliniken versuchen hingegen, ihre Kosten über Qualitätsminderung zu senken oder in anderen Bereichen wie Wahlleistungen Verluste wettzumachen.[1067] Dies *trifft PKV-Patienten*, da diese oftmals Ein- und Zweibettzimmer und Chefarztbehandlung kontrahiert haben. Die Ausgründung von Privatstationen wurde bereits erwähnt. Analog ist im vertragsärztlichen Bereich

---

1063 Dies gilt insb. in Großstädten mit hoher Klinikdichte und bei elektiven Leistungen.

1064 Vgl. z. B. Neubauer, G. und Pfister (2007c), S. 623-624.

1065 Eine konträre Meinung hierzu hat Albrecht, vgl. Albrecht (2009). Grund ist, dass innerhalb eines KV-Bezirks angeblich die Kostenunterschiede größer wären als zwischen den Bezirken. Dies ist zumindest zu bezweifeln, vgl. Neubauer, G.; Pfister; et al. (2009), S. 55. Deutlich wird dies anhand der Mietniveaus in Städten, vgl. Neubauer, G. und Minartz (2007), S. 27-28.

1066 Breyer et. al gehen von einem ärztlichen Zieleinkommen aus, dass als Nebenbedingung für den Heilungserfolg mindestens erreicht werden soll. Bei Unterschreiten dominieren wirtschaftliche Überlegungen die medizinischen. Das Problem ist, wie hoch das Zieleinkommen ist, vgl. Breyer et al. (2005), S. 337-345.

1067 Beispiele im Servicebereich können sein Einsparungen bei Menge und Qualität des Essens oder die Häufigkeit der Reinigung von Zimmer und Wäsche.

mit Quersubventionierung zu rechnen und / oder eine Ausweitung von Individuellen Gesundheitsleistungen (IGeL).[1068]

Im stationären Bereich stellt die sog. *duale Finanzierung* ein weiteres Effizienzhindernis dar. Investitionskosten für Großgeräte und Baumaßnahmen eines Krankenhauses werden vom Bundesland, die Betriebskosten über DRG's durch die Krankenversicherungen und sonstigen Belegern übernommen. Bei Einführung des dualen Systems im *Krankenhausfinanzierungsgesetz* (KHG) im Jahr 1972 sollten die unterfinanzierten Kliniken schnell gerettet werden und die Qualität der Ausstattung verbessert werden.[1069] Die Finanzierung war gleichsam eine Begründung für den hohen Einfluss des Staates auf die Krankenhausplanung und hilft, eine Unterversorgung in strukturschwachen Regionen zu verhindern.[1070] Analog zu den KVen soll auf diese Weise die *Versorgung sichergestellt* werden, was jedoch auch über Anreize ohne Staatseinfluss möglich ist.[1071] Mittlerweile mehren sich jedoch die Stimmen, dass Krankenhäuser bei Rückkehr zur Monistik betriebswirtschaftlich freier und effizienter reagieren könnten.[1072] Auch sind nach diversen Berechnungen bis zu 50 Mrd. Euro Investitionsstau aufgelaufen.[1073,1074]

Eine *Besonderheit* sind *Kollektivverträge* zwischen KVen und einzelnen Krankenkassen, Landesverbänden der Krankenkassen oder Verbänden der Ersatzkassen in einem KV-Bezirk nach § 136 SGB V zur Förderung der Qualität der vertragsärztlichen Versorgung.[1075] Bei Erfüllung bestimmter Leistungs-, Struktur- und Qualitätsmerkmale werden Zuschläge zu den Vergütungen an teilnehmende Fachärzte bezahlt. Die Finanzierung dieser Mehrleistungen erfolgt durch einen entsprechenden Abschlag von den vereinbarten Punktwerten, der bei den nicht an dem Vertrag teilnehmenden Ärzten der jeweiligen Facharztgruppe anfällt. Diese Regelung gibt den Krankenkassen die Mög-

---

1068 Für die sog. Mehrumsätze im stationären Bereich siehe Abschnitt 6.1.2.1.2.

1069 Ursprünglich war der Bund mit einem Drittel neben den Ländern an der Finanzierungmitbeteiligt. Eine kleine Geschichte der Krankenhausfinanzierung findet sich bei Neubauer, G. (1999).

1070 Aus diesem Grund wird eine Rückkehr zur Monistik von vielen Bundesländern negiert.

1071 Die Sicherstellung der Versorgung in strukturschwachen Regionen ist ein Optionsgut, vgl. Abschnitt 2.2.2.

1072 Ein Modell einer wettbewerbsorientierten Investitionsfinanzierung wird vorgestellt in Albrecht und Häussler (2009), S. 114-119. Dort werden ebenfalls ökonomische Vorteile einer Umstellung dargelegt.

1073 Das RWI geht von 16 Mrd. Euro aus, die DKG als Verband der deutschen Krankenhäuser von 50 Mrd. Euro, vgl. DKG (2006); RWI (2009), S. 10.

1074 Was auch ein Grund für den Aufschwung privater Klinikketten ist, die sich über den Kapitalmarkt Fremd- und Eigenkapital holen können. Eine Untersuchung der Bedeutung der Trägerschaft im stationären Sektor nennt weitere Vorteile privater Träger, vgl. Augurzky; Beivers; et al. (2009), S. 11-24.

1075 § 136 Abs. 4 SGBV.

lichkeit, im Bereich der ambulanten Behandlung einen *Qualitätswettbewerb* zu implementieren.

Sowohl in der ambulant-ärztlichen Versorgung als auch in der stationären Versorgung ist *Preis- und Qualitätswettbewerb* über *kollektivvertragliche Lösungen ausgeschlossen*. Eine ausgeprägtere Mengensteuerung mildert die nachteiligen Wirkungen einheitlicher Preise im ambulanten Bereich.[1076]

Entscheidend für die größere Akzeptanz von gemeinsamen und einheitlichen Lösungen im *ambulanten Sektor* ist jedoch, dass der *kollektivvertragliche Wettbewerb* zunehmend zur *Rückfalloption selektivvertraglicher Alternativen* wird. Kollektive Verträge sichern Vertragsärzten gewissermaßen ein Auskommen und federn Umstellungsschwierigkeiten ab.

Die *GKV* hat *gegenüber der PKV keinen Nachteil*, da *in der PKV keinerlei Steuerung* im *ambulanten Bereich* existiert und der stationäre Sektor in der PKV wie in der GKV organisiert ist. Durch Ausweichstrategien ist die PKV jedoch durch einheitliche Preise stärker getroffen.

5.2.2.1.2 Pharmamarkt

Krankenkassen haben diverse Zugänge zum Arzneimittelmarkt.[1077] Erstens über den Finanzierungsmarkt zu den Versicherten respektive Patienten, die über Wahltarife und Zuzahlungen eine aktive Rolle gegenüber den Ärzten und Apotheken einnehmen. Zweitens über den Vertragsmarkt zu den Ärzten über selektive Verträge nach den §§ 73b und 73c SGB V sowie zur Pharmazeutischen Industrie über Direktverträge wie hauptsächlich die beschriebenen Rabattverträge nach § 130a Abs. 8 SGB V. Drittens über eine indirektere kollektivvertragliche Steuerung. In diesem Abschnitt werden kollektive Vereinbarungen von Kassenverbänden mit Ärzten und Apothekern analysiert.

Zugelassene[1078] rezeptpflichtige Arzneimittel werden grundsätzlich von den gesetzlichen Krankenkassen *erstattet*.[1079] Eine Positivliste hat sich weder mit dem GSG noch mit dem GRG2000 durchsetzen lassen, da im Bundesrat Länder mit bedeutender Pharmaindustrie die geplante Einführung zu Fall brachten. Ein dritter Versuch scheitere im Zuge des GMG in Form des Arzneimittel-Positivlistengesetzes.[1080]

1076 Siehe für dieses Argument Albrecht (2009), S. 29.

1077 Für die Arzneimittelversorgung mit Fokus auf die Distribution siehe Neubauer, G. und Pfister (2009b), S. 45-49.

1078 Eine konzise Beschreibung des nationalen und europäischen Zulassungsverfahrens gibt Lehmann. Dabei werden auch die Spezifika bei der Zulassung von Generika erläutert, vgl. Lehmann (2009).

1079 V§ 31 Abs. 1 S. 1 SGBV. Vgl. auch Abschnitt 4.3.2.2.2.

1080 Siehe für das mehrfache Scheitern und die Rolle des Bundesrates Engelke (2009), S. 322-324.

Das SGB V hat jedoch mehrere *Ausnahmetatbestände*, die insgesamt eine Negativliste darstellen:

- Rezeptfreie Arzneimittel,[1081]
- Medikamente bei Bagatellerkrankungen,[1082]
- Lifestyle-Arzneimittel,[1083]
- unwirtschaftliche Arzneimittel.[1084]

Alle Ausnahmen werden vom *G-BA* in Form von Arzneimittelrichtlinien (AMR's) festgelegt.[1085] Die AMR's sind an die Vertragsärzte adressiert und enthalten neben Ausschlüssen und Einschränkungen auch Hinweise zur wirtschaftlichen Verordnungsweise, indikationsbezogene Therapieempfehlungen und Hinweise zur therapie- und preisgerechten Arzneimittelauswahl.[1086] Ein Ausschluss von Arzneimitteln ist als Mengensteuerung zu bewerten. Die AMR's beinhalten Preislenkungselemente, sind jedoch nicht konkret mit Sanktionen verbunden.

Der *Vertragsarzt* bestimmt letztlich die Arzneimittelausgaben in der GKV.[1087] Deswegen wurde schon frühzeitig versucht, die Verordnungspraxis gesetzlich zu beeinflussen.[1088] Grundlage der Wirtschaftlichkeitsprüfungen sind sog. *Richtgrößen*.[1089] Zunächst verhandeln die KBV und der GKV-SV Rahmenvereinbarungen für die Inhalte der Arzneimittelvereinbarung bis zum 30. September des Vorjahres fürs Folgejahr.[1090] In einem zweiten Schritt werden arztgruppenspezifische Richtgrößen bis zum 15. No-

---

1081 § 34 Abs. 1 S. 1-6 SGBV. Ausnahmen gelten für Kinder unter 12 Jahre und Jugendliche mit Entwicklungsstörungen unter 18 Jahre.

1082 § 34 Abs. 1 S. 6 SGBV. Beispiele sind Abführmittel und Medikamente gegen die Reisekrankheit.

1083 § 34 Abs. 1 S. 7 und Abs. 2 S. 1 SGBV. Hierzu zählen z. B. Appetitzügler oder Potenzmittel.

1084 § 34 Abs. 3 SGBV. Dazu zählen Arzneien, deren Wirkungen nicht mit Sicherheit beurteilt werden können, deren Nutzen nicht nachgewiesen ist und die Bestandteile enthalten, die für das Therapieziel oder eine Minderung der Nebenwirkungen nicht erforderlich sind.

1085 § 92 Abs. 1 S. 1 i. V. m. § 92 Abs. 1 S. 2 Nr. 6 SGBV. Die ausgeschlossenen Arzneimittel sind gemäß § 93 Abs. 1 SGBV vom G-BA in einer Übersicht zusammenzustellen. Ein schnelles Bild der aktuellen Beschlusslage ermöglicht die Themenseite Arzneimittel des G-BA, vgl. G-BA (2010b).

1086 § 92 Abs. 2 S. 1-4 SGBV. Der G-BA konkretisiert somit das Wirtschaftlichkeitsgebot von § 12 Abs. 1 SGBV.

1087 Vgl. Abschnitt 5.2.

1088 Vgl. Abschnitt 4.2.3 und Abschnitt 4.2.4.

1089 § 84 Abs. SGBV.

1090 § 84 Abs. 7 i. V. m. § 84 Abs. 1 SGBV.

vember vereinbart.[1091] Zwischen den Landesverbänden der Kassen und den Ersatzkassen auf der einen Seite sowie der KV auf der anderen Seite werden alljährlich schließlich bis zum 30. November *kollektiv* in den Arzneimittelvereinbarungen Ausgabenvolumina für Medikamente festgelegt.[1092] Bei der Volumenbestimmung ist ein Kriterienkatalog zu berücksichtigen.[1093]

Mit den Richtgrößen können *Wirtschaftlichkeitsprüfungen* durchgeführt werden, die wiederum in Auffälligkeits- und Zufälligkeitsprüfungen unterschieden werden.[1094] Zufälligkeitsprüfungen sollen bei 2 % der Ärzte pro Quartal durchgeführt werden.[1095] Auffälligkeitsprüfungen werden erneut unterschieden in Vorabprüfungen bei Überschreitung der Richtgrößen i. H. v. 15 % aufs Jahr bezogen, bei 25 % Überschreitung hat der Arzt die über 25 % hinausgehenden Arzneimittelausgaben selbst zu tragen (Regress).[1096]

Wirtschaftlichkeitsprüfungen als Ausgabensteuerung können als *indirekte Preis- und Mengensteuerung* beschrieben werden. Weder Preise noch Menge konkreter Arzneimittel sind durch kollektive Vereinbarungen näher bestimmt. Um zu wirken, benötigen die Vertragsärzte rechtzeitig Informationen zu ihrer Verordnungspraxis. Als Unterstützung wurden mit dem Arzneimittelbudget-Ablösungsgesetz (ABAG) die Krankenkassen verpflichtet, sog. GKV-Arzneimittelschnellinformationen (GAmSi) arztbezogen zu erstellen und acht Wochen nach dem Verordnungsmonat verfügbar zu machen.[1097,1098]

1091 § 84 Abs. 6 SGBV. Weitere Kriterien sind Patientenalter und Krankheitsarten.

1092 Darin enthalten sind auch Zielvereinbarungen. Bei Einhaltung der Zielvereinbarung erhält die Kassenärztliche Vereinigung eine Bonuszahlung, vgl. § 84 Abs. 4 SGBV. Inwieweit ein kollektiver Bonus steuernd wirkt, ist fraglich, da für den sparsamen Arzt nur wenig übrig bleibt.

1093 § 84 Abs. 2 SGBV.

1094 § 106 Abs. 2 i. V. m. § 84 Abs. 6 SGBV. Datengrundlage der Prüfungen ist § 296 SGBV. Für eine kompakte Übersicht der gesetzlichen Grundlagen von Richtgrößenprüfungen bei Heilmitteln siehe Neubauer, G. und Wick (2009), S. 14-17. Der Vorgang ähnelt dem bei Arzneimitteln. Bemerkenswert ist, dass die Prüfvereinbarungen zwischen den Bundesländern differieren.

1095 Eine Untersuchung ergab, dass nur in zwei von 23 KV-Regionen Zufälligkeitsprüfungen durchgeführt wurden, vgl. Deutscher Bundestag (2003), zitiert nach Schröder et al. (2006), S. 68.

1096 § 106 Abs. 5a S. 1-2 i. V. m. § 84 Abs. 6 S. 4 SGBV. Praxisbesonderheiten sind zu berücksichtigen. Kritisch zur Wirkung von Regressen äußerte sich der SVRBEiG, vgl. SVRBEiG (2005), Ziff. 808. Siehe auch Schröder et al. (2006), S. 68-69. Demnach wirkt die Möglichkeit eines Regresses als „Drohpotenzial" disziplinierend.

1097 § 84 Abs. 5 SGBV, vgl. GKV-SV (2010d). Die Informationen werden ergänzt durch vergleichende Preisinformationen verordnungsfähiger Leistungen zusammengestellt von KBV, KVen und Kassen mit Verbänden, § 73 Abs. 8 SGBV.

1098 Für 2008 haben sich Krankenkassen und die Kassenärztliche Bundesvereinigung geeinigt, dass die erst im AVWG eingeführte Bonus-Malus-Regelung nach § 84 Abs. 7a SGBV entfällt. Seitdem ist die Regelung ausgesetzt. Grund dafür sind die Rabattverträge nach § 130a Abs. 8 SGBV. Rabattierte Arzneimittel sind von Wirtschaftlichkeitsprüfungen ausgenommen nach

Zur direkten *Preissteuerung* wurden mit dem GRG im Jahr 1989 *Festbeträge* eingeführt.[1099] Der G-BA bestimmt in Abstimmung mit Sachverständigen, Herstellern und Apothekern Gruppen von Arzneimitteln, in denen Festbeträge festgesetzt werden können.[1100] Die Gruppen sind zu bilden in absteigender Vergleichbarkeit[1101] für Arzneien mit:

- selbem Wirkstoff,
- pharmakologisch-therapeutisch vergleichbaren Wirkstoffen, insb. chemisch verwandten Stoffen und
- therapeutisch vergleichbaren Wirkungen, insb. Arzneimittelkombinationen.

Die Höhe der Festbeträge wird vom GKV-SV auf Basis eines mehrstufigen Regressionsverfahrens[1102] bestimmt. Dabei ist eine ausreichende, zweckmäßige und wirtschaftliche sowie in der Qualität gesicherte Versorgung zu gewährleisten.[1103] Der Festbetrag soll im unteren Preisdrittel der Medikamente einer Gruppe liegen.[1104] Die Krankenkasse erstattet Medikamente in Festbetragsgruppen bis zum Festbetrag (Erstattungshöchstbetrag), so dass Listenpreise der Pharmaunternehmen oberhalb der Festbeträge wegen sinkender Nachfrage i. d. R. nicht vorkommen.[1105] Ähnlich werden künftig nur sich über die KNB ergebende Höchstbeträge erstattet.[1106]

§ 106 Abs. 2 S. 8 SGBV. Mit den übrigen Arzneimitteln kann man die benötigte daily defined dose (DDD) nicht berechnen. Die Regelung wurde de facto durch regionale Zielvereinbarungen für Gruppen verordnungsstarker Arzneimittel (sog. Leitsubstanzen) ersetzt, § 84 Abs. 4a SGBV. Siehe für das Jahr 2010 die aktuelle Rahmenvorgabe GKV-SV (2009b), S. 4.

1099 In der EU gibt es bis auf Deutschland, Dänemark und Malta keine freie Preisbestimmung der Pharmaindustrie, vgl. GKV-SV (2010b). Überwiegend werden die Preise gesetzlich festgesetzt.

1100 § 35 Abs. 1 und 2 i V. m. § 92 Abs. 1 S. 2 Nr. 6 SGBV. Alle aktuell gültigen Festbeträge sind auf den Internetseiten des Deutschen Instituts für medizinische Dokumentation und Information (DIMDI) zugänglich gemäß § 35 Abs. 5 SGBV, DIMDI (2010).

1101 § 35 Abs. 1 S. 2 Nr. 1-3 SGBV.

1102 Vgl. Stargardt et al. (2005).

1103 § 35 Abs. 3 und 5 SGBV.

1104 § 35 Abs. 5 S. 4-6 SGBV.

1105 § 31 Abs. 2 S. 1 SGBV. Die Krankenkassen wurden darüber hinaus mit dem AVWG ermächtigt, bei Arzneimittel mit Preisen die mindestens 30 % unterhalb des Festbetrags liegen, von Zuzahlungen zu befreien. Siehe zur Drittellinienregelung auch Engelke (2009), S. 359-361,423-425,432-433.

1106 § 31 Abs. 2a S. 1 SGBV.

Festbeträge sind ein Erfolgsmodell.[1107] Der GKV-SV greift nicht direkt in die freie Preisbildung der Pharmaindustrie ein, kann aber durch die Festbeträge einen *quasi bindenden Höchstpreis* festlegen. Überschreitet der Apothekenverkaufspreis, der sich bei Anwendung der Arzneimittelpreisverordnung (AMPreisV) aus Herstellerabgabepreis, Großhandelszuschlag, Apothekenzuschlag und Mehrwertsteuer zusammensetzt, den Festbetrag, dann müssen die Patienten die Differenz neben den Zuzahlungen tragen.[1108,1109]

Diese Regelung ist für Pharmafirmen attraktiv, deren Preise unter dem Festbetrag liegen. Für die Krankenkassen bedeutet der Wegfall der Zuzahlung Einnahmenausfälle.[1110] Die Preissenkung des Herstellers muss also mindestens den Wegfall der Patientenzuzahlung abdecken, damit die Regelung ausgabensenkend wirkt.

Neben Vereinbarungen mit den KVen wird auch ein *Rahmenvertrag* über die Arzneimittelversorgung zwischen dem GKV-SV und dem Deutschen Apothekerverband (DAV) geschlossen.[1111] Darin sind die *Apotheken* zu einer preisgünstigen Arzneimittelabgabe verpflichtet.[1112]

Gibt der Arzt ein Medikament durch Ankreuzen von nec-aut-idem vor, hat der Apotheker das konkrete Medikament abzugeben. Im Normalfall fehlt das Kreuz, was eine Fallunterscheidung für den Apotheker impliziert. Bei Rabattverträgen muss das rabattierte Medikament abgegeben werden, ansonsten eines der drei preisgünstigsten Arzneimittel mit gleichem Wirkstoff oder das namentlich verordnete im Falle von autidem.[1113] Der Apotheker kann bis auf den OTC-Medikamenten, den freiverkäuflichen Medikamenten, dem Ergänzungssortiment und in Grenzen bei den Hilfsmitteln (ebenfalls Erstattungshöchstbeträge) über weite Teile nur reagieren.[1114]

1107 Schulte geht von einem Einsparvolumen von aktuell 3,9 Mrd. Euro jährlich aus, vgl. Schulte, G. (2009), S. 191. Ähnlich auch der GKV-SV, der von Einsparungen im Jahr 2008 von 4,3 Mrd. Euro und seit Einführung der Festbeträge im Jahr 1989 von 33 Mrd. Euro ausgeht, vgl. GKV-SV (2008).

1108 §§ 2 und 3 zur AMPreisV.

1109 Ausführlich zur Preisbildung bei Arzneimitteln siehe Engelke (2009), S. 404-464.

1110 Damit wurde gleichzeitig eine Preisspirale nach unten in Kraft gesetzt, da die niedrigeren Listenpreise die Basis für die neuen Festbeträge in der nächsten Anpassungsrunde bilden. Verstärkt wird dies durch die Befreiung der Hersteller vom Generikarabatt, wenn der Preis seines Arzneimittels 30 % unter dem Festbetrag liegt.

1111 § 129 Abs. 2 SGBV. Der derzeitig gültige Rahmenvertrag in der Fassung vom 07.12.2009 ist abrufbar unter GKV-SV (2009a).

1112 § 129 Abs. 1 SGBV.

1113 §4 GKV-SV (2009a).

1114 OTC steht für over-the-counter und umfasst apothekenpflichtige Medikamente, die nicht verschreibungspflichtig sind. Die Definitionen sind nicht immer gleich, Engelke setzt bspw. OTC mit freiverkäuflich gleich, siehe für seine Systematik Engelke (2009), S. 90.

Ein weiterer Unterschied zwischen GKV und PKV sind *Zwangsrabatte*, die bei der Pharmaindustrie und den Apotheken abgezogen werden.[1115,1116] Im Jahr 2003 wurde im Rahmen des BSSichG erstmals ein Zwangsrabatt i. H. v. 6 % für alle zu Lasten der GKV verordneten Präparate ohne Festbetrag eingeführt. Damit die Hersteller diese Rabatte nicht durch entsprechende Preiserhöhungen ausgleichen konnten, trat gleichzeitig für den Zeitraum 01.01.2003 bis zum 31.12.2004 ein Preismoratorium in Kraft.[1117] Mit dem AVWG wurden erstmals Zwangsrabatte auf Produkte mit Festbetrag erhoben. Gleichzeitig wurden Naturalrabatte der Hersteller an die Apotheker verboten.[1118] All diese Rabatte gelten nur für die GKV. Ergänzt werden die Zwangsrabatte der Industrie um einen Apothekenzwangsrabatt.

Zusammenfassend hat die *GKV verschiedene kollektivvertragliche Kanäle*, um die *Arzneimittelversorgung* unabhängig vom Patienten zu *steuern*. Arzneimittel sind homogene Produkte, für die eine Vertriebssteuerung wie z. B. Werbung nicht erlaubt ist. Als *Wettbewerbsparameter* bleibt der *Preis*, der wegen der freien Preisbildung *indirekt über Festbeträge* gesteuert wird. Wichtig für die Ausgabenbegrenzung sind Wirtschaftlichkeitsprüfungen auf Basis von Richtgrößen, die beim Vertragsarzt ansetzen. *Preismoratorien* sorgen für temporäre Entlastungen.

5.2.2.2 Selektivverträge

Das GKV-WSG führte neben einer stärkeren Zentralisierung im Bereich kollektiver Vertragsverhandlungen zu einem Ausbau selektivvertraglicher Möglichkeiten.[1119] Im Unterschied zu einem Kollektivvertrag schließen *einzelne Krankenkassen* Verträge mit Leistungserbringern, Gruppen von Leistungserbringern oder Managementgesellschaften, um die Qualität zu verbessern und / oder die Wirtschaftlichkeit zu erhöhen.[1120] Je

---

1115 §§ 130 und 130a SGBV.

1116 Einen strukturierten Überblick der vielfältigen Zwangsrabatte im Zeitablauf und Zusammenspiel gibt Wald-Eßer (2009), S. 204-208.

1117 Man kann sich dies am Beispiel des Teppichhändlers vorstellen, der seine Preise erst so erhöht, dass nach Abzug der Rabatte kein Verlust entsteht, vgl. für das Beispiel von Lauterbach und die Reaktion einiger Teppichhändler news-adhoc (2010).

1118 Schon lange hatten die Krankenkassen bemängelt, dass insb. im generikafähigen Segment Hersteller den Apothekern aus Marketinggründen in bestimmtem Ausmaß Arzneimittel ohne Berechnung lieferten, die Apotheker den Krankenkassen aber den vollen Preis für diese Arzneimittel in Rechnung gestellt haben. Die Lösung sah folgendermaßen aus: Den Herstellern werden Naturalrabatte untersagt. Dadurch machen die Hersteller entsprechend mehr Umsatz, der in Form eines 10-prozentigen Sonderrabattes abgeschöpft wird. Für Produkte im generikafähigen Segment ohne Festbetrag kumuliert sich der Rabatt damit auf 16 %.

1119 Siehe Abschnitt 4.3.2.2.3.

1120 Selektivverträge sind ein Teil von Managed Care (deutsch: Gesundheitsmanagement), das als integrierter Ansatz von Finanzierung und Leistungserbringung neben der Steuerung der Leistungserbringer auch die Lenkung von Versicherten beinhaltet, vgl. für diese Definition Neuffer

nach Rechtsgrundlage können die Leistungserbringer aus einem oder mehreren Sektoren stammen. Im Falle der IgV sind seit dem GKV-WSG sogar Pflegeeinrichtungen als Partner erlaubt.[1121]

Durch dezentrale, individuelle Vereinbarungen über Preise, Vergütungsformen, Behandlungsabläufe etc. erhofft man sich von Seiten der Krankenkassen, über Prozessinnovationen zumindest das Ausgabenwachstum zu dämpfen und / oder die Qualität der Leistungserbringung zu erhöhen. Die Leistungserbringer als Anbieter *konkurrieren* folglich über *Preise* und / oder *Qualität*.

Korrespondierend mit der Analyse der wichtigsten Sektoren im vorangegangen Abschnitt werden hier die *wichtigsten Vertragsformen* untersucht: Hausarztzentrierte Versorgung, besondere ambulante ärztliche Versorgung, IgV nach §§ 140 a-d SGB V sowie Rabattverträge nach § 130a Abs. 8 SGB V.[1122] Modellvorhaben[1123] sind wenig nachgefragt und nicht ausgabenrelevant, DMP's werden unter die IgV subsumiert, Hilfsmittelausschreibungen unter Rabattverträge.[1124] Dabei ersetzen die vertragsärztlichen Formen und die Rabattverträge zunehmend die kollektiven Lösungen. Durch selektive Vereinbarungen wird wiederum Druck auf den kollektiven Bereich ausgeübt, da das GKV-Gesamtbudget unverändert ist.

Gerade für *Krankenkassen* mit (regional) *hohem Marktanteil* bilden selektive Verträge eine gute Alternative zu Kollektivverträgen. Einerseits sind die Leistungserbringer und letztlich die Versorgungsmodelle auf die Versicherten angewiesen, andererseits haben große Krankenkassen tendenziell geringere Transaktionskosten und *Marktmacht*.[1125]

(1997), S. 117-118. Daneben gibt es eine Vielzahl weiterer Definitionen, siehe für eine Auswahl Amelung (2007), S. 6-8. Im Rahmen der Arbeit wird nicht weiter auf den Begriff eingegangen, als Bündel von Management-Instrumenten und Organisationsformen mit vielen hier vorgebrachten Gedanken harmoniert. Ueberle sieht im Managed Care als Integration von Kostenträgerschaft und Leistungserbringung, bei Identität spricht man von einer Health Maintenance Organization (HMO), gar den Schlüssel zur Nachhaltigkeit der GKV, vgl. Ueberle (2003), S. 134-137. Im Rahmen des Sondergutachtens 2009 des SVRBEiG hat der Rat einen systematischen Review zu den Auswirkungen von Managed Care auf die Qualität der Gesundheitsversorgung in Auftrag gegeben, in dem 107 in den USA durchgeführte Studien ausgewertet wurden. Die Art des Managed Care ist irrelevant (HMO versus andere Formen), eine klare Tendenz zur Qualitätsverbesserung ist nicht nachzuweisen, vgl. SVRBEiG (2009), Ziff. 157.

1121 Vgl. Abschnitt 4.3.2.2.3.

1122 Für Grundprinzipien siehe Abschnitt 4.3.2.2.3.

1123 Ein Grund der geringen Nachfrage ist, dass keine Budgetbereinigung vorgesehen ist. Für die praktische Bedeutung siehe Cassel et al. (2008), S. 73.

1124 Strukturverträge nach § 73a SGBV sind de facto Kollektivverträge, da die KVen zusammen mit Kassenverbänden die Struktur vorgeben, vgl. Cassel et al. (2008), S. 74. Beispiele sind Verträge von Krankenkassen zum ambulanten Operieren oder Praxisnetze.

1125 Eine zentrale Frage ist, inwieweit die AOKen ihren relativ hohen Marktanteil von ca. 35% in Marktmacht umsetzen können. Siehe ausführlicher mit Literatur Fußnote 1163. Eine Übersicht mit Literatur über Ansätze zur Erklärung von Verhandlungsmacht respektive Markmacht bei

Gesetzliche Krankenversicherungen gehen von Marktanteilen von 20 % in der Zielregion bzw. bei Rabattverträgen von mindestens einer Millionen Versicherten aus, um im Vertragswettbewerb mit Leistungsanbietern Markterfolge erzielen zu können.[1126]

Bei *kleineren Krankenkassen* bieten sich *Kooperationen* oder Fusionen an, um die nötigen Größenvorteile zu erreichen. Hier besteht ein Potenzial für die früheren Landesverbände, den Verlust ihrer Hoheitsrechte zu kompensieren.[1127] Dazu gehören auch überregionale Krankenkassen, die bei regional ausgerichteten Verträgen alleine zu wenig Marktmacht hätten.

5.2.2.2.1 Hausarztzentrierte und besondere ambulante ärztliche Versorgung[1128]

Über einen Hausarztvertrag wird die *gesamte hausärztliche Versorgung eines KV-Bezirks* selektivvertraglich geregelt.[1129] Ärzte können gleichzeitig an beiden Versorgungsformen teilnehmen, d. h. Patienten je nach Einschreibestatus entweder im Rahmen der kollektiven oder der selektiven Versorgung behandeln.

Gegenüber der kollektiven Regelversorgung enthält die Hausarztzentrierte Versorgung obligatorische Bestimmungen im Bereich der Qualitätssicherung, der Behandlung nach evidenzbasierten Leitlinien und der Fortbildung.[1130] Die Spielräume in der vertraglichen Gestaltung sind gering. Inwieweit eine Qualitätssteigerung erfolgt, ist umstritten. Der *SVRBEiG* hat einen Evidenzreport erstellen lassen, der erkennen lässt, dass Länder mit einer starken Konzentration auf eine hausarztorientierte Versorgung hinsichtlich verschiedener Indikatoren des Gesundheitszustands der Bevölkerung besser abschneiden.[1131]

Seit dem GKV-OrgWG müssen Krankenkassen mit Gemeinschaften von Hausärzten, die mehr als 50 % der an der hausärztlichen Versorgung teilnehmenden Allgemeinärz-

---

Preisverhandlungen zwischen Krankenhäuser und Krankenkassen findet sich bei Neubauer, G. (1989), S. 208-210b. Prognosen über Verhandlungsergebnisse sind aufgrund der Fülle von Theorien schwierig, da die Realität komplex ist. Dies gilt es in der Folge der Analyse stets zu berücksichtigen.

1126 Vgl. Rürup et al. (2010), S. 100-101.

1127 Vgl. Abschnitt 4.3.2.1.2.

1128 Vgl. Abschnitt 4.3.2.3.1.

1129 Hausarztvertrag steht für einen Selektivvertrag nach § 73b SGBV. Bundesländer und KV-Bezirke sind nicht überall in Deutschland deckungsgleich.

1130 Eine berechtigte Frage ist, inwieweit die vielen zusätzlichen vorgeschriebenen inhaltlichen Bestimmungen innovative Versorgungsmodelle verhindern.

1131 Vgl. Haller et al. (2009), S. 20-22. Gatekeeping als Bestandteil von § 73b-Verträgen und Verpflichtung, zuerst den Hausarzt zu besuchen, zeigte in einem ebenfalls vom SVRBEiG beauftragten systematischen Review gegenüber einer freieren Arztwahl keine gesundheitlichen Vorteile, jedoch Anhaltspunkte für Ausgabensenkung, vgl. Zentner et al. (2008), S. 101-102.

te des KV-Bezirks aufweisen, Hausarztverträge schließen. De facto wurde damit die selektivvertragliche Lösung durch ein Monopol abgelöst. Da einzelne Krankenkassen mit den Hausarztverbänden verhandeln können, liegt ein Angebotsmonopol vor. Bis zum 30.06.2009 sollten bundesweit alle Krankenkassen Hausarztverträge abgeschlossen haben, was bei weitem nicht eingehalten wurde.[1132] Die Folge waren Schiedsverhandlungen.[1133]

Die Inhalte eines Hausarztvertrages lassen sich am *Beispiel* des bundesweit ersten *Hausarztvertrages* zwischen der *AOK Baden-Württemberg* und dem Hausärzteverband sowie dem MEDI Verbund vom 08.05.2008 nachvollziehen.[1134] Die Vergütung ist pauschalierter, Regelleistungen werden bei Überschreitung nicht abgestaffelt vergütet, die Honorare sind generell höher.[1135] Den Vorteilen für die Ärzte stehen neben den gesetzlich definierten Pflichten zusätzlich Vorgaben bei der Verordnungspraxis von Arzneimitteln, bei der IT-Ausstattung und bei der Leistungserbringung gegenüber.[1136] Neben einer besseren Qualität[1137] soll es trotz Höhervergütung durch überkompensierende Einsparungen im Arzneimittelbereich zu Ausgabensenkungen kommen. Hierfür wurde eine Art Ampel entwickelt, die zusätzlich zu den in Abschnitt 5.2.2.1.2 genannten kollektiven Instrumenten Wirtschaftlichkeitsreserven heben soll.[1138]

Von vollkommener Konkurrenz kann nicht gesprochen werden. Ein Monopol führt zu *ineffizient hohen Preisen*, mutmaßlich höher als im kollektiven Vertragsmarkt. Während die KVen alle Ärzte vertreten, bilden die Allgemeinärzte einen Fachbereich ab. Es besteht vielmehr die Gefahr, dass die Privilegierung der Allgemeinärzte eine Überwindung der Sektorengrenzen behindert, ja gar einer Segmentierung der Gesundheitsversorgung Vorschub leistet.[1139]

Ohne das Monopol wäre der *Gesamteffekt der Hausarztverträge* auf die Allokationseffizienz tendenziell *positiv* einzustufen. Ein gewichtiges Problem bei Selektivverträgen sind Budgetbereinigungen.[1140] Durch die stärkere Pauschalierung in der Honorarre-

---

1132 § 73b Abs. 4 SGBV. Einen aktuellen Überblick gibt die HZV-Ampel des Deutschen Hausärzteverbandes, vgl. HÄV (2010).

1133 § 73b Abs. 4 S. 2 i. V. m. § 73b Abs. 4a SGBV.

1134 Der Vertrag wurde mehrfach novelliert, vgl. aktuell AOK-BW (2009a).

1135 § 19 i. V. m. Anlage 2 AOK-BW (2009a).

1136 §§ 5-7 und §16 AOK-BW (2009a).

1137 Die Patienten sollen zur Teilnahme bspw. durch zusätzliche Sprechstunden, bevorzugte Terminvergabe und maximale Wartezeiten motiviert werden. Finanzielle Anreize, wie der in der Vergangenheit häufig praktizierte Erlass der Praxisgebühr, sind nur noch teilweise vorgesehen.

1138 § 5 Abs. 5 lit. b) AOK-BW (2009a). Die Ampelregelung findet sich unter AOK-BW (2009b).

1139 Evtl. könnte auch die Rechtsform, nun ein privater Verband, vorher eine Körperschaft des öffentlichen Rechts, negative Auswirkungen haben, vgl. Wille, E. (2009), S. 153.

1140 Doppelzahlungen wegen mangelnder Budgetbereinigung werden auch als Add-on-Vergütung bezeichnet, vgl. Cassel et al. (2008), S. 61-62.

form, speziell der Hausarztpauschale, verbunden mit der Honorarreform, wird die Bereinigung der Gesamtvergütung erleichtert.

Die sog. *besondere ambulante ärztliche Versorgung* nach § 73c SGB V umfasst entweder die gesamte ärztliche Versorgung oder Teilbereiche. Im Unterschied zu Verträgen nach § 73b SGB V *können* Krankenkassen Facharztverträge schließen. KVen sind gleichberechtigte Verhandlungspartner. Umfasst der Selektivvertrag die gesamte ambulant ärztliche Versorgung und bestehen gleichzeitig Hausarztverträge nach § 73b SGB V, kann es zu Konflikten kommen. Die besondere Stellung der Hausarztverträge dürfte auf eine Kombination aus §§ 73b und 73c SGB V hinauslaufen, wie dies auch im bundesweit ersten § 73c-Vertrag der Fall ist.

Der Anfang des Jahres 2009 von der AOK Baden-Württemberg ausgeschriebene § 73c-Vertrag wurde am 10.12.2009 unterzeichnet.[1141] Vertragspartner sind auf Leistungserbringerseite der MEDI Verbund und der Bundesverband Niedergelassener Kardiologen. Mit dem Vertrag wird die gesamte ambulante kardiologische Versorgung für AOK-Patienten selektivvertraglich organisiert. Niedergelassene Kardiologen und Fachinternisten können bei Erfüllung der Voraussetzungen teilnehmen. Die Versicherten können sich ab April 2010 einschreiben, Beginn der Versorgung ist der 01.07.2010.[1142]

Wenn man den Hausarztvertrag als Vergleich nimmt, ist eine Schnittmenge feststellbar. Zentral ist der vom § 73b-Vertrag übernommene Ansatz, über eine Arzneiverordnungslenkung durch eine Arzneimittelampel die Höhervergütung überzukompensieren. Bei gleicher Diagnose soll eine aufwändigere Behandlung besser entlohnt werden. Ebenfalls gibt es keine Abstaffelung der Leistungen bei Überschreitung von definierten Mengen. Versicherte, die für eine Teilnahme am Facharztvertrag im Hausarztvertrag eingeschrieben sein müssen, haben Anspruch auf eine höhere Servicequalität.

Der Facharztvertrag weist gegenüber dem Hausarztvertrag *Freiheitsgrade* auf und lässt somit eine *Verbesserung der Allokationseffizienz* erwarten. Anders als im Hausarztvertrag wird ein Mindestleistungskatalog für fachärztliche Leistungen gesetzlich nicht vorgeschrieben, sondern durch die Vertragspartner bestimmt. Durch die Freiwilligkeit des Vertragsschlusses kommt es zu einer Win-win Situation, in der die Leistungserbringer, Krankenkassen und damit die Versicherten, profitieren. Inwiefern die Einsparungen bei den Arzneimitteln die höhere Vergütung ausgleichen können, wird sich zeigen.

Für *beide Vertragsformen* gilt, dass ein *Preis- und Qualitätswettbewerb nur dann* entstehen kann, wenn es zu einer *Konkurrenz zwischen Anbietern* kommt. Ansonsten gibt es allokative Vorteile nur durch größere Spielräume in der Vertragsgestaltung und kla-

---

1141 Auf den Internetseiten des MEDI-Verbundes sind der Vertrag und weiterführende Informationen einsehbar, vgl. MEDI (2009). Die Sicht des Kassenpartners mit Betonung der IT-Infrastruktur als Erfolgsschlüssel beschreibt Hermann (2009), S. 157-164.

1142 Vgl. gesundheit adhoc (2010).

rere Vorgaben zur Budgetbereinigung.[1143] *Hausarztverträge* sind in heutiger Ausprägung *kein Fortschritt*, was die *Wettbewerbsintensität* betrifft. Facharztverträge könnten Effizienzsteigerungen ermöglichen, sollten durch die Definition der Versorgungsinhalte im ausgeschriebenen Gebiet mehrere Zusammenschlüsse von Leistungserbringern Interesse und die medizinische Kompetenz besitzen. Da die KVen gleichberechtigter Verhandlungspartner sind, wird ein *Preis- und Qualitätswettbewerb durch § 73c-Verträge realistisch.*

Mit der Bereinigung der Gesamtvergütungen sollen Doppelfinanzierungen vermieden werden, was in beiden Verträgen der AOK Baden-Württemberg explizit verankert wurde.[1144] Ob die im Gesetz verankerten Bereinigungsappelle ausreichen, ist zu bezweifeln.[1145] Bei Nichteinigung kann das Schiedsamt von den Krankenkassen angerufen werden, die Vertragspartner sind. Nach *Wille* ist Unsicherheit in der Budgetbereinigung ein „zentraler Hemmschuh" für die Entwicklung selektivvertraglicher Versorgungsmodelle.

5.2.2.2.2 Rabattverträge und Marktmacht[1146]

Das GKV-WSG stärkte selektivvertragliche Ausschreibungen von Medikamenten.[1147] Da bei den ausgeschriebenen Wirkstoffen durchweg *Generika* auf dem Markt sind, dient der *Preis* als *alleiniger Wettbewerbsparameter.*[1148] Generika sind definiert als mit dem Original identisch in Wirkstoff, Wirkstärke, Darreichungsform und Packungsgröße.[1149] Es werden *direkt mit der Pharmaindustrie Preise* in Form von Rabatten homogener Produkte verhandelt.[1150] Alternativ und in Kombination können Um-

---

1143 Der Gesetzgeber erwartet „weitestgehend exakte und sachgerechte Verfahren der Bereinigung", BT-Drucks.16/3100, S. 113-114.

1144 Vgl. für den Hausarztvertrag § 19 Abs. 1 AOK-BW (2009a).

1145 § 73b Abs. 7 und § 73c Abs. 6 SGBV.

1146 Vgl. für die rechtlichen Grundlagen der Rabattverträge nach § 130a Abs. 8 SGBV Abschnitt 4.3.2.2.3.

1147 Die Ausschreibungen umfassen entweder Wirkstoffe oder Sortimente von Herstellern. Wirkstoffbezogen Ausschreibungen nennt man auch Tender-Verträge, Sortimentsverträge auch Portfolioverträge. Ausgeschrieben werden in beiden Fällen wirkstoffgleiche Produkte.

1148 In Deutschland hergestellte Generika sind laut Sonntag im Vergleich zu den Originalen mindestens ebenbürtig, vgl. Sonntag (2009), S. 59. Kritisch hierzu siehe Blume und Wedemeyer (2009), S. 139-141. Die Autoren konsentieren, dass es über die Zeit zu einer Qualitätsverbesserung der Generika kam.

1149 Darüber hinaus müssen Bioäquivalenz und Bioverfügbarkeit zwischen Generika und Originalen identisch sein, vgl. Späth (2009), S. 19-20.

1150 Daneben gibt es auch Risk- und Cost-Sharing Verträge, bei denen der Behandlungserfolg respektive eine Kostenobergrenze die Höhe der Vergütung bestimmt. Eine erfolgsabhängige Bezahlung ist auch unter pay for performance bekannt. Ein Beispiel ist der Vertrag zwischen

satzvolumina und Abstaffelungen von Mehrerlösen gegenüber vereinbarten Umsatzvolumina kontrahiert werden.[1151]

Im Unterschied zu Haus- und Facharztverträgen ist bei Rabattverträgen im Leistungsmarkt *keine Ausweichmöglichkeit der Patienten* gegeben. Schließt der Arzt nicht ausdrücklich aut-idem aus, erhält der Patient vom Apotheker eines der rabattierten Arzneimittel. Der Arzt macht i. d. R. kein nec-aut-idem Kreuz und belastet sein Arzneimittelbudget im Hinblick auf Wirtschaftlichkeitsprüfungen nicht. Auf diese Weise ist das *Volumen* der rabattierten Arzneimittel *gut abschätzbar*, was wiederum für die Ausschreibung, kombiniert ggf. um Mengenrabatte, wichtig ist. Erhält ein Hersteller den Zuschlag, kann er seine Produktion genauer und längerfristiger planen.[1152]

Betrachtet man die Marktanteile rabattierter Arzneimittel im generikafähigen Markt, so sind Rabattverträge ein Erfolgsmodell. Im Juni 2009 bestanden 8.807 Rabattverträge (Juni 2008: 3.596), an denen 196 Krankenkassen (Juni 2008: 240) und 128 pharmazeutische Unternehmer (Juni 2008: 93) beteiligt waren.[1153] Der Generikaanteil betrug 96,5 %. Der Absatzanteil betrug im ersten Halbjahr 2009 44,9 % im Gesamtmarkt und im generikafähigen Markt 46 %. Der Umsatzanteil beträgt 33 % im generikafähigen Markt, was durchschnittliche Rabatte i. H. v. ca. 30 % bedeutet. Dies wird durch Simulationen für das Jahr 2009 bestätigt. *IMS Health* rechnet für das Jahr 2009 mit einer durchschnittlichen Rabatthöhe von 20-25 %.[1154] Bei 25 % Rabatt ergäben sich für das Jahr 2009 Brutto-Einsparungen i. H. v. 820 Mio. Euro für die Krankenkassen.[1155] Für das Jahr 2010 will alleine die *AOK* 520 Mio. Euro einsparen. Damit würden seit 2007 mehr als 1 Mrd. Euro im AOK-System bis Ende 2010 eingespart worden sein.[1156]

Rabattverträge scheinen die Allokationseffizienz im GKV-System zu steigern. Patienten profitieren von Zuzahlungsbefreiungen, Krankenkassen erzielen hohe Ersparnisse und die Hersteller können ihre Produktion für die Dauer der aktuellen Rabattverträge

---

DAK und Novartis zum Osteoporose-Medikament Aclasta, vgl. o. V. (2007), S. 7. Kritisch hierzu siehe AKdÄ (2008).

1151 § 130a Abs. 8 S. 2 SGBV.

1152 Gerade kleinere Hersteller arbeiten oft mit Lohnherstellern zusammen. Durch die bessere Produktionsplanung der Hersteller kann auch der Lohnhersteller die Fertigungsaufträge verschiedener Kunden effizienter bearbeiten. Problematisch ist jedoch, dass ein Zuschlag im Folgejahr nicht garantiert ist, so dass aufgebaute Produktionskapazitäten leer stehen. Lohnhersteller sind hier eine Art Puffer, da über die Branche hinweg das Volumen stabiler ist.

1153 Für die Zahlen vgl. progenerika (2009), S. 18-19.

1154 Das Simulationsmodell berücksichtigt die unterschiedlichen Vertragsarten (Portfolio- bzw. Wirkstoffverträge), vgl. imsHealth (2010).

1155 Davon sind abzuziehen Zuzahlungsbefreiungen der Patienten, Transaktionskosten, Mehraufwand in den Apotheken. Schulte geht von mehr als einer Halbierung der Bruttoeinsparungen aus, vgl. Schulte, G. (2009), S. 196-198. Verringerte Zuzahlungen kommen jedoch den Patienten zugute und sollten bei der Bilanz nicht gegen Rabattverträge aufgerechnet werden.

1156 Siehe apotheke adhoc (2010d).

optimieren. Gegen Rabattverträge spricht jedoch, dass der Markt *intransparenter* wird und damit die *Preise ihre allokative Signalwirkung* verlieren.[1157] Die Hersteller beharren in Vertragsklauseln darauf, Einzelheiten der Konditionen vertraulich zu behandeln. Problematisch sind die *Auswirkungen der Rabattverträge auf die Bildung von Festbeträgen*. Der Herstellerabgabepreis nach Ablauf von Patenten ist deren Grundlage. Wenn auf einen wenig wettbewerbsfähigen Preis hohe Rabatte gegeben werden, statt den Preis nach unten anzupassen, erodiert die Preisbasis der Festbetragsbestimmung.

Der *neue Rechtsrahmen im Gesundheitswesen* sieht vor, dass die §§ 19-21 GWB bei Rabattverträgen und die vergaberechtlichen Vorschriften für öffentliche Aufträge nach §§ 97 bis 115 und 128 GWB berücksichtigt werden müssen, da dies keine schiedsfähigen Leistungen sind.[1158,1159] Das Vergaberecht soll Anbietern einen fairen Wettbewerb um den Ausschreibungszuschlag ermöglichen.[1160] Problematisch an Ausschreibungen nach Vergaberecht bei öffentlichen Aufträgen ist die Komplexität von Pharma-Rabattverträgen, wie z. B. Nachverhandlungen bei Lieferengpässen oder Mengenanpassungen.[1161] Die öffentlichen Ausschreibungsvorschriften engen die Vertragsfreiheit gegenüber freieren Ausschreibungsverfahren ein, was mit Effizienzverlusten einhergeht. Die Auflage zur Ausschreibung in Losen kann die Ausnutzung von Größenvorteilen und Synergien beeinträchtigen.[1162]

Ob die Rabattverträge langfristig effizienzfördernd sind, hängt unmittelbar mit der *Marktform* und der *Wettbewerbsintensität auf dem Finanzierungsmarkt* zusammen. Die *Nachfrageseite* ist *wesentlich konzentrierter* gegenüber den Herstellern generikafähiger Produkte. Bei Arzneimittelrabattverträgen ist es üblich und notwendig, mehreren Unternehmen den Zuschlag zu erteilen, womit die Nachfragemacht reduziert wird. Die Marktmacht weniger Krankenkassen dürfte bei Rabattverträgen im Vergleich mit Haus- und Facharztverträgen größer sein. *Arzneimittel* sind *nicht lokal* gebunden, so

---

1157 Vgl. Pfister und Neubauer (2009b).

1158 § 69 Abs. 2 S. 2 SGBV.

1159 Ausführlich mit den rechtlichen Auswirkungen der Änderung von § 69 Abs. 2 und den ökonomischen Folgen bei Selektivverträgen beschäftigen sich Baake et al. (2009). Die Begründung der Anwendbarkeit des § 69 Abs. 2 SGBV erfolgt dort auf den Seiten 208-209. Entscheidend ist, ob die Wahlfreiheit des Versicherten erhalten bleibt, was hier nicht der Fall ist. Siehe für die Bedeutung des Wettbewerbsrechts heute und im Kontext einer Optimierung des deutschen Krankenversicherungssystems Abschnitt 7.2.1.2 und Abschnitt 7.2.2.1.

1160 Aufträge sollen zudem in Lose gestückelt werden, um eine Diskriminierung kleinerer Anbieter auszuschließen. Zusätzlich gilt noch eine Mittelstandsklausel, so dass kleinere, lokale Anbieter besonders berücksichtigt werden sollen, vgl. Baake et al. (2009), S. 209-210.

1161 Vgl. Baake et al. (2009), S. 211-212.

1162 Vgl. Baake et al. (2009), S. 214.

dass die drei großen Ersatzkassen mit den AOKen faktisch ein *deutschlandweites Oligopson* bilden.[1163]

Scheiden Anbieter durch einen harten Preiswettbewerb aus, ergibt sich auf Anbieterseite eine stärkere Konzentration. Mittelfristig gibt es auf Leistungserbringerseite einen Trend zu oligopolistischen Strukturen, bei denen die Gewinner auf Grund großer Leistungsvolumina effizienter produzieren können. Im Ergebnis wäre ein bilaterales Oligopol vorstellbar, das volkswirtschaftlich per se nicht als ineffizient bezeichnet werden kann.[1164]

Baake et al. entwickeln zwei Szenarien für die langfristigen Gesamteffekte nach kurzfristigen Einsparungen.[1165] Bei geringer Wettbewerbsintensität im Finanzierungsmarkt kommt es als Gegenstrategie bei Nachfragemacht der Krankenkassen schließlich zu einer *Konzentration der Leistungserbringer*, was die Medikamentenvielfalt und die Innovationsanreize verschlechtert.[1166] Aus der Analyse des Finanzierungsmarktes ist mit diesem Szenario *eher nicht zu rechnen*, weil intensiver Wettbewerb im Finanzierungsmarkt herrscht, so dass Einsparungen weitergegeben werden.[1167]

Neben rechtlichen Klagen der Hersteller kommt es zunehmend zu *Klagen der Krankenkassen untereinander*, da Ausschreibungen wie Rabattverträge den Kassenwettbewerb potenziell verzerren. Sollte eine AOK höhere Rabatte aushandeln und netto Einsparungen erzielen, könnte sie den Zusatzbeitrag senken bzw. Prämien ausschütten. Die Einschränkung der Produktvielfalt dürfte bei Kassenwechseln hingegen gegenüber

---

1163 Neubauer und Minartz bezeichnen dies als oligopolistisch geprägtes Polypol, vgl. Neubauer, G. und Minartz (2009), S. 39. In manchen Regionen hat die AOK ca. die Hälfte aller Versicherten. Genannt wird der deutschlandweite Wert von 34 %, vgl. Neubauer, G. und Minartz (2009), S. 38. Bekommt ein Hersteller, der nur wenige Wirkstoffe hat, nicht den Zuschlag, ist seine Existenz gefährdet. Dies gilt v. a. für kleine Firmen, die Transaktionskosten in geringerem Maße als große Unternehmen verteilen können. Wird nach Ablauf der Versorgungsdauer erneut ausgeschrieben, so haben die vormaligen Gewinner Vorteile gegenüber Neueinsteigern.

1164 Vgl. Abschnitt 5.1.2.1.1.

1165 Vgl. Baake et al. (2009), S. 215-217.

1166 Siehe für dieses Szenario Bundeskartellamt (BKartA), vgl. BKartA (2006), S. 5-8. Demnach würden erst die AOKen ihre Nachfrage bündeln, was dann eine Nachfragebündelung anderer Kassen zur Folge hätte, um ähnliche Rabatte aushandeln zu können. Das Ergebnis wäre ein enges Oligopson, dem zu unterstellen wäre, dass es den gemeinsamen Einkauf zum eigenen Vorteil koordiniert. Die nächste Stufe ist eine Ausdünnung der Anbieterseite, was langfristig zu einem Verlust an Innovationskraft führen könnte. Kritisch aufgrund von Oligopolisierungs-Tendenzen und deren Folgen ist auch der Beitrag Greß; Kötting; et al. (2009). Über die Auswirkungen der Rabattverträge hatte auch das BMG dem Bundestag Bericht zu erstatten. Stand 31.03.2008 konnte noch keine abschließende Bewertung gegeben werden, vgl. BT-Drucks.16/9284 (2008), S. 8.

1167 Vgl. Abschnitt 5.1.2.1.2.

Preissenkungen nachrangig sein. Dieser Wettbewerbsvorteil basiert allein auf Marktmacht und nicht auf einem effizienten Kassenmanagement.[1168]

Mit dem GKV-WSG wurden *Hilfsmittelausschreibungen* für Krankenkassen attraktiver.[1169] Der Versicherte darf nunmehr bei Ausschreibungen ausschließlich von Vertragspartnern seiner Krankenkasse versorgt werden, was zur Anwendbarkeit des § 69 Abs. 2 SGB V *analog zu den Rabattverträgen* führt.

Neben dem Preis ist auch die Qualität der Hilfsmittel, die Beratung und die wohnortnahe Versorgung der Patienten zu berücksichtigen. So soll ein Preisdumping auf Kosten der Versorgungsqualität verhindert werden.

Ist die Ausschreibung beendet, bekommt der oder die Gewinner das Recht, für eine bestimmte Zeitspanne eine Region zu beliefern. Im Unterschied zu Arzneimitteln sind Hilfsmittel *weniger räumlich fungibel*, bei Standardprodukten aber auch örtlich ungebunden.

Ein *Problem* ergibt sich, wenn einzelne Kassen ausschreiben. Der Versicherte darf ausschließlich von Vertragspartnern seiner Krankenkasse versorgt werden mit Ausnahme eines berechtigten Mehrinteresses[1170]. Unterschiedliche Preise für vergleichbare Hilfsmittel sind möglich, ähnlich wie durch den Erlass von Zuzahlungen bei rabattierten Arzneimitteln. Folge der *Preisdifferenzierung* könnte eine Patientendiskriminierung *nach Kassenzugehörigkeit* sein. *Positiv* auf der Kehrseite ist ein *verstärkter Kassenwettbewerb*. Schließlich können die Versicherten die Kassen wechseln.

5.2.2.2.3 Schnittstellen und Integrierte Versorgung

Das deutsche Gesundheitswesen ist durch die sog. *doppelte Facharztschiene* gekennzeichnet.[1171] Fachärzte praktizieren im ambulanten und im stationären Sektor und können in großen Teilen gleiche Leistungen erbringen. Der Rahmen der Leistungserbringung unterscheidet sich jedoch stark, angefangen von dem Gegensatz Freiberufler im ambulanten Sektor und angestellter Arzt im Krankenhaus. Trotz identischer Qualifika-

---

1168 Unterbunden werden sollten Ausschließlichkeitsklauseln, die es Ausschreibungsgewinnern verbieten würden, mit anderen Kassen Verträge zu den in der Ausschreibung beinhalteten Produkten abzuschließen. Dies könnte durch eine große Losgröße unterlaufen werden, da Hersteller keine Kapazitäten mehr für andere Kassen hätten, vgl. Baake et al. (2009), S. 214.

1169 Die Auswirkungen des GKV-WSG mit Stand vor dem GKV-OrgWG werden analysiert in Neubauer, G. und Pfister (2007a), S. 9-12. Trotz der Umwandlung der Pflicht zur Ausschreibung geeigneter Hilfsmittel in ein „Kann" gelten die Aussagen nach wie vor.

1170 Vgl. § 33 Abs. 6 S. 3 SGBV. In diesem Fall muss er jedoch den Aufpreis gegenüber dem kontrahierten Hilfsmittel selbst aufbringen.

1171 Ausführlich zu dem Argument, die doppelte Facharztschiene sei ineffizient, vgl. Albrecht et al. (2008). Als Fazit stellen die Autoren fest, dass das Argument nicht haltbar sei. Doppeluntersuchungen gäbe es kaum, Überkapazitäten seien wenn existent, dann eher im Krankenhausbereich zu vermuten.

tion sind Leistungen dem einen oder anderen Bereich vorbehalten. Wo die Leistungserbringung effizienter erfolgen kann oder was für den Patienten am besten ist, wird erst seit kurzer Zeit berücksichtigt. Erst mit dem GSG wurden über ambulante Operationen im Krankenhaus erste Ansätze zu einer Überwindung der strikten Trennung beider fachärztlichen Bereiche in Angriff genommen.

Dieses Beispiel soll die Notwendigkeit einer Integration der Erstellung von Gesundheitsleistungen bewusst machen. *Integration* ist in einem von *Arbeitsteilung und Spezialisierung geprägten modernen Gesundheitssystem* die *notwendige Klammer.*[1172] Dabei ist ein Schnittstellenmanagement innerhalb und zwischen Leistungsbereichen nötig, will man *Allokationseffizienz* im Gesamtsystem und nicht innerhalb der Sektoren erreichen. Leistungen sollen letztlich so erbracht werden, dass *Produktionseffizienz* eintritt.[1173]

In der GKV gibt es vier *sektorale Budgets*: Krankenhaus, vertragsärztliche Versorgung, medizinische Rehabilitation sowie Arznei- und Hilfsmittel.[1174] De jure können die Zuweisungen aus dem Fonds von den Kassen frei verteilt werden. Realiter möchte kein Bereichsleiter einer Kasse von seinem Budget etwas abgeben. Darüber hinaus unterstützt der Gesetzgeber ein Denken nach Sektoren.[1175]

Unabhängig von rechtlichen Grundlagen üben die historisch etablierten Gruppen der Leistungserbringer wie die KVen oder die DKG Druck aus, Leistungen zu behalten und damit Budgetanteile zu wahren. *Neubauer* appelliert daher: „*Integrierte Versorgung* [kann] *nur* über *integrierte Vergütung* nachhaltig erreicht werden“.[1176,1177]

Zur Überwindung der *zentralen Schnittstelle ambulant und stationär* gehören MVZ's[1178] sowie die im vierten Abschnitt SGB V gelisteten Beziehungen zwischen

1172 Vgl. Neubauer, G. (2006), S. 41-42. Vgl. auch Lindl (2005), S. 115-119.

1173 Vgl. Abschnitt 2.1.2.1.

1174 Vgl. Neubauer, G. (2006), S. 43-44.

1175 Mit dem GSG wurden sektorale Budgets eingeführt, die erst mit dem GKV-WSG von der Grundlohnentwicklung gemäß § 71 Abs. 2 und 3 S. 1. SGBV abgekoppelt werden, vgl. Abschnitt 4.2.3. Eine Umstellung auf eine morbiditätsorientierte Vergütung im ambulanten und stationären Bereich ändert an der Tatsache sektoraler Budgets jedoch nichts.

1176 Neubauer, G. (2006), S. 46. Ohne integrierte Vergütung käme es zum Ausnutzen von Vergütungsdifferenzen, wie das Beispiel Krankenhausapotheke zeigt. Es sei ein Vertragsarzt in einem IgV-Vertrag mit Krankenhäusern. Er bezieht seine Medikamente aus der Krankenhausapotheke zu günstigen Preisen und hat damit gegenüber anderen niedergelassenen Ärzten Vorteile, vgl. Neubauer, G. (2006), S. 53. Einen Überblick über die separierte Preisbildung in verbundenen Märkten am Beispiel Krankenhausapotheke versus Offizinapotheke geben Neubauer, G. und Pfister (2009b), S. 65-67.

1177 Praxisbeispiele innovativer Vergütungsformen aus Kassensicht mit Betrachtung der Schnittstelle ambulant und stationär sind zu finden in Seitz (2009).

1178 § 95 SGBV.

Krankenhäusern und Vertragsärzten.[1179] Hausarztverträge dienen als Scharnier zwischen intra- und intersektoraler Koordination einer besseren Abstimmung mit der ambulanten und der stationären Facharztversorgung.

Neben sektoral getrennten Budgets ist auch die *Einführung von Innovationen* im ambulanten und stationären Sektor *ineffizient.* Im Krankenhaus gilt der Verbotsvorbehalt, im ambulanten Sektor der Erlaubnisvorbehalt. Innovationen können dadurch viel leichter im stationären Sektor eingeführt werden. Infolge dessen bestehen für den ambulanten Bereich kaum Anreize, innovative Untersuchungs- und Behandlungsmethoden zu entwickeln und anzuwenden.[1180]

Bisher gibt es *kaum empirische Evidenz* zum *Ausmaß der Effizienzverluste* durch die noch immer beachtliche Trennung von ambulantem und stationärem Bereich. Ein Indiz für Effizienzsteigerungen in der Vergangenheit könnten Verlagerungen von Leistungen zwischen den beiden Sektoren sein.[1181] Dies ist bspw. zu vermuten bei der Etablierung onkologischer Schwerpunktpraxen oder neuen Dialyseformen[1182].

Ex ante dürften neben dem MTF und Gesetzesänderungen Ineffizienzen Grund für die Verlagerungen gewesen sein. Trotz des Grundsatzes ambulant vor stationär werden die bisherigen gesetzlichen Möglichkeiten nicht ausreichend genutzt.[1183]

Mittlerweile gibt es verschiedene selektivvertragliche Optionen.[1184] Oft versteht man unter integrierter Versorgung ausschließlich Verträge nach §§ 140a-d SGB V. Dies ist insofern falsch, weil wie gesehen jede Überwindung von Schnittstellen eine integrierte Versorgung darstellt. Zumindest verdienen Versorgungsformen, die primär Sektorengrenzen überwinden, das Prädikat integrierte Versorgung. Hierzu gehören insb. DMP's und die IgV nach §§ 140a-d SGB V, die über finanzielle Anreize besonders gefördert wurden und im Falle der DMP's weiterhin werden.[1185,1186]

1179 §§ 115–122 SGBV. Verträge nach 116b sind im Fokus der Auseinandersetzungen, da starke Arztgruppen wie die Onkologen ihre Besitzstände angegriffen sehen. Vgl. Abschnitt 4.3.2.2.3.

1180 Vgl. Abschnitt 3.2.3.2.

1181 Vgl. Albrecht et al. (2009), S. 108-111.

1182 Eine Übersicht verschiedener Dialyseformen findet sich bei Neubauer, G. (2005). Nach Neubauer gibt es großes Rationalisierungspotenzial, das nicht zuletzt wegen der Sektorgrenzen nur schwer gehoben werden kann.

1183 Seitz et al. untersuchten, inwiefern der Grundsatz ambulant vor stationär umgesetzt wird und kommen zum Ergebnis, dass dies nicht gelungen ist, vgl. Seitz et al. (2008), S. 37. Ähnlich auch Gerste (2003), S. 399.

1184 Einen Überblick der Versorgungsformen nach typischen Elementen wie sektorübergreifende Orientierung oder zeitliche Befristung gibt SVRBEiG (2007), Ziff. 380, Tab. 11.

1185 In der Übersicht des SVRBEiG finden sich noch Modellvorhaben, die häufig keine sektorenübergreifende Orientierung haben. Auch können IgV-Verträge nach §§ 140a-d SGB V seit dem GMG interdisziplinär-fachübergreifend ausgerichtet sein, vgl. § 140a Abs. 1 S. 1 SGBV (2006). Ebenso sind DMP's nicht zwingend sektorenübergreifend.

Bei Selektivverträgen nach §§ *140a-d Verträgen* ist eine Teilnahme der KV grundsätzlich ausgeschlossen. Ansonsten kann mit allen Leistungserbringern des vierten Kapitels des SGB V und sogar mit Pflegeeinrichtungen des SGB XI kontrahiert werden.

Die Weite der möglichen Vertragspartner korrespondiert mit einer *offenen Vertragsgestaltung*, die nur einige Grundsätze und Rahmenbedingungen zu berücksichtigen hat. Kombinationen mit Verträgen nach §§ 73b und 73c SGB V sowie DMP's sind sinnvoll. Die *Vergütung* kann von den *Vertragspartnern in Höhe und Form frei* bestimmt werden.[1187]

Angesichts *der gestalterischen Freiheitsgrade* erzeugen §§ 140a-d Verträge Potenzial zu *innovativen Lösungen* von Versorgungssituationen. Die Problematik sektoraler Budgets besteht jedoch weiterhin. Das exponentielle Ansteigen der IgV-Verträge von unter 613 nach dem I. Quartal 2005 auf 6.183 Ende 2008 wurde sicher durch die mit Ende 2008 auslaufende Anschubfinanzierung gefördert.[1188] Erst jetzt wird sich zeigen, inwiefern die Vertragsmodelle auch nachhaltig effizient sind.[1189]

Ein oft genanntes Beispiel für erfolgreiche IgV ist das *Gesunde Kinzigtal*. Nach Angaben der Betreiber konnten im zweiten Halbjahr 2007 900.000 Euro eingespart werden.[1190]

1186 Für den Einfluss des GKV-WSG auf die IgV nach §§ 140a-d SGBV und DMP's vgl. Abschnitt 4.3.2.2.3.

1187 § 140c SGBV.

1188 Zur praktischen Bedeutung siehe auch Cassel et al. (2008), S. 93-99.

1189 Problematisch ist, dass IgV-Verträge nicht evaluiert werden müssen.

1190 Vgl. Schulte, A. (2009). Als Qualitätsindikator werden z. B. die Augenhintergrund-Untersuchungen bei Diabetikern genannt, die 46,7 % erhalten gegenüber 30 % in einer Vergleichsgruppe, vgl. Ärzte Zeitung (2010c).

Abbildung 15: Anteile der Vertragspartner-Kombinationen an gemeldeten Verträgen zur Integrierten Versorgung, Stand 31.12.2008

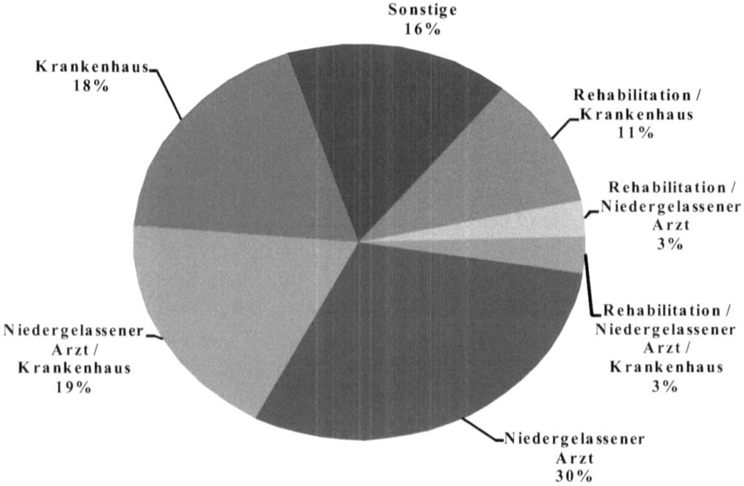

Quelle: bqs (2009), S. 1.

Wie Abbildung 15 zeigt, sind mehr als die Hälfte der IgV-Verträge nicht sektorenübergreifend.[1191] Bei intersektoralen Verträgen wird i. d. R. durch Komplexpauschalen vergütet. Angesichts der vereinfachten Budgetbereinigung und der Vertragsfreiheit muss die Frage gestellt werden, wieso ein sektorenübergreifendes Versorgungsmodell seinen eigentlichen Zweck nicht erfüllt. Die besondere Förderung durch den Gesetzgeber scheint nicht gerechtfertigt zu sein.[1192] Interessant wird es sein, was nach dem Auslaufen der Anschubfinanzierung in Kombination mit dem schärferen Beitragswettbewerb mit den Verträgen passiert.[1193]

DMP's dienen der sektorübergreifenden Versorgung *chronisch kranker* Patienten. Da 20 % der Versicherten 91,5 % der Gesamtausgaben, 10 % über 80 %, 2,5 % mehr als die Hälfte und 0,5 % über 20 % ausmachen, wird über Programme für Zielgruppen wie DMP's versucht, erhebliches Rationalisierungspotenzial zu erschließen.[1194] Durch ei-

1191 Daneben wiesen nur 55 von den insgesamt 6.183 bei der Bundesgeschäftsstelle Qualitätssicherung Ende 2008 gemeldeten Verträge einen Populationsbezug auf, vgl. SVRBEiG (2009), Ziff. 144. Vgl. für die Zahl auch bqs (2009).

1192 Eine facharztübergreifende Versorgung sind z. B. auch die MVZ's gemäß § 95 Abs. 1 SGBV.

1193 Nach mündlicher Auskunft von Wille am 26.10.2009 sind ca. 25 % der IgV-Verträge nicht verlängert worden. Ähnlich auch Munte am 18.11.2009. Ob der Trend zum Abbau von IgV weiter geht, ist bei einer verbreiteten Erhebung von Zusatzbeiträgen abzuwarten.

1194 Vgl. GEK (2003), S. 6-8. Dazu passt die Auskunft von Ott, demnach die vier gesunden Quintile, d. h. 80 % der Versicherten, nach RSA-Daten kaum Ausgaben verursachen, vgl. Abschnitt

nen abgestimmten Behandlungsprozess auf *Basis von Leitlinien* erhofft man sich eine optimierte Versorgung. Die *selektivvertragliche Natur* ergibt sich aus dem nötigen *Vertragsschluss einer Kasse*[1195] mit den das jeweilige DMP durchführenden Leistungserbringern. Diese stammen aus dem vierten Kapitel des SGB V. Inhalte der Vereinbarungen sind zu erbringende Leistungen und eine strukturierte Koordination der Leistungserbringer. Eine externe Evaluation ist Pflicht.[1196] Korrespondierend mit den möglichen Leistungserbringern können sämtliche der im vierten Kapitel des SGB V genannten Vertragstypen bei der Ausgestaltung von DMP's genutzt werden.[1197]

Durch die Verknüpfung mit dem RSA wurde vielfach die Befürchtung geäußert[1198], dass die Krankenkassen den DMP's in erster Linie eine Finanzierungsfunktion zugedacht hatten, obwohl die prioritäre Intention des Gesetzgebers eine Qualitätsverbesserung bei der Behandlung chronisch Kranker ist.[1199] Im Unterschied zu den integrierten Versorgungsformen spielte das *selektive Kontrahieren* durch eine uniforme Ausrichtung im *Rahmen der DMP's nahezu keine Rolle*, da die Verknüpfung mit dem RSA uniforme Verträge mit den KVen katalysierte. Die bisherigen Ergebnisse der vorgeschriebenen Evaluation können die Frage, *ob* DMP's mit *Qualitätsverbesserungen* einher gehen, *noch nicht umfassend beantworten.*[1200] Ferner darf man den administrativen Aufwand der Durchführung von DMP's nicht außer Acht lassen.

5.1.2.2.2. Oft genannte Quelle in diesem Zusammenhang mit ähnlichen Ergebnissen ist Winkelhake et al. (2002). Kritisch gegenüber einer starken Asymmetrie der Ausgaben über die Versicherten ist Niehaus, da große Teile der Leistungsausgaben nicht berücksichtigt wurden, vgl. Niehaus (2007), S. 10. Nicht berücksichtigt wurden ärztliche und zahnärztliche Behandlungen, die die Schiefe der Verteilung glätten. In der eigenen Erhebung von Niehaus mit Berücksichtigung ambulanter Leistungen ist die Konzentration der Ausgaben geringer als die vielerorts kolportierten „20 % der Personen benötigen 80 % der Gesundheitsleistungen". Für 50-Jährige und älter, was eine schwächere Konzentration als über alle Kohorten ergibt, resultierte unabhängig von den Annahmen immer eine gleichmäßigere Verteilung, die Ungleichverteilung nimmt mit zunehmendem Lebensalter sogar ab. Wichtig ist auch die Feststellung, dass nicht immer die gleichen Personen hohe Ausgaben verursachen, was auch unter Regression zum Mittelwert bekannt ist, vgl. Niehaus (2007), S. 73. Dennoch gibt es eine schiefe Verteilung, dennoch sind Chroniker eine wichtige Patientengruppe.

1195 Mehrere Kassen sind auch erlaubt. Es soll hier der selektivvertragliche Charakter betont werden.

1196 § 137f Abs. 4 SGBV.

1197 Für häufig genutzte Vertragstypen in Kombination mit DMP's siehe Güssow (2007), S. 59.

1198 Vgl. SVRBEiG (2007), Ziff. 318. Ausführlicher zur kritischen Verknüpfung von RSA und DMP's siehe Wille, E. et al. (2007), S. 50-55. Umfassend auch Wille, E. und Resch (2005), S. 25-36.

1199 Damit ist keine effizienzerhöhende Kosteneinsparung gemeint, sondern durch die RSA-Mechanik begründete Mittelzuflüsse durch in ein DMP eingeschriebene Patienten.

1200 Umfassende Qualitätsstudien stehen noch aus. Es gibt jedoch Versichertenbefragungen, die subjektiv einen Nutzen für die Patienten ergeben, vgl. z. B. Amhof und Böcken (2007), S. 114.

In dem Abschnitt wurde deutlich, dass integrierte Versorgung bei einem zunehmend spezialisierten Gesundheitsmarkt notwendig ist. Dabei gilt es, die in Deutschland besonders ausgeprägte sektorale Ausrichtung zu überwinden. Neben technischen Fragen der Budgetbereinigung ist v. a. das Besitzstanddenken der Leistungserbringer, aber auch auf Krankenkassenseite ein Hindernis. Der Gesetzgeber hat in den letzten 20 Jahren zunehmend Handlungsmöglichkeiten geschaffen.

Am Beispiel der IgV wurde deutlich, dass Freiheiten alleine und der Wunsch zu sektorübergreifenden Lösungen nicht ausreicht, Schnittstellen kreativ zu überwinden. Ob die zeitweise mehr als 6.000 IgV-Verträge einen Nettonutzen hatten, ist wegen der kurzen Laufzeit und fehlender verpflichtender Evaluation heute noch nicht zu beurteilen.[1201] Im Falle der DMP könnte es sogar durch die Ankoppelung an den RSA zu Marktverzerrungen bei den Krankenkassen gekommen sein.[1202] Die neu eingeführte, im Vergleich zu den vorherigen Beträgen niedrige, Programmpauschale i. H. v. 180 Euro jährlich dürfte diese Gefahr reduziert haben.

Aktuell wird der Anteil des selektiven Bereichs an der gesamten GKV-Versorgung auf maximal 2 % geschätzt.[1203] Entscheidend ist nicht der heutige Anteil alleine, sondern die Dynamik und die Auswirkungen auf das Kollektivsystem. In jeder Krankenkasse und den Verbänden sowie bei den Einrichtungen und Verbänden auf Leistungserbringerseite werden Symposien, Think Tanks, Gutachten besucht oder selbst in Auftrag gegeben. Stabsabteilungen beschäftigen sich konzentriert mit neuen Versorgungsformen. Die Ideen respektive Prozessinnovationen wirken auch auf den kollektivvertraglichen Bereich aus. Nach Schätzung von *Neubauer* werden je nach Sektor bis Mitte der 2010er Jahre selektive Modelle 30 % bis 50 % des Versorgungsgeschehens bestimmen, wobei der Anteil in der Krankenhausversorgung am unteren Ende und der Anteil in der Arzneimittelversorgung am oberen Ende liegen wird.[1204]

5.3 Allokation im Leistungsmarkt

Im Leistungsmarkt stehen sich Patient und Leistungserbringer gegenüber. Der Patient fragt Gesundheitsleistungen nach. Sowohl in der PKV als auch in der GKV haben die Patienten *Wahlmöglichkeiten* zwischen den *Leistungserbringern*. Der Patient hat nur eine geringe Konsumentensouveränität, Gesundheitsleistungen sind Vertrauensgüter.[1205]

1201 Vgl. SVRBEiG (2007), Ziff. 276.

1202 In Form eines dysfunktionalen Einschreibewettbewerbs betrieben als reines Rent-Seeking wurden Ressourcen zum Teil verschwendet, vgl. SVRBEiG (2007), S. 318.

1203 Vgl. Neubauer, G. und Minartz (2008), S. 47.

1204 Vgl. Neubauer, G. und Minartz (2008), S. 7.

1205 Vgl. Abschnitt 2.2.3.

Da der *Preis* im Leistungsmarkt im konkreten Fall bis auf Zuzahlungen von *geringer Bedeutung* und in der GKV durch das Sachleistungsprinzip quasi unsichtbar ist, versucht der Patient, eine bestmögliche *Behandlungsqualität* zu erhalten. Umgekehrt haben die *Leistungserbringer* ein *Interesse*, für ihre Behandlungsleistungen in einer bestimmten Periode *möglichst viel* von den Krankenkassen *vergütet* zu bekommen. Der *Arzt* als *Agent* hat einen Informationsvorsprung gegenüber den Prinzipalen Krankenkasse und Patient, und wird als Nachfragebestimmer versuchen, möglichst viele und teure Leistungen am Patienten zu erbringen. Es besteht die Gefahr einer *Angebotsinduktion* als eine Form von *Moral Hazard.* Entscheidend für das Ausmaß von Angebotsinduktion ist das Vergütungssystem.

GKV- und PKV-Versicherte haben den Preis ihrer Versicherung mit der Systemwahl festgelegt, können jedoch die Höhe ihrer Gesundheitsausgaben in Abhängigkeit von der Inanspruchnahme der gegebenen Leistungen beeinflussen. Dabei ist die Ausgestaltung der *Selbstbeteiligung* zentral, die vor der konkreten Behandlungssituation mit der Wahl des Tarifs in der PKV sowie von monetären Wahltarifen in der GKV determiniert wurde. Die Art der Selbstbeteiligung hat direkte Auswirkungen auf *Moral Hazard* zwischen Versicherung (Prinzipal) und Versicherten (Agent).

Neben der *Rückkoppelung* mit dem *Finanzierungsmarkt* sind bei in leistungsorientierte Wahltarife eingeschriebenen GKV-Versicherten Vereinbarungen ihres Versicherers mit Leistungserbringern auf dem *Vertragsmarkt* bedeutsam. Im Falle von Rabatt- und Hilfsmittelverträgen werden die Behandlungsmöglichkeiten auf dem Leistungsmarkt eingeschränkt. Ein Ziel von *Selektivverträgen* ist eine *höhere Qualität der Leistungserbringung.* Der *Behandlungsprozess* ist, so die Hoffnung, durch Hausärzte als Lotsen, sektorenübergreifenden Versorgungsmodelle etc. b*esser* auf den konkreten Behandlungsfall *abgestimmt.*

Die Themen werden in der Reihenfolge Wettbewerb im Leistungsmarkt, Angebotsinduktion und Vergütungssystem, Moral Hazard und Selbstbeteiligung sowie Abstimmung des Behandlungsprozesses untersucht. Hier konzentriert sich die theoretische Analyse auf Ursachen der angebotenen und nachgefragten Leistungsmenge mit Fokus auf den Einfluss des Versicherungstyps. Die Frage nach der Bedarfsgerechtigkeit wird primär in Abschnitt 6.1.1.3 behandelt.

5.3.1 Wettbewerb im Leistungsmarkt

5.3.1.1 Wahlmöglichkeiten im Leistungsmarkt

Wie auf den anderen beiden Teilmärkten sind Wahlmöglichkeiten die Voraussetzung für einen effizienzfördernden Wettbewerb. *Gesetzlich Versicherte* können im Wesentlichen *Vertragsärzte*, MVZ's, zur ambulanten Versorgung ermächtigte Ärzte oder Ärzte in nach § 116b SGB V an der ambulanten Versorgung teilnehmenden Einrichtungen wählen.[1206] Andere Ärzte dürfen nur in Notfällen in Anspruch genommen werden. Wird ohne zwingenden Grund ein anderer als einer der nächsterreichbaren an der vertragsärztlichen Versorgung teilnehmenden Ärzte, Einrichtungen oder MVZ's in Anspruch genommen, hat der Versicherte die Mehrkosten zu tragen.[1207]

Der *GKV-Versicherte* hat im ambulant-ärztlichen Bereich quasi freie Arztwahl. Im Unterschied zu anderen Ländern mit Primärarztsystem kann er Fachärzte ohne Überweisung aufsuchen. Nimmt er an der Hausarztzentrierten Versorgung teil, beschränkt er sich freiwillig auf einen von ihm bestimmten Hausarzt, der am Hausarztvertrag seiner Krankenkasse teilnimmt.[1208] Der Wahltarif ist nicht zu verwechseln mit der gesetzlich vorgeschriebenen Wahl eines Hausarztes.[1209]

In der *PKV* sind die Wahlmöglichkeiten größer. Ein privat Versicherter kann neben den Vertragsärzten auch andere *niedergelassene Ärzte* mit Approbation aufsuchen.[1210] Darin eingeschlossen sind rein privat praktizierende Ärzte.[1211] Zudem hat der privat Versicherte die *vollständige Wahlfreiheit* unter allen *Krankenhäusern*.[1212] Eine stationäre Behandlungsnotwendigkeit muss gegeben sein. Hier besteht ein Unterschied zur GKV, bei der eine elektive stationäre Behandlung die Einweisung durch einen Vertragsarzt voraussetzt.

Arzneimittel werden in GKV und PKV vom Arzt verordnet, werden aber aufgrund der bedeutenden Unterschiede in der Verordnungspraxis hier betrachtet. Im Kern handelt es sich nicht um eine Wahl von Leistungserbringern, sondern um eine Wahl von Produkten. Erstattet bekommen *gesetzlich Versicherte* grundsätzlich nur Medikamente, die vom G-BA nicht ausgeschlossen wurden.[1213] Hat die Krankenkasse Rabattverträge abgeschlossen, wird auch die Auswahl der rezeptpflichtigen Medikamente eingeschränkt. Der Versicherte muss, selbst wenn er den etwaigen Aufpreis eines nicht rabattierten Arzneimittels übernehmen möchte, ein Rabattarzneimittel akzeptieren.[1214]

1206 § 76 Abs. 1 SGBV.

1207 § 76 Abs. 2 SGBV. Im Grunde sind dies höhere Fahrkosten.

1208 § 73b Abs. 3 S. 2 SGBV.

1209 § 76 Abs. 3 S. 1 und 2 SGBV.

1210 § 4 Abs. 2 MB/KK (2009). Die Musterbedingungen sind nicht allgemeinverbindlich, konkretisieren aber den in § 192 Abs. 1 VVG genannten Anspruch auf im jeweiligen Vertrag vereinbarte Leistungen, die sich wiederum an den Musterbedingungen orientieren.

1211 Der Anteil der rein privat praktizierenden Ärzte beträgt ca. 5 % an allen ambulant tätigen Ärzten, vgl. PKV-Verband (2008c), S. 12.

1212 § 4 Abs. 4 MB/KK (2009).

1213 Siehe Abschnitt 5.2.2.1.2. Für den Qualitätswettbewerb im Referenzmodell siehe Abschnitt 7.3.2.3.4.

1214 Ähnlich ist dies bei Hilfsmitteln, wobei es dort die Ausnahme der Zuzahlung bei berechtigtem Interesse gibt, vgl. § 33 Abs. 6 S. 3 SGBV. Siehe auch Abschnitt 5.2.2.2.

Bei *Privatpatienten* werden hingegen alle vom Arzt verordneten apothekenpflichtigen Arzneimittel, die von der Schulmedizin anerkannt sind, erstattet.[1215] Enthalten sind auch Behandlungsmethoden und Medikamente, die sich in der Praxis als ebenso erfolgversprechend bewährt haben oder die angewandt werden, weil keine von der Schulmedizin anerkannten Arzneimittel zur Verfügung stehen.[1216]

5.3.1.2 Qualität und Wettbewerb

Im Vertragsmarkt kann eine Krankenkasse bei selektiven Verträgen zwischen Leistungserbringern wählen.[1217] Die Wettbewerbsparameter sind Qualität und Preis. Der Preis ist im Finanzierungsmarkt dominant. Im Leistungsmarkt hat der Patient die Wahl zwischen Leistungserbringern und Gesundheitsleistungen wie Medikamente.[1218] Dabei achtet der Patient primär auf die Qualität des Leistungserbringers. Ziel der Leistungserbringer ist es daher, Patienten eine möglichst hohe Qualität ihrer Leistung zu signalisieren.[1219] Zweifellos sind gerade persönlich erbrachte Gesundheitsleistungen[1220] *komplexe Vertrauensgüter.*[1221] Bei Vertrauensgütern lässt sich die Qualität einer Behandlung kaum einschätzen.[1222] Die Ergebnisqualität einer Behandlung hängt darüber hinaus maßgeblich von der Mitwirkung des Patienten als Co-Produzenten und den individuellen Unterschieden in der Physis zwischen Patienten ab.[1223]

Der Gesetzgeber hat die *Leistungserbringer* zu *Qualitätssicherung verpflichtet*, so dass eine dem Stand der wissenschaftlichen Erkenntnis entsprechende Behandlung gewähr-

---

1215 § 4 Abs. 3 und 6 MB/KK (2009).

1216 Der Versicherer kann jedoch seine Leistungen auf den Betrag herabsetzen, der bei der Anwendung vorhandener schulmedizinischer Methoden oder Arzneimittel angefallen wäre.

1217 Die Ausnahme sind derzeit Hausarztverträge, die faktisch ein Anbietermonopol darstellen. Siehe Abschnitt 5.2.2.2.1.

1218 Bei Notfällen gibt es nur eingeschränkte Wahlmöglichkeiten. Sollte der Patient nicht bei Bewusstsein sein, könnten Bekannte und häufig Verwandte für den Patienten die Wahl treffen.

1219 Eine Möglichkeit zur Stärkung der Patientensouveränität und damit Anreizen zu höherer, glaubhaft signalisierter Qualität sind Gruppenklagen, vgl. hierzu ausführlich Blankart et al. (2009), S. 167-199. Potenzial zur Qualitätssteigerung wird von Schwintowski auch durch ärztliche Streitschlichtungsstellen erwartet.

1220 Medikamente wirken abhängig vom einzelnen Menschen unterschiedlich. Hinzu kommt die Abhängigkeit von Dosierung, Art, Zeitpunkt und Menge der Einnahme. Die Verschreibung des Medikaments mit Einnahmevorgaben gehört zur ärztlichen Leistungserbringung dazu. Das physische Medikament selbst ist keine Dienstleistung.

1221 Siehe für die besonderen Eigenschaften von Gesundheitsleistungen auch Abschnitt 2.2.3.

1222 Nach Eekhoff et al. die kritischste Marktunvollkommenheit im Gesundheitswesen, vgl. Eekhoff et al. (2008), S. 179.

1223 Für die Vielfalt der Bestimmungsfaktoren der Umwandlung von Gesundheitsleistungen in Gesundheit siehe auch Abschnitt 2.1.2.1.

leistet ist.[1224,1225] Dies betrifft insb. Vertragsärzte und zugelassene Krankenhäuser, die gemäß den Richtlinien des G-BA interne und externe Qualitätssicherung durchführen müssen.[1226] Den KVen obliegt die Förderung und Prüfung der Qualität vertragsärztlicher Leistungen.[1227] Verantwortlich für die Qualitätssicherung und deren Darstellung im Gesundheitswesen insgesamt ist der G-BA, der mit dem GKV-WSG das AQUA-Institut zur Entwicklung von Verfahren und Indikatoren externer und möglichst sektorenübergreifender Qualitätssicherung beauftragt hat.[1228,1229] Der PKV-Verband ist gesetzlich eingebunden, z. B. bei der Erstellung der Richtlinien des G-BA oder bei Beschlüssen zu Fortbildungen und Behandlungskatalogen im Krankenhaus.[1230]

Bei planbaren Leistungen können Patienten versuchen, Merkmale von *Strukturqualität* und *Prozessqualität* zu recherchieren, was mit Suchkosten verbunden ist.[1231] Strukturqualität bezieht sich auf konkrete Voraussetzungen, die der Leistungserbringung zugrunde liegen wie Sprechzeiten, technische und bauliche Infrastruktur, Fremdsprachen, Fortbildungen und Organisationsstruktur. Prozessqualität beschreibt den Grad, in dem die Praxisabläufe geeignet sind, die Patientenversorgung optimal zu gewährleisten. Angesprochen sind hier die Kernprozesse Diagnostik und Therapie sowie unterstützende Prozesse wie Verwaltung inklusive der Abstimmung untereinander. Aussagen über die Prozessqualität werden über die *Qualitätssicherung* gewonnen. Die Strukturqualität lässt sich bei Ärzten und Krankenhäusern mit vertretbaren Suchkosten

1224 § 135a Abs. 1 SGBV.

1225 Seit dem Jahr 2001 verfügt das deutsche Gesundheitssystem mit der Bundesgeschäftsstelle Qualitätssicherung (bqs) ein internes Qualitätsveröffentlichungssystem, das den Leistungsanbietern anonyme Daten aller Einrichtungen zum Vergleich gewährt, die Öffentlichkeit erfährt nur grob aggregierte Statistiken. Mit der Beauftragung des AQUA-Instituts zur Entwicklung von Verfahren und Indikatoren zur externen und sektorübergreifenden Qualitätssicherung hat das nun in Institut für Qualität und Patientensicherheit umfirmierte bqs an Bedeutung verloren, vgl. bqs (2010).

1226 § 135a Abs. 2 i. V. m. § 137 SGBV.

1227 § 136 SGBV.

1228 §§ 137a und 137b SGBV.

1229 Dem Zuschlag ging eine europaweite Ausschreibung voraus. Der G-BA hat erste Aufträge auf Basis zur sektorübergreifenden Qualitätssicherung am 13.11.2009 erteilt. Für die Projekthomepage des AQUA-Instituts mit Hintergrundinformationen siehe AQUA (2010).

1230 § 137 Abs. 1 S. 3 und Abs. 3 S. 5 und § 137a Abs. 3 SGBV.

1231 Die Unterscheidung zwischen Struktur-, Ergebnis –und Prozessqualität geht zurück auf Donabedian (1966); (1980). Möglichkeiten der Anwendung auf das gesamte Gesundheitssystem, der Versorgung bestimmter Krankheiten und einzelner Leistungserbringer werden eruiert in Sauerland (2003), S. 265-287. Man kann Ergebnisqualität als Ergebnis einer Funktion der Inputfaktoren Strukturparameter auffassen, wobei die Funktion die Prozessqualität darstellt. Je höher die Prozessqualität, umso mehr Gesundheit kann aus gegebenen Strukturen „produziert“ werden.

recherchieren. Bei Krankenhäusern kann man sich zudem ein Bild über die Ergebnis- und Prozessqualität machen.[1232]

Den Ärzten sind bei der Signalisierung ihrer Qualität durch Werbung enge Grenzen gesetzt. Als Informationsquelle dienen v. a. Bekannte und Verwandte. Zunehmende Bedeutung erhalten kommerzielle und von ärztlichen Vereinigungen wie KVen und Ärztekammern ins Internet eingestellte *Arztportale*, die z. B. neben den räumlich nächsten Ärzten nach Fachgebiet und Strukturmerkmalen auch Angaben zu Spezialisierungen machen.[1233] Für Krankenhäuser gibt es mittlerweile detaillierte Kliniksuchportale, die die gesetzlich vorgeschriebenen Daten zweijährlich zu erstellender Qualitätsberichte zusammenstellen und teilweise mit eigenen Umfragen ergänzen. Die Informationen gehen über die Arztportale hinaus und beinhalten Informationen zur Ergebnisqualität, Prozessqualität und teilweise auch zur Patientenzufriedenheit.[1234]

War man bereits beim gleichen Arzt in Behandlung, gibt es zumindest subjektive Anhaltspunkte zur *Ergebnisqualität.* Von *Chronikern,* die wegen derselben Krankheit, oder im Falle der Multimorbidität Krankheiten, häufig zum Arzt gehen, ist eine gute Einschätzung der Qualität zu erwarten. Da Chroniker einen spürbaren Anteil an den insgesamt jährlich mehr als 1,25 Mrd. Arztbesuchen[1235] alleine in der GKV ausmachen, ist von einem hohen Anreiz der Ärzte, qualitativ zu arbeiten, auszugehen.[1236] Andernfalls würden sie gut informierte Patienten verlieren und / oder über Mundpropaganda potenzielle Patienten erst gar nicht attrahieren.

1232 § 137 Abs. 3 S. 1 Nr. 4 SGBV. Die vorgeschriebenen Inhalte der Qualitätsberichte sind zu finden unter G-BA (2009a).

1233 Eher knapp sind die Angaben der Bayerischen Landesärztekammer, vgl. BLÄK (2010). Umfassender informiert die Arztsuche der KVB, in der z. B. Weiterbildungen und besondere Vertragsangebote wie ambulantes Operieren recherchiert werden können, vgl. KVB (2010). Den Parameter Patientenzufriedenheit mit der Möglichkeit zur Internetbewertungen einzelner Ärzte wollte die AOK mit einem Arzt-Navigator darstellen. Bisher (30.03.2010) ist das Projekt noch nicht verwirklicht, was auch am massiven Protest der Ärzteschaft liegt. Avisierter Starttermin ist in zwei Testregionen das zweite Quartal 2010, vgl. Ärzte Zeitung (2010a). Eine Freitexteingabe zu einzelnen Ärzten ist nicht mehr vorgesehen.

1234 Die TK hat in ihren Klinikführer Ergebnisse einer Umfrage zur Patientenzufriedenheit eingebaut, vgl. TK (2010a).

1235 Im Jahr 2008 entfielen ca. 18 Arztkontakte pro Versicherten bei 7,45 Behandlungsfällen (alle Kontakte pro Quartal sind ein Behandlungsfall). Auf 70 Mio. GKV-Versicherte ergeben sich damit mehr als 1,25 Mrd. Arztkontakte, Privatversicherte hinzugerechnet dürften ca. 1,5 Mrd. Arztkontakte erfolgt sein, vgl. für die Zahlen BARMER (2010), S. 8-10. Für die kritische Anzahl von informierten Patienten im Gesundheitswesen siehe Fußnote 2191. Die Konzentration der Ausgaben auf wenige Patienten wird in Abschnitt 5.2.2.2.3 belegt.

1236 Der Anteil der Chroniker schwankt über die Bundesländer zwischen 28 % in Bayern und 38 % in Sachsen. Von Personen, die 60 Jahre und älter sind, haben 54 % mindestens eine chronische Krankheit, vgl. BKK-BV (2010), S. 1.

Voraussetzung für einen *Qualitätswettbewerb* sind *mindestens zwei Wettbewerber*. Durch die *doppelte Facharztschiene* sind Fachärzte in Deutschland auch ambulant tätig. Daher ist nicht nur in Städten sonder *auch in kleineren Orten* von einer *Auswahl an Ärzten* auszugehen. Je nach Spezialisierung könnte es zu Monopolen kommen. Bei Kliniken besteht oft nur in größeren Orten eine Auswahlmöglichkeit.[1237] *Unabhängig* vom *Versicherungstyp* ist ein *Qualitätswettbewerb* im ambulant-ärztlichen Bereich anzunehmen. Da die Nachfrage von Krankenhausleistungen normal ambulant tätige Ärzte definieren, kann insgesamt Wettbewerb im Leistungsmarkt konstatiert werden.

Die meisten Ärzte sind auf gesetzlich und privat versicherte Patienten angewiesen. Ein *Qualitätswettbewerb* ist in *beiden Versicherungstypen* gegeben. Die GKV-Patienten sind durch die große Anzahl für den Arzt wichtig, die PKV-Patienten bedeuten jeder für sich eine merkliche Steigerung des Praxiseinkommens. Wichtiger als der Versichertenstatus ist die Anzahl der Anbieter vor Ort.

5.3.2 Angebotsinduktion und Vergütungssysteme

Angebotsinduktion beruht auf einem den medizinischen Bedarf überschreitenden Angebot ärztlicher Leistungen.[1238,1239] Der Patient ist nicht in der Lage, die Adäquanz der ihm angedachten Behandlung zu beurteilen und hat wegen einer geringen bis keinen Kostenbeteiligung kaum ein Interesse an Wirtschaftlichkeit. Für ihn ist in erster Linie alleine der Behandlungserfolg entscheidend.[1240] Der Arzt wird dagegen versuchen, mindestens als Nebenziel seine Vergütung zu maximieren.

Vergütungssysteme sind allgemein Verfahren, mit denen die Einnahmen der Krankenversicherung auf die Leistungserbringer verteilt werden.[1241] Man spricht bei einer per-

---

1237 Siehe Beivers (2010). In Kapitel 2 erfolgt dort eine detaillierte Situationsanalyse der räumlichen Verteilung deutscher Krankenhäuser.

1238 Siehe auch Abschnitt 2.2.3.

1239 Zu den vertragsärztlichen Leistungen gehört in der GKV auch die dem Arzt vorbehaltene Verschreibung von Medikamenten, vgl. § 73 Abs. 2 Nr. 7 SGBV. Hier ist eine Angebotsinduktion unwahrscheinlich, da der Arzt über Wirtschaftlichkeitsprüfungen teure Arzneimittel eher nicht verordnet. Der Arzt produziert mit der Verordnung von Arzneimitteln keinen Gewinn und kann bei zu hohem Verordnungsvolumen gar Regresszahlungen leisten müssen. Im Fall der PKV hat der Arzt ebenfalls keinen direkten wirtschaftlichen Vorteil aus der Verschreibung von Medikamenten.

1240 Neben dem Ergebnis der Behandlung sind auch der Prozess der Behandlung hinsichtlich der Schmerzen bei und nach der Behandlung sowie die Geschwindigkeit der Erholung wichtig.

1241 Vgl. für die grundlegenden Begrifflichkeiten und Zusammenhänge bei Vergütungssystemen Neubauer, G.; Minartz; et al. (2009), S. 10-17. Dort wird auch zwischen Preisen und Vergütungen unterschieden. Preise stehen beim Kauf eines Gutes oder hier der Leistungsinanspruchnahme fest und werden vom Käufer beglichen. Vergütungen werden dagegen von Dritten wie hier die Krankenversicherungen aufgebracht.

sönlichen Beziehung auch von Honorar und im Krankenhaus von Entgelt. In diesem Abschnitt wird nach einer theoretischen Fundierung von Angebotsinduktion und Vergütung die Wirkung der mit den Versicherungstypen verbundenen Vergütungssysteme im ambulant-ärztlichen Bereich betrachtet. Im Krankenhaus ist das Problem der Angebotsinduktion mit der Einführung des DRG-Systems geringer. Ferner werden DRG's von beiden Versicherungstypen angewandt.

5.3.2.1 Angebotsinduktion und Vergütung

Aufgrund der *Komplexität der medizinischen Behandlung*, die der Arzt nur durch ein langjähriges Studium mit anschließenden Fort- und Weiterbildungen erbringen kann, besteht eine *große Informationsasymmetrie* zwischen dem ärztlichen Experten und dem medizinischen Laien. Die Komplexität der Behandlung erlaubt dem Arzt Spielräume. Er ist *gleichzeitig Anbieter* der Leistung und *Nachfragebestimmer.*

Realiter schlägt der Arzt eine Behandlung vor und der Patient stimmt zu. Von *Angebotsinduktion* spricht man dann, wenn eine der *Indikation nicht angemessene* Nachfrage evoziert wird. Grundsätzlich ist die *Therapiefreiheit* ein hohes Gut. Die Kehrseite ist die *mangelnde Kontrollierbarkeit*, ob die Behandlung indiziert war oder eine Überversorgung stattfand.[1242]

„Zu viel“ kann eine zu große Menge einer bestimmten Leistung sein, aber auch eine zu aufwändige Behandlungsmethode. Solange dem Patienten nicht geschadet wird, hat *alleine die Krankenkasse* ein *Interesse* an einer adäquaten und zugleich *kostengünstigen* Behandlung. Da die Kosten Ausgaben der Krankenversicherung sind, wird der finanzielle Mehraufwand von Angebotsinduktion auf die Versichertengemeinschaft umgelegt. Die dadurch bedingte Beitragssatzerhöhung ist ein externer Effekt, da die sozialen Kosten höher als die persönlichen Kosten sind.

Voraussetzung für eine über den medizinischen Bedarf hinausgehende Behandlung ist, dass der Leistungserbringer die Erlöse aus dem induzierten Angebot zumindest in Teilen behalten kann. Der *Mehrerlös* muss daher mindestens die *Kosten* der *Mehrbehandlung übersteigen.* Kosten sind einmal der physische Ressourcenverbrauch in der Praxis, der i. d. R. geringe variable Kosten verursacht. Arztpraxen weisen daneben einen hohen Fixkostenanteil durch Personal und Mieten sowie die Anschaffung von Kapitalgütern auf, so dass die variablen Kosten in summa gering sind.[1243] Die Vergütungssystematik beeinflusst die Erlöse und setzt damit Anreize zur Angebotsinduktion.

1242 Die Definition von Überversorgung findet sich in Abschnitt 6.1.1.3. Kommt es zu einem durch Angebotsinduktion bedingten Schaden, dann liegt neben Überversorgung Fehlversorgung vor, vgl. Abschnitt 6.1.1.3.

1243 Die Personalkosten betragen mehr als ein Drittel, von den Verbrauchsgütern betragen die medizinisch relevanten Materialaufwendungen unter 10 %. Zwischen den Fachrichtungen gibt es große Unterschiede, vgl. Neubauer, G. und Minartz (2007), S. 16-17.

Vergütungssysteme haben zwei Funktionen.[1244] Einmal sollen die Leistungserbringer ihre Ausgaben inklusive kalkulatorischem Unternehmerlohn decken.[1245] Wichtiger ist in diesem Abschnitt die *Steuerungsfunktion*, die zu einer effizienten Allokation der Leistungserbringung führen soll.[1246] Die Finanzierungsfunktion bleibt erhalten, die Geldmittel werden nur, so die Idee, effizienter alloziert.

Jedes Vergütungs- bzw. Entgeltsystem setzt sich aus mindestens drei Komponenten zusammen: Einer Mengen-, einer Bewertungs- und einer Ergänzungskomponente. In der Abbildung 16 sind mögliche Ausprägungen, die auch innerhalb einer Komponente kombiniert werden können, angegeben. Das Raster wird im nächsten Abschnitt auf die ambulant-ärztliche Vergütung von GKV und PKV übertragen. Mengen- und Wertkomponente sind selbsterklärend, die Ergänzungskomponente dient der Feinsteuerung und der Berücksichtigung von in den beiden anderen Komponenten schwer abzubildenden Leistungen. Als eine Ergänzungskomponente werden heute immer häufiger ergebnisabhängige Vergütungsteile diskutiert, bekannt unter pay for performance.

Abbildung 16: Module von Vergütungssystemen

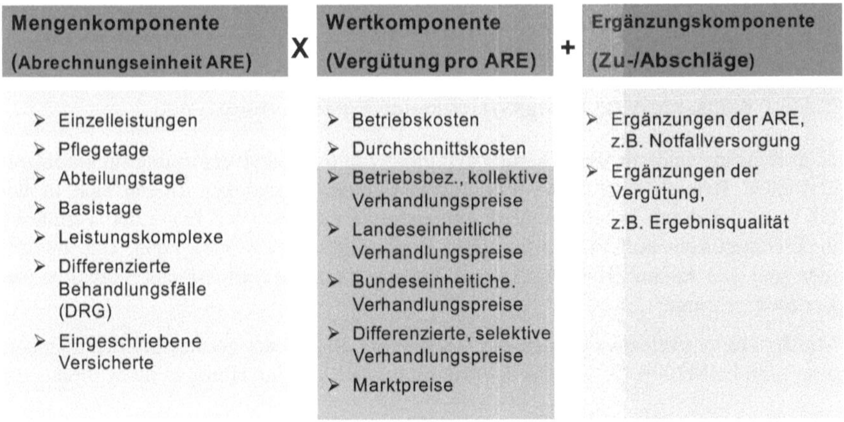

Quelle: Neubauer, G.; Minartz; et al. (2009), S. 12. ARE steht für Abrechnungseinheit.

Wichtig ist die Unterscheidung zwischen retrospektiver und prospektiver Vergütung. Weiß der Leistungserbringer von vornherein, dass er den Mehraufwand *retrospektiv* zu gegebenen Konditionen ganz oder zu einem bestimmten Prozentsatz erstattet be-

1244 Vgl. Neubauer, G.; Minartz; et al. (2009), S. 10-17.

1245 So wie im Krankenhaussektor vormals die Selbstkostendeckung. Mit den DRG's hat man sich in weiten Teilen der stationären Versorgung von einer Finanzierung der Kosten gelöst.

1246 Es ist in der GKV ein Trend zu Vergütungen, die die Steuerungsfunktion in den Vordergrund stellen, zu beobachten. Die DRG's zusammen mit den Landesbasisfallwerten geben seit dem 01.01.2010 die Vergütung in voller Höhe vor, mit der Honorarreform wurden lenkende Pauschalen im EBM ausgebaut.

kommt, kann er seine persönliche Kosten-Erlösrechnung sicher durchführen. Bei *prospektiven* Vergütungsansätzen erhält der Leistungserbringer ein *Budget*, für das er in einem bestimmten Zeitraum definierte Leistungen erbringen muss. Bei prospektiver Vergütung für mehrere Leistungserbringer tragen diese das Risiko „wer wie viel erhält". Dieses Risiko wird manchmal mit Risikoprämien entlohnt.[1247]

Als Beispiel diene das DRG-System, das für die GKV und PKV gilt.[1248] Eine Klinik hat eine Anzahl von Fällen, die unterschiedlich schwer sind. Es werden zunächst die einzelnen Fälle mit dem jeweiligen Schweregrad multipliziert. Die sich ergebende Menge wird wiederum mit der Wertkomponente Landesbasisfallwert multipliziert. Die Kosten sind nicht relevant. Man spricht von einem prospektiven Vergütungssystem, da ein Budget im Voraus verhandelt wird.

In der GKV gilt seit dem GRG der Grundsatz der Beitragssatzstabilität. Eine Möglichkeit der Ausgabensteuerung parallel zur Grundlohnentwicklung sind mit der Grundlohnänderung wachsende Budgets. Budgets sind politisch gesetzt und führen zu einer sinkenden Vergütung pro Abrechnungseinheit bei steigender Leistungsmenge. Die Gefahr von Budgets besteht darin, dass Kosten durch mindere Qualität gesenkt werden.

5.3.2.2 Konkrete Vergütungssysteme der Versicherungstypen

Je nach ausgewähltem Versicherungstyp gibt es in der Regelversorgung im ambulantärztlichen Bereich spezifische Vergütungssysteme. Ausnahmen finden sich in der GKV, in der durch besondere Versorgungsformen die Art und Höhe der Vergütung differenziert vom kollektivvertraglichen Bereich gestaltet werden kann. Das Zusammenspiel aus Finanzierungsmarkt und Vertragsmarkt beeinflusst das Verhalten der Leistungserbringer.

Mit der Honorarreform im Zuge des GKV-WSG gilt für die vertragsärztliche Versorgung der EBM2008.[1249,1250] Die Vertragsärzte erhalten ihr Honorar nicht direkt von

1247 Vgl. für die Theorie der Vergütung bei risikoaversen Leistungserbringern Breyer et al. (2005), S. 387-414.

1248 Im stationären Sektor gibt es bei Unterschreitung einen Abzug, die Flexibilität besteht in beide Richtungen, vgl. Abschnitt 5.2.2.1.1. Im vertragsärztlichen Bereich lässt sich feststellen, dass längere Wartezeiten auf einen Termin mit zunehmender Nähe zum Quartalsende korrelieren. Die Honorarreform mit festen Euro-Punktwerten ist kein Einzelleistungssystem. Ist das Regelleistungsvolumen ausgeschöpft, rechnet man lieber Privatpatienten oder Kassenpatienten im nächsten Quartal ab. Das Regelleistungsvolumen ist ein Budget, das bei Überschreitung die Vergütung der zusätzlichen Leistungseinheit nicht zu 100 % abzieht. Man spricht von flexibler Budgetierung.

1249 Vgl. Abschnitt 4.3.2.1.1 und kompakt zum EBM2008 Neubauer, G.; Minartz; et al. (2009), S. 20-27.

1250 Abrufbar unter KBV (2010).

den Krankenkassen, sondern indirekt über ihre KV. Die gesamten Zahlungen, die von den Krankenkassen an eine KV gezahlt werden, bilden zusammen die Gesamtvergütung. Die notwendigen Honoraranpassungen werden jährlich verhandelt und sind abhängig vom *Behandlungsbedarf* der Versicherten, das Morbiditätsrisiko trägt die Kasse.[1251]

Gemäß Abbildung 16 werden Einzelleistungen und Leistungskomplexe mit der entsprechenden Gebührenposition multipliziert. Einer Gebührenposition entspricht ein fester Euro-Preis. Die Summe aller abgerechneten Leistungen ergibt das Praxisvolumen. Das Regelleistungsvolumen einer Arztpraxis errechnet sich aus der von der jeweiligen KV festgelegten Fallpunktzahl für die betreffende Arztgruppe multipliziert mit den Patientenzahlen der Praxis pro Quartal.[1252]

Die *Kalkulierbarkeit* des *Honorars* für die einzelnen Ärzte wird mit dem EBM2008 *verbessert* und hängt *nicht mehr* von der *Leistungserbringung* der *anderen Ärzte* ab. Übersteigt das Praxisvolumen das arztgruppenspezifische Regelleistungsvolumen, werden die *zusätzlichen Leistungen nicht mehr in voller Höhe* vergütet, *sondern* in Höhe der *variablen Kosten*. Auf diese Weise soll *Angebotsinduktion verhindert* werden.

Durch die Wettbewerbsstärkung im Leistungsbereich im GKV-WSG werden *selektive Verträge* gefördert und somit in Zukunft bedeutender werden.[1253] Kennzeichen der selektiven Versorgungsmodelle sind häufig *Capitation-Modelle*, die eine Zuweisung je Versicherten in Form einer Kopfpauschale von den beteiligten Krankenkassen an die Leistungserbringer beinhalten.[1254] Die Vergütungsanteile werden von der Gesamtvergütung abgezogen.[1255]

Der Arzt hat bei einer Versichertenpauschale *keinerlei Interesse* an einer *Angebotsinduktion*.[1256] Dies gilt für den konkreten Patienten, es kann jedoch zu einem Wettbe-

---

1251 Die enge Anbindung der Budgets an die Veränderung der Grundlohnsumme ist damit beendet.

1252 Tatsächlich ist das System weitaus komplexer. Hinzu kommen freie Leistungen innerhalb und außerhalb der morbiditätsorientierten Gesamtvergütung sowie Honorare aus Selektivverträgen, vgl. BMG (2009b), S. 20-23. Der Anteil der Regelleistungen ist abhängig von der Arztgruppe und beträgt i. d. R. weniger als 80 %.

1253 Mittelfristig dürften die im Jahr 2009 gekündigten IgV-Verträge vom Ausgabenvolumen mehr als ausgeglichen werden durch die anderen besonderen Versorgungsformen und neuen IgV-Verträge.

1254 Vgl. Amelung (2007), S. 145-148.

1255 Vertragsärzte, die individuelle Verträge schließen, können so profitieren, während Vertragsärzte, die auf die Kollektivvergütung angewiesen sind, zu den Verlierern gehören. Dem liegt die Annahme zugrunde, dass Ärzte ausreichend Behandlungskapazität haben, um tatsächlich mehr Patienten behandeln zu können. Auch spielt die Höhe der Vergütung eine Rolle. Tendenziell wird durch diesen Effekt die selektivvertragliche Versorgung gestärkt.

1256 Gleichzeitig geht das Behandlungsrisiko auf den Arzt respektive die Leistungserbringer über. Auf diese Weise geht ein patientenseitiges Moral Hazard auf die Leistungserbringer über.

werb um Patienten kommen. Da jeder Patient nur eine Pauschale ermöglicht, ist insgesamt ein Globalbudget durch die im Versorgungsmodell eingeschriebenen Patienten definiert.

Die *GOÄ* ist ähnlich aufgebaut wie der EBM2008 mit einzelnen Positionen, die jedoch anders als im EBM2008 eine Punktzahl aufweisen und weitaus *seltener pauschalierte Leistungskomplexe* enthalten.[1257,1258] Der Punktwert in der GOÄ ist fix und beträgt 5,82873 Cent. Aus der Multiplikation des Punktwertes mit der Punktzahl erhält man analog zum EBM2008 einen Europreis. Zusätzlich wird bei der Abrechnung ein *Steigerungssatz* angesetzt, mit dem der Eurobetrag multipliziert wird. Punktzahl mal Punktwert mal Steigerungssatz ergibt die Wertkomponente gemäß Abbildung 16. Die Praxisvergütung setzt sich schließlich zusammen aus den Wertkomponenten aller Fälle.

Die Klagen der PKV über *starke Kostensteigerungen* im ambulant-ärztlichen Bereich beruhen auf der *Ausnutzung der ärztlichen Freiheit* in der Bestimmung des *Steigerungssatzes*. I. d. R. ist nur eine Spanne in Höhe des 1,0-fachen bis zum 2,3-fachen Steigerungssatz (Regelhöchstsatz) zulässig. Bei besonderer Schwierigkeit und / oder hohem Zeitaufwand darf bis zum 3,5-fachen Gebührensatz (Höchstsatz) abgerechnet werden. Der Arzt muss dies in der Rechnung begründen.[1259]

Da die derzeit gültige GOÄ am 09.02.1996 erlassen wurde, gibt es wegen des MTF mittlerweile viele neue Behandlungs- und Untersuchungsmethoden, für die keine GOÄ-Ziffern existieren, was Spielräume eröffnet.[1260] Für die neuen Diagnose- und Therapiemöglichkeiten werden durch einen gemeinsam Bewertungsausschuss der PKV und der BÄK sog. analoge Abrechnungsempfehlungen veröffentlicht. Die hohen Steigerungssätze sind mutmaßlich auch durch den langen Zeitraum seit der letzten Novellierung begründet.

Eine empirische Auswertung des PKV-Verbandes von Rechnungen aus dem Jahr 2006 zeigt, dass nur 5,45 % aller Leistungen unter dem Regelhöchstsatz berechnet wurden.[1261] Genau zum Höchstsatz von 3,5 wurden 6,51 % abgerechnet. 85,66 % der ärztlichen Abrechnungen wurden genau zum Regelhöchstsatz erstellt. Die Ärzte haben mutmaßlich einen Vergütungszuwachs über höhere Steigerungssätze bei gleicher Fall-

---

Auch kann es zu Risikoselektion gesunder Patienten durch den Arzt kommen, vgl. Amelung (2007), S. 148.

1257 Vgl. detaillierter Neubauer, G.; Minartz; et al. (2009), S. 27-29.

1258 Die GOÄ wird anders als der EBM nicht innerhalb der Selbstverwaltung definiert, sondern vom Bundesinnenministerium erlassen, nicht zuletzt weil Beamte fast 50 % der PKV-Versicherten ausmachen. Abrufbar unter GOÄ (2010).

1259 Für sog. medizinisch-technische Leistungen (z. B. Röntgen) verringern sich die genannten Sätze auf das 1,8- bzw. 2,5-fache, für Laborleistungen auf das 1,15- bzw. 1,3-fache. Für die Steigerungssätze im Basistarif siehe Abschnitt 4.3.2.1.4.

1260 Stand Mai 2010.

1261 Vgl. PKV-Verband (2008b), S. 80.

zahl induziert, der durch die Informationsasymmetrie zwischen Krankenversicherung und Arzt bei der Bewertung der ärztlichen Leistung im Rahmen der GOÄ erleichtert wird.[1262]

In diesem Abschnitt geht es prioritär um die *mengenmäßige angebotsinduzierte Nachfrage*, die angesichts der kaum noch zu vergrößernden Steigerungssätze innerhalb der aktuellen GOÄ für die Zukunft relevant ist. Da die *GOÄ hauptsächlich aus Einzelleistungen* besteht und keine Budgets für die die PKV-Versicherten behandelnden Ärzte existieren, ist von *starken Anreizen zur Leistungsausweitung* auszugehen.

Problematisch beim *Nachweis* von *Angebotsinduktion* in GKV und PKV ist, dass es auch andere Gründe für eine Zunahme der Behandlungskosten geben kann.[1263] Möglicherweise haben sich die Patientenpräferenzen geändert oder es sind die Transaktionskosten der Patienten gesunken. Hinzuzufügen sind Verschiebungen zwischen den Leistungsbereichen und verstärktes Moral Hazard auf Patientenseite, was im nächsten Abschnitt behandelt wird.

Ob Angebotsinduktion vorliegt, kann über die Arztdichte und über die Betrachtung von Erstkontakt und Anzahl der Arztkontakte abgeschätzt werden. Das Kalkül ist, dass *Erstkontakte autonom* sind, während *Folgekontakte vom Arzt (mit)bestimmt* werden. Wenn nun die Arztdichte mit der Entscheidung über den Erstkontakt nicht zusammenhängt, hingegen mit der Anzahl der Arztbesuche positiv korreliert, dann ist von Angebotsinduktion auszugehen.[1264]

In einem *dualen System* üben Kostendämpfungsmaßnahmen in der GKV Druck auf die Ärzte aus, ihr Einkommen durch Leistungsausweitung bei der PKV zu sichern. Das Gros der Ärzte behandelt gesetzlich und privat Versicherte. Kostendämpfungsmaßnahmen sind eine Art negativer externer Effekt zu Lasten der PKV-Versicherten. Erleichtert wird eine Verschiebung auch durch die fehlende direkte Kontrolle der Ärzte in der PKV.[1265] Im Falle von Capitation-Modellen mit Morbiditätsrisiko beim Leis-

---

1262 Um die Vermutung zu bestätigen, müsste man die Entwicklung der Steigerungssätze über mehrere Jahre betrachten. Im Jahr 2003 waren 86,64 % der Rechnungen zum Regelhöchstsatz, 8,32 % darüber und 5,04 % darunter, vgl. PKV-Verband (2005b), S. 66-67. Gegenüber 2006 hat sich kaum etwas verändert. Interessant wäre die Verteilung aus dem Jahr 1996 bei der letzten Novellierung der GOÄ, welche dem Autor nicht zur Verfügung stand.

1263 Vgl. auch Abschnitt 2.2.3. Die schwierige Messbarkeit der Angebotsinduktion wird z. B. auch thematisiert in Albrecht et al. (2009), S. 74.

1264 Vgl. Cassel und Wilke (2001), S. 334. Es wurde kein signifikanter Zusammenhang zwischen Arztdichte und der Häufigkeit der Inanspruchnahme festgestellt.

1265 Empirisch bestätigt wird dies in einer Studie von Jürges, vgl. Jürges (2007), S. 20. Nach der Methode von Cassel und Wilke ist der Effekt der Arztdichte auf die Frequenz der Arztbesuche 1,6-mal höher in der PKV als in der GKV. Der SVR bemerkt dazu, dass es zu „Fehlallokation von knappen Ressourcen und Qualitätsdefiziten, die bei einer einheitlichen Honorierung auf einem einheitlichen Markt in geringerem Maße auftreten würden [kommt]“, vgl. SVR (2004), Ziff. 492. Die Folgen könnten Unter- Über und Fehlversorgung sein, vgl. hierzu Abschnitt 6.1.1.3.

tungserbringer in der GKV wird der Druck auf eine Angebotsausweitung in der PKV noch verstärkt.

Gemäß der idealtypischen Elemente Patientensteuerung und Kostenerstattung enthalten private Krankenversicherungsverträge das Recht, dass die Leistungen im vereinbarten Versicherungsumfang erstattet werden.[1266] Ein Wirtschaftlichkeitsgebot wie in der GKV[1267] findet sich in Ansätzen mit dem Verbot eines auffälligen Missverhältnisses zwischen Leistung und Vergütung: „Der Versicherer ist … zur Leistung nicht verpflichtet, als die Aufwendungen für die Heilbehandlung … in einem auffälligen Missverhältnis zu den erbrachten Leistungen stehen."[1268]

Es liegen also *vier Hindernisse* zur *Eindämmung* der *Angebotsinduktion* bei der *PKV* vor. Der Arzt ist der Experte und wesentlich näher am Geschehen. Zweitens ist die Vergütung insgesamt nicht gedeckelt, so dass die Angebotsinduktion des einen Arztes durch eine Mindervergütung der anderen Ärzte nicht ausgeglichen wird. Drittens ist der Begriff „auffälliges Missverhältnis" unbestimmt, was verstärkend auf, viertens, eine mangelnde Kontrollmöglichkeit und Leistungslenkung, gerade auch wegen einer veralteten GOÄ, des Angebots durch die PKV wirkt.

5.3.3 Moral Hazard und Selbstbeteiligung

Direkte Auswirkungen auf die *Allokationseffizienz* im *Leistungsmarkt* hat die im *Finanzierungsmarkt* getroffene *Entscheidung* über eine *Selbstbeteiligung* des Versicherten. Wählt der Versicherte bspw. einen proportionalen Selbstbehaltstarif, dann sind die Grenzkosten der Inanspruchnahme von Gesundheitsleistungen ungleich null. Ohne Kostenbeteiligung besteht die Gefahr, dass der Versicherte durch die Vollkaskomentalität ungesünder lebt, größere Risiken eingeht und bei Bagatellerkrankungen sofort zum Arzt geht und dort evtl. auf teure Behandlungen drängt. Dies ist aus Sicht der Versichertengemeinschaft einer Krankenversicherung ineffizient, da die unnötigen Ausgaben für kosteneffizientere Gesundheitsleistungen fehlen und / oder man die Beiträge bzw. Prämien senken könnte.

Um Moral Hazard zu verhindern, gibt es in der PKV diverse Selbstbeteiligungsvarianten. Zuzahlungen stehen nicht im Fokus, weil sie allokativ eher unkritisch sind. Mit

1266 § 192 Abs. 1 VVG.

1267 Vgl. § 12 Abs. 1 SGBV.

1268 § 192 Abs. 2 VVG. Die Vorschrift wurde im Rahmen der VVG-Reform vom 23.11.2007 eingeführt. In der Begründung heißt es, dass die explizite Fassung in ein Gesetz die bisherige Rechtsprechung zusammenfasst. Weiter wird der Beschluss des Bundesgerichtshofs (Aktenzeichen: IV ZR 130/06, IV ZR 144/06), dass das „medizinisch Notwendige" keine wirtschaftliche Bedeutung hat, bejaht, vgl. BT-Drucks.16/3945 (2006), S. 110. Die BÄK stimmte dem zu, da sonst der Versicherer die Angemessenheit der Leistungen mit finanziellen Folgen beurteilt, vgl. BÄK (2007), S. 2-3.

dem GKV-WSG hat man auch in der gesetzlichen Krankenversicherung allen Mitgliedern die Wahltarife Selbstbehalt und Beitragsrückerstattung ermöglicht.[1269] Nach der Problembeschreibung des Moral Hazard und Möglichkeiten der Selbstbeteiligung werden die beiden Versicherungstypen auf ihre konkreten Instrumente zur Problemlösung und deren Notwendigkeit betrachtet.

5.3.3.1 Moral Hazard und Selbstbeteiligungsmöglichkeiten

Nach Abschluss einer Versicherung wird ein grundsätzlich risikoaverser Versicherungsnehmer immer ein wenig unvorsichtiger sein als ohne Versicherung. Dies ist im Wesen der Versicherung als Risikoübernahme begründet.[1270] Die Grenzkosten bei Schadenseintritt sind im letzteren Fall aus Sicht des Versicherten gleich null.[1271] Moral Hazard entsteht bei Informationsasymmetrie zwischen der Versicherung und dem Versicherten.[1272]

Dabei werden in der Untersuchung zwei Typen von Moral Hazard unterschieden. *Erhöht* die Existenz einer Versicherung die *Schadenswahrscheinlichkeit*, dann spricht man von *ex ante Moral Hazard.*[1273] *Ex post Moral Hazard* ist eine *Überinanspruchnahme* von *Versicherungsleistungen* und betrifft die *Schadenshöhe.* Voraussetzung für Moral Hazard ist in beiden Fällen, dass der Versicherte Schadenswahrscheinlichkeit und Schadenshöhe beeinflussen kann.

Der Abschluss einer Krankenversicherung sichert das Krankheitsrisiko ab.[1274] Der Versicherte ist über seinen Gesundheitszustand besser informiert (Agent) als seine

---

1269 Vgl. Abschnitt 4.3.1.1.3.

1270 Für Grundlagen der Versicherungsökonomik vgl. Abschnitt 2.1.1.2.

1271 Tatsächlich entstehen Zeitkosten, die mit steigenden Opportunitätskosten und/oder schlechterer Infrastruktur zunehmen, siehe für eine empirische Untersuchung Phelps und Newhouse (1974).

1272 Grundlegend zu unvollkommener Information und verbundenen Marktunvollkommenheiten siehe Abschnitt 2.2.3.

1273 Oftmals wird die Möglichkeit einer absichtlichen Herbeiführung gleichberechtigt mit der Erhöhung der Schadenswahrscheinlichkeit oder der Schadenshöhe (ex post) dargestellt, vgl. Toepffer (1997), S. 49, Abb. 19. Die absichtliche Herbeiführung oder die Vortäuschung eines Versicherungsschadens wird hier unter ex ante Moral Hazard subsumiert. Eine absichtliche Herbeiführung von Krankheit oder Unfällen ist bei den allermeisten Menschen als unwahrscheinlich zu betrachten. Krankheit ist nicht nur mit Ausgaben für die Gesundung verbunden, sondern z. B. auch mit Leid.

1274 Da manche Erkrankungen oder Unfälle mit sehr hohen Kosten verbunden sind, ist Krankenversicherung auch Existenzsicherung. Damit verbunden ermöglicht Krankenversicherung für viele Menschen erst den Zugang zu teuren innovativen Behandlungsmethoden. Nyman spricht von einem „access value“ von Krankenversicherung, vgl. Nyman (1999), S. 141. Er nennt auch einen damit verbundenen weiteren positiven Effekt. Kranke fragen mehr nach bei Kran-

Krankenversicherung (Prinzipal). Die Versicherung kann den Versicherten aufgrund der *hohen Komplexität von Krankheitsentstehung kaum kontrollieren.* Risikovorsorge oder Leichtsinn sind nicht nachweisbar. *Kontrollmöglichkeiten* gibt es *auch nicht* bei der Schadenshöhe im *Leistungsmarkt*, da die Versicherung der Behandlung nicht beiwohnt und zudem der Arzt eher mehr als weniger Leistungen erbringt. Als Folge geht der Versicherte moralische Wagnisse ein.

Dies führt zu beiden Typen von Moral Hazard. *Ex ante* betreibt der Versicherte weniger Vorsorge und lebt gefährlicher.[1275] Er verhält sich mit Krankenversicherung anders und erreicht ein höheres Nutzenniveau.[1276] Bei ex ante Moral Hazard ist von spürbaren *negativen externen Effekten* auf die Versichertengemeinschaft auszugehen, weil das Krankheitsleid gegenüber dem gegenwärtigen Mehrnutzen i. d. R. unterschätzt werden dürfte.[1277] Die Krankenversicherung berücksichtigt in ihren Beiträgen respektive Prämien Mehrausgaben wegen durch Moral Hazard bedingter Krankheiten. Diejenigen, die ihr Risikoverhalten wegen Krankenversicherung nicht ändern, tragen die durch mit Krankenversicherung Risikofreudigeren verursachten Mehrausgaben mit.

Ex post wird der Versicherte eine übermäßige Inanspruchnahme von Gesundheitsleistungen anstreben. *Kritisch* anzumerken ist, dass sich eine *übermäßige Inanspruchnahme schwer definieren* lässt.[1278] Der Versicherte ist ein medizinischer Laie und möchte gesund werden. Krankheit verursacht Leid, was Überlegungen zur Ausnutzung des Versicherungsschutzes gegenüber dem Wunsch, gesund zu werden, in den Hinter-

kenversicherung, Gesunde finanzieren die Krankenversicherung mit. Insgesamt wird mehr Gesundheit konsumiert, vgl. Nyman (2006), S. 100-101.

1275 Bei Absenz von Krankenversicherung würden z .B. einige Risikosportler weniger existieren.

1276 Die Versicherten verändern ihr Verhalten nicht gleichermaßen. Manche Personen sind Risikosportler ohne Versicherungsschutz, andere betreiben solche Sportarten auch mit Krankenversicherung nicht. Es gilt zu differenzieren.

1277 In der wohl umfassendsten Metastudie kommt Holst zum Schluss, dass Moral Hazard auf Versichertenseite „ein Popanz der akademischen Wirtschaftstheorie geblieben ist", Holst (2005), S. 3. Ähnlich auch Beske und Golbach, die u. a. die Holst-Studie zusammenfassen, vgl. Beske und Golbach (2009), S. 107-110. Auch kritisch ist Münnich (1983), S. 67-68. Dem wird in dieser Allgemeinheit nicht zugestimmt, auch wenn Moral Hazard weniger ausgeprägt sein mag, als oft behauptet wird. Differenzierter sieht dies auch Reichelt, der die Sektorabhängigkeit betont, vgl. Reichelt (1994), S. 265-266. Pro Steuerungswirkung sind aktueller Schulenburg und Greiner, siehe für empirischer Ergebnisse Schulenburg und Greiner (2007), S. 140-150. Eine Auswertung des RAND Health Insurance Experiments errechnete Wohlfahrtsverluste durch Moral Hazard i. H. v. bis zu 109 Mrd. Dollar bei damals im Jahr 1984 Gesamtausgaben i. H. v. ca. 200 Mrd. Dollar, vgl. Feldman und Dowd (1991), S. 297. Berechnet man hingegen die Abschreckung der Inanspruchnahme medizinischer Leistungen durch Selbstbeteiligung etc. ein, dann ergeben sich Wohlfahrtsgewinne von bis zu 125 Mrd. Dollar, die erheblich über den Wohlfahrtsverlusten durch Moral Hazard liegen, so Miller, W. et al. (2004), S. 162-163.

1278 Bei einer Haftpflichtversicherung wäre eine übermäßige Inanspruchnahme die Regulierung von Schäden, die nicht auf den Unfall zurückgehen. Man kann sich bei einer Krankenversicherung vorstellen, dass Versicherte zu teuren Leistungserbringern gehen, da sie dort eine höhere Behandlungsqualität vermuten.

grund rücken lässt. Ex post Moral Hazard ist somit weniger wahrscheinlich als ex ante Moral Hazard.

Ex post und ex ante Moral Hazard führen zu steigenden Ausgaben einer Krankenversicherung. Als *Reaktion* hat man in der Versicherungsökonomik verschiedene Varianten von *Selbstbeteiligung* entwickelt, die die Vollkaskomentalität der Versicherten aufbrechen sollen. Unter Selbstbeteiligung versteht man einen Anteil der Kosten, den der Versicherte im Versicherungsfall selbst tragen muss. Da die Preiselastizität der Nachfrage nach Gesundheitsleistungen negativ[1279] ist, erhofft man sich eine Eindämmung von Moral Hazard.[1280]

Selbstbeteiligung wird *unterschieden* in Franchisen, absolute Selbstbehalte, proportionale Selbstbehalte und Indemnitätstarife.[1281] Franchisen sind fixe Beträge, die der Versicherte zu tragen hat. Beträge oberhalb der Franchise werden durch die Versicherung übernommen.[1282] Bei absoluten Selbstbehalten übernimmt der Versicherte einen festen Prozentsatz seines Versicherungsbeitrags selbst, was eine Variante der Franchise ist. Proportionale Selbstbehalte, die Regel bei Zuzahlungen, beziehen sich auf einen Prozentsatz der Schadenssummen. Indemnitätstarife versichern eine bestimmte Schadenssumme, darüber hinausgehende Beträge muss der Versicherte selbst zahlen.

Beitragsrückzahlungen und Bonus-Malus-Tarife tragen wie Selbstbeteiligung zur Reduzierung von Moral Hazard bei. Im ersten Fall erhält der Versicherte bei Schadensfreiheit eine Prämienrückzahlung. Kombinationen mit Selbstbehalten sind denkbar. Bonus-Malus-Systeme gewähren bei Schadensfreiheit eine Prämie und bei Schaden einen Prämienzuschlag (Malus).[1283] Selektive Leistungsausschlüsse sind keine Selbstbeteiligung, da kein Versicherungsschutz für die ausgeschlossenen Leistungen besteht.[1284]

1279 Vgl. Abschnitt 3.2.4.1. Eine Analyse des RAND-Experiments mit Anwendung auf Selbstbeteiligung findet sich in Pütz (2003), S. 132-135. Jacobs bemerkt, dass eine zu hohe Selbstbeteiligung Einkommensschwächere überfordern kann. Ist die Selbstbeteiligung zu niedrig, kommt es zu keiner Steuerung, vgl. Jacobs (2010), S. 7.

1280 Problematisch ist bei verpflichtender Selbstbeteiligung, dass Personen, die sich gesundheitsbewusst verhalten und auf günstige Behandlungsweisen drängen, ebenfalls zahlen müssen.

1281 Ein Überblick mit Beispielen nach Versicherungstyp findet sich bei Reichelt (1994), S. 136-146. Ausführlicher siehe Pütz (2003), S. 62-82. Ferner umfassend mit graphischer Darstellung verschiedener Selbstbeteiligungsmodelle siehe Langer (2005), S. 102-114.

1282 Man unterscheidet zwischen Integralfranchise und Abzugsfranchise (deductible). Im ersten Fall trägt der Versicherte die Kosten bis zur Franchise allein, sonst der Versicherer ganz. Im zweiten Fall trägt der Versicherte Schäden bis zur Franchise, bei höheren Summen wird die Franchise abgezogen. Es betrage die Franchise 100 Euro und der Schaden 600 Euro. Im ersten Fall beläuft sich der Eigenbeitrag auf 0 Euro, im zweiten Fall auf 500 Euro.

1283 Bonus-Malus-Tarife werden in ihrer ökonomischen Wirkung beschrieben bei Thielbeer (1999), S. 152-153.

1284 Als „Vorteil" tritt kein Moral Hazard auf. Evans formuliert dies treffend: „It is even easier … to show that the welfare burden is minimized when there is no insurance at all", Evans (1984),

5.3.3.2 Selbstbeteiligung in GKV und PKV

Das *Menschenbild* der *GKV* ist geprägt von schutzbedürftigen, da *finanziell schwach*, Personen, die auf gegenseitige *Einkommenssolidarität* angewiesen sind. Die gesetzlichen Krankenversicherer steuern gerade auch wegen der geringer vermuteten Eigenverantwortung ihrer Klientel die Ausgaben durch Anbieterlenkung. Dabei helfen das *Sachleistungsprinzip* und die *Vertragsmöglichkeiten mit den Leistungserbringern*. Das Sachleistungsprinzip führt dazu, dass der Versicherte über die an ihm erbrachten Leistungen und deren Preis wegen fehlender Abrechnung nicht informiert ist. Die Beiträge sind einkommensabhängig, so dass innerhalb der Versichertengemeinschaft die schutzbedürftigsten Versicherten solidarisch von den Stärkeren in der Finanzierung entlastet werden.

Die *PKV* geht von einem *eigenverantwortlichen Menschen* aus. Der Versicherte hat Anspruch auf im Versicherungsvertrag niedergeschriebene Leistungen und bekommt seine Kosten nachdem er die Rechnung des Leistungserbringers beglichen hat, von der Versicherung erstattet. *Kostenerstattung* führt zu einer *höheren Transparenz* beim Versicherten. Die Prämien sind *risikoäquivalent kalkuliert,* ein *Einkommensausgleich* innerhalb eines Tarifs ist nicht vorgesehen und wird bei *finanzkräftigen Versicherten* auch *nicht* als *nötig* erachtet. Die Krankenversicherung hat im *Vertragsmarkt keine Kompetenzen*, sondern dient alleine der Risikoreduktion von Krankheit.

Aufgrund der geringen bis nicht vorhandenen Einflussmöglichkeiten der *PKV* auf dem Vertragsmarkt wurde seit den 1970er Jahren eine *Vielzahl an Selbstbeteiligungsvarianten* entwickelt, um letztlich das Ausgabenwachstum begrenzen zu können.[1285] Abrechnungsprüfungen erzeugen Unmut und Klagen beim Ombudsmann und stellen keine Alternative zu Selbstbeteiligung als Steuerungsinstrument dar.[1286] Neben Franchisen, fixen und proportionalen Selbstbehalten sind erfolgsabhängige Beitragsrückerstat-

---

S. 49. Mikroökonomisch besteht ein Optimum dann, wenn der Grenznutzen der letzten Einheit Versicherungsleistung gleich den Grenzkosten aus Moral Hazard ist.

1285 Für eine Übersicht der Angebotsdifferenzierung siehe Terhorst (2000), S. 15. Eine kompakte Darstellung von Tarifen mit Fokus auf Selbstbeteiligung findet sich bei Pütz (2003), S. 103-106. Siehe auch Abschnitt 5.1.2.1.1. Selbstbehalte sind bis maximal 5.000 Euro jährlich gemäß § 193 Abs. 3 VVG von den Versicherungsnehmern frei wählbar,

1286 Von 2008 auf 2009 ist der Anstieg der Beschwerden beim Ombudsmann um rund 15 % auf 5.015 gestiegen, die allerdings seltener Erfolg hatten. In der Vollversicherung entfielen 22,8 % der Klagen auf Streitigkeiten über die medizinische Notwendigkeit von Behandlungen, 13,9 % auf Gebührenstreitigkeiten, 10,4 % auf die Auslegung der Allgemeinen Versicherungsbedingungen, 9,3 % auf die Beendigung von Verträgen, 8,2 % auf den Bereich Arznei- Heil- und Hilfsmittel sowie 8,2 % auf Prämienanpassungen, vgl. Ärzte Zeitung (2010f). Der PKV-Verband entgegnet zu der steigenden Zahl von Beschwerden, dass die erst 2001 eingeführte Möglichkeit von Klagen bekannter werde und bezogen auf 30 Mio. PKV-Verträge 5.000 Klagen nur 0,016 % der Verhältnisse beträfen, vgl. PKV-Verband (2010c), S. 5.

tungen[1287] und Leistungsausschlüsse verbreitet.[1288] Letztere ermöglichen eine präferenzengerechte Zusammenstellung des Versicherungsschutzes. Ein Vorteil von Selbstbeteiligung aus Sicht der Versicherung ist, dass kleinere Summen nicht zur Kostenerstattung eingereicht werden, was Verwaltungskosten spart.

Der PKV-Versicherte kann nach Leistungsbereichen die Art der Selbstbeteiligung variieren. Im ambulant-ärztlichen Bereich sind absolute Selbstbehalte üblich, da die Beträge nicht so hoch sind und der Versicherte einen größeren Einfluss auf die Leistungsinanspruchnahme hat.[1289] Bei Krankenhausleistungen, die seltener aber teurer sind, werden keine Selbstbehalte vereinbart.[1290] Beamte wählen oft keine Selbstbeteiligung, da die Beihilfe in Kombination mit einer privaten Versicherung über das Restrisiko wie eine proportionale Selbstbeteiligung wirkt.[1291]

Rürup et al. haben die ökonomischen Auswirkungen von absoluten Selbstbehalten in der ambulanten Versorgung untersucht.[1292] Je höher der Selbstbehalt ist, umso niedriger sind die Kopfschäden. Dabei gibt es große Unterschiede je nach Alter. Ein 50-Jähriger hat im Jahr 2005 aus Sicht der PKV fast fünfmal weniger Kosten verursacht und erstattet bekommen bei einem Selbstbehalt zwischen 1.401 und 1.700 Euro als bei einem Selbstbehalt bis 100 Euro. Mit zunehmendem Alter sinkt die relative Differenz, absolut nimmt der Abstand monoton zu.[1293] Im Alter wächst der Abstand zwischen den Kopfschäden der unterschiedlichen Selbstbehaltsstufen stark an und übersteigt schließlich die Unterschiede zwischen den unterschiedlichen Selbstbehaltsstufen.[1294]

1287 Erfolgsabhängige Beitragsrückerstattungen sind im Voraus nicht sicher, da der Unternehmenserfolg ungewiss ist. Eine erfolgsunabhängige Beitragsrückerstattung basiert alleine auf der Schadensfreiheit des Versicherten. Bohn bezeichnet diese Tarife als „pauschale Abgeltung von Bagatellschäden", Bohn (1980), S. 64. Weiter spielte „erfolgsunabhängige Beitragsrückerstattung … in den heutigen modernen Tarifen keine Rolle mehr".

1288 Bei Krankengeldtarifen sind Indemnitätstarife verbreitet. Das finanzielle Risiko des Einkommensausfalls ist gut abzuschätzen.

1289 Vgl. Uleer (1998), S. 10.

1290 Vgl. Völker (1991), S. 472.

1291 Vgl. Uleer (1998), S. 9,22.

1292 Vgl. Rürup et al. (2010), S. 44-47. Basis der Analyse war die Kopfschadenstatistik der PKV aus dem Jahr 2005. Die folgende Untersuchung der ökonomischen Vorteilhaftigkeit basiert auf die dortigen Inhalte.

1293 Es zeigt sich, dass bei Jüngeren die Unterschiede zwischen den Kopfschäden der unterschiedlichen Selbstbehaltsstufen geringer sind als der Abstand zwischen den unterschiedlichen Selbstbehaltsstufen selbst. Das liegt daran, dass in jungen Jahren der Selbstbehalt i. d. R. nicht ausgeschöpft wird.

1294 Dieser Effekt lässt sich darauf zurückführen, dass sich in den Tarifen mit höheren Selbstbehalten vergleichsweise anteilig zunehmend mehr Gesündere befinden als in Tarifen ohne Selbstbehalt.

Versicherte mit hohen *Selbstbehalten* verursachen geringere Ausgaben aus zwei Gründen.[1295] Einmal wird durch die Selbstbeteiligung rational gesünder gelebt und *Moral Hazard eingeschränkt* (*Steuerungseffekt*). Ebenso wichtig wählen Menschen, die nicht zu Moral Hazard neigen sowie generell ein gesundheitsbewusstes Verhalten an den Tag legen, höhere Selbstbehalte (*Selektionseffekt*). Die bei *Rürup et al.* ausgewiesenen Unterschiede sind eine Mischung aus beiden Effekten und aus Sicht der PKV vorteilhaft. Der Steuerungseffekt senkt den Verwaltungsaufwand, wohingegen der Selektionseffekt bei der risikoäquivalenten Prämienkalkulation hilft. Versicherte, die kein Moral Hazard verfolgen und / oder gesundheitsbewusst leben, wählen höhere Selbstbehalte und können sich zu niedrigeren Prämien versichern. Vice versa müssen zu Moral Hazard tendierende, einen ungesunden Lebensstil führende Personen höhere Prämien zahlen, da sie keinen oder nur einen geringen Selbstbehalt wählen. Der Selektionseffekt ist wegen der risikoäquivalenten Prämienkalkulation für die Versichertengemeinschaft unschädlich.

Entscheidend für die PKV ist, dass die *Patienten gesteuert* werden können.[1296] Die *Allokationseffizienz* wird *verbessert*, da *Moral Hazard* definiert als übermäßige Inanspruchnahme von Gesundheitsleistungen *verringert* wird. Die *Versicherten* innerhalb eines Tarifs erhalten einen *präferenzengerechteren Schutz* durch die feinere Untergliederung des Tarifs. Die *Prämiensteigerungen* werden *begrenzt*, wahrscheinlich auch wenn man die von den privat Versicherten selbst getragenen Ausgaben für Krankheit einberechnet (Steuerungseffekt).

Nicht alle Selbstbeteiligungsmodelle sind mit *idealtypischen* Elementen der *GKV vereinbar*. Franchisen abstrahieren im Unterschied zu einem absoluten Selbstbehalt von der Einkommenssituation des Einzelnen. Dies ist unvereinbar mit der einkommensabhängigen Beitragserhebung. *Absolute Selbstbehalte* heilen diesen Mangel, da sie mit dem Einkommen steigen und damit *konform* mit dem *Idealtypus* sind. Für beide Tarife gilt, dass die relative Eigenbelastung mit guter Gesundheit steigt. Proportionale Selbstbehalte belasten Kränkere mehr, da die Nachfrage nach Gesundheitsleistungen größer ist.

Indemnitätstarife wie Leistungsausschlüsse[1297] bergen das größte Krankheitsrisiko in sich und sind für schutzbedürftige Personen nur für Leistungen außerhalb eines Basiskatalogs zu empfehlen. Festzuschüsse bei Zahnersatz sind ein Beispiel für existierende Indemnitätstarife, sind jedoch mit GKV-Prinzipien vereinbar, da Zahnersatz häufig nicht als elementarer Bestandteil einer bedarfsgerechten Versorgung gesehen wird und die Versicherten die Qualität des Zahnersatzes und damit den Preis bestimmen können.

1295 Vgl. für die Ausführungen Abschnitt 4.3.1.1.3.

1296 Für ein einzelnes Unternehmen sind Selbstbehalttarife auch ein Wettbewerbsinstrument. Einerseits wird den Präferenzen der Versicherten besser entsprochen, andererseits können Tarife günstiger kalkuliert werden. Beides führt zu einer höheren Konkurrenzfähigkeit.

1297 Einige Personengruppen können Krankengeld ausschließen.

Aus allokativen Überlegungen heraus *senken* proportionale und absolute Selbstbehalte Anreize zu *Moral Hazard* und sind präferenzengerechter. Verbreitet in der GKV sind Zuzahlungen, die Moral Hazard verringern, jedoch zu einer Verschleppung von Krankheiten und damit netto Ausgabensteigerungen führen können.[1298] Das GKV-WSG räumt den gesetzlichen Krankenkassen die Möglichkeit ein, Selbstbehalttarife und Beitragsrückerstattung als Wahltarife für alle Mitglieder anzubieten.[1299] Die minimale Bindungsdauer beträgt für alle Tarife mindestens drei Jahre, eine Quersubventionierung der Wahltarife ist ausgeschlossen. Beitragsrückerstattung wirkt ähnlich wie ein absoluter Selbstbehalt allokativ günstig. *Entscheidend* für die Beurteilung der *allokativen Gesamtwirkung* ist der *Selektionseffekt* i. V. m. dem Steuerungseffekt.

Ein *Mitglied* wählt einen Wahltarif Selbstbehalt nur dann, wenn es sich finanziell einen *Vorteil verspricht.*[1300] Das ist der Fall, wenn *der vereinbarte Bonus größer* ist als der *erwartete Selbstbehalt.* Aus Sicht der *Kasse* führt dies zu einem *Mittelentzug* für die übrigen Versicherten, wenn die *Einsparungen* aus reduziertem Moral Hazard *kleiner* sind als die *Prämienzahlung* an den Versicherten. Kommt es zu einer *Quersubventionierung*, dann muss die Krankenkasse den Mittelabfluss über höhere Beitragssätze kompensieren. Es liegt ein *negativer externer Effekt* für die *Versichertengemeinschaft* vor. *Verschlechtert* sich der *Gesundheitszustand des Versicherten*, *kündigt* dieser schließlich den *Wahltarif.*[1301,1302]

Ist der Selektionseffekt groß und wählen viele Personen den Wahltarif, kommt es zu einem nennenswerten Mittelabfluss. Das Solidarprinzip der GKV wird in Frage gestellt und die *Wettbewerbsposition der Krankenkasse* ist bei gleicher Effizienz in der

---

1298 Siehe kritisch auch Fußnote 1277. Ausführlicher werden Zuzahlungen im Referenzmodell behandelt, siehe Abschnitt 7.3.2.3.3. Die derzeitigen Regelungen in der GKV werden in Abschnitt 6.1.2.2.1 unter der Überschrift Finanzierungsgerechtigkeit angeführt.

1299 Vgl. Abschnitt 4.3.1.1.3. Dort wird auch auf die entsolidarisierende Wirkung von Selbstbeteiligung mit Gegenargumenten aus Einzelkassensicht und GKV-Sicht hingewiesen. In diesem Abschnitt stehen die allokativen Wirkungen im Vordergrund. Für die Geschichte der Selbstbeteiligung in der GKV siehe Pütz (2003), S. 84-98.

1300 Die Argumentation ist analog bei Beitragsrückerstattung.

1301 Er wechselt evtl. die Krankenkasse. Der Grund dafür ist, dass der Versicherte vorher indifferent in seiner Kassenwahl war und durch die von ihm ausgelöste Beitragssatzerhöhung zu einer anderen Krankenkasse geht, die nun attraktiver ist. Da die Krankenkasse jedoch nicht länger die Prämie zahlen muss, kommt es evtl. zu einer Entlastung des Kassenbudgets und evtl. einer Beitragssatzsenkung.

1302 Ehring und Weber argumentieren, dass es zu einer zweiten Risikoauslese käme, da das nun schlechte Risiko die Versichertengemeinschaft belastet, vgl. Schulze Ehring und Weber (2007), S. 10-11. Aus Sicht des Autors ist die Situation wie davor, nur dass während der Zeit des Versicherten mit Selbstbehalt die Mittel fehlten, die nun wieder in vollem Umfang fließen. De facto ist es nur zu einer Risikoauslese respektive einem negativen externer Effekt gekommen.

Produktion des Gutes Krankenversicherungsschutz wegen nötiger *Zusatzprämien in Gefahr.*[1303]

Ein weiteres *Gegenargument* bei Selbstbehalten ist, dass Krankenkassen damit *Risikoselektion* betreiben können. Gesunde sind nach wie vor gute Risiken mit positivem Saldo von Zuweisungen aus dem Gesundheitsfonds versus Ausgaben der Krankenkasse. Der Wettbewerb dreht sich nicht um eine möglichst effiziente Versorgung der Versicherten, sondern um ein *Rent-Seeking* mit dem Ziel Bindung und Gewinnung guter Risiken.

Problematisch ist auch die *höhere Preiselastizität von Personen* mit niedrigem Einkommen, die zwar weniger Anreize zur Wahl eines Selbstbehalttarifs haben, jedoch bei Wahl der Selbstbeteiligung ihre Gesundheitsleistungen zu stark einschränken könnten, was zu ernsteren und auch teureren Krankheiten führen könnten.[1304] Als Folge sind persönliche und für das Kollektiv negative Auswirkungen vorstellbar.

Moral Hazard kann *zusammenfassend* über Selbstbehalte wirksam und damit *effizienzsteigernd nur innerhalb der PKV* mit risikoäquivalenter Prämienkalkulation eingedämmt werden, ohne dass es effizienzmindernde Effekte gibt.[1305] Neben der Abkehr von idealtypischen Elementen durch Selbstbehalte besteht dagegen in der *GKV* die *Gefahr*, dass *Risikoselektion positive Steuerungseffekte überwiegt.*[1306] Selbst wenn es nicht zur Risikoselektion kommt, werden die Prämien vieler an Wahltarifen Teilnehmender von allen Versicherten über Beitragssatzsteigerungen im Kollektiv finanziert.

Die *Gefahr von Moral Hazard* dürfte *auch ohne Selbstbehalte* in der *GKV gering* sein, da die Leistungserbringer den Bedarf definieren und bspw. durch Wirtschaftlichkeitsprüfungen einer ausgeprägten Angebotssteuerung in der GKV unterliegen, ergänzt durch die Steuerungswirkung von Zuzahlungen.[1307] Angesichts des allenfalls geringen Nutzens innerhalb der GKV sollten nach Ansicht des Autors Vor- und Nachteile von Selbstbehalten zumindest genau abgewogen werden.

1303 Vgl. Abschnitt 4.3.1.1.3.

1304 Vgl. Abschnitt 3.2.4.1.

1305 Ferner einschränkend sind bei Überschreitung eines absoluten Selbstbehalts und / oder bei einmaliger Inanspruchnahme einer Gesundheitsleistung die Beitragsrückerstattung beide Instrumente dann zur Verhaltenssteuerung wirkungslos. Dem Autor ist keine empirische Untersuchung dieser Problematik bekannt.

1306 Bei Capitation-Modellen geht Moral Hazard zu Lasten der Leistungserbringer. Da der Arzt als Experte die Behandlung steuert, kann er ex post Moral Hazard wirksam bekämpfen.

1307 Bei Zuzahlungen tritt kein Selektionseffekt auf.

5.3.3.3 Abrechnungsverfahren und Effizienz

Die Versicherungstypen unterscheiden sich idealtypisch im Abrechnungsverfahren.[1308] In der *GKV* werden die Rechnungen der Leistungserbringer direkt von der Krankenkasse beglichen. Der Versicherte weist dem Leistungserbringer über die Versichertenkarte seinen gesetzlichen Versichertenstatus nach. Der Patient wird behandelt gemäß den Rahmenvereinbarungen zwischen GKV und KVen.[1309] Die Vertragsärzte erhalten ihr Honorar von der KV des Bezirks. Eine Rechtsbeziehung zwischen Patient und Leistungserbringer im Rahmen eines Dienstvertrags ist hier nachrangig. In der *PKV* herrscht das *Kostenerstattungsprinzip* vor. Der Versicherte bekommt eine *Rechnung vom Leistungserbringer* und begleicht diese. Er ist Vertragspartner des Arztes. Im nächsten Schritt reicht er, unter Abwägung von Selbstbehalten und Beitragsrückerstattung, die gesammelten Rechnungen eines Jahres ein, oder eben nicht. Durch die *Transparenz* der *genauen Höhe der in Anspruch genommenen Leistungen* kann der privat Versicherte entscheiden, was für ihn besser ist. Dem privat Versicherten entstehen *durch Vorauszahlung* und *Weiterleitung der Rechnungen Kosten.*[1310] *Negativ* ist auch die mit dem *Kostenerstattungsprinzip verbundene Bürokratie*, da ein *Rechnungsvorgang zusätzlich* anfällt.[1311]

Die *Krankenkassen* haben durch Sachleistung im Verbund mit den direkten Beziehungen zu den Leistungserbringern einen *besseren Einblick in den Leistungsprozess* und können deshalb die Leistungserbringer *genauer und zeitnaher kontrollieren* und *steuern.*[1312] Eine enge Beziehung von Leistungserbringer und Krankenversicherung ist jedoch auch mit Kostenerstattung denkbar.[1313] Der *GKV-Versicherte* hat durch das *Sachleistungsprinzip keinen Einblick* in den mit der Leistungserbringung verbundenen *finanziellen Aufwand.*

Selbstbehalttarife würden, so eine häufige Argumentation, ohne Kostenerstattung, verstanden als Abrechnungsverfahren, nicht funktionieren. Dem ist *in der Allgemeinheit*

1308 Man kann Sachleistungsprinzip und Kostenerstattung auch unterscheiden in Modi des Zahlungsflusses und Modi der Ausgestaltung von Vertragsbeziehungen, vgl. Wasem (1998), S. 60-63.

1309 Es wird nur das Kollektivsystem betrachtet. Brüche durch selektive Verträge, die auch das Abrechnungsverfahren als Freiheitsgrad aufweisen, werden dargestellt in Stillfried (2008), S. 213-216.

1310 In seltenen Fällen bekommt er von der Krankenkasse nicht alles erstattet.

1311 Plastisch hierzu Jacobs (2010), S. 8. Eine Gegenposition geringer Bürokratiekosten bei Kombination mit Selbstbeteiligung wird vertreten in Thomae (1993), S. 21.

1312 So auch Wasem: „Mir erscheint es evident, daß das Sachleistungsprinzip im Vergleich zum Kostenerstattung erhöhte Steuerungspotenziale in Richtung auf eine effiziente und effektive Gesundheitsversorgung beinhaltet. Auch die internationale gesundheitsökonomische Diskussion kommt wohl überwiegend zu diesem Ergebnis." Wasem (1998), S. 63.

1313 Einen Vorschlag für flächendeckende Kostenerstattung macht Drabinski, vgl. Drabinski (2008), S. 10-20.

nicht zuzustimmen. Abgesehen von der seit Jahren zunehmenden Selbstbeteiligung in Form von Zuzahlungen gibt es verschiedene Modelle, Selbstbeteiligung mit dem Sachleistungsverfahren zu verknüpfen.[1314] *Positiv* ist, dass *Kostenerstattung administrativ einfacher Transparenz* herstellen kann, die bei Selbstbeteiligung Anreize des Versicherten zu *Moral Hazard reduziert.*

Mit dem GKV-WSG wurde Kostenerstattung innerhalb der GKV attraktiver gestaltet.[1315] Dabei stand nicht das Abrechnungsverfahren an sich im Vordergrund, sondern eine Höherversicherung. Die *Wahl präferenzengerechter Behandlungsoptionen* wird mit *Kostenerstattung* erleichtert.[1316] Eine Höherversicherung ist jedoch nicht an das Abrechnungsverfahren gebunden, sondern kann, wie Selbstbeteiligung, mit dem Sachleistungsprinzip kombiniert werden.

Allokativ sei der Übergang zum Kostenerstattungsprinzip in der GKV von Vorteil, so eine geläufige These. Eigenverantwortung und Konsumentensouveränität sind ohne Kostenerstattung nicht realistisch.[1317] Kostentransparenz führe auf diese Weise zu einer Reduktion von Moral Hazard, da die konkreten Kosten einer Behandlung unmittelbar dem Versicherten bekannt sind.[1318] Der Versicherte könne sogar eine Angebotsinduktion und Abrechnungsmanipulationen zurückdrängen. Alle drei Thesen sind empirisch nicht abgesichert.[1319]

Dagegen spricht, dass der Versicherte als Medizinlaie die Abrechnung kaum versteht und auf ihre Berechtigung bei der zu behandelnden Krankheit nicht einschätzen kann.[1320] Mit der Kostenerstattung ermöglicht man eher Moral Hazard, als es einzuschränken, so weiter in der Argumentation. Ein *rational handelnder, nutzenmaximie-*

1314 Vgl. konzise Pütz (2003), S. 64. Siehe ausführlich Münnich (1983).

1315 Vgl. Abschnitt 4.3.1.1.3 für die Neuregelung mit dem GKV-WSG und die Beurteilung der Konvergenzwirkung von Kostenerstattung. Hier geht es in erster Linie im Gegensatz allein ums Abrechnungsverfahren. Für einen historischen Abriss der Kostenerstattung in der PKV siehe Wasem (2000), S. 472-473. Geschichtlich ausführlicher ist Scherer (2008), S. 97-109.

1316 Vgl. Scherer (2008), S. 91.

1317 „Kostentransparenz ist … notwendige Voraussetzung für mehr Eigenverantwortung im Gesundheitswesen“, Eilfort (2008), S. 52.

1318 Vgl. bspw. Pütz (2003), S. 63. Ähnlich auch Schäfer, W. (2008), S. 73.

1319 Vgl. Wasem (2000), S. 474-475. Siehe auch Jacobs (2010), S. 7. Durch die Vorauszahlung geht zwar bei manchen die Leistungsinanspruchnahme zurück, dies beruht aber eher auf mangelnder Liquidität.

1320 Transparenz lässt sich auch über Patientenquittungen herstellen. Es gilt der Vorbehalt, dass Rechnungen von Versicherten i. d. R. nicht auf medizinischen Nutzen und Notwendigkeit eingeschätzt werden können. In einem Modellversuch untersuchte das Zentralinstitut für die kassenärztliche Versorgung in Deutschland (ZI), ob sich mit einer Patientenquittung das Kostenbewusstsein bei Versicherten erhöht. Im Ergebnis war oft kein Unterschied und teilweise eine höhere Nachfrage nach Gesundheitsleistungen festzustellen, vgl. ZI (2003), S. 25.

render Mensch, der die Behandlungsgüte nicht direkt einschätzen kann, nimmt den *Preis der Behandlung als Surrogat für* die *Qualität.*[1321]

Kostenerstattung verknüpft mit einer Höherversicherung können Ärzte nach der GOÄ respektive GOZ abrechnen.[1322] Das *Risiko der Höherversicherung* trägt im Unterschied zur PKV der *Versicherte*, solange er keinen geeigneten „Wahltarif Kostenerstattung" privat oder bei seiner Krankenversicherung abgeschlossen hat. Schätzt ein Versicherter seine medizinischen Bedürfnisse falsch ein und sichert sich nicht ab, kann dies empfindliche finanzielle Folgen nach sich ziehen, was innerhalb der GKV nach dem GKV-WSG durch die Erweiterung auf alle Mitglieder wahrscheinlicher wird. Es besteht die Gefahr der *Unterversicherung.*[1323]

Zusammenfassend ist das reine Abrechnungsverfahren *Kostenerstattung* zur Durchführung von Selbstbeteiligungstarifen in der *PKV* ohne Vertragsmarkt *sinnvoll.* Der *Konnex* zwischen *Eigenverantwortung und Selbstbeteiligung* dämmt Moral Hazard ein. In der GKV ist Kostentransparenz auch über Patientenquittungen zu erreichen. Der *Versicherte* ist *kein medizinischer Experte* und kann daher das Kosten-Nutzen-Verhältnis einer Leistung nicht bewerten. Der Preis als Surrogat für Qualität lässt daher bei Vollkaskomentalität eher ein stärkeres Ausgabenwachstum erwarten. *Sachleistung* ist als Fazit in der heutigen *GKV allokativ vorzuziehen.*[1324]

5.3.4 Abstimmung des Behandlungsprozesses

Das duale System ist im Vertragsmarkt in seiner Verschiedenheit in den letzten Jahren durch die engere Steuerung der Leistungserbringer mittels selektiver Verträge in der

---

1321 „Die Behauptung, sie [Kostenerstattung, der Autor] erhöhe das Kostenbewusstsein der … Patienten und sorge für eine rationale Inanspruchnahme von Leistungen hat keine empirische Evidenz", Braun, B. et al. (2006), S. 28.

1322 Wasem führt an, dass von Leistungserbringerseite die Forderungen nach Kostenerstattung immer auch einkommenspolitisch motiviert waren, vgl. Wasem (2000), S. 472. Siehe auch Jacobs (2010), S. 7.

1323 Es wird argumentiert, dass Kostenerstattung die finanzielle Planungssicherheit des Arztes erhöht. Betrachtet man rein das Abrechnungsverfahren, ist dies zu bezweifeln. Die KVen sind eher liquide als die Versicherten. Dies wird genauso gesehen in Schäfer, W. (2008), S. 75. Vgl. gegenteilig Müller, W. und Röder (2008), S. 60. Grundsätzlich kann auch bei Kostenerstattung die Vorleistungsverpflichtung des Versicherten entfallen, so wie dies bei stationären Leistungen häufig der Fall ist, vgl. Freytag et al. (2007), S. 48.

1324 So auch Jacobs und Reschke im Schlussbericht zur Erprobungsregelung der IKK für den Kreis Mettmann. Es gibt weder Anreize zur kostengünstigen Leistungserbringung, noch auf Versichertenseite Anreize zur sparsamen Inanspruchnahme von Gesundheitsleistungen. Darüber hinaus ist der Verwaltungsaufwand der Krankenkasse sehr hoch und auch bei hoher Fallzahl nicht komplett zu reduzieren. Vgl. Jacobs und Reschke (1994), S. 10-12. Aktueller wird die empirische Evidenz der Kostenerstattung als Grund für eine Reduktion der Leistungsinanspruchnahme als nicht ausreichend eingestuft, vgl. Freytag et al. (2007), S. 47.

GKV gestärkt worden.[1325] Auch wenn selektivvertragliche Lösungen bisher nur einen geringen Anteil der Versicherten einschließen und eine höhere Effizienz nur schwer nachgewiesen werden kann, ist die Kombination aus Freiwilligkeit und zusätzlichen Gestaltungsparametern grundsätzlich positiv einzuschätzen.

Ein zunehmend arbeitsteiliges Gesundheitswesen benötigt Integration innerhalb und zwischen den Sektoren. Wissen gewonnen aus selektiven Verträgen in Form von Prozessinnovationen hat auch Rückwirkungen auf den kollektivvertraglichen Bereich. Bestes Beispiel ist die Wandlung des KV-Systems vom „Bremser zum proaktiven Mitgestalter“ eines Gesundheitssystems der Zukunft. Gleichzeitg *profitiert* auch die *PKV* von *Prozessinnovationen* in der GKV. Man kann hier von positiven externen Effekten der GKV auf die PKV sprechen.

Bei integrierten innovativen Versorgungsmodellen steht ein Krankheitsbild im Disease Management oder der Patient bei Case Management im Mittelpunkt. Durch eine strukturierte Herangehensweise sind die Schnittstellen besser aufeinander abgestimmt. Die Versicherten haben in der GKV sogar ein Recht auf *Schnittstellenmanagement.*[1326] Wenn keine Voraussetzungen einer engen Abstimmung auf Leistungserbringer-Seite gegeben sind, müssen die Leistungserbringer den Missstand abstellen.

Effizienzvorteile ergeben sich aus vermiedenen Doppeluntersuchungen, obsoleten Kontinuitätsbrüchen in der Behandlung sowie einer koordinierten Medikamentierung ohne unerwünschte Nebenwirkungen bei Kontraindikation.[1327] Trotz eines positiven externen Effekts für die PKV überwiegt der Vorteil für die GKV-Versicherten. Die Versorgungslösungen sind vertraglich abgestimmt mit den in der GKV genuinen Vergütungsmodellen, insb. im ambulant-ärztlichen Bereich, sowie mit den Informationsflüssen und dem Abrechnungsverfahren.

5.4 Transaktionskosten

Transaktionskosten sind synonym mit Benutzungskosten verstanden als „costs of running the economic system.“[1328] In einer Volkswirtschaft gilt es, Myriaden von Einzelentscheidungen zu koordinieren. Der Abstimmungsbedarf nimmt mit einer fortschreitenden *Spezialisierung und Arbeitsteilung* zu. Transaktionskosten entstehen durch die

---

1325 Vgl. ausführlich Abschnitt 4.3.2.2.3 und Abschnitt 4.4.

1326 Siehe Abschnitt 4.3.2.2.3.

1327 Rabattverträge sind hier von Nachteil. Wenn ein Versicherter die Kasse wechselt oder ein neuer Rabattvertrag geschlossen wird, kann es trotz weitgehender Identität der Medikamentenwirkung zu Versorgungsbrüchen, gerade auf Patientenseite, kommen. Dies könnte eine sinkende Compliance respektive Adherence sein.

1328 Arrow (1969), S. 48. Für das klassische Verständnis und die Hauptvertreter der Transaktionskostentheorie siehe Abschnitt 2.2.

notwendige Abstimmung der an den Schnittstellen tätigen Personen. Schnittstellen wiederum kann man breit fassen, z. B. als Austausch zwischen Unternehmen oder enger als zwei nebeneinander liegende Büros. In der Transaktionskostentheorie treten Schnittstellen immer da auf, wo Verträge zwischen Personen geschlossen werden.[1329]

Transaktionskosten sind *nicht automatisch Verschwendung* von knappen Ressourcen, sondern eine Notwendigkeit zur Ermöglichung und Absicherung von Geschäften. Natürlich gibt es ineffiziente Verwaltungen, das Gleiche gilt aber auch für ineffiziente Produktionsprozesse. Um Ineffizienzen feststellen zu können, braucht es *Benchmarks*.

Übertragen auf das *duale Krankenversicherungssystem* sind Schnittstellen bei Verträgen von Krankenversicherern mit Leistungserbringern oder Versicherten zu konstatieren. Auf dem Leistungsmarkt gibt es Schnittstellen zwischen Patienten und Leistungserbringern. Weiter gefasst existieren Transaktionskosten als Kosten für die Benutzung des jeweiligen Versicherungstyps auch innerhalb von Krankenversicherungen und in den organisatorischen Einheiten der Leistungserbringer, wie z. B. Verwaltungskosten in Krankenhäusern.[1330]

In diesem Abschnitt wird einem *weiten Verständnis* gefolgt mit Fokus auf die *Verwaltungskosten der Krankenkassen*. In den Verwaltungskosten sind die Transaktionskosten der beiden Versicherungstypen durch Verträge mit Versicherten und Leistungserbringern zum Teil explizit ausgewiesen. Darüber hinaus erbringen z. B. Leistungserbringer oder deren Zusammenschlüsse abhängig vom Versicherungstyp systembedingte administrative Tätigkeiten. Es ist *evident*, dass *zwei Teilsysteme* für die *Leistungserbringer einen höheren Verwaltungsaufwand* bedeuten, als wenn es ein einheitliches Krankenkenversicherungssystem gäbe.

Ziel des Abschnitts ist *nicht* eine exakte prozentuale Bestimmung der Transaktionskosten je Versicherungstyp bezogen auf die Gesamtausgaben oder gar die Bezifferung des administrativen Mehraufwandes durch systembedingte Doppelungen. Hierzu gibt es für Deutschland auch keine Zahlen.[1331] Gesucht werden hingegen *gut greifbare Größen* zu Ineffizienzen des dualen Systems sowie die *wichtigsten Bereiche mit Transaktionskosten*.

Zunächst werden die *ausgewiesenen Verwaltungskosten* betrachtet. Ineffizienzen lassen sich durch Benchmarks *zwischen den einzelnen Krankenversicherungen* innerhalb *eines Versicherungstyps* abgreifen. In einem *zweiten Schritt* wird die Aussagekraft der ausgewiesenen Verwaltungskosten für einen *Vergleich der beiden Versicherungstypen* untersucht.

1329 Vgl. Williamson (1985), S. 20.

1330 Verwaltungskosten in einer Organisation sind wiederum weiter gefasst in Summe notwendig, um mit anderen Organisationen in vertragliche Beziehungen treten zu können.

1331 International ist eine Evaluation von Krankenversicherungssystemen auf Basis von Verwaltungskosten ähnlich problematisch, vgl. Ulrich (2004), S. 121.

Ineffizienzen gibt es in beiden Teilsystemen, könnten jedoch wegen der geringeren Wettbewerbsintensität der PKV im Finanzierungsmarkt trotz privater Rechtsform größer sein. Der Niveauvergleich erlaubt wegen der Vielschichtigkeit der Teilsysteme inklusive der Beziehungen zu Versicherten, Leistungserbringern und weiteren Akteuren dennoch keine klare Identifikation systembedingter Verschwendung.

5.4.1 Ausgewiesene Verwaltungskosten

In der GKV sind für das Jahr 2009 Netto-Verwaltungskosten[1332] i. H. v. 8,9 Mrd. Euro ausgewiesen.[1333] Zu den Verwaltungskosten gehören sächliche Verwaltungskosten wie Miete und Unterhalt für Gebäude, persönliche Verwaltungskosten wie Gehälter und Alterssicherung sowie sonstiges wie Kosten für Rechtsverfolgung, für Schiedsämter oder für den MDK. Die Personalkosten betrugen im Jahr 2008 88,4 % der Netto-Verwaltungskosten.

Die Zunahme der Verwaltungskosten von 2008 auf 2009 betrug 600 Mio. Euro, was einem Wachstum von 8,1 % entspricht.[1334] Der *Anteil an den Gesamtausgaben* beträgt damit *5,2 %*.[1335] Damit übertreffen die Verwaltungskosten die Ausgauben u. a. für Hilfs- und Heilmittel, Krankengeld, Vorsorge- und Rehabilitationsmaßnahmen, Krankengeld, ja sogar erstmals für zahnärztliche Behandlung ohne Zahnersatz (8,5 Mrd. Euro).[1336] In Tabelle 4 sind die Netto-Verwaltungskosten von 1995 bis 2008 absolut und die jährlichen Änderungen dargestellt.

1332 Netto-Verwaltungskosten sind die gesamten Verwaltungskosten abzüglich von anderen erstatteter Verwaltungskosten, z. B. Erstattungen von der GRV, PV, BA, vgl. GKV-SV (2010c), S. 1. Die Sozialversicherungsbeiträge werden von der GKV eingezogen.

1333 Vgl. für weitere 2009er Zahlen und die Wachstumsrate von 2008 auf 2009 BMG (2010d).

1334 In der gleichen Zeit sind die Ausgaben für Leistungen um 6,4 % gestiegen.

1335 Zuzahlungen werden hier ignoriert. Im Jahr 2009 beliefen sich dieses auf 4,8 Mrd. Euro. Die Praxisgebühr, die den Krankenkassen zufließt, wird bei den Ausgaben für die vertragsärztliche Versorgung gebucht, vgl. BMG (2010d), S. 7. Im Jahr 2009 betrug die Praxisgebühr 1,5 Mrd. Euro, vgl. BMG (2010c), S. 19.

1336 Im Jahr 1999 betrugen die Ausgaben für zahnärztliche Behandlungen ohne Zahnersatz 7,7 Mrd. Euro im Vergleich zu Verwaltungskosten i. H. v. 7,2 Mrd. Euro, vgl. BMG (2009d); PKV-Verband (2006b), S. 102.

Tabelle 4: Entwicklung der Netto-Verwaltungskosten in der GKV von 1995 bis 2008

Jahr	Netto-Verwaltungskosten absolut in Mio. Euro	Prozentualer Anstieg zum Vorjahr in %
1995	6.140	N/A
1996	6.550	6,7
1997	6.450	-1,5
1998	6.820	5,7
1999	7.170	5,1
2000	7.300	1,8
2001	7.640	4,7
2002	8.020	5
2003	8.210	2,4
2004	8.110	-1,2
2005	8.160	0,6
2006	8.110	-0,6
2007	8.180	0,9
2008	8.283	1,3
Gesamt-Wachstum	35 %	2,3 %*

*Quelle: Eigene Darstellung. Für die Daten siehe BMG (2007b); (2009e); (2009f); PKV-Verband (2006b). * Geometrisches Wachstum pro Jahr.*

Im gleichen Zeitraum sind die Ausgaben der GKV von ca. 120 Mrd. Euro im Jahr 1995 auf 161 Mrd. Euro im Jahr 2008 gestiegen, was eine Zunahme um 34 % darstellt.[1337] Die Verwaltungskosten sind damit parallel mit den übrigen Ausgaben gewachsen.[1338]

In der PKV sind die Verwaltungsaufwendungen um 172 Mio. Euro von 618 Mio. Euro im Jahr 1995 auf 790 Mio. Euro im Jahr 2008 gestiegen.[1339] Das entspricht einem ku-

1337 Für die Ausgaben im Jahr 1995 siehe eigene Berechnungen und GBE (2010a). Der Verwaltungskostenanteil betrug im Jahr 1995 5,1 %. Zuzahlungen sind jeweils ausgeklammert.

1338 Die Versichertenzahl ist von 71,9 Mio. im Jahr 1995 auf 70,2 Mio. Ende 2008 gesunken. Die Mitgliederzahl ist parallel von 50,9 Mio. auf 51,4 Mio. gestiegen.

1339 In der PKV-Statistik sind im Posten Verwaltungsaufwendungen Kosten für Kranken- und Pflegeversicherung enthalten. Ebenso sind Zusatzversicherungen berücksichtigt.

mulierten Wachstum von 28 %. Das Analogon zu den Ausgaben der GKV sind die Versicherungsleistungen für Krankenversicherung. Der Anstieg von 1995 12 Mrd. Euro auf 2008 19,6 Mrd. Euro betrug 63,3 %, deutlich höher als das Wachstum der Verwaltungsaufwendungen mit 28 %, vgl. Tabelle 5.[1340]

Tabelle 5: Entwicklung der Verwaltungsaufwendungen in der PKV von 1995 bis 2008

Jahr	Verwaltungsaufwendungen absolut in Mio. Euro	Prozentualer Anstieg zum Vorjahr in %
1995	**618**	**N/A**
1996	**628**	**1,6**
1997	**636**	**1,3**
1998	**654**	**2,8**
1999	**683**	**4,4**
2000	**712**	**4,2**
2001	**735**	**3,2**
2002	**751**	**2,2**
2003	**758**	**1,1**
2004	**759**	**0**
2005	**782**	**3**
2006	**786**	**0,5**
2007	**783**	**-0,4**
2008	**790**	**0,9**
Gesamt-Wachstum	**28 %**	**1,9***

Quelle: Eigene Darstellung. Für die Daten siehe PKV-Verband (2006c); (2009f).
** Geometrisches Wachstum pro Jahr.*

Pro Versicherten sind die Verwaltungsaufwendungen der *PKV* in der Krankheitskostenvollversicherung mit von *88,90 Euro* auf *91,47 Euro* geringfügig gestiegen.[1341]

1340 Vgl. PKV-Verband (2006c); (2009f). Im gleichen Zeitraum ist die Mitgliederzahl um 24,5 Prozent gestiegen von 6,9 Mio. auf 8,6 Mio.

1341 Vgl. PKV-Verband (2006c); (2009f).

Demgegenüber hat die *GKV* einen Anstieg der Verwaltungskosten je *Versicherten* von *85,40 Euro* im Jahr 1995 auf *118,00 Euro* im Jahr 2008 zu verzeichnen.[1342]

Heißt das nun, dass die GKV verschwenderisch mit Versichertengeldern umgeht? Diese Frage ist nicht einfach zu beantworten. Ein Indiz für eine ineffiziente Mittelverwendung sind Benchmarks zwischen Krankenversicherungen desselben Typs. Man könnte annehmen, dass Krankenkassen mit zunehmender Größe pro Kopf einen geringeren Verwaltungsaufwand durch die Verteilung der Fixkosten auf eine größere Anzahl aufweisen. Angesichts der *Fusionitis*, die sich durch die Kassenwahlfreiheit ab 1995 beschleunigte, sind die kräftig steigenden Verwaltungskosten bis zum Jahr 2002 daher verwunderlich.[1343]

Tatsächlich ergibt eine Betrachtung der Ausgaben je Versicherten das Gegenteil. Die AOKen haben für 2009 zusammen im Durchschnitt je Versicherten Verwaltungsausgaben i. H. v. 141 Euro ausgewiesen. Entsprechende Werte für die im Verband der Ersatzkassen (vdek) organisierten Kassen betragen 125 Euro und bei den BKKen 115 Euro.[1344] Die vdek-Kassen sind in den Verwaltungskosten heterogen. Auf der einen Seite hat die TK mit 830 Versicherten je Beschäftigten und relativ wenigen Geschäftsstellen geringe Ausgaben.[1345] Dagegen haben andere große Krankenkassen mit mehr als einer Million Versicherten oft weniger als 500 Versicherte pro Mitarbeiter und ein dichtes Filialnetz. Da die Personalkosten fast 90 % der Verwaltungskosten ausmachen, ist mit dem *Benchmark TK* ein *großes Einsparpotenzial* bei der *GKV* zu *vermuten*.[1346,1347]

1342 Man könnte auch die Verwaltungskosten pro Mitglied betrachten: 1995 120,62 Euro auf 2008 161,15 Euro. Der Anstieg wird aus der Sicht des Autors besser durch die Ausgaben pro Versicherten wiedergegeben, die alle krank werden können. Umgekehrt verursachen bei Gesunden nur die Mitglieder Verwaltungskosten.

1343 Vgl. für die Gegenposition Abschnitt 5.1.2.1.2.

1344 Vgl. BMG (2010c).

1345 Vgl. Sandt und Schmitt (2010), S. 10.

1346 Natürlich kann eine Krankenkasse nicht von heute auf morgen Mitarbeiter entlassen. Bei den AOKen und den großen Ersatzkassen wie BARMER und DAK sind viele Beschäftigte quasi unkündbar. Dem kann entgegnet werden, dass die TK ähnliche Probleme hat und gehabt haben dürfte. Wichtig ist auch die Versichertenklientel. Kränkere Versicherte verursachen höhere Ausgaben, was Verwaltungsausgaben beinhaltet. Der M-RSA hat dies in den Zuweisungen für Verwaltungskosten berücksichtigt, vgl. Abschnitt 4.3.1.2.1.

1347 Für die PKV in der Rechtsform AG kann man aus den Jahresabschlüssen über die Gewinn- und Verlustrechnungen die nötigen Werte zusammentragen. Hier sollte nur das Benchmarking vorgestellt werden. Der Fokus liegt auf dem Systemvergleich.

Berücksichtigt werden muss aber die Morbidität der Versicherten, da kränkere Personen i. d. R. aufwändiger administriert werden müssen. Verwaltungskostensteigernd wird sich der flächendeckende Einzug von Zusatzbeiträgen in die GKV auswirken.[1348]

Im Unterschied zur PKV ist die GKV wegen der engeren staatlichen Anbindung häufiger von Gesetzesänderungen betroffen, was auch in den stärker schwankenden Wachstumsraten deutlich wird.[1349] Damit ist auch der in den letzten Jahren nur noch geringe Anstieg der Verwaltungskosten begründet.[1350]

Die DRG-Einführung tangiert beide Versicherungstypen, eine unterschiedliche Behandlung der Verwaltungskosten bei den BKKen berührt hingegen nur die GKV. Mit dem GSG 1993 konnten sich auch BKKen für betriebsfremde Personen öffnen. Solange die am Betrieb eng gebundene Krankenkasse geschlossen war[1351], musste das Unternehmen die Personal- und Verwaltungskosten selbst tragen. Bei Öffnung ist dies nicht mehr verpflichtend. Die Folge war ein Verwaltungskostenanstieg zwischen 1998 und 1999 i. H. v. 50 %.[1352]

5.4.2 Transaktionskostenvergleich

Der Vergleich der Verwaltungskosten selbst innerhalb eines Versicherungstyps ist schwierig und *zeitabhängig* wie das Beispiel der BKKen zeigt. Zwischen den Versicherungstypen scheint die PKV gegenüber der GKV effizienter mit den verfügbaren Mitteln umzugehen. Waren die Verwaltungskosten im Jahr 1995 je Versicherten fast gleich, so sind die Kosten in der GKV erheblich angestiegen, während die PKV real sinkende Verwaltungskosten verzeichnen konnte.

Teil der Erklärung ist der *Versichertenzuwachs der PKV* bei Stagnation in der GKV, was tendenziell zu einem Fixkostenvorteil führt. Kosten für die Akquise von Versicherten werden jedoch anders als in der GKV von der PKV nicht zu den Verwaltungs-

1348 Vgl. für Zahlen Abschnitt 4.3.1.1.2. Bei Prozesskosten von 5 Euro je Mitglied und Jahr wäre bei durchgehender Erhebung von Zusatzbeiträgen ein Anstieg der Verwaltungskosten um 250 Mio. Euro zu erwarten.

1349 Ulrich unterscheidet zwischen gesetzlichen, strukturellen und kassenspezifischen Faktoren. Ein fairer Benchmark-Vergleich muss für strukturelle Vorteile der Kassenart korrigieren, vgl. Ulrich (2004), S. 119-120.

1350 Mit dem GMG durften die Verwaltungskosten nur noch in Höhe der Veränderung der Grundlohnsumme wachsen, vgl. AOK-Bundesverband (2010b).

1351 Die BKKen erhielten damals ein Wahlrecht, geschlossen zu bleiben oder sich zu öffnen. Eine große geschlossene BKK ist bspw. die BKK BMW, wohingegen die SBK geöffnet ist.

1352 Vgl. Ulrich (2004), S. 120. Bei AOKen und IKKen liegt ein struktureller Faktor für besondere Ausgabensteigerungen darin, dass seit 1992 keine beamtenähnlichen DO-Angestellten mehr neu eingestellt werden durften. Als Folge mussten erstmals RV-Beiträge für neue Mitarbeiter von den Kassen abgeführt werden, was die Verwaltungskosten stärker erhöhte.

kosten gerechnet.[1353] Bei Berücksichtigung relativiert sich das Bild zugunsten der GKV.

In einer Statistik des GKV-SV, in der Verwaltungskosten der Versicherungstypen gegenübergestellt werden, ist für die Verwaltungskosten je Privatversicherten eine ca. viermal größere Zahl genannt als die 91,47 Euro. Dazu gerechnet sind nämlich die *Abschlussaufwendungen* im Zuge der Neukundengewinnung. In der Tabelle 6 sind für den Zeitraum 1995 bis 2008 die Abschlusskosten den Verwaltungsaufwendungen gegenübergestellt und mit Wachstumsraten versehen.[1354]

Der GKV-SV kommt zum Schluss: „Die Verwaltungskosten sind mit rund … 380 Euro pro Vollversichertem bei der PKV also deutlich mehr als dreimal so hoch wie die Verwaltungskosten pro Versichertem bei der GKV."[1355]

Um diese Aussage bewerten zu können, müssen die *Transaktionskosten*, verstanden als der Kostenteil, der nicht für Gesundheitsleitungen an Ärzte, für Medikamente etc. verausgabt wird, *für jeden Versicherungstyp als Teil des Gesamtsystems* untersucht werden.

Die Abschlusskosten in der *PKV* sind systembedingt höher als in der GKV. Es wird ein intensiver Wettbewerb um Neukunden auf dem Finanzierungsmarkt geführt. Der *Wettbewerbsparameter* ist in dem gesättigten oligopolistischen PKV-Markt der *Vertrieb*. Altkunden, die den Großteil der Versichertenklientel konstituieren, sind bei der jeweiligen Versicherung wegen einer mangelnden Portabilität der Alterungsrückstellungen keine umworbene Personengruppe. Insgesamt wurde eine *geringe Wettbewerbsintensität* festgestellt.[1356] Die Akquise neuer Kunden ist in diesem Ausmaß als *ineffizient* zu beurteilen. Das starke Wachstum der Abschlusskosten mit einem geometrischen Mittel im betrachteten Zeitraum von 4,6 % unterstützt die These.

1353 Seit Kassenwahlfreiheit, eingeführt durch das GSG Mitte der 1990er Jahre, werben auch die Kassen um Versicherte, vgl. für die gesetzlichen Regelungen Abschnitt 5.1.2.1.2. Pro Versicherten sind die „Abschlussprämien" in der PKV wesentlich höher.

1354 In der Branche sind aktuell, auch wegen der verlängerten Wechselfrist, Provisionen i. H. v. mehr als 14 Monatsbeiträgen des künftigen Privatversicherten nicht unüblich.

1355 GKV-SV (2010c), S. 2.

1356 Vgl. Abschnitt 5.1.2.1.1.

Tabelle 6: Entwicklung der Abschlusskosten gegenüber den Verwaltungsaufwendungen sowie Veränderung der Abschlusskosten von 1995 bis 2008 in der PKV

Jahr	Verwaltungs-aufwendungen ab-solut in Mio. Euro	Abschlusskosten in Mio. Euro	Prozentualer Anstieg zum VJ in %
1995	618	1.414	N/A
1996	628	1.426	0,8
1997	636	1.697	19
1998	654	1.804	6,3
1999	683	1.845	2,3
2000	712	1.921	4,1
2001	735	2.087	8,6
2002	751	2.233	7,0
2003	758	2.295	2,8
2004	759	2.389	4,1
2005	782	2.361	-1,2
2006	786	2.416	2,3
2007	783	2.383	-1,4
2008	790	2.529	6,1
Gesamt-Wachstum	28 %	79 %	4,6*

Quelle: Eigene Darstellung. Für die Daten siehe PKV-Verband (2006c); (2009f).
** Geometrisches Wachstum pro Jahr.*

Eine *geringe Höhe* der reinen *Verwaltungskosten* ist *nicht überraschend*, da die PKV *keine direkten Beziehungen* zu den *Leistungserbringern* auf dem Vertragsmarkt hat. Der zweifache Zahlungsvorgang von Versicherten und Versicherung bei *Kostenerstattung* verursacht Transaktionskosten, die weder bei Leistungserbringer noch Krankenversicherung auftreten, da bei der Alternative Sachleistung jeder auch einmal in den Abrechnungsvorgang eingebunden ist. Jedoch ist der *Aufwand bei Kostenerstattung* für den *Leistungserbringer* i. d. R. *höher*, weil er das Inkassorisiko trägt und für jede einzelne Rechnung Brief und Porto übernimmt.[1357] Eine PKV-begründete *Mehrbelas-*

1357 Die dadurch bedingt höheren Kosten sind auch ein Grund für höhere Vergütungen bei gleichen Leistungen. In der Arbeit wird angesichts des mutmaßlich kleinen Anteils an den Gesamtausgaben dieser Aspekt nicht weiter verfolgt.

tung besteht v. a. für die *Versicherten*, die anders als in der GKV *zwei Verwaltungsvorgänge* durchzuführen haben.

Analog zur GKV enthalten die Verwaltungskosten nur die bei der Versicherung entstandenen Kosten. Die sog. *Schadenregulierungskosten* sind bspw. Transaktionskosten, die bei der *Abrechnung von Leistungserbringern* oder durch das *Abrechnungsverfahren* entstehen. Im Vergleich mit der GKV sind diese in der PKV als geringer einzustufen, wenn man die Kosten in den Beihilfestellen exkludiert.

Fast die Hälfte der Krankenvollversicherten in der PKV sind Beamte respektive Beihilfeempfänger.[1358] Die *Doppelung von Verwaltung* durch *zwei Zahlstellen* mit *entsprechender Bürokratie* ist ein *klares Minus* auf Seiten der PKV, da der gleiche Krankenversicherungsschutz ebenso gut in einem System bereitgestellt werden kann.[1359] Die doppelte Bürokratie für einen großen Teil der Versicherten erhöht die Transaktionskosten merklich. Im Systemvergleich zwischen GKV und PKV kommt es hingegen nicht zu einer derartigen Doppelung von Administration, da jeder Versicherte entweder in der GKV oder PKV ist.

In der *GKV* werden durch das *Sachleistungsprinzip* bei den Leistungserbringern und v. a. den *KVen Transaktionskosten in Form von Schadenregulierung* induziert. Die bloße Existenz der KVen führt zu Kosten, denen freilich die *Einsparungen* aus der *Regulierung* der *Leistungsseite* gegenüber stehen.[1360] Ausgabendämpfung durch das Vergütungssystem ist nicht angesprochen, weil die konkrete Ausgestaltung der Gebührenordnung grundsätzlich für beide Systeme frei ist.[1361]

Ähnlich den Vertragsärzten müssen *Apotheker* für die in Vorkasse vom Großhandel[1362] erworbenen Medikamente sowohl vom Versicherten Zuzahlungen einbehalten als auch die gesamte Summe mit der Krankenkasse abrechnen. Um den Verwaltungsaufwand zu minimieren, gibt es Apothekenrechenzentren und weitestgehend automatisierte, EDV-gesteuerte Prozesse. *Rabattverträge*, die für die Apotheker hohe Kosten verursachen, helfen den Krankenkassen, ihre Ausgaben zu begrenzen. Der *Nettoeffekt* ist für das *System mutmaßlich* auch *mittelfristig allokativ effizient*, die Transaktionskosten nehmen trotzdem zu.[1363]

1358 Vgl. Abschnitt 5.1.1.1.

1359 Siehe auch Donges et al. (2002), S. 40.

1360 Vgl. Abschnitt 5.2.2 und Abschnitt 5.3.2.

1361 Einzelleistungen ohne Deckelung passen dennoch besser zur idealtypischen PKV, die ihre Patienten direkt steuert, vgl. Abschnitt 5.3.2.

1362 Neben dem Großhandel werden Apotheken zunehmend direkt von Pharmaunternehmen beliefert, vgl. für einen Überblick Neubauer, G. und Pfister (2009b), S. 54-56.

1363 Vgl. für Rabattverträge ausführlicher Abschnitt 5.2.2.2.2. Die Transaktionskosten in den Apotheken durch Rabattverträge werden, geschätzt nach einer im Februar 2009 vom DAV-Vorstandsmitglied Koch zitierten Untersuchung, auf 650 Mio. Euro oder ca. 30.000 Euro pro Apotheke beziffert, vgl. Grossmann (2009). Der Streit um den Apothekenzwangsrabatt, der

Erheblich sind auch die *Verwaltungsleistungen für Arbeitgeber.*[1364] Beschäftigte müssen von diesen bei der Krankenversicherung an- und abgemeldet werden. Das idealtypische Element der paritätischen Beitragszahlung evoziert weitere monatliche Transaktionskosten. Der *Arbeitgeber* entlastet jedoch den *Beitragszahler*, so dass *keine Doppelung* von Administration auftritt. Durch die Automatisierung und Bündelung kommt es zu einer effizienteren Beitragserhebung und Begleichung, als wenn jedes GKV-Mitglied wie in der PKV überweisen muss. Verwaltungskosten des Arbeitgebers könnten als Wettbewerbsnachteil gegenüber dem Ausland interpretiert werden, was angesichts der Höhe vernachlässigbar sein dürfte.

Schließlich wird der Beitragseinzug für Rentner und Arbeitslose von der *Deutschen Rentenversicherung* und der *Arbeitsagentur* abgewickelt. Einerseits zieht die Krankenkasse von den gesamten Verwaltungskosten Bürokratiekosten bei Diensten für die anderen Sozialversicherungsträger ab. Andererseits rechnet sie Verwaltungsleistungen anderer zu den Nettoverwaltungskosten nicht hinzu.

Thematisiert werden in der Öffentlichkeit regelmäßig die *Gehälter der Kassenvorstände*. Im Unterschied zur PKV ist das Niveau der Vorstandsgehälter pro Versicherten mutmaßlich merklich geringer. Dies ist insofern gerechtfertigt, da die Risikoübernahme in der Marktwirtschaft größer ist. Das Argument, dass Kassenvorstände weniger *Managementaufgaben* aufgrund eines zu über 90 % identischen Leistungskatalogs hätten, ist angesichts des nicht existenten *Vertragsmarkts* in der PKV zu bezweifeln.[1365] Gegen eine höhere Vergütung der GKV-Vorstände spricht wiederum, dass PKV-Vorstände die durch Kapitaldeckung erworbenen Prämienanteile für Alterungsrückstellungen managen müssen.

Inwiefern hier ein *Versicherungstyp effizienter* ist, *kann nicht präzise bestimmt werden*. Wichtig ist die Feststellung, *dass Kapitaldeckung Verwaltungsausgaben* verursacht, die tendenziell nicht in einer Krankenversicherung administriert werden müssen und einen Gegenwert schaffen.[1366] Während Verwaltungsausgaben im Kollektivsystem zwar anfallen, aber weitestgehend nicht den Kassen zugeordnet werden, verursachen die besonderen Versorgungsformen im *selektivvertraglichen Bereich Transaktionskosten*, die einen *Gegenwert für die Patienten* respektive Versicherten ermöglichen.[1367]

---

sich bis ins Jahr 2010 hinzieht, wurde in der Höhe des Schiedsstellenbeschlusses von neu 1,75 Euro (davor 2,30 Euro) durch Intervention des BMG aufgehoben. Grund der Reduzierung ist der erhöhte Aufwand der Apotheken bei Rabattverträgen wegen z. B. Lagerhaltung oder Beratung, vgl. diesbezüglich Wolf (2009), S. 154-156.

1364 Für den Absatz vgl. PKV-Verband (2006b), S. 101.

1365 Siehe für eine dazu konfligierende Meinung Ulrich (2004). Siehe für die Gehälter auch Abschnitt 7.2.1.

1366 Es spricht jedoch einiges dafür, das Krankheitsrisiko und das Altersrisiko gemeinsam abzusichern. Siehe Abschnitt 7.3.1.1.

1367 Siehe für die Erweiterung der Managementaufgaben der Krankenkassen ausführlich Osterkamp (2008), S. 123-127. Vgl. auch Abschnitt 5.3.4.

Ein großer Anteil des Verwaltungsausgabenwachstums dürfte durch Selektivverträge bedingt sein.[1368] Von Verschwendung ist daher jeweils nicht auszugehen.

Nicht vergessen werden darf, dass die Verwaltungsaufwendungen in der PKV Ausgaben für die *PV* beinhalten. Bei der Berechnung von prozentualen Anteilen muss unterschieden werden, ob der Nenner die Versicherungsleistungen für Krankenversicherung allein oder Krankenversicherung und PV enthält. Im Jahr 2008 betrug der reine Verwaltungsaufwand mit PV 3,9 % und ohne 4,0 %.[1369]

Analog dürfen auch die *unterschiedlichen Leistungskataloge* bei einem fairen Vergleich nicht ignoriert werden. Umfassendere Leistungskataloge und damit zusammenhängend eine unterschiedliche Anzahl verschiedenartiger Akteure und Leistungserbringer je Versicherungstyp verändern die Transaktionskosten. Korrespondierend mit dem Leistungskatalog ist die *Versichertennachfrage* für den Systemvergleich relevant. Die Anzahl der *Arztkontakte* bspw. differiert, in der PKV sind im Mittel weniger zu verzeichnen als in der GKV, was sich wiederum in höheren Verwaltungskosten im Teilsystem GKV spiegelt. Gewichtig ist auch der Effekt *höherer Preise* in der PKV für *gleiche Leistungen*, weil dadurch die Verwaltungskosten in der GKV anteilig größer sind.

Addiert man alle Transaktionskosten, ist über die Effizienz des Systems noch nichts ausgesagt, denn *Effizienz* erfordert immer als *Bezug eine Outputgröße*.[1370] Die Steuerung beider komplexer Systeme verbraucht *Ressourcen*, ohne die eine *hochtechnologische, umfassende moderne Gesundheitsversorgung* nicht möglich ist. *Administrative Doppelungen*, wie in der *PKV* die *Beihilfe* oder bei der GKV künftig die Doppelung durch Einrichtung von bis zu *45 Mio. Konten* für Prämienauszahlungen und *Zusatzbeiträgen*, sind ineffizient.[1371] Die *Höhe der Abschlusskosten* in der PKV deuten auf Ineffizienz hin.

5.5 Allokationsmängel im dualen System

Weder die *GKV noch* die *PKV* sind in *allen untersuchten Aspekten allokativ effizient*. Ein gegenseitiger Nutzen aus dem Systemwettbewerb ist nicht zu erkennen. *Nach der Entscheidung* für das ein oder andere System, die nur ein *geringer Teil der Bevölkerung* treffen kann, gibt es *zwei Krankenversicherungstypen nebeneinander* ohne weite-

---

1368 Vgl. ähnlich Kumpmann (2008), S. 218.

1369 Vgl. PKV-Verband (2009f).

1370 Das IGSF zitiert nach Ulrich kommt auf Gesamtverwaltungskosten der GKV, die doppelt so hoch sind als von der GKV ausgewiesen, vgl. Ulrich (2004), S. 121.

1371 Zwischenzeitlich wurde die Prognose reduziert auf 0,5 Mrd. Euro für Errichtung und Verwaltung, vgl. Gottfried (2010), S. 67. Für weitere Zahlen zu den administrativen Kosten der Konten siehe Abschnitt 4.3.1.1.2.

ren Systemwettbewerb. Er würde wahrscheinlich eh nicht funktionieren, da die beiden Systeme zu verschieden sind.[1372]

Ein *Systemwettbewerb um Zusatzversicherungen* ist aus diesem Grund abzulehnen.[1373] Bei Leistungserweiterungen in Form von Höherversicherung hat die *PKV* wegen einzukalkulierenden *Alterungsrückstellungen* und dem *Adressmonopol* der GKV *systembedingte Wettbewerbsnachteile.* Eine fakultative Höherversicherung ist präferenzgerecht und folglich effizienzsteigernd. Dies ist aber alleine von der PKV ordnungskonform zu leisten.

Auf dem *Finanzierungsmarkt* hat die *PKV* eine *geringe Wettbewerbsintensität* aufzuweisen, die maßgeblich durch die geringe Portabilität von Alterungsrückstellungen bedingt ist. Die Nachteile der GKV wegen Rent-Seeking durch Attrahieren guter M-RSA Risiken werden mehr als ausgeglichen durch einen scharfen Preiswettbewerb.

Ein *Vertragsmarkt* kommt quasi nur in der GKV vor, wo idealtypisch eine ausgeprägte Anbietersteuerung stattfindet. Die Krankenkassen als gewichtige Marktpartner drängen über kollektive und zunehmend selektive Verträge auf Prozessinnovationen. Selektive Verträge ergänzen die kollektive Versorgung um innovative Versorgungsmodelle, die wiederum Impulse für den kollektivvertraglichen Bereich und das System insgesamt haben.[1374] Ob eine Verbesserung der Allokationseffizienz gelingt, hängt *entscheidend* von *Spielräumen* bei der *Vertragsgestaltung*, dem *Koordinationsbedarf* gegenüber dem *Kollektivsystem* und der *Einbeziehung* der *Versicherten* ab.[1375,1376]

Ein *Systemwettbewerb* ist zwischen GKV und PKV mangels vertraglicher Möglichkeiten *nicht festzustellen.* Dennoch haben Verhandlungen in der GKV Auswirkungen auf die PKV.[1377] *Privatversicherte profitieren* von *Qualitätssicherungsmaßnahmen* oder Prozessinnovationen in der GKV.[1378] Ein *positiver externer Effekt* sind für die *PKV*

1372 Ausführlich wird dieser Punkt auch in Abschnitt 7.1 behandelt.

1373 Siehe Abschnitt 5.1.1.4.

1374 So auch Wille: „Im Zuge dieser Entwicklung gelang es in vergleichsweise kurzer Zeit, sowohl die verkrusteten sektoralen Strukturen … aufzubrechen als auch selektives Kontrahieren zum festen Bestandteil der vertraglichen Beziehungen zwischen Krankenkassen und Leistungserbringern zu machen“, Wille, E. (2009), S. 145.

1375 Siehe für die Trilogie der Voraussetzungen auch Cassel et al. (2008), S. 59-64.

1376 Sollten sich die innovativen Versorgungsmodelle qualitativ und preislich rentieren, müssen sich die etablierten Parteien bewegen. Die KVen schlagen schon heute Modelle zur Zukunft des vertragsärztlichen Systems vor, nicht zuletzt um den Wandel mitzugestalten. Die KBV hat einen Strukturentwurf mit fünf Versorgungsebenen vorgestellt, vgl. Mayer (2010).

1377 Für die Auswirkungen des GKV-Vertragsmarkts auf die PKV siehe auch Sehlen (2002), S. 119-121.

1378 Die PKV ist insofern eine Art Trittbrettfahrer, die positive externe Effekte des Qualitätsmanagements der GKV nutzen kann, vgl. Pfaff, M. (1995), S. 17.

auch *Festbeträge*. Es gibt für GKV und PKV nur einen gemeinsamen Listenpreis, der für Festbetragsarzneimittel i. d. R. dem Festbetrag entspricht.[1379]

Umgekehrt ist bei *Ausgabendämpfung* in der GKV von *negativen Effekten* bei der *PKV* auszugehen, wenn Leistungserbringer über Privatpatienten ihre Einkommen zu sichern suchen. Dies ist der Fall bei verstärkter Angebotsinduktion auf dem *Leistungsmarkt*, Angesichts eines auch dadurch bedingt steigenden Ausgabendrucks in der PKV wird es mittelfristig zur Etablierung eines Vertragsmarkts in der PKV kommen.[1380] Ein Vorteil der GKV ist auch das Potenzial einer besseren Abstimmung des Behandlungsprozesses.

Punkten kann die *PKV* im Leistungsmarkt, da Privatpatienten eine *präferenzengerechtere Versorgung* genießen. Dafür spricht z. B. die größere Wahlfreiheit der Leistungserbringer. Ferner ist die Gefahr von Moral Hazard durch Selbstbeteiligung reduziert.

Die *Transaktionskosten konnten nicht vergleichend quantifiziert* werden, sind in einem dualen System durch zwei Bürokratien von Natur aus aber höher. Geht man von einer höheren Effizienz der GKV aus, wofür v. a. erhebliche Nachteile der PKV im Finanzierungs- und Vertragsmarkt sprechen, dann ist die *GKV heutiger Prägung das allokativ effizientere System.*

Ob der Systemwettbewerb und der Versicherungstyp-immanente Wettbewerb in den einzelnen Teilmärkten zu einer hohen Allokationseffizienz führen, lässt sich grundsätzlich im Vergleich mit realen alternativen Versicherungssystemen beurteilen. Problematisch ist jedoch die mangelnde Übereinstimmung in nicht betrachteten Bereichen, so dass im Rahmen der Dissertation hierauf verzichtet wird.[1381] Mit der Effizienzbetrachtung ist *noch keine Aussage* über die *Gerechtigkeit und Nachhaltigkeit* des *dualen*

1379 Eine Preisdifferenzierung 3. Grades bei unterschiedlichem Versicherungsstatus ist nicht erlaubt. Preisdifferenzierung 1. Grades entspricht einer Abschöpfung der Zahlungsbereitschaften für jeden einzelnen Nachfrager. Preisdifferenzierung 2. Grades sind Preise abhängig von Mengen (Rabattverträge), der Qualität (Serviceleistungen) oder der Zeit (Wochentage), vgl. Fritsch et al. (1999), S. 194-197.

1380 Der PKV-Verband sieht die PKV-kritische Studie von Rürup et al. (2010). u. a. als Unterstützung der Forderung nach größeren Kompetenzen der PKV im Vertragsmarkt, vgl. PKV-Verband (2010f), S. 8-9. Forderungen nach Vertragskompetenz werden immer wieder von der PKV geäußert. Siehe z. B. aus Sicht des WIP Weber, C. (2006), S. 7. Ein Vorschlag bereits Mitte der 1990er Jahre zur Ausgabensteuerung durch vertragliche Beziehungen zu den Leistungserbringern wird vorgestellt in Expertenkommission (1996), S. 144-147. Erneut wurde der Vorschlag von der Kommission zur Reform des VVG geäußert, vgl. BMJ (2004), S. 165-166. Wie weit der Weg ist, zeigt ein zwischen der KVB und dem PKV-Verband auf Druck der Vertreterversammlung gekündigter Vertrag zu Qualitätsvereinbarungen, vgl. Stoschek (2010b).

1381 Siehe ausführlicher zum Input-Output-Vergleich des deutschen Gesundheitssystems mit anderen OECD-Ländern Abschnitt 7.3.2.1.2. Oft wird das Holland-Modell als Blaupause für Deutschland angegeben. Eine eins zu eins Übertragbarkeit scheitert alleine an der in der PKV angewendeten Kapitaldeckung, was bei der Reform in Holland im Jahr 2006 unproblematisch war. Vgl. kritisch Abschnitt 7.1.

Systems getroffen. Die allokative Überlegenheit der GKV könnte bei Berücksichtigung von *Gerechtigkeit und Nachhaltigkeit* verloren gehen. Beide Aspekte werden im nächsten Kapitel behandelt. *Erst dann kann* die *Notwendigkeit und Richtung der Neujustierung* des dualen Systems oder eine Abschaffung fundiert begründet werden.

6 Gerechtigkeit und Nachhaltigkeit im dualen Krankenversicherungssystem

Bei Fokus auf die gesundheitsökonomische Analyse des dualen Krankenversicherungssystems dürfen Gerechtigkeits- und Nachhaltigkeitsaspekte nicht vergessen werden.[1382] *Jeder Mensch* hat *Anspruch auf eine bedarfsgerechte Gesundheitsversorgung.*[1383] Die entscheidende Frage lautet, was darunter zu verstehen ist.

Der „*Mindestkatalog* der GKV" muss natürlich *finanziert* werden. Wählt man den Mindestkatalog zu hoch, wirken die i. d. R. von den besser Verdienenden aufzubringenden Gelder effizienzsenkend und bremsen das gesamtwirtschaftliche Wachstum. Sozialleistungen werden aus dem BIP finanziert, es gilt daher eine Balance zwischen Leistungs- und Bedarfsgerechtigkeit zu wahren. *Langfristig* könnte es, z. B. wegen einer zu weiten Definition von Bedarfsgerechtigkeit, zu einer *Aufkündigung des Generationenvertrages* kommen mit Auswirkungen auf die PKV. Gerechtigkeit und Nachhaltigkeit sind also essenzielle Nebenbedingungen bei der Beurteilung eines Krankenversicherungssystems.

In *diesem Kapitel* werden *Gerechtigkeit* und *Nachhaltigkeit* des dualen Krankenversicherungssystems *primär deskriptiv* beschrieben in der *Reihenfolge* Gerechtigkeit im Leistungsmarkt, Gerechtigkeit im Finanzierungsmarkt sowie Nachhaltigkeit strukturiert in Einnahmen- und Ausgabenseite. Der *Versicherte respektive Patient* steht im *Mittelpunkt des Gesundheitssystems.*

6.1 Gerechtigkeit im dualen Krankenversicherungssystem

Der *Begriff* Gerechtigkeit ist multidimensional.[1384] Im *Finanzierungsmarkt* geht es um die Aufbringung der Mittel nach Leistungsfähigkeit. Die Analyse wird für das duale System über die Betrachtung von Quersubventionen und der sog. fiskalischen Äquivalenz durchgeführt. Der Systemperspektive folgt die Untersuchung von horizontaler und vertikaler Gerechtigkeit in den Teilsystemen. Im *Leistungsmarkt* gibt es kein Pendant zur fiskalischen Äquivalenz. Entscheidend ist, ob jeder eine bedarfsgerechte Versorgung unabhängig vom Versichertentyp erhält. Leistungsgerechtigkeit ist nur dann akzeptabel, wenn das Mehr an Versorgung nicht den medizinischen Kernbereich betrifft. Der Abschnitt beginnt mit dem Leistungsmarkt, weil intergenerative Gerechtig-

---

1382 Vgl. Abschnitt 3.3 für den Nexus aus Allokation, Gerechtigkeit und Nachhaltigkeit.

1383 Vgl. Abschnitt 3.1.2.1.

1384 Vgl. Abschnitt 3.1.1.

keit als Bindeglied zwischen Gerechtigkeit und Nachhaltigkeit dem Finanzierungsmarkt zuzuordnen ist.

Der *Vertragsmarkt* ist *nicht Gegenstand* der Analyse.[1385] In einer reinen Marktwirtschaft ist der Preis der Arbeit bzw. der Lohn oder das Gehalt der Gleichgewichtspreis auf dem Arbeitsmarkt.[1386] Je nach Versicherungstyp sind Mengen- und Wertkomponente der Vergütungssysteme unterschiedlich. Insb. die Vereinheitlichung der Vergütungen durch das GKV-WSG führt zu regionalen Ungleichgewichten in der Vergütung, die in die Versorgung ausstrahlen.[1387]

6.1.1 Gerechtigkeit im Leistungsmarkt

GKV und PKV unterscheiden sich in einer Vielzahl idealtypischer Elemente, die sich zum Großteil diametral gegenüberstehen.[1388] Das Gerechtigkeitsverständnis in der *gesetzlichen Versicherung* ist *Bedarfsgerechtigkeit* und wird über *arbeitseinkommensabhängige* Beiträge verwirklicht. Wenn eine *bedarfsgerechte Versorgung* in der GKV *nicht gegeben* ist, kann von einer *ungerechten Zweiklassenmedizin* gesprochen werden.[1389] Das Thema Zweiklassenmedizin ist in den Medien sehr präsent und regelmäßig Gegenstand von Umfragen.[1390]

1385 Die Gerechtigkeit der Vergütung der Leistungserbringer, oder gar der Krankenversicherungen, ist ein spannendes Thema, würde aber bei ausführlicher Betrachtung den Rahmen der Arbeit sprengen. Der gerechte Lohn, oder z. B. bei privaten Kliniken der Gewinn, ergibt sich bei kollektiven Verträgen aus Verhandlungen, in selektiven Verträgen bei Wettbewerb im marktlichen Spiel von Angebot und Nachfrage. In der PKV wird der Vergütung des Arztes über die Steigerungssätze Grenzen gesetzt. Generell sind die Vergütungssysteme staatlich reguliert. Siehe detailliert Abschnitt 5.2 und Abschnitt 5.3.2. Die Folgen des GKV-WSG mit regionalem Schwerpunkt auf die Krankenkassen sind beschrieben in Neubauer, G.; Pfister; et al. (2009), S. 14-38.

1386 Vgl. Neubauer, G. (2004b), S. 101-106.

1387 Für die Vergütungsharmonisierung durch die Honorarreform vgl. Abschnitt 4.3.2.1.1 und ausführlicher mit dem Beispiel Bayern Neubauer, G.; Pfister; et al. (2009), S. 39-66.

1388 Vgl. Abschnitt 4.1.

1389 Albrecht et al. argumentieren, dass höhere Preise für eine höhere Qualität ökonomisch gerechtfertigt sind, wenn sie Ausdruck unterschiedlicher Risikopräferenzen und Zahlungsbereitschaften sind, vgl. Albrecht et al. (2009), S. 77-78. Dem ist zuzustimmen, holistisch und nicht ökonomistisch betrachtet ist eine höhere Qualität bei bedarfsgerechten Gesundheitsleistungen jedoch nicht akzeptabel. Wiederum sei darauf hingewiesen, dass der Umfang von Bedarfsgerechtigkeit strittig ist.

1390 Meyer fasst das Gesundheitsbarometer 2009 von Ernst & Young, basierend auf 2.000 erwachsene Personen, zusammen, indem neben der allgemeinen Zufriedenheit mit dem Gesundheitswesen zwei Fragen für die Fragestellung relevant sind. GKV- und PKV-Versicherte stufen die Qualität der ärztlichen Behandlung und die Ergebnisqualität bei praktischen Ärzten, Fachärzten und im Krankenhaus fast gleich ein. Der größte Unterschied in der Zufriedenheit bestand

Dagegen basiert die PKV auf *Leistungsgerechtigkeit*. Die Versicherten wählen *präferenzengerecht Leistungsbündel* und zahlen eine *risikoäquivalente Prämie*. Die Prämie ist leistungsgerecht, da bei gleichem Risiko und gleichen Leistungen für gleichaltrige Personen der gleiche Preis zu entrichten ist. Möchte sich jemand höher versichern, zahlt er eine höhere Prämie mit entsprechend erweitertem Leistungsanspruch.

Sachlich betrachtet können *zwei Fälle* der Zweiklassenmedizin unterschieden werden, die mit dem Begriffspaar Bedarfs- und Leistungsgerechtigkeit zusammenhängen. In der Folge wird der Terminus näher bestimmt und anschließend in seinen beiden Dimensionen bedarfsgerechte und bedarfsungerechte Zweiklassenmedizin jeweils gesondert untersucht. Der Abschnitt schließt mit der Analyse einer möglichen regionalen Versorgungsungerechtigkeit im dualen System.

6.1.1.1 Streitthema Zweiklassenmedizin

Als Annäherung an den Begriff Zweiklassenmedizin bietet sich an, eine fiktive *Einklassenmedizin* zu reflektieren.[1391] *Jeder Bürger* hätte Anspruch auf eine *identische medizinische Versorgung*, eine *freiwillige Besserversorgung* wäre *verboten*. Sobald ein privater höherwertiger Versicherungsschutz möglich wäre, würde dieser nachgefragt und es läge keine Einklassenmedizin mehr vor. Selbst bei Verbot der Möglichkeit einer persönlichen Erweiterung des Leistungskatalogs, was einer freiheitlichen Gesellschaft diametral zuwider läuft, käme es je nach Höhe der Einheitsversorgung zu kleineren oder größeren Ausweichreaktionen.[1392]

Das Musterbeispiel für eine alle Bürger umfassende, eher restriktive Grundversorgung ist der NHS in Großbritannien. Dort ist der Zukauf von Gesundheitsleistungen nicht verboten. Vielmehr gibt es nicht zuletzt wegen der staatlich engen Pflichtversorgung ein breit gefächertes Angebot von Ärzten und Kliniken ausschließlich für Privatzahler.[1393] Es ist plausibel, dass ein niedriges Niveau der Einheitsversorgung, verstanden als Grundversorgung aller Bürger, die nicht verhinderbare Tatsache der Zweiklassenmedizin deutlicher wahrnehmen lässt, als bei einer umfassenden Grundversorgung.[1394]

---

bei Wartezeiten im ambulanten Bereich, und dort wiederum bei fachärztlicher Behandlung. Privatpatienten waren im Vorteil, vgl. Meyer, J. (2009), S. 150-152.

1391 Vgl. PKV-Verband (2008c), S. 3-4.

1392 In grenznahen Bereichen kann man sich bspw. Selbstzahler bei im Nachbarland erbrachten Gesundheitsleistungen vorstellen. Ebenso denkbar ist eine Art Schwarzmarkt für inländische Gesundheitsleistungen.

1393 Vgl. PKV-Verband (2008c), S. 4.

1394 Eine „c. p.-Beschränkung" gilt beim Gesundheitssystem als Teil des sozialen Systems einer Gesellschaft wie auch bei der Sozialleistungsquote. In den USA wird Zweiklassenmedizin bei gleichem Verhältnis zwischen Grund- und Zusatzversorgung kulturell begründet mutmaßlich weniger stark wahrgenommen als in Deutschland, vgl. Abschnitt 3.1 und die dort angegebene Literatur.

Akzeptiert man den *Leistungskatalog der GKV* als *bedarfsgerecht*, *dann kann* von einer *ungerechten Zweiklassenmedizin* gesprochen werden, wenn die im dritten Kapitel des SGB V aufgeführten Leistungen nicht dem allgemein anerkannten Stand der medizinischen Erkenntnisse entsprechen und zugleich die so beschriebenen Gesundheitsleistungen nicht für alle GKV-Versicherten zugänglich sind.[1395,1396] Dieses *Verständnis vernachlässigt* jedoch, dass es abgesehen von der medizinischen Kernleistung *Serviceleistungen* gibt, die den Heilungserfolg bei Krankheit nicht erhöhen. Im *Duden* hat der Begriff Zweiklassenmedizin mittlerweile Eingang gefunden und wird mit *„oft emotionaler Sprachgebrauch"* konnotiert.[1397] Der emotionale Sprachgebrauch zielt in erster Linie auf eine vermutete, durch die Existenz der PKV begründete, nicht bedarfsgerechte medizinische Versorgung von gesetzlich Versicherten ab.

Eine *Möglichkeit* der *Verdrängung von bedarfsgerechten Gesundheitsleistungen* für GKV-Versicherte durch die PKV sind längere *Wartezeiten* bei Terminen und in der Arztpraxis, die Gesundheitsfolgen nach sich ziehen. Keine Verdrängung oder Verlängerung der Wartezeit von gesetzlich Versicherten findet statt, wenn Vertragsärzte zusätzliche Behandlungszeiten für PKV-Versicherte einrichten, solange zu den normalen Öffnungszeiten alle Versicherten bedarfsgerecht behandelt werden können.[1398] Im Gegenteil bleibt je Patient mehr Zeit zur Behandlung. Bei Arzneimitteln ist analog eine ungerechte Zweiklassenmedizin nicht zu vermuten, da die Pharmaunternehmen ihre Kapazitäten quasi nach Belieben ausweiten können. Einschränkungen für gesetzlich Versicherte durch Rabattverträge sind politisch gewollt und dem dualen System nicht anzulasten. Die Innovationsquote respektive der Anteil von Originalen ist in der PKV höher als in der GKV.[1399] Da sich Generika von Originalen medizinisch nicht unterscheiden, ist von einer Unterversorgung in der GKV nicht auszugehen.[1400]

1395 § 2 S. 3 SGBV i. V. m. §§ 11-68 SGBV.

1396 Als Einstieg in die Thematik bietet sich die Themenseite des Forums Gesundheitspolitik mit weiterführender verlinkter Literatur an, vgl. Forum Gesundheitspolitik (2009).

1397 Vgl. Dudenredaktion (2007). Siehe für die negative Konnotation auch PKV-Verband (2008c), S. 2.

1398 Im Rahmen von GKV-Hausarztverträgen werden ebenfalls erweiterte Sprechstunden angeboten. Zusätzliche Behandlungszeiten wie Wochenendsprechstunden ausschließlich für Privatpatienten können als besondere Serviceleistung bezeichnet werden. Sie ist Ausdruck einer Leistungs- und Qualitätsdifferenzierung ohne Benachteiligung Dritter, vgl. für das Argument PKV-Verband (2008c), S. 12. Kritischer zu sehen ist das vorgetragene Argument, gesetzlich Versicherte würden alleine wegen Budgetvorgaben ins nächste Quartal verschoben. Abgesehen davon, dass das Versichertenaufkommen durch eine Verschiebung in ein neues Quartal unverändert bleibt, ist die Terminvergabe für GKV- und PKV-Patienten nicht voneinander unabhängig.

1399 Vgl. Wild (2010), S. 80-81.

1400 Siehe für einen Beleg der hohen Qualität von heute in Deutschland hergestellten Generika Abschnitt 5.2.2.2.2.

Bestehen *Unterschiede im Service* der Leistungserbringung, wie z. B. Länge der Wartezeiten, ist von einer bedarfsungerechten Zweiklassenmedizin solange nicht zu sprechen, wie der Erfolg der medizinischen Behandlung in der GKV durch die Existenz der PKV nicht beeinträchtigt wird. Im Gegenteil wird dann die Qualität der Gesundheitsleistungen auch für gesetzlich Versicherte erhöht, weil die Leistungserbringer z. B. wegen eines intensiveren Qualitätswettbewerbs um anspruchsvolle, lukrative Privatpatienten ihre Strukturqualität tendenziell verbessern.[1401] Eine *bedarfsgerechte Zweiklassenmedizin* ist dann nicht nur legitim, sondern als positiver externer Effekt der PKV auf die GKV zu werten.[1402]

Eine Befragung der *Bertelsmann Stiftung* aus dem Jahr 2009 von 1.500 repräsentativ ausgewählten Personen bestätigt die *Dominanz von Service-Unterschieden.*[1403] 90 % aller Befragten assoziierten Wartezeiten auf einen Behandlungstermin und 84 % Wartezeiten in der Praxis mit Zweiklassenmedizin. Immerhin 63 % waren der Meinung, dass die Medikamente besser in der PKV wären, 65 % der Personen empfanden dort den Stand des MTF als höher sowie 56 % hielten die Sorgfalt der Untersuchung bei PKV-Patienten größer. Damit zeigt sich, dass die Bevölkerung nicht nur eine Ungleichbehandlung bei Serviceleistungen wahrnimmt. Aus der Sicht niedergelassener Ärzte wurde die Frage nach der Zweiklassenmedizin von fast 70 % der Befragten bejaht, bei den Krankenhausärzten immerhin noch von über 60 %.[1404]

Nicht vergessen werden darf, dass zunehmend in der *GKV* eine *Zweiklassenmedizin entstehen könnte.* Durch die Wahltarife *Kostenerstattung* und *Arzneimittel der besonderen Therapierichtungen* wird der Versicherungsumfang über den gesetzlichen Leistungskatalog hinaus erweitert.[1405] *Chefarztbehandlung* kann jeder gesetzlich Versicherte zumindest über die PKV höher versichern, was auch mehr als 5 Mio. GKV-Versicherte tun.[1406] Da sich GKV-Versicherte Wahltarife frei aussuchen können, ist eine Höherversicherung jedem möglich und eine Mehrklassenmedizin folglich rechtlich nicht vorgeschrieben und daher unkritisch. Dagegen ist für das Gros der gesetzlich Versicherten ein Wechsel in die PKV nicht möglich.

1401 Die Existenz eines Qualitätswettbewerbs wird argumentativ unterlegt in Abschnitt 5.3.1.2.

1402 Sowohl negative als auch positive externe Effekte sind allokativ ineffizient. Eine bedarfsgerechte Zweiklassenmedizin begründet mitnichten alleine das duale Krankenversicherungssystem.

1403 Vgl. Marstedt (2009), S. 4. Dennoch fühlen sich 75 % der gesetzlich Versicherten (90% privat) gut oder sehr gut versorgt, so eine Versichertenumfrage der Forschungsgruppe Wahlen zitiert in o.V. (2010b), S. 4.

1404 Vgl. NAV Virchow Bund (2009), S. 5.

1405 Mit dem GKV-WSG wurde die Flexibilität von Kostenerstattung erweitert und damit für Versicherte attraktiver, vgl. Abschnitt 4.3.1.1.3 und Abschnitt 4.3.2.1.3.

1406 Inwieweit die GKV solche Tarife anbieten darf, ist rechtlich umstritten, vgl. den Exkurs nach Abschnitt 4.3.1.1.3. Siehe auch PKV-Verband (2008c), S. 17.

Ebenso ist *privat Versicherter nicht gleich privat Versicherter*. Es gibt Luxustarife, Normaltarife und den Basis- und Standardtarif.[1407] Je nach Höhe der maximalen Steigerungssätze in GOZ und GOÄ ist es denkbar, dass Basis- oder Standardtarif-Versicherte sogar schlechter behandelt werden als in der GKV.[1408]

6.1.1.2 Leistungsgerechtigkeit durch Serviceunterschiede

Leistungsgerechtigkeit als Antipode von Bedarfsgerechtigkeit ist Teil der Verteilungsgerechtigkeit. Wer mehr ausgibt, hat Anspruch auf eine bessere Gegenleistung. Besser kann bedeuten eine höhere Qualität des gleichen Produkts, andere Produkte oder mehr vom gleichen Produkt. In diesem Abschnitt wird untersucht, inwieweit Privatversicherte bei für gleiche medizinische Leistungen höheren Pro-Kopf Prämienaufkommen gegenüber Pro-Kopf Beiträgen in der GKV eine bessere Servicequalität in Anspruch nehmen können.

6.1.1.2.1 Prämienhöhe und Leistungsgerechtigkeit

Privatversicherte zahlen in Bezug auf ihren besseren Gesundheitszustand tentativ mehr für die *gleiche medizinische Leistung*.[1409] Dies ist ein Verstoß gegen das Prinzip der Leistungsgerechtigkeit. Tentativ deswegen, weil der GKV-Leistungskatalog und die Leistungsbündel in der PKV nicht direkt vergleichbar sind. In Teilen hat die GKV ein umfassenderes Angebot, wie z. B. Rehabilitations- oder palliative Leistungen.[1410] Umgekehrt werden von der PKV Leistungen über die Schulmedizin hinaus erstattet.[1411]

Ein großer Teil des relativ höheren Finanzierungsbeitrags wird gemäß dem Äquivalenzprinzip für eine *Höherversicherung* ausgegeben.[1412] Im *stationären* Bereich ist

---

1407 Vgl. Abschnitt 4.3.1.1.4.

1408 Vgl. für die Höhe der Gebührensätze in Basis- und Standardtarif Abschnitt 4.3.2.1.4. Siehe für die Möglichkeit einer Ablehnung der Behandlung eines Patienten durch einen Zahnarzt Neubauer, G. und Minartz (2006), S. 22. Grundsätzlich haben KBV und KVen ärztliche Versorgung für Basis- und Standardtarifversicherte sicherzustellen, vgl. § 75 Abs. 3a S. 1 SGBV. Ein analoger Passus für die KZBV und KZVen fehlt.

1409 Dies ist im ambulant-ärztlichen Bereich evident, vgl. Abschnitt 6.1.2.1.2 für sog. Mehrumsätze.

1410 Vgl. hierzu Abschnitt 4.3.2.2.3.

1411 Vgl. § 4 Abs. 6 MB/KK (2009).

1412 Eine interessante Fragestellung ist es, die jeweiligen Anteile der höheren Prämien in der PKV in Bezug auf den besseren Gesundheitszustand einerseits bei gleichen medizinischen Leistungen und andererseits der Höherversicherung durch Serviceleistungen zu berechnen. Problematisch sind dabei die Tarifvielfalt in der PKV, die wegen der verschiedenen Gebührenordnung schwierige Vergleichbarkeit der ambulant-ärztlichen Leistungen, die pekuniäre Quantifizierung der größeren Wahloptionen privat Versicherter usw.

i. d. R. bei privat Versicherten *Chefarztbehandlung* sowie *Ein- oder Zweitbettzimmer* in den Tarifen enthalten. *Serviceleistungen* kosten Geld und sind geldwert, da eine Gegenleistung erbracht wird. Akut-stationär genießen Privatpatienten Annehmlichkeiten wie z. B. einen *schnelleren Termin*, *kürzere Wartezeiten in der Praxis* und ggf. einen *freundlicheren Arzt*, der sich *mehr Zeit nimmt* als bei Kassenpatienten.[1413] Bei Wartezeiten auf einen Termin kann es durchaus zu einer Verletzung der Bedarfsgerechtigkeit kommen, wenn medizinisch Dringlichkeit indiziert ist.

Neben der Höherversicherung in Form von Serviceleistungen stehen den *Privatpatienten mehr Wahloptionen an Leistungserbringern* zur Verfügung, die zudem *unkomplizierter aufgesucht* werden können.[1414] Dies betrifft im Wesentlichen die größere Auswahl an niedergelassenen Ärzten und Krankenhäusern. Der gesetzlich Versicherte ist auf Plankrankenhäuser und Vertragsärzte beschränkt. Zugang zu einer stationären Einrichtung ist in der GKV nur nach Einweisung des Vertragsarztes erlaubt, es sei denn bei Notfällen.

Serviceleistungen rechtfertigen im Sinne der Leistungsgerechtigkeit höhere Prämien. Angesichts der hohen Vergütungsunterschiede für vergleichbare Leistungen im ambulant-ärztlichen Bereich ist das *Ausmaß der Leistungsgerechtigkeit* bei *Serviceleistungen nicht genau quantifizierbar*. Die Bestimmung des sog. Mehrumsatzes kann direkt auf Basis vorhandener Mengen- und Preise erfolgen, während man kürzere Wartezeiten oder größere Wahlmöglichkeiten in Euro umrechnen müsste.[1415] Die folgenden Ausführungen beschränken sich auf die quantitative Identifikation von Serviceleistungen wie die Anzahl der Minuten im Wartezimmer, ohne sie monetär zu bewerten.

6.1.1.2.2 Empirische Belege besserer Service-Leistungen

Besserer Service durch Höherversicherung ist evident und muss nicht eigens empirisch belegt werden. Entweder hat jemand Anspruch auf Chefarztbehandlung oder nicht.[1416] Analog sind größere Wahlmöglichkeiten der Leistungserbringer mit einfacherem Zugang ein Faktum.[1417] Hingegen sind kürzere Wartezeiten empirisch zu belegen.

1413 Ökonomisch sind kürzere Wartezeiten für privat Versicherte zu akzeptieren, da diese i. d. R. höhere Opportunitätskosten haben.

1414 Vgl. ausführlich Abschnitt 5.3.1.1.

1415 Der Mehrumsatz als Teil finanzieller Subventionen der PKV an die GKV wird in Abschnitt 6.1.2.1.2 im Rahmen der fiskalischen Äquivalenz behandelt.

1416 Inwiefern Chefarzt-Behandlung mehr als Serviceleistung ist, konnte empirisch nicht belegt werden. Ein erfahrener Arzt ist geschickter und weiser, hat jedoch tendenziell weniger Zeit für den Patienten.

1417 Vgl. Abschnitt 5.3.1.1.

Eine frühe Untersuchung von Wartezeiten und ärztlichen Behandlungsdauer in der ambulanten Praxis haben *Neubauer und Birkner* durchgeführt.[1418] Basierend auf 5.000 zufällig ausgewählten Adressen mit einer Antwortquote von 50 % konnte ein statistisch belastbarer Vergleich zwischen gesetzlich und privat Versicherten erfolgen. Getrennt für männliche und weibliche Versicherte im Alter zwischen 18 und 55 Jahren ergaben sich *Wartezeiten* in der Praxis bei männlich AOK-Versicherten von 45,2 Minuten (Frauen 47 Minuten) gegenüber 43,6 Minuten (Frauen 44,2 Minuten) bei Ersatzkassenangehörigen und für männlich Privatversicherte 23,9 Minuten (Frauen 28,6 Minuten).[1419] Die *Behandlungsdauer* unterstützt die These, dass in der PKV die Service-Leistungen besser sind. Männlich AOK-Versicherte wurden 10,5 Minuten (Frauen 10,5 Minuten), bei Ersatzkassen Männer 11,7 Minuten (Frauen 11,0 Minuten) und in der PKV Männer 11,9 Minuten (Frauen 13,5 Minuten) behandelt. Prozentual sind die Unterschiede beachtlich. Männliche AOK-Versicherte werden um 13 % und weibliche um 29 % kürzer behandelt (Ersatzkassen entsprechend 17 % und 23 %).[1420]

Neuere Studien bestätigen die Ergebnisse im *ambulanten Bereich. Lüngen et al.* haben telefonisch 189 *Facharztpraxen* mit fünf verschiedenen elektiven Anliegen kontaktiert, um einen *Termin* zu erhalten.[1421] 128 Praxen wurden eingeschlossen. Die Wartezeiten waren über die fünf Bereiche ca. *dreimal länger* in der *GKV*. Die Unterschiede scheinen bei Facharztterminen größer als bei Hausarztterminen zu sein, was auch in den weiteren Studien bestätigt wurde. Eine im Jahr 2008 durchgeführte Bevölkerungsumfrage des *BKK-Bundesverbands* (BKK-BV) ergab große Differenzen in der Wartezeit auf einen *Termin* für Patienten *ohne akute Beschwerden*.[1422] Die durchschnittliche Wartezeit betrug für GKV-Versicherte 26 Tage und für PKV-Versicherte 12 Tage.[1423] Sitzt der Patient *in der Praxis* und hatte er einen Termin, so wartet er im Durchschnitt 25 Minuten in der GKV und 20 Minuten in der PKV.[1424] Analog ergab eine Telefon-

1418 Vgl. Neubauer, G. und Birkner (1980).

1419 Die Unterschiede zwischen AOK- und Ersatzkassen-Versicherten sind keiner Diskriminierung geschuldet, sondern der sozio-demographisch bedingten räumlichen Verteilung, vgl. Neubauer, G. und Birkner (1980), S. 155.

1420 Die Autoren räumen ein, dass eine nach Kassenart differierende Krankheitsschwere ein Grund dafür sein könnte, vgl. Neubauer, G. und Birkner (1980), S. 156. Angesichts der beträchtlichen Unterschiede dürfte der Versicherungstyp wie bei der Wartezeit eine Rolle spielen. Die Ergebnisse dieser repräsentativen Bevölkerungsumfrage beruhen auf 15 detaillierten Fragen.

1421 Vgl. Lüngen, Markus et al. (2008), S. 1. Die fünf Anliegen waren Allergie- und Lungenfunktionstest, Pupillenerweiterung-Test, Magenspiegelung, Hörtest sowie MRT des Knies. Die Studie wird nur bei Servicequalität aufgeführt, da Anzeichen für Unterversorgung im kritischsten Bereich der Magenspiegelung, womit sich Anzeichen für Krebs feststellen lassen, aufgrund der geringen Anzahl der Anrufe kaum Aussagekraft besitzen. Hier wurde nur je fünfmal als Privatversicherter und gesetzlich Versicherter angerufen, vgl. Lüngen, Markus et al. (2008), S. 5.

1422 Es wurden 6.000 Personen ab 14 Jahre befragt.

1423 Vgl. BKK-BV (2008), S. 9.

1424 Vgl. BKK-BV (2008), S. 10.

umfrage der *KBV*, dass der Versicherungstyp bei Wartezeiten eine Rolle spielt. Sowohl bei der Wartezeit für einen *Behandlungstermin* als auch im *Wartezimmer* werden PKV-Patienten bevorzugt. 44% der gesetzlich Versicherten, aber 54% der Privatpatienten haben für ihren letzten Arztbesuch sofort einen Termin bekommen.[1425]

Ein ähnliches Bild ergibt sich im *Krankenhaus*. *Sauerland et al.* ließen 687 Anrufe mit Bitte um einen Krankenhaustermin durchführen.[1426] Die Krankheitsbilder betrafen keine Notfälle, erfordern aber zwingend einen medizinischen Eingriff. Eine Behandlung innerhalb von zwei Wochen ist medizinisch indiziert. Jedes vierte in der Studie getestete Krankenhaus fragte von sich aus den Versichertenstatus ab, 75 % jedoch nicht.[1427] Als Ergebnis zeigte sich dann: Je nach Krankheitsbild warteten die gesetzlich Versicherten unterschiedlich lange auf einen Termin.[1428] Bei der Indikation "Knöchelbruch" mussten gesetzlich Versicherte mehr als doppelt so lange warten als privat Versicherte, nämlich 4,7 Tage im Vergleich zu 2,1 Tagen. Bei der Indikation Herzkranzgefäßverengung (Stenose) lag die Wartezeit der gesetzlich Versicherten 18 % (13,9 bzw. 11,8 Tage) über den privat Versicherten. Während 41 % der privat Versicherten innerhalb einer Woche einen Termin erhielten, waren es bei den gesetzlich Versicherten nur 28 %. *Besserer Service* wird *Privatversicherten* auch im *Krankenhaus* geboten, wenn auch in geringerem Ausmaß als in der ambulant ärztlichen Versorgung.

Einige der angesprochenen Studien wollten neben der Dimension Service-Qualität auch herausfinden, ob GKV-Patienten bedarfsgerecht behandelt werden. Sollte ein Patient innerhalb der medizinisch indizierten maximalen Wartezeit nicht therapiert werden, dann kann nicht von einer bedarfsgerechten Behandlung ausgegangen werden.

6.1.1.3 Bedarfsgerechtigkeit

Bedarfsgerechtigkeit liegt dann vor, wenn der Patient eine *medizinisch adäquate Behandlung* erhält.[1429] Für ein Krankheitsbild gibt es oftmals mehrere Behandlungsalternativen. Solange die medizinische Versorgung adäquat ist, sind *Unterschiede* im *öko-*

1425 Es wurden 4.315 zufällig ausgewählte Bürger befragt zwischen 18 und 79 Jahren, vgl. für die Ergebnisse KBV (2006b), S. 11-13. Zur Wartezeit in der Praxis wurde keine konkrete Angabe gemacht.

1426 Vgl. Sauerland et al. (2008). Diejenigen Krankenhäuser, die aktiv den Versichertenstatus abfragten, wurden zwei Wochen später noch einmal von demselben Forscher angerufen, der sich nun als fiktiver Privatpatient ausgab. Damit wurde die Vergleichbarkeit der Ergebnisse erhöht.

1427 Der relativ geringe Anteil, für den der Versicherungstyp relevant ist, erklärt sich aus gleichen Preisen für gleiche Leistung in der Regelversorgung. Ebenso kritisch zu einer Übervorteilung der gesetzlich Versicherten siehe WIP (2008).

1428 Vgl. Sauerland et al. (2008), S. 17.

1429 Zur Ausgestaltung eines bedarfsgerechten Leistungskatalogs siehe ausführlicher Abschnitt 7.3.2.2.

nomischen Aufwand der Behandlung für die Bedarfsgerechtigkeit ohne Belang.[1430,1431] In der GKV gilt jedoch das Wirtschaftlichkeitsgebot, durch das Kosten und Nutzen von Behandlungsalternativen gegenübergestellt werden.[1432] *Nicht bedarfsgerecht* ist *Unter-, Über-* und *Fehlversorgung.*[1433] Unterversorgung und Fehlversorgung sind schädlich, während Überversorgung ineffizient ist, aber nicht notwendigerweise medizinisch nachteilig.

SGB V-konform nach dem *SVRKAiG* beinhaltet *Unterversorgung* die teilweise oder gänzliche Verweigerung einer Versorgung trotz individuellen, professionell, wissenschaftlich und gesellschaftlich anerkannten Bedarfs, obwohl Leistungen mit hinreichend gesichertem Nutzen und in effizienter Form zur Verfügung stehen. Eine Versorgung über die *Bedarfsdeckung hinaus* ist *Überversorgung*, d. h. eine Versorgung mit nicht indizierten Leistungen, oder mit Leistungen ohne hinreichend gesicherten Netto-Nutzen (medizinische Überversorgung) oder mit Leistungen mit ineffizientem Kosten-Nutzen-Verhältnis (ökonomische Überversorgung). *Fehlversorgung* ist jede Versorgung, durch die ein *vermeidbarer Schaden* entsteht, wie eine nicht fachgerechte Versorgung, nicht bedarfsgerechte Leistungen[1434] die zu Schaden führen oder die *unterlassene oder nicht rechtzeitige* Durchführung einer angezeigten Therapie.[1435]

Die letzten beiden Fälle von Fehlversorgung sind direkt verbunden mit *gleichen Zugangschancen*, die wiederum *nicht gleichen Zugang* oder *gar Bedarfsgerechtigkeit* bedeuten müssen.[1436] *Soziale Ungleichheit* ist *korreliert* mit dem *Versichertentyp*, die

---

1430 So auch der SVRKAiG: „Eine an sich bedarfsgerechte Versorgung kann somit durchaus mit einer unwirtschaftlichen Leistungserstellung einhergehen“, vgl. SVRKAiG (2002b), Ziff. 26.

1431 Es gilt z. B. die Einschränkung, dass schmerzfreiere Behandlungsalternativen vorzuziehen sind, wenn die Kosten nicht wesentlich höher als bei der schmerzhaften Alternative sind. Ebenso ist die unkomfortablere, mit größeren Umständen verbundene günstigere Methode vorzuziehen. Der Autor ist der Meinung, dass eine gewisse Leidensfähigkeit bei extremen Disparitäten und keinen bleibenden Schäden zumutbar ist. Die Ressourcen sind begrenzt und können an anderer Stelle jemandem eine bessere Behandlung ermöglichen. Die Abgrenzung ist freilich schwierig und von der konkreten Situation abhängig.

1432 § 12 Abs. 1 SGBV. Eine bekannte Abwägung ist die Frage der Wirtschaftlichkeit kurzwirksamer Insulin-Analoga, die ca. 30 % teurer als Normalinsulin sind, jedoch 15 Minuten schneller wirken, vgl. z. B. Nopper (2006b), S. 8.

1433 Ausführlich siehe SVRKAiG (2002b), Ziff. 29. Die Systematik wird deutlicher anhand einer Tabelle, vgl. Anhang 8.

1434 Eine nicht fachgerechte Versorgung und insb. nicht bedarfsgerechte schädliche Leistungen sind gleichzeitig Überversorgung.

1435 Jene Formen der Unterversorgung, bei denen überhaupt keine Versorgung bzw. kein Behandlungskontakt stattgefunden hat, werden vom SVRKAiG nicht als Fehlversorgung bezeichnet, vgl. SVRKAiG (2002b), Ziff. 29, Fn. 13.

1436 C. p. haben gebildetere und / oder wohlhabendere Menschen einen leichteren Zugang zu Gesundheitsleistungen. Ein Teil der Erklärung sind Kontakte zu Leistungserbringern, ein anderer Grund ist eine bessere Kommunikation des Gesundheitsproblems. Mit zunehmendem Bil-

Kausalkette geht jedoch c. p. wie folgt: hoher Bildungsstand und / oder Einkommen erlaubt PKV, gleichzeitig führt ein höherer sozialer Status bei de jure gleichen Zugangschancen zu besserem Zugang und besserer Behandlung, so dass Fehlversorgung primär nicht am Versicherungstyp liegt.

6.1.1.3.1 Unterversorgung

Einige der angesprochenen Studien versuchten über die Analyse der Wartezeit auf Termine neben der Dimension Service-Qualität herauszufinden, ob GKV-Patienten unterversorgt sind. Dabei ist eine *Überschreitung* der medizinisch *indizierten maximalen Wartezeit* als Unterversorgung aufzufassen, analog wenn bei Äußerung *akuter Beschwerden* der Leistungserbringer seiner ärztlichen Behandlungspflicht nicht adäquat nachkommt.

Die Studie des *BKK-BV* ergab Differenzen in der Wartezeit auf einen *Termin* für Patienten *mit akuten Beschwerden*. Selbst wenn akute Beschwerden bei der Terminplanung geäußert wurden, ergaben sich Unterschiede in der Wartezeit. Gesetzlich Versicherte warteten nach Anruf im Schnitt 8 Tage, während privat Versicherte im Mittel nur 3 Tage warten mussten.[1437] Die *Wartezeiten in der Praxis* bestätigten das Bild: GKV-Patienten mit akuten Beschwerden warten in der Praxis im Durchschnitt 35 Minuten, PKV-Patienten 27 Minuten.[1438]

Sauerland et al. ließen für den *stationären Bereich* in der telefonischen *Terminvereinbarung* zwar keinen akuten Bedarf abfragen, Aussagen über die Bedarfsgerechtigkeit konnten indirekt durch die bei den Krankheitsbildern angezeigte maximal zweiwöchige Wartezeit auf einen Termin dennoch getroffen werden. Zwei Wochen nach dem Anruf erhielten 73 % der gesetzlich Versicherten einen Termin, während der Anteil privat Versicherter bereits bei 81 % lag.[1439] Motiviert sein dürfte die Selektion bei eigentlich homogenen DRG's durch die höheren Erlöse bei Privatpatienten, der Vermutung geringerer Kosten bei tendenziell gesünderen PKV-Patienten und einer höheren Präferenz der Privatpatienten für kurze Wartezeiten.[1440]

---

dungsstand und / oder Einkommen kann ein Patient beim Arzt in seiner Rolle als Co-Produzent von einer Behandlung stärker profitieren, vgl. Abschnitt 3.1.1.1 und dort angegebene Literatur.

1437 Vgl. BKK-BV (2008), S. 9.

1438 Vgl. BKK-BV (2008), S. 10.

1439 Vgl. Sauerland et al. (2008), S. 19.

1440 Für die Argumente siehe auch Wübker (2009), S. 40-41,150-152. Auch wenn gesetzlich Versicherte Wahlleistungen Krankenhaus versichert haben, betrifft dies eine Minderheit, so dass die Frage GKV oder PKV bei 25 % der Krankenhäuser einen recht guten Filter für lukrative Fälle darstellt.

Gleichläufig sind die Ergebnisse einer bisher noch nicht angeführten Studie von *Zok* auf Basis des WIdO-monitors.[1441] In dieser Studie kontrollierte man indirekt die *Arztdichte*, indem die Versicherten *nach Größe des Wohnorts* eingeteilt wurden. Bei der regionalen Betrachtung der Umfrageergebnisse werden unterschiedliche Wartezeiten für Arzttermine zwischen Stadt und Land deutlich. So nimmt der Prozentsatz der Privatpatienten, die *bei akuten Beschwerden* sofort bzw. am nächsten Tag einen Termin bekommen haben, mit wachsender Bevölkerungsdichte der Region (und höherer Facharztdichte) deutlicher zu (von 34 % auf 52,5 %) als bei gesetzlich Versicherten (von 25,5 % auf 34,0 %). Auch in Großstädten ab 500.000 Einwohnern müssen immerhin 20,8 % trotz Beschwerden länger als zwei Wochen warten – bei Privaten sind es nur 2,5 %.[1442]

Die Ergebnisse der Studien im ambulanten und stationären Sektor deuten auf Bedarfsungerechtigkeit hin, während in der Arzneimittelversorgung von einer bedarfsgerechten Versorgung der GKV-Versicherten wegen des Kapazitätsarguments auszugehen ist. In einem Beitrag des *PKV-Verbandes* zur Problematik der Zweiklassenmedizin wird das Ausmaß der Wartezeitenunterschiede im dualen System hinterfragt.[1443] Als Ausgangspunkt für eine Überschlagsrechnung dient die Studie des WIdO. Die PKV hat einen fast neunmal geringeren Marktanteil als die GKV. Bei dem in der WIdO-Studie festgestellten Wartezeitenverhältnis zwischen privat und gesetzlich von 1:2,5 wartet dementsprechend ein Privatpatient bspw. 5 und ein gesetzlich Versicherter 12,5 Tage auf eine ärztliche Behandlung. Würde man die PKV diesem Argument folgend auflösen und mit allen Mitteln in die GKV integrieren, ergäben sich für alle 79 Mio. Versicherte Wartezeiten von 11,7 Tagen gegenüber der Situation mit dualem System. Dies sind 0,8 Tage Differenz.[1444]

Zusammenfassend ergibt sich damit in den ärztlichen Bereichen eine *leichte Unterversorgung* in der *GKV*, die dem dualen System anzulasten ist.[1445] Angesichts der im Bezug auf den Behandlungsbedarf knapper werdenden Mittel im Gesundheitssystem und der größeren Ausgabendämpfungsmaßnahmen in der GKV ist eine Verschärfung der heute nur gering ausgeprägten bedarfsungerechten Zweiklassenmedizin zu befürch-

1441 Vgl. Zok (2007). Die Studie ist aus dem Jahr 2006. Im WIdO-monitor sind die Ergebnisse zusammengefasst, die Besetzungsstärke betrug bei jeder Ortsgröße jeweils für GKV und PKV mindestens 50 Personen, vgl. Zok (2007), S. 6.

1442 Vgl. Zok (2007), S. 5-6.

1443 Vgl. PKV-Verband (2008c), S. 13.

1444 „Einen Schaden im nennenswerten Umfang erleiden gesetzlich Versicherte durch verkürzte Wartezeiten der Privatpatienten definitiv nicht“, PKV-Verband (2008c), S. 13.

1445 Greß sieht bereits heute massive Zugangsbeschränkungen mit negativen Folgen für die Gesundheit von gesetzlich Versicherten, was erst seit Anfang 2000 gilt, vgl. Greß (2009), S. 83.

ten.[1446] Der Anreiz für die Leistungserbringer, Einnahmeausfälle durch Privatpatienten zu kompensieren, steigt. Aus einer Unterversorgung von gesetzlich Versicherten kann eine Überversorgung und im schlimmsten Fall Fehlversorgung für privat Versicherte entstehen.

6.1.1.3.2 Überversorgung und Fehlversorgung

Überversorgung kann mit Fehlversorgung einhergehen, eine Fehlversorgung ist bis auf die Fälle nicht rechtzeitiger oder gar unterlassener Behandlung immer auch Überversorgung. In Deutschland gibt es sicher Unter-, Über- und Fehlversorgung, wie der gleichnamige Band des SVRKAiG deutlich macht.[1447] Dies ist in der Allgemeinheit jedoch nicht Thema der Dissertation, der Fokus liegt auf durch das duale System bedingte Fehlentwicklungen. Für die Analyse der Bedarfsgerechtigkeit und spezieller der Zweiklassenmedizin ist daher die Frage nach einer durch den *Versichertenstatus bedingten Über- respektive Fehlversorgung* relevant.

Zwei Fälle sind zu unterscheiden. Beruht eine Über- und / oder Fehlversorgung auf mangelnder medizinischer Expertise des Arztes, dann ist der Versichertenstatus nicht wichtig und damit die Frage der Gerechtigkeit des dualen Systems hinfällig. Im anderen Fall trifft der *Arzt* eine *bewusste Entscheidung* der Behandlungsart zwischen mehreren Optionen.

Eine absichtliche Fehlversorgung ist der Ärzteschaft nicht zu unterstellen. Ein Arzt handelt nach bestem Wissen und Gewissen und dürfte das *Wohl des Patienten* unabhängig vom Versichertenstatus an *erster Stelle* setzen. Dennoch besteht die *Versuchung*, bei Annahme der Nichtschädigung des Patienten das *Einkommen zu optimieren*, indem die Gesundheit nicht beeinträchtigende, aber unnötige Behandlungen durchgeführt werden.

Voraussetzung für eine durch den *Arzt induzierte*, über den medizinischen Bedarf hinausgehende Behandlung ist, dass der Leistungserbringer einen Teil der Vergütung aus dem induzierten Angebot *behalten kann.*[1448] Der *Patient* ist an einer bedarfsgerechten Behandlung interessiert und kann aufgrund der Informationsasymmetrie den Unterschied zwischen bedarfsgerechter Versorgung, Überversorgung oder gar Fehlversorgung selbst nicht feststellen. Im Gegenteil wird der Patient eher von „Mehr hilft Mehr"

1446 Nach einer Umfrage des Instituts für Demoskopie Allensbach zitiert vom PKV-Verband befürchten 76 %, dass sich die Zweiklassenteilung der Medizin zunehmend verstärkt, vgl. PKV-Verband (2008c), S. 3.

1447 Vgl. SVRKAiG (2002b).

1448 Vgl. ausführlich zur Angebotsinduktion Abschnitt 5.3.2.

als Surrogat für Qualität ausgehen.[1449] Eine *Krankenversicherung* hat zwar im Preis-Wettbewerb auf dem Finanzierungsmarkt Anreize, Überversorgung zu verringern, ist aber nicht in der Behandlungssituation zugegen, noch hat sie die nötige medizinische Expertise.

Überversorgung ist gleichbedeutend mit Unwirtschaftlichkeit und ist in der *GKV expressis verbis* verboten durch das Wirtschaftlichkeitsgebot in § 12 SGB V: „Die Leistungen *müssen* ausreichend, zweckmäßig und *wirtschaftlich* sein; sie *dürfen* das *Maß des Notwendigen nicht überschreiten.* Leistungen, die nicht notwendig oder unwirtschaftlich sind, können Versicherte nicht beanspruchen, *dürfen Leistungserbringer nicht bewirken* und die Krankenkassen nicht bewilligen [Hervorhebung durch den Autor].“[1450]

Das Wirtschaftlichkeitsgebot wird konkretisiert über Wirtschaftlichkeitsprüfungen in der Verschreibung von Arznei- und Heilmitteln sowie auf die ärztliche Kernleistung bezogen durch gemeinsame Abrechnungsprüfungen von Krankenkassen und KVen.[1451] Einer Überversorgung wird auch mit Negativlisten bei Medikamenten und Nutzenbewertungen neuer Untersuchungs- und Behandlungsmethoden im vertragsärztlichen Bereich durch den G-BA begegnet.[1452] Ein *Vorteil* eines *restriktiveren Leistungskatalogs* in der *GKV* ist die stringentere Nutzenüberprüfung, was mit einer *gesicherten Qualität* einhergeht und *Fehlversorgung minimiert.*[1453]

Potenziell qualitätssteigernd und einer *Über- oder gar Fehlversorgung entgegen wirken* auch die im Rahmen selektiver Verträge vereinbarten *interdisziplinär und sektorenübergreifenden besonderen Versorgungsformen* wie DMP's oder IgV-Modelle.[1454] Durch krankheits- oder patientenzentrierte Versorgungskonzepte werden die Schnittstellen besser aufeinander abgestimmt und Doppeluntersuchungen, Kontinuitätsbrüche in der Behandlung sowie Fehlmedikationen minimiert.

1449 Vgl. für die Moral Hazard Problematik Abschnitt 5.3.3. Als Fazit ist von geringem Moral Hazard in der GKV auszugehen und wegen Selbstbeteiligung kaum vorhandenem Moral Hazard in der PKV.

1450 § 12 Abs. 1 SGBV. Krankenkassen haben keine Anreize zu unwirtschaftlichem Handeln und der Bewilligung unnötig teurer Behandlungen. Der Kassenvorstand kann bei Nachweis von Unwirtschaftlichkeit darüber hinaus in Regress genommen werden, vgl. § 12 Abs. 3 SGBV.

1451 § 106a SGBV. Die KVen stellen die sachliche und rechnerische Richtigkeit der Abrechnungen arztbezogen fest, während die Krankenkassen auf die Angemessenheit der Gesundheitsleistungen im Rahmen des gesetzlichen Leistungskatalogs prüfen.

1452 Vgl. Abschnitt 3.2.3.2 für den Erlaubnisvorbehalt im ambulanten Bereich und Abschnitt 5.2.2.1.2 für die Regelungen bei Medikamenten.

1453 Vgl. zur Verankerung der Qualitätssicherung im SGB V Abschnitt 5.3.1.2. Ein bereits angeführtes Beispiel zur potenziell höheren Qualität ist das Zweitmeinungsverfahren bei Spezialpräparaten mit hohen Jahres-Therapiekosten oder mit erheblichem Risikopotenzial. Vgl. Abschnitt 4.3.2.3.2.

1454 Vgl. detailliert Abschnitt 5.2.2.2.3.

Entscheidend für eine bewusste arztinduzierte Überversorgung ist die *betriebswirtschaftliche Kalkulation der Leistungserbringer*. In der *GKV* gibt es für *Ärzte keine Anreize* zur *Ausweitung von Regelleistungen* über das Regelleistungsvolumen hinaus.[1455] Ausgenommen von der Mengensteuerung sind freie Leistungen, die besonders gefördert werden sollen, z.B. sämtliche Präventionsleistungen, ambulante Operationen, belegärztliche Leistungen, dringende Hausbesuche oder Leistungen im Notfall.[1456] Die freien Leistungen werden nicht gesteuert, da sie i. d. R. als wirtschaftlich und / oder gewünscht eingestuft sind.[1457]

Die PKV hat keine Möglichkeiten zur Angebotssteuerung. Insb. zum Arzt besteht kein direktes Verhältnis. Eine *arztinduzierte beabsichtigte Überversorgung* ist in der *PKV v. a. jedoch wahrscheinlicher*, weil es im Unterschied zur GKV *keine Budgets* gibt.[1458] Solange kein auffälliges Missverhältnis der abgerechneten Leistungen zu den erbrachten Leistungen besteht, muss die private Krankenversicherung erstatten. Unter Überversorgung fallen nicht Abrechnungen zum Höchstsatz der GOÄ, da dies rein ökonomische Auswirkungen hat.

Anzeichen für Überversorgung auf Basis von Arztkontakten sind gegeben. Nach einer Studie von *Jürges* gehen bei gleicher Arztdichte Privatpatienten 1,6-mal häufiger zum Arzt nach Vorliegen eines Erstkontaktes als in der GKV.[1459] Von einer Überversorgung im *ambulant-ärztlichen* Bereich ist auszugehen, *empirische Studien* zur Evidenz möglicher *Fehlversorgung* in Abhängigkeit vom Versicherungstyp sind dem Autor *nicht bekannt*.[1460]

Verbreitet sind *Berichte möglicher Überversorgung*. In einem Zeitungsartikel fasst *Heier* Stimmen zusammen.[1461] *Ellis Huber*, ehemaliger Präsident der Berliner Ärztekammer, sagt: "Die ausufernde Anwendung von gefährlicher Diagnostik und Therapie des Geldes wegen ist längst eine gesundheitliche Gefahr für Privatversicherte". Zitiert wird auch *Christian Weber*, ehemaliger Leiter des WIP und jetziger Leiter der Grundsatzabteilung im BMG: „Die Menge der ambulanten ärztlichen Leistungen steigt bei Privatpatienten in jedem Jahr um etwa vier Prozent an". Der *PKV-Verband* hat nach Heier sogar errechnet, dass den Privatversicherten im Jahr 2004 von den niedergelassenen Ärzten 6,9 % *mehr Leistungen* in Rechnung gestellt wurden, im Jahr 2005 betrug der Zuwachs 5,5 %.[1462] Bei Kassenpatienten hat die Steigerung 2005 dagegen nur

---

1455 Vgl. zum EBM2008 Abschnitt 5.3.2.2.

1456 Vgl. BMG (2009b), S. 19.

1457 Z. B. ambulante Operationen versus eher teure stationäre Aufenthalte.

1458 Vgl. zur GOÄ Abschnitt 5.3.2.2.

1459 Vgl. Jürges (2007). Siehe zur Methodik Abschnitt 5.3.2.2.

1460 Ebenso Beske (2010), S. 152.

1461 Heier (2007).

1462 Mehr Leistungen heißt hier Menge und nicht Menge mal Preis.

0,33 % betragen. Angenommen die ärztliche Versorgung war im Jahr 2003 bedarfsgerecht, dann läge der *Verdacht von Überversorgung* nahe. Ein Sprecher des *Verbandes Privatärztlicher Verrechnungsstellen* (PVS) bestreitet das Mengenwachstum und hat ein Wachstum von 2003 auf 2004 i. H. v. 1,2 % für die PKV errechnet.

Wissenschaftliche Literatur zum Thema Überversorgung bei Privatversicherten ist *eher selten.*[1463] Im Arzneiverordnungs-Report gibt es die Gruppe der „umstrittenen Arzneimittel". Darin finden sich Medikamente, deren therapeutische Wirksamkeit nicht oder in nicht ausreichendem Maße durch kontrollierte klinische Studien nachgewiesen wurde.[1464]

Ziegenhagen et al. haben Daten der DKV als private Versicherung und Arzneiverordnungs-Daten der GKV untersucht.[1465] Der Anteil der *umstrittenen Arzneimittel* in der *PKV* ist mit 21,8 % gegenüber 19 % in der GKV *nicht wesentlich höher.*[1466] Ein *weiteres Beispiel* von Fehlversorgung begründet durch den Versicherungsstatus könnte die Verordnung von Methylphenidat (MPH) sein, was bei Kindern mit Aufmerksamkeitsdefizit-Hyperaktivitätsstörung (ADHS) indiziert sein kann. Aufgrund des möglichen Suchtpotenzials gehört MPH zu der Gruppe der Betäubungsmittel. In einer Studie von *Bessou et al.* wurden Verschreibungen mit Information über den Versichertentyp ausgewertet.[1467] Die Autoren kommen zum Schluss, dass wegen häufiger Unter- und Überschreitung der empfohlenen Tagesdosis MPH *Fehlversorgung vermutet* werden kann. Arzneimittel sind nicht kapazitätsbegrenzt, die mit *23 % an den Gesamtverordnungen überrepräsentierten Privatrezepte* lassen die *Gefahr in der PKV größer* erscheinen.[1468] Überversorgung oder Fehlversorgung für den Arzneimittelbereich in der PKV kann durch beide Studien jedoch in nennenswertem Ausmaß nicht nachgewiesen werden.

1463 Lauterbach stellt die These auf, dass gesetzlich Versicherte über- und fehlversorgt seien, da diese zu schnell ins Krankenhaus überwiesen würden und / oder von einem Arzt zum anderen geschickt würden. Dabei käme es zu überflüssigen Operationen, zu später Behandlung und gefährlichen Untersuchungen, vgl. Lauterbach (2008), S. 70-71,82-84. Ob es sich um Einzelfälle oder ein quantitativ bedeutendes Problem handelt, kann der Autor mit dem ihm zur Verfügung stehenden Literatur nicht beurteilen. Forschung in diesem Bereich ist wichtig.

1464 Die Anzahl der Verordnungen umstrittener Arzneimittel ging von 399 Mio. im Jahr 1992 auf 41 Mio. im Jahr 2008 zurück, der Umsatz analog sinkend im gleichen Zeitraum von 5,1 Mrd. Euro auf 0,8 Mrd. Euro, vgl. für die Zahlen und grundlegend zum Thema Schwabe (2009), S. 30-36.

1465 Vgl. Ziegenhagen et al. (2004). Die repräsentative Stichprobe umfasste 17.709 Datensätze.

1466 Vgl. Ziegenhagen et al. (2004), S. 111.

1467 Datenbasis der Untersuchung waren 2.729 Rezepte erhoben über das Gesundheitsamt Köln, vgl. Bessou et al. (2007), S. 292.

1468 Der Anteil der PKV-Versicherten an GKV- und PKV-Versicherten beträgt nur ca. 11 %, womit Privatpatienten mehr als doppelt so viele MPH-Verordnungen wie gesetzlich Versicherte erhalten.

6.1.1.4 Regionale Bedarfsgerechtigkeit

Regionale Bedarfsgerechtigkeit im Leistungsmarkt entspricht einer bedarfsgerechten Versorgung in allen Regionen und kann z. B. zwischen Bundesländern oder Kommunen verglichen werden.[1469] Eine weitere Vergleichsebene sind urbane Regionen gegenüber dem ländlichen Raum.[1470] *Privatversicherte* und *gesetzlich Versicherte* sind *nicht* in jeder Region *gleichverteilt. Neubauer und Lewis* ermittelten für München einen Anteil von 27,4 % der Privatversicherten an allen GKV- und PKV-Versicherten.[1471] Ein wesentlicher Grund dafür ist, dass in Städten gegenüber dem ländlichen Raum höhere Einkommen erzielt werden. München ist sicher nicht mit anderen Städten vergleichbar, die Tendenz dürfte jedoch stimmen. Analog kann man in Bundesländern mit höheren Einkommen überproportional viele Privatpatienten vermuten.

Zu einer bedarfsgerechten Versorgung gehört insb. die medizinisch indizierte, *rechtzeitige Inanspruchnahme* von Gesundheitsleistungen. *Bedarfsgerechtigkeit* hat offensichtlich eine *räumliche Dimension* und wird bei der Aufstellung von *Krankenhausplänen* durch die Bundesländer sowie der *vertragsärztlichen Bedarfsplanung* im Rahmen der *Gemeinsamen Selbstverwaltung* federführend durch die KVen anvisiert.[1472,1473] Jeder gesetzlich Versicherte hat Anspruch auf eine flächendeckende und gleichmäßige ambulante Versorgung.[1474] Nach einer Untersuchung der *Ersatzkassen* sind 89 % aller Planungsbereiche in der vertragsärztlichen Versorgung nach Definition des SGB V überversorgt.[1475,1476]

1469 Eine empirische Ermittlung regionaler Leistungsunterschiede über Bundesländer, aber auch auf Basis der Kreisebene, ergibt einen bedeutenden statistischen Einfluss beider Ebenen auf Mortalitätsraten als Indikator für Bedarfsgerechtigkeit. Die Bundesebene ist dominanter, vgl. Wübker (2009), S. 95. Hier ist der Fokus jedoch das duale System, so dass dieser Forschungsstrang nicht näher beleuchtet wird.

1470 Vgl. Wessels (2010), S. 54.

1471 Vgl. Neubauer, G. und Lewis (2005), S. 73-74. Der Anteil ist damit 2,5-mal so hoch wie im Bundesdurchschnitt.

1472 Für den akut-stationären Bereich siehe Beivers, der für deutsche Krankenhäuser in seiner Dissertation Erreichbarkeitsanalysen darstellt, vgl. Beivers (2010), S. 22-27.

1473 § 99 SGBV. Mit dem GKV-WSG wurden die Zulassungsbeschränkungen für Zahnärzte aufgehoben, vgl. § 103 Abs. 8 SGBV.

1474 § 72 Abs. 2 SGBV.

1475 Vgl. Wessels (2010), S. 54. Stand der Untersuchung ist Januar 2010. Vgl. auch ausführlich mit der Geschichte der vertragsärztlichen Bedarfsplanung Klose et al. (2007).

1476 Den Maßstab für Überversorgung bestimmt der G-BA in Richtlinien, vgl. § 101 SGBV. Bei Überversorgung darf kein weiterer Arzt der betreffenden Fachgruppe im Planungsbereich zugelassen werden. Insoweit sind Vertragsärzte in ihrem Ortwunsch bei der Niederlassung beschränkt.

Weniger als *1 % der Planungsbereiche* sind hingegen *unterversorgt*, was auf eine mögliche regionale Bedarfsungerechtigkeit hinweist.[1477] Einer regionalen Überversorgung von 25.000 Ärzten stehen 600 fehlende Ärzte gegenüber (davon wiederum sind 500 Hausärzte). Die bundesweit höchste Versorgungsdichte mit Hausärzten hat der Kreis Heidelberg mit einem Versorgungsgrad von 166 %, demgegenüber weist der Saalkreis 67 % auf, wobei die Stadt Halle mit 111 % eine Unterversorgung (teil)kompensieren kann.[1478]

Ein Arzt kann nicht gezwungen werden, sich in einer unterversorgten Region niederzulassen. Es ist seine ureigene Entscheidung, bei offenen Planungsbereichen dort eine Praxis zu eröffnen, wo das Einkommen, die Infrastruktur, der Freizeitwert etc. mit seiner persönlichen Lebensplanung übereinstimmen. Mit dem VÄndG und dem GKV-WSG wurden gesetzliche Maßnahmen ergriffen, die über die Zeit zu einer Entspannung der Situation führen dürften.[1479] Bis und falls die Neuregelungen greifen, dürften Jahre ins Land gehen. Ein deutschlandweiter Abbau der regionalen Unterversorgung ist ein nur schwer erreichbares Ziel.

Im dualen System ist also *regional Unterversorgung* festzustellen. *Gleichzeitig* leben *privat Versicherte überproportional* häufig in *Gebieten*, die *nicht* von *Unterversorgung* betroffen sind. Eine durch die *Existenz der PKV* begründete *gravierende Unterversorgung in der GKV* konnte allein aus den Daten der Bedarfsplanung *empirisch nicht belegt* werden. Regional betrachtet kann jedoch eine Verschärfung der Unterversorgung gesetzlich Versicherter in schwach versorgten Gebieten wegen der Existenz der PKV bei generell hohem Versorgungsgrad in Deutschland vermutet werden wie die folgende Analyse zeigt.

In der Studie von *Zok* wurde die Facharztdichte abgefragt und mit einer Frage zur Unterversorgung verknüpft.[1480] Je *höher* die *Bevölkerungsdichte*, umso *schneller* bekommt man einen *Termin* beim *Arzt*. Dies gilt für Privatversicherte und gesetzlich Versicherte gleichermaßen. Betrachtet man Städte mit über 500.000 Einwohnern müssen 10-mal so viele gesetzlich Versicherte (20,8 %) länger bei akuten Beschwerden warten als in der PKV (2,5 %). Für die am dünnsten besiedelten Räume (Orte kleiner

---

1477 Unterversorgung wird von den Landesausschüssen der Ärzte und Krankenkassen festgestellt, vgl. § 100 SGBV. Planungsbereiche sind i. d. R. Landkreise oder kreisfreie Städte. Im akutstationären Sektor sind heute ca. 5.000 ärztliche Vollzeitstellen nicht besetzt, vgl. Bräuninger, D. und Rakau (2010), S. 13. Weniger öffentlich diskutiert, aber von großer Bedeutung ist auch der sich aufbauende Mangel an Pflegekräften.

1478 Die Zahlen der Planungsbereiche können durch die Aggregation eine kleinräumigere Unterversorgung bei insgesamt hohem Versorgungsgrad nicht ausschließen.

1479 Für die Möglichkeiten regional differenzierter Punktwerte nach dem Versorgungsgrad siehe Abschnitt 4.3.2.1.1. Weitere Neuregelungen zur Abhilfe bei Unterversorgung ist die Aufhebung der Altersgrenze bei Vertragsärzten mit dem GKV-OrgWG. Bis dahin mussten Vertragsärzte ihre Zulassung mit Vollendung des 68. Lebensjahres abgeben. Ähnlich wirkt das Pflegeweiterentwicklungsgesetz, mit dem arztentlastende Strukturen aufgebaut werden (sollen).

1480 Vgl. Zok (2007), S. 5-6.

als 5.000 Einwohner) steht einem Anteil von 32,3 % in der GKV ein Anteil von 8 % in der PKV gegenüber. Wichtig für die Frage der Bedarfsgerechtigkeit ist der 1,5-mal so hohe Anteil unterversorgter Versicherter auf dem Land.

Eine Verschärfung der regionalen Unterversorgung durch das duale System ist auch logisch-analytisch zu begründen. Auf dem Land, wo es i .d. R. weniger Haus- und v. a. Fachärzte gibt und die Praxiseinkommen geringer sind, kommen auf einen Arzt mehr Patienten als in strukturstarken Regionen.[1481] Hat ein Arzt doppelt so viele Patienten, wie das Beispiel der Landkreise Heidelberg und Saalkreis deutlich macht, muss er entweder mehr arbeiten, schneller behandeln oder Termine nach Möglichkeit ausdünnen. Anders als in der Stadt sind die Kapazitäten des Arztes begrenzter, so dass er rationieren muss. In Wirklichkeit wird alles zusammen bei Bevorzugung von Privatpatienten zutreffen.

Einzuwenden bei regionaler Bedarfsungerechtigkeit verstärkt durch das duale System ist, dass es *heute genug Ärzte* gibt, die im GKV-System nur besser verteilt werden müssten. Die gesetzlichen Grundlagen wurden in jüngster Zeit geschaffen. Ferner können Bürger in Regionen ziehen oder zumindest ausweichen, die einen höheren Versorgungsgrad aufweisen.[1482] Dessen ungeachtet kann auch bei besserer Verteilung der Ärzte eine in der *mittleren Frist regionale Unterversorgung* prognostiziert werden, die durch die *Existenz des dualen Systems verstärkt* wird.[1483]

1481 Ein Vergleich der Bundesländer in Bezug auf den durchschnittlichen hausärztlichen Versorgungsgrad findet sich in Wessels (2010), S. 54-56. Sachsen-Anhalt hat unter 95 %, während Baden-Württemberg mit über 115 % am besten versorgt ist. Vergleicht man einzelne Landkreise in diesen beiden Bundesländern, kommt man zu etlichen Landkreispaaren, die sich um den Faktor 2 im Versorgungsgrad unterscheiden. Bedeutsam ist das Nordost-Süd-Gefälle. 20 Landkreise im Nordosten haben einen Versorgungsgrad unter 90 %, während im Süden nur vereinzelt Regionen unter 100 % sind.

1482 Einige Menschen sind immobil. In strukturschwachen Regionen gibt es ferner häufig keinen ausgebauten öffentlichen Personennahverkehr. Die Ausweichmöglichkeiten sind daher begrenzt.

1483 Bis zum Jahr 2017 fehlen in den Krankenhäusern ca. 20.000 Ärzte. Im ambulant-ärztlichen Bereich ist der Fehlbetrag gar auf 60.000 beziffert. Ein Grund ist die Überalterung, gerade auch bei Niedergelassenen, die mit einem Durchschnittsalter von 51 Jahren Ende der 2010er Jahre zunehmend in Rente gehen. Die Absolventenzahlen eines medizinischen Studiums sind zwar konstant, immer mehr wandern jedoch aus oder ergreifen einen nicht-medizinischen Beruf, vgl. Bräuninger, D. und Rakau (2010), S. 13-14. In Bayern hören von rund 9.000 Hausärzten bis 2015 alleine ca. 2.500 auf, das Durchschnittsalter ist 52,5 Jahre, vgl. Randenborgh und Mayer (2010), S. 5. Die Zuwanderung von Ärzten kompensiert die Abwanderung nicht. Auch künftig wird dies vermutlich bei aller Anstrengung der Politik nicht gelingen, weil auch in Rekrutierungsländern wie Polen oder die Tschechische Republik von einem wachsenden Ärztemangel auszugehen ist, vgl. hierfür und generell Problematik des Ärztemangels mit Lösungsmöglichkeiten Beivers und Minartz (2009). Angesichts eines möglichen drohenden Ärztemangels wird sich die Unterversorgungsproblematik verschärfen, so auch der Chef der KBV Köhler, vgl. Köhler, A. (2010).

6.1.2 Gerechtigkeit im Finanzierungsmarkt

Im Finanzierungsmarkt werden die finanziellen Mittel *idealtypisch* in Form von *einkommensabhängigen Beiträgen* bzw. *risikoäquivalenten Prämien* generiert. Für die *PKV* stimmt das weitestgehend, wenn man von den 12.000 Basistarifversicherten absieht.[1484] Beihilfeberechtigte sowie Arbeiter und Angestellte tragen die Beiträge nicht alleine, Risikoäquivalenz in der Höhe der Beiträge ist dennoch gegeben. Mit 15,8 Mrd. Euro im Jahr 2010 beträgt der *Steueranteil* an den Einnahmen der GKV mehr als 9 %, von einer reinen Beitragsfinanzierung kann beginnend mit dem Jahr 2004 nicht mehr gesprochen werden.[1485] Darüber hinaus sind in beiden Systemen *Zuzahlungen* der Patienten zu erbringen, die bei der GKV 4,8 Mrd. Euro im Jahr 2009 betrugen. In der PKV sind Zuzahlungen abhängig vom Tarif und pro Versichertem im Schnitt wesentlich geringer. Gesetzlich vorgeschriebene Zuzahlungen gibt es in der PKV nicht. Eigenbeteiligungen liegen aufgrund von Eigenzahlungen im Rahmen von Selbstbeteiligungen vor.[1486]

Wegen der verschiedenen Finanzierungsarten ergeben sich je nach Versicherungstyp für die *horizontale und vertikale Gerechtigkeit* starke Unterschiede in der Berücksichtigung der *Leistungsfähigkeit* bei der *Finanzierung*. Dies gilt gerade auch für den *Vergleich zwischen GKV- und PKV-*Versicherten. Daher wird im Abschnitt die horizontale und vertikale Gerechtigkeit *innerhalb eines Versicherungstyps* untersucht, weil nur so Aussagen über die Gesamtgerechtigkeit im dualen System abgeleitet werden können. Bei jedem holistischen Entwurf eines Krankenversicherungssystems müssen möglichst in allen Teilen des Systems gerechte Lösungen vorgesehen werden. Erst die Einzelbetrachtung der Versicherungstypen ermöglicht eine Identifikation wesentlicher Ungerechtigkeiten, die es bei einer Systemoptimierung zu vermeiden gilt.

Zunächst erfolgt eine *monetäre Quantifizierung* der Entsolidarisierung und möglicher Kompensationen durch die PKV auf *Basis* des Konzeptes der *fiskalischen Äquivalenz*.[1487] Gerecht ist das duale System, wenn die in der PKV überproportional guten

---

1484 Der Basistarif differenziert nur nach dem Alter, sonstige Risikozuschläge sind nicht gestattet, vgl. en detail Abschnitt 4.3.1.1.4. Da die Beiträge der Versichertengemeinschaft Basistarif für die Leistungen nicht ausreichen, kommt es zu einer Quersubventionierung durch die Normaltarife. Ein finanzieller Ausgleich zwischen den privaten Versicherungsunternehmen korrigiert für unterschiedliche Anteile von Basistarifnehmern über die einzelnen Unternehmen.

1485 Vgl. detailliert zur Steuerfinanzierung Abschnitt 4.3.1.1.2.

1486 Die Eigenbeteiligung in der PKV lässt sich nur schwer abschätzen. Versicherte entscheiden bei Selbstbehalt oder Beitragsrückerstattung, ab wann sie einreichen. Wie viel selbst bezahlt wird, bleibt unklar, vgl. Niehaus und Weber (2005), S. 30-32. Siehe auch Abschnitt 5.3.3.2 und Fußnote 1548.

1487 Im Kontext Krankenversicherung wird neben dem Begriff Quersubventionierung und externe Effekte auch Spillover-Effekte verwendet, vgl. Böhnke (2004), S. 16 und die dort angegebene Literatur. Mit der Existenz zweier Systeme kommt es i. d. R. zu gegenseitigen externen Effekten. Diese sind grundsätzlich wohlfahrtsmindernd. Vgl. für die Theorie Abschnitt 2.2.1. Im

Risiken mit guten Einkommen einen fairen Anteil an der Finanzierung eines bedarfsgerechten Leistungskatalogs in der GKV tragen.

Fiskalische Äquivalenz hat *unmittelbar* mit *horizontaler* und *vertikaler Gerechtigkeit* zu tun und ist deswegen unter Gerechtigkeit verortet. Wäre in der Betrachtung bspw. eine Nettosubvention der GKV an die PKV das Ergebnis, werden die PKV-Versicherten bei gleicher Leistungsfähigkeit entlastet. Ohne die Subvention müssten sie nämlich mehr zahlen.

6.1.2.1 Fiskalische Äquivalenz und vertikale Gerechtigkeit

Allgemein ist *fiskalische Äquivalenz* die *Kongruenz von Kostenträger und Nutzenempfänger*. Entwickelt hat den Terminus *Olson* im Rahmen der finanzwirtschaftlichen Föderalismusdebatte.[1488] Unterschieden wird zwischen einem territorialen bzw. fiskalischen und einem funktionalen bzw. parafiskalischen Föderalismus.[1489] Übertragen auf das Gesundheitssystem entspricht die territoriale Betrachtung z. B. der Kongruenz der Beitragsmitteln in einem Bundesland und der dort erbrachten Gesundheitsleistungen.[1490]

Kongruenz wird durch *externe Effekte* verletzt, die nicht monetarisierte Vor- oder Nachteile einer Gruppe durch eine andere darstellen. Um durch die Polysemantik des Begriffs externer Effekte nicht an Präzision zu verlieren, soll in der Folge die *gegenseitige Bevor- und Benachteiligung* mit dem Begriff *Quersubventionierung* beschrieben werden. Subventionen sind materielle Vorteile ohne unmittelbare Gegenleistung, die von einem Staat an Unternehmen oder andere Staaten geleistet werden.[1491] Zahlungen vom Staat an private Haushalte werden dagegen als Transferleistungen bezeichnet. Der Subventionsbegriff schließt auch Verzerrungen von Preisen eines Gutes ein, die die Konsumenten des Gutes veranlassen können, ein anderes Gut zu konsumieren.[1492]

Kapitel 5 wurden bei der Analyse von Marktunvollkommenheiten mehrmals auf externe Effekte als Addendum hingewiesen, als Beispiel eines negativen externen Effekts auf die PKV sei genannt die Angebotsinduktion basierend auf unterschiedlichen Gebührenordnungen, vgl. Abschnitt 5.3.2.2.

1488 Vgl. Olson (1969), S. 479-487.

1489 Vgl. Thiemeyer (1984), S. 65.

1490 Diese Thematik war insb. bei der Ausgestaltung der Konvergenzklausel nach § 272 SGBV relevant. Früher wurde in dem Zusammenhang über eine mögliche Regionalisierung des RSA und der Abgrenzung von Beitragsregionen diskutiert, vgl. Jacobs et al. (1998); Rebscher (1999).

1491 Vgl. für die Unterscheidung zwischen Transfers und Subventionen Neubauer, G. (2004b), S. 190-191.

1492 Vgl. Faulhaber (1975).

GKV und PKV können als zwei substitutive Güter betrachtet werden, die durch Quersubventionen verzerrte Preise haben.[1493]

Unter der *Themenstellung duales System* wird die fiskalische Äquivalenz zwischen den Versicherungstypen betrachtet.[1494] Demnach ist *fiskalische Äquivalenz* grundsätzlich dann gegeben, wenn die in die GKV fließenden Mittel aus Beiträgen und Zuzahlungen ausschließlich der GKV-Versorgung zukommen, vice versa profitieren nur die PKV-Versicherten von ihren Prämien. *Quersubventionen* auf dem Finanzierungsmarkt zwischen GKV und PKV stehen im Mittelpunkt der Analyse. Nicht betrachtet werden die Allokation im dualen System und sich daraus ergebende externe Effekte, die letztlich den Wettbewerb zwischen GKV und PKV verzerren.[1495]

Die spezifische, an den Idealtypen ausgerichtete, Gestaltung von GKV und PKV führt zu einer *Abwanderung guter Risiken mit hohen Einkommen*, was ein *Verstoß gegen die vertikale Gerechtigkeit* ist.[1496] Über höhere Ausgaben der Privatversicherten verglichen mit einem ihrem Alter und Geschlecht entsprechenden RSA-Profil fließen dem Gesundheitssystem finanzielle Mittel zu, ohne die ggf. eine bedarfsgerechte Versorgung der gesetzlich Versicherten nicht möglich wäre.[1497] Die vertikale Ungerechtigkeit aus der Abwanderung guter Risiken nimmt dadurch ab. *Fiskalische Äquivalenz* ist *deckungsgleich* mit *vertikaler Gerechtigkeit*, wenn die Subventionen der GKV zulasten der PKV die Entsolidarisierung zugunsten der PKV *angemessen ausgleichen*. Vertikale Gerechtigkeit ist auch in der GKV nicht unbegrenzt auf die gesamte Leistungsfähigkeit bezogen, sondern mit der BBG gedeckelt. Dies gilt es bei einem angemessenen Ausgleich zu beachten.

Nicht unter Quersubventionierung fallen *versicherungsfremde Leistungen* i. e. S. Hinzu zählen Leistungen bei Schwangerschaft und Mutterschaft oder Empfängnisverhütung. Den Beiträgen der Solidargemeinschaft steht ein entsprechender Wert entgegen, die Beiträge stehen jedoch nicht der Versorgung mit Gesundheitsleistungen zur Verfügung. Die Existenz des dualen Systems hat mit der politischen Entscheidung versicherungsfremder Leistungen nichts zu tun, die genannten Leistungen müssten ansonsten vom Staat über Steuern finanziert werden. Eine beitragsfreie Mitversicherung von Familienangehörigen ist im Kern ebenso wenig eine versicherungsfremde Leistung wie die Umverteilung innerhalb der GKV durch einkommensabhängige Beiträge, wird

---

1493 Finsinger untersuchte mit diesem Verständnis von Subvention bereits 1988 die Quersubventionierung zwischen GKV und PKV, vgl. Finsinger (1988), S. 144-151.

1494 Klingenberger nennt dies gruppenmäßige fiskalische Äquivalenz, vgl. Klingenberger (2001), S. 136-137. Siehe für diese Konnotation auch Zimmermann, H. (1983), S. 16.

1495 Dies ist Teil von Kapitel 5.

1496 Geht man von der Vorstellung aus, dass der Solidarausgleich von allen Bürgern zu tragen ist, sind Subventionen von der GKV an die PKV als Verletzung des gesamtgesellschaftlichen Solidargedankens zu verstehen, vgl. Meyer, U. (1997), S. 6-7.

1497 Bisher gibt es noch keine Studien zur Ermittlung von Mehrumsätzen auf Basis des M-RSA.

häufig jedoch als solche deklariert.[1498] Beide Tatbestände sind idealtypisch für die GKV und begründen eine Quersubventionierung.

Der 11 %-Anteil der privat Versicherten an allen GKV- und PKV-Versicherten ist trotz überproportionalen Ausgaben bei weitem nicht die Haupteinnahmequelle der Leistungserbringer, sondern die GKV-Versicherten. Durch den größeren Versichertenanteil an der Bevölkerung ist die *GKV für die Sicherstellung der Gesundheitsversorgung zentral*, wovon auch die PKV profitiert.[1499] *Böhnke* untersucht den positiven externen Effekt der Sicherstellung der Versorgung durch das GKV-System.[1500] Davon profitiert die PKV, die trotz überproportionaler Vergütung der Ärzte nur ca. 20 % der Ärzte finanzieren könnte. Daher wären *Wege- und Transaktionskosten ohne die GKV wesentlich höher* in der *PKV*. Dem ist zu entgegnen, dass ohne ein duales System mutmaßlich weniger Praxen existierten bei einer Vergütung auf GKV-Niveau. Eine *Subventionierung der GKV an die PKV* ist *nicht gegeben*, nur alle Versicherten zusammen ermöglichen die heutige Infrastruktur.

Überschüsse aus dem *Zusatzversicherungsgeschäft*, die zur Subvention der Vollversicherten verwendet werden, tragen zu den Mehrumsätzen im Vollversicherungsgeschäft bei und sind, da mehrheitlich von GKV-Versicherten abgeschlossen, eine Subvention der GKV an die GKV. Im Bereich Krankenhaus wurden im Jahr 2003 4,7 Mio. *Zusatzversicherungen Wahlbehandlung und Wahlunterbringung* abgeschlossen.[1501] Dafür mussten Prämien von 1,1 Mrd. Euro aufgebracht werden. 214 Mio. Euro davon waren für die Unterbringung im Ein- oder Zweibettzimmer. Im Jahr 2008 gab es 5,4 Mio. Zusatzversicherungen im stationären Sektor.[1502] Vorsichtig geschätzt konnten die Krankenhäuser 200 Mio. Euro höhere Vergütungen erzielen. Die *Subventionen* aus *Zusatzversicherungen* sind *nicht systemübergreifend*, sondern von GKV-Versicherten an GKV-Versicherte. Von einer Quersubventionierung kann nicht gesprochen werden.[1503] Analog argumentiert wird für die 11,7 Mio. Zahntarife und 6,6 Mio. ambulanten Tarife.[1504]

Die Themenstellung und der Umfang der Untersuchung zwingen zu einer konzisen Beschreibung zahlenmäßig bedeutsamer Quersubventionen. Sowohl in der Methodik

---

1498 Für die einzelnen Positionen und Werte im Jahr 2006 siehe Beske und Baumgärtner (2008), S. 33.

1499 Gesetzlich verankert ist der Sicherstellungsauftrag in § 72 SGBV.

1500 Vgl. Böhnke (2004), S. 96-102.

1501 Vgl. Niehaus und Weber (2005), S. 115-116.

1502 Vgl. PKV-Verband (2009f), S. 34.

1503 Geht man davon aus, dass Mittel aus dem Zusatzversicherungsgeschäft an die PKV-Vollversicherten fließen, könnte eine Subvention an die PKV von der GKV konstatiert werden. Da ein Großteil jedoch an die Leistungserbringer fließen dürfte, die hauptsächlich GKV-Versicherte behandeln, ist der Gesamteffekt vernachlässigbar.

1504 Vgl. PKV-Verband (2009f), S. 34.

als auch in der Analyse der einzelnen Subventionstatbestände kann differenzierter vorgegangen werden.[1505] *Ziel* des Abschnitts ist die *monetäre Approximation* der *Entsolidarisierung* sowie des *Finanzausgleichs* der PKV, die eine *bedarfsgerechte Versorgung sichern*. Auf der *Einnahmenseite* werden *nur die Arbeiter- und Angestellten* in der *PKV* berücksichtigt, da v. a. diese eine bewusste Entscheidung getroffen haben, die GKV zu verlassen.[1506,1507]

6.1.2.1.1 Subventionierung der PKV durch die GKV

In der PKV sind *bessere Risiken* versichert.[1508] Um die Höhe der Subventionierung zu bestimmen, muss die Anzahl der von der PKV abgelehnten Risiken mit den durchschnittlichen Zusatzlasten für die GKV multipliziert werden.[1509] Die Zusatzlasten lassen sich durch den maximalen Risikozuschlag in der PKV für schlechte Risiken ermitteln. Bei einem üblichen 100 %-Aufschlag sind daher nur die Bruttobeitragseinnahmen der Krankheitsvollversicherung mit dem Anteil der abgelehnten Risiken zu multiplizieren. Das Ausmaß der Risikoselektion ist bedeutend. So betrugen die Leistungsausgaben in der GKV pro Kopf 1.632 Euro im Jahr 1995 und 2.151 Euro im Jahr 2008 gegenüber PKV-Leistungsausgaben in der Krankheitsvollversicherung 1.098 Euro im Jahr 1995 und 1.739 Euro im Jahr 2008.[1510]

Die Anzahl der abgelehnten Risiken ist eine vertrauliche Information der Einzelunternehmen. *Meyer* geht von einem Anteil von dem Verhältnis 1 Ablehnung auf 19 Aufnahmen aus, der Anteil der abgelehnten Anträge beträgt also 5 %. Für die Subventionierung der PKV durch die GKV wegen Risikoselektion ergeben sich 5 % x 21,90

1505 Ausführlich mit der Thematik beschäftigt sich Böhnke (2004). Siehe auch Klingenberger (2001), S. 136-177.

1506 Für die Marktabgrenzung und die im Systemwettbewerb umworbenen Personen siehe Abschnitt 5.1.1.1.

1507 Tatsächlich wird die vertikale Gerechtigkeit auch von Beamten und Selbstständigen verletzt, die höhere Einkommen als der Bevölkerungsdurchschnitt haben, vgl. Leinert (2006a), S. 32. Der Finanzausgleich für ein gerechtes duales System müsste demnach höher sein. Siehe auch die Synopse in Abschnitt 6.1.2.1.3.

1508 Insb. die Personen mit Wahlrecht sind in der GKV häufiger krank und nehmen mehr Gesundheitsleistungen in Anspruch als in der PKV, vgl. Leinert (2006b), S. 71-72. Siehe Abschnitt 2.1.2.1 für den Zusammenhang aus Einkommen und Gesundheit sowie Quellen für die These höherer Gesundheit Privatversicherter.

1509 Das Vorgehen basiert auf Meyer, U. (1997), S. 10.

1510 Für die Daten vgl. ausführlich Abschnitt 6.2.3.1. Bemerkenswert ist auch die Tatsache, dass die Preise und der Leistungskatalog in der PKV umfassender sind. Ginge man von einem identischen Leistungskatalog aus, wären die Abstände noch größer.

Mrd. Euro = 1,095 Mrd. Euro für das Jahr 2008.[1511] Gäbe es keine Risikoselektion seitens der PKV, wäre die Solidargemeinschaft in der GKV um *1,1 Mrd. Euro* netto entlastet.[1512]

In der PKV muss jedes einzelne Haushaltsmitglied versichert werden, während in der GKV das Prinzip der *beitragsfreien Mitversicherung von Familienangehörigen* gilt.[1513] Die Quote der Mitversicherten in den Versicherungstypen unterscheidet sich wesentlich, da die Wahl für oder gegen die PKV bei Ehepartner und Kind zugunsten der GKV ausfällt.[1514] Die Mitgliederquote, der Anteil der Versicherten zu den Mitgliedern in der GKV, beträgt im Jahr 2008 1,37.[1515]

Für die Berechnung wird die Mitversichertenquote, die die Anzahl der Mitversicherten pro Mitglied angibt, benötigt. Für die *GKV* ergeben sich durchschnittlich *0,375 Mitversicherte pro Mitglied.* In der PKV gibt es keine Mitversichertenquote, da jeder einen Beitrag zahlen muss.[1516] Daher wird als Mitglied der Haushaltsvorstand gezählt und als mitversichert die Familienangehörigen. Aus Daten des Mikrozensus aus dem Jahr 2007 lässt sich so vorsichtig eine Mitversichertenquote der PKV i. H. v. *0,265* abschätzen.[1517] Gäbe es kein duales System respektive keine PKV, wäre die Mitversicherungsquote in der GKV, bezogen auf die Zahl der Haushaltsvorstände gewichteter Durchschnitt, *0,362.* Wäre die Mitversichertenquote um 0,375-0,362 = 0,013 geringer, hätte die GKV *665.000 weniger Mitversicherte.*

Mit, wiederum vorsichtig geschätzt, Leistungsausgaben von 1.500 Euro je Mitversicherten käme es zu einer Entlastung der GKV-Solidargemeinschaft i. H. v. knapp *1*

1511 Vgl. PKV-Verband (2009f), S. 17. Mit den Beiträgen werden neben dem Risiko die Alterungsrückstellungen finanziert. Der Betrag ist in Ordnung, weil Personen ab dem 61. Lebensjahr weniger Prämien zahlen müssen als ohne Kapitaldeckung. Für Unterschiede in den eingepreisten Verwaltungskosten und den Gewinnen der Versicherungen wird nicht korrigiert.

1512 Tatsächlich dürfte der Betrag höher sein, da Personen mit hoher Morbidität erst gar keinen Antrag auf Privatversicherung stellen.

1513 § 10 SGBV.

1514 Vgl. Abschnitt 5.1.1.3 für die Entscheidungssituation für oder gegen PKV sowie der Familiengröße. Siehe Abschnitt 3.2.4.2 für die Definition und Entwicklung der Mitgliederquote in der GKV.

1515 Vgl. BMG (2009a), Tab. 8.14.

1516 Für Kinder gibt es einen Einheitsbeitrag, Risikoäquivalenz besteht also nicht.

1517 Der Mikrozensus ist eine jährliche Umfrage von 1 % der Bevölkerung, die sich in Grund- und Zusatzprogramm unterteilt. Das Zusatzprogramm Krankenversicherung wird nach 2007 das nächste Mal im Jahr 2011 erhoben. Für die Daten aus 2007 siehe StBA (2008b). Demnach haben 6,6 Mio. Privatversicherte ein Einkommen inkl. Renten und bilden quasi die Obergrenze der „Haushaltsvorstände". Die im Jahr 2007 ähnlich wie im Jahr 2008 1,6 Mio. Kinder sind definitiv als Mitversicherte zu werten. Je höher die Zahl der Mitversicherten ist, umso geringer ist die Subvention der PKV an die GKV. Vorsichtig geschätzt wird hier von 1,8 Mio. Mitversicherten ausgegangen. Die Mitversichertenquote beträgt dann im Jahr 2008 0,26. Meyer kommt zu einem Anteil von 0,24, vgl. Meyer, U. (1997), S. 10-11.

Mrd. Euro, die die Beitragszahler weniger aufbringen müssten. Um diese Summe wären die Leistungsausgaben in der GKV geringer, würden sich Personen mit weniger Familienangehörigen nicht für die PKV ohne beitragsfreie Mitversicherung entscheiden. Die Tatsache *Quersubventionierung zum Nachteil der GKV* wird am Beispiel von Kindern deutlich. Nach *Dräther* haben 59 % der freiwillig gesetzlich versicherten Arbeiter und Angestellten keine Kinder gegenüber 64 % in der PKV.[1518] Bei Annahme eines konstanten PKV-Anteils bezogen auf alle Krankenversicherten werden pro GKV-Versichertem mehr Kinder schließlich PKV-Versicherte als umgekehrt „PKV-Kinder“ Mitglieder in der GKV werden. Im Saldo der Versicherungstypen erbringen in der GKV viele beitragsfrei mitversicherte Kinder zeitlebens keine Gegenleistung in Form von Beiträgen.[1519]

In der GKV sind *überdurchschnittlich viele ältere Menschen* versichert, die wesentlich höhere Ausgaben verursachen als jüngere. Wegen der Risikoselektion müssten eigentlich anteilig an allen Versicherten mehr alte Menschen privat versichert sein. Dem ist nicht so, weil lange Zeit Personen bei Ruhestandseintritt zurück in die GKV wechselten. Die Möglichkeit wurde zunehmend eingeschränkt. Grund dafür ist, dass die Einkommen im Ruhestand sinken und die einkommensabhängigen Beiträge in der GKV attraktiver werden.

Mit dem GRG2000 wurde, nach ersten Maßnahmen bereits im GRG, ein Wechsel in die GKV für Personen die das 55. Lebensjahr vollendet haben, quasi ausgeschlossen.[1520] Dennoch sind 20 % der gesetzlich Versicherten über 65 Jahre, während in der PKV der Anteil 16 % beträgt.[1521] Die Ausgaben in der KVdR betrugen im Jahr 2008 4.110 Euro pro Versicherten.[1522] Gäbe es kein duales System, wäre der durchschnittliche Anteil von Personen über 65 Jahre in der GKV um ca. 0,05 % oder 350.000 Personen geringer.

Einer Ausgabensenkung von 350.000 x 4.110 Euro = 1,44 Mrd. Euro stehen fehlende Einnahmen der Rentner gegenüber. Auf ein beitragszahlendes Mitglied der KVdR kommen 1,08 KVdR-Versicherte, so dass 324.000 KVdR-Mitglieder Beiträge zah-

1518 Vgl. Dräther (2006), S. 57. Die GKV hat pro Mitglied darüber hinaus mehr Kinder, da die freiwillig Versicherten durchschnittlich mehr Kinder haben als die Privatversicherten.

1519 Tatsächlich ist absolut die Zahl der Privatversicherten an allen Krankenversicherten gestiegen bei Abnahme der Zahl der GKV-Versicherten, vgl. Abschnitt 5.4.1.

1520 § 6 Abs. 3a SGBV. Vgl. auch Abschnitt 4.2.4. Komplementär wurde das Eintrittsalter in den Standardtarif gesenkt.

1521 Für die Zahlen vgl. StBA (2008b). Siehe zur Altersverteilung auch Abschnitt 6.2.4.2, Abschnitt 7.4.1 (GKV) und Anhang 9 (PKV).

1522 Vgl. BMG (2009c). Tatsächlich sind die Ausgaben höher, da eine nennenswerte Anzahl in der KVdR Versicherter unter 65 Jahre ist. Für die Quersubventionierung ist die Zahl also vorsichtig geschätzt.

len.[1523] Die Einnahmen aus Beiträgen der KVdR betrugen im Jahr 2008 34,9 Mrd. Euro oder pro Mitglied 2.000 Euro.[1524] Die im dualen System angelegte und inzwischen eingeschränkte Rückkehroption *belastet die GKV* immer noch mit netto 2.110 Euro Mehrausgaben, insgesamt 324.000 x 2.110 Euro = *684 Mio. Euro*. Fiskalische Äquivalenz ist nicht gegeben, da die Solidargemeinschaft netto durch Rückkehrer belastet ist, die über ihr restliches Versichertenleben negative Deckungsbeiträge aufweisen.

In der *GKV* wird das *Umlageverfahren* praktiziert, in dem die Einnahmen eines Jahres die Ausgaben decken.[1525] Demgegenüber wird in der *PKV* ein *Kapitalstock* aufgebaut, um durch Alterungsrückstellungen eine Ausgabenglättung im Alter zu erreichen. Die Ausgaben-Beitragsrelation von Jüngeren ist i. d. R. positiv, bis sich mit steigendem Alter die Relation umkehrt. Die jüngeren finanzieren die älteren Versicherten mit. Anders als in der PKV wird der Überschuss aus eigener Beitragszahlung nicht am Kapitalmarkt mit Zins und Zinseszins angelegt, sondern sofort ausgegeben.

In der GKV gibt es auch eine Art *Rendite*, nämlich die *Wachstumsrate der Einnahmen in der GKV*.[1526] Dies kann durch die Zunahme der Mitgliederzahl gesetzlich Versicherter, durch eine Ausweitung der Bemessungsgrundlage[1527], durch Lohnsteigerungen, eine höhere Erwerbsquote oder durch einen höheren Beitragssatz geschehen. Für den Einzelnen ist das Umlageverfahren dann vorteilhaft, wenn die Wachstumsrate der Einnahmen den Kapitalmarktzins überschreitet.[1528]

Die demographische Entwicklung steht einer Vorteilhaftigkeit des Umlageverfahrens versus der Kapitaldeckung entgegen. Der Effekt ist stark genug, um von einer geringeren Rendite des Umlageverfahrens auszugehen.[1529] Die beitragspflichtigen Einnahmen sind zwischen 1996 und 2008 um 14,5 % gestiegen, was einer nominalen Rendite von

---

1523 Für die Daten zur Berechnung der Mitgliederquote in der KVdR siehe BMG (2009c). Auch hier wird wieder vorsichtig gerechnet, da die Mitgliederquote mit steigendem Alter sinkt.

1524 Die durchschnittliche Altersrente aus der GRV betrug bei Abzug des KVdR- und PVdR-Anteils im Jahr 2008 monatlich 697 Euro, vgl. DRV Bund (2009a), S. 35. Hochgerechnet auf ein Jahr und mit dem aktuellen und auch im Jahr 2008 im Schnitt geltenden Beitragssatz von 14,9 % in der GKV und 2,2 % in der sozialen PV stammten aus der gesetzlichen Rente Beiträge in der Höhe von ca. 1.350 Euro. Daneben gibt es u. a. Betriebsrenten, mit denen die direkt errechneten 2.000 Euro erreicht werden.

1525 Für die Argumentation siehe Meyer, U. (1997), S. 12. Vgl. auch Meyer, U. (2007b), S. 5-6.

1526 Eine detailliertere Gegenüberstellung von Kapitaldeckungs- und Umlageverfahren und ein Renditevergleich erfolgt in Abschnitt 6.2.2.3. Grundlegend zu Renditen siehe die Dissertation von Homburg, vgl. Homburg (1988).

1527 Dieser Faktor ist zweischneidig, da die Ausweitung der Bemessungsgrundlage einen selbst stärker belasten kann. Kommt es zukünftig zu einer Ausweitung, ist das persönliche Kalkül positiv. Die fünf Faktoren hängen darüber hinaus miteinander zusammen.

1528 Vgl. ausführlicher Abschnitt 6.2.2.3.

1529 Vgl. Abschnitt 3.2.4.2.

weniger als 1,2 % jährlich entspricht.[1530] Die Kapitalmarktrendite verbleibt vollumfänglich beim Privatversicherten. Geht man konservativ[1531] von dem Rechnungszins der PKV i. H. v. 3,5 % aus, ergibt sich ein jährlicher Renditevorteil von 2,3 Prozentpunkten.[1532]

Die PKV hatte Ende 2008 insgesamt 134,4 Mrd. Euro an Alterungsrückstellungen.[1533] Davon entfielen auf die Krankenversicherung 115,2 Mrd. Euro und auf die Private PV 19,2 Mrd. Euro.[1534] Bei einem Renditevorsprung von vorsichtig geschätzten 2,3 Prozentpunkten ergibt sich ein Jahreszinsertrag i. H. v. *2,65 Mrd. Euro*. Diesen Effekt kann man als Subvention der GKV an die PKV verstehen, weil die gesetzlich Versicherten solidarisch durch Umlage die jeweils ältere Generation unterstützen und die Gelder damit nicht für die eigene Vorsorge zur Verfügung stehen.[1535]

1530 Vgl. für die Entwicklung der Grundlohnsumme Abschnitt 3.2.4.2. Die Rendite ist die geometrische Wachstumsrate, die Zins und Zinseszins enthält.

1531 Der Aktienindex ist von 1970 bis 2007 um durchschnittlich 8,15 % gewachsen, freilich mit enormen Schwankungen und ohne Einberechnung der aktuellen Finanzkrise. 10-jährige Bundesanleihen als sehr sichere Anlageform haben von 1970 bis 2007 mit 6,64 % rentiert. Der durchschnittliche Zins der Lebensversicherungen betrug von 1997 bis 2007 5,70 %. Die Rendite des Umlageverfahrens betrug je nach Messansatz zwischen 1970 und 2007 4,69 % bzw. 5,17 % und zwischen 1997 bis 2007 0,85 % bis 2,97 %, vgl. für die Zahlen Gasche (2008), S. 6-8. Betrachtet man kohortenspezifische Renditen der Jahrgänge 1940 bis 2010, erhält man für die GRV als Anhaltspunkt für die GKV für 1940 Geborene mit Berücksichtigung der Sonderleistungen wie Erwerbsunfähigkeitsrente ca. 4,5 % und für den Jahrgang 2010 knapp über 3 %. Eine kapitalgedeckte Rendite ergibt für alle Kohorten Zinsen zwischen 5 % und 5,5 %, vgl. Gasche (2008), S. 9-13. Zu den geringeren Renditen im Umlageverfahren trägt immer die Last der Einführung bei, vgl. Rothgang (2009), S. 100.

1532 Der Rechnungszins ist festgeschrieben in § 4 KalV. Der Zins wurde von fast allen Versicherungen auch im Krisenjahr 2008 erreicht, so die Antwort auf eine Kleine Anfrage der SPD an die Bundesregierung, vgl. apotheke adhoc (2010c). Siehe ausführlicher Abschnitt 6.2.2.

1533 Durch die Kapitaldeckung sind die privaten Versicherer verpflichtet, ihre Zahlungsfähigkeit sicherzustellen. Die sog. Solvabilitätsanforderungen sind ein Nachteil für die PKV, sind jedoch nicht durch die GKV bedingt, noch entsteht ein Vorteil für die Sicherstellung einer bedarfsgerechten Versorgung in der GKV, für die Solvabilitätsanforderungen vgl. Terhorst (2000), S. 127. Für Änderungen der Eigenkapitalvorschriften auf europäische Ebene durch Solvency II siehe Hartung und Helten (2004).

1534 Vgl. PKV-Verband (2009f), S. 18. Häufig wird in der Öffentlichkeit nicht zwischen PKV und privater PV unterschieden, sondern die volle Summe genannt. Bei der Bestimmung der Höhe der Quersubvention darf nur der Anteil der GKV berücksichtigt werden. Ende 2009 betrugen die Alterungsrückstellungen in der PKV 124 Mrd. Euro und in der privaten PV 20 Mrd. Euro. Die Zahlen in dem Abschnitt beziehen sich alle auf das Jahr 2008, da oftmals Zahlen für 2009 noch nicht vorliegen. Das jährliche Aufwachsen der Alterungsrückstellungen basiert grob auf der Differenz zwischen Prämien plus Verzinsung der Alterungsrückstellungen und den Versicherungsleistungen.

1535 Für das Argument vgl. Meyer, U. (1997), S. 12.

Eine potenzielle Quersubventionierung ergibt sich aus der *Wechselmöglichkeit von freiwillig Versicherten Arbeitern und Angestellten.*[1536] In der PKV sind ca. 1,1 Mio. Arbeiter und Angestellte versichert.[1537] Die GKV ist an diesen Personen interessiert, weil der Maximalbeitrag als Produkt aus Beitragssatz und BBG i. H. v. monatlich 558,75 Euro zu zahlen wäre.[1538] Wären alle 1,1 Mio. Arbeiter und Angestellte in der GKV freiwillig versichert, *wären* die *Einnahmen der GKV um 6,7 Mrd. Euro höher.*[1539] Dagegen stehen Ausgaben bei der Mitversichertenquote von 0,265 und mittlere Ausgaben in der AKV von 1.466 Euro im Jahr 2008 i. H. v. 2 Mrd. Euro.

Versteht man unter einer *Subvention der GKV an die PKV* das *Verlassen der GKV-Solidargemeinschaft*, dann ist eine Quersubvention durch Existenz der Wahlmöglichkeit zwischen den Versicherungstypen bei Überschreiten der VPG i. H. v. 4,7 Mrd. Euro gegeben. Grundsätzlich ist die Wahlmöglichkeit ungerecht, da nur wohlhabende Personen ihren persönlichen Nutzen durch die präferenzengerechte Optimierung der Kombination Preis, Versicherungsschutz und familiäre Situation steigern können.

Die GKV ist am Solidarprinzip ausgerichtet. Idealtypisches Merkmal ist daneben die Schutzbedürftigkeit. In Verbund mit der VPG und dem engen Zusammenhang zwischen Einkommen und Gesundheit sind in der GKV überproportional viele ALG1-, ALG2- und Sozialhilfeempfänger versichert, die hohe Ausgaben verursachen und für die die GKV nur geringe Beiträge erhält.[1540] Es wird *nur eine grobe Abschätzung* durchgeführt. Für *ALG1*-Empfänger zahlt die BA 80 % des letzten Brutto-Jahresgehalts.[1541] Geht man vorsichtig mit erheblichem Abschlag auf die Einkommen von Normalverdienern von 15.000 Euro mittleren Einkommens der ALG-1 Empfänger aus, ergeben sich Beiträge i. H. v. unter 1.800 Euro jährlich.[1542] *ALG2*-Empfänger werden mit 126,05 Euro monatlich veranschlagt. *Sozialhilfeempfänger* nach SGB XII sind per Definition nicht erwerbsfähig. Sie werden vom Staat etwa in Höhe der Zuschüsse für ALG2 alimentiert. Geht man tentativ von Ausgaben i. H. v. ca.

1536 Abhängig Beschäftigte sind 66,4 % aller Wechsler, vgl. Abschnitt 6.2.4.3.

1537 Vgl. Grether (2009), S. 346. 13 % auf 8,6 Mio. Versicherte ergibt im Jahr 2008 1,1 Mio.

1538 Der Arbeitgeberbeitrag beläuft sich auf 262,50 Euro und der Arbeitnehmerbeitrag auf 296,25 Euro im Jahr 2010.

1539 Oft wird gegen den Vorwurf der Einkommens-Entsolidarisierung eingewendet, dass die Hälfte der Privatversicherten unterhalb des Durchschnittseinkommens verdient und 70 % unterhalb der BBG, vgl. Genett (2009), S. 139. Dies ändert jedoch nichts an der Tatsache, dass eine systematische Abwanderung Wohlhabender dem Solidarausgleich innerhalb der GKV nicht zur Verfügung steht.

1540 Vgl. Abschnitt 3.2.4.2. Daneben gibt es noch Unterhaltsempfänger, Personen in beruflicher Weiterbildung, Übergangsgeldempfänger, Ausbildungsgeldempfänger, die hier nicht betrachtet werden.

1541 § 232a Abs. 1 Nr. 1 SGBV.

1542 Für Einkommens-Vergleichsgrößen aus dem Jahr 2003 siehe Leinert (2006a), S. 32.

2.500 Euro[1543] für beschriebene schutzbedürftige, weniger gesunde Gruppen aus, bedeutet jeder ALG1-Empfänger eine Unterdeckung von ca. 750 Euro und jeder ALG2- und Sozialhilfeempfänger i. H. v. ca. 1.000 Euro jährlich.[1544] Wären alle in der GKV versichert, ergibt sich bei 1,5 Mio. ALG1-, 4,8 Mio. ALG2- und 2 Mio. Sozialhilfeempfängern ein Defizit aus Einnahmen-Ausgaben von ca. 8 Mrd. Euro.[1545]

Ein geringer Teil der Last wird wegen der geringen Zahl privatversicherter Schutzbedürftiger von der PKV getragen. Angesichts der Unsicherheiten in der Überschlagsrechnung wird von einer Quersubvention der GKV an die PKV in Milliardenhöhe gesprochen, da durch die Existenz der PKV überproportional viele Schutzbedürftige in der GKV versichert sind. Ohne die PKV würde die Ausgabenbelastung von der Gesamtbevölkerung getragen und die GKV pro Kopf entlastet.

6.1.2.1.2 Subventionierung der GKV durch die PKV

Hauptargument der PKV gegen eine finanzielle Übervorteilung der GKV ist die *wesentlich höhere Vergütung in der ambulant-ärztlichen Versorgung*. Eine höhere Vergütung bei der Behandlung von Privatpatienten wird nicht bestritten, entscheidend für eine *Quersubventionierung* ist die *Frage*, ob der Mehrumsatz *ansonsten von der GKV nicht gedeckte Kosten* ausgleicht und *nur dadurch* eine *bedarfsgerechte Versorgung* der gesetzlich Versicherten gewährleistet ist. Der Mehrumsatz wird auch für höhere Kosten aufwändigerer Behandlungen, Leistungen außerhalb des gesetzlichen Leistungskatalogs, besseren Service und potenziell als Einkommensquelle für Leistungserbringer verwendet, und ist in dieser Hinsicht keine Quersubvention.

Mehrumsatz ist dabei definiert als der höhere *Umsatz eines Privatpatienten* in einer Zeiteinheit gegenüber der hypothetischen Situation, dass er im gleichen Zeitraum in der GKV versichert gewesen wäre.[1546] Die Ist-Ausgaben in der PKV werden aus Kopf-

---

1543 Im Jahr 2008 betrugen die Ausgaben je Mitglied 2.957 Euro und die Ausgaben je Versicherten 2.151 Euro, vgl. BMG (2009c). Beske und Baumgärtner setzen bei gleicher Zielsetzung die durchschnittlichen Leistungsausgaben von 3.000 Euro eins zu eins für ALG2-Empfänger an, vgl. Beske und Baumgärtner (2008), S. 38. Nach Angaben des AOK-Bundesverbandes benötigten ALG2-Empfänger im Jahr 2008 ca. 214 Euro, was sehr nahe am hier verwendeten Schätzwert ist, vgl. AOK-Bundesverband (2010a), S. 12.

1544 Thelen nennt für das Jahr 2007 Beträge von 200 Euro bei ALG1-Empfängern und 1.200 Euro bei ALG-2 Empfängern, vgl. Thelen (2008).

1545 Vgl. StBA (2009d). Klingenberger nennt für das Jahr 2001 einen Beitragsausfall bei Sozialhilfeempfängern von 3,5 Mrd. DM und für Arbeitslose 5 Mrd. DM, vgl. Klingenberger (2001), S. 168-169. Seitdem sind die Hartz-Reformen in Kraft getreten, die Größenordnung stimmt. Beske und Baumgärtner haben allein für ALG2-Empfänger in der GKV für das Jahr 2007 4,7 Mrd. Euro berechnet, vgl. Beske und Baumgärtner (2008), S. 38. Im Jahr 2003 gab es 1,1 Mio. anspruchsberechtigte Sozialhilfeempfänger, vgl. Simon, M. (2010), S. 128.

1546 Das Konzept des Mehrumsatzes und methodische Verzerrungen werden ausführlich dargestellt in Niehaus und Weber (2005), S. 22-55.

schadensprofilen errechnet. Die Vergleichsgröße waren bis Ende 2008 RSA-Profile, die auf allen Hauptleistungsbereichen ohne sonstige Leistungen und Krankengeld beruhten.[1547] Satzungsleistungen sind ebenso wenig wie Zuzahlungen auf GKV-Seite enthalten, analog werden nur eingereichte Rechnungen in der PKV berücksichtigt.[1548] Betrachtet werden in den Studien des WIP die Bereiche ambulant-ärztlich, Arznei-, Heil- und Hilfsmittel, Krankenhaus und Zahnmedizin. Um den gesamten Mehrumsatz eines Jahres zu beziffern, müssen die einzelnen Mehrumsätze der Privatversicherten zusammengerechnet werden.

Niehaus, Wissenschaftler am WIP, kommt für das Jahr 2007 auf einen Mehrumsatz im ambulant-ärztlichen Bereich i. H. v. 4,8 Mrd. Euro.[1549] Der ermittelte Betrag beschreibt den höheren Umsatz von Privatpatienten gegenüber gesetzlich Versicherten. *Walendzik et al.* errechneten einen Mehrumsatz von 3,6 Mrd. Euro für das Jahr 2005, was niedriger ist als der WIP-Wert i. H. v. 4,2 Mrd. Euro.[1550]

Ein Umsatz ist immer das Produkt aus Menge und Wert der einzelnen Leistungen. Die Leistung an sich ergibt sich aus der Abbildung der Leistung in der GOÄ und dem Pendant im EBM.[1551] Bei Privatpatienten kann der Arzt einen Steigerungssatz mit Spielraum ansetzen.[1552] Vergleichbare Leistungen können auf diese Weise relativ präzise identifiziert und *bewertet* werden.[1553] Die zweite Komponente des Mehrumsatzes ist die *Menge* der Leistungen. Angesichts der Mengenregulierung im vertragsärztlichen

---

1547 Mit der Einführung des M-RSA sind Mehrumsätze anders zu berechnen, da dieser wesentlich komplexer aufgebaut ist. Sonstige Leistungen sind u. a. versicherungsfremde Leistungen und werden daher nur mit 50% berücksichtigt sowie im Wesentlichen dem ambulanten Bereich zugeordnet, vgl. Niehaus und Weber (2005), S. 77-80.

1548 Da sowohl Zuzahlungen als auch Eigenzahlungen die Ausgaben in beiden Versicherungstypen verringern, wurde beides nicht in die Untersuchung des WIP einbezogen, vgl. Niehaus und Weber (2005), S. 30-32. Pro Versicherten ergeben sich in der GKV 68,6 Euro Eigenleistung (4,8 Mrd. Euro Zuzahlungen / 70 Mio. Versicherte). Die Eigenleistung pro PKV-Versicherten ist mutmaßlich größer, was die Mehrumsätze etwas erhöhen dürfte. Hierzu liegen jedoch keine Daten vor. Niehaus und Weber führen weitere Verzerrungen auf, die sich gegenseitig ausgleichen, vgl. Niehaus und Weber (2005), S. 32-33. Der Autor weist weiter darauf hin, dass PKV-Versicherte wegen der positiven Korrelation aus Einkommen und Gesundheit sowie der Risikoprüfung gesünder sind, wodurch die Mehrumsätze ebenfalls unterschätzt werden. Daten hierzu liegen nicht vor.

1549 Vgl. Niehaus (2009a), S. 19. Dort sind die Werte von 2004 bis 2007 angegeben.

1550 Vgl. Walendzik et al. (2009), S. 68. Die Differenz beruht darauf, dass bei Walendzik et al. nur GKV-Leistungen verglichen wurden.

1551 Detailliert zu den Vergütungssystemen siehe Abschnitt 5.3.2.2.

1552 Kostenerstattung wurde mit dem GKV-WSG für gesetzlich Versicherte attraktiver. Je mehr diesen Wahltarif wählen, umso geringer wird der Mehrumsatz der PKV. Ende 2008 hatten nur 132.000 gesetzlich Versicherte die Option gewählt, vgl. BT-Drucks.16/12639 (2009), S. 9.

1553 Siehe für methodische Probleme und die Analyse der Vorgehensweise in Vergleichsstudien zwischen GOÄ und EBM Niehaus (2009b), S. 24-27.

Bereich durch Regelleistungsvolumina ist auch nach der Honorarreform eine Mengenausweitung in der PKV wahrscheinlich.[1554] Von einem *Qualitätseffekt* bei gleichen Leistungen ist nicht auszugehen, Serviceleistungen und nicht im gesetzlichen Leistungskatalog enthaltene Diagnostik und Therapie tragen zu höheren Pro-Kopf Ausgaben in der PKV bei.[1555]

Der Mehrumsatz beruht zu einem guten Teil auf einer höheren Vergütung für die gleiche medizinische Leistung, betrachtet man die großen Vergütungsdifferenzen.[1556] In einer Metastudie wurden für das Vergütungsverhältnis bei Ärzten Werte zwischen 2,25 und 3,9 zusammengetragen.[1557] Die drei aktuellsten inkludierten Studien ab dem Jahr 2005 enthielten Werte zwischen 2,28 und 2,43. *Niehaus und Weber* zeigten anhand einer Analyse der Leistungsausgaben, dass der Mehrumsatz bei PKV-Versicherten großenteils auf den Preiseffekt zurückzuführen ist.[1558]

Eine exakte Trennung der Effekte ist nicht möglich und in diesem Rahmen auch nicht nötig.[1559] Entscheidend ist allein die Frage, ob die Ärzte auch ohne den Mehrumsatz der Privatpatienten eine bedarfsgerechte Versorgung der Patienten betriebswirtschaftlich leisten können. *Problematisch* ist dabei die *Bestimmung eines fairen Arztlohns. Niehaus und Weber* konstatieren als Fazit ihrer ausführlichen Betrachtung des ambulant-ärztlichen Bereichs, dass bezogen auf das Jahr 1999 Allgemeinpraxen durch eine Reduktion der privatärztlichen Gebührensätze um den Faktor 3 zwischen 21 % und 28 % weniger Überschüsse erwirtschafteten.[1560] Durch die räumlich ungleiche Verteilung und Heterogenität in der Vergütung ist ein Teil des Mehrumsatzes als Subvention der PKV an die GKV zur Aufrechterhaltung der bedarfsgerechten Versorgung zu wer-

---

1554 Die Mehrumsätze könnten jedoch zunächst sinken, da eine Mengenausweitung in der GKV durch die Umstellung denkbar ist.

1555 Eine unterschiedliche Qualität in der Behandlung ist unwahrscheinlich. In Abschnitt 6.1.1.3 konnte zwar eine kürzere Wartezeit in der Praxis empirisch fundiert werden. Dies dürfte aber die Behandlungsqualität ebenso wenig beeinträchtigen wie eine längere Wartezeit auf die Terminvergabe. Strittig ist, inwiefern eine längere Behandlungsdauer Qualitätseffekte haben kann. Hier wird davon ausgegangen, dass die Qualität identisch ist.

1556 Für Laborleistungen wurden Unterschiede von mehr als dem 4-fachen errechnet, vgl. Keßler (2009), S. 8. Ein erheblicher Anteil des Mehrumsatzes, nämlich 722 Mio. Euro beruhen damit alleine auf Laborleistungen, so Keßler.

1557 Vgl. Anhang 10.

1558 Vgl. Niehaus und Weber (2005), S. 139.

1559 Für die Frage der Quersubventionierung ist gleichsam die geringere Effizienz aus einer Preisdifferenzierung 3. Grades irrelevant. Beim Entwurf eines allokativ effizienten Krankenversicherungssystems ist eine solche Preisdifferenzierung daher zu vermeiden. Siehe zu Arten der Preisdifferenzierung Fußnote 1379.

1560 Vgl. Niehaus und Weber (2005), S. 67-69. Der geringe Anteil von reinen Privatpraxen ist ein Gegenbeispiel zur Bedeutung von Privatpatienten. Nach Klingenberger ist die Masse der Praxen v. a. auf die gesetzlich Versicherten angewiesen, vgl. Klingenberger (2001), S. 151.

ten.[1561,1562] *Meyer* geht davon aus, dass 50 % des Mehrumsatzes als Subvention der GKV an die PKV zu werten ist. Dies entspricht einem Betrag von *2,4 Mrd. Euro* im Jahr 2007.[1563] Angesichts des Vergütungszuwachses der Honorarreform und geringer Insolvenzraten dürfte dies aus Sicht der PKV eher eine Überschätzung des Subventionsanteils sein.[1564]

Neben ambulant-ärztlichen Leistungen werden als bedeutender Mehrumsatz die *zahnärztlichen Leistungen inklusive Zahnersatz* bestimmt.[1565] Im Jahr 2007 beläuft sich der *Mehrumsatz auf 1,8 Mrd. Euro.*[1566] Wegen des deutlich breiteren Leistungsumfangs in der PKV und höherer Qualität von Zahnersatz ist der *Preiseffekt geringer* als bei ärztlichen Leistungen, Qualitätseffekte und Mengeneffekte überwiegen. Vergleichbare *zahnärztliche Leistungen* werden in der PKV über die GOZ teurer vergütet als in der GKV durch den BEMA. *Neubauer und Minartz* kommen zu einer Höhervergütung in der PKV mit maximal dem Faktor 1,4. [1567] Ferner wird *Zahnersatz* teurer in der PKV abgerechnet.

1561 Siehe Niehaus und Weber (2005), S. 67-69.

1562 Regional müsste genauer hingeschaut werden, da mutmaßlich Regionen mit guter Infrastruktur überproportional viele Privatversicherte aufweisen, so dass die Mehrumsätze umso weniger zum Praxiserhalt nötig sein dürften, vgl. Knieps (2009), S. 37. Dagegen spricht, dass in gering versorgten Regionen jeder Privatversicherte „doppelt wichtig“ ist. Für die räumliche Heterogenität siehe auch Abschnitt 6.1.1.4.

1563 Es werden die Daten des WIP angenommen, weil jeder Euro für die Ärzte in ihren fairen Arztlohn eingeht. Die Bestimmung des fairen Arztlohnes und damit verbunden des Ausmaßes der Quersubventionierung ist von großer Unsicherheit behaftet. Rürup et al. formulieren dies so: „ [es gibt] keine Einigkeit über die gesundheitspolitische Deutung dieser Art von „Quersubventionierung“, Rürup et al. (2010), S. 98. Auch ist generell bei Mehrumsätzen die Frage zu stellen, wer tatsächlich zahlt. Bspw. sind fast 50 % der Privatversicherten Beamte, die oft mehr als 50 % Beihilfe bekommen. Daher zahlt nicht alleine die PKV, sondern der Staat und damit anteilig GKV-Versicherte in beträchtlichem Ausmaß mit. In der Berechnung der Mehrumsätze ist in den Kopfschäden der Beihilfeanteil vollumfänglich einberechnet, vgl. Niehaus und Weber (2005), S. 27.

1564 Die meisten Ärzte dürften nach der Honorarreform, die die niedrigsten Arzteinkommen erhöhte und von 2007 auf 2009 mehr als 3,5 Mrd. Euro Vergütungserhöhung brachte, gut von den gesetzlich Versicherten leben können, für die Honorarreform vgl. Abschnitt 4.3.2.1.1. Nach Angaben des StBA betrug der Reinertrag im Jahr 2007 je Praxisinhaber 142.000 Euro, der jedoch über die Arztgruppen und regional stark streut, vgl. StBA (2009c), S. 23. Siehe auch Böhnke und die dort angegebene Literatur, wo weitere Belege für eine gute Einkommenssituation der Ärzte angegeben sind, vgl. Böhnke (2004), S. 53-54.

1565 Für die Methodik und mehrere strukturelle Unterschiede vgl. Niehaus und Weber (2005), S. 97-104.

1566 Vgl. Niehaus (2009a), S. 19.

1567 Geht man davon aus, dass für Preisgleichheit der Steigerungssatz 1,8 beträgt (im Basistarif werden 2,0 angesetzt, vgl. Abschnitt 4.3.2.1.3) und der abgerechnete Steigerungsfaktor 2,52 ist, dann ergibt sich eine Höhervergütung von 40 %, vgl. Neubauer, G. und Minartz (2006), S. 11.

Diese 1,8 Mrd. Euro dürfen nicht komplett einer Quersubventionierung zugerechnet werden. Der Erstattungsumfang in der PKV bei Zahnersatz ist höher, die Qualität des Zahnersatzes ist aber besser und damit teurer. Der Mehrumsatzeffekt dürfte insgesamt geringer sein, da der *Eigenanteil der GKV-Versicherten höher* ist, womit GKV-Versicherte tatsächlich stärker an der Finanzierung der zahnärztlichen Versorgung beteiligt sind.[1568] *Meyer* setzt als Subvention nur ein Viertel des gesamten Mehrumsatzes an, da er höhere Gewinne der Leistungserbringer konstatiert.[1569] Die Zahlen sind über 10 Jahre älter als der Wert von *Niehaus*, seitdem könnten auch die Gewinne der Zahnärzte gesunken sein. Als *Mehrumsatz bei Zahnärzten* wird daher *1 Mrd. Euro* angenommen.

Der ausgabenstärkste Sektor in der GKV sind die *Krankenhäuser*.[1570] Im Bereich der Regelversorgung werden die Leistungen für GKV- und PKV-Versicherte gemäß dem DRG-System identisch abgerechnet.[1571] Unterschiede gibt es durch die Wahlleistungen Chefarztbehandlung[1572] sowie Ein- und Zweibettzimmer, die oft in PKV-Tarifen enthalten sind.[1573] Die Vergütung der *Wahlarztbehandlung* setzt sich zusammen aus der vollen Regelbehandlung plus einer im Betrag um 25 % verminderten entsprechenden GOÄ-Gebührenposition.[1574] Die PKV zahlt quasi doppelt.

Bei *gesondert berechneter Unterkunft* werden Zuschläge vom Krankenhaus in Rechnung gestellt. Dieser Mehrumsatz kann direkt bestimmt werden. Ein höherer Komfort gehört nicht zu einem bedarfsgerechten Leistungskatalog und wird in der DRG-Berechnung auch nicht berücksichtigt. Die Höhe des Mehrumsatzes bestimmt man, indem die Kosten des Krankenhauses zum Unterhalt eines Ein- oder Zweibettzimmers, die die Kosten einer Unterbringung im Mehrbettzimmer übersteigen, nicht berücksichtigt werden.[1575] Der übrige Teil ist der relevante Mehrumsatz, da die Leistungen samt Preisen im für beide Versicherungstypen geltenden DRG-System gleich sind.

1568 Eine vergleichende Quantifizierung der Eigenanteile an den Ausgaben ist nicht möglich, vgl. Niehaus und Weber (2005), S. 98-99.

1569 Vgl. Meyer, U. (1997), S. 14.

1570 Ausführlich zu den Mehrumsatz-relevanten Unterschieden und zur Berechnung des Mehrumsatzes im Krankenhaus siehe Niehaus und Weber (2005), S. 105-115.

1571 Detaillierter zum DRG-System vgl. Abschnitt 5.2.2.1.

1572 Behandelt ein anderer Arzt, darf eigentlich nicht Wahlbehandlung Chefarzt liquidiert werden. In praxi wird bei dem Wahltarif i. d. R. angenommen, dass der leitende Arzt behandelt. Dies ist unter Wahlarztkette bekannt. Nach Rechtsprechung des Bundesgerichtshofs (BGH) darf ein benannter, besonders qualifizierter Oberarzt anstelle des Chefarztes behandeln, vgl. ausführlich zum Urteil vom Dezember 2007 PKV-Verband (2008a), S. 65-69.

1573 Meyer geht von mehr als 90 % aus, vgl. Meyer, U. (1997), S. 14.

1574 § 6a GOÄ. Siehe ausführlich zu den Regelungen bei Wahlleistung Krankenhausbehandlung Niehaus und Weber (2005), S. 107-112.

1575 Die Mehrkosten werden von den Kliniken vermutlich höher kalkuliert als tatsächlich anfallend, was bei Niehaus und Weber wegen der nicht vorhandenen bundesweiten Erfassung der

Für die Jahre 2007 und 2008 betrugen die Kosten für die Wahlleistung Unterkunft 520 Mio. Euro bzw. 506 Mio. Euro. Darin enthalten sind Zusatzversicherungen durch GKV-Versicherte. Konservativ geschätzt beträgt der Anteil *350 Mio. Euro.*[1576,1577] *Insgesamt* belief sich der *Mehrumsatz im stationären Bereich* 2007 auf *1 Mrd. Euro*. Die Mehrumsätze aus den Wahlleistungen Ein- und Zweibettzimmer fließen hingegen direkt ans Krankenhaus. Angesichts eines Investitionsstaus in zweistelliger Milliardenhöhe und vielen Kliniken mit Verlusten dürfte von einem essenziellen Beitrag der PKV zur Gewährleistung einer bedarfsgerechten stationären Versorgung auszugehen sein.[1578] Ob Chefärzte auf den Mehrumsatz durch Privatpatienten angewiesen sind, ist eher irrelevant. Da jedoch Teile des Honorars ans Krankenhaus abgeführt werden, kann von einem gesamten *Mehrumsatz von 1 Mrd. Euro* ausgegangen werden.[1579]

Der letzte Bereich, der vom WIP regelmäßig auf Mehrumsätze untersucht wird, sind die *Arznei-, Heil- und Hilfsmittel*. Für das Jahr 2007 wurde mit *2,8 Mrd. Euro* die nach den ambulant-ärztlichen Leistungen größte Summe ausgewiesen.[1580] Die GKV hat in diesem Bereich geringere Preise zu tragen, bspw. durch Wirtschaftlichkeitsprüfungen, Rabatte und Rabattverträge.[1581] Die von der GKV ausgehandelten Festbeträge wirken

---

Komfortmerkmale nicht eingerechnet wurde, vgl. Niehaus und Weber (2005), S. 114. Der Mehrumsatz erhöht sich dadurch, da realiter geringere Kosten einen größeren Deckungsbeitrag implizieren.

1576 Vgl. PKV-Verband (2009f), S. 53. Im Jahr 2003 sind 440 Mio. Euro angefallen, die mit 324 Mio. Euro Privatversicherten zugeordnet werden konnten, vgl. Niehaus und Weber (2005), S. 112.

1577 Im Jahr 2008 waren 27 % der Krankenhäuser in Deutschland insolvenzgefährdet. Bis zum Jahr 2020 wird die Quote auf 29 % anwachsen, vgl. Augurzky (2009). Neuere Zahlen des RWI ergeben für 2008 16,4 %, für 2009 11 % und für 2010 8 % der Häuser im roten Bereich. Ohne Rationalisierungsmaßnahmen steigt die Zahl auf 18 % bis 2020 an. Durch Maßnahmen zur Produktivitätssteigerung könnten bis 2020 nahezu alle Einrichtungen den roten Bereich verlassen, vgl. Augurzky; Gülker; et al. (2010), S. 5-6. Eine kompakte Darstellung der wirtschaftlichen Lage der Krankenhäuser erfolgt in Augurzky; Krolop; et al. (2010).

1578 Vgl. Abschnitt 5.2.2.1.1. Siehe dazu auch Niehaus und Weber (2005), S. 107. Pikanterweise kommt die GKV in den Genuss eines 10-prozentigen Rabattes bei im Krankenhaus erbrachten ambulanten Leistungen, vgl. § 120 Abs. 3 S. 2 SGBV. Die Höhe des Effekts konnte nicht beziffert werden.

1579 Das WIP ermittelt einen fünfmal so großen Mehrumsatz im ambulant ärztlichen Bereich wie im Krankenhaus, womit die hier ermittelten Beträge von 2,4 Mrd. Euro zu 1 Mrd. Euro eher eine Überschätzung sein dürften, vgl. Niehaus und Weber (2005), S. 139.

1580 Vgl. Niehaus (2009a), S. 19.

1581 Ausführlich zu den Kostendämpfungsmaßnahmen im Arzneimittelsektor vgl. Abschnitt 5.2.2.1.2 und Abschnitt 5.2.2.2.2. Für Heil- und Hilfsmittel siehe Niehaus und Weber (2005), S. 73-75. Herder-Dorneich bezeichnet Zwangsrabatte der Pharmahersteller an die GKV als Einkommensumverteilung des Arzneimittelmarktes, vgl. Herder-Dorneich (1994), S. 577-578. Der Umfang des Mehrumsatzes ist wegen der flexiblen Preisgestaltung für Privatpatienten bei Heilmitteln nicht quantifizierbar, vgl. Böhnke (2004), S. 35.

hingegen auch für die PKV preismindernd und verursachen einen positiven externen Effekt für die PKV.[1582] Es greift in diesem Sektor überwiegend der Preiseffekt[1583].

Im *Pharmasektor* wird das größte Einsparpotenzial im Gesundheitssystem vermutet. Unterschieden werden muss jedoch zwischen Original- und Generika-Herstellern. Generika-Unternehmen klagen, dass der Rabattwettbewerb eine ruinöse Konkurrenz evoziert. Noch lässt sich über die Wirkung der Rabattverträge keine klare Aussage treffen, inwieweit Generika-Hersteller in Existenznot geraten.[1584] Bei Arznei-, Heil- und Hilfsmitteln ist nicht davon auszugehen, dass bei einem Wegfall des Mehrumsatzes die Preise annähernd in gleichem Ausmaß angehoben werden. Da die PKV einen möglichen ruinösen Wettbewerb und Ausschreibungsverlierer finanziell abfedert, liegt insgesamt eine *geringe Quersubventionierung vor,* die mit *500 Mio. Euro* angesetzt wird.[1585]

PKV-Unternehmen mussten im Jahr 2008 211,6 Mio. Euro *Steuern,* neben in Arzneimitteln etc. enthaltener Mehrwertsteuer, abführen.[1586] Die Summe findet sich zu einem kleinen Teil im Steuerzuschuss für die GKV wieder, ist jedoch *vernachlässigbar.* Von einer nennenswerten Quersubventionierung der GKV kann daher nicht ausgegangen werden. Die gesetzlichen Krankenkassen sind als KdöR‘s hingegen steuerbefreit. Da im Unterschied zur PKV keine Gewinne anfallen, liegt de facto eine Bemessungsgrundlage weder für die Körperschaftssteuer noch für die Gewerbesteuer vor.

Im Jahr 2008 wurden aus dem Bundeshaushalt 7,2 Mrd. Euro *Steuerzuschuss* an die GKV gezahlt, als Endbetrag sind 14 Mrd. Euro avisiert.[1587] Die Mittel werden von allen Steuerzahlern erbracht. Privatversicherte haben ein höheres Einkommen als GKV-Mitglieder und somit bei progressivem Steuertarif ein Pro-Kopf höheres Einkommensteueraufkommen.[1588] Auf Basis des SOEP berechnete *Leinert* im Jahr 2003 für GKV-Mitglieder ein Einkommen von 22.658 Euro und für PKV-Versicherte, abgegrenzt als diejenigen PKV-Versicherten, die als GKV-Versicherte Beitragszahler wären, ein Einkommen von 38.109 Euro. Neben der Einkommensteuer gibt es noch weitere Steuern

---

1582 Vgl. Rebscher (1998), S. 15.

1583 Arzneimittel sind nicht nur wegen der Rabatte der GKV in der PKV teurer, sondern auch wegen der höheren Quote an Originalen, vgl. Abschnitt 6.2.5.2.

1584 Vgl. Abschnitt 5.2.2.2.2.

1585 Diese Einschätzung teilt Meyer, U. (1997), S. 15.

1586 Vgl. PKV-Verband (2009f), S. 19.

1587 Für die Zahl für 2008 siehe BMG (2010d), S. 6. Siehe zum Steuerzuschuss auch Abschnitt 4.3.1.1.2. Thüsing und Medem sehen im Steuerzuschuss, der wenigstens zum Teil den GKV-Kindern zukommt, einen Verstoß gegen das Grundgesetz, vgl. Thüsing und Medem (2008), S. 129-135. Ein die Ungleichbehandlung von privatversicherten Kindern rechtfertigender Grund fehle.

1588 Vgl. Leinert (2006a), S. 32. Das Durchschnittseinkommen in Deutschland betrug 24.618 Euro.

mit hohem Aufkommen, der Anteil für die Einkommensteuer beträgt 25 %.[1589] Damit stammen für den Bundeszuschuss quasi 1,8 Mrd. Euro aus der Einkommensteuer, die überproportional durch Privatversicherte erbracht wird.[1590] *Privatversicherte* stellen 10,5 % der Bevölkerung dar und dürften durch die Progression der Einkommensteuer *grob geschätzt 500 Mio. Euro an die GKV* überweisen.[1591] In der Synopse wird, bezogen auf 14 Mrd. Euro, ein Wert von 2 *Mrd. Euro Subvention* der PKV an die GKV angesetzt, wovon 1 Mrd. Euro auf weitere Steuern entfallen.[1592]

6.1.2.1.3 Synopse der Quersubventionierung

Geht man davon aus, dass die *Leistungserbringer* durch die in der *GKV gezahlten Vergütungen* ein *faires Einkommen* erzielen können, dann könnte eine bedarfsgerechte Versorgung *von den jetzt gesetzlich Versicherten* ohne Subventionen an die PKV mit *geringerem Beitragssatz* finanziert werden. Das duale System erlaubt es, dass sich gut verdienende, leistungsfähige Menschen der Solidargemeinschaft GKV entziehen können. Die in der GKV verbliebenen beitragszahlenden Mitglieder müssen überproportional hohe Anteile beitragsfrei Mitversicherter, älterer Menschen sowie ALG1-, ALG2- und Sozialhilfeempfänger solidarisch finanzieren. Das ist vertikal ungerecht. Der Betrag, der durch einen vollständigen Finanzausgleich der PKV nach der groben Analyse der Quersubventionierung erzielt werden könnte, beläuft sich auf *etwa 10 Mrd. Euro.*

In Tabelle 7 werden den 10 Mrd. Euro im Wesentlichen die *Mehrumsätze* der *PKV* durch höhere Vergütungen, aber auch durch bessere Leistungen, gegenübergestellt, *ohne denen* eine *bedarfsgerechte Versorgung auf heutigem Niveau nicht möglich* wäre. Mit 5,9 Mrd. Euro inklusive des Anteils der PKV am Bundeszuschuss für die GKV, gibt es damit einen Finanzausgleich, der eine Entlastung der GKV darstellt.

1589 Vgl. StBA (2009e). Die Einkommensteuer ist eine sog. direkte Steuer. Das Gros der Steuern, allen voran die Mehrwertsteuer, sind indirekte Steuern. Würde man bei einem Sozialausgleich keine Steuern erhöhen, sondern das derzeitige Aufkommen einsetzen, käme es zu einer Belastung weniger leistungsfähiger Bürger. Siehe zu den Verteilungswirkungen von Mehrwertsteuer und Einkommensteuer Abschnitt 7.3.1.2.2.

1590 Steuern sind nicht zweckgebunden respektive unterliegen keiner konkreten Mittelverwendung. Man spricht bei Steuern daher vom sog. Non-Affektationsprinzip.

1591 Vgl. Abschnitt 5.1.1.1.

1592 Privatversicherte konsumieren auch und zahlen damit Mehrwertsteuer usw. Hinzu kommt, dass ohne Steuerzuschüsse die Beiträge in der GKV höher wären. Der ebenfalls größere Höchstbeitrag als Maßgröße für den Arbeitgeberzuschuss ist durch die Absenkung des Beitragssatzes zum 01.07.2009 von 268,28 Euro auf 257,25 Euro gesunken. Die Differenz tragen die zuschussberechtigten Privatversicherten alleine.

Tabelle 7: Subventionen durch Entsolidarisierung im dualen System und mehrumsatzbedingte Subventionen

Subvention zugunsten der PKV bzw. zulasten der GKV	**Subvention zugunsten der GKV bzw. zulasten der PKV**
Risikoselektion in der PKV 1,1 Mrd. Euro	Mehrumsatzbedingt im ambulant-ärztlichen Bereich 2,4 Mrd. Euro (2007)
Beitragsfreie Mitversicherung von Familienangehörigen 1 Mrd. Euro	Mehrumsatzbedingt im zahnärztlichen Bereich 1 Mrd. Euro (2007)
Überproportional hoher Anteil alter Menschen (66 Jahre und älter) in der GKV 700 Mio. Euro	Mehrumsatzbedingt im akut-stationären Sektor 1 Mrd. Euro (2007)
Zinsvorteil durch Kapitaldeckung in der PKV gegenüber Umlageverfahren in der GKV 2,6 Mrd. Euro	Mehrumsatzbedingt bei Arznei-, Heil- und Hilfsmitteln 500 Mio. Euro (2007)
Wechselmöglichkeit von Arbeitern und Angestellten mit Einkommen oberhalb der VPG 4,7 Mrd. Euro	Subvention durch Beteiligung am Bundeszuschuss bezogen auf 14 Mrd. Euro 2 Mrd. Euro (im Jahr 2008 1,5 Mrd. Euro)
Überproportional hohe Anzahl an ALG1-, ALG2- u. Sozialhilfeempfängern Mehrere Mrd. Euro	
Summe: 10,1 + X Mrd. Euro	**Summe: 6,9 Mrd. Euro**

Quelle: Eigene Darstellung. Die Zahlen beruhen auf dem Jahr 2008, soweit nicht anders angegeben. Der Bundeszuschuss wird mit 14 Mrd. Euro angesetzt, dafür stammen die Mehrumsätze aus dem Jahr 2007.

Der Abschnitt 6.1.2.1 macht deutlich, dass es durch eine Verletzung des Leistungsfähigkeitsprinzips zu *Quersubventionen in Milliardenhöhe zulasten der GKV* und damit der weniger leistungsfähigen Versicherten im dualen System heutiger Ausgestaltung kommt. Die Entsolidarisierung ist einerseits *intransparent* und andererseits *im Systemvergleich* ein *Verstoß gegen* die *vertikale Gerechtigkeit.*[1593]

Nur die gemeinsame Betrachtung von Mehrumsätzen und Entsolidarisierung lässt ein Urteil über die vertikale Gerechtigkeit im dualen System zu. Als Replik auf die Mehrumsatzstudien des WIP, die ausschließlich die Leistungsseite betreffen, hat *Leinert*, Wissenschaftler am WIdO, ähnlich der gerade durchgeführten Analyse die Finanzierungs- und Leistungsseite im Jahr 2003 angeschaut.[1594] *Grundidee* ist der Vergleich des dualen Systems mit einem *hypothetischen integrierten System*, in dem die *Gesamtbevölkerung* zu *Rahmenbedingungen der GKV* versichert ist. Der Leistungskatalog ist analog der durchgeführten Analyse begrenzt auf Gesundheitsleistungen.[1595]

Die Ausgaben in der GKV basieren auf den Einnahmen (einnahmenorientierte Ausgabenpolitik) und steigen durch die Einbeziehung Privatversicherter mit durchschnittlich höheren beitragspflichtigen Einkommen an.[1596] Dazu gehören Beamte, Pensionäre, GRV-Rentner, Selbstständige und, mit größtem Einkommensvorteil in der PKV gegenüber der GKV, versicherte Arbeiter und Angestellte.[1597] Die Einkommen werden in beitragspflichtige Einkommen umgerechnet und mit dem damaligen durchschnittlichen Beitragssatz von 14,3 % multipliziert. Ehemals PKV-Versicherte zahlen mit 351 Euro pro Monat 56 % mehr als GKV-Versicherte mit 224 Euro.

Bei *unverändertem Beitragssatz* steigen die Einnahmen der integrierten GKV von 160 Mrd. Euro (GKV und PKV im dualen System) auf 171 Mrd. Euro an. Korrigiert man um die in einem integrierten System nicht mehr relevante Kategorie der freiwillig Versicherten, für die eine erweiterte Bemessungsgrundlage gilt, hat die integrierte GKV 164 Mrd. Euro an Einnahmen zur Verfügung.[1598] Die Leistungserbringer werden gemäß der einnahmeorientierten Ausgabenpolitik vergütet und gewinnen im integrierten System bei konstantem Beitragssatz 4 Mrd. Euro hinzu.

Im dualen System sind die Leistungserbringer um diesen Betrag trotz Mehrumsätze der PKV schlechter gestellt. Geht man von einer fairen *Vergütung der Leistungserbringer* i. H. v. 160 Mrd. Euro im dualen System aus, dann lässt sich der *Beitragssatz*

1593 Warns ähnlich: „Die Sicherstellung …Personen, denen es an der nötigen Zahlungsfähigkeit mangelt, erfordert eine gesamtgesellschaftliche Solidarität", vgl. Warns (2009), S. 183.

1594 Vgl. Leinert (2006c). Die Zahlen beruhen auf dem SOEP.

1595 Versicherungsfremde Leistungen i. e. S., Verwaltungskosten, Zusatzversicherungen und Krankengeld sind nicht berücksichtigt. Vgl. Abschnitt 6.1.2.1.

1596 Grundsatz der Beitragssatzstabilität, vgl. § 71 Abs. 1 SGBV.

1597 Für die Zahlen zu den Gesamteinkommen, Durchschnittsbeiträge je Beitragszahler, rechnerischen Beitragsaufkommen und den Gesundheitsausgaben bei unterschiedlichen Annahmen vgl. Leinert (2006c), S. 10-14.

1598 Bei freiwillig Versicherten werden höhere Mindesteinkommen und neben dem Arbeitseinkommen weitere Einkommensarten angesetzt. Darüber hinaus werden die Mindestbeiträge für Selbstständige gesenkt. In der weiteren Analyse wird von 164 Mrd. Euro ausgegangen.

entsprechend der um *4 Mrd. Euro reduzierten* Gesamteinnahmen der integrierten GKV um ca. *0,42 Beitragssatzpunkte* senken. Die GKV-Versicherten werden im Vergleich zum Status quo um den gleichen Betrag entlastet.[1599]

Bei *Vergütung* auf *GKV-Niveau* belaufen sich die Gesamteinnahmen im integrierten System auf 152 Mrd. Euro, was dem Mehrumsatz über alle Sektoren im Jahr 2003 gemäß WIP entspricht und eine weitere Beitragssatzsenkung um 0,9 Prozentpunkte erlaubt.[1600] Eine Beitragssatzsenkung von 0,9 Prozentpunkten bedeutet eine *finanzielle Entlastung der GKV-Mitglieder um weitere ca. 8,5 Mrd. Euro.*[1601] Dieser Betrag muss von den *PKV-Versicherten* bei halten *ihres* bisherigen *Leistungsniveaus* im dualen System *zusätzlich* aufgebracht werden.

Durch die Integration der Privatversicherten zu Rahmenbedingungen der GKV führen die um 56 % höheren beitragspflichtigen Einkommen der nunmehr gesetzlich Versicherten plus Subventionen aus Mehrumsätzen an die GKV zu größerer vertikaler Gerechtigkeit im gesamten Krankenversicherungssystem i. H. v. mehr als 12 Mrd. Euro. *Verglichen* mit der *eigenen Analyse* ist das *Volumen* versus der verlorenen Einnahmen durch den Exit gut verdienender Arbeiter und Angestellter *größer*, da auch Beamte und Selbstständige einbezogen werden. Die schon *vorher GKV-Versicherten* erhalten im realistischen Fall einer konstanten Vergütung der Leistungserbringer bei einem *geringeren Beitrag bedarfsgerechte Leistungen.*

Ein *Finanztransfer* in einem *integrierten System* zu Rahmenbedingungen der GKV bedeutet eine *Abkehr vom idealtypischen Element risikoabhängiger Beiträge* in der *PKV*. Die *vertikale Gerechtigkeit* wird insgesamt *erhöht.* Die Gerechtigkeit im Finanzierungsmarkt in den Teilsystemen ist Inhalt des nächsten Abschnitts. Die Bedingung *fiskalischer Äquivalenz* verstanden als angemessene Beteiligung der PKV am Solidarausgleich in der GKV ist *zusammenfassend nicht erfüllt.*

Erfolgte eine komplette Herstellung finanzieller Äquivalenz, würden die Privatversicherten stärker als heute belastet und wählten häufiger die GKV. Die *Quersubventionierung spiegelt* die *Preise* von Privatversicherung und Sozialversicherung daher nicht adäquat wider.

1599 Eigene Berechnung auf Basis der Zahlen von Leinert, vgl. Leinert (2006c), S. 12. 137 Mrd. Euro Beitragsaufkommen in der GKV im dualen System generiert bei einem Beitragssatz von 14,3 % entsprechen einem Beitragsaufkommen von 9,58 Mrd. Euro pro Beitragssatzpunkt. 0,42 Punkte entsprechen damit 4 Mrd. Euro.

1600 Vgl. Niehaus und Weber (2005), S. 139.

1601 Eigene Berechnung auf Basis der Zahlen von Leinert, vgl. Leinert (2006c), S. 12. Lüngen et al. haben auf Basis des alten RSA und der BBG des Jahres 2006 nur die Auswirkung der Einbeziehung aller Privatversicherten in den Finanzkraftausgleich untersucht. Dabei wurde das gleiche Risikoprofil wie bei GKV-Versicherten angenommen. Im Ergebnis fließen der GKV 9,9 Mrd. Euro zu. Für die Diskussion und Einschränkungen der Analyse vgl. Lüngen, Markus et al. (2007), S. 54-56. Die Zahlen haben die gleiche Größenordnung wie bei Leinert.

Bevor in die Einzelbetrachtung übergegangen wird, soll noch ein kurzes Beispiel der *systemübergreifenden Verletzung des Leistungsfähigkeitsprinzips* gegeben werden. Verdient ein GKV-Versicherter an der BBG, dann hat er eine höhere Grenzbelastung als ein Privatversicherter, der das Eineinhalbfache verdient, da Grenzsteuersatz plus Arbeitgeberbeitragssatz größer sind als der Grenzsteuersatz des Privatversicherten.

6.1.2.2 Gerechtigkeit in den Teilsystemen

Nach Betrachtung der Systemebene, in der eine gerechte Finanzierung nach Leistungsfähigkeit[1602] nicht vorliegt, ist für eine Optimierung des Krankenversicherungssystems die Frage zu stellen, in welchem Teilsystem vertikale und horizontale Gerechtigkeit stärker verwirklicht ist.[1603] Das Leistungsfähigkeitsprinzip wurde bereits von *Mill* präzisiert: „Wenn jemand weniger als seinen angemessenen Anteil an den Lasten trägt, müssen andere mehr als ihren Anteil beisteuern, und die Erleichterung des einen ist unter gleichen Verhältnissen für diesen nicht ein so großer Vorteil, wie der vermehrte Druck auf die anderen ein Übel ist." Gleichmäßigkeit der Besteuerung als steuerpolitischer Grundsatz bedeutet daher Gleichmäßigkeit der Opfer.[1604]

Bevor Gerechtigkeit in den einzelnen Teilsystemen untersucht wird, erfolgt eine Einführung des theoretischen Konzepts der Opfertheorie, die die Analyse der Gerechtigkeit theoretisch ergänzt. Anhand der *Einkommensteuer*, die immer bei Fragen der vertikalen und horizontalen Gerechtigkeit wegen der Gesamtbelastung berücksichtigt werden muss, wird das Konzept für die Praxis motiviert. Die Einkommensteuer dient ferner als *Vergleichsmaßstab* für die *Beitragsbemessung* in der GKV.

Das Prinzip der Leistungsfähigkeit dient als Ausgangspunkt zur Beurteilung der Gerechtigkeit der einzelnen Subsysteme. Zunächst ist die Frage zu stellen, wie die *Leistungsfähigkeit gemessen* wird. Bei der *Einkommensteuer* dient das *Haushaltseinkommen,* bei Abzug von *Freibeträgen*, als Bemessungsgrundlage.[1605] Freibeträge erlauben es, dass die fürs Überleben nötigen Mittel, die zur Befriedigung der Grundbedürfnisse dienen und nicht disponibel sind, nicht eingeschränkt werden. Man spricht in diesem Zusammenhang vom *steuerfreien Existenzminimum*. Entscheidend und *strittig* ist bei der Ausgestaltung des Steuertarifs die *Konkretisierung* der *vertikalen Gerechtigkeit*, d. h. wie viel mehr eine leistungsfähigere Person zu leisten hat.

1602 Im Englischen bezeichnet als ability to pay.

1603 Für die Termini vgl. Abschnitt 3.1.1.2.

1604 Für die Originalquelle siehe Mill (1848/1921), S. 468. Zitiert in Blankart (2008), S. 166-169. Dort findet sich auch eine Darstellung des Begriffs Leistungsfähigkeit und der Opfertheorie, auf die im Folgenden rekurriert wird. Ausführlicher zur Opfertheorie siehe Langer (2005), S. 132-141.

1605 Grundfreibeträge und Kinderfreibeträge.

Die *Opfertheorie* als eine Begründung des Leistungsfähigkeitsprinzips besagt, dass der Nutzenentgang durch die Besteuerung über alle Individuen möglichst gleich sein soll.[1606] Problematisch ist die Messung des entgangenen Nutzens, da kardinale Nutzen nicht bestimmt werden können.

Zur Bestimmung des Mill'schen *gleichen individuellen Opfers* wurden drei unterschiedliche Konzepte entwickelt:

- Das gleiche *absolute* Opfer: Die absolute Nutzeneinbuße infolge der Besteuerung soll bei allen Individuen unabhängig vom jeweiligen Einkommen gleich sein.
- Das gleiche *proportionale* Opfer: Die jeweilige Nutzeneinbuße soll für alle Individuen ein gleicher Prozentsatz des Gesamtnutzens ihres Einkommens sein.
- Das gleiche *Grenz*opfer (gleiche *marginale* Opfer): Das durch die letzte Einheit der Steuerzahlung hervorgerufene Opfer soll bei allen Individuen gleich sein.

Grundsätzlich kann *davon ausgegangen werden*, dass der *Grenznutzen des Einkommens mit wachsendem Einkommen* sinkt.[1607] Je höher das Einkommen einer Person, umso höher ist die Steuerlast im *ersten Konzept.*[1608] Die Umverteilung ist hier am geringsten.[1609] Das *dritte Konzept* führt zur stärksten Umverteilung. Ist die Steuer hinreichend groß, führt dieses Kriterium stets zu einer Gleichverteilung der Einkommen, d. h. maximale Umverteilung.[1610] In der Realität findet man das Prinzip des gleichen Grenzopfers wegen der negativen Anreize auf den Leistungswillen selten vor.

In *Steuersystemen* wird *häufig* das Konzept des *gleichen proportionalen Opfers* angewendet, bei dem ein mit wachsendem Einkommen sinkender Grenznutzen des Einkommens eine überproportional steigende Steuer erfordert.[1611] Bei einem linearen Steuertarif ohne Freibeträge steigt die Steuerlast proportional an. Es wird neben degressiven Tarifen, wie bei einer Kopfsteuer, und proportionalen Tarifen unterschieden

---

1606 Vgl. ausführlich und mit graphischer Darstellung auch Musgrave und Musgrave (1989), S. 228-231.

1607 Der erste Euro ist wesentlich wertvoller als der Anstieg von 50.000 Euro auf 50.001 Euro. In der Analyse des „GKV-Tarifs" wird von einem konstanten Grenznutzen bei variierendem Einkommen ausgegangen.

1608 Das erste Konzept bedeutet, dass bei konstantem Grenznutzen aus variierendem Einkommen eine Kopfsteuer zu einem gleichen absoluten Opfer führt. Aufs Gesundheitswesen übertragen wäre eine Kopfpauschale wohlfahrtsökonomisch optimal.

1609 Progressive Zuzahlungen, die nicht am Wert der Gesundheitsleistung ansetzen, sondern am Einkommen des Versicherten, entsprechen dem Konzept des gleichen absoluten Opfers, so Langer, vgl. Langer (2005), S. 136.

1610 Vgl. Blankart (2008), S. 169.

1611 Bleibt der Grenznutzen aus dem Einkommen mit wachsendem Einkommen konstant, muss die Steuer proportional sein.

in Stufentarife und linear progressive Tarife. Daneben gibt es proportional steigende Steuersätze, die die Steuerlast überproportional erhöhen. Die *Einkommensteuer in Deutschland* ist linear progressiv und enthält fünf Tarifzonen. Bis zum Freibetrag fällt keine Steuer an, danach folgen zwei Zonen mit proportional steigenden Grenzsteuersätzen. Für Einkommen über 52.551 Euro, mit einem Steuersatzsprung ab 250.401 Euro Jahreseinkommen, steigt die Steuer linear, was einen konstanten Steuersatz bedingt.[1612]

Horizontale und vertikale Gerechtigkeit müssen zur Erfüllung des Leistungsfähigkeitsprinzips simultan gegeben sein. *Horizontale Gerechtigkeit* bedeutet bei gleicher Leistungsfähigkeit gleiche Steuern respektive Krankenversicherungsbeiträge und ist im Gleichheitspostulat des Grundgesetzes festgehalten: „Niemand darf wegen seines Geschlechtes, seiner Abstammung, seiner Rasse, seiner Sprache, seiner Heimat und Herkunft, seines Glaubens, seiner religiösen oder politischen Anschauungen benachteiligt oder bevorzugt werden. Niemand darf wegen seiner Behinderung benachteiligt werden.“[1613]

Problematischer ist die Beurteilung der vertikalen Gerechtigkeit, die auch gesetzlich unbestimmt ist. Wie viel Umverteilung differierende Leistungsfähigkeit erfordert, hängt letztlich an gesellschaftlichen Präferenzen. Ein Subsystem kann jedoch nur dann gerecht sein, wenn die *finanziell Leistungsfähigeren absolut keinen geringeren Finanzierungsbeitrag* tragen. Dies ist nicht gleichbedeutend mit der Forderung, dass die finanziell Leistungsfähigeren mehr einzahlen, was wiederum ein Widerspruch zu vertikaler Gerechtigkeit ist, bei der der Wohlhabendere mehr Schultern muss als der weniger Wohlhabendere. Die Einkommensteuer basiert auf einer Zunahme der absoluten Steuerzahlung, während in der GKV mit der BBG ein Höchstbeitrag existiert.

6.1.2.2.1 Finanzierungsgerechtigkeit in der GKV

Die Finanzierung der GKV ist im achten Kapitel des SGB V geregelt.[1614] Im Unterschied zu Steuern sind die Beiträge ausschließlich für Ausgaben der GKV zu verwenden. Die Einnahmen setzen sich zusammen aus Beiträgen und sonstigen Einnahmen.[1615] Hinzu kommt der Steuerzuschuss für versicherungsfremde Leistungen.[1616]

1612 Vgl. § 32a EStG. Bei Ehegatten beträgt die tarifliche Einkommensteuer das Zweifache des Steuerbetrags, der sich für die Hälfte ihres gemeinsam zu versteuernden Einkommens ergibt (Splitting-Verfahren).

1613 Art. 3 Abs. 3 GG.

1614 §§ 220-274 SGBV.

1615 Die sog. sonstigen Einnahmen der GKV umfassen an großen Positionen Vermögenserträge, Erstattungen nach dem KVLG und KVLG 1989 sowie Ersatzansprüche gegen Dritte.

1616 Die Steuerzahlungen nach Jahren ohne konjunkturell bedingte weitere Steuergelder sind festgehalten in § 221 Abs. 1 SGBV.

Der *paritätisch finanzierte Beitragssatz* beträgt seit dem 01.07.2009 14,0 %, hinzu kommt ein nur vom Arbeitnehmer zu tragender Beitragssatz i. H. v. 0,9 %.[1617] Mit dem GKV-WSG wurde die Möglichkeit eines Zusatzbeitrags oder einer Prämie an die Versicherten eingeführt, jeweils kassenindividuell.

Weitere zahlenmäßig bedeutsame *Ausnahmen der Parität* gelten für Betriebsrenten u. a. Versorgungbezüge, die jeweils alleine vom Mitglied getragen werden.[1618] Auszubildende[1619], Wehr- und Zivildienstleistende, ALG1-, ALG2- und Sozialhilfeempfänger zahlen keine Beiträge. Ebenso zahlen Kinder und eingetragene Lebenspartner oder Ehepartner des Mitglieds keine Beiträge.[1620] Geringfügig Beschäftigte zahlen keinen Beitrag, sind jedoch nicht durch den Pauschalbeitrag von 13 % durch den Arbeitgeber versichert. In der Gleitzone zwischen 400,01 Euro und 800 Euro ist der Beitragssatz geringer als bei Einkommen über 800 Euro bis zur BBG.[1621] Ab 800 Euro verläuft die Beitragslast damit gemäß einem proportionalen Steuertarif. Die Beiträge steigen ähnlich wie in den zwei Tarifzonen der Einkommensteuer überproportional an. Studenten zahlen bei Beitragspflicht ebenfalls einen reduzierten Beitrag.

Bis zur BBG i. H. v. monatlich 3.750 Euro im Jahr 2010 nimmt die Beitragslast mit wachsendem Einkommen zu und entspricht einem gleichen proportionalen Opfer.[1622] *Vertikale Gerechtigkeit* ist im Vergleich von *Haushalten* mit der *gleichen Anzahl Verdienender* in der Regel gegeben. Gemäß dem Leistungsfähigkeitsprinzip zahlen Mitglieder mit höheren Einkommen höhere Beiträge. *Ab der BBG* steigen die Beiträge absolut nicht mehr an, jeder Versicherte erbringt das gleiche absolute Opfer von monatlich 296,25 Euro.[1623] Dieser Betrag ist de facto eine Kopfpauschale. Darin lässt sich ein *Verstoß gegen die vertikale Gerechtigkeit* sehen.

Es darf jedoch *nicht vergessen* werden, dass mit *steigendem Einkommen* die *Einkommensteuer zunimmt,* womit die Leistungsfähigkeit, gemessen als verfügbares Einkom-

---

1617 § 249 Abs. 1 SGBV. Ausnahmen sind ALG2-Empfänger oder Personen nach § 5 Abs. 1 Nr. 13 SGBV versichert.

1618 § 250 S. 1 Nr. 1 i. V. m. § 229 SGBV.

1619 Bis 325 Euro trägt alleine der Arbeitgeber die Beiträge.

1620 Dies gilt nur solange die Einkommen des Ehepartner / Lebenspartner unter 365 Euro ist, vgl. Abschnitt 3.2.4.2. In der Folge wird eingeschriebener Lebenspartner immer mitgedacht.

1621 In der Gleitzone von 400,01 Euro bis 800 Euro ist die Belastung ohne Solidarausgleich proportional noch höher, da auf Midi-Jobs heute geringere GKV-Beitragsätze angewandt werden. Der halbe Gesamtbeitrag bezieht sich auf das Gleitzonenentgelt = F x 400 + (2-F) x (TAE-400) (TAE = tatsächliches Bruttoarbeitsentgelt). Der Faktor F wird vom BMG und vom BMAS ermittelt und beträgt im Jahr 2010 = 0,7585. Auf den so ermittelten Beitrag kommen dann noch die 0,9 %-Punkte Zusatzbeitrag.

1622 Bei mit wachsendem Einkommen konstantem Grenznutzen des Einkommens.

1623 Erneut bei mit wachsendem Einkommen konstantem Grenznutzen des Einkommens

men, de facto unterproportional ansteigt.[1624] Eine Äquivalenz zwischen Einnahmen und Ausgaben als Kennzeichen einer Sozialversicherung würde bei einer Auflösung der BBG vollends verloren gehen, schon heute sehen viele ihre Beiträge als Steuer an.[1625] Das Bürgerentlastungsgesetz, in Kraft seit dem 01.01.2010, hat eine regressive Wirkung, die dem als Zweitrundeneffekt entgegen wirkt.[1626] Wohlhabende Personen zahlen durch Steuern mehr in den Steuerzuschuss oder die Investitionsfinanzierung von Kapitalgütern und Bauinvestitionen im akut-stationären Sektor ein.

Neben diesen direkt dem Gesundheitssystem zufließenden Steueranteilen kann bei aller Präferenz für Umverteilung *nicht beliebig viel* von den finanziell Stärkeren *abgezogen* werden. Erhöhte man die BBG, würde man darüber hinaus im *Systemwettbewerb an die PKV* ansonsten sich für die GKV entscheidende, *gute Risiken mit hohen Einkommen* verlieren. Global betrachtet würden Personen, die bzgl. der Entscheidung Deutschland zu verlassen indifferent sind, *auswandern*. Auch dies ist eine Grenze der Umverteilung. Schließlich *vermindert* eine sehr hohe Gesamtbelastung aus Steuern und Sozialbeiträgen die *Arbeitsanreize*.[1627]

Sowohl die vertikale als auch die horizontale Gerechtigkeit, zusammengenommen als *Leistungsfähigkeit*, werden dennoch durch die BBG gravierend *verletzt*.[1628] Häufig angesprochen wird die beitragsfreie Mitversicherung der Ehe- respektive Lebenspartner. Der Beitragssatz bezieht sich auf das Haushaltseinkommen. Oft häufig angeführtes Beispiel ist der in der GKV unterschiedlich hohe Versichertenbeitrag für *Einverdiener-Haushalte* und *Zweiverdiener-Haushalte*. Verdient einer alleine das Doppelte der BBG, zahlt er im Jahr 2010 nur 296,25 Euro im Monat. Verdienen nun beide je-

---

1624 Die einkommensstärksten 10 % der Einkommensteuerpflichtigen tragen zu 52 % des gesamten Einkommensteueraufkommens bei, die unteren 50 % zu gut 6 %, siehe BMAS (2008), S. 16. Vgl. zum Einkommensteuertarif Abschnitt 6.1.2.2.

1625 Nach Rürup ist der Sozialversicherungsbeitrag der Preis für eine Versicherungsleistung. Er plädiert daher für eine Steuerfinanzierung versicherungsfremden Leistungen, vgl. Rürup (2007b), S. 29. Weiter ist es möglich, zielgenau die Erwerbstätigen zu entlasten durch Beitragssatzsenkungen für diese Gruppe als Ausgleich für höhere Steuerzuschüsse, vgl. Rürup (2007a), S. 202. Das Krankengeld beträgt nur noch 4 % an den Gesamtausgaben der GKV, das Äquivalenzprinzip ist damit quasi nicht existent, vgl. BMG (2010d), S. 4.

1626 Das Prinzip der Steuerfreiheit des Existenzminimums gewährleistet dem Steuerpflichtigen einen Schutz des Lebensstandards auf Sozialhilfeniveau. Die Kranken- und Pflegeversorgung ist ein integraler Bestandteil des im Sozialgesetzbuch genannten Leistungskatalogs. Ergo sind Beiträge zur Krankenversicherung steuerfrei, vgl. die Themenseite des Bundesfinanzministeriums BMF (2009). Je höher der Steuersatz, umso höher ist die Entlastung.

1627 Die 30 % der Haushalte mit dem höchsten Einkommen tragen mehr als die Hälfte der Beitragseinnahmen aller Sozialversicherungen, die 40 % mit dem niedrigsten Pendant tragen keine 16,8 %., o.V. (2009), S. 4. Auch wenn man GRV und ALV äquivalent ausgestalt hat, ist dennoch im Status quo von einer hohen Umverteilung auszugehen. Extremer ist wie gesehen das Aufkommen der Einkommensteuer verteilt.

1628 Die Beispiele sind alle mit dem Arbeitnehmerbeitrag gerechnet, der mit Sonderbeitrag 7,9 % im Jahr 2010 beträgt.

weils die BBG, so müssen sie zweimal die Summe, also 592,50 Euro zahlen. In beiden Fällen ist die Leistungsfähigkeit mit 7.500 Euro gleich, das Prinzip der horizontalen Gerechtigkeit wird verletzt. Als Variation bei gleichem Haushaltseinkommen möge der Ehemann 5.000 Euro und die Ehefrau 2.500 Euro verdienen. Die Beitragslast des Haushalts beträgt nun 493,75 Euro.

Bei identischem Haushaltseinkommen kommt es auch durch *unterschiedliche Bemessungsgrundlagen* zu einer Verletzung des Leistungsfähigkeitsprinzips. Mieten, Kapitaleinkommen wie Zinsen u. a. Nichterwerbseinkommen gehören nicht zur Bemessungsgrundlage von Pflichtversicherten. Verdient eine Person 2.500 Euro und hat dazu 5.000 Euro Mieteinnahmen, dann muss sie nur 197,50 Euro Kassenbeiträge zahlen. Dies sind knapp 100 Euro weniger gegenüber der Vergleichsperson mit einem Arbeitseinkommen in Höhe der BBG oder darüber. Freiwillige Mitglieder müssen z. B. bis zur BBG Kapitaleinkommen verbeitragen.[1629] Neben der Einkommensart ist also die *Versichertenart* wichtig.[1630]

Das Leistungsfähigkeitsprinzip ist ferner auf einer vorgelagerten Ebene konterkariert. Die *Haushaltsgröße und Alter der Haushaltsmitglieder bestimmen* die *Leistungsfähigkeit.*[1631] Je mehr Personen in einem Haushalt leben, umso mehr Geld wird zum Leben gebraucht. Der Pro-Kopf Bedarf sinkt jedoch.[1632] Jüngere Mitglieder benötigen weniger finanzielle Mittel als Ältere. Für diesen Sachverhalt berechnet man das sog. *Nettoäquivalenzeinkommen.*[1633] Die Mitglieder werden gemäß der neuen OECD-Skala mit dem Faktor 1,0 für den Hauptverdiener, alle anderen Mitglieder des Haushalts über 14 Jahre mit 0,5 und alle übrigen mit 0,3, gewichtet. Ein Beispiel soll dies verdeutlichen: In einer fünfköpfigen Familie erzielt die Ehefrau *5.000 Euro Einkommen*, der Ehemann arbeitet nicht, die drei Kinder sind 6, 8 und 15 Jahre alt. Das *Nettoäquivalen-*

1629 Die Regelung kommt kaum zum Tragen, weil nur eine Belastung der Kapitaleinkommen erfolgt, wenn das Gesamteinkommen zwischen den Mindestbeiträgen und Höchstbeiträgen liegt. Dieser Bereich ist klein, vgl. Albrecht; Reschke und Schräder (2005), S. 19.

1630 Für freiwillig Versicherte, die nur wegen Überschreitens der Jahresarbeitsentgeltgrenze versicherungsfrei sind, ist der Arbeitgeberzuschuss in § 257 Abs. 1 SGBV geregelt.

1631 Siehe zum Äquivalenzeinkommen auch Neubauer, G. und Pfister (2009a), S. 24-26. Ein solches Vorgehen ist in der Armutsforschung zum Vergleichen des Lebensstandards unterschiedlich zusammengesetzter Haushalte auch international etabliert. Die Familie hat 4 Personen, die für den Lebensunterhalt wie zwei erwachsene Singles gerechnet werden. Eine Zusammenfassung bietet Wikipedia (2010a). Ähnlich kann man die Leistungsfähigkeit eines Haushalts über die Berücksichtigung des Existenzminimums genauer erfassen, vgl. Beek und Weber (2008), S. 51-68.

1632 Man spricht von Skalenvorteilen im Haushalt. Beispiele sind die gemeinsame Benutzung von Waschmaschinen, geheizten Räumen, Fernsehern etc.

1633 Als Nettoeinkommen gelten hier alle Einkünfte aus selbstständiger und nicht selbstständiger Arbeit sowie aus Vermögen zuzüglich Mietwert selbst genutzten Wohneigentums abzüglich Steuern und Pflichtbeiträgen zu Sozialversicherungen. Nur dieses Einkommen ist verfügbar für Umverteilung.

zeinkommen beträgt 5.000 Euro / (1 + 0,5 + 0,5 + 0,3 + 0,3) = *1.923 Euro*. Würde man den Beitrag nach dem Nettoäquivalenzeinkommen berechnen, hätte der Haushalt bei 7,9 % Arbeitnehmeranteil statt 296,50 Euro nur 151,91 Euro zu erbringen, ausgehend beide Male von einem Alleinverdiener. Im *heutigen System* werden *unterschiedliche Bedarfe* eines Haushalts nach Art und Anzahl der Haushaltsmitglieder *nicht berücksichtigt*, was ein Verstoß gegen das Leistungsfähigkeitsprinzip ist.[1634]

Eine Besonderheit für die idealtypische GKV, eingeführt durch das GKV-WSG, ist die *Ausgestaltung des Zusatzbeitrags* in der Variante einer *Pauschale* bis zu 8 Euro.[1635] Reichen die Gelder aus dem Gesundheitsfonds nicht aus, *muss* eine Krankenkasse *Zusatzbeiträge*[1636] erheben. *Zu zahlen* hat den *Zusatzbeitrag grundsätzlich derjenige*, der die *Beiträge zu tragen* hat. Die Ausnahme hierzu bilden ALG2-Empfänger nach § 252 Abs. 1 S. 2 SGB V, die den Zusatzbeitrag selbst tragen, obwohl ihre Beiträge übernommen werden.[1637] Das heißt Kinder und mitversicherte Ehepartner, Sozialhilfeempfänger, Empfänger der Grundsicherung und Behinderte nach § 5 Abs. 1 Nr. 7 oder 8 SGB V, deren Einkommen nicht den entsprechenden Mindestbetrag übersteigen, zahlen keine Zusatzbeiträge da auch keine Beiträge.

Nach der Opfertheorie ist der Zusatzbeitrag in Form der Pauschale ein gleiches absolutes Opfer und macht die Einkommensumverteilung als idealtypisches Element der GKV in Teilen rückgängig.[1638] Verdient jemand im Monat 3.750 Euro, dann zahlt er prozentual einen Zusatzbeitrag von ca. 0,21 %, hingegen zahlt ein ALG2-Empfänger mit 359 Euro Regelsatz 2,22 % prozentual mehr als das 10-fache. Das Leistungsfähigkeitsprinzip ist verletzt, da vertikale Gerechtigkeit nicht gegeben ist. Es bleibt nur die

---

1634 Vergleicht man zeitpunktbezogen die Beiträge von Familien mit den Ausgaben für Gesundheitsleistungen, dann übersteigen erst ab dem vierten Kind die Ausgaben die Einnahmen, vgl. Niehaus (2009c), S. 14-18. Der Grund dafür sind die hohen Ausgaben in der KVdR, sich verschärfend im Zeitablauf. Daraus abzuleiten, dass Familien in der GKV benachteiligt werden, ist jedoch gewagt. Je mehr Kinder jemand hat, umso besser ist die Relation aus Beiträgen und Ausgaben. Vgl. zu konkreten Zahlen von Alters- und Familieneffekt Moog und Raffelhüschen (2006), S. 35-36. Problematisch sind intergenerative Effekte, die der Familienversicherung in der GKV nicht anzurechnen sind, durch die demographische Entwicklung lässt sich jedoch eine Benachteiligung von Familien direkt begründen, vgl. Abschnitt 6.1.2.4. Eine Zusammenstellung empirischer Umverteilungsstudien bzgl. der GKV mit Fokus auf die Studie von Moog und Raffelhüschen findet sich in Buchner et al. (2007), S. 208.

1635 Vgl. Abschnitt 4.3.1.1.1. Alternativ können einkommensabhängige Beiträge bis zu 1 % der beitragspflichtigen Einkommen erhoben werden.

1636 § 242 Abs. 1 i. V. m. § 242 Abs. 3 SGBV.

1637 Die grundsätzliche Zahlungspflicht wurde vom BMAS durch Härtefallregelungen, wie z. B. die mangelnde Erreichbarkeit anderer Kassen bei Personen mit persönlichem Beratungsbedarf, gelockert, vgl. krankenkassen direkt (2010a).

1638 Bei konstantem Grenznutzen aus sich veränderndem Einkommen.

Möglichkeit des Kassenwechsels, da bei Erhöhung des Zusatzbeitrags ein sofortiges Kündigungsrecht des Versicherten gilt.[1639]

Zuzahlungen als Form von Selbstbeteiligung sind grundsätzlich *einkommensunabhängig* ausgestaltet und *entsprechen* in ihrer *Wirkung* einem *pauschalen Zusatzbeitrag*. Mit dem GMG gelten seit 2004 folgende Zuzahlungen:

- Praxisgebühr: 10,00 Euro, fällig pro Quartal bei Ärzten, Zahnärzten, Notdiensten.
- Medikamente und Hilfsmittel: 10 % des Abgabepreises, minimal 5,00 Euro, maximal 10,00 EUR. Mehr als der Preis des Mittels ist nicht zu zahlen.[1640]
- Krankenhaus: 10,00 Euro pro Tag, maximal für 28 Tage.
- Stationäre Vorsorge und Rehabilitation: 10,00 Euro pro Tag – gilt längstens 42 Tage.
- Heilmittel und häusliche Krankenpflege: 10,00 Euro je Verordnung, zusätzlich 10 % des Abgabepreises.
- Haushaltshilfe und Soziotherapie: 10 % der Leistung *pro Tag*, minimal 5,00 Euro, maximal 10,00 Euro.
- Fahrkosten: 10 % der Erstattung pro Fahrt, minimal 5,00 Euro, maximal 10,00 Euro. Mehr als der Preis der Fahrt ist nicht zu zahlen.
- Mütter- bzw. Väterkuren: 10 Euro pro Tag.

Vor Überforderung schützt eine *Belastungsgrenze*.[1641,1642] Versicherte haben während eines Kalenderjahres nur Zuzahlungen bis *2 % der jährlichen Bruttoeinnahmen* zum Lebensunterhalt zu tragen.[1643,1644] Für Chroniker in Dauerbehandlung gilt eine Ober-

---

1639 § 175 Abs. 4 S. 5 SGBV. Hat eine Krankenkasse eine Prämie ausgeschüttet und reduziert diese, gilt ebenfalls ein sofortiges Kündigungsrecht. Die bisher zurückhaltende Ausschüttung von Prämien ist auch dadurch begründet.

1640 Bei Medikamenten gibt es eine Mischung aus absolutem Selbstbehalt (Apothekenverkaufspreis unter 5 Euro und über 100 Euro), einem degressiven Selbstbehalt zwischen 5 Euro und 50 Euro sowie einem proportionalen 10-prozentigen Selbstbehalt von 50 bis 100 Euro.

1641 § 62 SGBV.

1642 Siehe ausführlich auch Beske und Golbach (2009), S. 39-44.

1643 Nicht zu den Bruttoeinnahmen zum Lebensunterhalt gerechnet werden das Kindergeld, die Regelsätze der Grundsicherungsleistungen, Leistungen der Sozialhilfe, Pflegegeld, Kinderzuschlag und BAföG.

1644 Im Jahr 2009 waren 6,4 Mio. Mitglieder zuzahlungsbefreit mit der 1 %-Grenze und 520.000 mit der 2 % -Grenze, vgl. BMG (2010c).

grenze von 1 %.[1645] Maßgebliche Einheit, deren wirtschaftliche Leistungsfähigkeit und Überlastung festgestellt wird, ist dabei die Bedarfsgemeinschaft (der Haushalt) und nicht der einzelne Beitragspflichtige derart, dass die wirtschaftliche Leistungsfähigkeit durch die Summe der Bruttoeinnahmen zum Lebensunterhalt aller Haushaltsmitglieder gemessen wird. Das Nettoäquivalenzeinkommen wird nicht berücksichtigt. ALG2- und Sozialhilfeempfänger müssen ebenfalls bis zur Belastungsgrenze zuzahlen.[1646]

Mit dem *GMG* wurde auch die sog. *Sozialklausel gestrichen.*[1647] Nach § 61 SGB V Fassung vor dem GMG waren die Bezieher bestimmter Sozialleistungen von Zuzahlungen vollständig befreit. Dies betraf z. B. Bezieher von Sozialhilfe, Arbeitslosenhilfe sowie Niedrigverdiener. Im letzten Bestehensjahr 2003 lag diese Einkommensgrenze bei 952 Euro brutto für Alleinstehende und 1.309 Euro für zwei Personen. Für jede weitere Person im gemeinsamen Haushalt erhöhte sich die Grenze um weitere 238 Euro.

Neben den Zuzahlungen kommen weitere Belastungen, sog. wirtschaftliche Aufzahlungen, auf Patienten zu, wie z. B. für *Arznei-* oder *Hilfsmittel*[1648], deren *Kosten* den *Festbetrag* überschreiten, *Eigenanteile* für im Ausland in Anspruch genommene Leistungen, bei einer künstlichen Befruchtung oder für Hilfsmittel, die auch Gebrauchsgegenstände des täglichen Lebens sind.[1649] Die genannten Beispiele sind quantitativ eher unbedeutend. Zahlenmäßig bedeutsam sind die sog. *Festzuschüsse* bei *Zahnersatz*. Seit Einführung zahlt die Krankenkasse feste Zuschüsse für Kronen, Brücken und Prothesen.[1650] Die Zuschüsse decken 50 % der Durchschnittskosten der Regelversorgung ab. Das ist die Behandlung, die beim vorliegenden Befund die Standardtherapie ist. Für Patienten *mit geringem Einkommen* gilt eine *Härtefallregelung*: Sie erhalten den doppelten Festzuschuss, mindestens aber die Kosten für die Regelversorgung. Darüber hinaus gibt es *Abschläge* im Rahmen der *Kostenerstattung* für Verwaltungskosten und

---

1645 Therapiegerechtes Verhalten muss vom Arzt attestiert werden. Beispiele sind die Teilnahme an Gesundheits- und Früherkennungsuntersuchungen, § 62 Abs. 1 S. 2 und 3 SGBV. Vgl. § 62 Abs. 1 SGBV (2006). Anders als zeitweise geplant, ist eine Teilnahme an Untersuchungen nicht in jedem Fall verpflichtend.

1646 Vgl. Urteil des Bundessozialgerichts vom 22.04.2008 BSG B1 KR 10/07 R (2008).

1647 Siehe zur Sozialklausel Langer (2005), S. 126-128.

1648 Für die Regelung bei Hilfsmitteln siehe detailliert Abschnitt 5.2.2.2.2.

1649 Wie z. B. Schuhe, die orthopädisch verändert wurden und Brustprothesen-BHs und -Badeanzüge.

1650 Welche Zuschüsse die Krankenkasse zahlt, richtet sich nach dem zahnmedizinischen Befund. Zahnärzten und Krankenkassen steht ein Katalog mit rund 50 Einzelbefunden zur Verfügung, für die jeweils ein jährlich angepasster Festzuschuss ausgewiesen ist. Patienten, die regelmäßig Vorsorgeuntersuchungen beim Zahnarzt wahrnehmen und dabei ihr Bonusheft abstempeln lassen, erhalten von ihrer Kasse einen höheren Zuschuss zum Zahnersatz. Ist das Bonusheft fünf Jahre lang lückenlos geführt, erhöht sich der Festzuschuss um 20 Prozentpunkte, nach zehn Jahren um 30 Prozentpunkte gegenüber dem Grundzuschuss. Vgl. ausführlich mit Beispielen KZBV (2009).

fehlende Wirtschaftlichkeitsprüfungen, die faktisch Eigenanteile sind. Während eher Gutverdiener Kostenerstattung wählen, treffen Festzuschüsse für Personen ohne Härtefallregelung jedermann gleich, was eine *Verletzung der vertikalen Gerechtigkeit* darstellt.

Formen der *Selbstbeteiligung* mit Beitragsreduzierung werden als der GKV wesensfremd und unsolidarisch bezeichnet.[1651,1652] Übliche Modelle von Selbstbehalten sehen eine *absolut stärkere Beitragsreduzierung* bei *wachsendem Einkommen* vor, was GKV-konformen absoluten Selbstbehalten entspricht. Problematisch für die idealtypische GKV ist, dass gleichzeitig das *Risiko* als Relation zwischen maximalem Eigenbeitrag versus Prämienreduzierung mit *steigendem Einkommen abnimmt.*[1653]

Die geringere Vorteilhaftigkeit für weniger gut verdienende GKV-Versicherte wird durch den *Selektionseffekt verstärkt.* Nur Personen mit geringer Morbidität sind an Selbstbehalten interessiert. Eine geringere Morbidität korreliert wiederum mit hohem Einkommen. Analog sind Beitragsrückerstattungen für Gesunde und damit Besserverdiende am lukrativsten. All diese Effekte führen zu einer *Verletzung der vertikalen Gerechtigkeit*, weil Personen mit höherer Leistungsfähigkeit ihre Beitragslast stärker reduzieren können. Einkommensschwache Gruppen sind neben der höheren Morbidität auch relativ stärker bei gleicher Morbidität betroffen, da sich die Zuzahlungen auf ein geringeres Einkommen beziehen.

Hält man die GKV-Finanzierung vor Einführung der Selbstbeteiligung für gerecht, dann nimmt die Gerechtigkeit bei bisheriger Betrachtung ab. Bleibt aber ein Gutverdiener, der zudem häufig ein gutes Risiko ist und wenig Ausgaben verursacht, in der GKV oder wechselt von der PKV in die GKV, dann fließen unabhängig von einer geringeren Inanspruchnahme durch Selbstbehalte der *Solidargemeinschaft finanzielle Mittel* zu. Die auch in diesem Fall bestehende Verletzung der vertikalen Gerechtigkeit muss im Gesamtkontext betrachtet werden. Bei beitragssatzrelevanten *Halte- und Akquisitionseffekten* werden alle beitragszahlenden Mitglieder entlastet, die hohen Einkommensgruppen am stärksten.

Problematisch an *Eigen- und Selbstbeteiligungen* sowie *Zuzahlungen* ist die Übervorteilung von Personen, die eine höhere Morbidität aufweisen. Nur wer krank ist, zahlt eine Eigenbeteiligung oder Zuzahlung, bei besonderem Schutz von Chronikern in Dauerbehandlung. Selbstbehalte oder Beitragsrückgewähr kommen den Gesunden zu-

---

1651 Für die Einstufung von Selbstbeteiligung in Bezug auf idealtypische Elemente der GKV vgl. Abschnitt 4.3.1.1.3. Für Formen der Selbstbeteiligung und ihre allokativen Wirkungen vgl. Abschnitt 5.3.3.

1652 Vgl. ausführlich zu schichtspezifischen Unterschieden in der Inanspruchnahme von Versorgungsleistungen im Kontext mit Selbstbeteiligung die Dissertation von Holze und die dort angegebene Literatur, vgl. Holze (2009), S. 166-208.

1653 Wichtig für die Einschätzung der relativen und absoluten Entlastung ist die Ausgestaltung der Reduktion des Selbstbehalts durch Gesundheitsleistungen. Siehe für Modelle Abschnitt 4.3.1.1.3.

gute. Da Morbidität mit der Leistungsfähigkeit korreliert, werden die degressiven Effekte verstärkt.[1654]

Die *heutige Beitragsfinanzierung* in der GKV ist *horizontal und vertikal gerechter* als ein Pauschalenmodell ohne externen Sozialausgleich. Gäbe es nur risikoäquivalente Prämien, könnten sich viele Menschen keinen Basisversicherungsschutz leisten. Eine Pauschale entspricht unter der Annahme eines konstanten Grenznutzens des Einkommens einem gleichen absoluten Opfer, was das Prinzip der Finanzierung nach Leistungsfähigkeit verletzt. Die am *wenigsten leistungsfähigen gesetzlich Versicherten* zahlen *keine Beiträge* und sind durch die Belastungsgrenze vor finanzieller Überforderung geschützt. Für diese Personen gibt es bereits heute einen Sozialausgleich durch den Staat. Schätzungen gehen von mehreren Milliarden Euro aus.

Mit den vorsichtigen Annahmen aus Abschnitt 6.1.2.1.1 von 1,5 Mio. ALG1-, 4,8 Mio. ALG2- und 2 Mio. Sozialhilfeempfängern zahlen die *öffentlichen Haushalte mehr als 10 Mrd. Euro* an die GKV.[1655,1656] Ohne staatliche Zuschüsse müssten die beitragszahlenden Mitglieder diese Summe zusätzlich aufbringen.[1657] Die *untere mittlere Einkommensgruppe*, die ihre Beiträge zahlt, wird in der Kombination von Zuzahlungen und Beiträgen *relativ am stärksten belastet*. Personen mit *Arbeitseinkommen oberhalb* der *BBG* tragen *absolut* die *höchste Last*, *relativ sinkt* die *Belastung* mit wachsendem Einkommen.

6.1.2.2.2 Finanzierungsgerechtigkeit in der PKV

Leitprinzip der PKV ist das *Individualprinzip*, demnach wegen hoher finanzieller Leistungsfähigkeit eigenverantwortliche homines oeconomici auf einen Einkommensausgleich nicht angewiesen sind. Anders als in der GKV gibt es *nur eine Ausgleichsebene*:

1654 Eine Möglichkeit, sowohl eine Entlastung der Solidargemeinschaft und die Wahrung des Leistungsfähigkeitsprinzips zu erreichen, ist ein geringeres Verlustrisiko bei Niedrigverdienern zu erreichen. Gerade diese Gruppen lassen wegen höherer Morbidität Steuerungseffekte erwarten. Andererseits gilt auch hier der Selektionseffekt, so dass die Kasse insgesamt wahrscheinlich mehr ausgibt, da ein Binde- und Akquisitionsvorteil nicht besteht.

1655 Daneben gibt es wie geschrieben u. a. noch Unterhaltsempfänger, Personen in beruflicher Weiterbildung, Übergangsgeldempfänger, Ausbildungsgeldempfänger oder Sozialgeldempfänger. Aufgeteilt auf die einzelnen Gruppen ergeben sich 2,5 Mrd. Euro für ALG1-Empfängern, 7,2 Mrd. Euro für ALG2-Empfänger und 3 Mrd. Euro für Sozialhilfeempfänger. Wichtig ist die Größenordnung. Addiert man die Zahlen, ergeben sich mehr als 12 Mrd. Euro. 10 Mrd. Euro wurde gewählt, weil nicht alle Transferempfänger in der GKV versichert sind. Entsprechende Größenordnungen finden sich bei Eekhoff (2009), S. 3.

1656 Zahlungen der BA stammen von den vormals Arbeitenden. Insofern tragen diese ihre Beiträge letztlich selbst.

1657 Paritätisch mit GRV und Arbeitgebern.

das *Morbiditätsrisiko.*[1658] Daraus folgt, dass *vertikale und horizontale Gerechtigkeit* gemäß dem Leistungsfähigkeitsprinzip in der PKV *keine relevanten Kriterien* sind. Die *Prämienhöhe* bemisst sich alleine nach dem *Risiko.* Bisher wurde angenommen, dass der *Gesundheitszustand mit dem Einkommen ansteigt.* Insofern die *Beziehung zutrifft*, liegt *vertikale Ungerechtigkeit* vor. Risikoäquivalente Prämien bedeuten nämlich höhere Prämien und sind daher für PKV-Versicherte mit geringerem Einkommen größer.

Gleichermaßen ist in der PKV die *horizontale Gerechtigkeit verletzt*, da je nach Personengruppe systematische Unterschiede der Prämienhöhe bei gleicher Leistungsfähigkeit bestehen.[1659] Originäre Personenkreise der privaten Krankenversicherung sind *Beamte* und Selbstständige. Beamte erhalten Beihilfe als eine Ergänzung der Besoldung.[1660,1661] Die Beihilfe wird als prozentualer Anteil (Bemessungssatz) der beihilfefähigen Aufwendungen der Beihilfeberechtigten und ihrer berücksichtigungsfähigen Angehörigen gewährt. Abhängig von der Gebietskörperschaft kann die Beihilfe auf Personen oder Familien bezogen sein.[1662] Für Bundesbeamte gelten folgende Regelungen: Der Bemessungssatz beträgt für Beihilfeberechtigte 50 %, für Empfänger von Versorgungsbezügen mit Ausnahme der Waisen 70 %, für berücksichtigungsfähige Ehegattinnen und Ehegatten 70 % und für berücksichtigungsfähige Kinder sowie Waisen 80 %. Sind zwei oder mehr Kinder berücksichtigungsfähig, beträgt der Bemessungssatz für Beihilfeberechtigte 70 %.[1663] Hinzu kommt, dass für gesetzlich versicherte Beamte seit 2005 die PKV attraktiver geworden ist, da Kontrahierungszwang besteht, auf Leistungsausschlüsse verzichtet wird und Risikoaufschläge auf 30 % des tariflichen Beitrags begrenzt sind.[1664] Im Normalfall schließen Beamte für den nicht von der Beihilfe gedeckten Anteil eine private Krankenversicherung ab.

1658 Vgl. für die Ausgleichsdimensionen ausführlich Abschnitt 3.1.3. Bayertz spricht von einer eingeschränkten Solidarität, vgl. Bayertz (1998), S. 14.

1659 Für die quantitative Besetzung der Personenkreise vgl. Abschnitt 5.1.1.1.

1660 Eine konzentrierte Beschreibung der Beamtenabsicherung im Krankheitsfall und der heutigen Situation findet sich in Wild (2005), S. 12-14. Bei Beamten wird bei Abschluss einer privaten Krankenversicherung nur ein Risikozuschlag bis zu 30 % erhoben, was ein weiterer Vorteil ist.

1661 Insgesamt belief sich die Beihilfe auf 9,9 Mrd. Euro im Jahr 2003, vgl. Igel (2008), S. 87. Rein monetär betrachtet ist die Beihilfe nicht immer vorteilhaft aus Sicht des Beihilfebeziehers. Beamte im mittleren Dienst würden in der auf einkommensabhängige Beiträge basierenden GKV weniger zahlen. Verdient ein Beamter 2.000 Euro zahlt er in der GKV 298 Euro, egal wie viele Familienangehörige mitversichert sind. Bei zwei Kindern und Ehepartner ist der Beitrag in der PKV i. d. R. höher.

1662 Die Varianz der Regelungen hat Implikationen für die regionale Finanzierungsgerechtigkeit, wird aber in der Dissertation nicht weiter verfolgt. Die Beihilfevorschriften im Bund und in den Ländern finden sich gebündelt im Internet unter DBW (2010).

1663 § 46 Abs. 2 und 3 BBhV.

1664 Ursprünglich war der Risikozuschlag bei Beamten auf 100 % begrenzt, vgl. Abschnitt 4.2.3.

In der Gegenüberstellung eines *Beamtenhaushalts* mit *Selbstständigen* oder privat versicherten *Angestellten und Arbeitern gleichen Haushaltsnettoeinkommens* zahlen *Beamte geringere Prämien.*[1665] *Selbstständige* tragen die *volle Prämienlast*, während *Angestellte und Arbeiter* einen *Beitragszuschuss* mit *identischem Anteil wie* in der *GKV*, mit der Einschränkung, dass der Zuschuss höchstens die *Hälfte* des Betrages, den der Beschäftigte für seine Krankenversicherung zu zahlen hätte, erhalten.[1666] Eine Anwendung der Opfertheorie ist wegen der aufs Risiko bezogenen Beiträge schwieriger als in der GKV mit einkommensabhängigen Beiträgen. Bei gleichem Haushaltseinkommen bedeutet eine Prämie für Beamte das geringste Opfer, für Angestellte und Arbeiter ein mittleres Opfer sowie für Selbstständige das größte Opfer. *Alle drei Konzepte* der *Opfertheorie* werden *negiert.* Darüber hinaus ist das *Leistungsfähigkeitsprinzip verletzt.*[1667]

Zu einer Art Solidarisierung der PKV ist es spätestens seit dem Jahr 1994 mit der Einführung des Standardtarifs gekommen.[1668] Der Standardtarif soll in den mit dem GKV-WSG eingeführten *Basistarif* allmählich überführt werden.[1669] Beide Tarife geben das idealtypische Element risikoäquivalenter Prämien auf. *Risikozuschläge* werden im Basistarif *nicht erhoben*, die Prämie bemisst sich *ausschließlich* nach dem *Alter.*[1670] Die Prämienhöhe darf den *Höchstbeitrag der GKV* nicht übersteigen und kann halbiert werden, wenn allein durch die Zahlung ALG2- oder Sozialhilfe-Anspruch entsteht Wenn ALG2- oder Sozialhilfeanspruch besteht, zahlt der zuständige Träger den Betrag, der auch für einen Bezieher von ALG2 in der gesetzlichen Krankenversicherung zu tragen ist (im Jahr 2010 126,05 Euro).[1671] Für Beihilfeempfänger reduziert sich die Prämie um den Beihilfesatz. Um die Belastung des i. d. R. nicht ausgabendeckenden Basistarifs auf eine größere Versichertenzahl zu verteilen, wurde ein PKV-weiter Risikoausgleich eingeführt.[1672,1673]

1665 Begründet wird die Sonderbehandlung von Beamten mit besonderen Rechten und Pflichten: „Die Ausübung hoheitsrechtlicher Befugnisse ist als ständige Aufgabe i. d. R. Angehörigen des öffentlichen Dienstes zu übertragen, die in einem öffentlich-rechtlichen Dienst- und Treueverhältnis stehen", Art. 33 Abs. 4 GG. Ausführlich zum sog. Alimentationsprinzip siehe ausführlich Spieß (2005). Siehe auch Adam (2007b), S. 97.

1666 § 257 Abs. 2 und 2a SGBV. Zur historischen Begründung der hälftigen Beitragsübernahme siehe Abschnitt 4.2.2., zu den Anforderungen an die private Krankenversicherung zur Gewährung des Zuschusses siehe Abschnitt 4.2.3.

1667 Ausgegangen wird von einem konstanten Grenznutzen des Einkommens.

1668 Vgl. zum historischen Kontext der Etablierung des Standardtarifs Abschnitt 4.2.3.

1669 Bisher im Standardtarif Versicherte sowie Altkunden (d. h. Versicherungsverhältnis vor dem 01.01.2009) können weiterhin den Standardtarif wählen.

1670 § 5 Abs. 2 KalV. Es wurde diskutiert, nach dem Geschlecht zu unterscheiden.

1671 § 12 Abs. 1c VAG. Das Gesetz lässt offen, ob der Höchstbetrag oder der tatsächliche Betrag zu halbieren ist. Nach §8a Abs. 6 MB/BT ist der Zahlbetrag entscheidend.

1672 Zum Risikoausgleich, damals noch im Standardtarif, vgl. Bürger (2005), S. 24.

Von den Versicherungsunternehmen wird für die Prämie der maximal mögliche Betrag gewählt, da der Tarif gerade bei älteren Versicherten nicht kostendeckend ist.[1674] Der Höchstbeitrag errechnet sich präziser aus dem *allgemeinen Beitragssatz* der Krankenkassen vom *1. Januar des Vorjahres* und der *aktuellen Beitragsbemessungsgrenze.*[1675] Seit dem 01.01.2010 beträgt der Höchstbeitrag daher *581,25 Euro pro Monat* zuzüglich Pflegeversicherung (PV). Der halbe Beitrag beträgt 290,63 Euro, die Zahllast bei ALG2- oder Sozialhilfeanspruch 290,63 Euro – 126,05 Euro = 164,58 Euro. Dieser Betrag ist für ALG2-Empfänger bei Regelleistung i. H. v. 359 Euro 46 % des verfügbaren Geldtransfers und damit im Kontext Leistungsfähigkeit gerade im Vergleich mit der GKV ungerecht.[1676,1677]

Für Personen mit *Beihilfeanspruch* wird der Höchstbetrag gemäß dem *Beihilfeanteil angepasst.* Der Höchstbeitrag wird zum 1. Juli jeden Jahres auf Basis der vorläufigen Rechnungsergebnisse des Vorjahres der GKV um den Prozentwert angepasst, um den die Einnahmen des Gesundheitsfonds von einer vollständigen Deckung der Ausgaben des Vorjahres abweichen.[1678]

Ende 2008 waren 36.461 Personen im Standardtarif und 5.415 Personen im modifizierten Standardtarif versichert.[1679] Letzterer wurde Anfang 2009 in den Basistarif umfirmiert. Mit 12.000 Basistarifversicherten und vermutlich mehr als 30.000 Standardtarifversicherten sind weniger als 50.000 Privatversicherte Anfang 2010 in *Sozialtarifen.* Angesichts von 8,6 Mio. Vollversicherten beträgt der *Anteil unter 0,6 %.* Selbst wenn die Unterdeckung spürbar ist, kommt es nur zu einer winzigen Umverteilung von den Normaltarifen zu den Sozialtarifen. *Basistarif- und Sozialtarif ändern* für die *breite Masse* der Privatversicherten *nichts* an der *Abkopplung von Leistungsfähigkeit und Prämienhöhe.* Bei *Kappung des Höchstbetrags* auf die Hälfte oder bei Sozialhilfebe-

1673 Ein Zahlenbeispiel für das Jahr 2008 von Rürup et al. zeigt, wie unattraktiv der Basistarif für die meisten PKV-Versicherten ist. Ein 50-jähriger Mann konnte sich in einem einfachen Tarif ohne Selbstbehalt und Wahlleistungen Krankenhaus für rund 435 Euro versichern. Der Tarif ist damit 112 Euro günstiger als der Basistarif für sein Einstiegsalter, vgl. Rürup et al. (2010), S. 117-118.

1674 Grund dafür ist, dass Personen die den Basistarif wählen, vorher in aller Regel mehr zahlten. Je höher der Beitrag ist, umso geringer ist der Verlust des Versicherungsunternehmens.

1675 Vgl. § 8a Abs. MB/BT (2009).

1676 Auf der Themenseite der BA sind detaillierte Informationen zum ALG2 zusammengestellt, vgl. BA (2010).

1677 Das Landessozialgericht Niedersachsen-Bremen hat dies als verfassungswidrig beurteilt, vgl. o.V. (2010a). Eine Änderung der jetzigen Regelung ist zu erwarten.

1678 Im Jahr 2009 war der Fonds zu 100 % gedeckt. Wäre die Deckung 95 % gewesen, würde der Höchstbeitrag 552,16 Euro betragen.

1679 Vgl. PKV-Verband (2009f), S. 31-32. Dort wird für den modifizierten Standardtarif ausgewiesen, dass 70 % der Versicherten den Höchstbeitrag oder den halben Höchstbeitrag zahlen. Siehe für die Neuregelung des GKV-WSG auch Abschnitt 4.3.1.1.4.

zug respektive ALG2 Übernahme von weiteren 126,05 Euro, wird *vertikaler Gerechtigkeit Rechnung getragen.*[1680]

Auch durch Einführung der Versicherungspflicht können, Stand März 2010, *69.000 PKV-Versicherte* ihre *Prämien nicht zahlen.*[1681] Da jedoch ein Anspruch auf eine nicht näher bestimmte Notfallbehandlung besteht[1682], finanzieren die restlichen Versicherten diese Ausgaben mit. Es kommt zu einer Umverteilung zwischen zahlenden und nicht zahlenden Versicherten.

In der PKV sind *Selbstbehalte* und *Beitragsrückerstattungen* weit verbreitet. Beide Formen der Selbstbeteiligung werden risikoäquivalent kalkuliert.[1683] Je höher der Selbstbehalt, umso niedriger sind die Kopfschäden. Die Prämien sind demnach bei höheren Selbstbehalten günstiger. Ob wohlhabender oder weniger wohlhabender Privatversicherter, die Anreize und Vorteile aus Selbstbehalten sind unabhängig vom Einkommen. Neben dem Selektionseffekt, der auch in der PKV auftritt, kommt es durch Verhaltensänderungen zu Einsparungen für die Versicherten (Steuerungseffekt). Die Einsparungen entlasten die Versichertengemeinschaft insgesamt, was bei konstantem Nutzen aus unterschiedlichem Einkommen gegenteilig *wie ein gleiches absolutes Opfer* wirkt. Da der Grenznutzen aus höheren Einkommen abnimmt, steigt der Nutzen bei weniger gut Verdienenden an. Gleichsam nimmt die Beitragsbelastung prozentual bei weniger leistungsfähigen Personen stärker ab, was als *Stärkung der vertikalen Gerechtigkeit* betrachtet werden kann.

Eine *Umverteilung* von *Jung zu Alt* ergibt sich aus der Ausgestaltung der Überschussbeteiligung zur Begrenzung des Beitragsanstiegs älterer Privatversicherter und geringfügig wegen des altersunabhängigen Verwaltungskostenzuschlags.[1684] Von den 90 % der Überzinsen wurden im Jahr 2000 50 % Älteren ab 65 Jahren gutgeschrieben und der Rest für die Bildung von Alterungsrückstellungen aller Versicherten verwendet. Bis zum Jahr 2025 wird in Schritten von 2 Prozentpunkten der Anteil für Ältere auf null zurückgeführt, so dass die zur Dämpfung der Prämiensteigerung im Alter reservierten Überzinsen kein Umverteilungselement mehr enthalten[1685].

Im Vergleich mit der GKV ist das *Leistungsfähigkeitsprinzip* in der *PKV* jedoch *kaum vorhanden.* Ähnlich wie in der GKV wird gegen die *horizontale Gerechtigkeit in hohem Ausmaß verstoßen. Vertikale Gerechtigkeit* widerspricht der rein risikoäquivalen-

---

1680 Ende 2008 wurden im modifizierten Standardtarif als Vorgänger des Basistarifs bei 18 % der Versicherten die Prämien auf die Hälfte des Höchstbeitrags gekappt, vgl. PKV-Verband (2009f), S. 32.

1681 Siehe PKV-Verband (2010e), S. 27-28. Für die Einführung der Versicherungspflicht ab dem 01.01.2009 verbunden mit dem GKV-WSG siehe auch Abschnitt 4.3.1.1.5.

1682 § 193 Abs. 6 VVG.

1683 Für Genaueres zu Selbstbeteiligung vgl. en detail Abschnitt 5.3.3.2.

1684 Vgl. Penske (2006), S. 217. Für die Kalkulation der Prämie vgl. Abschnitt 6.2.2.2.

1685 § 12a Abs. 2 und Abs. 3 VAG.

ten Prämienkalkulation und ist bis auf die Sozialtarife *kein Anliegen der PKV*. Die *PKV kann* im heutigen dualen System jedoch *nur existieren*, weil *schlechte Risiken* und *finanzschwache Personen* in der *GKV versichert* sind. Angesichts der durchschnittlich höheren Einkommen und der durch die Risikoselektion geringen Prämien ist eine Verstärkung des Leistungsfähigkeitsprinzips über den Basistarif hinaus in der PKV nicht angezeigt, weil die Prämienzahlung in Relation Einkommen zu Prämienhöhe die Masse der PKV-Versicherten nicht überfordert.

6.1.2.3 Regionale Finanzierungsgerechtigkeit

Als Pendant zur regionalen Bedarfsgerechtigkeit auf dem Leistungsmarkt lässt sich auch das Leistungsfähigkeitsprinzip mit den beiden Bestandteilen horizontale und vertikale Gerechtigkeit räumlich betrachten. *Regionale Finanzierungsgerechtigkeit* besteht dann, wenn bei *gleicher Leistungsfähigkeit* der Menschen in zwei *Regionen* bei *gleicher Versorgungsqualität zu gleichen Kosten identische Finanzierungsbeiträge* erbracht werden müssen. Ist die *Leistungsfähigkeit*, z. B. aufgrund gegenüber dem Bundesdurchschnitt hoher Einkommen, in einer Region größer, dann ist ein Beitrag, z. B. in Form eines *Länderfinanzausgleichs, an* die *finanzschwächere Region* zu leisten.[1686]

Die Definition verdeutlicht die *Komplexität* der Thematik. *Existieren Kostenunterschiede* bei der Erstellung der Gesundheitsleistungen, die wiederum in Summe die Versorgungsqualität konstitutionieren, würde ein *totaler Finanzausgleich* c. p. *neue Ungerechtigkeiten* schaffen. Im Rahmen der Untersuchung kann keine vollständige Analyse der regionalen Finanzierungsgerechtigkeit erfolgen, jedoch lassen sich im Hinblick des *dualen Systems dennoch einige Aussagen* über die *regionale Finanzierungsgerechtigkeit der Teilsysteme* treffen.[1687]

Ausgangspunkt ist die Abgrenzung der Regionen und die Annahme einer gleichen Inanspruchnahme von Gesundheitsleistungen bei identischer Infrastruktur.[1688] Weitestgehend zugängliche Daten liegen auf *Bundesländerebene* vor. In Flächenländern wie Bayern gibt es innerhalb der Region große Unterschiede in Leistungsfähigkeit, Kostenstrukturen und der Versorgungsqualität bzw. Versorgungsdichte.[1689] Die *regionale*

1686 Einen Einstieg in die Thematik eines regionalen Finanzausgleichs ermöglicht Kawka (2006).

1687 Nicht betrachtet wird in diesem Abschnitt z. B. das Nettoäquivalenzeinkommen.

1688 Die Inanspruchnahme von Gesundheitsleistungen hängt mit der Versorgungsinfrastruktur zusammen. Für die Analyse wird davon abstrahiert. Ferner sei die Morbidität über die Bundesländer gleichverteilt.

1689 Krankenhäuser sind in Städten konzentriert. Nach einer Analyse der medizinischen Versorgung auf Stadt und Land an den Beispielen München und Landkreis Eichstätt kommen Neubauer und Sonnenholzner-Roche zum Schluss, dass Beitragssätze der Krankenkassen regional abgestuft werden sollten, vgl. Neubauer, G. und Sonnenholzner-Roche (1984), S. 221. In München ist die Versorgung teurer bei fast identischem Nutzen, so dass auf dem Land woh-

Betrachtungsweise ist der *Solidargemeinschaft GKV* in der *Abgrenzung Bundesländer fremd.*[1690] Disparitäten sollten kleinräumiger betrachtet werden, wobei die Datenbasis Grenzen setzt.[1691] Für die Überlegungen wird zunächst so getan, als ob die Bundesländer in genannten Parametern in Teilregionen und über die Einwohner homogen wären. Der *Leistungsfähigkeit* der Einwohner eines Bundeslandes entsprechen *die verfügbaren Einkommen pro Einwohner (VEpE's)*[1692] bei *Korrektur* um die *Lebenshaltungskosten gemessen durch den Verbraucherpreisindex (VPI)*[1693].

---

nende Versicherte eine ineffizientere Versorgung und v. a. bessere Versorgung mitfinanzieren. Dabei ist zu beachten, dass die beitragspflichtigen Einnahmen in München höher sind, womit die Münchner auch bei gleichem Beitragssatz absolut mehr zahlen. Den Vorschlag aufgenommen hat der SVRKAiG, der jedoch einen erheblichen Forschungsbedarf zur Abgrenzung von Regionen sieht, vgl. SVRKAiG (1995), Ziff. 50.

1690 Siehe hierzu auch Wasem et al. (2008), S. 60-61. Der Bund hat in der Versorgung konkurrierende Gesetzgebung, mangels expliziter Zuweisung im Grundgesetz ist die Gesundheitsversorgung Ländersache. Die konkurrierende Gesetzgebung des Bundes erstreckt oder besser erstreckte sich vor Einführung des nationalen Gesundheitsfonds auf die finanzielle Seite mit der GKV als Teilbereich der Sozialversicherung in Deutschland. Der Gesundheitsfonds stellt eine Abkehr von dem Leitbild der Aufgabentrennung Länder-Versorgung versus Bund-Finanzierung dar. Die Bundesländer haben auf der 82. Gesundheitsministerkonferenz 2009 bereits reagiert, indem sie ihren Anspruch auf die Verantwortung für die medizinische Versorgung klar angemeldet haben, vgl. Neubauer, G.; Pfister; et al. (2009), S. 67-69.

1691 In einem großen Flächenstaat wie Bayern werden Unterschiede zwischen dicht- und dünnbesiedelten Regionen nivelliert. Generell sind Stadt-Land Unterschiede bedeutsam. Die Versorgungssituation und die Kostenstrukturen sind im Münchner Raum ganz andere als in der nördlichen Oberpfalz. Ebenso sind Verzerrungen durch Versorgungsverbünde wie Berlin und Berliner Umland oder Hamburg und Umgebung relevant.

1692 Das verfügbare Einkommen ergibt sich dadurch, dass dem Primäreinkommen einerseits die monetären Sozialleistungen und sonstigen laufenden Transfers hinzugefügt werden, die die privaten Haushalte überwiegend seitens des Staates empfangen. Abgezogen werden dagegen Einkommen- und Vermögensteuern, Sozialbeiträge und sonstige laufende Transfers, die von den privaten Haushalten zu leisten sind. Das verfügbare Einkommen der privaten Haushalte entspricht damit den Einkommen, die den privaten Haushalten letztendlich zufließen und die sie für Konsum- und Sparzwecke verwenden können, vgl. VGRdL (2010a).

1693 Der VPI misst die Preisentwicklung des Privaten Verbrauchs. Die Bezugsgröße sind die Verbrauchsausgaben der privaten Haushalte im Basisjahr, wie sie durch die Einkommens- und Verbrauchsstichprobe nachgewiesen wird. Der Index ist der gewogene Durchschnitt aus den Preisveränderungszahlen für eine repräsentative Auswahl von den privaten Haushalten gekauften Waren und Dienstleistungen gebildet. Als Gewichtungsgrundlage dienen die Ausgaben für diejenigen Güter im Basisjahr, für die Einzelpreisreihen als repräsentativ angesehen werden. Die Liste dieser Güter wird oft als Warenkorb bezeichnet. Die Preisreihen werden in der Form von Messzahlen auf der Grundlage des Preisstandes im Basisjahr (Index = 100) dargestellt und werden nach der Laspeyres-Formel berechnet. Das bedeutet, dass die aus dem gegenwärtigen Basisjahr stammenden Wägungszahlen bis zur Umstellung der Indizes auf ein neueres Basisjahr unverändert bleiben. Vgl. zur Methodik und für weitere Ergebnisse StBA (2010c).

Tabelle 8: Sozio-demographische Daten ausgewählter Bundesländer im Jahr 2008

Region	**VEpE in Euro**	**VPI Basisjahr 2005**	**$VEpE_{korr}$ Spalte (2)/(3)**
Deutschland	**18.974**	**106,6**	**17.800**
Hessen	**19.824**	**106,5**	**18.614**
Baden-Württemberg	**20.748**	**106,8**	**19.427**
Bayern	**20.339**	**107,0**	**19.008**
Nordrhein-Westfalen	**19.837**	**106,3**	**18.661**
Sachsen	**15.708**	**107,7**	**14.585**
Mecklenburg-VP	**14.944**	**107,9**	**13.850**

Quelle: Eigene Darstellung. Die Daten stammen aus StBA (2010c); VGRdL (2010b).

Zwischen den Bundesländern bestehen *große Unterschiede in der finanziellen Leistungsfähigkeit*, wie Spalte 4 in Tabelle 8 zeigt. Dementsprechend müssten reiche Länder wie Bayern oder Hessen ärmere Länder wie Sachsen oder Mecklenburg-Vorpommern via einen Finanzausgleich unterstützen. Durch den *Länderfinanzausgleich* werden Bundesländer mit hoher Wirtschaftskraft belastet und ärmere Länder entlastet. Konkret wurden im Rahmen des Länderfinanzausgleichs i. e. S. im Jahr 2008 fast 3 Mrd. Euro von Bayern an die Empfängerländer abgegeben und damit dem Leistungsfähigkeitsprinzip Rechnung getragen.[1694] Trotz dieser Summe hat der bayerische Staat mehr finanzielle Mittel pro Einwohner zur Verfügung als durch den Länderfinanzausgleich begünstigte Länder.[1695]

Seit dem 01.01.2009 gilt in ganz Deutschland ein *einheitlicher Beitragssatz*, der in Abhängigkeit von der Bemessungsgrundlage, den Personenkreisen und der Anzahl der Mitversicherten pro Versicherten zu einem Preis für das als *homogen angenommene Gut gesetzlicher Krankenversicherungsschutz* führt.[1696] Der Preis dividiert durch die

---

1694 Damit finanzierte Bayern mehr als ein Drittel. Hinzu kommen noch ein vertikaler Finanzausgleich zwischen Bund, Länder und Kommunen und der Umsatzsteuervorwegausgleich, der netto auch bayerische Bürger belastet. Alle drei Elemente bilden zusammen den Länderfinanzausgleich i. w. S., vgl. ausführlicher Neubauer, G.; Pfister; et al. (2009), S. 70-71. Die Ausgleichszahlungen nach Bundesländern ab 1950 sind zusammengestellt in Wikipedia (2009).

1695 Das System des Länderfinanzausgleichs hat die Aufgabe, die sich durch die Steuerverteilung ergebenden Finanzkraftunterschiede unter den Ländern angemessen auszugleichen, vgl. Art. 107 Abs. 2 GG. Ausführlich zur Struktur des Länderfinanzausgleichs und weiterführenden Links zu Daten und gesetzlichen Grundlagen siehe die Themenseite BMF (2010b).

1696 Vgl. für die Mittelaufbringung detailliert Abschnitt 4.3.1.1.1.

korrigierten VEpE gilt weiterhin als Indikator für die Leistungsfähigkeit eines Haushalts. Das VEpE umfasst die gesamte Leistungsfähigkeit, während die beitragspflichtigen Einkommen nur einen Teil der Leistungsfähigkeit widerspiegeln. Präziser müssten die verfügbaren Einkommen der gesetzlich Versicherten nach Bundesland ermittelt werden, die z. B. wegen des Anteils der Privatversicherten von den VEpE abweichen.[1697] Auf die GKV übertragen stellt sich die regionale finanzielle Belastung im Verhältnis zur Leistungsfähigkeit somit wie folgt dar (Tabelle 9):

Tabelle 9: Leistungsfähigkeit und Beitrag in der GKV pro Versicherten für ausgewählte Bundesländer bei einheitlichem Beitragssatz für das Jahr 2009

Region	**$VEpE_{korr}$ 2008 in Euro**	**GKV-Beitrag pro Versicherten***	**Relation Spalte (3)/(2)**
Hessen	**18.614**	**1.077 Euro**	**5,7 %**
Baden-Württemberg	**19.427**	**1.168 Euro**	**6,0 %**
Bayern	**19.008**	**1.085 Euro**	**5,7 %**
Nordrhein-Westfalen	**18.661**	**1.068 Euro**	**5,7 %**
Sachsen	**14.585**	**1.093 Euro**	**7,5 %**
Mecklenburg-VP	**13.850**	**1.045 Euro**	**7,5 %**

*Quelle: Eigene Darstellung. Die Daten stammen aus BMG (2009g); BVA (2009a); VGRdL (2010b). *Die Zahlen ergeben sich aus den GKV-Einnahmen des Jahres 2009 hochgerechnet von 2008 dividiert durch die Anzahl der gesetzlich Versicherten Stand 01.07.2009 und multipliziert mit dem Arbeitnehmerbeitragssatz von 7,9 %. Bei Annahme einer proportionalen Zunahme der $VEpE_{korr}$ von 2008 auf 2009 dürfte die Relation in Spalte 4 für 2009 grob gelten.*

Der Anteil der Krankenversicherungsbeiträge an der gesamten Leistungsfähigkeit ist zwischen den Bundesländern ungleich, so dass man von einem *Verstoß gegen die vertikale Gerechtigkeit* sprechen kann.[1698] Ein gesetzlich Versicherter in Sachsen zahlt in der Beispielrechnung trotz geringerer Leistungsfähigkeit *prozentual und absolut* mehr für die Krankenversicherung als in Bayern, Hessen und Nordrhein-Westfalen. Berück-

1697 Hierzu existieren nach Wissensstand des Autors keine Daten. Eine Korrektur um den Anteil der Privatversicherten führt die Unterschiede in der Leistungsfähigkeit zwischen den Bundesländern zusammen, da in wohlhabenderen Ländern anteilig mehr Privatversicherte leben, so dass das VEpE je GKV-Versicherten weniger stark streut.

1698 Die VEpE-Differenzen für GKV-Versicherte nach Bundesländern sind mutmaßlich niedriger. Ein Grund ist der Anteil der Privatversicherten, der in wirtschaftlich starken Ländern höher ist. Privatversicherte Angestellte und Arbeiter müssen die VPG überschritten haben, was proportional häufiger in Ländern mit hohem Einkommen geschieht.

sichtigt werden müsste weiter z. B. die Anzahl der Transferempfänger, die Mitversichertenquote, das Verhältnis Rentner zu AKV-Mitgliedern, der Anteil der Privatversicherten oder das regionale Versorgungsniveau als Gegenwert der Beiträge, was im Rahmen der Untersuchung zu weit führte.[1699]

Tendenziell dürfte die *Honorarangleichung* im ambulanten Sektor und der *einheitliche Beitragssatz* zu einer spürbar größeren vertikalen Ungerechtigkeit zwischen den Bundesländern geführt haben. *Gewinner* sind die *Leistungserbringer*, die vorher geringer entlohnt wurden und nun bei *geringerem Kostenniveau* einen merklich *höheren Reinerlös* erzielen dürften. Inwiefern dies mittelfristig in eine bessere Versorgung der Versicherten mündet, bleibt abzuwarten.[1700] In Ländern wie Bayern hingegen sind für die Vertragsärzte im Schnitt Zuwächse nur wegen des insgesamt hohen Honoraranstiegs festzustellen, was das bisherige Versorgungsniveau gefährdet.[1701]

Die Betrachtung soll der Sensibilisierung der für eine regionale Betrachtung relevanten Größen und der groben Bestimmung der regionalen finanziellen Gerechtigkeit dienen. Betont sei die *Vergleichsgröße fiktiver durchschnittlicher Versicherter*. In ärmeren und reicheren Bundesländern gibt es GKV-Versicherte mit hoher und niedriger Leistungsfähigkeit, so dass weniger die regionale, sondern die sozio-demographische Betrachtung für die Beurteilung von Gerechtigkeit geeignet ist.

Das *Leistungsfähigkeitsprinzip* wird durch den vollständigen *Finanzkraftausgleich gestärkt*, wird aber wie die Musterrechnung zeigt, immer *noch verletzt*. Demnach müsste ein zusätzlicher Finanzausgleich eingeführt werden, so eine mögliche Schlussfolgerung. *Neben der GKV* existieren jedoch viele *andere Güter*. Außer dem regionalen Finanzausgleich existieren *weitere Umverteilungssysteme*, von denen wirtschaftlich schwächere Bundesländer profitieren. Beispiele sind die ALV, ALG2 oder Sozialhilfe, die alle überproportional an Regionen mit geringer Wirtschaftskraft umverteilen. Wie hoch der Ausgleich sein soll, ist letztlich eine gesellschaftliche Entscheidung. *Originäre Aufgabe der GKV* ist die *Sicherstellung* einer *bedarfsgerechten Versorgung* und *nicht ein vollständiger Sozialausgleich*. Dennoch sind in der GKV als Sozialversicherung mehrere Umverteilungselemente integriert.[1702]

1699 Dabei ist die Mitversichertenzahl quantitativ wichtig. Während auf ein Mitglied in Bayern 0,37 mitversicherte Familienangehörige kommen, sind es in Sachsen und MVP 0,23, vgl. BMG (2009g). Dadurch gehen die geschätzten Differenzen neben der Korrektur um Privatversicherte weiter zusammen. Hinzu kommt, dass Haushalte Größenvorteile haben, vgl. das Konzept des Nettoäquivalenzeinkommens in Abschnitt 6.1.2.2.1.

1700 In Sachsen sind die Honorare zwischen 2007 und 2009 um 29 % angestiegen, in Bayern hingegen um 6,9 % und in Baden-Württemberg um 5,2 %, vgl. BMG (2009b), S. 13.

1701 Siehe für die Problematik ausführlich Neubauer, G.; Pfister; et al. (2009), S. 45-66.

1702 Vgl. Abschnitt 6.1.2.2.1.

Mit dem GKV-WSG fließen die Mitgliedsbeiträge zu 100 % in den Gesundheitsfonds.[1703] Dadurch ergibt sich ein Mittelabfluss aus Ländern mit überdurchschnittlicher Finanzkraft.[1704] Im zweiten Schritt werden die Fondsmittel gemäß dem M-RSA ausschließlich nach Alter, Geschlecht, Erwerbsminderungsstatus und ausgewählter ausgleichsfähiger Krankheiten verteilt.[1705] *Ohne* die *Nivellierung* der Finanzkraft müssten die *wirtschaftlich schwächeren Bundesländer* bei einheitlichem Beitragssatz *eher Zusatzbeiträge* erheben, da weitgehend einheitliche Vergütungen für die Leistungserbringer zum 01.01.2009 gelten.

Problematisch ist der *Zusatzbeitrag,* wenn er als *Pauschale* erhoben wird. *Pauschalen* treffen weniger leistungsfähige Personen stärker, womit die *vertikale Gerechtigkeit geschwächt* wird. In einem fiktiven Beispiel berechnet *Rebscher* die Auswirkungen eines pauschalen Beitrags, der auch im Koalitionsvertrag des Jahres 2009 verankert wurde.[1706] Zwei Modellkrankenkassen mit je 2 Mio. Mitgliedern, im Beispiel Bayern und Mecklenburg-Vorpommern (MVP), haben für Bayern 26.400 Euro Grundlohnsumme und für MVP 17.600 Euro, jeweils pro Mitglied. Angenommen die Fondsunterdeckung entspricht 0,9 %-Beitragssatzpunkte oder 396 Mio. Euro. Jedes Mitglied muss als Pauschale 198 Euro im Jahr zahlen, was in Bayern 0,75 % und in MVP 1,13% der Grundlohnsumme entspricht.

Erneut ist *einzuwenden*, dass sozial Schwache durch den Staat unterstützt werden und sowohl in wirtschaftsschwachen als auch -kräftigen Ländern leben. Auch entsteht potenziell ein *Gegenwert für Zusatzbeiträge* in Form eines höheren Versorgungsniveaus, solange die Leistungserbringer die höhere Vergütung nicht komplett als Renten abschöpfen. Freilich ist der Anteil finanziell Schwächerer in wirtschaftlich schwachen Ländern größer, so dass dort negative Auswirkungen von Zusatzbeiträgen wie ein geringes Finanzierungspotenzial und dadurch der Zwang zu hohen Zusatzbeiträgen wahrscheinlicher wird, was die Wettbewerbsposition von Krankenkassen mit anteilig

---

1703 Siehe Abschnitt 4.3.1.2.1 für die Mittelzuweisung aus dem Gesundheitsfonds.

1704 Bei Berücksichtigung von Mischkalkulationen überregionaler Krankenkassen gehören zu den Nettozahlern Baden-Württemberg, Bayern, Hessen, Niedersachsen, Nordrhein-Westfalen und Schleswig-Holstein. Bis auf Nordrhein-Westfalen sind die Versicherten in diesen Ländern auch gesünder, so dass die Relation zwischen Finanzzahlung und Gesundheitsleistungen noch schlechter ist, vgl. für Zahlen bezogen auf den alten RSA Buchner et al. (2007), S. 714. Daten der Änderung der Gesamtbelastung aus Morbidität und Finanzausgleich durch Einführung des Fonds plus M-RSA aggregiert und Pro-Kopf sind dargestellt in Neubauer, G. und Pfister (2008d), S. 24-26. Zu Ist-Daten der Veränderung siehe Abschnitt 7.3.1.1.1, wobei die Zahlen des BVA häufiger korrigiert wurden und wohl auch werden.

1705 Dies entspricht dem Konzept des gleichen marginalen Opfers. In der Realität findet man das Prinzip des gleichen Grenzopfers selten vor. Durch das GKV-WSG kann diese Aussage nicht gehalten werden, da in der 170 Mrd. Euro schweren GKV das Konzept angewendet wird.

1706 Das Beispiel ist angelehnt an Rebscher (2009a). Die avisierten arbeitnehmerseitigen Pauschalen finden sich in Koalitionsvertrag (2009), S. 86. In Deutschland gibt es regionale und bundesweite Krankenkassen, was die Analyse erschwert.

vielen Versicherten in diesen Bundesländern verschlechtert.[1707] Reichen die 8 Euro Pauschale nicht aus, wird ein einkommensabhängiger Beitrag Haushalte mit eigenem beitragspflichtigem Einkommen unter 800 Euro wiederum entlasten.

Durch den *vollständigen Finanzkraftausgleich* über den M-RSA stehen in allen Bundesländern die *gleichen finanziellen Mittel* zur Finanzierung der *bedarfsgerechten Gesundheitsleistungen* zur Verfügung.[1708] Die Kombination aus Gesundheitsfonds und M-RSA ermöglicht bei *bundeseinheitlichen Preisen,* wesentlich bestimmt durch den ambulant-(zahn)ärztlichen und akut-stationären Bereich, eine *gleiche Versorgungsstruktur zu finanzieren, solange Ärzte und Krankenhäuser* ihre *Leistungen erbringen können und wollen.*[1709] Sieht man den *heutigen Leistungskatalog* als *bedarfsgerecht* an, hat die GKV bundesweit jedem gesetzlich Versicherten eine adäquate medizinische Versorgung zu ermöglichen.[1710]

Die *Finanzierungsreform* führt in der Tendenz zu *höheren Einkommen der Leistungserbringer* in bisher eher *unterversorgten Regionen*, vice versa *fehlen* in Regionen mit *ausgebauter medizinischer Infrastruktur Mittel* zur Vergütung der Leistungserbringer.[1711] Eine höhere Versorgungsdichte und Qualität als bedarfsnotwendig muss nicht von der Solidargemeinschaft finanziert werden.[1712] Hingegen sind *Kostenunterschiede in der Leistungserstellung* bei Reform der Finanzierungsseite *zu berücksichtigen.*[1713] Das homogene Gut „bedarfsgerechte Gesundheitsversorgung" ist in der Herstellung unterschiedlich teuer. Berücksichtigt man Kostenunterschiede nicht, dann wird gegen das Prinzip der *regionalen Finanzierungsgerechtigkeit verstoßen*. Insb. regionale Krankenkassen in Bundesländern mit teurer Herstellung von Gesundheitsleistungen als Pendant zum VPI haben c. p. zu geringe Zuweisungen aus dem Fonds, um den Mindestleistungskatalog in ausreichender Versorgungsdichte finanzieren zu können. Die

---

1707 Siehe für die Problematik Abschnitt 5.1.2.2.2.

1708 Korrigiert um die unterschiedliche Morbidität gemäß den 80 Krankheiten des M-RSA. Eine regional unterschiedliche Kodierqualität und Verteilung von nicht ausgleichsfähigen Krankheiten kann zu Verzerrungen führen, vgl. Abschnitt 4.3.1.2.1.

1709 Für den Konnex aus Leistungserbringung und Finanzierung am Beispiel der Honorarreform mit bundeseinheitlichen Europreisen siehe Abschnitt 4.3.2.1.1.

1710 Zur regionalen Bedarfsgerechtigkeit siehe Abschnitt 6.1.1.4.

1711 Siehe für das Beispiel Bayern Neubauer, G. und Pfister (2009a), S. 27-33. Um die Übergangseffekte für die Leistungserbringer abzufedern, wurde die sog. Konvergenzklausel eingeführt, die jedoch zu keiner permanenten Entlastung führt und nur die größten Verwerfungen ausgleicht, vgl. kritisch zur Konvergenzklausel ausführlich Neubauer, G. und Pfister (2008d).

1712 Vgl. BVerfG 2 BvF 2/01 (2005), Rz. 206.

1713 Relevant sind insb. Mieten und Gehälter. Siehe für die Spreizung der Mieten in Deutschland Anhang 11. Im Krankenhausbereich als direkten Indikator für das Gesundheitswesen weichen die Unterschiede pro Behandlungsfall zwischen +14,6 % und –9,7 % vom Bundesdurchschnitt ab, siehe für alle Werte Anhang 12. Der von den Ausgaben bedeutende Arzneimittelsektor wie auch Heil- und Hilfsmittel sind einheitlich. Unterschiede bestehen noch bei den Zahnärzten.

Leistungserbringer handeln *rational*, wenn sie nach individuellem Nutzenkalkül ihre *Leistungen ausdünnen*, ihren *Standort verlagern* und / oder *Privatpatienten stärker bevorzugen*.

Regionale Finanzierungsgerechtigkeit und *regionale Bedarfsgerechtigkeit* sind *miteinander verbunden*.[1714] Ein Finanzausgleich zur Stärkung der vertikalen Gerechtigkeit muss die *Kostenseite* der Leistungserbringung *berücksichtigen*. Ansonsten ist zu befürchten, dass eine *Nivellierung der Mittelaufbringung* zu einer *Übernivellierung in der Mittelzuweisung* führt. Im Länderfinanzausgleich ist unterschiedlichen Lebenshaltungskosten etc. Rechnung getragen durch einen „Maximalausgleich" von 72,5%.[1715] Will eine Krankenkasse die Qualität der bedarfsgerechten Leistungserbringung regional auf dem Niveau vor Einführung des Fonds sichern, sind *Zusatzbeiträge* vorstellbar, die bei pauschalierter Ausgestaltung jedoch *vertikale Ungerechtigkeit* implizieren.

Innerhalb der *PKV* existiert bis auf einen Risikoausgleich für weniger als 1 % der Versicherten im Rahmen von Basis- und Standardtarif *kein Solidarausgleich*. Regionale Umverteilungen ergeben sich aus der reinen Risikoäquivalenz der Prämien durch *unterschiedlich teure Gesundheitsleistungen*. Gerade bei bundesweiten Krankenversicherern werden Kunden in teuren Regionen durch ein bundeseinheitliches Prämienniveau von Kunden mit relativ geringen Ausgaben für gleiche Leistungen subventioniert. Da jedoch oftmals das Versorgungsniveau in teuren Regionen höher ist, gleicht sich dies aus.[1716]

Eine regionale Betrachtung der PKV für sich ist angesichts der geringen Besetzung der sozial schwächeren Schichten im Rahmen der Analyse nicht zielführend. Relevant ist der Konnex zur GKV. Die *Preise* der Leistungserbringer sind in allen Sektoren nach dem GKV-WSG in GKV und PKV weitestgehend *bundeseinheitlich*.[1717] Über Aufschläge z. B. bei Wahlunterkunft im Krankenhaus, Chefarztbehandlung und Steigerungssätze gibt es dennoch *Spielräume* in der *Preisgestaltung* auf *Leistungserbringerseite*.

Werden wie vorausgesagt die *Krankenkassen in teuren Regionen nicht genug Mittel* für die *Aufrechterhaltung* des jetzigen *Leistungsniveaus* bekommen, dürften die Leistungserbringer versuchen, ihr Zieleinkommen über *Umsatzzuwächse bei Privatversicherten* zu erreichen und damit den Druck auf die Krankenkassen, Zusatzbeiträge zu

---

1714 Siehe ausführlich Neubauer, G.; Pfister; et al. (2009), S. 45-67.

1715 Begründet wird dies, nach mehreren Entscheidungen des BVerfG, neben den Unterschieden in den Lebenshaltungskosten mit einer Verbesserung der Anreizwirkung einer effizienten Steuergenerierung. Übertragen auf die GKV gilt es auch, Anreize auf eine hochwertige Versorgung zu wahren. Ansonsten ist mit einer Reduzierung innovativer Bemühungen zu rechnen. Leistungsanreize und Innovationen wären durch die Übernivellierung im GKV-System gefährdet. Für die 72,5 %-Grenze siehe bpb (2003).

1716 Zu Überlegungen zu regional differenzierten Prämien in der PKV siehe Kaetzler und Riedel (1998).

1717 Siehe Abbildung 12. Abgesehen wird hierbei von Preisvereinbarungen in selektiven Verträgen.

erhöhen, senken. Regional häuft sich der *Anteil Privatversicherter* in Gebieten mit *hoher Wirtschaftskraft* und *dichter Infrastruktur.*[1718] Je höher der Anteil Privatversicherter bei gleicher Patientenzahl ist, umso leichter können z. B. Ärzte ihr Einkommen bei Senkung der Honorare in der GKV halten, so dass letztlich regional bedingte Ungerechtigkeiten auf der Finanzierungsseite in der GKV durch die räumliche Verteilung der Privatversicherten kompensiert werden können. Auf diese Weise führt das *duale System* zu *größerer vertikaler Gerechtigkeit* in der *GKV.*

Zusammenfassend sind *Bundesländer nicht* der *richtige Vergleichsmaßstab* für die Beurteilung der regionalen Finanzierungsgerechtigkeit. Der Gesundheitsfonds, insb. der M-RSA, erhöht die Gefahr von Zusatzbeiträgen trotz zunächst größerer Umverteilung im Solidarsystem GKV. Werden die *Zusatzbeiträge pauschal* erhoben, sind *zwei regionale Ungerechtigkeiten* vorstellbar. Erstens sind aufs *niedrigere Durchschnittseinkommen* bezogene *höhere Belastungen* in wirtschaftlich schwachen Bundesländern zu erwarten, deren Versicherte Leistungserbringer in gleicher Höhe bezahlen wie in Ländern mit hoher Wirtschaftskraft respektive Einkommen. Dies trifft prozentual mehr Personen, da Niedrigverdiener dort häufiger sind.

Zweitens bedingt die *Fondslogik* eine *einheitliche Vergütung* der Leistungserbringer, die in *Regionen* mit *höheren Kosten* in der Leistungserbringung zu *Zusatzbeiträgen* führen können. Dies kann als Übernivellierung bezeichnet werden, da durch einen größeren Finanzausgleich das gewohnte Versorgungsniveau gefährdet wird und, gewichtiger, das gleiche Niveau teurer ist. Durch die *PKV* werden *Zusatzbeiträge seltener*, v. a. in *Regionen mit höherem Anteil* an *Privatversicherten.* Damit wird der letztere Effekt unwahrscheinlicher und die vertikale Gerechtigkeit in der GKV wird durch die Existenz der PKV in wohlhabenderen Bundesländern gestärkt.

6.1.2.4 Intergenerative Gerechtigkeit

Intergenerative Gerechtigkeit als Teil der Leistungsgerechtigkeit[1719] ist gegeben, wenn die zusätzlichen Gesundheitsausgaben mit zusätzlichem Nutzen über den Lebenszyklus in einem angemessenen Verhältnis stehen. Gerecht ist m. a. W. eine Situation, in der jede Generation etwa so viele Leistungen in Anspruch nimmt, wie sie selbst finanziert hat. Die *Messung der Generationengerechtigkeit* ist *problematisch.* Generell sind Vergleiche über die Zeit durch Veränderungen relativer Preise, Zinssätze und Innovationen schwierig. Gerade letztere sind mit großer Unsicherheit behaftet.

1718 Für den weit überdurchschnittlichen Anteil in München vgl. Abschnitt 6.1.1.4.

1719 Ausführlich mit der Problematik generationengerechten Verhaltens am Beispiel der GKV aus Sicht der politischen Ökonomie beschäftigt sich in seiner Dissertation Dominick, vgl. für eine ausführliche Herleitung der Definition Dominick (2008), S. 51-68. Vgl. für die Terminologie auch Abschnitt 3.1.1.3. Synonym wird der Begriff Generationengerechtigkeit verwendet. Diskursanalytisch untersucht wird der Begriff für die 14. und 15. Legislaturperiode in Bechmann (2007), S. 136-138.

Weitere Schätzfehler ergeben sich durch das *Umlageverfahren* in der *GKV*, bei dem analog zur GRV die Zahl der Kinder für die intergenerative Verzinsung wichtig ist. Gleichsam sind die Einnahmen- und Ausgabenentwicklung in der GRV und in der GKV abhängig von politischen Entscheidungen. Die durch das Umlageverfahren in der GKV fließenden Beiträge und damit finanzierten Ausgaben nach Lebensalter sind in Abbildung 17 dargestellt.

Abbildung 17: Altersgruppenspezifische Beiträge und Ausgaben je Versicherten in der GKV im Jahr 2003

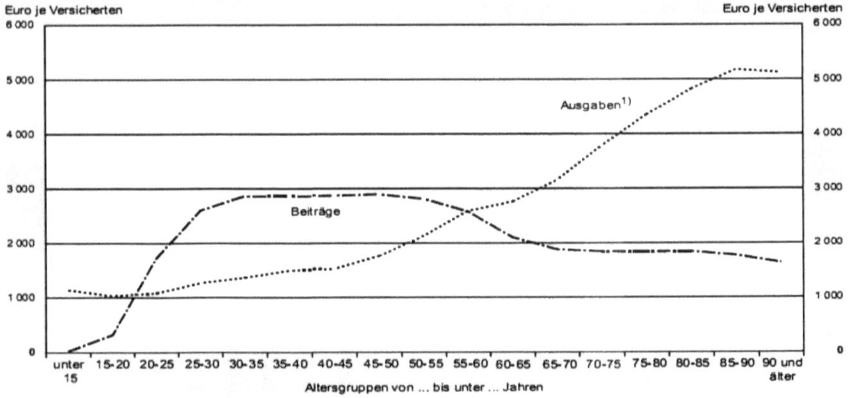

Quelle: SVR (2005), Schaubild 53.

Der beschriebene Zusammenhang wird mit dem Terminus *Generationenvertrag* beschrieben, der auf einem intergenerativen Reziprozitätsgedanken beruht.[1720] Bei drei Generationen wird die jüngere Generation von der mittleren erwerbstätigen Generation versorgt, die gleichzeitig die Älteren unterstützt. Dies tut die mittlere Generation, weil sie als später ältere Generation von der jetzt jüngeren Generation alimentiert wird. Solange die Belastung der mittleren Generation nicht zu groß und eine angemessene Gegenleistung erbracht wird, hat der Generationenvertrag bestand. Nimmt die Generationenstärke ab, trägt die jeweilige erwerbstätige Generation immer höhere Lasten und kündigt den Generationenvertrag schließlich auf.[1721]

Eine Möglichkeit zur Messung der Fairness sind *Generationenbilanzen*, mithilfe derer eine kohortenspezifische Verzinsung oder der Nettotransfer zwischen Beiträgen und empfangenen Gesundheitsleistungen festgestellt werden kann.[1722] Grundlage für die

1720 Für den Begriff Generationenvertrag vgl. Gabler-Verlag (2010a).

1721 Für die offizielle Prognose der Bevölkerungsentwicklung siehe Abschnitt 3.2.4.2.

1722 Zur ausführlichen Methodik und Kritik an der Generationenbilanzierung sowie weiteren Nachhaltigkeitsindikatoren siehe die Dissertation von Fetzer, vgl. Fetzer (2006), S. 5-27. Für

Generationenbilanzierung ist die intertemporale Budgetrestriktion des Staates, nach welcher alle bestehenden oder zukünftigen Ausgaben durch zukünftige und aktuelle Einnahmen oder durch Vermögenspositionen gedeckt werden müssen. Unter gewissen Annahmen werden die Zahlungsströme in die Zukunft fortgeschrieben. Die Einnahmen und Ausgaben werden zunächst je Kohorte bestimmt. Die kohortenspezifischen Zahlungsströme werden schließlich durch die Kohortengröße geteilt und auf das Basisjahr abgezinst, womit man Barwerte der Nettobelastung oder –entlastung versichertenbezogen je Kohorte erhält. Trägt man die einzelnen Werte in eine Abbildung ein, erhält man die Generationenbilanz. *Fetzer* hat für das Jahr 2003 eine Generationenbilanz für die GKV berechnet (Abbildung 18).[1723]

Abbildung 18: Generationenbilanz der GKV im Basisjahr 2003

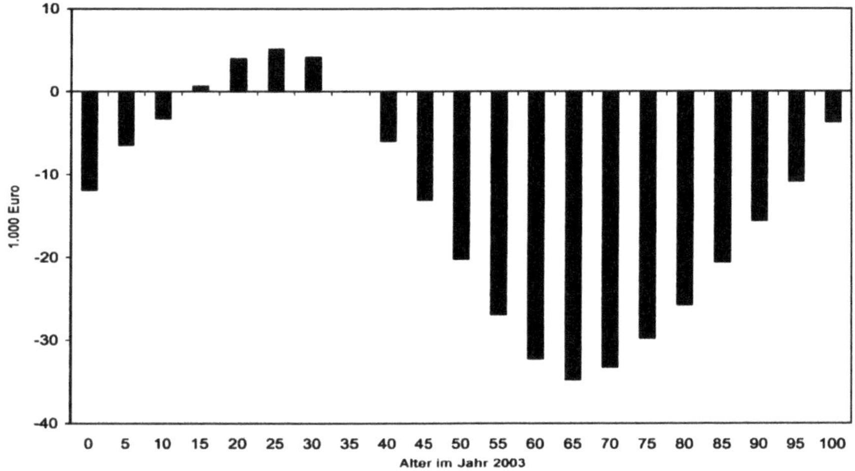

Quelle: Fetzer (2006), S. 78.

Auf Basis eines Zinssatzes von 3 % und einer Wachstumsrate von 1,5 % sinkt der *Nettotransfer* von *11.900 Euro* für einen Neugeborenen im Jahr 2003 auf eine *Nettobelastung* von *5.100 Euro eines 26-Jährigen*, während ein *65-Jähriger* einen *Nettotransfer*

die Anwendung auf die GKV siehe Fetzer (2006), S. 73-101. Entwickelt wurde die im Englischen als Generational Accounting bezeichnete Methode in Auerbach et al. (1991); (1994).

1723 Generationenbilanzen exklusiv für das Gesundheitswesen wurden erst relativ spät verglichen mit Generationenbilanzen der Staatsfinanzen entwickelt. Im Anhang 13 ist die Generationenbilanz Deutschlands für sämtliche öffentlichen Haushalte im Jahr 2005 abgebildet. Die Steuerzahlungen und Transfers unterscheiden sich über die Kohorten von den Nettobelastungen und –transfers in der isolierten GKV-Generationenbilanz. Im Wesentlichen sind die Differenzen durch die Ausgabenseite bedingt.

über seine restliche Lebensdauer von *34.700 Euro* erhält.[1724] Nettozahler sind nur die 15-35-Jährigen, alle anderen Jahrgänge erhalten Nettotransfers. Junge Kohorten erhalten bei Geburt und in den ersten drei Lebensjahren hohe Leistungen ohne Gegenleistung, die Ausgabenüberschüsse fallen erst in der fernen Zukunft an und werden diskontiert. Nicht gemessen werden die von der jeweiligen Kohorte bisher eingezahlten Beiträge und erhaltenen Leistungen.

Es muss dabei zwischen Männern und Frauen unterschieden werden, die unterschiedliche Erwerbsbiographien und Gesundheitsausgabenverläufe kennzeichnen.[1725] Die Beitragszahlungen von Männern steigen zwischen 15 und 30 Jahren kontinuierlich an und stagnieren dann, während bei Frauen der Verdienst bis 45 ansteigt, jedoch auf ein wesentlich niedrigeres Niveau. Die Ausgaben sind in der fertilen Phase der Frauen zwischen 15 und 45 Jahren höher als bei den Männern, die ab dem 60. Lebensjahr ca. 10 % höhere Ausgaben verursachen.[1726] Im Vergleich zur GRV als Benchmark eines Generationenvertrages mit hohen Beiträgen im mittleren Lebensabschnitt und hohen Ausgaben im Alter ist die GKV speziell für Männer ein Generationenvertrag.

Entscheidend für die *Beständigkeit des Generationenvertrags*, und damit des Umlageverfahrens als Finanzierungsbasis für die GKV, sind die *Kohorten zwischen 20 und 40 Jahren*, die einen *negativen bis leicht positiven Barwert* zwischen Beiträgen und Ausgaben verzeichnen, was einer *minimalen bis negativen Rendite* entspricht.[1727] Je höher die Einnahmen und je gesünder die Kohorten sind, umso attraktiver wird gleichzeitig die *Exit-Option PKV*, die damit die Aufkündigung des Generationenvertrags durch immer mehr Leistungsträger katalysiert. Unterschiedliche Renditen, die bei prognostizierter demographischer Entwicklung stetig schlechter werden, bergen für die Nachhaltigkeit der GKV große Risiken. Schon heute tragen die Erwerbstätigen in der AKV erheblich zur Finanzierung der KVdR-Versicherten bei. Ende 2008 generierte die KVdR Beiträge i. H. v. 34 Mrd. Euro und verursachte Ausgaben von 72,1 Mrd. Euro.[1728]

1724 Vgl. Fetzer (2006), S. 78-79. Die Begründung des Zinssatzes und der Wachstumsrate geschieht in Fetzer (2006), S. 48-51. Basis der Berechnung ist die 10. Koordinierte Bevölkerungsvorausberechnung, Variante 5. Fetzer hat auch Generationenbilanzen für die in Abschnitt 3.2.2.1 vorgestellten Morbiditätstheorien sowie bei unterschiedlichen Annahmen von der Ausgabenwirkung des technischen Fortschritts berechnet, vgl. Fetzer (2006), S. 81-101.

1725 Vgl. Fetzer (2006), S. 74-76.

1726 Die höchsten Zuwachsraten hängen mit der Nähe zum Tod zusammen (Sterbekosten) und dem Phänomen der Multimorbidität, siehe für die Diskussion zwischen Sterbekosten und Kalendereffekt auch Abschnitt 3.2.2.2. Ähnlich auch Neubauer, G. (1997b), S. 142.

1727 Zur Berechnung von Barwerten – im Englischen Net Present Value – siehe ausführlich Brealey und Myers (2000), S. 15-53. Zum Vergleich mit dem häufig angewendeten internen Zinsfuß siehe Brealey und Myers (2000), S. 98-108. Siehe auch kompakt Wöhe (1996), S. 757-764.

1728 Vgl. BMG (2009c). Es ist zu berücksichtigen, dass die KVdR-Versicherten, solange schon immer in der GKV gewesen, in früheren Jahren netto die damals älteren Kohorten subventionierten.

Addiert man die Barwerte aller heute und zukünftig lebenden Generationen und setzt diese ins Verhältnis zum BIP, ergibt sich die sog. *Nachhaltigkeitslücke* oder bei der GKV, die sich nicht verschulden darf, gleichbedeutend die *implizite Verschuldung.*[1729] Die Nachhaltigkeitslücke setzt sich allgemein aus der expliziten und impliziten Verschuldung zusammen und gibt bei heutigen Einnahmen- und Ausgabenbedingungen die Beitragslücke in der GKV an. Im Jahr 2007 betrug die Nachhaltigkeitslücke der GKV 98,7 %.[1730] Rechnet man den ausgabensteigernden MTF mit ein, erhöht sich die Nachhaltigkeitslücke dramatisch.[1731] Je höher die Nachhaltigkeitslücke, umso größer ist die Belastung der zukünftigen Generationen und umso wahrscheinlicher ist eine Auflösung des Generationenvertrages. Die implizite Schuld wird auf künftige Generationen vorgetragen. Die jeweils jüngere Generation kommt für die höheren Kosten der älteren Generation auf.

Eine Möglichkeit, *innerhalb des Umlageverfahrens* die *Generationengerechtigkeit* zu erhöhen, sind nach Alterskohorten differenzierte Beitragssätze.[1732] Es lassen sich auch gezielte Einmalzahlungen für Ältere begründen, die Nutznießer von MTF waren, der von der Erwerbstätigengeneration finanziert wurde.[1733] Der Beitragssatz deckt die Ausgaben der jeweiligen Kohorte entweder voll oder teilweise, je nach gesellschaftlichen Präferenzen. Kapitaldeckung ist dennoch nötig, weil die Beitragssätze im Alter sonst zu hoch wären.

Erschwerend profitieren *Kinderlose* gegenüber Personen mit *Kindern.*[1734,1735] Geht man von *Dynastien*, d. h. Familien über mehrere Generationen, mit gleicher Kinder-

---

1729 Im Unterschied zur expliziten Staatsschuld, welche das Ausmaß vergangener Haushaltsdefizite widerspiegelt, entspricht die implizite Schuld der Summe aller zukünftigen Defizite bzw. Überschüsse. Da in der GKV keine expliziten Schulden bestehen, setzt sich die Nachhaltigkeitslücke nur durch implizite Verschuldung zusammen. Wird in einem zukünftigen Jahr ein Überschuss erzielt, so reduziert dies die implizite Schuld, während ein Defizit diese erhöht. Die implizite Schuld spiegelt damit den Umfang wider, in dem sich zukünftige Defizite und Überschüsse die Waage halten.

1730 Vgl. Moog und Raffelhüschen (2009), S. 20-21. Die Nachhaltigkeitslücke in der GRV betrug im gleichen Jahr 101,1 %, vgl. Moog und Raffelhüschen (2009), S. 18-20. Durch den MTF wird die Lücke in der GKV bald die Lücke in der GRV übersteigen. Felder und Fetzer berechnen eine implizite Verschuldung von 28,4 % für das Basisjahr 2003 mit den Annahmen von Fetzer. Der Wert ist auch deshalb niedriger, weil nur die im Basisjahr lebenden Menschen einbezogen werden und nicht alle zukünftigen Generationen, bei denen erst die Kombination aus Demographie und MTF richtig durchschlägt, vgl. Felder und Fetzer (2007), S. 607-608.

1731 Die Nachhaltigkeitslücke betrug im Jahr 2004 218,2 %, vgl. Hagist et al. (2006), S. 8-9. Fürs gleiche Jahr betrug die Lücke in der GRV 134,4 %, vgl. Hagist et al. (2006), S. 7.

1732 Siehe für das Argument Breyer et al. (2005), S. 535,539-540. Ausführlicher siehe auch Felder und Kifmann (2004). Hier detaillierter behandelt ist die Thematik in Abschnitt 7.3.1.1.

1733 Leistungsreduktion auf Ältere bezogen dürfte nicht vermittelbar sein.

1734 Was Exit-Bestrebungen von der GKV in die PKV bei Alleinstehenden entgegen wirkt.

zahl aus, müssten zwar die später geborenen Familienmitglieder mehr zahlen. Das Geld bleibt jedoch in der Familie, womit eine spezielle Form der intergenerativen Gerechtigkeit im Sinne der Leistungsgerechtigkeit gegeben wäre. Nur dann ist eine bleibende gesellschaftliche Akzeptanz zu erwarten. Der zunehmende Anteil von Personen ohne Kinder bedeutet für Haushalte mit Kindern eine geringere Bindung an die GKV, da die „dynastische Verzinsung" abnimmt.[1736] Kinder sind zwar beitragsfrei mitversichert, erzielen in der intergenerativen Betrachtung künftig wie ihre Eltern keine oder nur geringe Renditen. Gerade bei generationenübergreifenden Institutionen wie der Rentenversicherung und der Krankenversicherung ist das Vertrauen, selbst oder jemandes Nachkommen einmal adäquate Leistungen zu erhalten, die conditio sine qua non von Nachhaltigkeit.

Analog führt der zu erwartende *ausgabensteigerende MTF* zu einer Gefährdung der *Generationengerechtigkeit.*[1737] Im Umlageverfahren wirken MTF oder Leistungsausweitungen wie Einführungsgewinne der jeweils alten Generation.[1738] Produktinnovationen dominieren Prozessinnovationen und verteuern die Beiträge aller Versicherten. *Erwerbstätige werden absolut stärker belastet als Rentner*. Der Nettobeitrag und damit die Rendite aus dem Umlageverfahren sinken weiter.

Die *PKV* basiert hingegen auf dem *Kapitaldeckungsverfahren*, in dem jeder für sich wie bei einer privaten Altersfürsorge einzahlt. Im Unterschied zu einer Lebensversicherung oder der Riester-Rente wird die Prämienzahlung im Alter fortgesetzt, jedoch ab 60 Jahren ohne Sparanteil.[1739] Der Sparanteil ist als *persönliches Eigentum* des Versicherten weniger anfällig für Staatseingriffe. Eine Abhängigkeit von der Demographie besteht aufgrund des separaten Aufbaus und der individuellen Zuordnung einnahmen-

---

1735 Ausführlich zur den demographischen Effekt verstärkenden Konzentration von Kinderlosigkeit siehe Pimpertz (2001), S. 175-176,224-225. Im Kontext Rentenversicherung wird eine Korrektur der Rente um die Erziehungsleistung von Kindern seit längerem diskutiert. Das Konzept der Kinderrente wird beschrieben in Sinn und Werding (2000). Nicht unwidersprochen scheint die Einführung einer Kinderrente die Generationengerechtigkeit effizient zu verbessern, vgl. für die Diskussion ausführlicher Voigtländer (2005). Siehe auch konzise Zimmermann, A. (2007), S. 64-66.

1736 In Deutschland werden pro Frau zwischen 1,3 und 1,4 Kinder geboren, im Jahr 2008 1,38, vgl. StBA (2010a). Wenn man davon ausgeht, dass Akademiker weniger Kinder haben und viele Personen keine versus wenn Kinder, dann mehrere, ist heute bereits ein großer Personenanteil ohne Kinder, insb. Akademiker.

1737 Vgl. Pimpertz (2001), S. 199-201.

1738 Wäre die demographische Entwicklung weniger dramatisch, würden die jeweils jüngeren Kohorten durch MTF und eine bessere Lebenserwartung mutmaßlich profitieren, vgl. für die Einschätzung auch Walendzik (2009), S. 7.

1739 In der Untersuchung wird der Begriff Kapitaldeckungsverfahren verwendet. Siehe für den eigentlich korrekten Begriff Anwartschaftsdeckungsverfahren und die Unterschiede Abschnitt 6.2.2.

seitig nicht.[1740] Auch haben Einkommensänderungen im Lebenszyklus für die Beurteilung der intergenerativen Gerechtigkeit keinen Einfluss.

Das persönliche Vorsorgesparen zur Ausgabenglättung im Alter führt zu intergenerativer Gerechtigkeit. Innerhalb einer Kohorte gibt es größere Unterschiede als bei einer privaten kapitalgedeckten Altersvorsorge, da Gesündere mehr eingezahlt haben als sie an Leistungen empfangen. Da Gesündere länger leben, gleicht sich dies tendenziell aus. Höhere Ausgaben durch Produktinnovationen werden entsprechend der mittleren Restlebenserwartung des Individuums diesem fair zugeordnet.[1741] Die ganze Kohorte empfängt so viele Leistungen wie sie selbst finanziert hat, *Generationengerechtigkeit* ist in der *PKV* gegeben unabhängig von weiteren Bedingungen.

Die *Generationengerechtigkeit* wird im Falle der *GKV* besonders durch die demographische Entwicklung *weiter abnehmen*. Strategien zur Dämpfung des Ausgabenwachstums, das durch den MTF zusätzlich angetrieben wird, setzen idealtypisch auf Angebotssteuerung. Die PKV ist bei Fokus auf die Generationengerechtigkeit der GKV überlegen. Wie die Nachhaltigkeit der GKV basierend auf dem Umlageverfahren einzuschätzen ist, wird im nächsten Abschnitt behandelt. Parallel wird die Zukunftsfestigkeit der PKV und immer auch des dualen Systems als Ganzes betrachtet.

6.2 Nachhaltigkeit im dualen Krankenversicherungssystem

Übertragen auf die *Krankenversicherung* ist Nachhaltigkeit die *Sicherstellung der langfristigen Finanzierbarkeit.*[1742] Ein von Menschen geschaffenes Sozialsystem ist anders als ein ökologisches System auf die Unterstützung der Gesellschaft angewiesen, da es Ausstiegsmöglichkeiten gibt. Nachhaltigkeit ist auf zwei Ebenen zu untersuchen. *Erstens* auf der *Teilsystemebene* jeweils für einen Versicherungstyp. Ist ein Subsystem nicht nachhaltig, kann auch das duale System heutiger Prägung nicht nachhaltig sein. Diese Perspektive entspricht der Untersuchung Nachhaltigkeit im System und generiert für eine Optimierung des Krankenversicherungssystems Verbesserungsansätze.

Die Überschrift lautet Nachhaltigkeit *im dualen System* und betont damit die Systembetrachtung. Die zweite Betrachtungsebene ist folglich die Nachhaltigkeit des *dualen Systems an sich*. Ist ein Versicherungstyp langfristig attraktiver als der andere, dann kann bei Möglichkeit des Systemwechsels die geringere Nachhaltigkeit eines Subsys-

1740 Vgl. ausführlich Pimpertz (2001), S. 218-220.

1741 Kommt es in der Zukunft zu einer, bezogen auf die Ausgabenentwicklung, Dominanz von kostensparenden Prozessinnovationen, entsteht gegenüber der GKV ein Nachteil, vgl. Pimpertz (2001), S. 194-199.

1742 Vgl. für die Herkunft des Begriffs Abschnitt 3.2.

tems durch geeignete Zuwanderung aus dem anderen verringert werden. Umgekehrt kann die Abwanderung ein für sich kaum zukunftsfestes System weiter destabilisieren. Eine Person ist entweder in der GKV oder in der PKV krankenvollversichert. Nettovorteile des dualen Systems für beide Versicherungstypen sind im Finanzierungsmarkt daher nicht möglich.

Entgegengesetzt ist auf der *Leistungsseite* eine Erhöhung der Nachhaltigkeit durch Existenz eines dualen Systems denkbar, indem z. B. der Systemwettbewerb allokative Lösungen generiert, die zu einer höheren Effizienz in beiden Teilsystemen führen. Im Abschnitt 5.2 und Abschnitt 5.3 wurde jedoch konstatiert, dass der Systemwettbewerb wegen ineffizienten Externalitäten dysfunktional ist. Der *Systemwettbewerb verringert* auf der Leistungsseite die *Nachhaltigkeit des dualen Systems*. Die Aussage gilt für das System an sich, positive externe Effekte eines Typs könnten die Nachhaltigkeit des zweiten Typs erhöhen. Mehrumsätze in der PKV als Folge externer Effekte im Vertrags- und Leistungsmarkt führen z. B. für sich genommen zu einem Mittelzufluss bei der GKV, insgesamt jedoch werden durch die Existenz der PKV der GKV Mittel entzogen.[1743] Die *Nachteile der externen Effekte* auf der *Leistungsseite*, die immer auch ausgabenwirksam werden, *überwiegen* nach Ansicht des Autors auch bei *isolierter Betrachtung* der *einzelnen Versichertentypen* die Vorteile.

Aus den vorgestellten Zusammenhängen zwischen Einzel- und Gesamtbetrachtung und der differierenden Wichtigkeit intergenerativer Gerechtigkeit auf die Teilsysteme ergibt sich der *Aufbau des Abschnitts*. Nach einer Wiederaufnahme der Gedankenfigur der sich öffnenden Schere unter der Überschrift gesundheitsökonomisches Fundamentalproblem werden die beiden idealtypischen Finanzierungsverfahren beschrieben und auf ihre Vorteilhaftigkeit untersucht. Im Anschluss wird die Entwicklung der Ausgaben für beide Teilsysteme von 1995 bis 2008 dargestellt. Auf Basis der jüngeren Vergangenheit können schließlich Abschätzungen der zukünftigen Entwicklung leichter getroffen werden.

Den Prognosen liegen *Annahmen* zugrunde, die dargestellt am Beispiel der GKV die Beitragssatzentwicklung stark beeinflussen. GKV und PKV haben *idealtypisch* unterschiedliche Ansätze zur Ausgabensteuerung, die zu variierenden *Handlungsparametern* und *systemkonformen Anpassungen* in den Subsystemen führen. Angesichts eines wachsenden Kostendrucks kann von einem verstärkten Einsatz aller dem jeweiligen Versicherungstyp zur Verfügung stehenden Dämpfungsinstrumente ausgegangen werden. Die Nachhaltigkeit samt den Reaktionen eines Versicherungstyps beeinflusst immer auch die Zukunftsfähigkeit des zweiten Typs und des dualen Systems insgesamt.

Neben der Ausgabendämpfung darf eine Weiterentwicklung der Diagnose- und Therapieverfahren via MTF nicht außer Acht gelassen werden. *Höhere Ausgaben* beruhen zum großen Teil auf einen *Gegenwert*. Ob dies besserer Service im Krankenhaus ist oder die schnellere Partizipation am MTF ist, viele Menschen zahlen in der PKV und

1743 Vgl. Abschnitt 6.1.2.1.3.

durch Kostenerstattung oder Zusatzversicherungen auch in der GKV präferenzgerecht freiwillig einen höheren Preis.

6.2.1 Das gesundheitsökonomische Fundamentalproblem als Ausgangspunkt

Im Abschnitt 3.2.1 wurde das gesundheitsökonomische Fundamentalproblem eingeführt: Die Gesundheitsausgaben wachsen schneller als die Wirtschaftsleistung der Volkswirtschaft. Die *Gesundheitsquote* als Quotient von Gesundheitsausgaben zum BIP *nimmt zu*. Es wurde ferner konstatiert, dass angesichts der angeführten Einkommens- und Preiselastizitäten *Gesundheitsleistungen als normale Güter* einzuordnen sind, mit der Qualifikation der im OECD-Vergleich generell zunehmenden Gesundheitsquote.[1744] Demnach sind Gesundheitsleistungen wiederum Luxusgüter.

Da der Anteil der GKV-Ausgaben am BIP über den gleichen Zeitraum konstant war, ist die Regulierung der Krankenversicherung zur Klärung der Frage nach der Einkommenselastizität wichtig.[1745] Es ist *denkbar*, dass die *Gesundheitsquote* bei gegebenen gesellschaftlichen Präferenzen *zu niedrig* ist, womit das Fundamentalproblem an Bedeutung verlöre. Man sollte trotz der ermittelten Elastizitäten daher *nicht sofort von einem Problem sprechen*, sondern von *potenziell problemadäquat*.[1746] Problematisch ist bei der Bestimmung der optimalen Gesundheitsquote, dass die Nachfrage nach Gesundheit abgeleitet ist. Individuelle Präferenzen werden in der GKV bei großenteils identischem Leistungsumfang[1747] der Krankenkassen kaum berücksichtigt, in der PKV stärker durch die größere Tarifvielfalt verbunden mit unterschiedlichen Leistungspaketen und umfangreichen Selbstbeteiligungsformen. Dementsprechend dürften die Einkommens- und Preiselastizitäten mit dem Krankenversicherungstyp variieren.[1748] Genau dies haben *Kopetsch und Rauscher* untersucht, die zu einer Einkommenselastizität

1744 Vgl. Abschnitt 3.2.4.1.

1745 Siehe für die Relation GKV-Ausgaben zu BIP Abschnitt 3.2.4.2.

1746 Vgl. Deppe, H.-Ulrich (2007), S. 93-100. Ähnlich auch Kühn (2001), S. 19-23. Siehe auch den Exkurs nach Abschnitt 7.4 zur Gesundheitswirtschaft.

1747 Paquet spricht in diesem Zusammenhang von der GKV als homogenen Produkt, vgl. Paquet (1992), S. 38.

1748 Zweifel sieht die marginale Zahlungsbereitschaft der Bürger beschränkt. Im Rahmen von Discrete Choice Experimenten (DCE's) versucht er die tatsächliche Zahlungsbereitschaft zu ermitteln, vgl. Zweifel (2006), S. 19-22. Mit diesem Ansatz lässt sich auch zwischen GKV- und PKV-Versicherten unterscheiden, was für die Trennung von Einkommenseffekt und Präferenzen wichtig ist. Der Wert der freien Arztwahl via DCE's wird in Abschnitt 7.3.2.1.2 dargestellt.

von Gesundheitsleistungen für Privatversicherte und bei Leistungen außerhalb des Leistungskatalogs der GKV von größer als 1 kommen.[1749]

Erhöht sich der ausgabenwirksame Bedarf an Gesundheitsleistungen überproportional zum BIP, dann steigt die Gesundheitsquote an. Sind Gesundheitsleistungen normale Güter, wäre von einem Überkonsum von Leistungen auszugehen. Entscheidend ist die Beurteilung, wie viel des BIP präferenzengerecht in Gesundheitsleistungen gehen sollte und wie viel in andere Verwendungen. Wären alle Güter inklusive Gesundheitsleistungen perfekt handelbar in einem vollkommenen Markt, ergäbe sich eine optimale Aufteilung nach dem ersten Hauptsatz der Wohlfahrtsökonomie automatisch aus den Einzelentscheidungen der Individuen.

Eine *Möglichkeit* unabhängig von der konkreten Ausgestaltung des Krankenversicherungssystems die *optimale Gesundheitsquote zu bestimmen* schlagen Studien ein, die den *Wert des statistischen Lebens* messen. Die Überlegung basiert auf der Annahme, dass der Grenznutzen höherer Gesundheit, und damit Gesundheitsleistungen, den Grenznutzen von Nicht-Gesundheitsleistungen übersteigt. Den Wert höherer Gesundheit bzw. des statistischen Lebens kann man u.a. aus dem unterschiedlichen Risiko verschiedener Berufe oder aus Marktpreisen für lebensschützende Güter wie Sicherheitsgurte ermitteln.[1750] Für die USA, die bekanntlich mit Abstand die höchste Gesundheitsquote haben, wurde von *Hall und Jones* nach dieser Methodik eine optimale Gesundheitsquote zwischen 27 und 34 % ermittelt.[1751]

Für Deutschland bedeutet das, dass eine Gesundheitsquote von 10,5 % mutmaßlich zu niedrig liegt und damit nicht präferenzengerecht ist.[1752] Die *Demographie bedingt* eine *Zunahme der Gesundheitsquote* alleine wegen des *erhöhten Bedarfs* der mittelfristig rapide *anwachsenden Zahl alter Menschen.* In Kombination mit dem *MTF* steigt der Bedarf bei Aufnahme in den Leistungskatalog zusätzlich an. Während die demographische Entwicklung auf Jahrzehnte determiniert ist, lässt sich der *MTF respektive Leistungskatalog beeinflussen.* Maßnahmen zur *Ausgabendämpfung* werden für die *Nachhaltigkeit eines Krankenversicherungssystems*, trotz zu vermutender derzeitig zu geringer Gesundheitsquote, wegen des zunehmenden Bedarfs *nötig* sein.[1753] *MTF* ist

---

1749 Vgl. Kopetsch und Rauscher (2003), S. 18-19. Dies gilt für untere und mittlere Einkommensschichten. Damit wird Neubauer und Moos bestätigt: Gesundheitsleistungen dürften ohne Zweifel zu den Gütern zählen, die bei einem Einkommenswachstum überproportional viel von dem zusätzlichen Einkommen auf sich ziehen", vgl. Neubauer, G. und Moos (1997), S. 197.

1750 Vgl. Felder (2006), S. 54-60.

1751 Für die Werte und neben der Empirie eine ausführliche theoretische Analyse, vgl. Hall und Jones (2007). Im Unterschied zu anderen Gütern nimmt der Grenznutzen einer Einheit Gesundheitsleistungen nicht ab, sonder zu. Eine Lebensverlängerung, oder Gesundheitsverbesserung, erlaubt den Konsum weiterer Güter in dieser Zeit.

1752 Vgl. BMG (2010f).

1753 Für einnahmen- und ausgabenseitige Bestimmungsfaktoren der aufgehenden Schere siehe Abbildung 4.

grundsätzlich *wünschenswert* als Erweiterung der Heilungschancen, *Verschwendung von Geldern durch Ineffizienzen* jedoch *nicht*. Ineffizienzen wurden in Kapitel 5 ausführlich diskutiert und eröffnen *Potenzial für Ausgabensenkungen*. Auch Moral Hazard und Angebotsinduktion sind einzudämmen, da für das Versichertenkollektiv nachteilig.

Die *Einnahmenseite* kann durch die *Krankenversicherungen* hingegen *nicht gesteuert* werden.[1754] *Demographie* wirkt auf das *Wirtschaftswachstum* und direkt auf die Einnahmen der GKV, während die PKV nur indirekt über das Verhältnis Prämienhöhe zu Einkommen betroffen ist. Indirekt beeinflusst das Wirtschaftswachstum und damit Einkommenswachstum die PKV durch die Anzahl der Personen oberhalb der *VPG*. Der *Gesetzesgeber* hat auf die *GKV* einen *hohen Einfluss*, da er neben der VPG die Steuern die in die GKV fließen, den einheitlichen Beitragssatz, den Leistungskatalog en gros, den Zuschuss bei ALG2-Empfängern, die Frauenerwerbsquote usw. festlegt oder wesentlich beeinflusst.

6.2.2 Finanzierungsverfahren im Überblick[1755]

Sowohl die GKV als auch die PKV bieten Leistungen zur Absicherung des „Altersrisikos". Altersrisiko bezeichnet hier das Risiko, lange zu leben und finanziell nicht ausreichend vorgesorgt zu haben. Grundsätzlich gibt es drei Finanzierungsverfahren, das Altersrisiko zu beherrschen. In zwei Verfahren, Anwartschaftsdeckungs- und Kapitaldeckungsverfahren, werden in der Gegenwart Finanzmittel angespart und in der Zukunft ausbezahlt. Demgegenüber wird im Umlageverfahren kein Deckungskapital aufgebaut und die ältere Generation von der jüngeren Generation alimentiert.

Beim *Anwartschaftsdeckungsverfahren* wird von jedem Jahrgang für sich ein Deckungskapital aufgebaut, das unter Berücksichtigung von Sterbewahrscheinlichkeiten und Zinssatz so berechnet wird, dass der Kapitalstock ausreicht, um künftige definierte Auszahlungen gewährleisten zu können. Lebt ein Mensch länger als der Durchschnitt, ist der Barwert als Summe aus den eingezahlten Beiträgen und Auszahlungen größer als bei einer Person, die früher verstirbt. Entspricht die Lebensdauer der bei der Beitragskalkulation angesetzten Lebensdauer, dann ist der Barwert der Auszahlungen mit dem Barwert der Einzahlungen identisch, dem strengen Äquivalenzprinzip wird entsprochen. Der Beitragszahler erwirbt durch die Bildung des individuellen Kapitalstocks Privateigentum an seiner Rente. Das Altersrisiko ist in beiden Fällen gleich null, da unabhängig von der Lebensdauer eine zugesagte Rente gezahlt wird.[1756] Die-

---

1754 Siehe für den Absatz ausführlich Abschnitt 3.2.4.2.

1755 Grundlegend zu Finanzierungsverfahren siehe Schulenburg (2005), S. 373-375.

1756 Vor Einführung des Umlageverfahrens in der GRV galt das Anwartschaftsdeckungsverfahren, vgl. Döring et al. (2009), S. 17. Die beiden Weltkriege und die Hyperinflation führten zu einer Vernichtung des Deckungskapitals, was für die alte Generation keine Absicherung bedeutet

ses Verfahren wendet die PKV oder Lebensversicherungen an. Die substitutive PKV ist verpflichtet, bei den Prämien einen Rentenanteil einzukalkulieren, will sie Angestellten einen Arbeitgeberzuschuss ermöglichen.[1757]

Im Unterschied zum Anwartschaftsdeckungsverfahren wird beim *Kapitaldeckungsverfahren* ein Erstrentnerjahrgang mit Deckungskapital ausgestattet, so bemessen dass die derzeitigen und zukünftigen Altersrenten in gewünschter Höhe abgedeckt werden können. Die Mittel werden in einer Umlage von allen Beitragszahlern finanziert. Dadurch dass nur Kapital für Rentnerjahrgänge aufgebaut wird und nicht für die jüngeren Kohorten, ist der Kapitalstock geringer als im Anwartschaftsdeckungsverfahren.[1758] Da in der Öffentlichkeit der Begriff Kapitaldeckungsverfahren für die Finanzierung der PKV omnipräsent ist, wird in der Folge wissentlich des Unterschieds Kapitaldeckung gebraucht.[1759]

Beim *Umlageverfahren* gibt es kein Deckungskapital. Mit den laufenden Beiträgen werden die Ausgaben finanziert. Basis dafür ist, dass der Generationenvertrag von den nachkommenden Generationen erfüllt wird. Der Begriff Vertrag ist insofern unpräzise, weil die Folgegenerationen zum Teil noch nicht geboren sind und im Beispiel duales System auch nicht in die Solidargemeinschaft GKV gezwungen werden können. Da sich ca. 75 % der Bevölkerung pflichtversichern müssen, ist der Generationenvertrag durch gesetzliche Vorgaben zunächst geschützt.[1760] Eigentum an definierten zukünftigen Zahlungen wird nicht erworben, sondern nur ein in der Höhe unbestimmter Anspruch auf eine Rente oder in der GKV Deckung seiner Krankheitskosten.[1761] Das Umlageverfahren ist insofern das Gegenteil vom Anwartschaftsdeckungsverfahren.

Betrachtet man die drei Verfahren im Hinblick auf ihre *Rendite*, verstanden als Barwert der individuellen *Überschüsse der Auszahlungsströme gegenüber den Beitragsströmen*, dann ist das Verfahren mit dem *höchsten Barwert* optimal. Die Generationenbilanzen weisen für jede Kohorte einen Barwert aus. Denkbar ist auch eine Kom-

---

hätte. Darum wurde das Umlageverfahren mit der Rentenreform 1957 eingeführt, nicht zuletzt aus politischen Erwägungen im Vorfeld der Bundestagswahl 1957. Für eine journalistische, prägnante Aufbereitung dieser Zeit siehe Sauga (2009), S. 98-105. Die Vollrente betrug in der Anfangsphase 70 % des letzten Bruttolohns.

1757 Siehe für den Zwang zur Bildung von Alterungsrückstellungen auch § 12 Abs. 1 Nr. 2 VAG i. V. m. § 16 KalV. Damit verknüpft ist § 257 Abs. 2a SGBV. Vgl. auch Abschnitt 4.2.3.

1758 Die gesetzliche Unfallversicherung funktioniert nach dem Kapitaldeckungsverfahren. Treten Versicherungsfälle ein, wird das vorher über Beiträge eingesammelte Geld der Mitgliedsunternehmen je nach Bedarf für die Versicherungsfälle bereit gestellt.

1759 Auch in ökonomischen Lehrbüchern wird der Begriff Kapitaldeckung für die Finanzierung der GKV verwendet, vgl. Breyer und Buchholz (2009), S. 118-121. Siehe auch für die PKV Breyer et al. (2005), S. 535-538.

1760 Die (quantitative) Abgrenzung der Versichertenkreise erfolgt in Abschnitt 5.1.1.1.

1761 In der GRV spricht man von Teilhabeäquivalenz, weil ein Individuum mit doppelt so hoher Einzahlung als der Durchschnitt doppelt so hohe Renten erhält, vgl. Schulenburg (2005), S. 375.

bination von Finanzierungsverfahren, die zusammen superior gegenüber einer reinen Ausprägung der drei Verfahren sind.

6.2.2.1 Einnahmenstruktur und Umlageverfahren in der GKV

Die Einnahmen der GKV setzten sich im ersten Jahr des Gesundheitsfonds aus Beiträgen, Beitragseinnahmen vor dem 01.01.2009, sonstigen Einnahmen und dem Bundeszuschuss zusammen.[1762,1763] Die einzelnen Komponenten sind in Abbildung 19 dargestellt.

Abbildung 19: Komponenten der GKV- Einnahmen 2009

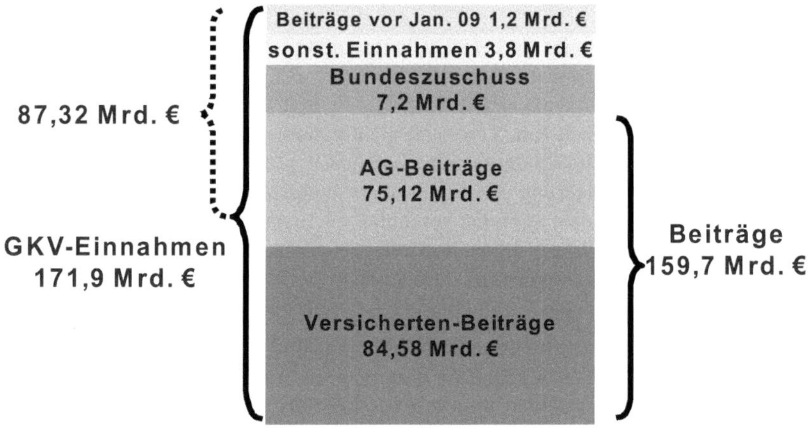

Quelle: Eigene Darstellung. Die Zahlen stammen aus BMG (2010d), S. 6.

Die Summe von 159,7 Mrd. Euro teilt sich auf Arbeitgeber und Versicherten auf und ist, bis auf die 0,9 Prozentpunkte Zusatzbeitrag für Versicherte, paritätisch. 159,7 Mrd. Euro bei einem aufs Jahr bezogenen Beitragssatz von 15,2% ergeben Arbeitgeberbeiträge i. H. v. 75,12 Mrd. Euro, für die Versicherten folglich 84,58 Mrd. Euro.[1764,1765] Die Einnahmen reichten im Jahr 2009 für die Finanzierung des ge-

---

1762 Die sog. sonstigen Einnahmen der GKV umfassen an großen Positionen Vermögenserträge, Erstattungen nach dem KVLG und KVLG 1989 sowie Ersatzansprüche gegen Dritte.

1763 Für die Finanzströme im Überblick nach dem GKV-WSG siehe Abbildung 10.

1764 15,2 % ergeben sich analog zu den 7,15 % durch die ab 01.07.2009 abgesenkten Beitragssätze i. H. v. insgesamt 0,6%. 84,58 Mrd. Euro +75,12 Mrd. Euro = 159,7 Mrd. Euro, was 15,2 „Einheiten" entspricht. 7,15 Einheiten entsprechen daher 75,12 Mrd. Euro und 8,05 Einheiten 84,58 Mrd. Euro.

1765 72,35 Mrd. Euro entsprechen bei einem Beitragssatz von 7,15 % einer „Grundlohnsumme der Arbeitgeber" von 1011,8 Mrd. Euro.

setzlichen Leistungskatalogs aus.[1766] Tatsächlich ist die Aufteilung AG-Beiträge zu Versicherten-Beiträge nur grob gültig. Die Versicherten zahlen weniger Beiträge selbst, da z. B. Arbeitsagenturen und Sozialämter für ALG1-, ALG2- und Sozialhilfeempfänger die Beiträge übernehmen.[1767]

Zweck der differenzierten Darstellung der Einnahmen ist die Wirkung auf die Rendite des Umlageverfahrens. Würden alle Einnahmen durch Beiträge von den Versicherten gezahlt, ergäbe sich die Rendite als die Verzinsung, die den Barwert in den Endwert, jeweils als Differenz aus Beiträgen minus empfangene Gesundheitsleistungen, überführt. Inwiefern Arbeitgeberbeiträge von den Versicherten getragen werden, ist strittig.[1768] Eindeutig mindern aber Bundeszuschüsse und sonstige Einnahmen die Beiträge der Versicherten, was *eine höhere Rendite aus dem Umlageverfahren* impliziert, wobei immer die Veränderungsrate wichtig ist. Die mindestens 10 Mrd. Euro Zuschüsse für sozial Schwache sind zwar eine Entlastung der Beitragszahler, sozial Schwache stellen in Summe aber wegen höherer Ausgaben eine Belastung dar.[1769] Wächst die Nettobelastung, sinkt die Rendite.

Das Umlageverfahren wird häufig anhand von sog. *Overlapping Generations Modellen* erklärt.[1770] Die Lebenszeit einer jeden Generation teilt sich auf in Erwerbsleben und Ruhestand. Die von der Erwerbstätigengeneration erbrachten Beiträge finanzieren im Beispiel der GRV die Renten der älteren Generation. Die *Rendite* ergibt sich in der *GRV* als Summe der Wachstumsrate der Einkommen pro Kopf plus der Wachstumsrate der Bevölkerung.[1771] Der Kapitalmarktzins hat keine Auswirkungen, da kein Kapitalstock aufgebaut wird. Somit hat die derzeitige Finanzkrise keine direkten Auswirkungen auf die Rendite, indirekt werden durch die zeitlich versetzte Wirtschaftskrise die beitragspflichtigen Einkommen weniger stark wachsen oder gar sinken.[1772]

In der *GKV* ist die Situation durch die Gleichzeitigkeit von Beitragszahlung und die Inanspruchnahme von Gesundheitsleistungen diffiziler. Erschwerend kommt hinzu,

---

1766 Die Kassen erwirtschafteten sogar einen Überschuss i. H. v. 1,1 Mrd. Euro. Der Fonds selbst wies konjunkturbedingt ein Defizit von 2,5 Mrd. Euro aus, vgl. BMG (2010d), S. 6.

1767 Vgl. Abschnitt 6.1.2.2.1. Betriebsrenten bspw., die beitragsrelevant sind, erhöhen die Versicherten-Beiträge, da sie alleine vom Rentner getragen werden.

1768 Siehe für die Diskussion der Traglast von Sozialversicherungsbeiträgen Abschnitt 6.2.5.1.2.

1769 Vgl. Abschnitt 3.2.4.2 und Abschnitt 6.1.2.1.1.

1770 Vgl. kompakt Breyer und Buchholz (2009), S. 121-124.

1771 Nach Eekhoff et al. kann nicht von einer Rendite gesprochen werden, weil steigende Beiträge durch das Wachstum der Lohnsumme nur Einführungsgewinne in Form von teureren und / oder erweiterten Versicherungsleistungen sind, die alleine der jetzt alten Generation zugutekommen, vgl. Eekhoff et al. (2008), S. 170.

1772 Im Jahr 2009 sind zum ersten Mal in der Geschichte der Bundesrepublik die Bruttolöhne nominal gesunken, so dass die BBG und VPG im Jahr 2011 gesenkt werden. Allein die Kürzung der BBG bedeutet einen Einnahmenrückgang von 200 Mio. Euro jeweils durch Entlastung der Arbeitgeber und Arbeitnehmer, vgl. Thelen (2010a).

dass die Ausgaben keine gut prognostizierbare, überschaubare Größe sind, sondern maßgeblich durch die Dynamik zwischen MTF und demographischer Entwicklung bestimmt werden. Die Einnahmen lassen sich hingegen einigermaßen gut analog zur GRV vorhersagen.[1773] Für die Rendite gilt grob, bei unverändertem Leistungskatalog und konstanter Kinderzahl, die Summe aus dem Wachstum der beitragspflichtigen Einnahmen der GKV plus dem Wachstum der Anzahl der Beitragszahler.

6.2.2.2 Prämienberechnung und Kapitaldeckungsverfahren in der PKV

In der deutschen PKV setzen sich die Prämien aus zwei Bestandteilen zusammen. Die Prämien müssen einmal nach dem *Risikoäquivalenzprinzip* das *kurzfristige Krankheitsrisiko* und *die mittel- bis langfristige Verschlechterung der Morbidität* abdecken sowie zugleich die Bildung von *Alterungsrückstellungen* ermöglichen.[1774] Die Alterungsrückstellungen sollen gewährleisten, dass die Beiträge unter Annahme der Gültigkeit der aktuellen rechnerischen Sterbe- und Stornotafel, des Fortbestands der aktuellen Inanspruchnahme von Gesundheitsleistungen (kein MTF) und eines konstanten Preisniveaus über die gesamte Vertragslaufzeit konstant bleiben. Die Prämien bestehen aus folgenden Komponenten:[1775]

- Rechnungszins (nach § 4 KalV höchstens 3,5 %),
- Stornowahrscheinlichkeiten,[1776]
- Sterbewahrscheinlichkeiten,
- Kopfschäden,
- Sicherheitszuschlag (nach § 7 KalV höchstens 5 %),
- Übertrittswahrscheinlichkeiten nach § 13a KalV (Übertragungswert) und
- sonstige Zuschläge (§ 8 Abs. 1 KalV).[1777]

1773 Für die enorme Schwankungsbreite der Beitragssatzprognosen in der GKV siehe Abschnitt 6.2.4.1.

1774 § 12 Abs. 1 Nr. 1 und 2 VAG. Die Analyse fokussiert auf die Krankheitsvollversicherung.

1775 § 2 Abs. 1 und 2 KalV. Ausführlich zu den einzelnen Komponenten siehe Terhorst (2000), S. 57-78.

1776 Storno- und Sterbewahrscheinlichkeiten sind in der Ausscheideordnung verzeichnet.

1777 Darin enthalten sind Abschlusskosten, Verwaltungskosten, Schadenregulierungskosten, der Zuschlag für eine erfolgsunabhängige Beitragsrückerstattung, Zuschläge für Basis- und Standardtarif.

Hinzu kommt bei substitutiver Krankheitsvollversicherung der 10 % -Zuschlag zur Dämpfung der Prämienanpassungen für Ältere.[1778]

Jeder Versicherte zahlt eine risikoäquivalente Prämie, die in jungen Jahren höher ist als das individuelle Risiko.[1779] Mit diesem Mehrbetrag werden Alterungsrückstellungen gebildet, die als Fremdkapital auf der Passivseite der Bilanz verbucht sind. Auf diese Weise glättet man die Prämienentwicklung über den Lebenszyklus.[1780] Der Versicherte erwirbt in jüngeren Jahren quasi ein Recht darauf, dass sein Beitrag im Grundsatz über die gesamte Vertragslaufzeit unverändert bleibt.

Basis des Kapitaldeckungsverfahrens zur Bildung der Alterungsrückstellungen ist ein durch private Beiträge aufgebauter individueller Kapitalstock, der im Jahr 2009 124 Mrd. Euro betrug.[1781] Auf jeden der 8,6 Mio. privat Vollversicherten kommen im Mittel damit 14.419 Euro. Ab einer bestimmten Periode respektive bestimmten Alter kommt es zu Auszahlungen. Im Alter wird der Kapitalstock in der PKV nicht auf einmal, sondern nach und nach aufgelöst, die Summe der Rentenzahlungen entspricht dem angesammelten Kapital, jeweils abdiskontiert auf die Gegenwart. Gegenüber dem Umlageverfahren wird kein intergenerativer, sondern ein individuell intertemporaler Ausgleich durchgeführt.

Die eingesammelten Überschüsse werden am Kapitalmarkt nach restriktiven Vorgaben[1782] angelegt und sollen mindestens eine Verzinsung von 3,5 % (Rechnungszins) abwerfen.[1783] Im Krisenjahr 2008 betrug der Nettozins als Verhältnis des Kapitalanlageergebnisses zum Kapitalanlagebestand mit 3,56 % den niedrigsten Wert seit 1998.[1784] Die geometrische *durchschnittliche Rendite* auf den Kapitalstock von 1998

1778 12 Abs. 4a VAG. Im Einführungsjahr 2001 galt der volle 10 %-Zuschlag von Anfang an, Altverträge wurden jährlich in 2 %-Schritten bis 2005 verteuert.

1779 Für die fast 50 % Beamten wird nur in Höhe des PKV-Anteils, also nicht bei der Beihilfe, ein Kapitalstock aufgebaut. Angesichts der quantitativ hohen Bedeutung der Beamten ist dies ein Bruch mit der generell postulierten durchgehenden Kapitaldeckung in der PKV, vgl. für das Argument Nopper (2006a), S. 4.

1780 Die Auf- und Entsparphase ist beschrieben in Bürger (2005), S. 34-36.

1781 Vgl. PKV-Verband (2010b).

1782 §§ 54 - 54d VAG.

1783 § 4 KalV. Von 2007 auf 2008 ist der Kapitalstock um 9,1 Mrd. Euro angewachsen, was höher ist als die Differenz aus Beitragseinnahmen und Versicherungsleistungen. Hinzu kommen im Wesentlichen die Kapitalerträge aus dem Kapitalstock, die in Höhe des Rechnungszinses den Alterungsrückstellungen zugeführt werden, Ausschüttungen aus den Rückstellungen für Beitragsrückerstattung und der gesetzliche 10 %-Zuschlag, vgl. PKV-Verband (2009f), S. 47,66. Dort findet sich ferner ein Überblick über die Aufteilung der Kapitalanlagen im Jahr 2008.

1784 Vgl. PKV-Verband (2009f), S. 100-101. Ein Grund der Erwirtschaftung des Rechnungszinses sind die restriktiven Anlagevorschriften, vgl. Gaßner (2009), S. 231. Die Aktienquote lag im Jahr 2007 so nur bei 20 %, vgl. Döring et al. (2009), S. 21. Fürsprecher des Umlageverfahrens weisen oft auf die Kapitalmarktanfälligkeit der PKV hin, vergessen aber den Nexus aus Fibis 2008 entsprach damit *5,6 %.*[1785] Ein Nachteil des Kapitaldeckungsverfahrens ist die volatile Rendite wegen des Kapitalmarktrisikos.

Die Überschüsse, entstehend durch einen *Überzins* als Differenz zwischen der tatsächlichen Rendite und dem Rechnungszins, dienen zu *90 %* der *Beitragsermäßigung* im *Alter* via Zuführung zu den Alterungsrückstellungen für zukünftige Beitragsermäßigungen aller Versicherten. Die Rückstellungszuführung wird für erfolgsunabhängige Beitragsrückerstattungen direkt an ältere Versicherte ab 65 Jahre ausgeschüttet.[1786] Im Jahr 2007 betrug der Überzins 1,25 % (4,75 % - 3,5 %), im Jahr 2008 nur 0,06 Prozent, womit die *Prämiensteigerungen im Alter* stark mit dem Erfolg am Kapitalmarkt der eigenen Versicherung zusammenhängen. Als weitere *Dämpfung von Prämienanstiegen älterer Versicherter* dient der gesetzliche 10 %-Zuschlag auf die Bruttoprämie und Ausschüttungen aus den Rückstellungen für Beitragsrückerstattung zur Beitragslimitierung.[1787] In der Branche werden die Vorsorgeaktivitäten in der sog. *Vorsorgequote* zusammengefasst, die der Quotient aus den vorgestellten Dämpfungsmaßnahmen und der Vorsorgequote ist. Die Quote schwankte seit 1998 zwischen 42,5 % und 34,5 %, im Jahr 2008 betrug der Wert 35,7 %.[1788]

6.2.2.3 Pro und contra der Finanzierungsverfahren

Aus *individueller Sicht* ist die Betrachtung einfach. Das Kapitaldeckungsverfahren ist dem Umlageverfahren überlegen, wenn der Kapitalmarktzins, der bei gegebenen Anlagevorschriften erreicht wird, größer ist als die Summe aus Grundlohnsummenwachstum und der Wachstumsrate der Beitragszahler. Sind die Renditen gleich hoch, dann sind beide Verfahren gleich vorteilhaft.[1789] Die *Volatilität an den Finanzmärkten* lässt bei Gleichstand risikoaversen Individuen das Umlageverfahren attraktiver werden. Die Implosion des Nikkei in den 1990er Jahren, das Platzen der New Economy-Blase 2001 und das Einbrechen der Aktienmärkte mit der Pleite von Lehman Brothers Mitte September 2008 führten zu Kursstürzen an der Börse. Sichere Anlagen wie festverzinsli-

---

nanzwelt und Realwirtschaft, der für ein Umlageverfahren basierend auf Arbeitseinkommen bedeutsam ist. Die Wirtschaftskrise hat empfindliche Auswirkungen auf die Einnahmenseite der GKV, vgl. bspw. Sesselmeier et al. (2009), S. 186. Für die GRV haben Börsch-Supan et al. ermittelt, dass die Rentenzahlungen für Babyboomer mit Geburtsjahr 1964 5,7 % bis 9,4 % niedriger sind durch die Krise, je jünger die Kohorte desto kleiner sind die Einbußen. Personen die während der Krise noch nicht in die GRV einzahlen, haben keinen Nachteil, es kommt de facto zu einer Entwertung der Entgeltpunkte, vgl. Börsch-Supan et al. (2009), S. 4-7.

1785 Eigene Berechnungen auf Basis von PKV-Verband (2006c); (2009f).

1786 § 12a Abs. 3 Abs. 2 und 3 SGBV.

1787 Siehe Anhang 14 für die gesetzlich vorgeschriebenen Maßnahmen zur Beitragsdämpfung im Alter.

1788 Vgl. PKV-Verband (2009f), S. 67.

1789 In der Literatur spricht man von der Aaron-Bedingung, da Aaron die Beziehung 1966 mathematisch hergeleitet hat, vgl. Aaron (1966).

che Rentenpapiere unterliegen dem Inflationsrisiko und haben dazu eine geringere Rendite als der durchschnittliche Marktzins.

Empirisch sind die *Renditen auf dem Kapitalmarkt größer* als die *Summe aus Lohn- und Bevölkerungswachstum. Breyer und Buchholz* konstatieren für die GRV, dass die Renditen für Erwerbstätige mittleren Alters in der GRV unter den Marktzins gefallen sind.[1790] *Schulenburg* gibt an, dass die *Realzinsen über Jahrtausende zwischen 2 % und 4 %* lagen, nur ganz selten gab es negative Realzinsen.[1791] Es lässt sich formal nachweisen, dass der Zinssatz in einer wachsenden Wirtschaft auf Dauer über der Wachstumsrate des Sozialprodukts liegen muss. Wenn nun abzusehen ist, dass die *Wachstumsrate der Bevölkerung negativ* ist, dann kann für einen Einzelnen *langfristig das Umlageverfahren nicht dem Kapitaldeckungsverfahren überlegen* sein.

Alle entwickelten Länder erleben *sinkende Fertilitätsraten*, Kapitaldeckung wird mittelfristig attraktiver. Die Menschen *leben gleichzeitig länger*, was für sich genommen keine Vorteilhaftigkeit des Kapitaldeckungsverfahrens impliziert. Länger lebende Menschen empfangen höhere Leistungen, für die auch ein Kapitalstock aufgebaut werden muss. In der PKV werden regelmäßig die Sterbetafeln aktualisiert. Damit einher gehen Prämienerhöhungen. *Kritisch* zu hinterfragen sind Argumente, dass *alleine* das *Umlageverfahren politisch anfällig* sei, weil nur ein Anspruch dem Grunde nach, nicht jedoch der Leistungsumfang garantiert ist. Werden Erträge des angesparten Kapitals höher besteuert, wirkt dies wie eine Teilenteignung ähnlich zu einem Senken des Rentenniveaus oder einer Kürzung des Leistungskatalogs in der GKV. Auch ist ein *Kapitaldeckungsverfahren* anfälliger für *Inflation*, da die Versicherten als Gläubiger durch eine hohe Geldentwertung Vermögensverluste erleiden. Dies gilt jedoch auch für andere Ersparnisse, eine Kapitalvorsorge zur Ausgabenglättung ist besser als gar keine.

Die abnehmende Bevölkerungszahl könnte zu einem geringeren Kapitalmarktzins führen, weil Kapital im Überfluss vorhanden ist. Die sog. *Asset Meltdown-These* wird bestritten. In offenen Volkswirtschaften arbeitet das Kapital im Ausland. Wirtschaftlich schwächere Länder sind auf Kapitalimporte und Investitionen angewiesen.[1792] Kapital ist ferner notwendig, um die Produktivität des gesunkenen Arbeitskräftepools zu wahren. Die Gefahr einer Überersparnis wird drittens auch durch die in Rente gehenden Baby-Boomer wirksam verhindert, die ihre Ersparnisse verkonsumieren. *Börsch-Supan* stellt eine Schwankung der Kapitalrendite begründet durch die Demographie fest, die Renditen nehmen bei Fortführung des Umlageverfahrens bis 2050 zu, bei ei-

1790 Vgl. Breyer und Buchholz (2009), S. 125.

1791 Vgl. Schulenburg (2005). Die theoretische Fundierung lässt sich auf Turgot mit der Formel der ewigen Rente eines Grundstücks zurückführen. Für weitere Empirie zu Kapitalmarktrenditen siehe Abschnitt 6.1.2.1.1.

1792 Kritisch hierzu Reiners, der alle Industrieländer vor dem gleichen demographischen Problem sieht und eine weltweit Überakkumulation von Kapitel postuliert. Insb. der Hoffnung China, aber auch Indien, droht ein „Altenproblem", vgl. Reiners (2008), S. 26-27.

ner konsequenten Rentenreform mit Stärkung der Kapitaldeckung nur um 0,5 Prozentpunkte ab.[1793]

Volkswirtschaftlich kann Kapitaldeckung als Zwangssparen interpretiert werden.[1794] Führt das Zwangssparen zu einer kompletten Verdrängung des privaten Sparens, dann wird kein zusätzliches Kapital in der Volkswirtschaft gebildet.[1795] Selbst wenn eine komplette Verdrängung erfolgte, ist die Ersparnis größer, da im Umlageverfahren u. a. die Einnahmen unmittelbar in den Konsum von Gesundheitsleistungen fließen.[1796] Entscheidend für die Frage des effizienteren Finanzierungsverfahrens ist die Bestimmung des optimalen Kapitalstocks in einer Volkswirtschaft. Ist realiter der Kapitalstock größer als der optimale Kapitalstock, dann ist das Umlageverfahren besser.[1797,1798] Vice versa dominiert das Kapitaldeckungsverfahren bei einem zu geringen

---

1793 Vgl. Börsch-Supan (2009), S. 35-37.

1794 Volkswirtschaftliche Analysen werden für Rentensysteme angestellt. Die Ergebnisse lassen sich jedoch auf das Gesundheitswesen übertragen. Für die Argumentation vgl. Schulenburg (2005), S. 379-386. Formaler und ausführlicher siehe Breyer und Buchholz (2009), S. 124-147. Unterstellt ist eine geschlossene Volkswirtschaft. Sie betrachten ferner eine kleine offene Volkwirtschaft mit exogenem und endogenem Arbeitsangebot. Eine pareto-effiziente Umstellung lässt sich in beiden Fällen nicht erreichen, weil immer Einführungsgewinne der Gründergeneration den Ausstiegsgenerationen angelastet werden. Deutschland ist weltweit betrachtet eine mittelgroße offene Volkswirtschaft.

1795 Eine frühe Argumentation verstärkter Kapitalakkumulation mit positiven Folgen auf das Wachstum findet sich in Feldstein, M. (1974).

1796 Dagegen gibt es auch Einwände, dass die individuell getroffene Sparentscheidung gesamtwirtschaftlich nicht zu einer höheren Ersparnis führt, vgl. für die ausführlicher Keller (2000), S. 82-85. Börsch-Supan fasst die Diskussion zusammen und kommt zum Schluss: „die Empirie in der Frage nach der Wechselwirkung zwischen Altersvorsorge und Ersparnisbildung an ihre Grenzen stößt. Insgesamt wiegt die Evidenz schwerer, dass das Umlageverfahren ein wichtiges Sparmotiv verdrängt, das durch einen Übergang zu mehr kapitalgedeckter Altersvorsorge wieder zum Leben erweckt wird. Die Evidenz reicht nicht aus, um die Frage „beyond reasonable doubt" zu beantworten, aber die „preponderance of evidence" zeigt, dass mehr Kapitaldeckung auch einen höheren Kapitalstock impliziert [Hervorhebung im Original]", Börsch-Supan (2000), S. 442. In diesem Kontext taucht auch der Begriff Angstsparen auf. Vertreter der PKV weisen auf die größere Unsicherheit der Einnahmen- und Ausgabenentwicklung in der GKV hin, was zu einer suboptimal hohen Sparquote führe, da die Individuen Vorsorgesparen betreiben, vgl. bspw. Dibbern (2005), S. 247. Genau andersrum argumentiert entsteht Angstsparen durch eine höhere Ersparnis wegen Kapitalmarktrisiken, die durch eine höhere Kapitaldeckung relevanter werden, vgl. Breyer und Buchholz (2009), S. 146.

1797 Präziser ist die optimale Kapitalintensität gesucht, die einen Konsumstrom in einem Gleichgewichtszustand maximiert. Diese Situation wird als Goldene Regel der Kapitalakkumulation bezeichnet. Modellrahmen ist das Wachstumsgleichgewicht von Diamond, vgl. Diamond (1965).

1798 Für die USA kommt Feldstein zum Schluss, dass das umlagefinanzierte Social Security System die private Spartätigkeit um ca. 60 % vermindert hat, ausführlich siehe für die Analyse in den USA Feldstein, M. S. (1998). In Deutschland ist die Sparquote im internationalen Ver-

Kapitalstock bezogen auf das optimale Niveau. Gesamtwirtschaftlich ist zusammenfassend keine grundsätzliche Dominanz eines Finanzierungsverfahrens über ein anderes gegeben, sondern stets kontextabhängig.

Auf den *Kapitalmärkten* sind gegenläufige Effekte durch eine Umstellung auf Kapitaldeckung zu erwarten. Am Beispiel der Rentenversicherung wird deutlich, dass durch die bewegten Summen eine Übernahme des Produktivvermögens durch die Rentenversicherung droht. Würde man die GRV komplett in Kapitaldeckung überführen, müsste ein Kapitalstock von 5 Billionen Euro aufgebaut werden, der größer ist als das gesamte Produktivvermögen der Unternehmen.[1799] Die Kapitalmärkte selbst könnten durch die Verdrängung von Streubesitz auf wenige Institutionen konzentriertes Kapital effizienter werden.[1800]

Könnte man die optimale Kapitalintensität empirisch identifizieren, ließe sich das Finanzierungsverfahren bei gegebenem Grundlohnsummenwachstum, Bevölkerungswachstum und Kapitalmarktzins bestimmen. Dies sind die gleichen Größen wie in der individuellen Betrachtung. *Schulenburg* kommt in seiner Analyse zum Schluss, dass „jede der beiden Extremformen der Finanzierung spezifische Vor- und Nachteile [besitzt]. Keines der Verfahren ist dem anderen a priori überlegen, die Optimalität hängt vom „Zustand" der Volkswirtschaft ab. Aus risikotechnischen Gründen sollte ein „gutes Alterssicherungssystem" immer ein hybrides System sein [Hervorhebung im Original]."[1801]

Da die GKV keine Kapitaldeckungselemente enthält, wäre eine *Teilumstellung* vorteilhaft. *Problematisch* ist die *Doppelbelastung* der jetzt und zukünftig Erwerbstätigen, die für heute Alte bereits eingezahlt haben.[1802] Der Wechsel an sich bringt keiner Generation Nachteile, entscheidend sind die Ausgestaltung des Umstiegs respektive die

gleich mit am höchsten, womit das Umlageverfahren c. p. attraktiver als in Ländern mit niedriger Sparquote wie den USA ist.

1799 Für weitere Zahlen vgl. z. B. Schulenburg (2005), S. 384. Die Theorie der Vermögensrechnung und Vermögenszusammensetzung für Deutschland ist kompakt zusammengestellt in Neubauer, G. (2004b), S. 270-294.

1800 Nach Breyer und Buchholz bedingt Streubesitz Prinzipal-Agent-Probleme. Eine zu starke Konzentration kann wiederum schlecht sein, wenn die wirtschaftliche Macht der GRV oder einer möglichen (Teil-) kapitalgedeckten GKV zu geringerem Druck effiziente Anlagen zu finden führt, vgl. Breyer und Buchholz (2009), S. 145.

1801 Schulenburg (2005), S. 384.

1802 Von Vertretern der Privatwirtschaft wird gerne auf die Einführung der PV als Chance eines kapitalgedeckten Sozialversicherungszweigs auch im gesetzlichen Zweig hingewiesen. Kritisch dazu bemerkt Meyer, dass, v. a. aufgrund der schlechteren Morbidität der gesetzlich Krankenversicherten, die Beiträge im Jahr 1995 ca. risikoäquivalent sechsmal höher anzusetzen gewesen wären bei gleicher Beitragshöhe der GKV wie in der PKV, vgl. Meyer, U. (2009), S. 87.

Verteilung der Einführungsgewinne.[1803,1804] Eine sofortige Umstellung bei alleiniger Belastung der jetzt Erwerbstätigen würde diese überfordern.[1805] Die Belastungen sollten daher über einen längeren Zeitraum verteilt werden.[1806] Außerdem können die jetzt Alten mit einbezogen werden. Der Ausstieg aus dem Umlageverfahren erhöht zwar die Arbeitsanreize durch die höhere Äquivalenz von Beiträgen und empfangenen Gesundheitsleistungen; Schwarzarbeit wird unattraktiver. Die als Steuer empfundenen Beiträge werden von den Mitgliedern der GKV wieder als Leistung und Gegenleistung angesehen. Die *Übergangsgenerationen profitieren* durch die Doppelbelastung aber *nicht*. Im Übergang wird durch zusätzliche Ersparnis weniger konsumiert, was *kurzfristig* zu einem *Rückgang des Wirtschaftswachstums* führt.[1807]

Zusammenfassend kann *keine eindeutige Aussage* der *ökonomischen Vorteilhaftigkeit* von Kapitaldeckung oder Umlage im Krankenversicherungssystem getroffen werden.[1808] Könnten in der GKV volkswirtschaftlich Allokationsgewinne durch eine Adjustierung des Verhältnisses Kapitaldeckung zu Umlage erzielt werden, ließen sich diese zu Beitragssatzsenkungen gebrauchen und / oder das Ausgabenwachstum leichter finanzieren. Problematisch ist der Übergang. Die *Individuen* betrachten ihre persönliche Vorteilhaftigkeit und werden sich nach Möglichkeit angesichts der demographischen Entwicklung in der *PKV* versichern. Die Analyse macht deutlich, dass *eindimensionale Argumente wie die Mackenroth-These wesentliche* Aspekte und *Wechselwirkungen ausblenden*: „Nun gilt der einfache Satz, dass aller Sozialaufwand immer

1803 Auch ohne Doppelbelastungen kann ein Umstieg pareto-ineffizient sein, z. B. durch technologische externe Effekte des Spar- und Innovationsprozesses, vgl. Sinn (2000).

1804 Angenommen es existierte eine kapitalgedeckte GKV, dann wäre eine Umstellung auf das Umlageverfahren unproblematischer, da die Mittel der erwerbstätigen Beitragszahler der aktuellen Rentnergeneration zufließen. Eine Doppelbelastung tritt insofern nicht auf. Einen konkreten Umstellungsprozess beschreibt ausführlich Zimmermann, A. (2007), S. 227-256.

1805 Es müssten ca. 1 Billion Euro Alterungsrückstellungen aufgebaut werden, geht man von den 124 Mrd. Euro Rückstellungen in der PKV für die Krankheitsvollversicherung aus. Eine Hochrechnung des Versichertenanteils auf die GKV ergibt die Summe, wobei wie in der PKV kein MTF oder Lebenszeitverlängerungen berücksichtigt sind.

1806 Man spricht vom Smoothing (Glätten) der Belastung über mehrere Generationen, vgl. Breyer und Buchholz (2009), S. 126. Für kritische Argumente zur (Teil-)Überführung eines Systems in ein anderes siehe auch Schulenburg (2005), S. 384-385. Alternativ ist eine reine Sichtbarmachung der impliziten Schuld möglich, die nicht abgetragen wird, die aufgedeckte Verschuldung könnte man parallel zum Wachstum der Lohnsumme ansteigen lassen, vgl. für ein darauf basierendes Umstellungsszenario Eekhoff et al. (2008), S. 144-151,174.

1807 Vgl. für eine ähnliche Argumentation Breyer und Buchholz (2009), S. 146.

1808 Ähnlich auch der SVR: „Die Effizienz eines Gesundheitssystems hängt nicht in erster Linie von der Art der Finanzierung ab, sondern von der Intensität des Wettbewerbs der Kassen untereinander, vgl. SVR (2002), Ziff. 523.

aus dem Volkeinkommen der laufenden Periode gedeckt werden muss. Volkswirtschaftlich gibt es immer nur ein Umlageverfahren."[1809]

Vorteile für die Kapitaldeckung ergeben sich aus der *höheren Transparenz* durch den Ausweis der Alterungsrückstellungen und einer intergenerativ faireren Verteilung der zunehmenden Ausgaben.[1810] Die *kapitalgedeckte Vorsorge* ist *unabhängig von intergenerativen Belastungen*. Der *Autor plädiert* v. a. deswegen für einen *Einstieg* in die *Kapitaldeckung*, weil die *absehbar stark steigenden Gesundheitsausgaben* durch einen zweckgebundenen, über die *Zeit geglätteten Ansparvorgang* vor einer *Überforderung* des Einzelnen *schützen*.

Letztlich ist die *intergenerative Verteilungsfrage* gesellschaftlich zu beantworten. Intergenerative Umverteilung von Jung zu Alt kann als *Staatsverschuldung* verstanden werden. Eine Erhöhung der Verschuldung ist dann *legitim*, wenn *Zukunftsinvestitionen* getätigt werden. Geht man davon aus, dass zukünftige Generationen einen höheren Lebensstandard durch den MTF, wie z. B schonendere Behandlungsmöglichkeiten, genießen werden und damit eine höhere Lebensqualität, sollte das Umlageverfahren ausgeweitet werden. Vice versa ist bei einer Verschlechterung des Lebensstandards die intergenerative Umverteilung abzubauen.

6.2.3 Die Ausgabenentwicklung von 1995 bis 2008

Zukunftsprognosen basieren auf den in der Vergangenheit gemachten Erfahrungen sowie auf Hypothesen über die Entwicklung zentraler Einflussfaktoren, die wiederum auf Erfahrungen beruhen. Je länger der beobachtete Zeitraum ist, umso fundierter sind die Annahmen. Dies gilt v. a. dann, wenn im betrachteten Zeitraum keine systemverändernden Reformen verabschiedet wurden.

Ein wesentlicher Einschnitt in der *GKV* war die deutsche Wiedervereinigung, die die Anzahl der gesetzlich Versicherten um 25 % erhöhte.[1811] Anfang der 1990er Jahre wurde auch wegen des Ausgabendrucks durch die Wiedervereinigung mit dem GSG der Kassenwettbewerb samt RSA eingeführt.[1812] Gleichsam wurde die Ausgabendämpfung direkt durch sektorale Budgets, verknüpft mit einer stärkeren Pauschalierung der Vergütung, und indirekt über Bedarfsplanung im ambulanten Sektor angegangen. We-

---

1809 Zitiert in Schulenburg (2005), S. 385. Für den Originalbeleg vgl. Mackenroth (1952).

1810 Weitere Vorteile wie höhere Europatauglichkeit und Glättung der Prämien über den Lebenslauf werden in Abschnitt 7.2.2.2 und Abschnitt 7.3.1.1.2 diskutiert.

1811 Vgl. für die Implikationen der Wiedervereinigung und die Entwicklung der Einnahmenbasis der GKV detaillierter Abschnitt 3.2.4.2.

1812 Für die Reformen und Neuerungen im dualen System Ende der 1980er / Anfang der 1990er Jahre siehe ausführlich Abschnitt 4.2.3. Die Wirkungen auf die Ausgabenentwicklung sind in Abbildung 8 dargestellt.

gen der *großen Veränderungen* in der GKV *Anfang der 1990er Jahre* wird die *vorherige Entwicklung* in diesem Abschnitt *nicht berücksichtigt.*

Mit dem GRG wurden die Versichertenkreise letztmals auf die Versicherungstypen hin neu geordnet. Für Beamte und Selbstständige wurde eine gesetzliche Versicherung unattraktiv. Andererseits wurden Arbeiter mit Einkommen oberhalb der VPG versicherungsfrei. Änderungen im Leistungskatalog oder in den Beziehungen zu den Leistungserbringern hat es in der *PKV* nicht gegeben. Ausgabenrelevant waren die Schließung von „Schlupflöchern" für Rückwechsler und der Verzicht auf ein ordentliches Kündigungsrecht des Versicherers.[1813] In diesen Zeitraum fällt der Beginn des „Altenproblems" in der PKV, das mit der durch das GRG2000 faktisch ausgeschlossenen Rückkehrmöglichkeit in die GKV gerade für die zukünftige Ausgabenentwicklung in der PKV wichtig ist. Die Ausgabenseite wurde ferner beeinflusst über die Kostendämpfungsmaßnahmen in der GKV, die Leistungserbringer insb. im ambulant-ärztlichen Sektor zu einer Angebotsinduktion bei Privatpatienten veranlasst haben dürfte.[1814]

Aufschlussreich für die Nachhaltigkeit des dualen Systems insgesamt und der Subsysteme für sich betrachtet dürfte daher die Entwicklung der Ausgaben in GKV und PKV seit Anfang der 1990er Jahre sein. *Steigen* die *Ausgaben pro Versicherten* in der *PKV stärker als* in der *GKV* an, ist von einer *höheren Kompetenz* der *GKV* zur Ausgabendämpfung auszugehen. Gründe könnten die höhere Wettbewerbsintensität auf dem Finanzierungsmarkt, die größere Steuerungskompetenz auf dem Vertragsmarkt aber auch Einschränkungen des Leistungskatalogs sein, was beides in der PKV nicht möglich ist. Nach einer globalen Ausgabenbetrachtung des Ausgabenwachstums der beiden Versicherungstypen werden die drei großen Leistungsbereiche ambulant-ärztlich, akut-stationär und Arzneimittel isoliert untersucht. Der untersuchte Zeitraum reicht von 1995 bis 2008.

6.2.3.1 Ausgabenwachstum im dualen System

Analog zur Betrachtung der Verwaltungskosten ist die geeignete Vergleichsgröße die Entwicklung der Ausgaben pro Versicherten.[1815] Gesundheitsleistungen werden von

---

1813 Auf der Finanzierungsseite ergaben sich im Zuge der Dritten Schadenrichtlinie und den Bedingungen für den Arbeitgeberzuschuss Neuerungen in der Prämienberechnung der Alterungsrückstellungen. Die damit verbundene Einführung des Standardtarifs war und ist nicht ausgabenrelevant. Siehe für die historische Einbettung Abschnitt 4.2.3. Für den Terminus Schlupflöcher siehe Abschnitt 4.2.4.

1814 Vgl. für den Zusammenhang zwischen Ausgabendämpfung, Vergütungssystem und Angebotsinduktion Abschnitt 5.3.2 und für empirische Evidenz der Angebotsausweitung Abschnitt 6.1.1.3.2.

1815 Die Verwaltungsausgaben gehen nicht in die Leistungsausgaben mit ein. Für die Entwicklung der Leistungsausgaben von 1995 bis 2008 siehe Abschnitt 5.4.1.

Versicherten in Anspruch genommen. Gewinnt ein Versicherungstyp Versicherte hinzu, sinkt die Versichertenzahl im zweiten System.[1816] Von 1995 bis 2008 hat die PKV netto 1,7 Mio. Vollversicherte hinzu gewonnen, was einer prozentualen Steigerung von 25 % entspricht.[1817] Die GKV hat zeitlich parallel mit 1,7 Mio. Versicherten die gleiche Anzahl verloren. Die Zahl ging von 71,9 Mio. auf 70,2 Mio. zurück, was einem prozentualen Verlust von 2,4 % entspricht.

In der Analyse werden Zuzahlungen in der GKV sowie Selbstbehalte in der PKV nicht berücksichtigt, die beide die Ausgaben erhöhen.[1818] Zur besseren Vergleichbarkeit der Leistungen werden die Krankenversicherungsleistungen in der PKV gemäß der Relation der Beitragseinnahmen Krankenversicherung zu Krankheitsvollversicherung umgerechnet. In der Abbildung 20 ist die Entwicklung der Leistungsausgaben für GKV- und PKV-Versicherte mit dem Index 1995 = 100 % dargestellt.

Abbildung 20: Entwicklung der Leistungsausgaben je Versicherten in GKV und PKV von 1995 bis 2008

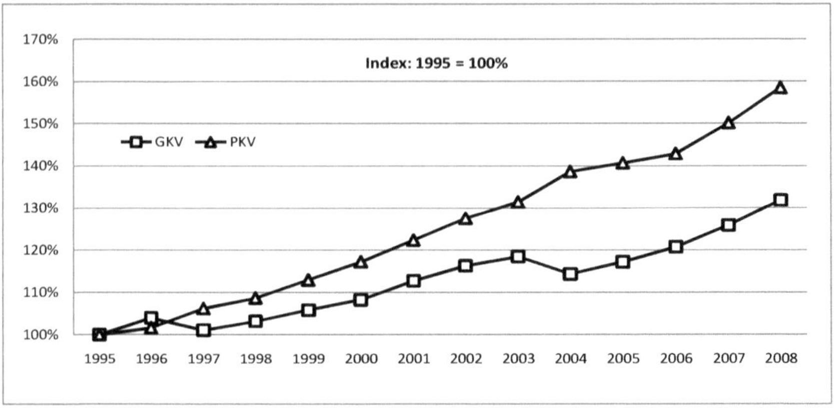

Quelle: Eigene Darstellung. Datenquellen: BMG (2007a); (2009c); PKV-Verband (2006c); (2009f).

Die Entwicklung der Leistungsausgaben insgesamt zeigt einen deutlich stärkeren Anstieg in der PKV. Der Anstieg der Leistungsausgaben ist auch nach Kalibrierung auf die Pro-Kopf Ausgaben in der PKV deutlich höher als in der GKV. Allerdings wird mit der Abbildung 20 deutlich, dass die Grunddynamik zunehmender Ausgaben ubiquitär ist. Im Zeitraum von 1995 bis 2008 erhöhten sich die Leistungsausgaben je Ver-

1816 Der Markt ist weitgehend verteilt. Die Versichertenzahl in den Sonderversorgungssystemen wie freie Heilfürsorge wird als stabil angenommen, vgl. Abschnitt 5.1.1.1.

1817 Vgl. Abschnitt 5.4.1.

1818 Siehe für eine tiefere Begründung der Vernachlässigung Abschnitt 6.1.2.1.2. An dem Ergebnis einer stärkeren Steigerung der Leistungsausgaben in PKV gegenüber der GKV ändert sich bei aktuell 3 % Zuzahlungen an allen Gesundheitsleistungen für GKV-Versicherte nichts.

sicherten in der PKV um 58,4 %. In der GKV betrug der Anstieg 31,4 %. Die durchschnittliche jährliche Wachstumsrate in der PKV betrug 3,6 % und in der GKV 2,2 %.[1819] Ohne Korrektur um die Versichertenzahl sind die Ausgaben in der PKV um 97 % und in der GKV um 29,1 % gewachsen.

Auffällig in den beiden Kurven ist ein stetiges Wachstum in der PKV, während es in der *GKV zwei Einbrüche* gab. Das Negativwachstum von 1996 auf 1997 und von 2003 auf 2004 ist in den beiden GKV-Neuordnungsgesetzen und im GMG begründet. Ähnlich kam es in den Jahren 1989 (GRG) und 1993 (GSG) zu einem Rückgang der Ausgaben.[1820] Bereits seit Mitte der 1970er Jahre lautete die Devise Ausgabendämpfung.[1821] Die erste große Reform hierzu war das KVKG von 1977. Seitdem enthielt jede Reform Maßnahmen zur Ausgabenbegrenzung, auch wenn partiell Leistungserweiterungen oder Korrekturen vorangegangener Reformen anzutreffen sind.[1822] Darunter fielen Budgetierungen, Einschränkungen des Leistungskatalogs, Preismoratorien bei Medikamenten oder die Erhöhung von Zuzahlungen.[1823]

Bezogen auf den Zeitraum 1995 bis 2008 und die beiden Abweichungen vom Wachstumstrend in der GKV passen die NOG's und das GMG ins Bild. Mit den NOG's wurden Zuzahlungen erhöht, das Krankenhaus-Budget drei Jahre um jährlich 1 % gesenkt, Zahnersatzleistungen begrenzt. Das GMG hat die Zuzahlungen erhöht und den Leistungskatalog merklich reduziert. Aus dem Leistungskatalog wurden Sehhilfen inklusive Brillengläser, Fahrtkosten in der ambulanten Versorgung, das Entbindungs-, Sterbe-, Sterilisationsgeld und nicht-verschreibungspflichtige Arzneimittel (OTC-Medikamente) gestrichen.

Ob die *GKV* das *effizientere* und *damit nachhaltigere System* ist, kann *wegen der diskretionären Eingriffe nur schwer eingeschätzt werden.* Dies gilt v. a., weil Effizienz immer neben dem Input den Output betrifft. Bezogen auf das Gut Krankenversicherung ist einem sinkenden Input in Form von Leistungsausgaben eine Einschränkung des Leistungskatalogs als Output gegenüberzustellen. Ohne das GMG im Jahr 2004 wäre der Zuwachs der Leistungsausgaben in der PKV jahresdurchschnittlich nur um

1819 Jeweils berechnet als geometrisches Mittel.

1820 Vgl. Abbildung 8.

1821 Oft wird von Kostendämpfung gesprochen, was auch am Namen Krankenversicherungs-Kostendämpfungsgesetz deutlich wird. Aus Sicht einer Krankenversicherung werden hauptsächlich die Leistungsausgaben begrenzt, bei Verwaltungskostensenkungen lässt sich von Kostendämpfung sprechen. Kosten ist volkswirtschaftlich ein bewerteter Güterverzehr in der Produktion, vgl. Gabler-Verlag (2010e).

1822 Exemplarisch wurden mit dem Vorschaltgesetz GKV-SolG Teile des NOG's zurückgenommen.

1823 Anfang der 1990er Jahre kam die Reformstrategie Wettbewerbsstärkung hinzu, alleine Ausgabendämpfung hätte den langjährig konstanten Anteil der GKV-Ausgaben am BIP nicht halten können. Für die Maßnahmen en detail vgl. die Abschnitte 4.2.2 bis 4.2.4. Siehe für die Entwicklung der Reformstrategien auch Pfister (2009a), S. 40.

0,3 Prozentpunkte über dem der GKV. Ferner ist bei Wachstumsvergleichen immer das *jeweilige Ausgangsniveau* zu betrachten. Die Leistungsausgaben in der GKV pro Kopf betrugen im Jahr 1995 1.632 Euro und im Jahr 2008 2.151 Euro gegenüber PKV-Leistungsausgaben in der Krankheitsvollversicherung von 1.098 Euro im Jahr 1995 und 1.739 Euro im Jahr 2008.[1824] Absolut sind die Ausgaben in der GKV je Versicherten um 519 Euro gewachsen, in der PKV entsprechend um 641 Euro. Die Höhe der Ausgaben für sich ist wiederum wegen unterschiedlicher Leistungskataloge, Serviceleistungen in der PKV und v. a. wegen der *unterschiedlichen Morbidität der Versicherten*, die sich zudem im Zeitablauf ändern, nur bedingt vergleichbar.

Bei allen Einschränkungen des Wachstumsvergleichs ist angesichts der Länge des betrachteten Zeitraums und des um Dellen korrigierten stärkeren Ausgabenwachstums in der PKV von einer geringeren Effizienz, definiert als Gesundheitsleistung pro Euro Versichertenbeitrag bzw. –prämie, auszugehen. Eine Möglichkeit, Effizienzunterschiede näher zu bestimmen respektive gemäß der positiven Analyse zu erklären, schafft die sektorale Betrachtung.

6.2.3.2 Sektorale Betrachtung des Ausgabenwachstums

Im Kapitel 5 wurden die beiden Versicherungstypen bzgl. ihrer Effizienz verglichen. Die Krankenkassen versuchen idealtypisch im *Vertragsmarkt* über *Angebotssteuerung* Ausgaben zu dämpfen. Auf Einzelkassenebene erhofft man sich durch Selektivverträge Wettbewerbsvorteile gegen die Konkurrenzkassen zu erarbeiten. Erleichtert wurde die Ausgabedämpfung in der GKV durch die mit dem *GSG* eingeführte *strikte grundlohnorientierte Budgetierung* in fast allen Leistungsbereichen. Die *PKV* setzt idealtypisch auf *Patientensteuerung* und hat keine direkten Beziehungen zu den Leistungserbringern. Die systembedingten Unterschiede veranlassen bei einem relativen Rückgang der Einnahmen durch Ausgabendämpfung in der GKV die Leistungserbringer, nach Möglichkeit ihre Zieleinkommen durch Privatpatienten zu stabilisieren.

Sektoral werden im *ambulant-ärztlichen Bereich* die Wirkung von Instrumenten zur Ausgabenbegrenzung am deutlichsten. Die Ausgaben für vertragsärztliche Leistungen werden auf Basis des Grundlohnsummenanstiegs zwischen Kassen mit den KVen in der Gemeinsamen Selbstverwaltung jährlich in Form von Gesamtvergütungen neu festgelegt. Der Arzt wird von Krankenkassen und KVen auf eine wirtschaftliche Leistungserstellung kontrolliert und hat keine Anreize zur Mengenausweitung.[1825] Die Preise der Leistungen sind im Vergleich zur PKV pauschaliert, während in der PKV Einzelleistungen abgerechnet werden. Wirtschaftlichkeitsprüfungen finden nicht statt. Die Gefahr einer Leistungsausweitung in der PKV bei Ausgabenbegrenzung in der GKV ist groß.

1824 Vgl. Abschnitt 6.1.2.1.1 für die Effekte der Risikoselektion auf die Höhe der Quersubventionierung.

1825 Vgl. für die Effekte des Vergütungssystem auf die Angebotsinduktion Abschnitt 5.3.2.2.

Der *akut-stationäre Sektor* ist im Wesentlichen identisch zwischen GKV und PKV. Selektivvertragliche Optionen stehen der GKV nicht zur Verfügung, in die kollektiven Budgetverhandlungen mit den Krankenhäusern ist die PKV mit eingebunden und rechnet wie die GKV DRG's ab.[1826] Dennoch kommt es zu einem größeren Ausgabendruck in der PKV, wo in fast allen Tarifen „Krankheitsvollversicherung" Wahlunterkunft und Wahlbehandlung Krankenhaus inkludiert sind.[1827] Krankenhäuser sind ferner versucht, über die Ausgründung von Privatstationen oder –kliniken den Kernbetrieb zu subventionieren.[1828]

Die Preissetzung für *Medikamente* ist in GKV und PKV für Pharmaunternehmen frei. Für beide Versicherungstypen gelten identische Listenpreise, i. d. R. gleich den Festbeträgen. Abweichend von der PKV existieren in der gesetzlichen Krankenversicherung mehrere Instrumente zur Ausgabenbegrenzung.[1829] Dazu gehören Wirtschaftlichkeitsprüfungen bei Ärzten, die den Bedarf an Medikamenten in eine marktwirksame Nachfrage transferieren. Weitere Maßnahmen sind bspw. Negativlisten und die Pflicht zur Abgabe eines der preisgünstigsten Medikamente durch den Apotheker, niedergelegt im Rahmenvertrag zwischen KVen und der Apothekerschaft. Zwangsrabatte senken die Ausgaben prozentual und haben keinen Einfluss auf die Wachstumsrate, solange sie nicht verändert werden. Einmalentlastungen wie Moratorien haben keine langfristige Wirkung und ändern am Wachstumstrend nichts.[1830] Für den untersuchten Zeitraum von 1995 bis 2008 haben die mit dem GKV-WSG scharfgeschalteten Rabattverträge keine spürbare Wirkung auf das Ausgabenwachstum, dürften aber in Zukunft ein wichtiges Dämpfungsinstrument sein.[1831]

Einen ersten Überblick der sektoralen Ausgabenentwicklung gibt Abbildung 21, in der *noch nicht* für die *Änderung der Versichertenzahl* in GKV und PKV *korrigiert* wird. Auf diese Weise wird die Bedeutung einer korrigierten Analyse deutlich.

1826 Vgl. Abschnitt 5.2.2.1.1.

1827 Größenordnungen sind in Abschnitt 6.1.2.1.2 angegeben.

1828 Im Falle der Privatkliniken können Preise frei verhandelt werden, vgl. Abschnitt 5.2.1.2.

1829 Die Möglichkeiten der GKV im Pharmamarkt sind ausführlich dargestellt in Abschnitt 5.2.2.1.2.

1830 Niveaueffekte, definiert als einmalige dauerhafte Ausgabensenkung, senken Wachstumsraten grundsätzlich nicht. Durch die Kombination von gesetzlichen Maßnahmen kann der isolierte Effekt einer Neuregelung nur schwer ermittelt werden. Einen Überblick der in Zahl und Adressaten zunehmenden Regulierungsdichte plus der einzelnen Gesetzesinhalte seit Ende der 1990er Jahre findet sich in Neubauer, G. und Pfister (2009b), S. 32-39.

1831 Die Scharfschaltung der Rabattverträge mit dem GKV-WSG ist in Abschnitt 4.3.2.2.3 beschrieben.

Abbildung 21: Entwicklung der Leistungsausgaben in GKV und PKV nach Art der Einrichtung von 1995 bis 2008

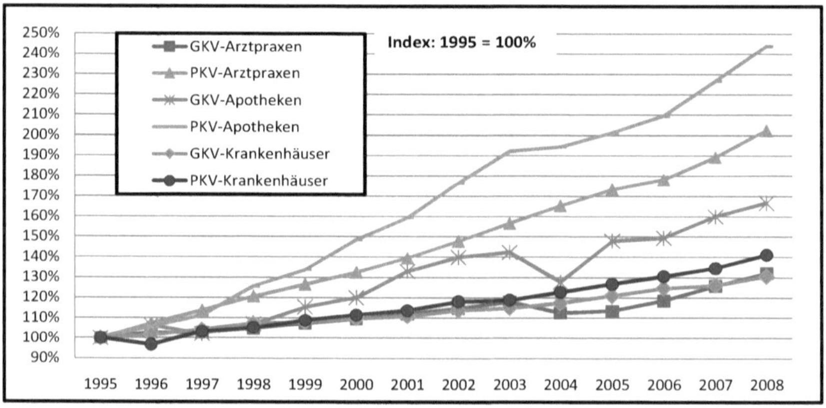

Quelle: Eigene Berechnungen und Darstellung. Datenquellen: GBE (2010a); StBA (2010b).

Vergleicht man Entwicklung und Struktur der sektoralen Ausgaben der PKV mit denen der GKV, zeigt sich insb. für den ambulant-ärztlichen Bereich (Arztpraxen) ein deutlich stärkeres Ausgabenwachstum in der PKV. Erwartungsgemäß ist die Wachstumsdifferenz zwischen GKV und PKV im akut-stationären Sektor am geringsten. Auffallend ist der enorme Anstieg der Arzneimittelausgaben (Apotheken), der durch die Vielzahl von Regulierungen in der GKV begründet sein dürfte. Eine direkte Angebotsinduktion der Pharmaindustrie ist nicht möglich, da die Ärzte den Bedarf bestimmen.[1832] Möglicherweise versuchen Pharmaunternehmen, die Generika und Originale herstellen, Einbußen durch Maßnahmen der GKV in einem Bereich, bspw. bei Generika, über höhere Preise im anderen Bereich auszugleichen. Indirekt wäre damit für die PKV ein Teil des höheren Ausgabenwachstums bei Medikamenten begründet.

Korrigiert um die *Versichertenzahl* sind die Ausgaben für vertragsärztliche Leistungen in der GKV um 35 % gestiegen, im ambulant-ärztlichen Bereich in der PKV um 54 % (Abbildung 22). Für Medikamente ist in der GKV ein Ausgabenanstieg von 70 % zu konstatieren, dem 196 % Wachstum in der PKV entgegenstehen. Im stationären Bereich sind die entsprechenden Zahlen für die GKV 33 % und für die PKV 13 %. Es scheint, dass es der PKV besser als der GKV gelang, bei gleichen Bedingungen im Vertragsmarkt Ausgaben stärker zu dämpfen, trotz der Versuchung der Krankenhäuser, Wahlarztbehandlung und Wahlunterkunft teurer abzurechnen.[1833]

1832 Pharmareferenten frequentieren Ärzte häufig und versuchen, ihre Produkte durch den Arzt häufiger verschrieben zu bekommen. Bei Erfolg ist von einer Veränderung der Verordnungsstruktur auszugehen, inwiefern absolut die Ausgaben zunehmen, ist damit nicht gesagt.

1833 Eine ähnliche Betrachtung, auch für den zahnärztlichen Bereich, findet sich bei Rürup et al. (2010), S. 92-95. Im Zeitraum zwischen 1995 und 2007 sind die GKV-Ausgaben um 3,1 % ge-

Abbildung 22: Entwicklung der Leistungsausgaben je Versicherten in GKV und PKV nach Art der Einrichtung von 1995 bis 2008

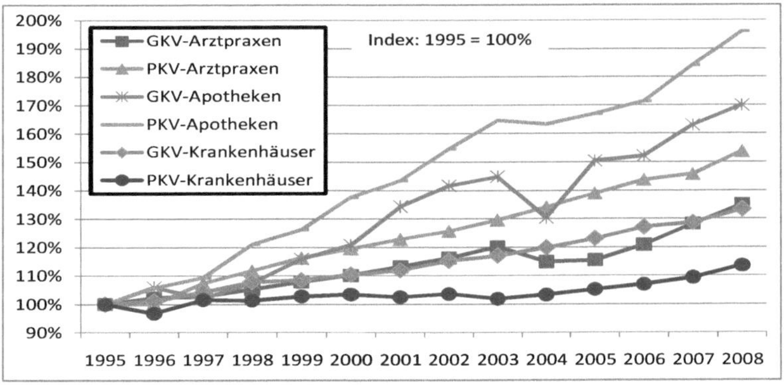

Quelle: Eigene Darstellung. Datenquellen: GBE (2010a); StBA (2010b).

Ein Grund dafür könnte aber auch eine *Verdrängung stationärer Leistungen* durch den überproportionalen Anstieg der im ambulant-ärztlichen Sektor erbrachten Leistungen sein. Bei der Untersuchung von Verdrängungseffekten sind die Ausgaben ohne Korrektur der Versichertenzahl, da diese die Einnahmen der Leistungserbringer als Produkt von Patientenzahl und Vergütung pro Patient darstellen.[1834] Ein Wachstum der Ausgaben setzt sich aus Preissteigerungen und der mit der Versichertenzahl korrelierten Mengenkomponente zusammen.[1835]

Sowohl die Versicherungstypen als auch die Leistungserbringer beeinflussen sich wechselseitig. Auswirkungen in einem Sektor haben direkte Folgen für die weiteren Leistungsbereiche. In der *PKV* ist dies für die beiden Sektoren ambulant und stationär für die Ausgabenentwicklung gefährlich, weil anders als in der GKV *keine Budgets* existieren. Ambulant tätige Ärzte können die Nachfrage nach Krankenhausleistungen steuern und Einbußen im Einkommen kompensieren. Patienten, die ohne Kostendruck im Zweifel ans Krankenhaus überwiesen worden wären, werden nun tendenziell in der Praxis behandelt.[1836] Dadurch ließe sich auch das geringere Wachstum der stationären Ausgaben in der PKV erklären.

---

stiegen, während sich die PKV-Werte um ca. 56 % erhöhten. Größen pro Versicherten werden dort nicht gezeigt.

1834 Die Versichertenzahlen von GKV und PKV insgesamt sind zwar konstant, eine Mengenausweitung ergibt sich aus einer Zunahme von Arztbesuchen, Krankenhausaufenthalten etc.

1835 Für die Bedeutung von Preis- und Mengeneffekten in den einzelnen Sektoren siehe auch die Analyse der Mehrumsätze in Abschnitt 6.1.2.1.2.

1836 Der Widerstand mancher Facharztgruppen gegen eine Ausdehnung ambulanter Behandlungsoptionen im Krankenhaus könnte zum Teil auch darauf beruhen, dass eine Kompensation von

Ein übermäßiger Anstieg der Ausgaben in einem Sektor wird in der GKV grundsätzlich verhindert, da die *Beitragseinnahmen die Obergrenze der Ausgaben* bilden und im *Vorhinein* über kollektive Verhandlungen in beiden Sektoren die *Vergütung feststeht.*[1837] Eine zu große Steigerung in einem Sektor wird durch die parallele Verhandlung mit dem anderen Sektor von Kassenseite aus verhindert: „Des einen Plus ist des anderen Minus". Die entsprechenden Wachstumsraten je Versicherten betrugen (Tabelle 10):

Tabelle 10: Durchschnittliche Wachstumsrate der Ausgaben je Versicherten insgesamt und in ausgewählten Sektoren in GKV und PKV zwischen 1995 und 2008

Leistungsbereich	GKV	PKV
ambulant-ärztlich	2,3 %	3,4 %
akut-stationär	2,2 %	1,1 %
Arzneimittel	4,2 %	5,3 %
Gesamtausgaben	2,2 %	3,6 %

Quelle: Eigene Darstellung. Die Wachstumsraten sind jeweils geometrisch.

Die unterschiedlichen Entwicklungen der sektoralen Ausgaben von PKV und GKV schlagen sich auch in den Gewichten der einzelnen Sektoren an den Gesamtausgaben nieder. In der GKV dominiert seit Jahren der akut-stationäre Sektor die Ausgaben. Im Jahr 2008 ergab sich folgende Ausgabenstruktur (Abbildung 23):

Abbildung 23: Ausgabenstruktur der GKV im Jahr 2008

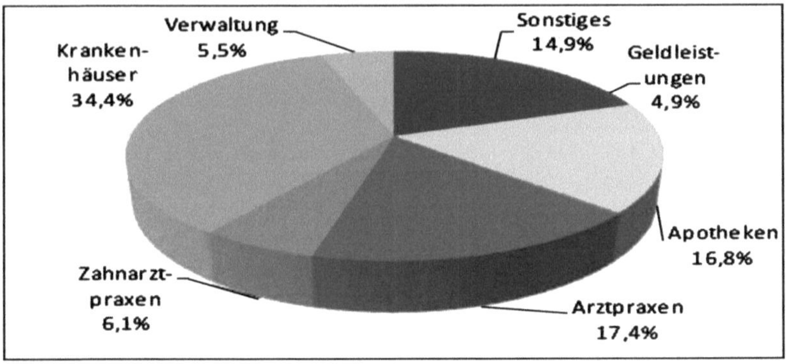

Quelle: Eigene Darstellung. Datenquelle: StBA (2010b).

Einkommen durch Ausgabendämpfung in der GKV die Steuerung von Privatpatienten evtl. erschwert.

1837 Dies gilt für gedeckelte Leistungen. Hingegen wird z. B. bei Hilfsmitteln nur der Preis bestimmt und nicht die Mengenkomponente. Ähnlich ist es auch bei freien Leistungen im vertragsärztlichen Bereich, siehe für die Vergütungssystematik en detail Abschnitt 5.3.2.2.

Aufgrund des starken Wachstums der Arzneimittelausgaben sind inzwischen die Ausgaben für Arzneimittel und Vertragsärzte gleich groß. Im Jahr 1995 betrug der Anteil der Arzneimittelausgaben mit 13 % vier Prozentpunkte weniger als die 17 % bei den Vertragsärzten.[1838]

In der PKV kann von einer Dominanz des stationären Sektors hingegen keine Rede mehr sein. Während in 1995 noch 32,3 % der Leistungsausgaben akut-stationär anfielen, waren es im Jahr 2008 26,7 % (Abbildung 24).[1839] Stark zugenommen haben der ambulant-ärztliche Bereich von 17,1 % im Jahr 1995 auf 20,4 % im Jahr 2008 sowie die Arzneimittelausgaben von 1995 i. H. v. 7,2 % auf 10,3 % in 2008. Fasst man zahnärztliche Leistungen und ärztliche Leistungen zusammen, beträgt der Prozentsatz im Jahr 2008 30,1 % und ist damit deutlich größer als der Anteil der Krankenhausausgaben.

Abbildung 24: Ausgabenstruktur der PKV im Jahr 2008

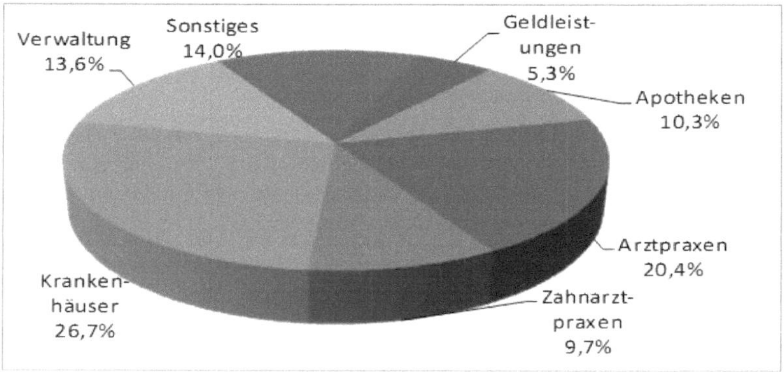

Quelle: Eigene Darstellung. Datenquelle: StBA (2010b).

Trotz des über die Versicherungstypen und Sektoren hinweg mit Abstand größten Ausgabenzuwachses bei den Medikamenten sind die Ausgaben gegenüber dem GKV-Anteil immer noch 6 Prozentpunkte niedriger. Der Abstand zum ambulant-ärztlichen Bereich hat nur um 0,2 Prozentpunkte abgenommen. Grund dafür ist der mit 7,2 % geringe Ausgabenanteil im Jahr 1995. Würde das Ausgabenwachstum gemäß den jeweiligen heutigen sektoralen Pro-Kopf Wachstumsraten in den einzelnen Sektoren anhalten, wäre der Wert der ambulant-ärztlichen Leistungen im Jahr *2020* so groß wie

1838 Das Kreisdiagramm für die GKV aus dem Jahr 1995 ist im Anhang 15 dargestellt.

1839 Die Verwaltungskosten enthalten in der Darstellung die Abschlusskosten, vgl. Abschnitt 5.4.1. Das Kreisdiagramm für die PKV aus dem Jahr 1995 ist im Anhang 16 dargestellt.

der der stationären Leistungen.[1840] Die Arzneimittelausgaben würden die stationären Leistungen im Jahr *2032* und die ambulant-ärztlichen Aufwendungen *2046* überholen.

Die ausgabenseitige Untersuchung in dem Abschnitt hat gezeigt, dass das Ausgabenwachstum zum Handeln zwingt, sich die Dringlichkeit der *Probleme* jedoch in Abhängigkeit von Versicherungstyp und den *einzelnen Sektoren unterschiedlich* darstellt. In der GKV wachsen der ambulant-ärztliche und der akut-stationäre Bereich mit Raten von respektive 2,3 % und 2,2 % relativ moderat. Über den Vertragsmarkt gelang durch kollektive Verhandlungen und durch die Kontrolle der Leistungserbringer die Ausgabendämpfung.

Mit dem stationären Bereich ist der einzige Sektor gegeben, in dem es auch für die PKV keine spürbaren Ausgabenzuwächse gegeben hat. Hier wird zusammen mit der GKV über Budgets verhandelt. Dagegen konnten die ambulant tätigen Ärzte ihre Einkommen zulasten der PKV ausdehnen. Budgets existieren nicht, so dass mögliche Einkommensverluste aus der vertragsärztlichen Versorgung durch Privatpatienten kompensiert worden sein dürften.

Bei beiden Versicherungstypen ist der Arzneimittelsektor am dynamischsten gewachsen. Dies ist für die PKV verständlicher, da kaum Instrumente zur Ausgabenbegrenzung verfügbar sind. Verwunderlich ist jedoch das fast ebenso hohe Wachstum in der GKV, die eine Vielzahl an Regulierungsmöglichkeiten einsetzte und durch diskretionäre Maßnahmen wie Preismoratorien in mehreren Jahren die Ausgaben stabil halten konnte.[1841] Die Mengenkomponente wird in beiden Systemen vom Arzt bestimmt, während die Preise von innovativen Solisten ohne Festbeträge nicht begrenzt werden können. Dementsprechend muss der *Pharmasektor weiter unterteilt* werden in Arzneimittel mit Festbetrag und ohne Festbetrag.

1840 Eigene Berechnungen auf Basis von Tabelle 4 und StBA (2010b). Die Betrachtung pro Versicherten ist wichtig, weil eine Veränderung der Versichertenzahl die Einnahmenbasis verändert. In dem Beispiel wird so getan, als ob weder die GKV noch die PKV Versicherte hinzugewinnt.

1841 Vgl. Abschnitt 5.2.2.1.2.

Die Preisindices beider Märkte gingen seit Einführung der Festbeträge fast durchgehend auseinander (Abbildung 25):

Abbildung 25: Preisindex nach Marktsegmenten (ab 1991 Gesamtdeutschland)

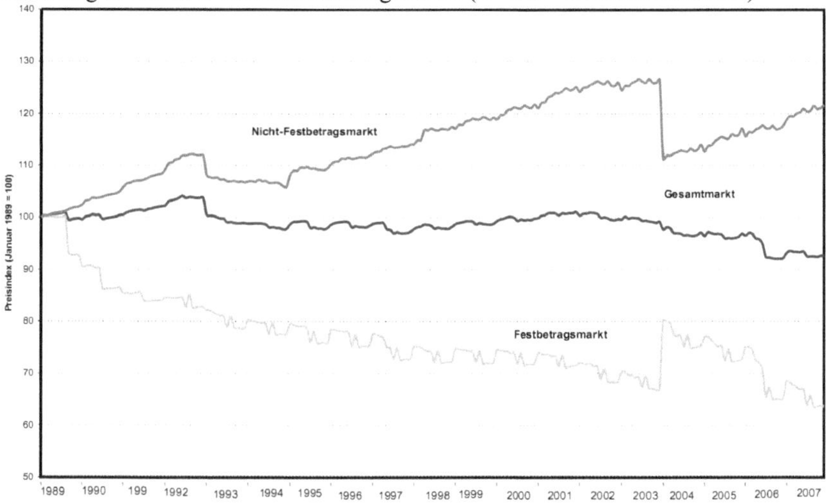

Quelle: Coca et al. (2008), Abb. 4.8.[1842]

6.2.4 Abschätzung der zukünftigen Entwicklung

Die Beurteilung der Nachhaltigkeit respektive Finanzierbarkeit erfordert immer die Zusammenschau von Einnahmen- und Ausgabenseite. Bei beiden Versicherungstypen sind die für den Zeitraum 1995 bis 2008 ermittelten Pro-Kopf Wachstumsraten größer als das simultane Wachstum der Arbeitnehmerentgelte i. H. v. 1,6 %. Für die GKV ist dies problematisch, da die Bemessungsgrundlage im Wesentlichen die Arbeitseinkommen bis zur BBG sind.[1843] Aber auch die PKV hat ein Einnahmenproblem bei Fortschreibung des Ausgabenwachstums, weil die jährliche BIP-Steigerung von 2,3 % geringer als der jährliche Anstieg der Gesamtausgaben mit 3,6 % ist.

Für die *GKV* gibt es eine Fülle von Beitragssatzprognosen, die für die Einnahmen- und Ausgabenseite bei Einbeziehung des MTF dramatische Beitragssatzsteigerungen vor-

1842 Die aktuelle Preisentwicklung in beiden Sektoren wird monatlich vom WIdO gemessen und im online abrufbaren GKV-Arzneimittelindex dargestellt, vgl. für die Entwicklung von Anfang 2008 bis Ende März 2010 WIdO (2010), S. 5.

1843 Eigene Berechnungen auf Basis von StBA (2009d). Das Volkseinkommen wuchs parallel mit dem BIP, womit die Lohnquote von 1995 bis 2008 gesunken ist. Für den Zeitraum ab 1980 bis 2000 siehe SVR (2003), Ziffn. 169-173.

hersagen.[1844] Entscheidend sind die getroffen Annahmen. Wesentlicher Baustein der Schätzungen sind Vorausberechnungen der *demographischen Entwicklung*, die wegen der stabilen Geburtenraten und der auf viele Jahre determinierten Altersstruktur recht sicher durchzuführen sind.[1845] Einen Anstieg des Altenquotienten gab es erst ab Ende der 1990er Jahre, die Demographie wird aber Ende der 2010er Jahre bei unveränderter Ausgabenstruktur auf Einnahmen- und Ausgabenseite merklichen Einfluss haben. Problematischer ist die Bestimmung des *MTF*, der neben dem Lebensstil Auswirkungen auf die Entwicklung der ökonomischen Morbidität und damit die Ausgaben hat.[1846]

Auf der *Einnahmenseite* der GKV sind die Arbeitseinkommen und indirekt das Wirtschaftswachstum.[1847] Prognosen sind hier leichter als beim MTF, schwieriger hingegen als für die demographische Entwicklung. Die Zahl der Erwerbstätigen lässt sich gut abschätzen und wird ab 2020 spürbar zurückgehen, in der GKV um mehr als ein Drittel bis 2050. Das reale Pro-Kopf Einkommen steigt weiter an, das Wirtschaftswachstum sinkt demographiebedingt. In Summe dürften die Einnahmen der GKV sinken bei wachsenden Ausgaben, womit der Beitragssatz steigt.

Der demographische Wandel ist ubiquitär. Gesetzlich und privat Versicherte werden älter. Durch die Alterungsrückstellungen sei man gut gewappnet, so die *privaten Krankenversicherer*. Relevante Unterschiede im Hinblick auf die Nachhaltigkeit können sich aus der Besetzung der Altersklassen und der altersabhängigen Ausgabenstruktur ergeben. Der MTF, verbunden i. d. R. mit höheren Ausgaben, findet schneller in Gesundheitsleistungen für Privatpatienten Eingang, was bei Abschätzung der Prämienentwicklung berücksichtigt werden muss. Vorteile hat die PKV auf der Einnahmenseite, da die Basis oft parallel zum Wirtschaftswachstum wächst. Das Volkseinkommen als Einkommensbasis der PKV, zusammengesetzt aus Arbeits- sowie Unternehmens- und Vermögenseinkommen, ist zwischen 1995 bis 2008 mit den gleichen Raten gewachsen wie das BIP.[1848] Als Problem bezeichnet wird ferner die Bezahlbarkeit der Prämien in höherem Alter, was ebenfalls adressiert wird.

1844 Näheres zur Messung des Einflusses von MTF und empirischen Abschätzungen der Höhe des Einflusses findet sich in Abschnitt 3.2.3.3.

1845 Vgl. für die 12. Koordinierte Bevölkerungsvorausberechnung inklusive der Entwicklung der Unterstützungsquotienten in der ferneren Vergangenheit und die dazugehörige Interpretation für die GKV Abschnitt 3.2.4.2.

1846 Für den Begriff ökonomische Morbidität und die damit verbundene Morbiditätsexpansions- und Morbiditätskompressionsthese siehe ausführlich Abschnitt 3.2.2.2.

1847 Einschätzungen zur zukünftigen Entwicklung der Einnahmenbasis finden sich in Abschnitt 3.2.4.2.

1848 Vgl. StBA (2009d).

6.2.4.1 Prognosen zur Beitragssatzentwicklung in der GKV

Prognosen zur Entwicklung des Beitragssatzes wollen *Handlungsbedarfe* aufzeigen.[1849] Man trifft *Annahmen* über die Entwicklung der Ausgaben und der Einnahmen. Auf Finanzierungsseite sind für die GKV die beitragspflichtigen Einnahmen, die wiederum vom Rentenquotient und Wirtschaftswachstum bestimmt werden, zu nennen. Die Ausgabenseite wird durch das Wechselspiel zwischen demographischer Entwicklung und MTF bestimmt, modelliert oftmals durch einen zusätzlichen Wachstumstrend i. H. v. 1 oder 2 % jährlich. Da die institutionellen Gegebenheiten eine hohe Relevanz für die Vorausberechnungen haben, beschränken wir uns auf Prognosen für Deutschland.[1850]

Diskretionäre vom Staat zu beeinflussende Faktoren, wie z. B. die VPG, die Abgrenzung des Leistungskatalogs oder Verschiebebahnhöfe, sind für die Entwicklung der Beitragssätze zweifellos relevant, können jedoch nur schwer vorausgesagt werden. Wenn der Druck auf die Beitragssätze zu groß wird, ist unabhängig der politischen Couleur mit staatlichen Kostendämpfungsmaßnahem zu rechnen. Andere exogene Variable kann man leichter bestimmen, sind aber von der Effektstärke vermutlich nicht groß genug. Als Beispiel hierfür dient die Mitgliederquote, die über viele Jahre stabil ist.[1851]

Problematisch ist hingegen die Interaktion der Demographie mit dem MTF, die letztlich auch zu Annahmen über die Morbiditätsentwicklung zwingt. Eine auf Basis eines festen und ansteigenden Ausgabenprofils (Kalendereffekt) gegründete Prognose unterstellt implizit eine Morbiditätsexpansion, wohingegen eine auf Basis der Restlebenszeit respektive der Sterbekosten durchgeführte Schätzung unterschwellig von einer Morbiditätskompression ausgeht.[1852]

Bis auf die Recherche von *Breyer und Felder,* die nur die Ausgabenseite betrachtet, gibt es für Deutschland keine dem Autor bekannte Beitragssatzprognose, die für Sterbekosten korrigiert.[1853] Wie diese Studie und die zitierte Studie aus der Schweiz zei-

---

1849 Die Bedeutung des Aufzeigens von Handlungsbedarfen wird deutlich bei Kruse, A. et al. (2003), S. 13. Ähnlich auch Knappe und Rubart (2001), S. 103.

1850 In seiner Habilitation hat Sauerland im empirischen Teil auch weitere Größen zur Bestimmung der Ausgabenentwicklung untersucht. Neben dem MTF, der Demographie und Einkommen ist auch die Dichte der Krankenhausbetten sowie die Arztdichte signifikant und ökonomisch relevant, vgl. Sauerland (2003), S. 176,233-234,433. Die Lektüre ist für weitere Angaben von Einkommenselastizitäten zu empfehlen, siehe insb. Kapitel 1.

1851 Vgl. Abschnitt 3.2.4.2.

1852 Vgl. Cassel und Postler (2007), S. 596-598. Siehe für die Auswirkungen der Problematik der Sterbekosten auf Anforderungen an Bevölkerungsprojektionen auch Cischinsky, H. (2007), S. 223.

1853 Cassel und Postler weisen auf einen Prognosefehler von 43 % hin, wenn Sterbekosten ignoriert werden, vgl. Cassel und Postler (2007), S. 598. Durch die Berücksichtigung der Sterbekosten

gen, führt die Kombination beider Effekte gegenüber einer naiven Betrachtung zu einer geringeren Ausgabenentwicklung, auch wenn der Kalendereffekt insgesamt einen positiven Einfluss der Demographie erwarten lässt.[1854] Bei allen Berechnungen bleibt immer ein Fehlerrisiko. Hier helfen Sensitivitätsanalysen.[1855]

In der Folge werden Projektionen des Beitragssatzes der GKV für Deutschland vorgestellt. Neben dem Prognosejahr, dem Jahr der Studie und dem Beitragssatz werden zusätzliche Hinweise wie Angaben zur Datenbasis, Methodik und den Annahmen gegeben, da diese wesentlich die geschätzte Beitragssatzdynamik beeinflussen.[1856] Die grundsätzliche Unterteilung der Studien erfolgt in Tabelle 11 einmal in naive demographische Hochrechnungen auf Basis fester Pro-Kopf Ausgabenprofile, was der ökonomischen Expansionsthese wegen einer konstanten Morbidität über die Altersklassen entspricht. Dem werden in Tabelle 12 komplexere Studiendesigns, die z. B. den MTF explizit modellieren, gegenübergestellt.

Tabelle 11: Studien mit festen Ausgabenprofilen

Studie	**Jahr**	**Beitragssatz**	**Zusätzliche Hinweise**
Schmähl (1986), S. 105-115.	**2030**	**14,5%**	**Steigender Rentnerquotient**
Knappe (1995), S. 32.	**2030**	**16%**	**Steigender Rentnerquotient, 7. Koordinierte Bevölkerungsvorausberechnung**
SVRKAiG (1994a).	**2040**	**15,5%**	**Veränderte Altersstruktur**
Erbsland und Wille (1995).	**2040**	**15,5%**	**8. Koordinierte Bevölkerungsvorausberechnung**
Erbsland et al. (1999), S. 190.	**2040**	**15,5%**	**Veränderte Altersstruktur**
Buttler et al. (1999), S. 130-131.	**2040**	**17,6% 19,1%**	**Veränderte Altersstruktur**
Breyer und Ulrich (2000), S. 14.	**2030 2040**	**15,2% 15,3%**	**Regressionsanalyse ohne MTF, 8. Koordinierte Bevölkerungsvorausberechnung**
Breyer et al. (2002), S. 159.	**2040**	**22,6%**	**Wie oben, Bevölkerungsmodell DIW**

steigt der Beitragssatz bis 2050 statt um 4,4 Prozentpunkte nur um 2,5 Punkte. Der Autor hat keine weiteren Informationen zu dieser Studie gefunden.

1854 Der Begriff naiv für Schätzungen ohne Modellierung der Sterbekosten findet sich in Steinmann et al. (2007), S. 20.

1855 Cischinsky hebt insb. die Unmöglichkeit der Bezifferung der Effekte einer Lebensverlängerung hervor, vgl. Cischinsky, H. (2007), S. 226-230.

1856 Für eine ähnliche Tabelle siehe Penske (2006), S. 128-129. Siehe auch Enquête-Kommission (2002), S. 191-192.

Studie	Jahr	Beitrags-satz	Zusätzliche Hinweise
Hof (2001), S. 129.	**2050**	**18%**	**Berücksichtigung von Lebenserwartung und Gesundheitspolitik, 8. Koordinierte Bevölkerungsvorausberechnung**
Pfaff (2001).	**2050**	**17%**	**9. Koordinierte Bevölkerungsvorausberechnung**
Pfaff, A. B. (2002), S. 194.	**2040** **2050**	**15,4%** **15,8%**	**9. Koordinierte Bevölkerungsvorausberechnung**
Postler (2003), S. 15.	**2040** **2050**	**16,15%** **16,35%**	**9. Koordinierte Bevölkerungsvorausberechnung**
SVR (2004), Tab. 51.	**2040** **2050**	**16,8%** **17,3%**	**10. Koordinierte Bevölkerungsvorausberechnung**
Beske et al. (2007), S. 99.	**2050**	**17,5%**	**11. Koordinierte Bevölkerungsvorausberechnung**

Quelle: In der jeweiligen Zeile angegeben. Eigene Zusammenstellung in Anlehnung an Penske (2006), S. 128-129. Bei in den Studien angegebenen Beitragssatzspannen wurde gemittelt.

Wird eine Veränderung der Ausgabenstruktur berücksichtigt, erhält man durchweg höhere Werte für die geschätzten Beitragssätze. Dies wird besonders aus Studien ersichtlich, in denen ohne und mit Änderung der Ausgabenstruktur gerechnet wurde. Die relativ geringe Bedeutung der Demographie alleine gegenüber dem technischen Fortschritt respektive der Interaktion der Demographie mit weiteren Variablen wird ähnlich wie in *Breyer und Ulrich* (2000) bei allen anderen Studien mit zwei Varianten bestätigt: Knappe (1995), Hof (2001), Breyer et al. 2002), Pfaff (2002), Postler (2003), SVR (2004).

Bis heute hatte die Demographie auf der Ausgaben- und v.a. Einnahmenseite für die Entwicklung der Beitragssätze keine große Bedeutung.[1857] Erst seit kurzer Zeit kommt es zu einem, zunehmend schnelleren, Anstieg des Altenquotienten und damit Rentenquotienten. Bei *unveränderter Ausgabenstruktur* ist auch zukünftig trotz starker Alterung der Bevölkerung bei allen Studien mit *relativ moderaten Beitragssatzsteigerungen* zu rechnen. Die Spanne reicht im Jahr 2050 von 15,8 % bis 19 %. Der Wert für das Jahr 2004 von *Breyer et al.* (2002) i. H. v. 22,6 % wird von diesen selbst als Ergebnis einer „Regressionsgleichung, [die] die demographische Entwicklung nur grob modelliert" erklärt.[1858]

1857 Vgl. Abbildung 9.

1858 Breyer et al. (2002), S. 160. Man berücksichtige, dass alle Studien nicht für Sterbekosten korrigieren. Breyer und Felder haben wie angeführt ausschließlich Pro-Kopf Ausgaben betrachtet, vgl. Breyer und Felder (2006).

Im Gegensatz dazu *explodiert der Beitragssatz* förmlich bei *Berücksichtigung des MTF*, ob als explizit modellierter Trend oder indirekt erfasst über Annahmen zu Ausgabensteigerungen. Für das Jahr 2050 liegen die Beitragssätze zwischen 20,2 % und 38,8 %. Die weitaus höhere Spanne erklärt sich aus Veränderungen beim Trendwachstum der Ausgaben. Bei Annahme eines hohen Ausgabenwachstums führen zahlenmäßig kleine Unterschiede bei Prognosezeiträumen von fast 50 Jahren zu einem starken Anstieg.[1859] Dies erkennt man auch daran, dass für 2030 die Beitragssätze enger zusammen liegen (zwischen 20,7 % und 26,4 %).

Tabelle 12: Studien mit steigenden Ausgabenprofilen

Studie	**Jahr**	**Beitragssatz**	**Zusätzliche Hinweise**
Dudey (1993).	**2030**	**26,4%**	**Trendextrapolation der Ein- und Ausgabenentwicklung, 7. Koordinierte Bevölkerungsvorausberechnung**
Knappe (1995), S. 32.	**2030**	**25%**	**Steigendes Ausgabenprofil, 7. Koordinierte Bevölkerungsvorausberechnung**
Oberdieck (1998).	**2030**	**25%**	**Fortschreibung der Einnahmen- und Ausgabenentwicklung**
PROGNOS (1998), S. 83ff.	**2040**	**16%**	**MTF wie BIP-Wachstum (einnahmenorientierte Ausgabenpolitik)**
Breyer und Ulrich (2000), S. 14.	**2030** **2040**	**20,7%** **23,1%**	**MTF als Zeittrend i. H. v. 1 %, Regressionsanalyse, 8. Koordinierte Bevölkerungsvorausberechnung**
Breyer et al. (2002), S. 159.	**2040**	**34%**	**Wie oben, Bevölkerungsmodell des DIW, angelehnt an die 9. Koordinierte Bevölkerungsvorausberechnung**
Hof (2001), S. 163,258-259.	**2050**	**21-26%**	**Differenzierte Fortschreibung der Ausgabenentwicklung**
Pfaff, A. B. (2002), S. 195.	**2040** **2050**	**18,5%** **20,2%**	**Ausgaben wachsen stärker Einnahmen, 9. Koordinierte Bevölkerungsvorausberechnung**

1859 Aus 100 Euro werden bei 5 % Zins nach 10 Jahren 163 Euro, bei 3 % Zins 134 Euro. Nach 20 Jahren hat man bei 5 % 265 Euro und bei 3 % 180 Euro usw. Der Unterschied wird mit längerem Beobachtungszeitraum größer.

Studie	Jahr	Beitragssatz	Zusätzliche Hinweise
Sauerland (2003), S. 244.	**2040**	**30,5%**	**Ähnlich *Breyer und Ulrich* (2000)**
Postler (2003), S. 20.	**2040** **2050**	**31,5%** **38,8%**	**Fortschreibung Einnahmen- und Ausgabenentwicklung**
SVR (2003), Kasten 8.	**2050**	**22,8%**	**Gleichgewichtsmodell, 10. Koordinierte Bevölkerungsvorausberechnung**
SVR (2004), Tab. 52.	**2040** **2050**	**18,0%** **19,0%**	**Basisszenario: Ausgaben +3,7 % jährlich, Einnahmen +3,0 % jährlich, 10. Koordinierte Bevölkerungsvorausberechnung**
SVR (2004), Tab. 52.	**2040** **2050**	**24,6%** **29,7%**	**Versteilerungsszenario: Ausgaben +4,7 % jährlich, Einnahmen +3,0 % jährlich, 10. Koordinierte Bevölkerungsvorausberechnung**
SVR (2004), Tab. 52.	**2040** **2050**	**35,5%** **47%**	**Extremszenario: Ausgaben +4,7 %, Einnahmen +2,0 %, 10. Koordinierte Bevölkerungsvorausberechnung**
Beske et al. (2007), S. 99.	**2050**	**27%**	**11. Koordinierte Bevölkerungsvorausberechnung, MTF als Zeittrend i. H. v. 1 %**

Quelle: In der jeweiligen Zeile angegeben. Eigene Zusammenstellung in Anlehnung an Penske (2006), S. 128-129. Bei in den Studien angegebenen Beitragssatzspannen wurde gemittelt.

Oberdieck (1998) hat in seiner Studie für den reinen demographischen Effekt 71,6 % Erklärungswert des Beitragssatzanstiegs ermittelt. Der MTF für sich ergab 79,2 %. Daraus wird die hohe Interdependenz der beiden Determinanten Demographie und MTF ersichtlich.

Das Modell des *SVR* (2004) wurde in mehreren Varianten gerechnet. Man sieht an den drei Szenarien große Schwankungen in den Prognosewerten. Gerade bei den Berechnungen mit wachsenden Pro-Kopf Ausgaben können kleine Änderungen in den Annahmen zu großen Beitragssatzunterschieden führen. Nicht zuletzt wegen der Unsicherheit des Einflusses der Sterbekosten sollte besser von Projektionen als von Prognosen gesprochen werden und Sensitivitätsanalysen angestellt werden.[1860]

Aus der Reihe fällt der Wert von *PROGNOS* (1998), weil dort von einer einnahmenorientierten Ausgabenpolitik im Sinne der Beitragssatzstabilität ausgegangen wurde.

1860 Modellrechnungen mit Sensitivitätsanalysen, nicht nur zur Krankenversicherung, finden sich bspw. bei Werding und Kaltschütz (2005).

Die jährlichen Wachstumsraten der Ausgaben entsprechen dem Wachstum der Einnahmen. De facto wird das historische Wachstum des MTF mit 2,7 % stark unterschätzt bei Gleichsetzung mit den 1,4 % Wirtschaftswachstum. Allein die Änderung der Ausgaben wegen der Altersstruktur führt insgesamt zu einer Beitragssatzsteigerung.[1861] Bis auf PROGNOS (1998) wurden keine politischen Eingriffe in den Studien angenommen. Die Recherche zeigt bei aller Kritik, wie wichtig und einflussreich der diskretionäre politische Einfluss ist.

Nicht einberechnet in den Studien ist die *Verlagerung des Morbiditätsrisikos* auf die Krankenkassen. Bisher galt der Grundsatz der Beitragssatzstabilität, der zwar nicht eingehalten wurde, wie der kontinuierliche Anstieg des Beitragssatzes über die letzten Jahrzehnte zeigte.[1862] Dennoch hatte man sich in allen kollektiven Verhandlungen am Wachstum der Grundlohnsumme orientiert. Die Übertragung des Morbiditätsrisikos auf die Krankenkassen im ambulant-stationären Sektor via der morbiditätsorientierten Gesamtvergütung und im akut-stationären Sektor über einen Krankenhauskostenindex dürfte daher *ausgabentreibend* wirken.[1863]

Bei Hinzurechnung der geschätzten Beitragssatzsteigerungen in der PV zu den Werten für die Krankenversicherung ergäben sich insgesamt mit RV und ALV leicht *Beitragsätze für Sozialversicherungen über 50 %*.[1864] Für den Erwerbstätigen bedeutete das einen Abzug von 25 % auf den Bruttolohn, ohne Steuern berücksichtigt zu haben. Eine *Einhaltung des Generationenvertrags* wird angesichts der dramatischen Beitragssatzentwicklung für die zukünftigen erwerbstätigen Kohorten *zunehmend unwahrscheinlicher*.

Selbst wenn die Solidarität zwischen den Generationen innerhalb der GKV im Sinne eines gegenseitigen Einstehens von „Stark für Schwach" ausgeprägt ist, wären die *Anreize zum Arbeiten gering*. Strengen sich die Bürger aufgrund der hohen Abzüge weniger an, dann bleibt bei aller Solidarität wenig zu verteilen. Es wäre dann sogar mit noch höheren Beitragssätzen wegen der Einnahmenausfälle zu rechnen. Da der Beitragssatzanstieg maßgeblich durch die Demographie in Interaktion mit dem MTF begründet ist, stehen einer Erhöhung der Beitragssätze zunächst keine Leistungen gegen-

---

1861 Siehe dazu kritisch Breyer et al. (2002), S. 153-154.

1862 Vgl. Abschnitt 3.2.4.2.

1863 Simon bemerkt dazu, dass jährliche Steigerungsraten von unter 2 % und teilweise unter 1 % i. d. R. nicht ausreichend waren, die Steigerungen der Personalkosten selbst bei moderaten Tarifabschlüssen zu decken, vgl. Simon, M. (2010), S. 164. Für die Entwicklung der Grundlohnsumme in den Jahren 2000 bis 2007 vgl. BMG (2010a).

1864 Bei einer jährlichen, bruttolohnorientierten Dynamisierung der Pflegeleistungen i. H. v. 2 % wird der Beitragssatz auf 4,4 % im Jahr 2050 geschätzt, vgl. Dräther und Holl-Manoharan (2009), S. 32. Die relative Steigerung der Beiträge in der PV ist im Vergleich zur Krankenversicherung wesentlich höher, da der Bedarf an Pflegeleistungen sehr stark mit dem Alter zusammenhängt. Addiert man darauf noch einen GRV-Beitrag von 20 % und 3 % ALV-Beitrag, sind die 50 % noch konservativ geschätzt.

über, was der Definition einer Steuer entspricht.[1865] *Nachhaltigkeit* ist also auch gesamtwirtschaftlich in der Variante höheres *Wirtschaftswachstum* zu *bezweifeln.*

6.2.4.2 Einschätzung der Nachhaltigkeit in der PKV

Anders als für die GKV gibt es keine Berechnungen zu mittel- und langfristigen Prämiensteigerungen in der PKV. Ein Grund ist die heterogene Tarifvielfalt und die öffentlich schwer zugänglichen Daten. Ein greifbarer, für den Versicherungstyp insgesamt geltender, Parameter wie der Beitragssatz in der GKV existiert nicht. Die tatsächliche Belastung gesetzlich Versicherter hängt zwar stark vom Anteil des Arbeitseinkommens am Gesamteinkommen ab, dennoch verdeutlicht der Beitragssatz auf einen Blick die Dringlichkeit des Handlungsbedarfs. Die Prämie der Privatversicherten wird hingegen aus dem Haushaltseinkommen aufgebracht. Der Quotient aus Prämie und Haushaltseinkommen lässt sich als „Beitragssatz der PKV" interpretieren und schwankt mit jeder Änderung von Prämie und / oder Einkommen.

Grundsätzlich lassen sich also „Beitragssätze der PKV" berechnen, indem die durchschnittlichen Prämien durch die durchschnittlichen Haushaltseinkommen dividiert werden. Alternativ können die mittleren Prämien direkt mit den durchschnittlichen Beiträgen in der GKV in einem Zeitpunkt oder im Zeitablauf betrachtet werden. *Grabka* führte basierend auf SOEP-Daten eine Analyse zu Beitrags- und Prämienhöhe für die Jahre 1985 bis 2005 durch.[1866] Der jährliche Gesamtbeitrag von Arbeitnehmer und Arbeitgeber bei Einkommen oberhalb der BBG stieg zwischen 1985 und 2005 von 244 Euro auf 564 Euro, während die Prämien von im Durchschnitt mehr als 20 Jahre in der PKV ununterbrochen Versicherten ohne Beihilfeanspruch von 131 Euro auf 395 Euro gestiegen sind.[1867] Demnach ist in der Vergangenheit die PKV, von einem niedrigeren Niveau ausgehend, relativ zur GKV teurer geworden.

Nicht vergessen werden darf, dass neben den Einnahmen die *Leistungen* zu vergleichen sind. Tatsächlich bestehen Unterschiede im Servicebereich, die bei identischer Beitragshöhe und Prämie aus Versichertensicht die *PKV attraktiver* machen.[1868] Die vergleichende Analyse erschwerend kommt hinzu, dass in den GKV-Beitragssätzen die Ausgaben im Status quo abgedeckt sind. Dagegen hat die PKV mit aktuell 124 Mrd. Euro *Alterungsrückstellungen* ein Polster für die kommenden ausgabenintensiven

---

1865 Vgl. SVR (2001), Ziff. 386.

1866 Vgl. Abschnitt 5.1.1.3.

1867 Für einen Durchschnittsverdiener sind die Beiträge in der GKV von 189 Euro auf 384 Euro angestiegen und damit bereits ein wenig niedriger als in der PKV, vgl. Grabka (2006a), S. 657. Im Fließtext wurde das Beispiel eines Vielverdieners verwendet, weil der typische PKV-Versicherte hohe Einkommen hat, vgl. Leinert (2006a), S. 32.

1868 Vgl. Abschnitt 6.1.1.2. Diese Summe verzinst sich jedes Jahr und verringert die demographische Last in der entscheidenden Phase.

Jahre aufgebaut.[1869] Mit anderen Worten sind die *heutigen Prämien de facto niedriger.*[1870] Eine Gegenüberstellung ohne Berücksichtigung der Alterungsrückstellungen lässt die *GKV preiswerter erscheinen*, als sie *eigentlich ist*.

Bei Annahmen über die Ausgabenentwicklung in der PKV lässt sich ein Pendant zur Beitragssatzentwicklung in der GKV konstruieren. In diesem Abschnitt *beschränkt* sich die *Analyse* auf eine Einschätzung der *Ausgabenentwicklung* der PKV mit Blick auf die gesetzliche Krankenversicherung. Wie bei der GKV ist das *Zusammenspiel* aus *Demographie und MTF zentraler Ausgabentreiber*. Der Ausgabenprofilvergleich nach Altersgruppen zeigt, dass die Ausgaben für PKV-Versicherte *in jedem Alter* höher sind als im GKV-System und ab 40 Jahren in der PKV wesentlich stärker steigen als in der GKV (Abbildung 26):[1871]

Abbildung 26: Ausgaben pro Kopf nach Alter im Jahr 2003

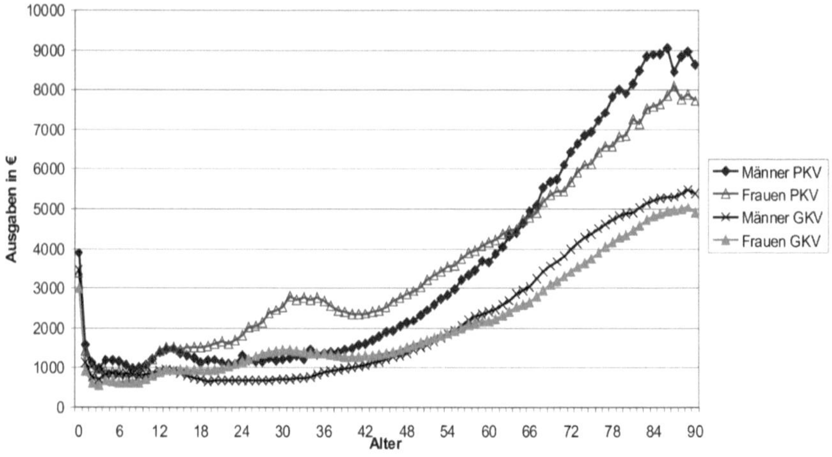

Quelle: Niehaus und Weber (2005), S. 45.

Die höheren Ausgaben über die Kohorten mögen verwundern, da die Durchschnittsprämie im Jahr 2003 ungefähr dem Durchschnittsbeitrag in der GKV entsprach.[1872] Die Ausgaben müssen jedoch noch mit der *Besetzung der Altersklassen gewichtet*

1869 Zur Prämienberechnung vgl. Abschnitt 6.2.2.2.

1870 Sobald bei zunehmender Alterung der Versichertenpopulation in der PKV der Aufbau der Alterungsrückstellungen dem Abbau entspricht, wäre ein einnahmenseitiger Vergleich Prämie zu Beitrag fair.

1871 Der Grund für in jedem Alter höhere Ausgaben sind Mehrumsätze, vgl. Abschnitt 6.1.2.1.2.

1872 Die Prämie im Jahr 2005 entsprach in der PKV ohne Beihilfeempfänger 395 Euro und für Durchschnittsverdiener in der GKV 384 Euro. Da die Prämien in der PKV schneller gewachsen sind, dürfte im Jahr 2003 Parität gegeben gewesen sein, vgl. Grabka (2006a), S. 656-657.

werden. In der PKV ist trotz Risikoselektion und der Korrelation von hohem Einkommen mit geringer Morbidität das Durchschnittsalter der Versicherten geringer. Für die ausgabenintensive Gruppe der Versicherten ab 65 Jahren beträgt der Anteil in der PKV 16 % und in der GKV 20 %.[1873]

Der Grund hierfür sind die an mehreren Stellen angesprochenen „*Schlupflöcher*", die ökonomisch rationale Privatversicherte in höherem Alter in die GKV wechseln ließen, da dort die Beiträge oftmals niedriger waren. Die Maßnahmen, beginnend mit dem GRG 1989, führten zu einer *Annäherung der Besetzung der Altersstrukturen* von GKV und PKV. So betrug der Anteil der über 65-Jährigen im Jahr 1995 an den insgesamt privat Versicherten 10 %, während der Bevölkerungsanteil der über 65-Jährigen 16 % aufwies. Das ist eine Verringerung der Differenz um 2 Prozentpunkte innerhalb von 13 Jahren.[1874]

In der Krankheitsvollversicherung wird die Altersstruktur anders als in der GKV nicht erfasst. Eine Approximation ist über die private Pflegestatistik möglich, da PKV-Vollversicherte normalerweise gleichzeitig eine private PV abgeschlossen haben.[1875] Der besseren Vergleichbarkeit werden hier die 2003er Daten bevorzugt. Im Jahr 2003 stellte sich die prozentuale Besetzung der Altersklassen nach Versicherungstyp wie folgt dar (Abbildung 27):

Abbildung 27: Prozentualer Anteil der Altersgruppen im Jahr 2003

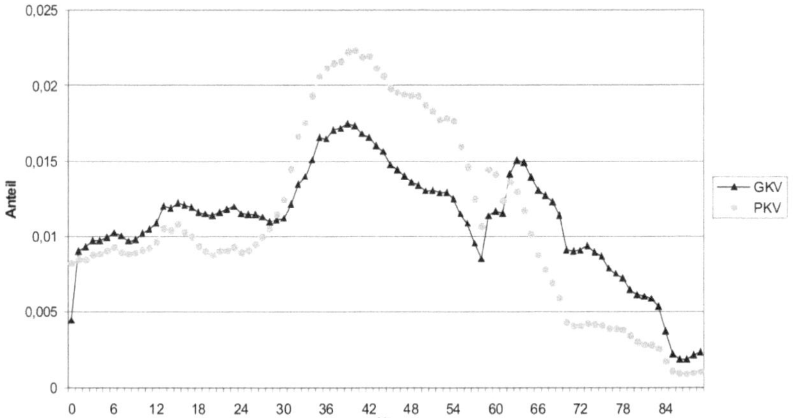

Quelle: Niehaus und Weber (2005), S. 25.

1873 Vgl. Abschnitt 6.1.2.1.

1874 Vgl. StBA (1995).

1875 Für die 2008er Besetzungsstärken der privaten PV als Surrogat der PKV siehe Anhang 9. Die Kohortenstärken in der GKV sind in Abbildung 32 dargestellt. Es kam nicht überraschend seit 2003 zu einer weiteren Annährung der Altersstruktur zwischen den Versicherungstypen.

Deutlich höhere Besetzungsstärken finden sich für die PKV zwischen Mitte 30 bis Anfang 60, während die GKV höhere Anteile von Personen älter als 65 Jahre vorweist. Der durch die „Schlupflöcher" bedingte Überhang in den mittleren Jahrgängen wird jährlich durch die in der PKV stärker besetzen jüngeren Kohorten reduziert. Der Überhang älterer gesetzlich Versicherter mündet ca. *Mitte der 2010er Jahre* in *höhere Anteile von 65-jährigen und älteren Privatversicherten*. Grund sind die jetzt stark besetzten mittleren Jahrgänge der Privatversicherten. Somit wird schließlich durch die höhere Lebenserwartung von Privatversicherten die Besetzung in den einzelnen Kohorten für Jüngere etwas geringer und im hohen Alter wesentlich größer sein. Für die Nachhaltigkeit ist jedoch die Ausgabenlast pro Versicherten relevant.

Hervorzuheben ist die Tatsache, dass bei den ältesten Versicherten in der GKV früher als in der PKV eine deutliche Verflachung der Ausgaben zu beobachten ist. Gerade im *hohen Alter* werden *Privatpatienten teurer* behandelt als GKV-Patienten. In den höheren Altersgruppen werden den Versicherten der PKV andere, mehr und teurere Leistungen angeboten, als den GKV-Versicherten. Für Arzneimittel steigen die Ausgaben in GKV und PKV bis zum 85. Lebensjahr an. In der PKV hält der Trend an, während bei GKV-Versicherten die Ausgaben im hohen Alter sinken.[1876] Nach Prognose des Statistischen Bundesamts nimmt die Anzahl der über 65-Jährigen in Deutschland bis zum Jahre 2060 von 16,8 Mio. auf 21,9 Mio. zu, gleichzeitig steigt der Anteil der über 80-Jährigen von 5 % auf 14 %.[1877]

Wie hoch der Anteil der Komponenten an den insgesamt höheren Ausgaben ist, hängt auch vom Sektor ab.[1878] *Niehaus* kommt zu dem Schluss, dass die Versteilerung der Ausgabenprofile respektive eine ökonomische Morbiditätsexpansion im ambulanten Bereich für GKV und PKV vorherrscht, während im stationären Bereich in beiden Versicherungstypen eine Kompression zu beobachten ist.[1879] Im Arzneimittelsektor ist von einer Versteilerung der Ausgabenprofile auszugehen, da sowohl in der GKV als auch in der PKV die Wachstumsraten je Versicherten in den Jahren 1995 bis 2008 gegenüber den anderen Sektoren spürbar höher waren.[1880]

1876 Für die Zahlen siehe Wild (2009), S. 161.

1877 Vgl. Abschnitt 3.2.4.2. Siehe für die Daten StBA (2009a).

1878 Anhaltspunkte zum Verhältnis Mengen zu Qualität zu Preis nach Sektoren gibt Abschnitt 6.1.2.1. Ausführliche sektorale Daten getrennt nach Versicherungstyp finden sich in Niehaus (2006), S. 45-60,78-96.

1879 Dabei werden unter ambulant Arzneimittel und ambulant-ärztliche Leistungen gefasst, weil in der PKV keine Aufteilung möglich war, vgl. Niehaus (2006), S. 79. Grund für die beobachte Kompression im stationären Sektor könnte die DRG-Einführung gewesen sein, wobei schon mindestens seit 1995 geringe Wachstumsraten pro Versicherten im stationären Bereich zu beobachten sind, vgl. Abschnitt 6.2.3.2. Scheinbar hat die sektorale Budgetierung, eingeführt mit dem GSG, im akut-stationären Sektor am besten funktioniert. Für die Ergebnisse siehe Niehaus (2006), S. 143-144.

1880 Vgl. Abschnitt 6.2.3.2.

Glaubt man weiter, dass die Mehrumsätze durch Privatpatienten proportional mit den Ausgaben ansteigen, ergeben sich durch eine höhere ökonomische Morbidität im Vergleich mit der GKV *absolut höhere Ausgabenzuwächse je Versicherten.* Bei Betrachtung *der Gesamtausgaben über alle Versicherten* ist der Anstieg gegenüber der GKV wegen der zunehmenden Angleichung der Besetzung der Kohorten ebenfalls größer.

Für die Nachhaltigkeit ist die *Einschätzung* der *Bezahlbarkeit und damit der Änderungshöhe der Prämien* wichtig. In der GKV werden hohe Beitragssatzsteigerungen prognostiziert, die aus Sicht des Versicherten kontinuierlich und dementsprechend in kleinen Schritten erfolgen. Die prozentuale Anbindung an die Bruttoeinkommen schützt automatisch vor einer Überforderung durch ein verändertes Gehalt. Beim Übergang in die KVdR verringert sich das Einkommen auf die niedrigere Rente, direkt proportional wird die Beitragslast kleiner. Anders führt der *Rückgang des Einkommens in der PKV* zu *keiner Veränderung* der *Versichertenprämie.* Die Angst, den gewohnten Krankenversicherungsschutz nicht mehr bezahlen zu können, ist in der PKV größer.[1881]

Um eine Bezahlbarkeit der Prämien zu gewährleisten, dient ein Teil der Prämie zum Aufbau von *Alterungsrückstellungen.*[1882] In die Prämie eingeschlossen ist der sog. *10 %-Zuschlag,* der mit Vollendung des 60. Lebensjahrs wegfällt und ab Vollendung des 65. Lebensjahrs beitragsmindernd eingesetzt wird.[1883] Neben dem 10 %-Zuschlag dient die 90 %-Überzinsenregelung der Prämienbegrenzung im Alter ab 65 Jahren. Durchschnittlich sind die Prämien trotz dieser Vorkehrungen zum Jahresanfang 2010 um 5 % bis 10 % angehoben worden, wobei der Durchschnitt für die PKV im Jahresverlauf 2009 aufgrund der hohen Heterogenität von Tarifen und auch innerhalb der Tarife sowie wegen Sondereffekte 2008 wenig für den Einzelnen aussagt.[1884]

1881 Die Möglichkeit der Kündigung des Versichertenverhältnisses seitens des Versicherers wurde für die substitutive Krankheitsvollversicherung im Zuge der Dritten Schadenrichtlinie und als Bedingung für den Arbeitgeberzuschuss bei Arbeiter und Angestellten abgeschafft, vgl. Abschnitt 4.2.3. Gesetzliche Grundlage ist § 206 Abs. 1 und 2 VVG.

1882 Zur Zusammensetzung der Prämie und der Ausgabendämpfungsmaßnahmen im Lebenslauf vgl. detailliert Abschnitt 6.2.2.2.

1883 § 12 Abs. 4a VAG. Ab dem Alter von 66 Jahren wird der 10 %-Zuschlag ohne Abzug etwaiger Kosten zur Begrenzungen von Beitragsanpassungen eingesetzt. Ab einem Alter von 81 Jahren können die Prämien, soweit entsprechende Mittel aus dem Zuschlag in ausreichender Höhe vorhanden sind, sogar prämienmindernd eingesetzt werden, vgl. § 12a Abs. 2a VAG. Kritisch hierzu siehe Kirsten (2005), S. 53-55.

1884 Vgl. o.V. (2010d), S. 1. In einem Spiegel-Beitrag Anfang Dezember 2009 wird eine Spanne nach Branchenangaben zwischen 3 und 8,5 % genannt, vgl. o. V. (2009b). Rürup et al. zitieren für den Jahresverlauf 2009 den map-report mit Steigerungen von 1,3 % bei 16 „relevanten Marktteilnehmern". Zwischen 1997 und 2008 betrug der Anstieg laut map-report 5,3 % jährlich, während die GKV parallel 2,4 % verzeichnet. Als zweite Quelle werden für 2009 3 % von der Ratingagentur Assekurata genannt, vgl. Rürup et al. (2010), S. 51-52. Die PKV-Unternehmen können bei Assekurata freiwillig am Rating teilnehmen, so dass eine Fehlschätzung anhand der 13 gerateten Unternehmen, als repräsentativ für ca. 50 Unternehmen, anzu-

Die in dem Zeitraum gehäuften Meldungen von *Prämiensteigerungen bis zu 30 %* beruhen auf einer *Kombination mehrerer Ursachen.*[1885] Bei der Berechnung wird v. a. von einer konstanten Lebenserwartung, keiner Inflation und der Absenz von MTF ausgegangen. „Eine Erhöhung der Beiträge oder eine Minderung der Leistungen des Versicherers wegen des Älterwerdens der versicherten Person ist jedoch während der Dauer des Versicherungsverhältnisses ausgeschlossen, soweit eine Alterungsrückstellung zu bilden ist“ [1886], so dass die Beiträge c. p. gleich bleiben.

Prämienanpassungen werden im *Umkehrschluss* für die Existenz der Versicherung *notwendig* und sind gesetzlich gestattet, wenn die Lebenserwartung zunimmt, die Preise im Gesundheitswesen steigen[1887] oder ein ausgabensteigernder MTF geschieht.[1888,1889] Sinkt die Stornorate, müssen bei Zusprechung der Alterungsrückstellungen an den Versicherer ebenso die Prämien erhöht werden. Eine langfristige Ausgabensteigerung wegen der Änderung der Stornorate ist anders als bei den drei genannten Effekten nicht zu vermuten.[1890] Ab einer Abweichung der nötigen Prämie von 10 % versus die bisher kalkulierte Prämie kann diese erhöht werden.[1891] Eine Versicherung muss die *Notwendigkeit der Anhebung nachweisen* und von einem Treuhänder genehmigen lassen.[1892] Die so begründeten Prämienanpassungen werden auch als *Niveaueffekt* bezeichnet. *Ältere* sind generell *stärker betroffen*, weil in *kürzerer Zeit Alte-*

---

nehmen ist. Ein Grund für den niedrigen Prämienanstieg im Jahresverlauf 2008 dürfte das Abwarten der Auswirkungen der Einführung der beschränkten Portabilität von Alterungsrückstellungen gewesen sein, vgl. Krohn (2010).

1885 Siehe für den 30 %-Wert z. B. Kowalski (2010). Genannte Gründe sind z. B. eine höhere Lebenserwartung, stark ansteigende Arzneimittelausgaben, vgl. Dohmen (2010).

1886 § 8a Abs. 2 S. 3 MB/KK (2009). „Soweit eine Altersrückstellung zu bilden ist“ bedeutet, dass für die Krankheitsvollversicherung eine Erhöhung der Beiträge wegen zu niedriger Alterungsrückstellungen bei unverändertem MTF, konstanten Preisen oder gleicher Lebenserwartung ausgeschlossen ist.

1887 Die Preise im Gesundheitswesen steigen stärker als die Inflation, vgl. zum Preisstruktureffekt Abschnitt 3.2.1.

1888 § 203 Abs. 2 S. 1 VVG. Siehe auch § 8b Abs. 1 S. 1 MB/KK (2009).

1889 Diese Risiken werden als Änderungsrisiko bezeichnet. Das Zufallsrisiko bezeichnet eine Abweichung der Ausgaben von einem korrekt kalkulierten Erwartungswert, das Irrtumsrisiko beschreibt die zwar korrekte Berechnung des Erwartungswerts, jedoch wurde die Schadenseintrittswahrscheinlichkeit und / oder Höhe des Schadens fehlerhaft geschätzt, vgl. für die drei Risikotypen ausführlich Farny (2006), S. 83-93.

1890 PKV-Versicherte können beginnend mit 1989 nicht mehr so leicht bzw. heute kaum noch in die GKV zurückwechseln, womit die Stornowahrscheinlichkeit über die Jahre gesunken ist und damit die Prämien deswegen gestiegen sind, vgl. Milbrodt (2005a), S. 187.

1891 § 12b Abs. 2 VAG. Die Abweichung von 10 % wird als auslösender Faktor bezeichnet. Siehe zur Berechnung Milbrodt (2005a), S. 170-174.

1892 Aufsichtsbehörde ist die BaFin.

rungsrückstellungen für die *Differenz* zwischen höheren Ausgaben und kalkulierten Ausgaben vor MTF etc. aufgebaut werden müssen.[1893]

Neben dem Niveaueffekt gibt es noch den sog. *Struktureffekt*, der zum überproportionalen Prämienanstieg für Ältere beiträgt. Eine Prämienanpassung wird innerhalb eines Tarifs finanziert. Angesichts des im Wesentlichen für Ältere ausgabentreibenden MTF steigen die Ausgaben in einem Tarif mit vielen Älteren, die oft kränker sind, schneller an, als in einem Tarif mit im Schnitt jüngeren, gesünderen Versicherten, die erst im Alter in den Genuss des MTF kommen.[1894] Prämiensteigerungen werden erst relevant, wenn der MTF ausgabenwirksam wird, was im älteren, präziser durch den MTF ökonomisch kränker gewordenen Versichertenkollektiv früher der Fall ist. Entscheidend für einen hohen Prämienanstieg im Alter ist nicht die Altersverteilung im Tarif, sondern die Morbidität. Jüngere respektive Neukunden haben daher, wenn sie unter sich bleiben, niedrigere prozentuale Anpassungen zu tragen als Ältere und / oder Bestandskunden.[1895] Darum besteht *trotz altersspezifischer Tarifkalkulation* eine *Abhängigkeit älterer Versicherter von Neuzugängen* in ihren Tarif, sollen hohe Prämiensteigerungen vermieden werden.

Einschränkend zu den überproportionalen Steigerungen ist zu konstatieren, dass die *gesetzlichen Neuregelungen* wie z. B. der 10 %-Zuschlag oder die 90 %-Regelung beim Überzins noch nicht lange wirken konnten und damit verbunden kaum empirischen Daten vorliegen, so dass die Problematik der Prämiensteigerungen derzeit überbewertet wird.[1896] Die vom BMF eingesetzte *Unabhängige Expertenkommission* zur Untersuchung der Bezahlbarkeit von Prämien auch im Alter kam zu dem Schluss, dass die 90 %-Regelung der Überzinsen die allgemeine Inflation ausgleicht und der 10 %-Zuschlag die durch den Preisstruktureffekt hervorgerufene darüber hinaus gehende

---

1893 Beim Ansparen von Alterungsrückstellungen kommt der Zinseszins-Effekt genauso zu tragen, wie bei anderen Sparvorgängen. Siehe auch Fußnote 343.

1894 Nell und Rosenbrock bezeichnen das hier beschriebene Phänomen als kollektives Prämienrisiko, vgl. Nell und Rosenbrock (2008), S. 178-180. Vgl. für eine andere Herleitung im Verbund mit Wettbewerbsüberlegungen der privaten Krankenversicherer Rürup et al. (2010), S. 32-35,37-39. Zur Vergreisung der Tarife als Wettbewerbsstrategie siehe auch Abschnitt 5.1.2.1.1.

1895 Der Effekt tritt nach Milbrodt häufig auf, ist in Auftreten und Ausmaß anders als das „mathematische Altenproblem“ jedoch abhängig vom Unternehmen, vom Tarif und dessen Zusammensetzung, vgl. Milbrodt (2005a), S. 106.

1896 So auch Rürup et al. als Fazit: „Ob und in welchem Ausmaß die gesetzlichen Regelungen dazu geführt haben, die Problematik steigender Beiträge der privat Krankenversicherten im Alter zu beheben, lässt sich u. E. aus heutiger Sicht nicht zuverlässig beantworten“, Rürup et al. (2010), S. 42. Das heißt im Klartext, dass bei Greifen der gesetzlichen Regelungen kein merkliches Problem in der PKV bereits heute existieren könnte. Eine deutliche Entlastungswirkung konstatiert Milbrodt, der sich auf Simulationsstudien und Modellrechnungen bezieht, vgl. Milbrodt (2005a), S. 203. Die angeführte Evidenz zeigt aber den Bedarf einer Flexibilisierung der Regelungen und die Gefahr langjährig niedriger Renditen am Kapitalmarkt, die direkt auf den Überzins durchschlagen.

Inflation, auch bezeichnet als spezielle Kostensteigerungen[1897], ausreichend abfedert.[1898]

Unverständlich ist die Verwendung von *Periodensterbetafeln*.[1899] Auf diese Weise wird ein heute 20-Jähriger mit der gleichen Lebenserwartung gerechnet wie ein heute 60-Jähriger. Tatsächlich werden, konservativ geschätzt, heute Neugeborene mehr als vier Jahre älter als dies Periodensterbetafeln aussagen.[1900] Da eine Zunahme der Lebenserwartung prognostiziert werden kann, die im Verbund mit dem schwer schätzbaren MTF zu einer Medikalisierung führen dürfte, wäre es leicht, die Tarife hierfür zu dynamisieren.[1901]

Einen Schutz vor sehr hohen Beiträgen ermöglicht ferner der *Basistarif* mit der Möglichkeit der Halbierung oder völligen Übernahme unter bestimmten Voraussetzungen, der allerdings mit dem Verlust des Status Privatpatient verbunden ist.[1902] Weiterhin können die Versicherten ohne Verlust der Alterungsrückstellungen *innerhalb der Versicherung wechseln*.[1903]

1897 Der Begriff stammt von Meyer, U. (1994), S. 98. Spezielle Kostensteigerungen enthalten z. B. den MTF, den Preisstruktureffekt und eine steigende Inanspruchnahme von Gesundheitsleistungen, vgl. Meyer, U. (2001a), S. 9.

1898 Für die Argumentation zur Berücksichtigung der allgemeinen Inflation siehe Expertenkommission (1996), S. 57-70. Meyer stellt fest, dass sich die Inflationsrate und der Nominalzins zwischen 1970 und 2000 parallel entwickelt hat, so dass das allgemeine Inflationsrisiko mutmaßlich auch in Zukunft durch die Überzinsregelung abgefedert wird, vgl. Meyer, U. (2001a), S. 7-9. Die Expertenkommission ging von einer um 2 Prozentpunkte stärkeren Inflation im Gesundheitswesen aus. Zur Abfederung dieser speziellen Kostensteigerungen dient der prozentuale Beitragszuschlag, vgl. für die Begründung eines prozentualen Beitragszuschlags statt z. B. der Senkung des Rechnungszinses ausführlich Expertenkommission (1996), S. 70-95.

1899 Vgl. Abschnitt 3.2.2.1.

1900 Siehe Fußnote 256.

1901 Die Argumentation gegen eine weitergehende Dynamisierung ist die Unbestimmtheit der Ausgabenentwicklung, vgl. für den Begriff Dynamiktarif, eine mathematische Behandlung und Kritik Milbrodt (2005a), S. 75-78. Dynamiktarife sind i. w. S. alle Tarife, die nicht auf Größen des Status quo bezogen sind, sondern die Kalenderzeitabhängigkeit der Rechnungsgrundlagen berücksichtigen, wie z. B. der 10%-Zuschlag für die zu erwartenden spezifischen Kostensteigerungen. In Dynamiktarifen i. e. S. wird der Rechnungszins und die Ausscheideordnung als konstant angenommen sowie der rechnerische Kopfschaden dynamisiert. Negativ an den Tarifen ist der höhere Verwaltungsaufwand, das Nachsteuern bei anders als kalkulierter Entwicklung der Kopfschäden und Nachteile im Wettbewerb bei isolierter Einführung einzelner Unternehmen, vgl. zur Umgehung der letzteren Problematik Abschnitt 7.3.1.1.2. Nach Meinung des Autors dürfte jedoch ohne eine spürbare Begrenzung des MTF Medikalisierung überwiegen, vgl. Abschnitt 3.2.2.2.

1902 Vgl. Abschnitt 6.1.2.2.2. Insofern ist der Basistarif trotz aller Kritik seitens der PKV ein gutes Argument gegen das Prämienrisiko im Alter.

1903 § 204 Abs. 1 VVG. Zum Wechselrecht und Gegenstrategien der Versicherer siehe detailliert Abschnitt 5.1.2.1.1. Allerdings ist eine Höherversicherung, die eigentlich nicht angestrebt

Ausgehend von der Beitragsentwicklung zwischen 1995 und 2008 ist für die *PKV insgesamt* mit *hohen Ausgabensteigerungen* zu rechnen. Die stärkere Besetzung älterer Kohorten lässt die Ausgaben gegenüber der GKV spürbar schneller wachsen. *Alterungsrückstellungen* helfen, diese Entwicklung zu dämpfen. Überträgt man den Kapitalstock mit 124 Mrd. Euro proportional auf die GKV gemäß der Versichertenzahl, müsste die GKV ca. 1 Billion Euro aufbauen. Dem unbenommen reichen die Rückstellungen nicht aus, die Beiträge alterskonstant zu halten, weil der MTF, eine höhere Lebenserwartung und die Inflation trotz gesetzlicher Neuregelungen mutmaßlich auch heute nicht vollständig abgebildet werden.

Auf Versichertenebene konnte zwar im Hinblick auf die ökonomische Morbidität keine stärkere Versteilerung der Ausgabenprofile der PKV nachgewiesen werden, schreibt man aber die dynamischere Ausgabenentwicklung in der Vergangenheit auf Basis der bereits heute höheren altersadjustierten Ausgaben fort, ergibt sich eine *zu erwartende deutliche Prämienzunahme* für *Privatversicherte*. Ein Teil des Anstiegs ist mit Mehrleistungen, die ebenfalls teurer werden, verbunden. Mehrumsätze im Sinne von Subventionen an die GKV nehmen weiter zu, so dass sich der fiskalischen Äquivalenz auf diesem Wege, neben der Angleichung der Altersstruktur, angenähert werden dürfte und so ein Stück weit die Nachhaltigkeit der GKV gestärkt würde.[1904]

Inwieweit die nachhaltige Bezahlbarkeit der Prämien gefährdet ist, hängt von der Einkommensposition der PKV-Versicherten ab, wogegen die GKV durch die Einkommensabhängigkeit für weniger gut Verdienende erschwinglicher ist. Eindeutige Evidenz für aus Sicht der Versicherten zu erwartende dramatische Prämiensprünge bei Jüngeren und v. a. Älteren konnte nicht nachgewiesen werden, auch wenn es Andeutungen hierfür gibt. Es gilt, die Auswirkungen der gesetzlichen Neuregelungen wie den 10 %-Zuschlag in praxi zu erfahren. Als *Fazit* ist von *keiner Gefährdung der Nachhaltigkeit* der *PKV* auszugehen.

6.2.4.3 Ausgabenentwicklung und Nachhaltigkeit des dualen Systems

In einem Umlagesystem wird die ältere Generation von der jüngeren Generation subventioniert. Jeder gesetzlich Versicherte oder besser jedes beitragspflichtige Mitglied, dass für sich und seine Familienangehörigen mehr Beiträge zahlt, als Ausgaben verursacht, entlastet in der *statischen Betrachtung* die GKV. Der zweidimensionale Solidarausgleich zwischen Gesunden und Kranken sowie Gutverdienern und Menschen mit geringem Einkommen wird durch leistungsfähige, i. d. R. gesunde, Personen überhaupt erst möglich.

---

wird, mit erneuter Risikoprüfung verbunden. Dennoch ist wegen teilweise günstigeren Tarifen mit besseren Leistungen der Hinweis wichtig. Was genau eine Höherversicherung ausmacht ist umstritten, vgl. Rürup et al. (2010), S. 43.

1904 Dieser Effekt ist nach Ansicht des Autors mutmaßlich zu klein, um die Nachhaltigkeit der GKV nennenswert zu stärken. Siehe für die Größenverhältnisse bei relevanten Mehrumsätzen Abschnitt 6.1.2.1.2.

Aus der *dynamischen Perspektive* heraus werden die jetzt die Solidargemeinschaft stützenden Personen älter und kränker, bis sie irgendwann weniger Beiträge aufbringen, als sie Leistungen empfangen. Der Zeitpunkt ist individuell verschieden und wird in Einzelfällen nie erreicht. Würde man die Einnahmen und Ausgaben einfrieren, d. h. gäbe es keinen MTF, keine zunehmende Lebenserwartung, ein demographisches Gleichgewicht mit gleichverteilter Kinderzahl über die gesetzlich Versicherten etc., dann änderte sich das Ausmaß der Generationengerechtigkeit nicht.

Tatsächlich ist die Situation und damit das Kalkül der die Solidargemeinschaft stützenden Individuen komplexer. Bereits ohne die PKV ist die GKV gefährdet, weil *leistungsfähigen* Personen durch die *Kombination aus MTF und Demographie* langfristig zu *große Lasten* aufgebürdet werden, wie die prognostizierten Beitragssätze illustrieren. Eine Beitragssatzerhöhung trifft Gutverdiener absolut stärker als andere. Der MTF führt zwar zu einem höheren Gegenwert für die Beiträge durch bessere Behandlungsoptionen für die Versichertengemeinschaft, ist zunächst jedoch als Einführungsgewinn der zum Zeitpunkt der Innovationsverbreitung älteren Generation zu werten.[1905] Die jeweils aktive Generation trägt wegen der höheren Einkommen und daraus resultierenden Beiträgen überproportional zur Finanzierung des MTF bei, der zudem i. d. R. der älteren Generation in größerem Maße zugutekommt. Kommt es zu Einschränkungen des Leistungskatalogs als eine Art Umkehr des MTF, kann aus Sicht der Gutverdiener die Situation entstehen, dass sie während des Erwerbstätigenlebens überproportional viel ins Solidarsystem einzahlten und im Alter weniger Leistungen erhalten.

Nun existiert für die leistungsfähigsten Personen mit Einkommen oberhalb der VPG und guter Gesundheit eine *Exit-Option*.[1906] Für die Frage der Nachhaltigkeit der Einzelsysteme und damit des dualen Krankenversicherungssystems erhöht die Ausstiegsmöglichkeit für die GKV die Kündigungschance des Generationenvertrags, weil die PKV c. p. zunehmend attraktiver wird. *Verlässt* eine *ausreichend große Zahl* die GKV, droht der *Versicherungstyp zusammenzubrechen*. Die Restpopulation kann die Ausgaben nur über höhere Beitragssätze tragen, was bisher unentschlossene freiwillig Versicherte wiederum in die PKV wechseln lässt, *neue Beitragssatzsteigerungen* sind erforderlich etc. Spinnt man den aus Sicht der GKV *„Teufelskreis"* weiter fort, haben schließlich alle freiwillig Versicherten die GKV verlassen, die Solidargemeinschaft hat keine starken Schultern mehr und dürfte auseinanderbrechen.

Die große Bedeutung der freiwillig GKV-Versicherten zur nachhaltigen Sicherung der GKV wird in der Begründung zum GKV-WSG deutlich: „Die Änderung in § 6 Abs. 1 Nr. 1 [Erhöhung der Wechselfrist auf drei Jahre, der Autor], insb. ihr vorgezogenes Inkrafttreten, ist ein *wesentlicher Baustein zur Stärkung des Solidarprinzips* … späteres Inkrafttreten würde erfahrungsgemäß dazu führen, dass eine große Zahl der von

---

1905 Vgl. Abschnitt 6.1.2.4.

1906 Die Begriffe Exit und Voice eingebettet in die Wettbewerbstheorie, wurden geprägt von Hirschmann, vgl. Hirschman (1970). Greß beschreibt Exit und Voice als Alternative zur Marktprozesstheorie und zum funktionsfähigen Wettbewerb, vgl. Greß (2002), S. 63-68.

der Neuregelung Betroffenen von der Wechselmöglichkeit zur privaten Krankenversicherung noch kurzfristig Gebrauch machen würde. Da es sich hierbei *ausnahmslos um weit überdurchschnittlich günstige Versicherungsrisiken* handelt, wäre der *Mittelabfluss* aus der gesetzlichen Krankenversicherung *beträchtlich … finanziellen Stabilität* und damit der *Funktionsfähigkeit der gesetzlichen Krankenversicherung …* nur durch das vorgezogene Inkrafttreten verhindert werden [Hervorhebung durch Autor].“[1907]

Gewiss hat die jetzige Koalition eine Verkürzung der Wechselfrist angekündigt, dennoch sind die Argumente grundsätzlich richtig. Ohne den, nicht idealtypischen, Steuerzuschuss wäre schon heute der Beitragssatz höher. Die Entsolidarisierung führt zu einem Mittelabfluss aus der GKV in Höhe mehrerer Milliarden Euro, maßgeblich bestimmt durch die genutzte Exit-Option von Arbeitern und Angestellten.[1908]

Albrecht et al. haben für den Zeitraum zwischen 2000 bis 2004 sog. Beitrags-Leistungs-Salden durch Versichertenwechsel berechnet.[1909] Insgesamt verlor die GKV durch Abgänge 3,65 Mrd. Euro. Dem stand ein Beitrags-Leistungs-Saldo von 600 Mio. Euro gegenüber, netto ergeben sich 3,05 Mrd. Euro Defizit der GKV oder *760 Mio. Euro pro Jahr*.[1910] Pro Versicherten betrug der Beitrags-Leistungs-Saldo 3.254 Euro Richtung PKV und 1.248 Euro von PKV zu GKV. Je höher das Wechselalter, umso geringer war der Betrag. Größenmäßig *bedeutendste Personengruppe* waren die Arbeiter und Angestellten mit 66,4 % aller Abgänge, die zudem überproportionale Beitrags-Leistungs-Salden verursachten (72,9 % des 3 Mrd. Euro Defizits).[1911]

Bevor die geschätzte Ausgabenentwicklung mit der Exit-Option verknüpft wird, erfolgt zur Orientierung der Größenordnungen und Volatilität des Wechselverhaltens die konzise Darstellung der *Versichertenwechsel* seit 1970. Zugänge zur GKV setzen sich aus Wechslern aufgrund der Unterschreitung der VPG, Selbstständigen mit unerfüllten Erwartungen aus der Selbstständigkeit, und Kindern, die ins Berufsleben eintreten, zusammen. Daneben sind diskretionäre politische Entscheidungen zu Personenkreisen

1907 BT-Drucks.16/3100 (2006), S. 209-210.

1908 Die fiskalische Äquivalenz ist verletzt. Zwar verringern Teile der Mehrumsätze Privatversicherter die Höhe der Entsolidarisierung, in Summe kommt es jedoch zu einer Subvention der GKV an die PKV, vgl. ausführlich Abschnitt 6.1.2.1.3.

1909 Vgl. Albrecht et al. (2007), S. 52-59. Es wurden zwei Varianten berechnet, deren Mittelwerte die angegeben Zahlen sind. Die Beiträge entsprechen den durch SOEP-Daten ermittelten beitragspflichtigen Einkommen, die Leistungsausgaben wurden durch SOEP-Befragungsergebnisse zur Inanspruchnahme von Gesundheitsleistungen ermittelt. Siehe zur Methodik und den Grenzen der Untersuchung Albrecht et al. (2007), S. 30-38.

1910 Problematisch ist die Zeitpunktbetrachtung, weil z. B. auch gute Risiken im Alter niedrigere Einkommen und höhere Leistungsausgaben verursachen.

1911 Die sozio-ökonomische Struktur der Wechsel ist ausführlich dargestellt in Albrecht et al. (2007), S. 59-86. Während bei den PKV-Zugängen nur 1 % Rentner sind, sind es bei den GKV-Zugängen 10 %. Arbeitslose und Nichterwerbstätige machen 5 % der Zugänge zur PKV aus, aber 17,3 % der Zugänge zur GKV.

wichtig. In den letzten gut 30 Jahren war der Wanderungssaldo für die PKV durchweg positiv, klar ersichtlich in Abbildung 28:

Abbildung 28: Versichertenwechsel zwischen GKV und PKV von 1970 bis 2008

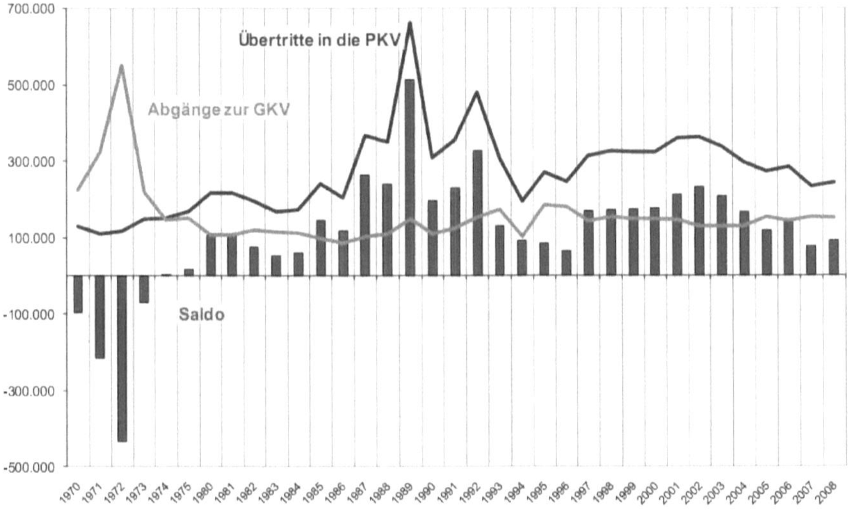

Quelle: Rürup et al. (2010), S. 42.

Die Wechselzahl zwischen den Versicherungstypen ändert sich. Auffallend sind die teilweise großen Schwankungen der Salden, die mit der Neudefinition von Versichertenkreisen[1912], Änderungen des GKV-Leistungskatalogs und der VPG zusammenhängen.[1913] Die Verluste der PKV Anfang der 1970er Jahre stammen vom doppelten Inklusionsprozess, wie z. B. die Zuordnung der Landwirte zur GKV.[1914] Das Maximum der Zugänge im Jahr 1989 ist durch die grundsätzliche Zuordnung der Selbstständigen und Beamten zur PKV bei gleichzeitiger Einschränkung des Rückkehrrechts von Älteren in die GKV im Verbund mit Leistungseinschränkungen durch das GRG erklärbar. Die konstant hohen Zugänge seit den beiden NOG's im Jahr 1997 sind u. a. durch

1912 Neudefinition von Versichertenkreisen meint im Unterschied zu einer Änderung der VPG Wahlmöglichkeiten zwischen den Systemen für verschiedene Personenkreise oder die Abschaffung derselben. Eingeschlossen sind auch Zuordnungen kompletter Personenkreise wie Beamte oder Selbstständige.

1913 Ausführlicher zu den historischen Bedingungen siehe die Abschnitte 4.2.2 bis 4.2.4.

1914 Im Jahr 1972 hat die PKV so 400.000 Versicherte an die GKV verloren, vgl. Rohweder (1996), S. 30-32. Im Jahr 1971 wurde die GKV vorübergehend für PKV-Versicherte Rentner, Schwerbehinderte und Angestellte geöffnet. Die Erhöhung der VPG, als zweiter Bestandteil des doppelten Inklusionsprozesses, von 1970 auf 1971 um 19 % ließ viele Angestellte wieder in die GKV eintreten.

Leistungskürzungen in der GKV bedingt.[1915] Die Entwicklung kontinuierlicher Zuflüsse zur PKV ist zudem bemerkenswert, weil die VPG in Relation zum durchschnittlichen Bruttojahresarbeitseinkommen gestiegen ist.[1916] Ein Grund des generellen Trends hoher Nettozugänge zur PKV seit 1975 sind sozio-demographische Veränderungen, allen voran die zunehmende Frauenerwerbsquote und damit verbunden die steigende Zahl von Zweiverdiener-Haushalten.[1917] In dem betrachteten Zeitraum zwischen 1995 und 2008 sind jedes Jahr mehr als 200.000 Personen in die PKV gewechselt.[1918] Zwischen 100.000 und 150.000 der Abgänge in die GKV sind versicherungspflichtig gewordene PKV-Versicherte, wie z. B. erwachsen werdende Kinder oder Personen, die die VPG unterschreiten.[1919]

Im Jahr 2009 meldet der *PKV-Verband* einen Netto-Neuzugang von 175.100 Personen, fast doppelt so viel wie im Vorjahr mit 90.300.[1920] Mit der Ausweitung der Wartezeit von der GKV in die PKV von einem auf drei aufeinanderfolgende Jahre der Überschreitung der VPG wurde der Wechsel in die GKV erschwert.[1921] Die Regelung gilt seit Februar 2007. Die Verlängerung der Wartezeit führt zu einem Rückgang der Zugänge aus der GKV, der zum Großteil wieder aufgeholt werden dürfte.[1922] Gegen das Erreichen der Anzahl der Zugänge ohne Verlängerung spricht dauerhaft die während der drei Jahre mögliche Verschlechterung der Morbidität und die kürzere Zeitdauer zum Aufbau einer Altersrückstellung, was beides zu einer höheren Einstiegsprämie führt. Für die ersten beiden Jahre 2007 und 2008 sind gegenüber 2006 15 % oder

1915 Vgl. auch Münch (2003), S. 118.

1916 Für die Jahr zwischen 1970 und 2000 vgl. Münch (2003), S. 48.

1917 Vgl. Rohweder (1996), S. 32-33.

1918 Vgl. für die Jahre ab 1998 PKV-Verband (2009f), S. 90-91. Für die Zahlen zwischen 1995 und 1997 siehe PKV-Verband (2006c), S. 86-87.

1919 Siehe für die versicherungspflichtig werdenden Kinder und den Zusammenhang mit der Stornoquote Abschnitt 5.1.2.1.1.

1920 Vgl. PKV-Verband (2010b). Zu berücksichtigen sind Sondereffekt wie Nichtzahler, denen vor den Neuregelungen zur Versicherungspflicht im GKV-WSG gekündigt worden wäre (46.500) sowie ebenso durchs GKV-WSG begründete vorher nicht Versicherte, die ab 2009 in der PKV versichert werden mussten (28.100). Damit beläuft sich der Nettoneuzugang bereinigt um Einmaleffekte auf ca. 100.000 Personen, was die Größenordnung des Vorjahres ist. Die Auswirkungen der erweiterten Versicherungspflicht sind in Abschnitt 4.3.1.1.5 dargestellt.

1921 § 6 Abs. 1 Nr. 1 SGBV. Vgl. Abschnitt 4.3.1.3.3.

1922 Vgl. Albrecht et al. (2007), S. 97. Der Effekt wird dort als dauerhafter Niveaueffekt bezeichnet.

40.000 weniger Zugänge aus der GKV in die PKV zu verzeichnen.[1923] Anfang 2010 kann der langfristige Effekt wegen der Kürze der Zeit nicht bestimmt werden.[1924]

Die geschätzte Ausgabenentwicklung in GKV und PKV trifft GKV- und PKV-Versicherte in unterschiedlichem Ausmaß. *Relevant* für die Frage des Einflusses zweier Versicherungstypen auf die *Nachhaltigkeit* der Einzelsysteme und damit auch des dualen Systems sind die Konsequenzen der *Ausgabenanstiege* für die *wechselfähige Personengruppe*. Folgendes Beispiel soll die Entscheidungssituation eines *alleinstehenden, gesunden und jungen abhängig Beschäftigten*, die für die GKV attraktivste Personengruppe, verdeutlichen.[1925] Die Analyse basiert auf dem Status quo kombiniert mit einem realistischen prognostizierten Beitragssatz.[1926] Im Beitragssatz spiegeln sich Annahmen über den MTF und das Einnahmenwachstum wider. Geht man davon aus, dass sich die beitragspflichtigen Einkommen und die BBG proportional entwickeln, kann man vereinfachend mit heutigen Werten rechnen, die auf 2050 übertragen werden.

Ein Beitragssatz von 25,9 % bei im Jahr 2010 gegebener BBG i. H. v. 45.000 Euro erhöht den Höchstbeitrag des Arbeitnehmers von heute 3.555 Euro auf 6.030 Euro. Hochgerechnet auf das Jahr 2050 mit dem Lohnwachstum von 1,6 %[1927] plus einen „Versteilerungs-Aufschlag" von 1,4 % ergibt sich ein jährlicher Höchstbeitrag von 19.670 Euro.[1928] Ein männlicher Berufsanfänger um die 30 zahlt heute für die meisten mit der GKV vom Leistungsumfang her vergleichbaren Tarife nicht mehr als 150 Euro

1923 Vgl. PKV-Verband (2009f), S. 91. Albrecht et al. schätzten auf Basis der Jahre 2002 bis 2004 den gleichen Wert, vgl. Albrecht et al. (2007), S. 97.

1924 Im Koalitionsvertrag ist die Rückkehr zur Einjahres-Regel angekündigt, vgl. Koalitionsvertrag (2009), S. 86.

1925 Dem Autor ist bewusst, dass Prognosen über einen langen Zeitraum mit hoher Unsicherheit behaftet sind. Unbekannte sind die Auswirkungen der vom Gesetzgeber getroffenen Maßnahmen zur Begrenzung des Ausgabenanstiegs im Alter sowie die Entwicklung der Vertragskompetenzen der PKV. Durch den über den „Versteilerungs-Aufschlag" von 1,4 % hinausgehenden Aufschlag von 2 Prozentpunkten ist dem Rechnung getragen. Eine wesentlich ungünstigere Kalkulation aus Sicht der PKV führt Rödiger durch, der keinen Berufsanfänger heute und im Jahr 2050 betrachtet, sondern einen 35-Jährigen, der sich heute zwischen den Versicherungstypen entscheidet. Nach 20 Beitragsjahren sind die Prämien in der PKV höher, nach 40 Jahren fast dreimal so hoch, vgl. Rödinger (2008), S. 86-93. Mitentscheidend für die Nachteiligkeit der PKV ist der begrenzte Arbeitgeberzuschuss.

1926 Vgl. Abschnitt 6.2.4.1.

1927 Vgl. Abschnitt 6.2.4.

1928 In den Szenarien des SVR aus dem Jahr 2004 wird für das Extremszenario eine Versteilerung von 4,7 % angenommen, im Normalszenario beträgt das Ausgabenwachstum 3,7 %, vgl. Tabelle 12. Bei einem Einnahmenwachstum von 3 % ergibt sich bei Ausgabenwachstum von 3,7 % ein Beitragssatz von 19 %. Im Beispiel wurde das Einnahmenwachstum mit 1,6 % angesetzt, so dass der Beitragssatz von 25 % eher unterschätzt sein dürfte.

monatlich gleich 1.800 Euro im Jahr.[1929] Entwickeln sich die Einstiegsprämien mit durchschnittlicher geometrischer Wachstumsrate von 5,6 %, was 2 Prozentpunkte höher als das Ausgabenwachstum zwischen 1995 und 2008 ist und eine durch das um 2,6 Prozentpunkte stärkere Ausgabenwachstum höhere Versteilerung der Ausgabenprofile in der PKV versus die GKV impliziert, dann muss der sich für die PKV entscheidende abhängig Beschäftigte 2050 eine Jahresprämie von 15.916 Euro zahlen.[1930]

Das Beispiel ist sicher einfach gestrickt und hängt von den Annahmen ab, verdeutlicht aber dennoch die finanzielle Attraktivität der PKV für potenzielle Wechsler auch in Zukunft. Die prozentual hohe Beitragsbelastung führt aus Sicht eines alleinstehenden jungen gesunden Menschen nach wie vor zur bevorzugten Wahl der PKV. Der *Wanderungssaldo* wird sich vom *Vorzeichen nicht ändern*. Der relative Abstand zwischen Prämie und Beitrag verringert sich zwar, absolut nimmt der Abstand jedoch von 1.755 Euro im Jahr 2010 auf 3.754 Euro im Jahr 2050 zu. Bei einer Inflation von 2 % und parallel einem 2-prozentigen BIP-Anstieg pro Jahr wachsen die Einkommen um 120 % an, so dass aus Sicht eines Berufsanfängers des Jahres 2050 bereinigt um das BIP-Wachstum sogar real absolut geringere Abstände zu konstatieren sind.

Da in der GKV Leistungen wenn nicht gekürzt, dann zumindest nicht wesentlich erweitert werden, und im Gegenzug *Privatpatienten als äquivalente Gegenleistung für ihre höheren Prämien schneller und umfassender vom MTF profitieren*[1931], ist eine *Vergrößerung des Wanderungssaldos realistisch*. Personen mit Kindern oder Kinderwunsch erhalten einen zusätzlichen Wechselanreiz wegen der geringeren Generationengerechtigkeit, mehr als negiert durch den stärkeren Prämienanstieg in der PKV.[1932] Das beschriebene Szenario eines Teufelskreises erscheint nach Einschätzung des Autors als plausibel. Ein Teil des Anstiegs ist mit Mehrleistungen, die ebenfalls teurer werden, verbunden. Mehrumsätze im Sinne von Subventionen an die GKV nehmen weiter zu, so dass sich der fiskalischen Äquivalenz auf diesem Wege angenähert werden dürfte, der Erstrundeneffekt der größeren Abwanderung überwiegt jedoch, in Summe sinkt die fiskalische Äquivalenz.

Die abnehmende Generationengerechtigkeit in Kombination mit der zwar relativ teurer werdenden aber leistungsgerechteren Privatversicherung erzwingt Änderungen im oder des dualen Systems, soll die GKV heutigen Zuschnitts bestehen bleiben. Im Sta-

---

1929 Für die Entscheidungssituation eines Berufsanfängers vgl. detailliert Abschnitt 5.1.1.3.

1930 Vgl. Abschnitt 6.2.3.2.

1931 Ausgedrückt auch durch die Versteilerung in der PKV.

1932 Vgl. Abschnitt 6.1.2.4. für die dynastische Verzinsung. Der Gegeneffekt, dass Alleinstehende weniger stark von der abnehmenden intergenerativen Gerechtigkeit betroffen sind, führt nicht zu einer Verringerung des Wechselsaldos, da die negativen Effekte einer GKV-Versicherung auch für diese Personengruppe gelten, nur eben weniger stark als für Personen mit Familie oder Kinderwunsch. Bei einem Mitversicherten ist die PKV jedoch rein pekuniär stärker im Nachteil als heute. Die Anzahl Alleinstehender steigt mutmaßlich an, so dass der Anteil der Wechsler pro Jahr insgesamt zunehmen dürfte.

tus quo ist gemäß der Analyse *keine Nachhaltigkeit der GKV* anzunehmen. *Fällt* im dualen System heutigen Zuschnitts die *GKV aus*, dann müsste die PKV schlechte Risiken und Personen ohne oder mit nur geringem Einkommen versichern.[1933] Das *Geschäftsmodell der PKV* ist auf die GKV angewiesen und kann ohne die GKV unverändert aus sich heraus *nicht durchgehalten* werden.

6.2.5 Versicherungstypengerechte Handlungsoptionen zur Stärkung der Nachhaltigkeit

Vor der ergebnisoffenen, ohne zwingende Wahrung der idealtypischen Elemente konzipierten Optimierung des deutschen Krankenversicherungssystems werden *Möglichkeiten* zur Stärkung der *Nachhaltigkeit ohne* die *Aufgabe* eben dieser *charakteristischen Kennzeichen beider Versicherungstypen* diskutiert. Thema des Abschnitts sind darauf aufbauende *Handlungsoptionen* auf *beiden Seiten der „Schere"* unter *Wahrung* der *idealtypischen Elemente.* Die *Einnahmenseite* wird *nur* für die *GKV* analysiert, da in der PKV bereits das gesamte Einkommen und damit keine zusätzlichen Mittel generiert werden können, ohne Prämien anzuheben.[1934]

Angesichts eines *wachsenden Ausgabendrucks* kann von einem *verstärkten Einsatz* aller dem jeweiligen Versicherungstyp zur Verfügung stehenden Möglichkeiten ausgegangen werden. Gelingt es z. B. innerhalb der GKV, dass Ausgabenwachstum zu bremsen, dann ist ein Teufelskreis steigender Beitragssätze durch die Aufkündigung des Generationenvertrags, verstärkt durch die Exit-Option, weniger wahrscheinlich. Die PKV ist nachhaltig, wird aber, auch wegen der relativen Attraktivität zweier Versicherungstypen, betrachtet.

1933 Die Möglichkeit eines Krankenversicherungssystems PKV plus Nichtversicherung mit allen Nachteilen besteht, wird hier jedoch nicht ausgeführt. Das System der USA vor der angekündigten Reform von Obama ist dem ähnlich.

1934 Die im Finanzierungsmarkt anzusiedelnde Reformoption übertragbarer Alterungsrückstellungen ist bzgl. der Machbarkeit umstritten, jedoch entscheidend bei der Optimierung des deutschen Krankenversicherungssystems. Der Autor erachtet die Portabilität als gangbar und als Basis seines Referenzmodells des deutschen Krankenversicherungssystems. Die Diskussion erfolgt en detail im Abschnitt 7.3.1.1.3. Thielbeer führt in seiner Dissertation neben der Portabilität als zentralem Ansatz zur Effizienzsteigerung im Finanzierungsmarkt noch die Deregulierung des Marktzugangs, des Versicherungsprodukts, der Tarifgestaltung und der Solvabilitäts- und Kapitalanlageregulierung aus, vgl. Thielbeer (1999), S. 169-206,218-234. Aus Sicht des Autors sind dies wichtige Themen, von der Bedeutung her gegenüber der Portabilität jedoch eher gering, zumal auch der Rahmen der Dissertation gesprengt würde.

6.2.5.1 Einnahmenseite

Die *Nachhaltigkeit* kann durch Anpassungen auf der Einnahmenseite *innerhalb der GKV* durch höhere Einnahmen oder eine gerechtere Aufbringung der Beiträge sowie *im Verhältnis zur PKV* durch eine höhere Attraktivität für Personen mit Wechselmöglichkeit gestärkt werden. Diese beiden Gründe bilden den Maßstab der Untersuchung. Eine Finanzierungsreform kann allgemein an folgenden Komponenten ansetzen:[1935]

- Finanzierungsquellen,
- Pflichtversichertenkreis (VPG) und Beitragstarif (z. B. BBG und alterskohortenspezifische Beiträge),
- Bemessungsgrundlage,
- Familienmitversicherung und Äquivalenzeinkommen,
- Finanzierungsverfahren,
- Anteil des Arbeitgebers.

Hier werden nur die Beiträge aus dem Arbeitseinkommen näher angeschaut, weil die anderen Finanzierungsquellen nicht idealtypisch sind.[1936] Eine systemkonforme Umstellung mit Potenzial zur Stärkung der Nachhaltigkeit schließt einen Umstieg auf Kapitaldeckung ebenso aus wie die Einführung einer *Kopfpauschale* oder gar risikoäquivalenter Prämien innerhalb der GKV. Eine Änderung der Versichertenkreise wie die Zuordnung der Beamten zur GKV oder die *Erhöhung von VPG* gehört ebenso nicht zur Analyse, da die gegebene *Abgrenzung der Systeme Ausgangspunkt* ist.[1937,1938]

1935 Für eine ähnliche systematische Übersicht siehe Wille, E. (2005), S. 137. Dort werden auch in Perspektive dieses Abschnitts nicht berücksichtigte Reformoptionen der GKV-Finanzierungsseite betrachtet.

1936 Vgl. für die Größenordnungen der GKV-Einnahmen Abschnitt 6.2.2.1. Näheres zur Traglast findet sich in Abschnitt 6.1.2.2.1. Die Zusammensetzung der Einnahmen ist dargestellt in Abbildung 19.

1937 Regelmäßig werden Vorschläge zur Einbeziehung von Beamten in die GKV gemacht, um die GKV finanziell zu entlasten. Kritisch hierzu ist Wild, der als Fazit einer Untersuchung mit Zahlen, BBG und VPG aus dem Jahr 2002 zwar höhere Einkommen konzidiert, jedoch auf die höhere Lebenserwartung, einen früheren Ruhestand und die hohe Kinderzahl hinweist, vgl. Wild (2005), S. 62. Die Beitragssatzsenkung durch Inklusion der Beamten in eine Bürgerversicherung beziffert er auf max. 0,15 %, vgl. Wild (2005), S. 48. Ähnlich skeptisch sind auch Rebscher und Walzik (1998), S. 48-49. Gasche kommt hingegen auf eine Entlastung i. H. v. 0,4 Prozentpunkten, vgl. Gasche (2004). Eine langfristige Entlastung der GKV in spürbarer Höhe ist unabhängig von den Annahmen nicht zu erwarten. Die Perspektive des Staates am Beispiel Niedersachsen nimmt Adam ein, der zu einer Mehrbelastung bei Eingliederung der Beamten in die GKV kommt, vgl. Adam (2006), S. 359. Siehe für eine neuere Zusammenfassung des Themas inklusive gesundheitsökonomischer Analyse Warns (2009), S. 201-205.

1938 Eine Erhöhung der VPG auf die BBG der GRV, wie häufig vorgeschlagen, führt zu relativ geringen Entlastungen auf der Einnahmenseite. Wille und Igel haben in mehreren Varianten

Der Gesetzgeber kann natürlich die VPG erhöhen und die Wechselfrist verlängern, was einer *Feinjustierung der Solidarität* zugunsten der GKV entspricht. Ähnlich ist das Ausmaß von *Verschiebebahnhöfen* respektive von versicherungsfremden Leistungen eine diskretionäre Entscheidung. Auf diese Weise verändert sich die Beitragsbelastung in der GKV und je nach Ausgestaltung in mehr oder weniger entsprechendem Ausmaß die finanzielle Belastung der Privatversicherten. Ein Steuerzuschuss i. H. v. 14 Mrd. Euro an die GKV betrifft die PKV-Mitglieder über die Einkommensteuer mit ca. 1 Mrd. Euro.[1939]

Änderungen der *Bemessungsgrundlage* konfligieren zwar mit der historischen Finanzierung aus dem Arbeitseinkommen, entsprechen jedoch dem Solidarprinzip. Im Gegenteil ist eine Ausweitung der Bemessungsgrundlage auf weitere Einkunftsarten eine Stärkung des Solidarprinzips innerhalb der GKV, weil bisher bevorteilte Personen mit hohen Kapitaleinkommen stärker zur solidarischen Finanzierung der GKV beitragen.[1940]

Die *Einbeziehung von Kapitaleinkommen* spiegelt die Leistungsfähigkeit eines Haushalts genauer wider und *erhöht* die *vertikale und horizontale Gerechtigkeit*.[1941] Verzerrungen durch die unterschiedliche Behandlung von Einkommensarten nach Personenkreis werden ebenfalls beseitigt. Eine stärkere Berücksichtigung des Leistungsfähigkeitsprinzips führt zu einer größeren Akzeptanz des Solidarausgleichs und *macht Beitragssatzsteigerungen akzeptabler*.

Zwei Fälle sind bei *gegebener BBG* zu unterscheiden.[1942] Gestaltet man die *Erweiterung der Bemessungsgrundlage* vom *Beitragsvolumen* her *neutral*, erfolgt im Aggregat durch die mit der Erweiterung der Bemessungsgrundlage einhergehende *Beitragssatz-*

---

ein Maximum von einem um 0,25 Prozentpunkten geringeren Beitragssatz errechnet, vgl. Wille, E. und Igel (2002), S. 107.

1939 Rein auf die Einkommensteuer bezogen, vgl. Abschnitt 6.1.2.1.2. Tatsächlich ist der PKV-Anteil größer, weil andere Steuern wie die Mehrwertsteuer von Privatversicherten gezahlt werden. Pauschale Finanzausgleiche treffen die heterogene Population der Privatversicherten unterschiedlich, so dass neue Ungerechtigkeiten entstehen können.

1940 Für Zahlenbeispiele vgl. Abschnitt 6.1.2.2.1.

1941 Eine Mehrheit des SVRKAiG plädiert analog für eine Erweiterung der Bemessungsgrundlage um Kapitaleinkommen, vgl. SVRKAiG (2003), Ziffn. 203-206. Je nach Ausgestaltung ist eine Entlastung bis 0,4 Prozentpunkte möglich. Problematisch könnte sich die Gefahr der Kapitalflucht erweisen, wobei die Fluchtmöglichkeiten als gering einzuschätzen sind. Bei Selbstständigen ist die Gefahr nicht gegeben, da diese bereits jetzt auf Kapitaleinkommen Beiträge entrichten. Rentner dürften in dem Einkommensbereich ebenso eher immobil sein. Siehe für das Argument der Kapitalflucht z. B. Breyer und Buchholz (2009), S. 228.

1942 Es lässt sich einwenden, dass bei gegebener BBG regressive Verteilungswirkungen auftreten. Nur Kapitaleinkommen unterhalb der BBG werden belastet. Dies ist richtig, jedoch werden eigentlich leistungsfähigere Personen nun adäquat belastet, die vertikale Gerechtigkeit nimmt nach Ansicht des Autors zu. Zur sozialen Abfederung lassen sich auch Freibeträge für Kleinsparer einführen.

senkung eine Entlastung der GKV-Versicherten mit hauptsächlich Lohn- respektive Gehaltseinkommen. Kommt es zu einer Entlastung, weil das Produkt aus den gesamten beitragspflichtigen Einkommen und dem niedrigeren Beitragssatz sinkt, *erhöht* sich in der *umworbenen Personengruppe* die *Attraktivität der GKV*. Ein Beispiel möge den ersten Fall veranschaulichen. Eine Person hat ein Arbeitseinkommen von monatlich 5.000 Euro und 2.000 Euro Kapitaleinkommen. Die Beitragssatzsenkung i. H. v. 0,5 % durch die Anpassung der Bemessungsgrundlage entlastet die Person um monatlich 9,38 Euro oder 112,50 Euro im Jahr.[1943]

Der zweite Fall eines *konstanten Beitragssatzes* hat auf Menschen mit Wechselmöglichkeit zunächst keinen Einfluss, weil nicht mehr als der Höchstbeitrag gezahlt werden kann. Indirekt wird durch die Erweiterung des Leistungskatalogs und / oder längere Stabilisierung des Beitragssatzes die Attraktivität der GKV erhöht, was die Nachhaltigkeit der GKV stärkt. *Negativ* für die Nachhaltigkeit der GKV kann die *Überschreitung der VPG gerade wegen der erweiterten Bemessungsgrundlage* sein, was die fiskalische Entlastung der GKV verringert.

Eine *Anhebung der BBG* belastet alle Personen mit einem Arbeitseinkommen oberhalb der BBG und wirkt wie eine Beitragssatzerhöhung. Zwei Personenkreise sind zu unterscheiden. Für Personen mit Wechselmöglichkeit wird durch die höheren Beitragszahlungen die PKV attraktiver, der beschriebene Teufelskreis verstärkt sich, die *Nachhaltigkeit der GKV nimmt ab.*[1944] Bei Angleichung der BBG an die VPG ergeben sich pro Mitglied bis zu 737,55 Euro höhere jährliche Einnahmen.[1945]

Haushalte mit Einkommen zwischen der BBG (45.000 Euro) und der VPG (49.950 Euro) würden ebenfalls höher belastet. Prozentual nimmt die Mehrbelastung mit wachsendem Einkommen ab. *Ab der neuen BBG* steigen die Beiträge absolut nicht mehr an, jeder Versicherte erbringt das gleiche absolute Opfer von 296,25 + X Euro.[1946]

Ein weiterer Vorteil aus der Erweiterung der Bemessungsgrundlage ergibt sich aus der höheren Wachstumsrate der Gesamteinkommen inklusive Kapitaleinkommen gegenüber den Lohneinkommen im betrachteten Zeitraum.[1947] Von 1995 bis 2008 war die

---

1943 Monatliche BBG von 3.750 multipliziert mit dem hälftigen Beitragssatzrückgang.

1944 Siehe kritisch zur Erhöhung der BBG ausführlicher Abschnitt 6.1.2.2.1.

1945 Berechnet als VPG minus BBG und dann multipliziert mit dem Beitragssatz von 14,9 %.

1946 Erneut bei mit wachsendem Einkommen konstantem Grenznutzen des Einkommens. Die Argumentation ist analog wie in Abschnitt 6.1.2.2.1. Darin lässt sich ein Verstoß gegen die vertikale Gerechtigkeit innerhalb der Gruppe der Gutverdiener ableiten, gleichzeitig nimmt die vertikale Gerechtigkeit insgesamt durch die höhere Belastung der leistungsfähigen gesetzlich Versicherten zu.

1947 Positiv ist auch die Verstetigung der Einnahmen, weil Arbeits- und Kapitaleinkommen zusammen über den Lebenslauf tendenziell weniger stark schwanken. Dies hängt freilich von der individuellen Anlagestrategie ab und gilt nicht für extreme Jahre mit Finanzkrisen oder irrationalen Übertreibungen respektive Boomphasen an der Börse. Ob eine Erweiterung der Bemes-

Wachstumsrate des Volkseinkommens um 0,7 Prozentpunkte höher als der durchschnittliche Anstieg der Lohneinkommen.[1948] Eine solche Differenz würde im Jahr 2050 zu einem um mehrere Prozentpunkte geringeren Beitragssatz führen, könnte man die Mehreinnahmen vollumfänglich abschöpfen.[1949] Die Langfristbetrachtung verstärkt den *positiven Effekt auf die Nachhaltigkeit* mittels einer systemkonformen Erweiterung der Bemessungsgrundlage.

Intergenerativ gerechter zahlen die *Älteren* dann mehr ein, wenn sie im Durchschnitt absolut höhere Kapitaleinkommen erzielen als jüngere Kohorten, was zu vermuten ist.[1950] In der Zeitpunktbetrachtung erhöht sich über alle Altersklassen die Äquivalenz der Ausgaben für Gesundheitsleistungen gegenüber den Einnahmen. Die Status quo Betrachtung ist für die Wechselfähigen entscheidend, da die jetzigen Beiträge der GKV mit der Prämie der PKV heute in erster Linie verglichen werden. Zusammen führt die Erhöhung der Generationengerechtigkeit und der Attraktivität der GKV zu größerer Nachhaltigkeit. Tendenziell *entschärft* die *Verbreiterung der Bemessungsgrundlage* die *Einnahmenausfälle* durch den *Übergang* vom *Arbeits- ins Rentnerdasein.*

Eine *Höherbelastung Älterer* erfolgte durch das GMG. Seit dem 01.01.2004 müssen gesetzlich Versicherte den vollen Krankenversicherungsbeitrag auf Betriebsrenten und Pensionen leisten, davor nur den halben. Für Versorgungsbezüge, die als Kapitalleistung vereinbart oder zugesagt wurden, gilt erstmals seit dem 01.01.2004 die Beitragspflicht.[1951] Der Gesetzgeber hat also Spielräume, die Generationengerechtigkeit diskretionär zu erhöhen.

Zielgenauer bzgl. der Adjustierung des Generationenausgleichs lassen sich *alterskohortenspezifische Beiträge* einführen, die mit zunehmendem Alter ansteigen. Je nach Wunsch des Umfangs eines intergenerativen Ausgleichs werden die Erwerbstätigen

---

sungsgrundlage die Einnahmen konjunkturabhängiger macht oder nicht, kann als Fazit nicht klar bestimmt werden. In jedem Fall ist eine Umstellung auf Kopfpauschalen einnahmenseitig stabilisierend, weil die Pauschale den Krankenkassen einen festen Beitrag zusichert, der unabhängig von der Konjunktur ist. In den unter fünf Monaten zwischen der aktuellen Prognose des Schätzerkreises Ende April 2010 und der vorangegangenen im Dezember 2009 hat das Anziehen der Konjunktur 0,9 Mrd. Euro höhere Beitragseinnahmen beschert, was mit dem finanziellen Bedarf der GKV nicht direkt zusammenhängt, vgl. BVA (2010a). Siehe für die Volatilität der Einnahmen Fußnote 627.

1948 Vgl. Abschnitt 6.2.4.

1949 Je nach Annahmen bzgl. des Einkommen- und Ausgabenwachstums, vgl. die Szenarien des SVR (2004) in Tabelle 12.

1950 Bestätigt wird dies in Wille, E. und Igel (2002), S. 111.

1951 Das betrifft z. B. Leistungen aus Direktversicherungen oder Verträgen mit berufsständischen Versorgungswerken. Für die Gesetzesstellen siehe § 237 S. 1 i. V. m. § 249a SGBV.

stärker entlastet, insb. auch die Gruppe der potenziellen Wechsler. Generationengerechtigkeit und Nachhaltigkeit werden erhöht.[1952]

Ungerechtigkeiten mit potenziellen Auswirkungen auf die Zukunftsfähigkeit entstehen auch durch die *beitragsfreie Mitversicherung von Familienangehörigen.*[1953] Eine Reformoption ist das Splitting des gemeinsamen Arbeitsentgeltes mit anschließender Anwendung des Arbeitnehmerbeitragssatzes auf beide Entgeltteile.[1954] Im Beispiel eines Alleinverdieners mit doppeltem Einkommen der BBG gegenüber Zweiverdiener-Hauhalten mit jeweils Einkommen in Höhe der BBG wird dadurch die vertikale Ungerechtigkeit beseitigt.[1955] Generell werden Haushalte mit Einkommen unterhalb der BBG nicht belastet. Das Splitting-Modell generiert Finanzierungsgerechtigkeit, führt jedoch zu einer *größeren Belastung* aller *Personen mit Verdienst oberhalb der BBG.* Die größere vertikale und horizontale Gerechtigkeit führt zu einer *verstärkten Abwanderung in die PKV.*

Eine bessere Berücksichtigung des Leistungsfähigkeitsprinzips ist ferner durch die Anwendung von *Nettoäquivalenzeinkommen* möglich. Bezogen auf Personen mit Wechselmöglichkeit könnte eine aufkommensneutrale Umstellung zu einer höheren Attraktivität der GKV führen. Je mehr Mitglieder ein Haushalt hat, umso geringer ist seine Leistungsfähigkeit. Dieser Personenkreis wird entlastet, Einpersonenhaushalte werden belastet. In der GKV sind 4,4 Mio. Mitglieder freiwillig versichert mit im Schnitt 0,76 Mitversicherten.[1956] Die restlichen Mitglieder haben nur 0,51 Mitversicherte und entlasten c. p. Personen oberhalb der VPG. Die zahlenmäßig bedeutendste Gruppe größerer Haushalte wird durch den Umstieg auf Äquivalenzeinkommen stärker an die GKV gebunden, die Nachhaltigkeit müsste sich erhöhen.[1957]

1952 Es besteht die Gefahr der Überforderung Älterer, die durch die kohortenspezifische Ausgestaltung zusätzlich zu den hohen prognostizierten Beitragssatzsteigerungen belastet werden. Durch Kapitaldeckung in Höhe der Mehrbelastung lässt sich dieser Effekt verhindern, vgl. hierzu kritisch Wille, E. (2005), S. 144-146.

1953 Vgl. für ein Beispiel Abschnitt 6.1.2.2.1. Siehe auch Wille, E. (2005), S. 142-143. Dort sind weitere Reformalternativen zu beschriebenem Splitting genannt.

1954 Das so beschriebene Splittingverfahren erlaubt eine Senkung des Beitragssatzes von bis zu 0,9 Prozentpunkten, vgl. SVR (2003), Ziff. 205.

1955 Für aufkommensneutrale Modelle werden die am besten verdienenden Einverdiener-Haushalte schwächer als im Beispiel belastet. Zweiverdiener-Haushalte, bei denen einer ein Einkommen oberhalb der VPG hat und der andere ebenfalls gut verdient, könnten entlastet werden, dürften jedoch nicht allzu häufig in der GKV vertreten sein. Der Nettoeffekt ist in diesen Fällen ebenfalls Abwanderung.

1956 Für die Zahlen siehe Abschnitt 5.1.1.3 und Abschnitt 5.1.1.1.

1957 Die zahlenmäßig weniger große Gruppe der kleineren Haushalte mit Wechselrecht, die im Status quo in der GKV bleibt, hat jedoch größere Anreize zum Wechsel. Gerade Einverdiener-Haushalte führen zu hohen Beitrags-Leistungs-Salden, weswegen in dem Absatz vorsichtig formuliert wurde. Siehe auch Abschnitt 6.2.4.3.

Die *Neugestaltung* des *Arbeitgeberbeitrages* hat für den Arbeitgeber mehrere *Vorteile*.[1958] Mit dem Gesundheitsfonds gelang eine *Vereinheitlichung des Beitragssatzes* für die *Arbeitgeber*.[1959] Die Administration der Krankenversicherung ist einfacher, da für ein ganzes Jahr ein konstanter Beitragssatz gilt. Das Beitragsaufkommen ist bei Versichertenwanderungen der Belegschaft innerhalb der GKV stabil. Erhöhungen der Beiträge wegen der Ausgabendynamik werden durch die seltenere Anpassung gebremst, es lässt sich von einer *Teilabkopplung* der Arbeitgeberbeiträge vom Ausgabenwachstum sprechen. Weiterhin ist die politische Verantwortung[1960] über ein Element der *Personalzusatzkosten* sachgerecht.[1961]

Beitragssatzsteigerungen betreffen zunächst Arbeitnehmer und Arbeitgeber gleichermaßen.[1962] Aus *Sicht des Arbeitgebers* zählen alleine die *Gesamtkosten eines Mitarbeiters*. Eine Erhöhung des Beitragssatzes führt zu höheren Kosten und wird zumindest partiell durch höhere Preise oder zurückhaltende Lohnabschlüsse kompensiert.[1963] Während Versicherte Beitragshöhe und Leistung abwägen, denken die Unternehmen rein ökonomisch.[1964] Die Gefahr der Überwälzung auf die Konsumenten besteht, weil auch Konkurrenten des Arbeitgebers Beitragssätze erhöhen müssen, da der einheitliche

---

1958 Siehe auch Neubauer, G. und Pfister (2009a), S. 18-20. Vgl. auch Pfister (2009b), S. 54. Die durch das GKV-WSG eingeführte Vereinheitlichung in Kombination mit Zusatzbeiträgen respektive Prämien erhöhte auch die Wettbewerbsintensität im Finanzierungsmarkt und damit den Effizienzdruck im gesamten System, vgl. Abschnitt 5.1.2.1.2.

1959 Aktuell 7,0 %. Vgl. en detail Abschnitt 4.3.1.1.1.

1960 Vgl. Neubauer, G. (2003a), S. 161.

1961 Hierzu kritisch auch der SVR: „Steigende Beiträge zur Sozialversicherung behindern über höhere Lohnnebenkosten u. a. den Strukturwandel in Richtung des beschäftigungsintensiven Dienstleistungssektors, setzen Anreize zur Flucht in die Schattenwirtschaft und beeinträchtigen die internationale Wettbewerbsfähigkeit. Allerdings existiert über die Effekte, die von höheren Beitragssätzen zur Sozialversicherung auf die Wachstums- und Beschäftigungsentwicklung ausgehen, keine gesicherte empirische Evidenz“, SVR (2003), Ziff. 177. Diskursanalytisch untersucht werden die Begriffe Lohnnebenkosten und Beitragssatzstabilität für die 14. und 15. Legislaturperiode in Bechmann (2007), S. 142-149.

1962 Siehe für eine ausführlichere Behandlung von allokativen Wirkungen von Arbeitgeberbeiträgen Neubauer, G. (2003a).

1963 Geht man von Lohnnebenkosten i. H. v. 80 % aus oder im Beispiel Arbeitskosten i. H. v. 1.800 Euro, dann führt eine Beitragssatzerhöhung von einem Prozentpunkt bei einem paritätischen Arbeitgeberbeitrag zu einer Erhöhung der Arbeitskosten um 1.000 Euro x 0,5 % = 5 Euro oder auf die Arbeitskosten bezogen 5 / 1.800 Euro = 0,27 %. Dieser eher geringe Prozentwert sollte bei Diskussionen um eine Erhöhung von Sozialversicherungsbeiträgen im Hinterkopf behalten werden.

1964 Vgl. Neubauer, G. (1996), S. 5.

Beitragssatz für alle Unternehmen gilt.[1965] Gelingt die Überwälzung nicht, kann es zu Produktionsverlagerungen ins Ausland oder Arbeitsplatzabbau kommen.[1966]

Die jetzige *Ausgestaltung* des Arbeitgeberanteils ist *bei Wunsch* nach einem *expliziten Arbeitgeberbeitrag* im Hinblick auf die Nachhaltigkeit *nicht verbesserungsfähig*. Je niedriger der Arbeitgeberanteil ist, umso stärker werden die Arbeitnehmer belastet und desto höher ist die Attraktivität eines Systemwechsels der umworbenen Personen in Richtung PKV. Angesichts der Ausgabendynamik sollte bei Teilabkopplung die *1 %-Grenze* des *Zusatzbeitrages* erhöht oder abgeschafft werden. Damit erhalten die Krankenkassen eine größere Finanzierungsautonomie.[1967] Allokativ zu überlegen wäre eine Auszahlung des Arbeitgeberanteils, so dass Beitragssatzerhöhungen dauerhaft nicht zwangsläufig und unmittelbar die Lohnnebenkosten erhöhen, nur um über Lohnverhandlungen nachjustiert zu werden.[1968]

Zusammenfassend hat die GKV systemkonforme Optionen zur Steigerung der Nachhaltigkeit. Ob bei den enormen demographischen Lasten in Kombination mit dem MTF die einnahmenseitigen *Maßnahmen genügen*, in ausreichendem Maße selbst mit gesetzgeberischen Eingriffen, wie die Erhöhung der VPG, *nachhaltig Generationengerechtigkeit* und *Attraktivität gegenüber der PKV* herzustellen, ist dennoch *fraglich*. Am ehesten gelänge eine Entlastung mit alterskohortenspezifischen Beitragssätzen.

6.2.5.2 Ausgabenseite

GKV und PKV haben *idealtypisch* unterschiedliche Ansätze zur Ausgabensteuerung, die zu variierenden *Handlungsparametern* in den Subsystemen führen. Verhandlungen mit den Leistungserbringern auf dem *Vertragsmarkt* erlauben eine höhere Effizienz durch die Konkurrenz der Leistungserbringer um Versorgungsverträge.[1969] Kollektive

---

1965 Neubauer stellt fest, dass die OECD Arbeitgeberbeiträge konsequent den Arbeitnehmereinkommen zuordnet und dass schon seit Einführung der GKV im Jahr 1883 Nationalökonomen, insb. auch sozial engagierte, den Anteil als nicht ausbezahlten Lohn bewerteten, vgl. Neubauer, G. (1996), S. 3.

1966 Vgl. Neubauer, G. (2003a), S. 161. Eine mikro- und makroökonomische Analyse der gesundheitssystembedingten Arbeitgeberbelastung und damit der Arbeitsnachfrage erfolgt kompakt in Häussler et al. (2006), S. 35-59.

1967 Angesichts der Gefahr der Schließung effizienter Krankenkassen wegen Abbildungsmängeln im M-RSA und der strengen Insolvenzbedingungen ergäbe sich so die höhere Chance, eine exogen induzierte Durststrecke zu überwinden und / oder innovative Versorgungsmodelle mit Risiko durchzuführen, vgl. Abschnitt 5.1.2.1.2 für kritische Bemerkungen zur Fondsgestaltung.

1968 Möglichkeiten des Einfrierens und Argumente für eine (Teil-)Abkopplung werden ausführlich geschildert in Igel (2008), S. 107-110.

1969 Siehe ausführlich zur Allokationseffizienz auf dem Vertragsmarkt Abschnitt 5.2. Die Analyse bezieht sich auf diesen Abschnitt, ohne ihn zu wiederholen. Siehe für die Auswirkungen der bisherigen Angebotssteuerung auf die Nachhaltigkeit Abschnitt 6.2.3.2.

Verhandlungen mit Einheitspreisen sind zwar besser als keine Verhandlungen und schaffen in Verknüpfung mit Budgets Ausgabendämpfung, optimal wäre jedoch in *allen Leistungsbereichen* die Möglichkeit zu *selektiven Verträgen.*[1970]

Eine Verbesserung der Effizienz durch die *Einführung einzelvertraglicher Möglichkeiten* im *akut-stationären Sektor* erhöht die Nachhaltigkeit durch einen höheren Output an Gesundheitsleistungen bei gleichem oder niedrigerem Beitragssatz und weiterhin bedarfsgerechtem Leistungskatalog.[1971] Im *ambulant-ärztlichen* Sektor und *Arzneimittemarkt* gibt es mit den Verträgen zur besonderen ambulanten ärztlichen Versorgung und den Rabattverträgen nachahmenswerte Selektivverträge.

Nicht nur selektiver sondern auch kollektiver Ausnahmebereich ist fast ausnahmslos der innovative Pharmamarkt.[1972] Während in der GKV mit der *KNB*[1973] mittelfristig eine Entlastung der Kassenfinanzen zu erwarten ist, muss die PKV idealtypisch die Preise im innovativen Sektor zahlen.

Je stärker die GKV auf den Ausgabendruck mit Rationalisierung im Vertragsmarkt reagiert bzw. reagieren darf, umso *größer* wird die *Differenz* zwischen dem *Ausgabenwachstum* in der GKV und in der PKV. *Katalysiert* wird diese Entwicklung durch *Ausweichstrategien* der *Leistungserbringer*, die ihre Zieleinkommen zu wahren suchen. Hinzu entsteht in der GKV ein Schnittstellenmanagement über DMP, IgV etc., das Einsparungen erwarten lässt.[1974]

Die deutsche *PKV* ist idealtypisch auf *Patientensteuerung begrenzt.* Potenzial für Ausgabensenkungen ist nicht zu vermuten und kann ohne die Anpassung von Vergütungssystemen und eine Abkehr von Kernelementen der PKV nicht erreicht werden. *Potenziale* für die PKV ergeben sich wegen des *lock-in* der Bestandskunden.[1975] In der GKV bestehen nur geringe Anreize zu Maßnahmen der Primär- oder Sekundärprävention, da bei einem Versichertenwechsel die Ausgaben für die präventiven Maßnahmen der Krankenkasse verloren gehen.[1976] Bei aller Debatte über Prävention sind durch gut ge-

---

1970 Wille beschreibt die Optimierung einzelvertraglicher Möglichkeiten im deutschen Gesundheitssystem bei regionalem Bezug, vgl. Wille, E. (2009), S. 158-167.

1971 Für ein jüngeres wettbewerbliches Reformmodell für den Krankenhaussektor inklusive der Begutachtung der dualen Finanzierung siehe Albrecht und Häussler (2009), S. 98-120. Siehe für die DRG's als Basis eines Preiswettbewerbs auch Abschnitt 5.2.2.1.1. Ausführlich zu einer wettbewerblichen Reform des Vertragsmarkts siehe Abschnitt 7.3.2.1.1.

1972 Nicht überraschend ist die Ausgabendynamik im innovativen Teilmarkt stärker als im Festbetragsmarkt sowohl in der GKV als auch in der PKV, vgl. Abbildung 25.

1973 Vgl. Abschnitt 4.3.2.2.2.

1974 Vgl. Abschnitt 5.2.2.3.3 und Abschnitt 5.3.4.

1975 Für das lock-in und die Stornoquoten siehe Abschnitt 5.1.2.1.1.

1976 Prävention wird unterschieden in Primärprävention zur Verhinderung der Entstehung einer Krankheit wie die Bekämpfung von Risikofaktoren. Sekundärprävention beinhaltet die Entdeckung symptomloser Krankheitsfrühstadien und ihre erfolgreiche Therapie wie Screening.

staltete Konzepte Ausgabeneinsparungen im Lebenslauf möglich und damit eine höhere Einnahmen-Ausgaben-Relation, was Beiträge bzw. Prämien senken lässt.[1977]

Die PKV hingegen läuft nicht in die Rationalitätenfalle und könnte so die Nachhaltigkeit erhöhen, hat allerdings ebenso Investitionen zu tätigen, die in der *kurzen Frist Prämiensteigerungen* erfordern und *langfristig erst unsichere Ausgabensenkungen* nach sich ziehen. Erschwerend kommt hinzu, dass *viele privaten Krankenversicherer* im Vergleich mit einer großen Zahl an Krankenkassen *wenige Mitglieder* aufweisen, was bei hohen Fixkosten Präventionsprogramme unattraktiver macht.

Unter dem Gesichtspunkt Nachhaltigkeit argumentiert die PKV offensiver, dass eine Weiterentwicklung des medizinischen Wissens ohne die Mehrumsätze der PKV i. V. m. dem schnelleren *Zugang zu Innovationen* merklich langsamer in einem allein auf Basis der GKV aufgebauten Krankenversicherungssystem erfolge.[1978] Evidenz einer innovativeren Versorgung seien der höhere Anteil von Originalen im Arzneimittelbereich[1979] und die schnellere Abrechenbarkeit von Innovationen im ambulant-ärztlichen Bereich.[1980] Die *PKV* sei quasi der *Garant des MTF*.[1981]

Inwieweit das zutrifft, hängt von der *Wirksamkeit und / oder weniger unerwünschten Nebeneffekten* der *Produktinnovationen* ab und ob die jeweiligen Leistungserbringer *ohne die PKV weniger Innovationen* produzierten. In einer Studie zur Behandlungsqualität bei Typ 2 Diabetes konnten keine Unterschiede in der Behandlung von gesetzlich und privat Versicherten festgestellt werden.[1982] Außerdem ist der MTF global und dürfte eher nachrangig von der Nachfragemacht der Privatpatienten beeinflusst sein.

Konsequent betrifft die Tertiärprävention die Verhinderung der Verschlimmerung einer symptomatisch gewordenen Krankheit, z. B. durch medizinische Rehabilitation, vgl. ausführlich Walter, Ulla und Schwartz (2003), S. 189. Böhnke argumentiert, dass weitestgehend die GKV das Gut Primär- und Sekundärprävention wegen gesetzlicher Auflagen produziere und die PKV dadurch in den Genuss positiver externer Effekte komme, vgl. Böhnke (2004), S. 103-105. Vgl. für das Argument auch Wille, E. (1999), S. 141.

1977 Die Frage „Prävention ja oder nein“ in der Krankenversicherung und der Nutzen von Prävention als Ausgabendämpfung wird diskutiert im Exkurs nach Abschnitt 7.3.2.1.

1978 Vgl. PKV-Verband (2008c), S. 15. Die PKV wirbt in der Öffentlichkeit eher verhalten mit einer besseren Versorgung, die nicht nur auf Servicequalität beruht. Genannte Beispiele sind die Übernahme der Kosten für Arzneimittel der besonderen Therapierichtungen, OTC-Präparate und der Ausschluss kurzwirksamer Insulinanaloga aus dem GKV-Leistungskatalog, vgl. PKV-Verband (2008c), S. 9-10.

1979 Vgl. Wild (2007), S. 10-11. Siehe auch umfassend Wild (2010).

1980 Durch die sog. Analogbewertung nach § Abs. 2 S. 2 GOÄ.

1981 Produktinnovationen haben langfristig das Potenzial zu Ausgabensenkungen, können jedoch ebenso höhere Ausgaben verursachen. Siehe zur Heterogenität in Bezug auf die Ausgabenseite z. B. den MTF bei Herz-Kreislauf-Mitteln und Onkologika in Abschnitt 3.2.3.2

1982 Vgl. Martin et al. (2008), S. 2149-2150.

Die GKV hält entgegen, dass der *Leistungskatalog alle nutzenbringenden Innovationen* enthalte. Die langsamere Einführung sei ein Vorteil und diene auch dem Schutz des Patienten vor Fehlversorgung.[1983] Da sich im Unterschied zur Demographie MTF steuern lässt, ist die Gefahr einer Ressourcenverschwendung durch nicht wirksame Produktinnovationen in der GKV geringer. Die Einführung einer KNB hilft, das Ausgabenwachstum gegenüber der PKV zu dämpfen, was insb. durch langsamer wachsende Medikamentenausgaben spürbare Entlastungen für die GKV erwarten lässt. Kritisch einzuwenden ist, dass selbst bei Aufnahme von Produktinnovationen die *Gefahr der Rationierung* und damit *Unterversorgung* in der *GKV größer* ist.

Zusammenfassend besitzt die *GKV größere systemkonforme Möglichkeiten* auf der Leistungsseite als die PKV. Da die GKV somit relativ nachhaltiger werden kann, ist die Stabilität des dualen Systems als Ganzes größer. Es ist erneut die Frage zu stellen, ob angesichts der enormen demographischen Lasten in Kombination mit dem MTF die Möglichkeiten ausreichen.

6.3 Fazit: Weder Gerechtigkeit noch Nachhaltigkeit im dualen System

Nachdem in Kapitel 5 bei *beiden Versicherungstypen Allokationsmängel* festgestellt wurden, diente dieses Kapitel zur Überprüfung der Nebenbedingungen Gerechtigkeit und Nachhaltigkeit. Hätte die Analyse in den Teilsystemen und damit dem dualen System Gerechtigkeit und Nachhaltigkeit nachgewiesen, wäre eine Reform des dualen Systems weniger dringend.

Die Untersuchung ergab jedoch *Gerechtigkeits- und Nachhaltigkeitsprobleme* in *GKV* und *PKV* sowie zwischen den Versicherungstypen. Alle drei Ziele müssen simultan angestrebt werden, will man eine den zukünftigen Herausforderungen gerecht werdende, bezahlbare bedarfsgerechte Versorgung bei Partizipation am MTF sicherstellen.

Eine Ausweitung der Unterversorgung in der GKV ist regional zu erwarten und wird durch die Existenz von Privatversicherten erhöht. Letztere haben möglicherweise mit Überversorgung zu kämpfen, die bedingt durch eine Ausweitung medizinischer Behandlungen als rationale Strategie der Leistungserbringer in Fehlversorgung umschlagen könnte. Folge der Überversorgung sind höhere Ausgaben, die sich in steigenden Prämien niederschlagen. *Bedarfsgerechtigkeit* im *dualen System* ist *derzeit weitestgehend gegeben*. Über besseren Service und größere Wahlmöglichkeiten gemäß dem Grundsatz der Leistungsgerechtigkeit sind bei gleicher Morbidität Mehrumsätze in der PKV leistungsgerecht. Eine Zweiklassenmedizin ist diesbezüglich akzeptabel.

Die Mehrumsätze enthalten höhere Preise für gleiche Leistungen. Dies kann als Finanzausgleich an die GKV gewertet werden. *Fiskalische Äquivalenz* ist dennoch *nicht*

1983 Die Evidenz hierzu ist eher anekdotisch, vgl. Abschnitt 6.1.1.2.3.

gegeben, weil die Subventionen der GKV an die PKV, z. B. durch Risikoselektion und den Abgang der leistungsfähigsten Personen mit höchstem Beitrags-Leistungs-Saldo von der GKV zur PKV, größer sind als die zur Aufrechterhaltung der bedarfsgerechten Versorgung notwendigen Anteile der Mehrumsätze.

Innerhalb der GKV wird dem *Leistungsfähigkeitsprinzip stärker entsprochen*. Eine BBG hat zwar regressive Wirkungen, jedoch muss immer die Gesamtbelastung aus Steuer und Sozialabgaben betrachtet werden. Das Leistungsfähigkeitsprinzip ist *kein Anliegen der PKV*. Ohne die GKV wäre die Ausblendung des Leistungsfähigkeitsprinzips in der *PKV* nicht möglich. Verstärkend ausgedrückt gäbe es keine GKV, dann müsste die PKV schlechte Risiken versichern, was das Geschäftsmodell Privatversicherung zusammenbrechen ließe. Während die GKV ohne PKV existieren könnte, ist vice versa eine sich selbst tragende PKV heutigen Zuschnitts unrealistisch.

Eindeutige Vorteile besitzt die *PKV* im Hinblick auf die *Generationengerechtigkeit*, die gleichzeitig *Kondition für Nachhaltigkeit* ist. Jeder Privatversicherte sorgt für sich selbst vor, während die doppelte Alterung für die GKV existenzgefährdend zur Auflösung des Generationenvertrags führen kann. Prognostizierte Beitragssätze von ca. 25 % im Jahr 2050 erhöhen die Gesamt- und Grenzbelastung von beitragszahlenden Mitgliedern auf ein Maß, das die Exit-Option attraktiver macht und / oder starknegative Arbeitsanreize auslöst. Die GKV und damit das duale System, da ohne GKV auch keine PKV heutigen Zuschnitts Zukunft hat, drohen zu scheitern.

Abhilfe beim Generationenproblem kann durch *alterskohortenspezifische Beiträge* systemkonform erreicht werden. Um die Beitragsbelastung für Personen über die Zeit zu glätten, empfiehlt sich ein kapitalgedeckter Aufbau von Alterungsrückstellungen. Das *Kapitaldeckungsverfahren* ist zwar nicht per se dem Umlageverfahren überlegen, als Ergänzung für die in den kommenden Jahren zunehmende *demographische Belastung* jedoch eine *nötige Neuausrichtung* der *GKV*.

Für sich genommen kann die *PKV* ein stärkeres Ausgabenwachstum gegenüber der GKV schultern, weil den *höheren Ausgaben Leistungen entgegenstehen*. Durch die Verknüpfung von einkommensabhängigen Beiträgen in der GKV und hohen Einkommen von alleinstehenden Personen mit Wechselmöglichkeit bleibt die PKV auch im *Jahr 2050 attraktiv*. Eingerechnet werden müssen die *Alterungsrückstellungen*, die zwar die Ausgabensteigerungen aus der Kombination von Demographie und MTF nicht ausgleichen, aber leichter finanzieren lassen.

Der *große Vorteil* der GKV ist die *Angebotssteuerung* und *Kontrolle der Leistungserbringung*. Die geringeren Wachstumsraten der Ausgaben in der GKV sind auch in Zukunft realistisch und dürften durch bedarfsgerechte Steuerung des MTF, z. B. via treffsicherer Ausgestaltung der KNB, zu keinen Nachteilen für die Patienten führen. Die Analyse der Handlungsoptionen im Rahmen des dualen Systems hat jedoch ergeben, dass bis auf eine spürbare Stärkung der Generationengerechtigkeit innerhalb der GKV von einer Nachhaltigkeit der GKV und damit des dualen Systems nicht ausgegangen werden kann. Eine *Reform des deutschen Krankenversicherungssystems* ist wegen Mängel in Allokation, Gerechtigkeit und Nachhaltigkeit angezeigt, ja *imperativ*!

7 Optimierung des deutschen Krankenversicherungssystems

Nach Begründung der Grundentscheidung zur Verabschiedung vom dualen Krankenversicherungssystem erfolgt eine juristische Positionsbestimmung, der ein Krankenversicherungssystem national und europaweit gerecht werden sollte. Auf Basis der rechtlichen Rahmenbedingungen wird ein Modell skizziert, das als eine Art Best-Of der Vorzüge von GKV und PKV eine einheitliche bedarfsgerechte Grundversorgung[1984] definiert. Die normativ begründete, wünschenswerte Neuordnung des deutschen Krankenversicherungssystems muss jedoch umgesetzt werden, soll es nicht bei einem theoretischen Wunschgebilde bleiben. Wie hoch die Chancen dafür stehen, wird politökonomisch bewertet.

7.1 Duales Krankenversicherungssystem versus einheitliche bedarfsgerechte Grundversorgung

Nachdem die Reformnotwendigkeit des deutschen Krankenversicherungssystems festgestellt wurde, gibt es *zwei grundsätzliche Optimierungsansätze*.[1985] Entweder werden identifizierte Mängel *im dualen System ausgeglichen*, wie z. B. durch eine Eingliederung der PKV in den RSA der GKV plus Finanzkraftausgleich.[1986] Oder das duale System, verstanden als zwei substitutive Vollversicherungssäulen mit antagonistischen idealtypischen Elementen, wird überführt in ein *Schichtensystem* auf Basis einer *einheitlichen bedarfsgerechten Grundversorgung* analog zur GRV.[1987] Zwischen den bei-

---

1984 In der Folge auch als Referenzmodell bezeichnet.

1985 Wasem unterscheidet zwischen Erhalt des Status quo mit zwei verschiedenen Systemen, Wettbewerb unter gleichen Rahmenbedingungen, insb. gleicher Kalkulationsgrundlagen, sowie einer Abschaffung der Wahlmöglichkeit zwischen GKV und PKV, bspw. durch eine Ausscheidegrenze. Die letzten beiden Optionen führen nach Wasem zu einer Abschaffung des Systemwettbewerbs. Nach Betrachtung der Kriterien finanzielle Ergiebigkeit, Arbeitsmarktwirkungen, interpersonelle sowie Nachhaltigkeit und Generationengerechtigkeit ist der Status quo inferior, Kapitaldeckung sollte bei einer Neuordnung zumindest nicht eingeschränkt werden, vgl. Wasem (2009), S. 26.

1986 Möglichkeiten zur Einbeziehung von Privatversicherten in den RSA werden verschiedentlich dargestellt. Ein Verfahren mit Wahrung der Kapitaldeckung in der PKV wird beschrieben in Sehlen et al. (2005), S. 114-136. Vgl. auch Greß und Wasem (2004). Kritisch bzgl. der technischen Durchführbarkeit sind Niehaus und Weber (2005), S. 132-138. Ebenso kritisch siehe Münch (2003), S. 225-231.

1987 Klingenberger bezeichnet dies als Divergenz, wobei die PKV keine Vollversicherung mehr anbietet, sondern ausschließlich auf Zusatzversicherungen begrenzt ist, vgl. Klingenberger (2001), S. 229-234. Als Kompensation für die Aufgabe des Vollversicherungssegments erhält

den Extremansätzen sind weitere Kombinationen denkbar, die wie der Status quo durch relativ grobe Finanzausgleichsmethoden gegenüber einer einheitlichen bedarfsgerechten Grundversorgung in Finanzierungs-, Vertrags- und Leistungsmarkt suboptimale Ergebnisse erwarten lassen.[1988]

Bisher kann sich nur ein geringer Teil der Bevölkerung für das eine oder andere System entscheiden, so dass es de facto *zwei Versicherungstypen nebeneinander ohne Systemwettbewerb* gibt. Die Einführung einer *Ausscheidegrenze* als Abschaffung der Systemwahl plus Finanzausgleich der PKV an die GKV beseitigt zwar einige Ungerechtigkeiten, das *Problem* der *Nachhaltigkeit in der GKV, allokative Verzerrungen* in den drei Teilmärkten und die Notwendigkeit der Bestimmung eines *fairen Ausgleichbetrags* wird dadurch jedoch *nicht gelöst.*[1989] Ein die Allokationseffizienz erhöhender Systemwettbewerb würde wahrscheinlich nicht funktionieren, da die beiden Versicherungstypen zu verschieden sind.[1990] *Verzerrungen* wie eine verstärkte Angebotsinduktion in der PKV mit *Potenzial* zur *Unterversorgung* in der GKV und Über- und gar Fehlversorgung in der PKV wären bei einer *Adjustierung des dualen Systems* weiterhin vorprogrammiert.

In Anbetracht der festgestellten Ineffizienzen, Ungerechtigkeiten und der fehlenden Nachhaltigkeit in und zwischen den Versicherungstypen ermöglicht *nur eine einheitliche bedarfsgerechte Grundversorgung* eine *transparente, weitgehend unverzerrte, gerechte* und damit *letztlich zukunftssichere Gesundheitsversorgung* der Bevölkerung.[1991]

---

die PKV das alleinige Recht zu Krankengeldversicherungen. Er plädiert also ebenso für eine einheitliche Grundversorgung. Anders hingegen Münch, der nach Abwägung verschiedener Reformmodelle ein duales System zweier Vollversicherungen mit Ausscheidegrenze und weiteren Änderungen beibehalten will, vgl. Münch (2003), S. 212-259. Ein früher Reformvorschlag von Grundversorgung und Zusatzversicherung ist Gitter et al. (1988), S. 88-93.

1988 Einen funktionierenden Systemwettbewerb sieht Bürger wegen der „unterschiedlichen Regulierungstiefe" kaum umsetzbar, vgl. Bürger (2004), S. 538. Ähnlich aus juristischer Warte vor dem Hintergrund von Art. 3 Abs. 1 GG ist Bieback (2005b), S. 182. Für die schwierige Bestimmung der Quersubventionen siehe Abschnitt 6.1.2.1.

1989 In den Niederlanden gab es bis Ende 2005 eine Ausscheidegrenze. Weitere Elemente wären eine Neubestimmung der Versichertenkreise und eine Neudefinition von Schutzbedürftigkeit.

1990 Ausführlich wird dieser Punkt in Abschnitt 5.2 und Abschnitt 5.3 behandelt. Kritisch zum Systemwettbewerb ist Cassel, der Wettbewerb nur innerhalb der PKV für Ordnungskonform hält, vgl. Cassel (1988), S. 118.

1991 Hohmeier kommt als Ergebnis seiner Dissertation zum Schluss, dass ein zweiklassiges Gesundheitssystem mit einheitlicher Grundversorgung von der Gesellschaft als gerecht betrachtet und damit gewünscht ist, vgl. Hohmeier (2000), S. 329. Ebenso sieht dies der SVR, der sich aus ökonomischen Kalkül für einen einheitlichen Versicherungsmarkt ausspricht, vgl. SVR (2008), Ziffn. 677-678. Eine Trennung der Systeme nach beruflichem Status und Einkommen führe zu einer Verabschiedung der ökonomisch Leistungsfähigen sowie einer wettbewerbsschädlichen Risikoentmischung. Ein einheitliches System vermindere allokative und distributive Verwerfungen. Gerade die VPG hat nichts mehr mit Schutzbedürftigkeit zu tun. Ein großer Prozentsatz sei mit Sicherheit nicht schutzbedürftig. Die VPG diene der Marktsicherung der Privaten. So auch Neubauer, demnach der überproportionale Finanzierungsbeitrag

Das Kriterium der Schutzbedürftigkeit als Voraussetzung für die Versicherungspflicht in der GKV gilt schon lange nicht mehr als Zuordnungskriterium der GKV. Der Solidarausgleich wird überwiegend von der Mittelschicht getragen, die finanziell Stärksten verabschieden sich oftmals.[1992] Eine *einheitliche Grundversorgung*, an der sich *jeder nach seiner Leistungsfähigkeit beteiligt*, erübrigt Abgrenzungsprobleme von Schutzbedürftigkeit und eine Feinjustierung des Finanzausgleichs zwischen zwei Systemen. Darüber hinaus werden durch ein Einheitssystem *Transaktionskosten minimiert*, weil *statt drei Bürokratien* heute *zukünftig* nur noch *eine nötig ist.*[1993]

Kompass der Optimierung des deutschen Krankenversicherungssystems sind nicht ordnungspolitische Vorgaben verstanden als Wahrung idealtypischer Elemente, sondern *klare Ziele*: Wettbewerb auf allen Teilmärkten zur Effizienzsteigerung, Bedarfsgerechtigkeit der Gesundheitsversorgung für alle, Finanzierung der Grundversorgung nach dem Leistungsfähigkeitsprinzip und Nachhaltigkeit. GKV und PKV können dabei durchaus beide in einem einheitlichen System die Grundversorgung in Koexistenz absichern. Der Vorteil einer Koexistenz auch in der Grundversorgung ist bei *gleichen wettbewerbsrechtliche Rahmenbedingungen* die spontane Entdeckung der optimalen Organisationsform im Sinne Hayeks.[1994]

7.2 Der rechtliche Bezugsrahmen

Eine Optimierung des deutschen Krankenversicherungssystems erfordert neben politischem Willen die Beachtung des rechtlichen Bezugsrahmens. Dabei gilt es, die nationale und zunehmend wichtigere europäische Dimension in die Untersuchung einzubeziehen.[1995,1996] Die nationale Betrachtung fokussiert stärker auf das wechselseitige

---

privat Versicherter als „politisches Entgelt für das Festhalten an der Versicherungspflichtgrenze“ gesehen werden kann, was eine Paraphrasierung der Argumentation des SVR ist, Neubauer, G. (1988b), S. 184. All dem ist zuzustimmen. Ähnlich argumentieren auch Greß et al., die für einen fairen Wettbewerb die Dualität wenn nicht abschaffen, dann doch auf Basis einer einheitlichen Wettbewerbsordnung stellen wollen. Dies schließt einheitliche Vergütungssysteme mit ein, vgl. Greß; Leiber; et al. (2009), S. 372. Eine Bürgerversicherung nach Muster der GKV ist dem heutigen dualen System vorzuziehen, wobei Vorteile der PKV wie Kapitaldeckung verloren gingen.

1992 Vgl. Abschnitt 4.4 und Abschnitt 6.1.2.1.3.

1993 GKV, PKV und Beihilfe.

1994 Vgl. Abschnitt 2.1.1.2. Siehe auch Eekhoff et al., die die PKV als Beispiel einer sich spontan ergebenden Krankenversicherung deuten, vgl. Eekhoff et al. (2008), S. 17-21.

1995 Den Konnex zwischen Europarecht und nationalem Recht beschreibt konzise Sichert (2007). Demnach ist Europarecht Vorreiter und Anpasser an die Lebenswirklichkeit gleichermaßen. Eine politikwissenschaftliche Betrachtung des Konvergenzprozesses im Gesundheitswesen führt Urban in seiner Dissertation durch, vgl. Urban (2003), S. 39-126.

Verhältnis GKV zu PKV, während die europäische Sicht die zukünftige Entwicklung betont. Die Entscheidung, ob die Finanzierung via risikoäquivalente Prämie, Bürgerversicherung oder Kopfpauschale erfolgen soll, muss konform mit dem Grundgesetz und dem Europarecht sein.[1997] Offensichtlich führen die idealtypischen Prägungen durch das Sozialrecht in der GKV und das Privatrecht respektive Wirtschaftsrecht in der PKV zu Verzerrungen, die die effizienzfördernde Rolle des Wettbewerbs behindern.[1998] Die Analyse in dem Abschnitt beleuchtet daher neben dem Ist-Stand auch ein normatives Soll.

7.2.1 Nationales Recht

7.2.1.1 Verfassungsrecht

National hat das BVerfG am 10.06.2009 bei Klage privater Krankenversicherungsunternehmen zu Neuerungen mit dem GKV-WSG zwar die Verfassungsbeschwerde zurückgewiesen, eine grundsätzliche Neujustierung des dualen Krankenversicherungssystems erfolgte damit nicht.[1999] Die PKV vertritt die Lesart, dass das duale System bestätigt wurde.

Im März 2008 legten 30 private Krankenversicherungen und Einzelpersonen Verfassungsbeschwerde gegen die Portabilität von Alterungsrückstellungen, den Basistarif und die Verlängerung der Wartezeit auf einen Wechsel in die PKV auf drei Jahre ein.[2000] Die Branche war der Auffassung, dass die gesetzlichen Maßnahmen in der Summe die Grenze des grundrechtlich Zulässigen überschritten.

1996 Neubauer skizziert die denkbare Europäisierung der Gesundheitssysteme hin zu einem europäischen System in vier Stufen. Die Endstufe wird erreicht in der Reihenfolge Europäisierung des Leistungsmarkts, des Versorgungsmanagements und schließlich der Finanzierung respektive der Krankenversicherung, vgl. Neubauer, G. (2003c), S. 87-92.

1997 Einen strukturierten juristischen Überblick der Konfliktfelder zwischen GKV und PKV im Kontext Europarecht gibt Maydell (2005).

1998 Eine institutionenökonomische-ordnungspolitische Analyse von Sozial- und Wettbewerbsrecht im Gesundheitswesen erfolgt in Oberender und Fleischmann (2004), S. 193-197.

1999 Mit einer knappen 5:3 Mehrheit an Richterstimmen bei der dreijährigen Wechselfrist, im Übrigen ist die Entscheidung einstimmig ergangen. Vgl. für das Urteil BVerfG 1 BvR 706/08 (2009). Das Bundesverfassungsgericht wählte die Beschwerden von fünf Unternehmen und drei Versicherten für eine mündliche Verhandlung im Dezember 2008 aus.

2000 Für die Berichterstattung des PKV-Verbandes siehe PKV-Verband (2009e). Die einzelnen Regelungen sind dargestellt in den Abschnitten 4.3.1.1.4, 4.3.1.2.2 und 4.3.1.3.3. Beschwerdeführer im Auftrag der PKV war Thüsing, die Argumente sind zusammengefasst in Thüsing und Medem (2008). Ähnlich die Rechtmäßigkeit der Neuerungen in der PKV durchs GKV-WSG verneinend sind Boetius (2008); Sodan (2007b).

„Der Basistarif stellt sich … als eine zulässige, sozialstaatliche Indienstnahme der privaten Krankenversicherungsunternehmen zum gemeinen Wohl dar … die der mit dem GKV-Wettbewerbsstärkungsgesetz angestrebten Vollfunktionalität der privaten Krankenversicherung für alle ihr zugewiesenen Versicherten dient und sicherstellt, dass die von Krankheit am stärksten betroffenen Personen unter den Bedingungen risikoäquivalent berechneter Prämien bezahlbaren und gleichwohl ausreichenden Versicherungsschutz finden“[2001], solange „dies keine unzumutbaren Folgen für Versicherungsunternehmen und die bei ihnen Versicherten hat.“[2002] In der Begründung wird explizit eine Beobachtungspflicht eingeführt, inwieweit ein künftiger stärkerer Zustrom in den Basistarif die PKV gefährdet.[2003]

Man kann argumentieren, dass bei der Feststellung einer Gefährdung des Geschäftsmodells im Umkehrschluss das BVerfG den Basistarif verboten hätte. Jedoch hätte es dann eine andere Regelung geben müssen, die durch die erweiterte Versicherungspflicht aufzunehmenden Personen auch in der PKV versichern zu können: „Der Gesetzgeber war nicht verpflichtet, sämtliche Personen, welche in der privaten Krankenversicherung keinen Versicherungsschutz finden oder ihn verloren haben, der gesetzlichen Krankenversicherung zuzuweisen. Dies würde zu einer einseitigen Belastung der gesetzlichen Krankenversicherung führen. Eine derart einseitige Risikoverteilung sieht die Verfassung nicht vor. Der Gesetzgeber kann, *wenn er eine Volksversicherung aus zwei Versicherungssäulen schafft*, die Personengruppen diesen beiden in einer ausgewogenen Lastenverteilung zuordnen … und damit die *finanzielle Stabilität* und die Funktionsfähigkeit der gesetzlichen Krankenversicherung sichern [Hervorhebung durch den Autor].“[2004]

Letztlich hat das *BVerfG nicht* über die *Existenz des dualen Systems entschieden*, sondern Regelungen zur Ausgestaltung zweier Vollversicherungen beurteilt. Die höchstrichterliche Akzeptanz des gestärkten Solidarprinzips innerhalb der PKV wird in der Begründung der dreijährigen Wechselfrist deutlich und lohnt sich im Original anzuführen: „Die Neuregelung zielt darauf, auch gut verdienende Angestellte für mindestens drei Jahre an die gesetzliche Krankenversicherung zu binden, um hierdurch die *Finanzgrundlage der gesetzlichen Krankenversicherung zu stärken*. Damit sollen insb. Beschäftigte, welche zuvor unter Umständen jahrzehntelang als beitragsfrei Familienversicherte, als Auszubildende oder Berufsanfänger mit geringem Arbeitsentgelt von den Leistungen der Solidargemeinschaft profitiert haben, bei ihrem erstmaligen Überschreiten der Jahresarbeitsentgeltgrenze für einen gewissen Zeitraum weiterhin an die Solidargemeinschaft gebunden werden. Das ist eine Erwägung, die eine gewisse zeitliche Ausweitung des Solidarausgleichs zwischen den Mitgliedern der gesetzlichen Krankenversicherung mit höherem und niedrigerem Einkommen rechtfertigt. [Perso-

---

2001 BVerfG 1 BvR 706/08 (2009), Rn. 187.

2002 BVerfG 1 BvR 706/08 (2009), Rn. 241.

2003 Für Zahlen zur Besetzung des Basistarifs siehe Abschnitt 6.1.2.2.2.

2004 BVerfG 1 BvR 706/08 (2009), Rn. 175.

nen], die nach bisherigem Recht schon mit der erstmaligen Aufnahme einer versicherungspflichtigen Beschäftigung aufgrund der Höhe ihres Verdienstes versicherungsfrei waren, wie dies insb. bei akademischen Berufsanfängern vorkam ... zumutbar. Bei der Sicherung der *finanziellen Stabilität* und damit der *Funktionsfähigkeit der gesetzlichen Krankenversicherung* handelt es sich um einen *überragend wichtigen Gemeinwohlbelang* [Hervorhebung durch den Autor].“[2005]

Die Parallelität zweier Vollversicherungen war nicht das zu Überprüfende und wurde vom BVerfG auch nicht beanstandet, was jedoch eine grundlegend andere Organisation von Krankenversicherung nicht ausschließt.[2006] Im einen Extrem kann man die Versicherung als staatliche Zwangsversicherung institutionalisieren, was mit dem Gedanken der Subsidiarität konfligiert. Dem nahe steht der Gedanke einer Bürgerversicherung. Die Absicherung kann aber als reinste Form der Subsidiarität im Sinne von staatsfern und dezentral auch bei Schutzbedürftigen privat erfolgen bei entsprechendem Sozialausgleich.

In der Frage des *Finanzierungsmarktes* werden auf die *Gesamtbevölkerung* im Kern drei *grundlegende Systeme* diskutiert: Die Bürgerversicherung verstanden als eine dem Leistungsfähigkeitsprinzip verbundene einkommensabhängige Finanzierung, Pauschalen mit externem Sozialausgleich und risikoäquivalente Prämien mit Sozialausgleich. Gerade die Bürgerversicherung ist Inhalt vieler Rechtsgutachten, die dafür oder dagegen votieren. Nach *Sodan* ist eine *Bürgerversicherung* weder formell noch materiell verfassungsmäßig.[2007] Der Bund hat zwar den Kompetenztitel „Sozialversicherung“ nach § 74 Abs. 1 Nr. 12 GG, der die Einführung einer Bürgerversicherung jedoch nicht beinhaltet. Materiell verstoße die Pflichtzugehörigkeit für alle Bürger gegen das Recht zur freien Entfaltung ihrer Persönlichkeit. Entgegengesetzt sieht dies *Bieback*, der die Kompetenz des Gesetzgebers zur Ausdehnung der Sozialversicherungspflicht auf alle Bürger inklusive Erweiterung der Bemessungsgrundlage gegeben sieht.[2008] Die Argumentation einer Stärkung der finanziellen Grundlagen folgt der Begründung im BVerfG-Urteil. Er räumt ein, dass die PKV zunächst belastet würde, jedoch selbst Leistungen der Bürgerversicherung anbieten dürfe. Ein Eigentumsschutz der gebildeten Alterungsrückstellungen müsse bestehen bleiben, ebenso eine BBG.

2005 BVerfG 1 BvR 706/08 (2009), Rnn. 229-233. Siehe für die Begründung des Gesetzgebers auch Abschnitt 6.2.4.3.

2006 In der EU existieren verschiedene Krankenversicherungsregimes, die alle prinzipiell konform mit dem Europarecht sind. Siehe detailliert für die nationale rechtliche Einschätzung Abschnitt 7.2.1.

2007 Vgl. Sodan (2005), S. 11-19. Ähnlich z. B. auch Leisner, der Verstöße einer Bürgerversicherung durch die Aufnahme nicht schutzbedürftiger Menschen, gegen das Alimentationsprinzip für Beamte und die Existenzgefährdung der PKV sieht, vgl. Leisner (2005), S. 47-49.

2008 Vgl. Bieback (2005b), S. 178-182. Siehe für die gleiche Feststellung z. B. auch die Dissertation von Schräder, vgl. Schräder (2008), S. 344-346.

Bzgl. einer auf *Pauschalprämien* beruhenden Finanzierung sieht *Sodan* keine durchgreifenden verfassungsrechtlichen Bedenken.[2009] Hier sei der Kompetenztitel des Bundes gegeben. Ein externer Sozialausgleich erfolge bereits heute durch die Beitragsübernahme bei ALG1-, ALG2- und Sozialhilfeempfängern. Ferner werde in der GRV ca. ein Drittel der Einnahmen durch Steuern aufgebracht und das Sozialstaatsprinzip in den Artt. 20 Abs. 1 und 28 Abs. 1 S. 1 GG nicht konkretisiert.[2010] Ähnlich ist eine auf *risikoäquivalente Prämien* basierende private Pflichtversicherung aller gesetzlich gedeckt, da die „Gesetzgebungskompetenz zur Regelung einer Sozialversicherung … keine Gesetzgebungspflicht" sei.[2011] Der Sozialausgleich sei auch hier grundsätzlich zulässig und ließe sich auch in Form eines „zumutbaren Höchstsatzes" realisieren.[2012]

7.2.1.2 Wettbewerbsrecht

Gestaltet man ein System mit GKV und PKV als Anbieter von Krankenversicherungsschutz aus, dann muss für einen fairen Wettbewerb auf *allen Teilmärkten* gesorgt werden. In der GKV gilt idealtypisch das Sozialrecht als öffentlich-hoheitliches Recht, was durch die allmähliche Etablierung eines solidarischen Wettbewerbs zunehmend kritisch gesehen wird.[2013] Bis zum Jahr 2000 galten für Krankenkassen in der Beschaffung das GWB und die Vorschriften des Gesetzes gegen den unlauteren Wettbewerb (UWG).[2014] Das GRG2000 hat trotz einer Erweiterung wettbewerblicher Gestaltungsräume die Anwendung des Wettbewerbsrechts ausgeschlossen. Mit dem GKV-WSG wurde der § 69 SGB V als zentrale Gesetzesstelle neugefasst und enthielt folgende Passage: „Die §§ 19-21 GWB gelten entsprechend; dies gilt nicht für Verträge von Krankenkassen oder deren Verbänden mit Leistungserbringern, zu deren Abschluss die Krankenkassen oder deren Verbände gesetzlich verpflichtet sind und bei deren Nicht-

2009 Vgl. Sodan (2005), S. 19-21.

2010 Eine nähere Konkretisierung im GG bleibt aus, was dem offenen, dynamischen Charakter einer modernen Verfassung entspricht. Vgl. Katz (1996), S. 109. Vgl. auch als zweites Standardwerk Degenhart (1997), S. 141.

2011 Sodan (2005), S. 21.

2012 Sodan (2005), S. 22.

2013 Für die Entwicklung der Anwendung des Wettbewerbsrechts in der GKV bis exklusiv der Neufassung mit dem GKV-OrgWG siehe Möschel (2007). Zur Etablierung des solidarischen Wettbewerbs siehe den Abschnitte 4.2.4.

2014 Das UWG stellt Spielregeln des Wettbewerbs auf, wie z. B. das Verbot irreführender Werbung, die Ausnutzung der Zwangslage von Verbrauchern oder den Verstoß gegen Gesetze. Das UWG ist bei Krankenkassen nur auf Werbemaßnahmen anwendbar, da ansonsten der öffentlich-rechtliche Versorgungsauftrag dem entgegensteht, vgl. Schwintowski (2009). Dagegen regelt das GWB maßgeblich den Schutz vor Marktmacht, vgl. Schlegel (2008), S. 25-27.

zustandekommen eine Schiedsamtsregelung gilt."[2015] Demnach war die Rechtswegzuweisung an die Sozialgerichtsbarkeit unangetastet und die Kartellbehörden außen vor. Dennoch war bspw. bei Selektivverträgen die Marktmacht der Krankenkassen als Nachfrager zu berücksichtigen. Das Kartellverbot dürfte mittelbar über § 19 GWB zur Anwendung kommen.[2016]

Stand Mai 2010 auf Basis des GKV-OrgWG heißt es nun:[2017] „Die §§ 19 bis 21 des GWB gelten für die in Absatz 1 genannten Rechtsbeziehungen entsprechend; die §§ *97 bis 115 und 128* des Gesetzes gegen Wettbewerbsbeschränkungen sind anzuwenden, soweit die dort genannten Voraussetzungen erfüllt sind. Satz 1 gilt nicht für Verträge von Krankenkassen oder deren Verbänden mit Leistungserbringern, zu deren Abschluss die Krankenkassen oder deren Verbände gesetzlich verpflichtet sind und bei deren Nichtzustandekommen eine *Schiedsamtsregelung* gilt. Die in Satz 1 genannten Vorschriften gelten mit der Maßgabe, dass der *Versorgungsauftrag der gesetzlichen Krankenkassen besonders zu berücksichtigen ist* [Hervorhebung durch den Autor]."[2018] Mit dem GKV-OrgWG wurde auch der Rechtsweg geklärt. Bei Beanstandungen sind zunächst die Vergabekammern zuständig. Sollte es allerdings zu Rechtsstreitigkeiten kommen, werden statt der Oberverwaltungsgerichte die Landessozialgerichte bzw. das Bundessozialgericht angerufen.[2019]

Kollektivverträge bleiben weiterhin Domäne des Sozialrechts. Selektivverträge, solange der besondere Versorgungsauftrag der Krankenkassen erfüllt ist, unterliegen dem Wettbewerbsrecht.[2020] Bei Anwendung der §§ 19-21 des GWB gemäß § 69 SGB V sind nicht wie üblich die Zivilgerichte zuständig, sondern letztinstanzlich die Sozialgerichte.[2021] Neu gegenüber der Fassung des GKV-WSG ist ferner die Berücksichtigung von Vorschriften des öffentlichen Vergaberechts über die §§ 97 bis 115 und 128 SGB V, wodurch unsachgemäße Ausschreibungen verhindert werden sollen. Eine öffentliche Ausschreibung ist bei Überschreitung des Schwellenwertes i. H. v. 193.000 Euro

2015 § 69 S. 2 SGBV (2007). Kritisch hierzu unter Einbeziehung der europäischen Perspektive siehe Sodan (2007a), S. 6.

2016 § 1 i. V. m. § 19 Abs. 1 GWB. Vgl. Möschel (2007), S. 10.

2017 Für die Neuregelungen der Krankenkassenorganisation siehe auch Abschnitt 4.3.2.1.2.

2018 § 69 Abs. 2 SGBV. Was eine besondere Berücksichtigung des Versorgungsauftrags der gesetzlichen Krankenkassen ist, bleibt umstritten.

2019 § 69 SGBV i. V. m. § 207 Sozialgerichtsgesetz i. V. m. § 116 GWB.

2020 Nach Kluckert umfasst der Begriff des funktionalen Unternehmens jede eine wirtschaftliche Tätigkeit ausübende Einheit. Der Begriff ist relativ, weil eine wirtschaftliche Einheit gleichzeitig je nach Tätigkeitsbereich Unternehmen sein kann oder nicht sein kann, vgl. Kluckert (2009), S. 356.

2021 Masuch, Präsident des BSG, trennt zwischen Prozess- und materiellem Recht. Die Sozialgerichtsbarkeit als klägerfreundlicher Rechtsweg ist bei Arzneimittelrabattverträgen zuständig. Offene Flanke ist das materielle Recht, z. B. bei der Frage, ob Krankenkassen öffentliche Auftraggeber sind, vgl. Becker, J. (2009), S. 37.

im Jahr 2010 durchzuführen. Das Vergaberecht schränkt die Gestaltungsmöglichkeiten gesetzlicher Kassen durch viele Vorgaben ein.[2022]

Beispiele für Selektivverträge mit *öffentlicher Ausschreibung* sind Rabattverträge,[2023] Hilfsmittelausschreibungen, Verträge zur besonderen ambulant-ärztlichen Versorgung nach § 73c SGB V und grundsätzlich IgV-Verträge[2024]. § 73b-Verträge zur hausärztlichen Versorgung sind wegen dem Monopolcharakter auf beiden Seiten und der Schiedsfähigkeit von den öffentlichen Vergaberichtlinien realiter eher nicht betroffen.[2025] Im stationären Sektor sind selektivvertragliche Arrangements nicht anzutreffen.

Im Verhältnis zu den Versicherten im *Finanzierungsmarkt* werden Krankenkassen juristisch nicht als Unternehmen betrachtet sondern als KdöR's.[2026] Das *Kartellverbot* nach § 1 GWB ist daher *nicht anzuwenden*, Aufsichtsbehörden sind das BVA für bundesunmittelbare Kassen und ansonsten die Landesbehörden, i. d. R. die Sozialministerien.[2027] Die Nichtanwendbarkeit des Kartellrechts auf öffentlich-rechtliches Handeln beruht auf der *grundsätzlichen Zweiteilung der Rechtsordnung in Öffentliches Recht und Privatrecht*.[2028] Auf dem Finanzierungsmarkt ist trotz fehlenden Gewinnstrebens und öffentlicher Rechtsform der Krankenkassen ein intensiver Wettbewerb festzustellen.[2029] Dementsprechend sind Krankenkassen auch auf dem Finanzierungsmarkt als *funktionale Unternehmen* zu betrachten. Die *Rechtsform* und „ob *Gewinnstreben*" stattfindet, ist *irrelevant*.

Bzgl. der Anwendbarkeit der *Fusionskontrolle* nach §§ 35- 43 GWB sprechen sich *Gaßner und Ahrens* für eine Zuständigkeit des BKartA aus.[2030] Die Fusionskontrolle betrifft den Zusammenschluss von Krankenkassen und immer Finanzierungs- und Leistungsseite. Durch das GKV-WSG sind kassenartenübergreifende Fusionen mög-

---

2022 Vom Prinzip her handelt es sich um ein Auktionsverfahren, in dem der Zuschlag der Bieter erhält, der gemäß § 97 Abs. 5 GWB das wirtschaftlichste Angebot macht, vgl. Baake et al. (2009), S. 190.

2023 Vgl. Abschnitt 5.2.2.2.2.

2024 Ausführlich beschäftigt mit dem Vergaberecht bei IgV-Verträgen hat sich in ihrer Dissertation Samwer, vgl. Samwer (2008), S. 67-134.

2025 Vgl. zu den Hausarztverträgen en detail Abschnitt 5.2.2.2.1.

2026 Art. 87 Abs. 2 GG.

2027 Kriterium ist die Anzahl der Bundesländer, in denen eine Krankenkasse bei „Zuständigkeit" in bis zu drei Bundesländern als landesunmittelbar gilt, vgl. Art. 87 Abs. 2 S. 2 GG. Verwaltungskompetenzen für die Sozialversicherung werden en detail behandelt in der Dissertation von Zimmermann, vgl. Zimmermann, M. (2009), S. 453-472. Ausführlich zum Thema Föderalismus und Sozialversicherung siehe Ebsen (2005).

2028 Vgl. Kluckert (2009), S. 360.

2029 Vgl. Abschnitt 5.1.2.1.2.

2030 Vgl. Gaßner und Ahrens (2007), S. 535.

lich geworden und bereits erfolgt. Marktbeherrschende Stellungen sind über die bereits heutige hohe Konzentration wahrscheinlicher geworden, eine stärkere Kontrolle durch das Kartellamt ist angebracht, was von *Baake et al. kritischer* gesehen wird. Demnach sind auch die Aufsichtsbehörden nach § 87 Abs. 2 SGB V zuständig.[2031] Eine zentrale Rolle für das BKartA wird als unabhängige Prüfungsinstanz dennoch verortet. Last not least auch *Gassner*, der eine Anwendbarkeit der GWB-Fusionskontrolle auf die Krankenkassen gegeben sieht.[2032]

Im Unterschied zur GKV gibt es eine klare Zuordnung der *PKV* zum *Privatrecht* mit der Subdisziplin Wettbewerbsrecht. Die Versicherer schließen Verträge mit ihren Kunden ab, wobei in weiten Teilen kein Kontrahierungszwang durch die PKV besteht. Kündigen können nur die Versicherten. AG's und begrenzt VVaG's[2033] können Gewinne erwirtschaften. Paradoxerweise führt die Anwendung des Privatrechts zu einer scharfen Kontrolle von Kooperationen und Zusammenschlüssen, obwohl *Beziehungen* zu den *Leistungserbringern* faktisch *nicht* vorliegen.[2034] Perspektivisch ist bei Möglichkeiten der PKV zu vertraglichen Vereinbarungen mit den Leistungserbringern aufgrund der geringen Marktanteile eine losere Kontrolle der privaten Versicherungsunternehmen anzustreben, will man einen einigermaßen fairen Wettbewerb zwischen GKV und PKV im heutigen System etablieren.[2035]

Wettbewerbsverzerrungen zuungunsten der PKV ergeben sich bereits heute z. B. im Bereich der Höherversicherung durch Kostenerstattung und damit verbundene Wahlleistungen Krankenhaus.[2036] Angesichts der *Optimierung des deutschen Krankenversicherungssystems* über eine einheitlich bedarfsgerechte Grundversorgung mit gleichen Wettbewerbsbedingungen für alle, die diese Leistung anbieten, ist die Zwitterstellung zwischen Sozial- und Wettbewerbsrecht der GKV einem funktionsfähigen Wettbewerb hinderlich.[2037]

2031 Vgl. Baake et al. (2009), S. 193.

2032 Vgl. Gassner (2008), S. 417-420.

2033 Siehe Abschnitt 4.1.

2034 Vgl. für den nicht vorhandenen PKV-Vertragsmarkt Abschnitt 5.2.1. Wie in der GKV ist jedoch der Markt sehr konzentriert. Darüber hinaus sind viele Unternehmen untereinander verflochten.

2035 So auch bei Rürup et al. (2010), S. 130-131.

2036 Ebenso kritisch zu den Wahltarifen aus juristischer Perspektive siehe Thüsing und Medem (2008), S. 141-155. Sohns spricht in seiner Dissertation von einer Verletzung „wesentlicher Strukturprinzipien der Solidarität, welche konstitutiv für die Nichtannahme wirtschaftlichen Handelns der gesetzlichen Krankenversicherung sind", vgl. Sohns (2008), S. 198. Vgl. auch den Exkurs nach Abschnitt 4.3.1.1.3.

2037 Siehe hierzu aus juristischer Perspektive auch Gassner (2008), S. 421-423.

Aber auch *Krankenkassenvertreter* plädieren immer häufiger für eine *stärkere Privatisierung* von *Wettbewerbsbedingungen* und *Rechtsform.*[2038] Das GKV-WSG führte neben der Neufassung von § 69 SGB V bereits zu weiteren Elementen privatrechtlicher Unternehmen.[2039] Moniert wird, dass das *öffentliche Vergaberecht* in Preisgestaltung und Vertragsinhalten *unflexibler* respektive *komplexer* als freie Ausschreibungen sei, was wiederum kleinere Krankenkassen benachteilige. Bei öffentlichen Ausschreibungen stehe der Bieterschutz im Mittelpunkt, Nachprüfungsverfahren verzögerten Vergaben. Dies könnte bei Einführung eines gemeinsamen Marktes für eine Grundversicherung zu Nachteilen der Krankenkassen gegenüber der PKV führen. Als Alternative eröffnete die private Rechtsform die freihändige Vergabe, beschränkte Ausschreibungen und private Ausschreibungen mit Nachverhandlungen.[2040] Schließlich sei eine Verschuldung der Krankenkassen zugelassen ebenso wie die Nutzung des Kapitalmarktes.

Ertragssteuern sind bei Gewinnerzielung wie in der PKV abzuführen, was unproblematisch ist wie die *Trägervielfalt* im *akut-stationären Sektor* zwischen privaten, freigemeinnützigen und öffentlichen Krankenhäusern zeigt. Entscheidend ist nur, dass die gleichen Wettbewerbsbedingungen gelten, ein Vorschreiben privater Rechtsformen für Krankenversicherungen sollte daher nicht geschehen. Die optimale Rechtsform kann sich im Wettbewerb herausbilden. Für eine *private Rechtsform* sprechen zudem die größere Harmonie mit *europarechtlichen Bestimmungen* und damit die Nachhaltigkeit der Neuausrichtung der deutschen Krankenversicherung.

7.2.2 Europäisches Recht[2041]

7.2.2.1 Wettbewerbsrecht

Im Europäischen Recht gilt der *funktionale Unternehmensbegriff*[2042], demnach jede eine *wirtschaftliche Tätigkeit* ausübende Einheit ein Unternehmen ist.[2043] Formale und

---

2038 Siehe z. B. Klusen (2009), S. 77. Mit der Rechtsform KdöR sind Richtlinien für Vorstandsgehälter verbunden, die regelmäßig Anlass zu Beanstandungen durch den Bundesrechnungshof sind, vgl. apotheke adhoc (2010b). Referenzwert für Angemessenheit sind ca. 130.000 Euro.

2039 Vgl. Abschnitt 4.3.2.1.2. Umfangreich mit einer Umwandlung der GKV in private Unternehmen wird sich beschäftigt in Neubauer, G. und Minartz (2009). Die Autoren sehen keine Schwierigkeiten der Delegation hoheitlicher Aufgaben auf privatisierte Krankenkassen und führen als Beispiel das Modell Holland an.

2040 Zu Ausschreibungsverfahren siehe auch Demmler (1992), S. 57-59.

2041 Rechtsquellen wurden bewusst nicht angegeben, da mit dem am 0.12.2009 in Kraft getretenen Vertrag von Lissabon der Vertrag zur Gründung der Europäischen Gemeinschaft umbenannt worden ist in „Vertrag über die Arbeitsweise der Europäischen Union“ und dabei eine neue Artikelabfolge erhalten hat.

2042 Im Unterschied zu einem institutionellen Unternehmensverständnis.

formalrechtliche Gesichtspunkte sollen den Gemeinsamen Markt nicht beeinträchtigen oder gar aushebeln. Keine Rolle spielt ferner eine Gewinnerzielungsabsicht oder Entgeltlichkeit in der Leistungserbringung. Die öffentliche Hand muss Wettbewerbsregeln ebenso beachten. Ausnahmen bilden hoheitliche Tätigkeiten, wobei sich der nationale und europäische Begriff nicht decken müssen. Kriterien hoheitlicher Tätigkeiten sind Aufgaben im Allgemeininteresse, wesentliche Aufgaben des Staates und Staatsgewalt, und weisen damit Züge eines natürlichen Monopols auf. Eine *generelle Bereichsausnahme* für das *Gesundheitswesen* ist *nicht gegeben.*

Sozialversicherungsträger sind *keine funktionalen Unternehmen*, wenn der *Grundsatz der Solidarität* erfüllt ist und die *Beiträge und Leistungen nicht selbst festgelegt* werden. Ersteres betrifft das Finanzierungsverfahren, den Grad der Verknüpfung zwischen Beitragshöhe und Leistungsumfang, Relation zwischen Risiko und Beitragshöhe sowie die Freiwilligkeit der Mitgliedschaft. Je höher der Grad der Umverteilung bspw. in Form des Umlageverfahrens oder einer hohen Beitragsbemessungsgrenze und damit Abkehr vom Äquivalenzprinzip, um so eher ist von einer Verneinung der Unternehmenseigenschaft auszugehen. Eine Gesamtschau der Kriterien entscheidet über den Grad der Umverteilung.

Entscheidungen des Europäischen Gerichtshofs (*EuGH*) deuten auf die *Verneinung der Unternehmenseigenschaft* in weiten Teilen der sozialen Sicherheit hin.[2044] Die Rechtsprechung des EuGH wird unterschiedlich beurteilt.[2045] *Kluckert* kommt nach umfangreicher Abwägung der Argumente zu dem Schluss, dass der EuGH hier eine Sonderrechtsprechung anwendet, da die Entscheidungsregeln in tragenden Punkten dem allgemeinen anerkannten und für alle anderen Tätigkeitsbereiche gültigen funktionalen Verständnis widersprechen.[2046] Der Zweck des Wettbewerbsrechts geböte es, gerade rechtlich abgesicherte, oftmals mit beträchtlicher Marktmacht versehene Sozialversicherungsträger als Unternehmen zu betrachten.

Je nach *Tätigkeitsbereich* wird auch im Europäischen Wettbewerbsrecht eine wirtschaftliche Einheit differenzierter betrachtet.[2047] Über das *Sachleistungsprinzip* treten *Krankenkassen* statt Versicherte als *Nachfrager gegenüber den Leistungserbringern*

2043 Die Betrachtung orientiert sich an Kluckert (2009), S. 356-374.

2044 Vgl. für die wichtigsten Urteile Kluckert (2009), S. 151-179. Vgl. auch Blankart et al. (2009), S. 81-112. Das im Jahr 2006 ergangene FENIN-Urteil befand, dass der Einkauf von medizinischem Material durch die Föderation des spanischen nationalen Gesundheitssystems (FENIN) keine wirtschaftliche Tätigkeit im Sinne des EG-Vertrags darstelle, vgl. EuGH Rs.C-205/03 (2006). Langfristig dürfte sich die stärkere wettbewerbliche Ausrichtung durchsetzen.

2045 Für einen Literaturüberblick siehe Kluckert (2009), S. 193-198.

2046 Vgl. Kluckert (2009), S. 207-210.

2047 Vgl. für die tätigkeitbezogene Betrachtung inklusive Neuerungen durch das GKV-WSG Kluckert (2009), S. 365-374. Die Analyse hier rekurriert in Teilen auf die Passage. Siehe ähnlich auch Schwintowski in Blankart et al. (2009), S. 113.

auf.[2048] Krankenkassen vergüten die Leistungserbringer und definieren gerade bei Selektivverträgen die Leistungserbringung. Entscheidend für die Unternehmenstätigkeit ist die Prüfung des Grundsatzes der Solidarität, d. h. welcher Umverteilungsgrad bei der *Leistungserbringung* erreicht wird. Die Höhe der Gegenleistung und Vergütung beruht auf kollektiven und den zuletzt mit dem GKV-WSG ausgeweiteten selektiven Verträgen sowie Rahmenvereinbarungen zwischen Leistungserbringern und Krankenkassen. Eine *Umverteilung* zwischen Leistungserbringern und Krankenkassen findet *nicht statt* respektive ist nicht sinnvoll zu definieren, der funktionale Wettbewerbsbegriff kann angewendet werden.

In einem aktuellen Urteil nach Klage von *Hans & Christopherus Oymanns GbR* vom 11.06.2009 wurde die AOK Rheinland (heute AOK Rheinland/Hamburg) als öffentlich rechtliches Unternehmen eingestuft, was eine nicht-öffentliche Ausschreibung von orthopädischen Hilfsmitteln nichtig machte.[2049] Genauer ging es um die Anfertigung und Lieferung von Schuhwerk zur IgV. Die AOK Rheinland hatte im Jahr 2006 in einer Fachzeitschrift ihren Bedarf mit Bitte um Angebote annonciert, ohne europaweit auszuschreiben. Krankenkassen wurden in diesem Fall vom EuGH als öffentliche Auftraggeber eingestuft, die zudem einen öffentlichen Auftrag ausschreiben hätten müssen.[2050] Ausschlaggebend für das Urteil war die Finanzierung der Krankenkassen großenteils aus öffentlich-rechtlich erhobenen Versichertenbeiträgen. Öffentliche Ausschreibungen nach Vergaberecht sind dann die Norm, wenn der Warenanteil, wie z. B. bei Rabattverträgen, gegenüber dem Dienstleistungsanteil groß ist. Strittig ist weiterhin die Art und Weise wie die Anzahl der Lose etc. In praxi gilt das Urteil ex tunc (von damals an), womit bereits erfolgte Vergaben bzw. Ausschreibungen juristisch aufgerollt werden können.

Die *paritätische Beitragstragung* im *Finanzierungsmarkt* ist *nicht* als *Umverteilung* zu werten. Höhere Arbeitgeberbeiträge entsprechen niedrigere Tarifabschlüsse und sind daher vollumfänglich dem Arbeitnehmer zuzuordnen, der Grundsatz der Solidarität war bis zum GKV-WSG erfüllt.[2051] Der Steuerzuschuss hat mittlerweile hingegen ein Ausmaß erreicht, wo die Umverteilung im System als Element einer Sozialversicherung in Gefahr gerät. Eine Auflösung des Prinzips erfolgt durch die Möglichkeiten zur Höherversicherung, die funktionale Unternehmenseigenschaft ist im Umfeld des Wahltarifs „Kostenerstattung" zu vermuten. Zusatzkrankenversicherungen, die durch Kostenerstattung ermöglicht werden könnten, begründen die Unternehmenseigenschaft. Im Übrigen ist das Angebot von Gesundheitsleistungen durch Verträge mit

2048 Im Gegensatz hierzu ist beim Kostenerstattungsprinzip der Versicherte Nachfrager und Vertragspartner des Leistungserbringers.

2049 EuGH Rs.C-300/07 (2009). Vgl. ausführlicher Goodarzi (2009). Siehe auch Baake et al. (2009), S. 191.

2050 Siehe § 98 Nr. 2 GWB für die Bestimmung der Eigenschaft öffentlicher Auftraggeber und § 99 Abs. 1 GWB für die Bestimmung des öffentlichen Auftrags.

2051 Vgl. Abschnitt 6.2.5.1.

Leistungserbringern aus Sicht der Versicherten *nicht unentgeltlich*, da dem eine Beitragszahlung vorausging. Ein bedeutender Wettbewerbsbereich auf dem Finanzierungsmarkt sind die *Personen mit Systemwechselrecht*. Krankenkassen handeln hier mit „Sicherheit wirtschaftlich im Sinne des europäischen Rechts".[2052]

7.2.2.2 Europäische Grundfreiheiten

Ein europäischer Trend ist das Zusammenwachsen der Europäischen Union (EU) in immer mehr Bereichen. Katalysator war die Etablierung des Europäischen Binnenmarktes im Vertrag von Maastricht.[2053] Die Wirtschafts- und seit dem 01.01.2000 auch Währungsunion ist quasi vollendet, obschon die Sozial- und Gesundheitssysteme weiterhin weitgehend der Souveränität der Nationalstaaten obliegen.[2054] Ein Anzeichen dafür ist die große Vielfalt an Gesundheitssystemen innerhalb der EU, deutlich werdend auf dem Finanzierungsmarkt: Sozialversicherung, Steuerfinanzierung oder Privatsysteme sind alle anzutreffen.[2055]

Dennoch ist eine stärkere Harmonisierung feststellbar. Insb. die europäischen *Grundfreiheiten* und die europäische Wettbewerbspolitik als Flankierung dieser Grundfreiheiten sind hier von Bedeutung. Die vier Freiheiten sind:[2056]

1. Freier Warenverkehr,
2. Personenfreizügigkeit,
3. Dienstleistungsfreiheit,
4. Freier Kapitalverkehr.

2052 Blankart et al. (2009), S. 150.

2053 Siehe ausführlicher Neubauer, G. und Schallermair (2000).

2054 Zu der allgemeinen Kompetenzabgrenzung siehe Jankowski (2006), S. 208-209. Gegen eine weitergehende Öffnung der nationalen Gesundheitsmärkte wird von den EU-Mitgliedsstaaten v. a. immer wieder die Notwendigkeit einer hinreichenden Qualitätssicherung bzw. die Gewährleistung von Mindeststandards im Gesundheitssektor angeführt. Die Festlegung qualitativer Mindeststandards im Bereich der Gesundheitsversorgung ist unbestritten notwendig. Die Gestaltungshoheit der Mitgliedstaaten für die Organisation ihrer nationalen Gesundheitssysteme sollte dabei grundsätzlich erhalten bleiben. Wettbewerbliche Gestaltungselemente in einem europäischen Gesundheitsmarkt konfligieren jedoch nicht damit. Kritiker befürchten einen ruinösen Systemwettbewerb in Form eines race-to-the-bottom. Eine Zusammenstellung von Argumenten pro und contra Harmonisierung europäischer Krankenversicherungssysteme findet sich in Daumann (2000).

2055 Einen kompakten Überblick der Systeme zur Sozialen Sicherung mit Krankenversicherung in der EU inklusive der Schweiz, Lichtenstein, Norwegen und Island Stand Anfang 2008 gibt MISSOC (2008). Die neuesten Daten können individuell aus einer Datenbank zusammengestellt werden, für den Stand vom 01.07.2009 vgl. MISSOC (2009).

2056 Siehe zu den vier Freiheiten im Gesundheitswesen Jankowski (2006), S. 210-213.

Warenverkehr, wie von Arznei- und Hilfsmitteln, ist relativ unproblematisch, da Sachgüter leicht standardisierbar und transportfähig sind. *Gesundheitsdienstleistungen* sind Vertrauensgüter und werden gemäß dem Uno-actu-Prinzip direkt am Patienten erbracht.[2057] Auf den ersten Blick ist keine Handelbarkeit gegeben. Voraussetzung hierfür ist jedoch lediglich, dass sich entweder der Patient oder der Leistungserbringer ins Ausland begibt, um dort die entsprechende Dienstleistung in Anspruch zu nehmen bzw. zu erbringen.[2058]

Im Rahmen der Themenstellung sind die Grundfreiheiten in ihrer Bedeutung auf die *Krankenversicherung* anzuwenden. Um die Grundfreiheiten zu gewährleisten, werden Richtlinien und Verordnungen erlassen, die im jeweiligen Anwendungsbereich als sog. Sekundärrecht, initiiert oftmals von der EU-Kommission, das Primärrecht genauer bestimmen.[2059] Im Kontext von Krankenversicherung sind die Personenfreizügigkeit in den beiden Ausprägungen Arbeitnehmerfreizügigkeit und Niederlassungsfreiheit sowie die Dienstleistungsfreiheit relevant. *Arbeitnehmerfreizügigkeit* enthält die Mitnahme eigener Ansprüche an nationale Sozialsysteme, wie z. B. Alterungsrückstellungen in der PKV. Die *Niederlassungsfreiheit* ermöglicht es ausländischen Versicherungen, im Inland tätig zu werden. Mit der Dritten Schadenrichtlinie wurde die Niederlassungsfreiheit faktisch ausgehebelt durch die Bedingungen an substitutive Vollversicherungen.[2060]

Die primärrechtliche *Dienstleistungsfreiheit* ist durch Richtlinien und Verordnungen konkretisiert. Eine eigene Patientenrechte-Richtlinie ist am 01.12.2009 im Rat

2057 Für das Uno-actu-Prinzip und die Vertrauensguteigenschaft siehe Abschnitt 2.2.3.

2058 Ausländische Leistungserbringer, die in Deutschland tätig werden, entsprechen einem deutschen Dienstleistungsimport. Deutsche, die im Ausland sozial- oder gesundheitspflegerische Dienstleistungen in Anspruch nehmen, stellen aus deutscher Sicht ebenfalls einen Dienstleistungsimport dar. Zugleich werden Ausländer, die in Deutschland behandelt werden und deutsche Leistungserbringer, die im Ausland tätig sind, als deutscher Dienstleistungsexport verbucht. Konzise zu den beiden Formen der Dienstleistungsfreiheit siehe Neubauer, G. (2003c), S. 85-86. Ausführlich mit Potenzialen und Ausmaß des internationalen Austauschs von Gesundheitsdienstleistungen beschäftigt sich Lindl in seiner Dissertation, vgl. Lindl (2005), S. 153-275. Die Implikationen der europäischen Rechtsprechung auf den akut-stationären, ambulant-ärztlichen und pharmazeutischen Bereich werden von Cischinsky in ihrer Dissertation betrachtet, vgl. Cischinsky, C. (2008), S. 49-160.

2059 Das Primärrecht enthält im Wesentlichen die Gründungsverträge der EU samt Änderungen. Enthalten sind der Vertrag von Maastricht mit den vier Grundfreiheiten, aber auch die basalen Regelungen zum europäischen Wettbewerbsrecht, vgl. für einen Überblick EU (2010).

2060 Vgl. für den historischen Konnex Abschnitt 4.2.3. Deutsche Krankenversicherer haben durch die Verbindung aus Vollversicherung und Zusatzversicherung auch bei Zusatzversicherungen Vorteile, z. B. durch Größeneffekte. Rein rechtlich können von Ausländern und sogar Sachversicherern oder Unfallversicherern Zusatzversicherungen angeboten werden. Erstere können sogar substitutive Vollversicherungen für Selbstständige oder Beamte anbieten ohne Nachteil, da hier kein Arbeitgeberzuschuss gezahlt wird, vgl. auch Schramm, P. (2007), S. 192.

der Europäischen Gesundheitsminister gescheitert.[2061] Die auf dem Herkunftslandprinzip beruhende Dienstleistungsrichtlinie gilt nicht für Gesundheitsleistungen.[2062] Grund der Ausnahme ist die für viele Staaten wichtige Wahrung der Qualität der gesundheitlichen Versorgung. Wäre die Richtlinie auch für Gesundheitsleistungen gültig geworden, hätte sich jeder europäische Anbieter von Gesundheitsleistungen nach den Bestimmungen seines Heimatlandes niederlassen können.

Ambulante Leistungen dürfen *ohne ausdrückliche Genehmigung* der Krankenversicherung innerhalb der EU in Anspruch genommen werden, abgerechnet wird über *Kostenerstattung*.[2063] Bei *stationären Leistungen* hingegen ist eine vor dem Bezug der Leistung erhaltene Genehmigung der Krankenkasse notwendig.[2064] Solange es sich um elektive Leistungen handelt, sollten jedoch die gleichen liberalen Regeln wie bei ambulanten Leistungen gelten, Notfälle erfordern sowieso eine sofortige Behandlung.[2065] Erwähnenswert sind Kooperationen zwischen deutschen Krankenkassen und ausländischen Leistungserbringern in grenznahen Gebieten, die im SGB V explizit verankert sind.[2066] Eingeschränkt wird die Dienstleistungsfreiheit durch das Primat der finanziellen Stabilität des Gesundheitssystems, was aus deutscher Sicht mit hohen Preisen un-

2061 Vgl. Schulte (2010), S. 11-12. Der Vorschlag wurde bereits am 02.07.2008 in den Gesetzgebungsprozess eingebracht und hält an den nachfolgend geschilderten Regelungen für den ambulanten und stationären Bereich fest.

2062 Siehe hierzu Bourgeois und Demmer (2009), S. 550.

2063 § 13 Abs. 4 SGBV. Wurzel der Regelung waren die beiden EuGH Entscheidungen Decker und Kohll aus dem Jahr 1998, demnach ambulante Leistungen unter die Waren- und Dienstleistungsfreiheit fallen, vgl. EuGH Rs.C-120/95 (1998); EuGH Rs.C-158/96 (1998). Positive Dienstleistungsfreiheit gilt für die Leistungserbringung, negative für die Leistungsinanspruchnahme im Ausland. Ausführlicher zum Abrechnungsverfahren im europäischen Kontext siehe Blankart et al. (2009), S. 120-125.

2064 § 13 Abs. 5 SGBV. Einschläge Urteile hierzu sind EuGH Rs.C-157/99 (2001); EuGH Rs.C-372/04 (2006). Kostenerstattung werde hier nicht angewandt, weil eine nationale Bedarfsplanung damit erschwert würde. Jacobs und Wasem haben den Einwand für den akut-stationären, aber auch ambulanten Sektor untersucht und für Versorgungssicherheit und ökonomische Auswirkungen unterschieden, vgl. Jacobs und Wasem (2003), S. 24-40. Wegen des Mindererlösausgleichs verlieren deutsche Krankenversicherungen Geld, da für die Behandlung im Ausland und Inland gezahlt wird. Angesichts der geringen Auslastung der Krankenhäuser ist eine Belegung durch ausländische Patienten, die zahlen, respektive deren Kasse zahlt, das deutsche Krankenhaus tendenziell im finanziellen Vorteil. Die Bedarfsplanung kann nach Jacobs und Wasem angepasst werden, eine schlechte Behandlungsqualität ist nicht zu erwarten. Analog sind die Ergebnisse für den ambulant-ärztlichen Sektor.

2065 Aus Sicht deutscher Patienten ist eine Ausweitung der Kostenerstattung auf den stationären Sektor im europäischen Vergleich eher kein Problem, weil die inländischen Kapazitäten eher zu hoch sind und damit eine stärkere Auslastung die Versorgung der einheimischen Bevölkerung nicht beeinträchtigt.

2066 § 140e SGBV.

problematischer ist.[2067] Die Höhe der Erstattung der im Ausland getätigten Ausgaben kann der nationale Versicherer respektive Gesundheitsdienst auf den Betrag begrenzen, den der Versicherer für eine gleichwertige Gesundheitsleistung im Inland hätte zahlen müssen.

Wie könnte nun ein die Grundfreiheiten berücksichtigendes „europafestes" Krankenversicherungssystem aussehen?[2068] Grenzenlose *Arbeitnehmerfreizügigkeit* umfasst in einem System mit Kapitaldeckung die *Portabilität von Alterungsrückstellungen.*[2069] Hierfür ist die Zuordnung von individuellen prospektiven Alterungsrückstellungen wünschenswert, soll es zu einem risikoadäquaten Ausgleich zwischen Krankenversicherungssystemen kommen.[2070] Hätten *alle EU-Länder Kapitaldeckung*, wäre die *Freizügigkeit* am *leichtesten* zu bewerkstelligen, da jeder seine erbrachte Sparleistung mitnehmen kann.

Im Umlageverfahren kann ein Arbeitnehmer ohne Verlust von Alterungsrückstellungen in ein anderes Land wechseln. Die zurückbleibenden Älteren und / oder Kranken werden benachteiligt, wenn gute Risiken emigrieren, da sie und v. a. die zurückgebliebenen guten Risiken die Beitragserhöhungen schultern müssen.[2071] I. d. R. wandern jüngere und gesündere Personen ab. *Problematisch* ist ferner bei *Zuwanderung in ein kapitalgedecktes System* der sofortige Aufbau eines Kapitalstocks, der leicht zu *Überforderung* führen kann.

Grundsätzliche Schwierigkeiten bei Wanderungen bestehen in den *europaweit unterschiedlichen Versorgungsniveaus.* Gut vorstellbar ist die Verbringung der gesunden Jahre in einem Land mit niedrigen Beiträgen respektive Prämien, oft verbunden mit gering ausgebauter medizinischer Infrastruktur, um dann im Alter in ein Land mit aus-

---

2067 Wird ein EU-Bürger aus einem weniger wohlhabenden Land in Deutschland behandelt, belastet er bei voller Kostenübernahme seine Krankenversicherung stark, da die Preise für Behandlungen im eigenen Land niedriger sind. Siehe für die Belastung des deutschen Gesundheitssystems Fußnote 2064.

2068 Die Argumentation orientiert sich stellenweise an Jankowski (2006), S. 217-224. Siehe auch Eekhoff et al. (2008), S. 191-224. Jacobs und Wasem beschreiben eine Ausrichtung der GKV auf ein zusammenwachsendes europäisches Gesundheitswesen als offensive Lösung, vgl. Jacobs und Wasem (2003), S. 83-88. Offensiv deshalb, da die GKV dem Wettbewerbsrecht durch zunehmenden Preis- und Qualitätswettbewerb unterliegt, defensiv hingegen bewegt sich die GKV weg von Wahltarifen und Selektivverträgen.

2069 Für sehr junge Versichere sind negative Alterungsrückstellungen vorstellbar, die dann an das alte Land zurückgezahlt werden müssten.

2070 Siehe en detail für individuelle prospektive Alterungsrückstellungen Abschnitt 7.3.1.1.3.

2071 Die Argumentation ist analog zur Gefährdung des Generationenvertrags, vgl. Abschnitt 6.1.2.4. Eine Möglichkeit, eine internationale Risikoentmischung zu verhindern, wäre ein europäischer RSA, vgl. auch Eekhoff et al. (2008), S. 207.

gebauter Gesundheitsversorgung zu ziehen.[2072] Je höher die Umverteilungskomponente im Sozialsystem ist, umso größer ist i. d. R. der Anreiz sozial Schwächerer, in dieses Land zu ziehen. Daher ist eine *Trennung von Krankenversicherung und Sozialausgleich* gerade in Umlagesystemen *sinnvoll. Risikoäquivalenten Prämien* und *Kopfpauschalen* helfen beide durch eine gegenüber einkommensabhängigen Beiträgen höhere „Einstiegssumme“, *unerwünschte Wanderungen* zu *unterbinden.*

Bei Wanderungen stellt sich immer die Frage, ob das Herkunfts- oder Bestimmungslandprinzip angewendet werden soll.[2073] *Gewichtiger Grund gegen* das *Herkunftslandprinzip* ist die in einem Land unterschiedliche Behandlung von Personen verschiedener Nationalitäten. Auch sind Kosten- und Preisunterschiede zwischen Ländern zu beachten. Gleiche Leistungen im Bestimmungsland bedeuten für Personen aus teuren Herkunftsländern eine real höhere Kaufkraft. *Regionale Verletzungen* des *Leistungsfähigkeitsprinzips* wären die Folge.[2074] Daher wurde das *Bestimmungslandprinzip eingeführt. Unterschiedliche Leistungsniveaus* müssen bei *Höherversicherung* durch den *Versicherten* bei Wechsel zwischen zwei kapitalgedeckten Systemen *finanziert werden*, was auch bei einem Versicherungswechsel im Inland nötig und durch eine Gegenleistung gerechtfertigt ist.[2075]

Bzgl. der *Niederlassungsfreiheit* sind nationale Vorgaben vom sich ansiedeln wollenden ausländischen Krankenversicherungsunternehmen einzuhalten.[2076] Je ähnlicher sich die Krankenversicherungssysteme sind, umso leichter kann die Niederlassungsfreiheit verwirklich werden. Aus dieser Warte betrachtet wäre ein deutscher Alleingang eines auf Kapitaldeckung basierenden Versicherungssystems wie heute dies europaweit nur die PKV darstellt, wenig kompatibel. Ob sich durch mangelnden ausländischen Konkurrenzdruck eine geringere Wettbewerbsintensität einstellt als bei Verzicht auf Kapitaldeckung mit portablen Alterungsrückstellungen ist unwahrscheinlich.[2077] Die beschriebenen Vorteile bei Wanderungen machen das Kapitaldeckungsverfahren vorteilhaft.

2072 Der Fall von Personen, die günstige Sozialleistungen im Ausland „nutzen“ wollen, wird ausführlicher beschrieben bei Eekhoff et al. (2008), S. 208-210. Einschränkungen der Freizügigkeit schaffen nach Eekhoff nur geringe Abhilfe.

2073 Vgl. Eekhoff et al. (2008), S. 211-222.

2074 Vgl. Abschnitt 6.1.2.3.

2075 Ein Wechsel zwischen einem kapitalgedeckten System und einem System mit Umlageverfahren oder ein durch Steuern finanziertes System erfordert hingegen Ausgleichszahlungen. Vgl. Eekhoff et al. (2008), S. 217-222.

2076 Nur in den Niederlanden sind seit 2006 ausländische Versicherungsanbieter zugelassen.

2077 Aus wettbewerblicher Sicht könnte die gemeinsame Entwicklung von Kalkulationsmethoden und statistischen Datenmaterials hinderlich sein, vgl. für das Argument ausführlicher Jankowski (2006), S. 222-224.

In Anbetracht der Vielfalt unterschiedlicher Gesundheitssysteme ist *Kostenerstattung* international dem Sachleistungsprinzip überlegen.[2078] Negative Transaktionskosten[2079] werden minimiert und eine *Kostentransparenz* bei gleichen Leistungen kann bei dementsprechend ausgestalteten *proportionalen Selbstbehalten* die Versicherten einer Krankenkasse zu einer Wahl günstiger Leistungserbringer führen. Ohne direkte Vertragsbeziehungen zwischen Krankenversicherung und Leistungserbringung, was grenzübergreifend heute noch die Ausnahme ist, wird Kostenerstattung rein technisch zur Voraussetzung. Die sich durch die *Europäisierung verbreitende Kostenerstattung* sollte in einem zu formulierenden einheitlichen Gesundheitssystem *für alle inländischen Abrechnungen gelten*, so dass *national und international keine zwei Systeme* administriert werden müssen.

7.3 Einheitliche Grundversorgung als Basis eines Schichtensystems

In diesem Abschnitt wird ein Modell skizziert, das für alle Bürger eine bedarfsgerechte Versorgung gewährleisten soll. Die vorgeschriebenen Leistungen können durch selektive Verträge mit Leistungserbringern auf verschiedene Weise erbracht werden. Die Leistungsansprüche sind dieselben, nur die Art der Erbringung ändert sich.[2080] Der MTF wird im dynamischen Leistungskatalog abgebildet, Gremium zur Konkretisierung des Leistungskatalogs ist der G-BA, zusammen mit dem IQWiG. Über Zusatzversicherungen und Selbstzahlung können Leistungen, die (noch) außerhalb des bedarfsgerechten Leistungskatalogs sind, abgesichert werden. Entsprechendes gilt für Serviceleistungen, die nicht mit den Leistungen der Grundversorgung zusammenhängen sowie Wohlfühlleistungen. Die Folge ist ein *Dreischichtensystem,* schematisch dargestellt in Abbildung 29:

2078 Zum Abrechnungsverfahren vgl. Abschnitt 5.3.3.3. Kostenerstattung wird dort als sinnvoll bei der PKV erachtet, vice versa Sachleistung bei der GKV.

2079 Transaktionskosten sind nicht grundsätzlich ineffizient, sondern oftmals nötig im ökonomischen Austausch, vgl. Abschnitt 5.4. Mit der Einführung des Euro wurden viele Geldwechsler arbeitslos, was jedoch effizienzsteigernd war, da Geldwechseln keinen produktiven Nutzen generiert.

2080 Es wird nur das Leistungserbringerrecht und nicht das Leistungsrecht tangiert. Vgl. zu den besonderen Versorgungsformen im Kontext mit dem GKV-WSG Abschnitt 4.3.2.2.3.

Abbildung 29: Dreischichtensystem der Gesundheitsversorgung

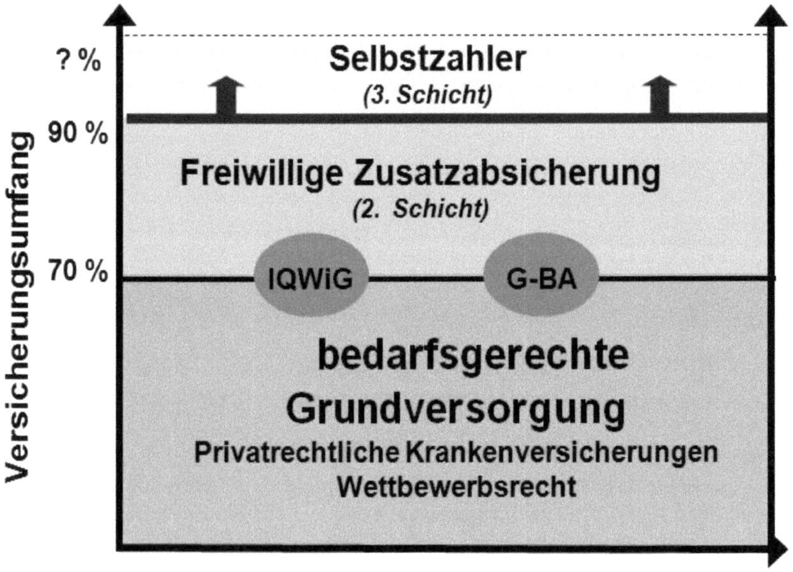

Quelle: Eigene Darstellung angelehnt an Neubauer, G. und Pfister (2009b), S. 105.

Die bisherige Analyse hat Vor- und Nachteile der Versicherungstypen bzgl. Allokation, Gerechtigkeit und Nachhaltigkeit aufgezeigt. Ziele des Referenzmodells sind Wettbewerb auf allen Teilmärkten und die Finanzierung der Grundversorgung nach dem Leistungsfähigkeitsprinzip sowie Nachhaltigkeit. In einer Art Best-Of lassen sich idealtypische Elemente einer einheitlichen bedarfsgerechten Grundversorgung darstellen (Tabelle 13):[2081]

2081 Vgl. mit Tabelle 1.

Tabelle 13: Elemente einer einheitlichen bedarfsgerechten Gesundheitsversorgung

Element	**Einheitliche bedarfsgerechte Grundversorgung**
Versicherte Personen	alle Bürger
Menschenbild	eigenverantwortlicher homo oeconomicus
Gerechtigkeitsverständnis	Bedarfsgerechtigkeit
Versicherungsumfang	bedarfsgerechter Leistungskatalog
Versicherungsnachfrage	Versicherungspflicht
Versicherungsangebot	Kontrahierungszwang bei Geburt, Kündigungsverbot
Beitragstragung	Individuum
Finanzautonomie	freie Prämiensetzung
Beitragsform	risikoäquivalente Prämien
Prämienerstbestimmung	bei Geburt für alle in gleicher Höhe
Instrument gegen Risikoselektion	Risikoäquivalenz
Prämienglättung	individuelle prospektive Alterungsrückstellungen
Finanzierungsverfahren	Kapitaldeckung
Sozialausgleich	zweistufig, extern
Ausgabensteuerung	Leistungserbringer- und Patientensteuerung
Abrechnungsverfahren	Kostenerstattung
Vertragsmarkt	Selektivverträge mit kollektivvertraglicher Absicherung
Präferenzgerechtigkeit	durch Tarifvielfalt
Vergütungssystem	einheitlich als Ausgangspunkt
Kontrolle der Leistungserbringer	ausgeprägt
Rechtsform	private Rechtsform
Rechtsgrundlagen	Privatrecht-Wettbewerbsrecht
Sicherstellung der Leistungserbringung	über den Markt mit staatlicher Absicherung

Quelle: Eigene Darstellung.

Kritisch in der *GKV* ist die *Abwahl* von Leistungen, da analog zur Argumentation mit Selbstbehalten ein Teil des Solidarausgleichs zwischen Gesund und Krank sowie Arm und Reich verloren gehen könnte.[2082] Im Referenzmodell sind Leistungsausschlüsse auf Wunsch durch risikoäquivalente Prämien hingegen neutral zu kalkulieren. *Nicht* als Abwahl gilt die *freiwillige Einschränkung* auf *bestimmte Leistungserbringer*, weil die medizinischen Leistungen identisch sind. Eine Abwahl ist nur für Personen möglich, die das Risiko eines verringerten Versicherungsumfangs auch tragen können, daher sollten z. B. Sozialhilfeempfänger keine Leistungen abwählen dürfen. Würden diese Personen krank, müsste der Staat eingreifen und die Behandlung bezahlen. Die Abwahl ist für die Mehrheit der Bevölkerung eine Möglichkeit, ihren *Präferenzen gerechter* zu werden und außerdem eine *Stärkung der Eigenverantwortung*.[2083]

Die *Kombination* der Elemente mit dem Kern *verpflichtender einheitlicher bedarfsgerechter Leistungskatalog, externer Sozialausgleich* und *risikoäquivalente Prämien bei Portabilität individueller prospektiver Alterungsrückstellungen* ist Ergebnis der Analyse des dualen Systems. Wird die *Prämie bei Geburt* unabhängig von Geschlecht, Genetik etc. bestimmt, wird lebenslang *niemand überfordert*. Durch die Kombination gestaltet sich der externe Sozialausgleich einfacher, da risikoäquivalente Prämien und die Portabilität der Alterungsrückstellungen den *risikoseitigen Ausgleich automatisch* gewährleisten.

2082 Vgl. Abschnitt 4.3.1.1.3 und Abschnitt 5.3.3.2. Einen Vorschlag zur solidarisch ausgestalteten Abwahl von Leistungen in der GKV macht der SVRKAiG, wonach ein Solidaranteil bei Abwahl vom Versicherten weiterhin zu zahlen ist, vgl. SVRKAiG (1994b), S. 41.

2083 Kritisch hierzu z. B. auch Zweifel und Breuer (2002), S. 13-15. Diese stellen auch eines der wenigen Reformmodelle für Deutschland vor, das auf risikoäquivalenten Prämien beruht. Im gleichen Jahr hat auch der Kronberger Kreis ein ebenfalls auf Risikoäquivalenz beruhendes Modell vorgestellt, vgl. Donges et al. (2002). Ein neueres Modell in diesem Geiste ist das sog. Bayreuther Versichertenmodell, vgl. Oberender et al. (2006). Umfassend bei Risikoäquivalenz und Übertragbarkeit individuelle prospektiver Alterungsrückstellungen ist ebenfalls der Reformvorschlag von Eekhoff et al. der Bürgerprivatversicherung, Eekhoff et al. (2008). Dieses Modell entspricht in weiten Teilen dem von Jankowski in seiner Dissertation entwickelten Ansatz, vgl. für die Zusammenfassung Jankowski (2006), S. 197-204. Ebenfalls auf Basis von individuellen prospektiven Alterungsrückstellungen ist der Vorschlag von Warns, vgl. Warns (2009), S. 263-327. Der Wissenschaftliche Beirat beim Bundesministerium für Wirtschaft und Technologie (BMWi) plädiert analog Stand Mai 2010 mehrheitlich für ein Modell mit risikoäquivalenten Prämien und individuell übertragbaren Alterungsrückstellungen, vgl. für die Skizzierung BMWi (2010), S. 17-19. Ähnlich auch Breyer et al., die eingebettet in eine Gesamtreform der sozialen Sicherung PKV und GKV ein Angebot von Grundleistungen erlauben auf Basis von Pauschalen, während ebenso beide Versicherungstypen Zusatzleistungen anbieten dürfen, vgl. im Überblick Breyer et al. (2004), S. 117. Die Grundleistungen werden anders als hier im Umlageverfahren finanziert. Einen einheitlichen Krankenversicherungsmarkt mit Wahlfreiheit der Versicherten zwischen Kapitaldeckung, Umlagefinanzierung und Kombinationen daraus schlagen Ulrich und Wille vor. Grundlage sind in der Basisversorgung Pauschalen mit einem M-RSA, vgl. Ulrich und Wille (2009), S. 69-73.

Der Finanzierungsmarkt hat direkte Auswirkungen auf die *Leistungsseite*, erkennbar bei der Ausgestaltung von Selbstbeteiligung zur Stärkung von Eigenverantwortung. Ebenso werden Einschränkungen und Weiterungen z. B. von Leistungen durch risikoäquivalente Prämien leichter und fairer kalkulierbar. Mit dezentralen Vertragslösungen, einem dynamischen bedarfsgerechten Leistungskatalog und schließlich der Betonung der Eigenverantwortung werden Best-Of Elemente des dualen Systems kombiniert.

Die Modellbeschreibung erfolgt in der Reihenfolge Finanzierungsmarkt und Leistungsseite mit Vertrags- und Leistungsmarkt. Kernpunkte und daher in Folge vertieft behandelt sind auf der Finanzierungsseite die Beitragsform, Finanzierungsverfahren und Gestaltung eines solidarischen respektive sozialen Ausgleichs. Auf der Leistungsseite ist v. a. der Leistungskatalog vieldiskutiert. Aber auch Eigenverantwortung bzw. Konsumentensouveränität und der Vertragsmarkt sind elementare Bausteine des Referenzmodells und daher im Fokus.

Für viele ist das am 01.01.2006 in den *Niederlanden* grundlegend umgestaltete Krankenversicherungssystem auch für Deutschland ein Vorbild.[2084] Eine Trennung zwischen gesetzlicher und privater Krankenversicherung ist entfallen, alle Versicherungen sind private Unternehmen. Jeder Niederländer muss eine Versicherung über eine staatlich definierte Grundversorgung abschließen, die durch eine kassenindividuelle Pauschale und einen Arbeitgeberbeitrag i. H. v. 6,9 % des Lohnes finanziert wird.[2085] Die *niederländische Reform* geht *nicht weit genug*. Der Verzicht auf Kapitaldeckung und eine risikoäquivalente Prämienberechnung führt zu Ineffizienzen.[2086] Dennoch ist die Privatisierung der gesetzlichen Krankenversicherer für Deutschland ein Rollenmodell, da

2084 Die Vorgeschichte, Entwicklungspfade und Wirkungen der Reform 2006 mit Parallelen zum GKV-WSG unter dem Blickwinkel Solidarität und Wettbewerb beschreiben Leiber und Manouguian (2009). Eine konzise Übersicht des niederländischen Modells ist Neubauer, G. und Minartz (2009), S. 14-21. Greß et al. stellen die Entstehungsgeschichte vor, beschreiben die Reform und schätzen die politökonomische Chance einer Realisierung in Deutschland ein, vgl. Greß et al. (2006), S. 12-24,32-36. Kritisch zur Übertragbarkeit u. a. wegen differierenden „Systemstrukturen" wie die in den Niederlanden nicht vorhandene Kapitaldeckung oder ein dort bereits existierendes einheitliches Honorarsystem im niedergelassenen Bereich ist PKV-Verband (2006a), S. 3-11. Eine gemischte Bilanz nach vier Jahren Gesundheitsreform wird gezogen in Menzler und Rabbata (2010).

2085 Im Jahr 2009 betrug die durchschnittliche Pauschale 88 Euro pro Versicherten, der Beitragssatz des Arbeitgebers lag bei 6,9 %. Hinzu kommt die Pflege- und Langzeitversicherung, die umfangreicher als die deutsche PV ist und 42 % der Leistungen des kombinierten Kranken- und Pflegeversicherungssystem abdeckt. Ein Beitragsvergleich beider Versicherungen zwischen Deutschland und Niederlande ergibt 5.536 Euro und 7.222 Euro. Versicherungsschutz in Deutschland wäre demnach also günstiger, vgl. Weber, C. und Schulze Ehring (2009), S. 8-9.

2086 Anders als in Deutschland war und ist die private Krankenversicherung in den Niederlanden stets umlagefinanziert, was die Vereinheitlichung der Systeme erleichterte.

dadurch auf der Leistungsseite einheitliche wettbewerbliche Rahmenbedingungen geschaffen wurden.[2087]

7.3.1 Finanzierungsmarkt[2088]

Die in Tabelle 13 dargestellten Elemente einer einheitlichen bedarfsgerechten Grundversorgung hängen finanzierungsseitig folgendermaßen miteinander zusammen. Jeder Bürger muss sich in der Grundversorgung absichern und trägt die Prämie alleine. Für Mitglieder der GKV und PKV, bei denen der Arbeitgeber bisher Beiträge entrichtet, wird der *Arbeitgeberanteil ausgezahlt.*[2089] Die Unternehmen sind in der Prämiensetzung frei, der intensive Wettbewerb durch Portabilität individueller prospektiver Alterungsrückstellungen garantiert eine faire Prämienhöhe. Kontrahierungszwang ist daher nur bei Geburt wichtig. Um Rent-Seeking zu verhindern, erfolgt die Beitragsgestaltung risikoäquivalent. Gegen Prämiensteigerungen im Alter beugt Kapitaldeckung vor. Eine Überforderung durch zu hohe Prämien wird durch einen externen Sozialausgleich verhindert.

Die *Trennung von Allokation und Distribution* ermöglicht eine *effiziente Allokation* bei *zielgenauerer Unterstützung* von *sozial Bedürftigen* und entspricht dem zweiten Hauptsatz der Wohlfahrtstheorie:[2090] Leistungsfähigkeit und Bedürftigkeit werden bei externem Ausgleich treffsicherer erfasst und stellen die Kosten des Versicherungsschutzes transparenter dar, so dass sich auch die Wechselbereitschaft erhöhen dürfte.[2091] *Einkommensabhängige Beiträge* sind ferner *inferior* gegenüber Pauschalen und

---

2087 Dies allein ist noch nicht zwingend ein Garant für einen funktionierenden Wettbewerb, vgl. kritisch Weber, C. und Schulze Ehring (2009), S. 10-11. Demnach hat die Marktkonzentration durch einen ruinösen Preiswettbewerb via Beitragssenkungen zugenommen. Ebenso kritisch sind Jong et al., die die hohe Wechslerquote seit 2006 allein auf den Preis zurückführen, vgl. Jong et al. (2008), S. 4-5. Die Gegenposition vertritt z. B. Agasi, die durch selektive Verträge für die Zukunft einen Preis- und Qualitätswettbewerb vorhersagt, vgl. Agasi (2008), S. 299.

2088 Ausführlich mit der Reform der Finanzierungsseite hat sich der SVRKAiG beschäftigt, vgl. SVRKAiG (1998), Ziffn. 422-598. Erneut ausführlich damit beschäftigt wurde sich im Jahr 2003, vgl. SVRKAiG (2003), Ziffn. 28-210. Ein Konzept, bestehend aus Abschaffung des Arbeitgeberbeitrags, Pauschalierung in Kombination mit einem Sozialausgleich auf Versichertenseite und einer Konvergenz von GKV und PKV, stellt Richter vor. Alle Privatversicherten zahlen die gleiche Prämie wie gesetzlich Versicherte für einen identischen Leistungsumfang, vgl. Richter (2009), S. 475-476.

2089 Zur Diskussion um Traglast und Zahllast bei Arbeitgeberbeiträgen siehe Abschnitt 6.2.5.1.

2090 Vgl. Abschnitt 2.1.1.1.

2091 Darin sieht der Wissenschaftliche Beirat beim BMWi den größten Vorteil, vgl. BMWi (2010), S. 6. Die Wirkungen sind ähnlich wie beim Zusatzbeitrag als Pauschale, vgl. Abschnitt 5.1.2.1.2.

Prämien, weniger wegen Ausweichreaktionen der Menschen, sondern weil eine größere Flexibilität bei der finanziellen Ausgestaltung des Sozialausgleichs möglich ist.[2092]

Schwankungen der Lohnsumme beeinflussen darüber hinaus die Einnahmenbasis nicht, wogegen der Steuerausgleich diskretionären politischen Entscheidungen unterliegt.[2093] Hier gilt es eine Verpflichtung des Gesetzgebers zur Sicherung des gesellschaftlich gewünschten Sozialausgleichs einzuführen, wie die Etablierung eines selbstverwalteten Parafiskus, die Verknüpfung des Steuerausgleichs mit Leistungen für Kinder oder eine niedrige Überforderungsgrenze.[2094]

Mithilfe eines *externen Sozialausgleichs* kann bei *Änderung der gesellschaftlichen Präferenzen* für Distribution der *Umverteilungsgrad angepasst* werden, und zwar ohne in den Produktionsprozess von Krankenversicherungsschutz und Gesundheitsleistungen einzugreifen. Transaktionskosten respektive Bürokratie können durch die Bündelung von Umverteilung im existierenden Steuersystem bei Abschaffung innerhalb der GKV gesenkt werden.

Die Entscheidungen von Versicherungen und Leistungserbringern ändern sich nicht, da die *Einnahmen der Versicherungen* und damit das *Vergütungsvolumen* durch die Separation von Allokation und Distribution *nicht* durch einen veränderten Umverteilungsgrad *betroffen* sind. Weiterer Vorteil ist die höhere *Transparenz*, weil die Prämie oder Pauschale, jeweils alleine vom Versicherten getragen, die *gesamten Kosten des Versicherungsschutzes* anzeigt. Gleichermaßen lässt sich die Summe des sozialen Ausgleichs direkt einsehen.

2092 V. a. bei Gegenfinanzierung durch Erhöhung der Einkommensteuer, vgl. Breyer und Buchholz (2009), S. 229-235. Die zunächst geringere marginale Belastung höherer Einkommen bei Pauschalen wird durch den notwendigen Sozialausgleich konterkariert. Wie das Vorzeichen ausfällt hängt von den Annahmen zusammen mit der Ausgestaltung des sozialen Ausgleichs und der Zusammensetzung des Einkommens ab. Weiter kann sich eine größere Flexibilität bei Selbstbeteiligungen ergeben, bspw. wenn sich der Arbeitgeber an der Beitragstragung beteiligt, wodurch die Last der Selbstbeteiligung für die Versicherten undurchschaubarer wird. Früher und ähnlich siehe auch Breyer und Haufler (2000); Buchholz (2005); Haufler (2004). Kritisch bzgl. positiver Beschäftigungseffekte der Lohnabkopplung ist auch Zimmermann, A. (2007), S. 152-158. Ein umfassender Vergleich von Pauschalen versus einkommensabhängigen Beiträgen ist Wasem et al. (2005). Dort wird in den Dimensionen Nachhaltigkeit, Effizienz und Gerechtigkeit eine Vorteilhaftigkeit von Pauschalen verneint. Knappe wiederum sieht in Pauschalprämien nach analoger multidimensionaler Analyse Pauschalen als zukunftsweisender, vgl. Knappe (2006a), S. 268-273.

2093 Siehe zur Problematik der Unsicherheit der Steuerfinanzierung bspw. Wagner (2005), S. 285-286. Aus ordnungstheoretischer Sicht wird der Steuerzuschuss z. B. kritisiert bei Neubauer, G. und Pfister (2008a), S. 258.

2094 Bei Kindern hat man die Eltern und Großeltern auf einer Seite. Je mehr Bürger auf den Ausgleich angewiesen sind, desto geringer ist die Gefahr, dass die Politiker den Ausgleich kürzen, vgl. Wagner (2005), S. 286.

7.3.1.1 Risikoäquivalente Prämien und individuell prospektive Alterungsrückstellungen

7.3.1.1.1 Risikoäquivalente Prämien versus Pauschalen[2095]

Sowohl eine risikoäquivalente Prämie als auch eine Pauschale[2096,2097] sind mit einem externen Sozialausgleich kombinierbar. Die jetzige Finanzierung der GKV integriert den sozialen Ausgleich durch *einkommensabhängige Beiträge* i. V. m. Zusatzbeiträgen. Im *Vergleich mit Pauschalen* haben die Krankenversicherungen einen Anreiz, Gutverdiener und / oder Gesunde trotz eines vollständigen Finanzausgleichs zu attrahieren.[2098]

Pauschalen als versicherungsindividuelle feste Beträge sind unabhängig vom Einkommen der zu Versichernden, so dass eine Einkommensselektion hinfällig wird. *Risikoselektion* findet hingegen statt, weil der Gesundheitszustand im Rahmen des notwendigen RSA-Modells aus Sicht der Versicherung gute und schlechte Risiken impliziert. Anreize zu effizienzminderndem Rent-Seeking durch Rosinenpicken guter Risiken werden im Vergleich zu einkommensabhängigen Beiträgen nicht abgebaut.[2099]

Je *aufwändiger der RSA Risiken differenziert*, umso *größer* sind bei aller Technologie die *Verwaltungskosten* und desto *ausgeklügeltere Strategien zur Risikoselektion* wer-

---

2095 Die allokationstheoretische Argumentation „risikoäquivalente Prämien versus Pauschalen" wird ausführlich von Freytag in ihrer Dissertation geführt, vgl. Freytag (2005), S. 184-195.

2096 Eine Pauschale entspricht einem abgewandelten, sog. community rating. Community rating heißt nichts anderes, als dass eine Gruppe von Menschen, z. B. die Angestellten einer Firma oder alle Beamten, identische Risiken für die Versicherung darstellen und dementsprechend gleichhohe Prämien zahlen. Einkommensabhängige Beiträge können als Spezialform interpretiert werden, vgl. Warns (2009), S. 298-299. Vorgeschlagen von Neubauer werden gestufte Pauschalen, die den Sozialausgleich reduzieren aber die Bürokratie und Selektionsbemühungen der Kassen prima facie erhöhen dürften. Ältere, die im Mittel nicht zu den Bestverdienern gehören dürften, werden evtl. dadurch entlastet, worauf im Kontext Generationengerechtigkeit geachtet werden muss. Vgl. für den Vorschlag Stoschek (2010a).

2097 Der SVR hat als Antwort auf die Diskussion Bürgerversicherung und Kopfpauschale das Modell einer Bürgerpauschale vorgeschlagen, was eine Pauschale für die Gesamtbevölkerung impliziert, vgl. SVR (2004), Ziffn. 510-534. Ebenso zur Bürgerpauschale siehe Henke (2005), S. 104-107.

2098 Zu den Selektionswirkungen des M-RSA i. V. m. dem Gesundheitsfonds siehe Abschnitt 5.1.2.2.2.

2099 Zum Rent-Seeking in diesem Zusammenhang siehe ausführlich Newhouse (1996b). Eine Möglichkeit ist Tarifdifferenzierung derart, dass Tarife die von guten Risiken gewählt werden, attraktiver ausgestaltet sind. Neben dem Kontrahierungszwang müsste dann auch ein Tarifdifferenzierungsverbot gelten, was wiederum mit den Präferenzen der Versicherten konfligiert, vgl. Freytag (2005), S. 189-190. Im Modell einer einheitlichen bedarfsgerechten Grundversorgung ist der Leistungsumfang gegeben und besondere Serviceleistungen sind ausgeschlossen, so dass Rosinenpicken erschwert wird. Differenzierungen sind in Service und Qualität im Rahmen der Grundversorgung möglich.

den von den Krankenversicherungen angewandt. Ein eher grober RSA ist zwar weniger manipulationsanfällig, jedoch ungenauer in der Abbildung der Risiken.[2100] Die Ausgaben weichen daher stärker innerhalb einer Risikogruppe ab und übervorteilen Kassen mit im Mittel kränkeren Versicherten.[2101] Aufschlussreich über die Größenordnungen der Problematik ist der Vergleich der Änderung der Umverteilungsströme aufgrund der Umstellung des RSA auf den M-RSA (Abbildung 30).

Abbildung 30: Auswirkungen des Gesundheitsfonds auf „Landeseinheitskassen"

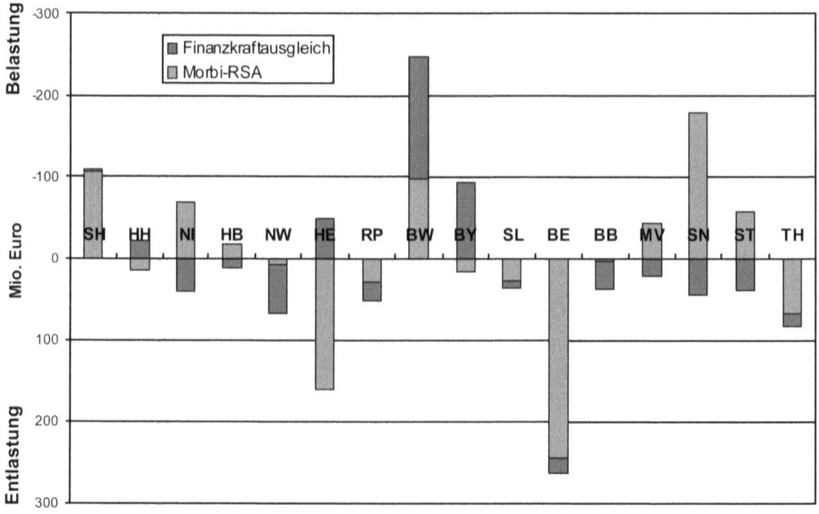

Quelle: Göpffarth (2009b).

Die helleren Säulenstücke drücken die Einnahmenänderungen fiktiver Landeskrankenkassen durch die Umstellung auf den M-RSA aus. Auch wenn das Risikomodell im Sinne eines lernenden Systems gerade in den ersten Jahren spürbar überarbeitet wird, lässt sich die größenmäßige Bedeutung der Umstellung erkennen.[2102] Mehrere hundert Millionen Euro sind verglichen mit einem Ausgleichsvolumen von ca. 170 Mrd. Euro zwar gering, für einzelne Krankenkassen mit ungünstiger M-RSA Struktur kann die

2100 Siehe den Vergleich des R^2 vom alten RSA und dem M-RSA Abschnitt 5.1.2.2.2.

2101 Der RSA bis Ende 2008 enthielt als Risiko-Kriterien Alter, Geschlecht und Erwerbsminderungsstatus, die, da eindeutig bestimmbar, nicht manipuliert werden können.

2102 Nutznießer der Umstellung waren die AOKen. Man kann einerseits argumentieren, dass Ungerechtigkeiten für die AOKen verringert wurden. Andere meinen jedoch, dass die AOK nun zu viele Zuweisungen erhält. Zur Codierpraxis siehe Neubauer, G.; Pfister; et al. (2009), S. 28-32. Vgl. ausführlicher zu den Wirkungen des M-RSA im Kontext des Gesundheitsfonds auch Abschnitt 5.1.2.2.2.

Änderung des RSA jedoch über ihre Existenz entscheiden.[2103] Ob der M-RSA allokativ besser ist als der vorherige RSA hängt davon ab, ob die Summe aus Rent-Seeking durch die Codierungspraxis und höheren Transaktionskosten den volkswirtschaftlichen Nutzen aus einer genaueren Abbildung der Risikostrukturen übersteigt oder unterschreitet.[2104,2105]

Um unlautere Risikoselektion zu verhindern, müssen die Diagnosen darüber hinaus überprüft werden, da anders als bei risikoäquivalenten Prämien die Krankenkassen durch Manipulation höhere Zuweisungen erhalten. Die Folge sind *Kontrollkosten.*

Verschiedene Autoren halten die Gefahr von Risikoselektion bei einem RSA für überbewertet, weil die Versicherten zum günstigsten Anbieter wechseln.[2106] Sammeln sich in einer Versicherung schlechte Risiken, dann müssen die Pauschalen erhöht werden.[2107] Schlechte Risiken wechseln schließlich in günstigere Versicherungen, so dass es zu einer erneuten Durchmischung von Risiken kommt.[2108] Einzuwenden ist, dass gerade schlechte Risiken immobil bzgl. eines Versicherungswechsels sind und Kran-

2103 Innerhalb des M-RSA führen Strukturanpassungen, die Konvergenzklausel und die Änderung des Beitragssatzes zu empfindlichen Änderungen. Kassen mit vielen Versicherten in Bayern müssen bspw. 224 Mio. Euro Ende 2010 zurückzahlen, vgl. Pache (2010). Die AOKen verlieren bis zu 1,1 Mrd. Euro wegen Strukturanpassungen, während BKKen und IKKen ca. 4 Euro pro Versicherten erwarten können, vgl. Schuetze-Brief (2009b). Was tatsächlich an Zuweisungen für das Jahr 2009 erfolgt, wird sich erst im endgültigen Schlussausgleich im November 2010 erweisen.

2104 Es kann durch die Diagnoseabhängigkeit der Zuschläge zu einer ineffizienten Kollusion zwischen Krankenkassen und Leistungserbringer kommen, vgl. hierzu Eekhoff et al. (2008), S. 39. Sowohl Kasse als, bei „entsprechender Behandlung“ durch die Krankenkasse, Leistungserbringer kodieren so, dass die Krankenkasse mehr Zuweisungen erhält. Verstärkt wird dies durch das Interesse der Ärzte, höher zu kodieren aufgrund einer morbiditätsorientierten Gesamtvergütung. Im Krankenhaus besteht durch die Erreichung gut vergüteter DRG's sowieso die Versuchung zum Up-Coding, vgl. Klusen und Pütz (2006), S. 43. Die Gefahr der Interessenkollusion hält Glaeske für gering, für die Begründung vgl. Glaeske (2005), S. 10-14.

2105 Zu den Grenzen der Regulierung Adverser Selektion via einem RSA siehe auch Glazer und McGuire (2000).

2106 Eine Darstellung von 14 Zitaten pro und contra RSA findet sich bei Cassel und Janßen (1999), S. 13-14.

2107 Vgl. Pimpertz (2001), S. 118.

2108 Tatsächlich haben bisher v. a. gute Risiken mit hohen Einkommen gewechselt, da Transferempfänger und Ältere respektive Kränkere stärker an ihre Kasse gebunden sind, vgl. ausführlich zu den sozio-demographischen Merkmalen von Kassenwechslern Andersen et al. (2007), S. 436. Zu einer Risikomischung ist es nicht gekommen, vgl. Wille, E. (2008), S. 39. Grund dafür ist u. a. die mangelnde Zielgenauigkeit, z. B. innerhalb der Altersklassen. So mussten Wachstumskassen zwischen 1995 und 1999 nur 80 % des angesetzten Beitragsbedarfs für Medikamente, 70 % bei stationärer Versorgung schultern, vgl. Jahn et al. (2009), S. 47. Nicht zuletzt deswegen bestehen weiterhin Beitragssatzunterschiede fort, die aber ohne RSA noch größer wären. Im Vergleich zu den Beitragssatzunterschieden vor Einführung des RSA waren bis zum GKV-WSG niedrigere Spannen zu verzeichnen, vgl. Minn (2006), S. 319.

kenversicherungen bspw. durch Tarifgestaltung, selektives Marketing oder differierende Serviceniveaus Rosinenpicken betreiben.[2109] Die Folge kann Insolvenz trotz effizienter Erbringung der Kernleistung Krankenversicherungsschutz sein.[2110]

Ein Nachteil eines administrierten RSA ist die Anfälligkeit gegenüber *politischem Rent-Seeking.*[2111] Politiker könnten aus wahltaktischen Kalkülen die Gestaltung des RSA z. B. an strukturpolitische Interessen oder der Förderung bestimmter Versichertenklientel über Kassenarten anstreben. Ebenso könnten Versicherungen Druck auf die Politik ausüben.[2112] Politische Zweckentfremdungen sind durch die von den einzelnen Krankenversicherungsunternehmen dezentral zu organisierende Prämienberechnung bei Risikoäquivalenz nicht zu erwarten.[2113]

7.3.1.1.2 Prämienglättung durch individuellen Kapitalstock

Neben der Absicherung des kurzfristigen Krankheitsrisikos ist die *Bezahlbarkeit des Versichertenbeitrags im Alter* bedeutsam.[2114] Die Funktion der Prämienglättung wird durch Alterungsrückstellungen erfüllt. Ein Plus ergibt sich für risikoäquivalente Prämien durch die bessere Kombinierbarkeit mit dem *Aufbau von individuellen prospektiven Alterungsrückstellungen.* Die individuelle Kapitaldeckung hat eine Reihe von

2109 Vgl. Lauterbach und Wille (2001), S. 34,39. Siehe ausführlich mit Bezug auf die GKV und dem alten RSA auch Höppner et al. (2005), S. 37-57. Eine klassische Quelle zu Instrumenten der Risikoselektion ist Ven und Vliet (2000). Erwähnenswert ist die Dissertation von Knüppel, der ausführlich Indikatoren zur Identifikation guter und schlechter Risiken beschreibt und Nachweismöglichkeiten der Risikoselektion diskutiert, vgl. Knüppel (2003), S. 86-125. Nach Ulrich sind diese Strategien empirisch nicht belegt. Er führt weiter an, dass kaum Spielräume zur Leistungsdifferenzierung bestünden wegen der weitgehend einheitlichen Leistungen, vgl. Ulrich (2008), S. 33-34. Eine geringe Risikoselektion in Deutschland sehen auch Nuscheler und Knaus (2005). Konkrete Einzelfall-Beispiele für Risikoselektion geben Höppner et al. (2006), S. 128-141.

2110 Die Gefahr der Insolvenz durch die Ausgestaltung von Fonds und M-RSA wird beschrieben in Abschnitt 5.1.2.2.2.

2111 Vgl. Ven und Schut (2007), S. 28-29.

2112 Die Einführung des M-RSA war mit dem Rücktritt des Wissenschaftlichen Beirats vom BVA verbunden, der den Einbezug von Volkskrankheiten über eine starke Prävalenzgewichtung wegen der fehlenden Schwere der Krankheiten sowie der Aufnahme der Primär- und Sekundärprävention zugänglicher Krankheiten ablehnte, vgl. ausführlich Glaeske (2008), S. 45-51. Dagegen wird argumentiert, dass die prospektive Ausgestaltung Anreize zur Prävention setzt. Ein weiteres Beispiel für Rent-Seeking ist die Verknüpfung der DMP's mit dem alten RSA, vgl. Abschnitt 5.2.2.3.3.

2113 Vgl. Freytag (2005), S. 195. Siehe auch Donges et al. (2002), S. 69-70.

2114 Zur Diskussion der Bezahlbarkeit der Prämie im Alter siehe Abschnitt 6.2.4.2.

Vorzügen gegenüber der Absenz eines Kapitalstocks und in vermindertem Maße gegenüber einem kollektiven Kapitalstock:[2115]

- europatauglich (Vorteil individueller Rückstellungen),
- Transparenz des angesparten Kapitals (Vorteil individuelle Rückstellungen),
- Glättung der Ausgabenbelastung über den Lebenslauf,
- persönliches Eigentum (Vorteil individueller Rückstellungen) und
- generationengerecht und leistungsgerecht (Vorteil individueller Rückstellungen).

Um das Problem hoher Prämiensteigerungen zu vermeiden, könnten über das heutige Ausmaß hinaus gehende *Dynamiktarife* eingeführt werden.[2116] Dabei werden zukünftig erwartete Ausgabensteigerungen durch den MTF, medizinische Inflation oder höhere Lebenserwartung durch Aufschläge der sich auf den Status quo beziehenden Prämien einigermaßen eingepreist.[2117] Die Zuschläge sollten gesetzlich vorgeschrieben werden, da sonst Unternehmen ohne Zuschlag durch niedrigere Prämien im Verbund mit myopischen Versicherten respektive Personen mit hoher Gegenwartspräferenz Vorteile erlangen.

Bei *Pauschalen und einkommensabhängigen Beiträgen* lässt sich *ebenso* ein *Kapitalstock aufbauen*.[2118] Eine Möglichkeit des *kollektiven Aufbaus eines Kapitalstocks* ist die Erhöhung der auch heute noch relativ geringen Beitragssätze respektive Pauschalen.[2119] Mit dem Mittelzufluss wird eine *Demographiereserve* gebildet, die bspw. so

2115 Siehe für das Transparenz-Argument und eine größere Generationengerechtigkeit auch Abschnitt 6.2.2.3.

2116 Vgl. Rürup et al. (2010), S. 41-42. Siehe auch Meier und Werding (2007), S. 15,27-28. Hier wird das Konzept ausführlicher dargestellt in Abschnitt 6.2.4.2.

2117 Die Überzinsregelung und der 10 %-Sicherheitszuschlag wirken der allgemeinen und speziellen Kostensteigerung entgegen. Für die zunehmende Lebenserwartung sollte durch die Umstellung auf Generationensterbetafeln angepasst werden. Siehe zur Bezahlbarkeit der Prämien en detail Abschnitt 6.2.4.2.

2118 Die Option altersgestaffelter Beitragssätze wurde bereits angesprochen und kann gemäß den Gerechtigkeitsvorstellungen der Gesellschaft feinjustiert werden. Ein Kapitalstock ist damit nicht zwingend verbunden, insofern kommt es zu keiner Ausgabenglättung. Altersgestaffelte Pauschalen sind dargestellt in Knappe (2006b), S. 235-236. Vgl. auch Abschnitt 6.2.5.1. Auch für die Anzahl der Kinder lässt sich korrigieren, vgl. Arnold, R. (2006), S. 213-215.

2119 Das Modell wird ausführlich mit Berechnungen vorgestellt in Cassel und Oberdieck (2002). Der Kapitalstock wird als solidarische Alterungsreserve bezeichnet. Ein Update erfolgt in Cassel et al. (2006), S. 301-303. Ein Modell einer Bürgerprämie mit zugemuteter Solidarität zur Dämpfung der Ausgabenexplosion wird beschrieben in Hof und Schlömer (2005), S. 202-204. Siehe für die Bürgerpauschale auch SVR (2004), Ziffn. 510-534.

berechnet wird, dass für eine gewisse Zeitdauer keine Beitragssatzerhöhungen nötig werden. Unbekannt ist die Einnahmenentwicklung und v. a. die Ausgabenentwicklung. Ab einem gewissen Zeitpunkt übersteigen die Ausgaben die Einnahmen bei gegebenem Beitragssatz, so dass der Kapitalstock abgebaut wird. Bei geeigneter Ausstattung der Demographiereserve können mit rechtzeitigem Beginn die enormen Belastungen durch Ausgabenzuwächse wirksam eingedämmt werden, langfristige Generationengerechtigkeit erfordert, auch angesichts der Bevölkerungsprognosen, *regelmäßiges Nachsteuern*.[2120]

Die *Glättung der Prämien* ist daher auch im Pauschalen-Modell möglich, *erforderlich* ist allein die *Bildung eines Kapitalstocks*. Diskutiert wird die Bildung von Rücklagen entweder innerhalb der Krankenversicherung oder extern. Eine *direkte Verknüpfung* von *Krankenversicherung* mit Alterungsrückstellungen als eine Art Rentenversicherung hat *Vorteile*, insb. in Kombination mit risikoäquivalenten Prämien:[2121]

- verpflichtender Aufbau für Gesundheitsleistungen im Alter,
- gegenläufige Zahlungsströme aus Rentenanteil und Krankenversicherung,[2122]
- niedrigere Transaktionskosten.

Ein verpflichtender Aufbau einer Alterungsrückstellung *schützt* die Versichertengemeinschaft *vor* Trittbrettfahrern, die im Alter ansonsten ohne Gegenleistung alimentiert würden. Die Ausgabenrisiken Krankheit und Alter unterscheiden sich in der zeitlichen Verteilung. Ausgaben für Krankheit nehmen im Alter zu, während Rentenzahlungen zu einem bestimmten Zeitpunkt einsetzen und dann konstant verlaufen.[2123] Eine separate Rentenversicherung erforderte zur Prämienglättung Informationen über den Ausgabenverlauf von Krankheiten. Ein Rentenversicherer müsste für jedes Versicherungsverhältnis seine Kalkulation nach der jeweiligen Krankenversicherung ausrich-

---

2120 Für die 12. Koordinierte Bevölkerungsvorausberechnung des StBA vgl. Abschnitt 3.2.4.2. Im Modell von Cassel und Oberdieck ermöglicht ein Beitragssatz von 17,3 % ab 2003 die Stabilisierung auf diesem Niveau bis ca. zum Jahr 2040 bei ansonsten prognostiziertem Beitragssatz von 31,2 % und einer Kapitalrendite von 4 %, vgl. Cassel und Oberdieck (2002), S. 19.

2121 Kritisch sieht dies Wagner (2003), S. 6.

2122 Vgl. Meier et al. (2004), S. 287,301. Siehe auch Bürger (2005), S. 114. Und schließlich Jankowski (2006), S. 48.

2123 Vgl. für Ausgabenprofile von GKV und PKV Abschnitt 6.2.4.2. Rentenzahlungen ändern sich ebenfalls, aber unabhängig vom Alter. Zweifel und Breyer sehen durch die negative Korrelation von Risiken, wie hier das Langlebigkeits- und Gesundheitsrisiko, die Chance für Beitragssatzsenkungen wegen eines geringeren Gesamtrisikos, vgl. Zweifel und Breyer (2006), S. 134. Siehe hierfür auch Breyer et al. (2005), S. 540. Dort wird das Argument für multinational tätige Krankenversicherer entwickelt, die z. B. neben Kraftfahrzeugversicherung und Lebensversicherungen Interesse an Krankenversicherung haben. Ältere haben ein höheres Krankheitsrisiko, fahren aber weniger Auto und leben nicht mehr solange.

ten. Transaktionskosten sprechen ferner für eine in die Krankenversicherung integrierte Rentenversicherung.

7.3.1.1.3 Portable individuelle prospektive Alterungsrückstellungen

Der *große Vorteil risikoäquivalenter Prämien* in Kombination mit individuellen prospektiven Alterungsrückstellungen ist die damit verbundene automatisch *vermiedene Risikoselektion.*[2124] Die Prämie für Neugeborene inklusive eines Anteils für Alterungsrückstellungen ist identisch. Wechselt ein Versicherter in späteren Jahren, dann bringt er, wenn kränker, eine höhere Alterungsrückstellung mit, so dass auch schlechte Risiken akzeptiert werden. Transaktionskosten treten durch eine exakte Risikobestimmung beim Wechsel auf. Diese sind jedoch mit großer Wahrscheinlichkeit spürbar geringer als *Rent-Seeking* und sich daraus ergebende *verzerrte Preise des Versicherungsschutzes* sowie die Kosten der *zentralen Administration eines RSA.*[2125] *Prämien* hingegen *spiegeln* die *Effizienz des Versicherers stärker wider* und führen zu einem die Allokation verbessernden Wettbewerb. *Entscheidend* für die Finanzierungsseite des Referenzmodells ist daher die *Übertragbarkeit individueller prospektiver Alterungsrückstellungen.*

Alterungsrückstellungen werden in der *heutigen PKV* als *kollektiv* angesehen und bleiben bis auf die mit dem GKV-WSG geschaffene Möglichkeit der Übertragbarkeit bezogen auf die Leistungshöhe im Basistarif im Unternehmen.[2126] Darauf beruht die Inferiorität der PKV trotz Vermeidung von Risikoselektion im Finanzierungsmarkt.[2127] Ohne Übertragbarkeit sind die Versicherten an ihre Versicherung gebunden und können bei Unzufriedenheit oder wegen günstigerer Prämien nicht zu einem Konkurrenten wechseln.

2124 Breyer und Buchholz bevorzugen Pauschalen, weil sie Anreize der Versicherungsunternehmen zu einer möglichst schlechten Risikoeinstufung und damit höheren Prämien sehen, vgl. Breyer und Buchholz (2009), S. 222. Im Wettbewerb um die Versicherten ist dieses Risiko nicht gegeben, weil ein anderer Versicherter die Prämie unterbieten würde, bis sich schließlich bei gewissen Aufschlägen wie Gewinn die faire Prämie einstellt. Interessant ist die Meinungsänderung des SVR, der sich noch im Gutachten 1996/1997 für risikoäquivalente Prämien ausgesprochen hat, die 2000/2001 nur noch nach Alter und Geschlecht differenziert werden sollten, dann nur noch eine Alternative neben Prämien waren, vgl. detaillierter mit Literatur Penske (2006), S. 233. Mittlerweile werden aber Pauschalen präferiert, vgl. zur Kritik an risikoäquivalenten Prämien SVR (2004), Ziff. 542.

2125 Vgl. Freytag (2005), S. 187. Die ausgewiesenen Kosten des BVA als verwaltender Behörde des M-RSA sind jedoch gering mit 3 Mio. Euro, vgl. BMG (2010d), S. 6. Nach § 271 Abs. 6 werden die Kosten durch Fondseinnahmen gedeckt.

2126 Die negativen Effekte i. V. m. der partiellen Übertragbarkeit ermöglicht durch das GKV-WSG werden beschrieben in Meier und Werding (2007), S. 8-12.

2127 Vgl. Abschnitt 5.1.2.1.

Individuelle prospektive Alterungsrückstellungen[2128] sind der Barwert aus den für den Versicherten in Zukunft anfallenden Gesundheitsausgaben minus den noch zu erwartenden Prämienzahlungen basierend auf Einzahlungsüberschüssen und Rückführungen aus dem kollektiven Kapitalstock.[2129] Die Summe aller individuellen Alterungsrückstellungen ergibt die Alterungsrückstellungen des Kollektivs (Summenregel). Durch Veränderungen des Gesundheitszustands und Alters erhalten Ältere und / oder Kränkere höhere Alterungsrückstellungen. Auf diese Weise kann ein Versicherter unabhängig vom Gesundheitszustand und Alter die Versicherung wechseln trotz notwendiger erneuter Risikoprüfung.

Das Konzept der individuellen prospektiven Alterungsrückstellungen wird wirtschaftlich und juristisch angegriffen, wobei sich der Widerstand im Laufe der Zeit verringert hat.[2130] *Juristisch* wird eingewandt, dass Alterungsrückstellungen dem Kollektiv gehören. Mit Übertragbarkeit müssten die Prämien erhöht werden, da Stornogewinne nicht mehr beim Versicherer bleiben, was gegen den Vertrauensschutz verstieße.[2131] Diese Argumentation ist zwar richtig, verkennt aber den Versicherten als eigentlichen Eigentümer.[2132] Durch die höhere Wettbewerbsintensität bei Übertragbarkeit dürften die

2128 Das Konzept geht zurück auf Meyer, vgl. Meyer, U. (1992); (1994). Dieser äußert sich kritisch zu der Teilübertragung geschaffen durch das GKV-WSG, vgl. Meyer, U. (2007a). Aus aktuarischer Sicht kritisch zur generellen Übertragbarkeit ist Milbrodt (2005b). In den USA sind die beiden Konzepte zeitkonsistente Verträge und garantiert erneuerbare Verträge vieldiskutiert. Zeitkonsistente Verträge entsprechen ungefähr individuellen prospektiven Alterungsrückstellungen ohne den Rentenanteil, vgl. Cochrane (1995). Garantiert erneuerbare Verträge enthalten weder eine Rentenversicherung noch eine Versicherung gegen das langfristige Änderungsrisiko und führen zu einem lock-in schlechter Risiken, vgl. Pauly et al. (1995). Eine kompakte Darstellung der beiden Modelle erfolgt in Warns (2009), S. 320-324. Ähnlich konzise bei Einbeziehung weiterer Modelle vgl. auch Meier et al. (2004), S. 32-55.

2129 Siehe ausführlich zu Konzept und Praktikabilität von individuellen Alterungsrückstellungen Eekhoff et al. (2008), S. 105-144.

2130 Die Kommission zur Reform des VVG ist der Auffassung, „dass Zweifel an der hinreichend sicheren Berechnung ... auch heute noch berechtigt sind, BMJ (2004), S. 150. Kritisch zur Position der Kommission ist Meyer in seinem Sondervotum, vgl. Meyer, U. (2004), S. 4-8. Juristische Argumente gegen die Portabilität entwickelt Thüsing, vgl. Thüsing und Medem (2008), S. 18-23.

2131 Für junge Versicherte die lange im Unternehmen sind, könnten die Prämien um mehr als 10 % steigen, siehe ausführlicher Eekhoff et al. (2008), S. 141.

2132 So auch Knab in seiner Dissertation, der im Vergleich mit der Rechtsprechung des BVerfG zur kapitalbildenden Lebensversicherung Individualeigentum bei Alterungsrückstellungen bejaht, vgl. Knab (2009), S. 116.

Prämien trotz eines höheren Stornoaufschlags für die breite Mehrheit sinken.[2133] Die grundsätzliche Übertragbarkeit wurde mittlerweile auch von Juristen goutiert.[2134]

Ökonomisch wird erstens die *Unbestimmbarkeit der Alterungsrückstellungen* angeführt. Dies ist schon deshalb nicht zutreffend, weil auch heute bei einem Versicherungswechsel eine Neueinstufung des Risikos und damit der Prämie erfolgt.[2135] Auch werden beim Versicherungswechsel innerhalb einer Krankenversicherung sowie zwischen den Unternehmen im Rahmen des Basistarifs individuelle prospektive Alterungsrückstellungen kalkuliert.[2136] Der kritischere ökonomische Einwand gegen die Portabilität von Alterungsrückstellungen ist daher die *mangelnde Verifizierbarkeit* des ausgewiesenen Betrags.[2137]

Die maximal von der Versicherung ausgewiesene respektive mitgegebene Alterungsrückstellung entspricht den Aufwendungen minus der Prämien bis ans Lebensende. Verursacht ein Versicherter im restlichen Leben noch 100.000 Euro an Ausgaben und zahlt er zukünftig noch 50.000 Euro an Prämien, dann wird das Unternehmen maximal 50.000 Euro mitgeben. Jeder Euro weniger erlaubt dem Versicherer einen Gewinn. Die individuelle prospektive Alterungsrückstellung ist mit anderen Worten der Preis, den ein Versicherung maximal zu zahlen bereit ist, um sich von diesen Verbindlichkeiten trennen zu können.[2138]

Das *Zielunternehmen* kalkuliert nach einer Risikoprüfung die gleiche Alterungsrückstellung i. H. v. 50.000 Euro auf Basis gleicher zu erwartender Ausgaben bis ans Lebensende. Ein Wechsel erfolgt in diesem Fall dann, wenn der Versicherte aus anderen Gründen als der Prämie mit seinem Versicherer *unzufrieden* ist. Ist das Zielunternehmen jedoch *effizienter*, evtl. durch Spezialisierung auf Versicherte mit ähnlichem Krankheitsbild, kann es seine *Prämie günstiger kalkulieren* beruhend letztlich auf unterschiedlich hohe Ausgabenerwartungen.

2133 Warns schlägt vor, bei der Berechnung der Alterungsrückstellungen von einem brancheneinheitlichen Mindestzins auszugehen, so dass effiziente Unternehmen am Kapitalmarkt einen Teil der von ihnen erwirtschafteten Rendite behalten können, vgl. Warns (2009), S. 328.

2134 Vgl. Depenheuer (2006), S. 2. Das Kurzgutachten entstand im Auftrag des PKV-Verbandes. Eine Zusammenschau von juristischen Argumenten dafür und dagegen findet sich in Meier et al. (2004), S. 69-74.

2135 Zur Prämienzusammensetzung vgl. Abschnitt 6.2.2.2.

2136 Für die analoge Einschätzung der Kommission zur Reform des VVG sieh BMJ (2004), S. 149. An gleicher Stelle wird die Einstufung von Neukunden als Parallele angeführt.

2137 Vgl. Meier und Werding (2007), S. 14-15.

2138 Im Extremfall können die Alterungsrückstellungen bei gesunden Personen in jungem Alter negativ sein, der Versicherte müsste in diesem Fall bei Wechsel zahlen, was rechtlich nicht durchzuführen sein dürfte, vgl. auch Eekhoff et al. (2008), S. 138-139. Kinder sind mit ihren Eltern versichert und wechseln mit, so dass insgesamt eine positive Alterungsrückstellung entsteht.

Die *spannende Frage* lautet, ob die Versicherer ohne aufwändige externe Prüfung von sich aus ein Interesse haben, eine *korrekte Höhe* auszuweisen.[2139] Wenn ja könnte viel Geld durch verhinderte Gerichtsprozesse und / oder Regulierung gespart werden. Der Versicherer hat wegen der *Summenregel* ein Interesse, die genaue Höhe der Alterungsrückstellung auszuweisen, da ein zu niedriger Betrag bei einem Versicherten durch die insgesamt fixen, bilanziell ausgewiesenen kollektiven Alterungsrückstellungen den anderen Versicherten eine zu hohe Rückstellung beimisst und diese leichter wechseln können.[2140] Erforderlich ist als Regulierung ausschließlich die Verpflichtung zur Zuordnung der kollektiven ausgewiesenen Alterungsrückstellung auf die Individuen. Einwenden lässt sich, dass die Versicherten nicht gleich sind und eine Art „bilanzielles Rosinenpicken" durch systematische Zuweisung zu hoher Rückstellungen bei immobilen Versicherten auftreten könnte.

Neben der Summenregel hat die abgebende Versicherung ein Interesse an einem möglichst korrekten Ausweis, weil jeder Wechsel bei etwas geringerem Preis einen *Gewinn* ermöglicht. Spiegelbildlich hat das Zielunternehmen einen *Anreiz*, eher eine höhere Alterungsrückstellung zu bezahlen, will sie einen Gewinn durch den Wechsel erzielen. Auf diese Weise entsteht eine spürbare Wettbewerbsintensivierung gegenüber dem Status quo, auch wenn die mit dem Wechsel verbundenden Transaktionskosten eingerechnet werden. Bereits die Möglichkeit des Wechsels übt auf die Versicherer Druck aus, effizienter zu werden und / oder die Kunden besser zu betreuen.[2141]

Praktisch könnte das System so funktionieren, dass zu einem Stichtag (z.B. der 1. Januar eines jeden Jahres) die bilanziellen Alterungsrückstellungen auf alle Versicherten verteilt werden müssen. In einem anschließenden Wechselzeitraum (z.B. vom 1. Januar bis 1. Februar) könnten die Versicherten, die an einem Wechsel interessiert sind, den in Frage kommenden neuen Versicherungen ihre Alterungsrückstellungen mitteilen oder mitteilen lassen. Auf dieser Grundlage könnten die neuen Versicherungen Angebote unterbreiten, die die Versicherten innerhalb dieses Zeitraums annehmen oder ablehnen können.

Mit der Übertragbarkeit *individueller prospektiver Alterungsrückstellungen* ist ein *Leben lang* ein *Versichererwechsel prinzipiell finanzierbar*, v. a. wenn in den Prämien eine Ausgabensteigerung durch den MTF etc. einkalkuliert ist. Damit das erste aufnehmende Unternehmen nicht durch eine *Kumulation schlechter Risiken* überlastet wird, kann z. B. ein externer Zuschuss vom Staat, eine Rückversicherung oder branchenintern ein Ausgleichssystem für Hochrisikofälle installiert werden. Denkbar sind

2139 Vorgeschlagen wurden Schiedsstellen, Gutachter, Ombudsmänner, staatliche Behörden etc.

2140 Zu der Handhabung von individuellen prospektiven Alterungsrückstellungen in der Bilanz siehe den Vorschlag von Meyer, vgl. Meyer, U. (2001b), S. 70-72.

2141 Einen praktischen Vorschlag zur Erhöhung des Wettbewerbsdrucks machen Eekhoff et al. mit der verpflichtenden Übermittlung der individuellen prospektiven Alterungsrückstellung für Wechselwillige an von diesen bezeichnete Unternehmen, vgl. Eekhoff et al. (o. J.), S. 14.

auch staatliche Regelungen der Versicherung von Ehepartnern und Kindern.[2142] Das aufnehmende Unternehmen unterliegt bei Wechseln keinem Kontrahierungszwang.

Risikoäquivalente Prämien i. V. m. übertragbaren individuellen prospektiven Alterungsrückstellungen verhindern *zusammenfassend* Risikoselektion und begegnen wirksam einer Überforderung Älterer durch hohe Versichertenbeiträge.[2143] Regulierend muss im Vergleich zu Pauschalen und damit verbunden einem RSA so gut wie nicht eingegriffen werden, weil der Markt weitestgehend die richtigen Anreize zu effizientem Wettbewerb um Versicherte setzt. *Innovationen* wie abgestimmte Behandlungsprozesse oder eine bessere Betreuung der Versicherten sind *attraktiv*, selbst wenn die Prämie steigt. Die Versicherten erhalten einen Gegenwert und bleiben der Versicherung treu, wenn die Relation aus Mehrwert und höherer Prämie den subjektiven Nutzen steigert.

7.3.1.2 Zweistufiger externer Sozialausgleich

7.3.1.2.1 Struktur des Sozialausgleichs

Im Umfang der einheitlichen Grundversorgung müssen alle Bürger ihr Krankheitsrisiko versichern, da die Gefahr besteht, dass einige keine ausreichende Eigenvorsorge treffen und später die Mindestsicherung in Form von Sozialhilfe oder ALG2 in Anspruch nehmen. Problematisch ist gegenüber einkommensabhängigen Beiträgen eine Überforderung von Personen mit niedrigem Einkommen. Müssten diese ihre Prämie allein tragen, bliebe zum Leben kaum etwas übrig oder die finanziellen Mittel reichten nicht aus. Es gilt, das Zugangsproblem respektive *Bezahlbarkeitsproblem* so zu lösen, dass trotz der Prämie ein *sozio-kulturelles Existenzminimum* verbleibt.[2144]

Eine *Separation zweier Umverteilungsdimensionen*, d. h. ein Einkommensausgleich und ein Risikoausgleich, ist grundsätzlich denkbar, ist aber zum einen *aufwändiger* zu

---

2142 Ein hoher Anteil von Frauen ist kritisch, da diese im Mittel höhere Ausgaben verursachen. Da Männer und Frauen oft gemeinsam bei einem Unternehmen versichert sind, ist ein gewisser Schutz vor Ansammlung schlechter Risiken vorhanden. Man kann zur besseren Risikostreuung Ehepartner beim gleichen Unternehmen mitzuversichern vorschreiben, verbunden mit einer Prämienreduktion durch geringere Verwaltungskosten bei gemeinsamem Vertrag. Ähnlich könnten Neugeborene der Versicherung ihrer Eltern automatisch zugeordnet werden.

2143 Potenzielle Verzerrungen wie Qualitätsminderung oder Risikoselektion ergeben sich primär nicht aufgrund der Morbidität sondern der Immobilität respektive geringen Preiselastizität bei Versichertengruppen. Siehe ausführlich für das Argument Jankowski (2006), S. 108-196. Er schließt, dass kurzfristig und langfristig ein Modell mit individuell übertragbaren prospektiven Alterungsrückstellungen Pauschalen überlegen ist. Für die Synopse siehe Jankowski (2006), S. 193-196.

2144 Das sozio-kulturelle Existenzminimum kann analog zu einem Mindestleistungskatalog konstitutionenökonomisch bestimmt werden und hängt von den Gerechtigkeitsvorstellungen der Bürger ab, vgl. Abschnitt 3.1.2.

administrieren und zum anderen durch das Verbot der Prämiendifferenzierung bei Geburt *unnötig.*[2145] Für größere horizontale und vertikale Gerechtigkeit gegenüber GKV und PKV wird daher im *Referenzmodell* mit Prämien die *gesamte Leistungsfähigkeit* berücksichtigt und ein *externer Einkommensausgleich bei Überforderung* installiert.[2146]

Risikoäquivalente Prämien führen *c. p.* zu einem *größeren Sozialausgleich* gegenüber Pauschalen, weil Morbidität und Einkommen negativ miteinander korrelieren. Während bei einer Pauschale finanziell Schwächere den gleichen Betrag wie oft gesündere Gutverdiener aufbringen müssen, wird die Zahllast bei Risikoäquivalenz durch die größere Morbidität zunächst höher. Im Modell der *einheitlichen bedarfsgerechten Grundversorgung* trifft dies *nicht zu*, da die individuelle prospektive Alterungsrückstellung gegen eine Morbiditätsänderung über den Risikoanteil versichert. Die Versicherung bei *Geburt*[2147] führt zu gleichen Prämien eines Jahrgangs, da eine Risikodifferenzierung unzulässig ist.[2148] Die Prämie ist bis auf Unterschiede zwischen den Versicherern gleich hoch, Geschlechtsunterschiede führen ebenso wenig zu Prämienspreizung wie angeborene Behinderungen oder Erbkrankheiten sowie Krankheitsdispositionen. Durch die Fortschritte in der *Gendiagnostik* ist dieses Thema hochaktuell.[2149]

Das Ausgleichvolumen hängt direkt mit der *Ausgestaltung der Transferzahlungen* zusammen. Ziel ist es, *alle* Personen eine *definierte Prämie* zahlen zu lassen, die sie *nicht überfordert*. Überfordert ist eine Person dann, wenn durch die Prämienzahlung das Existenzminimum unterschritten wird. Mit anderen Worten wird auf Basis des

---

2145 Warns schlägt einen doppelten Sozialausgleich vor, vgl. Warns (2009), S. 298-312. Dort wird auch die Ausgestaltung einer risikoadjustierten Prämiensubvention in der Ausgleichsdimension Überforderung durch Morbidität mit Literatur diskutiert.

2146 Vgl. für die Finanzierungsgerechtigkeit in den Teilsystemen Abschnitt 6.1.2.2.1 und Abschnitt 6.1.2.2.2.

2147 Somit ergeben sich kohorteneinheitliche Prämien. Diese sind jedoch keineswegs mit Pauschalprämien (Gesundheitsprämie, Kopfpauschale) zu verwechseln. Letztere sind administrativ vorgegeben und führen zu Risikoselektion.

2148 Man kann sich dies als vorkonstitutionellen Zustand vorstellen, in dem keiner weiß, wie hoch sein Krankheitsrisiko ist. Eine Zustimmung zu einem Krankenversicherungssystem ist nur möglich, wenn bei Geburt bekannte Risiken nicht zu einer Prämiendifferenzierung führen, vgl. auch Jankowski (2006), S. 57-58.

2149 Möglichkeiten heute und morgen der prädiktiven genetischen Diagnostik beschreibt Zerres (2006). Das Interesse der Versicherungen an genetischer Information und die Diskussion mit Literatur wird beschrieben von Freytag (2005), S. 132-135. Haben nur die Versicherten ein Anrecht auf ihre genetische Information, wird die Gefahr asymmetrischer Information größer. Die Unternehmen könnten daher einen Sicherheitsaufschlag einkalkulieren oder durch Selbstbeteiligungen Risiken selektieren. Das Gendiagnostikgesetz (GenDG) ist am 01.02.2010 in Kraft getreten und verbietet die Verwertung bereits vorliegender Ergebnisse von prädiktiven genetischen Untersuchungen für Krankenversicherungsunternehmen, vgl. § 15 GenDG. Vorerkrankungen und Erkrankungen, auch identifiziert durch diagnostische Gentests, sind hingegen anzuzeigen und verwertbar, vgl. § 18 Abs. 2 GenDG.

Existenzminimums die *minimale Versicherungsprämie* über alle Versicherungen *für die einheitliche Grundversorgung ohne Einschränkung von Wahlfreiheit und ohne Service- und Qualitätszuschläge*[2150] aufgeschlagen. Dies wird kombiniert mit einer maximalen prozentualen Belastung als zweitem Ausgleich.

Um *Anreize* zum Abschluss einer *günstigen Krankenversicherung* insb. bei Zuschussempfängern zu wahren, wird die minimale Prämie eingesetzt. Wer eine teurere Versicherung möchte, muss einen höheren Eigenanteil zahlen. Wer sich günstiger versichert, hat vice versa mehr Geld zum Leben, da der Zuschuss gleich bleibt. Um zu gewährleisten, dass Transferempfänger ihren Zuschuss für die Krankenversicherung einsetzen, sollte insb. bei Personen mit komplett erstatteter Prämie über *Gutscheine* für Krankenversicherung nachgedacht werden. Ansonsten besteht die Gefahr, dass das Geld für andere Zwecke verwendet wird und die Gesellschaft finanziell einspringen muss.[2151] Durch die minimale Prämie, statt der durchschnittlichen Prämie, als Referenzgröße für den Zuschuss wird auf die Krankenversicherungen gleichzeitig Druck zu einer effizienten Produktion des Gutes Krankenversicherungsschutz ausgeübt.

Um eine Überforderung feststellen zu können, ist eine personelle Bezugsgröße erforderlich. In der GKV wird das Haushaltseinkommen bei Bestimmung möglicher Überforderung betrachtet.[2152] Maßgebliche Einheit ist die *wirtschaftliche Leistungsfähigkeit des gesamten Haushalts* und nicht der einzelne Beitragspflichtige. Zum Haushalt gehören die Angehörigen, also meist Ehepartner und Kinder. Die wirtschaftliche Leistungsfähigkeit wird dementsprechend auch im Referenzmodell durch die Summe der Bruttoeinnahmen zum Lebensunterhalt aller Haushaltsmitglieder gemessen. Den Einnahmen werden die Prämienzahlungen für alle Haushaltsmitglieder gegenübergestellt.

Ein Beispiel möge den Mechanismus des zweistufigen Sozialausgleichs verdeutlichen. Im *Einpersonenhaushalt* beträgt das Existenzminimum 600 Euro, die minimale Prämie über die Versicherungen 200 Euro. Personen, die über 800 Euro zum Leben zur Verfügung haben, erhalten keine Subvention. Personen, die zwischen 600 und 800 Euro verdienen, erhalten zwischen 1 und 199 Euro. Bei 600 und weniger Euro Einkommen wird die komplette Prämie subventioniert. Personen mit 600 Euro und weniger zahlen de facto nichts und erhalten die volle Prämie unabhängig von der Höhe. Prozentual beträgt die Belastung bei 800 Euro Einkommen 25 %, bei 700 Euro 14,2 % und bei 650 Euro 7,7 %. Um Belastungen über den heutigen Beitragssatz von 14,9 %[2153] hinaus zu vermeiden, werden alle Einkommen mit höherem Prozentanteil der Prämie in

2150 Vgl. Abschnitt 7.3.2.1.

2151 Zimmermann argumentiert für und gegen die Gutscheinlösung, ist aber analog zum Wohngeld eher dafür, vgl. Zimmermann, A. (2007), S. 99-101.

2152 Albrecht et al. haben eine integrierte Krankenversicherung auf Basis von Bedarfsgemeinschaften untersucht, vgl. Albrecht; Reschke und Schräder (2005), S. 42-44. Siehe auch Abschnitt 6.1.2.2.2.

2153 Es wird der volle Beitrag dem Haushalt angerechnet, weil letztlich die Arbeitskosten des Unternehmens zählen. Äquivalent ist dies zu einer Auszahlung des Arbeitgeberbeitrags.

einer *zweiten Stufe* eins zu eins subventioniert. Personen ab 1342,28 Euro erhalten im Beispiel keine Transfers mehr. Bei 800 Euro wird die Prämie von 200 Euro um 80 Euro reduziert, bei 700 Euro müssten 104,30 Euro subventioniert werden, der Ausgleich auf der ersten Stufe erbringt bereits 100 Euro, so dass der Zweitstufenausgleich 4,30 Euro beträgt. Bei 1.200 Euro wird kein Erststufenausgleich gezahlt, 14,9 % entsprechen jedoch 178,80 Euro, so dass ein Transfer von 21,10 Euro erfolgt.[2154]

Das *Existenzminimum definiert zusammen* mit dem *maximalen Prozentsatz* als Belastungsgrenze i. V. m. der minimalen Prämie den *Transferanspruch*.[2155] Die *Summe aller Transfers* ergibt das *Ausgleichsvolumen*. Letztlich wird ein *Euro-Betrag* bestimmt, der *maximal* für *Krankenversicherung* aufzubringen ist. Wie hoch das Existenzminimum ist, ergibt sich über den *politischen Prozess* im Wechselspiel mit gesellschaftlichen Präferenzen. Die sich durch die Berücksichtigung von Nettoäquivalenzeinkommen ergebende höhere Belastung von Familien lässt sich durch Adjustierung analog zu der heute an die Haushaltsgröße gekoppelten Sozialhilfesätze und Anpassungen von Existenzminima gemäß gesellschaftlichen Präferenzen steuern.

Im Modell der einheitlichen bedarfsgerechten Grundversorgung zahlt jeder Versicherte, ob Erwachsener oder Kind, ob Transferempfänger oder Höchstverdiener, den gleichen risikoadjustierten Beitrag. Der Sozialausgleich erfolgt über das *Steuer-Transfer-System* in Form einer Subjektförderung.[2156] Die *Prämien der Kinder* sind durch die Versicherung ab Geburt und die damit verbundene lange Ansparphase eines Kapitalstocks plus des Verbots von Risikozuschlägen *gering*. Eine Übernahme der Prämien bei Kindern durch den Staat respektive alle Steuerzahler ist denkbar, sollte jedoch im *Kontext* weiterer *familienpolitischer Umverteilung* gesehen werden und das Nettoäquivalenzeinkommen des Haushalts berücksichtigen.[2157]

2154 800 Euro x 14,9 % = 119,20 Euro. 1200 Euro x 14,9 % = 178,80 Euro.

2155 Oberender bezeichnet eine Variante des Sozialausgleichs als Versicherungsgeld, vgl. Oberender (1996), S. 95-96. Ausführlich hierzu inklusive der degressiven Ausgestaltung siehe Ruckdäschel (2000), S. 181-191. Der degressive Verlauf erlaubt eine höhere Subvention von Personen mit niedrigen Einkommen. Im Referenzmodell ist die Vorgehensweise umgekehrt. Ausgangspunkt ist hier das Existenzminimum. Die Belastungsgrenze bei Zuzahlungen von 1 % in der GKV trifft, obwohl Reiche mehr zuzahlen müssen, hingegen Personen am Rande des Existenzminimums stärker, weil durch die Zahlung das Existenzminimum unterschritten werden kann. Die degressive Ausgestaltung des Versicherungsgeldes nach Ruckdäschel ist zwar sozialer als bei linearer Variante, jedoch werden leistungsfähige Personen bezuschusst und eine zusätzliche Regelung zur Wahrung des Existenzminimum ist nötig, vgl. für die Synopse des Versicherungsgelds Ruckdäschel (2000), S. 190.

2156 Eine Subjektförderung der überforderten Beitragspflichtigen ist einer Objektförderung, wie z. B. der staatlichen Finanzierung von Kapitalgütern im akut-stationären Sektor, vorzuziehen. Eine Subjektförderung erhöht die Kaufkraft der Akteure und damit die Handlungsfreiheit und Eigenverantwortung, vgl. im gesundheitspolitischen Kontext Oberender (1996), S. 98.

2157 Kritisch zur Steuerfinanzierung der Krankenversicherung für Kinder siehe Eekhoff et al. (2008), S. 74.

Kinder, die keine Einnahmen erzielen aber Prämien zahlen müssen, *erhöhen das Risiko* eines Haushalts, *überfordert* zu werden. Dabei wird das *Nettoäquivalenzeinkommen* des Haushalts nach neuer OECD-Skala im Referenzmodell berücksichtigt werden.[2158] Die Bruttoeinnahmen zum Lebensunterhalt minus Steuern und Abgaben werden äquivalenzgewichtet, indem die Einnahmen mit beschriebenen Gewichten korrigiert werden.

Ein Beispiel soll dies verdeutlichen. Haushalt A besteht aus einem alleinerziehenden Vater mit einem achtjährigen Kind. Haushalt B ist ein Single. Das Nettohaushaltseinkommen beträgt bei beiden Vergleichshaushalten 2.500 Euro. Beide Erwachsene zahlen eine Prämie von 350 Euro, für das Kind wird eine Prämie von 100 Euro bezahlt. Haushalt A erzielt Größenvorteile und erzielt damit ein Nettoäquivalenzeinkommen von 2.500 Euro / (1+0,3) = 1.923 Euro. Der Einpersonenhaushalt ist leistungsfähiger, zahlt in Summe aber 100 Euro weniger.

Ist das Referenzmodell nun familienunfreundlich gegenüber GKV und PKV? [2159] In der GKV sind Kinder beitragsfrei mitversichert, für die Beitragszahlung wird jedoch die geringere Leistungsfähigkeit von Mehrpersonenhaushalten nicht berücksichtigt. Bei einem Beitragssatz von 14,9 % werden Beiträge i. H. v. 372,50 Euro fällig. In der PKV beträgt die Prämie 450 Euro. Im Referenzmodell beträgt die Prämie ebenfalls 450 Euro. Durch den zweistufigen Sozialausgleich zahlt Haushalt A wegen der Maximalbelastung von 14,9 % nicht mehr als in der GKV. Alternativ könnte die Prämie für Kinder vom Staat übernommen werden, so dass sogar nur 350 Euro zu zahlen wären. Freilich sind die Größen im Beispiel gegriffen, durch den Sozialausgleich ist in jedem Fall eine Überforderung im Referenzmodell verhindert und gleichzeitig keine Schlechterstellung gegenüber der GKV gegeben.

Es empfiehlt sich die Einführung einer der Leistungsfähigkeit gerechter werdenden Äquivalenzberechnung bei Ausgleich der Belastung über eine Adjustierung des Kinderzuschlags. Der Zuschlag wird *systemimmanent gegenfinanziert* durch die gegenüber der GKV *geringere Bezuschussung* von *Zweierwachsenenhaushalten* und führt damit zu *größerer Finanzierungsgerechtigkeit.*

Angesichts *regionaler Unterschiede* im Versorgungsniveau sowie den Kosten für Lebensunterhalt und die Erstellung von Gesundheitsleistungen sollte die *Überforderungsprämie regional differenziert* werden.[2160] Sozialhilfeempfänger erhalten mittler-

2158 Vgl. ausführlicher Abschnitt 6.1.2.2.2. Bei alter OECD-Skala werden Familien weniger leistungsfähig eingestuft, vgl. Arnold, R. (2006), S. 154-155,166-171. Das liegt an den höheren Teilern durch höhere Gewichte für weitere Personen im Haushalt. Kinder unter 14 haben ein Gewicht von 0,5, darüber alle Personen ein Gewicht von 0,7. Damit können Familien auch im Referenzmodell gestärkt werden.

2159 Haushalte mit bisher mitversicherten Ehepartnern oder eingetragenen Lebenspartnern werden belastet, was gewünscht ist. Für die Verwerfungen durch die beitragsfreie Mitversicherung vgl. Abschnitt 6.1.2.2.2.

2160 Vgl. Abschnitt 6.1.2.3.

weile bundeseinheitliche Sätze, das Wohngeld ist jedoch nach Region differenziert. Für Versicherte in Bundesländern mit höheren Kosten in der Leistungserstellung bei gleichem Versorgungsniveau müssen Krankenversicherungen eine höhere Prämie verlangen, um verursachergerecht die Ausgaben zu finanzieren. Gleichzeitig ist für diese Personen evtl. die Lebenshaltung teurer, so dass durch einen bundeseinheitlichen Prämienzuschuss die Leistungsfähigkeit überschätzt wird.[2161]

7.3.1.2.2 Überlegungen zum Ausgleichvolumen und Finanzierungsquellen

Je höher das Existenzminimum und die minimale Prämie sind, umso größer ist das Ausgleichsvolumen. *Niedrigverdiener* sind normalerweise kränker und haben bei einem Wechsel höhere risikoäquivalente Prämien zu zahlen als Besserverdiener. *Gegenüber* einem *Pauschalenmodell* würde sich ohne individuelle prospektive Alterungsrückstellungen das *Transfervolumen* erhöhen. Im Modell einer einheitlichen bedarfsgerechten Grundversorgung bleiben die Prämien im Lebenslauf bei Risikoveränderung und dynamisch kalkulierten Tarifen[2162] durch die individuell prospektiven Alterungsrückstellungen *konstant.* Erhöhungen der Prämien wegen MTF, größerer Lebenserwartung etc. sind auch bei Pauschalen in Kombination mit Alterungsrückstellungen nötig, so dass das Transfervolumen stabil bleibt.

Ist die Belastungsgrenze festgelegt, wird für alle Haushalte der Zuschussbedarf auf Basis von Nettoäquivalenzeinkommen bestimmt. Prämien für Kinder werden durch die Steuerzahler ausgeglichen. Da jeder Bürger eine risikoäquivalente Prämie inklusive eines Anteils für Alterungsrückstellungen leistet, müssen den *ALG2-* und *Sozialhilfeempfängern* bei Überforderung, was der Regelfall ist, die Prämien vollumfänglich erstattet werden. ALG1-Empfänger zahlen ebenfalls im Modell die Beiträge selbst. Da diese Personenkreise bereits heute vom Staat i. H. v. mehr als 11 Mrd. Euro alimentiert werden, erhöht sich der Sozialausgleich wegen Transferempfängern tendenziell nicht.[2163]

In der Vergangenheit wurden, katalyisiert durch die Diskussion um Bürgerversicherung versus Gesundheitsprämie, eine Vielzahl an Modellrechnungen zur Abschätzung des Transferbedarfs bei Einführung einer Pauschale durchgeführt.[2164] Je nach konkreter Ausgestaltung und Datengrundlage ergeben sich beträchtlich variierende zweistellige Milliardenbeträge.[2165] Aktuell werden im Kontext der Diskussion der Umstellung

2161 Für ein Rechenbeispiel im Rahmen des Pauschalenmodells Regionaler Gesundheits-Kombi siehe Neubauer, G. und Pfister (2009a), S. 25.

2162 Vgl. Abschnitt 7.3.1.1.

2163 Vgl. Abschnitt 6.1.2.2.1.

2164 Vgl. zum historischen Umfeld Abschnitt 4.2.4.

2165 In diesem Gutachten werden keine eigenen Berechnungen zu den Aufkommens- und Verteilungswirkungen durchgeführt. Dem geneigten Leser seien für Details zur Vorgehensweise der

des Arbeitnehmeranteils auf Pauschalen Summen zwischen 12,3 Mrd. Euro[2166] und 38,7 Mrd. Euro[2167] genannt, das BMF hat zwischen 20 Mrd. Euro und 35 Mrd. Euro ermittelt[2168]. Die Zahlen müssten für einen Komplettumstieg auf Pauschalen grob verdoppelt werden. Der *Sparanteil* zum *Aufbau der Alterungsrückstellungen* erhöht die Prämie, was für einen höheren Zuschussbedarf in einem Modell mit Alterungsrückstellungen spricht.

Vom *Ausgleichsvolumen abzuziehen* sind Steuermehreinnahmen durch niedrigere Beiträge von Gutverdienern, die i. d. R. hohe Steuersätze haben. Mit dem *Bürgerentlastungsgesetz* können Krankenversicherungsaufwendungen vom zu versteuernden Einkommen abgezogen werden.[2169,2170] Ist nun die Prämie Wohlhabender geringer als der derzeitige GKV-Beitrag respektive die anrechenbare PKV-Prämie, dann erhöht sich gegenüber heute die Steuerlast. Je höher das Einkommen und damit der Grenzsteuersatz, umso höher ist der generierte Finanzierungseffekt. Personen, mit niedrigen Einkommen können ihre Steuerlast dagegen verringern, wobei durch den geringen Grenzsteuersatz bzw. wegen hoher Freibeträge als Nettoeffekt die Steuereinnahmen steigen.

Bestimmung der Volumina empfohlen Bork (2003); Grabka (2007). Beide gehen auch auf die Schwierigkeiten einer dynamischen Betrachtung – Stichwort Zweitrundeneffekte, ein. Einen Literaturüberblick geben Henke et al. (2007), S. 12-30. Weitere empirische Ergebnisse und Überlegungen finden sich in Pfaff, A. B. et al. (2006), S. 166-215. Die einzige dem Autor bekannte Berechnung auf Basis risikoäquivalenter Prämien ist Zweifel und Breuer (2002), S. 68. Das Volumen beträgt dort 35,5 Mrd. Euro ohne Berücksichtigung des Aufbaus eines Kapitalstocks. Der Beitrag wäre daher höher. Bei allen Volumina ist zu beachten, dass eine Hochrechnung auf die Gegenwart erforderlich ist. Arnold hat Zahlen von 1998 auf 2004 hochgerechnet, indem er eine Wachstumsrate der GKV-Ausgaben pro Versicherten von 3 % unterstellte. Die Überlegung dabei ist, dass der Anstieg der Ausgaben mit dem Anstieg der durchschnittlichen Prämie einhergeht und eine proportionale Erhöhung des Zuschussbedarfs impliziert, vgl. Arnold, R. (2006), S. 160-161.

2166 Bezogen auf ein Überforderungsniveau von 8 % und das Jahr 2009, vgl. PROGNOS (2009), S. 4.

2167 Ebenfalls bezogen auf eine 8 % Überforderungsgrenze im Bezugsjahr 2011, vgl. Lauterbach et al. (2009), S. 3.

2168 Vgl. Breyer (2010). Siehe für die Auswirkungen einer kompensierenden Einkommensteuererhöhung auf die Steuersätze auch apotheke adhoc (2010a).

2169 Besonders profitieren Privatversicherte, die i. d. R. höhere Steuern zahlen. Bei Mehrpersonenhaushalten gilt für jeden einzelnen eine steuerliche Abzugsfähigkeit. Als Faustformel gilt, dass mindestens 80 % der Beiträge, die einem GKV-Schutz entsprechen, steuerlich angerechnet werden können, vgl. ausführlich zu Neuregelungen für Privatversicherte PKV-Verband (2009c).

2170 Zimmermann spricht vom steuerfreien Existenzminimum. Die Kosten für Krankenversicherungsschutz sind als unabwendbare Lebenshaltungskosten auf den Steuerfreibetrag aufzuschlagen, vgl. ausführlich Zimmermann, A. (2007), S. 91-95. Mit dem Bürgerentlastungsetz wurde dem im heutigen System Rechnung getragen.

Berechnungen des IfG haben ergeben, dass von GKV-Versicherten Mittel i. H. v. 5,7 Mrd. Euro dem Staat zufließen.[2171]

Für Pauschalen wie Prämien gelten als *Bemessungsgrundlage sämtliche Einkommen*. Gegenüber dem heutigen GKV-System ist die Bemessungsgrundlage größer. Die BBG fällt weg. Ältere Menschen und Zweipersonenhaushalte zahlen somit i. d. R. mehr als im Status quo, was bei einem gegenüber heute gleichem Aufkommen auf Basis des GKV-Leistungskatalogs i. d. R. niedrigere Beiträge für Einpersonenhaushalte beinhaltet.[2172] Je nach Verteilung der Einkommensarten und der -höhe auf die Haushalte ist von einer *Entlastung wirklich Bedürftiger* durch Beitragssenkung auszugehen, was das *Volumen des Sozialausgleichs tendenziell reduziert*. Einen Zuschuss brauchen nur Personen, die bei Erweiterung der Bemessungsgrundlage immer noch überfordert sind. *Eekhoff* hat diesen Effekt bei Vergleich eines Pauschalenmodells mit der heutigen GKV für *gesetzlich Versicherte* auf eine *zweistellige Milliardenhöhe* geschätzt.[2173] Einem Zuschussbedarf von 27 Mrd. Euro stehen Entlastungen der GKV-Versicherten mit überdurchschnittlichen Löhnen i. H. v. ca. 45 Mrd. Euro gegenüber.[2174]

Im Modell einer einheitlichen bedarfsgerechten Grundversorgung für alle Bürger werden alle *Privatversicherten* in den Sozialausgleich einbezogen. Dies betrifft Selbstständige, Beamte sowie Arbeiter und Angestellte, die überwiegend wegen hoher Einkommen keine Zuschüsse benötigen.[2175] Das *Volumen* des *sozialen Ausgleichs* erhöht sich, weil jeder überforderte Privatversicherte, der bisher keine Transfers vom Staat

2171 Die Datengrundlage ist der Mikrozensus des Jahres 2007, vgl. IfG (2009).

2172 Zu den Effekten einer Erweiterung der Bemessungsgrundlage mit Betrachtung von Älteren und der Haushaltsgröße siehe Abschnitt 6.2.5.1.

2173 Der Zuschussbedarf ist geringer als die Entlastungen, weil durch die umfassende Berücksichtigung der Einnahmen via einer Pauschale weniger Leute überfordert sind, vgl. Eekhoff (2009), S. 3. Die Größenordnung entspricht der Höhe der Beitragssatzsenkungen, die sich aus einer Erweiterung der Bemessungsgrundlage ergeben, vgl. Abschnitt 6.2.5.1. Der Einbezug von Kapitaleinkommen ermöglicht eine Absenkung um 0,4 % Prozentpunkte, die Einführung eines Splittingverfahrens weitere 0,9 % Prozentpunkte. 1,3 Prozentpunkte entsprechen 13,65 Mrd. Euro, vgl. BMG (2009c).

2174 Siehe auch Bröcker und Quadbeck (2010). Dort wird Eekhoff zitiert mit einem Umverteilungsvolumen von 22 bis 24 Mrd. Euro und 8 Mrd. Euro Einsparung durch Erweiterung der Bemessungsgrundlage. Die vorher künstlich erhöhte Bedürftigkeit wird von Eekhoff et al. auch beschrieben als „Übertreibung der Bedürftigkeit und des Umverteilungsbedarfs, vgl. Eekhoff et al. (2008), S. 47.

2175 Für die finanzielle Situation von Beamten und Privatversicherten siehe Abschnitt 2.1.2.1 und Albrecht; Reschke und Schiffhorst (2005), S. 83,85-86. In dem bei Albrecht et al. vorgestellten Modell einer integrierten Krankenversicherung auf Basis von einkommensabhängigen Beiträgen entlasten Beamte und Privatversicherte die weiteren Beitragszahler.

bekommen hat, nun einen Transferanspruch hat.[2176] Die Einbeziehung der *gesünderen Privatversicherten verringert* jedoch das *Prämienniveau* und damit die Zahl der Überforderungsfälle, so dass das Ausgleichsvolumen durch Inklusion der PKV geringer werden dürfte.[2177]

Mit der Einkommensteuer und der *Mehrwertsteuer* stehen zwei vom Aufkommen her gewichtige Steuern zur *Generierung der nötigen Einnahmen* zur Verfügung.[2178] Eine Mehrwertsteueranhebung ist in der Wirkung *degressiv* und trifft Bürger unabhängig vom Einkommen und damit der Leistungsfähigkeit gleichermaßen sowie belastet ärmere Personen relativ zum Einkommen stärker.[2179,2180] Positiv ist die Vermeidung der Verringerung des Grenznutzens aus Einkommenserzielung durch eine Erhöhung der Einkommensteuer und damit eine Reduktion der Arbeitsanreize. Jedoch ist von einer Überwälzung der Mehrwertsteuer auf die Konsumenten und damit Lohnforderungen auszugehen. Ferner fließen die Steuereinnahmen Bund, Länder und Kommunen zu, was die Zuschussgestaltung komplexer macht. Daher wird für eine Anhebung des Einkommensteuervolumens plädiert.

Die *Einkommensteuer* ist *progressiv* ausgestaltet. Eine degressiv wirkende Beitragsbemessungsgrenze wie in der GKV gibt es nicht. Personen mit niedrigem Einkommen werden nicht nur absolut weniger belastet, sondern auch relativ. Ist das Einkommen kleiner als der Steuerfreibetrag, tritt gar keine Belastung auf. Ansätze zur Ausgestaltung sind z. B. Anpassungen der Progressionsstufen, der Steuersätze und des Tarifverlaufs, jeweils in Kombination gestaltbar. Vorgeschlagen wurde als pragmatische Variante ein Gesundheits-Soli, der sich in der Höhe nach der Einkommensteuerschuld berechnet, was eine Anpassung des kompletten Tarifverlaufs unnötig macht.[2181,2182]

2176 Transferempfänger in der PKV sind z. B. die Basistarifversicherten, bei denen die Prämien zumindest teilweise staatlich übernommen werden, vgl. für die geringe Zahl Abschnitt 6.1.2.2.2.

2177 Privatversicherte sind gesünder, vgl. Abschnitt 2.1.2.1.

2178 Siehe zur Diskussion von Vorschlägen auch Rürup und Wille (2004), S. 16-17. Eine Diskussion von für und wider beider Steuerarten zur Finanzierung des Sozialausgleichs wird geführt in Peffekoven (2005), S. 279-283. Für eine Mehrwertsteuer argumentieren Kroker und Pimpertz (2005).

2179 Bei mit wachsendem Einkommen konstantem Grenznutzen des Einkommens liegt ein gleiches proportionales Opfer vor. Da der Grenznutzen mit wachsendem Einkommen in aller Regel steigt, tragen Personen mit niedrigem Einkommen ein höheres Opfer, vgl. Abschnitt 6.1.2.2.

2180 Vgl. zur degressiven Wirkung Meinhardt und Zwiener (2005).

2181 Andererseits plant die große Koalition die Umgestaltung der Einkommensteuer gemäß Koalitionsvertrag im Jahr 2011, so dass Mittel für die Gesundheitsreform spezieller des externen Sozialausgleichs eingeplant werden könnten, vgl. Koalitionsvertrag (2009), S. 10-11. Nach der Landtagswahl in Nordrhein-Westfalen (NRW) am 09.05.2010 deuten sich Steuersenkungen, was eine Steuererhöhung erschwert, erst ab 2012 an.

2182 Positiv ist, dass der Soli voll dem Bund zufließen könnte, vgl. Art. 106 Abs. 1 Nr. 6 GG. Der Soli im Rahmen des Solidarpakts wird auch auf die Körperschaftssteuer aufgeschlagen, so dass

Mit der Einkommensteuer steht ein Umverteilungssystem zur Verfügung, das bei aller Kritik, z. B. am Ehegattensplitting oder den Tarifverlauf, die gesamte Leistungsfähigkeit eines Haushalts weit besser einbezieht als ein zusätzliches Umverteilungssystem innerhalb einer Krankenversicherung, das Transaktionskosten verursacht.[2183] Eine Beteiligung des Arbeitgebers am sozialen Ausgleich ist im Referenzmodell nicht vorgesehen, der Arbeitgeberbeitrag wird ausbezahlt.[2184,2185]

Eekhoff hat wie geschrieben einen Zuschussbedarf von 27 Mrd. Euro bei Entlastung der Steuerzahler i. H. v. *45 Mrd. Euro* ermittelt. Je nachdem wie viel Umverteilung durch Festlegung der Belastungsgrenze gewünscht ist, kann über die Einkommensteuer das Entlastungsvolumen, was quasi eine *Steuersenkung* ist, abgeschöpft werden. Der bundeshaushaltsrelevante Steuerausfall von 27 Mrd. Euro könnte im Zahlenbeispiel vollständig durch eine gezielte, sich in Grenzen haltende Steuererhöhung finanziert werden.

Personen die einen externen Sozialausgleich als unsozial brandmarken, vergessen oft, dass das *heutige System* auf *vielfache* Weise gegen das *Leistungsfähigkeitsprinzip verstößt* und bereits jetzt mehr als 11 Mrd. Euro umverteilt werden.[2186] Damit ist nicht der Bundeszuschuss von aktuell 15,8 Mrd. Euro gemeint, der nach wie vor ins System fließen kann und für die Betrachtung neutral ist. Schöpft man transparent über einen *Gesundheitssoli* einen Teil der Entlastung der Besserverdiener ab und rechnet die tendenziell milliardenschwere Beitragsentlastung durch die prämienbedingte erweiterte Bemessungsgrundlage sowie die Einkünfte durch die Wirkungsweise des Bürgerent-

---

es zu einer Änderung der relativen Belastung zwischen Körperschaften und Personengesellschaften je nach konkreter Ausgestaltung kommen könnte, vgl. Albrecht; Reschke und Schräder (2005), S. 45-46.

2183 Zur Einkommensteuer siehe detailliert Abschnitt 6.1.2.2.

2184 Vor Gültigkeit des Bürgerentlastungsgesetzes konnten Beiträge zur Krankenversicherung nicht in dem Maße abgesetzt werden. Die Auszahlung des Arbeitgeberbeitrags führte zu einer höheren Steuerlast von Personen mit hohem Einkommen. Alleine diese Maßnahme hat in Modellen mit externem Sozialausgleich ein Finanzierungsvolumen von ca. 50 % des gesamten sozialen Ausgleichs beigesteuert, im Modell von Knappe und Arnold sogar fast 100 %, vgl. Knappe und Arnold (2002), S. 19-20. Rürup und Wille beziffern das zu generierende Einkommen aus der Ausschüttung von Arbeitgeberbeiträgen auf 15,6 Mrd. Euro, vgl. Rürup und Wille (2004), S. 14.

2185 Zur Diskussion der Beitragstragung durch den Arbeitgeber siehe Abschnitt 6.2.5.1.

2186 Das Argument, viel mehr Menschen als heute müssten einen Offenbarungseid leisten, trifft nicht zu, weil es nach den vorgetragenen Überlegungen weniger echt Bedürftige geben wird. Auch beschwert sich bei der Beantragung von z. B. Kindergeld niemand. Wer Leistungen vom Staat haben möchte, sollte nach Ansicht des Autors seine Bedürftigkeit nachweisen. Deswegen ist die Person nicht gleich sozial stigmatisiert. Es ließe sich ferner der Ausgleich gemeinsam mit dem Lohnsteuerjahres-Ausgleich „automatisch“ vornehmen, vgl. BMWi (2010), S. 14.

lastungsgesetzes mit 5,7 Mrd. Euro höheren Steuern[2187] hinzu, dann dürfte der *Systemumstieg* auch *ohne bundeshaushaltsrelevante Steuererhöhungen gestaltbar* sein.[2188] Dies gilt umso mehr, wenn man bei konstantem Ausgabenniveau auf Basis des aktuellen GKV-Leistungskatalogs von einer möglichen Prämiensenkung respektive Minderbelastung versus das heutige System für den Durchschnittsbürger ausgeht.

Es sei erneut darauf hingewiesen, dass der soziale Ausgleich im Bereich Krankenversicherung mit anderen Ausgleichszahlungen zusammen betrachtet werden muss.[2189] Die Besteuerung von Zinseinkommen ist eine Mehrfachbesteuerung, da zum Aufbau des Kapitals bereits besteuertes Arbeitseinkommen eingesetzt wurde.

7.3.2 Vertrags- und Leistungsmarkt

Auf der Leistungsseite dient die GKV mit Anbietersteuerung als Vorbild, ohne Patientenlenkung zu vergessen.[2190] Selektive Verträge haben Vorrang gegenüber kollektivvertraglichen Lösungen, letztere dienen als Rückfalloption. Eine Kontrolle der Leistungserbringer wird durch selektive Vereinbarungen und Kostenerstattung erschwert, ist jedoch nötig. Auch wenn nicht alle Versicherten ihre größere Autonomie im Referenzmodell nutzen, dürfte eine *kritische Masse von Wahlmöglichkeiten nutzenden, gut informierten Versicherten* den Leistungs- und damit Vertragsmarkt zu mehr *Effizienz* drängen.[2191]

Der Wettbewerb um Versorgungsverträge auf dem Vertragsmarkt geschieht im Rahmen des Wettbewerbsrechts zur wirksamen Vorbeugung der Ausnutzung hoher Marktmacht. Dies gilt sowohl für die Krankenversicherungen wie die Leistungserbringer. Krankenversicherungen, ob vormals gesetzlich oder privat, haben nun eine private Rechtsform, von Krankenkassen wird fortan nicht mehr gesprochen. Ein so geschaffener europatauglicher, funktionierender Wettbewerb ist Garant der Sicherstellung der

---

2187 Bezogen auf Pauschalen. Mit Prämien dürfte die Größenordnung ähnlich sein, wie mehrfach in dem Abschnitt argumentiert wurde. Bei Geburt sind die Prämien wie Pauschalen für jeden gleich.

2188 Durch eine umfassendere Einkommenssteuerreform könnten die Grenzsteuersätze so justiert werden, dass die Ausgaben en gros verteilungsneutral finanziert werden, vgl. BMWi (2010), S. 13-14.

2189 Es soll hier nicht einem Bürgergeld das Wort geredet werden, zudem der Begriff verbrannt ist. Dennoch wird für eine möglichst genaue und objektive Bestimmung des sozio-kulturellen Existenzminimums plädiert, die durch Ausgaben zur Absicherung gegen Existenzrisiken wie eben auch einer bedarfsgerechten Gesundheitsversorgung nicht verringert werden darf.

2190 Vgl. Tabelle 1.

2191 Neubauer geht davon aus, dass 10 % bis 15 % qualitäts- und preisreagibler Patienten für einen funktionsfähigen Wettbewerb im Gesundheitssystem ausreichen, im Krankenhaussektor reichen sogar 5 %, vgl. Neubauer, G. (2000), S. 473. Grund dafür sind v. a. die hohen Fixkosten in Kliniken.

Versorgung bei staatlicher Garantie einer flächendeckenden bedarfsgerechten Grundversorgung.

Formuliertes *Ziel* ist *Effizienz und Wettbewerb* auf allen *drei Teilmärkten*, um von einem optimalen deutschen Krankenversicherungssystem sprechen zu können. In diesem Abschnitt rückt daher abschließend der *Leistungsmarkt* in den Fokus, auf dem sich Patienten und Leistungserbringer gegenüberstehen. Wettbewerbshemmnisse beruhen im dualen System auf einer *mangelnden Transparenz der Qualität* von Leistungserbringern.[2192] Ineffizienzen entstehen darüber hinaus durch *Moral Hazard.*[2193] *Prinzipiell* zur *Eigenverantwortung fähige Menschen* haben ein Interesse an bestmöglicher Behandlung zu geringstem Preis, müssen jedoch Anreize und Chancen zu dementsprechenden Handlungen bekommen.[2194]

Eigenverantwortung erfordert *Wahlfreiheit* und zugleich die Fähigkeit, die Freihheitsräume zu nutzen.[2195,2196] Im Referenzmodell haben die Versicherten respektive Patienten umfangreiche, präferenzengerechte Optionen. Als Versicherte können sie aus einer *Tarifvielfalt* innerhalb der Grundversorgung wählen, als Patienten haben sie die *freie Wahl der Leistungserbringer.* Daneben können Leistungen aus dem Katalog der Grundversorgung *abgewählt* werden und die Wahlfreiheit von Ärzten und Krankenhäusern auf Wunsch reduziert werden. Selbstbeteiligungen sind in Form von Selbstbehalten und Beitragsrückerstattung erlaubt.[2197] Mit der weichen Rationierung im Dreischichtensystem ist eine *Erweiterung des Leistungskatalogs* über *Zusatzversicherung* und Selbstzahlung möglich.

2192 Siehe Abschnitt 5.3.1.2.

2193 Siehe Abschnitt 5.3.3 für die Theorie und Relevanz von Moral Hazard im dualen System.

2194 Ein Plädoyer für mehr Eigenverantwortung hält Habermann, der zwischen 90 % und 95 % der Bürger für mündig einschätzt, was fast eine Umkehrung der heutigen Grenzziehung zwischen GKV und PKV darstellt, vgl. Habermann (2009), S. 22. Auch Neubauer votiert für einen Vorrang persönlicher Verantwortung vor gesellschaftlicher Solidarität, vgl. Neubauer, G. (2008). Es gilt, die Balance zwischen Subsidiarität und Solidarität neu zu justieren, wozu das Referenzmodell geeignet ist.

2195 Die Situation in der GKV beschreibt Wille als Fernsehzuschauer, die zwar mehrere Hundert Programme haben, aber alle das gleiche Programmschema senden, vgl. Wille, E. (2001), S. 59-60. Von Wahlfreiheit kann nur bedingt die Rede sein.

2196 Schmeinck führt zusätzlich einen „geeigneten Gesundheitszustand" als Voraussetzung für Eigenverantwortung an, vgl. Schmeinck (2007), S. 249.

2197 Bonus-Malus-Systeme gewähren bei Schadensfreiheit eine Prämie und bei Schaden einen Prämienzuschlag (Malus) und werden im begrenzten Rahmen der Dissertation nicht weiter betrachtet. Indemnitätstarife werden unter Festbeträgen analysiert. Vgl. auch Abschnitt 5.3.3 und die dort angegebene Literatur.

7.3.2.1 Selektivverträge bei kollektiver Rückfalloption[2198]

7.3.2.1.1 Vertragsmarkt in Grundzügen

Die Einnahmen der Krankenversicherungen sind, nach Abzug des Sparanteils für den Aufbau der Alterungsrückstellungen und zuzüglich der Entsparung von Kapital, die zur *Vergütung* der Leistungserbringer vorhandenen Finanzierungsmittel. Im Modell einer einheitlichen bedarfsgerechten Grundversorgung soll *so viel selektiv wie möglich, so wenig kollektiv wie nötig* gelten, weil dezentrale Lösungen eine *effizientere Allokation* fördern.[2199] Damit sind z. B. eine höhere Innovationsfreudigkeit, differenzierte Lösungen gemäß den Präferenzen der Versicherten und die Berücksichtigung regionaler Unterschiede gemeint.

Dennoch sind *kollektive Regelungen,* verstanden als abgestimmte Verhandlungen auf Versicherungs- und Leistungserbringerseite, und *staatliche Eingriffe notwendig*, um eine flächendeckende Versorgung sicherzustellen. Die Bedeutung einer kollektiven bzw. zentralen Steuerung ist im Referenzmodell jedoch verringert. Durch den *einheitlichen* Versicherungsmarkt ergänzt um das einheitliche Abrechnungsverfahren der Kostenerstattung sind unterschiedliche Gebührenordnungen bei der Vergütung von Leistungserbringern im Rahmen kollektiver Vereinbarungen hinfällig.

Einheitliche Gebührenordnungen lassen in der Grundversorgung *jeden Patienten* auch finanziell *gleich wertvoll* werden, so dass gegenüber dem dualen System die ärztlich gesteuerte Gefahr von Unter- und Überversorgung, und damit auch von Fehlversorgung, reduziert wird.[2200] Vorbild könnte bei aller Kritik das Fallpauschalensystem im

---

2198 Einen Reformvorschlag für den Leistungsmarkt ebenfalls auf Selektivverträge konzentriert anhand der drei Märkte-Systematik stellt Cassel vor, vgl. Cassel (2005), S. 255-258. Siehe für den Vertragsmarkt Abschnitt 5.2. Relevant ist auch die Verbindung von Vertrags- und Leistungsmarkt. Daher sei auch auf Abschnitt 5.3.1 und Abschnitt 5.3.2 verwiesen.

2199 Die Vorteilhaftigkeit dezentraler Lösungen beschreibt auch Wille: „Die Intensivierung eines funktionsfähigen Wettbewerbs setzt … eine tendenzielle Verlagerung der Entscheidungsprozesse von der Makro- über die Meso- zur Mikroebene. Es geht dabei grundsätzlich darum, das gemeinsame und einheitliche Handeln bundesweit agierender Spitzenverbände bzw. Organisationen und auch korporative Vereinbarungen auf Landes- oder KV-Ebene weitestmöglich durch dezentrale Vertragsverhandlungen zwischen Krankenkassen und Gruppen von Leistungserbringern zu substituieren, zumindest aber durch wettbewerbliche Elemente zu ergänzen", Wille, E. (2009), S. 123-124. Vgl. für die Vorzüge selektiver Verträge auch Abschnitt 5.2.2.2.3 und Abschnitt 5.2.3.

2200 Hier nicht ausdiskutiert werden kann die Frage, ob GOÄ oder EBM besser ist. Argumente für den EBM finden sich bei Walendzik et al. (2009), S. 67-68. Angeführte Gründe sind die höhere Aktualität, die betriebswirtschaftliche Kalkulation der Positionen sowie die wirtschaftlichere Steuerbarkeit durch Pauschalen. Dagegen argumentiert die BÄK, dass der EBM mit dem im Referenzmodell vorgeschlagen Kostenerstattungssystem nicht harmoniert, die vielfältigen Vertragsformen nicht abgebildet werden könnten und damit keine Orientierungsfunktion gegeben sei, vgl. Klakow-Franck (2009), S. 95-98. Der Autor fügt hinzu, dass betriebswirtschaftliche Überlegungen in aktuellen Vorschlägen der GOÄ eingehen und der Stand der medizinischen

akut-stationären Sektor sein, mit dem die erbrachten *Leistungen* verglichen werden können.[2201] Analog zu den DRG's ist ein *praxisspezifischer Basisfallwert* für jede Krankenversicherung ermittelbar, mit dem bei Abstraktion von Qualitätsunterschieden ein *Preisniveau* der Praxis bestimmt werden kann. Die Versicherung teilt dafür die Ausgaben für ihre Versicherten beim entsprechenden Arzt durch den Case-Mix.[2202]

Werden von einer Versicherung keine selektiven Verträge mit Leistungserbringern geschlossen, gelten als *Rückfalloption regionale BFWe,* die für unterschiedliche Kostenniveaus bei der Erstellung der Leistung korrigieren und kollektiv regional verhandelt werden.[2203] Das korporatistisch geprägte, selbstverwaltete GKV-System wird in seiner Bedeutung abgeschwächt.[2204] KVen wie Krankenhausgesellschaften sind im Referenzmodell berufen, kollektiv zu verhandeln, parallel dazu sind jedoch privatrechtliche Verbände und Zusammenschlüsse als Vertragspartner zugelassen. Die regionalen Basisfallwerte beziehen sich auf eine *bundeseinheitliche Qualität* und *gleichen Servicestandard* bzgl. der Leistungen der *Grundversorgung.* Um Angebotsinduktion durch Ärzte zu verhindern, ist im kollektiven Bereich ähnlich wie bei Krankenhäusern ein Budget denkbar, das Mehr- und Mindererlöse vorsieht.[2205] Die Budgets sind bei Morbiditätsänderungen nach definierten Vorgaben zu korrigieren, das Änderungsrisiko tragen die Krankenversicherungen.[2206]

Wissenschaft abgebildet wird. Für die Problematik von Unter, Über- und Fehlversorgung mit bedingt durch die Gebührenordnung vgl. Abschnitt 6.1.1.3.1 und Abschnitt 6.1.1.3.2.

2201 Für die Einführung eines Patientenklassifikationssystems im Rahmen der Honorarreform siehe Abschnitt 4.3.2.1.1.

2202 Vgl. Abschnitt 5.2.2.1.1.

2203 Inwiefern ein Bundesland bei den großen regionalen Unterschieden innerhalb eines Bundeslands bei Versorgungsniveau und Kosten die richtige Bezugsgröße ist, ist fraglich. Vgl. Abschnitt 6.1.1.4 und Abschnitt 6.1.2.3.

2204 Für eine Abschwächung gegenüber einer völligen Abschaffung der korporativen Koordination bei stärkerer Gewichtung dezentraler Wettbewerbsprozesse spricht sich nach umfangreicher Abwägung von Pro und Contra auch der SVRBEiG aus, vgl. SVRBEiG (2005), Ziff. 110. Weder für Deutschland noch international existieren belastbare Informationen zum besten Mix aus selektiv und kollektiv. Allokative Aspekte wie Innovation und Qualitätssteigerungen sprechen nach Wille dafür, dass die Balance Korporativismus versus einzelvertragliche Lösungen mit dezentralem Wettbewerb zugunsten der Selektivverträge verändert werden sollte, vgl. Wille, E. (2006), S. 438. Schwierigkeiten des Transformationsprozesses und Systemwettbewerbs von kollektiv und selektiv mit Bezug auf den Sicherstellungsauftrag analysieren ausführlich Cassel und Sundmacher (2006).

2205 Siehe für die sich durch die unterschiedlichen Gebührenordnungen i. V. m. Budgets ergebenden Anreize für die Ärzte Abschnitt 5.3.2.2. Die Folgen für die Ausgabenzuwächse sind in Abschnitt 6.2.3 dargestellt.

2206 Für die morbiditätsorientierte Vergütung eingeführt mit der Honorarreform vgl. Abschnitt 4.3.2.1.1.

Um eine regionale Unterversorgung zu verhindern, sind entsprechende *Sicherstellungszuschläge* auf die Basisfallwerte aufzuschlagen.[2207] Eine *Bedarfsplanung* im stationären und akut-stationären Bereich ist bei adäquater Ausgestaltung der Sicherstellungszuschläge *nicht nötig*, zudem die momentanen Zulassungen auf zeitpunktbezogene Kapazitätsberechnungen beruhen und gerade nicht auf Qualitätsmerkmalen.[2208,2209] Grundsätzlich *müssen Krankenversicherungen* mit *jedem Leistungserbringer*, der definierte Qualifikationen und Qualitätssicherung nachweisen kann, *Kollektivverträge abschließen*. Der *Sicherstellungsauftrag* liegt primär bei den *Krankenversicherungen*, was angesichts eines anvisierten hohen Anteils an Selektivverträgen flächendeckende Versorgungslösungen durch die bessere Abstimmung von selektiv und kollektiv effizienter werden lässt.[2210]

Eine *Behandlungsgarantie* bzw. Belegungsgarantie besteht jedoch *nicht*, der Leistungserbringer muss sich im Wettbewerb für die Patienten attraktiv machen. Die Versicherungen können und müssen über Tarife die Versicherten zu ihren präferierten Leistungserbringern lenken. Um Menschen in teurer zu versorgenden Regionen kostendeckend versichern zu können, müssten *regionale Prämiendifferenzierungen* zugelassen werden. Durch die Kombination aus regionalen Sicherstellungszuschlägen und Prämiendifferenzierungen sollte sich ein flächendeckendes Angebot an medizinischen Leistungen ergeben.[2211]

Über arztpraxisbezogene und klinikspezifische Basisfallwerte entsteht ein *Preiswettbewerb*. Krankenversicherungen oder Zusammenschlüsse derselben haben ein Interesse, mit *günstigen* einzelnen *Anbietern* oder Gruppen *Selektivverträge* zu schließen. Um einen Qualitätssenkungswettbewerb zu verhindern, sind Mindeststandards in der Leistungserbringung zu definieren. Möchte eine Krankenversicherung ihren Versicherten eine *höhere Qualität* bei den im Referenzmodell definierten Leistungen anbieten, kann sie *höhere Vergütungen* zahlen im Sinne von *pay for performance*.[2212] Die Versicher-

---

2207 Als wettbewerblich förderndes Instrumentarium schlägt Zerth Sicherstellungsvorgaben in Form von Ausschreibungsmodellen vor, vgl. grundsätzlich Zerth (2005).

2208 Siehe SVRBEiG (2005), Ziff. 109. Ähnlich Wille, E. (2009), S. 157-158. Vgl. auch Eekhoff et al. (o. J.), S. 16-17.

2209 Im vertragszahnärztlichen Bereich sind die Zulassungsbeschränkungen schon heute aufgehoben, vgl. § 103 Abs. 8 SGBV.

2210 Siehe zum Sicherstellungsauftrag bei Vorfahrt für Kollektivverträge auch Ebsen et al. (2003), S. 197-204.Vielfach wird auf die Gefahren der Rückkehr zu Einzelverträgen hingewiesen, wie Marktmacht der Versicherungen, eingeschränkte Wahlmöglichkeiten der Patienten, Risiken für den einzelnen Arzt, vgl. exemplarisch Wigge (2008). Erstere beide Punkte werden im Referenzmodell durch Anwendung des Wettbewerbsrechts und der auch weiterhin garantierten freien Arztwahl adressiert. Risiken für den Arzt sollen den Wettbewerb katalysieren.

2211 Vgl. Eekhoff et al. (o. J.), S. 16.

2212 Kritisch aber grundsätzlich positiv zum Konzept der „Qualitäts-bezogenen Vergütung“ plädiert der SVRKAiG für eine schrittweise Einführung, vgl. SVRKAiG (2005), Ziff. 781. Bereits im

ten akzeptieren höhere Prämien aber nur, wenn die höhere *Qualität nachgewiesen* werden kann. Die Mittel dafür werden durch Tarife mit höheren Prämien generiert und / oder aus einem effizienteren Versicherungsbetrieb. Welche Vertragsinhalte vereinbart werden und wie die Krankenversicherung vergütet, hängt von den freiwillig getroffenen selektiven Vereinbarung*en ab, kollektive Gesamtvergütungen* gibt es *nicht mehr.*[2213] Auf diese Weise fällt die Problematik von *Budgetbereinigungen weg*. Sektorenüberschreitende Versorgungsmodelle können selbstverständlich Inhalte einzelvertraglicher Arrangements sein und werden mit größeren Freiheiten attraktiver.

7.3.2.1.2 Selektivverträge und Tarifvielfalt

Neben der Qualität der Leistungen ist die *Wahlfreiheit* der Patienten zentrales Differenzierungsinstrument von Tarifen. Ausgangspunkt ist *höchstmögliche Freiheit* zur Erreichung *größtmöglicher Präferenzengerechtigkeit.* Je freier Gesundheitsleistungen gewählt werden können, umso höher sind die Prämien. *Selektivverträge* sind jedoch nur dann *sinnvoll*, wenn *Patienten* an den kontrahierten Versorgungsformen *teilnehmen.* Schließt eine Krankenversicherung bspw. Rabattverträge mit pharmazeutischen Unternehmen ab, dann können Preissenkungen nur erreicht werden, wenn die rabattierten Medikamente auch eingenommen werden. Möchte ein Unternehmen die Versicherten für Rabattarzneien gewinnen, dann kann dies durch Prämienabschläge respektive *günstigere Tarife* erreicht werden.[2214]

Die Krankenversicherungen sind in ihrer Prämiensetzung autonom, stehen jedoch mit den Konkurrenten im Wettbewerb um Versicherte und können durch *Tarife* verschiedene Zielgruppen ansprechen. Durch die risikoäquivalente Kalkulation der Prämien ist *jedes Risiko attraktiv.* Nicht jeder Versicherte hat jedoch die gleichen *Präferenzen.* Trotz gegebenen Leistungskatalogs ist die *Art der Leistungserbringung gestaltbar*, so dass z. B. über den *Vertragsmarkt*, wie am Beispiel selektiver Verträge dargestellt, *Differenzierungsmöglichkeiten* zwischen den Unternehmen möglich und gewünscht

---

Sondergutachten 1997 stand die ergebnisorientierte Vergütung auf der Agenda, vgl. SVRKAiG (1998), Ziffn. 599-680.

2213 Die Notwendigkeit eines dezentralen wettbewerblichen Suchprozesses liegt darin begründet, dass es bislang in vielen Bereichen keine belastbaren empirischen Erkenntnisse darüber gibt, wie die optimale Versorgung erfolgen muss. Modelle aus anderen Ländern inklusive empirischer Studien sind nur bedingt auf Deutschland übertragbar.

2214 Analog ist eine Einschränkung der freien Arztwahl mit niedrigeren Prämien verbunden. Interessant sind die DCE's in denen die Zahlungsbereitschaft respektive Kompensationshöhe bei Leistungserweiterung respektive Erweiterung ausgehend von einem Referenzsystem bestimmt wird. Becker und Zweifel ermittelten eine nötige Kompensation von 115 Euro für das Hausarztmodell und sogar 346 Euro bei der Vorgabe einer Ärzteliste durch die Krankenversicherung, vgl. Becker, K. und Zweifel (2008), S. 333. Bedeutsam ist auch der Nachweis heterogener Präferenzen, was durch die je nach sozio-ökonomischer Lage differierenden nötigen Kompensationen bei Einschränkung der freien Arztwahl deutlich wird, vgl. Becker, K. und Zweifel (2008), S. 335.

sind. Manche schätzen die freie Arztwahl als Gut hoch ein, anderen ist ein spezielles Versorgungsmanagement bei bestimmten Krankheiten wichtig.

Versicherte lassen sich z. B. *unterscheiden* nach Alter, Einkommen, der Wertschätzung von Gesundheit gegenüber anderen Gütern, der Mobilität, dem Wohnort und der Morbidität.[2215] Dabei geht ein hohes Einkommen i. d. R. einher mit guter Gesundheit, Mobilität und einer hohen Wertschätzung von Gesundheit.[2216] Oft wohnt diese Personengruppe in Orten mit guter Infrastruktur, was ein hohes Versorgungsniveau mit Gesundheitsleistungen und die Wahl zwischen Leistungserbringern erlaubt. Der gute Gesundheitszustand lässt einem jedoch konterkarierend den Wert von Gesundheitsleistungen niedriger erscheinen. In summa dürfte die Nachfrage nach hohem *Service* und hoher *Qualität* bei *freier Leistungserbringerwahl* größer bei *Gutverdienern* sein.

Gegenteilig sind Menschen mit *niedrigem Einkommen* oft kränker, leben in Gegenden mit geringerer Versorgungsdichte und sind immobil. Der Wert von Gesundheitsleistungen ist durch den häufigeren Kontakt mit Ärzten und Medikamenten dennoch hoch, konkurriert aber mit alternativen Verwendungen der begrenzten Finanzmittel. Im Referenzmodell ist eine höhere Qualität mit teureren Prämien verbunden, kann jedoch bei großer Wertschätzung von Gesundheitsleistungen gewählt werden. *Personen*, die aus dem externen Sozialausgleich *bezuschusst* werden, müssen jeden Euro einer höheren Prämie selbst finanzieren, selbst wenn sie dadurch unter das sozio-kulturelle Existenzminimum rutschen. Andererseits können sie z. B. durch *Einschränkung ihrer Wahlfreiheiten*, wie die Vorgabe von Medikamenten, ihre Prämie reduzieren und *erhalten* die *Einsparung* in *voller Höhe*.

Ändert sich die sozio-demographische Position der Versicherten, garantieren die *individuellen prospektiven Alterungsrückstellungen* eine *präferenzengerechte Anpassung* der Wahlfreiheit, der Qualität der Leistungserbringung oder der Serviceleistungen der Krankenversicherung bei gegebenem Versicherungsumfang. Ältere Menschen können z. B. einen Hausarzt im Rahmen eines Hausarzttarifs wählen, der günstiger als der Tarif mit freier Arztwahl ist. Da Senioren oft nicht mehr umziehen, ist die freie Arztwahl weniger nutzenstiftend. Ähnlich ist ein Ehepaar vorstellbar, das nach Auszug der Kinder ortsungebundener wird und einen Hausarzttarif wieder aufgibt. Die *Versicherung* ist *indifferent*, da jeder *Tarif risikoäquivalent* kalkuliert wird.

Die Versicherten partizipieren z. B. an der höheren Innovationskraft dezentraler Lösungen durch niedrigere Prämien bei unveränderter Qualität oder höherer Qualität zu gleichem Preis. Die Krankenversicherungen haben neben den *Wettbewerbsparametern* Preis und Qualität nunmehr auch den Parameter *Produkt* im Sinne *neuer Versor-*

2215 Für eine andere Unterteilung siehe z. B. Neubauer, G. und Minartz (2008), S. 88-90.

2216 Zum Konnex aus Gesundheit und Einkommen siehe Abschnitt 3.2.4.1. Gesundheit ist ein normales Gut, präziser ein relativ inferiores Gut. Das Ergebnis einer unterproportional mit dem Einkommen wachsenden Nachfrage nach Gesundheitsleistungen liegt aber auch daran, dass die Nachfrage nach Gesundheitsleistungen stark reglementiert ist. Die optimale Gesundheitsquote ist mutmaßlich höher, vgl. Abschnitt 6.2.1.

gungsmodelle.[2217] Gemeinsam mit den Leistungserbringern sind z. B. *sektorenübergreifende Behandlungsabläufe* wie in der heutigen IgV konzipierbar, die durch den Wegfall kollektiver Budgets und höhere Freiheitsgrade an Bedeutung gewinnen. Ein Unternehmen kann sich auf Krankheitsbilder spezialisieren und DMP's entwickeln, so dass Patienten mit den entsprechenden Indikationen effizienter behandelt werden können und z. B. wegen eines „Tarifs Diabetes" ihre Krankenversicherung wählen.

Das Referenzmodell ermöglicht eine breite Tarifvielfalt, die ein Versicherer komplett anbietet oder als Spezialist eine Auswahl offeriert. Die funktionale Typologie der Krankenkassen, eingeteilt in Versorgerkassen, Premiumkassen und Direktkassen, nach *Neubauer und Minartz* ist im Referenzmodell im Prinzip übertragbar.[2218] Premiumversicherungen mit höheren Prämien attrahieren Gutverdiener. Höhere Prämien bedeuten bessere Qualität, größere Wahlfreiheiten. Direktversicherungen gekennzeichnet durch geringe Filialdichte sind für technikversierte Jüngere interessant und bedingen niedrige Prämien. Versorgungsversicherungen könnten Unternehmen sein, die eine möglichst günstige Versorgung anbieten mit wenig Wahlmöglichkeiten aber Filialen für die überdurchschnittlich kranke Klientel, die Prämienhöhe liegt zwischen denen der andren Typen.

Wie hoch die möglichen Einsparungen durch Rationalisierung im heutigen dualen System sind, ist umstritten. Der Autor hält im Referenzmodell durch den stärkeren Wettbewerb auf allen drei Märkten, insb. im Vertragsmarkt, eine Einsparung bei Geltung des GKV-Leistungskatalogs in Milliardenhöhe für realistisch.[2219] Damit ist die Leis-

---

2217 „Die Intensivierung eines funktionsfähigen Wettbewerbs setzt … eine höhere Anzahl von Wettbewerbsparametern für Krankenkassen und Leistungserbringer voraus", Wille, E. (2009), S. 123. Dem wird hiermit entsprochen.

2218 Vgl. Neubauer, G. und Minartz (2008), S. 90-92.

2219 In der Öffentlichkeit wird häufig auf die Spitzenplätze Deutschlands in der Arztdichte und bei den Krankenhausbetten pro Einwohner hingewiesen, vgl. für Strukturparameter Stand Mitte 2009 Beske (2010), S. 90-106. Struktur ist jedoch ungleich Ausgaben, vgl. für den Verlust von Spitzenplätzen bei der ausgabenorientierten Betrachtung Albrecht et al. (2008), S. 21-35. Im internationalen Vergleich, so weiter, würde man für einen Euro Ausgaben relativ wenig an Gesundheit produzieren, z. B. gemessen an der Lebenserwartung. Einzuwenden ist bei einem einfachen internationalen Vergleich, dass der Bedarf der Bevölkerung sozio-demographisch differieren kann. Die Gesundheitsquote ist mit 10,4 % im Jahr 2007 die vierthöchste in der Welt, vgl. OECD (2009). Adjustiert um die ältere Bevölkerung gegenüber vielen OECD-Ländern ist Deutschland nur das 11. teuerste Land von 20 OECD-Ländern, vgl. Niehaus und Finkenstädt (2009), S. 20. Im Rahmen der Untersuchung kann kein Gesundheitssystemvergleich erfolgen. Fakt ist, dass der Leistungskatalog als Output-Parameter in Deutschland umfassend ist, siehe nächster Abschnitt. Augurzky et al. umgehen die Probleme internationale Vergleiche anhand der Ermittlung von Sparpotenzial durch die Benchmark günstige Bundesländer in den Bereichen akut-stationär, vertragsärztlich und Medikamente. Im Ergebnis kommen sie auf 5,55 und 9,75 Mrd. für die GKV, vgl. Augurzky; Tauchmann; et al. (2009), S. 8. Vorgeworfen wird, dass die Berechnungen oft nicht nachvollziehbar sind, die Vorschläge nicht umsetzbar, Beweise fehlten etc., vgl. für eine kritische Position mit aktueller Literaturschau Beske (2010), S. 161-168. Methodische und empirische Schwächen heißen aber nicht, dass es kein Rationalisietungsseite des Referenzmodells ein elementarer Baustein eines nachhaltigen Krankenversicherungssystems.

Exkurs: Prävention und Krankenversicherung

Prävention wird von den Krankenversicherungen freiwillig aufgenommen, wenn die konkrete Maßnahme ausgabensenkend wirkt und die Versicherten Prävention nachfragen.[2220] Erhöht Prävention potenziell die Lebensqualität und / oder die Lebenszeit, ist von einer aktiven Nachfrage der Versicherten auszugehen.[2221] Ein Interesse an Vorbeugung von Krankheiten ihrer Beschäftigten haben schließlich auch Arbeitgeber. Problematisch sind die Anfangsinvestitionen, die der Versicherung zunächst Geld kosten. In der PKV sind Innovationen mit langfristiger Rendite, was Maßnahmen der Primär- und Sekundärprävention kennzeichnet, durch die Bindung an die Krankenversicherung mangels Wechselanreizen der Bestandskunden gegenüber der GKV vorteilhafter.[2222]

Das Referenzmodell ermöglicht grundsätzlich *präferenzengerechte Präventionstarife*, die einen anfänglichen Aufschlag zur Deckung der Investitionskosten vorsehen können, der nach und nach zurückgezahlt wird.[2223] Wechselt ein Versicherter vor der vollen Rückzahlung des Prämienaufschlags, zahlt er in der neuen Versicherung eine um die erwartete durch Prävention bedingte Kostensenkung niedrigere Prämie. Der Autor

---

rungspotenzial gibt. Allein die Tatsache, dass nach Wasem die Kliniken zwischen 70 % und 80 % ausgelastet sind, lässt großes Rationalisierungspotenzial erwarten, so zitiert in Thelen und Riedel (2010). Siehe auch den auf Krankenhauskapazitäten im internationalen Vergleich bezogenen Beitrag Geissler et al. (2010).

2220 Eine nähere Begriffsbestimmung erfolgt in Abschnitt 6.2.5.2. Kritisch zur Kosteneffektivität der Prävention ist Beske, der mangelnde Evidenz für ein Einsparpotenzial sieht, vgl. Beske (2010), S. 168-170. Ebenso skeptisch ist Cischinsky, der im Rahmen seiner Dissertation „Lebenserwartung, Morbidität und Gesundheitsausgaben" keine ökonomische Morbiditätskompression durch Prävention sieht, vgl. Cischinsky, H. (2007), S. 244-249. Nach Ansicht des Autors ist Prävention neben Rehabilitation bei Fokussierung auf effiziente Maßnahmen, die gerade die Produktivität erhöhen, volkswirtschaftlich effizient, vgl. für die Rolle der Rehabilitation auch den Exkurs nach Abschnitt 7.4.

2221 Jankowski schließt Prävention als Bestandteil eines Mindestleistungskatalogs auch aus diesem Grund aus. Da die Versicherten profitierten, würden Präventionsleistungen als Wahlleistungen angeboten, Jankowski (2006), S. 26-27. Der Autor plädiert analog für Zusatzversicherungen in der zweiten Schicht, die freilich von in der Grundversorgung aktiven Versicherungen angeboten werden dürfen und wegen möglicher Synergieeffekte vernünftig sein dürften.

2222 Vgl. Abschnitt 6.2.5.2.

2223 Siehe hierzu auch Eekhoff et al. (o. J.), S. 14. Ausführlicher siehe Jankowski (2006), S. 189-191. Voraussetzung risikoäquivalenter Tarife ist die Kalkulierbarkeit. Eine Ausgabensenkung inklusive der Investitionskosten über den Lebenslauf durch eine Präventionsmaßnahme ist kaum möglich und hängt zudem von der Anzahl der Teilnehmer des Tarifs ab.

spricht sich gegen Prävention als Bestandteil des bedarfsgerechten Leistungskatalogs aus, weil diese, gerade *Primärprävention*, neben den genannten Gründen eine *gesamtgesellschaftliche Aufgabe* ist.[2224]

7.3.2.2 Bedarfsgerechter Leistungskatalog

7.3.2.2.1 Notwendigkeit und Formen von Rationierung

Menschen haben unbegrenzte Bedürfnisse, die sich in Bedarfe nach Gütern ausdrücken.[2225] Die *Ressourcen* zur Deckung von Bedarfen sind *begrenzt. Gesundheitsleistungen konkurrieren* mit *anderen* mehr oder weniger lebenswichtigen *Gütern.* Die knappen Ressourcen können auf unterschiedliche Weise verteilt werden. Eine Möglichkeit ist der Kauf eines marktlich angebotenen Gutes, das einen Preis hat. Über Krankenversicherungen wird im Versichertenkollektiv die Kaufkraft für im Einzelfall die Kaufkraft eines Individuums übersteigende Gesundheitsleistungen hergestellt. Dabei werden *in* der *PKV* in üblichen Tarifen *mehr Gesundheitsleistungen* übernommen *als* in der *GKV.*[2226] Preis und Leistungskatalog sind Formen von Rationierung.

Rationierung stammt von rational ab und heißt wertneutral vernünftig, zweckmäßig oder schlüssig. Weiter gefasst ist jede *Zuteilung begrenzter Ressourcen* Rationierung.[2227] Im Markt ist der Allokationsmechanismus der Preis, weitere Beispiele sind Schenkungen und Vererbung, Gewalt oder Zufall. Rationierung i. e. S. ist immer dann gegeben, wenn der *Einzelne nicht selbst* über die *Verwendung seiner Mittel* bestimmt. Als Antipode wird dann die Allokation über Preise gesehen. Ein *Leistungskatalog* einer Krankenversicherung kann als *explizite Rationierung* verstanden werden.[2228]

Der Gegenbegriff lautet *implizite* oder synonym heimliche, stille, verborgene, verdeckte, unkontrollierte sowie versteckte Rationierung.[2229] Eigentlich im Leistungskatalog enthaltene Leistungen werden Patienten vorenthalten. Gründe für implizite Rationie-

---

2224 In der Primärprävention sind neben dem Verhalten der Person v. a. das Umfeld respektive die Verhältnisprävention als Gegenstück zur Verhaltensprävention bedeutsam. Eine Krankenversicherung hat hierauf im Unterschied zu Schulen oder dem Elternhaus keinen Einfluss. Sekundär- und Tertiärprävention sind für Krankenversicherung wiederum geeigneter.

2225 Vgl. für die ökonomischen Grundkonzepte Abschnitt 2.1.1.

2226 Inwiefern eine Zweiklassenmedizin mit Unterversorgung in der GKV existiert, ist umstritten. Vgl. zur Diskussion der Zweiklassenmedizin inklusive der Thematik Unter,- Über- und Fehlversorgung Abschnitt 6.1.1.1.

2227 Vgl. Gabler-Verlag (2010g).

2228 Synonym sind aktive oder offene Rationierung. Zur Begriffsbestimmung von Rationierung in seiner Vielheit siehe die Dissertation von Weissberger, vgl. Weissberger (2008), S. 17-30. Ausführlich zum Thema Rationierung ist auch die Dissertation von Kopetsch, vgl. Kopetsch (2001), S. 71-183.

2229 Vgl. Beske (2010), S. 181-183.

rung können bspw. Budgets, Pauschalen oder Strukturdefizite wie Kapazitätsbegrenzungen sein.[2230] Läuft ein Arzt Gefahr, sein Arzneimittelbudget bestimmt durch Richtgrößen zu stark zu überschreiten, so dass er mit Regress rechnen müsste, wird er möglicherweise bedarfsgerechte Medikamente nicht verschreiben. In Deutschland ist von impliziter Rationierung in größerem Ausmaß (bisher noch) nicht auszugehen.[2231]

Implizite Rationierung ist expliziter Rationierung aus mehreren Gründen *unterlegen.*[2232] *Ökonomisch* lenkt eine exakte explizite Rationierung das Verhalten der Ärzte und Patienten zu den im Leistungskatalog definierten Leistungen. Entscheidet der Arzt hingegen nicht nur über die Menge der Leistung, sondern auch über die Art, dann kann er leichter gemäß seinem eigenen Optimierungskalkül entscheiden, was grundsätzlich nicht negativ sein muss. Ineffizient ist z. B. auch die durch Budgets erzwungene Verteilungsaufgabe des Arztes, die diesen administrativ und moralisch belastet. Wenn der Leistungskatalog nur effiziente Maßnahmen enthält, ist ferner durch Abweichung Überversorgung programmiert. *Gerechtigkeit* in dem Kontext von Gesundheitsleistungen bedeutet, dass bei gleicher Indikation die gleiche Behandlung anzuwenden ist. Ohne explizite Rationierung bleiben mehr Spielräume, die eine Gleichbehandlung bei gleicher Diagnose eher durch Zufall entstehen lassen.

Bei Gesundheitsleistungen hat der Begriff Rationierung in der Öffentlichkeit eine negative Konnotation als Einschränkung des medizinisch Notwendigen.[2233] Fraglich ist, was medizinisch notwendig ist. Nicht alles Zweckmäßige ist notwendig, weiter kann eine Maßnahme je nach Kontext notwendig oder nur sinnvoll sein.[2234] Ähnlich negativ besetzt ist der Terminus *Priorisierung*, unter dem die *ausdrückliche Festlegung von*

2230 Ausführlich zu impliziter Rationierung in der GKV siehe Weissberger (2008), S. 152-164. Brillinger und Meier unterscheiden zwischen Gerechtigkeitsproblemen auf der Makro,- Meso- und Mikroebene. Auf der obersten Ebene wird der Anteil der Ausgaben für Gesundheitsleistungen in Relation zu anderen Gütern bestimmt. Der Arzt entscheidet auf der Mikroebene, was hier implizite Rationierung genannt wird. Dazwischen liegt die Mesoebene der Verteilung der Ressourcen innerhalb des Gesundheitswesens auf Sektoren, vgl. Brillinger und Meier (2009), S. 125-126. Eine ähnliche Dreiteilung aus ethischer Perspektive erfolgt in Gillon (1986), S. 93-99. Ethisch ausgereichtet aber ohne Dreiteilung ist der Beitrag Kliemt (2006).

2231 Nach Weissenberger besteht die Notwendigkeit zur Rationierung erst seit relativ kurzer Zeit und hält sich daher (noch) in Grenzen. Zudem erfolgt die Rationierung größtenteils verdeckt, vgl. Weissberger (2008), S. 164. Siehe auch den Abschnitt 6.1.1.3.1 zur Unterversorgung.

2232 Ausführlich siehe Weissberger (2008), S. 51-99. Hier wird nur eine kurze Zusammenfassung wesentlicher Argumente wiedergegeben. Kritisch auch Marckmann (2006), S. 199.

2233 Nach Marckmann wird Rationierung oftmals als „Vorenthaltung des medizinisch Notwendigen" betrachtet, Marckmann (2006). Krämer beschreibt dies so: „es werden kranken Menschen Dinge vorenthalten … nach Mehrheitsmeinung … zumindest einen moralischen Anspruch besitzen", Krämer (2008), S. 5. Ähnlich der AOK-Bundesverband in seinem Lexikon: „Rationierung ist der eingeschränkte Zugang zu medizinisch nützlichen Maßnahmen, die einen positiven Effekt auf die Lebensqualität bzw. die Lebenserwartung haben", vgl. AOK-Bundesverband (2010c). Siehe auch Beske (2010), S. 178.

2234 Siehe Birnbacher (2006), S. 329-331. Siehe konzise auch Warns (2009), S. 272-273.

Prioritäten in der Gesundheitsversorgung verstanden wird.[2235,2236] Priorisierung kann eine Rangfolge von Indikationen, Patientengruppen, Technologien oder eine Kombination davon sein.[2237] In der Medizin ist eine Rangfolge diagnostischer und therapeutischer Maßnahmen eine Form der Priorisierung.[2238]

Priorisierung sollte, wie explizite Rationierung, anhand transparenter und nachvollziehbarer Kriterien erfolgen. Während Rationierung Leistungsausschluss bedeutet, wird durch die Aufstellung einer Rangfolge bei hinreichendem Budget noch keine Leistung ausgeschlossen. Erst wenn ein Budget erschöpft ist, bestimmt die Rangfolge die nunmehr implizite Rationierung und kann bei selbst finanziell gut ausgestattetem Krankenversicherungssystem Leistungserbringern klare Entscheidungen ermöglichen, die ethische Konflikte zumindest mindern.[2239]

7.3.2.2.2 Umfang des Leistungskatalogs und Weiterentwicklung

Mit den Vorgaben im *Grundgesetz* wird das Äquivalenzprinzip durchbrochen, da jeder Mensch unabhängig von einer Gegenleistung ein unveräußerliches Grundrecht auf die Unversehrtheit von Leib und Leben hat.[2240] Hinter einem Schleier des Nichtwissens lässt sich konstitutionenökonomisch eine grobe Unterteilung von Gesundheitszuständen, die von der Gesellschaft nicht akzeptiert werden, im Konsens bestimmen.[2241] Ohne eine explizite Benennung von Diagnose- und Therapiemethoden, unter denen der Arzt wählen kann, bleibt der Mindestumfang jedoch eine *Leerformel.*

Angesicht der im Zusammenspiel mit dem MTF katalysierten *enormen* demographisch bedingten, zu erwartenden *Ausgabenzuwächse* orientiert sich der einheitliche bedarfsgerechte Leistungskatalog als Ausdruck expliziter Rationierung am *GKV-Katalog,* der anders als in der PKV neben den Einschlusskriterien ausreichend, notwendig und

---

2235 Vgl. Gabler-Verlag (2010g). Das semantische Gegenteil ist Posteriorisierung.

2236 Für die negative Konnotation siehe Beske (2010), S. 207.

2237 Ein aktuelles Beispiel war die Reihenfolge der Impfungen bei der Schweinegrippe (H1N1), wo nach den Empfehlungen der Ständigen Impfkommission erst Beschäftigte im Gesundheitswesen, chronisch Kranke und Schwangere geimpft werden sollen, danach Kinder sowie jüngere und ältere Erwachsene, vgl. RKI (2009), S. 513-514.

2238 Internationale Verfahren und Kriterien werden dargestellt in Beske (2010), S. 208-219. Er konstatiert, dass die Diskussion und auch Methodenentwicklung in einigen Ländern weiter als in Deutschland ist.

2239 „Priorisierung ist [dabei] als ethische Methode zu verstehen, begrenzte Mittel, Kapazitäten und Zeitressourcen möglichst gerecht einzusetzen [Hervorhebung durch den Autor]“, BÄK (2009), S. 2.

2240 Vgl. für die Verankerung in der Verfassung Abschnitt 3.1.2.1.

2241 Vgl. Abschnitt 3.1.2.2.

zweckmäßig ein *Wirtschaftlichkeitsgebot* bei der Bestimmung der Erstattungsfähigkeit von Leistungen enthält.[2242]

Der Katalog enthält auf der Makroebene die im dritten Kapitel des SGB V aufgeführten Leistungsbereiche.[2243] Dazu gehören z. B. durch den EBM und den BEMA oder in Heil- und Hilfsmittelverzeichnisse benannte Leistungen. *Zentrales Gremium* ist der *G-BA* als oberstes Beschlussorgan der Gemeinsamen Selbstverwaltung, der in Form von Richtlinien den Leistungskatalog konkretisiert.[2244]

MTF soll bei aller Betonung von Wirtschaftlichkeit im Leistungskatalog berücksichtigt werden: „Qualität und Wirksamkeit der Leistungen haben dem allgemein anerkannten Stand der medizinischen Erkenntnisse zu entsprechen und den medizinischen Fortschritt zu berücksichtigen."[2245] Ein auf diese Weise *dynamischer Leistungskatalog* entspricht der Menschenwürde respektive der Bedarfsgerechtigkeit und ist daher auch Bestandteil des Referenzmodells. *Konflikte* zwischen den Möglichkeiten des MTF und dem Wirtschaftlichkeitsgebot sind vorprogrammiert.

Der *Trade-Off* zwischen *Wirtschaftlichkeit* und i. d. R. *teuren medizinischen Innovationen* erfordert eine Balance zwischen den beiden Polen.[2246] Schließlich soll ein bedarfsgerechter Leistungskatalog für alle auch in Zukunft finanzierbar sein. Nicht jede Innovation führt zu einem medizinischen Nutzen, noch weniger Innovationen sind etablierten Diagnose- und Therapiemethoden überlegen. Eine Innovationsfilterung ist daher erforderlich, die die *Bezahlbarkeit* eines für alle Bürger zugänglichen Kranken-

---

2242 § 2 Abs. 1 und 4 i V. m. § 12 Abs. 1 SGBV. Hinzu kommt eine gleichmäßige und humane Behandlung, vgl. § 70 SGBV. Siehe auch Abschnitt 6.1.1.3.

2243 Kern et al. bezeichnen die im SGB V definierten Bereiche als Makroleistungskatalog, vgl. Kern et al. (2004), S. 25-30.

2244 Kompakt zu Struktur und Aufgaben des G-BA siehe Boerner (2006). Vgl. zu den Neuerungen des GKV-WSG Abschnitt 4.3.2.2.1. Kritisch zur Legalität und Legitimität damals noch des Bundesausschusses Ärzte und Krankenkassen siehe Niebuhr et al. (2004), S. 70-95. Kritisch zum damals noch geplanten G-BA siehe auch Niebuhr et al. (2004), S. 199-215. Aktueller in der Bewertung des G-BA und mit Alternativvorschlägen zu Entscheidungsträgern bei der Bestimmung ist Weissberger (2008), S. 191-200. Nach Krogull genügt der G-BA nicht dem Demokratieprinzip, vorgeschlagen wird mehr Spielraum für die Einzelkassen, vgl. Krogull (2008), S. 236. Weniger kritisch versus Krogull ist Musil, Andreas (2006). Die Sicht der Bevölkerung zu Rationierung wird abgefragt durch Müller und Dominik. Die Bevölkerung möchte demnach stärker in die Entscheidung zu Rationierung eingebunden sein, vgl. Müller, S. und Dominik (2009), S. 277.

2245 § 2 S. 3 SGBV.

2246 Cischinsky sieht neben einer Lebenszeitverlängerung einen Technologieverzicht als effektive Mittel zur Ausgabendämpfung an, vgl. Cischinsky, H. (2007), S. 265. Für den i. d. R. ausgabentreibenden MTF vgl. Abschnitt 3.2.3.2.

versicherungssystems auch auf *längere Sicht* erhält. Um dies zu erreichen, sind *nicht nur Innovationen zu überprüfen*, sondern auch der *bestehende Leistungskatalog*.[2247]

Die Filterung innerhalb der GKV hängt vom Sektor ab.[2248] Mit dem GKV-WSG wurde das Wirtschaftlichkeitsgebot durch Einführung der KNB gestärkt. Die *KNB* sollte zu einer breiten Anwendung im Rahmen des Referenzmodells kommen und generell *bestehende Gesundheitsleistungen* auf ihren Mehrwert überprüfen. Angesichts des langen Bewertungs- und Entscheidungsprozesses im G-BA sollte sich auf die ausgabenintensiven Bereiche beschränkt werden, um schnelle Entlastungen des Haushalts in der GKV, aber auch im Referenzmodell zu erzielen.[2249] Von den Gesundheitsleistungen an sich ist die *Inanspruchnahme der Leistungen* zu unterscheiden. Nicht jede erlaubte Behandlung ist bei jedem Versicherten gleichermaßen medizinisch sinnvoll oder ökonomisch effizient. Daher gilt es, immer auch die Situation zusammengesetzt aus *Indikation und Person* zu berücksichtigen und *Mengen* respektive die *Intensität* zumindest *vorzugeben*.[2250] Hierbei helfen *evidenz-basierte Leitlinien*, die mit der ärztlichen Therapiefreiheit konfligieren können.[2251]

2247 Vgl. Niebuhr et al. (2004), S. 208-210. Laut Autoren werden etablierte Verfahren weltweit nur in Oregon, USA, überprüft, wobei die Studie aus dem Jahr 2004 stammt. Für die GKV gehen sie davon aus, dass alleine die Überprüfung aller etablierten Arzneimittel eine nachhaltige Stabilisierungswirkung auf die GKV-Finanzen hätte.

2248 Vgl. mit Gesetzesstellen Abschnitt 3.2.3.2. Die KNB wird im Kontext des GKV-WSG näher beschrieben in Abschnitt 4.3.2.2.2.

2249 Warns nennt zwischen 18 und 32 Monate. Ferner ordnet er den 15 % – 20 % teuersten Bereichen als Angriffspunkt von KNB 80 % der Gesundheitsausgaben zu, vgl. Warns (2009), S. 79-85. Ein Beispiel für einen langen Prozess der Einführung einer etablierten Methode, der auch heute noch nicht abgeschlossen ist, stellt die VAC-Therapie zur chronischen Wundbehandlung dar. Die Methode wurde Ende der 1980er Jahre entwickelt und seit den 1990er Jahren in deutschen Krankenhäusern angewandt. 1997 hat man einen Antrag auf Aufnahme in den Hilfsmittelkatalog gestellt, der 2002 endgültig abgelehnt wurde. 2003 wurde ein Antrag auf Anwendung im ambulant-ärztlichen Bereich gestellt. Hier gilt es, schneller zu entscheiden, vgl. Stuppardt (2007), S. 84.

2250 Ulrich und Wille nennen dies „inadäquaten Indikationsbezug", Ulrich und Wille (2009), S. 30.

2251 Eine konzise Beschreibung von Leitlinien und Evidenz-basierter Medizin (EbM) jeweils mit Literatur gibt in seiner Habilitation Greiner, vgl. Greiner (2005), S. 51-63. Eine Lehrbuchdarstellung evidenz-basierter Leitlinien erfolgt in Helou (2003). EbM ist der gewissenhafte, ausdrückliche und vernünftige Gebrauch wissenschaftlicher Erkenntnisse zur Versorgung individueller Patienten. Gesicherte medizinische Erkenntnisse können als Best Practice in Form von Leitlinien kodifiziert werden, die wie Empfehlungen einen unverbindlichen Charakter haben und dem Arzt in seiner Entscheidung helfen wollen. Richtlinien vom G-BA hingegen sind verbindlich. Greiner betont die ökonomische Zielsetzung der Kosteneinsparung, die in Deutschland nur selten berücksichtigt wird. Eine Gegenüberstellung von Vor- und Nachteilen bei Leitlinien erfolgt in Bauer (1998), S. 161. Ein kritisches Plädoyer gegen Leitlinien hält Hoppe, der die Therapiefreiheit u. a. durch DMP's bedroht sieht, vgl. Hoppe (2008), S. 191-197. Eine interdisziplinäre Untersuchung der Thematik erfolgt im Sammelband Dietrich et al. (2004).

Diskussionswürdige *Sofortmaßnahme* unabhängig vom Krankenversicherungssystem ist die Ausgliederung *versicherungsfremder* Leistungen.[2252] Ebenso sind Leistungen, die der GKV-Katalog umfasst, jedoch *nicht* dem *ambulanten* und *stationären Kernbereich* angehören, wie Leistungen zur Erhaltung der Gesundheit sowie schmerzlindernde und palliative Leistungen, kritisch zu prüfen.[2253,2254] Nur hier ist als Beispiel stationäre Rehabilitation als Pflichtleistung Bestandteil des Leistungskatalogs einer Krankenversicherung.[2255] Eine angemessene Darstellung der Vorschläge zum Umbau des Leistungskatalogs kann im Rahmen der Dissertation nicht erfolgen, oftmals werden ökonomische[2256] und medizinische Kriterien kombiniert.[2257] Angesichts des zu erwartenden dramatischen Ausgabenanstiegs darf jedoch eine *öffentliche Diskussion* mit *politischen Konsequenzen nicht ewig aufgeschoben* werden, soll es nicht zu impliziter Rationierung und damit Unterversorgung kommen.

7.3.2.2.3 Bedarfsgerechte Grundversorgung und Zusatzversorgung im Dreischichtensystem

Bei einer ausgabenneutralen Umstellung des dualen Systems auf Basis des GKV-Katalogs kann der aktuelle Leistungskatalog vollumfänglich finanziert werden. Die heutigen *Mehrumsätze* durch Privatpatienten i. H. v. mehreren Milliarden Euro teilen sich auf in höhere Servicequalität der Krankenversicherungen, Qualitätszuschlägen für

---

2252 Siehe zu Art und Umfang von versicherungsfremden Leistungen Abschnitt 3.2.4.2 und Abschnitt 6.1.2.1.

2253 Der PKV-Verband sieht in privaten Unfällen, Krankengeld und einer kompletten Überführung von Zahnbehandlung und –ersatz sachgerechte Ausgliederungen aus einer Grundversorgung, vgl. PKV-Verband (2005a), S. 7-8. Nach Arnold ist das derzeitige Niveau zu hoch, nicht alle Leistungen sind wirksam, notwendig und wirtschaftlich, vgl. Arnold, M. (2007), S. 9. Angesichts großer Widerstände gegen Kürzungen sollte die Überprüfung des aktuellen Leistungskatalogs vorsichtig erfolgen.

2254 Mit dem GKV-WSG wurde ein Gros dieser Leistungen gestärkt, vgl. Abschnitt 4.3.2.3.3.

2255 Nach Beske et al. ist der GKV-Leistungskatalog der umfassendste in der Welt, vgl. Beske (2010), S. 148. Davor erfolgt ein aktueller Vergleich der Leistungskataloge ausgewählter Ländern, vgl. Beske (2010), S. 86-147. Siehe auch Kern et al. (2004), S. 46-67. Eine ausführliche Betrachtung der Bestimmung des Leistungskatalogs in der Schweiz, England und den USA am Beispiel Oregon erfolgt in Niebuhr et al. (2004), S. 97-197. Umfassend sind v. a. die beiden Bände Beske et al. (2005a); (2005b). Nach Depenheuer ist der Leistungskatalog zu groß: „Die Sozialversicherung ist nicht mehr ein Schutzinstrument gegen Not, sondern dient der Bedürfnisbefriedigung der Wohlstandsgesellschaft“, Depenheuer (1991/2009).

2256 Wie die Preiselastizität, vgl. Abschnitt 3.1.2.2. Auch das finanzielle Risiko einer Leistung ist zu bedenken. Großrisiken dürften zur einheitlichen Grundversorgung gehören, Bagatellerkrankungen eher nicht.

2257 So z. B. Ulrich und Wille, vgl. Ulrich und Wille (2009), S. 28-30. Einen eher radikalen Schnitt schlägt Beske vor in Beske (2006). Dagegen behutsam sind Kern et al. (2004). Für eine knappe Literaturschau siehe Warns (2009), S. 265-268.

die Erbringung von Leistungen im Referenzmodell sowie einer *Höherversicherung in der zweiten Schicht* des Dreischichtensystems.[2258] Nur Leistungen über die Grundversorgung hinaus können durch Zusatzversicherungen oder Selbstzahlung abgedeckt werden. Durch die explizite Rationierung im Rahmen des Leistungskatalogs ergibt sich ein für Zusatzversicherungen und Selbstzahler klar umgrenzter Markt.[2259] Da im Referenzmodell Zusatzversicherungen nicht verboten sind, spricht man von weicher oder synonym schwacher Rationierung.[2260]

Die Zuwahl von Leistungen über eine Versicherung entspricht der zweiten Schicht und erhöht den persönlichen Nutzen durch höhere Präferenzengerechtigkeit. Anbieter können Versicherungen spezialisiert auf Zusatzversicherungen sein, aber auch Unternehmen mit Klientel in der ersten Schicht.[2261] Verboten werden sollten Zusatzversicherungen gegen Selbstbehalte, damit die Steuerungswirkungen weder verzerrt noch unterlaufen werden.[2262] Je stabiler der Leistungskatalog ist, umso eher werden durch die größere Kalkulationssicherheit Akteure hier tätig. Bei Ausgliederung ganzer Leistungsbereiche auf der Makroebene, wie z. B. die PV oder evtl. in Zukunft das Krankengeld oder die komplette zahnärztliche Versorgung aus dem GKV-Katalog, ist von einer sicheren Basis auszugehen. Die Dynamik des MTF führt auf der Mikroebene der einzelnen Diagnose- und Therapieverfahren aber zu Unsicherheit.[2263,2264]

In der *zweiten Schicht* finden sich medizinische Leistungen, die zwar *wirksam* sind, aber ein *hohes Risiko* aufweisen und / oder deren *Kosten-Nutzen-Verhältnis* bei gegebener Indikation gegenüber etablierten Untersuchungs- und Behandlungsmethoden schlechter ist. Die KNB gilt im Referenzmodell für alle Bürger und bildet daher eine Art durchschnittlichen Nutzen.[2265] Personen die bei gleichen Einkommen wie der Durchschnitt größeren Nutzen aus Innovationen ziehen und / oder hohe Einkommen haben, werden bei aus ihrer Sicht günstigen *individuellen subjektiven KNB* eine

---

2258 Für die Mehrumsätze der Privatpatienten siehe Abschnitt 6.1.2.1.2.

2259 Kriterium für zusatzversicherungsfähige Leistungen ist nach Weber neben der Versicherbarkeit die eindeutige Abgrenzbarkeit vom Grundschutz, vgl. Weber, C. (2009), S. 10.

2260 Im Unterschied zu harter synonym starker Rationierung, vgl. Weissberger (2008), S. 29-30. Dort wird auch die Sicherstellung der Vermeidung von durch Zusatzversicherungen entstehende Kosten für die Basisversorgung betont, vgl. Weissberger (2008), S. 46,83.

2261 Voraussetzung ist ein fairer Wettbewerb, Quersubventionierungen zwischen der ersten und zweiten Schicht sollten ausgeschlossen sein, z. B. durch getrennte Rechnungsführung und das Verbot von Kuppelgeschäften, vgl. Knappe (2003), S. 155.

2262 Vgl. hierzu auch Zimmermann, A. (2007), S. 140-141.

2263 Vgl. kritisch Breyer (2000), S. 195.

2264 Die zahnärztliche Versorgung hat durch Festzuschüsse heute bereits einen hohen Anteil an Zuzahlungen. Ein weiteres Anzeichen für den Übergang in eine reine Zusatzversicherungsleistung ist die Aufgabe der Zulassungsbeschränkungen bei Vertragszahnärzten, vgl. § 103 Abs. 8 SGBV.

2265 Vgl. Neubauer, G. und Minartz (2008), S. 62-63.

Höherversicherung wählen, die z. B. im ambulanten Bereich Behandlungsmethoden enthält, die in der Grundversorgung nur stationär angewandt werden.

Die *dritte Schicht* unterscheidet sich von der zweiten Schicht durch den Grad der *Risiko-Nutzen-Relation* sowie der Servicegüte und enthält Wohlfühlleistungen, exzeptionellen Service und wenig erprobte Behandlungen mit hohem Risiko.[2266,2267] Selbstzahler decken dort ihren Bedarf mit eigenen Mitteln. Zur dritten Schicht gehören auch medizinische Leistungen ohne nachgewiesene Wirksamkeit, jedoch geprüfter Unbedenklichkeit für den Verbraucher.[2268] Während in der *Grundversorgung* der *Arzt den Bedarf* weitestgehend bestimmt, wandelt sich der *Patient* in der zweiten und v. a. als *Selbstzahler* in der dritten Schicht zu einem *Kunden mit Nachfragesouveränität.*[2269]

Die zweite und dritte Schicht ist in einer geschlossenen Volkswirtschaft für forschende Unternehmen finanziell überlebenswichtig und global betrachtet essenziell für ein langfristig modernes Krankenversicherungssystem. Ohne Selbstzahler und v. a. Personen mit Präferenzen für Innovationen und / oder eine bestmögliche Gesundheitsversorgung gäbe es keinen dynamischen Leistungskatalog. Nicht alle Produktinnovationen müssen darüber hinaus teuer sein, insb. wenn man eine langfristig Perspektive einnimmt.[2270]

2266 Schreyögg stellt in seiner Dissertation über Gesundheitssparkonten ebenfalls ein Dreischichtensystem vor, in dem Selbstzahler, Gesundheitssparkonten und Hochrisikoversicherung unterschieden werden, vgl. Schreyögg (2003), S. 81. Kriterien sind das finanzielle Risiko und die Preiselastizität der Nachfrage. Die Eigenverantwortung sinkt mit dem finanziellen Risiko. Parallelen bestehen v. a. in der Selbstbeteiligung respektive Eigenverantwortung nach Elastizität und der Selbstzahler-Schicht. Ein näher bestimmter bedarfsgerechter Leistungskatalog von allen finanziert fehlt hingegen bei Schreyögg, Nachfragebereiche gelten dagegen als Raster. Dreischichtensystem ist daher nicht gleich Dreischichtensystem.

2267 Kartte und Neumann verwenden den Begriff Zweiter Gesundheitsmarkt und beziffern das Volumen im Jahr 2007 auf 60 Mrd. Euro. Seit 2000 ist der Markt um 6 % jährlich gewachsen, vgl. Kartte und Neumann (2007), S. 3-5.

2268 Für eine Art Dreischichtensystem im heutigen deutschen Gesundheitswesen kann die Arzneimittelversorgung gelten. Generika bilden die unterste Stufe und müssen bei Rabattverträgen von den Versicherten genommen werden. Auf der zweiten Stufe sind Originale, zu denen Privatversicherte einen besseren Zugang haben. Schließlich können OTC-Präparate ohne primären medizinischen Nutzen nur selbst gekauft werden, vgl. Neubauer, G. und Pfister (2009b), S. 104-105.

2269 Der SVRKAiG meint dazu, dass der Nutzer respektive Versicherte nur bedingt als Kunde gesehen werden kann. Je weiter sich der Nutzer auf dem Kontinuum zwischen Gesundheit und Krankheit in Richtung Krankheit bewegt, umso geringer ist die Fähigkeit zu rationalem Handeln, vgl. SVRKAiG (2002a), Ziff. 404. Der Abstufung nach der Souveränität des Versicherten wird im Referenzmodell Rechnung getragen.

2270 Für die Differenziertheit des MTF anhand eines Beispiels siehe Abschnitt 3.2.3.2.

Abbildung 31: Dreischichtensystem und Innovationen

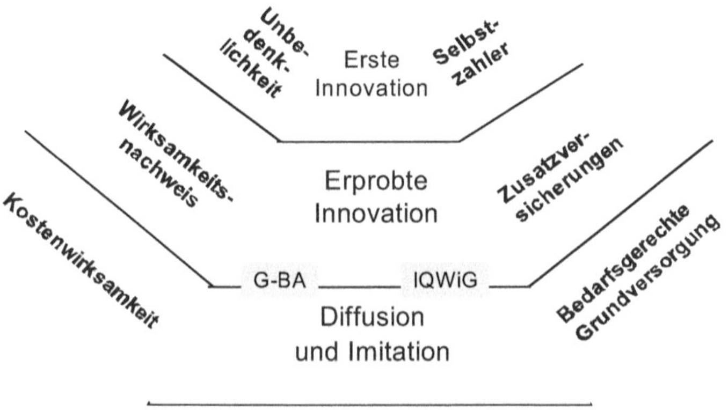

Quelle: Eigene Darstellung angelehnt an Neubauer, G. (2007a), S. 266.

Ohne eine zweite und dritte Schicht kämen Produktinnovationen evtl. nie auf den Markt. Die beschriebenen Zusammenhänge sind in Abbildung 31 dargestellt. Einschränkend hierzu ist Deutschland eine offene Volkswirtschaft.[2271] Innovationen werden durch den internationalen Handel nach Deutschland eingeführt. Das Schichtensystem mit klar abgegrenzten Trennlinien ermöglicht ein auch dynamisch effizientes Gesundheitswesen.

7.3.2.3 Stärkung der Eigenverantwortung[2272]

7.3.2.3.1 Finanzielle Unabhängigkeit

Um von Freiheiten richtig profitieren zu können, sind zwei Bedingungen sine qua non. Erstens muss den Individuen aufgrund von *Informationen und Wissen* der *Nutzen* der Alternativen *bekannt* sein.[2273] Eher unproblematisch sind die Wahl der Krankenversi-

2271 Siehe kritisch auch Abschnitt 6.2.5.2.

2272 Umfassend mit dem Thema Eigenverantwortung im Gesundheitswesen beschäftigt sich Musil in ihrer Dissertation, vgl. Musil, Antje (2003). Dabei werden neben Patienten auch andere Akteure betrachtet wie Leistungserbringer. Kritisch zur Tragfähigkeit des Begriffs für eine konstruktive Debatte um mehr Eigenverantwortung wegen der Konnotationen „Privatisierung von Risiken" und der „Zurückschneidung [!] grundlegender Rechte" sind Grimmeisen und Leiber (2009), S. 22. Eine Diskursanalyse für die 14. und 15. Legislaturperiode findet sich in Bechmann (2007), S. 176-196.

2273 Die Notwendigkeit der Kompetenzsteigerung durch Information des Versicherten und Möglichkeiten der Aufklärung werden dargestellt in SVRKAiG (2003), Ziffn. 274-359. Umfassend mit Fokus auf Kompetenz und Partizipation auch in SVRKAiG (2002a), Ziffn. 296-413. Vgl.

cherung mit Serviceniveau sowie die Entscheidung über die Zuwahl und Abwahl von Leistungen. Informationsprobleme durch die extreme Spezialisierung im Gesundheitswesen bei der Wahl der Leistungserbringer sind für einen effizienten Wettbewerb schwerwiegende Hindernisse. Zweitens können nur *Optionen in Anspruch* genommen werden, die man sich auch *finanziell leisten* kann. Informationsautonomie muss mit Finanzautonomie einhergehen. Mit der größeren Eigenverantwortung geht schließlich neben der Wahlfreiheit auch eine *größere finanzielle Verantwortung* für die *Konsequenzen der Entscheidung* einher. Wird eine Leistung ausgeschlossen, muss sichergestellt werden, dass die Versichertengemeinschaft dadurch nicht belastet wird.

Ausgehend von *eigenverantwortlichen homines oeconomici*[2274], die durch die zielgenauere Unterstützung finanziell Schwacher via des externen Sozialausgleichs eine *größere Personenzahl* ausmachen dürften als im dualen System, gewinnen *Selbstbeteiligungsformen* und damit Konsumentensouveränität *größere Bedeutung*. Eigenverantwortung setzt maßgeblich *finanzielle Unabhängigkeit* voraus. Mit dem Referenzmodell dürfte sich die finanzielle Situation bei Personen mit niedrigem Einkommen netto verbessern. Wohlhabendere haben zwar tendenziell eine geringere Leistungsfähigkeit nach dem Sozialausgleich, können aber immer noch souverän handeln. Insgesamt nimmt die Solidarität zu, weil die Subsidiarität gestärkt wird, so dass nur wirklich Bedürftige eine Unterstützung von der Versichertengemeinschaft erhalten.[2275]

Viele Privatversicherte, die bezogen auf ihr Einkommen hohe Prämien zahlen mussten, haben im Referenzmodell *mehr Netto vom Brutto* bereits korrigiert um die Gegenfinanzierung des Sozialausgleichs. Vormals GKV-Versicherte Sozialhilfe- und ALG2-Empfänger und v. a. Ex-Privatversicherte werden im Fall der GKV-Versicherten nicht belastet, PKV-Versicherte sogar entlastet.[2276] Profiteure sind bei einer maximalen prozentualen Belastung von weniger als dem aktuellen Beitragssatz in der GKV auch alle gesetzlich Versicherten, die hauptsächlich Einkommen aus Arbeit erzielen, was i. d. R. eher Personen mit niedrigem Einkommen sind. Die *Integration der Systeme* wirkt durch den Anstieg von Versicherten, die eine Prämie zahlen, wie eine *Beitragssatzsenkung*, die sich in der maximalen Belastungsgrenze entspricht. Auch wenn Fälle mit niedriger Leistungsfähigkeit durch die Umstellung auf das Referenzmodell weniger finanzielle Mittel zur Verfügung haben, dürfte in Summe die Leistungsfähigkeit ex

---

auch Musil, Antje (2003), S. 128-129. Eine Übersicht der vielfältigen Beziehungen zwischen Kompetenz, Partizipation, Nutzerverhalten, Qualität und Wirtschaftlichkeit der Leistungserbringung ist SVRKAiG (2002a), Abb. 18.

2274 Donges et al. sehen das Verhältnis Freiheit und Eigenverantwortung zu Umverteilung zuungunsten der Freiheit verzerrt, vgl. Donges et al. (2002), S. 92. Diese Meinung kann man teilen. Angesichts der großen Verzerrungen im dualen System bzgl. der Gerechtigkeit und der mangelnden Transparenz ist ein Urteil schwierig, zumal nicht nur in der GKV umverteilt wird. Das Referenzmodell führt zu größerer Eigenverantwortung in Transparenz und ist zu bevorzugen.

2275 Zum Konnex aus Solidarität und Subsidiarität siehe Abschnitt 3.1.3.

2276 Für die Handhabung bei ALG2- und Sozialhilfeempfängern in der PKV siehe Abschnitt 6.1.2.2.2.

ante schutzbedürftiger Personen gestiegen sein. Dazu trägt last not least die regionale Ausgestaltung des Sozialausgleichs bei.

7.3.2.3.2 Eigenverantwortung und Selbstverschulden

Versicherte haben grundsätzlich Anspruch auf alle Leistungen, solange sie notwendig sind, Behandlungsbedürftigkeit muss zwingend gegeben sein.[2277] Dabei ist zu unterscheiden zwischen objektiver und subjektiver Behandlungsbedürftigkeit. Objektive Behandlungsbedürftigkeit entspricht einem Gesundheitszustand, der hinter einem Schleier des Nichtwissens als schwerwiegend vom Normzustand abweichend eingestuft wird und daher im Leistungskatalog enthalten ist.[2278] Eine subjektive Behandlungsbedürftigkeit wie eine Brustvergrößerung oder die Therapie schmerzloser, von selbst heilender Krankheiten ist im Hinblick auf die Finanzierbarkeit der Grundversorgung kritisch zu sehen. *Je knapper die Mittel* sind, umso enger muss Behandlungsbedürftigkeit gefasst werden und umso mehr Krankheitszustände müssen in *Eigenverantwortung* entweder durch Vorsorge verhindert werden oder bei Auftreten zusatzversichert, selbst gezahlt oder ausgehalten werden.

Eigenverantwortung wird in der GKV prominent im zweiten Absatz des § 1 SGB V verankert und sollte an zentraler Stelle auch in der gesetzlichen Grundlage des Referenzmodells platziert werden: „Die *Versicherten sind für ihre Gesundheit mitverantwortlich*; sie sollen durch eine *gesundheitsbewusste Lebensführung*, durch frühzeitige Beteiligung an gesundheitlichen *Vorsorgemaßnahmen* sowie durch *aktive Mitwirkung* an *Krankenbehandlung* und Rehabilitation dazu beitragen, den Eintritt von Krankheit und Behinderung zu vermeiden oder ihre *Folgen zu überwinden*. Die *Krankenkassen* haben den Versicherten dabei durch *Aufklärung, Beratung und Leistungen* zu helfen und auf *gesunde Lebensverhältnisse hinzuwirken* [Hervorhebung durch den Autor].“[2279] Weiter heißt es in § 2: „Die Krankenkassen stellen den Versicherten die im Dritten Kapitel genannten Leistungen unter Beachtung des Wirtschaftlichkeitsgebots (§ 12) zur Verfügung, soweit diese Leistungen nicht der Eigenverantwortung der Versicherten zugerechnet werden.“[2280]

Dieser Anspruch wurde mit der einzigen Leistungseinschränkung des GKV-WSG eindrücklich unterstrichen, wo erstmalig *konkrete gesundheitsschädigende Verhaltensweisen* der Versicherten zu *Mali* führen, nämlich medizinisch nicht indizierte ästheti-

2277 § 1 Abs. 1 i V. m. § 27 Abs. 1 SGBV.

2278 Vgl. Abschnitt 2.1.2.1 für die Definition von Gesundheit und Krankheit sowie Abschnitt 3.1.2.1 für die konstitutionenökonomische Perspektive. In Abschnitt 3.1.1.1 wird die Trias Zugangsgleichheit, gleiche Gesundheit und Bedarfsgerechtigkeit zusammen betrachtet. Eine subjektive Behandlungsbedürftigkeit ist alleine nicht bedarfsgerecht.

2279 § 1 Abs. 2 SGBV.

2280 § 2 Abs. 1 S. 1 SGBV.

sche Operationen[2281], Tätowierungen oder Piercing.[2282] Die Leistungskürzung soll Patienten über finanzielle Anreize zu gesundheitsbewusstem Verhalten anregen und dient der Vorbeugung von ex ante Moral Hazard.

Im Gesetz wird neben dem ex ante Moral Hazard in den eben angesprochenen Sonderfällen generell mit der Formulierung „gesundheitsbewusstes Verhalten" ex ante Moral Hazard und über die Passage „aktive Mitwirkung die Folgen einer Krankheit überwinden" ex post Moral Hazard indirekt angesprochen und verurteilt.[2283] Unabhängig von der eigenverantwortlichen Tragung finanzieller Konsequenzen durch bewusste Einschränkung des Versicherungsumfangs ist damit aus der ex ante Sicht bei *Selbstverschulden* eigentlich eine *Zahlung der Behandlung* durch die Versicherung *nicht rechtens*. Dies gilt auch für die zweite Schicht der Zusatzversicherungen. Eine Maßnahme darf wegen der Fairness innerhalb der Versicherten eines Unternehmens nur erstattet werden, wenn die gesundheitliche Beeinträchtigung unverschuldet ist.

Problematisch ist der eindeutige Nachweis eigenen Verschuldens.[2284] Viele Krankheiten sind *multikausal* und die *Überprüfbarkeit* des Verhaltens ist i. d. R. nicht realisierbar. Schließt man z. B. *Lungenkrebs* aus dem Leistungskatalog aus, um Rauchern eine höhere finanzielle Eigenverantwortung zu übertragen, werden auch *Nichtraucher* getroffen.[2285] Kettenraucher ist nicht gleich Spaß-Raucher, Alkoholiker und Gelegenheitstrinker sind ebenso zu unterscheiden. Die *Intensität des Lasters* kann nicht überprüft werden, auch weil *jeder Körper anders* reagiert. Hinzu kommt, dass Schuld eine bewusste und freiwillige Handlung voraussetzt. Der Einfluss der *Gene* aber auch die mangelnde Zurechnungsfähigkeit bei *Sucht* sowie soziale Prägungen lösen den Zusammenhang zwischen Krankheit und Selbstverschulden weiter.[2286]

Häufig diskutiert im Kontext von Priorisierung und Risikoaufschlägen wird *Übergewicht*.[2287] Anders als bei angeborenen Krankheiten trägt eine Person zumindest eine Teilschuld bei aller Sozialisation und genetischer Komponente. Starkes Übergewicht, und extremes Untergewicht, sind zudem gut messbar, auch wenn der BMI oder mo-

---

2281 Indizierte ästhetische Operationen sind bei stark abstehenden Ohren als Verringerung psychischer Belastungen oder einer Nasenkorrektur bei gleichzeitiger Besserung der Atemfunktion denkbar, vgl. Nopper (2006b), S. 5.

2282 § 52 Abs. 2 SGBV. Siehe auch Abschnitt 4.3.1.1.3.

2283 Vgl. zur Forderung nach Eigenverantwortung Marckmann (2006), S. 217.

2284 Selbstverschulden bei Nikotin- und Alkoholkonsum vermutet Breyer, vgl. Breyer (2002b), S. 24. Rauchen ist z. B. unabhängig von den Genen vgl. Helmich (2000), S. 69. Hier ist ein verhaltensbedingtes Selbstverschulden zu vermuten.

2285 Für die Multikausalität von Lungenkrebs siehe Cappelen und Norheim (2006), S. 316.

2286 Vgl. Birnbacher (1999), S. 54-55.

2287 Der SVRKAiG schlug 1995 zur Erhaltung des Idealgewichts Beitragsboni bei Einhaltung in gewissen Grenzen vor, vgl. SVRKAiG (1995), S. 42.

dernere Masse wie die waist-hip ratio[2288] nur grobe Indikatoren sind und je nach biologischer Konstitution und Fitness für den Gesundheitszustand unterschiedlich wirken. Problematisch ist zusätzlich die Bestimmung von Grenzwerten.

Klarer lassen sich *Unfälle* als selbstverschuldet einstufen. Die Leistungseinschränkungen in § 52 Abs. 2 SGB V können auf Unfälle prinzipiell ausgeweitet werden, soweit eine enge Deckung zwischen Versicherten und Unfallverursacher hergestellt werden kann. Bei *Sportverletzungen* ist durch die freiwillige Aktivität ohne Suchtverhalten Selbstverschulden anzunehmen.[2289] Ob jemand sich beim Squash den Knöchel verstaucht oder im Fußball umgetreten wird, das Verletzungsrisiko wird bewusst in Kauf genommen. Gegen eine Einschränkung der Leistungen spricht, dass abhängig von Sportart, Trainingszustand und Intensität des Betreibens gesundheitlich erwünschte Effekte auftreten, die die Ausgaben für Gesundheit senken können. Werden *Risikosportarten*, definiert als Disziplinen mit hoher Verletzungsgefahr und / oder heftigen Verletzungen, betrieben, könnten damit verbundene Verletzungen bei Nachweis von Selbstverschulden aus dem Leistungskatalog ausgeschlossen oder die Erstattung reduziert werden.[2290] In der *zweiten Schicht* lassen sich dann über Zusatzversicherungen präferenzengerecht damit verbundene Risiken abdecken.

7.3.2.3.3 Selbstbeteiligung im Referenzmodell

Angesichts der oft schwierigen Zuordnung von Selbstverschulden ist *Selbstbeteiligung* ein Instrument, das *Verhalten* der Versicherten ohne aufwändige Kontrolle zu *steuern*. Auf diese Weise können Personen mit gesundheitsbewusster Lebensweise belohnt werden. Selbstbehalte in Form von Franchisen bis zu einem vereinbarten Betrag senken die Prämie und führen auch zu einer Vermeidung kleiner, aber administrativ relevanter Einreichung von Rechnungen[2291]. Beitragsrückerstattungen belohnen ausgaben-

---

2288 Vgl. für das Konzept Wikipedia (2010j).

2289 Der SVR hat in einer groben Schätzung die Ausgaben für Heim- und Freizeitunfälle auf Sportunfälle herunter gebrochen und kommt zu einem Einsparungspotenzial durch Leistungsausschluss von 2,5 Mrd. DM oder damals 1,1 Beitragssatzpunkte, vgl. SVR (2002), Ziff. 492. Dem widersprechen Kern et al. zweifach. Zum Einen sei die Schätzung zu hoch (1,1 Mrd. Euro wurde von ihnen ermittelt), zum Anderen werden die positiven Auswirkungen auf die Gesundheit ignoriert, ohne quantitative Evidenz als ausgabensenkend in verschiedenen Indikationen anzugeben, vgl. Kern et al. (2004), S. 123-141. Vgl. kritisch zu der ausgabensenkenden Wirkung verstreut im Buch Pollmer et al. (2010).

2290 Zur Diskussion um Risikosportarten siehe Jankowski (2006), S. 24. Er ist eher skeptisch gegenüber einer Ausgrenzung, da Selbstverschulden sich nicht sinnvoll operationalisieren lasse. Weiter bedingt in seinem Modell die Versicherungspflicht, dass bestimmte medizinische Leistungen von der Gesellschaft übernommen werden müssen, Schuld hin oder her. Diese Ansicht wird vom Autor nicht geteilt.

2291 Vgl. z. B. Zweifel (2006), S. 15.

freie Zeiträume, i. d. R. bezogen auf ein Jahr.[2292] Sobald ein Schadensfall auftritt oder der Selbstbehalt überschritten ist, wirkt Verhaltenssteuerung nicht mehr. Proportionale Selbstbeteiligungen hingegen wirken vom ersten Euro an und dienen gleichzeitig als eine Art Preis. Ferner sind bei proportionalen Selbstbeteiligungen Obergrenzen denkbar wie in der GKV Belastungsgrenzen definiert als maximale Zuzahlungen bezogen auf das Haushaltseinkommen in einer definierten Zeit.[2293]

Das Referenzmodell basiert auf *risikoäquivalenten Prämien*, die nicht die Funktion eines Sozialausgleichs haben, so dass analog zur PKV der *Finanzierungseffekt* und *Selbstselektion unproblematisch* für die Versichertengemeinschaft sind.[2294] Im Ergebnis bleiben gewünschte Steuerungseffekte übrig.[2295] Um auch für Personen mit hohem Risiko Franchisen oder absolute Selbstbehalte interessant zu machen, sollte man Franchisen und Selbstbehalte so ausgestalten, dass diese bei Selbstbeteiligung mit einer besseren Risiko-Nutzen-Relation belohnt werden. Diese Menschen lassen nämlich die höchsten Einsparungen erwarten.

Positiv bei Franchisen und Beitragsrückerstattung ist neben der *Reduktion von Moral Hazard* die damit *verbundene höhere Gerechtigkeit*, verstanden als Bestrafung einer ungesunden Lebensweise und *Belohnung der Versichertengemeinschaft* durch niedrigere Prämien. Moral Hazard als externer Effekt, der dem Einzelnen zwar Lebensfreude bereitet, bei Unfall aber den Schaden kollektiviert, ist ungerecht.

Nur mit Selbstbeteiligung kann *Kostenerstattung Vorteile höherer Transparenz* für die Versicherten generieren.[2296] Dadurch dass die Versicherten einen Eigenanteil entrichten müssen, wird versucht, die andernfalls selbst zu tragenden Behandlungskosten zu vermeiden. Als Nebeneffekt *intensiviert* sich durch *größere Preisreagibilität* der *Wettbewerb* auf dem *Vertrags-* und *Leistungsmarkt.*

2292 Formen von Selbstbeteiligung werden in Abschnitt 5.3.3.1 beschrieben. Die konkrete Ausgestaltung von Selbstbeteiligung in der PKV als korrespondierend zu Selbstbeteiligung im Referenzmodell wird in Abschnitt 5.3.3.2 geschildert. Dort ist ebenso die Problematik von Selbstbeteiligung in der GKV erklärt, eine empirische Studie zur Abschätzung von Finanzierungs- Steuerungs- und Selektionseffekt findet sich in Abschnitt 4.3.1.1.3.

2293 Vgl. für Zuzahlungen und die Belastungsgrenze in der GKV Abschnitt 6.1.2.2.1. Die Belastungsgrenze sollte sich am Nettoäquivalenzeinkommen orientieren, womit Mehrpersonenhaushalte entlastet werden.

2294 Vgl. Abschnitt 5.3.3.2.

2295 Der SVRKAiG geht nur von einer vorübergehenden Entlastung durch Selbstbeteiligung aus, vgl. SVRKAiG (1995), S. 42.

2296 Vgl. Abschnitt 5.3.3.3 für eine kritische Diskussion der beiden Abrechnungsverfahren Kostenerstattung und Sachleistung.

Nachteilig an *Kostenerstattung* ist eine Überforderung durch die *Vorauszahlung finanziell schwächerer* Personen.[2297] In der GKV war dies wegen der Freiwilligkeit von Kostenerstattung kein Problem, in der PKV durch die überwiegend wohlhabende Klientel auch nicht. *Finanziell schwächere Personen*, aber auch Chroniker und / oder multimorbide Menschen, geraten ferner durch *proportionale Selbstbehalte* respektive Zuzahlungen an die *Grenze* ihrer *Leistungsfähigkeit*.[2298] Vor Überforderung schützt im Referenzmodell eine Belastungsgrenze. Da proportionale Selbstbehalte intelligent konstruiert Moral Hazard weiter einschränken, sollte auf dieses Instrument *nicht verzichtet* werden. Das Preissignal ist zwar abgeschwächt, wirkt aber komplementär bei Kostenerstattung und Selbstbehalt. Ist z. B. der Selbstbehalt überschritten, gewährt ein Eigenanteil auch weiterhin Anreize zu gesundheitsbewusstem Verhalten.

Zuzahlungen wirken besonders gut bei Personen mit *höherer Preiselastizität*. Diese haben *niedrige Einkommen* oft verknüpft mit einer *hohen Morbidität*. Die *Belastungsgrenze* hilft, eine Überforderung zu vermeiden. Vorgeschlagen wird eine Grenze von *2 %* wie in der GKV.[2299] Zu überlegen ist die Ausgestaltung der *Belastungsgrenze* derart, dass *erst nach Ausschöpfen der Selbstbehalte* Ausgaben als Belastung gelten.[2300] Wie hoch eine wirksame Zuzahlung sein muss, ist umstritten.[2301] Zu berücksichtigen sind die unterschiedlichen Preiselastizitäten nach Sektoren, Einkommen und Präferenzen der Versicherten. Vorgeschlagen werden *eher niedrige Zuzahlungen* im Bereich von maximal 10 % bei einem proportionalen Selbstbehalt, die dafür häufiger erfolgen können. Eine kleine Zuzahlung ist bereits besser als keine und erschöpft die 2 % Grenze im Zeitablauf langsamer. Bei preiselastischen Sektoren dürften spürbare Wirkungen eintreten.

Nötig ist die Vereinfachung des „Zuzahlungsdschungels" in der GKV.[2302] Die *Praxisgebühr* sollte *abgeschafft* werden. Gerade der *Erstkontakt* wird *verhindert*, so dass ernsthafte Krankheiten, die wegen der Praxisgebühr verschleppt werden, umso teurer

2297 Grundsätzlich kann auch bei Kostenerstattung die Vorleistungsverpflichtung des Versicherten entfallen, so wie dies bei stationären Leistungen häufig der Fall ist, vgl. Freytag et al. (2007), S. 48.

2298 Siehe auch Musil, Antje (2003), S. 134. Ähnlich auch SVRKAiG (1995), S. 42. Oft geht ein niedriges Einkommen und v. a. chronische Krankheit mit Multimorbidität einher.

2299 Vgl. Abschnitt 6.1.2.2.1.

2300 Die Chroniker-Regelung ist administrativ aufwändig und Chroniker werden durch die Gemeinschaft unterstützt, so dass der Autor eine Gleichbehandlung mit allen anderen Versicherten für vertretbar hält.

2301 Vgl. Beske und Golbach (2009), S. 24-25. Anders der SVRKAiG, der Sätze i. H. v. 50 % und mehr für steuernd hält, vgl. SVRKAiG (1995), S. 42.

2302 Ähnlich auch Beske und Golbach (2009), S. 5. Für die Zuzahlungsregelungen vgl. Abschnitt 6.1.2.2.1.

werden können.[2303] Anders verhält es sich bei Patienten mit wöchentlichem Arztbesuch, die von der Praxisgebühr unbeeindruckt sind. Daher ist im *ambulanten Bereich* eine *kontaktabhängige, niedrige* Zuzahlung im Referenzmodell zu präferieren. Dazu zählen Arzneimittel und die ambulant-ärztliche Versorgung. Arzneimittel werden verordnet, der Patient ist daher nicht preisreagibel. Dennoch ist auch hier eine Zuzahlung als Anreiz für die Nachfrage nach günstigen Medikamenten angebracht. Wie die Praxisgebühr sind Zuzahlungen im *Krankenhausbereich abzulehnen*, weil Krankenhausaufenthalte oftmals Notfälle sind oder durch Überweisung veranlasst werden.[2304] Die Nachfrage nach akut-stationärer Behandlung ist v. a. in dringenden Fällen preisunelastisch, eine Steuerungswirkung liegt nicht vor.

Festbeträge bei Arzneimitteln und in der Hilfsmittelversorgung sowie *Festzuschüsse* beim Zahnersatz sollten wegen der ausgabendämpfenden Wirkung auch auf andere Bereiche übertragen werden.[2305,2306] Bei beiden Instrumenten sind durch simultane Befreiung von Zuzahlungen Entlastungen für weniger leistungsfähige Personen möglich. Anders als heute soll die Bestimmung von Festbeträgen bei Medikamenten nicht durch den GKV-SV, sondern von Leistungserbringern und Krankenversicherungen gemeinsam erfolgen.

Problematisch sind Selbstbehalte, ähnlich wie die Abwahl von Leistungen, für Personen, die Transferzahlungen aus dem Sozialausgleich in höherem Ausmaß erhalten, insb. ALG2- und Sozialhilfeempfänger, die die volle Prämie erstattet bekommen.[2307] *Zimmermann* plädiert nach Abwägung der Varianten *Prämie minus Selbstbehalt*, *Prämie minus Selbstbehalt minus nachfragesenkende Effekte* und *Prämie die für Vollversicherung nötig* ist, für letztere Lösung. Im ersten Fall hätten je nach Ausgestaltung des Selbstbehalts gesunde Sozialhilfeempfänger einen Vorteil, die Versichertengemeinschaft gäbe mehr aus als bei Vollversicherung oder der Selbstbehalt wirkte nicht.

2303 Siehe auch Beske und Golbach (2009), S. 122-123. Kritisch zu den Steuerungswirkungen der Praxisgebühr mit Berücksichtigung der sozialen Dimension sind auch Rückert et al. (2008). Nicht vergessen werden darf auch der administrative Aufwand in den Praxen.

2304 Musil geht davon aus, dass der größte Teil des Leistungsspektrums nicht in der Entscheidungsgewalt des Nachfragers liegt, vgl. Musil, Antje (2003), S. 147. Dem ist gerade bei Krankenhausaufenthalten zuzustimmen, die über GKV und PKV ca. ein Drittel der Gesundheitsausgaben ausmachen.

2305 Es handelt sich um einen Indemnitätstarif, vgl. Abschnitt 5.3.3.2. Festzuschüsse annullieren das Preisrisiko für Krankenversicherungen, das Mengenrisiko bleibt bestehen, vgl. Fedderwitz et al. (2007), S. 905-906. Umgekehrt haben Patienten eine Selbstbeteiligung von 100 % zu erbringen wenn der Festzuschuss überschritten wird. Daher gilt es, Eigenanteile oberhalb der Festzuschüsse in die Überforderung einzubeziehen.

2306 Vgl. Beske und Golbach (2009), S. 118-122. Dort wird auch von der Anwendung von Festbeträgen und –zuschüssen in den Fachgebieten Urologie, Augenheilkunde und Orthopädie berichtet.

2307 Ausführlich zur Gestaltung der Selbstbeteiligung bei Sozialhilfeempfängern siehe Zimmermann, A. (2007), S. 127-139. Sie verwendet den undifferenzierten Begriff Selbstbeteiligung.

Im zweiten Fall wären die nachfragesenkenden Effekte kaum abschätzbar. *Nur Vollversicherung*, konstruiert als um den Selbstbehalt reduzierte Prämie plus eines durchschnittlichen Selbstbehalts, führt trotz Benachteiligung schlechter Risiken zu den gewünschten Steuerungswirkungen. Darüber hinaus ist eine *Obergrenze* von *Selbstbehalten* für genannte Personenkreise in *Kombination* mit *Gutscheinen* einzuführen, damit der Steuerzahler nicht einspringen muss.[2308]

Last not least sind im Kontext Verhaltenslenkung *Steuererhöhungen* als Verhaltenslenkung auf gesundheitsschädigende Güter anzuführen. Der *SVR* hat über einen „Gesundheitspfennig" respektive eine „Sündensteuer" nachgedacht, die Idee aber wegen des Non-Affektationsprinzips und der mangelnden Garantie beständiger Zahlungen verworfen.[2309] *Steuermittel* flossen erstmals mit Verabschiedung des GMG und unterlagen seitdem mehrfach diskretionären Eingriffen.[2310] Eine bedarfsgerechte verlässliche Finanzplanung der GKV ist so nicht möglich.[2311] Im *Referenzmodell* sind *Steuern* außerhalb des Sozialausgleichs grundsätzlich *Tabu*, da in *Finanzautonomie risikoäquivalente Prämien* kalkuliert werden.

7.3.2.3.4 Informationsautonomie und Qualitätsdaten

Da der *Preis* im *Vertragsmarkt* durch Kollektiv- und v. a. Selektivverträge zwischen Krankenversicherungen[2312] und Leistungserbringern *vereinbart* wird, bleibt im Leistungsmarkt der Wettbewerbsparameter Qualität.[2313] Hauptsächlich entwickelt sich im

---

2308 Vgl. für das Argument auch Abschnitt 7.3.1.2.1 im Zusammenhang mit Anreizen zur Wahl günstiger Krankenversicherungen.

2309 Vgl. SVRKAiG (1994b), S. 54-55. Siehe auch Wille, E. (2005), S. 147. Anderer Meinung ist Warns, der bei Zweckgebundenheit trotz einer Preiselastizität von Suchtgütern wie Alkohol, Süßigkeiten und Tabak eine Rolle für Steuern als Finanzierungsquelle sieht, vgl. Warns (2009), S. 291. Und auch der SVRKAiG plädiert nun für Steuern auf Genussmittel wie Tabak oder Alkohol in Abhängigkeit von Schadensklassen obwohl haushaltsrechtliche Bedenken eingeräumt werden, vgl. SVRKAiG (1995), S. 42.

2310 Ausführlich zur Steuerfinanzierung siehe Abschnitt 4.3.1.1.2.

2311 Vgl. kritisch zu Steuermitteln in der GKV z. B. Neubauer, G. und Pfister (2008a), S. 258); Pfister (2009b), S. 54-55. Siehe zur Volatilität der Steuermittel Abschnitt 4.3.1.1.2.

2312 Einzelne Patienten haben zu wenig Kaufkraft, um wirksam direkt über Preise mit Leistungserbringern zu verhandeln und sind bei Notfällen etc. auch nicht in der Lage. Krankenversicherungen stellen hingegen ein ausreichendes Gegengewicht in Verhandlungen dar und besitzen oft auch größere Informationen über die Qualität.

2313 Umfangreich zu Qualitätsbestrebungen im Kontext von mehr Eigenverantwortung auf Leistungserbringerseite beschäftigt sich Musil, vgl. Musil, Antje (2003), S. 152-199. Betrachtet wird dort z. B. en detail jeweils mit Literatur auch die Rolle von Berufsverbänden, der Krankenversicherungen und privatwirtschaftlicher Qualitätssicherungssysteme. Siehe zum heutigen Wettbewerb im Vertragsmarkt innerhalb des dualen Systems mit den Bedingungen Wahlfrei-

Leistungsmarkt *Wettbewerb* durch *Wahlfreiheit zwischen Leistungserbringern*, die sich durch *Qualitätssignale* differenzieren. Preis- und Qualitätswettbewerb hängen zusammen, über die Wahl eines Tarifs mit der Vergütung via pay for performance findet ein *indirekter Preiswettbewerb* auf dem Leistungsmarkt statt.[2314]

Dies trifft insb. für persönliche, ärztliche Dienstleistungen im ambulanten und stationären Sektor zu.[2315] *Ziel* der *Leistungserbringer* ist es daher, Patienten eine möglichst hohe Qualität ihrer Leistung *glaubhaft* zu *signalisieren.*[2316] Problematisch ist, wenn für die Patienten beurteilungsfähige Parameter wie die Freundlichkeit der Arzthelferin oder die Qualität des Essens als Surrogat für medizinische Qualität hergenommen werden.[2317]

Mit den bereits heute verfügbaren Informationen kann bei entsprechenden Suchkosten des Patienten im stationären Bereich neben der Struktur- und Prozessqualität die Ergebnisqualität von Krankenhäusern recht gut bestimmt werden. Es gilt, die *Informationsbasis zu verbessern* und für den *Patienten verständlich darzustellen. Krankenversicherungen konkurrieren* dann künftig stärker über die *Qualität der Patienteninformation* um preisbewusste, aufgeklärte Versicherte.

Der *SVRKAiG* unterscheidet zwischen *public und privat disclosure.*[2318] Public disclosure ist die Veröffentlichung von de-anonymisierten Qualitätsdaten. Der Rat sieht auf Basis empirischer Analysen Verbesserungspotenzial bei public disclosure in der konsumentenfreundlichen Aufbereitung der Informationen, die grundsätzlich medizinische Daten bei Kenntnis zur Entscheidungsunterstützung verwenden. Harte Endpunkte zur Ergebnisqualität (Mortalität) und zur Prozessqualität, z. B. eine kommunizierbare Investition in Qualitätsmanagement, sind besonders relevant.[2319]

Begrüßenswert ist die Gründung Deutschlands erster *Patientenuniversität* im Jahr 2007, die mit der Gesundheitsbildung von *Bürgern*, Schulungen für Patienten und

---

heit der Leistungserbringer und Qualitätsinformationen Abschnitt 5.3.1. Für die hier betrachtete Qualitätsdimension siehe insb. Abschnitt 5.3.1.2.

2314 Zur Simultanität und gegenseitigen Verschränkung von Preis- und Qualitätswettbewerb siehe ausführlicher Neubauer, G. und Pfister (2007c), S. 632-634.

2315 Daher sind Vertragsärzte und zugelassene Krankenhäuser zu interner und externer Qualitätssicherung verpflichtet, vgl. § 135a Abs. 2 i. V. m. § 137 SGBV.

2316 Signale machen nur Sinn, wenn die Nichteinhaltung zu Nachteilen für den Signalgeber führt, wie z. B. Reputationsverlust.

2317 Vgl. Eekhoff et al. (2008), S. 181.

2318 Im Jahresgutachten 2007 beschäftigt sich der SVRKAiG ausführlich mit der Veröffentlichung von Qualitätsdaten und Wettbewerb, siehe SVRKAiG (2007), Ziffn. 695-724. Private disclosure ist die Rückmeldung von Qualitätsdaten innerhalb der Leistungserbringer und / oder Krankenversicherungen ohne Veröffentlichung. Siehe zum Konnex von Qualitätswettbewerb und pay for performance Schrappe (2010), S. 352-355.

2319 Eekhoff et al. bemerken, dass Patienten zwar nicht auf gute Qualität besonders reagieren, wohl aber auf negative Meldungen, vgl. Eekhoff et al. (2008), S. 187.

Weiterbildungen von *Patientenvertretern* einen Schritt zu mehr Patientensouveränität und Eigenverantwortung darstellt. Damit soll der Patient letztlich zu einem Partner des Arztes bei der Co-Produktion von Gesundheit werden.[2320] Eine versicherungsübergreifende Anlaufstelle für Patienten, die Probleme mit der Auswertung der Daten haben, sollte als eine Art Callcenter die dargebotenen Informationen flankieren.[2321]

Ein *Vorteil im Referenzmodell* ist die Möglichkeit, ohne finanzielle Einbußen das *Krankenhaus der Wahl* aufzusuchen.[2322] Um von den größeren Wahlmöglichkeiten eigenverantwortlich zu profitieren, sollte der eingeschlagene Weg der patientengerechten Veröffentlichung von glaubhaften Qualitätsindikatoren neben dem akut-stationären Sektor zumindest auch im *ambulant-ärztlichen Bereich* beschritten werden. *Sinnvoll* wäre die Einführung von *jährlich veröffentlichten Qualitätsberichten.*

Auch wenn nur *wenige Personen Informationskompetenz* gewinnen, kann ein *Qualitätswettbewerb entstehen.*[2323] Flankierend ist über eine *Lockerung des Heilmittelwerbegesetzes* bzgl. der *Einführung von Werbung* für Patienten nachzudenken, freilich nur unter strenger Reglementierung.[2324] Informationen über verpflichtende Qualitätsindikatoren hinaus sollten kommuniziert werden können.[2325]

2320 Vgl. Patientenuniversität (2010). In diesem Zusammenhang ist der Terminus shared decision making anzuführen, demnach Patienten zusammen mit dem Arzt Entscheidungen treffen, vgl. Grimmeisen und Leiber (2009), S. 19-20. Gegenüber compliance ist der Grad der aktiven Beteiligung des Patienten am Behandlungsprozess höher, was auch als adherence bezeichnet wird. Einen Überblick mit Darstellung dreier zentraler Werke der Arzt-Patienten-Beziehung in diesem Kontext gibt Schmacke (2009), S. 125.

2321 Eine Institution, bei der ein Callcenter angesiedelt werden könnte, ist die Unabhängige Patientenberatung Deutschland (UPD), gesetzlich gefördert durch § 65b SGBV, für die auch der SVRKAiG plädiert, vgl. SVRKAiG (2007), Ziffn. 723,756. Die Homepage der UPD ist abrufbar, vgl. UPD (2010). Von der UPD werden auch Daten zu Behandlungsfehlern etc. gesammelt, vgl. für eine Zusammenfassung SVRKAiG (2007), Ziff. 756. Bspw. ist die Zahl der Krankenhaustodesfälle mit 17.000 dreimal so hoch wie die Zahl der Verkehrstoten. Dies ist kein Alarmismus, sondern dient der Darstellung der Relevanz des Problems. In diesem Kontext zu erwähnen ist das vom PKV-Verband betriebene Internetportal „derprivatpatient.de", dessen Ziel ein gut informierter Patient ist, vgl. PKV-Verband (2010a). Es lassen sich z. B. Arztrechnungen auf Konformität mit der GOÄ überprüfen oder Zuschläge bei der Wahlleistung Unterkunft abrufen.

2322 Zu den Unterschieden in der Wahlmöglichkeit bei stationären Leistungen zwischen GKV und PKV siehe Abschnitt 5.3.1.1.

2323 Im Automarkt reichen 10 % gut informierte Autokäufer aus, einen intensiven Qualitätswettbewerb zu gewährleisten, vgl. Eekhoff et al. (2008), S. 188. Siehe Fußnote 2191 für entsprechende kritische Größen im Gesundheitsmarkt.

2324 Zum Heilmittelwerbegesetz siehe kompakt Wikipedia (2010e). Ausführlich mit dem berufsrechtlichen Werbeverbot mit Fokus auf Ärzten beschäftigt sich in seiner Dissertation Ullrich, vgl. Ullrich, S. (2002), S. 108-200. Ein Streitpunkt ist z. B. die Form von Telefonbucheinträgen bei Ärzten als Art der Werbung mit Qualifikationen. Verboten wurde es Ärzten, mit Hinweisen wie Sportmedizin zu werben, ohne die Zusatzweiterbildung zu haben. Relevanter in

7.4 Umsetzungschancen aus politökonomischer Perspektive

Analog zur Bestimmung des Mindestleistungskatalogs mit konstitutionenökonomischen Methoden lässt sich die *Entscheidung* für ein *Krankenversicherungssystem* hinter dem *Schleier des Nichtwissens* bestimmen.[2326] In mehreren Fachartikeln wurde im Rahmen der *direkten Demokratie* mit *Mehrheitswahl*[2327] untersucht, ob staatliche Krankenversicherung entweder in Form von Pauschalen oder einkommensabhängigen Beiträgen eingeführt wird. Einige Ansätze haben eine private Krankenversicherung modelliert, die komplementär oder substitutiv ausgestaltet sein kann.

Vorkonstitutionell kennen die Individuen ihre Morbidität nicht. In allen Modellen findet sich bei konstitutionenökonomischer Betrachtung bei den meisten gewählten Parametern Unterstützung für staatliche Krankenversicherung verknüpft mit integrierter Einkommensumverteilung. Eine supplementäre PKV steigert die Wohlfahrt, die Absenz von staatlicher Krankenversicherung tritt nicht auf. Ein Grund dafür ist bei *Kifmann* die *linkssteile Modellierung der Einkommensverteilung*, die den *Medianwähler* für Um*verteilung* stimmen lässt und sogar risikoaverse Gutverdiener für Umverteilung innerhalb des Systems votieren lässt. Trennt man Umverteilung von Krankenversicherung, ist eine Unterstützung von staatlicher Krankenversicherung durch Reiche unwahrscheinlicher.

Wenn Umverteilung nur innerhalb des Krankenversicherungssystems modelliert wird, sind die Ergebnisse nicht überraschend. Erklärbar wird damit auch die *Dominanz* von *einkommensabhängigen Systemen* versus *Pauschalen.* Die Ablehnung der geplanten Einführung von Kopfpauschalen beim Arbeitnehmeranteil überrascht nach der konstitutionenökonomischen Analyse nicht. Die Entscheidung „Prämie versus einkommensabhängige Beiträge“ auf die *deutsche Situation* bezogen fällt nach *Arnold* jedoch *zugunsten* von *Pauschalprämien* aus, weil der Altruismus der Reichen zu einer Minde-

---

diesem Kontext sind Rabatte von Ärzten an Patienten als Preiswerbung, wozu gegenläufige Urteile ergingen, vgl. Köber (2008), S. 258.

2325 Vgl. Abschnitt 5.2.2.1.1 für aktuelle Beispiele.

2326 Mit der Politischen Ökonomie des Solidarprinzips in der Krankenversicherung hat sich Pfister in seiner Diplomarbeit beschäftigt, vgl. Pfister (2004a). Dort findet sich weiterführende Literatur und die Darstellung wesentlicher Beiträge zur Thematik. Untersucht wurden insb. die Beiträge von Gouveia (1997); Hindriks und Donder (2003); Kifmann (2004); Pauly (1994). Die Ergebnisse werden in der Kürze der Analyse nur kurz widergegeben, sollen aber einen Rahmen für die politökonomische Analyse schaffen. Siehe Abschnitt 3.1.2.1 für die Verortung der Konstitutionenökonomik und weitere Literatur.

2327 Zurück geht die Analyse der direkten Demokratie mit ökonomischen Methoden auf Black (1948). Die Übertragung der wesentlichen Erkenntnisse erfolgt in Downs (1957). Realiter ist das politische System komplexer, dennoch sind die einfachen Modelle hilfreiche Abbildungen der Wirklichkeit. Eine gut lesbare Einführung in die Politische Ökonomie ist das Lehrbuch Mueller (2003). Konzise siehe auch Fritsch et al. (1999), S. 360-387.

rung der Ungleichheit führt und die Markteinkommen relativ gleichmäßig verteilt sind.[2328]

Die *konstitutionenökonomischen Überlegungen* können *helfen*, die weltweite Verbreitung von staatlicher Krankenversicherung zu *erklären*, die oftmals eine Einkommensumverteilung beinhalten.[2329] *Tatsächlich* gibt es *keinen Schleier des Nichtwissens.*[2330] Daher wird eine aufs deutsche System bezogene politökonomische Analyse durchgeführt, welche explizit Föderalismus berücksichtigt.[2331]

7.4.1 Sofortumstieg aufs Referenzmodell

Ausgangspunkt der Politischen Ökonomie ist die *Maximierung von Wählerstimmen* durch Parteien, verkörpert durch *Spitzenpolitiker*, die die Richtung vorgeben können und hauptsächlich durch Wiederwahl motiviert sind. Eine Ebene darunter ist die *Bürokratie* angesiedelt, die über hochrangige Fachbeamte die großen Linien in Gesetze gießt.[2332] Die Politiker sind insofern, bei aller inhaltlichen Differenz, durch ein gemeinsames Ziel geeint, wogegen die *Wähler durch Heterogenität* aufgrund unterschiedlicher Einkommen und Morbidität gekennzeichnet sind. Weitere Akteure sind *Interessengruppen* respektive Verbände von Leistungserbringern und Krankenkassen. Die Situation wird durch das *föderale System* komplexer, dem u. a. das mehrmalige Scheitern der Positivliste mit anzulasten ist. Allen Akteuren ist gemein, ihren *persönli-*

2328 Vgl. für die Zusammenfassung seiner Abwägung Arnold, R. (2006), S. 103-110. Vernachlässigt wird bei ihm z. B. die Existenz eines dualen Krankenversicherungssystems oder der Föderalismus.

2329 Die bekannteste Ausnahme sind die Pauschalen in der Schweiz, in der der Leistungskatalog und die Höhe der Gesundheitsausgaben geringer sind. Für einen politökonomischen Vergleich siehe Breyer (2001). Durch den Anspruch aus einem Zuschuss aus Steuermitteln auch in der Schweiz bei niedrigen Einkommen herrscht dort de facto auch eine einkommensabhängige Beitragserhebung vor, vgl. Breyer (2002a), S. 609-610.

2330 Ferner wird in Wahlen nicht nur über die Ausgestaltung des Krankenversicherungssystems entschieden, sondern über ein Bündel von mehr oder weniger zusammenhängenden Themen. Auch findet Umverteilung multidimensional statt. Wichtig sind ferner Präferenzen für Umverteilung, für die Komplexität der Bestimmungsfaktoren von Umverteilung im politökonomischen Kontext siehe Pfister (2004b).

2331 Ausführlicher wird die Politische Ökonomie zur Einschätzung der Umsetzung des Bayreuther Versichertenmodells, das ähnlich dem Referenzmodell ist, von Dominick in seiner Dissertation angewandt, vgl. Dominick (2008), S. 191-231. Die Analyse hier ist anders strukturiert und mit der besonderen Berücksichtigung des dualen Systems abweichend akzentuiert.

2332 Zur Rolle der Bürokratie in der GKV siehe Stepanek, der gleichzeitig die Theorie der Bürokratie mit Literatur knapp beschreit, vgl. Stepanek (2008), S. 313-317.

chen Nutzen zu maximieren. Bei Wählern ist dies besonders relevant, weil Wählerstimmen das umkämpfte Gut im politischen Prozess sind.[2333]

Wähler mit hohen Einkommen werden als PKV-Versicherte gegen die Einführung des Referenzmodells stimmen, weil sie durch einen *Sozialausgleich* mehr zahlen müssen und den Status des Privatversicherten verlieren.[2334] Relativ arme, kränkere und / oder ältere PKV-Versicherte könnten für die Systemumstellung votieren, da sie sich Zahlungen aus dem Ausgleichsvolumen erhoffen. Ebenso ist die Möglichkeit der Portabilität individueller prospektiver Alterungsrückstellungen für mit ihrer Versicherung unzufriedene Personen attraktiv.

Zahlenmäßig dominieren Wohlhabende in der PKV, die einen hohen Anteil an *Insidern* des Gesundheitssystems stellen, wie *Ärzte oder Apotheker*, und auf die mehrheitlich in der GKV versicherten Wähler als Multiplikatoren und Vertrauenspersonen Einfluss haben. Problematisch ist für viele Ärzte eine Umstellung auf mehr Wettbewerb in Vertrags- und Leistungsmarkt, die *Einbußen befürchten* lässt. Bedeutsam ist weiter, dass entscheidende *Politiker wie Bundestagsabgeordnete zusammen mit zuständigen Ministerialbeamten oft privat versichert* sind und durch eine Zusammenlegung der beiden Systeme persönlich verlören.[2335]

Die *GKV-Versicherten* würden *evtl.* bei *Aufklärung* über die höhere Bedarfsgerechtigkeit und größere horizontale und vertikale Leistungsgerechtigkeit *für einen Systemwechsel* stimmen. Die *Informationskosten* sind für viele Wähler trotz großer Betroffenheit bei einem Systemumstieg zu *hoch* und versprechen trotz ausführlicher Beschäftigung mit den Vor- und Nachteilen angesichts der multifacettierten, diffizilen Thematik kein klares Urteil, welches System persönlich am besten ist.

In den *Medien* wird angesichts der kurzen Sendeformate oft verkürzt Bericht erstattet und bei Vorschlag einer Systemänderung, wie dies alleine die FDP hin zu Pauschalen klar verspricht, durch die Opposition verzerrt dargestellt. Der Zuschauer und auch der gebildete Zeitungsleser hat ohne beträchtliche Investition von Zeit und der Auswahl unabhängiger Quellen kaum eine Chance, eine fundierte, balancierte Wahl zu treffen.

Wichtig ist in der *GKV* die *Unterscheidung* zwischen *älteren* und *jüngeren Versicherten*, weil die GKV auf einem Umlagesystem basiert, in dem ältere durch jüngere Versicherte entlastet werden. Neben den *Personen im Ruhestand* haben auch Menschen, die *demnächst in den Ruhestand* eintreten, ein Interesse an einem Fortbestehen des Status quo. Würde das System aufs Referenzmodell umgestellt, wären die bis dato ge-

---

2333 Für die Eigennutzenmaximierung der Wähler vgl. Fritsch et al. (1999), S. 361-363.

2334 Vgl. Abschnitt 6.1.1.1 und Abschnitt 6.1.2.1 für die Bevorteilung privat Versicherter in finanzieller Hinsicht und in der medizinischen Behandlung.

2335 Mehr als die Hälfte der Bundestagsabgeordneten sind privatversichert, vgl. Lauterbach (2008), S. 6. 80 % der Beamten verdienen mit einer Besoldungsstufe von mindestens A9 mehr als der Durchschnitt, Ministerialbeamte liegen weit über dem Schnitt, und haben aus einem Systemumstieg daher finanzielle Nachteile zu befürchten, vgl. für die Zahl mit Literatur Lauterbach (2008), S. 186.

zahlten Beiträge quasi sunk costs.[2336] Die heute schon *negative Generationenbilanz* als Ausdruck der Generationengerechtigkeit würde für diese Kohorten *noch negativer,* da die Beitragsentlastung im Alter nicht erfolgt.[2337] Da die Alten immer mehr werden und schon heute (Abbildung 32) zusammen mit den künftigen Nettoempfängern die Mehrheit bilden, wird ein Systemumstieg unwahrscheinlich.[2338,2339]

Abbildung 32: Alters- und Geschlechtsstruktur der GKV-Versicherten 2009

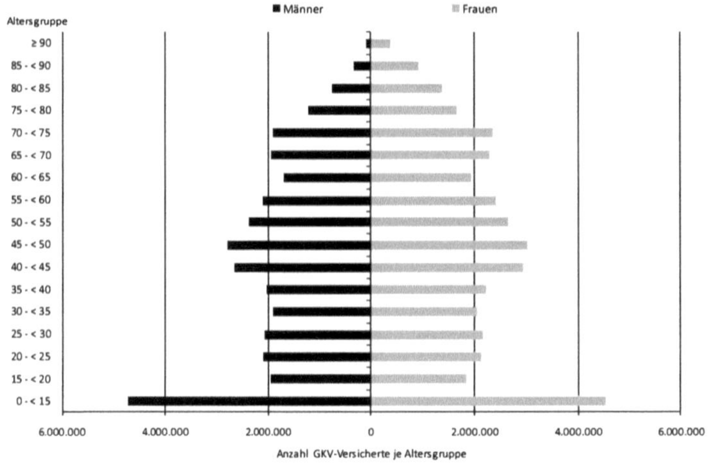

Quelle: Rürup, Bert et al. (2010), S. 24.

Aus Sicht der *Mehrheit der GKV-Versicherten* sind also risikoäquivalente Prämien sowie Pauschalen *diffizil*, die zudem *ohne Sozialausgleich weitere Personen schlechter* stellen. Die *mangelnde Garantie* der *Höhe des Sozialausgleichs* führt zu *Unsicherheit*, was generell bei *Risikoaversion nutzenmindernd* ist.[2340]Ein *Mehr an Information* bzgl. der Verteilungswirkungen dürfte die Interessenkoalition aus PKV-Versicherten und *Bevorteilten im GKV-System* weiter *stärken*. Nicht betroffen sind neutral gestellte Transferempfänger. Bevorteilt werden Gutverdiener.[2341]

2336 Zum Konzept sunk costs siehe Abschnitt 2.1.1.2.

2337 Für die intergenerative Gerechtigkeit inklusive Generationenbilanz vgl. Abschnitt 6.1.2.4.

2338 Für die 12. Koordinierte Bevölkerungsprognose des StBA siehe Abschnitt 3.2.4.2.

2339 Das aktive Wahlrecht, d. h. das Wählen, kann erst mit Vollendung des 18. Lebensjahrs ausgeübt werden.

2340 Am Sozialausgleich spaltet sich bzgl. der Einführung einer Pauschale nicht nur Opposition und Regierungskoalition, sondern auch die Regierungskoalition selbst.

2341 Vgl. für die Untersuchung der Erweiterung der Bemessungsgrundlage auf Kapitaleinkommen Abschnitt 6.2.5.1.

Problematisch ist die *risikoäquivalente Prämienkalkulation* inklusive des Anteils für *Alterungsrückstellungen.* Ältere GKV-Versicherte haben einen Kapitalstock fürs Alter aufzubauen. Bei heute ca. 14.420 Euro je Privatversicherten werden die meisten Älteren, aber auch schlechten Risiken, bei einem Sofortumstieg *überfordert.*[2342] Der *Zinseszins-Effekt* kommt in der wesentlich verkürzten Zeit gegenüber dem normalen PKV-Einstieg *kaum zum Tragen,* so dass hohe Prämien allein deswegen zu erwarten sind. Ferner sind Ältere, aber auch *Frauen, Chroniker* oder Personen mit *Krankheitsdisposition* etc., gegenüber dem Status quo trotz externen sozialen Ausgleichs Verlierer. *Oberender et al.* berechneten, dass Frauen im Durchschnitt um 16 % höhere Gesundheitsausgaben zeitlebens verursachen, was in Prämien eingepreist werden muss, will eine Versicherung überleben.[2343]

Positiv ist hingegen die *größere Wahlfreiheit* und *Eigenverantwortung* für die GKV-Versicherten bei Ärzten und Krankenhäusern, die zwar nicht alle wertschätzen, aber präferenzengerecht in Anspruch genommen werden kann. Alternativ kann bei Verzicht auf Wahlfreiheit die Prämie reduziert werden. Das Gleiche gilt für Rabattverträge, die nur auf Wunsch die Freiheit des Patienten beschneiden. Auch die Möglichkeit zu einer Besserversicherung durch Qualitätstarife bezogen auf den Leistungskatalog führt zu einem Nutzenzuwachs vieler Versicherten.[2344] Selbstbehalte und Beitragsrückerstattung sowie die Neugestaltung der proportionalen Selbstbehalte erhöhen ebenfalls die Präferenzengerechtigkeit. Grundsätzlich ist bei der Übertragung von Eigenverantwortung und Freiheit Informationsbedarf gegeben, weil beide Termini im Gesundheitswesen negativ konnotiert sind.

Neben Wählern und der politischen Ebene werden *Interessengruppen*[2345] respektive Lobbyisten Einflussmöglichkeiten bei politischen Entscheidungen eingeräumt.[2346] In Interessengruppen sind gleichgesinnte Individuen versammelt. Je kleiner die Gruppe ist, umso homogener ist sie. Dadurch können Positionen klarer definiert und kommuniziert werden. Größere Gruppen einigen sich mühsamer auf gemeinsame Positionen und weisen ein geringeres Zusammengehörigkeitsgefühl sowie Engagement der Mitglieder auf. Interessenverbände nehmen eine Vermittlerrolle zwischen der Regierung und den Wählern wahr. Im Gegensatz zur Politik sind die jeweiligen Verbände auf ihrem speziellen Themengebiet besser informiert, wobei die Ministerialbürokratie ein

---

2342 Für den Betrag vgl. Abschnitt 6.2.2.2.

2343 Vgl. Oberender et al. (2006), S. 64.

2344 Dem Autor sind keine empirischen Studien oder Umfragen bekannt, die eine genauere Größenangabe zulassen.

2345 Auch pressure groups genannt.

2346 Die Theorie kollektiver Handlungen von Interessengruppen wurde erstmalig fundiert in Olson (1965). Siehe auch für eine Zusammenfassung Weise et al. (2005), S. 607-608. Seine Theorie zählt zu den konfliktorischen Gruppentheorien, die von einem unterschiedlichen Eingang von Interessen in politische Entscheidungen ausgehen, vgl. auch Dominick (2008), S. 219.

Gegengewicht schafft. Interessengruppen wirken ferner permanent auf die Wähler ein, während der Bürger nur in Wahlen Einfluss hat.

Im Krankenversicherungssystem sind Verbände von *Krankenversicherungen* und *Leistungserbringern Expertengruppen*, die gegenüber Patienten und Politikern einen großen Informationsvorsprung haben.[2347] Beide haben ein Interesse an der Wahrung ihrer jeweiligen Interessen, die sich im Wohl der Patienten decken.[2348] Während *Versicherungen* hingegen auf *Ausgabendämpfung* drängen, sind *Leistungserbringer* an einer *höheren Vergütung* interessiert. Insofern kommt es zu einem *Informationsgleichgewicht* der Politik, die durch Daten beider Gruppen ein komplettes Bild der Situation des Krankenversicherungssystems erhält.[2349] Einschränkend werden sowohl Krankenversicherungen als auch Leistungserbringer auf eine *bessere Finanzierung des Systems* drängen, da mehr Geld Sparzwänge reduziert bzw. Einkommen erhöht.[2350] Über ihre Mitglieder, bei den Versicherungen die Versicherten, bei den Leistungserbringern z. B. Ärzte oder Krankenhäuser, üben die Verbände Druck auf die Politik aus, in ihrem Interesse zu handeln.

Das Referenzmodell bedeutet für die *Verbände der Leistungserbringer* einen *Einflussverlust* durch die Ausweitung selektivvertraglicher Möglichkeiten. Die hoheitliche Aufgabe in der gemeinsamen Selbstverwaltung wird beschnitten[2351] Die Mitglieder

---

2347 Eine politikwissenschaftliche Dissertation über Interessenkoalitionen im Gesundheitswesen hat Noweski verfasst. Er unterscheidet zwischen Verbänden auf dem Mesolevel und einzelnen Akteuren auf dem Microlevel. Das Macrolevel ist das politische System. Von ihm untersuchte Interessengruppen sind neben den hier betrachteten die Bundesvereinigung der Deutschen Arbeitgeberverbände (BDA), der Deutsche Gewerkschaftsbund (DGB), der Hartmannbund, die KZBV und die BÄK, vgl. Noweski (2008), S. 160-164,193-195,200-202. Der BDA hat demnach wenig Einfluss, während der DGB durchaus gehört wird. Der Hartmannbund hat (noch) Interessendeckung mit dem KV-System, die BÄK ebenso. Kongruenz bedeutet, dass Selektivverträge eher abgelehnt werden. Die KZBV schließlich wird als irrelevant beurteilt. Folgerichtig lehnt die DKG Selektivverträge ab, vgl. Baum (2009), S. 166. In Übersichten wird die Position von Gebietskörperschaften, Verbänden von Leistungserbringern und Krankenversicherungen, insb. zur Thematik der Neuordnung des Verhältnisses zwischen Leistungserbringern und Versicherungen, dargestellt in Neubauer, G. und Beivers (2008), S. 76-78.

2348 Vgl. auch Noweski (2008), S. 312.

2349 Verbände werden keine Falschinformationen weitergeben, eine Filterung der Information und spezielle Aufbereitung gehört dagegen zum Tagesgeschäft.

2350 Da nicht nur im Gesundheitswesen Lobbygruppen agieren, ist von einer gewissen gegenseitigen Neutralisation auszugehen. Lobbyismus ist einerseits positiv durch eine arbeitsteilige effiziente Informationsgenerierung. Gleichwohl ist von einem Rent-Seeking auszugehen. Lobbyarbeit kostet Geld; damit ist nicht gemeint, dass unlautere Methoden wie Bestechung verbreitet sind. Wie hoch der Gesamteffekt im Gesundheitswesen oder gar volkswirtschaftlich ist, ist dem Autor nicht bekannt. Angesichts von 430 Verbänden mit Bezug zur Gesundheitspolitik, bei mehr als 2.000 beim Bundestag registrierten Verbänden, ist von Ineffizienz auszugehen (Stand 18.07.2008). Vgl. für die aktuelle Liste Bundestag (2010).

2351 Vgl. Abschnitt 7.3.2.1.1 für die Vorfahrt der Selektivverträge.

gewinnen an Macht, was am deutlichsten bei privaten Klinikketten werden dürfte. Durch die Asymmetrie der Marktmacht werden zahlenmäßig die Mehrheit der Mitglieder und damit die Verbände *gegen das Referenzmodell* votieren. Krankenversicherungen sind ebenfalls heterogen und auf GKV- und PKV-Seite stark konzentriert.[2352]

Stärker als bei Leistungserbringern haben die großen Kassen mehr Versicherte als kleinere, so dass die *GKV-Verbände gespalten* sind zwischen der Interessenvertretung der Mitglieder und dem Machterhalt. Kleinere Kassen sind erpicht auf Wahrung des Status quo, wie z. B. Sozialrecht, der Status der KdöR und Kollektivverträge, in dem sie weniger Wettbewerbsnachteile gegenüber großen Versicherungen haben.[2353] Der *PKV-Verband* hingegen dürfte sich *vehement gegen* einen *Systemwechsel* aussprechen, will er seine exponierte Alleinstellung wahren. Selbst große Privatversicherer dürften den Verband unterstützen, weil die Marktanteile gegenüber einer AOK zu gering sind. Weiterhin ist es nicht im Interesse von Verbänden, dass ein funktionierender Wettbewerb Informationen effizienter alloziert, womit ihr Informationsvorsprung abgewertet wird.[2354]

Neben den Expertengruppen sind noch die *Rentnerverbände* und *Patientenorganisationen* als mitgliederstarke Gruppen zu nennen. Gerade die Rentnerverbände haben bereits heute durch die hohe Zahl alter Menschen großes politisches Gewicht mit zunehmender Tendenz. Gegen einen hohen Einfluss spricht die Heterogenität der Mitglieder, die jedoch überkompensiert wird durch das gemeinsame Ziel der *Sicherung der Renten* und des *Umlageverfahrens*.[2355] Patientenorganisationen sind indessen weitaus heterogener trotz gemeinsamen Ziels.

Wähler und Interessengruppen beeinflussen gemeinsam die *Politik,* verkörpert durch *Spitzenpolitiker* und *Parteien*. Der Einfachheit halber sei Deutschland ein Zweiparteiensystem. Der *Medianwähler* als die Person, mit der 50 % Prozent der Wählerstimmen erreicht werden, gibt den Ausschlag für den Machterhalt durch Wiederwahl. Obwohl Parteienprogramme existieren und Wahlkämpfe geführt werden, versucht in dem einfachen bipartisanen Modell jede Partei den Interessen des Medianwählers zu entsprechen. Interessengruppen suchen die Bevölkerung so zu beeinflussen, dass ihren Positionen entsprochen wird, Parteien können ebenso im Vorfeld der Wahl durch Argumente überzeugen. *Zeichnet* sich jedoch eine *Mehrheit der Stimmen* für ein *Krankenversi-*

2352 Für die Konzentration in der PKV siehe Abschnitt 5.1.2.1.1 und für die Konzentration der GKV vgl. Abschnitt 5.2.2.2.2.

2353 Freilich sind Zusammenschlüsse zwischen kleinen Versicherungen möglich und existieren auch. Dennoch ist von einem Vorteil von großen Unternehmen auszugehen, die weniger Abstimmungsbedarf haben dürften und damit niedrigere Transaktionskosten aufweisen. Dies gilt insb. gegenüber den Zusammenschlüssen vieler kleinen Krankenkassen.

2354 Für das Argument siehe auch Dominick (2008), S. 222.

2355 Natürlich haben die Rentner auch Kinder und, immer seltener, Enkel. Eine dynastische Betrachtung zerbricht an der großen Zahl kinderloser Frauen und deren Lebenspartner, vgl. auch Abschnitt 6.1.2.4.

cherungsregime ab, dann konvergieren die Parteienpositionen.[2356] Die Große Koalition von 2005 bis 2009 war eine große Chance, unpopuläre Reformen durchzuführen, da der Wähler beide als verantwortlich gesehen hat, insofern ist in der jetzigen Legislaturperiode eine Reform unwahrscheinlicher.

Die Analyse der Wähler hat eine *Mehrheit für die Beibehaltung des dualen Systems* gegenüber der Alternative einer einheitlichen bedarfsgerechten Grundversorgung mit Sozialausgleich ergeben. Alleine die Gruppe der Rentner und „Bald-Rentner" in Koalition mit dem Gros der Privatversicherten reicht für die Nichteinführung des Referenzmodells.[2357] Auch wenn die CDU/CSU für mehr Markt statt Staat sein sollte oder Spitzenpolitiker eine abweichende persönliche Überzeugung haben, wird dem Medianwähler zum Machterhalt Rechnung getragen. Zwischen *Partei* und Führungsebene besteht auch deshalb *Konsens*, weil die *Spitzenpolitiker* neben der Wahl durchs Volk auf die Unterstützung der Partei angewiesen sind.[2358] Zwar werden Wahlversprechen oft nach Wahlen gebrochen und schmerzhafte Eingriffe auch Mehrheiten zugemutet, ein dermaßen drastischer Umstieg wie auf das Referenzmodell dürfte den Wählern im kollektiven Gedächtnis bleiben.[2359] Langfristige Überlegungen wie Generationengerechtigkeit gegenüber noch nicht geborenen Kohorten werden durch die myopische Ausrichtung der Politik konterkariert. Verstärkend sind oftmals privat versicherte Politiker Nutznießer des Systems.

Eine weitere duale Besonderheit Deutschlands ist das *föderale System*[2360] aus Bund und Länder, in dem die Länder prinzipiell für Versorgungsfragen respektive die Leis-

---

2356 Die Realität ist komplexer v. a. aus zwei Gründen. Einerseits wird nicht nur über ein Thema abgestimmt, zweitens umwerben mehr als zwei Parteien die Wählerschaft. Nur so kann die Position der FDP pro Kopfpauschale verstanden werden. Die CDU hat sich mit Beschluss des Leipziger Parteitags im Jahr 2003 auf eine Pauschale festgelegt und vermutlich deswegen die Wahl nach großem Vorsprung beinahe noch verloren. Das Ergebnis war eine Große Koalition von 2005 bis 2009.

2357 Einen Vorschlag zur Erhöhung der Reformchancen macht Neubauer. Die Stimmengewichtung der Bürger sollte anhand des Alters neujustiert werden. Ein Neugeborener erhält das Stimmengewicht 1 und ein 100-Jähriger 0, dazwischen sinkt der Wert linear, so dass ein 50-Jähriger einen Anteil von 0,5 erhält, vgl. Neubauer, G. (2007b), S. 377. Für Kinder, die nicht selbst wählen können, sollten Eltern abstimmen können. Auf diese Weise lässt sich der Medianwähler quasi verschieben. Begründet werden kann dies damit, dass die Jüngeren länger Folgen politischer Entscheidungen tragen müssen. Problematisch an dem Vorschlag ist, dass die Älteren gegen sich selbst stimmen müssten, um die Reform einzuführen. Ignorieren Politiker diesen Tatbestand, dürften sie nicht wiedergewählt werden.

2358 Politiker werden auf Parteitagen als Kandidaten für Ämter von den Parteimitgliedern gewählt. Verstoßen sie gegen die Linie der Partei, droht ihnen die Nichtaufstellung bei der nächsten Wahl, vgl. zum Konnex zwischen Partei und Politiker Voigt (2002), S. 121, 128.

2359 Vgl. für die Neigung, Wahlversprechen zu brechen, kurzfristig Pappenheim (2001), S. 159.

2360 „Die Bundesrepublik Deutschland ist ein demokratischer und sozialer Bundesstaat", Art. 20 Abs. 1 GG.

tungsseite zuständig sind und der Bund für die Finanzierung.[2361] Änderungen in der Finanzierung können daher mit der Kanzlermehrheit, d. h. absolute Mehrheit der Mitglieder des Bundestags, durchgesetzt werden. Problematisch ist die Aufteilung, weil der Finanzierungsmarkt mit Vertrags- und Leistungsmarkt eng verknüpft ist.[2362] Der Bund hat zwar die konkurrierende Gesetzgebung, mangels expliziter Zuweisung im Grundgesetz ist die Gesundheitsversorgung Ländersache, was z. B. aufgrund regionaler Unterschiede in Lebenshaltungskosten und der strukturpolitischen Bedeutung der Gesundheitswirtschaft sinnvoll ist.[2363] Ein Vorwurf an das GKV-WSG ist die de facto Kompetenzüberschreitung des Bundes durch Verletzung des Primats der Gesundheitsversorgung der Länder.[2364]

Entscheidend für die Einführung des Referenzmodells ist die Fähigkeit der Bundesländer als *Vetospieler* durch Verweigerung der Zustimmung bei *zustimmungspflichtigen* Gesetzen Reformen zu stoppen.[2365,2366] Schon ohne föderalen Unterbau hat bis auf die FDP keine Partei ein Interesse an einer wie hier beschriebenen Systemveränderung. Da das Referenzmodell alle Märkte massiv berührt, müssen die Länder zustimmen, was selbst bei gleichzeitiger Mehrheit in Bund und Bundesrat der Regierungskoalition

2361 Föderalismus und Sozialversicherung aus Sicht eines Sozialrechtlers wird beschrieben in Ebsen (2005). Siehe für die weiten Gestaltungsmöglichkeiten des Bundes in der Finanzierung Abschnitt 7.2.1.1.

2362 Vgl. für den Konnex aus Mittelaufbringung und –verwendung die Logik des Fonds plus M-RSA auf die Vergütung der Leistungserbringern dargestellt in Abschnitt 4.3.2.1.1 am Beispiel der Honorarreform.

2363 Vgl. für die regionale Dimension auf der Finanzierungs- und Leistungsseite Abschnitt 6.1.1.4 und Abschnitt 6.1.2.3.

2364 Vgl. ausführlicher Neubauer, G.; Pfister; et al. (2009), S. 67-69. Dort wird eine Zuständigkeitsdiskussion in der Gesundheitspolitik für die laufende Legislaturperiode 2009-2013 prognostiziert, was sich bereits auf der 82. Gesundheitsministerkonferenz andeutete. Siehe auch Abschnitt 6.1.2.3.

2365 Geistiger Vater der Vetospielertheorie ist Tsebelis (2002). Vetospieler können Parteien, Interessengruppen oder einzelne Personen sein. Er weist empirisch nach, dass mit zunehmender Anzahl der Vetospieler große Reformvorhaben seltener sind. Eine Anwendung auf die Gesundheitspolitik erfolgt in Blankart und Fasten (2010), S. 28-31. Sie identifizieren fünf Vetostufen: Verbände, Ministerien, Kabinett, Parlament und Bundesrat. Aus Sicht des Autors hat Vetokompetenz, verstanden als das Stoppen eines Gesetzgebungsverfahrens, de facto nur der Bundesrat. Der Bundestag ist natürlich für das Gesetz notwendig und handelt konform mit der Regierung. Ministerien können verzögern oder unterstützen, ein folgenreiches Veto aber nicht aussprechen. Interessengruppen wurden bereits ausführlich behandelt, eine Vetokompetenz ist nicht auszumachen.

2366 Das Gegenstück sind Einspruchsgesetze, in denen keine Zustimmung der Länder nötig ist, für eine konzise Darstellung des Gesetzgebungsprozesses und die Zusammensetzung des Bundesrates siehe die Themenseite Bundesrat (2010a). Einen knappen Überblick gewährt auch Wikipedia (2010c). Entscheidend ist, dass ein Bundesland mit allen Stimmen einheitlich abstimmt. Dies ist nur der Fall, wenn alle Parteien der Regierungskoalition Konsens haben, ansonsten enthält sich das Land.

schwierig ist. Die *Länder unterscheiden sich* in Flächenländer und Stadtstaaten, wirtschaftskräftig und wirtschaftsschwach, starker Pharmaindustrie und Absenz, Häufung von Privatversicherungen etc., so dass die Parteifarbe nachrangig ist.[2367]

Im Referenzmodell ist kein expliziter Finanzausgleich vorgesehen, so dass Widerstand von Ländern mit geringerer Wirtschaftskraft zu erwarten ist. Wegen genannter Unterschiede sind im Laufe der Geschichte der Bundesrepublik viele Reformvorhaben am Bundesrat wenn nicht gescheitert, so doch stark verdünnt worden. Über die Reduzierung der Belastung der Haushalte von Bund und v. a. Ländern, bspw. durch die niedrigere Vergütung im ambulant-ärztlichen Bereich bezogen auf das für Beihilfeberechtigte relevante PKV-Niveau, könnte Unterstützung für das Referenzmodell im föderalen System gewonnen werden.

Zusammenfassend ist eine sofortige Einführung des Referenzmodells mit allen Facetten *politisch nicht durchsetzbar*. Die Koalition der Gegner setzt sich zusammen aus Frauen respektive Personen mit höherer Morbidität und damit höheren Prämien, GKV-Versicherten die bald in Rente gehen oder bereits sind, Privatversicherten, Politikern als Versicherte, Leistungserbringern und ihren Verbänden, Krankenversicherungsverbänden und kleinere Versicherungen. Profitieren würden v. a. die zukünftigen Generationen, v. a. diejenigen mit gesetzlicher Versicherungspflicht, die im Kalkül der Politiker keine Rolle spielen. Mit Verlust der doppelten Mehrheit in Bundestag und Bundesrat ist die Einführung des Referenzmodells noch unwahrscheinlicher geworden.[2368]

7.4.2 Handlungsdruck und Umsetzungsstrategien

Die *Kombination aus demographischem Wandel und MTF* schafft keine finanzielle Entlastung. Dadurch sind, bei allen Reformbemühungen im dualen System, Beitragssatzsteigerungen in der GKV auf 25 % und mehr im Jahr 2050 zu erwarten.[2369] In den Prognosen ist der als realistisch einzuschätzende politökonomische *Sisyphus-Effekt* des gegenseitigen Aufschaukelns von Demographie und MTF noch nicht einmal berück-

2367 Hessen hat große Pharmaunternehmen wie Merck und Sanofi-Aventis, private Krankenversicherer sind konzentriert in Bayern, NRW, Niedersachsen und Hessen, vgl. Kirch (2008), S. 54-56. Auf die Bedeutung der regionalen Wirtschaftskraft im Rahmen der GKV wurde in Abschnitt 6.1.2.4 hingewiesen. Ein Beispiel ist die im Bundestag mehrmals konsentierte Einführung einer Positivliste bei Medikamenten, die immer am Bundesrat scheiterte. Bildhaft dient die geschredderte Positivliste aus dem Jahr 1995 als Ausdruck der föderalen Hürden bei Reformen im Gesundheitswesen, vgl. z. B. Lauterbach (2008), S. 100.

2368 Mit der Landtagswahl in NRW am 09.05.2010 ging die doppelte Mehrheit von Schwarz-Gelb verloren. Frühestens im März 2011 kann die nötige Stimmenzahl von 35 von der Regierungskoalition zurückerobert werden, vgl. für die Wahltermine Bundesrat (2010b).

2369 Vgl. für versicherungstypengerechte Handlungsstrategien zur Stärkung der Nachhaltigkeit Abschnitt 6.2.5. Für die Beitragssatzprognosen vgl. Abschnitt 6.2.4.1.

sichtigt.[2370] Wird der Generationenvertrag aufgrund einer zu hohen Gesamtbelastung der erwerbstätigen Bevölkerung durch Steuern und Sozialausgaben, bspw. durch den Exit in die PKV, aufgekündigt, erhöht sich der Druck auf die GKV.[2371] Obwohl die PKV für sich nachhaltig ist, kann sie ohne die GKV nicht existieren, so dass *das duale System das Jahr 2050 nicht erleben* dürfte.[2372]

Zwischen „Skylla einer intergenerativen Gerechtigkeit überfordernden Beitragssatzerhöhung und Charybdis Rationierung“ führt nach Ansicht des Autors kein sicherer Weg hindurch. In der Zuspitzung der Dramatik liegt eine *Chance auf Systemänderung*. Eine hohe Steuer- und Abgabenbelastung *konfligiert* mit dem *Wachstumsziel* und ist somit neben der individuellen Betrachtung auch volkswirtschaftlich keine dauerhafte Politik. *Rentner* können angesichts der drohenden Aufkündigung des Generationenvertrags nicht unendlich die Erwerbstätigen belasten.

Relevanter für einen Bewusstseinswandel, gerade der Älteren, ist *Rationierung,* die den *Medianwähler* im Zeitverlauf zunehmend *aufgeschlossener* für das *Referenzmodell* machen dürfte. Ältere verlieren überproportional durch Leistungskürzungen. Im Referenzmodell können diese zwar nicht dauerhaft verhindert werden, sind aber zumindest gerechter verteilt und durch die stärkere wettbewerbliche Ausrichtung in allen drei Teilmärkten in geringerem Umfang nötig.

Der *Zeitpunkt* des *Systembruchs* ist *unklar*. Abzusehen ist jedoch, dass der Wandel mit jedem verlorenen Reformjahr umso dramatischer ausfällt.[2373] Alleine deswegen ist ein *geordneter, harmonischer baldiger Umstieg* zu rechtfertigen. Die *Generationenbilanz* weist für *Ältere* einen *Nettotransfer* von mehreren Tausend Euro aus.[2374] Jede jüngere Kohorte hat eine schlechtere Lebensverzinsung im Umlagesystem. Daher ist es nur fair, dass zumindest ein Teil der Überschüsse für die Abfederung des demographischen Übergangs verwendet wird. Die Offenlegung der impliziten Verschuldung hilft, die Dringlichkeit des Problems zu verdeutlichen.[2375] Auf diese Weise könnten Ältere für sich einen *Kapitalstock* bilden. Die Bevorteilung mit zunehmendem Alter geht einher mit einem höheren notwendigen Kapitalstock bei Umstieg aufs Referenzmodell. Ob natürlich ein Politiker durch Appelle an größere Solidarität zwischen den Genera-

---

2370 Vgl. zum Sisyphos-Syndrom ausführlicher Abschnitt 3.2.3.3.

2371 Der Generationenvertrag plus Generationenbilanzierung ist in Abschnitt 6.1.2.4 im Kontext Generationengerechtigkeit dargestellt.

2372 Für die Nachhaltigkeit der PKV siehe Abschnitt 6.2.4.2.

2373 Problematisch an der Umstellung ist die Belastung der in der Umstellungsphase jeweils Erwerbstätigen. Dies ist jedoch kein Grund, nicht umzustellen, sondern ein Appell, möglichst früh Kapitaldeckung einzuführen, weil sonst die Last des Übergangs noch größer wird, siehe ähnlich auch Felder und Fetzer (2007), S. 617.

2374 Vgl. Abbildung 18.

2375 Siehe auch Eekhoff et al. (2008), S. 228.

tionen seine Wiederwahlchancen erhöht, darf negiert werden.[2376] Ebenso sind Menschen auf ihren eigenen Vorteil bedacht. Zumindest hat die Argumentation über die Generationengerechtigkeit die insgeheime Unterstützung weiter Teile der Bevölkerung.

Moralisch schwieriger zu vertreten ist die risikoäquivalente Prämienkalkulation bei *Frauen* und *Personen mit hoher Morbidität*. Wäre das System bereits eingeführt, hätten Frauen und kränkere Personen *bei Geburt* die *gleiche Prämie* zahlen müssen.[2377] Führt man das System ohne eine Korrektur ein, belastet man systematisch Gruppen von Menschen, die *unverschuldet empfindlich höhere Prämien* zu schultern hätten.

Aus all diesen Gründen wird eine *mehrstufige Umstellung* auf das Referenzmodell vorgeschlagen. Am *einfachsten* bei der *GKV* ist die *Umwandlung der Rechtsform* der Krankenkassen in dann privatwirtschaftliche Krankenversicherungen.[2378] Die *Stärkung der Eigenverantwortung* und der Ausbau *selektiver Verträge* können ohne Widerstand der Wählerschaft durch eine gute Informationspolitik erfolgen, da in Besitzstände der Bürger nicht eingegriffen wird. Die Opposition aus Interessenverbänden und einzelnen Akteuren des Gesundheitswesens wird in Teilen aus den eigenen Reihen torpediert und hat kein Stimmengewicht.[2379] Die PKV fordert von sich aus selektive Vertragskompetenz. Mehr Wettbewerb auf dem Leistungsmarkt durch die Verbesserung der Qualitätssignale ist ebenso unproblematisch. *Unterstützung* für Reformschritte auf dem Leistungsmarkt und v. a. dem Vertragsmarkt ist durch den *europäischen Einigungsprozess* zu erwarten, der aufgrund der vier Grundfreiheiten und der wettbewerblichen Tendenz mittelfristig die Politik zum Handeln zwingt. Europa kann aber auch als *willkommener Sündenbock* instrumentalisiert werden, politisch unliebsame Entscheidungen zu verteidigen.

Ein Ausbau von *Selbstbehalten* und *Beitragsrückerstattung* in der GKV ist wegen des Finanzierungseffekts und Selektionseffekts trotz mutmaßlich positiver Gesamteffekte für die GKV schwieriger zu kommunizieren.[2380] Vorschriften zu der Ausgestaltung von Selbstbehalten bzgl. Risiko und Einkommen können Abhilfe schaffen. Führt man *pauschalierte Beiträge ein,* kann eine zielgenauere und unbürokratischere Gestaltung

---

2376 Man denke an den schwierigen politischen Prozess der über viele Jahre gestreckten Erhöhung des Regelrentenalters auf 67 Jahre. In Analogie ist für das Reformmodell ein ähnlich langwieriger Prozess zu erwarten. Z. B. durch die zusätzlichen Nachteile für Privatpatienten, was bei der eindimensionalen Reform des Rentenalters keine Rolle spielte, ist eher von noch langfristigen Veränderungen auszugehen, wenn denn ein Einstieg in den Wechsel erfolgt.

2377 Der Schleier des Nichtwissens erstreckt sich auf die Morbidität und das Geschlecht.

2378 Für die Unterstützung durch gesetzliche Krankenkassen siehe Abschnitt 7.2.1.2.

2379 Ärzte u. a. hochgeschätzte Multiplikatoren können zwar Stimmung bei ihren Patienten gegen die Vorfahrt von Selektivverträgen machen, dürften aber nicht ausreichend Gegendruck entwickeln.

2380 Vgl. für die unsolidarischen potenziellen Effekte und die Nettobilanz Abschnitt 4.3.1.1.3.

von Selbstbeteiligung erfolgen. Dann ist jedoch ein *externer Sozialausgleich notwendig*.

Auf dem *Finanzierungsmarkt* können *Neugeborene* sofort ins Referenzmodell überführt werden. In die *PKV* wird die individuelle prospektive *Portabilität* der Alterungsrückstellungen direkt eingeführt. *Parallel* sollten *alle GKV-Versicherten auf Wunsch* ebenfalls ins neue System eingeschlossen werden. *Frauen* und *Kranke*, *Ältere* und *alle anderen* haben *Pauschalen* zu entrichten, durch die beschriebene Vorteile realisiert und gleichzeitig die politische Opposition gegen den Systemwechsel gemindert werden. *Alterungsrückstellungen* sollten unabhängig davon für *jetzt Erwerbstätige* aufzubauen sein, da hier noch keine Überforderung vorliegt.[2381]

Die Einführung der Pauschale steigert gleichzeitig die *Attraktivität der GKV* gegenüber der PKV, da Vielverdiener die eine Wahlmöglichkeit haben, weniger in der GKV zahlen müssen.[2382] Politökonomisch bröckelt der Widerstand der Privatversicherten, jedoch nicht der PKV, deren Geschäftsmodell in Gefahr gerät wegen geringeren Zugängen aus der GKV.

Im politischen Diskurs ist, angesichts knapper Kassen umso mehr, *die Finanzierung des Sozialausgleichs* das Haupthindernis. Die Analyse des Volumens eines sozialen Ausgleichs hat ergeben, dass die Mittel zur Verfügung stehen dürften, wenn sich die Politik traut, die Gewinne von Gutverdienern aus der Entlastung durch Steuererhöhungen, die die derzeit Privatversicherten gerechterweise mittragen, geschickt zu kompensieren.[2383] Wesentlich für die politische Durchführbarkeit ist eine *klare, möglichst parteienübergreifende, Kommunikation der größeren Finanzierungsgerechtigkeit*.

Selbst wenn die Finanzierung sichergestellt wäre, wenden Gegner ein, würde der *Sozialausgleich* ein *Spielball* der *Politik* und damit z. B. die Mindestsicherung Schutzbedürftiger in Gefahr sein. Dagegen spricht, dass bereits heute die meisten Schutzbedürftigen staatlich alimentiert werden.[2384] Was aktuell für Transferempfänger gilt, sollte auch für neue Bedürftige möglich sein.[2385] Optimal wäre eine Regelung des Sozialaus-

---

2381 Felder und Fetzer schlagen bei ihrem Modell zur Umstellung auf Kapitaldeckung innerhalb der GKV eine GKV mit und ohne Alterungsrückstellungen vor. Alle Personen unter 40 Jahre bezahlen altersspezifische Prämien. Wer überfordert wird, erhält einen staatliche Subvention, vgl. Felder und Fetzer (2007), S. 608-612.

2382 Eine theoretische Analyse der Koexistenz eines Pauschalen- und Prämienmodells führt Tauchmann durch, der Chancen für die GKV nur bei Verteuerung der Prämien in der PKV sieht. Grund ist Risikoselektion, vgl. Tauchmann (2007), S. 162. Gegenüber heute dürfte sich die Effizienz erhöhen, jedoch kommt es immer noch zu Verzerrungen. Siehe kritisch zur Wahrung eines dualen Systems Abschnitt 7.1.

2383 Vgl. für den externen Sozialausgleich Abschnitt 7.3.1.2.

2384 Vgl. Abschnitt 6.1.2.2.1.

2385 Problematisch ist die Garantie der Steuerzahlung versus politisch leichter durchzusetzende Beiträge, vgl. ähnlich Greß und Wasem (2007), S. 21. Ein Beispiel, neben den direkten Bundeszuschüssen, für die Unbeständigkeit sind die versicherungsfremden Leistungen, die bei

gleichs ähnlich der Festschreibung des Schuldenabbaus im Rahmen der Föderalismusreform II im Grundgesetz, die nur durch Zweidrittelmehrheit in Bundestag und Bundesrat geändert werden könnte.[2386] Um ein *Veto des Bundesrates* zu *vermeiden*, wird darüber hinaus für eine *geschickte Bündelung* und *Ausgestaltung* der einzelnen *Reformelemente* plädiert.[2387]

Zusammenfassend ist ein großer Wurf nicht konsensfähig. Ein *gestufter Systemumstieg* mit *unterschiedlichen Geschwindigkeiten* für GKV und PKV sowie heutige und zukünftige Mitbürger zugeschnitten auf die drei Teilmärkte dürfte bei geschickter Kommunikation das Referenzmodell zumindest interessant werden lassen.[2388] Der Widerstand ist geringer, wenn gleichzeitig immer nur wenige Personengruppen verlieren.

Unterstützung der reformwilligen Politiker kommt von dem zunehmenden Verständnis des *Gesundheitswesens* als *Wirtschaftsfaktor* im Gegensatz zur ausgaben- und kostenzentrierten Betrachtung. Die Schaffung von Arbeitsplätzen oder Wirtschaftswachstum ist ein oft gebrauchtes Argument für politische Entscheidungen. Da das Dreischichtensystem die Nachfrage nach Gesundheitsleistungen erweitern dürfte, kann eine Verknüpfung der Einführung des Referenzmodells mit der Zukunftsbranche Gesundheit politisch kommuniziert werden.

Exkurs: Gesundheitsquote und Gesundheitswirtschaft

In Abschnitt 6.2.1 wurde das gesundheitsökonomische Fundamentalproblem bereits mit einem Fragezeichen versehen. Präferenzen der Bevölkerung, Stichwort Luxusgut, sowie der ansteigende Bedarf durch die demographische Alterung in Kombination mit dem MTF lassen eine weiter zunehmende Gesundheitsquote erwarten. Eine *hohe Gesundheitsquote* ist aber auch aus *volkswirtschaftlicher Sicht wünschenswert.*

Bereits in seinem ersten Gutachten 1987 und v. a. im Gutachten von 1996 betonte der SVRKAiG die *Dichotomie des Gesundheitssektors.*[2389,2390] Medizinische Diagnostik

---

Abbau wie Steuerzuschüsse und bei Aufbau wie Kürzungen wirken. Zimmermann bemerkt dazu: „Generell erscheint es nicht angemessen, einer Steuerfinanzierung staatlicher Leistungen die Fähigkeit zur Gewährleistung der sozialen Mindestsicherung abzusprechen. Damit wird grundsätzlich angezweifelt, dass der Staat seinen konstitutionell festgelegten Finanzierungsverpflichtung (!) nachkommt“, vgl. Zimmermann, A. (2007), S. 167. Dem ist zuzustimmen.

2386 Für die sog. „Schuldenbremse“ siehe Art. 115 GG. Ausführliche Informationen zur Föderalismusreform II findet sich auf der Themenseite des BMF, vgl. BMF (2010a).

2387 So geschehen bei den beiden NOG's, vgl. Reiners (2009b), S. 227.

2388 Siehe für ein Plädoyer kleiner, sukzessiver Lösungen Reiners, der sich für die Implantierung von Reformviren ausspricht, Reiners (2009a), S. 8. Aus der Warte der Pfadtheorie kann ebenso für kleine Schritte argumentiert werden, vgl. Schreyögg und Farhauer (2004), S. 252. Kurz und knapp für einen gestuften Systemwechsel siehe auch Eekhoff et al. (2008), S. 225-228.

2389 Siehe SVRKAiG (1987), Ziffn. 182-185. Siehe auch SVRKAiG (1996), Ziffn. 297-383.

und Therapie kosten viel Geld, dafür wird eine flächendeckende Versorgung der gesamten Bevölkerung sowie Arbeitsplätze für 4,6 Mio. Menschen ermöglicht.[2391] Dies wird bereits im Titel des Gutachtens deutlich: „Gesundheitswesen in Deutschland – Kostenfaktor und Zukunftsbranche".

Eine Zukunftsbranche ist gekennzeichnet durch einen steigenden Bedarf und hohen Innovationsgrad, was beides für den Gesundheitssektor zu bejahen ist. Kommt Kaufkraft hinzu, ist von einer dynamischen Entwicklung der Branche auszugehen.

Zwischenzeitlich hat sich der Begriff *Gesundheitswirtschaft* eingebürgert.[2392] Gesundheitswirtschaft *umfasst* im Kernbereich ärztliche Dienstleistungen, weiter gefasst auch Vorsorgeeinrichtungen, Apotheken, das Gesundheitshandwerk, öffentliche Gesundheitseinrichtungen, Krankenversicherungen sowie Sport, Wellness, Sanitäts- und Rettungsdienste, Altenpflege und betreutes Wohnen. Hinzu kommen Vorleistungsindustrien, wie z. B. die Pharmabranche und die Medizintechnik.

Bei einer umfassenden Definition der Gesundheitswirtschaft, die den drei Schichten des Referenzmodells entspricht, waren im Jahr 2005 *5,4 Mio. Menschen* im Gesundheitswesen *tätig*, was 13,8 % aller Erwerbstätigen darstellte.[2393] Gerade die dritte Schicht der Individualbedürfnisse wie Fitness nimmt mit zunehmendem Wohlstand zu.[2394]

Das Gesundheitswesen trägt zweifach zum Wachstum der Volkswirtschaft bei: Erstens wird durch die *Arbeitsplätze im Gesundheitssektor* ein bedeutender Beitrag zum BIP erwirtschaftet. Darüber hinaus tragen die Gesundheitsdienstleistungen zur *Erhaltung und Wiederherstellung der Leistungsfähigkeit* bei und minimieren den durch Krankheit bedingten Produktionsausfall, was bei einer schrumpfenden Erwerbsbevölkerung von

---

2390 Neubauer beschreibt die Bedeutungserweiterung als „von der Sozialversicherung zur Gesundheitswirtschaft", Neubauer, G. (2007c), S. 200. Eine Diskursanalyse der Dualität aus Kostenfaktor und Wachstumsbranche für die 14. und 15. Legislaturperiode findet sich in Bechmann (2007), S. 125-129.

2391 Vgl. BMG (2010f).

2392 Siehe für eine ausführlichere Beschreibung der Gesundheitswirtschaft Neubauer, G. und Pfister (2007b). Zur Messung von Beschäftigung und Wertschöpfung der Gesundheitswirtschaft hat Ostwald promoviert, vgl. Ostwald (2009). Zur Abgrenzung der Gesundheitswirtschaft und der Messung und Darstellung der Wirtschaftskraft siehe kompakt das Konzept eines Gesundheitssatellitenkontos (GSK) in Henke et al. (2009), S. 8-15. Das GSK ist kompatibel mit der Gesundheitsausgabenrechnung des StBA und den OECD Health Accounts.

2393 Vgl. Henke et al. (2009), S. 17. Die umfassende Definition findet sich im von Hilbert eingeführten Zwiebelmodell der Gesundheitswirtschaft wieder. Die äußerste Schale entspricht der dritten Schicht des Referenzmodells, siehe Anhang 17 für das komplette Zwiebelmodell.

2394 Maslow hat eine Bedürfnis-Pyramide mit fünf Stufen entwickelt, deren einzelne Stufen körperliche Bedürfnisse, Sicherheit, soziale Bedürfnisse, Individualbedürfnisse und Selbstverwirklichung sind. Bedürfnisse der nächsthöheren Stufe werden erst nach Befriedigung darunter liegender Stufen evoziert, vgl. z. B. Wikipedia (2010h).

besonderem Wert ist.[2395,2396] So können indirekte Kosten durch Produktionsausfall wegen krankheitsbedingter Arbeitsunfähigkeit sowie direkte Kosten für die medizinische Versorgung reduziert werden.[2397]

Die *makroökonomische Bedeutung* des Gesundheitssektors hat der *SVRKAiG* in einer Simulationsrechnung abgeschätzt.[2398] In einer geschlossenen Volkswirtschaft ohne Wachstum ist durch die hohe Arbeitsintensität eine Verlagerung der Nachfrage und damit der Produktion auf Gesundheitsleistungen mit Beschäftigungszuwachs verbunden. Eine Mrd. DM Umschichtung entspricht einem Plus von 5.536 Arbeitsplätzen.[2399]

2395 Bereits im Jahr 2006 fielen 401,4 Mio. Arbeitstage wegen Krankheit aus. Dies entspricht einem volkswirtschaftlichen Produktionswert von 35 Mrd. Euro respektive einer Bruttowertschöpfung von 65 Mrd. Euro, vgl. Burger et al. (2008), S. 405. Jeder Tag, um den der durchschnittliche Krankenstand in Deutschland sinkt, erbringt Produktionsgewinne i. H. v. 10 Mrd. Euro, vgl. Bräuninger, D. und Rakau (2010), S. 4. Gesundheit ist ähnlich wie Bildung Humankapital verstanden als Erhöhung der Fähigkeit, Markteinkommen zu erzielen. Bekannt ist die Modellierung im Grossman-Modell, auch wenn es keine empirische Bestätigung erfahren hat. Dabei ist Gesundheit gleichzeitig Konsum- und Kapitalgut, vgl. für eine Zusammenfassung der Thematik mit weiterführender Literatur Hajen et al. (2010), S. 24-27. Eine besondere Bedeutung obliegt der medizinischen Rehabilitation, die in allen Lebensphasen eine Rekonvaleszenz beschleunigt, gerade aber auch bei der arbeitenden Bevölkerung, vgl. ausführlich Pfister und Neubauer (2009a).

2396 Hierbei kann der MTF helfen durch beschleunigte Genesungsprozesse. Beispiele für neue Behandlungsmethoden, die die Arbeitsfähigkeit schneller wieder herstellen sind die Fast-Track-Chirurgie oder minimal-invasive Eingriffe, vgl. ausführlicher Schmitt (2007), S. 832.

2397 Dies entspricht der ökonomischen Morbiditätskompression, vgl. Abschnitt 3.2.2.2. In einer Studie des HWWI wird angenommen, dass ein 60-Jähriger im Jahr 2037 so fit ist wie ein 55-Jähriger im Jahr 2007. Möglich wird dies durch den MTF, der damit nicht nur Ausgabentreiber ist. Für die direkten Kosten ergibt sich kein Anstieg, die indirekte Kosten wachsen über die Jahre kumuliert demographiebedingt um 280,1 Mrd. Euro und damit 38 % schwächer als ohne Verbesserung der Gesundheit, vgl. Bräuninger, M. et al. (2007), S. 38-40.

2398 Vgl. SVRKAiG (1996), Ziffn. 340-377. Grundsätzlich sind die Beschäftigungswirkungen abhängig von der Art der veränderten Mittel (Geld- oder Sachleistungen), der Gegenfinanzierung (Bemessungsgrundlage, Steuererhöhung etc.) und dem Verhalten der Tarifpartner auf dem Arbeitsmarkt, so dass gerade bei Modellen mit offener Volkswirtschaft eine Erhöhung der Beitragssätze zur Finanzierung der Umschichtung des BIP in Gesundheitsleistungen durchaus mit Beschäftigungseinbußen einhergehen kann. Für eine Zusammenschau diverser Modellrechnungen siehe Häussler et al. (2006), S. 203-209. Generell sind höhere Gesundheitsausgaben durch den hohen Dienstleistungsanteil verglichen mit Erhöhungen des Beitrags zur ALV oder GRV beschäftigungswirksamer.

2399 Vgl. SVRKAiG (1996), Tab. 47. Ein Beitragssatzpunkt entsprach damals 17,3 Mrd. DM und damit fast 100.000 zusätzlichen Arbeitsplätzen. In der offenen Volkswirtschaft reduziert sich der Nettosaldo durch Verschlechterung der Wettbewerbsfähigkeit und damit einem Rückgang der Exporte.

Im Jahr 2008 beliefen sich die Ausgaben für Gesundheit in Deutschland auf über 263 Mrd. Euro.[2400] Dies entspricht einem BIP-Anteil von 10,5%. Davon entfielen 161 Mrd. Euro oder 61,2 % auf die GKV. Die Bedeutung der Gesundheitswirtschaft im Branchenvergleich bezeugt Tabelle 14:

Tabelle 14: Die Gesundheitsbranche – ein Schwergewicht, Basisjahr 2006

	Nettowertschöpfung in Mrd. Euro	**Beschäftigte**	**Nettowertschöpfung pro Kopf in Euro**
Gesundheit	**215**	**4,3 Mio.**	**50.000**
Krankenhaus	**41**	**1,1 Mio.**	**38.450**
Fahrzeugbau (inklusive Zulieferer)	**75,1**	**970 Tsd.**	**67.630**
Maschinenbau	**61,7**	**962 Tsd.**	**64.140**
Bau	**26,7**	**639 Tsd.**	**41.780**
Produzierendes Gewerbe (ohne Bau)	**539**	**7,9 Mio.**	**68.227**

Quelle: Eigene Darstellung. Basisjahr ist 2006. Die Daten stammen aus GBE (2010b); StBA (2008c). Die Nettowertschöpfung misst die in den Sektoren erwirtschafteten Arbeitsentgelte und Gewinne.

Interessant ist, dass schon heute wesentlich mehr Menschen in der Gesundheitswirtschaft beschäftigt sind als in den mit Deutschland oft verbundenen Branchen Fahrzeugbau und Maschinenbau.

Die Konsequenz für Beschäftigung und Wertschöpfung aus dem prognostizierten Ausgabenzuwachs der bisherigen Analyse lässt sich im Branchenvergleich gut anhand einer Matrix darstellen (Abbildung 33):[2401]

2400 Für die Zahlen vgl. BMG (2010f).

2401 Allein im Krankenhaus werden bis 2030 10 % mehr Fälle behandelt als heute, sollte eine Morbiditätskompression nicht gelingen, vgl. Bräuninger, D. und Rakau (2010), S. 19.

Abbildung 33: Gewinner- und Verliererbranchen bis 2030

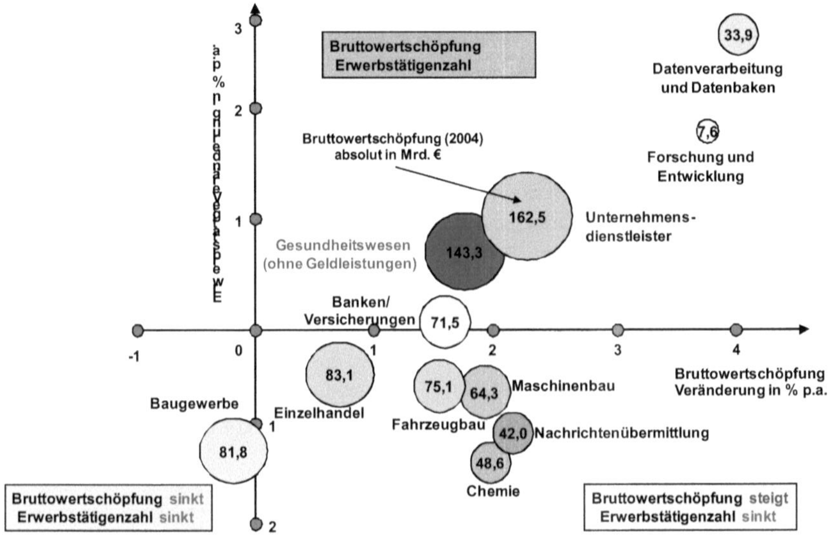

Quelle: Eigene Darstellung angelehnt an PROGNOS (2007), S. 5.

Der Gesundheitssektor ist *arbeitsintensiv* und beschäftigt einen hohen *Frauenanteil.*[2402,2403] Die Gefahr der *Verlagerung von Arbeitsplätzen* ist *gering*. Patienten werden i. d. R. vor Ort behandelt. Dabei eröffnet v. a. die begrenzte Möglichkeit, im Rahmen der Gesundheitsversorgung Arbeit durch Kapital zu substituieren, in einem *wachsenden Gesundheitsmarkt Beschäftigung.*[2404]

2402 Im Jahr 2008 waren von den 4,6 Mio. Beschäftigten bei enger Definition ca. 75 % weiblich, vgl. BMG (2010f). Das sind 11,5 % aller Erwerbstätigen. Wenn man die dritte Schicht respektive den zweiten Gesundheitsmarkt hinzunimmt, arbeiten rund 5,4 Mio. Menschen in der Gesundheitswirtschaft. Für eine umfassendere Analyse der Arbeitsplätze nach Sektoren, Vollzeit versus Teilzeit usw. siehe Afentakis und Böhm (2009).

2403 Da die Erwerbstätigenquote bei Frauen im internationalen Vergleich niedrig ist, trifft der vorhergesagte Fachkräftemangel Deutschland in diesem Bereich weniger, da ein größeres Beschäftigungspotenzial versus Ländern mit hoher Frauenerwerbsquote gegeben ist. Ausführlich zum großen Potenzial der stärkeren Aktivierung von Frauen siehe Penske (2006), S. 149-151. Auch bei älteren Arbeitnehmern ist die Erwerbsbeteiligung in Deutschland im internationalen Vergleich gering, vgl. Rothgang (2009), S. 101. Die Gesundheitswirtschaft hilft, die Arbeitskraft zu erhalten und bietet Jobs für Ältere an. Zuwanderung selbst ist in der nötigen Größenordnung keine Option, den Fachkräftemangel zu bekämpfen und die Sozialsysteme nachhaltig zu stabilisieren, vgl. zu allen Punkten Abschnitt 3.2.4.2.

2404 Von 2004 bis 2020 prognostizieren Ostwald und Ranscht einen Anstieg der Beschäftigung um 7,8 %, der sich v. a. auf Versorgungseinrichtungen mit 13,2 % mehr Arbeitsplätzen konzentriert, während Pharmaarbeitsplätze und Beschäftigung in der Medizintechnikindustrie um

Hervorzuheben sind die *regional breit gestreuten Arbeitsplätze.*[2405] Krankenhäuser sind z. B. in vielen kleineren Orten und / oder strukturschwachen Gebieten der größte Arbeitgeber. Dabei zählen nicht nur die direkt Beschäftigten, sondern auch die zunehmend ausgelagerten Bereiche wie Küche oder Reinigung.[2406] Durch die hohe regionale Bedeutung ist von der regional verankerten *politischen Basis zunehmender Druck* auf die Spitzenpolitiker zu erwarten, die Branche zu fördern.

Eine *Deregulierung des Krankenversicherungssystems* mit größeren Spielräumen aller Akteure und damit verbunden die Vorfahrt des Wettbewerbs, wie im *Referenzmodell vorgeschlagen*, ist zur Realisierung der beschriebenen Potenziale in der Gesundheitswirtschaft notwendig![2407]

---

18 % bzw. 13,8 % schrumpfen. Vgl. Ostwald und Ranscht (2007), S. 55-56. Siehe auch Reiners, der die „Beschäftigungslokomotive" Gesundheitswesen breiter diskutiert, vgl. Reiners (2009b), S. 32-34. Ob damit die Gesundheitswirtschaft als 6. Kondratieff-Zyklus bezeichnet werden kann, ist offen. Siehe für den Wegbereiter der Anwendung der Theorie langer Wellen auf den Gesundheitssektor Nefiodow (2001), Kapitel 3. Für das Jahr 2030 sagen Henke et al. für alle drei Schichten des Referenzmodells voraus, dass jeder fünfte in der Gesundheitswirtschaft arbeitet und jeder achte Euro hier verdient wird, siehe Henke et al. (2009), S. 31.

2405 Für die Bedeutung der Gesundheitswirtschaft gemessen in den Dimensionen BIP und Beschäftigung deutschlandweit, in Bayern und einem Musterlandkreis in Bayern siehe Neubauer, G. et al. (2007), S. 5-13. Selbst in Großstädten ist die Gesundheitswirtschaft oft der größte Arbeitgeber, vgl. für München Stadt und Land Neubauer, G. und Lewis (2006), S. 161-163.

2406 Auf 100 Vollzeitkräfte im Krankenhaus kommen bis zu 50 weitere beschäftigte außerhalb, vgl. ausführlicher Bräuninger, D. und Rakau (2010), S. 15.

2407 Vgl. auch Straubhaar und Vöpel (2007), S. 141-142.

8 Fazit und Ausblick auf die 17. Legislatur

8.1 Fazit der Analyse des deutschen dualen Systems

Das *deutsche Krankenversicherungssystem* ist in seiner spezifischen parallelen Ausprägung zweier substitutiver Versicherungstypen, nämlich GKV und PKV, *weltweit einmalig*. Besondere Merkmale *in der PKV* sind das *Kapitaldeckungsverfahren* und der dort *nicht vorhandene Vertragsmarkt*. Die ursprüngliche Sozialversicherung zur Zeit Bismarcks war zur Absicherung der Schutzbedürftigen gedacht und enggefasst. Mehr als 75 % der Deutschen sind dagegen heute gesetzlich pflichtversichert, was de facto eine *Volksversicherung* ist.

Seit dem GRG, also seit ca. 20 Jahren, ist *Konvergenz zu beobachten*. Das GKV-WSG verstärkte diese Entwicklung, klar erkennbar durch die Ausweitung der monetären Wahltarife in der GKV und die Einführung des Basis-Tarifs in der PKV. Die PKV wird zunehmend reguliert und die GKV zunehmend dereguliert. Eine *konsistente Strategie* des *Gesetzgebers* zur Ordnung des dualen Krankenversicherungssystems ist *nicht feststellbar*.

Als umworben im *Systemwettbewerb* gilt die *kleine Gruppe* alleinstehender, junger, gutverdienender gesunder Personen. Diese haben durch die Wahlalternative die Chance auf größere Präferenzengerechtigkeit. Zentraler Entscheidungsparameter ist der Preisvergleich zwischen Prämie und Beitrag.

Weder die GKV noch die *PKV* sind in *allen Teilmärkten allokativ effizient*. Ein gegenseitiger Nutzen aus dem Systemwettbewerb ist nicht zu erkennen. Ein *Systemwettbewerb funktioniert nicht*, da die beiden Versicherungstypen zu verschieden sind. Ein Systemwettbewerb um Zusatzversicherungen ist aus diesem Grund abzulehnen.

Auf dem *Finanzierungsmarkt* weist die PKV eine geringe Wettbewerbsintensität auf, die maßgeblich durch die geringe Portabilität von Alterungsrückstellungen bedingt ist. Die Nachteile der GKV wegen Rent-Seeking durch Attrahieren guter M-RSA Risiken werden mehr als ausgeglichen durch einen scharfen Preiswettbewerb.

Ein *Vertragsmarkt* kommt nur in der GKV vor, wo idealtypisch eine ausgeprägte Anbietersteuerung stattfindet. Die Krankenkassen drängen über kollektive und zunehmend selektive Verträge auf Prozessinnovationen, um Ausgaben zu dämpfen und ihre kassenindividuelle Wettbewerbsposition zu stärken. Im Zeitraum von 1995 bis 2008 sind die Ausgaben je Versicherten in der GKV durch die Angebotssteuerung geringer gewachsen als in der PKV. Positive externe Effekte z. B. durch Festbeträge sind für die PKV festzuhalten.

Punkten kann die PKV im *Leistungsmarkt*, da eine präferenzengerechtere Versorgung den Privatpatienten möglich ist. Die Gefahr von Moral Hazard ist durch Selbstbeteiligung reduziert. Nachteilig ist die stärkere Angebotsinduktion in der PKV wegen ungedeckelter Einzelleistungsvergütungen, katalysiert durch die budgetierte GKV als eine Art externer Effekt.

Transaktionskosten sind in einem dualen System mit *mindestens zwei Bürokratien* höher. Die GKV ist insgesamt das allokativ effizientere System, wofür v. a. erhebliche Nachteile der PKV im Finanzierungs- und Vertragsmarkt sprechen. Damit ist noch keine Aussage über die Gerechtigkeit und Nachhaltigkeit des dualen Systems getroffen.

Bedarfsgerechtigkeit im dualen System ist en gros weitestgehend gegeben, wenn auch regional Unterversorgung droht. Besserer Service und größere Wahlfreiheit in der PKV sind leistungsgerecht. Eine Zweiklassenmedizin ist insofern akzeptabel.

Fiskalische Äquivalenz ist nicht gegeben, weil die Subventionen an die PKV durch Risikoselektion und den Abgang der leistungsfähigsten Personen von der GKV zur PKV größer sind als die für die Sicherung der bedarfsgerechten Versorgung anzurechnenden Mehrumsätze.

Innerhalb der GKV wird dem *Leistungsfähigkeitsprinzip* entsprochen, das kein Anliegen der PKV ist. Ohne GKV wäre die Ausblendung des Leistungsfähigkeitsprinzips in der PKV nicht möglich. M. a. W. bräche das Geschäftsmodell Privatversicherung ohne die in der GKV versammelten finanziell schwächeren Personen und schlechten Risiken zusammen.

In der PKV liegt *Generationengerechtigkeit* vor, die gleichzeitig Kondition für Nachhaltigkeit ist. Jeder Privatversicherte sorgt für sich selbst vor, während die im Verbund mit dem MTF ausgabensteigernde doppelte Alterung für die GKV existenzgefährdend zur Auflösung des Generationenvertrags führen könnte. Prospektiv ergäben sich in der GKV Beitragsätze für Sozialversicherungen über 50 %. Eine gut konstruierte *Kapitaldeckung* als Individualvorsorge sollte neben der größeren Generationengerechtigkeit auch wegen größerer Transparenz und der Prämienglättung als Schutz vor Überforderung im Alter in der GKV eingeführt werden.

Die *Ausgaben je Versicherten steigen* in der *PKV stärker* an als in der *GKV*. Dies ist unproblematisch, weil der Preis der PKV, bei garantierten höheren Leistungen, auch langfristig für viele Berufsanfänger niedriger als in der GKV ist. Die Bezahlbarkeit der Prämien im Alter ist durch die dynamischen Elemente in der Kalkulation, den Tarifwechsel innerhalb eines Unternehmens und den Basistarif anzunehmen.

Bereits ohne die Existenz der PKV wäre die GKV gefährdet. Für die leistungsfähigsten Personen mit Einkommen oberhalb der VPG und guter Gesundheit wird die *Exit-Option* durch steigende Beiträge verknüpft mit geringer Generationengerechtigkeit in der GKV attraktiver. Verlässt eine ausreichend große Anzahl die GKV, droht der Versicherungstyp zusammenzubrechen. Die GKV und damit das duale System, da ohne GKV auch keine PKV heutigen Zuschnitts Zukunft hat, scheitern.

Die *GKV* hat auf der Finanzierungs- und Leistungsseite *größere systemkonforme Möglichkeiten* zur Steigerung der *Nachhaltigkeit*. Angesichts der Demographie in Kombination mit dem MTF dürften die Maßnahmen dennoch nicht genügen, Generationengerechtigkeit und Attraktivität gegenüber der PKV herzustellen. Allokative Verzerrungen in den Teilmärkten und die Notwendigkeit der Bestimmung eines fairen Ausgleichbetrags werden dadurch jedoch nicht gelöst.

Nur eine *einheitliche Grundversorgung* als Basis eines Schichtensystems und Vereinigung der Vorteile der Versicherungstypen in den Teilmärkten schafft eine unverzerrte, gerechte und zukunftssichere Gesundheitsversorgung der Bevölkerung. Ein System für alle erübrigt Abgrenzungsprobleme von Schutzbedürftigkeit und eine Feinjustierung des Finanzausgleichs zwischen zwei Systemen. Darüber hinaus werden Transaktionskosten minimiert.

8.2 Ausblick auf die 17. Legislaturperiode

Wie geht es nun in der 17. Legislaturperiode mit dem deutschen dualen Krankenversicherungssystem weiter? Der *Regierungswille* drückt sich im am 26.10.2009 unterzeichneten *Koalitionsvertrag* aus, der zwar nicht völlig unumstritten innerhalb der schwarz-gelben Koalition ist, jedoch in weiten Teilen von allen drei Regierungsparteien goutiert wird. Bis Stand Ende Mai 2010 lagen desweiteren *Eckpunkte zur Umsetzung des Koalitionsvertrags für die Arzneimittelversorgung* vor. Die Reformagenda wird in einem Dreischritt Leistungsseite, Finanzierungsseite der GKV und Verhältnis GKV zu PKV beschrieben und auf Basis der in der Dissertation gewonnenen Erkenntnisse beurteilt. Dabei wird die Leistungsseite anhand der Sektoren ambulant-ärztlich, akut-stationär und Arzneimittel analysiert.

Laut Koalitionsvertrag steht im Mittelpunkt jeder Reform der „Wettbewerb um Leistungen, Preise und Qualität. Auf der Versicherungs-, Nachfrage- und Angebotsseite werden die Voraussetzungen für einen funktionsfähigen Wettbewerb um innovative und effiziente Lösungen geschaffen".[2408] Diese Kernaussage entspricht dem *Ziel*, in *allen Teilmärkten* den *Wettbewerb* zu *stärken*. Maßstab der Beurteilung der Leistungsseite ist daher, inwiefern die Konkretisierung im Koalitionsvertrag in den einzelnen Leistungsbereichen diesem Leitbild entspricht.

Zum *ambulant-ärztlichen* Bereich wird ausgesagt: „Die Freiberuflichkeit der ärztlichen Tätigkeit ist ein tragendes Prinzip unserer Gesundheitsversorgung. Die freie Arztwahl ... Ausdruck eines freiheitlichen Gesundheitswesens. ... „Medizinische Versorgungszentren (MVZ) sollen nur unter bestimmten Voraussetzungen zugelassen werden. ... Wesentlich ist dabei v. a., dass die Mehrheit der Geschäftsanteile und Stimmrechte Ärztinnen und Ärzten zusteht. ... überprüfen ... Notwendigkeit für Richtgrößen für ärztliche Verordnungen."[2409] Der Wettbewerb wird durch die Fokussierung auf den niedergelassenen Arzt als Freiberufler eingeschränkt, was insb. bei MVZ's deutlich wird. Ein *ergebnisoffener Wettbewerb* um die *beste Organisation der Leistungserbringung* findet *nicht* statt. Wenn Freiberufler die Versorgung besser gestalten können als andere Unternehmensformen, werden sie sich am Markt durchsetzen. Letztlich sollten die Versicherten bzw. Patienten entscheiden, welche Organisationsform für sie am

2408 Koalitionsvertrag (2009), S. 87.

2409 Koalitionsvertrag (2009), S. 87-88.

besten ist. Begrüßenswert ist das Primat der freien Arztwahl und die Stärkung der Therapiefreiheit durch die Überprüfung von Richtgrößen, möglicherweise konkretisiert durch ein künftiges Gebot der Verschreibung von Wirkstoffen.

Problematisch ist die Passage „Wir werden nach drei Jahren feststellen, wie viele Hausarztverträge deutschlandweit abgeschlossen worden sind“, die den derzeitigen zu Recht kritisierten § 73b SGB V nicht infrage stellt.[2410] Eine *Vorfahrt für Selektivverträge*, wie im Referenzmodell gefordert, ist *nicht verankert*. Die Absicht einer *Dezentralisierung* ist jedoch *inkorporiert:* „Der in manchen Regionen sich abzeichnenden Unterversorgung ... muss wirksam begegnet werden. Dazu werden die Voraussetzungen geschaffen, damit die Gemeinsame Selbstverwaltung die Bedarfsplanung zielgerichtet weiterentwickeln kann“ und „Die Kassenärztlichen Vereinigungen müssen künftig mehr Flexibilität bei der Gestaltung der Vergütung erhalten, um dem Versorgungsauftrag vor Ort besser Rechnung tragen zu können. ... Die Aufgaben des Spitzenverbandes Bund der Krankenkassen sollen sich auf Bereiche konzentrieren, die gemeinsam und einheitlich durchgeführt werden müssen“.[2411]

Relativ knapp wird die Krankenhausversorgung adressiert: „Deutschland braucht leistungsfähige Krankenhäuser für eine hochwertige, innovative, flächendeckende und wohnortnahe Patientenversorgung. Der Prozess einer besseren Verzahnung der Sektoren wird fortgesetzt. ... Das Verfahren, das die Zulassung von Krankenhäusern zur ambulanten Versorgung bei hochspezialisierten Leistungen ... regelt, wird kritisch überprüft und gegebenenfalls präzisiert. ... Die Leistungsfähigkeit der Krankenhäuser in den Regionen muss bei verlässlicher Investitionsfinanzierung gewahrt bleiben. ... Bundeseinheitliche Preise werden abgelehnt.“[2412] *Positiv* ist der Wunsch, eine *stärkere Vernetzung der Sektoren* zu erreichen, was jedoch mit den sektorales Denken fördernden Regelungen zu den MVZ's konfligiert. Begrüßenswert ist die Absage an bundeseinheitliche Preise.

Insgesamt fällt die Bilanz aber *negativ* aus, da weder selektive Verträge installiert noch klare Vorgaben zur Überwindung respektive Optimierung der dualen Finanzierung gemacht werden. Erschwerend kommt bei jeder Reform im Krankenhausbereich hinzu, dass die Bundesländer durch die Krankenhausplanung in Gesetzesvorhaben über den Bundesrat ein Vetorecht haben, was nach dem Verlust der Bundesratsmehrheit durch die NRW-Wahl am 09.05.2010 besonders berücksichtigt werden muss.

Analog zur ambulant-ärztlichen Versorgung bekennt sich die Regierungskoalition zur Freiberuflichkeit von Apothekern: „Die freiberuflichen Apothekerinnen und Apotheker spielen für eine gute Arzneimittelversorgung eine zentrale und wichtige Rolle. Eine Änderung des bestehenden Mehr- und Fremdbesitzverbotes lehnen wir deshalb ab. Wir werden die Auswüchse beim Versandhandel bekämpfen, indem wir die Abgabe

2410 Koalitionsvertrag (2009), S. 88.

2411 Koalitionsvertrag (2009), S. 88,92.

2412 Koalitionsvertrag (2009), S. 89.

von Arzneimitteln in den sog. Pick-up Stellen verbieten."[2413] Gegenüber dem Status quo soll nicht nur das den Wettbewerb einschränkende Mehr- und Fremdbesitzverbot erhalten bleiben, sondern auch der Versandhandel zurückgeführt werden. Erneut werden die Betriebstypen und Unternehmensformen eingeschränkt.

Weiter heißt es: „Die Vielzahl der sich zum Teil widersprechenden Instrumente, die den Arzneimittelmarkt regeln, werden wir überprüfen. Die Überregulierung wird abgebaut. Der Arzneimittelmarkt wird unter patienten-, mittelstandsfreundlichen und wettbewerblichen Kriterien effizient neu geordnet. ... Die Chancen innovativer Arzneimittel ... besser nutzen, ohne dabei die Finanzierung der Krankenversicherung zu gefährden. Vereinbarungen zwischen Krankenversicherung und pharmazeutischen Herstellern können ein Weg sein, um dieses Ziel zu erreichen."[2414] *Konkretisiert* wird diese Passage durch die Eckpunkte zur Umsetzung des Koalitionsvertrags für die Arzneimittelversorgung vom 28.04.2010, die neben den obligatorischen Preismoratorien und Rabatterhöhungen insb. die Erstattung innovativer Arzneimittel thematisieren.[2415]

Eine *Deregulierung* ist zu *begrüßen* ebenso wie die *nach einem Jahr* freier Preisbildung *zwingenden Verhandlungen* über den Herstellerabgabepreis *patentgeschützter* neuer Arzneien. Verhandlungen können auch für sich bereits auf dem Markt befindende Medikamente angestrengt werden. Flankierend ist bei Markteinführung *sofort* eine *Nutzenbewertung* durchzuführen, die bei fehlendem Mehrnutzen versus Therapiealternativen sofort zur Einstufung in eine Festbetragsgruppe führt. Sollte es bei einem Zusatznutzen zu keiner Einigung über Verhandlungen kommen, wird eine *KNB* innerhalb von *drei Jahren* durchgeführt. Konkretisiert in den Eckpunkten wird auch die Zukunft der *Rabattverträge*. Die vorgeschlagene Zuständigkeit der Zivilgerichte über den Primat des *Wettbewerbsrechts* ist *sachgerecht* und kann einer drohenden Oligopolisierung entgegen wirken, was als Mittelstandsschutz interpretiert werden kann. Aus *Versichertensicht* ist ausdrücklich die avisierte *Mehrkostenregelung* bei Rabattarzneien zu *begrüßen*. Wer ein teureres Medikament haben möchte, muss den Aufpreis zahlen.

„Wir wollen, dass die Krankenversicherungen genügend Spielraum erhalten ... regionalen Besonderheiten gerecht zu werden. ... Beitrag und Leistung müssen in einem adäquaten Verhältnis stehen. ... Langfristig wird das bestehende Ausgleichssystem überführt in eine Ordnung mit ... einkommensunabhängigen Arbeitnehmerbeiträgen, die sozial ausgeglichen werden. Weil wir eine weitgehende Entkoppelung der Gesundheitskosten von den Lohnzusatzkosten wollen, bleibt der Arbeitgeberanteil fest."[2416] *Alle formulierten Elemente* entsprechen den in der *Untersuchung gewonnenen Erkenntnissen*. Die Endstufe des Referenzmodells „risikoäquivalente Beiträge" wird nicht erreicht, eine *Pauschale* ist jedoch ein wesentlicher Zwischenschritt der

2413 Koalitionsvertrag (2009), S. 87.

2414 Koalitionsvertrag (2009), S. 87.

2415 Vgl. BMG (2010b).

2416 Koalitionsvertrag (2009), S. 85-86.

Umstellung. Problematisch ist an einer schrittweisen Einführung der Pauschale die Intransparenz und zusätzliche Bürokratie durch die parallele Pauschale und einkommensabhängige Beitragserhebung.

Ob es zu einer Einführung einer Arbeitnehmerpauschale kommt, ist angesichts des Wahlausgangs in *NRW* noch unwahrscheinlicher geworden. Neben der starken *innerkoalitionären Opposition* durch die *CSU* ist mit dem Verlust der Mehrheit im Bundesrat eine umfassende Reform der Finanzierungsseite quasi zum Scheitern verurteilt. SPD, Bündnis 90 / die Grünen und die LINKE sind vehemente Gegner jedweder Abkehr von einem innerhalb der GKV durchgeführten Einkommensausgleich. Überlegungen der Regierung, Gesetze so zuzuschneiden, dass die Zustimmung des Bundesrates nicht nötig ist, hängen vom Umfang und deren konkreten Ausgestaltung ab. Umgehungsstrategien sind bspw. die Durchführung des Sozialausgleichs durch die Krankenkassen ohne Einbezug der unter Länderhoheit agierenden Finanzämter, eine höher als nötige Pauschale oder die Anhebung der BBG.

Das Versprechen zur Steuerfinanzierung wegen der Belastungen durch die Finanz- und Wirtschaftskrise „Krisenbedingte Einnahmenausfälle dürfen nicht alleine den Versicherten aufgebürdet werden, deshalb werden gesamtstaatliche flankierende Maßnahmen zur Überbrückung der Krise erfolgen" wurde mit der Verabschiedung eines außerplanmäßigen Bundeszuschusses i. H. v. 3,9 Mrd. Euro für das Jahr 2010 bereits eingelöst.[2417] Eine *Steuerfinanzierung* wird immer von den Privatversicherten mitfinanziert und ist gegenüber einer *Ausgliederung versicherungsfremder Leistungen inferior*, was beides Argumente für einen externen, zielgenauen und transparenten Sozialausgleich sind. *Pauschalen* machen ferner *Konjunkturhilfen* überflüssig, da das *bedarfsgerechte Aufkommen konstant* bleibt. Freilich ist der Sozialausgleich konjunkturabhängig.

Positiv ist die avisierte Einführung der *Kapitaldeckung* in der sozialen *PV*: „In der Form der Umlagefinanzierung kann die Pflegeversicherung jedoch ihre Aufgabe, allen Bürgern eine verlässliche Teilabsicherung der Pflegekosten zu garantieren, auf Dauer nicht erfüllen. Daher brauchen wir neben dem bestehenden Umlageverfahren eine Ergänzung durch Kapitaldeckung, die verpflichtend, individualisiert und generationengerecht ausgestaltet sein muss."[2418] Für den Erfolg des Vorhabens ist die Ausgestaltung en detail wichtig. Als *Benchmark* kann die Einführung der *individuellen Riester-Rente* als *kapitalgedeckte Ergänzung* der GRV dienen, die privatwirtschaftlich organisiert ist. Die Alternative einer kollektiven Finanzierung ist mit dem Koalitionsvertrag ausgeschlossen.

Das Bekenntnis zu mehr *Eigenverantwortung* und die Stärkung des *Äquivalenzprinzips*, formuliert durch „Beitrag und Leistung müssen in einem adäquaten Verhältnis stehen. Es braucht zudem Anreize für kosten- und gesundheitsbewusstes Verhalten. Die Versicherten sollen auf der Basis des bestehenden Leistungskatalogs soweit wie

---

2417 Koalitionsvertrag (2009), S. 86.

2418 Koalitionsvertrag (2009), S. 93.

möglich ihren Krankenversicherungsschutz selbst gestalten können" in Kombination mit „Wir wollen die Transparenz für Ärztinnen und Ärzte sowie Versicherten erhöhen. Deshalb wollen wir die Möglichkeiten der Kostenerstattung ausweiten. Es dürfen dem Versicherten durch die Wahl der Kostenerstattung keine zusätzlichen Kosten entstehen" sowie „Wir wollen mehr Transparenz und Orientierung für Patientinnen und Patienten sowie Versicherte … über Qualität, Leistung und Preis. … Wir wollen die individuellen Wahlmöglichkeiten und Entscheidungsspielräume der Patientinnen und Patienten sowie der Versicherten erweitern. Bei Leistungen des Zahnersatzes, bei Arzneimitteln und bei Leistungen zur medizinischen Rehabilitation sind die Erfahrungen mit Festzuschüssen, Festbeträgen und Mehrkostenregelungen überwiegend positiv. Daher werden wir prüfen, wo darüber hinaus Mehrkostenregelungen sinnvoll und geeignet zum Tragen kommen können …ohne … zu überfordern",[2419] entspricht dem *Menschenbild im Referenzmodell.*

Risikoäquivalente Prämien, interpretierbar aus der avisierten Stärkung des Äquivalenzprinzips, sind in der *Zusammenschau nicht gemeint. Selbstbehalte* oder Beitragsrückerstattungen innerhalb der GKV sind daher *nicht zielführend. Kostenerstattung* wiederum *alleine* hat keine positiven Effekte. Die *Mehrkostenregelung* durch die Ausdehnung von Festzuschüssen ist dagegen positiv einzustufen und geht *konform* mit dem *Referenzmodell.*

Pauschalen und größere Freiheiten für GKV-Patienten haben Auswirkungen auf die *PKV.* Gerade *Pauschalen* führen zu *geringeren Beiträgen* der *Gutverdiener*, die bei einer Umstellung des Arbeitnehmerbeitrags auf Pauschalen vor dem Sozialausgleich so viel wie Geringverdiener zahlen müssten. Dies gilt unabhängig von der Ausgestaltung insb. für Einpersonenhaushalte. Angesichts einer Subventionierung der GKV an die PKV und des Abgangs der finanziell Stärksten zur PKV ist eine höhere Attraktivität der GKV zu unterstützen. Hier wird die *Inkonsistenz des Koalitionsvertrags* am deutlichsten, da gleichzeitig die *Wechselfrist reduziert wird*: „Ein Wechsel in die private Krankenversicherung wird zukünftig wieder nach einmaligem Überschreiten der Jahresarbeitsentgeltgrenze möglich sein."[2420] Einerseits stärkt man die GKV indirekt über Pauschalen, andererseits wird der Wechsel zur PKV erleichtert.

Die *relative Stärkung der PKV* wird deutlich mit „Neben der gesetzlichen Krankenversicherung sind für uns die privaten Krankenversicherungen als Voll- und Zusatzversicherung ein konstitutives Element in einem freiheitlichen Gesundheitswesen. Wir werden bei den Wahltarifen der gesetzlichen Krankenversicherung die Abgrenzung zwischen diesen beiden Versicherungssäulen klarer ausgestalten und die Möglichkeiten ihrer Zusammenarbeit beim Angebot von Wahl- und Zusatzleistungen erweitern".[2421] Dies ist Zeugnis zur *Wahrung des dualen Krankversicherungssystems.* Serviceorientierte Wahltarife, wie z. B. Wahlleistungen Krankenhaus, dürften demnach

---

2419 Koalitionsvertrag (2009), S. 86,88,90.

2420 Koalitionsvertrag (2009), S. 86.

2421 Koalitionsvertrag (2009), S. 86.

nicht mehr länger durch die GKV angeboten werden, was wegen der Verletzung des Solidarprinzips zu begrüßen ist.

Zusammenfassend enthält der Koalitionsvertrag *viele gute Ansätze*, die aber in *entscheidenden Punkten,* wie die Einführung einer Pauschale für den Arbeitnehmeranteil oder der Einstieg in die Kapitaldeckung, das *Gesetzgebungsverfahren so nicht passieren* werden. Auf der *Leistungsseite* sind insgesamt *Rückschritte* hin zu weniger Selektivverträgen und geringerem Wettbewerb um den besten Betriebstyp und / oder die beste Unternehmensform zu konstatieren. Die Eigenverantwortung des Versicherten soll zwar gestärkt werden, nur *fügen* sich die *einzelnen Elemente nicht ineinander.*

Wird nicht nur die GKV, sondern das *duale System* analysiert, fällt die *fehlende Gesamtstrategie* auf. Das ist an und für sich keine Verschlechterung gegenüber dem Status quo, *die Stärksten entziehen* sich *nach wie vor* dem *Einkommens- und Risikoausgleich*, weite Teile der *GKV* bleiben *umlagefinanziert.* Von einer transparenten, zielgenauen Verteilung der finanziellen Belastungen kann im dualen System weiterhin nicht die Rede sein. Angesichts der großen Ungerechtigkeiten in der Finanzierung und der drohenden massiven Ausgabensteigerungen ist die Wahrung des Status quo nicht genug.

Eine durch den Ausbau von Selbstbeteiligung und durch Steuerfinanzierung in Krisenzeiten allmählich *von selbst entstehende Zweiteilung des Marktes* in Basis- und Zusatzversorgung und der zunehmend *unter Druck geratende Generationenvertrag* wird schließlich unabhängig von der politischen Couleur eine *Systemänderung induzieren. Je länger* jedoch eine einheitliche Wettbewerbsordnung *aufgeschoben* wird und je später ein Einstieg in die Kapitaldeckung erfolgt, *umso schmerzhafter* werden die *Reformen.*

Anhang

Anhang 1: Einflussgrößen gesundheitlicher Outcomes

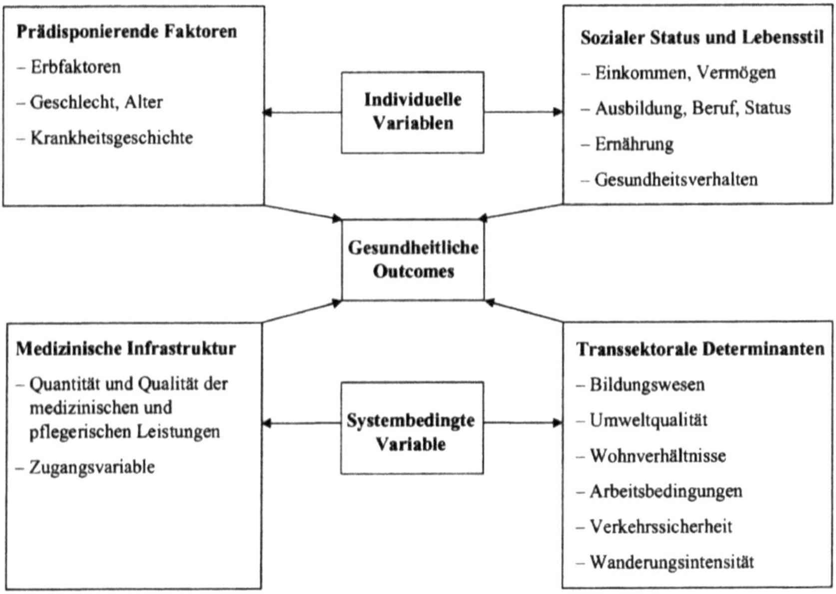

Quelle: SVRKAiG (2002a), Abb. 13.

Anhang 2: Altersaufbau der Bevölkerung in Deutschland

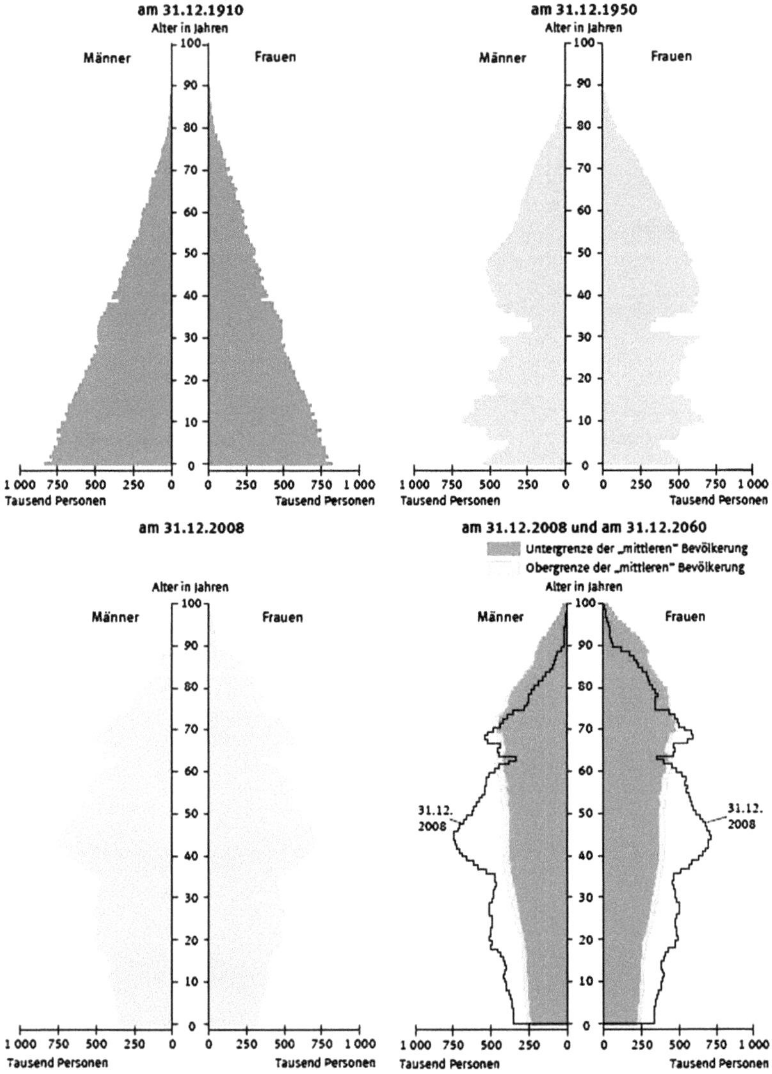

Quelle: StBA (2009a), Schaubild 3.

Anhang 3: Die historische Entwicklung des dualen Systems bis zum GKV-WSG

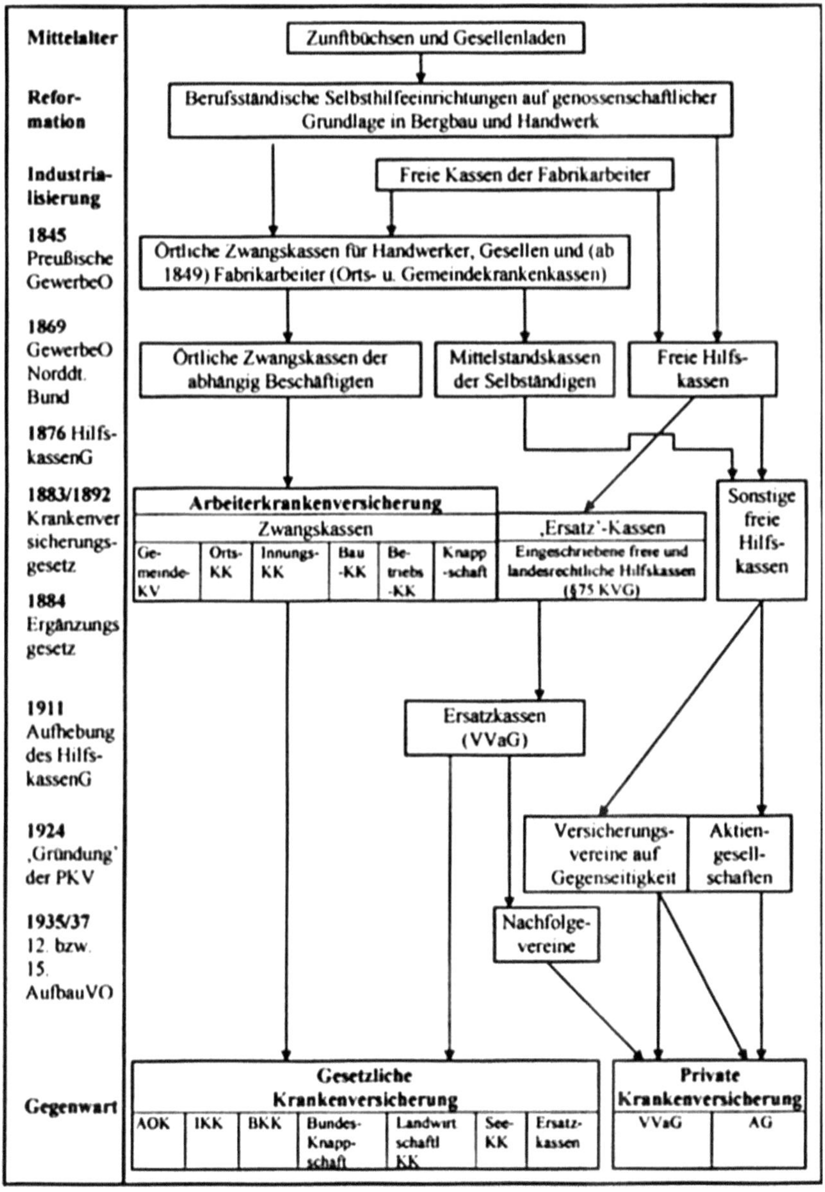

Quelle: Klingenberger (2001), S. 20.

Anhang 4: Altersprofil der Beiträge im Basistarif (Männer, Selbstbehalt 300 Euro) im Vergleich zum Normaltarif für das Jahr 2008

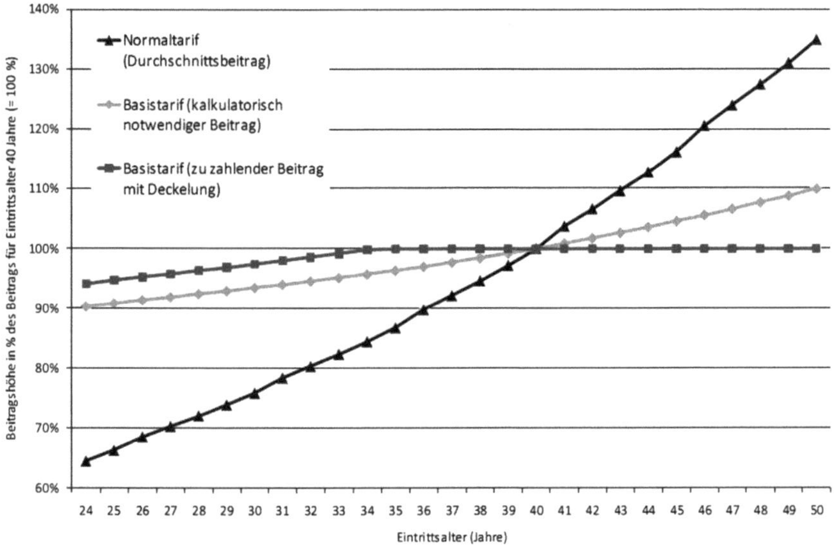

Quelle: Rürup et al. (2010), Abb. 29.

Anhang 5: Zuweisungskategorien und Verteilungskriterien

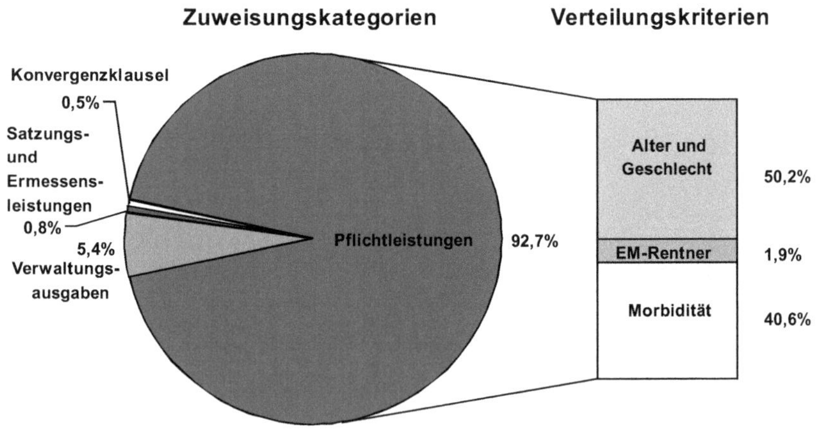

Quelle: Göpffarth (2009b), S. 32.

Anhang 6: Übersicht über die 2010 bisher feststehenden Landesbasisfallwerte

Stand: 06.05.2010

	Landesbasisfallwerte 2010							
	LBFW 2010 ohne Ausgleiche	Zahlbasis-fallwert	ab	Angleichung an BBFW	Ausgleichs-betrag	LBFW mit Ausgleichen	Art LBFW [1]	genehmigt mit Bescheid vom
Baden-Württemberg	2.977,75 €	-	01.03.	-	- 14,94 €	2.962,81 €	VB	18.02.2010
Bayern	2.982,60 €	-	01.01.	-	- 0,10 €	2.982,50 €	VB	15.12.2009
Berlin								
Brandenburg								
Bremen								
Hamburg				-	-			
Hessen [3]	2.968,56 €	-	01.01.	-	-16,50 €	2.952,06 €	VB	23.12.2009
Mecklenburg-Vorp.								
Niedersachsen	2.923,03 €	-	01.01.	-	-13,80 €	2.909,23 €	SST	28.12.2009
Nordrhein-Westfalen	2.895,00 €	-	01.03.	8,02 € [4]	-	2.895,00 €	VB	26.02.2010
Rheinland-Pfalz	3.120,00 €	-	01.01.	-9,22 €	-	3.120,00 €	VB	25.11.2009
Saarland	3.068,56 €	-	01.04.	-4,44 €	-	3.068,56 €	VB	30.03.2010
Sachsen	2.864,00 €	-	01.04.	13,56 €	-	2.864,00 €	VB	31.03.2010
Sachsen-Anhalt	2.884,00 €	-	01.03.	12,58 € [4]	-	2.884,00 €	VB	26.02.2010
Schleswig-Holstein	2.855,49 €	-	01.01.	19,35 €	-	2.855,49 €	VB	11.01.2010
Thüringen	2.867,40 €	-	01.02.	15,73 e	- 33,17 €	2.834,23 €	VB	29.01.2010

Quelle: AOK-Bundesverband (2010d). SST = Schiedsstelle, VB = Vereinbarung

Anhang 7: Stufen der Risikoerheblichkeit nach der Kölner Systematik der Krankheiten

Stufe	Ausprägung der Risikoerheblichkeit	Allgemeine Charakterisierung	Beispiele
0	ohne Einstufung	Einstufung nicht möglich oder Krankheit nicht versicherbar	Herzschwäche Hüftdysplasie Osteoporose
1	unerheblich	Krankheiten, die im allgemeinen für die Beurteilung des Risikos unerheblich sind	Mittelohrentzündung Nasennebenhöhlen-krankheiten Parodontose
2b 2d	leicht (befristet) leicht (dauernd)	Krankheiten, die nur für einen bestimmten Zeitraum oder aber dauernd als leicht risikoerheblich anzusehen sind	Anämie (b) Salmonellainfekt (b) Heuschnupfen (d)
3b 3d	mittelschwer (befristet) mittelschwer (dauernd)	Krankheiten, die nur für einen bestimmten Zeitraum oder aber dauernd als mittelschwer risikoerheblich anzusehen sind	Hypertonie (b) Sepsis (b) Rheumatismus (d)
4b 4d	schwer (befristet) schwer(dauernd)	Krankheiten, die nur für einen bestimmten Zeitraum oder aber dauernd als schwer risikoerheblich anzusehen sind	Trachom (b) Chronische Bronchitis(d) Arthrose (d)
5b 5d	sehr schwer (befristet) sehr schwer (dauernd)	Krankheiten, die nur für einen bestimmten Zeitraum oder aber dauernd als sehr schwer risikoerheblich anzusehen sind	Virusenzephalitis (b) Hepatitis (d) Diabetes mellitus (d)

Quelle: Münch (2003), S. 140.

Anhang 8: Zur Definition von Über-, Unter- und Fehlversorgung

Bedarf \ Leistung[a)]	wird fachgerecht erbracht	wird nicht fachgerecht erbracht	wird nicht erbracht[b)]
nur objektiver, kein subjektiver Bedarf (latenter Bedarf)	bedarfsgerechte Versorgung	Fehlversorgung	(latente) Unterversorgung
subjektiver und objektiver Bedarf	bedarfsgerechte Versorgung	Fehlversorgung	Unterversorgung (ggf. Fehlversorgung)
nur subjektiver, kein objektiver Bedarf	Überversorgung (ggf. Fehlversorgung)	Überversorgung und Fehlversorgung	bedarfsgerechte Versorgung

a) Annahme: Leistung mit gesichertem gesundheitlichen Netto-Nutzen und angemessener Nutzen-Kosten-Relation

b) Annahme: Es wird auch keine alternative Leistung erbracht

Quelle: SVRKAiG (2002b), Tab. 3.

Anhang 9: Altersstruktur in der privaten Pflegeversicherung im Jahr 2008

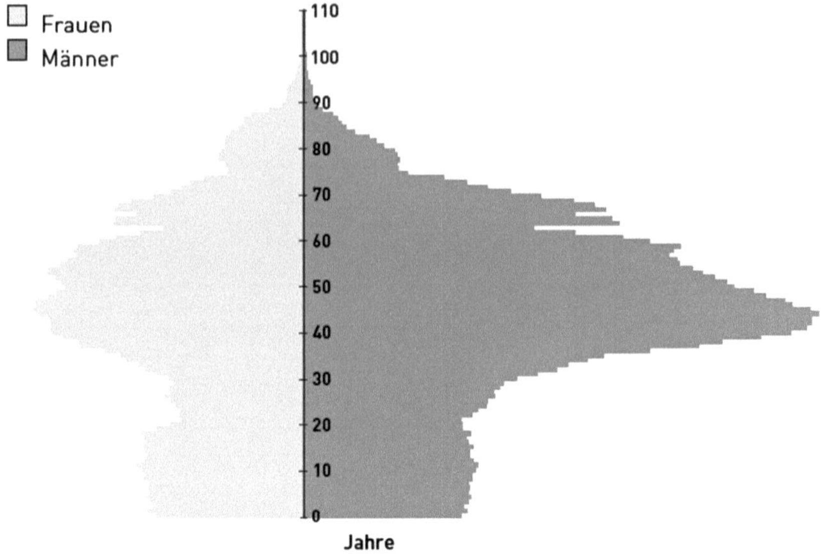

Quelle: PKV-Verband (2009f), S. 33.

Für die private Krankheitsvollversicherung wird das Alter über alle Versicherungen nicht erfasst. Da i. d. R. jeder Versicherte eine Krankheitsvollversicherung und private PV abschließt, sind die Werte der PV eine verlässliche Abschätzung für die Krankheitsvollversicherung.

Anhang 10: Vergütungsvergleich ambulant-ärztlicher Sektor

Vergleich der Ergebnisse zum Vergütungsverhältnis der Ärzte bei der Behandlung von PKV-Versicherten versus GKV-Versicherten					
Studie	Jahr des Vergleichs	Umrechnung GOÄ in EBM x*GOÄ-Einfachsatz= EBM	Umrechnung EBM in GOÄ y*EBM= 2,3*GOÄ-Einfachsatz	Überschätzung des Umrechnungs-faktors GOÄ in EBM	Gewichtung/ Mengen-verteilung
BASYS-Studie (BASYS 1993)	1991	1,02	2,25	Ja	PKV-Rechnungen nach GOÄ
Vergleich EBM-GOÄ-Ziffern (Niehaus/Weber 2005)	2001	0,59	3,9	Nein	PKV-Rechnungen nach GOÄ
Mehrumsatzstudien - (Niehaus/Weber 2005)	2001	0,98	2,35	Nicht eindeutig	PKV-Umsatz nach GOÄ und GKV-Umsatz nach EBM
	2002	0,99	2,32		
	2003	1,01	2,27		
- (Niehaus 2006a)	2004	0,91	2,53		
- (Niehaus 2006b)	2005	0,95	2,43		
- (Niehaus 2007)	2006	0,96	2,39		
Studie der Hans-Böckler-Stiftung (Walendzik et al. 2008)	2006	1,01	2,28	Ja	TK-Kostenerstattungs-patienten

Quelle: Niehaus (2009b), S. 30.

Entscheidend ist die dritte Spalte, die für vergleichbare Leistungen den Faktor der Höhervergütung in der PKV gegenüber der GKV anzeigt.

Anhang 11: Miethöhen für Wohnraum in Deutschland

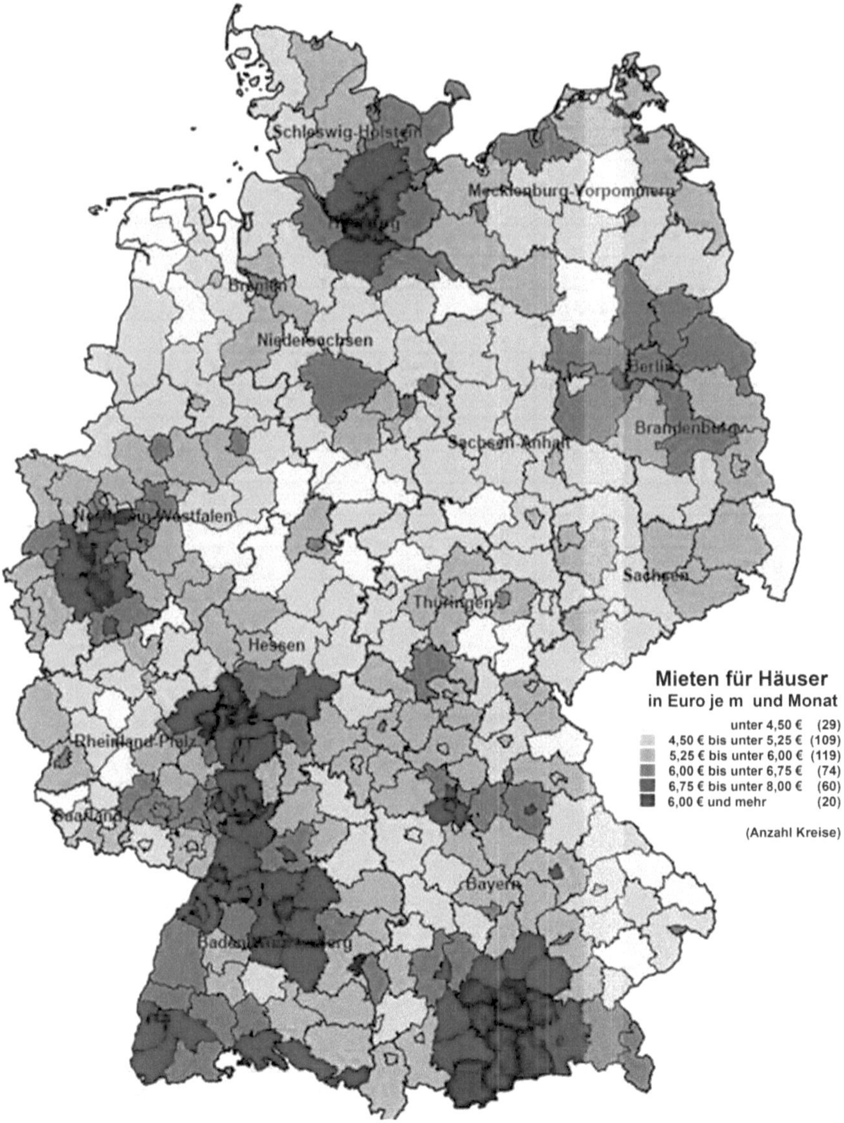

Quelle: F + B GmbH (2009), zitiert in Neubauer, G.; Pfister; et al. (2009), S. 53.

Die Mieten der Leistungserbringer sind Gewerbemieten. Eine räumlich vergleichbare Übersicht z. B. für Praxismieten wurde nicht gefunden.

Anhang 12: Kostenunterschiede zwischen den Krankenhäusern in den einzelnen Bundesländern (2008)

Bundesland	Kosten in Euro	Abweichung Bund
Baden-Württemberg	3.842	6,41%
Bayern	3.693	2,31%
Berlin	3.962	9,74%
Brandenburg	3.304	-8,49%
Bremen	3.867	7,11%
Hamburg	4.137	14,59%
Hessen	3.697	2,41%
Mecklenburg-Vorpommern	3.271	-9,39%
Niedersachsen	3.564	-1,27%
Nordrhein-Westfalen	3.528	-2,27%
Rheinland-Pfalz	3.487	-3,42%
Saarland	3.997	10,72%
Sachsen	3.260	-9,69%
Sachen-Anhalt	3.397	-5,91%
Schleswig-Holstein	3.652	1,16%
Thüringen	3.308	-8,36%
Deutschland	**3.610**	**0,00%**

Quelle: Eigene Darstellung, StBA (2009b).

Anhang 13: Generationenbilanz Deutschlands des Jahres 2005

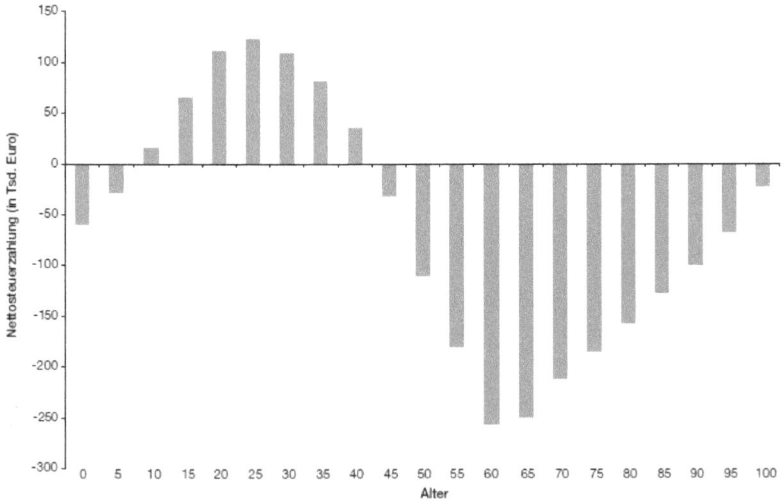

Quelle: Raffelhüschen et al. (2010), S. 4.

Anhang 14: Bildung der Alterungsrückstellung in der PKV nach dem GRG2000

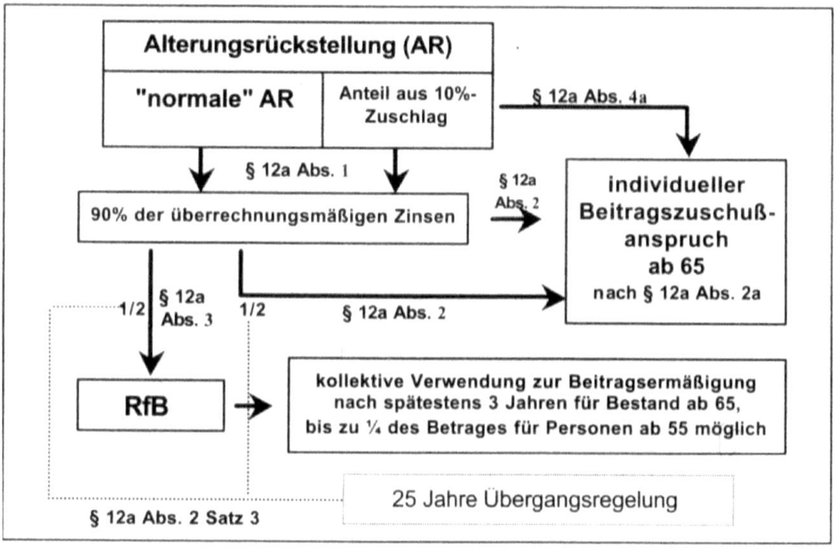

Quelle: Kirsten (2005), S. 52.

Anhang 15: Ausgabenstruktur der GKV im Jahr 1995

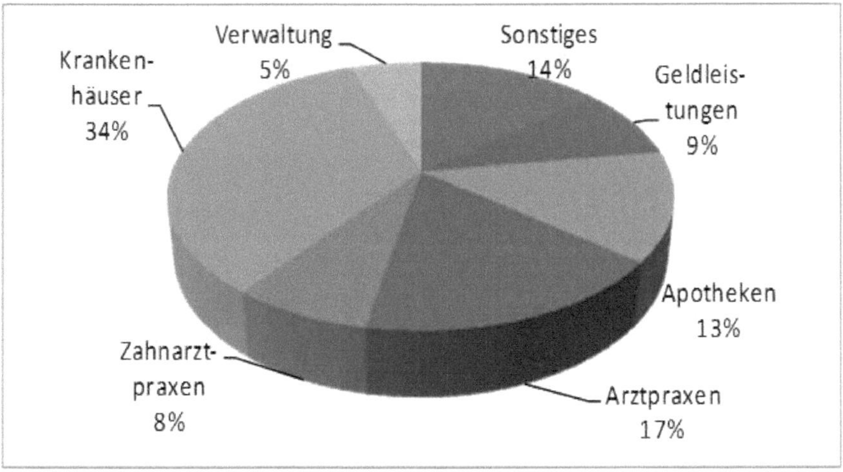

Quelle: Eigene Darstellung. Datenquelle: StBA (2010b).

Anhang 16: Ausgabenstruktur der PKV im Jahr 1995

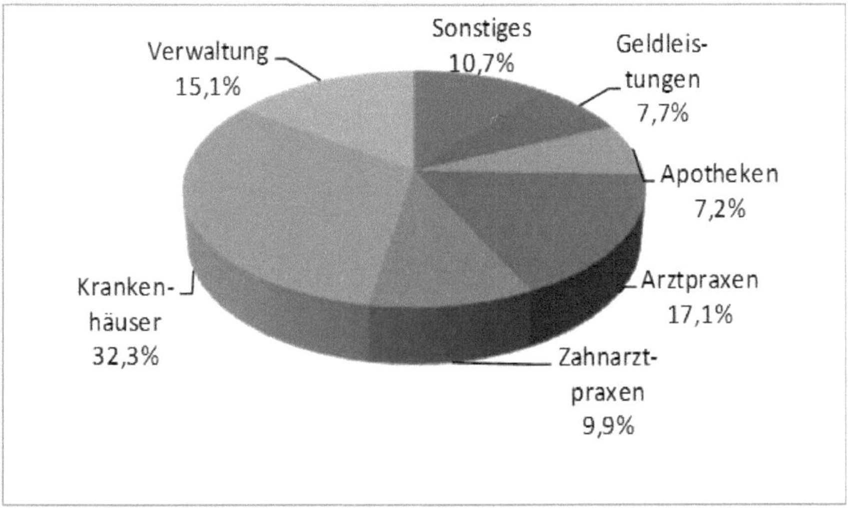

Quelle: Eigene Darstellung. Datenquelle: StBA (2010b).

Anhang 17: Zwiebelmodell der Gesundheitswirtschaft

Quelle: Eigene Darstellung angelehnt an Hilbert et al. (2002), S. 6.

Literaturverzeichnis

Aaron, Henry (1966): The social insurance paradox, *Canadian Journal of Economics and Political Science*, 32(3), S. 371-374.

Abelshauser, Werner (1996): Erhard oder Bismarck? Die Richtungsentscheidung der deutschen Sozialpolitik am Beispiel der Sozialversicherung in den fünfziger Jahren, *Geschichte und Gesellschaft*, 22, S. 376-392.

Abgeordnetenwatch (2010): Gesundheitsreform. Online unter: http://www.abgeordneten watch.de/gesundheitsreform-636-113.html zuletzt abgerufen am 17.03.2010.

Adam, Hans (2006): Substitution der Beihilfe duch Einbeziehung der Beamten in die Gesetzliche Krankenversicherung, *Zeitschrift für öffentliche und gemeinwirtschaftliche Unternehmen*, 29, S. 346-366.

Adam, Hans (2007a): Einkommenswachstum, steigende Gesundheitsausgaben und Finanzierung, in Henke, Klaus-Dirk (Hrsg.), *Jahrbücher für Nationalökonomie und Statistik - Themenheft Gesundheitsökonomie*, Lucius&Lucius, Stuttgart, S. 565-577.

Adam, Hans (2007b): Haushaltsbelastung aus der Krankheitsabsicherung der Beamten: Beihilfe versus Gesetzliche Krankenversicherung, in Adam, Hans; Behrens, Cornelia; Göpffarth, Dirk und Jochimsen, Beate (Hrsg.), *Öffentliche Finanzen und Gesundheitsökonomie: Festschrift zum 65. Geburtstag von Professor Dr. Klaus-Dirk Henke*, Nomos, Baden-Baden, S. 97-106.

Afentakis, Anja und Böhm, Karin (2009): *Beschäftigte im Gesundheitswesen - Gesundheitsberichterstattung des Bundes Heft 46*, RKI, Berlin.

Agasi, Susanne (2008): Die Krankenversicherung in den Niederlanden zwei Jahre nach der Reform: Finanzentwicklung und Markttrends, *Zeitschrift für Sozialreform*, Vol. 54, No. 3 S. 279-303.

AKdÄ (2008): Stellungnahme der Arzneimittelkommission der deutschen Ärzteschaft zu „Cost-Sharing-Initiativen" und „Risk-Share-Verträgen" zwischen pharmazeutischen Herstellern und Krankenkassen bzw. Kliniken vom 08.05.2008. Online unter: http://www.akdae.de/40/50/20080508.pdf zuletzt abgerufen am 27.03.2010.

Akerlof, George A. (1970): The market for "lemons": quality uncertainty and the market mechanism, *The Quarterly Journal of Economics*, Vol. 84, No. 3 (1970), S. 488-500.

Alber, Jens (1992): Westeuropäische Gesundheitssysteme im Vergleich, 1. Bundesrepublik Deutschland, in Alber, Jens und Bernardi-Schenkluhn, Brigitte (Hrsg.), *Westeuropäische Gesundheitssysteme im Vergleich: Bundesrepublik Deutschland, Schweiz, Frankreich, Italien, Grossbritannien*, Campus, Frankfurt am Main, New York, S. 31-176.

Albrecht, Martin (2009): Qualitätswettbewerb braucht Preiswettbewerb - Gleiche Preise sollten nicht auf Scheinhomogenität beruhen, *G+G Wissenschaft*, 9 (3), S. 23-30.

Albrecht, Martin; Freytag, Antje; Gottberg, Antje und Storz, Philipp (2008): *Effiziente Strukturen ärztlicher Versorgung: Die Entwicklung fachärztlicher Leistungen im deutschen Gesundheitssystem*, Nomos, Baden-Baden.

Albrecht, Martin und Häussler, Bertram (2009): Stärkung der Wettbewerbsorientierung in der stationären Versorgung, in Rürup, Bert; IGES; DIW und Wille, Eberhard (Hrsg.),

Effizientere und leistungsfähigere Gesundheitsversorgung als Beitrag für eine tragfähige Finanzpolitik in Deutschland, IGES, Berlin, S. 84-120. Online unter: http://www.iges.de/leistungen/gesundheitspolitik/gesundheitsversorgung/e8341/infoboxContent8343/Forschungsbericht_ger.pdf zuletzt abgerufen am 26.01.2010.

Albrecht, Martin; Häussler, Bertram; Sander, Monika; Schliwen, Anke und Wolfschütz, Alina (2009): *Bestandsaufnahme: Art und Ausmaß bestehender Ineffzienzen im deutschen Gesundheitssystem*, IGES, Berlin.

Albrecht, Martin; Reschke, Peter und Schiffhorst, Guido (2005): Finanzierungseffekte der Grundtypen im Vergleich, in Albrecht, Martin; Schräder, Wilhelm F. und Sehlen, Stephanie (Hrsg.), *Modelle einer integrierten Krankenversicherung: Finanzierungseffekte, Verteilungswirkungen, Umsetzung*, Ed. Sigma, Berlin, S. 57-87.

Albrecht, Martin; Reschke, Peter und Schräder, Wilhelm F. (2005): Grundtypen einer integrierten Krankenversicherung, in Albrecht, Martin; Schräder, Wilhelm F. und Sehlen, Stephanie (Hrsg.), *Modelle einer integrierten Krankenversicherung: Finanzierungseffekte, Verteilungswirkungen, Umsetzung*, Ed. Sigma, Berlin, S. 15-56.

Albrecht, Martin und Rürup, Bert (2009): Stand der Wettbewerbsorientierung nach der Gesundheitsreform 2007, in Rürup, Bert; IGES; DIW und Wille, Eberhard (Hrsg.), *Effizientere und leistungsfähigere Gesundheitsversorgung als Beitrag für eine tragfähige Finanzpolitik in Deutschland*, IGES, Berlin, S. 51-83. Online unter: http://www.iges.de/leistungen/gesundheitspolitik/gesundheitsversorgung/e8341/infoboxContent8343/Forschungsbericht_ger.pdf zuletzt abgerufen am 26.01.2010.

Albrecht, Martin; Schiffhorst, Guido und Kitzler, Christian Beiträge zum Gesundheitsmanagement (2007): *Finanzielle Auswirkungen und typische Formen des Wechsels von Versicherten zwischen GKV und PKV*, Nomos, Baden-Baden.

Albrecht, Martin; Schräder, Wilhelm F. und Sehlen, Stephanie (Hrsg.) (2006): *Modelle einer integrierten Krankenversicherung: Finanzierungseffekte, Verteilungswirkungen, Umsetzung*, Ed. Sigma, Berlin.

Alesina, Alberto; Glaeser, Edward und Sacerdote, Bruce (2001): Why doesn't the United States have a european style welfare system, *Brookings Papers on Economic Activity*, 2001(2), S. 187-277.

Amelung, Volker E. (2007): *Managed Care - Neue Wege im Gesundheitsmanagement*, 4. Auflage, Gabler, Wiesbaden.

Amhof, Robert und Böcken, Jan (2007): Neue Wahltarife in der gesetzlichen Krankenversicherung: Versichertenpräferenzen und Erfolgspotenziale, *Die BKK*, 95 (3), S. 111-117.

Amshof, Bernhard (2009): Strategisches Krankenkassenmanagement unter Bedingungen (morbiditätsorientierter) Risikostrukturausgleichssysteme in Deutschland und in der Schweiz, in Rebscher, Herbert und Kaufmann, Stefan (Hrsg.), *Gesundheitssysteme im Wandel*, Economica, Heidelberg et al., S. 91-115.

Andersen, Hanfried H. und Grabka, Markus M. (2006): Kassenwechsel in der GKV 1997 - 2004, Profile - Trends - Perspektiven, in Göpffarth, Dirk; Greß, Stefan; Jacobs, Klaus und Wasem, Jürgen (Hrsg.), *Jahrbuch Risikostrukturausgleich 2006: Zehn Jahre Kassenwahlfreiheit*, Asgard, Sankt Augustin, S. 145-189.

Andersen, Hanfried H. und Grabka, Markus M. (2007): Vom Kassenwechsel zur Kundenmobilität - Zum Paradigmenwechsel empirischer Analysen der Präferenzen von Versicherten der Gesetzlichen Krankenversicherung, in Adam, Hans; Behrens, Cornelia; Göpffarth, Dirk und Jochimsen, Beate (Hrsg.), *Öffentliche Finanzen und Gesundheitsökonomie: Festschrift zum 65. Geburtstag von Professor Dr. Klaus-Dirk Henke*, Nomos, Baden-Baden, S. 233-254.

Andersen, Hanfried H.; Grabka, Markus M. und Schwarze, Johannes (2007): Beitragssatz, Kassenwettbewerb und Gesundheitsreform, in Henke, Klaus-Dirk (Hrsg.), *Jahrbücher für Nationalökonomie und Statistik - Themenheft Gesundheitsökonomie*, Lucius&Lucius, Stuttgart, S. 429-450.

Anzenbacher, Arno (1998): *Christliche Sozialethik: Einführung und Prinzipien*, Schöningh, Paderborn et al.

AOK-Bundesverband (2008): *Was war wann?*, KomPart, Berlin.

AOK-Bundesverband (2009): Steigende Arzthonorare auf höheren Behandlungsbedarf zurückgeführt, *ams*, 15.09.2009.

AOK-Bundesverband (2010a): *27.768.600 sozialversicherungspflichtig Beschäftigte... ams-Politik, Ausgabe 11.02.2010, S. 12-13.* Online unter: http://www.aok-bv.de/imperia/md/aokbv/presse/medienservice/politik/ams_politik_0210_web.pdf zuletzt abgerufen am 10.05.2010.

AOK-Bundesverband (2010b): 2004: Gesundheitsmodernisierungsgesetz (GMG). Online unter: http://www.aok-bv.de/politik/reformaktuell/geschichte/index_00595.html zuletzt abgerufen am 19.05.2010.

AOK-Bundesverband (2010c): AOK-Lexikon: Stichwort Rationierung. Online unter: http://www.aok-bv.de/lexikon/r/index_00128.html zuletzt abgerufen am 22.04.2010.

AOK-Bundesverband (2010d): Übersicht über die 2010 gültigen Landesbasisfallwerte in den einzelnen Bundesländern. Online unter: http://www.aok-gesundheits partner.de/inc_ges/download/dl.php/bundesverband/krankenhaus/imperia/md/content/gesundh eitspartner/bund/krankenhaus/budgetverhandlungen/uebersicht_lbfw_2010.pdf zuletzt abgerufen am 14.05.2010.

AOK-BW (2009a): Vertrag zur Hausarztzentrierten Versorgung in Baden-Württemberg gemäß § 73 b SGB V i. d. F. des GKV-WSG in der Fassung vom 15.01.2009. Online unter: http://www.aok.de/assets/media/baden-wuerttemberg/HzV_AOK_BW_Vertrag_73b_09-01-21_neu.pdf zuletzt abgerufen am 28.03.2010.

AOK-BW (2009b): Zuschlag Rationale Pharmakotherapie - Wirtschaftliche Verordnung von Arzneimitteln mittels einer Vertragssoftware. Online unter: http://www.aok.de/assets/media/baden-wuerttemberg/Anhang_3_zu_Anlage_12_final_090805.pdf zuletzt abgerufen am 28.03.2010.

AOK-BY (2010): Wahltarif Selbstbehalt. Online unter: http://www.aok.de/bayern/beitraege-tarife/wahltarif-selbstbehalt-vorteile-51435.php zuletzt abgerufen am 08.04.2010.

apotheke adhoc (2010a): Bender zerrechnet Röslers Reform vom 11.02.2010. Online unter: http://www.apotheke-adhoc.de/Nachrichten/Politik/9552.html zuletzt abgerufen am 10.05.2010.

apotheke adhoc (2010b): Bundesrechungshof attackiert Krankenkassen - "Überhöhte Vorstandsgehälter" vom 30.04.2010. Online unter: http://www.ad-hoc-news.de/bundes rechnungshof-attackiert-krankenkassen-ueberhoehte--/de/News/21259642 zuletzt abgerufen am 16.05.2010.

apotheke adhoc (2010c): Finanzkrise trifft PKV. Online unter: http://www.apotheke-adhoc.de/Nachrichten/Politik/9931.html zuletzt abgerufen am 05.04.2010.

apotheke adhoc (2010d): Rabattvertragswelle zum 1. April vom 31.03.2010. Online unter: http://www.apotheke-adhoc.de/Nachrichten/Politik/10078.html zuletzt abgerufen am 10.05.2010.

AQUA (2010): Sektorenübergreifende Qualitätssicherung. Online unter: http://www.sqg.de/ zuletzt abgerufen am 30.03.2010.

Aristoteles (Hrsg.) (o. J.): *Nikomachische Ethik*, Berlin.

Arnold, Michael (1993): *Solidarität 2000 die medizinische Versorgung und ihre Finanzierung nach der Jahrtausendwende*, Enke, Stuttgart.

Arnold, Michael (2007): Gleichheit als normatives und operationales Kriterium der Gesundheitsversorgung, *IMPLICONplus*, 6/2007.

Arnold, Robert (2006): *Ein normativ begründetes Modell für die Krankenversicherung in Deutschland*, Dissertation, Shaker, Aachen.

Arnold, Robert (2007): Bestimmungsgründe für den technischen Fortschritt, in Henke, Klaus-Dirk (Hrsg.), *Jahrbücher für Nationalökonomie und Statistik - Themenheft Gesundheitsökonomie*, Lucius&Lucius, Stuttgart, S. 681-698.

Arrow, Kenneth Joseph (1951): *Social choice and individual values*, Dissertation, Wiley New York et al.

Arrow, Kenneth Joseph (1963): Uncertainty and the welfare economics of medical care, *American Economic Review* 53, 5, S. 941-973.

Arrow, Kenneth Joseph (1969): The organization of economic activity - Issues pertinent to the choice of market versus nonmarket allocation, in Committee, US Joint Economic (Hrsg.), *The analysis and evaluation of public expenditures*, US, Washington, S. 59-73.

Arrow, Kenneth Joseph und Debreu, Gerard (1954): Existence of an equilibrium for a competitive economy, *Econometrica*, 22, S. 265-290.

Ärzte Zeitung (2009a): Erste Kosten-Nutzen-Bewertungen gestartet vom 18.12.2009. Online unter: http://www.aerztezeitung.de/politik_gesellschaft/article/582048/erste-kosten-nutzen-bewertungen-gestartet.html zuletzt abgerufen am 21.03.2010.

Ärzte Zeitung (2009b): Prinzipien, Finanzierung und Organisation des DDR-Gesundheitswesens vom 09.11.2009. Online unter: http://www.aerztezeitung.de/ politik_gesellschaft/gp_specials/special-mauerfall-20/article/574143/prinzipien-finanzierung-organisation-des-ddr-gesundheitswesens.html?sh=6&h=-1969490201 zuletzt abgerufen am 13.03.2010.

Ärzte Zeitung (2010a): AOK baut für ihre Versicherten am Arzt-Navigator vom 17.03.2010. Online unter: http://www.aerztezeitung.de/politik_gesellschaft/article/593447/aok-baut-ihre-versicherten-arzt-navigator.html zuletzt abgerufen am 30.03.2010.

Ärzte Zeitung (2010b): Brüderle steckt PKV-Studie in den Giftschrank vom 11.02.2010. Online unter: http://www.aerztezeitung.de/politik_gesellschaft/article/588271/bruederle-steckt-pkv-studie-giftschrank.html zuletzt abgerufen am 11.05.2010.

Ärzte Zeitung (2010c): Das "Gesunde Kinzigtal" prosperiert vom 07.05.2010. Online unter: http://www.aerztezeitung.de/kongresse/kongresse2010/berlin2010-hauptstadt/article/601263/ gesunde-kinzigtal-prosperiert.html zuletzt abgerufen am 10.05.2010.

Ärzte Zeitung (2010d): Einigung zum Basistarif: Erlaubt ist Faktor 0,9 bis 1,2 vom 16.02.2010. Online unter: http://www.aerztezeitung.de/politik_gesellschaft/article/588834/ einigung-basistarif-erlaubt-faktor-09-bis-12.html?sh=3&h=770429722 zuletzt abgerufen am 19.03.2010.

Ärzte Zeitung (2010e): Gesetzlich versichert, zusatzversichert - die AOK bewegt sich auf PKV-Terrain vom 29.03.2010. Online unter: http://www.aerztezeitung.de/politik_gesellschaft /krankenkassen/article/596040/gesetzlich-versichert-zusatzversichert-aok-bewegt-pkv-terrain. html zuletzt abgerufen am 10.05.2010.

Ärzte Zeitung (2010f): PKV-Ombudsmann: 2009 mehr Fälle, weniger Erfolg vom 16.04.2010. Online unter: http://www.aerztezeitung.de/praxis_wirtschaft/aerztliche_ verguetung/article/598556/pkv-ombudsmann-2009-faelle-weniger-erfolg.html zuletzt abgerufen am 10.05.2010.

Ärzte Zeitung (2010g): Zusatzprämie - jede fünfte Zahlung bleibt zunächst aus vom 26.01.2010. Online unter: http://www.springermedizin.de/zusatzpraemie---jede-fuenfte-zahlung-bleibt-zunaechst-aus/193220.html zuletzt abgerufen am 10.05.2010.

Ärzteblatt (2009): Defizit der Krankenkassen kleiner als befürchtet vom 27.10.2009. Online unter: http://www.aerzteblatt.de/nachrichten/38686/ zuletzt abgerufen am 10.05.2010.

Ärzteblatt (2010a): Knapp 200.000 Kassenwechsler wegen Zusatzbeitrag vom 19.03.2010. Online unter: http://www.aerzteblatt.de/nachrichten/40521/Knapp_200_000_Kassen wechsler_wegen_Zusatzbeitrag.htm zuletzt abgerufen am 25.03.2010.

Ärzteblatt (2010b): Krankenkassen brauchen weniger Geld als erwartet vom 08.01.2010. Online unter: http://www.aerzteblatt.de/nachrichten/39591/ zuletzt abgerufen am 15.03.2010.

Ärzteblatt (2010c): Krankenkassen geben Sonderrabatte vom 15.02.2010. Online unter: http://www.aerzteblatt.de/nachrichten/40065/ zuletzt abgerufen am 18.03.2010.

Auerbach, Alan J.; Gokhale, Jagadeesh und Kotlikoff, Laurence J. (1991): Generational accounts: a meaningful alternative to deficit accounting, *Tax Policy and the Economy*, Vol. 5, S. 55-110.

Auerbach, Alan J.; Gokhale, Jagadeesh und Kotlikoff, Laurence J. (1994): Generational accounting: a meaningful way to evaluate fiscal policy, *The Journal of Economic Perspectives*, 8, S. 73-94.

Augurzky, Boris (2009): *Rating der Krankenhäuser: Vergleich Bayern und Baden-Württemberg, Vortrag auf dem 8. Europäischen Gesundheitskongress vom 22.-23.10.2009*, WISO S. E. Consulting GmbH, Berlin.

Augurzky, Boris; Beivers, Andreas; Neubauer, Günter und Schwierz, Christoph (2009): *Bedeutung der Krankenhäuser in privater Trägerschaft*, RWI, Essen.

Augurzky, Boris; Gülker, Rosemarie; Krolop, Sebastian; Schmidt, Christop M.; Schmidt, Hartmut; Schmitz, Hendrik und Terkatz, Stefan (2010): Krankenhaus Rating

Report 2010 - Executive Summary. Online unter: http://www.rwi-essen.de/media/content/pages/publikationen/rwi-materialien/M_59_KRR-2010_ExecSum.pdf zuletzt abgerufen am 10.05.2010.

Augurzky, Boris; Krolop, Sebastian und Schmidt, Christop M. (2010): Die wirtschaftliche Lage der Krankenhäuser, in Klauber, Jürgen; Geraedts, Max und Friedrich, Jörg (Hrsg.), *Krankenhaus-Report 2010: Krankenhausversorgung in der Krise?*, Schattauer, Stuttgart, S. 13-24.

Augurzky, Boris; Tauchmann, Harald; Werblow, Andreas und Felder, Stefan (2009): *Effizienzreserven im Gesundheitswesen, RWI Materialien Heft 49*, RWI, Essen.

Axelrod, Robert (1988): *Die Evolution der Kooperation*, Oldenbourg, München.

BA Bundesagentur für Arbeit (2010): Arbeitslosengeld II / Sozialgeld. Online unter: http://www.arbeitsagentur.de/nn_25828/Navigation/zentral/Buerger/Arbeitslos/Alg-II/Hilfen/Alg-II-Sozialgeld/Alg-II-Sozialgeld-Nav.html zuletzt abgerufen am 09.04.2010.

Baake, Pio; Kuchinke, Björn A. und Wey, Christian (2009): Anwendung des Wettbewerbs- und Kartellrechts im Gesundheitssektor, in Rürup, Bert; IGES; DIW und Wille, Eberhard (Hrsg.), *Effizientere und leistungsfähigere Gesundheitsversorgung als Beitrag für eine tragfähige Finanzpolitik in Deutschland*, IGES, Berlin, S. 184-227.

Bäcker, Gerhard; Bispinck, Reinhard und Hofemann, Klaus (1989): *Sozialpolitik und soziale Lage in Deutschland, Bd. 2: Gesundheit, Familie, Alter und Soziale Dienste*, 2. Auflage, VS Verlag für Sozialwissenschaften, Wiesbaden.

Bäcker, Gerhard; Naegele, Gerhard; Bispinck, Reinhard; Hofemann, Klaus und Neubauer, Jennifer (2008): *Sozialpolitik und soziale Lage in Deutschland, Bd. 2: Gesundheit, Familie, Alter und Soziale Dienste*, 4. Auflage, VS Verlag für Sozialwissenschaften, Wiesbaden.

BaFin (2009): Statistik der BaFin - Erstversicherungsunternehmen '08 (Krankenversicherung). Online unter: http://www.bafin.de/cln_171/SharedDocs/Downloads/DE/Service/Statistiken/Statistiken2008/Erstversicherungsunternehmen/st__08__erstvu__kv,templateId=raw,property=publicationFile.pdf/st_08_erstvu_kv.pdf zuletzt abgerufen am 25.03.2010.

BaFin (2010): Wahrscheinlichkeitstafeln in der privaten Krankenversicherung. Online unter: http://www.bafin.de/cln_171/nn_722564/SharedDocs/Artikel/DE/Service/Statistiken/st__wahrschktafelnpkv2008__va.html zuletzt abgerufen am 13.04.2010.

BÄK (2007): Stellungnahme der Bundesärztekammer zum Gesetzentwurf der Bundesregierung: Entwurf eines Gesetzes zur Reform des Versicherungsvertragsrechts (VVR) vom 17.01.2007. Online unter: http://www.bundesaerztekammer.de/downloads/VVR.pdf zuletzt abgerufen am 30.03.2010.

BÄK (2008a): Beschlussprotokoll des 111. Deutschen Ärztetages vom 20.-23. Mai 2008 in Ulm. Online unter: http://baek.de/downloads/StellBAEKGOZ20081209.pdf zuletzt abgerufen am 26.03.2008.

BÄK (2008b): Stellungnahme der Bundesärztekammer zum Referentenentwurf einer Verordnung zur Änderung der Gebührenordnung für Zahnärzte (GOZ) vom 09.12.2008. Online unter: http://baek.de/downloads/StellBAEKGOZ20081209.pdf zuletzt abgerufen am 26.03.2010.

BÄK (2009): Eckpunktepapier der Ärzteschaft für eine patientengerechte Gesundheitsversorgung - Neue Vertrauenskultur in der Gesundheitspolitik begründen. Online unter: http://www.bundesaerztekammer.de/downloads/Eckpunktepapier_07102009.pdf zuletzt abgerufen am 23.04.2010.

Bantle, Roland (1996): *Determinanten der Innovation und Diffusion des medizinisch-technischen Fortschritts*, Dissertation, Verlag P.C.O., Bayreuth.

BARMER (2010): BARMER GEK Arztreport 2010. Online unter: http://www.barmer-gek.de/barmer/web/Portale/Versichertenportal/Presse-Center/Infomaterial/Arztreport/PDF__Arztreport,property=Data.pdf zuletzt abgerufen am 19.05.2010.

Bauer, Hartwig (1998): Leitlinien als Grundlage rationalen ärztlichen Handelns, in Eichhorn, Siegfried und Schmidt-Rettig, Barbara (Hrsg.), *Chancen und Risiken von managed care: Perspektiven der Vernetzung des Krankenhauses mit Arztpraxen, Rehabilitationskliniken und Krankenkassen*, Kohlhammer, Stuttgart et al., S. 161-169.

Bauermeister, Hanns (1996): Substitutive Krankenversicherung : ein Modell für Europa? ; Mathematische Aspekte, *Zeitschrift für die gesamte Versicherungswissenschaft*, Vol. 85, No. 2 (1996), S. 305-308.

Baum, Goerg (2009): Aktuelle Herausforderungen an die Gesundheitspolitik, in Repschläger, Uwe (Hrsg.), *BARMER Gesundheitswesen aktuell 2009: Beiträge und Analysen*, BARMER, Wuppertal, S. 158-171.

Bayertz, Kurt (1998): Begriff und Problem der Solidarität, in Bayertz, Kurt (Hrsg.), *Solidarität: Begriff und Problem*, Suhrkamp, Frankfurt am Main, S. 11-53.

BBhV Verordnung über Beihilfe in Krankheits-, Pflege- und Geburtsfällen, Stand 13.02.2009. Online unter: http://www.die-beihilfe.de/bundesbeihilfeverordnung_uebersicht_die_beihilfe zuletzt abgerufen am 08.04.2010.

Bechmann, Sebastian (2007): *Gesundheitssemantiken der Moderne: Eine Diskursanalyse der Debatten über die Reform der Krankenversicherung*, Dissertation, edition sigma, Berlin.

Beck, Konstantin und Käser-Meier, Urs (2003): Die Krankheitskosten im Todesfall: Eine deskriptiv statische Analyse, *Managed Care*, 2, S. 24-26.

Becker, Bettina und Uebelmesser, Silke (2010): *Health insurance competition in Germany: the role of advertising - WP 2010 - 05*, Loughborough Univ. Dep. of Economics, Loughborough. Online unter: http://www.lboro.ac.uk/departments/ec/RePEc/lbo/lbowps/Becker_Uebelmesser.pdf zuletzt abgerufen am 05.05.2010.

Becker, Gary S. (1976): Altruism, egoism, and genetic fitness: economics and sociobiology, *Journal of Economic Literature*, Vol. 14, No. 3 (1976), S. 817-826.

Becker, Jürgen (2009): Wir sind den sozialen Rechten verpflichtet - Interview mit Peter Masuch, *G+G*, 4/09, S. 35-37.

Becker, Karolin und Zweifel, Peter (2008): Neue Formen der ambulanten Versorgung: Was wollen die Versicherten? Ein Discrete-Choice-Experiment, in Schumpelick, Volker (Hrsg.), *Medizin zwischen Humanität und Wettbewerb Probleme, Trends und Perspektiven, Beiträge des Symposiums vom 27. bis 30. September 2007 in Cadenabbia*, Herder, Freiburg et al., S. 313-351.

Beek, Kornelia van der und Weber, Christian (2008): *Solidarität in der GKV: Was leistet die beitragsfreie Familienversicherung?*, WIP, Köln.

Behrend, Cornelia; Greß, Stefan; Holle, Rolf; Reitmeir, Peter; Tolksdorff, Karsten und Wasem, Jürgen (2004): Zur Erklärungskraft des heutigen soziodemographischen Risikostrukturausgleichsmodels, *Journal of Public Health*, 12, S. 20-31.

Beivers, Andreas (2010): *Ländliche Krankenhausversorgung in Deutschland: Eine gesundheitsökonomische Analyse*, Dissertation, mimeo, Neubiberg.

Beivers, Andreas und Minartz, Christof (2009): Ärztemangel in strukturschwachen Regionen – Zukunftsorientierte Lösungsansätze über die Sektorengrenzen hinweg, *gpk Gesellschaftspolitische Kommentare*, 1/2009, S. 37 - 43.

Berthold, Norbert (1991): Ansätze einer ökonomischen Theorie der Sozialpolitik : normative and positive Aspekte, *Jahrbuch für Sozialwissenschaft*, Vol. 42, No. 2 (1991), S. 145-178.

Beske, Fritz (2006): *Neubestimmung des Leistungskatalogs der Gesetzlichen Krankenversicherung: ein Handlungskonzept, Schriftenreihe Bd. 107, IGSF*, Schmidt & Klaunig, Kiel.

Beske, Fritz (2010): *Bedarfsgerechte Gesundheitsversorgung bei begrenzten Mitteln: Situationsanalyse, internationaler Vergleich, Handlungsoptionen, Schriftenreihe Bd. 116, IGSF*, Schmidt & Klaunig, Kiel.

Beske, Fritz und Baumgärtner, Markus (2008): *Zu Lasten der Gesetzlichen Krankenversicherung: Auswirkungen politischer Entscheidungen auf die Finanzsituation der Gesetzlichen Krankenversicherung, Schriftenreihe Bd. 110, IGSF*, Schmidt & Klaunig, Kiel.

Beske, Fritz; Becker, Ekkehard; Krauss, Christian; Katalinic, Alexander und Pritzkuleit, Ron (2007): *Gesundheitsversorgung 2050 - Prognose für Deutschland und Schleswig-Holstein, Schriftenreihe Bd. 108, IGSF*, Schmidt & Klaunig, Kiel.

Beske, Fritz und Drabinski, Thomas (2004a): *Veränderungsoptionen in der gesetzlichen Krankenversicherung: Bürgerversicherung, Kopfpauschale und andere Optionen im Test, Schriftenreihe Bd. 02, IGSF*, Schmidt & Klaunig, Kiel.

Beske, Fritz und Drabinski, Thomas (2004b): *Zu Lasten der gesetzlichen Krankenversicherung: politische Entscheidungen 1977 - 2004 und andere Tatbestände, Schriftenreihe Bd. 101, IGSF*, Schmidt & Klaunig, Kiel.

Beske, Fritz; Drabinski, Thomas und Golbach, Ute (2005a): *Leistungskatalog des Gesundheitswesens im internationalen Vergleich. Eine Analyse von 14 Ländern: Band I: Struktur, Finanzierung und Gesundheitsleistungen, Schriftenreihe Bd, 104, IGSF*, Schmidt & Klaunig, Kiel.

Beske, Fritz; Drabinski, Thomas und Golbach, Ute (2005b): *Leistungskatalog des Gesundheitswesens im internationalen Vergleich. Eine Analyse von 14 Ländern: Band II: Geldleistungen, Schriftenreihe Bd, 104, IGSF*, Schmidt & Klaunig, Kiel.

Beske, Fritz; Drabinski, Thomas und Michel, Claus (2002): *Politische Entscheidungen zu Lasten der gesetzlichen Krankenversicherung: Finanzielle Belastung der gesetzlichen Krankenversicherung / Finanzielle Entlastung anderer Zweige der Sozialversicherung und des Staates - Kieler Kritik, Schriftenreihe Bd. 91, IGSF*, Schmidt & Klaunig, Kiel.

Beske, Fritz und Golbach, Ute (2009): *Zuzahlungen im Gesundheitswesen: Grundlagen, internationaler Vergleich und Konzept für die Gesetzliche Krankenversicherung, Schriftenreihe Bd. 111, IGSF*, Schmidt & Klaunig, Kiel.

Beske, Fritz und Thiede, Michael (1998): *Krankenversicherung von Rentnern - Entwicklungsperspektiven und Lösungsansätze, Schriftenreihe Bd. 64, IGSF*, Triltsch, Würzburg.

Bessou, Helene; Zeeb, Hajo und Puteanus, Udo (2007): Hoher Anteil privat versicherter Methylphenidat-Empfänger in Köln - Ergebnisse einer Verordnungsanalyse auf der Basis von Rezeptdaten, *Gesundheitswesen*, 69 (5), S. 292-296.

Beutel, Jörg (2006): *Mikroökonomie*, Oldenbourg, München et al.

Bieback, Karl-Jürgen (2005a): Die Einbeziehung der Alterungsrückstellungen der PKV in die erweiterte GKV, in Albrecht, Martin; Schräder, Wilhelm F. und Sehlen, Stephanie (Hrsg.), *Modelle einer integrierten Krankenversicherung: Finanzierungseffekte, Verteilungswirkungen, Umsetzung*, Ed. Sigma, Berlin, S. 143-204.

Bieback, Karl-Jürgen (2005b): *Sozial- und verfassungsrechtliche Aspekte der Bürgerversicherung*, Nomos, Baden-Baden.

Binder, Stephan (1999): *Effizienz durch Wettbewerb im Gesundheitswesen*, Verlag P.C.O., Bayreuth.

Birnbacher, Dieter (1999): Ethische Probleme der Rationierung im Gesundheitswesen, in Brudermüller, Gerd (Hrsg.), *Angewandte Ethik und Medizin*, Königshausen und Neumann, Würzburg, S. 49-64.

Birnbacher, Dieter (2006): Krankheit oder Behandlungsbedürftigkeit - Auf der Suche nach Standards für die Prioritätensetzung in der Gesundheitsversorgung, in Wissenschaften, Berlin-Brandenburgische Akademie der (Hrsg.), *Berichte und Abhandlungen, Band 10*, Akademie-Verlag, Berlin, S. 329-343.

BKartA (2006): Stellungnahme des Bundeskartellamtes zum Entwurf eines Gesetzes zur Stärkung des Wettbewerbs in der Gesetzlichen Krankenversicherung. Online unter: http://www.bundeskartellamt.de/wDeutsch/download/pdf/Stellungnahmen/061128_Stellungnahme_Bundeskartellamt_Ausschussfassung.pdf zuletzt abgerufen am 28.03.2010.

BKK-BV (2008): Bevölkerungsumfrage BKK 2008 - Thema: Arztbesuche. Online unter: http://www.sat1.de/news/sendung/content/32482/index.php zuletzt abgerufen am 03.04.2010.

BKK-BV (2010): Schwerpunktthema Chronisch Kranke und ambulante Versorgung, Faktenspiegel Mai 2010. Online unter: http://www.bkk.de/fileadmin/user_upload/PDF/Faktenspiegel/Aktuelle_Ausgaben/Mai_2010_-_Schwerpunktthema_Chronisch_Kranke_und_ambulante_Versorgung_.pdf.pdf zuletzt abgerufen am 01.06.2010.

Black, Duncan (1948): On the rationale of group decision-making, *The Journal of Political Economy*, Vol. 56, S. 23-34.

BLÄK (2010): Arztsuche der Bayerischen Landesärztekammer. Online unter: http://www.arzt-bayern.de/ zuletzt abgerufen am 30.03.2010.

Blankart, Charles B. Vahlens Handbücher der Wirtschafts- und Sozialwissenschaften (2008): *Öffentliche Finanzen in der Demokratie: eine Einführung in die Finanzwissenschaft*, 7. Auflage, Vahlen, München.

Blankart, Charles B. und Fasten, Erik (2010): Drei Systeme des Gesundheitswesens im Vergleich. Online unter: http://www.liberale.de/Drei-Systeme-des-Gesundheitswesens-im-Vergleich/4568c8379i1p/index.html zuletzt abgerufen am 26.04.2010.

Blankart, Charles B.; Fasten, Erik und Schwintowski, Hans-Peter (2009): *Das deutsche Gesundheitswesen zukunftsfähig gestalten: Patientenseite stärken - Reformunfähigkeit überwinden*, Springer, Berlin et al.

Blume, Henning und Wedemeyer, Ralph-Steven (2009): Gesicherte Qualität - Voraussetzung für den therapeutischen Einsatz von Generika, in Neubauer, Günter und Pfister, Florian (Hrsg.), *Gut - günstig - Generika: Marktdynamik zum Nutzen unserer Gesundheitsvorsorgung*, Govi-Verlag, Eschborn, S. 129-143.

BMAS (2008): Lebenslagen in Deutschland: Der 3. Armuts- und Reichtumsbericht der Bundesregierung. Online unter: http://www.bmas.de/portal/26742/property=pdf/dritter__armuts__und__reichtumsbericht.pdf zuletzt abgerufen am 06.05.2010.

BMF Bundesfinanzministerium (2007): *Entwurf des Bundeshaushalts 2008 – Finanzplan des Bundes 2007 bis 2011, Monatsbericht des BMF - Juli 2007.* Online unter: http://www.bundesfinanzministerium.de/nn_53848/DE/BMF__Startseite/Aktuelles/Monatsbericht__des__BMF/2007/07/070718agmb014,property=publicationFile.pdf zuletzt abgerufen am 04.03.2010.

BMF (2009): Fragen und Antworten zum Bürgerentlastungsgesetz. Online unter: http://www.bundesfinanzministerium.de/nn_53988/DE/Buergerinnen__und__Buerger/Arbeit__und__Steuererklaerung/003__FAQ__Buergerentlastungsgesetz.html#1 zuletzt abgerufen am 08.04.2010.

BMF (2010a): Föderalismusreform II. Online unter: http://www.bundesfinanzministerium.de/DE/Wirtschaft__und__Verwaltung/Finanz__und__Wirtschaftspolitik/Foederale__Finanzbeziehungen/115__FoederalismusreformII.html zuletzt abgerufen am 26.04.2010.

BMF (2010b): Länderfinanzausgleich - Grundprinzip des Länderfinanzausgleichs. Online unter: http://www.bundesfinanzministerium.de/nn_4320/DE/Wirtschaft__und__Verwaltung/Finanz__und__Wirtschaftspolitik/Foederale__Finanzbeziehungen/Laenderfinanzausgleich/node.html?__nnn=true zuletzt abgerufen am 08.04.2010.

BMG (2007a): *Kennzahlen und Faustformeln 2006*, BMG, Bonn.

BMG (2007b): KJ2006 - Endgültiges Rechnungsergebnis 2006. Online unter: http://www.bmg.bund.de/cln_151/nn_1168278/SharedDocs/Downloads/DE/Statistiken/Gesetzliche-Krankenversicherung/Finanzergebnisse/KJ12006-endgueltige_20Rechnungsergebnisse,templateId=raw,property=publicationFile.pdf/KJ12006-endgueltige%20Rechnungsergebnisse.pdf zuletzt abgerufen am 01.04.2010.

BMG (2009a): *Daten des Gesundheitswesens 2009*, BMG, Berlin. Online unter: http://www.bmg.bund.de/cln_178/SharedDocs/Downloads/DE/Statistiken/Statistisches_20Taschenbuch/DatendesGesundheitswesens2009,templateId=raw,property=publicationFile.pdf/DatendesGesundheitswesens2009.pdf zuletzt abgerufen am 10.03.2010.

BMG (2009b): Fragen und Antworten zur Vergütungsreform, Stand 20.04.2009. Online unter: http://www.bmg.bund.de/SharedDocs/Downloads/DE/Standardartikel/H/Honorarreform/Antworten__und__Fragen__zur__Honorarreform,templateId=raw,property=publicationFile.pdf/Antworten_und_Fragen_zur_Honorarreform.pdf zuletzt abgerufen am 30.03.2010.

BMG (2009c): Kennzahlen und Faustformeln 2008. Online unter: http://www.bmg.bund.de /cln_178/nn_1168278/SharedDocs/Downloads/DE/Statistiken/Gesetzliche-Krankenversiche rung/Kennzahlen-und-Faustformeln/Kennzahlen-und-Faustformeln,templateId=raw,property =publicationFile.pdf/Kennzahlen-und-Faustformeln.pdf zuletzt abgerufen am 12.03.2010.

BMG (2009d): KJ1 - Endgültige Rechnungsergebnisse 1999 bis 2008. Online unter: http://www.bmg.bund.de/cln_151/nn_1168278/SharedDocs/Downloads/DE/Statistiken/Geset zliche-Krankenversicherung/Finanzergebnisse/kj1-10-Jahre.html zuletzt abgerufen am 01.04.2010.

BMG (2009e): KJ2007 - Endgültiges Rechnungsergebnis 2007 - 06.01.2009. Online unter: http://www.bmg.bund.de/cln_151/nn_1168278/SharedDocs/Downloads/DE/Statistiken/Geset zliche-Krankenversicherung/Finanzergebnisse/KJ1-2007,templateId=raw,property=publicationFile.pdf/KJ1-2007.pdf zuletzt abgerufen am 01.04.2010.

BMG (2009f): KJ2008 - Endgültiges Rechnungsergebnis 2008 - 07.07.2009. Online unter: http://www.bmg.bund.de/cln_178/nn_1168278/SharedDocs/Downloads/DE/Statistiken/Geset zliche-Krankenversicherung/Finanzergebnisse/kj-2008-endgueltige-rechnungsergebnisse,templateId=raw,property=publicationFile.pdf/kj-2008-endgueltige-rechnungsergebnisse.pdf zuletzt abgerufen am 12.03.2010.

BMG (2009g): KM6 - Statistik über Versicherte gegliedert nach Status, Alter, Wohnort und Kassenart - Stichtag 01.07.2009. Online unter: http://www.bmg.bund.de/cln_160/nn_1168278 /SharedDocs/Downloads/DE/Statistiken/Gesetzliche-Krankenversicherung/Mitglieder-und-Versicherte/2009-km6-pdf,templateId=raw,property=publicationFile.pdf/2009-km6-pdf.pdf zuletzt abgerufen am 24.03.2010.

BMG (2010a): Bekanntmachungen der Grundlohnrate nach § 71 Abs.3 SGB V - 2000 bis 2007. Online unter: http://www.bmg.bund.de/cln_160/nn_1168248/SharedDocs/Downloads/ DE/Statistiken/Gesetzliche-Krankenversicherung/Kennzahlen-und-Faustformeln/Veraende rungsdaten-_C2_A7-71-Abs-3-SGB-V.pdf.html zuletzt abgerufen am 13.04.2010.

BMG (2010b): Eckpunkte zur Umsetzung des Koalitionsvertrags für die Arzneimittelversorgung vom 28.04.2010. Online unter: http://www.bmg.bund.de /cln_169/SharedDocs/Downloads/DE/Standardartikel/A/Glossar-Arzneimittel/Anlage-PM-28-04-10-eckpunkte,templateId=raw,property=publicationFile.pdf/Anlage-PM-28-04-10-eckpunkte.pdf zuletzt abgerufen am 12.05.2010.

BMG (2010c): KV45 - Vorläufige Rechnungsergebnisse 4. Quartal 2009 - Stand 10.03.2010. Online unter: http://www.bmg.bund.de/cln_151/nn_1168278/SharedDocs/Downloads/DE/ Statistiken/Gesetzliche-Krankenversicherung/Finanzergebnisse/KV-45-4-Quartal-2009,tem plateId=raw,property=publicationFile.pdf/KV-45-4-Quartal-2009.pdf zuletzt abgerufen am 01.04.2010.

BMG (2010d): Pressemitteilung vom 10.03.2010 - Finanzentwicklung der gesetzlichen Krankenversicherung im Krisenjahr 2009 besser als erwartet. Online unter: http://www.bmg.bund.de/cln_160/nn_1168294/SharedDocs/Pressemitteilungen/DE/2010/pm-10-03-10-ausgaben-gkv-kv-45.html?__nnn=true zuletzt abgerufen am 18.03.2010.

BMG (2010e): Pressemitteilung vom 24.02.2010. Online unter: http://www.bmg.bund.de /cln_178/SharedDocs/Downloads/DE/Presse/Presse-2010/pm-24-02-10-kommission,template Id=raw,property=publicationFile.pdf/pm-24-02-10-kommission.pdf zuletzt abgerufen am 01.03.2010.

BMG (2010f): Zukunftskongress Gesundheitswirtschaft: Zahlen und Fakten. Online unter: http://www.bmg.bund.de/cln_160/nn_1168294/SharedDocs/Standardartikel/DE/AZ/Z/Glossar-Zukunftskongress/Zahlen-Fakten.html zuletzt abgerufen am 02.05.2010.

BMGS (2003): Nachhaltigkeit in der Finanzierung der Sozialen Sicherungssysteme (RürupKommission). Online unter: http://www.bmas.de/portal/538/property=pdf/nachhaltigkeit__in__der__finanzierung__der__sozialen__sicherungssysteme.pdf zuletzt abgerufen am 23.03.2010.

BMJ (2004): *Abschlussberich der Kommission zur Reform des Versicherungsvertragsrechts vom 19. April 2004.* Online unter: http://www.bmj.bund.de/files/-/647/AB%20VVG%20Komm.pdf zuletzt abgerufen am 10.05.2010.

BMWi (2010): Zur Reform der Finanzierung der Gesetzlichen Krankenversicherung, Gutachten des Wissenschaftlichen Beirats beim Bundesministerium für Wirtschaft und Technologie, Stand Mai 2010. Online unter: http://www.bmwi.de/BMWi/Redaktion/PDF/Publikationen/Studien/reform-finanzierung-krankenkasse-wissenschaftlicher-beirat, property=pdf,bereich=bmwi,sprache=de,rwb=true.pdf zuletzt abgerufen am 01.06.2010.

Boerner, Dietmar (2006): Kooperative Normgebung im staatlich gesetzten Rahmen, in Schmehl, Arndt und Wallrabenstein, Astrid (Hrsg.), *Steuerungsinstrumente im Recht des Gesundheitswesens, Band 2 Kooperation*, Mohr Siebeck, Tübingen, S. 1-22.

Boetius, Jan (1996): *Neue Wege zur Kostensteuerung im Gesundheitswesen - eine Aufgabe für die private Krankenversicherung*, VVW, Karlsruhe.

Boetius, Jan (1998): Einflussfaktoren für die Finanzierung von GKV und PKV, in PKV-Verband (Hrsg.), *Die Finanzierungsgrundlagen in der Krankenversicherung - Zur Grenzziehung zwischen GKV und PKV - PKV Dokumentation Nr. 22*, PKV-Verband, Köln

Boetius, Jan (2000): Zukunfssichere Finanzierung der Gesundheitsversorgung unter Berücksichtigung von Managed Care Prinzipien, Frankfurter Vorträge zum Versicherungswesen Bd. 31.

Boetius, Jan (2008): *Private Krankenversicherung nach der Gesundheitsreform und der VVG-Reform: neue rechtliche Probleme*, VVW, Karlsruhe.

Bogs, Harald (1973): *Die Sozialversicherung im Staat der Gegenwart, Öffentlich-rechtliche Untersuchung über die Stellung der Sozialversicherung im Verbändestaat und im Versicherungswesen*, Duncker&Humblot, Berlin.

Böhm-Bawerk, Eugen, von (1921/1961): *Kapital und Kapitalzins*, 4. Auflage, Fischer, Jena.

Böhm, Franz (1961): Demokratie und ökonomische Macht in Wirtschaftsrecht, Institut für Ausländisches und Internationales (Hrsg.), *Kartelle und Monopole im modernen Recht, 1* Müller, Karlsruhe, S. 3-24.

Bohn, Klaus (1980): *Die Mathematik der deutschen privaten Krankenversicherung*, VVW, Karlsruhe.

Bohn, Klaus (2000): Der § 178 f VVG: Zwischen. Kundenerwartung und Versicherungstechnik - Dringend gesucht: Der etwas andere Kollektivbegriff, *Versicherungswirtschaft*, 55, S. 1937-1942.

Böhnke, Axel C. (2004): *Quersubventionierung zwischen den Krankenversicherungssystemen GKV und PKV - Eine Beschreibung, Analyse und Bewertung dieser These*, Diplomarbeit, Eurotrans-Verlag, Weiden.

Bork, Christian (2003): Gutachten zur Quantifizierung der Aufkommens- und Verteilungswirkungen ausgewählter Reformansätze im Gesundheitswesen. Online unter: http://www.sozialpolitik-aktuell.de/tl_files/sozialpolitik-aktuell/_Politikfelder/Gesundheitswesen/Dokumente/AG-KV-8-02.pdf zuletzt abgerufen am 21.04.2010.

Börsch-Supan, Axel (2000): Was lehrt uns die Empirie in Sachen Rentenreform?, *Perspektiven der Wirtschaftspolitik*, Vol. 1, No. 4 S. 431-451.

Börsch-Supan, Axel (2009): Gesamtwirtschaftliche Folgen des demographischen Wandels, in Börsch-Supan, Axel; Erlinghagen, Marcel; Hank, Karsten und Wagner, Gert G. (Hrsg.), *Produktivität in alternden Gesellschaften*, (2009), p. 229-245, Deutsche Akademie der Naturforscher Leopoldina, Halle (Saale), S. 21-41.

Börsch-Supan, Axel; Gasche, Martin und Ziegelmeyer, Michael (2009): *Auswirkungen der Finanzkrise auf die private Altersvorsorge - mea Studies 09*, MEA, Mannheim.

Bourgeois, Simone und Demmer, Hildegard (2009): Europa und die Gesundheitspolitik - aus dem Schatten ans Licht holen, *Die BKK*, 12/2009, S. 548-553.

bpb (2003): Öffentliche Finanzen - Länderfinanzausgleich. Online unter: http://www.bpb.de/wissen/07104077814541706694784013104802,2,0,%D6ffentliche_Finanzen.html zuletzt abgerufen am 09.04.2010.

bqs (2009): Gemeldete, zum Stichtag geltende Verträge zur integrierten Versorgung nach Versorgungsregion, Stichtag 31.12.2008. Online unter: http://www.bqs-register140d.de/dokumente/20081231.pdf zuletzt abgerufen am 25.03.2010.

bqs (2010): BQS-Institut. Online unter: http://bqs-institut.de/aktuelles.html zuletzt abgerufen am 25.04.2010.

BR-Drucks-733/08 (2008): *Gesetz zur Weiterentwicklung der Organisationsstrukturen in der gesetzlichen Krankenversicherung (GKV-OrgWG) - Annahme durch Bundesrat*, Bundesrat.

Brackmann, Kurt (1965): *Handbuch der Sozialversicherung*, 17. Nachtragslieferung, Asgard, Sankt Augustin et al.

Brandhorst, Andreas (2003): Gesundheitspolitik zwischen 1998 und 2003: Nach der Reform ist vor der Reform, in Gohr, Antonia und Seeleib-Kaiser, Martin (Hrsg.), *Sozial- und Wirtschaftspolitik unter Rot-Grün*, Westdeutscher Verlag, Wiesbaden, S. 211-228.

Braun, Bernard; Reiners, Hartmut; Melanie, Rosenwirth; und Schlette, Sophia (2006): *Anreize zur Verhaltenssteuerung im Gesundheitswesen. Effekte bei Versicherten und Leistungsanbietern*, Bertelsmann Stiftung, Gütersloh.

Braun, Günther E.; Binder, Andreas; Burkart, Johanna und Schumann, André (2010): Managed Care für Deutschland - Ein ganzheitliches Konzept unter besonderer Berücksichtigung von Finanzierungsüberlegungen, in Porzsolt, Franz und Tilgner, Stefan (Hrsg.), *Managed Care: Perspektive für das deutsche Gesundheitswesen?*, Verband Privatärztlicher Verrechnungsstellen, Berlin, S. 104-128.

Bräuninger, Dieter und Rakau, Oliver (2010): Gesundheitswirtschaft im Aufwind, *Deutsche Bank Research*, Aktuelle Themen 475.

Bräuninger, Michael; Sattler, Christian; Kriedel, Norbert; Vöpel, Henning und Straubhaar, Thomas (2007): *Gesundheitsentwicklung in Deutschland bis 2037 – Eine* *volkswirtschaftliche Kostensimulation - HWWI Policy Paper 1-6.* Online unter: http://www.hwwi.org/uploads/tx_wilpubdb/HWWI_Policy_Paper_1-6.pdf zuletzt abgerufen am 01.05.2010.

Brealey, Richard A. und Myers, Stewart C. (2000): *Principles of corporate finance*, 6. Auflage, Irwin/McGraw-Hill, Boston.

Brennan, Geoffrey und Buchanan, James M. (1985): *The reason of rules - constitutional political economy*, Cambridge University Press, Cambridge et al.

Breyer, Friedrich (Hrsg.) (1996): *Demographische Alterung und Gesundheitsausgaben: eine Fehlinterpretation?*, Nomos, Baden-Baden.

Breyer, Friedrich (1997): "Beitragsfreie Mitversicherung" und "Familienlastenausgleich" in der GKV: Ein populärer Irrtum, *Konjunkturpolitik*, Vol. 43, No. 3 (1997), S. 213-223.

Breyer, Friedrich (1999): Lebenserwartung, Kosten des Sterbens und die Prognose der Gesundheitsausgaben, *Jahrbuch für Wirtschaftswissenschaften*, Vol. 50, No. 1 (1999), S. 53-65.

Breyer, Friedrich (2000): Zukunftsperspektiven der Gesundheitssicherung, in Hauser, Richard (Hrsg.), *Die Zukunft des Sozialstaats: Jahrestagung des Vereins für Socialpolitik, Gesellschaft für Wirtschafts- und Sozialwissenschaft in Rostock 1998 vom 22. - 25. September 1998*, Duncker & Humblot, Berlin, S. 167-199.

Breyer, Friedrich (2001): *Income redistribution and the political economy of social health insurance: comparing Germany and Switzerland - DIW Discussion Paper Nr. 253*, DIW, Berlin.

Breyer, Friedrich (2002a): Einkommensbezogene versus pauschale GKV-Beiträge: Eine Begriffserklärung, *Schmollers Jahrbuch*, Vol. 122, No. 4, S. 605-615.

Breyer, Friedrich (2002b): Ökonomische Grundlagen der Finanzierungsprobleme im Gesundheitswesen: Status quo und Lösungsmöglichkeiten, in Aufderheide, Detlef und Dabrowski, Martin (Hrsg.), *Gesundheit - Ehtik - Ökonomik: Wirtschaftsethische und moralökonomische Perspektiven des Gesundheitswesens*, Duncker-Humblot, Berlin, S. 11-27.

Breyer, Friedrich (2010): Die Kopfpauschale - unsolidarisch? Standpunkt, *Frankfurter Allgemeine Zeitung*, vom 19.02.2010

Breyer, Friedrich und Buchholz, Wolfgang (2009): *Ökonomie des Sozialstaats*, 2. Auflage, Springer, Berlin et al.

Breyer, Friedrich und Felder, Stefan (2006): Life expectancy and health care expenditures in the 21st century: a new forecast for Germany using the costs of dying, *Healthy Policy*, 75, S. 178-186. Online unter: http://opus.zbw-kiel.de/volltexte/2007/6017/pdf/dp452.pdf zuletzt abgerufen am 16.05.2010.

Breyer, Friedrich; Franz, Wolfgang; Homburg, Stefan; Schnabel, Reinhold und Wille, Eberhard (2004): *Reform der sozialen Sicherung*, Springer, Berlin et al.

Breyer, Friedrich; Grabka, Markus M.; Spieß, C. Katharina und Wagner, Gert C. (2002): Einfluss der demographischen und medizinisch-technischen Entwicklung auf die Gesundheitsdienste, in BMG (Hrsg.), *Zukunftsmarkt Gesundheit - Band 145 Schriftenreihe des Bundesministeriums für Gesundheit*, Nomos, Baden-Baden

Breyer, Friedrich und Haufler, Andreas (2000): Health care reform: separating insurance from income redistribution, *International tax and public finance*, Vol. 7, No. 4/5, S. 445-461.

Breyer, Friedrich und Kolmar, Martin (2001): *Grundlagen der Wirtschaftspolitik*, Mohr Siebeck, Tübingen.

Breyer, Friedrich und Ulrich, Volker (2000): Gesundheitsausgaben, Alter und medizinischer Fortschritt: eine Regressionsanalyse, *Jahrbücher für Nationalökonomie und Statistik*, No. 1, S. 1-17.

Breyer, Friedrich; Zweifel, Peter und Kifmann, Mathias (2005): *Gesundheitsökonomik*, 5. Auflage, Springer, Berlin et al.

Brillinger, Christin und Meier, Sarah (2009): *Die Ungleichbehandlung von Patienten im deutschen Gesundheitssystem*, Europ. Hochsch.-Verlag, Bremen.

Bröcker, Michael und Quadbeck, Eva (2010): Pauschale für die Gesundheit, *Rheinische Post*, vom 06.02.2010

Brodbeck, May (1968): Methodological individualisms: definition and reduction, in Brodbeck, May (Hrsg.), *Readings in the philosophy of the social sciences*, Macmillan, New York, S. 280-303.

Bruckenberger, Ernst (1990): Kosten-Nutzen-Analyse der Nierenlithotripsie, *Arbeit und Sozialpolitik*, 4, S. 142-145.

BSG B1 KR 10/07 R (2008): Urteil vom 22.04.2008.

BSG B6 A 1/08 R (2009): Urteil vom 06.05.2009.

BT-Drucks.16/3100 (2006): *Gesetzentwurf der Fraktionen der CDU/CSU und SPD - Entwurf eines Gesetzes zur Stärkung des Wettbewerbs in der gesetzlichen Krankenversicherung (GKV-Wettbewerbsstärkungsgesetz – GKV-WSG)*, Deutscher Bundestag.

BT-Drucks.16/3945 (2006): Entwurf eines Gesetzes zur Reform des Versicherungsvertragsrechts. Online unter: http://www.bmj.bund.de/files/-/2684/Gegen%C3%A4u%C3%9Ferung%20Bundesregierung_VVG.pdf zuletzt abgerufen am 30.03.2010.

BT-Drucks.16/4247 (2007): *Bericht des Ausschusses für Gesundheit (14. Ausschuss) am 01.02.2007*, Deutscher Bundestag.

BT-Drucks.16/9284 (2008): *Bericht über die Auswirkungen von Rabattvereinbarungen für Arzneimittel, insbesondere auf die Wirksamkeit der Festbetragsregelung*, Deutscher Bundestag.

BT-Drucks.16/12639 (2009): Bericht des GKV-Spitzenverbandes über die Erfahrungen mit den durch das GKV-WSG bewirkten Rechtsänderungen in § 13 Absatz 2 des Fünften Buches Sozialgesetzbuch. Online unter: http://dipbt.bundestag.de/dip21/btd/16/126/1612639.pdf zuletzt abgerufen am 31.03.2010.

Buchanan, James M. (1987): Eintrag "Constitutional Economics" *The New Palgrave, Band 1*, Macmillan, London, S. 588-595.

Buchanan, James M. und Tullock, Gordon (1962): *The calculus of consent: logical foundations of constitutional democracy*, University of Michigan Press, Ann Arbor.

Buchholz, Wolfgang (2005): A note on financing health-care reform: some simple arguments concerning marginal tax burden, *Finanzarchiv*, Vol. 61, No. 3, S. 438-446.

Buchner, Florian (2002): *Versteilerung von Ausgabenprofilen in der Krankenversicherung*, Dissertation, Nomos, Baden-Baden.

Buchner, Florian; Deppisch, Rebecca und Wasem, Jürgen (2007): Umverteilungseffekte in der Finanzierung von Gesundheitsleistungen, in Henke, Klaus-Dirk (Hrsg.), *Jahrbücher für Nationalökonomie und Statistik - Themenheft Gesundheitsökonomie*, Lucius&Lucius, Stuttgart, S. 699-724.

Buchner, Florian und Wasem, Jürgen (2006): "Steeping" of health expenditure profiles, *The Geneva Papers*, 31 (4), S. 581-599. Online unter: http://opus.zbw-kiel.de/volltexte/2005/2993/pdf/139.pdf zuletzt abgerufen am 16.05.2010.

Bundesrat (2010a): Bundesrat kompakt. Online unter: http://www.bundesrat.de/cln_152 /kompakt-/Home/kompakt-homepage__node.html?__nnn=true zuletzt abgerufen am 15.05.2010.

Bundesrat (2010b): Termine der Landtagswahlen. Online unter: http://www.bundes rat.de/cln_152/nn_8338/DE/termine/wahltermine/wahltermine-node.html?__nnn=true zuletzt abgerufen am 15.05.2010.

Bundesregierung (2010): Magazin für Soziales, Familie und Bildung Nr. 085 3/2010: Schwerpunkt Gesundheitspolitik. Online unter: http://www.bundesregierung.de/Content/DE/ Magazine/MagazinSozialesFamilieBildung/085/pdf/2010-03-01-magazin-zum-ausdrucken, property=publicationFile.pdf zuletzt abgerufen am 04.03.2010.

Bundestag (2010): Öffentliche Liste registrierter Verbänd. Online unter: http://www.bundestag.de/dokumente/parlamentsarchiv/sachgeb/lobbyliste/index.html zuletzt abgerufen am 26.04.2010.

Bürger, Marco (2004): Systemwettbewerb zwischen gesetzlicher und privater Krankenversicherung, *Zeitschrift für Versicherungswesen*, Nr. 18, S. 534-538.

Bürger, Marco (2005): *Zum Wettbewerb um Bestandskunden in der kapitalgedeckten Privaten Krankenversicherung die Problematik der Übertragbarkeit von Alterungs-rückstellungen*, Dissertation, VVW, Karlsruhe.

Burger, Stephan; Jobelius, Hans-Joachim und Männel, Beate (2008): Wachstumsmarkt Gesundheit - Hoffnungsträger oder Schreckgespenst, in Funk, Lothar (Hrsg.), *Anwendungsorientierte Marktwirtschaftslehre und Neue Politische Ökonomie: Wirtschaftspolitische Aspekte von Strukturwandel, Sozialstaat und Arbeitsmarkt - Eckhard Knappe zum 65. Geburtstag*, Metropolis-Verlag, Marburg, S. 393-419.

Busse, Reinhard; Krauth, Christian und Schwartz, Friedrich W. (2002): Use of acute hospital beds does not increase as the population ages: results from a seven year cohort study in Germany, *Journal of Epidemiology and Community Health*, 56, S. 289-293.

Buttler, Günter; Fickel, Norman und Lautenschläger, Bernd (1999): Die Auswirkungen des demographischen Wandels auf die Kosten im Gesundheitswesen, *Allgemeines Statistisches Archiv*, Bd. 83, S. 120-136.

BVA (2007): *Anschreiben an alle bundesunmittelbaren Krankenkassen zur Umsetzung des Gesetzes zur Stärkung des Wettbewerbs in der GKV, hier: Wahltarife gemäß § 53 SGB V, 13.3.2007.*

BVA (2008): So funktioniert der neue Risikostrukturausgleich im Gesundheitsfonds. Online unter:

http://www.bundesversicherungsamt.de/cln_108/nn_1046668/DE/Risikostrukturausgleich/Wie__funktioniert__Morbi__RSA,templateId=raw,property=publicationFile.pdf/Wie_funktioniert_Morbi_RSA.pdf zuletzt abgerufen am 26.03.2010.

BVA (2009a): *Beitragspflichtige Einnahmen nach Bundesländern, Stand 14.11.2008, Datenlieferung vom BVA*, mimeo.

BVA (2009b): Daten für den morbiditätsorientierten Risikostrukturausgleich aus der vertragsärztlichen Versorgung - Schreiben des BVA an die Aufsichtsbehörden der Sozialversicherungsbehörden der Länder vom 15.01.2009.

BVA (2009c): Festlegung der Morbiditätsgruppen, des Zuordnungsalgorithmus, des Regressions- sowie des Berechnungsverfahrens im Jahresausgleich 2010. Online unter: http://www.bundesversicherungsamt.de/cln_115/nn_1440668/DE/Risikostrukturausgleich/Festlegungen/Festlegung__Klassifikationsmodell__30092009.html zuletzt abgerufen am 19.05.2010.

BVA (2010a): Gemeinsame Erklärung des Schätzerkreises der gesetzlichen Krankenversicherung vom 28. April 2010. Online unter: http://www.gkv-spitzenverband.de/upload/Pressemitteilung_Bundesversicherungsamt_Sch%C3%A4tzerkreis_100428_13307.pdf zuletzt abgerufen am 10.05.2010.

BVA (2010b): Risikostrukturausgleich - Schätztableau. Online unter: http://www.bundesversicherungsamt.de/cln_115/nn_1360990/DE/Risikostrukturausgleich/risikostrukturausgleich__node.html?__nnn=true zuletzt abgerufen am 18.03.2010.

BVerfG 1 BvR 706/08 (2009): *Urteil vom 10.06.2009.* Online unter: http://www.bverfg.de/entscheidungen/rs20090610_1bvr070608.html zuletzt abgerufen am 19.04.2010.

BVerfG 2 BvF 2/01 (2005): *Urteil vom 18.07.2005.* Online unter: http://www.bverfg.de/entscheidungen/rs20050718_2bvf000201.html zuletzt abgerufen am 06.05.2010.

Callahan, Daniel (1973): The WHO definition of "Health", *The Hastings Center Studies* Vol. 1, No. 3, S. 77-87.

Callahan, Daniel (1990): *What kind of life: the limits of medical progress*, Simon and Schuster, New York.

Cappelen, Alexander W. und Norheim, Ole Frithjof (2006): Responsibility, Fairness and Rationing in Health Care, *Healthy Policy*, 76/, 3/2006, S. 312-319.

Carlowitz, Hannsi Carl von (1732): *Sylvicultura oeconomica*, 2. Auflage, Braun, Leipzig.

Cassel, Dieter (1988): Mehr Markt und Wettbewerb in der GKV - Herausforderung für die PKV?, in Farny, Dieter und Felderer, Bernhard (Hrsg.), *Ordnungspolitik der Lebens- und Krankenversicherung*, VVW, Karlsruhe, S. 116-134.

Cassel, Dieter (2003): Wettbewerb in der Gesundheitsversorgung: Funktionsbedingungen, Wirkungsweise und Gestaltungsbedarf, in Arnold, Michael; Klauber, Jürgen und Schellschmidt, Henner (Hrsg.), *Krankenhaus-Report 2002: Schwerpunkt: Krankenhaus im Wettbewerb*, Schattauer, Stuttgart et al., S. 3-20.

Cassel, Dieter (2005): Ordnungspolitische Reformoptionen im deutschen Gesundheitswesen: wo liegt Toulon?, in Leipold, Helmut und Wentzel, Dirk (Hrsg.), *Ordnungsökonomik als aktuelle Herausforderung*, Lucius&Lucius, Stuttgart, S. 243-261.

Cassel, Dieter; Ebsen, Ingwer; Greß, Stefan; Jacobs, Klaus; Schulze, Sabine und Wasem, Jürgen (2008): *Vertragswettbewerb in der GKV: Möglichkeiten und Grenzen vor und nach der Gesundheitsreform der Großen Koalition*, WIdO, Bonn.

Cassel, Dieter und Janßen, Johannes (1999): Wettbewerb in der gesetzlichen Krankenversicherung - Tagungsband des Gesundheitsökonomischen Ausschusses, in Knappe, Eckhard (Hrsg.), *Wettbewerb in der Gesetzlichen Krankenversicherung: Tagungsband des Gesundheitsökonomischen Ausschusses*, Nomos, Baden-Baden, S. 11-49.

Cassel, Dieter; Müller, Christian und Sundmacher, Torsten (2006): Die Finanzierung der GKV auf dem "normativen Prüfstand", in Rebscher, Herbert (Hrsg.), *Gesundheitsökonomie und Gesundheitspolitik im Spannungsfeld zwischen Wissenschaft und Politikberatung - Festschrift für Günter Neubauer*, Economica, Heidelberg et al., S. 289-306.

Cassel, Dieter und Oberdieck, Veit (2002): Kapitaldeckung in der Gesetzlichen Krankenversicherung, *Wirtschaftsdienst*, 2002/I, S. 15-22.

Cassel, Dieter und Postler, Andreas (2007): Alternde Bevölkerung und Gesundheitsausgaben: Eine theoretische Analyse demographischer Ausgabeneffekte auf den Beitragssatz der GKV, in Henke, Klaus-Dirk (Hrsg.), *Jahrbücher für Nationalökonomie und Statistik - Themenheft Gesundheitsökonomie*, Lucius&Lucius, Stuttgart, S. 578-602.

Cassel, Dieter und Sundmacher, Torsten (2006): Systemtransformation durch Systemwettbewerb im Gesundheitswesen, in Daumann, Frank; Okruch, Stefan und Mantzavinos, C. (Hrsg.), *Wettbewerb und Gesundheitswesen: Konzeptionen und Felder ordnungsökonomischen Wirkens - Festschrift für Peter Oberender zu seinem 65. Geburtstag*, Andrássy Gyula Deutschsprachige Universität Budapest, Budapest, S. 273-303.

Cassel, Dieter und Wilke, Thomas (2001): Das Saysche Gesetz im Gesundheitswesen: Schafft sich das ärztliche Leistungsangebot seine eigene Nachfrage?, *Zeitschrift für Gesundheitswissenschaften*, 9 (4), S. 331-348.

Chaloupka, Frank J. und Warner, Kenneth E. (2000): The economics of smoking, in Culyer, Anthony J. und Newhouse, Joseph P. (Hrsg.), *Handbook of Health Economics*, Elsevier, Amsterdam et al., S. 1539-1628.

Chamberlin, E. H. (1975): Die Theorie der monopolistischen Konkurrenz, Produktdifferenzierung, in Herdzina, Klaus (Hrsg.), *Wettbewerbstheorie*, Köln, S. 76-87.

Christensen, Kaare; Doblhammer, Gabriele; Rau, Roland und Vaupal, James W. (2009): Aging populations: the challenges ahead, *The Lancet*, 374, S. 1196-1208. Online unter:
http://www.demogr.mpg.de/publications/files/3444_1264435180_1_Christensen%20et%20al%20Lancet%20374%209696%202009.pdf zuletzt abgerufen am 16.05.2010.

Cischinsky, Christiane (2008): *Auswirkungen der Europäischen Integration auf das deutsche Gesundheitswesen*, Dissertation, Peter Lang, Frankfurt am Main et al.

Cischinsky, Holger (2007): *Lebenserwartung, Morbidität und Gesundheitsausgaben*, Dissertation, Peter Lang, Frankfurt am Main et al.

Clark, John M. (1940): Toward a concept of workable competition, *The American Economic Review* 30, 2, S. 241-256.

Clark, John M. (1961): *Competition as a dynamic process*, Brookings Institution, Washington.

Clark, John M. (1975): Zum Begriff eines funktionsfähigen Wettbewerbs, in Herdzina, Klaus (Hrsg.), *Wettbewerbstheorie*, Köln, S. 143-160.

Coase, Ronald (1960): The problem of social cost, *The journal of law & economics*, Vol. 3 (1960), S. 1-44.

Coase, Ronald H. (1937): The nature of the firm, *Economica*, 4, S. 386-405.

Coca, Valentin; Nink, Katrin und Schröder, Helmut (2008): Ökonomische Aspekte des deutschen Arzneimittelmarktes 2007, in Schwabe, Ulrich und Paffrath, Dieter (Hrsg.), *Arzneiverordnungs-Report 2008: Aktuelle Daten, Kosten, Trends und Kommentare*, Springer, Berlin et al., S. 145-198.

Cochrane, John Howland (1995): Time-consistent health insurance, *The Journal of Political Economy*, No. 3, S. 445-473.

Colombo, Francesca und Tapay, Nicole (2004): Private health insurance in OECD countries: the benefits and costs for individuals and health systems, *OECD Health Working Paper No. 15.*

Condorcet, Jean A. N. de (1785): *Essai sur l'application de l'analyse à la probabilité des décisions rendues à la pluralité des voix*, L'Imprimerie Royale, Paris.

Conrad, Hans-Joachim (2001): Integrierte Versorgung - Möglichkeiten und Grenzen der Umsetzung, in Hellmann, Wolfgang (Hrsg.), *Management von Gesundheitsnetzen: Theoretische und praktische Grundlagen für ein neues Berufsfeld*, Kohlhammer, Stuttgart et al., S. 1-10.

Cook, Philip J. und Moore, Michael J. (2000): Alcohol, in Culyer, Anthony J. und Newhouse, Joseph P. (Hrsg.), *Handbook of health economics*, Elsevier, Amsterdam et al., S. 1629-1674.

Culyer, A. J. (1971): The nature of the commodity "health care" and its efficient allocation, *Oxford Economic Papers*, 23 (2).

Culyer, Anthony J. (1988): Health care expenditures in Canada: myth and reality, past and future, *Canadian Tax Paper*, 82.

Culyer, Anthony J. und Newhouse, Joseph P. (Hrsg.) (2000): *Handbook of health economics*, Elsevier, Amsterdam et al.

Cutler, David M. und Zeckhauser, Richard. J. (2000): The anatomy of health insurance, in Culyer, Anthony J. und Newhouse, Joseph P. (Hrsg.), *Handbook of health economics*, Elsevier, Amsterdam et al., S. 564-643.

Dalhoff, Michael (2008): Einheitliche Leistungsansprüche und differenzierte Leistungsangebote in der gegenwärtigen und zukünftigen GKV-Versorgung, *Sozialer Fortschritt*, Vol. 57, No. 4, S. 99-109.

Daniels, Norman (1985): *Just health care*, Cambridge University Press, Cambridge, New York.

Darbi, Michael und Karni, Edi (1973): Free competition and the optimal amount of fraud, *The Journal of Law & Economics*, 16, S. 67-88.

Daubenbüchel, Rainer (2007): Wahltarife - Wettbewerbselement im Solidarsystem aus aufsichtsrechtlicher Sicht, in Oberender, Peter und Straub, Christoph (Hrsg.), *Auf der Suche* *nach der besseren Lösung: Festschrift zum 60. Geburtstag von Norbert Klusen*, Nomos, Baden-Baden, S. 65-80.

Daumann, Frank (2000): Nationale Krankenversicherungssysteme Europas im Systemwettbewerb, *Jahrbücher für Nationalökonomie und Statistik*, 220, S. 527-540.

David, Paul A. (1985): Clio and the economics of QWERTY, *The American Economic Review*, Vol. 75, No. 2 (1985), S. 332-337.

David, Paul A. (2001): Path dependence and its critics and the quest for "historical economics", in Garrouste, Pierre und Ioannides, Stavros (Hrsg.), *Evolution and path dependence in economic ideas: past and present*, Edward Elgar, Cheltenham, UK ; Northampton, MA, USA, S. 15-40.

Davis, Karen (2007): Uninsured in America: problems and possible solutions, *BMJ*, Nr. 334, S. 346-348.

DBW (2010): Beihilfevorschriften im Bund und in den Ländern. Online unter: http://www.die-beihilfe.de/beihilfevorschriften zuletzt abgerufen am 08.04.2010.

Degenhart, Christoph Schwerpunkte (1997): *Staatsrecht I: Staatszielbestimmungen, Staatsorgane, Staatsfunktionen*, 13. Auflage, C.F. Müller, Heidelberg.

Demmler, Gertrud (1992): *Ausschreibungen im Gesundheitswesen: Eine theoretische Analyse unter besonderer Berücksichtigung der kassenärztlichen Versorgung in der Bundesrepublik Deutschland*, Dissertation, Verlag P.C.O., Bayreuth.

Demopaedia (2010): Periodensterbetafel. Online unter: http://de-ii.demopaedia.org/wiki/Querschnittsterbetafel zuletzt abgerufen am 02.05.2010.

Demsetz, Harold (1967): Toward a theory of property rights, *The American Economic Review*, Vol. 57, No. 2 (1967), S. 347-359.

Demsetz, Harold (1969): Information and efficiency: another viewpoint, *The Journal of Law & Economics*, Vol. 12 (1969, S. 1-22.

Depenheuer, Otto (1991/2009): *Solidarität im Verfassungsstaat*, Habilitation, Book on Demand. Online unter: http://www.bod.de/index.php?id=1132&objk_id=221382 zuletzt abgerufen am 06.03.2010.

Depenheuer, Otto (2006): Verfassungsrechtliche Grenzen einer Portabilität von Altersrückstellungen in der Krankenversicherung, Kurzgutachten im Auftrag des PKV-Verbandes vom 09.10.2006. Online unter: zuletzt abgerufen am

Deppe, H.-Ulrich (2007): Krankheit und Kommerz - Zur Kritik der herrschenden Gesundheitspolitik, *Blätter für deutsche und internationale Politik*, 1/2007, S. 93-100.

Deppe, Hans-Ulrich (2005): *Zur sozialen Anatomie des Gesundheitssystems: Neoliberalismus und Gesundheitspolitik in Deutschland*, VAS, Frankfurt am Main.

Deschka, Marc (2007): *Wörterbuch Medizin pocket: kleines Lexikon - medizinische Fachbegriffe, Fremdwörter und Terminologie*, Börm Bruckmeier, Grünwald.

Deutsch, Klaus-Günter (2010): Obamas Reformen - Gesundheit, Alter, Klima und Infrastruktur, *Deutsche Bank Research*, Aktuelle Themen 473.

Diamond, Peter A. (1965): National debt in a neoclassical growth model, *The American Economic Review*, Vol. 55, S. 1126-1150.

Fritsch, Michael; Wein, Thomas und Ewers, Hans-Jürgen (1999): *Marktversagen und Wirtschaftspolitik: mikroökonomische Grundlagen staatlichen Handelns*, 3., völlig überarbeitete und erweiterte Auflage, Vahlen, München.

Fuchs, Victor R. (1984): "Though much is taken" - reflections on aging, health and medical care, *Milbank Memorial Fund Quarterly*, Vol. 62, no. 2, S. 143-166.

Fuchs, Victor R. (2004): Reflections on the socio-economic correlations of health, *Journal of Health Economics*, Vol. 23, No. 4 S. 653-661.

G-BA (2004): Beauftragung des Instituts für Qualität und Wirtschaftlichkeit im Gesundheitswesen. Online unter: http://www.g-ba.de/downloads/39-261-216/2004-12-21-Generalauftrag-IQWiG.pdf zuletzt abgerufen am 19.03.2010.

G-BA (2009a): Inhalt, Umfang und Datenformat eines strukturierten Qualitätsberichts für nach § 108 SGB V zugelassene Krankenhäuser. Online unter: http://www.g-ba.de/downloads/83-691-13/Vb-Qualit%C3%A4tsbericht-Anl1-2009-03-19.pdf zuletzt abgerufen am 30.03.2010.

G-BA (2009b): Strukturierte Behandlungsprogramme für chronisch kranke Menschen. Online unter: http://www.g-ba.de/informationen/chronikerprogramme/ zuletzt abgerufen am 20.03.2010.

G-BA (2010a): Glossar: Gemeinsame Selbstverwaltung. Online unter: http://www.g-ba.de/institution/sys/glossar/136/ zuletzt abgerufen am 17.03.2010.

G-BA (2010b): Themenschwerpunkte - Arzneimittel. Online unter: http://www.g-ba.de/institution/themenschwerpunkte/arzneimittel/ zuletzt abgerufen am 27.03.2010.

Gabler-Verlag (2010a): Gabler-Wirtschaftslexikon: Stichwort Generationenvertrag. Online unter: http://wirtschaftslexikon.gabler.de/Archiv/58403/generationenvertrag-v7.html zitierfähige URL zuletzt abgerufen am 10.04.2010.

Gabler-Verlag (2010b): Gabler Wirschaftslexikon: Stichwort Principal-Agent-Theorie. Online unter: http://wirtschaftslexikon.gabler.de/Archiv/924/prinzipal-agent-theorie-v6.html zitierfähige URL zuletzt abgerufen am 03.03.2010.

Gabler-Verlag (2010c): Gabler Wirschaftslexikon: Stichwort Wohlfahrtsökonomik. Online unter: http://wirtschaftslexikon.gabler.de/Archiv/1102/wohlfahrtsoekonomik-v5.html zitierfähige URL zuletzt abgerufen am 07.03.2010.

Gabler-Verlag (2010d): Gabler Wirtschaftslexikon: Stichwort Agency-Theorie. Online unter: http://wirtschaftslexikon.gabler.de/Archiv/715/agency-theorie-v5.html zitierfähige URL zuletzt abgerufen am 07.03.2010.

Gabler-Verlag (2010e): Gabler Wirtschaftslexikon: Stichwort Kosten. Online unter: http://wirtschaftslexikon.gabler.de/Archiv/54284/kosten-v3.html zitierfähige URL zuletzt abgerufen am 12.04.2010.

Gabler-Verlag (2010f): Gabler Wirtschaftslexikon: Stichwort Neue Institutionenökonomik. Online unter: http://wirtschaftslexikon.gabler.de/Archiv/1470/neue-institutionenoekonomik-v9.html zitierfähige URL zuletzt abgerufen am 07.03.2010.

Gabler-Verlag (2010g): Gabler Wirtschaftslexikon: Stichwort Rationierung. Online unter: http://wirtschaftslexikon.gabler.de/Archiv/17968/rationierung-v7.html zitierfähige URL zuletzt abgerufen am 23.04.2010.

Gabler-Verlag (2010h): Gabler Wirtschaftslexikon: Stichwort Rent-Seeking. Online unter: http://wirtschaftslexikon.gabler.de/Archiv/5464/rent-seeking-v8.html zitierfähige URL zuletzt abgerufen am 26.03.2010.

Gabler-Verlag (2010i): Gabler Wirtschaftslexikon: Stichwort Verfügungsrechte. Online unter: http://wirtschaftslexikon.gabler.de/Archiv/1882/verfuegungsrechte-v7.html zitierfähige URL zuletzt abgerufen am 07.03.2010.

Gabler-Verlag (2010j): Gabler Wirtschaftslexikon: Stichwort Wirtschaftswissenschaften. Online unter: http://wirtschaftslexikon.gabler.de/Archiv/11076/wirtschaftswissenschaften-v8.html zitierfähige URL zuletzt abgerufen am 02.03.2010.

Gäfgen, Gérard (1984): Zur Beurteilung medizinischer Fortschritte und Forschungen: Notwendigkeit, Ansatzpunkte und Probleme normativer Aussagen, in Münnich, Frank E. und Oettle, Karl (Hrsg.), *Ökonomie des technischen Fortschritts in der Medizin*, Bleicher, Gerlingen, S. 145-191.

Gäfgen, Gérard (1989): Gesundheit, Gerechtigkeit und Gleichheit: Distributive Aspekte der Gesundheitsversorgung, in Gäfgen, Gérard und Oberender, Peter (Hrsg.), *Verteilungsziele und Verteilungswirkungen im Gesundheitswesen*, Nomos, Baden-Baden, S. 11-46.

Gäfgen, Gérard (1990): *Gesundheitsökonomie*, Nomos, Baden-Baden.

Gasche, Martin (2004): Beitragssatzeffekte einer Einbeziehung der Beamten in die GKV, *Wirtschaftsdienst*, Heft 5, S. 290-298.

Gasche, Martin (2007): Pflegeversicherung in Deutschland: Herausforderungen und Chancen, *Allianz Dresdner Economic Research Working Paper Nr. 95.*

Gasche, Martin (2008): *Renditevergleich zwischen Umlagesystem und Kapitaldeckungsverfahren - Allianz Dresdner Economic Research Working Paper 115.*

Gaßner, Maximilian (2009): Ursachen der Finanzkrise und Auswirkungen auf die sozialen Sicherungssysteme, *Die BKK*, 06/2009, S. 226-233.

Gaßner, Maximilian (2010): Zur Finanzierung der gesetzlichen Krankenversicherung, Vortrag vom 22.03.2010.

Gaßner, Maximilian und Ahrens, Michaela (2007): Anwendbarkeit der Regeln der Fusionskontrolle des GWB bei der Vereinigung gesetzlicher Krankenkassen, *Sozialgerichtsbarkeit*, 9/07, S. 528-535.

Gassner, Ulrich M. (2008): Kartellrecht und GKV, *Zeitschrift für die gesamte Versicherungswissenschaft*, 97, S. 411-424.

GBE (2010a): Gesundheitsausgaben in Deutschland. Online unter: http://www.gbe-bund.de/gbe10/abrechnung.prc_abr_test_logon?p_uid=gast&p_aid=80672578&p_sprache=D &p_knoten=TR19200 zuletzt abgerufen am 11.04.2010.

GBE (2010b): Gesundheitsversorgung. Online unter: http://www.gbe-bund.de/gbe10/ abrechnung.prc_abr_test_logon?p_uid=gast&p_aid=43136952&p_sprache=D&p_knoten=TR 14501 zuletzt abgerufen am 02.05.2010.

Geissler, Alexander; Wörz, Markus und Busse, Reinhard (2010): Deutsche Krankenhauskapazitäten im internationalen Vergleich, in Klauber, Jürgen; Geraedts, Max und Friedrich, Jörg (Hrsg.), *Krankenhaus-Report 2010: Krankenhausversorgung in der Krise?*, Schattauer, Stuttgart, S. 25-40.

Göpffarth, Dirk (2007): Theorie und Praxis des Risikostrukturausgleichs, in Henke, Klaus-Dirk (Hrsg.), *Jahrbücher für Nationalökonomie und Statistik - Themenheft Gesundheitsökonomie*, Lucius&Lucius, Stuttgart, S. 485-501.

Göpffarth, Dirk (2008): RSA-Jahresausgleich 2005 - Daten und Fakten, in Göpffarth, Dirk; Greß, Stefan; Jacobs, Klaus und Wasem, Jürgen (Hrsg.), *Jahrbuch Risikostrukturausgleich 2007: Gesundheitsfonds*, Asgard, Sankt Augustin, S. 357-403.

Göpffarth, Dirk (2009a): Auswahl und Anpassung eines Versichertenklassifikationsmodells für den Risikostrukturausgleich, in Göpffarth, Dirk; Greß, Stefan; Jacobs, Klaus und Wasem, Jürgen (Hrsg.), *Jahrbuch Risikostrukturausgleich 2008: Morbi-RSA*, Asgard, Sankt Augustin, S. 101-131.

Göpffarth, Dirk (2009b): Der „Morbi-RSA" und seine Auswirkungen auf die Krankenhausversorgung - Vortrag auf dem 18. Neubiberger Krankenhausforum am 03.07.2009 Online unter: http://www.neubiberger-krankenhausforum.de/18__Neubiber ger_Krankenhausfor/18__neubiberger_krankenhausfor.html zuletzt abgerufen am 20.04.2010.

Gottfried, Michaela (2010): Nun wird es ernst - Kassen kündigen Zusatzbeiträge an, *Die Ersatzkasse*, 2/2010, S. 66-67.

Gouveia, Miguel R. (1997): Majority rule and the public provision of a private good, *Public choice*, Vol. 93, No. 3, S. 221-244.

Grabka, Markus M. (2004): *Alternative Finanzierungsmodelle einer sozialen Krankenversicherung in Deutschland: Methodische Grundlagen und exemplarische Durchführung einer Mikrosimulationsstudie*, Dissertation, Technische Universität Berlin, Berlin. Online unter: http://deposit.ddb.de/cgi-bin/dokserv?idn=973331720 zuletzt abgerufen am 01.03.2010.

Grabka, Markus M. (2006a): Prämien in der PKV: Deutlich stärkerer Anstieg als in der gesetzlichen Krankenversicherung, *DIW Wochenbericht*, Vol. 73, No. 46, S. 653-659.

Grabka, Markus M. (2006b): Prämienentwicklung in der PKV - eine empirische Untersuchung auf Basis des SOEP, in Jacobs, Klaus; Klauber, Jürgen und Leinert, Johannes (Hrsg.), *Fairer Wettbewerb oder Risikoselektion? Analysen zur gesetzlichen und privaten Krankenversicherung*, WIdO, Bonn, S. 103-121.

Grabka, Markus M. (2007): *Zwischen Bürgerversicherung und Pauschalprämie: die künftige Finanzierung der Krankenversicherung in Deutschland*, Dissertation, VDM, Saarbrücken.

Green, A. und Wu, S. (2000): Projection of Chronic Illness Prevalence and Cost Inflation, *Rand Health*, Oct. 2000.

Greiner, Wolfgang (2005): *Ökonomische Aspekte des Disease Managements*, Habilitation, Nomos, Baden-Baden.

Greisler, Peter (1995): Konvergenz oder Wettbewerb in GKV und PKV?, *Versicherungswirtschaft*, 50 (13), S. 811-817.

Greisler, Peter (2002): *Reden zur Reformperiode der privaten Krankenversicherung - PKV Dokumentation Nr. 26*, PKV Verband, Köln.

Greß, Stefan (2002): *Krankenversicherung und Wettbewerb das Beispiel Niederlande*, Dissertation, Campus Verlag, Frankfurt am Main et al.

Greß, Stefan (2007): Private health insurance in Germany: consequences of a dual system, *Healthcare Policy* 3, 2,2007, S. 29-37.

Greß, Stefan (2009): Angleichung der Vergütungssysteme, in PVS (Hrsg.), *Weiterentwicklung der privaten Krankenversicherung Dokumentation des gemeinsamen Workshops von Bundesärztekammer und PVS-Verband am 23. April 2009*, PVS, Berlin, S. 80-86.

Greß, Stefan; Kötting, C; May, U und Wasem, Jürgen (2009): Rabattverträge in der gesetzlichen Krankenversicherung - Auswirkungen einer Oligopolisierung des generikafähigen Arzneimittelmarkts, *Gesundheitsökonomie & Qualitätsmanagement*, 14, S. 237-242.

Greß, Stefan; Leiber, Simone und Manouguian, Maral (2009): Integration von privater und gesetzlicher Krankenversicherung vor dem Hintergrund internationaler Erfahrungen, *WSI Mitteilungen*, 7/2009, S. 369-375.

Greß, Stefan; Manouguian, Maral und Wasem, Jürgen (2006): *Krankenversicherungsreform in den Niederlanden: Vorbild für einen Komromiss zwischen Bürgerversicherung und Pauschalprämie in Deutschland? Abschlussbericht*, Hans-Böckler-Stiftung, Essen.

Greß, Stefan; Walendzik, Anke und Wasem, Jürgen (2005): *Nichtversicherte Personen im Krankenversicherungssystem der Bundesrepublik Deutschland: Bestandsaufnahme und Lösungsmöglichkeiten - Diskussionbeitrag Nr. 147, Fachbereich Wirtschaftswissenschaften*, Universität Duisburg-Essen, Essen. Online unter: http://www.uni-essen.de/fb5/pdf/147.pdf zuletzt abgerufen am 20.05.2010.

Greß, Stefan; Walendzik, Anke und Wasem, Jürgen (2009): Auswirkungen der Maßnahmen gegen Nichtversicherung im GKV-WSG: Eine Zwischenbilanz, *Sozialer Fortschritt*, Vol. 58, No. 7, S. 147-154.

Greß, Stefan und Wasem, Jürgen (2004): Integration der Privaten Krankenversicherung (PKV) in den Risikostrukturausgleich der Gesetzlichen Krankenversicherung (GKV) - eine funktional äquivalente Alternative zur Bürgerversicherung?, *RPG*, 10:2, S. 37-44.

Greß, Stefan und Wasem, Jürgen (2007): Weg von der Beitrags- und hin zur Steuerfinanzierung? Konsequenzen einer Strukturreform aus ökonomische Sicht, in Felix, Dagmar (Hrsg.), *Die Finanzierung der Sozialversicherung*, Lit Verlag, Münster et al., S. 5-24.

Grether, Thomas (2009): GKV und PKV müssen stärker kooperieren - Beide Kassenarten werfen Politik Gängelung vor und vorgegaukelten Wettbewerb, *f&w*, 4/2009, S. 346-348.

Grimmeisen, Simone und Leiber, Simone (2009): *Zwischen Kostenprivatisierung und PatientInnenautonomie: Eigenverantwortung in der Gesundheitspolitik - WSI Diskussionspapier Nr. 163*, WSI, Düsseldorf. Online unter: http://www.boeckler.de /pdf/p_wsi_diskp_163.pdf zuletzt abgerufen am 06.06.2010.

Grossekettler, Heinz (1987): Volkswirtschaftliche Aufgaben von Marktprozessen, *das Wirtschaftsstudium*, 16. Jg., S. 183-188.

Grossmann, Uta (2009): Rabattverträge haben kaum Freunde, *Pharmazeutische Zeitung, erschienen in Ausgabe 09/2009*. Online unter: http://www.pharmazeutische-zeitung.de /index.php?id=29178 zuletzt abgerufen am 01.04.2010.

Gruenberg, Ernest M. (1977): The failures of success, *Milbank Memorial Fund Quarterly*, Vol. 55, no. 1 S. 3-24.

Güssow, Jan (2007): *Vergütung integrierter Versorgungsstrukturen im Gesundheitswesen Weiterentwicklung pauschaler Vergütungsansätze zur Förderung prozessorientierter Strukturen unter besonderer Berücksichtigung der Krankenhausperspektive*, Dissertation, DUV, Wiesbaden.

Güssow, Jan und Hildebrandt, Helmut (2004): Integrierte Versorgung nach In-Kraft-Treten des Gesundheitsmodernisierungsgesetzes in Beck, Markus; Goldschmidt, Andreas; Greulich, Andreas; Kalbitzer, Manfred; Schmid, Rudolf und Thiele, Günter (Hrsg.), *Management Handbuch DRGs*, Economica, Heidelberg, S. B3510 1-34.

GWB Gesetz gegen Wettbewerbsbeschränkungen - zuletzt geändert durch Artikel 13 Absatz 21 des Gesetzes vom 25. Mai 2009 (BGBl. I S. 1102). Online unter: http://www.gesetze-im-internet.de/bundesrecht/gwb/gesamt.pdf zuletzt abgerufen am 25.03.2010.

Habermann, Gerd (2009): Verteilungsgerechtigkeit und Wettbewerb im Gesundheitswesen, in PVS (Hrsg.), *Weiterentwicklung der privaten Krankenversicherung Dokumentation des gemeinsamen Workshops von Bundesärztekammer und PVS-Verband am 23. April 2009*, PVS, Berlin, S. 14-26.

Haenecke, Henrik (2001): *Krankenkassen-Marketing - Eine empirische Analyse der Erfolgsfaktoren*, Dissertation, Rainer Hampp, München und Mering.

Hagist, Christian; Raffelt, Albert und Weddige, Bernd (2006): *Brandmelder der Zukunft – Die Generationenbilanz 2004. Diskussionsbeitrag Nr. 12 - Forschungszentrum Generationenverträge*, Alberts-Ludwigs-Universität Freiburg, Freiburg.

Haisch, Jochen; Weitkunat, Rolf und Wildner, Manfred (1999): *Wörterbuch Public Health*, Hans Huber, Bern.

Hajen, Leonhard; Paetow, Holger und Schumacher, Harald (2010): *Gesundheitsökonomie: Strukturen - Methoden - Praxis*, 5. Auflage, Kohlhammer, Stuttgart.

Hall, Robert E. und Jones, Charles I. (2007): The value of life and the rise in health spending, *The Quarterly Journal of Economics*, Vol. 122, No. 1 (2. 2007), S. 39-72.

Haller, Sebastian; Garrido, Marcial Velasco und Busse, Reinhard (2009): Hausarztorientierte Versorgung - Charakteristika und Beitrag zur Gesundheit der Bevölkerung - Ein Evidenz-Report im Auftrag des SVRBEiG. Online unter: http://www.svr-gesundheit.de/Gutachten/Uebersicht/Anhang%20GA2009/Anhang%206.1.3%20Evidenzreport%20Hausarztorientierte%20Versorgung.pdf zuletzt abgerufen am 28.04.2010.

Hansen, Volker (1996): Sozialstaat vor dem Umbau - Reformansätze aus Sicht der Arbeitgeber, in Schönig, Werner und L'Hoest, Raphael (Hrsg.), *Sozialstaat wohin? - Umbau, Abbau oder Ausbau der sozialen Sicherung*, Wiss. Buchges., Darmstadt

Hartig, Georg Ludwig (1795): *Anweisung zur Taxation der Forste, oder zur Bestimmung des Holzertrags der Wälder: Ein Beytrag zur höheren Forstwissenschaft*, Heyer, Stahl, Giessen, Darmstadt.

Hartung, Thomas und Helten, Elmar (2004): Modernisierung versicherungswirtschaftlicher Eigenkapitalnormen durch Solvency II, *Finanz-Betrieb*, Vol. 6, No. 4 (2004), S. 293-303.

Hartweg, Hans-R. (2007): *Die Entwicklung der integrierten Versorgung in Deutschland eine Analyse der Selektivvertragsmöglichkeiten gemäß der Regelungen der §§ 140 a - d SGB V*

unter Aspekten der neuen Institutionenökonomie und der Evolutionsökonomie, Dissertation, Lit, Münster.

Hauff, Volker (1987): *Unsere gemeinsame Zukunft: der Brundtland-Bericht*, Eggenkamp, Greven.

Haufler, Andreas (2004): Welche Vorteile bringt eine Pauschalprämie für die Finanzierung des Gesundheitswesens?, *Schmollers Jahrbuch*, Vol. 124, No. 4, S. 539-556.

Häussler, Bertram und Albrecht, Martin (2007): Konsequenzen des demographischen Wandels für die Finanzierung der Gesundheitsausgaben, in Häussler, Bertram und Klusen, Norbert (Hrsg.), *Innovationen gestalten den demographischen Wandel, Jahrbuch der medizinischen Innovationen Band 3*, Schattauer, Stuttgart et al., S. 63-77.

Häussler, Bertram; Ecker, Thomas und Schneider, Markus (2006): *Belastung der Arbeitgeber in Deutschland durch gesundheitssystembedingte Kosten im internationalen Vergleich*, Nomos, Baden-Baden.

HÄV (2010): HZV-Ampel. Online unter: http://www.hzv-ampel.de/ zuletzt abgerufen am 28.03.2010.

Hax, Karl (1968): *Die Entwicklungsmöglichkeiten der Individualversicherung in einem pluralistischen System der sozialen Sicherung: Gutachten*, Kohlahmmer, Stuttgart et al.

Hayek, Friedrich A., von (1960): *The constitution of liberty*, Reprinted, Routledge & Kegan Paul, London.

Hayek, Friedrich A., von (1968): Der Wettbewerb als Entdeckungsverfahren, *Kieler Vorträge*, N.F., 56.

Hayek, Friedrich A., von (1976): *Individualismus und wirtschaftliche Ordnung*, 2. Auflage, Neugebauer, Salzburg.

Hayek, Friedrich A., von (1981): *Recht, Gesetzgebung und Freiheit, Band 2*, Verlag Moderne Industrie, Landsberg am Lech.

Hayek, Friedrich A., von (2002): *Die Sprachverwirrung im politischen Denken - Grundsätze einer liberalen Gesellschaftsordnung: Aufsätze zur politischen Philosophie und Theorie*, Mohr Siebeck, Tübingen.

Heertje, Arnold und Wenzel, Heinz-Dieter (1997): *Grundlagen der Volkswirtschaftslehre*, 5. Auflage, Springer, Berlin et al.

Heier, Magnus (2007): Privatpatienten: In den Klauen der Halbgötter *Frankfurter Allgemeine Sonntagszeitung*, vom 24.06.2007

Heinze, Meinhard (1996): Die substitutive private Krankenversicherung: ein Modell für Europa?, *Zeitschrift für die gesamte Versicherungswissenschaft*, Vol. 85, No. 2 (1996), S. 281-303.

Helios (2010): Qualitätsphilosophie. Online unter: http://www.helios-kliniken.de/medizin/ qualitaetsmanagement/qualitaetsphilosophie.html zuletzt abgerufen am 27.03.2010.

Helmich, Christoph (2000): *Die Gestaltung substitutiver privater Krankenversicherungsprodukte vor dem Hintergrund der Ausgabenentwicklung im Gesundheitswesen*, Dissertation, Universität Bielefeld, Bielefeld.26.03.2010.

Helou, Antonius (2003): Medizinische Leitlinien, in Schwartz, Friedrich Wilhelm (Hrsg.), *Das Public-Health-Buch - Gesundheit und Gesundheitswesen*, Urban & Fischer, München et al., S. 738-745.

Helten, Elmar und Hartung, Thomas (2001): Auswirkungen des moralischen Risikos für Versicherungsunternehmen, in Mager, Hans-Christian; Schäfer, Henry und Schrüfer, Klaus (Hrsg.), *Private Versicherung und soziale Sicherung: Festschrift zum 60. Geburtstag von Roland Eisen*, Metropolis-Verlag, Marburg, S. 57-69.

Henke, Klaus-Dirk (1993): Die Kosten der Gesundheit und ihre Finanzierung, *Zeitschrift für die gesamte Versicherungswissenschaft*, Vol. 82, No. 1 (1993), S. 97-122.

Henke, Klaus-Dirk (2005): Was ist uns die Gesundheit wert?: Probleme der nächsten Gesundheitsreformen und ihre Lösungsansätze, *Perspektiven der Wirtschaftspolitik*, Vol. 6, No. 1, S. 95-111.

Henke, Klaus-Dirk (2006): Sprengt die Hochtechnologiemedizin die Finanzierung der sozialen Sicherungssysteme? - die Antwort der Gesundheitsökonomie, in Rebscher, Herbert (Hrsg.), *Gesundheitsökonomie und Gesundheitspolitik im Spannungsfeld zwischen Wissenschaft und Politikberatung - Festschrift für Günter Neubauer*, Economica, Heidelberg et al., S. 209-221.

Henke, Klaus-Dirk (2007): Zur Dualität von GKV und PKV, in Henke, Klaus-Dirk (Hrsg.), *Jahrbücher für Nationalökonomie und Statistik - Themenheft Gesundheitsökonomie*, Lucius&Lucius, Stuttgart, S. 502-528.

Henke, Klaus-Dirk; Andersen, Hanfried H. und Grabka, Markus M. (2007): *Pauschalprämienmodelle zur Finanzierung des Gesundheitswesens: Strukturparameter – Gestaltungsoptionen – Simulationen, SOEP Papers 9.* Online unter: http://www.diw.de/documents/publikationen/73/diw_01.c.56555.de/diw_sp0009.pdf zuletzt abgerufen am 21.04.2010.

Henke, Klaus-Dirk; Borchardt, Katja; Schreyögg, Jonas und Farhauer, Oliver (2004): Eine Systematisierung der Reformvorschläge zur Finanzierung der Krankenversorgung in Deutschland, *Journal of Public Health*, 12, S. 10-19.

Henke, Klaus-Dirk; Georgi, Anja; Bungenstock, Jan; Neumann, Karsten; Baur, Michael; Ottmann, Sabine; Schneider, Markus; Krauss, Thomas und Hofmann, Uwe (2009): Erstellung eines Satellitenkontos für die Gesundheitswirtschaft in Deutschland - Forschungsprojekt im Auftrag des Bundesministeriums für Wirtschaft und Technologie, Kurzfassung des Abschlussberichts. Online unter: http://www.bmwi.de/BMWi/Redaktion/PDF/Publikationen/Studien/satellitenkonto-gesundheitswirtschaft-kurzfassung-abschlussbericht,property=pdf,bereich=bmwi,sprache=de,rwb=true.pdf zuletzt abgerufen am 13.05.2010.

Henke, Klaus-Dirk und Reimers, Lutz (2007): Zum Einfluss von Demographie und medizinisch-technischen Fortschritt auf die Gesundheitsausgaben, in Ulrich, Volker und Ried, Walter (Hrsg.), *Effizienz, Qualität und Nachhaltigkeit im Gesundheitswesen: Theorie und Politik öffentlichen Handelns, insbesondere in der Krankenversicherung - Festschrift zum 65. Geburtstag von Eberhard Wille*, Nomos, Baden-Baden, S. 735-753.

Hentschel, Volker (1983): *Geschichte der deutschen Sozialpolitik 1880-1980. Soziale Sicherung und kollektives Arbeitsrecht*, (1247), Suhrkamp, Frankfurt am Main.

Herder-Dorneich, Philipp (1965): *Analyse der gesetzlichen Krankenversicherung: drei Untersuchungen*, E. Schmidt, Berlin.

Herder-Dorneich, Philipp (1980): *Gesundheitsökonomik: Systemsteuerung und Ordnungspolitik im Gesundheitswesen*, Enke, Stuttgart.

Herder-Dorneich, Philipp (1994): *Ökonomische Theorie des Gesundheitswesens: Problemgeschichte, Problembereiche, theoretische Grundlagen*, Nomos, Baden-Baden.

Hermann, Christopher (2009): Hausärztliche Versorgung ohne Kassenärztliche Vereinigung - Vorteile von Selektivverträgen mit neuen Partnern, in Gellner, Winand und Schmöller, Michael (Hrsg.), *Solidarität und Wettbewerb: Gesetzliche Krankenversicherungen auf dem Weg zu profitorientierten Versicherungsunternehmen - Zukunftsoptionen und Probleme*, Nomos, Baden-Baden, S. 153-165.

Hilbert, Josef; Fretschner, Rainer und Dülberg, Alexandra (2002): Rahmenbedingungen und Herausforderungen der Gesundheitswirtschaft. Online unter: http://iat-info.iatge.de /aktuell/veroeff/ds/hilbert02b.pdf zuletzt abgerufen am 15.05.2010.

Hillienhof, Arne (2009): Diagnosemanipulation: Vorwürfe gegen AOK Bayern entkräftet, *Deutsches Ärzteblatt*, 16.10.2009, S. A-2038.

Hindriks, Jean und Donder, Philippe De (2003): The politics of redistributive social insurance, *Journal of Public Economics*, Vol. 87, No. 12, S. 2639-2660.

Hirschman, Albert O. (1970): *Exit, voice, and loyalty - responses to decline in firms, organizations, and states*, Harvard University Press, Cambridge, Mass. et al.

Hobbes, Thomas (1668): *Leviathan, sive De Materia, Forma, et Potestate Civitatis Ecclesiasticæ et Civilis*, Amsterdam.

Hof, Bernd (2001): *Auswirkungen und Konsequenzen der demographischen Entwicklung für die gesetzliche Kranken- und Pflegeversicherung - PKV Dokumentation Nr. 24*, Gutachten im Auftrag des GDV und PKV-Verbandes, Köln.

Hof, Bernd und Schlömer, Claus (2005): Zur Zukunftsfähigkeit von Kopfprämienmodellen im anstehenden demographischen Wandel, *Sozialer Fortschritt*, 8/2005, S. 194-205.

Hoffmann, Walther G. (1965): *Das Wachstum der deutschen Wirtschaft seit der Mitte des 19. Jahrhunderts*, Springer, Berlin et al.

Hohmeier, Jens (2000): *Gerechtigkeit bei der Verteilung und Rationierung von Gesundheitsleistungen eine wirtschaftsethische Analyse der gesetzlichen Krankenversicherung*, Dissertation, GCA-Verlag, Herdecke.

Holst, Jens (2001): *Krankenversicherung in Chile: Privatisierung führt zu Risikoselektion und hohen Patientenzahlungen, Diplomarbeit.* Online unter: http://www.forum-gesundheitspolitik.de/dossier/PDF/Krankenversicherung-in-Chile.pdf zuletzt abgerufen am 11.05.2010.

Holst, Jens (2005): *Kostenbeteiligung für Patienten - Reformansatz ohne Evidenz! Discussion Paper des WZB Nr. 2008-305*, Wissenschaftszentrum, Berlin.

Holze, Sigrun (2009): *Soziale Ungleichheit und Gesundheitspolitik die Auswirkungen politischer Entscheidungen am Beispiel rot-grüner Reformmaßnahmen*, Dissertation, MaroVerlag, Augsburg.

Homann, Karl und Blome-Drees, Franz (1992): *Wirtschafts- und Unternehmensethik*, Vandenhoeck & Ruprecht, Göttingen.

Homann, Karl und Pies, Ingo (1996): Sozialpolitik für den Markt: Theoretische Perspektiven konstitutioneller Ökonomik, in Homann, Karl und Pies, Ingo (Hrsg.), *James Buchanans konstitutionelle Ökonomik*, Mohr Siebeck, Tübingen, S. 203-239.

Homburg, Stefan (1988): *Theorie der Alterssicherung*, Dissertation, Springer, Berlin et al.

Hoppe, Jörg-Dietrich (2007): Der Gesundheitsbegriff - ärztliche Sicht und ökonomischer Zwang, in Oberender, Peter und Straub, Christoph (Hrsg.), *Auf der Suche nach der besseren Lösung: Festschrift zum 60. Geburtstag von Norbert Klusen*, Nomos, Baden-Baden, S. 171-179.

Hoppe, Jörg-Dietrich (2008): Mit der Gesundheitsreform zur Zwei-Klassen-Medizin, in Merz, Friedrich (Hrsg.), *Wachstumsmotor Gesundheit - Die Zukunft unseres Gesundheitswesens*, Hanser, München, S. 181-210.

Höppner, Karin; Greß, Stefan; Rothgang, Heinz und Wasem, Jürgen (2006): Instrumente der Risikoselektion - Theorie und Empirie, in Göpffarth, Dirk; Greß, Stefan; Jacobs, Klaus und Wasem, Jürgen (Hrsg.), *Jahrbuch Risikostrukturausgleich 2006: Zehn Jahre Kassenwahlfreiheit*, Asgard, Sankt Augustin, S. 119-144.

Höppner, Karin; Greß, Stefan; Rothgang, Heinz; Wasem, Jürgen; Braun, Bernard und Buitkamp, Martin (2005): *Grenzen und Dysfunktionalitäten des Kassenwettbewerbs in der GKV: Theorie und Empirie der Risikolektion in Deutschland - ZeS-Arbeitspapier Nr. 4/2005*, ZeS, Bremen.

Huber, Peter Michael (2008): *Die Wahltarife im SGB V: verfassungs- und unionsrechtliche Zulässigkeit*, Duncker & Humblot, Berlin.

Hume, David (1739/1740/1978): A treatise of human nature, in Nidditch, P. H. (Hrsg.), *A treatise of human nature*, Oxford

Hummel, Karin (1999): *Möglichkeiten und Grenzen der Ermittlung von Preis- und Mengenindizes für das deutsche Gesundheitswesen*, Dissertation, Peter Lang, Frankfurt am Main et al.

Hurley, Jeremiah (2000): An overwiew of the normative economics of the health sector, in Culyer, Anthony J. und Newhouse, Joseph P. (Hrsg.), *Handbook of Health Economics*, Elsevier, Amsterdam et al., S. 56-118.

Hurrelmann, Klaus und Kolip, Petra (2002): *Geschlecht, Gesundheit und Krankheit: Männer und Frauen im Vergleich*, Hans Huber, Bern.

IfG (2009): *Abschätzungen zum Bürgerentlastungsgesetz (Vorläufige Fassung) - Institut für Gesundheitsökonomik München*, mimeo, München.

Igel, Christian (2008): *Zur Finanzierung von Kranken- und Pflegeversicherung Entwicklung, Probleme und Reformmodelle*, Dissertation, Peter Lang, Frankfurt am Main.

imsHealth (2010): GKV wird bereits heute um rund 4,7 Mrd. Euro entlastet - Pressemitteilung vom 03.03.2010. Online unter: http://www.imshealth.de/media/15/PM-IMS-03032010%20_gkv%20nettoausgaben_.pdf zuletzt abgerufen am 28.03.2010.

InBA (2009): Bericht zur Schätzung der Morbiditätsveränderung 2008/2009 und zur Repräsentativität und Plausibilität der Datengrundlage. Online unter: http://www.institut-des-bewertungsausschusses.de/publikationen/Bericht_SchaetzungMorbiditaetsveraenderung.pdf zuletzt abgerufen am 28.03.2010.

InBa; WIdO und ZI (2009): Wissenschaftliche Begleitung zur Einführung des EBM 2008 - Ergebnisse der Komplettdatenanalyse - Vergleich der Zeiträume I–IV.2008 mit I–IV.2007. Online unter: http://www.institut-des-bewertungsausschusses.de/publikationen/EBM_Begleit studie_2008.pdf zuletzt abgerufen am 28.03.2010.

InEK (2009): Fallpauschalen-Katalog 2010. Online unter: http://www.g-drg.de/cms/ index.php/inek_site_de/G-DRG-System_2010/Fallpauschalen-Katalog/Fallpauschalen-Kata log_2010 zuletzt abgerufen am 27.03.2010.

Initiativkreis Ruhrgebiet (2010): *Klinik-Führer Rhein-Ruhr 2010/2011*, Klartext, Essen.

IQWiG (2009a): Allgemeine Methoden zur Bewertung von Verhältnissen zwischen Nutzen und Kosten - Version 1.0 vom 12.10.2009. Online unter: http://www.iqwig.de/down load/Methodik_fuer_die_Bewertung_von_Verhaeltnissen_zwischen_Kosten_und_Nutzen.pdf zuletzt abgerufen am 19.03.2010.

IQWiG (2009b): Dokumentation der Stellungnahmen zum „Entwurf einer Methodik für die Bewertung von Verhältnissen zwischen Nutzen und Kosten im System der deutschen gesetzlichen Krankenversicherung Version 2.0“ vom 12.10.2009. Online unter: http://www.iqwig.de/download/Dokumentation_der_Stellungnahmen_KNB-Methodenentwurf_2.0.pdf zuletzt abgerufen am 19.03.2010.

IQWiG (2009c): Würdigung der Stellungnahmen zum „Entwurf einer Methodik für die Bewertung von Verhältnissen zwischen Nutzen und Kosten im System der deutschen gesetzlichen Krankenversicherung Version 2.0“ vom 12.10.2009. Online unter: http://www.iqwig.eu/download/Wuerdigung_der_Stellungnahmen_KNB-Methodenentwurf_2.0.pdf zuletzt abgerufen am 19.03.2010.

Isensee, Josef (1995): Sozialversicherung über Privatversicherung, in Heinze, Meinhard und Schmitt, Jochem (Hrsg.), *Festschrift für Wolfgang Gitter zum 65. Geburtstag*, Chmielorz, Wiesbaden, S. 401-43.

Isensee, Josef (2007): Wahltarif "Krankenhauskomfort" - Chefarztbehandlung und Ein-/Zweibettzimmer als Wahlleistungen - Sicht des Sozial- und Wirtschaftsrechts, *Neue Zeitschrift für Sozialrecht*, Sonderdruck aus NZS 9/2007, S. 449-455.

Jacobs, Klaus (2006): *Abschätzung der Auswirkungen der Gesundheitsreform der Großen Koalition und Empfehlungen im Interesse der Versicherten und Patienten der GKV - Expertise*. Online unter: http://www.sovd.de/fileadmin/downloads/pdf/studie-jacobs.pdf zuletzt abgerufen am 30.04.2010.

Jacobs, Klaus (2007): Alles bloß Etikettenschwindel? Der künftige Kassenwettbewerb nach der Gesundheitsreform der Großen Koalition, in Ulrich, Volker und Ried, Walter (Hrsg.), *Effizienz, Qualität und Nachhaltigkeit im Gesundheitswesen: Theorie und Politik öffentlichen Handelns, insbesondere in der Krankenversicherung - Festschrift zum 65. Geburtstag von Eberhard Wille*, Nomos, Baden-Baden, S. 325-341.

Jacobs, Klaus (2008): Die Gesundheitsreform und die PKV: von "fairem Wettbewerb" keine Spur, in Göpffarth, Dirk; Greß, Stefan; Jacobs, Klaus und Wasem, Jürgen (Hrsg.), *Jahrbuch Risikostrukturausgleich 2007: Gesundheitsfonds*, Asgard, Sankt Augustin, S. 249-272.

Jacobs, Klaus (2010): *Erhöht Kostentransparenz das Kostenbewusstsein, Herr Dr. Jacobs? ams-Politik, Ausgabe 11.02.2010, S. 7-8*. Online unter: http://www.aok-bv.de/

imperia/md/aokbv/presse/medienservice/politik/ams_politik_0210_web.pdf zuletzt abgerufen am 31.03.2010.

Jacobs, Klaus und Reschke, Peter (1994): *Kostenerstattung in der GKV - Erprobungsregelung in der IKK für den Kreis Mettmann*, IGES, Berlin.

Jacobs, Klaus; Reschke, Peter und Wasem, Jürgen (1998): *Zur funktionalen Abgrenzung von Beitragssatzregionen in der gesetzlichen Krankenversicherung*, Nomos, Baden-Baden.

Jacobs, Klaus und Schulze, Sabine (2006): Der segmentierte Krankenversicherungsmarkt in Deutschland, in Jacobs, Klaus; Klauber, Jürgen und Leinert, Johannes (Hrsg.), *Fairer Wettbewerb oder Risikoselektion? Analysen zur gesetzlichen und privaten Krankenversicherung*, WIdO, Bonn, S. 11-29.

Jacobs, Klaus und Wasem, Jürgen (2003): *Weiterentwicklung einer leistungsfähigen und solidarischen Krankenversicherung unter den Rahmenbedingungen der europäischen Integration*, Hans-Böckler-Stiftung, Düsseldorf.

Jahn, Rebecca; Staudt, Susanne und Wasem, Jürgen (2009): Verbesserung des Risikostrukturausgleichs als Instrument zur Sicherung der Balance zwischen Solidarität und Wettbewerb, in Böckmann, Roman (Hrsg.), *Gesundheitsversorgung zwischen Solidarität und Wettbewerb*, VS, Wiesbaden, S. 43-61.

Jankowski, Martin (2006): *Wettbewerb, Versicherungspflicht und Risikoanpassung zur Begründung und Gestaltung einer obligatorischen Krankenversicherung in der Wettbewerbsordnung*, Dissertation, Institut für Wirtschaftspolitik, Köln.

Jenkis, Helmut W. (2006): "Soziale Marktwirtschaft" - eine Leerformel? - Versuch einer Konkretisierung, in Jenkis, Helmut W. (Hrsg.), *Freiheit und Bindung der Wirtschaft - Beiträge zur Ordnungspolitik - Festschrift anlässlich des 70. Geburtstages von Bodo Gemper*, Duncker & Humblot, Berlin, S. 75-98.

Jong, Judith D. de; Brink-Muinen, Atie van den und Groenewegen, Peter P. (2008): The Dutch health insurance reform: switching between insurers, a comparison between general population and the chronically ill and disabled, *BMC Health Services Research*, 8:58.

Jungbauer-Gans, Monika (2006): Soziale und kulturelle Einflüsse auf Krankheit und Gesundheit. Theoretische Überlegungen, in Wendt, Claus und Wolf, Christof (Hrsg.), *Soziologie der Gesundheit*, VS, Wiesbaden, S. 86-108.

Jürges, Hendrik (2007): *Health insurance status and physician-induced demand for medical services in Germany - New evidence from combined district and individual level data, MEA Discussion Paper Nr. 119*, MEA Mannheim.

Kaetzler, Olaf und Riedel, Oliver (1998): Regionalprämien in der PKV, *Versicherungswirtschaft*, Heft 8, S. 535-538.

KalV Kalkulationsverordnung - Verordnung über die versicherungsmathematischen Methoden zur Prämienkalkulation und zur Berechnung der Alterungsrückstellung in der privaten Krankenversicherung zuletzt geändert durch die Verordnung vom 22. Oktober 2009 (BGBl. I S. 3670). Online unter: http://www.gesetze-im-internet.de/bundesrecht/kalv /gesamt.pdf zuletzt abgerufen am 14.03.2010.

Kane, Robert L.; Radosevich, David M. und Vaupal, James W. (1990): Compression of morbidity: issues and irrelevancies, in Kane, Robert L.; Evans, J. Grimley und Macfadyen,

David (Hrsg.), *Improving the health of older people: a world view*, Oxford University Press, Oxford et al., S. 30-49.

Kantzenbach, Erhard (1967): *Die Funktionsfähigkeit des Wettbewerbs*, 2. Auflage, Vandenhoeck & Ruprecht, Göttingen.

Kartte, Joachim und Neumann, Karsten (2007): *Der Zweite Gesundheitsmarkt - Die Kunden verstehen - Geschäftschancen nutzen*, Roland Berger, München et al.

Katz, Alfred (1996): *Staatsrecht: Grundkurs im öffentlichen Recht*, 13. Auflage, Müller, Heidelberg.

Kawka, Rupert (2006): Unterschiede in den Lebenshaltungskosten: ein Ausgleich für regionale Disparitäten?, *Informationen zur Raumentwicklung*, Heft 6/7, S. 355-361.

KBV (2006a): Sachleistungs- und/oder Kostenerstattungsprinzip in der gesetzlichen Krankenversicherung – ein Argumentationspapier. Online unter: http://daris.kbv.de/daris /doccontent.dll?LibraryName=EXTDARIS^DMSSLAVE&SystemType=2&LogonId=2a8b61 6a67f44a8d5425684c86aa0834&DocId=003751496&Page=1 zuletzt abgerufen am 03.06.2010.

KBV (2006b): Versichertenbefragung der Kassenärztlichen Bundesvereinigung, Mai/Juni 2006. Online unter: http://daris.kbv.de/daris/doccontent.dll?LibraryName=EXTDARIS ^DMSSLAVE&SystemType=2&LogonId=9b657df5922320829aa4634192cf5d50&DocId=0 03752082&Page=1 zuletzt abgerufen am 03.04.2010.

KBV (2010): Einheitlicher Bewertungsmaßstab für ärztliche Leistungen, Stand 2/2010. Online unter: http://www.kbv.de/ebm2010/ebmgesamt.htm zuletzt abgerufen am 30.03.2010.

Keller, Christian Untersuchungen zur Wirtschaftspolitik (2000): *Die Zukunft der gesetzlichen Rentensysteme in der Europäischen Union*, Dissertation, Institut für Wirtschaftspolitik, Köln.

Kern, Axel Olaf; Kistler, Ernst; Mamberer, Florian; Unteutsch, Ric R.; Martolock, Bianka und Wörner, Daniela (2004): *Die Bestimmung des Leistungskataloges in der gesetzlichen Krankenversicherung - Definitionsprobleme und Implikationen von Leistungsausgrenzungen in der gesetzlichen Krankenversicherung*, Hans-Böckler-Stiftung, Düsseldorf.

Kersting, Wolfgang (1999): Über Gerechtigkeit im Gesundheitswesen, in Honnefelder, Ludger und Streffer, Christian (Hrsg.), *Jahrbuch für Wissenschaft und Ethik, Band 4*, de Gruyter, Berlin, New York, S. 143-173.

Kersting, Wolfgang (2000): *Theorien der sozialen Gerechtigkeit*, Metzler, Stuttgart et al.

Keßler, Torsten (2009): *Ausgaben für Laborleistungen im ambulanten Sektor - Vergleich zwischen GKV und PKV 2004/2005/2006*, WIP, Köln.

KHEntgG Krankenhausentgeltgesetz, zuletzt geändert durch Artikel 18 des Gesetzes vom 17. Juli 2009 (BGBl. I S. 1990). Online unter: http://www.gesetze-im-internet.de/bundes recht/khentgg/gesamt.pdf zuletzt abgerufen am 27.03.2010.

Kifmann, Mathias (2004): *The constitutional economics of public health care systems*, mimeo, Universität Konstanz.

Kirch, Daniel (2008): *Verschwiegene Zirkel: Informelles Regieren in der Großen Koalition am Beispiel der Gesundheitsreform*, Tectum, Marburg.

Kirchhof, Ferdinand (1994): Finanzierung der Krankenversicherung - Grundlagen, in Schulin, Bertram (Hrsg.), *Handbuch des Sozialversicherungsrechts*, Beck, München, S. 1319-1331.

Kirsten, Konstantin (2005): *Der Tarif- und Versichererwechsel des Versicherungsnehmers in der privaten Krankenversicherung*, Dissertation, VVW, Karlsruhe.

Klakow-Franck, Regina (2009): Zukunft der GOÄ und des Kostenerstattungsprinzips, in PVS (Hrsg.), *Weiterentwicklung der privaten Krankenversicherung Dokumentation des gemeinsamen Workshops von Bundesärztekammer und PVS-Verband am 23. April 2009*, PVS, Berlin, S. 87-98.

Klaue, Siegfried und Schwintowski, Hans-Peter (2008): *Grenzen der Zulässigkeit von Wahltarifen und Zusatzversicherungen in der gesetzlichen Krankenversicherung*, Springer, Berlin.

Kleiman, Ephraim (1974): The determinants of national outlay on health, in Perlman, Mark (Hrsg.), *The economics of health and medical care*, Wiley, New York, S. 66-81.

Klein, Bodo (2009): *Arzneimittelrechtliche Betrachtungen des Off-Label-Use unter besonderer Berücksichtigung der Expertengruppen gemäß § 35 b Abs. 3 SGB V*, (20), Dissertation, Kovač, Hamburg.

Klemm, Anne-Kathrin (2009): Vom Eintarif- zum Mehrtarifanbieter, in Gellner, Winand und Schmöller, Michael (Hrsg.), *Solidarität und Wettbewerb: Gesetzliche Krankenversicherungen auf dem Weg zu profitorientierten Versicherungsunternehmen - Zukunftsoptionen und Probleme*, Nomos, Baden-Baden, S. 199-220.

Klever-Deichert, Gabriele; Gerber, Andreas; Stock, Stephanie und Lüngen, Markus (2009): Das deutsche Gesundheitswesen: Zahlen und rechtlicher Rahmen, in Lauterbach, Karl W.; Stock, Stephanie und Brunner, Helmut (Hrsg.), *Gesundheitsökonomie: Lehrbuch für Mediziner und andere Gesundheitsberufe*, Hans Huber, Bern, S. 75-104.

Kliemt, Hartmut (2006): Ethische Konflikte im Gesundheitswesen, *Perspektiven der Wirtschaftspolitik*, Vol. 7, S. 27-48.

Klingenberger, David Kölner Schriften zur Sozial- und Wirtschaftspolitik (2001): *Die Friedensgrenze zwischen gesetzlicher und privater Krankenversicherung: Ökonomische und metaökonomische Kriterien einer optimierten Aufgabenabgrenzung zwischen Sozial- und Individualversicherung*, Dissertation, Transfer-Verlag, Regensburg.

Klose, Joachim; Rehbein, Isabel und Uhlemann, Thomas (2007): *Ärzteatlas - Daten zur Versorgungsdichte von Vertragsärzten*, WIdO, Bonn.

Kluckert, Sebastian (2009): *Gesetzliche Krankenkassen als Normadressaten des Europäischen Wettbewerbsrechts: zugleich ein Beitrag zum wettbewerbsrechtlichen Unternehmensbegriff im allgemeinen sowie im Bereich der sozialen Sicherheit*, Dissertation, Duncker & Humblot, Berlin.

Klusen, Norbert (2009): Bedingungen für einen fairen Wettbewerb zwischen PKV und GKV, in PVS (Hrsg.), *Weiterentwicklung der privaten Krankenversicherung Dokumentation des gemeinsamen Workshops von Bundesärztekammer und PVS-Verband am 23. April 2009*, PVS, Berlin, S. 70-78.

Klusen, Norbert und Pütz, Claudia (2006): Wettbewerb statt Rent-Seeking. Visionen für einen Krankenversicherungsmarkt der Zukunft, in Göpffarth, Dirk; Greß, Stefan; Jacobs,

Klaus und Wasem, Jürgen (Hrsg.), *Jahrbuch Risikostrukturausgleich 2006: Zehn Jahre Kassenwahlfreiheit*, Asgard, Sankt Augustin, S. 231-247.

Knab, Michael (2009): *Eigentumsschutz in der privaten Krankenversicherung unter besonderer Berücksichtigung der Altersrückstellungen*, Dissertation, Wissenschaftlicher Verlag Berlin, Berlin.

Knappe, Eckhard (1988): Innovations- und Diffusionsprozesse technischer Entwicklungen im ambulanten und stationären Sektor, in Gäfgen, Gérard und Oberender, Peter (Hrsg.), *Technologischer Wandel im Gesundheitswesen*, Nomos, Baden-Baden, S. 35-56.

Knappe, Eckhard (1995): Auswirkungen des demographischen Wandels auf den Gesundheitssektor, in Oberender, Peter (Hrsg.), *Transplantationsmedizin: Ökonomische, ethische, rechtliche und medizinische Aspekte*, Nomos, Baden-Baden, S. 11-41.

Knappe, Eckhard (2003): "Es gibt im Wettbewerb keine abgegrenzten Felder" - Interview mit Professor Eckhard Knappe zu Zuwahlleistungen und Kopfpauschalen, *forum für gesundheitspolitik*, Mai 2003, S. 153-158.

Knappe, Eckhard (2006a): Bürgerversicherung versus Pauschalprämie, in Rebscher, Herbert (Hrsg.), *Gesundheitsökonomie und Gesundheitspolitik im Spannungsfeld zwischen Wissenschaft und Politikberatung - Festschrift für Günter Neubauer*, Economica, Heidelberg et al., S. 261-274.

Knappe, Eckhard (2006b): Ein Finanzierungssystem für die Krankenversicherung im Zielkonflikt zwischen Wettbewerb, Solidarität und Nachhaltigkeit, in Daumann, Frank; Okruch, Stefan und Mantzavinos, C. (Hrsg.), *Wettbewerb und Gesundheitswesen: Konzeptionen und Felder ordnungsökonomischen Wirkens - Festschrift für Peter Oberender zu seinem 65. Geburtstag*, Andrássy Gyula Deutschsprachige Universität Budapest, Budapest, S. 221-239.

Knappe, Eckhard und Arnold, Robert (2002): *Pauschalprämie in der Krankenversicherung . Ein Weg zu mehr Effizienz und mehr Gerechtigkeit - Gutachten im Auftrag der vbw*, vbw Vereinigung der Bayerischen Wirtschaft e. V., München.

Knappe, Eckhard und Optendrenk, Sonja (1999): Der Einfluß des demographischen Wandels auf die Kranken- und Pflegeversicherung, *Demographische Alterung und Wirtschaftswachstum*, 29, S. 157-178.

Knappe, Eckhard und Rubart, Thilo (2001): Auswirkungen des demographischen Wandels - Gesetzliche Pflege- und Krankenversicherung im Vergleich, in Schmähl, Winfried und Ulrich, Volker (Hrsg.), *Soziale Sicherungssysteme und demographische Herausforderungen*, Mohr Siebeck, Tübingen, S. 95-120.

Knieps, Franz (2007): Hitler, Honecker und die Gesundheitsreform - Zur Entstehungsgeschichte des GKV-Wettbewerbsstärkungsgesetzes, in Ulrich, Volker und Ried, Walter (Hrsg.), *Effizienz, Qualität und Nachhaltigkeit im Gesundheitswesen: Theorie und Politik öffentlichen Handelns, insbesondere in der Krankenversicherung - Festschrift zum 65. Geburtstag von Eberhard Wille*, Nomos, Baden-Baden, S. 871-879.

Knieps, Franz (2009): Die Vorteile eines einheitlichen Versicherungsmarktes - Zur Zukunft von gesetzlicher und privater Krankenversicherung in PVS (Hrsg.), *Weiterentwicklung der privaten Krankenversicherung Dokumentation des gemeinsamen Workshops von Bundesärztekammer und PVS-Verband am 23. April 2009*, PVS, Berlin, S. 28-40.

Knight, Frank H. (1921): *Risk, uncertainty and profit*, Houghton Mifflin, Boston ;New York.

Knight, Frank H. (1997): *The ethics of competition*, Transaction Publ., New Brunswick, NJ et al.

Knoepffler, Nikolaus (2004): *Menschenwürde in der Bioethik*, Springer, Berlin et al.

Knüppel, Dirk (2003): *Risikoselektion als Folge von Einkaufsmodellen im deutschen Gesundheitswesen: Instrumente, Indikatoren, Nachweis und Möglichkeiten zur Verhinderung der Risikoselektion*, Dissertation, TU Darmstadt, Darmstadt. Online unter: http://tuprints.ulb.tu-darmstadt.de/337/1/knueppel_risikoselektion_bei_einkaufsmodellen.pdf zuletzt abgerufen am 01.05.2010.

Koalitionsvertrag (2009): Wachstum. Bildung. Zusammenhalt. Koalitionsvertrag zwischen CDU, CSU und FDP vom 26.10.2009. Online unter: http://www.cdu.de/doc/pdfc/091026-koalitionsvertrag-cducsu-fdp.pdf zuletzt abgerufen am 28.02.2010.

Köber, Christiane (2008): Wettbewerb im Gesundheitswesen - Veränderungen und Verstöße aus Sicht der Wettbewerbszentrale, *Die Ersatzkasse*, 7/2008, S. 256-259.

Koch, Peter (1971): *Von der Zunftlade zum rationellen Großbetrieb: Kleine Geschichte der privaten Krankenversicherung*, VVW, Karlsruhe.

Koch, Peter (1980): Wechselseitige Auswirkungen der Entwicklung von Individual- und Sozialversicherung, *Zeitschrift für die gesamte Versicherungswissenschaft*, 69. Band, S. 199-213.

Koch, Peter und Uleer, Christoph (1997): *Herausforderungen: Entwicklungslinien eines Versicherungszweiges von den Anfängen bis zur Gegenwart: Festschrift zum 50jährigen Bestehen des Verbandes der privaten Krankenversicherung e.V - PKV Dokumentation Nr. 20*, PKV Verband, Köln.

Köhler, Andreas (2010): "Wir brauchen Lösungen für strukturschwache Regionen", Interview geführt von Annette Kessen, *Die Ersatzkasse*, 2/2010, S. 61.

Köhler, Hermann (1969): *Einige Zeitreihen zur geschichtlichen Entwicklung der gesetzlichen Krankenversicherung*, Dissertation, Universität Köln, Köln.

Kommission für Zukunftsfragen der Freistaaten Bayern und Sachsen (1996): *Erwerbstätigkeit und Arbeitslosigkeit in Deutschland: Entwicklung, Ursachen und Maßnahmen*, Bonn.

Kondo, Tetsuo (1990): Some Notes on Rational Behavior, Normative Behavior, Moral Behavior, and Cooperation *Journal of Conflict Resolution*, 34/3, S. 496-530.

Kopetsch, Thomas (2001): *Zur Rationierung medizinischer Leistungen: Ein Modell für die Gesetzliche Krankenversicherung*, Dissertation, Nomos, Baden-Baden.

Kopetsch, Thomas und Rauscher, Michaela (2003): *Zur Einkommenselastizität der Nachfrage nach Gesundheitsleistungen - Eine Analyse von Querschnittsdaten - Thünen-Reihe Angewandter Volkswirtschaftstheorie WP Nr. 38*, Universität Rostock, Rostock.

Kottmeier, Andreas (2009): Vom Kostenerstatter zum Gesundheitsmanager - Strategische Neuausrichtung der PKV-Unternehmen, in PVS (Hrsg.), *Weiterentwicklung der privaten Krankenversicherung Dokumentation des gemeinsamen Workshops von Bundesärztekammer und PVS-Verband am 23. April 2009*, PVS, Berlin, S. 64-69.

Kowalski, Matthias (2010): 30 Prozent Aufschlag, *FOCUS*, Nr. 5/2010.

Krämer, Walter (1987): Das Paradox des medizinisch-technischen Fortschritts, *Die Ersatzkasse*, 9, S. 325-332.

Krämer, Walter (1997): Hippokrates und Sisyphos - die moderne Medizin als das Opfer des eigenen Erfolgs, in Kirch, Wilhelm und Kliemt, Hartmut (Hrsg.), *Rationierung im Gesundheitswesen*, Roderer, Regensburg, S. 7-19.

Krämer, Walter (1999): Was sagt uns die Lohnquote?, *Wirtschaftsstudium*, 5, S. 689.

Krämer, Walter (2008): Wer soll leben? - Rationierungen im Gesundheitswesen aus Statistiker- und Ökonomensicht, in Wissenschaften, Nordhrhein-Westfälische Akademie der (Hrsg.), *Vorträge I 21*, Ferdinand Schöningh, Paderborn et al., S. 5-23.

krankenkassen direkt (2010a): Arbeitsagentur übernimmt in Härtefällen auch Zusatzbeiträge vom 20.04.2010. Online unter: http://www.krankenkassen-direkt.de/news /news.pl?val=1273494368&news=259082782 zuletzt abgerufen am 10.05.2010.

krankenkassen direkt (2010b): Zusatzbeiträge: Erste Kasse muss Mitarbeiter entlassen. Online unter: http://www.krankenkassen-direkt.de/news/news.pl?val=1273508248&news= 257878446 zuletzt abgerufen am 10.05.2010.

Krogull, Jutta (2008): *Wettbewerbsstrukturen im Selbstverwaltungssystem der gesetzlichen Krankenversicherung: verfassungs- und gemeinschaftsrechtliche Vorgaben*, Dissertation, Nomos, Baden-Baden.

Krohn, Philipp (2010): Private Krankenversicherungen verteuern sich zunehmend, *Frankfurter Allgemeine Zeitung*, vom 26.05.2010

Kröhnert, Steffen und Klingholz, Reiner (2005): Emanzipation oder Kindergeld? - Der europäische Vergleich lehrt, was man für höhere Geburtenraten tun kann, *Sozialer Fortschritt*, Vol. 54, No. 12, S. 280-290.

Kroker, Rolf und Pimpertz, Jochen (2005): Mehrwertsteuererhöhung zur Finanzierung versicherungsfremder Sozialabgaben, *Wirtschaftsdienst*, 2005-5, S. 287-290.

Krueger, Anne O. (1974): The political economy of the rent-seeking society, *The American Economic Review*, Vol. 64, No. 3, S. 291-303.

Krüger, Anja (2009): Zuschläge - Ombudsmann kritisiert Allianz, 30.04.2009. Online unter: http://www.capital.de/finanzen/vorsorge/investor/100021747.html zuletzt abgerufen am 25.03.2010.

Kruse, Andreas; Knappe, Eckhard; Schulz-Nieswandt, Frank und Schwartz, Friedrich-Wilhelm (2003): *Kostenentwicklung im Gesundheitswesen: Verursachen ältere Menschen höhere Gesundheitskosten?*, AOK Baden-Württemberg, Stuttgart.

Kruse, Jörn (1985): *Ökonomie als Monopolregulierung*, (70), Vandenhoeck & Ruprecht, Göttingen.

Kühn, Hagen (1994): *Wettbewerb im Gesundheitswesen - Zur Rationalität der Reformdebatte. Jahrbuch für Kritische Medizin Nr. 22.*, Argument Verlag, Hamburg.

Kühn, Hagen (2001): Finanzierbarkeit der gesetzlichen Krankenversicherung und das Instrument der Budgetierung, *Veröffentlichungsreihe der Arbeitsgruppe Public Health WZB*, P01-204.

Kumpmann, Ingmar (2008): Grenzen des Wettbewerbs im Gesundheitswesen, *Sozialer Fortschritt*, S. 217-224.

KVB (2010): KVB Arztsuche. Online unter: http://arztsuche.kvb.de/cargo/app /einfacheSuche.htm zuletzt abgerufen am 30.03.2010.

KZBV (2009): Festzuschüsse für den Zahnersatz, Stand Oktober 2009. Online unter: http://www.kzbv.de/m226.htm?www.kzbv.de/praxis/m226-m.htm zuletzt abgerufen am 08.04.2010.

Lampert, Heinz und Althammer, Jörg Springer-Lehrbuch (2004): *Lehrbuch der Sozialpolitik*, 7. Auflage, Springer, Berlin et al.

Langer, Bernhard (2005): *Steuerungsmöglichkeiten des GKV-Arzneimittelmarktes - Selbstbeteiligungen unter besonderer Berücksichtigung von Härtefallregelungen*, Dissertation, Logos, Berlin.

Langer, Bernhard; Kern, Axel O.; Martolock, Bianka und Pfaff, Anita B. (2002): Vergleich der Vergütungen zahnärztlicher Leistungen in der vertragszahnärztlichen Versorgung und im Standardtarif der PKV - Untersuchung für den Verband der privaten Krankenversicherung e.V. Online unter: http://www.private-krankenversicherung-krankenkasse.de/download/inifes_ZahnarztGutachten.pdf zuletzt abgerufen am 19.03.2010.

Lauterbach, Karl (2008): *Der Zweiklassenstaat: Wie die Priviligierten Deutschland ruinieren*, Rowohlt Taschenbuch Verlag, Reinbek bei Hamburg.

Lauterbach, Karl und Lüngen, Markus (2008): Die Versorgung mit Gesundheitsleistungen und ihre Finanzierung - Optionen für Gerechtigkeit, in Merz, Friedrich (Hrsg.), *Wachstumsmotor Gesundheit - Die Zukunft unseres Gesundheitswesens*, Hanser, München, S. 148-180.

Lauterbach, Karl; Lüngen, Markus und Büscher, Guido (2009): Anmerkungen zur geplanten Einführung von einkommensunabhängigen Arbeitnehmerbeiträgen in der Krankenversicherung. Online unter: http://www.uk-koeln.de/kai/igmg/sgmg/2009-07_pau schalen_2011.pdf zuletzt abgerufen am 21.04.2010.

Lauterbach, Karl; Lüngen, Markus; Stollenwerk, Björn; Gerber, Andreas und Klever-Deichert, Gabriele (2006): *Zum Zusammenhang zwischen Einkommen und Lebenserwartung - Forschungsberichte des IGKE Nr. 01/2006*, Universität Köln, Köln.

Lauterbach, Karl und Stock, Stephanie (2001): *Zwei Dogmen der Gesundheitspolitik - Unbeherrschbare Kostensteigerungen durch Innovation und demographischen Wandel - Gutachten im Auftrag der Friedrich Ebert Stiftung*, Friedrich Ebert Sitftung, Bonn.

Lauterbach, Karl und Wille, Eberhard (2001): *Modell eines fairen Wettbewerbs durch den Risikostrukturausgleich. Endbericht*, Köln und Mannheim.

Lehmann, Birka (2009): Arzneimittelqualität und Zulassung, in Neubauer, Günter und Pfister, Florian (Hrsg.), *Gut - günstig - Generika: Marktdynamik zum Nutzen unserer Gesundheitsvorsorgung*, Govi-Verlag, Eschborn, S. 29-43.

Leiber, Simone und Manouguian, Maral (2009): Vereinbarkeit von Wettbewerb und Solidarität in der sozialen Krankenversicherung? Gesundheitsreformen in den Niederlanden und Deutschland, in Böckmann, Roman (Hrsg.), *Gesundheitsversorgung zwischen Solidarität und Wettbewerb*, VS, Wiesbaden, S. 175-202.

Leinert, Johannes (2006a): Einkommensselektion und ihre Folgen, in Jacobs, Klaus; Klauber, Jürgen und Leinert, Johannes (Hrsg.), *Fairer Wettbewerb oder Risikoselektion? Analysen zur gesetzlichen und privaten Krankenversicherung*, WIdO, Bonn, S. 31-48.

Leinert, Johannes (2006b): Morbidität als Selektionskriterium, in Jacobs, Klaus; Klauber, Jürgen und Leinert, Johannes (Hrsg.), *Fairer Wettbewerb oder Risikoselektion? Analysen zur gesetzlichen und privaten Krankenversicherung*, WIdO, Bonn, S. 67-76.

Leinert, Johannes (2006c): *Subventioniert die PKV das Gesundheitswesen? Eine kritische Analyse*, WIdO, Bonn.

Leinert, Johannes; Grabka, Markus M. und Wagner, Gert G. Zwischen Kopfpauschale und Bürgerprämie Expertisen zur Finanzierungsreform der gesetzlichen Krankenversicherung (2005): *Bürgerprämien für die Krankenversicherungen als Alternative zu den Reformvorschlägen Kopfpauschale und Bürgerversicherung*, Hans Böckler Stiftung, Düsseldorf.

Leisner, Walter (1974): *Sozialversicherung und Privatversicherung - Dargestellt am Beispiel der Krankenversicherung. Schriften zum öffentlichen Recht, Bd. 248.*, Berlin.

Leisner, Walter (2005): Die soziale Marktwirtschaft als Grundlage der Wirtschafts- und Sozialverfassung, S. 35-50.

Leu, Robert E. (1988): Technologischer Wandel im Gesundheitswesen, in Gäfgen, Gérard und Oberender, Peter (Hrsg.), *Technologischer Wandel im Gesundheitswesen*, Nomos, Baden-Baden, S. 9-33.

Lewis, Philip (2009): *Gegenwärtige und zukünftige Herausforderungen an die medizinische Rehabilitation: eine Analyse unter Berücksichtigung von demographischem Wandel, medizinisch-technischem Fortschritt sowie Lebensstilveränderungen*, Dissertation, Peter Lang, Frankfurt am Main et al.

Lindenberg, Siegwart M. (1988): Contractual relations and weak solidarity: the behavioral basis of restraints on gain-maximization, *Journal of Institutional and Theoretical Economics*, 144, S. 39-58.

Lindl, Christian (2005): *Potenziale und Ausschöpfungsmöglichkeiten für den internationalen Austausch von Dienstleistungen: das Beispiel Gesundheitsdienstleistungen*, Dissertation, Kovač, Hamburg.

Lubitz, J. und Prihoda, R. (1984): Use and costs of medicare services in the last 2 years of life, *Health Care Financing Review*, 5 (3), S. 117-131.

Lüke, Dieter (1970): *Koexistenz von gesetzlicher und privater Krankenversicherung im System der sozialen Sicherheit*, Dissertation, Universität Köln, Köln.

Lüngen, M; Potthoff, P; Wendland, G; Klever-Deichert, G und Lauterbach, K (2005): Unterschiede in der Inanspruchnahme von Gesundheitsleistungen und der Morbidität zwischen Versicherten in der Gesetzlichen Krankenversicherung und der Privaten Krankenversicherung – Eine Auswertung des Infratest Acess Panels, *Gesundheits-und Sozialpolitik*, 59 (3-4), S. 25-30.

Lüngen, Markus; Stollenwerk, Björn; Gerber, Andreas und Lauterbach, Karl (2007): Einbeziehung der privaten Krankenvollversicherung in den Risikostrukturausgleich der gesetzlichen Krankenversicherung in Deutschland. Abschätzung der quantitativen Auswirkungen, *German Risk and Insurance Review*, 3/2007, S. 46-57. Online unter:

http://www.risk-insurance.de/aufsaetze/200702/Luengen.pdf/ zuletzt abgerufen am 06.05.2010.

Lüngen, Markus; Stollenwerk, Björn; Messner, Philipp; Lauterbach, Karl W. und Gerber, Andreas (2008): Waiting times for elective treatments according to insurance status: A randomized empirical study in Germany, *International Journal for Equity in Health - open access*, 7/2008. Online unter: http://www.equityhealthj.com/content/pdf/1475-9276-7-1.pdf zuletzt abgerufen am 03.04.2010.

Mackenroth, Gerhard (1952): Die Reform der Sozialpolitik durch einen deutschen Sozialplan, in Albrecht, Gerhard (Hrsg.), *Die Berliner Wirtschaft zwischen Ost und West. Die Reform der Sozialpolitik durch einen deutschen Sozialplan: Verhandlungen auf der Sondertagung des Vereins for Sozialpolitik, Gesellschaft für Wirtschafts- und Sozialwissenschaften in Berlin 1952*, Duncker & Humblot, Berlin, S. 37-76.

Malin, Eva-Maria; Hernold, Peter und König, Wolfgang (2009): Stolperstart in den Gesundheitsfonds: Zusatzbeitrag vornehmlich für Gesunde?, *Die BKK*, 01/2009, S. 8-16.

Manning, Willard G.; Newhouse, Joseph P.; Duan, Naihua; Keeler, Emmett; Leibowitz, Arleen und Marquis, Susan M. (1987): Health Insurance and the Demand for Medical Care: Evidence from a Randomized Experiment, *American Economic Review*, 77 (3), S. 251-277.

Manton, Kenneth G. (1982): Changing concepts of morbidity and mortality in the elderly population, *Milbank Memorial Fund Quarterly*, Vol. 60, no. 2, S. 183-244.

Marckmann, Georg (2006): Verteilungsgerechtigkeit in der Gesundheitsversorgung, in Schulz, Stefan; Steigleder, Klaus; Fangerau, Heiner und Paul, Norbert W. (Hrsg.), *Geschichte, Theorie und Ethik der Medizin: eine Einführung*, Suhrkamp, Frankfurt am Main, S. 511 S.

Marko, Volker (2010): *Private Krankenversicherung nach GKV-WSG und VVG-Reform*, 2. Auflage, Beck, München.

Marstedt, Gert (2009): GKV-Reformen im Urteil der Versicherten: Erst einmal Systemdefizite beheben!, *gesundheitsmonitor*, 3/2009, S. 1-7.

Martin, Stephan; Heinemann, L.; Lodwig, V.; Schneider, B. und Kolb, H. (2008): Analyse der Versorgungsqualität bei Typ-2-Diabetes bei gesetzlich und privat versicherten Patienten, *Deutsche Medizinische Wochenschrift*, 42, S. 2143-2150.

Maydell, Bernd, Baron von (2005): Abgrenzung der Zuständigkeiten zwischen gesetzlicher und privater Krankenversicherung unter besonderer Berücksichtigung des europäischen Gemeinschaftsrechts, in Sodan, Helge (Hrsg.), *Krankenkassenreform und Wettbewerb: Vorträge im Rahmen der 2. Berliner Gespräche zum Gesundheitsrecht am 3. und 4. Juli 2003*, Duncker & Humblot, Berlin, S. 67-77.

Maydell, Bernd, Baron von und Karl, Beatrix (2003): *Das Angebot von Zusatzkrankenversicherung - Dürfen gesetzliche Krankenversicherungen Zusatzversicherungen anbieten? Rechtsgutachten im Auftrag des PKV-Verbandes*, PKV-Verband, Köln.

Mayer, Kurt-Martin (2010): Ärzte an der Grenze, *FOCUS*, Nr. 12/2009, S. 130.

Maynard, Alan (1988): Öffentliche und private Steuerung des Gesundheitswesens: Die Erfahrungen in den USA und England, in Sass, Hans-Martin und Baier, Horst (Hrsg.), *Ethik und öffentliches Gesundheitswesen: Ordnungsethische und ordnungspolitische Einflußfaktoren im öffentlichen Gesundheitswesen*, Springer, Berlin et al., S. 207-235.

MB/BT (2009): Musterbedingungen Basistarif. Online unter: http://www.pkv.de/recht/allgemeine_versicherungsbedingungen_2009/allgemeine_versicherungsbedingungen_basistarif_mb_bt_2009_pdf.pdf zuletzt abgerufen am 18.03.2010.

MB/KK (2009): Musterbedingungen Krankheitskosten- und Krankenhaustagegeldversicherung. Online unter: http://www.pkv.de/recht/musterbedingungen/mb_kk_2009.pdf zuletzt abgerufen am 18.03.2010.

McGuire, Alistair; Henderson, John und Mooney, Gavin H. International library of economics (1992): *The economics of health care an introductory text*, Reprint., Routledge, London et al.

Mcguire, Thomas (2000): Physician Agency, in Culyer, Anthony J. und Newhouse, Joseph P. (Hrsg.), *Handbook of Health Economics*, Elsevier, Amsterdam et al., S. 461-536.

MEDI (2009): AOK-Facharzt Programm Kardiologie. Online unter: http://www.medi-deutschland.de/seite.php?seite=694 zuletzt abgerufen am 28.03.2010.

Meier, Volker; Baumann, Florian und Werding, Martin ifo Beiträge zur Wirtschaftsforschung (2004): *Modelle zur Übertragung individueller Altersrückstellungen beim Wechsel privater Krankenversicherer*, ifo Institut für Wirtschaftsforschung, München.

Meier, Volker und Werding, Martin ifo Forschungsberichte (2007): *Übertragbarkeit risikoabhängiger Altersrückstellungen in der Privaten Krankenversicherung*, ifo Institut für Wirtschaftsforschung, München.

Meinhardt, Volker und Zwiener, Rudolf (2005): *Gesamtwirtschaftliche Wirkungen einer Steuerfinanzierung versicherungsfremder Leistungen in der Sozialversicherung: Endbericht*, DIW Berlin, Berlin.

Menzler, Laura und Rabbata, Samir (2010): Gesundheitsreform in den Niederlanden: Keine Blaupause für Deutschland, *Deutsches Ärzteblatt*, 07.01.2010, S. 18-20.

Meyer, Dirk (1993): *Technischer Fortschritt im Gesundheitswesen eine Analyse der Anreizstrukturen aus ordnungstheoretischer Sicht*, Habilitation, Mohr Siebeck, Tübingen.

Meyer, Jörg (2009): Nur bei Wartezeiten große Unterschiede zwischen PKV- und GKV-Kunden, *Die BKK*, 04/2009, S. 150-154.

Meyer, Ulrich (1992): *Zwei überflüssige Wettbewerbshemmnisse in der privaten Krankenversicherung, Volkswirtschaftliche Diskussionsbeiträge Nr. 53*, Otto-Friedrich-Universität, Bamberg.

Meyer, Ulrich (1994): Gesetzliche Regelungen zu den Berechnungsgrundlagen der privaten Krankenversicherung, in Schwintowski, Hans-Peter (Hrsg.), *Deregulierung, Private Krankenversicherung, Kfz-Haftpflichtversicherung: Beiträge der Dritten Wissenschaftstagung des Bundes der Versicherten*, Nomos, Baden-Baden, S. 86-111.

Meyer, Ulrich (1997): *Beitragsunterschiede und Subventionen zwischen GKV und PKV, Vortrag auf der Tagung des Gesundheitsökonomischen Ausschusses des Vereins für Socialpolitik am 17.10.1997*, mimeo.

Meyer, Ulrich (2001a): *Mehr Wettbewerb in der privaten Krankenversicherung durch Übertragbarkeit der Alterungsrückstellung - Arbeitspapier für die VVG-Reformkommission, 25.09.2001.*

Meyer, Ulrich (2001b): Verbesserung des Wettbewerbs in der PKV durch Verstärkung der Wechseloptionen, in PKV-Verband (Hrsg.), *Zu den Wechseloptionen der PKV - PKV Dokumentation Nr. 25*, PKV-Verband, Köln, S. 58-76.

Meyer, Ulrich (2004): *Sondervotum des Kommissionsmitglieds Prof. Dr. Ulrich Meyer zum Abschlussbericht der Kommission zur Reform des Versicherungsvertragsrechts.* Online unter: http://www.uni-bamberg.de/fileadmin/uni/fakultaeten/sowi_professuren/vwl_sozialpolitik/Meyer_Seiten/literatur/Meyer-2004-Sondervotum.pdf zuletzt abgerufen am 10.05.2010.

Meyer, Ulrich (2007a): Auswirkung der Gesundheitsreform auf die PKV, *Zeitschrift für Wirtschaftspolitik*, Vol. 56, No. 2 S. 180-189.

Meyer, Ulrich (2007b): Zum Verhältnis zwischen GKV und PKV. Online unter: http://www.uni-bamberg.de/fileadmin/uni/fakultaeten/sowi_professuren/vwl_sozialpolitik/Meyer_Seiten/literatur/Meyer-2007-GKV-und_PKV.pdf zuletzt abgerufen am 06.04.2010.

Meyer, Ulrich (2009): Deckungslücken in der Pflegeversicherung, in Brömmelmeyer, Christoph; Heiss, Helmut; Meyer, Ulrich; Rückle, Dieter; Schwintowski, Hans-Peter und Wallrabenstein, Astrid (Hrsg.), *Pflegeversicherung - Risikosteuerung und Versicherungsaufsicht - Europa - Versicherungsvertragsrecht - Beiträge zur 18. Wissenschaftstagung des Bundes der Versicherten und zum 2. Workshop "Junge Versicherungswissenschaft"*, Nomos, Baden-Baden, S. 65-89.

Mielck, Andreas und Kriwy, Peter (2006): Versicherte der Gesetzlichen Krankenversicherung (GKV) und der Privaten Krankenversicherung (PKV): Unterschiede in Morbidität und Gesundheitsverhalten, *Gesundheitswesen*, 68, S. 281-288.

Milbrodt, Hartmut (2005a): *Aktuarielle Methoden der deutschen privaten Krankenversicherung*, VVW, Karlsruhe.

Milbrodt, Hartmut (2005b): Eine unendliche Geschichte? Zur Mitgabe der Altersrückstellung in der PKV, *PKV Publik*, 3/2005, S. 33-35.

Mill, John S. (1848/1921): *Grundsätze der politischen Ökonomie mit einigen Anwendungen auf die Sozialphilosophie*, Fischer, Jena.

Miller, Tim (2001): Increasing longevity and Medicare expenditures, *Demography*, Vol. 38, No. 2 (2001), S. 215-226.

Miller, Wilhemine; Richardson-Vigdor, Elizabeth und Manning, Willard G. (2004): Covering the uninsured, *Health Affairs - Web Exklusive*, H. W4, S. 157-167.

Minn, Norbert (2006): Risikostrukturausgleich - ordnungspolitische Begründung eines umstrittenen Instruments, in Rebscher, Herbert (Hrsg.), *Gesundheitsökonomie und Gesundheitspolitik im Spannungsfeld zwischen Wissenschaft und Politikberatung - Festschrift für Günter Neubauer*, Economica, Heidelberg et al., S. 307-326.

MISSOC (2008): Soziale Sicherheit in den Mitgliedstaaten der Europäischen Union, im Europäischen Wirtschaftsraum und in der Schweiz. Online unter: http://ec.europa.eu/employment_social/missoc/2008/missoc_2008_organisation_de.pdf zuletzt abgerufen am 07.05.2010.

MISSOC (2009): Vergleichende Tabellen zur sozialen Sicherheit. Online unter: http://ec.europa.eu/employment_social/missoc/db/public/compareTables.do?lang=de zuletzt abgerufen am 07.05.2010.

Möller, Hans (1950): Die Abgrenzung zwischen Sozial- und Privatversicherung, in Bogs, Walter (Hrsg.), *Gegenwartsfragen sozialer Versicherung : Vorträge und Aussprachen auf der sozialversicherungswissenschaftlichen Tagung der Hochschule für Arbeit, Politik und Wirtschaft vom 5. - 8. Juli 1950*, Recht und Wirtschaft, Heidelberg, S. 74-88.

Monopolkommission (2008): Weniger Staat, mehr Wettbewerb, Gesundheitsmärkte und staatliche Beihilfen in der Wettbewerbsordnung, 17. Hauptgutachten der Mopolkommission 2006/2007. Online unter: http://dip21.bundestag.de/dip21/btd/16/101/1610140.pdf zuletzt abgerufen am 27.03.2010.

Moog, Stefan und Raffelhüschen, Bernd (2006): Sozialpolitisch motivierte Umverteilungsströme in der Gesetzlichen Krankenversicherung - eine empirische Analyse - Gutachten im Auftrag der INSM. Online unter: http://www.vwl.uni-freiburg.de /fakultaet/fiwiI/ueber-uns/team/stefan_moog.shtml zuletzt abgerufen am 01.05.2010.

Moog, Stefan und Raffelhüschen, Bernd (2009): *Ehrbarer Staat? Die Generationenbilanz - Update 2009: Wirtschaftskrise trifft Tragfähigkeit, Diskussionsbeitrag Nr. 38 Forschungszentrum Generationenverträge*, Alberts-Ludwigs-Universität Freiburg, Freiburg.

Möschel, Wernhard (2007): Eine kartellrechtliche Beurteilung - Streitfall § 69 SGB V - Bleibt die Qualität der Versorgung auf der Strecke?, *gpk Gesellschaftspolitische Kommentare* 8/2007, S. 7-11.

Mossialos, Elias und Thomson, Sarah (2004): *Voluntary health insurance in the European Union*, World Health Organization, Kopenhagen.

Mueller, Dennis C. (2003): *Public Choice III*, Cambridge Univ. Press, Cambridge et al.

Mühlenbruch, Sonja (2005): System->>wettbewerb<< zwischen GKV und PKV?, in Schmehl, Arndt und Wallrabenstein, Astrid (Hrsg.), *Steuerungsinstrumente im Recht des Gesundheitswesens, Band 1 Wettbewerb*, Mohr Siebeck, Tübingen, S. 37-53.

Mühlhausen, Karl-Heinz (2002): *Der Mitgliederwettbewerb innerhalb der gesetzlichen Krankenversicherung - Die Krankenkassen zwischen Sozial- und Wettbewerbsrecht*, Dissertation, Nomos, Baden-Baden.

Müller, Sabine und Dominik, Groß (2009): Zur Akzeptanz von Leistungsbegrenzungen im Gesundheitswesen: Strategien, Kriterien und Finanzierungsmodelle unter Berücksichtigung ethischer Aspekte, in Böcken, Jan (Hrsg.), *Gesundheitsmonitor 2009: Gesundheitsversorgung und Gestaltungsoptionen aus der Perspektive der Bevölkerung*, Bertelsmann-Stiftung, Gütersloh, S. 258-279.

Müller, Wolfgang und Röder, Frederik C. (2008): Von den Privaten lernen - für ein allgemeines Kostenerstattungsprinzip, in PVS (Hrsg.), *Kostenerstattung in der gesetzlichen Krankenversicherung: eine Bestandsaufnahme*, PVS, Berlin, S. 58-62.

Münch, Manfred (2003): *Beurteilung der Exit-Option an der Schnittstelle von GKV und PKV in bezug auf die Erreichung von Wettbewerbs- und Solidarzielen*, Dissertation, TU Darmstadt. Online unter: http://tuprints.ulb.tu-darmstadt.de/314/1/Muench%2C_Exit-Option_2003.pdf zuletzt abgerufen am 01.03.2010.

Münnich, Frank E. (1983): Steuerungsmöglichkeiten in der gesetzlichen Krankenversicherung - Zur Beeinflussung der Ausgabenentwicklung in den einzelnen Leistungsbereichen auf der grundlage des derzeit geltenden Sachleistungsprinzips, Hans-Neuffer-Stiftung Bd. 4, Hans Neuffer Stiftung, Köln

Münnich, Frank E. (1984): Kosten- und Allokationswirkungen des technischen Fortschritts im Gesundheitswesen, in Münnich, Frank E. und Oettle, Karl (Hrsg.), *Ökonomie des technischen Fortschritts in der Medizin*, Bleicher, Gerlingen, S. 13-45.

Musgrave, Richard A. (1939): Voluntary exchange theory of public finance, *The Quarterly Journal of Economics*, 53, S. 213-237.

Musgrave, Richard A. (1957): A multiple theory of budget determination, *Finanzarchiv*, Jg. 17, H.3, S. 333-343.

Musgrave, Richard A. und Musgrave, Peggy B. (1989): *Public finance in theory and practice*, McGraw Hill, New York et al.

Musgrave, Richard A.; Musgrave, Peggy B. und Kullmer, Lore Die öffentlichen Finanzen in Theorie und Praxis (1994): *Die öffentlichen Finanzen in Theorie und Praxis - 1. Band*, 6. Auflage, Mohr Siebeck, Tübingen.

Musil, Andreas (2006): Gemeinsame Selbstverwaltung als Kooperationsform, in Schmehl, Arndt und Wallrabenstein, Astrid (Hrsg.), *Steuerungsinstrumente im Recht des Gesundheitswesens, Band 2 Kooperation*, Mohr Siebeck, Tübingen, S. 49-70.

Musil, Antje (2003): *Stärkere Eigenverantwortung in der Gesetzlichen Krankenversicherung: eine agency-theoretische Betrachtung*, Dissertation, Deutscher Univsitäts-Verlag, Wiesbaden.

Mussler, Werner und Wohlgemuth, Michael (1994): *Institutionen im Wettbewerb ordnungstheoretische Anmerkungen zum Systemwettbewerb in Europa. Diskussionsbeitrag 05/94 aus dem Max-Planck-Institut zur Erforschung von Wirtschaftssystemen*, Jena.

Nationalbibliothek (2010): Katalog der Deutschen Nationalbibliothek. Online unter: https://portal.d-nb.de/opac.htm?method=showOptions#top zuletzt abgerufen am 28.02.2010.

NAV Virchow Bund (2009): Umfrage im Auftrag des Instituts für Demoskopie Allensbach, Präsentationsergebnisse am 10.09.2009. Online unter: http://www.nav-virchowbund.de /images/data/Allianz_Umfrage.pdf zuletzt abgerufen am 03.04.2010.

Nefiodow, Leo A. (2001): *Der sechste Kondratieff: Wege zur Produktivität und Vollbeschäftigung im Zeitalter der Information*, 5. Auflage, Rhein-Sieg-Verlag, Sankt Augustin.

Nell, Martin und Rosenbrock, Stephan (2008): Wettbewerb in kapitalgedeckten Krankenversicherungssystemen: ein risikogerechter Ansatz zur Übertragung von Alterungsrückstellungen in der privaten Krankenversicherung, *Perspektiven der Wirtschaftspolitik*, 9(2), S. 173-195.

Nelson, Phillip (1970): Information and consumer behavior, *The Journal of Political Economy*, Vol. 78, No. 2, S. 311-329.

Neubauer, Aljoscha S. und Neubauer, Günter (2008): Stellenwert der Kosten-Nutzen-Bewertung in der Versorgungsforschung, *Monitor Versorungsforschung*, 04/08, S. 36-39.

Neubauer, Günter (1970): *NATIONAL HEALTH SERVICE - Sozialökonomische Probleme eines staatlichen Gesundheitsdienstes*, Dissertation, Würzburg.

Neubauer, Günter (1984a): Konkurrenz der Steuerungssysteme in der Gesetzlichen Krankenversicherung, in Herder-Dorneich, Philipp (Hrsg.), *Überwindung der Sozialstaatskrise*, Nomos, Baden-Baden, S. 149-167.

Neubauer, Günter (1984b): Reform der Krankenhausfinanzierung - ein dringliches Problem, *Wirtschaftsdienst*, 64, Nr. 2, S. 83-86.

Neubauer, Günter (1988a): Ökonomische Beurteilung integrierter Versorgungsformen im deutschen Krankenversicherungssystem, in Hauser, Heinz und Schulenburg, Johann-Matthias, von der (Hrsg.), *Health maintenance organizations: eine Reformkonzeption für die gesetzliche Krankenversicherung in der Bundesrepublik Deutschland?*, Robert Bosch Stiftung, Bleicher-Verlag, Gerlingen, S. 75-95.

Neubauer, Günter (1988b): Probleme des Wettbewerbs in der privaten Krankenversicherung, in Farny, Dieter und Felderer, Bernhard (Hrsg.), *Ordnungspolitik der Lebens- und Krankenversicherung*, VVW, Karlsruhe, S. 181-186.

Neubauer, Günter (1988c): Staat, Verwaltung und Verbände - Entwicklung der Ordnungs- und Steuerungsstrukturen in der gesetzlichen Krankenversicherung, in Gäfgen, Gérard (Hrsg.), *Neokorporatismus und Gesundheitswesen*, Nomos, Baden-Baden, S. 91-111.

Neubauer, Günter (1989): *Von der Leistung zum Entgelt, unter Mitarbeit von Gertrud Demmler, Anneliese Sonnenholzner-Roche und Hans Unterhuber, Materialien und Berichte*, Robert Bosch Stiftung, Bleicher-Verlag, Gerlingen.

Neubauer, Günter (1996): Der Arbeitgeber in der GKV - Über ein neues Rollenverständnis in einem wettbewerblichen Umfeld, *gpk Gesellschaftspolitische Kommentare*, 2/1996, S. 3-6.

Neubauer, Günter (1997a): Gesundheitsreform 2000 - Ziele, Konzepte, Instrumente, in Hauser, Richard (Hrsg.), *Reform des Sozialstaats I, Schriften des Vereins für Socialpolitik, Bd. 251/I*, Duncker-Humblot, Berlin, S. 103-119.

Neubauer, Günter (1997b): Gesundheitsvorsorge der Zukunft, in Rauscher, Anton (Hrsg.), *Zukunftsfähige Gesellschaft: Beiträge zu Grundfragen der Wirtschafts- und Sozialpolitik*, Duncker & Humblot, Berlin, S. 141-155.

Neubauer, Günter (1999): Formen der Vergütung von Krankenhäusern und deren Weiterentwicklung, in Braun, Günther E. (Hrsg.), *Handbuch Krankenhausmanagement: Bausteine für eine moderne Krankenhausführung*, Schäffer-Poeschel Verlag, Stuttgart, S. 19-34.

Neubauer, Günter (2000): Zukunft der GKV: Herausforderungen und Reformoptionen *Die BKK*, 11/2000, S. 468-473.

Neubauer, Günter (2003a): Festschreibung der Arbeitgeberbeiträge statt Budgetierung - Neue Prioritätensetzung in einer älter werdenden Volkswirtschaft, *forum für gesundheitspolitik*, Mai 2003, S. 158-162.

Neubauer, Günter (2003b): Ordnungspolitische Neuorientierung der Krankenhausversorgung auf der Basis von diagnosebezogenen Fallpauschalen, in Klusen, Norbert und Straub, Christoph (Hrsg.), *Bausteine für ein neues Gesundheitswesen: Technik, Ethik, Ökonomie*, Nomos, Baden-Baden, S. 91-107.

Neubauer, Günter (2003c): Wettbewerb der europäischen Gesundheitssysteme aus ökonomischer Sicht, in Klusen, Norbert (Hrsg.), *Europäischer Binnenmarkt und Wettbewerb: Zukunftsszenarien für die GKV*, Nomos, Baden-Baden, S. 73-92.

Neubauer, Günter (2004a): Demokratisch demographische Falle, *gpk Gesellschaftspolitische Kommentare*, 11/2004, S. 3-10.

Neubauer, Günter (2004b): *Grundlagen der Volkswirtschaftslehre*, 4. Auflage, Verlag P.C.O., Bayreuth.

Neubauer, Günter (2005): Zu Hause dialysieren – Sind Vermögen, Bildung oder Status eine Voraussetzung?, *Dialyse aktuell*, 6/2005, S. 6-12.

Neubauer, Günter (2006): Versorgungssteuerung über Vergütungsanreize: Braucht integrierte Versorgung integrierte Vergütung?, in Klauber, Jürgen und Amelung, Volker Eric (Hrsg.), *Krankenhaus-Report 2005 - Schwerpunkt: Wege zur Integration*, Schattauer, Stuttgart, S. 37-54.

Neubauer, Günter (2007a): Medizinisch-technische Innovationen: Hoffnung für die Patienten - Last für die Beitragszahler?, *Die Krankenversicherung*, 9/07, S. 263-267.

Neubauer, Günter (2007b): Neuorientierung in der Krankenhausversorgung: Von der Selbstkostendeckung zu Wettbewerbspreisen, in Ulrich, Volker und Ried, Walter (Hrsg.), *Effizienz, Qualität und Nachhaltigkeit im Gesundheitswesen: Theorie und Politik öffentlichen Handelns, insbesondere in der Krankenversicherung - Festschrift zum 65. Geburtstag von Eberhard Wille*, Nomos, Baden-Baden, S. 365-378.

Neubauer, Günter (2007c): Von der Sozialversicherung zur Gesundheitswirtschaft, in Adam, Hans; Behrens, Cornelia; Göpffarth, Dirk und Jochimsen, Beate (Hrsg.), *Öffentliche Finanzen und Gesundheitsökonomie: Festschrift zum 65. Geburtstag von Professor Dr. Klaus-Dirk Henke*, Nomos, Baden-Baden, S. 200-211.

Neubauer, Günter (2008): Persönliche Verantwortung hat Vorrang vor gesellschaftlicher Solidarität, Kommentar, *Das Gesundheitswesen*, Juni 2008, S. 350-351.

Neubauer, Günter und Beivers, Andreas (2008): Ende der Konvergenzphase und Neuordnung der Krankenhaussteuerung: Zum Stand der ordnungspolitischen Diskussion, in Klauber, Jürgen; Robra, Bernt-Peter und Schellschmidt, Henner (Hrsg.), *Krankenhaus-Report: Krankenhausvergütung - Ende der Konvergenzphase ?*, Schattauer, Stuttgart et al., S. 63-80.

Neubauer, Günter; Beivers, Andreas und Pfister, Florian (2007): *Gesundheit als Wirtschaftsfaktor - Gesundheitswirtschaft - Beitrag zum Booklet Wachstumsbranche Gesundheitswirtschaft: Neue Impulse im Gesundheitsland Bayern*, CSU Fraktion Bayerischer Landtag, München.

Neubauer, Günter und Birkner, Barbara (1980): Beeinflusst die Krankenversicherungsart das Verhalten von Arzt und Patient?, Eine sozial-empirische Studie, *Sozialer Fortschritt*, Vol. 29, No. 7/8, S. 153-160.

Neubauer, Günter und Knappe, Eckhard (2008): *Wettbewerb im Gesundheitswesen: Handlungsleitlinien für eine zukunftsfähige Krankenversicherung*, vbw Vereinigung der Bayerischen Wirtschaft e. V., München.

Neubauer, Günter und Lewis, Philip (2005): *Gesundheit als Wirtschaftsfaktor im Untersuchungsraum München, Untersuchung im Auftrag der Stadt München und der AOK München, Abschlussbericht* IfG, mimeo, München.

Neubauer, Günter und Lewis, Philip (2006): Die Gesundheitswirtschaft ist der größte Arbeitgeber: Die Analyse des Großraums München legt Schlüsse auf andere Regionen in Deutschland nahe, *f&w*, 2/2006, S. 160-164.

Neubauer, Günter und Minartz, Christof (2006): *Gutachterliche Stellungnahme zum Vergütungsvergleich zwischen Privat-Versicherten (GOZ) und GKV-Versicherten (BEMA) unter Berücksichtigung des Standardtarifes im Bereich der zahnärztlichen Versorgung - Abschlussbericht IfG München*, IfG, mimeo, München.

Neubauer, Günter und Minartz, Christof (2007): *Regionale Kostenstrukturen in der vertragsärztlichen Versorgung - Gutachten im Auftrag des Instituts des Bewertungsausschusses*, IfG, mimeo, München.

Neubauer, Günter und Minartz, Christof (2008): *Die gesetzliche Krankenversicherung im Umbruch: Analyse, Trends und Perspektiven, Gutachten im Auftrag der DKV, Abschlussbericht*, IfG, mimeo, München.

Neubauer, Günter und Minartz, Christof (2009): Krankenversicherung und steuerrechtliche Weiterungen einer Umwandlung von Krankenkassen in privatrechtliche Unternehmen - Gutachten im Auftrag von Pro Generika e. V. Online unter: http://www.progenerika.de/de/publik/gutachten.html zuletzt abgerufen am 25.03.2010.

Neubauer, Günter; Minartz, Christof; Beivers, Andreas und Pfister, Florian (2009): *Systeme der Vergütung und deren konkrete Ausprägung in Deutschland - Gesundheit kompakt Schriftlicher Management-Lehrgang in 9 Lektionen, Lektion 4*, 4. Auflage, Euroforum, Düsseldorf.

Neubauer, Günter und Moos, Gabriele (1997): Kostenexplosion im Gesundheitswesen: Abhilfe durch die Gesundheitsreform?, in Textor, Martin R. (Hrsg.), *Sozialpolitik: Aktuelle Fragen und Probleme*, Westdeutscher Verlag, Opladen, S. 191-202.

Neubauer, Günter und Nowy, Roland (2000): Internationale Erfahrungen - Eine Analyse der Verwendungsmöglichkeiten von Patientenklassifikationssystemen, *Forum für Gesellschaftspolitik*, Juli/August 2000, S. 179-183.

Neubauer, Günter und Pfister, Florian (2007a): *Ausschreibungspflicht für Hilfsmittel nach dem GKV-WSG - Auswirkungen und Handlungsoptionen für die Offizinapotheke*, IfG, mimeo, München.

Neubauer, Günter und Pfister, Florian (2007b): Gesundheitswirtschaft als Zukunftsbranche, *Ärztepost* 4/2007, S. 10-11.

Neubauer, Günter und Pfister, Florian (2007c): Preisbildung bei ambulant und stationär erbrachten Gesundheitsleistungen, in Henke, Klaus-Dirk (Hrsg.), *Jahrbücher für Nationalökonomie und Statistik - Themenheft Gesundheitsökonomie*, Vol. 227, No. 5/6 (12. 2007), Lucius&Lucius, Stuttgart, S. 621-635.

Neubauer, Günter und Pfister, Florian (2008a): Der Gesundheitsfonds: Eine gesundheitsökonomische Beurteilung, *Die Krankenversicherung*, 60, S. 256-260.

Neubauer, Günter und Pfister, Florian (2008b): Entwicklung einer leistungsorientierten, fallgruppenspezifischen Vergütung in der Rehabilitation, Abschlussbericht IfG München.

Online unter: http://www.bdpk.de/media/file/358.Abschlussbericht_Prof._Neubauer_Februar %202008.pdf zuletzt abgerufen am 27.03.2010.

Neubauer, Günter und Pfister, Florian (2008c): Finanzielle Auswirkungen des gemeinsamen Beitragssatzes für Mitglieder von Gesetzlichen Krankenkassen ab 2009. Online unter: http://archiv.insm.de/Downloads/PDF_-_Dateien/Gutachten_Institut_fuer_Gesundheits oekonomik_2008.pdf zuletzt abgerufen am 25.03.2010.

Neubauer, Günter und Pfister, Florian (2008d): *Gesundheitsökonomische Analyse des Gutachtens „Umsetzung und empirische Abschätzung der Übergangsregelungen zur Einführung des Gesundheitsfonds (§ 272 SGB V)" von Wasem, Buchner und Wille vom 10.04.2008 - Stellungnahme im Auftrag des bayrischen Staatsministeriums für Arbeit und Sozialordnung, Familie und Frauen*, IfG, mimeo, München. Online unter: http://ifg-muenchen.com/Aktuelles/StellungnahmeStMAS.pdf zuletzt abgerufen am 10.04.2010.

Neubauer, Günter und Pfister, Florian (2008e): The globalization of managerial innovation in health care, in Kimberly, John Robert; Pouvourville, Gérard de und D'Aunno, Thomas A. (Hrsg.), *The globalization of managerial innovation in health care*, Cambridge University Press, Cambridge et al., S. 153-175.

Neubauer, Günter und Pfister, Florian (2009a): *Der Regionale Gesundheits-Kombi - Mehr Gesundheit durch eine alternative Finanzierung der Krankenversicherung - Studie im Auftrag der vbw - Vereinigung der Bayerischen Wirtschaft e. V. (Hrsg.), erschienen als vbw-Position 01/09*, vbw Vereinigung der Bayerischen Wirtschaft e. V., München. Online unter: http://www.vbw-bayern.de/agv/vbw-Themen-Sozialpolitik-Gesundheit-Aktuelles-Rueckblick_Kongress_DEUTSCHLAND_HAT_ZUKUNFT_Der_GesundheitsfondsWettbewerb_statt_Rationierung--14678,ArticleID__9942.htm zuletzt abgerufen am 18.03.2010.

Neubauer, Günter und Pfister, Florian (2009b): *Die Zukunft der Arzneimitteldistribution in Deutschland unter besonderer Berücksichtigung der eigentümergeführten Apotheke und des vollversorgenden Pharmagroßhandels, Gutachten für die Sanacorp-Pharmahandel GmbH*, IfG, mimeo, München.

Neubauer, Günter und Pfister, Florian (Hrsg.) (2009c): *Gut - günstig - Generika: Marktdynamik zum Nutzen unserer Gesundheitsvorsorgung*, Govi-Verlag, Eschborn.

Neubauer, Günter; Pfister, Florian und Minartz, Christof (2009): *Die Auswirkungen des GKV-WSG insbesondere des Gesundheitsfonds auf Bayern - Gutachten im Auftrag des bayrischen Staatsministeriums für Umwelt und Gesundheit*, IfG, mimeo, München.

Neubauer, Günter und Rebscher, Herbert (1984): *Gemeinsame Selbstverwaltung: eine ordnungspolitische Alternative für die Gesundheitsversorgung*, Wilfer, Spardorf.

Neubauer, Günter und Rebscher, Herbert (1985): Gemeinsame Selbstverwaltung als Steuerungsinstrument der Gesundheitsversorgung, *Sozialer Fortschritt*, 5/1985, S. 178-182.

Neubauer, Günter und Schallermair, Christian (2000): Europäische Integration als Herausforderung an die Wirtschaft, *Sozialer Fortschritt*, Vol. 49, No. 11/12, S. 278-283.

Neubauer, Günter und Sonnenholzner-Roche, Anneliese (1984): *Medizinische Versorgung in der Stadt und auf dem Land*, Wilfer, Spardorf.

Neubauer, Günter und Wick, Alexander (2009): *Ökonomische Bewertung der Richtgrößenprüfung bei Heilmitteln in Hessen und Alternativlösungen, Expertise im Auftrag der KV Hessen*, IfG, mimeo, München.

Neuffer, Andreas B. (1997): *Managed care: Umsetzbarkeit des Konzepts im deutschen Gesundheitssystem*, Dissertation, Verlag P.C.O., Bayreuth.

Newhouse, Joseph P. (1977): Medical care expenditure: a cross-national survey, *Journal of Human Resources*, 12 (1), S. 115-125.

Newhouse, Joseph P. (1992): Medical care costs: how much welfare loss?, *The Journal of Economic Perspectives*, Vol. 6, No. 3 (1992), S. 3-21.

Newhouse, Joseph P., The Insurance Experiment Group (1996a): *Free for all? lessons from the RAND Health Insurance Experiment*, RAND, Cambridge (Mass.), London.

Newhouse, Joseph P. (1996b): Reimbursing health plans and health providers: efficiency in production versus selection, *Journal of Economic Literature*, S. 1236-1263.

news-adhoc (2010): Selbstverständlich sind nicht alle Teppichhändler unseriös. Online unter: http://www.news-adhoc.com/selbstverstaendlich-sind-nicht-alle-teppichhaendler-unserioes-idna2010031989984/ zuletzt abgerufen am 28.03.2010.

Nida-Rümelin, Julian (2009): Homo oeconomicus versus homo ethicus. Über das Verhältnis zweier Grundorientierungen menschlicher Existenz, in Vossenkuhl, Wilhelm (Hrsg.), *Ecce homo! Menschenbild - Menschenbilder*, Kohlhammer, Stuttgart, S. 49-65.

Niebuhr, Dea; Rothgang, Heinz; Wasem, Jürgen und Greß, Stefan (2004): *Die Bestimmung des Leistungskataloges in der gesetzlichen Krankenversicherung - Verfahren und Kriterien zur Bestimmung des Leistungskatalogs in der gesetzlichen Krankenversicherung vor dem Hintergrund internationaler Erfahrungen*, Hans-Böckler-Stiftung, Düsseldorf.

Niehaus, Frank (2006): *Alter und steigende Lebenserwartung: eine Analyse der Auswirkungen auf die Gesundheitsausgaben*, WIP, Köln.

Niehaus, Frank (2007): *Die Bedeutung der ausgabenintensiven Fälle im Gesundheitswesen*, WIP, Köln.

Niehaus, Frank (2009a): *Der überproportionale Finanzierungsbeitrag privat versicherter Patienten im Jahr 2007*, WIP, Köln.

Niehaus, Frank (2009b): Ein Vergleich der ärztlichen Vergütung nach GOÄ und EBM. WIP-Diskussionspapier 7/09. Online unter: http://www.wip-pkv.de/uploads/tx_nppress center/GOAE_EBM.pdf zuletzt abgerufen am 19.03.2010.

Niehaus, Frank (2009c): *Familienförderung in der Gesetzlichen Krankenversicherung - Ein vergleich zwischen Beiträgen und Leistungen - WIP-Diskussionspapier 2/09*, WIP, Köln.

Niehaus, Frank (2009d): *Versicherung von Kindern im Vergleich zwischen GKV und PKV - WIP-Diskussionspapier 9/09*, WIP, Köln.

Niehaus, Frank und Finkenstädt, Verena (2009): *Deutschland - ein im internationalen Vergleich teures Gesundheitswesen? WIP-Diskussionspapier 12/09*, WIP, Köln. Online unter: http://www.wip-pkv.de/uploads/tx_nppresscenter/Internationaler_Vergleich_Gesundheitswesen_01.pdf zuletzt abgerufen am 18.05.2010.

Niehaus, Frank und Weber, Christian (2005): *Der überproportionale Finanzierungsbeitrag privat versicherter Patienten zum Gesundheitswesen*, WIP, Köln.

Nieschlag, Robert; Dichtl, Erwin und Hörschgen, Hans (1991): *Marketing*, 16. Auflage, Duncker & Humblot, Berlin.

Nocera, Sandra (1996): Alterung und Gesundheit, in Zweifel, Peter und Felder, Stefan (Hrsg.), *Eine ökonomische Analyse des Alterungsprozesses*, P. Haupt, Bern et al., S. 61-99.

Nopper, Wolfgang (2006a): *Wie lange gibt es noch Privatpatienten? Einschätzung und Sichtweise der GKV - Beitrag auf der 1. AKM-Fachtagung am 25.10.2006 in Ingolstadt.*

Nopper, Wolfgang (2006b): *Ziele und Grenzen der Medizin zwischen Therapie und Wunscherfüllung - Beitrag in der Evangelischen Akademie Tutzing am 17.12.2006.*

Nothnagel, Jens (2005): *Die Rolle von Schiedsverfahren im Verhandlungsprozess in der gemeinsamen Selbstverwaltung in der gesetzlichen Gesundheitsversorgung Deutschlands*, Dissertation, Universität der Bundeswehr München., Neubiberg. Online unter: http://ub.unibw-muenchen.de/dissertationen/ediss/nothnagel-jens/inhalt.pdf zuletzt abgerufen am 02.03.2010.

Noweski, Michael (2008): *Der Gesundheitsmarkt - Liberalisierung und Reregulierung als Resultat politischer Koalitionen*, Dissertation, Köster, Berlin.

Nuscheler, Robert und Knaus, Thomas (2005): Risk selection in the German public health insurance system, *Health economics*, Vol. 14, No. 12, S. 1253-1271.

Nyman, John A. (1999): The value of health insurance: the access motive, *Journal of Health Economics*, Vol. 18, No. 2, S. 141-152.

Nyman, John A. (2006): The value of health insurance, in Jones, Andrew M. (Hrsg.), *The Elgar companion to health economics*, S. 95-103.

o. V. (2007): Osteoporose. Hersteller gibt eine Qualitätsgarantie vom *Ärzte Zeitung*, vom 29.10.2007

o. V. (2009a): Erste Krankenkasse verlangt Zusatzbeitrag, Welt Online vom 19.08.2009. Online unter: http://www.welt.de/wirtschaft/article4351188/Erste-Krankenkasse-verlangt-Zusatzbeitrag.html zuletzt abgerufen am 01.06.2010.

o. V. (2009b): Prämiensprung: Private Krankenversicherer treiben Beiträge hoch, Spiegel Online vom 03.12.2009. Online unter: http://www.spiegel.de/wirtschaft/soziales/0,1518,665026,00.html zuletzt abgerufen am 19.05.2010.

o.V. (2006): Gemeinsame Wettbewerbsgrundsätze der Aufsichtsbehörden der gesetzlichen Krankenversicherung, Fassung vom 09.11.2006. Online unter: http://www.bundesversicherungsamt.de/cln_108/nn_1046658/DE/Krankenversicherung/Wettbewerbsgrundsaetze,templateId=raw,property=publicationFile.pdf/Wettbewerbsgrundsaetze.pdf zuletzt abgerufen am 28.04.2010.

o.V. (2009): Unausgegorene Reformvorschläge, *iwd*, 4. Juni 2009, S. 4-5.

o.V. (2010a): Gericht benennt Gesetzeslücke. Bagis muss Krankenkasse zahlen, Kurier am Sonntag vom 03.01.2010.

o.V. (2010b): Gut versichert - Studien belegen eine sehr hohe Kundenzufriedenheit in der privaten Krankenversicherung, *PKV Publik*, März 2010, S. 4-8.

o.V. (2010c): Mehr Arbeit, mehr Ärger - für acht Euro, *Der Tagesspiegel*, vom 27.01.2010

o.V. (2010d): Verhalten verhallt das Knallen der Korken, *Der Gelbe Dienst*, 25.01.2010, S. 1-2.

Oberdieck, Veit (1998): *Beitragssatzexplosion in der gesetzlichen Krankenversicherung? : demographische und medizintechnische Determinanten der Beitragssatzdynamik und ihre reformpolitischen Implikationen*, Dissertation, S + W Steuer- und Wirtschaftsverl., Hamburg.

Oberender, Peter (1996): Leitlinien für eine Systemkorrektur in der Krankenversicherung, in Siebert, Horst (Hrsg.), *Sozialpolitik auf dem Prüfstand - Leitlinien für Reformen*, Mohr Siebeck, Tübingen, S. 85-110.

Oberender, Peter; Felder, Stefan; Ulrich, Volker; Schneider, Udo; Werblow, Andreas und Zerth, Jürgen (2006): *Bayreuther Manifest: Bayreuther Versichertenmodell - der Weg in ein freiheitliches Gesundheitswesen*, Verlag P.C.O, Bayreuth.

Oberender, Peter und Fleischmann, Jochen (2002): *Gesundheitspolitik in der Sozialen Marktwirtschaft*, Lucius&Lucius, Stuttgart.

Oberender, Peter und Fleischmann, Jochen (2004): Sozialrecht und Wettbewerbsrecht: Ein Gegensatz? Ordnungspolitische Anmerkungen zu einem Urteil des Europäischen Gerichtshofs vom 16. März 2004, *ORDO*, 55, S. 191-208.

Oberender, Peter und Hebborn, Ansgar (1994): *Wachstumsmarkt Gesundheit: Therapie des Kosteninfarkts*, Fischer-Taschenbuch-Verlag, Frankfurt am Main.

Oberender, Peter und Zerth, Jürgen (2006): Soziale Ziele und marktwirtschaftliches Gesundheitswesen - schlußendlich kein Gegensatz!, *ORDO*, 57(2006), S. 261-283.

OECD Organisation for Economic Co-operation and Development (2009): *OECD Health Data 2009*, Version 06/30/2009, Organisation for Economic Co-operation and Development, Paris.

Office of Techology Assessment (1980): *The implications of cost-effective analysis of of medical technology*, USPGO, Washington, DC.

Okun, Arthur M. (1975): *Equality and efficiency: the big tradeoff*, Brookings Institution, Washington, DC.

Okunade, Albert A. (2004): Economics of technological change in medical care: concepts, measures and models, *The Quarterly Review of Economics and Finance*, 44, S. 368-368.

Okunade, Albert A. und Murthy, V. N. R. (2002): Technology as a major driver of health care costs, *Journal of Health Economics*, No. 21, S. 147-159.

Oldiges, Franz Josef (1990): Sozialversicherung und Privatversicherung nach dem Gesundheits-Reformgesetz aus Sicht der Gesetzlichen Krankenversicherung, *Zeitschrift für Sozialreform*, 36, S. 354-363.

Olsen, Jan A. (1997): Theories of justice and their implications for priority setting in health care, *Journal of Health Economics*, Vol. 16, S. 625-639.

Olshansky, S. Jay; Rudberg, Mark A.; Carnes, Bruce A.; Cassel, Christine K. und Brody, Jacob A. (1991): Trading off longer life for worsening health: the expansion of morbidity hypothesis, *Journal of Aging and Health*, 3 (2), S. 194-216.

Olson, Mancur (1965): *The logic of collective action: public goods and the theory of groups*, Harvard University Press, Cambridge, Mass.

Olson, Mancur (1969): The principle of "Fiscal Equivalence": the division of responsibilities among different levels of government, *American Economic Review*, 59, S. 479-487.

Orlowski, Ulrich; Halbe, Bernd und Karch, Thomas (2006): *Vertragsarztrechtsänderungsgesetz (VÄndG) - Chancen und Risiken politische, rechtliche und steuerliche Aspekte*, Müller, Heidelberg et al.

Orlowski, Ulrich und Wasem, Jürgen Wirtschaft in der Praxis (2003): *Gesundheitsreform 2004 GKV-Modernisierungsgesetz (GMG)*, Economica, Heidelberg.

Orlowski, Ulrich und Wasem, Jürgen Gesundheitsrecht in der Praxis (2007): *Gesundheitsreform 2007 (GKV-WSG): Änderungen und Auswirkungen auf einen Blick*, Müller et al., Heidelberg et al.

Osterkamp, Nicole (2008): Verwaltungskosten in der GKV - Notwendiges Übel oder Grundvoraussetzung für eine leistungsfähige Gesundheitsversorgung?, in Repschläger, Uwe (Hrsg.), *BARMER Gesundheitswesen aktuell 2008: Beiträge und Analysen zu Auswirkungen der Gesundheitsreform ab 2009*, BARMER, Wuppertal, S. 118-142.

Ostwald, Dennis A. (2009): *Wachstums- und Beschäftigungseffekte der Gesundheitswirtschaft in Deutschland*, Dissertation, Medizinisch Wissenschaftliche Verlagsgesellschaft, Berlin.

Ostwald, Dennis A. und Ranscht, Anja (2007): Zukunftschancen: Die Politik als Problem, *kma*, 11/07, S. 52-57.

Ott, Notburga (2007): Sozialpolitik, in Apolte, Thomas; Bender, Dieter; Berg, Hartmut; Cassel, Dieter und Erlei, Mathias (Hrsg.), *Vahlens Kompendium der Wirtschaftstheorie und Wirtschaftspolitik, Band 2*, Vahlen, München, S. 557-614.

Pabst, Inga (2009a): Ausweitung der Werbezone, *kma*, 0609, S. 34-37.

Pabst, Inga (2009b): Leer gemolken, *kma*, 0609, S. 17-20.

Pache, Timo (2010): Oberster Kontrolleur lässt Krankenkassen bluten, *Financial Times Deutschland*, vom 29.03.2010

Palmer, George und Ho, Maria Theresa (2008): *Health economics. A critical and global analysis*, Palgrave Macmillan, Basingstoke.

Pappenheim, Rainer (2001): *Neue Institutionenökonomik und politische Institutionen - Zur Anwendung der ökonomischen Theorie auf politische Institutionen und Organisationen*, Peter Lang, Frankfurt am Main et al.

Paquet, Robert (1992): Eine neue Wettbewerbsordnung in der GKV, *Arbeit und Sozialpolitik*, 11-12, S. 37-41.

Paquet, Robert (2007): Die janusköpfige Chance - Wahltarife als Wettbewerbsrisiko für die GKV, *gpk Gesellschaftspolitische Kommentare*, 4/2007, S. 3-6.

Paquet, Robert (2009): Motor und Schaltzentrale: Die Rolle des Bundesministeriums für Gesundheit in der Gesundheitsreform 2007, in Schroeder, Wolfgang und Paquet, Robert (Hrsg.), *Gesundheitsreform 2007: Nach der Reform ist vor der Reform*, VS, Wiesbaden, S. 32-49.

Paquet, Robert und Schroeder, Wolfgang (2009): Gesundheitsreform 2007 - Akteure, Interessen und Prozesse, in Schroeder, Wolfgang und Paquet, Robert (Hrsg.), *Gesundheitsreform 2007: Nach der Reform ist vor der Reform*, VS, Wiesbaden, S. 11-29.

Patientenuniversität (2010): Patientenuniversität - Wir über uns. Online unter: http://www.patienten-universitaet.de/wir-ueber-uns/hintergrund/ zuletzt abgerufen am 25.04.2010.

Patt, Joachim (2008): Ausgründung von Privatkliniken: Tricks in der Grauzone, *PKV Publik*, 1/2008. Online unter: http://www.pkv.de/publikationen/pkv_publik/archiv/pkv_publik_nr_1_2008/pkv_und_recht_ausgruendung_von_privatkliniken_tricks_in_der_grauzone/ zuletzt abgerufen am 06.04.2010.

Pauly, Mark V. (1968): The economics of moral hazard: comment, *American Economic Review* 58, 3, S. 531-537.

Pauly, Mark V. (1994): Avoiding the mistreatment of bad risks in a democracy: universal health insurance from a constitutional perspective, *Constitutional Political Economy*, Vol. 5, No. 3 S. 307-318.

Pauly, Mark V.; Kunreuther, Howard C. und Hirth, Richard A. (1995): Guaranteed renewability in insurance, *Journal of Risk and Uncertainty*, Vol. 10, No. 2 (mrz. 1995), S. 143-156.

Peffekoven, Rolf (2005): Umfinanzierung der Sozialsysteme aus Steuermitteln? Kopfpauschalen mit Sozialausgleich weisen den Weg, *Wirtschaftsdienst*, 2005-5, S. 279-283.

Penske, Marco (2006): *Finanzierung der Gesetzlichen Krankenversicherung Probleme und Reformoptionen*, Dissertation, Peter Lang, Frankfurt am Main et al.

Pereira, João A. (1993): What does equity in health mean?, *Journal of Social Policy*, 22 (1), S. 19-48.

Petersen, Hans-Georg (1993): *Ökonomik, Ethik und Demokratie - zu einer Theorie der Effizienz und Gerechtigkeit offener Gesellschaften*, Nomos, Baden-Baden.

Pfaff, Anita B. (2002): Exkurs: Auswirkungen des demographischen Wandels auf die Beitragssatzentwicklung, in Enquete-Kommission (Hrsg.), *Schlussbericht der Enquête-Kommission - Herausforderungen unserer älter werdenden Gesellschaft an den Einzelnen und die Politik, Bundestagsdrucksache, Nr. 14/8800*, Bundesanzeiger Verl.-GmbH, Bonn, S. 193-195.

Pfaff, Anita B.; Busch, Susanne und Rindsfüßer, Christian (1994): *Kostendämpfung in der gesetzlichen Krankenversicherung: Auswirkungen der und Reformgesetzgebung 1989 und 1993 auf die Versicherten*, Campus, Frankfurt am Main et al.

Pfaff, Anita B.; Langer, Bernhard; Mamberer, Florian; Pfaff, Martin; Freund, Florian und Holl, Nauka (2006): *Finanzierungsalternativen der Gesetzlichen Krankenversicherung: Einflussfaktoren und Optionen zur Weiterentwicklung - Endbericht*, Ed. Sigma, Berlin. Online unter: http://www.sozialpolitik-aktuell.de/tl_files/sozialpolitik-aktuell/_Politikfelder/Gesundheitswesen/Dokumente/Finanzierungsalternativen_der_GKV_INIFES.pdf zuletzt abgerufen am 21.04.2010.

Pfaff, Anita B. und Pfaff, Martin (2007): Finanzierungsziele und -instrumente des GKV-Wettbewerbsstärkungsgesetzes 2007: Eine kritische Betrachtung, in Ulrich, Volker und Ried, Walter (Hrsg.), *Effizienz, Qualität und Nachhaltigkeit im Gesundheitswesen: Theorie und Politik öffentlichen Handelns, insbesondere in der Krankenversicherung - Festschrift zum 65. Geburtstag von Eberhard Wille*, Nomos, Baden-Baden, S. 923-952.

Pfaff, Martin (1995): Funktionsfähiger Wettbewerb innerhalb und zwischen den gesetzlichen und privaten Krankenkassen: Einige Anmerkungen zur laufenden Diskussion, *Arbeit und Sozialpolitik*, Vol. 49, No. 9, S. 12-20.

Pfaff, Martin (2006): Zur Effizienz und Effektivität eines solidarischen Gesundheitswesens, in Rebscher, Herbert (Hrsg.), *Gesundheitsökonomie und Gesundheitspolitik im Spannungsfeld zwischen Wissenschaft und Politikberatung - Festschrift für Günter Neubauer*, Economica, Heidelberg et al., S. 83-100.

Pfeiffer, Doris (2009): Der neue GKV-Spitzenverband - Rolle und Aufgaben in einem wettbewerblichen Krankenversicherungssystem, in Gellner, Winand und Schmöller, Michael (Hrsg.), *Solidarität und Wettbewerb: Gesetzliche Krankenversicherungen auf dem Weg zu profitorientierten Versicherungsunternehmen - Zukunftsoptionen und Probleme*, Nomos, Baden-Baden, S. 101-110.

Pfister, Florian (2004a): *Die politische Ökonomie des Solidarprinzips in der gesetzlichen Krankenversicherung*, Diplomarbeit, LMU, München, mimeo.

Pfister, Florian (2004b): *Präferenzen für Umverteilung: Empirische Evidenz*, LMU, München, mimeo.

Pfister, Florian (2009a): Der Gesundheitsfonds: eine Analyse, *Orientierungen zur Wirtschafts- und Gesellschaftspolitik*, Vol. 120, No. 2 (6. 2009), S. 39-44.

Pfister, Florian (2009b): Pro und Contra Gesundheitsfonds, *gpk Gesellschaftspolitische Kommentare*, 8/2009, S. 53-56.

Pfister, Florian und Neubauer, Günter (2009a): Die stationäre medizinische Rehabilitation: Struktur, Finanzierung und Trends, *die BG*, 09/2009, S. 418 - 422.

Pfister, Florian und Neubauer, Günter (2009b): Selektives Kontrahieren im Arzneimittelmarkt – Rabattverträge als Allheilmittel?, *ApothekenManager*, Ausgabe 4/09 62. Jg., S. 25-26.

Phelps, Charles E. (2003): *Health economics*, 3. Auflage, Boston et al.

Phelps, Charles E. und Newhouse, Joseph P. (1974): Coinsurance, the price of time and the demand for medical services, *The Review of Economics and Statistics*, Vol. 56, No. 3, S. 334-342.

Picot, Arnold (1982): Transaktionskostenansatz in der Organisationstheorie: Stand der Diskussion und Aussagewert, *Die Betriebswirtschaft*, Vol. 42, No. 2 (1982), S. 267-284.

Pierson, Paul (2000): Increasing returns, path dependence and the study of politics, *American Politial Science Review*, Vol. 94, no. 2, S. 251-267.

Pimpertz, Jochen Untersuchungen zur Wirtschaftspolitik (2001): *Marktwirtschaftliche Ordnung der sozialen Krankenversicherung*, Dissertation, Institut für Wirtschaftspolitik Uni Köln, Köln.

Pimpertz, Jochen (2007): *Wettbewerb in der gesetzlichen Krankenversicherung Gestaltungsoptionen unter sozialpolitischen Vorgaben - IW-Positionen Nr. 28*, Deutscher Instituts-Verlag, Köln.

PKV1x1 (2010): Beitragsrückerstattung bei der Privaten Krankenversicherung. Online unter: http://www.pkv-1x1.de/3pkv/Beitragsrueckerstattung.php zuletzt abgerufen am 25.03.2010.

PKV-Verband (1997): *Standpunkte der PKV zur Struktur des Krankenversicherungssystems '97*, PKV Verband, Köln.

PKV-Verband (2005a): Reformieren nicht zerschlagen - PKV-Reformkonzept Krankenversicherung. Online unter: http://www.private-krankenversicherung.de/downloads /reformieren-nicht-zerschlagen.pdf zuletzt abgerufen am 01.05.2010.

PKV-Verband (2005b): *Zahlenbericht der privaten Krankenversicherung 2004/2005*, PKV-Verband, Köln.

PKV-Verband (2006a): *Die niederländische Gesundheitsreform 2006 aus deutscher Sicht*, PKV-Verband, Köln. Online unter: http://www.private-krankenversicherung.de/downloads /niederlaendische-gesundheitsrefom-2006.pdf zuletzt abgerufen am 09.05.2010.

PKV-Verband (2006b): Verwaltungskosten: Wie sachgerecht sind Kennzahlenvergleiche?, *PKV Publik*, 9/2006, S. 101-102.

PKV-Verband (2006c): *Zahlenbericht der privaten Krankenversicherung 2005/2006*, PKV-Verband, Köln.

PKV-Verband (2007): Presseerklärung des Verbandes der privaten Krankenversicherung vom 25.04.2007. Online unter: http://www.pkv.de/presse/pressearchiv/2007/gkv_wahl tarife_sind_ein_angriff_auf_marktwirtschaftliche_prinzipien.pdf zuletzt abgerufen am 25.03.2010.

PKV-Verband (2008a): *Rechenschaftsbericht der privaten Krankenversicherung 2007*, PKV-Verband, Köln.

PKV-Verband (2008b): *Zahlenbericht der privaten Krankenversicherung 2007/2008*, PKV-Verband, Köln.

PKV-Verband (2008c): „Zwei-Klassen-Medizin" - Behauptungen und Wahrheit. Ein Beitrag zur Versachlichung der Diskussion. Online unter: http://www.pkv.de/publikationen/positions papiere/zwei_klassen_medizin_behauptungen_und_wahrheit.pdf zuletzt abgerufen am 03.04.2010.

PKV-Verband (2009a): *Der private Krankenversicherungsschutz im Sozialrecht, Stand Januar 2009*, PKV-Verband, Köln.

PKV-Verband (2009b): Musterbedingungen Basistarif. Online unter: http://www.pkv.de /recht/allgemeine_versicherungsbedingungen_2009/allgemeine_versicherungsbedingungen_b asistarif_mb_bt_2009_pdf.pdf zuletzt abgerufen am 18.03.2010.

PKV-Verband (2009c): O du Fröhliche! Krankenversicherungsbeiträge können ab 2010 von der Steuer abgesetzt werden, *PKV Publik*, 10/2009, S. 4-7.

PKV-Verband (2009d): *Rechenschaftsbericht der privaten Krankenversicherung 2008*, PKV-Verband, Köln.

PKV-Verband (2009e): Urteil zur Gesundheitsreform - Karlsruhe stärkt die private Krankenversicherung, *PKV Publik*, 5/2009, S. 4-7.19.04.2010.

PKV-Verband (2009f): Zahlenbericht der privaten Krankenversicherung 2008/2009. Online unter: zuletzt abgerufen am 23.03.2010.

PKV-Verband (2010a): derprivatpatient.de. Online unter: http://www.derprivat patient.de/home.html zuletzt abgerufen am 13.05.2010.

PKV-Verband (2010b): Eine dynamische Branche. Online unter: http://www.pkv.de/eine-dynamische-branche/ zuletzt abgerufen am 05.04.2010.

PKV-Verband (2010c): Gut versichert - Studien belegen eine sehr hohe Kundenzufriedenheit in der privaten Krankenversicherung, *PKV Publik*, 3/2010, S. 4-8.

PKV-Verband (2010d): Musterbedingungen. Online unter: http://www.pkv.de/recht /musterbedingungen/ zuletzt abgerufen am 17.03.2010.

PKV-Verband (2010e): *Rechenschaftsbericht der privaten Krankenversicherung 2009*, PKV-Verband, Köln.

PKV-Verband (2010f): Stellungnahme des PKV-Verbandes zur IGES-Studie „Wettbewerb in der PKV" vom 25.01.2010, Stellungnahme ist veröffentlicht wordenEnde März 2010. Online unter: http://www.pkv.de/w/files/texte/pkv-stellungnahme-zur-iges-studie.pdf zuletzt abgerufen am 29.03.2010.

PKV-Verband (2010g): Zahlen. Online unter: http://www.pkv.de/zahlen/ zuletzt abgerufen am 25.03.2010.

Pokora, Heinz-Jürgen (1971): *Das Problem des dynamischen Versicherungsschutzes in der privaten Krankheitskostenversicherung*, Dissertation, Köln.

Pollmer, Udo; Frank, Gunter und Warmuth, Susanne (2010): *Lexikon der Fitneß-Irrtümer: Mißverständnisse, Fehlinterpretationen und Halbwahrheiten von Aerobic bis Zerrung*, 4. Auflage, Piper, München et al.

Popper, Karl R. (1973): *Objektive Erkenntnis: ein evolutionärer Entwurf*, Hoffmann & Campe, Hamburg.

Popper, Karl R. (1997): Das Rationalitätsprinzip, in Miller, David W. (Hrsg.), *Karl Popper, Lesebuch*, Tübingen, S. 350-359.

Postler, Andreas (2003): *Modellrechnungen zur Beitragssatzentwicklung in der Gesetzlichen Krankenversicherung: Auswirkungen von demographischem Wandel und medizinisch-technischem Fortschritt - Diskussionsbeiträge der Fakultät für Wirtschaftswissenschaften Nr. 293*, Universität Duisburg-Essen, Duisburg.

Priddat, Birger P. (1993): Arm und reich: zur Transformation der vorklassischen in die klassische Ökonomie; zum 200. Todesjahr Adam Smiths, *Beiträge und Berichte des Instituts für Wirtschaftsethik*, 39.

progenerika (2009): *Marktdaten 2008/2009*, Pro Generika, Berlin. Online unter: http://www.progenerika.de/downloads/7870/ProGenMD2009RZweb.pdf zuletzt abgerufen am 28.03.2010.

PROGNOS (1998): *Auswirkungen veränderter ökonomischer und rechtlicher Rahmenbedingungen auf die gesetzliche Rentenversicherung in Deutschland: Endbericht für den Verband Deutscher Rentenversicherungsträger*, DRV, Frankfurt am Main.

PROGNOS (2007): *Die Gesundheitsbranche: Dynamisches Wachstum im Spannungsfeld von innovation und Intervention.* Online unter: http://www.prognos.com/fileadmin/pdf /publikationsdatenbank/Gesundheitsbranche_Broschuere.pdf zuletzt abgerufen am 02.05.2010.

PROGNOS (2009): *Überforderungsklausel und Finanzvolumen eines sozialen Ausgleichs in der GKV - Berechnungen zum Modell „Regionaler Gesundheits-Kombi" der vbw*, Prognos, mimeo.

PROGNOS (2010): *Arbeitslandschaft 2030: Die Auswirkungen der Wirtschaftskrise auf Deutschland - Studie im Auftrag der vbw - Vereinigung der Bayerischen Wirtschaft e. V. (Hrsg.), erschienen als vbw-Information 01/10*, vbw Vereinigung der Bayerischen Wirtschaft e. V., München.

Pütz, Claudia (2003): *Selbstbehalttarife für die gesetzliche Krankenversicherung: Eine ordnungspolitische, versicherungsbetriebswirtschaftliche und empirische Analyse ihrer Möglichkeiten und Grenzen*, Dissertation, Nomos, Baden-Baden.

R+V (2009): R+V Versicherung - Die Ängste der Deutschen. Online unter: http://www.ruv.de/de/presse/r_v_infocenter/studien/aengste-der-deutschen.jsp zuletzt abgerufen am 12.03.2010.

Raffelhüschen, Bernd; Moog, Stefan und Müller, Christoph (2010): *Ehrbare Staaten? Die deutsche Generationenbilanz im internationalen Vergleich: Wie gut ist Deutschland auf die demografische Herausforderung vorbereitet?*, Stiftung Marktwirtschaft, Berlin.

Randenborgh, Katrin van und Mayer, Kurt-Martin (2010): Allein auf dem Land, *FOCUS Bayern*, Nr. 19/2010, S. 4-9.

Rauscher, Anton (1988): Eintrag "Solidarität", in Wissenschaft, Görres-Gesellschaft zur Pflege der (Hrsg.), *Staatslexikon: Recht - Wirtschaft - Gesellschaft*, Freiburg et al., Sp. 1191-1194.

Rawls, John (1971/1979): *Eine Theorie der Gerechtigkeit*, Suhrkamp, Frankfurt am Main.

Rawls, John (1993): *Political liberalism*, Columbia Univ. Press, New York et al.

Rebscher, Herbert (1998): VdAK weist PKV-Subventions-Theorie zurück, *A + S aktuell*, 21 (9), S. 14-15.

Rebscher, Herbert (Hrsg.) (1999): *Regionalisierung der gesetzlichen Krankenversicherung - Ordnungspolitische, ökonomische und juristische Analysen*, Nomos, Baden-Baden.

Rebscher, Herbert (2005): Möglichkeiten einer wettbewerblichen Differenzierung zwischen den Krankenkassen, in Wille, Eberhard und Albring, Manfred (Hrsg.), *Versorgungstrukturen und Finanzierungsoptionen auf dem Prüfstand, 9. Bad Orber Gespräche 11. - 13. November 2004*, Peter Lang, Frankfurt am Main et al, S. 101-122.

Rebscher, Herbert (2008a): Die Zukunft der gesetzlichen Krankenkassen, in Merz, Friedrich (Hrsg.), *Wachstumsmotor Gesundheit - Die Zukunft unseres Gesundheitswesens*, Hanser, München, S. 327-348.

Rebscher, Herbert (2008b): Zugriff oder Übergriff, *gpk Gesellschaftspolitische Kommentare*, Sonderausgabe 2/2008, S. 4-7.

Rebscher, Herbert (2009a): *Gesundheitsfonds als globale Budgetvorgabe für 2010?, Vortrag auf dem 8. Europäischen Gesundheitskongress vom 22.-23.10.2009*, WISO S. E. Consulting GmbH, Berlin.

Rebscher, Herbert (2009b): Krankenversicherung im Wettbewerb, in Rau, Ferdinand (Hrsg.), *Auswirkungen der DRG-Einführung in Deutschland: Standortbestimmung und Perspektiven*, Kohlhammer, Stuttgart, S. 325-336.

Rebscher, Herbert und Walzik, Eva (1998): Finanzierungsoptionen aus Sicht der Ersatzkassen, in Wille, Eberhard und Albring, Manfred (Hrsg.), *Reformoptionen im Gesundheitswesen Bad Orber Gespräche vom 07.-08.11.1997*, Peter Lang, Frankfurt am Main, S. 40-58.

Regenauer, Achim (2008): Stoppt die Adipositas-"Epidemie" den Trend zur Langlebigkeit?, *Versicherungsmedizin*, 60 (1), S. 32-33.

Reichelt, Herbert (1994): *Steuerungswirkungen der Selbstbeteiligung im Arzneimittelmarkt:Analyse der Auswirkungen bisher praktizierter und aktuell diskutierter Selbstbeteiligungsregelungen in der Arzneimittelversorgung im Rahmen der gesetzlichen Krankenversicherung*, Dissertation, Fischer, Stuttgart et al.

Reimers, Lutz (2009): *Medizinisch-technischer Fortschritt - Theoretische Grundlagen, Regelungsbereiche, Finanzierung und Vergütung: Eine ökonomische Untersuchung am Beispiel des deutschen und des US-amerikanischen Gesundheitssystems*, Dissertation, Nomos, Baden-Baden.

Reiners, Hartmut (2008): Kapitaldeckung in der Krankenversicherung - Die Fallen der "Hausväterökonomie", *G+G Wissenschaft*, Jg. 8, Heft 3, S. 24-30.

Reiners, Hartmut (2009a): Gesundheitspolitik als Implantierung von "Reformviren" - Anmerkungen zum Postulat einer nachhaltigen GKV-Reform, *G+G Wissenschaft*, Jg. 9 Heft 3, S. 7-12.

Reiners, Hartmut (2009b): *Mythen der Gesundheitspolitik*, Hans Huber, Bern.

Repschläger, Uwe (2009): Die Gesamthonorare für ambulant tätige Ärzte in Deutschland, in Repschläger, Uwe (Hrsg.), *BARMER Gesundheitswesen aktuell 2009: Beiträge und Analysen*, BARMER, Wuppertal, S. 220-250.

Resch, Stefan Allokation im marktwirtschaftlichen System (2004): *Risikoselektion im Mitgliederwettbewerb der Gesetzlichen Krankenversicherung*, Dissertation, Peter Lang, Frankfurt am Main et al.

Reschke, Peter; Sehlen, Stephanie; Schiffhorst, Guido; Schräder, Wilhelm F.; Lauterbach, Karl und Wasem, Jürgen (2005): *Klassifikationsmodelle für Versicherte im Risikostrukturausgleich, Endbericht, beauftragt vom Bundesministeriums für Gesundheit und Soziale Sicherung*, BMGS, Bonn.

Ribhegge, Hermann (2004): *Sozialpolitik*, Vahlen, München.

Ricardo, David (1817/1988): *On the principles of political economy and taxation*, Faks. der Ausg. London, 1817, Verlag Wirtschaft und Finanzen, Düsseldorf.

Richter, Wolfram F. (2009): Zur zukünftigen Finanzierung der Gesundheitsausgaben in Deutschland, *Perspektiven der Wirtschaftspolitik*, Vol. 10, No. 4 S. 469-479.

Ried, Walter (2007): Medizinisch-technischer Fortschritt und Gesundheitsausgaben, in Henke, Klaus-Dirk (Hrsg.), *Jahrbücher für Nationalökonomie und Statistik - Themenheft Gesundheitsökonomie*, Vol. 227, No. 5/6 (12. 2007), Lucius&Lucius, Stuttgart, S. 636-659.

RKI (2009): Mitteilung der Ständigen Impfkommission (STIKO) am Robert Koch-Institut Impfung gegen die Neue Influenza A (H1N1) - Epidemiologisches Bulletin Nr. 50 vom 14.12.2009. Online unter: http://www.rki.de/cln_151/nn_200120/DE/Content/Infekt

/EpidBull/Archiv/2009/50__09,templateId=raw,property=publicationFile.pdf/50_09.pdf zuletzt abgerufen am 23.04.2010.

Robinson, Joan (1975): Die Unmöglichkeit des Wettbewerbs, in Herdzina, Klaus (Hrsg.), *Wettbewerbstheorie*, Köln, S. 107-116.

Rödinger, Tim (2008): Sind PKV-Versicherte die Sozialhilfeempfänger von morgen?, in Repschläger, Uwe (Hrsg.), *BARMER Gesundheitswesen aktuell 2008: Beiträge und Analysen zu Auswirkungen der Gesundheitsreform ab 2009*, BARMER, Wuppertal, S. 76-96.

Rodrig, Svenja und Wiesemann, Hans-Olaf (2004): Der Einfluss des demographischen Wandels auf die Ausgaben der Krankenversicherung, *Zeitschrift für die gesamte Versicherungswissenschaft*, Vol. 93, No. 1 (2004), S. 17-46.

Rohweder, Jan Philipp (1996): *Nachfrage nach Krankenversicherung: eine Untersuchung des Wahlverhaltens der freiwillig Versicherten in Deutschland*, Dissertation, VVW, Karlsruhe.

Rölcke, E. (1986): Praxis der Beitrasrückerstattung in der PKV, *VW*, 7, S. 438-443.

Röpke, Wilhelm (1965): Wettbewerb (II) - Ideengeschichte und ordnungspolitische Stellung, in Beckerath, Erwin, von,; Bente, Hermann und Brinkmann, Carl (Hrsg.), *Handwörterbuch der Sozialwissenschaften, 12 Bd.*, Hoch, Ludwigsburg, S. 29-36.

Rosen, Harvey S. und Gayer, Ted The McGraw-Hill series economics (2010): *Public finance*, 9. Auflage, McGraw-Hill/Higher Education, Boston, MA.

Rosenbrock, Rolf und Kümpers, Susanne (2006): Die Public Health Perspektive: Krankheit vermeiden - Gesundheit fördern, in Wendt, Claus und Wolf, Christof (Hrsg.), *Soziologie der Gesundheit*, VS, Wiesbaden, S. 243-269.

Rothgang, Heinz (2009): Einführung von Kapitaldeckung in der sozialen Pflegeversicherung, in Dräther, Hendrik; Jacobs, Klaus und Rothgang, Heinz (Hrsg.), *Fokus Pflegeversicherung*, KomPart, Berlin, S. 95-121.

Rothschild, Michael und Stiglitz, Joseph E. (1976): Equilibrium in competitive markets, *Quarterly Journal of Economics*, 90 (4), S. 629-649.

RSAV Risikostruktur-Ausgleichsverordnung zuletzt geändert durch Artikel 5 des Gesetzes vom 14. April 2010 (BGBl. I S. 410). Online unter: http://www.gesetze-im-internet.de/bundesrecht/rsav/gesamt.pdf zuletzt abgerufen am 17.05.2010.

Ruckdäschel, Stephan (2000): *Wettbewerb und Solidarität im Gesundheitswesen zur Vereinbarkeit von wettbewerblicher Steuerung und solidarischer Sicherung*, Dissertation, Verlag P.C.O., Bayreuth.

Rückert, Ina-Maria; Böcken, Jan und Mielck, Andreas (2008): Are German patients burdened by the practice charge for physician visits ("Praxisgebühr")? A cross sectional analysis of socio-economic and health related factors, *BMC Health Services Research*, 8:232.

Rudloff, Bernd; Hilse, Thomas und Kottmeier, Andreas (2007): Über Marken kommunizieren - die goMedus-Zentren der DKV, in Weatherly, John N.; Seiler, Rainer; Meyer, Lutterloh, Klaus; Schmid, Elmar; Lägel, Ralph und Amelung, Volker E. (Hrsg.), *Leuchtturmprojekte Integrierter Versorgung und Medizinischer Versorgungszentren: innovative Modelle der Praxis*, Medizinisch Wissenschaftliche Verlagsgesellschaft, Berlin, S. 247-251.

Rudolph, Jürgen und Schallermair, Christian (2001): Woran krankt unser Gesundheitswesen? Diagnosen und Therapievorschläge aus Sicht eines privaten Krankenversicherungsunternehmens, *Sozialer Fortschritt*, Vol. 50, No. 11, S. 260-268.

Rürup, Bert und Wille, Eberhard (2004): Finanzierungsreform in der Krankenversicherng - Gutachten vom 15.07.2004.

Rürup, Bert (2006): Gesetzliche Krankenversicherung: Verwaltungskosten und Kassengröße. Online unter: http://www.bkk-mittelstandsoffensive.de/content/Studie_Ruerup_VWK_Kassengroesse%2031.05.06.pdf zuletzt abgerufen am 26.03.2010.

Rürup, Bert (2007a): Steuerfinanzierung in der sozialen Sicherung, in Ulrich, Volker und Ried, Walter (Hrsg.), *Effizienz, Qualität und Nachhaltigkeit im Gesundheitswesen: Theorie und Politik öffentlichen Handelns, insbesondere in der Krankenversicherung - Festschrift zum 65. Geburtstag von Eberhard Wille*, Nomos, Baden-Baden, S. 181-203.

Rürup, Bert (2007b): Was kostet Gesundheit 2030, *G+G*, 3/07, S. 23-29.

Rürup, Bert und Albrecht, Martin (2008): Das deutsche Gesundheitswesen nach den Reformen von 2007, in Merz, Friedrich (Hrsg.), *Wachstumsmotor Gesundheit - Die Zukunft unseres Gesundheitswesens*, Hanser, München, S. 122-147.

Rürup, Bert; Albrecht, Martin; de Milas, Christoph; Hildebrandt, Susanne und Schliwen, Anke (2010): Die Bedeutung von Wettbewerb im Bereich der privaten Krankenversicherungen vor dem Hintergrund der erwarteten demografischen Entwicklung. Online unter: http://www.iges.de/leistungen/gesundheitspolitik/e8349/infoboxContent8351/Schlussbericht_WettbewerbPKV_ger.pdf zuletzt abgerufen am 01.03.2010.

RWI (2009): Krankenhaus Rating Report 2009 - Executive Summary. Online unter: http://www.admed.com/website_deu/pdf/ADMED-RWI-KHRR09-ExeSum-pdf.pdf zuletzt abgerufen am 27.03.2010.

Samuelson, Paul A. und Nordhaus, William D. (1998): *Volkswirtschaftslehre*, 15. Auflage, Ueberreuter, Wien.

Samwer, Martina (2008): *Reformansätze in der gesetzlichen Krankenversicherung zwischen Solidarprinzip und Wettbewerb*, Dissertation, Gabler, Wiesbaden.

SanaKliniken (2010): Wir über uns - Eigendarstellung der Sana-Kliniken AG. Online unter: http://www.sana.de/wir-ueber-uns.html zuletzt abgerufen am 26.03.2010.

Sandt, Christoph und Schmitt, Thomas (2010): Verwaltungskosten: Viele Krankenkassen haben ihre Hausaufgaben noch nicht gemacht, *Handelsblatt*, vom 28.01.2010

Sauerland, Dirk (2003): *Gesundheitspolitik in Deutschland: Reformbedarf und Entwicklungsperspektiven*, 2. Auflage, Habilitation, Bertelsmann-Stiftung, Gütersloh.

Sauerland, Dirk (2005): *Strategien zur Sicherung und Verbesserung der Qualität in der medizinischen Versorgung: GKV und PKV im Vergleich - Diskussionspaper Nr. 3 WHL*, Wiss. Hochschule Lahr, Lahr.

Sauerland, Dirk; Kuchinke Björn, A. und Wübker, Ansgar (2008): *Warten gesetzlich Versicherte länger? Zum Einfluss des Versichertenstatus auf den Zugang zu medizinischen Leistungen im stationären Sektor, Diskussionspapier Nr. 11*, WHL, Lahr.

Sauga, Michael Serie Piper (2009): *Wer arbeitet, ist der Dumme - Die Ausbeutung der Mittelschicht*, Piper, München et al.

Schäfer, Claus (2008): Anhaltende Verteilungsdramatik: WSI-Verteilungsbericht 2008, *WSI Mitteilungen*, Vol. 61, No. 11/12 (11/12. 2008), S. 587-596.

Schäfer, Wolf (2008): Die Zukunft gehört der Kostenerstattung, in PVS (Hrsg.), *Kostenerstattung in der gesetzlichen Krankenversicherung : eine Bestandsaufnahme*, PVS, Berlin, S. 63-84.

Schallermair, Christian (1999): *Ökonomische Merkmale sozialer Dienstleistungen und deren Beschäftigungspotentiale am Beispiel der stationären Altenpflege*, Dissertation, Verlag P.C.O., Bayreuth.

Schawo, Dorothee und Schneider, Werner (2006): *Die Wirkungen der Härteregelung beim Zusatzbeitrag im Fondskonzept der Bundesregierung - eine statistische Simulationsanalyse.* Online unter: http://www.g-k-v.org/site/fileadmin/user_upload/Pressemitteilungen/Presse mitteilungen_2006/haertefallregelung.pdf zuletzt abgerufen am 30.04.2010.

Scherer, Christian (2008): Kostenerstattung - eine Übersicht, in PVS (Hrsg.), *Kostenerstattung in der gesetzlichen Krankenversicherung: eine Bestandsaufnahme*, PVS, Berlin, S. 85-117.

Schewe, Dieter (2000): *Geschichte der sozialen und privaten Versicherung im Mittelalter in den Gilden Europas*, Duncker & Humblot, Berlin.

Schild, Manfred (1994): Private Krankenversicherung - (k)eine Alternative für freiwillig Versicherte im Alter(?), *Die Ersatzkasse*, 74, S. 49-54.

Schlegel, Rainer (2008): Wettbewerbsrechtliche Schranken eines selektiven Vertrags-wetbewerbs, in Pitschas, Rainer (Hrsg.), *Gesetzliche Krankenversicherung und Wettbewerb: auf dem Weg zu einer wirklichen Gesundheitsreform; 9. Speyerer Gesundheitstage am 22./23. März 2007*, Peter Lang, Frankfurt am Main et al., S. 23-47.

Schlenker, Rolf-Ulrich (1994): Geschichte und Reformperspektive der gesetzlichen Krankenversicherung, in Schulin, Bertram (Hrsg.), *Handbuch des Sozialversicherungsrechts*, Beck, München, S. 1-47.

Schlieker, Anke (2009): *Disease Management in der Privaten Krankenversicherung - Evaluation eines Programms für Typ2-Diabetiker*, Dissertation, Kovač, Hamburg.

Schmacke, Norbert (2009): Kommunikation in der Patientenversorgung - oder sind SDM und PEF bloß moderne Kürzel?, *Die Ersatzkasse*, 4/2009, S. 124-126.

Schmähl, Winfried (1986): Bevölkerungsentwicklung und soziale Sicherung, Auswirkungen demographischer Veränderungen auf die soziale Sicherung im Alter, bei Krankheit und Pflegebedürftigkeit, in Felderer, Bernhard und Birg, Herwig (Hrsg.), *Beiträge zur Bevölkerungsökonomie*, Duncker & Humblot, Berlin, S. 169-238.

Schmeinck, Wolfgang (2006): Medizinisch-technischer Fortschritt - Fluch oder Segen?, in Rebscher, Herbert (Hrsg.), *Gesundheitsökonomie und Gesundheitspolitik im Spannungsfeld zwischen Wissenschaft und Politikberatung - Festschrift für Günter Neubauer*, Economica, Heidelberg et al., S. 223-240.

Schmeinck, Wolfgang (2007): Mehr Eigenverantwortung im Gesundheitswesen - Leerformel oder echte Chance?, in Ulrich, Volker und Ried, Walter (Hrsg.), *Effizienz, Qualität und Nachhaltigkeit im Gesundheitswesen: Theorie und Politik öffentlichen Handelns, insbesondere in der Krankenversicherung - Festschrift zum 65. Geburtstag von Eberhard Wille*, Nomos, Baden-Baden, S. 247-262.

Schmitt, Joachim M. (2007): Der Beitrag der Gesundheitsökonomie zur Sicherung des medizintechnischen Fortschritts für alle, in Ulrich, Volker und Ried, Walter (Hrsg.), *Effizienz, Qualität und Nachhaltigkeit im Gesundheitswesen: Theorie und Politik öffentlichen Handelns, insbesondere in der Krankenversicherung - Festschrift zum 65. Geburtstag von Eberhard Wille*, Nomos, Baden-Baden, S. 831-838.

Schnee, Melanie (2009): Freiwillig Versicherte in der gesetzlichen Krankenversicherung: Die Finanzierung der Gesundheitsversorgung aus Sicht einer heterogenen Gruppe, in Böcken, Jan (Hrsg.), *Gesundheitsmonitor 2009: Gesundheitsversorgung und Gestaltungsoptionen aus der Perspektive der Bevölkerung*, Bertelsmann-Stiftung, Gütersloh, S. 221-238.

Schneider, Martin und Wolff, Sabrina (2009): Vergütungsreform Ärzte: Umsetzung der dritten Stufe - was steht an?, *Die Ersatzkasse*, 5/2009, S. 180-183.

Scholz, Rupert (1976): Öffentliche und Privatversicherung unter der grundgesetzlichen Wirtschafts- und Sozialverfassung, in Baumann, Horst; Schirmer, Helmut und Schmidt, Reimer (Hrsg.), *Festschrift für Karl Sieg*, Berlin, S. 507-529.

Schräder, Jutta (2008): *Bürgerversicherung und Grundgesetz - Verfassungsrechtliche Grenzen der Ausweitung von Versicherungspflicht und Beitragsbemessungsgrundlage in der gesetzlichen Krankenversicherung*, Dissertation, Nomos, Baden-Baden.

Schramm, Axel (Hrsg.) (1996): *Altern und Gesundheit aus Sicht der Geriatrie*, Nomos, Baden-Baden.

Schramm, Peter (2007): Bleibt private Krankenversicherung bei privaten Krankenversicherungsunternehmen wettbewerbsfähig?, *Zeitschrift für Wirtschaftspolitik*, Vol. 56, No. 2, S. 190-199.

Schrappe, Matthias (2010): Qualitätswettbewerb, in Lauterbach, Karl W.; Lüngen, Markus und Schrappe, Matthias (Hrsg.), *Gesundheitsökonomie, Management und Evidence-based Medicine: Handbuch für Praxis, Politik und Studium*, Schattauer, Stuttgart, S. 349-355.

Schreyögg, Jonas (2003): *Medical Savings Accounts: eine ökonomische Analyse von Gesundheitssparkonten unter besonderer Berücksichtigung des Gesundheitssystems in Singapur*, Dissertation, Nomos, Baden-Baden.

Schreyögg, Jonas (2004): Gerechtigkeit in Gesundheitssystemen aus ökonomischer Prespektive, *Das Gesundheitswesen*, 66 (1), S. 7-14.

Schreyögg, Jonas und Farhauer, Oliver (2004): Die Reformfähigkeit der Sozialpolitik in Deutschland aus Sicht der ökonomischen Theorie der Pfadabhängigkeit, *Sozialer Fortschritt*, Vol. 53, No. 10, S. 247-253.

Schröder, Helmut; Nink, Katrin und Lankers, Christoph (2006): Versorgung, Ausgaben und Wettbewerb im Arzneimittelbereich, in Häussler, Bertram; Albrecht, Martin; Cassel, Dieter und Wille, Eberhard (Hrsg.), *Steuerung der Arzneimittelausgaben und Stärkung des Forschungsstandorts für die pharmazeutische Indutrie, Gutachten für das Bundesministerium für Gesundheit*, S. 13-274.

Schuetze-Brief (2009a): Bewertungsausschuss: Weichenstellungen für die Zukunft, vom 06.07.2009

Schuetze-Brief (2009b): Morbi-RSA: Rückforderungen an die AOKen, 19.10.2009.

Schuetze-Brief (2010): PKV: Ausgabenentwicklung und Wettbewerb, vom 29.03.2010

Schuldzinski, Wolfgang (2006): Chancen und Risiken für Versicherte in der PKV - Fallbeispiele, in Jacobs, Klaus; Klauber, Jürgen und Leinert, Johannes (Hrsg.), *Fairer Wettbewerb oder Risikoselektion? Analysen zur gesetzlichen und privaten Krankenversicherung*, WIdO, Bonn, S. 123-134.

Schulenburg, Johann-Matthias, von der (2005): *Versicherungsökonomik*, VVW, Karlsruhe.

Schulenburg, Johann-Matthias, von der (2006): Herausforderungen der Gegenwart und der Zukunft im Gesundheitswesen: Wo stehen die Leuchttürme?, in Daumann, Frank; Okruch, Stefan und Mantzavinos, C. (Hrsg.), *Wettbewerb und Gesundheitswesen: Konzeptionen und Felder ordnungsökonomischen Wirkens - Festschrift für Peter Oberender zu seinem 65. Geburtstag*, Andrássy Gyula Deutschsprachige Universität Budapest, Budapest, S. 191-204.

Schulenburg, Johann-Matthias, von der und Greiner, Wolfgang (2000): *Gesundheitsökonomik*, Mohr Siebeck, Tübingen.

Schulenburg, Johann-Matthias, von der und Greiner, Wolfgang (2007): *Gesundheitsökonomik*, 2. Auflage, Mohr Siebeck, Tübingen.

Schulenburg, Johann-Matthias, von der; Greiner, Wolfgang; Jost, Fred; Klusen, Norbert und Kubin, Maria (2007): Deutsche Empfehlungen zur gesundheitsökonomischen Evaluation: dritte und aktualisierte Fassung des Hannoveraner Konsens = German recommendations on health economic evaluation, *Gesundheitsökonomie & Qualitätsmanagement*, Vol. 12, No. 5 (10. 2007), S. 285-290.

Schulenburg, Johann-Matthias, von der und Hodek, Jan-Marc (2008): Nutzen und Kosten der derzeitigen Regulierung des Apothekenmarktes in Deutschland, Diskussionspapier Nr. 390 FB Wirtschaftswissenschaften Online unter: http://www.wiwi.uni-hannover.de /Forschung/Diskussionspapiere/dp-390.pdf zuletzt abgerufen am 27.03.2010.

Schulenburg, Johann-Matthias, von der und Vauth, Christoph (2007): Nach welchen ökonomischen Modellen sollten Gesundheitsleistungen in Deutschland evaluiert werden?, in Henke, Klaus-Dirk (Hrsg.), *Jahrbücher für Nationalökonomie und Statistik - Themenheft Gesundheitsökonomie*, Lucius&Lucius, Stuttgart, S. 787-805.

Schulin, Bertram (1990): *Systeme und Zahlen sozialer Sicherung: ein Überblick*, Asgard, Sankt Augustin.

Schulin, Bertram (1994): Rechtliche Grundprinzipien der gesetzlichen Krankenversicherung und ihre Probleme, in Schulin, Bertram (Hrsg.), *Handbuch des Sozialversicherungsrechts 1: Krankenversicherungrecht*, München, S. 177-248.

Schulte, Andreas (2009): Kooperation von Ärzten verbessert die Vorsorge, *Handelsblatt*, vom 03.09.2010

Schulte, Bernd (2010): Der Einfluss des Europäischen Gerichtshofs auf die nationale Gesundheitspolitik, *Die BKK*, 01/2010, S. 8-15.

Schulte, Gerhard (2009): Festbeträge und Rabattverträge, in Neubauer, Günter und Pfister, Florian (Hrsg.), *Gut - günstig - Generika: Marktdynamik zum Nutzen unserer Gesundheitsvorsorgung*, Govi-Verlag, Eschborn, S. 191-200.

Schulze Ehring, Frank (2004): *Beitragsanstieg in der gesetzlichen Krankenversicherung - Ausgabensteigerung oder Erosion der Beitragsgrundlage bei besonderer Berücksichtigung der Krankenversicherung der Rentner*, WIP, Köln.

Schulze Ehring, Frank und Niehaus, Frank (2008): Expansion, nicht Explosion: Zur Kostenentwicklung im Gesundheitswesen, *PKV Publik*, 4/2008, S. 40-43. Online unter: http://www.pkv.de/publikationen/pkv_publik/archiv/pkv_publik_nr_4_2008/expansion_1.pdf zuletzt abgerufen am 07.06.2010.

Schulze Ehring, Frank und Weber, Christian (2007): Wahltarife in der GKV - Nutzen oder Schaden für die Versichertengemeinschaft? WIP-Diskussionspapier 4/07. Online unter: http://www.wip-pkv.de/uploads/tx_nppresscenter/Wahltarife_in_der_GKV.pdf zuletzt abgerufen am 21.03.2010.

Schumann, Jochen; Meyer, Ulrich und Ströbele, Wolfgang (1999): *Grundzüge der mikroökonomischen Theorie*, 7. Auflage, Springer, Berlin et al.

Schumpeter, Joseph (1912): *Theorie der wirtschaftlichen Entwicklung*, Duncker & Humblot, Leipzig.

Schumpeter, Joseph A. (1942): *Capitalism, socialism, and democracy*, Harper & Brothers, New York, London,.

Schürmann, Christian; Osterkamp, Nicole und Amling, Kay (2009): Krankengeld-Wahltarife - Risiken und Nebenwirkungen für die Solidargemeinschaft, in Repschläger, Uwe (Hrsg.), *BARMER Gesundheitswesen aktuell 2009*, 37 Grad, Düsseldorf, S. 48-66.

Schwabe, Ulrich (2009): Arzneiverordnungen 2008 im Überblick, in Schwabe, Ulrich und Paffrath, Dieter (Hrsg.), *Arzneiverordnungs-Report 2009: Aktuelle Daten, Kosten, Trends und Kommentare*, Springer, Berlin et al., S. 3-43.

Schwartz, Friedrich Wilhelm (Hrsg.) (2003): *Das Public-Health-Buch - Gesundheit und Gesundheitswesen*, Urban & Fischer, München et al.

Schwarz, Norbert (2008): Einkommensentwicklung in Deutschland - Konzepte und Ergebnisse der Volkswirtschaftlichen Gesamtrechnungen - Statistisches Bundesamt, *Wirtschaft und Statistik 3/2008*. Online unter: http://www.destatis.de/jetspeed/portal/cms/Sites /destatis/Internet/DE/Content/Publikationen/Querschnittsveroeffentlichungen/WirtschaftStatistik/VGR/EinkommensentwicklungVGR,property=file.pdf zuletzt abgerufen am 10.03.2010.

Schwarze, Johannes (2001): Perspektiven der Gesetzlichen und der Privaten Krankenversicherung - Einige Anmerkungen, in Klauber, Jürgen; Klose, Joachim und Schellschmidt, Henner (Hrsg.), *Die Zukunft denken - Diskussion des Wissenschaftlichen Beirats des WIdO zur Zukunft des Gesundheitswesens*, WIdO, Bonn, S. 81-93.

Schwintowski, Hans-Peter (2007): Unternehmenszusammenschlüsse auf Krankenhausmärkten aus sozialrechtlicher und kartellrechtlicher Sicht, in Henke, Klaus-Dirk (Hrsg.), *Jahrbücher für Nationalökonomie und Statistik - Themenheft Gesundheitsökonomie*, Lucius&Lucius, Stuttgart, S. 529-546.

Schwintowski, Hans-Peter (2009): Perspektiven des Wettbewerbs- und Kartellrechts, Präsentation am 30.04.2009.

Sehlen, Stephanie (2002): *Gesundheitsmanagement in der privaten Krankenversicherung in Deutschland Gestaltungsmöglichkeiten des privaten Krankenversicherungsschutzes zur Effizienzsteigerung im Gesundheitswesen*, Dissertation, Verlag P.C.O., Bayreuth.

Sehlen, Stephanie; Hofmann, Jürgen und Reschke, Peter (2005): Möglichkeiten zur Einbeziehung von gesetzlich und privat Versicherten in eine integrierte Krankenversicherung, in Albrecht, Martin; Schräder, Wilhelm F. und Sehlen, Stephanie (Hrsg.), *Modelle einer* *integrierten Krankenversicherung: Finanzierungseffekte, Verteilungswirkungen, Umsetzung*, Ed. Sigma, Berlin, S. 89-142.

Seitz, Robert (2009): Innovative Versorgung und Vergütung: Ziele und Umsetzung beim BKK Landesverband Bayern, in Braun, Günther E.; Güssow, Jan; Heßbrügge, Georg und Schumann, André (Hrsg.), *Innovative Versorgungsformen im Gesundheitswesen: Konzepte und Praxisbeispiele erfolgreicher Finanzierung und Vergütung*, Deutscher Ärzte-Verlag, Köln, S. 121-130.

Seitz, Robert; Krammling, Franz-Georg und Lindl, Christian (2008): "Ambulant vor stationär" - Theoretische Anreizanalysen und empirische Ergebnisse zur Prüfung eines gesundheitspolitischen Grundsatzes, *Gesundheits- und Sozialpolitik* 3-4, S. 37-46.

Sen, Amartya (1992): *Inequality reexamined*, Clarendon Press, New York.

Sen, Amartya (1993): Markets and freedoms: achievements and limitations of the market mechanism in promoting individual freedoms, *Oxford Economic Papers*, Vol. 45, No. 4 (1993), S. 519-541.

Sen, Amartya (2005): *Ökonomie für den Menschen: Wege zu Gerechtigkeit und Solidarität in der Marktwirtschaft*, Hanser, München et al.

Seshamani, Meena und Gray, Alastair M. (2004): A longitudinal study of the effects of age and time to death on hospital costs, *Journal of Health Economics*, Vol. 23, No. 2 (2004), S. 217-235.

Sesselmeier, Werner; Haupt, Marlene; Somaggio, Gabriele und Yollu-Tok, Aysel (2009): Auswirkungen der Finanz- und Wirtschaftskrise auf die soziale Sicherung, *Sozialer Fortschritt*, Vol. 58, No. 8, S. 183-188.

SGBIV Sozialgesetzbuch Viertes Buch - Gemeinsame Vorschriften für die Sozialversicherung, in der Fassung der Bekanntmachung vom 12. November 2009 (BGBl. I S. 3710, 3973). Online unter: http://www.gesetze-im-internet.de/bundesrecht/sgb_4/ gesamt.pdf zuletzt abgerufen am 24.03.2010.

SGBV Sozialgesetzbuch Fünftes Buch - Gesetzliche Krankenversicherung, zuletzt geändert durch Artikel 1 des Gesetzes vom 30. Juli 2009 (BGBl. I S. 2495). Online unter: http://bundesrecht.juris.de/bundesrecht/sgb_5/gesamt.pdf zuletzt abgerufen am 02.03.2010.

SGBV (2006): *Sozialgesetzbuch Fünftes Buch - Gesetzliche Krankenversicherung, Stand 01.01.2006*, CW Haarfeld, Essen.

SGBV (2007): *Sozialgesetzbuch Fünftes Buch - Gesetzliche Krankenversicherung, Stand 01.04.2007*, CW Haarfeld, Essen.

SGBVI Sozialgesetzbuch Sechstes Buch - Gesetzliche Rentenversicherung, zuletzt geändert durch Artikel 4 des Gesetzes vom 15. Juli 2009 (BGBl. I S. 1939). Online unter: http://bundesrecht.juris.de/bundesrecht/sgb_6/gesamt.pdf zuletzt abgerufen am 13.03.2010.

SGBXI Sozialgesetzbuch Elftes Buch - Soziale Pflegeversicherung zuletzt geändert durch Artikel 3 des Gesetzes vom 30. Juli 2009 (BGBl. I S. 2495). Online unter: http://www.gesetze-im-internet.de/bundesrecht/sgb_11/gesamt.pdf zuletzt abgerufen am 14.03.2010.

SGBXII Sozialgesetzbuch Zwölftes Buch - Sozialhilfe zuletzt geändert durch Artikel 4 des Gesetzes vom 30. Juli 2009 (BGBI. I S.2495). Online unter: http://www.gesetze-im-internet.de/sgb_12/BJNR302300003.html zuletzt abgerufen am 22.04.2010.

Sichert, Markus (2007): Die Rolle des europäischen Rechts für die Zukunft des deutschen Gesundheitswesens, *Die BKK*, 09/2007, S. 396-400.

Siegrist, Johannes und Marmot, Michael (Hrsg.) (2008): *Soziale Ungleichheit und Gesundheit - Erklärungsansätze und gesundheitspolitische Folgerungen*, Hans Huber, Bern.

Siegrist, Johannes und Möller-Leimkühler, Anne M. (2003): Gesellschaftliche Einflüsse auf Krankheit und Gesundheit, in Schwartz, Friedrich Wilhelm (Hrsg.), *Das Public-Health-Buch - Gesundheit und Gesundheitswesen*, Urban & Fischer, München et al., S. 125-138.

Siegrist, Johannes; Pauli, Paul und Birbaumer, Niels (2003): Entstehung und Verlauf von Krankheiten, in Schmidt, Robert F.; Unsicker, Klaus; Birbaumer, Niels und Schmidt, Unsicker (Hrsg.), *Lehrbuch Vorklinik Teil D*, Deutscher Ärzte-Verlag, Köln, S. 3-24.

Simon, Herbert A. (1972): Theories of bounded rationality, in C.B. McGuire und Radner, Roy (Hrsg.), *Decision and Organization*, North-Holland Publishing Company, S. 161-176.

Simon, Michael (2010): *Das Gesundheitssystem in Deutschland - Eine Einführung in Struktur und Funktionsweise*, 3. Auflage, Hans Huber, Bern.

Sinn, Hans-Werner (1988): Gedanken zur volkswirtschaftlichen Bedeutung des Versicherungswesens, *Zeitschrift für die gesamte Versicherungswissenschaft*, 77, S. 1-27.

Sinn, Hans-Werner (2000): Why a funded pension system is useful and why it is not useful, *International Tax and Public Finance*, 7, S. 389-410.

Sinn, Hans-Werner und Werding, Martin (2000): Rentenniveausenkung und Teilkapitaldeckung: Ifo-Empfehlungen zur Konsolidierung des Umlageverfahrens, *ifo-Schnelldienst*, Vol. 53, No. 18 (2000), S. 12-25.

Smith, Adam (1976/1776): *An inquiry into the nature and causes of the wealth of nations*, Clarendon Pr., Oxford.

Sodan, Helge (2005): Modelle künftiger Gestaltung der Krankenversicherung auf dem Prüfstand des Grundgesetzes, in Sodan, Helge (Hrsg.), *Die sozial-marktwirtschaftliche Zukunft der Krankenversicherung: Vorträge im Rahmen der 4. Berliner Gespräche zum Gesundheitsrecht am 25. Oktober 2004*, Duncker & Humblot, Berlin, S. 9-23.

Sodan, Helge (2007a): *Das GKV-WSG und europa(kartell)rechtliche Überlegungen u. a. zur Zukunft von gesetzlichen Krankenkassen als Körperschaften des ö. R. - Vortrag im Rahmen der Veranstaltung AG Gesnudheit und des Bundesverbandes der Freien Berufe am 05. September 2007.*

Sodan, Helge (2007b): *Private Krankenversicherung und Gesundheitsreform 2007: Verfassungs- und europarechtliche Probleme des GKV-Wettbewerbsstärkungsgesetzes*, 2. Auflage, Duncker & Humblot, Berlin.

Sohns, Achim (2008): *Das europäische Wettbewerbsrecht und die Steuerung der Gesundheitssysteme in Frankreich, Großbritannien und der Bundesrepublik Deutschland*, Dissertation, Pro Business, Berlin.

Solow, Robert (1957): Technical change and the aggregate production function, *Review of Economics and Statistics*, S. 312-320. Online unter: http://www.iza.org/en /webcontent/publications/papers/viewAbstract?dp_id=2133 zuletzt abgerufen am

Sonntag, Christoph (2009): Qualitätsanforderungen an Herstellung national und international, in Neubauer, Günter und Pfister, Florian (Hrsg.), *Gut - günstig - Generika:*

Marktdynamik zum Nutzen unserer Gesundheitsvorsorgung, Govi-Verlag, Eschborn, S. 45-61.

Sowada, Christoph (2000): *Grundversorgung mit Gesundheitsleistungen in einer Krankenversicherung*, Dissertation, Verlag P.C.O., Bayreuth.

Sozialenquête-Kommission (1966): *Soziale Sicherung in der Bundesrepublik Deutschland*, Kohlhammer, Stuttgart et. al.

Späth, Wolfgang (2009): Forschende Industrie und Generika im Wechselspiel, in Neubauer, Günter und Pfister, Florian (Hrsg.), *Gut - günstig - Generika: Marktdynamik zum Nutzen unserer Gesundheitsvorsorgung*, Govi-Verlag, Eschborn, S. 17-27.

Spieß, Walter (2005): *Alimentationsprinzip - Eine Einführung von Walter Spieß*, Deutscher Beamtenbund Hessen, Frankfurt am Main.

Spitzenverbände (2006): Ein Gesundheitsfonds mit Beitragseinzug schafft nur Probleme und baut neue Bürokratien auf, statt bestehende Strukturen zu nutzen, Expertise der Spitzenverbände der Krankenkassen zur Neuorganisation des Beitragseinzugs. Online unter: zuletzt abgerufen am

Sraffa, Piero (1968): Die Ertragsgesetze unter Wettbewerbsbedingungen, in Barnikel, H. (Hrsg.), *Wettbewerb und Monopol*, Wissenschaftliche Buchgesellschaft, Darmstadt, S. 14-34.

Stackelberg, Heinrich von (1934): *Marktform und Gleichgewicht*, Wien, Berlin.

Stargardt, Tom; Schreyögg, Jonas und Busse, Reinhard (2005): Arzneimittelfestbeträge: Gruppenbildung, Preisberechnung mittels Regressionsverfahren und Wirkungen, *Das Gesundheitswesen*, 67(7), S. 469-478.

StBA (1995): *Angaben zur Krankenversicherung - Fachserie 13, Reihe 1*, Statistisches Bundesamt, Wiesbaden.

StBA (2008a): *Demografischer Wandel in Deutschland - Auswirkungen auf Krankenhausbehandlungen und Pflegebedürftige - Heft 2*, Statistisches Bundesamt, Wiesbaden.

StBA (2008b): *Mikrozensus 2007, Angaben zur Krankenversicherung - Fachserie 13 Reihe 1.1*, Statistisches Bundesamt, Wiesbaden.

StBA (2008c): *Statistisches Jahrbuch für die Bundesrepublik Deutschland 2008*, Statistisches Bundesamt, Wiesbaden.

StBA (2009a): *Bevölkerung Deutschlands bis 2060 - 12. Koordinierte Bevölkerungsvorausberechnung*, Statistisches Bundesamt, Wiesbaden.

StBA (2009b): *Kostennachweis der Krankenhäuser 2008 - Fachserie 12 Reihe 6.3*, Statistisches Bundesamt, Wiesbaden.

StBA (2009c): *Kostenstruktur bei Arzt- und Zahnarztpraxen, Praxen von psychologischen Psychotherapeuten sowie Tierarztpraxen 2007- Fachserie 2 Reihe 1.6.1*, Statistisches Bundesamt, Wiesbaden.

StBA (2009d): *Statistisches Jahrbuch für die Bundesrepublik Deutschland 2009*, Statistisches Bundesamt, Wiesbaden.

StBA (2009e): Steuern. Online unter: http://www.destatis.de/jetspeed/portal/cms /Sites/destatis/Internet/DE/Navigation/Statistiken/FinanzenSteuern/Steuern/Steuern.psml zuletzt abgerufen am 06.04.2010.

StBA (2010a): Geburtenentwicklung. Online unter: http://www.destatis.de/jetspeed/portal/cms/Sites/destatis/Internet/DE/Content/Statistiken/Bevoelkerung/AktuellGeburtenentwicklung,templateId=renderPrint.psml zuletzt abgerufen am 28.05.2010.

StBA (2010b): *Gesundheit - Ausgaben 1995-2008*, Statistisches Bundesamt, Wiesbaden.

StBA (2010c): *Preise - Verbraucherpreisindizes für Deutschland - Monatsbericht Februar 2010 - Fachserie 17 Reihe 7*, Statistisches Bundesamt, Wiesbaden.

Steinmann, Lukas; Telser, Harry und Zweifel, Peter (2007): Aging on future healthcare expenditure: a consistent approach, *Forum for Health Economics & Policy*, 10 (2)-Article 1.

Stepanek, Jörg (2008): *Reformoptionen im deutschen Gesundheitswesen eine ökonomische Analyse*, Dissertation, Kovač, Hamburg.

Stillfried, Dominik, Graf von (2008): Neue Impulse für die Kostenerstattung durch das Wettbewerbs-Stärkungsgesetz, in PVS (Hrsg.), *Kostenerstattung in der gesetzlichen Krankenversicherung: eine Bestandsaufnahme*, PVS, Berlin, S. 201-217.

Stock, Stephanie; Redaèlli, Marcus und Lauterbach, Karl W. (2005): *Disease Management als Grundlage integrierter Versorgungsstrukturen*, Kohlhammer, Stuttgart.

Stoschek, Jürgen (2010a): Ist die dreistufige GKV-Pauschale die Lösung? , *Ärzte Zeitung*, vom 09.02.2010

Stoschek, Jürgen (2010b): PKV will Ärzten Qualitätsvereinbarungen anbieten vom 16.04.2010, *Ärzte Zeitung*, vom 10.05.2010

Strassl, Wolfgang (1988): *Externe Effekte auf Versicherungsmärkten - Eine allokationstheoretische Begründung staatlicher Regulierung*, Dissertation, Mohr Siebeck, Tübingen.

Straubhaar, Thomas und Vöpel, Henning (2007): "Jobmotor" Gesundheitswesen, in Oberender, Peter und Straub, Christoph (Hrsg.), *Auf der Suche nach der besseren Lösung: Festschrift zum 60. Geburtstag von Norbert Klusen*, Nomos, Baden-Baden, S. 133-144.

Stuppardt, Rolf (2007): Innovationen und ihre Perspektiven im Spannungsfeld zwischen Finanzierung und Versorgungsfortschritt im Gesundheitswesen, in Ulrich, Volker und Ried, Walter (Hrsg.), *Effizienz, Qualität und Nachhaltigkeit im Gesundheitswesen: Theorie und Politik öffentlichen Handelns, insbesondere in der Krankenversicherung - Festschrift zum 65. Geburtstag von Eberhard Wille*, Nomos, Baden-Baden, S. 839-854.

Suchanek, Andreas (2003): *Nachhaltigkeit aus institutionenökonomischer Sicht*, mimeo, Inigolstadt.

SVR Sachverständigenrat zur Begutachtung der Gesamtwirtschaftlichen Entwicklung (2001): *Für Stetigkeit - gegen Aktionismus - Jahresgutachten 2001/2002*, Metzler-Poeschel, Stuttgart.

SVR Sachverständigenrat zur Begutachtung der Gesamtwirtschaftlichen Entwicklung (2002): *Zwanzig Punkte für Beschäftigung und Wachstum. Jahresgutachten 2002/2003*, Metzler-Poeschel, Stuttgart.

SVR Sachverständigenrat zur Begutachtung der Gesamtwirtschaftlichen Entwicklung (2003): *Staatsfinanzen konsolidieren - Steuersystem reformieren. Jahresgutachten 2003/2004*, Metzler-Poeschel, Stuttgart.

SVR Sachverständigenrat zur Begutachtung der Gesamtwirtschaftlichen Entwicklung (2004): *Erfolge im Ausland - Herausforderungen im Inland. Jahresgutachten 2004/2005*, Statistisches Bundesamt, Wiesbaden.

SVR Sachverständigenrat zur Begutachtung der Gesamtwirtschaftlichen Entwicklung (2005): *Die Chancen nutzen - Reformen mutig voranbringen. Jahresgutachten 2005/2006*, Kohlhammer, Stuttgart.

SVR Sachverständigenrat zur Begutachtung der Gesamtwirtschaftlichen Entwicklung (2006): *Widerstreitende Interessen - Ungenutzte Chancen. Jahresgutachten: 2006/07*. Online unter: http://www.sachverstaendigenrat-wirtschaft.de/gutacht/ga-content.php?gaid=50&node=f zuletzt abgerufen am 01.05.2010.

SVR Sachverständigenrat zur Begutachtung der Gesamtwirtschaftlichen Entwicklung (2007): *Das Erreichte nicht verspielen. Jahresgutachten 2007/2008*. Online unter: http://www.sachverstaendigenrat-wirtschaft.de/gutacht/ga-content.php?gaid=52&node=f zuletzt abgerufen am 01.05.2010.

SVR Sachverständigenrat zur Begutachtung der Gesamtwirtschaftlichen Entwicklung (2008): *Die Finanzkrise meistern - Wachstumskräfte stärken. Jahresgutachten 2008/2009*. Online unter: http://www.sachverstaendigenrat-wirtschaft.de/gutacht/ga-content.php?gaid=53&node=f zuletzt abgerufen am 01.05.2010.

SVRBEiG Sachverständigenrat zur Begutachtung der Entwicklung im Gesundheitswesen (2005): *Koordination und Qualität im Gesundheitswesen*, Kohlhammer, Stuttgart.

SVRBEiG Sachverständigenrat zur Begutachtung der Entwicklung im Gesundheitswesen (2006): *Koordination und Qualität im Gesundheitswesen*, Kohlhammer, Stuttgart.

SVRBEiG Sachverständigenrat zur Begutachtung der Entwicklung im Gesundheitswesen (2007): *Kooperation und Verantwortung - Voraussetzungen einer zielorientierten Gesundheitsversorgung*, Nomos, Baden-Baden.

SVRBEiG Sachverständigenrat zur Begutachtung der Entwicklung im Gesundheitswesen (2009): *Koordination und Integration - Gesundheitsversorgung in einer Gesellschaft des längeren Lebens - Kurzfassung*. Online unter: http://www.svr-gesundheit.de/Gutachten/Gutacht09/Kurzfassung09.pdf zuletzt abgerufen am 29.03.2010.

SVRKAiG Sachverständigenrat für die Konzertierte Aktion im Gesundheitswesen (1987): *Medizinische und ökonomische Orientierung - Vorschläge für die Konzertierte Aktion im Gesundheitswesen*, Nomos, Baden-Baden.

SVRKAiG Sachverständigenrat für die Konzertierte Aktion im Gesundheitswesen (1989): *Qualität, Wirtschaftlichkeit und Perspektiven der Versorgung*, Nomos, Baden-Baden.

SVRKAiG Sachverständigenrat für die Konzertierte Aktion im Gesundheitswesen (1994a): *Gesundheitsversorgung und Krankenversicherung 2000 - Eigenverantwortung, Subsidiarität und Solidarität bei sich ändernden Rahmenbedingungen*, Nomos, Baden-Baden.

SVRKAiG Sachverständigenrat für die Konzertierte Aktion im Gesundheitswesen (1994b): *Gesundheitsversorgung und Krankenversicherung 2000 - Eigenverantwortung, Subsidiarität und Solidarität bei sich ändernden Rahmenbedingungen - Kurzfassung.*

SVRKAiG Sachverständigenrat für die Konzertierte Aktion im Gesundheitswesen (1995): *Gesundheitsversorgung und Krankenversicherung 2000 - Mehr Ergebnisorientierung, mehr Qualität und mehr Wirtschaftlichkeit - Kurzfassung.*

SVRKAiG Sachverständigenrat für die Konzertierte Aktion im Gesundheitswesen (1996): *Gesundheitswesen in Deutschland - Kostenfaktor und Zukunftsbranche - Band I: Demographische Morbidität, Wirtschaftlichkeitsreserven und Beschäftigung*, Nomos, Baden-Baden.

SVRKAiG Sachverständigenrat für die Konzertierte Aktion im Gesundheitswesen (1998): *Gesundheitswesen in Deutschland - Kostenfaktor und Zukunftsbranche - Band II: Fortschritt und Wachstumsmärkte, Finanzierung und Vergütung*, Nomos, Baden-Baden.

SVRKAiG Sachverständigenrat für die Konzertierte Aktion im Gesundheitswesen (2002a): *Bedarfsgerechtigkeit und Wirtschaftlichkeit - Band 1: Zielbildung, Prävention, Nutzerorientierung und Partizipation*, Nomos, Baden-Baden.

SVRKAiG Sachverständigenrat für die Konzertierte Aktion im Gesundheitswesen (2002b): *Bedarfsgerechtigkeit und Wirtschaftlichkeit - Band 3: Über-, Unter- und Fehlversorgung*, Nomos, Baden-Baden.

SVRKAiG Sachverständigenrat für die Konzertierte Aktion im Gesundheitswesen (2003): *Finanzierung, Nutzerorientierung und Qualität - Band 1: Finanzierung und Nutzerorientierung*, Nomos, Baden-Baden.

SVRKAiG Sachverständigenrat für die konzertierte Aktion im Gesundheitswesen (2005): Koordination und Qualität im Gesundheitswesen. Online unter: http://dip21.bundestag.de/dip21/btd/15/056/1505670.pdf zuletzt abgerufen am 24.04.2010.

SVRKAiG Sachverständigenrat für die Konzertierte Aktion im Gesundheitswesen (2007): Kooperation und Verantwortung – Voraussetzungen einer zielorientierten Gesundheitsversorgung. Online unter: http://dipbt.bundestag.de/dip21/btd/16/063/1606339.pdf zuletzt abgerufen am 24.04.2010.

Tamm, Marcus; Tauchmann, Harald; Wasem, Jürgen und Greß, Stefan (2007): Elasticities of market shares and social health insurance choice in Germany: a dynamic panel data approach, *Health Economics*, S. 243-256.

Tauchmann, Harald (2007): Koexistenz von privater und gesetzlicher Krankenversicherung bei Kopfpauschle und allgemein freier Kassenwahl?, *Sozialer Fortschritt*, Vol. 56, No. 6 S. 157-163.

Tauchnitz, Thomas (1999): *Krankenkassen - Zwang oder Segen? Organisationsgeschichte des deutschen Krankenkassenwesens im "langen" 19. Jahrhundert*, Leske + Budrich, Opladen.

Telegraph (2010): NHS rations obesity surgery to save money. Online unter: http://www.telegraph.co.uk/health/healthnews/7035013/NHS-rations-obesity-surgery-to-save-money.html zuletzt abgerufen am 06.03.2010.

Terhorst, Elmar (2000): *Wahlfreiheit und Wettbewerb in der privaten Krankenversicherung - Versicherungstechnische Grundlagen, vorhandene Beschränkungen und reformpolitische Lösungsansätze*, Schmidt, Berlin.

Thelen, Peter (2008): Fondsbeitrag doch unter 15 Prozent?, *Handelsblatt*, vom 18.01.2008

Thelen, Peter (2010a): Besserverdiener werden 2011 bei den Sozialabgaben entlastet, *Handelsblatt*, vom 08.03.2010

Thelen, Peter (2010b): Erste Kassen fordern einen Zusatzbeitrag, *Handelsblatt*, vom 26.02.2010

Thelen, Peter (2010c): Wer nicht zahlt, riskiert wenig, *Handelsblatt*, vom 27.02.2010

Thelen, Peter (2010d): Zusatzbeiträge: Versicherte wechseln die Kassen, *Handelsblatt*, vom 05.05.2010

Thelen, Peter und Riedel, Donata (2010): Union verschärft Druck auf Rösler, *Handelsblatt*, vom 07.04.2010

Thielbeer, Markus (1999): *Notwendigkeiten, Möglichkeiten und Grenzen einer Deregulierung in der privaten Krankenversicherung*, Dissertation, Verlag P.C.O., Bayreuth.

Thiemeyer, Theo (1984): Selbstverwaltung im Gesundheitsbereich, in Winterstein, Helmut (Hrsg.), *Selbstverwaltung als ordnungspolitisches Problem des Sozialstaats II*, Duncker & Humblot, Berlin, S. 63-97.

Thiemeyer, Theo (1987): Wieviel ist uns Gesundheit wert?, *Soziale Sicherheit*, 36, S. 140-148.

Thomae, Dieter (1993): Kostenerstattung als Zukunfts-Modell? - Kommentar I, *Arbeit und Sozialpolitik*, 7-8/93, S. 20-21.

Thüsing, Gregor (2009): Rechtliche Rahmenbedingungen des Wettbewerbs zwischen PKV und GKV, in PVS (Hrsg.), *Weiterentwicklung der privaten Krankenversicherung Dokumentation des gemeinsamen Workshops von Bundesärztekammer und PVS-Verband am 23. April 2009*, PVS, Berlin, S. 54-63.

Thüsing, Gregor und Medem, Andreas, von (2008): *Vertragsfreiheit und Wettbewerb in der privaten Krankenversicherung - Die Regelung der privaten Krankenversicherung durch das Gesetz zur Stärkung des Wettbewerbs in der gesetzlichen Krankenversicherung (GKV-WSG) im Lichte des Verfassungsrechts*, Duncker & Humblot, Berlin.

TK (2010a): TK-Klinikführer. Online unter: http://www.tk-online.de/tk/klinikfuehrer/114928 zuletzt abgerufen am 30.03.2010.

TK (2010b): Wahltarife Krankenhaus, Stand 31.03.2010. Online unter: http://www.tk-online.de/tk/versicherung-und-tarife/wahltarife-und-zusatzversicherung/krankenhaus/135582 zuletzt abgerufen am 31.03.2010.

Toepffer, Johannes Schriften zur Gesundheitsökonomie (1997): *Krankenversicherung im Spannungsfeld von Markt und Staat: das Beispiel der USA und seine Implikationen für Funktion und Gestaltung eines marktwirtschaftlich orientierten Krankenversicherungssystems*, Dissertation, P.C.O, Bayreuth.

Tsebelis, George (2002): *Veto players: how political institutions work*, Princeton University Press, Princeton, NJ.

Tullock, Gordon (1967): The welfare costs of tariffs, monopolies, and theft, *The Western economic journal*, Vol. 5, S. 224-232.

Ueberle, Max (2003): *Krankenversicherungssysteme im Vergleich : Perspektiven für einen Systemwettbewerb zwischen integrierter Versorgung und der gesetzlichen Krankenversicherung in Deutschland*, ibidem-Verl., Stuttgart.

Ujlaky, Raphael (2005): *Innovations-Risikomanagement im Krankenhaus*, Dissertation, Peter Lang, Frankfurt am Main et al.

Uleer, Christoph (1990): Die private Krankenversicherung im Binnenmarkt, in Schmähl, Winfried (Hrsg.), *Soziale Sicherung im EG-Binnenmarkt: Aufgaben und Probleme aus deutscher Sicht*, Nomos, Baden-Baden, S. 123-135.

Uleer, Christoph (1998): *100 Fragen zur privaten Kranken- und Pflegeversicherung*, 4. Auflage, VVW, Karlsruhe.

Ullrich, Carsten G. Campus Forschung (2000): *Solidarität im Sozialversicherungsstaat: Die Akzeptanz des Solidarprinzips in der gesetzlichen Krankenversicherung*, Campus-Verlag, Frankfurt am Main et al.

Ullrich, Steffen (2002): *Ordnungspolitische, vertragliche und wettbewerbsrechtliche Aspekte neuer autonomer Versorgungsstrukturen im deutschen Gesundheitswesen*, Dissertation, Cuvillier, Göttingen.

Ulrich, Volker (1988): *Preis- und Mengeneffekte im Gesundheitswesen: Eine Ausgabenanalyse von GKV-Behandlungsarten*, Dissertation, Peter Lang, Frankfurt am Main et al.

Ulrich, Volker (2000): Medizinisch-technischer Fortschritt, demographische Alterung und Wachstum der Gesundheitsausgaben: Was sind die treibenden Faktoren?, *Gesundheitsökonomie und Qualitätsmanagement*, 5. Jg., Nr. 6, S. 163-172.

Ulrich, Volker (2004): Verwaltungskosten der GKV, *Hessisches Ärzteblatt*, 3/2004, S. 118-121.

Ulrich, Volker (2008): Der morbiditätsorientierte Risikostrukturausgleich als notwendige Grundlage?, in Wille, Eberhard und Knabner, Klaus (Hrsg.), *Wettbewerb im Gesundheitswesen - Chancen und Grenzen - 11. Bad Orber Gespräche 16.-18. November 2006*, Peter Lang, Frankfurt am Main et al., S. 23-43.

Ulrich, Volker und Schneider, Udo (2007): Prognosen der Beitragssatzentwicklung - was lässt sich aus langfristigen Szenarien lernen?, in Ulrich, Volker und Ried, Walter (Hrsg.), *Effizienz, Qualität und Nachhaltigkeit im Gesundheitswesen: Theorie und Politik öffentlichen Handelns, insbesondere in der Krankenversicherung - Festschrift zum 65. Geburtstag von Eberhard Wille*, Nomos, Baden-Baden, S. 777-795.

Ulrich, Volker und Wille, Eberhard (2009): Weiterentwicklung des Gesundheitssystems, in Wille, Eberhard; Cassel, Dieter und Ulrich, Volker (Hrsg.), *Weiterentwicklung des Gesundheitssystems und des Arzneimittelmarktes*, Nomos, Baden-Baden, S. 15-78.

UN (1948): *United Nations Universal Declaration of Human Rights vom 12.12.1948*. Online unter: http://www.un.org/en/documents/udhr/index.shtml#a1 zuletzt abgerufen am 06.03.2010.

Unterhuber, Hans (1986): *Preissteuerung in der Krankenhausversorgung*, Dissertation, München.

Unterhuber, Hans (2009): *Krankenkassenfusionen - Notwendige Konsolidierung oder Einmischung durch die Politik - Vortrag auf der 3. Euroform-Jahrestagung "Die Zukunft der Krankenkassen" am 16. und 17. Juni 2009.*

UPD (2010): Unabhängigen Patientenberatung Deutschland. Online unter: http://www.unabhaengige-patientenberatung.de/startseite.html zuletzt abgerufen am 25.04.2010.

Urban, Hans-Jürgen (2003): *Wettbewerbskorporatismus und soziale Politik - Zur Transformation wohlfahrtsstaatlicher Politikfelder am Beispiel der Gesundheitspolitik*,

Dissertation, Phillips-Universität Marburg, Marburg. Online unter: http://archiv.ub.uni-marburg.de/diss/z2004/0089/pdf/dhju.pdf zuletzt abgerufen am 26.04.2010.

VAG Gesetz über die Beaufsichtigung der Versicherungsunternehmen, zuletzt geändert durch Artikel 4 Absatz 10 des Gesetzes vom 30. Juli 2009 (BGBl. I S. 2437). Online unter: http://www.gesetze-im-internet.de/bundesrecht/vag/gesamt.pdf zuletzt abgerufen am 14.03.2010.

Vaupel, James W.; G., Manton Kenneth und E., Stallord (1979): The impact of heterogenity in individual frailty on the dynamics of mortality, *Demography*, Volume 16, Number 3, S. 439-454.

Ven, Wienand, van de und Schut, Frederik (2007): *Risk equalization in an individual health insurance market: the only escape form the tradeoff between affordability, efficiency and selection - the Netherlands as a case study - part of the project "FRESH-thinking"*, Rotterdam.

Ven, Wienand, van de und Vliet, René, van (1992): How can we prevent cream skimming in a competitive health insurance market, in Zweifel, Peter und Frech III, H. E. (Hrsg.), *Health Economics Worldwide*, Kluwer Academic Publishers, Dordrecht et al., S. 23-46.

Ven, Wienand, van de und Vliet, René, van (2000): Risk adjustment in competitive Health Plan Markets, in Culyer, Anthony J. und Newhouse, Joseph P. (Hrsg.), *Handbook of Health Economics*, Elsevier, Amsterdam et al., S. 755-846.

Verbrugge, Lois M. (1984): Longer life but worsening health? Trends in health and mortality of middle-aged and older persons, *Milbank Memorial Fund Quarterly*, Vol 62, no. 3, S. 475-519.

VGRdL (2010a): Begriffsdefinitionen. Online unter: http://www.vgrdl.de/Arbeitskreis_VGR/definitionen.asp zuletzt abgerufen am 06.05.2010.

VGRdL (2010b): Verfügbares Einkommen nach Bundesländern. Online unter: http://www.vgrdl.de/Arbeitskreis_VGR/tbls/tab14.asp zuletzt abgerufen am 06.05.2010.

Voigt, Stefan (1997): Positive constitutional economics: a survey, *Public choice*, Vol. 90, No. 1 (mrz. 1997), S. 11-53.

Voigt, Stefan (2002): *Institutionenökonomik*, UTB, München.

Voigtländer, Michael (2005): *Eine zustimmungsfähige Reform der gesetzlichen Alterssicherung*, (129), Dissertation, Institut für Wirtschaftspolitik, Köln.

Volk, Michaela (1989): *Individualprinzip versus Sozialprinzip: Eine ordnungstheoretische und ordnungspolitische Untersuchung anhand der Stellung der gesetzlichen Krankenversicherung in der sozialen Marktwirtschaft*, Dissertation, Verlag P.C.O., Bayreuth.

Völker, Günter (1991): Die Selbstbeteiligung in der Privaten Krankenversicherung (PKV), in Hopp, Franz Wilhelm und Büchner, Georg (Hrsg.), *Versicherungen in Europa heute und morgen - Geburtstags-Schrift für Georg Büchner*, VVW, Karlsruhe, S. 471-475.

VVG Gesetz über den Versicherungsvertrag, zuletzt durch Artikel 10 des Gesetzes vom 29. Juli 2009 (BGBl. I S. 2355). Online unter: http://www.gesetze-im-internet.de/bundesrecht/vvg_2008/gesamt.pdf zuletzt abgerufen am 14.03.2010.

Wagner, Gert G. (2003): Pauschalprämien setzen das Konzept der Bürgerversicherung am besten um, *ifo-Schnelldienst*, 17/2003, S. 3-6.

Wagner, Gert G. (2005): Verlässlichkeit einer höheren Steuerfinanzierung der sozialen Sicherung ist die zentrale Frage, *Wirtschaftsdienst*, 2005-5, S. 283-287.

Wagstaff, Adam und Doorslaer, Edwin van (2000): Equity in health care finance and delivery, in Culyer, Anthony J. und Newhouse, Joseph P. (Hrsg.), *Handbook of Health Economics*, Elsevier, Amsterdam et al., S. 1804-1861.

Wald-Eßer, Dagmar (2009): Beitrag der Generika zur wirtschaftlichen Versorgung, in Neubauer, Günter und Pfister, Florian (Hrsg.), *Gut - günstig - Generika: Marktdynamik zum Nutzen unserer Gesundheitsvorsorgung*, Govi-Verlag, Eschborn, S. 201-218.

Walendzik, Anke (2009): *Finanzierungsalternativen im Gesundheitswesen - Kurzgutachten im Auftrag der Friedrich Ebert Stiftung*, Friedrich Ebert Stiftung, Bonn, Berlin.

Walendzik, Anke; Manouguian, Maral; Greß, Stefan und Wasem, Jürgen (2009): Vergütungsunterschiede im ambulanten ärztlichen Bereich zwischen PKV und GKV und Modelle der Vergütungsangleichung, *Sozialer Fortschritt*, Vol. 58, No. 4, S. 63-69.

Walker, Bernhard (2010): "Zusatzbeiträge sind ungeeignet", *Stuttgarter Zeitung*, vom 30.03.2010

Walter, U.; Schwartz, Friedrich W. und Seidler, A. (1997): Typology of illness in aging - consequences for prevention concepts, *Zeitschrift für Gerontologie und Geriatrie*, 30 (1), S. 10-17.

Walter, Ulla und Schwartz, Friedrich W. (2003): Prävention, in Schwartz, Friedrich W. (Hrsg.), *Das Public-Health-Buch - Gesundheit und Gesundheitswesen*, Urban & Fischer, München et al., S. 189-210.

Walzik, Eva (2006): Die alternde Gesellschaft: Gestaltbarkeit der demographischen Entwicklung und ihre Auswirkungen auf das Gesundheitswesen, in Rebscher, Herbert (Hrsg.), *Gesundheitsökonomie und Gesundheitspolitik im Spannungsfeld zwischen Wissenschaft und Politikberatung - Festschrift für Günter Neubauer*, Economica, Heidelberg et al., S. 241-260.

Wannagat, Georg (1965): *Lehrbuch des Sozialversicherungsrechts*, Mohr Siebeck, Tübingen.

Warns, Christian (2009): *Spielregeln eines solidarischen Krankenversicherungswettbewerbs Wettbewerb, Solidarität und Nachhaltigkeit vor und nach der Gesundheitsreform 2007*, Dissertation, Herbert Utz Verlag, München.

Wasem, Jürgen (1994): Sozialpolitische Grundlagen der gesetzlichen Krankenversicherung, in Schulin, Bertram (Hrsg.), *Handbuch der Sozialversicherungsrechts*, Beck, München, S. 80-112.

Wasem, Jürgen (1995): Gesetzliche und private Krankenversicherung - auf dem Weg in die Konvergenz?, *Sozialer Fortschritt*, Vol. 44, No. 4, S. 89-96.

Wasem, Jürgen (1998): Sachleistung oder Kostenerstattung: Steuerung zwischen Effizienz und Gleichheit?, *Sozialer Fortschritt*, Vol. 47, No. 3, S. 58-64.

Wasem, Jürgen (2000): Kostenerstattung und Sachleistung aus ökonomischer Sicht, *Medizinrecht*, Heft 10, S. 472-477.

Wasem, Jürgen (2009): Kein eindeutiges Urteil möglich - Führen Veränderungen der Marktabgrenzung zwischen GKV und PKV zu einer besseren Zukunftsfähigkeit des Gesundheitswesens?, *gpk Gesellschaftspolitische Kommentare*, 4/2009, S. 23-26.

Wasem, Jürgen; Buchner, Florian und Wille, Eberhard (2008): Umsetzung und empirische Abschätzung der Übergangsregelungen zur Einführung des Gesundheitsfonds (§ 272 SGB V) - Gutachten im Auftrag der Bundesregierung - Diskussionsbeitrag Nr. 168, FB WiWI Universität Duisburg-Essen. Online unter: http://www.wiwi.uni-due.de/fileadmin /fileupload/WIWI/pdf/168.pdf zuletzt abgerufen am 18.03.2010.

Wasem, Jürgen; Greß, Stefan und Rothgang, Heinz (2005): Kopfpauschale in der gesetzlichen Krankenversicherung - lohnt sich der Systemwechsel?, in Greß, Stefan; Pfaff, Anita B. und Wagner, Gert G. (Hrsg.), *Zwischen Kopfpauschale und Bürgerprämie : Expertisen zur Finanzreform der gesetzlichen Krankenversicherung*, Hans-Böckler-Stiftung, Düsseldorf, S. 21-132.

Wasem, Jürgen und Staudt, Susanne (2008): Morbiditätsorientierter Risikostrukturausgleich, in Wille, Eberhard und Knabner, Klaus (Hrsg.), *Wettbewerb im Gesundheitswesen - Chancen und Grenzen - 11. Bad Orber Gespräche 16.-18. November 2006*, Peter Lang, Frankfurt am Main et al., S. 45-61.

Wasem, Jürgen und Walendzik, Anke (2008): Reform der ambulant-ärztlichen Vergütung: Mehr Rationalität durch stärkere Zentralisierung?, *Wirtschaftsdienst*, 2008 - 10, S. 640-647.

Wasem, Jürgen und Walendzik, Anke (2009): Weiterentwicklung der Vergütungsreform, *gpk Gesellschaftspolitische Kommentare*, 5/2009, S. 24-29.

Watrin, Christian (1996): James M. Buchanans Entwurf einer konstitutionellen Ökonomik, in Homann, Karl und Pies, Ingo (Hrsg.), *James Buchanans konstitutionelle Ökonomik*, Mohr Siebeck, Tübingen, S. 253-271.

Weber, Christian (2006): PKV im Wettbewerb mit der GKV - WIP-Diskussionspapier 2/06.

Weber, Christian (2009): Grundversorgung und Zusatzversicherung - Ein Zukunftsmodell für die Gesundheitspolitik?, *gpk Gesellschaftspolitische Kommentare*, 3/2009, S. 8-12.

Weber, Christian und Schulze Ehring, Frank (2009): Niederländisches Gesundheitssystem - Ein Vorbild für Deutschland?, *gpk Gesellschaftspolitische Kommentare*, 11/2009, S. 8-12.

Weber, Max Gesammelte Aufsätze / Max Weber (1921/1988): *Gesammelte Aufsätze zur Wissenschaftslehre*, (1492), 7. Auflage, Mohr Siebeck, Tübingen.

Weber, Roland (2009): GKV und PKV: Von Wettbewerbern zu strategischen Partnern - Vortrag auf der Handelsblatt-Tagung Health 23./24.11.2009.

Weisbrod, Burton A. (1964): Collective consumption services of individual consumption goods, *Quarterly Journal of Economics* 78 (1964), S. 471-477.

Weisbrod, Burton A. (1991): The health care quadrilemma: an essay on technological change, insurance, quality of care, and cost containment, *Journal of Economic Literature*, 29 (2), S. 523-552.

Weise, Peter; Brandes, Wolfgang; Eger, Thomas und Kraft, Manfred (2005): *Neue Mikroökonomie*, 5., verbesserte und erweiterte Auflage, Physica-Verlag, Heidelberg.

Weissberger, Doris (2008): *Rationierung in der Gesetzlichen Krankenversicherung Deutschlands*, Dissertation, Verlag P.C.O., Bayreuth.

Werblow, Andreas; Felder, Stefan und Zweifel, Peter (2007): Population ageing and health care expenditure: a school of "red herrings"?, *Health economics*, Vol. 16, No. 10 (10. 2007), S. 1109-1126.

Werding, Martin und Kaltschütz, Anita (2005): *Modellrechnungen zur langfristigen Tragfähigkeit der öffentlichen Finanzen*, ifo Institut für Wirtschaftsforschung, München.

Wessels, Michael (2010): Regionale Versorgungsunterschiede in Deutschland, *Die Ersatzkasse*, 2/2010, S. 52-57.

WHO (2010): Constitution of the World Health Organization. Online unter: http://www.searo.who.int/LinkFiles/About_SEARO_const.pdf zuletzt abgerufen am 02.03.2010.

WIdO (2010): GKV-Arzneimittelindex: Preisentwicklung auf dem Arzneimittelmarkt bis März 2010. Online unter: http://wido.de/fileadmin/wido/downloads/pdf_arzneimittel/Preisinfo /wido_arz_preisinfo_0310.pdf zuletzt abgerufen am 12.04.2010.

Wiedemann, Lars und Willaschek, Thomas (2006): Das Arzneimittel-versorgungswirtschaftlichkeitsgesetz – Motive, Inhalte, rechtliche Bewertung, *GesundheitsRecht*, 5. Jg., Heft 6/7, S. 289-305.

Wiegand, Dietrich (1995): Der Wettbewerb in der Krankenversicherung aus sozialrechtlicher Sicht, *Betriebs-Berater*, 2, S. 94-96.

Wigge, Peter (2008): Selektivverträge zwischen Ärzten und Krankenkassen nach dem GKV-WSG, in Münsterische Sozialrechtsvereinigung (Hrsg.), *Die Gesundheitsreform 2007: Risiken und Gestaltungsmöglichkeiten für Kassen und Leistungserbringern, 13. Münsterische Sozialrechtstagung, 7. Dezember 2007 in Münster*, ESV, Berlin, S. 69-97.

Wikipedia (2009): Länderfinanzausgleich. Online unter: http://de.wikipedia.org/wiki/L% C3%A4nderfinanzausgleich zuletzt abgerufen am 09.04.2010.

Wikipedia (2010a): Äquivalenzeinkommen. Online unter: http://de.wikipedia.org/wiki/ %C3%84quivalenzeinkommen zuletzt abgerufen am 07.03.2010.

Wikipedia (2010b): Body-Mass-Index. Online unter: http://de.wikipedia.org/wiki/Body-Mass-Index zuletzt abgerufen am 13.04.2010.

Wikipedia (2010c): Bundesrat (Deutschland). Online unter: http://de.wikipedia.org /wiki/Bundesrat_%28Deutschland%29 zuletzt abgerufen am 26.04.2010.

Wikipedia (2010d): Entscheidung unter Unsicherheit. Online unter: http://de.wikipedia.org /wiki/Entscheidung_unter_Ungewissheit#Maximin-Regel zuletzt abgerufen am 06.03.2010.

Wikipedia (2010e): Heilmittelwerbegesetz. Online unter: http://de.wikipedia.org/wiki /Heilmittelwerbegesetz zuletzt abgerufen am 25.04.2010.

Wikipedia (2010f): Herzog-Kommission. Online unter: http://de.wikipedia.org/wiki/Herzog-Kommission zuletzt abgerufen am 01.03.2010.

Wikipedia (2010g): Kohorte (Sozialwissenschaft). Online unter: http://de.wikipedia.org/wiki /Kohorte_%28Sozialwissenschaft%29 zuletzt abgerufen am 08.04.2010.

Wikipedia (2010h): Maslow'sche Bedürfnispyramide. Online unter: http://de.wikipedia.org /wiki/Maslowsche_Bed%C3%BCrfnispyramide zuletzt abgerufen am 13.05.2010.

Wikipedia (2010i): Rürup-Kommission. Online unter: http://de.wikipedia.org/wiki /R%C3%BCrup-Kommission zuletzt abgerufen am 01.03.2010.

Wikipedia (2010j): Waist-hip ratio. Online unter: http://en.wikipedia.org/wiki/Waist-hip_ratio zuletzt abgerufen am 24.03.2010.

Wikipedia (2010k): Wirtschaftswissenschaften. Online unter: http://de.wikipedia.org/wiki/ Wirtschaftswissenschaft zuletzt abgerufen am 02.03.2010.

Wild, Frank (2005): *Beurteilung von Modellen der Einbeziehung von Beamten in die gesetzliche Krankenversicherung*, WIP, Köln.

Wild, Frank (2007): *Die Bedeutung von Generika bei Privatversicherten im Vergleich zu GKV- Versicherten - WIP-Diskussionspapier 3/07*, WIP, Köln.

Wild, Frank (2009): Die Arzneimittelausgaben älterer Menschen in der privaten Krankenversicherung, Heft 4, S. 159-162.

Wild, Frank (2010): *Arzneimittelversorgung der Privatversicherten 2008 - Zahlen, Analysen, PKV- GKV-Vergleich*, WIP, Köln.

Wille, Eberhard Leitlinien und Standards im Gesundheitswesen (1997): *Verteilungsgerechtigkeit im Gesundheitswesen*, Deutscher Ärzte-Verlag, Köln.

Wille, Eberhard (1999): *Zur Rolle des Wettbewerbs in der gesetzlichen Krankenversicherung: Gesundheitsversorgung zwischen staatlicher Administration, korporativer Koordination und marktwirtschaftlicher Steuerung*, Nomos, Baden-Baden.

Wille, Eberhard (2001): *Basis- und Zusatzversorgung in der gesetzlichen Krankenversicherung*, Akademie für Technikfolgenabschätzung in Baden-Württemberg, Stuttgart.

Wille, Eberhard (2005): Optionen der Finanzierungsreform in der gesetzlichen Krankenversicherung - ein systematischer Überblick, in Wille, Eberhard und Albring, Manfred (Hrsg.), *Versorgungstrukturen und Finanzierungsoptionen auf dem Prüfstand, 9. Bad Orber Gespräche 11. - 13. November 2004*, Peter Lang, Frankfurt am Main et al., S. 137-153.

Wille, Eberhard (2006): Die kooperative Koordination als Allokationsmechanismus im Gesundheitswesen, in Rebscher, Herbert (Hrsg.), *Gesundheitsökonomie und Gesundheitspolitik im Spannungsfeld zwischen Wissenschaft und Politikberatung - Festschrift für Günter Neubauer*, Economica, Heidelberg et al., S. 427-439.

Wille, Eberhard (2008): Die Basis auf Dauer sichern, *G+G*, 11/08, S. 37-41.

Wille, Eberhard (2009): Stärkung der Wettbewerbsorientierung durch Ausweitung der selektivvertraglich organisierten Gesundheitsversorgung, in Rürup, Bert; IGES; DIW und Wille, Eberhard (Hrsg.), *Effizientere und leistungsfähigere Gesundheitsversorgung als Beitrag für eine tragfähige Finanzpolitik in Deutschland*, IGES, Berlin, S. 121-183. Online unter: http://www.iges.de/leistungen/gesundheitspolitik/gesundheitsversorgung/e8341/infoboxContent8343/Forschungsbericht_ger.pdf zuletzt abgerufen am 26.01.2010.

Wille, Eberhard und Igel, Christian (2002): *Zur Reform der Beitragsgestaltung, insbesondere der Pflichtversicherungsgrenze in der gesetzlichen Krankenversicherung - eine empirische Analyse - Gutachten im Auftrag des Verbandes der privaten Krankenversicherung e. V.*, PKV-Verband, Köln.

Wille, Eberhard und Resch, Stefan (2005): Risikoselektion trotz Risikostrukturausgleich?, in Klusen, Norbert; Straub, Christoph und Meusch, Andreas (Hrsg.), *Steuerungswirkungen des Risikostrukturausgleichs*, Nomos, Baden-Baden, S. 13-36.

Wille, Eberhard; Ulrich, Volker und Schneider, Udo (2007): Die Weiterentwicklung des Krankenversicherungsmarktes: Wettbewerb und Risikostrukturausgleich, in Wille, Eberhard; Ulrich, Volker und Schneider, Udo (Hrsg.), *Wettbewerb und Risikostrukturausgleich im internationalen Vergleich: Erfahrungen aus den USA, der Schweiz, den Niederlanden und Deutschland*, Nomos, Baden-Baden, S. 15-67.

Wille, Marion und Koch, Erich (2007): *Die Gesundheitsreform 2007*, Beck, München.

Williamson, Oliver E. (1985): *The economic institutions of capitalism: firms, markets, relational contracting*, Free Press New York et al.

Winkelhake, Olaf; Miegel, Ulrich und Thormeier, Klaus (2002): Die personelle Verteilung von Leistungsausgaben in der gesetzlichen Krankenversicherung 1998 und 1999: Konsequenzen für die Weiterentwicklung des deutschen Gesundheitssystems, *Sozialer Fortschritt*, Vol. 51, No. 3, S. 58-61.

WIP (2008): *WIP-Information 1/2008*, WIP, Köln. Online unter: http://www.wip-pkv.de/uploads/tx_nppresscenter/WIP-Information_01-08.pdf zuletzt abgerufen am 19.05.2010.

WIP (2010): Wir über uns. Online unter: http://www.wip-pkv.de/wir-ueber-uns.html zuletzt abgerufen am 01.03.2010.

Wöhe, Günter (1996): *Einführung in die allgemeine Betriebswirtschaftslehre*, Verlag Franz Wahlen, München.

Wolf, Heinz-Günter (2009): Generika aus Sicht des beratenden Apothekers, in Neubauer, Günter und Pfister, Florian (Hrsg.), *Gut - günstig - Generika: Marktdynamik zum Nutzen unserer Gesundheitsvorsorgung*, Govi-Verlag, Eschborn, S. 152-162.

Wolters, Georg (1995): *Wettbewerb auf dem Versicherungsmarkt: eine Bewertung der jüngsten Entwicklungen auf dem deutschen Versicherungsmarkt aus Sicht der Marktversagens- und Wettbewerbstheorie - Unter besonderer Berücksichtigung des Umwelthaftpflichtmarktes*, Dissertation, Peter Lang, Frankfurt am Main et al.

Wübker, Ansgar (2009): *Effizienzreserven, Wettbewerbspotenziale und Selektionsaktivitäten im deutschen Gesundheitswesen: neue empirische Erkenntnisse*, Dissertation, WIKOM, Wegscheid.

Wüstrich, Thomas (1994): *Wettbewerb und soziale Krankenversicherung*, Dissertation, Verlag P.C.O., Bayreuth.

Yanga, Zhou; Norton, Edward C. und Stearns, Sally C. (2003): Longevity and health care expenditures - The real reasons older people spend more, *Journal of Gerontology: Social Sciences*, 58 (1), S. 2-10.

ZEIT (2008): ZEIT-Interview mit Claus Wächtler, *Die Zeit*, vom 17.07.2008

Zentner, Annette; Garrido, Marcial Velasco und Busse, Reinhard (2008): Effekte des Gatekeeping durch Hausärzte - Systematischer Review für das Sondergutachten „Koordination und Integration – Gesundheitsversorgung in einer Gesellschaft des längeren Lebens" des Sachverständigenrates zur Begutachtung der Entwicklung im Gesundheitswesen. Online unter: http://www.svr-gesundheit.de/Gutachten/Uebersicht/Anhang%20GA2009 /Anhang%207.7.2.3%20Systematischer%20Review%20Gatekeeping.pdf zuletzt abgerufen am 28.04.2010.

Zerres, Klaus (2006): Jetzige und zukünftige Möglichkeiten der prädiktiven genetischen Diagnostik, in AOK-Bundesverband (Hrsg.), *Prädiktive Gentests in der Medizin - Vom richtigen Umgang mit Wissen und Nichtwissen - AOK im Dialog, Band 20*, AOK-Bundesverband, Bonn, S. 14-27.

Zerth, Jürgen (2005): *Flächendeckende Versorgung in einem liberalen Gesundheitssystem eine institutionenökonomische Analyse der Sicherstellungsgarantie*, Dissertation, Nomos, Baden-Baden.

ZI (2003): *Modellversuch einer vertragsärztlichen Kosteninformation in der KV Rheinhessen. Ergebnisbericht der wissenschaftlichen Begleitung*, ZI, Köln.

Ziegenhagen, D. J.; Glaeske, Gerd; Höer, A. und Gieseler, Kirsten (2004): Arzneimittelversorgung von PKV-Versicherten im Vergleich zur GKV, *Gesundheitsökonomie & Qualitätsmanagement*, Vol. 9, No. 2 (2004), S. 108-115.

Zimmermann, Anne (2007): *Umverteilung in der gesetzlichen Krankenversicherung - Status quo und Perspektiven der Ausgestaltung*, Dissertation, Institut für Wirtschaftspolitik, Köln.

Zimmermann, Horst (1983): Allgemeine Probleme und Methoden des Finanzausgleichs, in Neumark, Fritz; Andel, Norbert und Haller, Heinz (Hrsg.), *Handbuch der Finanzwissenschaft Bd. 4*, Mohr Siebeck, Tübingen, S. 4-52.

Zimmermann, Markus (2009): *Sozialversicherung und Privatversicherung im Kompetenzengefüge des Grundgesetzes - dargestellt unter besonderer Berücksichtigung der gesetzlichen und privaten Krankenversicherung*, Dissertation, Duncker & Humblot, Berlin.

Zok, Klaus (2007): Warten auf den Arzttermin, Ergebnisse einer Repräsentativumfrage unter GKV- und PKV-Versicherten, *WIDO-monitor*, 4 (1), S. 1-7. Online unter: http://wido.de/fileadmin/wido/downloads/pdf_wido_monitor/wido_mon_ausg1-2007_0107.pdf zuletzt abgerufen am 03.04.2010.

Zürcher, Markus (1998): *Solidarität, Anerkennung und Gemeinschaft*, Dissertation, Francke, Basel.

Zweifel, Peter (1990): Bevölkerung und Gesundheitswesen: ein Sisyphus-Syndrom?, in Felderer, Bernhard (Hrsg.), *Bevölkerung und Wirtschaft*, 373-386, Dunckler & Humblot, Berlin

Zweifel, Peter (2006): Auftrag und Grenzen der Sozialen Krankenversicherung, *Perspektiven der Wirtschaftspolitik*, Vol. 7 (2006), S. 5-26.

Zweifel, Peter (2007): Das Sisyphus-Syndrom im Gesundheitswesen: Neue Evidenz, in Henke, Klaus-Dirk (Hrsg.), *Jahrbücher für Nationalökonomie und Statistik - Themenheft Gesundheitsökonomie*, Lucius&Lucius, Stuttgart, S. 661-678.

Zweifel, Peter und Breuer, Michael (2002): *Weiterentwicklung des deutschen Gesundheitssystems: Gutachten im Auftrag des Verbands Forschender Arzneimittelhersteller e.V. VFA*, Sozialökonomisches Institut Uni Zürich, Zürich.

Zweifel, Peter und Breyer, Friedrich (2006): The economics of social health insurance, in Jones, Andrew M. (Hrsg.), *The Elgar companion to health economics*, S. 126-136.

Zweifel, Peter und Eisen, Roland (2003): *Versicherungsökonomie*, 2. Auflage, Springer, Berlin et al.

Zweifel, Peter; Felder, Stefan und Meier, Markus (1999): Ageing of population and health care expenditure: a red herring?, *Health Economics*, Vol. 8, S. 485-496.

Zweifel, Peter; Felder, Stefan; Meier, Markus und Breyer, Friedrich (Hrsg.) (1996): *Demographische Alterung und Gesundheitskosten: eine Fehlinterpretation*, Nomos, Baden-Baden.

Zweifel, Peter und Ferrari, Matteo (1992): Is there a sisyphus syndrome in health care?, in Zweifel, Peter und Frech III, H. E. (Hrsg.), *Health Economics Worldwide*, Kluwer Academic Publishers, Dordrecht et al., S. 311-330.